LES
RUES DE PARIS

PARIS ANCIEN ET MODERNE
358 — 1843

ORIGINES, HISTOIR

MONUMENTS, COSTUMES, MOEURS, CHRONIQUES ET TRADITIONS.

OUVRAGE REDIGE

Par l'Élite de la Littérature Contemporaine.

ILLUSTRÉ DE 300 DESSINS PAR LES ARTISTES LES PLUS DISTINGUÉS.

On souscrit à Paris

CHEZ

G. KUGELMANN, ÉDITEUR, RUE JACOB, 25;

Et chez tous les Libraires de France et de l'étranger.

PROSPECTUS.

L'on a essayé bien des fois de nous montrer, dans une lanterne magique éclairée par le rayonnement de l'observation littéraire, le spectacle de la grande ville parisienne; on a voulu tour à tour appliquer à l'étude du monde du Paris moderne l'intérêt du roman, l'esprit de la comédie, les malices de la caricature, le génie de la satire, toutes les ressources d'une brillante fantaisie; on s'est efforcé d'étaler sous nos yeux, dans des tableaux renouvelés du livre de Mercier, les mœurs, les ridicules, les folies et les misères de la société parisienne de notre époque.

Après les publications spirituelles dont nous parlons, et qui ne reflétaient que la physionomie éclatante du Paris moderne, il restait encore, selon nous, quelque chose à faire, c'est-à-dire un livre populaire à écrire, un livre de tout le monde, qui embrassât à la fois les hommes et les choses du présent et du passé, l'histoire complète de Paris, histoire publique, intellectuelle, monumentale et pittoresque, histoire philosophique et morale qui se déroule, à travers les siècles, du fond de la vieille cité jusqu'aux magnificences de la ville contemporaine, du seuil des misérables huttes de la primitive Lutèce jusqu'aux merveilles de la capitale du monde : cette immense et glorieuse histoire se trouve tout entière sur les écriteaux des rues de Paris.

Ce que personne n'a voulu ou n'a osé faire jusqu'à ce jour, nous oserons l'entreprendre avec l'esprit, avec le talent, avec la poésie des arts, de la science et de la littérature.

Le livre des RUES DE PARIS s'adressera à l'historien, par le récit des événements publics; au penseur, par les enseignements de l'histoire; au philosophe, par le souvenir du travail et du progrès; à l'antiquaire, par l'esquisse rétrospective des ruines et des reliques nationales; aux femmes, par la curiosité du roman et de la mode; à l'artiste, par la reproduction et l'étude des monuments; à l'homme du monde, par le charme d'une science facile; à l'homme du peuple, par les chroniques et les traditions populaires; à l'étranger, au voyageur, par les indications les plus complètes et les plus magnifiques, sur la cité moderne qu'il viendra voir.

Tous ceux qui gardent encore la religion des grands souvenirs, des grands hommes et des grandes choses dont s'honore la France; tous ceux qui aiment encore la poésie, l'art, la science et l'histoire; tous ceux qui s'intéressent en même temps au spectacle des sociétés parisiennes d'hier et du monde parisien d'aujourd'hui, viendront se promener avec nous dans la poussière historique des *Rues de Paris*.

Et devant ce merveilleux spectacle, devant ce panorama des sociétés parisiennes de tous les temps, de tous les siècles, les spectateurs auront pour guides, à travers ce labyrinthe de rues, d'origines, de chroniques,

de légendes et de souvenirs, des écrivains, des artistes, des archéologues, des observateurs, des passants de la grande ville contemporaine, que l'on appelle :

MM.
- JULES JANIN.
- DE BALZAC.
- ALFRED ET PAUL DE MUSSET.
- LEROUX DE LINCY.
- LOUIS DESNOYERS.
- FRÉDÉRIC SOULIÉ.
- MARY-LAFON.
- ARSÈNE HOUSSAYE.
- LOUIS LURINE.
- JACOB (LE BIBLIOPHILE).
- EMILE MARCO DE SAINT-HILAIRE.
- EUGÈNE GUINOT.
- MARIE AYCARD.
- E. ARAGO.
- TOUCHARD-LAFOSSE.
- TAXILE DELORT.
- A. SECOND.
- MERLE.
- ALBERT CLERC.
- A. ACHARD.
- HARRY HŒRTEL.
- ALPHONSE BROT.
- LE DUC DE LAROCHEFOUCAULT-DOUDEAUVILLE.

MM.
- C. DE LAFAYETTE.
- FORGUES (OLD-NICK).
- GUICHARDET.
- GUINOT-LECOINTE.
- L'HÉRITIER (DE L'AIN).
- E. BRIFFAULT.
- JULES SANDEAU.
- CHARLES DE BERNARD.
- THÉOPHILE GAUTIER.
- EDOUARD LEMOINE.
- VIOLET-LEDUC.
- ROGER DE BEAUVOIR.
- ELIE BERTHET.
- LOTTIN DE LAVAL.
- THÉODORE ANNE.
- THÉODOSE BURETTE.
- MAURICE ALHOY.
- CARLE HENRIÈS.
- GUST. BOTTÉE DE TOUCY.
- PETRUS BOREL.
- LOUIS HUART.
- FRÉDÉRIC DE COURCY.
- HIPPOLYTE LUCAS.
- L. GOZLAN.

SOUS LA DIRECTION LITTÉRAIRE DE M. LOUIS LURINE.

DESSINATEURS.

MM.
- JULES DAVID.
- GAVARNI.
- DAUMIER.
- FRANÇAIS.
- BARON.
- CÉLESTIN NANTEUIL.
- SCHLESINGER.
- GRENIER.

MM.
- MARCKL.
- DEMORAINE.
- LEMERCIER.
- ROSSIGNEUX.
- GODEFROY.
- LOUBON.
- GIRARDET.
- VARIN.

S'adresser, pour la partie administrative, à M. KUGELMANN, éditeur; pour tout ce qui concerne la direction littéraire, à M. LOUIS LURINE, rue Neuve-Saint-Georges, 6.

CONDITIONS DE LA SOUSCRIPTION.

Le livre DES RUES DE PARIS, imprimé avec le plus grand luxe, sur papier *grand jésus* satiné, se composera de 60 livraisons environ, ornées de 250 dessins, *têtes de page, lettres ornées, vignettes, culs-de-lampes*, etc., etc.; indépendamment de ces dessins, 36 sujets tirés à part, exécutés par les meilleurs artistes, représenteront les scènes les plus intéressantes de l'ouvrage.

Il paraît, le samedi de chaque semaine, sans interruption, UNE et quelquefois DEUX LIVRAISONS. L'ouvrage sera entièrement terminé à la fin de novembre 1843.

Chaque livraison se compose alternativement D'UNE FEUILLE (16 pages d'impression) avec 5 dessins imprimés dans le texte, OU D'UNE DEMI-FEUILLE (8 pages d'impression) à laquelle est joint un GRAND SUJET tiré à part.

Le prix de la livraison, dans une belle couverture, est : pour Paris, 30 centimes, et pour les départements 35 centimes.

En payant d'avance 30 livraisons, les souscripteurs de Paris reçoivent l'ouvrage à domicile et *franco*.

Clichets bitumineux de Michel, rue Hautefeuille, 11.   Typographie de Wittersheim, rue Montmorency, 8.

LES

RUES DE PARIS

PARIS ANCIEN ET MODERNE

PARIS, TYPOGRAPHIE DE WITTERSHEIM,
RUE MONTMORENCY, Nº 8.

LES
RUES DE PARIS

PARIS ANCIEN ET MODERNE

ORIGINES, HISTOIRE

MONUMENTS, COSTUMES, MŒURS, CHRONIQUES ET TRADITIONS

OUVRAGE

RÉDIGÉ PAR L'ÉLITE DE LA LITTÉRATURE CONTEMPORAINE

SOUS LA DIRECTION DE

LOUIS LURINE

et illustré de 300 dessins exécutés par les artistes les plus distingués

TOME PREMIER

PARIS

G. KUGELMANN, ÉDITEUR, 25, RUE JACOB

1844

1843

A TRAVERS LES RUES.

La littérature française a essayé bien des fois de reproduire par le roman, par l'anecdote, par la satire, par la comédie, la physionomie éclatante, l'individualité merveilleuse de la grande cité parisienne ; de nobles esprits, des écrivains d'élite, à toutes les époques de notre histoire littéraire, ont esquissé les traits du caractère et de la figure des Parisiens de leur siècle.

Les silhouettes de Tallemant-des-Réaux, les originaux copiés par Labruyère, les ridicules surpris par l'œil perçant de Lesage, les fictions transparentes de La Fontaine, les délicieuses fantaisies de cette immortelle caillette qui a nom madame de Sévigné, les personnages vivants de Molière, les héros déshabillés de Saint-Simon, les peintures exagérées de Mercier, de Saint-Foix et de Rétif de La Bretonne, les observations ingénieuses de notre littérature contemporaine, ont passé tour à tour sur la toile mobile du tableau de Paris, en y laissant tomber de l'esprit, de l'imagination, de la verve, de la malice, de la haine, quelquefois un peu de morale, et souvent beaucoup de génie.

Les peintres *à la plume*, dont je parle, s'efforcent, à l'exemple du Diable boiteux, d'étaler à nos yeux, au travers des toits de la ville, les mœurs, les habitudes, les modes, les amours et les vices de la personnalité parisienne : comme l'immortel Asmodée, ils s'ingénient à regarder, de près et de loin, dans le salon, dans l'antichambre et dans l'alcôve des maisons de Paris ; ils braquent la lunette de l'observation comique ou sévère, sur le théâtre, sur l'église et sur le prétoire ; ils fouillent des yeux, et par la pensée, dans les prisons, dans les hospices, dans les bagnes, chez le pauvre et chez le riche, chez les grands et chez les petits, chez le roi et chez le peuple, partout où l'on pleure, où l'on crie, où l'on chante, où l'on pense, où l'on aime, où l'on calomnie, où l'on vole, où l'on tue, où l'on souffre, où l'on travaille, en se pressant de vivre pour mourir.

Eh bien ! à cette vaste collection de dessins, de caricatures ou de portraits, d'usages, de lois, d'idées, de modes, de vilenies, de passions, de souffrances et de sottises ; à toutes ces couleurs si brillantes, si capricieuses et si variées ; à ces mille coups de pinceau qui doivent servir à retracer à nos yeux le spectacle des sociétés parisiennes, il a manqué peut-être, selon moi, la peinture historique de ces rues de Paris où ont marché, en des appareils si divers, les originaux que l'on a essayé de faire revivre dans le monde de l'observation littéraire.

Le cadre de cette nouvelle et difficile publication embrassera Paris tout entier et son immense histoire : nous pénétrerons dans les boues marécageuses de la primitive Lutèce; nous passerons devant le seuil des maisons moins grossières du Paris des rois Francs ; autour du sombre et fétide berceau de la cité, nous verrons s'élever, sur les bords de la Seine, deux villes rivales, deux sœurs jumelles qui protégeront la triste vieillesse de leur mère ; nous marcherons dans la fange et dans la fumée des rues de Paris du xie siècle; nous foulerons les premiers pavés de la ville de Philippe-Auguste ; nous nous hasarderons, en tremblant, dans le terrible Paris du moyen-âge ; nous saluerons le Paris de François Ier, le Paris de la renaissance ; nous coudoierons les Parisiens du grand siècle, de la Régence et de la Révolution; nous tenterons de ressusciter le cadavre archéologique de Paris ; enfin, nous assisterons, par l'étude, à la naissance, au développement, à l'agrandissement merveilleux de la misérable cité d'autrefois, s'élevant, s'élevant toujours jusqu'aux proportions splendides de la capitale du monde.

Le livre *des Rues de Paris* s'adressera, comme le disait naguère l'intelligent éditeur qui ose entreprendre un pareil ouvrage : à l'historien, par le récit des événements publics; au penseur, par les enseignements de l'histoire; au philosophe, par le souvenir du travail, de la lutte et du progrès; à l'artiste, par l'étude et la reproduction exacte des monuments; à l'antiquaire, par l'esquisse rétrospective des ruines et des reliques nationales; aux femmes, par la curiosité du roman et de la mode; à l'homme du monde, par le charme d'une science facile; à l'homme du peuple, par les chroniques et les traditions populaires; à l'étranger, au voyageur, par les indications les plus complètes et les plus magnifiques sur la cité moderne qu'il viendra voir.

A chaque pas, en effet, au détour de chaque rue, les yeux fixés sur l'écriteau qui porte son nom, il vous sera facile de déchiffrer, ce livre à la main, une page de l'histoire morale, intellectuelle, politique ou religieuse de la ville de Paris. Si cela vous intéresse, les vieilles rues s'empresseront de vous parler de l'invasion des Normands, de la lutte des Bourguignons et des Armagnacs, du règne des Anglais en France, ou du siège de Paris par Henri IV; voulez-vous d'autres récits, d'autres drames, d'autres tableaux historiques? Voyez un peu, au hasard, en courant, à vol d'oiseau : derrière les piliers des halles, voici le berceau de Molière, et vous songez aussitôt au génie, à la gloire, aux douleurs du grand poète comique de Louis XIV; le marché des Innocents n'est pas loin, ce me semble, et voilà Jean Goujon qui va mourir sur un échafaud d'une magnificence assez rare, sur un échafaud de pierre sculptée, dont il a su faire un admirable chef-d'œuvre; la rue de Bièvre, habitée autrefois par Dante Alighieri, ne doit-elle pas conserver, dans un souvenir, un rayon de l'immortalité de l'exilé de Florence? La mort de Coligny, dans la rue Béthisy, est toute pleine d'une terrible histoire où vont figurer l'Église et la Réforme, le Pape et Luther, Henri de Navarre et la Ligue, histoire politique et religieuse dont le dénouement se fera tout-à-l'heure, au bruit de l'arme intolérante de Charles IX: du quai du vieux Louvre, où le fanatisme assassinait le peuple, à la rue de la Ferronnerie où un fanatique assassinait un roi, il n'y a guère que la distance du poignard de Ravaillac.

Je viens de nommer le roi Charles IX : n'est-ce pas là une royauté qui se trouve tout entière dans le drame mystique de la Saint-Barthélemy, et les acteurs de cette tragédie royale et populaire, bourreaux, comparses ou victimes, n'ont-ils pas représenté leurs personnages dans le sang et dans la boue des rues de Paris? C'est une ville immense qui va servir de théâtre au spectacle des *Vêpres Parisiennes*.

Le prologue de la Saint-Barthélemy se joue dans les fossés Saint-Germain-l'Auxerrois, deux jours avant la représentation de la grande pièce, imaginée par des collaborateurs que l'on appelle : Catherine de Médicis, Charles IX, le duc d'Anjou, le cardinal de Lorraine, les Guise, le duc d'Albe, le pape Pie IV et le roi d'Espagne Philippe II.... Ce jour-là, à la première scène du prologue, le crédule amiral de Coligny passe lentement, un mémoire à la main, dans la rue des Fossés-Saint-

Germain-l'Auxerrois ; un coup d'arquebuse part aussitôt de la maison de Villemur, l'ancien précepteur du duc de Guise, et deux balles atteignent le vénérable passant ; on le porte dans son hôtel de la rue Béthisy ; Ambroise Paré lui coupe le pouce

de la main droite ; le roi, la reine-mère et la cour viennent rendre une visite à l'illustre blessé ; Catherine de Médicis le console et le flatte, en lui promettant une *vengeance si exemplaire, que jamais elle ne s'effacera de la mémoire des hommes* ; Charles IX lui dit en l'embrassant : *Mon père, la blessure est pour vous ; la douleur est pour moi !* Et comme l'innocent amiral s'avise de se plaindre des catholiques, de ses ennemis, de ses assassins, Sa Majesté daigne lui répondre : *Mon père, vous vous échauffez un peu trop ; cela pourra nuire à votre santé.* — Tudieu ! quel bon roi, quel excellent ami, quel charitable médecin que ce Charles IX !

Au rideau! au rideau! voici le drame dans les rues; le 24 août, un dimanche, à trois heures du matin, l'église de Saint-Germain-l'Auxerrois fait entendre le *tocsin* des *massacreurs*, en guise d'ouverture, et la tragédie commence; le premier acte se passe encore dans l'hôtel de l'amiral de Coligny.

Un gentilhomme, un serviteur fidèle s'écrie, en s'adressant à son noble maitre : *Monseigneur, on nous égorge, on nous fusille; c'est Dieu qui nous appelle à soi; on a forcé le logis, et n'y a moyen de résister.* — *Je suis disposé à mourir*, répond le huguenot : *vous autres, sauvez-vous!*

Coligny reste seul; un assassin nommé Besme s'avance vers lui, une épée à la main : *N'es-tu pas l'amiral? — C'est moi! frappe! En me tuant, tu ne me feras perdre que bien peu de jours!*

Dans la cour de l'hôtel, une voix retentissante interpelle le meurtrier : *Besme, as-tu achevé?* — Besme se penche à la croisée pour lui répondre : *C'est fait, monseigneur!* — *Jette son cadavre par la fenêtre!* réplique le duc de Guise.

Et soudain, le corps de l'amiral de Coligny tombe sur le pavé de la cour; le visage du malheureux vieillard est abimé par le sang et par la boue; on l'essuie avec un mouchoir, pour mieux le reconnaitre, et le duc de Guise se prend à dire, en le reconnaissant à merveille : *c'est bien lui!* — N'est-ce point là une belle fin de premier acte?

Dès ce moment, l'imbroglio sanglant se déroule sur les places publiques, sur les quais, dans toutes les rues de Paris; la pièce dure trois jours, ni plus ni moins, et la toile tombe lentement, bien lentement, sur le tableau de quelques milliers de personnes que l'on égorge, ou que l'on a égorgées au nom du roi.

Les auteurs de la pièce s'imaginent peut-être qu'elle n'a pas assez brillamment réussi, et plus tard, Louis XIV lui-même se chargera de prendre leur revanche, dans un grand ouvrage politique, intitulé : *La révocation de l'édit de Nantes.*

Quelles scènes à raconter, bon Dieu! à propos de la Saint-Barthélemy, pour l'historien qui écrira, dans ce livre, l'histoire des *quais de Paris!*

S'il vous est possible d'oublier, un instant, ce vaste abattoir où l'on assomme, avec une croix catholique, les hommes, les consciences et les idées, prenez garde à cet étranger, à cet Italien qui passe noblement sur le seuil du Louvre : inclinez-vous devant la majesté du génie; adorez, avec toute la poésie de votre cœur, un poète que l'on nomme le Tasse, une royauté charmante, que le cardinal d'Este vient d'introduire à la cour horrible de Charles IX.

Vous plaît-il d'assister tour à tour, à des époques bien différentes l'une de l'autre, à l'empoisonnement de Gabrielle, aux jeux d'esprit du café Procope, ou à la première représentation du Mariage de Figaro? Entrez vite dans la *rue de l'Ancienne Comédie*, qui est en même temps la *rue des Fossés-Saint-Germain-des-Prés :* vous y trouverez encore la façade de l'ancien théâtre; vous y trouverez le célèbre Café-bel-Esprit du xviiie siècle, où les étudiants d'aujourd'hui jouent au domino, sur la fameuse table de Voltaire. Un pauvre auteur-comédien, dont il ne nous sied pas de juger, dans ce livre, les opinions et le courage, la vie et la mort, demeura, durant les premiers mois de son séjour à Paris, dans la rue de l'Ancienne-Comédie: ce fut là peut-être que naquit, dans la pensée et sous la plume du poète, le *Philinte de Molière*, la meilleure création dramatique de Fabre-d'Églantine. — Fabre paya, de sa tête, l'honneur d'avoir inventé le calendrier révolutionnaire. Passez par la rue Dauphine, traversez l'immense carrefour suspendu que l'on appelle le Pont-Neuf, demandez la rue des Fossés-Saint-Germain-l'Auxerrois, frappez à la plus belle porte de l'impasse Sourdis, et vous croirez entendre le dernier soupir de la plus séduisante maîtresse de Henri IV.

Marchons toujours : le cul-de-jatte Scarron riait et faisait de l'esprit, en souffrant, dans la *rue de la Tixeranderie;* c'est de là que sont sortis le *Roman Comique* pour amuser le peuple, et madame de Maintenon pour amuser un roi qui n'était plus amusable, suivant elle. Dans cette maison qui fait l'angle de la *rue de l'École-de-Médecine*, l'on entendait, il n'y a pas longtemps de cela, une voix éclatante qui n'était rien moins que la voix révolutionnaire de Danton, et, sur le seuil de cette porte, Charlotte Corday aiguisait peut-être, au

coin d'une borne, le couteau qu'elle destinait à Marat. Cette maison, embellie par le ciseau de Jean-Goujon, dans la *rue Culture-Sainte-Catherine*, c'est l'hôtel de Carnavalet, de spirituelle mémoire; c'est la demeure littéraire de l'adorable Marquise et de sa fille adorée, la comtesse de Grignan; c'est le bureau d'esprit de madame de Lafayette, de La Rochefoucauld, de Bussy-Rabutin, de Fouquet, de Ponponne, de Corneille, du cardinal de Retz et de Condé; c'est de l'hôtel Carnavalet, c'est de la rue Culture-Sainte-Catherine, par ces croisées que vous voyez encore entr'ouvertes, que se sont envolées, une à une, le matin, le soir, à toutes les heures du jour et de la nuit, ces charmantes feuilles de papier rose, ces lettres délicieuses, qui sont tout simplement les chefs-d'œuvre de madame de Sévigné. A l'autre bout de la ville, sur le *quai Voltaire,* au coin de la rue de Beaune, l'ancien hôtel de Vilette, abîmé par le marteau de la bande noire, a servi d'habitation triomphale à l'auteur de Zaïre et de Candide; près de mourir, le souverain philosophe du xviiie siècle fit graver, sur les vitres de sa chambre mortuaire, cette inscription que vous pouvez y lire encore : La vie est un songe! — Quel rêveur, que celui dont les rêves d'esprit faisaient penser les hommes et les peuples éveillés!

Dans le cadre des légendes religieuses et des traditions terribles, la *rue des Martyrs* se glorifiera d'avoir vu marcher saint Denis, allant demander à Dieu, sa tête à la main, le glorieux salaire de ses souffrances; la *rue du Martroy* nous montrera le chemin ensanglanté qui conduisait au calvaire de la Grève; les pèlerins qui s'en allaient adorer le saint-sépulcre, ou qui revenaient déjà de la Terre-Sainte, faisaient une pieuse station dans la *rue de Jérusalem,* sans deviner, hélas! tout ce qu'il y aurait un jour de triste, de nécessaire et d'horrible, dans les murs de cette Jérusalem nouvelle; la *rue d'Enfer* nous révélera les mystères de sa lutte contre Satan : dans les bruits de la tentation infernale, nous entendrons encore les murmures des jeunes filles possédées... je ne sais de quel bon diable, les exorcismes des pères Chartreux et les ardentes prières du roi Saint-Louis; de la superstition au fanatisme, il n'y avait, dans ce temps-là, que la distance d'un bûcher : le pétillement des flammes de la *place Dauphine* ne nous empêchera pas d'entendre les derniers adieux, les malédictions suprêmes du grand-maître Jacques Molay à Philippe-le-Bel.

Si l'odeur du sang de la *place de Grève* vous inspire le goût des hautes-œuvres de la justice, exécutées par les supplices de tous les temps, le bourreau consentira, pour vous plaire, à pendre un malheureux dans la *rue de l'Échelle;* il vous gratifiera du spectacle de l'*Estrapade,* sur la place qui porte ce nom; il fera bouillir un faux monnoyeur dans la chaudière de la *rue* de *l'Échaudé* ; il coupera la langue, il percera les oreilles d'un patient dans la *rue Guillory* ; en voyant les quatre chevaux qui écartèlent un innocent ou un coupable, à la fameuse *Croix du Trahoir*, n'allez pas vous écrier, à l'impitoyable façon d'une grande dame du xviii° siècle : Pauvres bêtes!... comme elles se donnent du mal !

Si des gouttelettes de sang et de boue ont rejailli sur vos habits, sur vos mains et jusque sur votre visage, autour de ces échafauds, de ces piloris, de ces fourches patibulaires d'autrefois, que l'on appelle des *justices*, *grandes* et *petites* ; si cette lourde atmosphère, imprégnée de miasmes et de souillures, toute pleine des derniers soupirs et des derniers blasphèmes du crime, pèse sur votre cœur et vous étouffe, nous pouvons aller de ce pas nous soulager, en nous purifiant, dans les baignoires de la *rue des Vieilles-Étuves* ; après cela, nous aurons encore assez de temps, pour nous distraire aux jeux publics de la *rue du Mail* et de la *rue des Poulies* ; mais, dépêchons-nous, s'il vous plaît, et n'allons pas chercher midi à quatorze heures, dans la *rue du Cherche-Midi* ; aussi bien, la nuit ne se fera pas attendre, et j'ai toujours peur de passer, après le coucher du soleil, dans la *rue de la Truanderie*, où les gueux importunent les honnêtes gens par l'étalage de toutes sortes d'affreuses misères ; dans la *rue des Mauvaises Paroles*, où l'argot m'a déjà poursuivi de ses barbares sottises ; dans la *rue Tire-Chappe*, où les filous s'entendent comme il sied à des larrons en foire ; dans la *rue Mauconseil*, où la faim et le vice conseillent aux voleurs et aux meurtriers de détrousser, en les tuant, les riches bourgeois de la bonne ville.

N'est-ce pas une tradition tout-à-fait romanesque, un souvenir charmant que nous allons devoir à la *rue de la Jussienne*, ou plutôt, à la *rue de l'Égyptienne?* L'on croirait que les deux héroïnes de Notre-Dame de Paris, ce beau roman d'un grand poète, ont figuré pour la première fois dans la fange de cette petite rue : il s'agit en effet d'une chèvre et d'une jeune fille. Imaginez qu'un jour, une pauvre enfant de Bohème, ne sachant plus où elle va, ne sachant plus d'où elle vient, comme tous

A travers les rues.

les Bohémiens et comme toutes les hirondelles de ce monde, apparaît tout à coup sur le petit pont de l'égoût qui a donné son nom à la *rue du Ponceau;* la foule se presse autour de la jolie bohémienne : on caresse la chèvre, et bien des passants voudraient caresser la jeune fille; trois hommes surtout, en des costumes bien divers, avec une courtoisie et des manières bien différentes, la poursuivent de leurs compliments, de leurs œillades et de leurs vilains désirs; l'un est un arquebusier du roi : il est jeune, il est grand, il est beau, et je crois, Dieu me pardonne! que l'Égyptienne lui sourit à la dérobée; l'autre est un malheureux de la *Vallée-de-Misère :* il est vieux, il est gros, il est difforme, et je crains bien qu'il ne soupire, qu'il ne pleure longtemps pour les beaux yeux de la cruelle jeune fille; le troisième, qui le croirait! le troisième est un homme d'église : il porte la robe d'un moine; on le respecte, on le craint et on le salue; il n'y a que la jeune fille qui ait dédaigné de le saluer.

Le soldat, le prêtre et le truand marchent sur les pas de l'Égyptienne, l'un derrière l'autre, à distance, comme il sied à des gens qui ne se ressemblent point : la robe du moine touche à la robe de la jeune fille; l'arquebusier amoureux est plus près d'elle qu'on ne le pense; le truand est le plus à plaindre : il aime, il souffre, il se désespère et il vient le dernier!... N'est-ce point là Phœbus? Avez-vous deviné Claude Frollo? Avez-vous reconnu le misérable sonneur de Notre-Dame?

Si vous avez admiré le roman moderne, vous savez à peu près la fin de cette vieille histoire : la vierge-à-la-chèvre adora l'arquebusier infidèle; le moine se vengea de la jeune fille, avec l'aide du bourreau, en l'accusant d'une sorcellerie qui n'était guère que celle de la jeunesse et de la beauté; le truand seul pleura la Bohémienne, et un soir, quand il reparut dans la *Cour des Miracles,* les gueux se moquèrent de lui, parce qu'ayant faim, il donnait à manger à une chèvre. — Voilà l'origine de la *rue de la Jussienne.*

Puisque nous marchons au hasard dans les rues mystérieuses du vieux Paris, n'oublions pas de consulter le grand Albert qui commente Aristote, sur une place publique : quand nous en serons au Paris du xviiie siècle, nous consulterons la fameuse devineresse de la place Maubert, place maudite qui cache le nom fantastique de *Magnus Albertus;* voici un autre sorcier que l'on nomme Nicolas Flammel, et qui s'amuse à chercher l'*absolu,* dans son laboratoire, dans son enfer de la *rue Saint-Jacques-la-Boucherie;* pauvre et crédule Nicolas Flammel! la véritable pierre philosophale est là, tout près de toi, dans le creuset de l'usure, chez les banquiers de la *rue des Lombards :* la rue des Lombards, ce guêpier natal de l'usure parisienne, ce berceau enrubanné du *Fidèle Berger,* dont l'origine se cache dans les papillotes du règne de Louis XV; chose étrange! Gilbert, le poète Gilbert, a préludé par des devises de confiseur,

dans une arrière-boutique de la rue des Lombards, à l'impitoyable satire des philosophes et de la philosophie!

Dans notre siècle, que l'on appelle une époque sans nom, et que l'on pourrait appeler, ce me semble, l'époque mêlée, il n'y a plus de hiérarchies, de degrés, de castes, ni de costumes, ni d'insignes, ni d'attributs, ni de religions. Dans la France, dans le Paris d'autrefois, chacun vit dans sa sphère, à la place qui lui est propre, dans la rue où est le privilége de son état, avec les apparences spéciales de son rang, de sa fortune et de son industrie, toujours sur le même échelon de cette grande échelle, couchée par terre, qui représente la société parisienne du vieux temps : société numérotée, enrégimentée, disciplinée, où l'ordre naît précisément de la division des classes, où l'unité trouve le moyen de sortir du fractionnement des droits, de l'inégalité des personnes, en confisquant les idées et les principes.

A ces causes, n'est-ce donc rien, pour les curieux, pour les observateurs, pour les hommes du monde du XIXe siècle, que de pénétrer, sans peine, sans fatigue, dans l'histoire vivante des corporations, des arts et des métiers? histoire des marchands, des artisans et des bourgeois de Paris; histoire singulière qui commence dans une boutique, dans un atelier, dans une officine, par la lutte du travail contre le privilége, de l'industrie contre l'oisiveté, de la roture contre la noblesse, de l'intelligence contre l'argent, de la ville contre la cour, et qui se dénouera, tôt ou tard, sur une place publique, dans un dernier combat, dans une étreinte solennelle, entre les grands et les petits, entre les nobles et les bourgeois, entre un peuple nouveau et une royauté ancienne!

Puisqu'il s'agit en ce moment des corporations, des arts et des métiers, il nous faut remercier bien humblement, au nom des malades et des malheureux de tous les temps, le prévôt Jean Morin, qui créa le *bureau des pauvres*, avec des lettres-patentes du roi : le bureau des pauvres du XVIe siècle est devenu aujourd'hui le conseil-général des hospices. La vie publique de ce Jean Morin, et de bien d'autres prévôts des marchands de Paris, ne sera pas une histoire dépourvue d'intérêt et de charme, quand elle nous sera racontée au pied de la vieille tour de l'*Hôtel-de-Ville*, dont la première pierre fut posée par le prévôt de Viole, le 15 juillet 1533.

Entre nous, et la main sur la conscience, le sentiment du devoir ne nous oblige-t-il point à saluer, de la meilleure grâce du monde, une corporation d'élite que nous rencontrerons à chaque pas, dans les *rues de Paris,* et qui n'est autre que la célèbre compagnie du barreau parisien? Le savant, le légiste, l'historien, qui doit exhumer dans ce livre les chroniques du *Palais-de-Justice,* étalera devant nous, dans une glorieuse auréole, la robe des anciens avocats, robe illustre qui a protégé si souvent le peuple, le droit, la monarchie et la liberté!

Allons, debout! point de trêve, point de repos, marchons encore..... Voici le Paris de la renaissance, voici le Paris de François 1er, le Paris chevaleresque, le Paris de l'amour et de la poésie! Dès ce moment, le marbre, le velours, les toiles peintes et la soie remplacent le fer et la pierre du moyen âge; les arts inaugurent la grande ville; les artistes, français ou étrangers, commencent à se promener dans les *rues de Paris;* François 1er envie la splendeur des Médicis, à Florence, et du pape Léon X, à Rome; on fonde le *Collége de France;* on va construire le *Palais des Tuileries;* on répare, sur les dessins de Pierre Lescot, la vieille *Forteresse du Louvre,* pour y recevoir un hôte qui porte le titre d'empereur et le nom de Charles-Quint; on institue l'*Imprimerie Royale* que l'on confie à la direction de Robert Estienne; Jules Romain, Léonard de Vinci, le Primatice, André del Sarto daignent visiter la cour de France, et la sombre majesté de la physionomie parisienne reflète quelque chose des magnificences de Chambord, de Fontainebleau et de Saint-Germain.

J'y songe : vraiment! voici un beau spectacle, et bien digne d'un grand prince : ce brillant gentilhomme que vous voyez entrer dans la *rue Saint-Jean-de-Beauvais,* c'est François 1er, ni plus ni moins, qui s'en va faire l'éloge de l'imprimerie, et récompenser d'illustres imprimeurs, dans la modeste maison des Estienne!

A la fin du règne de Louis XIII, nous entrerons dans Paris, si vous voulez bien le permettre, par la *rue des Frondeurs,* le jour où s'élève précisément la première barricade de la Fronde; nous passerons dans la *rue de Richelieu,* toute pleine de la grandeur d'un roi de France qui n'était pourtant qu'un simple prêtre, un simple ministre, un simple grand homme; nous passerons par le *Palais-Royal*, que l'on appelait naguère le Palais Cardinal ; nous visiterons le *Luxembourg*, le *Val-de-Grâce* et la *Sorbonne*, construits par l'ordre de Louis XIII; nous assisterons à une séance de l'Académie Française, fondée par Richelieu, et rien ne nous empêchera de nous promener à plaisir, sur la *place Royale*, dans la foule des grands seigneurs, des grands courtisans et des grandes dames, au milieu des

beaux esprits, des beaux dangereux et des belles coquettes de ce temps-là.

La porte Saint-Denis, qui garde encore cette inscription : *Ludovico Magno*, n'est-elle pas une entrée magnifique pour arriver dans les rues du Paris de Louis XIV? La porte Saint-Denis me semble assez large, assez vaste, assez haute, pour que le grand roi lui-même y puisse passer, le sceptre à la main et la couronne sur la tête!

Sous le règne de Louis XIV, les hôtels splendides, les constructions utiles, les monuments magnifiques, les brillants costumes et les passants illustres abondent, comme par enchantement, dans toutes les rues de Paris : après avoir admiré la *colonnade du Louvre*, bâtie sur les dessins de Claude Perrault, et l'*hôtel des Invalides*, et les *Gobelins*, et l'*hôpital général*, et l'*Observatoire*, et la *place Vendôme*, et l'*église de Saint-Sulpice*, et le *jardin des Tuileries*, et les *Champs-Élysées*, et la *Bibliothèque Royale*, et le *pont Royal*, que sais-je! nous admirerons encore, dans les rues de Paris, tous les personnages d'élite d'un siècle auguste, toutes les royautés de Louis XIV, tous les nobles fleurons de son étincelante couronne : Bossuet et Racine, La Fontaine et Despréaux, Molière et Corneille, Colbert et Lenôtre, Mansard et Le Puget, La Rochefoucauld et Pascal, Mallebranche et Massillon, Turenne, Jean-Bart et d'Aguesseau, Sévigné, Maintenon, Montespan et Lafayette, tous les grands noms, toutes les gloires, toutes les splendeurs du grand siècle et du grand roi !

Les rues de Paris doivent au règne de Louis XV l'École militaire, Sainte-Geneviève, l'École de droit, la Halle au blé, l'Hôtel des Monnaies, la fontaine de Bouchardon, l'église Saint-Philippe-du-Roule, le palais Bourbon, le quartier de la Chaussée-d'Antin, la place Louis XV, le Garde-meubles, les boites de la petite poste et les réverbères.

Sous Louis XV, l'Académie Française tenait ses séances dans une des salles du Louvre, et lorsque M. d'Angivilliers fit semer de gazon la cour de ce palais, les Nouvelles à la main publièrent le quatrain suivant :

> Des favoris de la muse française,
> D'Angivilliers a le sort assuré ;
> Devant la porte il a fait croître un pré,
> Pour que chacun y pût paître à son aise.

Au XVIIIe siècle, c'est-à-dire sous le règne apparent de Louis XV, les rues de Paris, qui prenaient autrefois des noms de marchands, de bourgeois, d'officiers, d'évêques, de princes, de seigneurs, de chapelles, de fiefs, de monastères, d'hôtels royaux ou de supplices, commencèrent à se donner des titres littéraires et philosophiques : l'Encyclopédie et la Révolution n'étaient pas loin ; les rues de Paris ne devaient-elles pas à Voltaire, le véritable roi de France de cette époque, l'honneur qu'elles avaient fait à Louis XIV, le roi du dix-septième siècle?

Sous le règne de Voltaire, les têtes parisiennes tournent au vent de la littérature sceptique et de la philosophie ; la grande ville semble vouloir prendre une face tout-à-fait nouvelle ; la cour est trop petite pour le palais de Versailles, et le château des Tuileries est presque trop grand pour la royauté de Louis XV ; la mode est à l'émancipation intellectuelle, politique, sociale ; on discute les vieilles croyances, les vieilles religions et les vieilles idées ; on se rit déjà, dans une double haie d'imprécations et de sarcasmes, des juges, des prêtres et des rois, du prétoire, de l'autel et du trône ; l'heure providentielle de vouloir et d'oser est à la fin venue : la grande ville se réveille, se lève, s'agite, et tâtonne sur un sol qui tremble ; alors, au milieu des rues de Paris, les volontés se cherchent, se rapprochent et se mettent en commun ; les intérêts personnels s'oublient et se taisent ; l'égoïsme de chacun disparaît et va se perdre dans l'égoïsme de tous ; en un pareil moment, les moyens de transport et de communication, si l'on peut s'exprimer ainsi, s'organisent au profit de cette pensée populaire qui germe, qui fermente, et qui veut éclore au soleil de l'égalité ; des liens réciproques se forment ou se fortifient ; de hautes initiatives président aux mouvements du peuple qu'elles aident, qu'elles provoquent, qu'elles répriment tour à tour et à leur gré ; la science, la littérature, la philosophie, le badinage et la mode, tout est mis à contribution pour le triomphe d'un principe ; Paris ouvre, à deux larges battants, ses salons, ses académies, ses cénacles, tous ses bureaux d'esprit, à cette foule d'incrédules et de railleurs raisonnables, dont l'influence est à la veille de conclure pour la liberté, sur des prémisses posées par les institutions et les siècles!

N'est-ce point là, bien pâle, bien rapide, bien incomplète sans doute, l'histoire du pressentiment public au xviiie siècle? N'est-ce point ainsi que commence, que grossit à vue-d'œil, dans les rues de Paris, et que se précipite la grande association philosophique, ce fleuve terrible qui creuse son lit au travers de toutes les digues, de toutes les terres de la monarchie, qu'il balaye et qu'il féconde, en y apportant l'engrais de son limon révolutionnaire?

Après cela, ma foi! que vous dirai-je encore des rues de Paris? Vous y verrez passer les grands hommes, les victimes, les héros d'une glorieuse et sanglante révolution; vous y verrez figurer les personnages abâtardis, les mœurs, les coutumes et les folies ridicules du Directoire.

Vous y rencontrerez les géants qui reviennent d'Égypte et d'Italie; vous y verrez parader, au milieu des applaudissements et des vivats de la foule, les soldats de l'Empire qui obéissent à la voix d'un demi-dieu; plus tard, vous tâcherez d'y rencontrer, le moins souvent possible, des étrangers, des ennemis armés qui se promènent, avec délices, dans la Campanie parisienne; enfin, vous y saluerez, avec un noble orgueil, avec une joie patriotique, l'avènement d'une Révolution nouvelle qui s'élève sur le pavois populaire des barricades de Juillet, et vous ne sortirez, infatigables promeneurs, de l'enceinte de la ville moderne, que par cette dernière rue pavée de canons, que l'on appelle les Fortifications de Paris!

Certes! je le disais bien : c'est là une belle histoire, l'histoire de la France toute entière, racontée par les rues de Paris; histoire du peuple et de la bourgeoisie, dans les rues baptisées par des vilains et des marchands; histoire des fiefs et des priviléges, dans les rues baptisées par l'opulence des nobles, des dignitaires et des seigneurs; histoire de l'Église, dans les rues baptisées par les chapelles, par les images religieuses et par les couvents; histoire de la servitude ou de la barbarie, dans les rues baptisées par un préjugé, par une persécution ou par un supplice; histoire des états, des arts et des métiers, dans les rues baptisées par une boutique, par une industrie, par une enseigne; histoire de l'administration et de la police, dans les rues baptisées par les officiers du parlement et de la ville; histoire des grands hommes dont s'honore la France, dans les rues baptisées par le souvenir d'un nom illustre ou d'un chef-d'œuvre; histoire des luttes et des guerres nationales, dans les rues baptisées par une victoire ou par une conquête; histoire universitaire de Paris, dans les rues baptisées par un collége ou par une école; et, pour que rien ne manque aux détails, aux aperçus, aux inductions de cette histoire, la volonté de Henri IV, de Richelieu et de Louis XIV, nous laissera deviner le premier mot de la centralisation parisienne, dans les rues de Paris baptisées, par ces trois souverains, du nom glorieux de chaque province française.

Dix-huit siècles vont nous répondre, pour ressusciter avec nous la grande ville de César, de Philippe-Auguste, de François Ier, de Louis XIV et de Napoléon! Tous ceux qui aiment encore la poésie des souvenirs, l'étude des sociétés éteintes, ou le spectacle de la vie contemporaine, viendront se promener, à coup sûr, au milieu des populations diverses qui doivent passer, une à une, avec les siècles, dans la poussière historique de ce monument littéraire.

L'on a dit, bien souvent, que l'on pourrait écrire une précieuse histoire de France, avec des matériaux qui ne seraient que des noms propres : les collaborateurs de ce livre vont essayer de retrouver cette histoire dans les noms des *rues de Paris*.

Et pour ajouter encore un nouveau charme, un nouvel intérêt à la variété rétrospective d'un pareil ouvrage, le génie de l'artiste secondera la science de l'historien, la fantaisie de l'observateur et l'imagination du poëte. Nanteuil trouvera le moyen de faire sortir une scène dramatique et charmante du fond des vieilles chartes des rois, des cartulaires des églises et des registres des parlements; Jules David et Français embelliront la modeste origine d'une rue, en poétisant la prose d'un simple chroniqueur; lorsqu'il s'agira d'une narration instructive, Marckl et Baron arriveront bien vite à notre aide, pour la rendre ingénieuse, originale et amusante; si nous avons peur des souillures secrètes ou publiques de certaines voies parisiennes, Daumier nous forcera de rire, en prêtant au vice d'autrefois les apparences d'une plaisanterie ou d'un ridicule : si nous avons besoin d'assister à la résurrection poétique d'un monument, d'un palais, d'un édifice, d'une maison, abîmés par les siècles et par les orages, LEMERCIER et GODEFROY relèveront tous ces Lazares de pierre, en les frappant du bout de leur merveilleuse baguette; quand il nous faudra vivre dans le Paris du dix-neuvième siècle, GAVARNI nous donnera, sur le théâtre de la Mode, une représentation de la Petite Comédie Parisienne; enfin, le crayon et la plume écriront ensemble, sur la même page, pour les yeux, pour la pensée, pour le caprice et pour le cœur.

Cette fois, du moins, le préjugé public aura raison; les artistes, les écrivains, les passants spirituels de la grande ville, que je précède et que je vous annonce, nous donneront le droit de dire, je l'espère : L'esprit court les rues !

Louis LURINE.

Place de l'Hôtel-de-Ville.

L'HÔTEL DE VILLE

PLACE DE L'HOTEL-DE-VILLE.

Écoutez attentivement le bruit des faits, la voix des événements, le cri des populations, les grandes clameurs de la multitude, les agitations sourdes et latentes, les tumultes lointains, les murmures des chroniques et les échos de toute notre histoire; au fond de ces rumeurs, vous entendrez toujours bruire ou retentir ces mots : « L'Hôtel-de-Ville ! » Tantôt à la base, tantôt au sommet, ils sont partout, dans tous les lieux et dans tous les temps : c'est le cri de ralliement des émotions nationales. — Les nations et les cités ont-elles donc comme les hommes un visage et une âme? Ont-elles donc aussi une physionomie sur les traits de laquelle se reflètent toutes leurs impressions? Vraiment, on est porté à croire à cette individualité des peuples et des villes, lorsqu'on observe avec quelle persévérance tous les mouvements des sociétés viennent, pour chacune d'elles, graviter vers un centre commun.

A la naissance même de Paris, dès les premiers vagissements de l'antique Lutèce, nous voyons se former et s'établir cette prépondérance d'un endroit sur tous les autres. Une troupe d'hommes actifs et laborieux sort des forêts druidiques pour chercher un bien-être qu'elle ne trouve plus dans ces sombres retraites. Le fleuve attire d'abord leurs regards ; leurs rudes instincts devinent tout de suite les avantages de ce moyen de communication ; ils ont compris ce que Pascal dira plus tard : Les rivières sont des chemins qui marchent.

C'est sur *la Grève* que se posent les premières cabanes ; les îles du fleuve voient construire les premières habitations, et lorsque tant de splendeur et de magnificence, à travers des phases si multipliées, si agitées et si diverses, auront remplacé ces humbles demeures, la Ville reconnaissante gardera pour emblème le signe de son origine, et le vaisseau d'argent dira sur l'écusson de Paris, qu'il fut fondé par une colonie de bateliers et de pêcheurs. Sur la rive se dressera le palais de la Cité, et c'est là, en face de l'édifice municipal, qu'éclateront en cris d'allégresse ou en sanglots toutes les joies et toutes les souffrances du peuple. C'est là aussi qu'il viendra tour à tour menaçant, irrité, calme, superbe, fort, puissant, résigné, exalté, abattu, vaincu ou triomphant, paisible ou tourmenté, sage ou en délire, réclamer ses droits, conquérir ses franchises, honorer la vertu, châtier le crime, gémir sur des désastres et célébrer ses fêtes, commencer, continuer et accomplir toutes ses révolutions.

Contre cette volonté civique, rien ne pourra prévaloir ; tous les pouvoirs qui présideront aux destinées de la France s'inclineront devant l'Hôtel-de-Ville.

L'histoire de la place de l'Hôtel-de-Ville n'est pas seulement le premier chapitre de l'histoire de Paris dans son existence comme cité : c'est le sommaire le plus complet de l'histoire de France.

Il doit nous suffire d'indiquer ces idées, sans leur donner un développement qui s'éloignerait à la fois et du principe et du but de cet ouvrage, qui ne veut parcourir les âges passés et le temps présent, que pour leur demander les souvenirs pittoresques et animés qui font revivre sous nos yeux les hommes et les choses.

Pour bien comprendre le langage des évènements, il faut se rappeler que les premiers droits de la cité parisienne furent ses priviléges de commerce et de navigation sur la Seine; la conquête et toutes les dominations qui se succédèrent ne purent anéantir ces franchises qui devaient être à la fois si fécondes et si stériles, mais qui furent toujours le gage assuré de son indépendance et de sa prospérité. Le peuple de Paris avait commis à son Hôtel-de-Ville ce dépôt sacré; c'était l'objet de sa sollicitude la plus vive et la plus constante; tout ce que la population ressentait la ramenait donc naturellement aux soins de cette défense; l'Hôtel-de-Ville était comme le cœur de la cité, le siége de toutes ses émotions.

Les vicissitudes architectoniques de l'Hôtel-de-Ville ne présentent qu'un intérêt médiocre. Il n'est pas rare que l'aspect des monuments en raconte les annales; cette histoire est assurément plus grave, plus authentique et plus durable que celle qui nous est transmise par les livres; mais il est des édifices dont l'extérieur se prête mal à ces enseignements, c'est qu'ils n'ont pas été créés d'un seul jet; ils ne sont pas empreints du caractère d'une époque et ne peuvent point en reproduire le type; leur construction semble n'avoir pas été dirigée par une pensée unique; on croirait qu'ils sont nés du caprice et de la fantaisie. Tel est le style de l'Hôtel-de-Ville de Paris : il n'a rien qui puisse instruire avec sûreté ceux dont le regard l'interroge. Il faut bien le dire, il manque de grâce, sans avoir de dignité, et aucun de ses traits n'indique sa destination; il est aussi éloigné du goût que de la magnificence; des constructions récentes ont beaucoup fait pour sa parure et rien pour sa beauté.

Il n'en est pas ainsi du cadre au milieu duquel il est posé. La place de l'Hôtel-de-Ville a une figure qui lui est propre, sa physionomie est étrangement expressive, elle n'a laissé altérer aucun de ses traits, elle porte un de ces vieux visages dont chaque ride atteste le passage d'une passion.

Sa situation tient à l'origine même de Paris; dans les îles qu'elle regarde et sur les rives qu'elle touche, des huttes de pêcheurs ont tracé la première enceinte. Vis-à-vis d'elle sont nés les monuments, qui témoignaient d'une grandeur future. Les églises, les monastères, le palais des rois, les asiles ouverts à la souffrance et à l'infortune, les grands logis de la noblesse, la maison de justice, les entrepôts des marchands et la maison des bourgeois se groupèrent autour d'elle; elle devint le *forum* naturel de cette ville qui commençait à se montrer si puissante; le rôle qui lui appartenait dans l'histoire de Paris lui fut promptement tracé, et rien n'a pu l'en faire dévier : elle a fidèlement gardé la mémoire de tout ce qu'elle a vu.

Qu'importent après cela les récits de la tradition qui ont sèchement enregistré des titres d'acquisition, de transmission et de propriété, comme s'il ne s'agissait, dans l'existence de l'Hôtel-de-Ville de Paris, que de constater la légitimité du domaine? Les bourgeois eurent d'abord une *maison de la marchandise;* vers le milieu du treizième siècle, en 1357, ils achetèrent une maison qui avait appartenu à Philippe-Auguste ; on l'appelait la *maison aux piliers,* parce qu'elle était soutenue par de gros piliers ; on la nommait aussi la *maison du dauphin,* parce qu'après avoir été prise par Philippe de Valois à la reine veuve de Louis-le-Hutin, elle avait été donnée à Guy, dauphin de Vienne. Réparée par les soins des prévôts des marchands et des échevins, cette maison, qu'on appelait indifféremment *maison de Ville* ou *maison de la Prévôté,* fut, en 1368, ornée de peintures par Jean de Blois. En 1380, sous le règne de Charles VI, deux cents Parisiens, habitants notables, réunis sous la présidence du prévôt des marchands, y faisaient entendre leurs doléances contre les violences exercées par les parents du roi. En 1533, Pierre de Viole, prévôt des marchands, posait la première pierre de l'Hôtel-de-Ville ; en 1553, Dominique de Cortone en poursuivait la construction ; en 1605, il était achevé par Dominique Bonardo, sous l'édilité de François Miron, prévôt des marchands.

En 1801, lorsque la préfecture du département de la Seine prit possession de l'Hôtel-de-Ville, l'édifice fut agrandi par la démolition de l'église de Saint-Jean-en-Grève et d'une partie des monuments de l'hôpital du Saint-Esprit. Aujourd'hui, des travaux considérables ont doublé son étendue, régularisé sa forme, et on fait de loyaux efforts pour donner à l'Hôtel-de-Ville de Paris des dehors dignes de la capitale de la France. Nous n'avons point à nous prononcer sur ces nouveaux accroissements ; ils n'occuperont notre attention que lorsque l'ordre de notre observation nous conduira à l'examen de la place de l'Hôtel-de-Ville, telle que l'ont faite les dernières modifications qu'elle a subies.

Nous sommes de ceux dont la réflexion obéit aux objets extérieurs et ne cherche point à leur faire violence ; dans nos lignes, c'est la place de l'Hôtel-de-Ville qui nous montrera elle-même les signes et les souvenances des événements dont elle a été le théâtre.

Par une belle et radieuse matinée de printemps de l'année 1381, une foule considérable était rassemblée à la halle de Paris, et dans les rues étroites qui entouraient ce vaste marché ; il y avait là force bourgeois et manants ; les marchandes s'étonnaient de cette affluence extraordinaire, et composée de gens qui paraissaient occupés de tout autre chose que de faire leurs provisions. Des groupes se formaient ; l'inquiétude, une anxiété universelle et des signes non équivoques de mécontentement se manifestaient partout ; on entendait déjà gronder la tempête populaire.

— Ils sont sans pitié, disait à ceux qui l'entouraient un marchand drapier ; ils nous accablent d'impôts, et je sais de bonne part qu'ils viennent encore de décréter de nouvelles taxes.

— Ils n'oseront pas les demander ! s'écria avec véhémence un boucher.

— Bah ! ils oseront tout ! Est-ce qu'ils ne sont pas les maîtres ?

— Nous verrons bien, murmuraient quelques voix...

— Vous verrez, reprit un homme au visage pâle et austère, vous verrez la ruine de la France, la nôtre, et celle de nos familles...

— Nos braves échevins ne le souffriront pas, répondirent quelques bourgeois.

— Vos échevins ! Quel mal ont-ils empêché ? Ne se sont-ils pas toujours contentés de satisfactions vaines, et n'ont-ils pas toujours blâmé nos efforts ?... Ah ! s'ils avaient laissé agir le bon peuple de Paris, ces princes qui ont déjà volé la couronne ne nous voleraient pas nos franchises, nos priviléges et notre argent.

Ce dernier mot produisit la commotion la plus vive ; une clameur haute et terrible s'éleva de toutes parts ; des cris partis de différents endroits lui répondirent, et il sembla que cette multitude allait s'ébranler. Aussitôt quelques hommes se détachèrent des groupes et se hâtèrent de calmer cette irritation ; ils étaient accueillis avec impatience : mais l'autorité qu'ils exerçaient n'était point méconnue : c'étaient des bourgeois notables qui, par dessus toutes choses, redoutaient la sédition.

— Écoutez, dit un d'entr'eux, le roi Charles VI...

— C'est un enfant, il n'a pas quatorze ans.

— Mais...

— Ses oncles règnent en sa place ; le duc d'Anjou, le régent, dont la cupidité est insatiable, ne rêve qu'impôts et taxes, et, après nous avoir tout pris, il prétend fouiller nos maisons pour nous enlever jusqu'à nos dernières ressources.

— Ces mesures ont trouvé de l'opposition dans le conseil.

— Et que lui importe, à lui, qui brave toutes les volontés ?

— Il y a eu des remontrances...

— Des pleurs d'enfants qu'on n'écoute pas.

— L'impôt ne sera pas exigé...

— Et si je vous disais, maître Michaud, qu'il est déjà vendu à ceux qui doivent le percevoir, et que M. le duc d'Anjou a déjà touché le prix des taxes qu'il a cédées.

— Parlez plus bas, maître Bernard, j'aperçois des hommes de la cour.

Effectivement, quelques personnages portant, comme marque distinctive de leur noblesse, des chaînes d'or, parcouraient les groupes des bourgeois, sans parler, mais écoutant tous les propos ; des archers se tenaient prêts à recevoir leurs ordres : c'étaient des officiers du palais.

Cependant, l'émotion de la foule se calmait ; des paroles rassurantes avaient dissipé les craintes et apaisé les ressentiments ; déjà le calme se rétablissait, lorsque parut tout-à-coup, au milieu de la halle, un homme à cheval. Il portait une armure complète, mais sombre, sans devises et sans armoiries ; la visière de son casque, à demi baissée, laissait à peine voir les traits de son visage ; il tenait à la main droite un clairon, et sonna une fanfare qui attira autour de lui toute la population.

Lorsque le silence fut établi, il annonça que des voleurs venaient d'enlever les diamants de la couronne, et que dix marcs d'or étaient promis à ceux qui aideraient à découvrir les auteurs de ce vol... Puis, profitant de la surprise que causait cette proclamation, il ajouta, avec une voix qu'il sut rendre étrangement éclatante et formidable : « Et demain, habitants de Paris, l'impôt sera perçu ! »

Après avoir prononcé ces paroles, il perça la foule et partit au grand galop de son cheval, avant que les archers aient pu seulement faire une démonstration contre lui.

Ces mots soulevèrent la multitude ; elle s'émut comme un seul homme, et avec des cris horribles, elle s'élança vers les quais, et au-dessus de cet immense tumulte on entendait ces mots : « A l'Hôtel-de-Ville ! »

En un moment le flux populaire remplit toute la place de l'Hôtel-de-Ville ; il y arriva par le côté qui fait face à l'édifice. On se précipita vers les portes, elles furent brisées et enfoncées ; on s'arma des maillets de plomb que Charles V avait fait fabriquer, et qu'il avait déposés là comme dans un arsenal ; puis, avec d'épouvantables clameurs, on se retira dans toutes les directions, rompant et mettant à sac tout ce qu'un caractère royal signalait à la haine du peuple. A l'un des angles de la place de l'Hôtel-de-Ville, on voit encore la tourelle, d'où un homme vêtu d'une longue robe noire, et le visage caché sous un capuchon rabattu, donna à cette multitude furieuse le signal du départ, en frappant lui-même avec un lourd maillet trois coups dont la muraille a longtemps gardé l'empreinte.

Ce fut la première journée des *mailletins*.

Près de trois siècles s'étaient écoulés; le 2 juillet 1682, le peuple de Paris était réuni sur la place de l'Hôtel-de-Ville. L'attitude de la population était grave, ferme, imposante. On s'entretenait sans colère des querelles qui divisaient la cour et le parlement. On touchait au terme de cette guerre civile, accomplie avec une si singulière tranquillité, de cette guerre où les bourgeois de Paris se battaient dans leurs rues, sans se déranger de leurs travaux et de leurs loisirs; de cette guerre où le cardinal de Retz a dit qu'il ne fallait pas *désheurer* les combattants. On s'entretenait des prouesses que M. de Turenne et M. le prince de Condé faisaient à la tête des armées; on parlait du siège d'Étampes, de l'arrivée de M. le prince, qui venait de se replier sur Paris, des négociations de la cour et de l'assemblée que tenaient en ce moment même, à l'Hôtel-de-Ville, les magistrats de la bourgeoisie. Le peuple, dans cette circonstance, comme dans toutes les principales journées de la Fronde, montrait un sens admirable; il pesait la cour et le parlement, Mazarin et ses adversaires, Turenne et Condé, les hommes et les évènements, avec une indifférence parfaite, prompt seulement à s'émouvoir et à se montrer lorsqu'il s'agissait de ses droits.

A contempler cette réunion d'hommes, il semblait que la curiosité les eût appelés dans cet endroit; il était impossible d'apercevoir les traces d'un autre sentiment.

Le canon grondait cependant, les détonations se rapprochaient et devenaient plus distinctes, le combat touchait aux portes de la ville, M. le prince et ses troupes tentaient de se jeter dans le faubourg Saint-Antoine. Les deux grands capitaines qui dirigeaient cette sanglante partie d'échecs avaient fait preuve d'une égale habileté et acquis une gloire égale; l'armée de Turenne, renforcée par le maréchal de La Ferté, allait pourtant s'assurer la victoire. Les Parisiens jugeaient les coups, sans prendre parti pour l'une ou pour l'autre cause. Une femme triompha de cette apathie.

C'était mademoiselle de Montpensier; sa parole ardente et animée entraîna sur ses pas ces masses inertes; le peuple ouvrit à M. le prince les portes de Paris, et le combat remua tout le faubourg Saint-Antoine; du haut de la Bastille, le canon, sous les ordres de Mademoiselle, foudroyait l'armée royale. Cette journée sauva, dit-on, la gloire de Condé; elle témoigna aussi de la force de ce peuple que les grands sont toujours forcés d'invoquer dans leurs petites querelles.

Après la bataille, les Parisiens se réunirent encore sur la place de l'Hôtel-de-Ville; pendant qu'on délibérait au dedans, ils avaient agi au dehors, et longtemps à la base de la façade, vers l'est, on a vu les marques laissées sur la pierre noircie par les feux qu'on alluma le soir, en chantant des *Mazarinades*.

. . . .

Mais, quel spectacle attend cette foule qui remplit au loin les abords de la place de l'Hôtel-de-Ville? Pourquoi ce déploiement de force inaccoutumé? D'où vient que la terreur est sur tous les visages? Cependant, les mouvements de ce peuple ne révèlent aucune agitation; nous ne sommes plus aux temps de troubles et d'émeute; la Ligue et la Fronde n'ont plus que des souvenirs historiques; nous sommes parvenus à la moitié de ce dix-huitième siècle qui se distingua par de si merveilleux raffinements de luxe et d'élégance. Aux croisées, aux balcons, à la façade de l'Hôtel-de-Ville même, nous apercevons au-dessus de la multitude qui couvre le pavé, des femmes brillantes de parures, des seigneurs étincelants de broderies; nous croyons reconnaître les dames et les gentilshommes qui embellissent habituellement les salons de Versailles. La cour à la place de Grève! qui donc a pu l'y attirer et l'y conduire?

Depuis plusieurs jours, sur la place de l'Hôtel-de-Ville, on avait disposé un espace de cent pieds, entouré de palissades plantées en carré; il n'avait d'issue que dans un coin et une communication avec l'Hôtel-de-Ville : au milieu se dressait un échafaud. Cet espace était gardé intérieurement par le lieutenant de robe-courte et sa compagnie, et extérieurement par les soldats du guet à pied; le guet à cheval était sur la place aux Veaux. Les avenues de la Grève étaient gardées de distance en distance par des détachements de gardes-françaises, ainsi que le chemin du Palais à Notre-Dame. Dans tous les quartiers et principaux carrefours de la ville, il y avait des postes, et l'on avait pris toutes les précautions nécessaires pour assurer l'ordre et la tranquillité publique. C'était le lundi 28 mars 1757.

On amena en grande pompe et entouré de gardes et d'officiers de justice, un homme : sa taille était d'environ cinq pieds, il était mince, sa figure n'avait aucune expression remarquable, il paraissait douloureusement résigné, mais sans faiblesse; ses traits étaient sans pâleur, malgré la souffrance qui semblait avoir brisé son corps; il était âgé de quarante-deux ans. Placé près de l'estrade, contre laquelle il s'appuya, il attendit longtemps certains préparatifs; on le déshabilla et on le plaça nu et couché sur l'échafaud, qui était élevé d'environ trois pieds et demi au-dessus du sol, long et large de près de neuf pieds. Le patient fut lié et retenu par des cercles de fer, posés au-dessous des bras et au-dessus des cuisses. Il considérait ses membres avec attention, il contempla les apprêts sans s'émouvoir, et jeta sur la foule qui se pressait autour de l'enceinte un regard plein de fermeté.

Il était cinq heures du soir; le supplice commença.

La main droite, qui tenait un couteau, fut brûlée; les atteintes de la flamme arrachèrent un cri horrible, et le condamné regarda ensuite froidement le membre calciné. Le greffier s'approcha de lui dans cet instant, et le somma de nouveau de nommer ses complices; il protesta qu'il n'en avait pas. Ici nous laisserons parler l'épouvantable procès-verbal de ces faits : « Au même instant ledit condamné a été tenaillé aux mamelles, bras, cuisses et gras des jambes, et sur lesdits endroits a été jeté du plomb fondu, de l'huile bouillante, de la poix brûlante, de la cire et du soufre fondus ensemble, pendant lequel supplice ledit condamné s'est écrié à plusieurs fois : — *Mon Dieu, la force, la force! — Seigneur, mon Dieu, ayez pitié de moi!... — Seigneur, mon Dieu, que je souffre! — Seigneur, mon Dieu, donnez-moi la patience!* »

Nous copions encore :

« A chaque tenaillement, on l'entendait crier douloureusement; mais, de même qu'il l'avait fait lorsque sa main avait été brûlée, il regarda chaque plaie, et ses cris cessaient aussitôt que le tenaillement était fini. Enfin, on procéda aux ligatures des bras, des jambes et des cuisses, pour opérer l'écartèlement. Cette préparation fut très-longue et très-douloureuse. Les cordes étroitement liées, portant sur les plaies si récentes, cela arracha de nouveaux cris au patient, mais ne l'empêcha pas de se considérer avec une curiosité singulière. Les chevaux ayant été attachés, les tirades furent réitérées longtemps avec des cris affreux de la part du supplicié. L'extension des membres fut incroyable ; mais rien n'annonçait le démembrement. Malgré les efforts des chevaux, qui étaient jeunes et vigoureux, peut-être trop, cette dernière partie du supplice durait depuis plus d'une heure, sans qu'on pût en prévoir la fin. Les médecins et chirurgiens attestèrent aux commissaires qu'il était presque impossible d'opérer le démembrement, si l'on ne facilitait l'action des chevaux, en coupant les nerfs principaux qui pouvaient bien s'allonger prodigieusement, mais non pas être séparés, sans une amputation. Sur ce témoignage, les commissaires firent donner ordre à l'exécuteur de faire cette amputation, d'autant plus que la nuit approchait et qu'il leur parut convenable que le supplice fût terminé auparavant. En conséquence de cet ordre, aux jointures des bras et des cuisses, on coupa les nerfs au patient; on fit alors tirer les chevaux. Après plusieurs secousses, on vit se détacher une cuisse et un bras. Le supplicié regarda encore cette douloureuse séparation ; il parut conserver la connaissance après les deux cuisses et un bras séparés du tronc, et ce ne fut qu'au dernier bras qu'il expira. Les membres et le corps furent jetés sur un bûcher. »

Ce supplice est le plus horrible de tous ceux qu'ait vus la place de l'Hôtel-de-Ville. Là, dans des temps de barbarie, s'étaient dressés des bûchers ; là, le 16 juillet 1676, la marquise de Brinvilliers avait eu la tête tranchée, son corps avait été brûlé ; cette exécution fournit même à madame de Sévigné le texte d'une des lettres les plus gaies qu'elle ait écrites ; on y lit cette phrase : « Elle monta seule et nu-pieds sur l'échafaud, et fut un quart-d'heure *miraudée, rasée, dressée et redressée par le bourreau.* »

Malgré ces formidables traditions, les actes que nous venons de rappeler resteront comme un monument d'abominable cruauté ; ils se passaient à l'époque où la nation française se vantait d'être la plus polie de l'univers. Au siècle de Louis XIV succédait l'avènement de cette philosophie qui entreprit d'éclairer le monde, et c'était à ces clartés, à la face de tout un peuple, qu'on déployait ce faste de férocité !

Le supplicié s'appelait : Robert-François Damiens !

Il avait frappé d'un coup de couteau le roi Louis XV. L'atrocité du supplice fit disparaître l'indignation causée par son attentat.

Le soir, les courtisans racontèrent avec complaisance tous les détails de cette longue torture ; une jeune duchesse se fit remarquer par la grâce et la vérité avec lesquelles elle retraçait les moindres phases de l'agonie de Damiens. Pendant plusieurs mois, on alla visiter le lieu du supplice et chercher les marques qu'il avait laissées.

La place de l'Hôtel-de-Ville est comme une table d'airain sur laquelle chaque évènement de l'existence nationale gravait des traces profondes.

Trente-trois ans plus tard, la foule accourait encore aux pieds de l'Hôtel-de-Ville ; une garde nombreuse se pressait encore à toutes les avenues. Des portes du Châtelet, pour s'avancer vers la place de Grève, sortait, entre deux haies de soldats, un personnage dont la démarche et le maintien témoignaient de quelque distinction ; il y avait en lui les habitudes du militaire et du courtisan ; il paraissait âgé de quarante-cinq ans. C'était THOMAS DE MAHI, MARQUIS DE FAVRAS, que la chambre du conseil du Châtelet de Paris, la compagnie assemblée, avait condamné à être amené et conduit dans un tombereau, après amende honorable, à la place de Grève, pour y être pendu et étranglé, jusqu'à ce que mort s'en suive, par l'exécuteur de la haute justice, à une potence placée sur ladite place de Grève.

Le matin, il avait remis lui-même au greffier, après la lecture de l'arrêt, sa croix de Saint-Louis. Lorsqu'il sortit du Châtelet, les spectateurs battirent des mains ; ces applaudissements se répétèrent devant Notre-Dame, au moment de l'amende honorable ; il les subit avec sérénité ; cette joie du peuple ne sembla ni l'affliger, ni l'irriter. Favras était accusé :

« *D'avoir formé, communiqué à des militaires, banquiers et autres personnes, et tenté de mettre à exécution un projet de contre-révolution en France, qui devait avoir lieu en rassemblant les mécontents des différentes provinces, en donnant entrée dans le royaume à des troupes étrangères, en gagnant une partie des ci-devant gardes-françaises, en mettant la division dans la garde nationale, en attentant à la vie de trois des principaux chefs de l'administration, en enlevant le roi et la famille royale, pour les mener à Péronne, en dissolvant l'assemblée nationale, et en marchant en force vers la ville de Paris, ou en lui coupant les vivres pour la réduire.* »

Voici le récit d'un contemporain :

« Conduit à la Grève, Favras est monté à l'Hôtel-de-Ville, où il a fait un testament de mort qu'il a dicté pendant quatre heures.

La nuit étant venue, on a distribué des lampions sur la place de Grève, et on en a mis jusque sur la potence. Il est descendu de l'Hôtel-de-Ville, marchant d'un pas assuré. Au pied du gibet, il a élevé la voix, en disant : « *Citoyens, je meurs innocent, priez Dieu pour moi.* » Vers le second échelon, il a dit d'un ton aussi élevé : « *Citoyens, je vous demande le secours de vos prières, je meurs innocent.* » Au dernier échelon, il a dit : « *Citoyens, je meurs innocent, priez Dieu pour moi.* » Puis, s'adressant au bourreau : « *Et toi, fais ton devoir.* »

On a appelé Favras *le dernier des marquis*; sa mort fut le premier acte de justice révolutionnaire. Vingt-quatre ans auparavant, Lally, bâillonné, avait eu la tête tranchée sur la place de Grève:

Les annales de cette place de l'Hôtel-de-Ville sont sanglantes ; mais on y aperçoit nous ne savons quelle fatalité populaire qui leur donne un caractère grand et majestueux ; on sent que dans ces supplices mêmes s'accomplissait l'enfantement de la civilisation.

En se rapprochant de nous, ces fastes semblent acquérir plus d'énergie et plus d'élévation.

Dans les idées de la population parisienne, la place de Grève avait une signification néfaste, parce que c'était le lieu où l'on infligeait les châtiments. On vit un jour une troupe de convulsionnaires s'arrêter au milieu de cette place et la bénir, comme l'endroit où, disaient-ils, ils seraient *exécutés mortellement*. Ces pensées funestes ne diminuaient rien de la puissance des leçons de l'histoire. Le peuple de Paris savait que la place de l'Hôtel-de-Ville avait vu toutes les conquêtes de la liberté, et que de là étaient partis, à toutes les époques d'oppression, les redressements populaires ; il se montra toujours sensible à ces souvenances de patriotisme.

La place de l'Hôtel-de-Ville fut le théâtre des principaux événements de la révolution de 1789 ; mais elle n'eut dans cette partie de notre histoire qu'une part glorieuse.

L'Hôtel-de-Ville fut, en quelque sorte, le palais de la révolution ; ce fut à l'Hôtel-de-Ville que résidait la Commune de Paris ; ce fut là que siégeait le comité de salut public ; là se dénoua le drame du 9 thermidor ; là tomba Robespierre, cette effroyable personnification du dogme de la terreur.

La place de l'Hôtel-de-Ville était le quartier général des forces révolutionnaires ; les citoyens y accouraient pour former les faisceaux civiques, et pour prêter leur appui à la loi ; la turbulence, le désordre, le pillage et le meurtre, préparaient en d'autres endroits leurs moyens de destruction. C'était ailleurs qu'ils rassemblaient les hordes dont les excès ont souillé cette époque. La place de l'Hôtel-de-Ville resta pure de crimes, et ne retentit jamais que des généreux accents d'un peuple redemandant ses droits.

Sous l'empire, elle s'associa avec enthousiasme à l'éclat qui glorifiait le pays ; elle vit rayonner les fêtes splendides, elle répéta avec transport les échos de nos victoires ; elle saluait avec amour et avec ivresse les fêtes qui célébraient nos triomphes. Si elle ne cessa pas d'être le lieu des supplices, du moins fut-elle aussi l'enceinte de prédilection pour toutes les joies de la patrie ; elle préparait ainsi, dans le présent, pour l'avenir, l'instant où elle n'aurait plus à présenter à l'histoire que des titres chers à toutes les nobles affections.

L'empire eut toujours pour la place de l'Hôtel-de-Ville une préférence marquée ; Napoléon pensait qu'il eût manqué quelque chose à sa gloire, si le bruit et la renommée de ses triomphes n'eussent pas retenti autour de l'Hôtel-de-Ville de Paris. C'était sur cette place que le peuple aimait à s'assembler pour entendre le canon des Invalides, dont les salves proclamaient les bulletins de la grande armée.

Lors du mariage de l'empereur, la ville de Paris s'associa avec splendeur aux fêtes des Tuileries ; Napoléon éprouvait une joie véritable à présenter sa femme à la bourgeoisie de Paris, dont l'élite était rassemblée dans les salons de l'Hôtel-de-Ville ; mais il ne se borna pas à ces hommages de l'étiquette ; plusieurs fois, pendant le bal, il conduisit l'impératrice aux fenêtres, et il la montra lui-même à la foule, qui resta rassemblée sur la place durant toute la nuit. L'empereur ne voulait pas que les fêtes de la cour fussent renfermées dans les appartements ; il s'efforçait d'y appeler et d'y mêler les émotions du dehors ; nul mieux que lui n'a compris cet art de parler aux effusions de la multitude. Il y avait alors un usage qui resserrait les liens entre le trône et la cité : chaque année, la ville de Paris donnait en son Hôtel-de-Ville un banquet et un bal au souverain ; on choisissait ordinairement pour cette solennité le jour de la fête auguste. Dans ces bals, la bourgeoisie était soumise au costume de la cour; c'est-à-dire

qu'elle n'était reçue qu'avec cet habit auquel on avait conservé le nom d'*habit à la française*; les broderies, les dentelles, le chapeau empanaché et l'épée, étaient les accessoires obligés de cette parure. Malgré les embarras attachés à une toilette qu'ils ne portaient qu'une fois l'an, les bourgeois prenaient gaîment leur parti de cette mascarade, qui était, sans contredit, l'attrait le plus piquant de ces réunions. Pendant la durée du bal, les curieux remplissaient la place; c'était un des meilleurs divertissements du peuple à Paris, que de voir descendre de voiture et entrer à l'Hôtel-de-Ville, les bourgeois ainsi affublés. Souvent on reconnaissait les invités et on les appelait tout haut par leur nom, avec ces sarcasmes et ces éclats de rire qui sont la menue justice du peuple. De tous les points de la ville on venait à ce rendez-vous.

Ce bal de l'Hôtel-de-Ville fut quelquefois l'occasion de réjouissances dont la place de Grève était alors le centre. L'édifice apparaissait radieux de lumières; on réservait pour cet endroit les plus magnifiques illuminations; une ligne de feu s'étendait le long des quais jusqu'au château des Tuileries; de vastes trépieds antiques supportaient les gerbes de flammes qui éclairaient le trajet, et quand le cortège impérial entre la double haie des vétérans de la garde défilait, sous les yeux de la foule, rien ne peut donner une idée de l'enthousiasme qui éclatait sur son passage; car c'était après une victoire, après une conquête, après un royaume ajouté à l'empire, que Napoléon aimait à paraître ainsi devant les habitants de la capitale de ses États. A l'arrivée de l'empereur, les batteries d'artillerie placées sur les quais voisins annonçaient l'inauguration de la fête, et la place de Grève et les deux rives répondaient à ce signal par une immense acclamation. En face de l'Hôtel-de-Ville, jaillissait tout-à-coup un feu d'artifice gigantesque; ordinairement il faisait luire quelque page des guerres récentes. Tout Paris a gardé la mémoire de ce passage du Mont-Saint-Bernard, qui montrait au milieu d'une auréole flamboyante, les fatigues et les trophées de notre armée d'Italie. C'était un admirable spectacle! Pendant que nos soldats gravissaient ces montagnes de feu, on voyait se détacher au sommet une figure bien connue, entourée par des lueurs qui semblaient empruntées aux astres, et les regards se reportaient ensuite vers l'endroit d'où Napoléon contemplait lui-même cette rayonnante apothéose. Sur le fleuve, une flottille toute pavoisée de reflets lumineux répondait par de continuelles éruptions à la mousqueterie et aux canons qui tonnaient sur la cime. C'était l'histoire écrite en caractères de feu.

Pendant toute la durée de ces nuits, rien ne pouvait arracher la foule à la place de l'Hôtel-de-Ville, et pour ceux qui écoutaient ses entretiens, il était évident que, malgré les délices du bal, le peuple avait la meilleure part de ces fêtes.

Napoléon aimait ces démonstrations; il y avait en lui des instincts qui le rapprochaient du peuple et de ses plaisirs.

La restauration se prêta d'abord d'assez bonne grâce à ces réjouissances; la cour y retrouvait d'ailleurs des traditions que la vieille royauté avait habilement cultivées; mais les bals de l'Hôtel-de-Ville tombèrent en désuétude, comme si personne ne se fût soucié de ces rapprochements. Il y a bien de l'imprudence dans de pareils dédains!

L'Hôtel-de-Ville de Paris était en possession de priviléges qu'il n'a pas perdus; toutes les nouvelles qui pouvaient intéresser le pays devaient être portées à l'Hôtel-de-Ville par un message exprès. Les mariages et les naissances des princes tenaient le premier rang parmi ces dépêches que la foule accueillait toujours avec tant d'empressement. Dans ces circonstances, on allait au loin sur la route que devait parcourir l'envoyé, et par mille questions chacun cherchait à pressentir la nouvelle. Le peuple rassemblé sur la place de Grève, porta lui-même dans ses bras, jusqu'au perron de l'Hôtel-de-Ville, le page chargé d'annoncer la naissance du fils de Napoléon. Un présent et des honneurs étaient attachés à ces sortes de missions.

Un fait prouve jusqu'à quel point l'Hôtel-de-Ville est le centre où viennent frapper toutes les impressions de la cité. Lors de la conspiration de

Mallet, il y eut un moment où les conjurés étaient parvenus à accréditer, auprès du gouvernement lui-même, la nouvelle de la chute de Napoléon. Le premier soin de M. Frochot, alors préfet du département de la Seine, fut de faire préparer une des salles de l'Hôtel-de-Ville, pour l'installation du gouvernement provisoire. L'empereur ne lui pardonna pas cet excès de zèle et le destitua. Dans sa déposition devant la cour des pairs, M. de Chabrol, paraissant comme témoin, dans le procès des derniers ministres de Charles X, n'hésitait pas à dire, qu'il regardait la possession de l'Hôtel-de-Ville comme le signe assuré du succès, pour ceux qui s'y maintenaient, ou pour ceux qui s'en emparaient.

Le peuple de juillet ne s'y trompa point; ce fut pour l'Hôtel-de-Ville et sur la place de Grève, qu'il livra le plus terrible de ses combats; les traces en sont partout; les architectes ont beau les effacer, la mémoire du peuple les conserve et les transmet; elle les a fait passer dans son langage et dans ses habitudes; rien ne peut les faire disparaître. Tant que le drapeau tricolore ne flotta point sur cette place, rien ne fut décidé pour la lutte; l'Hôtel-de-Ville pris et repris resta enfin au pouvoir du peuple, et seulement alors la victoire fut assurée. Les Tuileries et le Louvre n'étaient que les postes secondaires; c'était à l'Hôtel-de-Ville seulement que pouvait siéger la souveraineté nationale. Nous ne redirons pas cette partie de notre histoire; mais nous devons rappeler que la plus glorieuse page des chroniques de la place de Grève a été écrite pendant les trois journées de juillet 1830.

Dans l'enceinte des villes, il y a des endroits qui semblent privilégiés entre tous, pour la noblesse et la générosité de leurs inspirations; il est des endroits dans lesquels le peuple, lorsque d'odieux spectacles ne l'y appellent point, ne se réunit que pour se montrer fort et magnanime. La place de l'Hôtel-de-Ville de Paris a toujours exercé cette salutaire influence; c'est là que sont nées presque toutes les bonnes résolutions du peuple de Paris. Sans entrer dans un ordre d'idées qui doit rester étranger à ces lignes, il nous est permis de dire que tant que la révolution de juillet bivouaqua sur la place de l'Hôtel-de-Ville, elle resta pure, et que rien n'altéra ni son courage, ni son intégrité; son berceau est demeuré sans tache, et rien n'a flétri son premier asile; sur la place de l'Hôtel-de-Ville qu'elle venait d'agiter par de si violentes secousses, dans cet espace qui l'avait vue si intrépide, si forte et si puissante, elle se montra calme jusqu'à la magnanimité, désintéressée jusqu'à l'héroïsme, et daignant à peine songer à ce qu'elle venait de conquérir.

Pour la place de l'Hôtel-de-Ville, les journées de juillet furent une consécration; il ne fallait pas que le sang des criminels tombât plus longtemps sur ces pavés que le sang de tant de braves gens avait arrosés. La place de l'Hôtel-de-Ville, glorifiée par des exploits si étonnants et si rapides, ne pouvait plus être souillée par les exécutions ; l'échafaud ne pouvait plus se dresser, là où le pavois de la souveraineté nationale avait

été élevé ; ce lieu avait été sanctifié, il ne devait plus être déshonoré.

Ce n'était pas assez qu'une décision officielle eût éloigné de la place de l'Hôtel-de-Ville l'appareil des exécutions ; une expiation semblait nécessaire. Le châtiment infligé aux criminels n'avait pas seul versé le sang répandu dans ce lieu : à toutes les époques de notre histoire, les passions politiques ou des vengeances ambitieuses y ont assouvi leurs fureurs. Si la cruauté de Louis XI fit tomber aux halles la tête de Jacques d'Armagnac, si la haine implacable de Richelieu fit décapiter sur la place de Grève Bouteville et Deschapelles; dans des temps plus rapprochés de nous, d'autres martyrs ont été immolés par la rage des partis ; à ces victimes il fallait, non pas une réhabilitation, mais un pieux hommage, un témoignage de piété nationale.

Les sergents de La Rochelle avaient été exécutés sur la place de Grève.

Les citoyens comprirent le devoir que leur imposait ce souvenir ; on les vit, silencieux et recueillis, s'avancer vers le lieu où le sang avait été injustement versé, puis, entourant de leurs regrets, de leurs larmes et de leur vénération le lieu où s'était accompli le sacrifice, rendre à la mémoire des victimes ce lustre que le supplice n'avait pas terni, mais qu'il fallait rappeler aux pensées du pays. Dans cette cérémonie, si digne de la victoire qui l'avait précédée, il n'y eut que des larmes et des paroles de louange pour les victimes, pas une seule imprécation contre les bourreaux !

La place de l'Hôtel-de-Ville perd chaque jour quelque chose de ce qui animait les traits de sa physionomie populaire.

Longtemps elle fut pour le peuple de Paris un lieu de rendez-vous auquel il rapportait toutes ses sensations. Tout le mouvement de la ville laborieuse s'y faisait sentir. La foule y venait chercher ses délassements chéris, sûre de trouver là les récréations qu'elle aimait le plus ; sous les rires de la multitude s'étalaient les plus joyeux spectacles ; les bateleurs, et tous ceux qui remplissent de prodiges et de merveilles nos rues et nos places y établissaient leurs enchantements ; plus d'une fois, ces réjouissances nomades étaient dispersées par les valets du bourreau qui plantaient la potence et dressaient l'échafaud et le pilori. C'était sur la place de l'Hôtel-de-Ville que s'allumait le feu de la Saint-Jean, dont les flammes éclairaient les rondes populaires, et ne laissaient pas le loisir de penser à d'autres bûchers. C'était une cérémonie funeste pour les chats ; on en apportait de tous les coins de Paris ; on les enfermait dans des sacs, avant de les lancer dans le bûcher ; les liens qui les retenaient captifs étaient bientôt brisés, et les animaux suppliciés bondissaient alors avec furie et avec des miaulements effroyables, au grand plaisir de la foule qui croyait pieusement brûler autant de sorciers qu'elle livrait de chats aux flammes de la Saint-Jean. Aux bons jours, on accourait sur la place de l'Hôtel-de-Ville, pour savoir s'il était tombé d'en haut quelques largesses dont il fallût se réjouir. La place de l'Hôtel-de-Ville, qui avait vu toutes les dissensions civiles, a vu aussi toutes les réconciliations.

Dans certains pays, il existe, pour désigner l'Hôtel-de-Ville, une dénomination qui, selon nous, résume avec bonheur toutes les idées qui se rattachent à cet édifice ; on l'appelle la *maison commune*.

Tous les souvenirs du travail et de l'industrie de Paris ont, à l'Hôtel-de-Ville, leurs papiers de famille.

C'est de là que partent chaque année nos jeunes soldats ; c'est de là qu'ils s'élancent avec des chants et des fanfares, heureux de ce qui chez tous les autres peuples est un sujet d'abattement et de douleur.

La place de l'Hôtel-de-Ville est encore aujourd'hui le vaste caravansérail d'une grande partie de la classe laborieuse ; toute la population des ouvriers employés aux constructions s'y réunit ; c'est là que se contractent les engagements auxquels Paris doit ses embellissements et ses constructions nouvelles ; c'est le bazar de la main-d'œuvre qui édifie. *Faire grève* est une expression consacrée, pour peindre la situation d'un ouvrier sans ouvrage. Ainsi, c'est sur cette même place, où il a si vaillamment conquis toutes ses libertés, que le peuple vient demander et chercher le travail.

C'est un sol qu'il ne peut fouler sans y retrouver une de ses vertus, la patience ou le courage.   EUGÈNE BRIFFAULT.

RUE DE LA CHAUSSÉE-D'ANTIN.

Il y a quelque trente ou quarante ans cette rue commençait par une danseuse et finissait par un cardinal. Un cothurne blanc et un chapeau rouge, tels étaient les deux pôles de cette rue qui, entre ses deux trottoirs, résume encore aujourd'hui toute la civilisation parisienne.

Cette danseuse s'appelait mademoiselle Guimard; ce cardinal était l'archevêque de Lyon, l'oncle de Napoléon, le cardinal Fesch, une des dernières et des plus grandes figures que nous ait laissées le vieux catholicisme.

Entre la danseuse et l'archevêque, comme un trait d'union, brille le nom formidable de Mirabeau, dont l'hôtel s'élevait à égale distance de ses deux voisins, celui qui avait été l'hôtel chorégraphique, et celui qui devait être l'hôtel religieux.

On voit que la rue de la Chaussée-d'Antin, pour si jeune qu'elle soit, n'est pas trop mal partagée. Le théâtre, l'église et la tribune lui font une couronne de souvenirs.

Aujourd'hui l'opulente rue commence par un charcutier et finit par un marchand de vin; elle est toute jalonnée d'épiciers. Un apothicaire manipule la rhubarbe et le quin-

quina au rez-de-chaussée de l'hôtel Guimard ; un marchand de nouveautés outrage de son enseigne la façade de l'hôtel Fesch.

Où il y avait de grands seigneurs on rencontre, au niveau du sol, des boutiquiers, au premier étage, des banquiers ; l'alpha et l'oméga de notre moderne société. C'est que nous sommes loin des galantes prodigalités de la régence, des luttes parlementaires de la révolution de 89, des gigantesques batailles de l'empire ; aujourd'hui il y a une charte et deux chambres.

La Chaussée-d'Antin s'est dépouillée de son auréole aristocratique ; que vouliez-vous qu'elle fit contre trois ?

Mais laissons là des considérations qui tiennent à l'histoire de la grandeur et de la décadence des royaumes, et disons d'abord ce qu'était la rue de la Chaussée-d'Antin avant qu'elle fût.

Au commencement, comme dirait la Bible, il y avait, entre les quartiers de la Grange-Batelière et de la Ville-l'Évêque, un abominable marécage, formé de lambeaux de prairies où les roseaux poussaient à même ; toutes sortes de maisons foisonnaient sur ce terrain vague, qui était aux roués de la régence ce qu'était le Pré-aux-Clercs aux raffinés de la ligue, un lieu de débauches, de plaisirs et de duels, trois choses qui, en ce temps-là, faisaient trois synonymes.

Les maisons étaient basses et d'équivoque apparence ; on y entendait incessamment un grand fracas de bouteilles, un grand retentissement de couplets où la morale n'avait que faire, et un doux bruit de lèvres gourmandes et lascives qui aurait donné fort à penser aux philosophes du temps, si des philosophes avaient pu s'égarer en pareil lieu.

Tout au bout de ce marécage, le village des Porcherons groupait ses chaumières. Ces chaumières-là n'avaient aucun lien de parenté avec leurs homonymes des romances contemporaines. Ce sont petites cousines à la façon de Bretagne. Nos chaumières tenaient la porte gaillardement retroussée, qu'on nous passe l'expression, et la fenêtre au vent ; elles étaient de tournure plaisamment égrillarde, et il s'y faisait, pour tout dire en un mot, une grande consommation de jeune vertu et de vin vieux.

Le village de Clichy, qui ne se piquait pas non plus d'un grand rigorisme en matière de bonnes mœurs, tendait la main à son voisin, le village des Porcherons, et à eux deux ils menaient bien la vie la plus débraillée qui se pût voir dans la banlieue de Paris.

C'étaient deux grands cabarets. On y allait gris, on en revenait ivre.

Pour aller de la ville à ce lieu de perdition, les gentilshommes à cheval, les courtisanes en carrosses, et un peu aussi les bourgeois à pied, avaient tracé un chemin sinueux qui, partant de la porte Gaillon, aboutissait aux Porcherons.

Ce chemin, qui trottait à travers champs et fondrières, la bride sur le col, enjambait, à l'aide d'un mauvais pont, un affreux égoût que longeait un sentier boueux et qui s'appelait le ruisseau de Ménilmontant.

Cette sentine et ce ruisseau sont le père et la mère de la rue de Provence. Le pont, qui était fort vilain et fort crevassé, avait nom le Pont-Arcans. On avait oublié d'y mettre des garde-fous, et on le passait à la grâce de Dieu.

Déjà, par lettres-patentes du 4 décembre 1720, la prévôté de Paris était autorisée à ouvrir une rue allant du boulevart, vers l'extrémité de la rue Louis-le-Grand, jusqu'à la rue Saint-Lazare. Cette rue, que tous les mauvais sujets de la cour entouraient de leur protection, croissait et multipliait. Les bâtiments voués au culte de la galanterie s'élevaient rapidement. Chacun, dans ce monde, qui avait fait du plaisir son Dieu, voulait avoir son ermitage sur ce terrain qui reliait les remparts aux Porcherons.

Tout d'abord cette rue prit le nom de *Chaussée-Gaillon*, à cause de son point de départ qui était le boulevart en face de la porte Gaillon; puis on l'appela rue de l'*Hôtel-Dieu*, parce qu'elle conduisait à une ferme dépendante de l'hôpital de ce nom; enfin elle fut baptisée rue de la *Chaussée-d'Antin*, de ce que son entrée était précisément en face de l'hôtel d'Antin, depuis hôtel Richelieu.

On voit que le vieux et bachique chemin de la *Grande-Pinte*, qui tirait son nom d'un cabaret bien connu de ceux qui allaient quotidiennement de Paris aux Porcherons, usait volontiers du procédé des coureurs d'aventures qui se débaptisent pour se rebaptiser à tous propos. Mais la Chaussée-d'Antin n'était pas encore au bout de ses métamorphoses patronymiques. En 1791 le peuple lui donna le nom de rue *Mirabeau*, en souvenir du fougueux révolutionnaire qui, après avoir ébranlé un trône, venait de mourir dans cette rue. En 1793, la terreur avait déjà proscrit le nom de Mirabeau, et la Chaussée-d'Antin écrivait à ses angles le nom de rue du *Mont-Blanc*, qui lui venait d'un nouveau département réuni à la république, par décret du 27 novembre 1792.

Ce nom, elle le garda jusqu'en 1815. Alors la municipalité parisienne passa l'éponge sur le baptême de la révolution, et la Chaussée-d'Antin reprit sa monarchique appellation.

Autrefois, dans le bon temps des Porcherons, quand venait le dimanche, la bonne ville de Paris dégorgeait sa population d'oisifs par la porte Gaillon, et c'était alors, tout le jour et toute la nuit, un grand vacarme par le chemin. Si les dragons de la reine et les gardes-suisses ne répondaient pas à l'appel du soir, le lieutenant du guet n'avait qu'à faire filer des patrouilles vers les Porcherons, et on glanait les soldats par les champs. Si les mères imprudentes permettaient aux jeunes filles d'aller cueillir des bluets dans les blés de ce côté-là, les jeunes filles ne trouvaient que des mousquetaires, et je vous laisse à penser lesquels d'entre eux cueillaient les autres.

Les grandes dames, toutes grandes dames qu'elles étaient, ou peut-être parce qu'elles étaient grandes dames, ne dédaignaient pas d'aller à petit bruit, dans un transparent incognito qui ne trompait personne, vers ces retraites amoureuses, où elles étaient sûres de toujours trouver à qui parler. Cette dame qui franchit si lestement les fossés sur un genêt d'Espagne, c'est madame de Cœuvres, le duc de Saux l'attend quelque part, aux environs; ce fiacre modeste qui passe au petit trot de deux rosses, les stores pudiquement baissés, ne renferme pas moins que la comtesse d'Olonne, à qui le marquis de Beuvron a donné rendez-vous. Voyez-vous au crépuscule cette petite mercière qui file gaîment par le chemin avec un chevau-léger au bras? Si quelque curieux passait de trop près, peut-être reconnaîtrait-il madame la maréchale de La Ferté sous le casaquin de la grisette, et M. le duc de Longueville sous les aiguillettes du cavalier; mais

peut-être aussi l'importun serait-il contraint de dégaîner pour rendre compte de son indiscrétion.

Après ces expéditions érotiques, lorsque deux gentilshommes en bonne fortune se rencontraient sur le pont Arcans, il arrivait le plus souvent qu'aucun d'eux ne voulant céder le pas à l'autre, les nobles adversaires

Chaussée-d'Antin.

mettaient l'épée à la main, au clair du soleil ou au clair de lune ; les dames faisaient bien semblant de méditer un évanouissement, mais restaient fermes sur leurs haquenées, ou mollement couchées dans leurs carrosses, les passants s'arrêtaient, et un grand cercle s'arrondissait autour des combattants qui s'égratignaient le plus galamment du monde.

Ce fut sur ce pont, dont aucun musée n'a conservé une pierre, que le comte de Fiesque, ramenant un jour madame de Lionne, rencontra M. de Tallard qui emmenait Louison d'Arquien. Les deux gentilshommes, fort épris de leurs maîtresses, mirent vaillamment pied à terre, et, comme Renaud et Roland pour Angélique, croisèrent le fer en présence d'une nombreuse compagnie qui applaudissait.

Madame de Lionne agitait son mouchoir par la portière ; Louison riait et battait des mains, et les deux comtes ferraillaient.

Après qu'on se fut assez déchiré les pourpoints et tailladé les manches, les dames se jetèrent entre les épées, comme jadis les Sabines, et chacun des cavaliers embrassa celle qui ne lui appartenait pas le plus gaîment qu'il put.

Cependant quelques grands seigneurs et de riches financiers commençaient à faire bâtir çà et là, le long du chemin, de magnifiques hôtels, et de ces petites maisons qui avaient la façade humble et les appartements splendides : diamants cachés dans du plomb.

A mesure que les hôtels et les petites maisons s'alignaient, la rue de la Chaussée-d'Antin prenait une agitation plus somptueuse, une activité plus élégante. Si les gardes-françaises, les clercs de la bazoche, les pages, les chevaliers d'industrie couraient encore les cabarets d'alentour avec les grisettes et les filles, déjà la bonne compagnie, les gentilshommes de Trianon, les courtisanes titrées, les comédiennes en réputation, les fermiers-généraux, s'arrêtaient à la Chaussée-d'Antin dont les hôtels, silencieux et ternes le jour, s'emplissaient de bruits et de lumières quand venait la nuit. De discrètes voitures, des vinaigrettes couleur de muraille, stationnaient aux portes de petites maisons muettes. Les cavaliers passaient encapuchonnés dans leurs manteaux sombres ; les marquises descendaient furtivement du carrosse dans leurs mantes grises. Les hommes avaient le chapeau rabattu sur le nez, les dames le loup de satin noir sur le visage ; mais si le vent soulevait la mante ou le manteau, on voyait une épaule nue ou la garde d'une épée.

Tout-à-coup, un grand fracas de chevaux courant sur la chaussée retentissait ; des lueurs éclatantes reluisaient sur les murs avec des reflets rouges et tremblants ; les manants se rangeaient ; des piqueurs, armés de torches, passaient au galop, précédant une voiture bleue menée royalement par des laquais en bottes fortes. Le cortège disparaissait sous la porte cochère d'un hôtel dont la face murée cachait un jardin resplendissant de feux.

Où allait le régent de France, et quelle affaire pressée l'appelait loin du Palais-Royal? Demandez-le à la duchesse de Phalaris, à madame de Tencin, ou, mieux encore, au marquis de Cossé, au duc de Brissac, au poëte Lafare, ses camarades de plaisirs.

Mademoiselle Guimard, qui, après avoir obtenu en 1762 un engage-

ment à raison de 600 livres par an à l'Académie Royale de Musique, avait gagné, à la pointe de ses pirouettes, sa réputation, sa fortune et le cœur du prince de Soubise, eut un soir, en s'éveillant, fantaisie d'un hôtel dans cette rue que hantait un si grand monde. La jeune et belle damnée, comme disait Marmontel, était lasse de sa maison de Pantin où pullulaient les grands seigneurs, les encyclopédistes, les beaux esprits du temps. Les architectes se mirent à l'œuvre, et comme ce que voulait le *squelette des grâces* l'art le voulait aussi, bientôt une fête merveilleuse inaugura le *Temple de Terpsychore*, ainsi qu'on disait alors; entre autres magnificences, l'hôtel contenait un théâtre assez vaste pour loger cinq cents personnes. Après le ballet, mademoiselle Guimard s'y donnait le délassement de la comédie jouée par l'élite des pensionnaires du roi.

Aujourd'hui l'hôtel, mis en loterie en 1786 et réduit à sa plus mince expression, est occupé par une maison de banque; un pharmacien a élevé ses pénates au niveau du sol. Le titulaire, grand critique au repos, mange les revenus de l'émétique et du séné sous les pampres de Portici.

Quelle moqueuse destinée que celle qui écrit le nom de Planche sur la façade de l'hôtel Guimard !

Mais 93 passa sur toutes ces folles splendeurs, et des gloires des hôtels Montmorency, Montesson, Montfermeil, il ne resta que le souvenir. Les sections siégeaient à l'aise sous ces lambris dorés tout parfumés encore. De toute cette luxueuse et prodigue société de la Chaussée-d'Antin, il ne survivait rien qu'une danseuse. Comme ces feuilles qui surnagent au milieu des tempêtes, elle s'était sauvée de la tourmente révolutionnaire. Devait-elle son salut à sa légèreté? Nous ne savons, mais la vérité historique nous oblige de confesser qu'elle était presque ruinée déjà avant 89.

Quand vint l'empire, avec ses triomphes militaires, son grandiose pompeux, mais un peu lourd et tiré au cordeau, la rue de la Chaussée-d'Antin perdit sa galante originalité. En ce temps-là on se battait trop pour avoir le temps de beaucoup aimer. Si Mars est l'amant de Vénus, comme l'affirme la mythologie, c'est alors que Mars est en garnison ; quand il tient campagne il n'a que faire de l'amour. Tout en voyant défiler les grands régiments qui descendaient de Clichy pour parader aux yeux de leur maître sur la place du Carrousel, la Chaussée-d'Antin oubliait son printemps amoureux et commençait à prendre goût aux choses métalliques. Serait-ce la vue des canons de bronze qui lui donna la passion des louis d'or? Peut-être! Le monde vit d'oppositions. Ses petites maisons se transformèrent en comptoirs, ses mystérieuses retraites en bureaux, et on se mit à y empiler tant d'argent, qu'il n'y a plus assez de silence pour entendre le bruit d'un baiser.

Quelques-uns des corps qui allèrent s'engloutir dans les steppes de la Russie, sortirent par la rue de la Chaussée-d'Antin; quelques régiments russes pénétrèrent sur le boulevart par cette artère où circule la moitié de l'argent de Paris.

Les querelles politico-religieuses du cardinal Fesch et de son neveu l'Empereur, n'étaient pas non plus de nature à égayer beaucoup cette rue ; les conférences du prélat, qui venait de refuser l'archevêché de Paris, et de M. de Portalis, ministre de la justice et des cultes, n'étaient bonnes tout au plus qu'à chasser l'esprit malin, si par hasard il se fût entêté à demeurer dans la rue du Mont-Blanc.

Mais après 1815, et surtout après 1830, ce fut bien pis. Les agents de change, les commerçants, les courtiers et les boutiques ont envahi la rue de la Chaussée-d'Antin. Cette rue qui touchait au pavillon d'Hanovre, ce splendide ermitage du vainqueur de Mahon, cette rue qui avait son berceau en face de l'hôtel d'Antin où vivait le plus magnifique roué du dix-huitième siècle, est aujourd'hui tout aussi marchande que la rue Vivienne, tout aussi traficante que la rue des Lombards. On y vend et on y achète de tout ; le négoce s'y étend depuis la beauté jusqu'à la canelle.

Arrivée à ses limites, tout contre le marchand de vin qui la borne au nord, la rue de la Chaussée-d'Antin conduit, par la rue Saint-Lazare, à un chemin de fer, et par la rue de Clichy à la prison pour dettes.

A gauche, le symbole le plus hardi de l'industrie heureuse ; à droite, le correctif de l'industrie maladroite. Là-bas, quelques spéculateurs habiles ; ici, quelques actionnaires.

Une cellule et un wagon, voilà l'enfer et le paradis de la Chaussée-d'Antin. Où vouliez-vous que cette rue de la finance conduisît ?

Ce n'est pas que la rue de la Chaussée-d'Antin n'ait encore des prétentions à l'aristocratie ; elle se donne des tons de grande dame, mais sa voisine, la rue du faubourg Saint-Honoré, la regarde d'un air dédaigneux par-dessus la Madeleine. En témoignage de sa noblesse, la rue de la Chaussée-d'Antin cite les deux ambassadeurs de Naples et de Belgique, qui avaient fait élection de domicile dans ses hôtels, mais ces deux ambassades ont déménagé, je crois, et de toute cette diplomatie il ne reste rien que le souvenir d'une blonde ambassadrice dont les coquettes habitudes et l'esprit alerte rappelaient un temps qui n'est plus.

Madame L... méritait de naître cent ans plus tôt. Elle a été la dernière femme à la mode de Paris.

Un instant la rue de la Chaussée-d'Antin essaya de galvaniser sa défunte galanterie. Mais hélas, ce fut un essai malheureux. *Les Nuits Vénitiennes* qui devaient transporter la fille de l'Adriatique avec son aventureux carnaval dans l'enceinte du Casino-Paganini, ne montrèrent rien qu'une douzaine de pauvres filles échappées de la rue de Bréda et mal voilées d'écharpes roses.

Puisque le nom du Casino-Paganini s'est présenté sous notre plume, nous ne le laisserons pas échapper sans en dire quelques mots. Aussi bien vit-il encore par l'enseigne.

Il y a des établissements malheureux. Si le concert Musard a fait retentir le monde de son nom après avoir fait trembler la rue Vivienne sous son orchestre, le Casino-Paganini n'a jamais eu grande réputation, bien qu'il ait essayé de faire beaucoup de bruit.

Fondé dans un hôtel somptueux, au milieu de riches salons et de jardins embaumés, il devait avoir pour marraine la plume de Charles Nodier et pour parrain le violon de Paganini. La plume qui appelle ne lui a pas fait défaut, mais l'archet qui retient lui a manqué.

Le Casino, à qui de si brillantes destinées étaient promises, est aussitôt mort que né. Et cependant les ciseaux d'un artiste merveilleux l'avaient orné d'une magnifique façon. C'est d'ailleurs, avec quelques cartons, tout ce qui nous reste de Galbaccio, ce jeune artiste qui rêvait des temples, des basiliques, des palais à édifier, et qui ne trouvait que des maisons à bâtir. Comme il ne rencontrait que des agioteurs et des banquiers dans cette société où il cherchait des grands seigneurs, il prit le parti de se tuer, emportant dans sa tombe un génie inutile à notre siècle.

Si Galbaccio avait vécu au temps des Césars, Néron lui aurait confié l'érection de son palais doré; il avait l'imagination assez gigantesque pour le comprendre. Au dix-huitième siècle, mademoiselle Guimard l'aurait prié de lui élever une petite maison; il avait l'esprit assez élégant pour la deviner.

Au saint jour du dimanche, le boulevart des Italiens, comme un vomitoire, expulse toute la population de Paris dans la rue de la Chaussée-d'Antin, qui est alors l'antichambre de Saint-Germain, le portique de Versailles. Cette malheureuse rue, incessamment livrée aux roues bruyantes des omnibus, est affreusement foulée par des tourbillons de Parisiens, tous vêtus de costumes hyperboliques dont les bourgeois du quartier Saint-Denis savent seuls les modes et seuls conservent les traditions; chapeaux à la bolivar et parapluies, socques articulés et manches à gigot. L'abomination de la désolation.

Le reste de la semaine on trafique, et cependant ce nom de Chaussée-d'Antin réveille tant d'idées aristocratiques, que malgré soi on se surprend à rêver de grandes dames et de gentilshommes en poudre, rien qu'à l'entendre prononcer.

La rue de la Chaussée-d'Antin est la capitale des vaudevilles de M. Scribe. Il semble qu'autour d'elle et grâce à sa plume de colibri, papillonne une élégante cohue de femmes d'agents de change, de jeunes veuves, de colonels de l'empire, de roués fashionables, de médecins charmants, de gros barons, de mariées en voiles blancs, de coquettes héritières qui parlent un jargon délicieux tout imprégné de patchouli et de vétiver.

C'est la vérité vue au travers du kaléidoscope de l'imagination; c'est un daguerréotype auquel il ne manque que les omnibus et les marchands de vin. Cependant la rue de la Chaussée-d'Antin se relie par un de ses angles au siècle joyeux dont elle a perdu la tradition. A l'angle du boulevart des Italiens, tout en face du pavillon d'Hanovre, qui sans doute l'inspire, le café Foy a dressé ses cabinets particuliers.

Pendant les nuits d'hiver, les cabinets s'illuminent; par la porte bâtarde, qui s'ouvre discrètement sur la rue de la Chaussée-d'Antin, disparaissent de jeunes femmes encapuchonnées dans leurs pelisses. Le souper vit encore et de nombreux adorateurs l'encensent; sur le trottoir, glissent, trottent même, les jeunes religieuses des monastères du quartier Saint-Georges; les roués de la rue Laffitte les accompagnent dans le mystère de la nuit et du paletot; puis, si le carnaval ouvre sa saison de bals sur Paris, arrivent débardeurs et pierrettes, andalouses et balochards.

Les dominos sont des rats, les habits sont des lions, et quels lions! Hélas! n'en disons rien, la prudence le veut. Les Guimard d'aujourd'hui s'appellent Carabine, les Richelieu Chicard! *Sic transit gloria mundi*, dirait M. Nisard.

Dans cinquante ans, ce que nous appelons à présent la Chaussée-d'Antin sera dans la rue de Londres, peut-être même autour de la place d'Europe. Espérons que nous ne vivrons pas jusqu'à cet avenir de charbon de terre et de locomotives.

Nous ne terminerons pas cet article sans payer un tribut d'hommages à la littérature de la rue de la Chaussée-d'Antin, laquelle rue, comme chacun sait, a été le prétexte d'un ermite. Cette littérature est représentée par un hôtel et un écrivain. L'hôtel porte le nom de madame Récamier, cet illustre bas-bleu qui s'est fait abbesse; l'écrivain s'appelle M. Campenon. Si vous ne le connaissez pas, nous ajouterons que M. Campenon est académicien. Faut-il ajouter encore que monsieur et madame Ancelot demeurent tout à côté et sous l'égide de la Chaussée-d'Antin, rue Joubert?

AMÉDÉE ACHARD.

PLACE ROYALE.

'hôtel des Tournelles, dont le nom seul rappelle tant de formidables souvenirs, occupait un des plus vastes emplacements du vieux Paris. Pierre d'Orgemont, chancelier de France, avait jeté les fondements de cet hôtel en 1390; Pierre d'Orgemont, son fils, évêque de Paris, le vendit au duc de Berri, frère de Charles V, pour la somme de quatorze mille écus d'or; le duc de Berri le céda, en 1404, au duc d'Orléans, à titre d'échange; en 1417, il devint la propriété du roi. Il fut qualifié, dans les titres, de *Maison royale des Tournelles*.

Charles VI, pendant sa démence, et le duc de Bedfort, régent de France pour le roi d'Angleterre, habitèrent l'hôtel des Tournelles.

Chose plaisante! Bedfort comptait si bien sans le roi et sans le peuple de France, qu'il fit rebâtir l'hôtel des Tournelles, pour son usage particulier. A cet effet, il acheta aux religieuses de Sainte-Catherine, moyennant la somme de *deux cents livres*, une douzaine d'arpents qui faisaient partie de leur *culture*; cette vente fut annulée en 1437. Les bons religieux reprirent les douze arpents sans être forcés de rendre les deux cents livres.

Une partie de l'hôtel des Tournelles portait le nom spécial d'*hôtel du Roi*. — L'entrée de l'hôtel du Roi fut décorée d'un écusson aux armes de France, peint par Jean de Bourgogne, dit de Paris.

Louis XI y fit construire une galerie qui traversait la rue Saint-Antoine, et qui aboutissait à l'*Hôtel-Neuf* de madame d'Étampes. — Louis XII mourut aux Tournelles.

L'emplacement de l'hôtel des Tournelles servit à établir le *Marché-aux-Chevaux*, qui fut, en 1578, le théâtre d'une lutte violente entre les mignons de Henri III et les favoris du duc de Guise. Dieu merci ! tout cela disparut un peu plus tard, pour céder le terrain aux constructions de la place Royale. Voilà bien, si j'ai bonne mémoire, tout ce que l'on trouve dans le livre de Dulaure, à propos de l'hôtel des Tournelles.

Ce terrible hôtel des Tournelles était à la fois une citadelle, une maison royale, une prison, une ménagerie, une maison des champs, quelque chose qui tenait du Louvre et de la Bastille : on en contait mille fables remplies d'inquiétudes et de terreurs. La tour de Nesle, d'odieuse mémoire, n'occupait pas plus vivement les imaginations et les souvenirs. Vous le savez déjà, le duc de Bedford l'avait habité, quand Paris fut tombé au pouvoir des Anglais. Un parc de vingt arpents entourait cette maison sur laquelle le Parisien osait à peine jeter les yeux. Mais enfin, les Anglais furent chassés de ce royaume qui ne leur avait que trop obéi, chacun reprit en France sa place légitime, le roi aussi bien que le peuple. Soudain vous eussiez vu le roi Charles VII ramener sa bannière triomphante dans ces murailles réparées, vous eussiez retrouvé le bruit et l'éclat des fêtes, et les nuits joyeuses et toutes les pompes de la majesté royale et galante du roi Charles et de ses successeurs. Figurez-vous François I*er*, le roi chevalier, remplissant ces murailles de tout le bruit des fêtes, de tous les chefs-d'œuvre des arts, et des premiers efforts de la poésie, et des bruits de la guerre, et de l'oisiveté de la paix, et de la grâce passionnée de ses nombreux amours. Là régnait en souveraine la duchesse d'Etampes; là le Primatice, Cellini et les plus grands artistes de l'Italie, apportaient les chefs-d'œuvre les plus beaux et les plus rares parmi leurs chefs-d'œuvre ; là aussi a régné, a vécu Diane de Poitiers, la très-belle. Sous le fils de François I*er*, le château des Tournelles jeta son plus vif et son dernier éclat. Plus que jamais la cour était brillante, le roi jeune et passionné, les Guise eux-mêmes et les Montmorenci se courbaient devant la majesté royale. Plus que jamais aussi les femmes les plus admirées et les jeunes accouraient de toutes parts à ces fêtes de chaque jour. Car c'était là une des révolutions heureusement tentées par le roi François I*er* et à laquelle son fils Henri II avait été fidèle, s'en rapporter aux belles dames pour parer, pour orner, pour enchanter la cour. Ce fut aussi une révolution dans l'histoire. En effet, depuis ces jours de conquête et de plaisirs, l'histoire a pris une toute autre allure; elle est devenue moins grave, moins sentencieuse, elle s'est mise à rechercher les plus petites causes pour expliquer souvent les plus grands effets. Mais si l'histoire s'est sentie de ce changement, à plus forte raison l'art et la poésie, à plus forte raison les parures et la décoration intérieure. Certes, que d'or et de bijoux, que de meubles et de tentures brillantes, que de tableaux et de statues, que d'orangers magnifiques en fleurs et d'eaux jaillissantes, que de cuisiniers et de poètes, quelle profusion insensée de diamants et de perles, de dentelles et de velours, d'hermine et de broderie ont été la conséquence de cette introduction des femmes belles et parées dans les maisons royales! Comme aussi que de fêtes, que de joûtes d'amour et d'esprit en l'honneur des dames, que de tournois! A l'un de ces tournois où toute la cour était présente, au plus bel instant de la joie générale, sous les yeux et sous l'admiration de sa belle maîtresse et de bien d'autres dont il portait les couleurs, le roi Henri II se mit à joûter avec M. de Montgommeri, capitaine de la garde écossaise. Le coup de l'Ecossais fut si violent, que la lance pénétra dans le crâne du roi de France. Ainsi mourut à peine âgé de quarante ans, au milieu d'une fête,

et sous les yeux d'une maîtresse adorée, un des derniers rois de la maison de Valois. Cette fois la maison de Valois était frappée au cœur; et malgré trois Valois qui devaient régner encore, trois Valois entés sur les Médicis ! le tour de la maison de Bourbon était venu.

Depuis ce fatal tournoi et à dater de la mort de Henri II, l'hôtel des Tournelles devint comme un lieu frappé de malédiction, dans lequel mille terreurs superstitieuses assiégeaient non plus les passants, mais les habitants de ces royales demeures. Charles IX, l'avant-dernier des Valois, esprit inquiet et malheureux, âme faible et cruelle, prince déshonoré par le plus affreux des crimes qu'il n'eût jamais commis tout seul, fit porter l'ordre au parlement (1565), que l'on eût à démolir l'hôtel des Tournelles, et à tracer sur ce vaste emplacement comme une ville nouvelle qui fît oublier toute cette histoire d'Anglais vainqueurs, de trahisons, de galanteries, de cruautés.

Cet ordre d'un roi, qui ne fut que trop bien obéi dans des circonstances plus difficiles, s'exécuta lentement. L'hôtel des Tournelles tomba pierre à pierre, et comme si le parlement eût regretté tant de souvenirs entassés dans ces murs. Il fallait attendre le règne de Henri IV, pour que ce nouvel emplacement de Paris prît enfin une physionomie nouvelle. Aussi bien, une fois que le plan de la place Royale eut été conçu, et que les plans eurent été discutés et arrêtés en présence même de M. de Sully, la place Royale s'éleva comme par enchantement. Le plan de cette cité nouvelle était plein de grandeur et de majesté. La place devait avoir neuf pavillons à chacune de ses trois faces ; ces pavillons devaient être supportés par une suite d'arcades, larges de huit pieds et demi, hautes de douze pieds, ornées de pilastres doriques, formant autant de corridors couverts d'une voûte surbaissée de pierres et de briques. Comme on voit, c'était l'idée première du Palais-Royal, et une généreuse idée dans ces temps qui n'avaient guère d'autre souci que la bataille. Figurez-vous quelle dut être la joie du Parisien, quand, à la place de cette ruine presque féodale, il put se promener tout à l'aise dans ce bel et noble espace, à l'abri du soleil en été, de la pluie en hiver, ouvert à la promenade, au repos, aux doux loisirs ; c'était peut-être la première fois qu'on s'occupait ainsi et dans un si grand détail du bien-être du public ; car au milieu de la place on avait semé du gazon et des fleurs, on avait amené des eaux jaillissantes, et plus tard on devait y placer la statue équestre du roi Louis XIII sur un piédestal de marbre blanc, avec cette louange en latin que la révolution française a brisée en brisant la statue :

« A la glorieuse et immortelle mémoire du très-grand et très-invincible Louis le Juste, treizième du nom, roi de France et de Navarre. Armand, cardinal et duc de Richelieu, son premier ministre dans tous ses illustres et généreux desseins, comblé d'honneurs et de bienfaits par un si bon maître, lui a fait élever cette statue en témoignage de son zèle, de son obéissance et de sa fidélité, 1639. »

Voilà à peu près ce que dit l'antiquaire de la place Royale ; l'antiquaire, par métier, ne s'inquiète guère que des pierres taillées et des morceaux de bronze fondu avec plus ou moins d'art et de bonheur, puis, quand il a bien arrangé sa description méthodique, notre homme passe à une autre description, sans s'inquiéter de satisfaire votre cœur ou votre esprit ; c'est à peine s'il vous raconte que le cheval de cette statue de Louis XIII avait été fondu par Daniel de Volterre, et que peu ne s'en est fallu qu'il n'eût été créé par le grand Michel-Ange. Après quoi et lorsqu'à peine la description est achevée, quand la dernière pierre de taille vient d'être placée par la main du dernier grand seigneur, quand toute une société savante, élégante et polie s'est agitée entre ces nobles murailles qui sont devenues le centre de l'urbanité française et de l'atticisme européen, une révolution impitoyable tombe soudain sur ces nobles monuments qui étaient l'orgueil de la nation toute entière, elle renverse, elle détruit, elle arrache les gazons et les marbres, elle brise en mille pièces la statue de Louis XIII et le cheval de Daniel de Volterre ; bien plus, cette révolution impitoyable porte ses mains violentes sur les grands noms abrités dans ces palais si remplis de grâce extérieure, elle tue après avoir tout brisé, et enfin, couverte de sang et de poussière, elle s'en va où l'appellent d'autres ruines et d'autres violences.

Mais, dites-vous, ce qui est brisé on le relève, les familles ne meurent pas tout entières sur l'échafaud, il y a des choses que l'on ne peut anéantir, l'esprit, par exemple. Cela est ainsi que vous le dites ; on ne brise que les choses périssables, il y a des noms qui resteront jusqu'à la fin dans notre histoire, le monument renversé se remplace par un autre monument ; mais l'esprit humain est capricieux, la popularité est changeante ; dans une ville comme Paris, la foule se déplace comme fait la mer qui passe d'une grève à une autre grève : elle était là-bas, elle est ici. La révolution qui a chassé la belle foule de la place Royale, l'a poussée au Palais-Royal, par exemple, et là, entre ces arcades remplies d'or et de bruit, autour de ces gazons et de ces eaux bruyantes, dans la même enceinte abritée contre la pluie et le soleil, la conversation française et l'esprit parisien ont établi leur nouveau domicile. Mais, juste ciel, ce n'est plus la causerie d'autrefois, ce n'est plus l'esprit murmurant et doucement jaseur de la place Royale, ce n'est plus ce charmant et poétique murmure dans lequel tant de voix calmes et correctes développaient à plaisir tous les beaux sentiments du cœur ; ce n'est plus cette opposition prudente et cachée des beaux-esprits, des grands seigneurs, des galantes personnes de la cour de Louis XIII et de Louis XIV. Au Palais-Royal vous trouverez cette opposition brutale et furibonde qui se souvient des déclamations ardentes de Camille Desmoulins, quand les feuilles des arbres du jardin servaient de cocarde aux factieux. Vous voyez donc qu'en effet les monuments peuvent mourir aussi bien que les hommes, que la vie qui était là-bas a reflué dans un nouveau centre, et qu'à tout prendre, si elles étaient sages, les révolutions n'auraient guère besoin de se mêler aux affaires humaines pour tout renverser, pour tout détruire; il suffirait d'abandonner l'esprit français à sa légèreté et à son inconstance naturelles. Ce Palais-Royal, dont nous vous parlons, à cette heure même, n'a-t-il pas déjà perdu une grande partie de sa popularité et de sa fortune? est-il encore ce qu'il était il y a seulement trente ans, le centre unique de toutes les passions, de tous les tumultes, de tous les vices, de toutes les colères? Non certes, et c'est une raison pourquoi il faut se hâter d'en écrire l'histoire, pour peu que nous voulions écrire l'histoire d'une chose qui vit encore. Nous cependant, nous écrirons, s'il vous plaît, à propos de la place Royale, l'histoire d'une ruine qui ne vit plus.

Le roi Henri IV, frappé par un misérable dont le nom passera à la postérité couvert d'une exécration méritée, mourut trop vite pour achever son œuvre de la place Royale. Il avait encore une ou deux guerres à accomplir, après quoi il se fût abandonné à la joie d'embellir Paris sa bonne ville. Dans les millions de l'épargne qui était déposée à la Bastille, plus d'un million eût été employé à cette fête digne d'un roi, l'embellissement de sa ville capitale. Celui-là mort, la place Royale se protégea elle-même, elle s'embellit, elle se compléta, elle se défendit non pas par le nombre mais par le nom, par le crédit, par la fortune personnelle de ses habitants. La première fête que donna Paris après la mort de son roi Henri IV, se donna à la place Royale. Les historiens, et même les plus graves, n'ont pas dédaigné de se rappeler les moindres détails de cette fête en l'honneur du nouveau roi. La reine régente avait commandé au duc de Guise, au duc de Nevers et au comte de Bassompierre, à qui l'on pouvait se fier pour accomplir dignement ces sortes de magnificences héroïques, d'être les tenants d'un carrousel, qu'ils feraient brillant et émouvant de leur mieux avec cette condition que les hommes ne joûteraient pas contre les hommes; du reste on laissait à tout gentilhomme le droit d'être magnifique en ses armes, chevaux et vêtements. La reine voulait aussi que la place Royale, depuis peu bâtie par son maître et seigneur le roi Henri IV, fût le théâtre de ces joûtes galantes. A ces trois là se joignirent le prince de Joinville et le comte de la Chataigneraie. Les uns et les autres ils prirent le titre de *chevaliers de la gloire*, ils se placèrent l'arme au poing en ce *palais de la félicité*, défiant quiconque y voudrait pénétrer de vive force. Les susdits chevaliers de la gloire avaient nom : Alcindor, Léontide, Alphée, Lysandre, Argant; le lieu de la lice n'était autre que la place Royale *de l'abrégé du monde*. Le 25 du mois portant le nom du dieu Mars, leur dieu favori, avait été choisi pour le jour du combat. A cet appel, tout seigneur vieux ou jeune, riche ou pauvre, qui pouvait acheter un pourpoint brodé en or, ou l'avoir à crédit, se fit un honneur d'y répondre. Cette fois, plus que jamais, la place Royale se remplit de fête et de joie. Le splendide *palais de la félicité* s'éleva comme par enchantement au centre de la place ; tout autour furent

dressés des échafauds qui montaient jusqu'au premier étage; quatre échafauds avaient été réservés pour le roi et ses sœurs, pour la reine sa mère, pour la princesse Marguerite, pour les juges du camp, à savoir le connétable et quatre maréchaux de France. Quelle foule avide et brillante et parée ! A toutes les fenêtres des maisons, sur les entablements des combles, au *pavillon du roi*, au *pavillon de la reine*, partout, sans compter ce peuple entassé sur le pavé derrière les gardes. — Ce grand spectacle ne dura pas moins de deux jours, tant était grand le nombre de gentilshommes qui voulaient avoir l'honneur d'y jouer leurs rôles. Les cinq tenants, Alcindor, Léontide, Alphée, Lysandre, Argant, firent leur entrée suivis ou précédés d'une armée véritable de cinq cents hommes, les archers, les trompettes, les hommes-d'armes, les musiciens, les hallebardiers, les esclaves, les pages, les mores, les turcs, les allusions. — Venaient ensuite, tirés par deux cents chevaux, un rocher chargé de musique, et le Pinde tout entier du haut duquel plusieurs divinités chantaient des vers. L'Olympe une fois passé, arrivaient les chevaliers du soleil conduits par le prince de Conti, Aristée, puis les *chevaliers du lys* guidés par le duc de Vendôme, les deux Amadis représentés par le comte d'Ayen et le baron d'Uxelles; Henri de Montmorency, le fils du connétable, marchait seul et s'appelait Persée: pauvre et noble jeune homme, qui lui eût dit qu'il mourrait de la main du bourreau? Le duc de Retz commandait aux *chevaliers de la fidélité,* le duc de Longueville s'appelait le *chevalier du phénix;* on avait aussi annoncé les *quatre vents,* mais il ne s'en trouva que trois à l'appel, le vent du nord, le chevalier de Balagny, s'étant fait tuer l'avant-veille dans un duel. Comme aussi les *nymphes de Diane* étaient représentées par quatre beaux cavaliers qui plus tard devinrent tous les quatre maréchaux de France; ajoutez *des chevaliers de l'univers,* et *neuf Romains* choisis dans les grands hommes de Plutarque. Figurez-vous les plus grands noms de la France engagés dans ce vaste tournoi, jeunes gens pleins d'ardeur, intrépides soldats, galants seigneurs recherchés dans toutes les ruelles; c'était à qui dans cette foule illustre déploierait le plus de magnificence, d'invention et de bonne humeur. Chaque troupe voulait avoir son miracle, son pacte, sa métamorphose. Benserade n'était pas encore de ce monde, mais Ovide présidait à toutes ces inventions. O juste ciel! dans cette place Royale déserte aujourd'hui, silencieuse, dont le bourgeois du Marais (le plus calme des bourgeois) foule d'un pas timide les dalles sonores, cent mille personnes se tenaient dans l'attitude du recueillement et de l'admiration. Les figurants des diverses troupes étaient au nombre de deux mille, et mille chevaux et vingt grandes machines, et des éléphants, des rhinocéros, des ours, un monstre marin. Quarante-sept joûteurs, y compris les *trois vents,* les nymphes et les romains, s'étaient réunis avec les cinq tenants pour lutter à qui briserait le mieux une lance contre un poteau (on se souvenait du roi Henri II tué pour ainsi dire à la même place). Les mieux faisant de ces journées gagnaient les prix, et quelques-uns de ces prix valaient quatre cents pistoles.— Le second jour de cette fête héroïque, le *palais de la félicité* tira un feu d'artifice au bruit de deux cents pièces de canon. Le troisième jour était destiné à la course de la bague. Le soir venu, la cavalcade toute entière se mit à parcourir la ville à la lueur de mille lanternes qui mirent à peine le feu à deux maisons. Ainsi furent célébrées par des cérémonies jusqu'alors sans exemple, l'inauguration de la place Royale et les fiançailles du roi Louis XIII avec Anne d'Autriche. Pendant bien longtemps on ne parla que de la place Royale et de ces divertissements fameux dont le récit a suffi à composer un gros volume in-4°.

Cette place Royale fut à la mode si fort, qu'il eût été de mauvais goût d'aller se battre ailleurs. Les raffinés y venaient vider, l'épée à la main, leurs petits différents. On ne faisait pas mieux dans les jardins même de l'hôtel des Tournelles, quand M. de Jarnac et M. de la Chataigneraie s'y portèrent, devant le roi, ce cruel défi qui se termina dans la forêt de Saint-

Germain par la mort de M. de la Chataigneraie. — Un peu plus tard, et c'est à peine si la place Royale était tracée, six bons amis vinrent s'y couper la gorge selon l'usage des temps (Castres contre Antragues, Maugiron contre Ribirac, Lèvarot contre Schomberg). Les plus belles épées et les plus alertes ont été tirées sur la place Royale. Et pourquoi ? Hélas ! M. de Bouteville se fiant à son nom de Montmorency, s'en vint lui aussi à la place Royale pour y braver l'ordre du roi contre les duels. L'infortuné jeune homme paya de sa tête cette folie. C'était mourir bien jeune et bien cruellement pour un petit crime ! Mais le cardinal de Richelieu se plaisait à ces exécutions sanglantes. Il aimait à s'entourer d'épouvante et de terreur. Que de mauvais jours il a fait passer aux beaux-esprits de la place Royale, mais aussi comme les beaux-esprits de la place Royale lui faisaient payer en sarcasmes et en malédictions tout le noble sang qu'il avait répandu !

Croyez-moi, même pour les esprits les plus légers et les plus futiles en apparence, c'est une tâche bien triste de rechercher sous ces cendres refroidies le peu de feu qu'elles couvrent encore, c'est une tâche bien triste que de parcourir, après deux générations si vivantes par l'esprit, par la grâce, par le génie, par la beauté et le courage, ces mêmes lieux abandonnés aujourd'hui à des vieillards sans nom, à des enfants, à des invalides, à tout ce qui est l'oubli, le silence, le repos, le sommeil. Quand vous marchez sur ces dalles sonores, vous vous faites peur à vous-même, et vous détournez la tête pour savoir si quelqu'un ne vient pas derrière vous, des héros d'autrefois, La Trémouille, Lavardin, Condé, Lauzun, Benserade ? Dans cette obscurité et dans ce silence, vous vous demandez à vous-même pourquoi donc les gens de M. de La Rochefoucauld, de Gabrielle d'Estrées et de madame de Montespan, n'ont pas allumé leurs torches pour éclairer le carrosse ou la chaise à porteurs de leurs maîtres ? Silence, d'où vient ce bruit de musique et de petits violons ? il vient de la rue du Parc ; et cette foule de bourgeois à l'air empressé, où vont-ils ? eh donc ! ils vont où les appelle Molière, leur ami ; ils vont où les convie la comédie, cette émotion toute nouvelle ; ils se rendent en toute hâte à l'hôtel Carnavalet pour y voir jouer le *Georges Dandin* de Molière. Et tous ces grands hôtels que je vois là, dont les portes sont fermées, silencieuses, et toutes ces hautes fenêtres où nul ne se montre, sinon quelque servante en haillons, comment s'appelaient-ils autrefois ? c'était l'hôtel Sully, l'hôtel Videix, l'hôtel d'Aligre, l'hôtel de Rohan, l'hôtel Rotrou, l'hôtel Guéménée, nobles maisons changées en hôtels mal garnis, contre lesquelles le savetier du coin et l'écrivain public ont placé leurs échoppes immondes ! Que peuvent-elles penser ces nobles murailles à se voir ainsi dévastées, silencieuses, dédaignées ? Quel silence dans ces salons si remplis naguère de causerie puissante ! quelle tristesse sous ces plafonds dorés tout chargés d'amours et d'emblêmes ! quelle révolution incessante, quelle misère! Et ne faut-il pas bien du courage, encore une fois, pour suivre à la piste tous les souvenirs de ces beaux lieux, dans lesquels ont vécu, ont pensé tout haut, les plus rares esprits, les plus beaux génies, les plus charmants railleurs, les plus excellents caractères de cette singulière époque qui précédait de si près, comme pour l'annoncer, tout le dix-septième siècle français ; grands noms devant lesquels chacun s'incline, beaux-esprits d'une popularité toute puissante, illustres habitués de la place Royale, qui composent, en effet, toute son histoire.

Toutefois, cette évocation des temps passés a cela d'utile, qu'elle peut nous consoler de l'oubli et du silence qui nous menace à notre tour. Quand on pense de combien peu d'années se composent la gloire, le renom et la popularité de ce monde, on finit par s'en inquiéter un peu moins. Cette place Royale, après avoir été, pour ainsi dire, le plus vaste et le plus puissant salon de l'Europe, n'est plus, à deux siècles de distance, que l'écho lointain et silencieux de l'esprit d'autrefois. On ne sait même pas les noms des hommes qui ont rempli cette enceinte du bruit de leurs noms et de leur esprit. Et cependant ils ont tous passé sous ces arcades, les

uns et les autres. Scarron s'y faisait porter, pendant que sa femme jeune et belle, appuyée sur la portière de sa chaise, le suivait d'un pas déjà grave et solennel, ne se doutant guère qu'un jour elle aurait, en présence de toute une armée, S. M. Louis XIV, la tête nue, pour escorter sa chaise à porteurs. Mais déjà autour de cette femme se partagent l'attention, le silence, l'obéissance, le respect. On faisait grâce aux vives saillies de son mari en faveur de l'esprit correct et sérieux de sa femme. La grande dame se révélait dans toute sa simple et gracieuse majesté ; et voilà comment le petit salon du poète malheureux qui a travesti Virgile, suffisait à peine à contenir tous ces hommes illustres à des titres si divers.

Dans cette pauvre maison, si obscure au dehors, si pleine d'éclat et d'esprit au dedans, nul n'avait le droit de pénétrer, s'il n'était, avant tout, homme d'esprit et de bonne compagnie. Ni les titres, ni la richesse, ni la naissance, ne suffisaient à vous introduire au milieu de ce cercle d'hommes choisis entre tous. Mais aussi il suffit de citer quelques-uns de ces noms-là, et vous pourrez juger de cette toute-puissance : M. de Vivonne, qui avait tout l'esprit de sa maison ; le chevalier de Matta, dont chaque bon-mot était répété de la ville à la cour ; le chevalier de Grammont, le héros de Hamilton, son digne historien ; Charleval, le plus élégant des poètes négligés ; Coligni, héros en Hongrie, à Paris le prosélyte de Ninon, l'émule du grand Condé à la cour ; Ménage, si savant et si bel-esprit ; Pelisson, si laid avant qu'il n'eût parlé ; Désivetaux, si naïf qu'on le trouvait rustre et crédule ; Henault, le maître de madame de Deshoulières et le traducteur de Lucrèce ; l'abbé Tétu, le complaisant de toutes les femmes, sans être ni leur amant, ni leur dupe ; Montreuil, dont on lit encore les madrigaux ; Maigny, dont on regrette les chansons ; le marquis et la marquise de la Sablière, celui-ci d'un esprit délicat et fin, celle-là d'un grand courage et d'un grand cœur ; madame la duchesse de Lesdiguières, elle avait grande envie de plaire, et nonobstant cette grande envie, elle plaisait tout comme si elle n'y eût pas songé ; madame la comtesse de La Suze, qu'elle était faible, mais aussi qu'elle était charmante ! Et madame de Sévigné, c'est tout dire, elle a créé, en se jouant, la riche langue du grand siècle ; et mademoiselle de Scudéry, si honnête homme. Dans ce salon tout rempli d'un certain abandon poétique inconnu même à l'hôtel de Rambouillet, régnait, sans qu'on y prît garde, madame Scarron, éclatante, superbe, admirée, admirable. Là point de conversations futiles, point de récits de ruelle, peu ou point de petits vers ; chacun, excepté le maître de la maison qui n'y prenait pas tant de garde, se faisait honneur de parler le langage de la raison, de la sagesse et du bon sens.

Par cet unique rendez-vous des beaux-esprits et des grands seigneurs, vous pouvez juger de tous les autres, car pas un nom des deux règnes, pas un prince de Louis XIII, pas un poète de Louis XIV, ne manque à cette galerie de la place Royale : M. le duc de La Rochefoucauld, madame de Lafayette, la duchesse de Lesdiguières, le prince de Condé,

Molière, saint Vincent-de-Paule, le grand Corneille et Thomas son bon frère, La Fontaine, le duc de Montpensier, M. de Thou et M. de Cinq-Mars, ils y sont tous. Quel drame étrange et singulier s'est passé dans cette enceinte! Quel entassement incroyable de passions et de noms propres! Entendez-vous ces éclats de rire tout remplis de moquerie et de scepticisme? C'est la Marion Delorme qui s'enivre d'amour, c'est Ninon de l'Enclos, le plus charmant enfant d'Épicure, et Chapelle et Bachaumont. Voilà pour les fous et pour les folles de leur esprit et de leurs corps; les autres sont plus rares, ils se nomment et mademoiselle Delaunay, et mademoiselle Polallion, et madame de Montausier, madame de Gondran, madame de Vervins, le maréchal Deffiat, le P. Joseph, ce gentilhomme qui cachait fièrement sous l'humble robe d'un capucin un politique digne du cardinal de Richelieu. Silence! et qu'on s'agenouille! Voici venir dans sa litière rouge, escorté par ses gardes du corps, son éminence monseigneur le cardinal en personne! Qui encore? le maréchal de Biron, le maréchal de Roquelaure, le marquis de Pisani, le duc de Bellegarde, le baron de Thermes, la princesse de Conti, le poète Desportes, le duc de Joyeuse, qui était un grand protecteur des gens de lettres, le cardinal Duperron, l'ami du poète Desportes, l'archevêque de Sens son frère, le duc de Sully, mademoiselle et monsieur de Senneterre, celle-ci, belle et bien faite, qui savait toutes les nouvelles, et qui, bien peu s'en faut, a été une femme de lettres, et son frère Senneterre, l'espion de Richelieu, l'ami de Mazarin; le maréchal de la Force, — nous étions chez lui tout à l'heure: le jour de la Saint-Barthélemy, on l'avait laissé parmi les morts. Il était un des grands amis de Henri IV, et fort peu courtisan; il avait quatre-vingt-neuf ans quand il voulut se marier pour la quatrième fois, alléguant que ne pouvant plus courir le cerf, il lui était impossible de demeurer seul à la campagne. Allons encore, allons toujours, voici le grand poète lyrique, François Malherbe, le pensionné de la reine Catherine de Médicis; la vicomtesse d'Orchies, de la maison des Ursins, qui n'avait rien de beau que la gorge et le tour du visage, et qui croyait médiocrement en Dieu; M. des Yvetots: il s'habillait fort bizarrement, il avait des chausses à bandes comme celles des suisses du roi, rattachées avec des brides, des manches de satin de la Chine, un pourpoint et un chapeau en peau de senteur, une chaîne de paille à son cou, et il sortait en cet habit-là; tantôt il était vêtu en satyre, tantôt en berger, tantôt en dieu, et il obligeait sa nymphe à s'habiller comme lui, aujourd'hui bergère, le lendemain déesse; M. de Guise, le fils du Balafré: quand il quitta sa maîtresse, mademoiselle Marcelle, une personne de la meilleure grâce du monde, de belle taille, blanche, les cheveux châtains, qui dansait bien, qui savait la musique jusqu'à l'écrire, qui faisait des vers, et dont l'esprit était honnête et neuf.

mademoiselle Marcelle composa cette chanson sur son amant volage :

> Il s'en va, ce cruel vainqueur,
> Il s'en va plein de gloire ;
> Il s'en va méprisant mon cœur,
> Sa plus noble victoire ;
> Et malgré toute sa rigueur,
> J'en garde la mémoire.
> Je m'imagine qu'il prendra
> Quelque nouvelle amante :
> Mais qu'il fasse ce qu'il voudra,
> Je suis la plus galante.
> Mon cœur me dit qu'il reviendra,
> C'est ce qui me contente.

Mais le cruel ne revint pas, et la pauvre Marcelle mourut de douleur. Au reste, il était temps qu'elle mourût, il ne lui restait plus dans son escarcelle qu'un petit écu de trois livres.

C'est ainsi qu'un rien suffit à cette résurrection des temps passés. Chantez-moi sur un vieil air cette tendre élégie de la pauvre Marcelle, je n'aurai pas besoin de l'accompagnement obligé du luth ou du théorbe pour que je voie passer devant moi, dans leurs appareils les plus pompeux ou les plus modestes, tous les hôtes de la place Royale : — Voici le connétable de Luynes, cet homme qui a volé sa fortune, le virulent assassin et le lâche successeur du maréchal d'Ancre ; il ne valait guère mieux que l'homme assassiné et dépouillé si lâchement ; voici le maréchal d'Estrées, le digne frère de ses six sœurs ; le président Chevry, le bouffon de M. de Sully ; M. d'Aumont, le visionnaire, le très-bien venu à l'hôtel Rambouillet ; madame de Reniez, madame de Gironde, sa fille ; M. de Turin, inflexible magistrat. Le roi Henri IV lui dit un jour : « M. de Turin, je veux que M. de Bouillon gagne son procès. — Sire, répondit le bonhomme, rien n'est plus facile, je vous enverrai le procès, et vous le jugerez vous-même. » Que si cependant cette longue liste de noms propres et ces nombreux souvenirs vous étonnaient à propos de la place Royale, je vous répondrais : Quoi d'étonnant ; souvenez-vous quels ont été les deux siècles qui ont glissé sous ces arcades ? Jamais, en effet, à aucune époque on n'a rencontré plus d'hommes importants : M. le chancelier de Bellièvre, qui ne s'est jamais mis en colère ; madame de Puysieux, qui chantait devant le cardinal de Richelieu toutes sortes de jolies chansons, dont il riait comme un fou. La princesse d'Orange et le duc de Mayenne, qui joue son rôle dans l'*Astrée*. Qui encore ? madame d'Aiguillon, la nièce du cardinal, si avare, qu'on reconnaissait ses jupes à la crotte qui les couvrait ; le maréchal de Brézé, qui obéissait à sa servante ; le maréchal de la Meilleraie, un grand assiégeur de villes, qui n'entendait rien à la guerre de campagne ; et le roi Louis XIII, dont nous ne parlons pas. C'était un beau cavalier, il était bien à cheval, il mettait bien une armée en bataille, il eût enduré la fatigue au besoin. Ses amours étaient d'étranges amours : il n'avait rien d'un amoureux que la jalousie, un rien le rendait fou d'amour. Un jour, il vit une jeune fille qui plaçait une bougie dans un flambeau, et il lui envoya dix mille écus pour sa vertu. Un autre jour, mademoiselle d'Hautefort cache un billet dans son sein, le roi veut avoir ce billet, et il le prend avec

des pincettes. Ah! ce roi-là n'annonçait guère son fils Louis XIV, et ne ressemblait guère à son père Henri IV. Il serait mort plutôt que d'être amoureux *pour tout de bon*, comme il disait. Singulier prince, il mourut avec un grand courage ; on alla à son enterrement comme à des noces. N'oubliez pas Beautru. Il ne s'est pas marié parce que la reine l'appelait Beautrou, ce qui eût fait un vilain nom pour sa femme ; il a été un des beaux-esprits de son temps ; il était hardi, insolent, grand joueur, de mœurs et de religion fort libertin, médisant à outrance ; le cardinal Richelieu l'aimait pour sa confiance. Il avait des réparties fort singulières. Un jour, comme il passait devant le crucifix, il leva humblement son chapeau : « Voilà, lui dit quelqu'un, qui est de bon exemple. —C'est vrai, dit-il, nous nous saluons, mais nous ne nous parlons pas. » Il disait aussi du roi d'Angleterre, Charles Ier : « C'est un veau qu'on traîne de marché en marché, jusqu'à ce qu'on le mène à la boucherie. » Quelle fête est-ce donc et qui joue de la viole de si bon cœur? Ne serait-ce pas le père de mademoiselle de Lenclos? Non ; c'est Maugars, le joueur de viole du cardinal. Un jour, Bois-Robert, le bouffon du cardinal, fit donner à Maugars l'abbaye de Crâne-Étroit, et le cardinal de rire aux éclats de la bouffonnerie. C'était un bon diable, ce Maugars, plein de talent, d'invention, de petites ruses de pauvre diable, et avec cela, fier comme un poëte qui eût été riche. Ne sentez-vous pas une odeur de bergerie, les pâturages sont tout dressés, les agneaux bêlants appellent leur mère : c'est Racan qui chante ses idylles. Figurez-vous un berger gentilhomme, il était le digne disciple de Malherbe; et, à tout prendre, un beau génie, mais distrait, et n'étant jamais où il devait être. Le jour où il fut reçu à l'Académie, il arriva avec un papier que son chien avait déchiré. Voilà, dit-il, mon discours, je ne puis pas le recopier et je ne le sais pas par cœur.

Maintenant que j'y songe, nous avons eu le plus grand tort d'oublier l'abbé Tallemand dans cette cohue dont il a été l'historien goguenard. Nous avons eu tort d'oublier Despréaux le satirique, le bon sens en personne, le bon sens inflexible et tout d'une pièce ; comme aussi ce serait grand dommage de tirer La Fontaine de cet isolement qui fait sa joie, de le mêler à ces beaux-esprits si peu naïfs, de l'asseoir dans une ruelle, et de lui faire débiter les jolis petits lieux-communs de chaque jour. Non, ne parlons pas de La Fontaine, il n'a fait que passer sous les ombrages de la place Royale ; mais parlons de Bois-Robert, il a été un des rois de la place Royale ; il se fit de bonne heure le complaisant du cardinal. C'était un bouffon qui faisait rire le maître à tous. Au reste, rendons-lui cette justice : Bois-Robert n'a fait de mal à personne ; il en a consolé plus d'un qui était dans la peine ; il en a visité plus d'un qui était à la Bastille. En un mot, tout bouffon qu'il a été, il a été le fondateur de l'Académie Française. Quand il est mort, il disait encore ce bon mot : « Je ne demande qu'une chose, c'est d'être aussi bien avec Notre-Seigneur que j'ai été avec le cardinal de Richelieu. »

Pourquoi donc, je vous prie, puisque nous sommes à la place Royale, ne pas parler de la marquise de Rambouillet? Elle a joué à coup sûr un grand rôle dans ce monde à part, qu'on appelle *le beau monde*. Madame de Rambouillet était une personne d'un goût très-fin et même exquis, qui s'entendait à toutes les élégances de la vie. A elle seule elle a fait une révolution dans l'art de disposer et d'arranger l'intérieur d'une maison. Elle fut la première qui changea l'escalier de place, afin d'avoir une longue suite de chambres et de salons ; elle avait bâti à elle-même son hôtel. Dans cette maison ainsi bâtie pour que l'air et la lumière, et partant la bonne humeur et la santé y entrassent de toutes parts, se donnait rendez-vous tout ce qu'il y avait de plus galant à la cour, tout ce qu'il y avait de beaux-esprits dans la ville. C'est là que fut fondée cette grande puissance qu'on appelle la causerie. La marquise de Rambouillet était jeune et belle ; son esprit était net, sa parole était vive. Elle avait pour ses amis toutes sortes de malices charmantes. Molière, il est vrai, dans un des accès de sa mauvaise humeur, a dénoncé le bel-esprit des *précieuses;* mais cependant, quelle que soit la verve de Cathos, de Madelon et de Mascarille, on ne peut nier que cette langue française, qui commençait à peine, n'ait gagné beaucoup de grâce à être parlée avec tant de soins et d'études, et dans un si beau salon, par la plus belle compagnie. Madame de Rambouillet a été véritablement une des premières personnes qui ont donné le signal au grand siècle. Madame de Sévigné, elle-même, est venue un peu plus tard que la belle Arténice. D'ailleurs, elle a été la mère de madame de Montausier, ce rare et modeste esprit, qui a écrit tant de pages élégantes et simples sous le nom de Voiture.

Dans ces murs et pour Lucille-d'Argennes Julie de Rambouillet, fut rêvée et exécutée la *Guirlande de Julie.* La fête de Julie arrivait un mois d'hiver (1644), les fleurs manquaient pour composer un bouquet digne d'elle, M. le duc de Montausier (il était un peu l'amant de Julie, et il a attendu bien longtemps qu'elle le voulût accepter pour son mari) appela à son aide tous les poètes de son temps pour que chacun apportât une fleur de son choix à cette guirlande. Vous pensez si ces messieurs obéirent à cet appel fait à leur courtoisie ! Pas un ne manqua à cette fête de la beauté et de l'esprit : M. d'Andilly le père et M. d'Andilly le fils, M. Chapelain et M. Colletet, M. Desmarets, M. Godeau, M. de Gombaud, M. l'abbé de Serisy et M. de Malleville, M. de Montmor, M. Racan, M. Tallemant des Réaux, et M. de Scudéry, et enfin M. Conrart que l'on peut à bon droit appeler avec Bois-Robert le père de l'Académie Française. Sous les plus belles feuilles d'un blanc vélin, le fameux maître d'écriture Jarry se chargea de transcrire cette merveille. A la première page Zéphyre se balance dans les airs, il tient d'une main une rose et de l'autre main la guirlande de fleurs peinte par Robert, ainsi que les vingt-neuf fleurs que vous retrouverez dans les vingt-neuf pages suivantes ; il est bien entendu que M. de Montausier n'a pas renoncé à jouer sa partie dans ce concert d'éloges en l'honneur de la femme qu'il aimait. Comme chacun de messieurs les poètes pouvait choisir sa fleur favorite, Chapelain choisit l'*impériale* en l'honneur de Gustave-Adolphe le héros de Julie, M. Colletet et M. de Montausier avaient choisi la *rose,* M. de Gombault l'*amaranthe,* M. d'Andilly la fleur de *thym,* M. Desmarest la *violette,* et même on se souvient de ces vers :

> Franche d'ambition, je me cache sous l'herbe
> Modeste en ma couleur, modeste en mon séjour ;
> Mais si sur votre front je puis me voir un jour,
> La plus belle des fleurs sera la plus superbe.

Ce beau volume ainsi rempli de vers et de fleurs, fut relié par Gaslon, le relieur du cardinal de Richelieu ; il avait placé au dedans et au dehors de ce beau livre le chiffre de Julie d'Argennes ; tant qu'elle vécut, madame de Montausier conserva précieusement ce monument élevé à son esprit, à ses grâces, à sa beauté, et elle le montrait avec orgueil. Après la mort de cette dame, la *Guirlande de Julie* passa à sa fille madame la duchesse d'Uzès, et à la mort de cette dame, le précieux volume fut vendu quinze louis à M. Moreau, le premier valet de chambre de M. le duc de Bourgogne. M. l'abbé de Ruthelin, M. de Bozes, M. Caignat, M. le duc de la Vallière ont possédé tour à tour la *Guirlande de Julie*. Un libraire de Londres l'a acheté quinze mille francs, et l'a revendu à madame la duchesse d'Uzès pour quarante mille francs. On n'a pas tort de parler de la destinée des livres.

N'oublions pas, dans notre histoire, madame d'Hyères, si aimable dans ses folies ; la sœur de madame de Montausier, mademoiselle de Rambouillet ; et mademoiselle Paulet, qui jouait du luth mieux que personne, et dont le chevalier de Guise fut amoureux si fort. Chose étrange, et qu'on ne sait pas, c'est que mademoiselle Paulet, élégante, jolie, musicienne, bel-esprit, courageuse et fière, fut la première qui, en France, fut appelée une lionne. Aujourd'hui, le titre de lionne est un grand titre ; c'est une gloire. Une femme qui n'est pas une lionne se croit déshonorée. Mademoiselle Paulet ne fut pas si fière, elle s'emporta fort contre Voiture, mais le nom lui en resta. Tant il est vrai que dans une civilisation quelque peu avancée, rien n'est nouveau, surtout en fait de ridicules.

Si j'avais le temps, comme je vous raconterais l'histoire de Voiture. Il était le fils d'un marchand de vins, mais il se tirait gaiement d'affaire en disant qu'il avait été réengendré avec madame et mademoiselle de Rambouillet. C'était un bel-esprit ; il aimait l'amour et le jeu, mais le jeu plus que l'amour. Il traitait les plus grands seigneurs avec un sans-façon et un sans-gêne merveilleux. Un jour, il mena chez madame de Rambouillet deux grands ours qu'il avait rencontrés dans la rue. Il mettait facilement la main à l'épée. Il mourut, disait mademoiselle Paulet, comme le Grand-Seigneur, entre les bras de ses sultanes. C'est lui qui dit ce joli mot sur le jeune Bossuet, qui avait alors quatorze ans lorsqu'il prêcha son premier sermon à l'hôtel de Rambouillet, un quart-d'heure avant minuit : « Je n'ai jamais entendu prêcher ni si tôt, ni si tard. » Songez donc que toute la famille des Arnault a passé dans la place Royale en y laissant son empreinte. La marquise de Sablé a vécu dans cette grande maison à côté de la comtesse de Maure, porte à porte ; mais elles se visitaient chaque jour par écrit. C'étaient deux frileuses. Un jour cependant la comtesse de Maure était si malade que la marquise de Sablé se décida à descendre l'escalier pendant que l'on portait au-dessus de sa

tête le baldaquin du lit de la cuisinière. Dame! ce sont là des histoires

d'autrefois ; on devine, on reconnaît tout un siècle à ces sortes de loisirs. Le maréchal de Grammont faisait partie, lui aussi, de cette société choisie, et quels beaux contes il leur débitait du plus grand sang-froid ! Là, venait tout rempli de morgue et de science, le président Jeannin, qui osa défendre Laon contre Henri IV. Après la paix, Henri IV voulut l'avoir, disant que puisqu'il avait servi fidèlement un petit prince, il pouvait bien servir un grand roi. Un jour que la reine-mère lui avait envoyé une grosse somme d'argent, le président renvoya cette somme, en disant qu'une régente ne pouvait disposer de rien tant que son fils était mineur. Mais, plus nous allons et plus ces hommes du passé se montrent à nous. M. Gombaut, l'évêque de Vence, M. Gombaut, le poëte, que madame de Rambouillet appelait *le beau ténébreux*. Son plus grand chagrin eût été qu'on sût sa misère, et ses amis lui faisaient croire que l'argent qu'ils lui donnaient était envoyé par le roi. Gombaut, c'est toute la misère et toute la fierté du poëte. Chapelain fut tout au rebours ; il était le plus vanté, le plus riche et le plus mal vêtu de tous les beaux-esprits. Quand il fut présenté pour la première fois à madame de Rambouillet, il portait un habit de satin colombain, doublé de panne verte, et passementé de petits passements colombains et verts, à œil de perdrix ; il avait à son chapeau un crêpe qui, à force d'être porté, était devenu couleur de feuille morte ; avec un vieux cotillon de sa sœur, il s'était fait un justaucorps en taffetas noir ; sa perruque est une fable, Boileau en a fait un poème. Ainsi était bâti l'auteur de la *Pucelle*.

Vous aviez aussi dans ce temps-là la reine de Pologne, pauvre reine, et la duchesse de Croï, la fille de madame d'Urfé. Faites place et rangez-vous, voici le maréchal de Bassompierre, c'est le plus bel-esprit de la cour. La reine lui passe toutes ses folies. Le cardinal La Rochefoucauld et le chancelier Séguier le saluent de la main, tandis que Jodelet se met à vendre des barbes pour le parlement de Metz, qu'on venait de remplir de jeunes gens. Mesdames de Rohan s'en vont aujourd'hui faire une visite à madame de la Maisonfort. N'entendez-vous pas venir Fontenay Coup-d'Épée ? c'est un brave qui va rendre sa visite de chaque jour à mademoiselle Férier, la fille du ministre. Dumoustier, le dessinateur, perd son temps à dire des injures à tout le monde. Le président Le Coigneux court après les belles dames ; puis, quand il rentre chez lui, il dit : Je vais voir ma vieille, en parlant de sa femme. M. d'Emery, le financier, l'ami de Marion Delorme, il avait gagné neuf millions en dix ans : on disait de lui que c'était le plus damné des hommes. Desbarreaux jure et s'emporte. Dans sa voiture à quatre chevaux, Marion Delorme, magnifique et dépensière, mène la vie à grandes guides et meurt à trente-neuf ans, laissant pour 20,000 écus de dentelles et pas un sou d'argent comptant. Cet esprit qui passe tout là-bas, c'est Pascal ; cet homme qu'on salue jusqu'à terre, c'est le maréchal de l'Hôpital. N'auriez-vous pas aimé la comtesse de La Suze qui faisait de si jolis vers et des élégies si touchantes ; madame de Jeaucourt, qui était si jolie et qui a été le modèle des mères ; le président de Nicolaï, dont la jeunesse fut si orageuse ; le père André dont la parole brutale et toute remplie de violences était loin d'annoncer le père Bourdaloue et le père Massillon qui n'étaient pas loin ! Que dites-vous de madame Pillon, la sincérité même, qui avait bouche en cour ; madame Pillon, une simple bourgeoise, à force d'esprit et de boutades piquantes, était également redoutée à la ville et à la cour. Et madame de Moutan, qui avait les mains aussi belles que les mains de la reine. Et madame d'Ayvait, si colère qu'elle a pensé tuer sa fille d'un coup de poing. Et, parmi les beaux-esprits, M. Costar. Un jour, dans cette même place Royale, passait madame de Longueville : sa chaise se brise ; un grand laquais se présente pour venir en aide à madame la duchesse : « A qui êtes-vous ? lui dit-elle. — Je suis à M. Costar. — Et qui est-ce M. Costar ? — C'est un bel-esprit, madame. — Et qui te l'a dit ? — Si vous ne voulez pas me croire, madame, prenez la peine de le demander à M. Voiture. — Tel maître, tel valet, dit la duchesse, voyant le valet si beau et si bien élevé.

Songez donc enfin, que parmi ces hommes, que le Marais nous rappelle, il faut compter le cardinal de Retz et M. de Roquelaure et madame de la Roche-Guyon, chantée par Benserade, et la Serre et la Calprenède. Vous ne pouvez pas comprendre quelle était la toute-puissance d'une femme d'esprit, de madame de Cornuel, par exemple. C'était l'esprit en personne; elle disait de la religion, déjà! la religion n'est pas mourante, mais seulement défaillante. Un jour qu'elle fut arrêtée par des voleurs, un de ces bandits lui mit la main sur la gorge : « Vous n'avez que faire là, mon ami, lui dit-elle, je n'ai ni perles ni tétons. »

Ne quittons pas cette *place Royale*, où s'est dépensé tant d'esprit, tant de grâces et tant d'amours, sans saluer de nos regards et de nos regrets l'hôtel Carnavalet : De cette maison, aujourd'hui silencieuse, est sortie, tout armée, la langue française et la plus belle langue que la France ait parlée, la langue de madame de Sévigné.

C'est ainsi que dans cette heureuse ville il n'y a pas un coin de terre, pas une ruine, qui ne puisse servir à écrire quelques beaux chapitres tous remplis des plus grands noms de l'histoire, et dans lequel vous verriez s'agiter au milieu des espérances, des déceptions et des progrès de tous genres, les plus nobles, les plus illustres et les plus excellents esprits.

Jules Janin.

Rue Pierre-Lescot.

RUE PIERRE-LESCOT.

Les rues, comme les hommes, ont leur destinée. En matière de viabilité, je suis fataliste; non point que la grande et la petite voirie ne subissent aussi la loi de toutes les choses humaines, l'instabilité, mais de même que certaines familles conservent, au milieu de toutes les révolutions, le dépôt sacré des traditions de l'ancienne société, certaines rues perpétuent la physionomie de l'ancienne ville. Il y a telle place publique, tel carrefour qui, par une force mystérieuse et providentielle, semble éternellement voué à la même spécialité. Je ne sais quel instinct secret pousse sans cesse les mêmes classes ou les mêmes professions vers les mêmes lieux. Les voleurs, les filous, les mendiants, les filles publiques, les saltimbanques n'ont pas quitté tous les repaires qu'ils habitaient au moyen-âge. Supposez un tremblement de terre qui bouleverse Paris, vous verrez au bout de quelque temps ces oiseaux de la civilisation revenir par bandes peupler les quartiers où ils étaient établis autrefois. Ainsi l'hirondelle ne retrouvant plus son nid au retour, en bâtit un nouveau à la place où s'abritait sa dernière couvée.

Nous parlerons tout-à-l'heure des hirondelles de la rue Pierre-Lescot; disons quelques mots auparavant de la rue elle-même. Le lecteur verra bien que nous avions raison de soutenir qu'il y a des localités prédestinées.

Nous sommes en plein moyen-âge, en 1267; c'est le plus haut que nous puissions remonter pour trouver trace de notre rue; mais était-ce bien une rue que cette réunion de maisons basses, recouvertes en chaume pour la plupart, et situées sur l'emplacement dont nous nous occupons? S'il faut en croire les chroniques, rien n'était plus rue que la rue Jean-Saint-Denis, nom qu'elle devait sans doute à quelque membre de la famille Saint-Denis, qui comptait des chanoines dans l'abbaye de Saint-Honoré. Saint-Denis, nom illustre, maintenant porté par des cabotins de province! Mais ne sortons pas de notre rue.

La rue Jean-Saint-Denis n'avait point à cette époque l'honneur d'appartenir à la capitale, elle faisait probablement l'ornement principal de quelque village placé sous la protection de l'abbaye de Saint-Honoré, ou bien elle composait à elle seule un de ces hameaux groupés sur les verdoyants monticules qui bordaient les rives de la Seine. Il me semble voir notre rue dans toute la laideur pittoresque de sa physionomie gothique. Des chaumières lézardées, du fumier en guise de pavé, de la mousse sur les toits, la lanterne de la vierge du coin pour tout éclairage. Des jardins derrière les maisons; derrière les jardins, la rivière. J'imagine que déjà, à cette époque, il devait y avoir des cabarets dans la rue Jean-Saint-Denis, cabarets renommés où les étudiants, les bohèmes, venaient ripailler et paillarder, suivant l'expression consacrée. Quoique la tradition soit à peu près muette à cet égard, on peut affirmer que le moyen-âge a pris ses ébats dans cette rue; c'est lui évidemment qui a montré la route à la renaissance, au dix-septième siècle, à son fils dénaturé, ou plutôt à son coquin de neveu, le dix-huitième siècle, à la république, à l'empire, à la restauration, et enfin à la révolution de juillet.

Sautons quelques siècles à pieds joints. Il n'y a pas longtemps que le moyen-âge a rendu le dernier soupir. Le hameau, perdu sur les rives de la Seine, est devenu une rue de Paris. La capitale l'a confisqué à son profit. Les chaumières disparaissent pour faire place à des maisons; les tavernes où les disciples d'Abeilard venaient oublier les combinaisons ardues du *sic* et *non*, sont devenues des cabarets où vont s'enivrer les poètes. Que de fois Villon a dû laisser sa dernière rime et son dernier sou sur la table de ces salles enfumées! Si l'affreuse hôtellerie de Macette a existé autre part que dans l'imagination de Régnier, croyez bien que c'est dans la rue en question qu'il faut la chercher; je suis sûr qu'elle s'ouvrait juste à l'endroit où s'élève maintenant l'*hôtel de Calais* ou l'*hôtel de*

France. Que voulez-vous que deviennent des hôtels sur de pareils emplacements?

Le roi des ribauds étendit sa juridiction sur la rue Jean-Saint-Denis ; souvent ce monarque vint y tenir cour plénière et y juger les différends de ses sujets. La salle principale d'un bouchon était métamorphosée en tribunal. Le juge souverain montait sur une table et les plaidoiries commençaient. Quel auditoire on devait voir et quelles plaintes on devait entendre ! Des femmes, les cheveux épars, la voix rauque, les vêtements en désordre ; des hommes déguenillés, barbus, sinistres, cachant un poignard dans leur ceinture ; des matrones ridées, au chef branlant, les lèvres et le menton couverts de ce duvet que l'école romantique appelle des moisissures. Voici Cocarde qui montre ses épaules couvertes de cicatrices et qui demande réparation de la volée que lui a administrée la veille le terrible Bombardier, lansquenet licencié à la suite de la paix, et maintenant Adonis de carrefour ; place à ce brave homme au gros ventre ! c'est un marchand étranger qui réclame sa bourse que Jeanne *la Rousse* et la charmante, lui a soustraite entre chien et loup, c'est-à-dire pendant qu'il était entre deux vins ; faites silence maintenant pour écouter les lamentations chevrotantes de cette vieille qui réclame le prix des meubles et des pots cassés à la suite d'une orgie de ces messieurs et de ces dames. On échange des interpellations, les démentis s'entrechoquent ; le lansquenet montre le poing à Cocarde ; Jeanne la Rousse fait la nique au gros marchand ; la vieille discute ou plutôt glapit à propos de la valeur de ses bahuts. Les spectateurs, en attendant leur tour, prennent fait et cause pour l'une des parties. Dès que Cocarde ouvre la bouche, mille voix s'élèvent à l'instant pour l'encourager ; si elle pleure, mille gémissements se font entendre ; Bombardier a des amis dévoués, mais leurs éclats de rire ne peuvent dominer le bruit des sanglots ; le gros marchand jure et blasphème, la Rousse se tord les côtés, l'hôtelière se précipite aux genoux du juge, le tumulte est à son comble ; c'est un charivari discordant, un brouhaha, un sabbat véritable. Le roi des ribauds fait un signe, et ses archers, qui, en guise d'arcs, portent de bonnes et belles hallebardes, rétablissent le silence à grands coups de bois de lance. Alors Sa Majesté très-peu catholique se lève et prononce la sentence, la force armée s'empare des condamnés et le monarque transporte ses assises ambulantes dans quelque rue borgne de la cité. Voilà le magnifique spectacle que présentait au quinzième, et même au commencement du seizième siècle, un cabaret de la rue Jean-Saint-Denis, le premier de chaque mois. Ce cabaret judiciaire avait seul le privilége d'allumer une lanterne rouge devant sa porte, depuis le crépuscule jusqu'à l'aurore, et de donner asile à tous ceux qui se présenteraient à quelque heure de la nuit que ce fût.

Bon sang ne peut mentir. Vous jugez à présent des progrès qu'a suivis notre rue depuis le moyen-âge. C'est d'abord un rendez-vous champêtre pour les parties plus ou moins fines des basses classes de la population parisienne, une espèce de Meudon populaire. Une fois englobée dans Paris, ses bonnes dispositions ne font que croître et embellir. La paysanne un peu égrillarde est devenue une véritable gourgandine. Le temps n'est pas loin où sa réputation franchira les barrières, et où les pères et mères des provinces de France recommanderont à leurs fils d'éviter toute fréquentation avec elle.

Il faut avouer aussi que jamais rue ne fut plus convenablement située pour devenir un admirable coupe-gorge, un délicieux clapier. Sous Henri IV, déjà la rue Saint-Honoré avait presque acquis le développement qu'on lui voit aujourd'hui ; elle roulait, d'un bout de Paris à l'autre, comme une vaste rivière, les vagues toujours mouvantes d'une population composée de gens de tous les états, de tous les quartiers, de tous les pays. Ce fut cet encombrement qui coûta la vie au Béarnais. Le Palais-Royal opère sa jonction avec ce fleuve, juste devant la rue dont nous parlons qui n'est qu'une sorte d'exutoire, une espèce de canal où se jettent toutes les immondices qui flottent à la surface de l'eau. Du côté du nord, notre voie de communication s'ouvre sur des espaces vagues dont l'étendue était considérable à une certaine époque. Les décombres toujours amoncelés pour l'achèvement du Louvre, les accidents du terrain, la solitude qu'on était sûr de rencontrer en de tels lieux, les rendaient essentiellement propices à l'exécution de tous les crimes et de toutes les turpitudes qui ont besoin du silence et de la nuit. Là les voleurs tenaient leurs conciliabules nocturnes, là l'enfant ignorant, le moine obscène, le vieillard dévoré d'une luxure stérile, venaient chercher une satisfaction honteuse à d'impurs désirs ; là le vol et l'assassinat étaient pour ainsi dire endémiques ; d'abjectes syrènes attiraient leur proie et ne la rendaient plus. Au dernier coup du couvre-feu, bandits et ribaudes prenaient possession de leurs domaines et faisaient la maraude jusqu'au milieu de la nuit. Tout ce peuple maudit rentrait ensuite dans les repaires que lui offrait la rue voisine ; alors, sans prendre la peine d'essuyer les mains tachées de sang, commençait l'ignoble orgie, le vin, les baisers, les blasphèmes ; et de semblables nuits se succédaient jusqu'à ce que la main de la police arrachant le verre et la chanson aux lèvres du meurtrier, et le poignard à son bras, lui ménageât un terrible et dernier réveil en face de l'échafaud.

L'histoire de la rue Pierre-Lescot peut se résumer dans ces quatre mots, assassinat, vol, misère, prostitution. Cette rue n'a-t-elle donc jamais connu l'innocence, et n'a-t-elle pas eu ses beaux jours ?

Innocente, elle ne le fut jamais ; son enfance et sa jeunesse ont été passablement agitées, comme on a pu s'en convaincre par ce que nous venons de dire. J'aime à croire que l'âge mûr l'a trouvée plus raisonnable ; les rues deviennent peut-être vertueuses à trente ans comme les femmes. Un moment, on eût dit que le repentir l'avait touchée. C'était au dix-huitième siècle ; vous savez comment on se repentait alors.

N'importe ! un beau matin, notre rue éprouve le besoin de faire peau neuve, de se dépayser ; elle veut changer de nom, ne pouvant changer de quartier. Soudain, un badigeonneur se présente et efface le nom de Jean-Saint-Denis pour le remplacer par cette désignation plus gracieuse : Rue du *Panier-Fleuri*. La mode était alors aux choses champêtres ; je m'étonne que l'imagination rustique des hommes de l'époque ne se soit pas davantage exercée sur les rues de Paris ; nous aurions eu la *place du Chalumeau*, le *carrefour de la Coudrette*, la *traverse Philis*, le *passage de la Houlette* et le *cul-de-sac Corydon*. Tous ces noms-là valent bien pour le moins ceux d'aujourd'hui. Quoi qu'il en soit, nous voici arrivés au second acte de cette trilogie, dont le premier est intitulé *Jean-Saint-Denis* ; le second, le *Panier-Fleuri* ; et le troisième *Pierre-Lescot*.

Etait-ce dans cette rue que la célèbre madame Grégoire tenait son cabaret à l'enseigne du *Panier-Fleuri*, ou bien ce nom n'est-il qu'un témoignage du succès obtenu par cet établissement, et la bonne ville de Paris avait-elle fait comme ces marchands qui choisissent pour exergue à leur enseigne le titre de la pièce la plus applaudie pendant l'année ? Je penche décidément pour cette dernière version, aussi flatteuse pour madame Grégoire que la chanson consacrée à sa gloire. Il me semble que sous l'influence de sa désignation nouvelle, notre rue dut prendre une allure plus jeune, plus riante, plus gaie. Les maisons, en effet, furent recrépies et passées à la chaux, les enseignes remises à neuf, et l'on vit des vases de fleurs au rebord de quelques fenêtres ; indice certain de la présence de plusieurs grisettes. C'en est fait, la rue Jean-Saint-Denis a rejeté toute la vieille souillure du moyen-âge, elle va renaître aux fraîches amours, aux chants joyeux, les grisettes l'ont sanctifiée !

Le dix-huitième siècle a été l'âge d'or de la rue Pierre-Lescot ; à cette époque, en effet, la mode était aux cabarets, aux grisettes, à tous les plaisirs de la vie en plein air ; les Porcherons n'étaient pas le seul endroit où les grands seigneurs aimassent à s'encanailler. Plus d'un désertait sa petite maison sombre et mystérieuse, pour les joies plus épicées des caravansérails publics. La rue du *Panier-Fleuri* eut des gargottes privilégiées qui se donnèrent le luxe de quelques cabinets particuliers ; le marquis, déguisé sous le manteau couleur de muraille du tiers-état, y conduisait la lingère de sa femme, tandis que dans l'appartement à côté, la marquise faisait couler le champagne dans le verre d'un homme de lettres, ou d'un jeune commis aux gabelles. Une simple cloison séparait le ménage. Faites disparaître quelques planches, et les deux moitiés de la société se surprennent en flagrant délit. L'aristocratie et la démocratie contractaient ainsi une alliance dérobée, en attendant le jour de la grande fusion révolutionnaire. Un peu de lumière et de gaîté pénétra alors dans cet enfer ténébreux; les chambres nues et froides de ses maisons virent quelques gracieux visages; il y eut moins de taudis et plus de mansardes; la reine hideuse de cet empire, la misère dégradée, disparut pour faire place à la pauvreté riante qui espère, et si le passant attardé entendait encore au rez-de-chaussée des chants qui troublaient le silence de la nuit, il voyait briller aux étages les plus élevés des lampes qui n'étaient pas celles de la débauche. La rue du *Panier-Fleuri* devait, toutes convenances de siècle et de civilisation gardées, offrir à peu près le même spectacle que présentent de nos jours certaines parties du quartier Notre-Dame-de-Lorette, la rue La Ferrière, par exemple. Hélas! ce temps heureux fut de courte durée; peu à peu les anciennes habitudes reprirent le dessus, la nichée de hiboux, chassée un instant par la clarté, reprit possession de son domicile, des femmes en oripeaux se promenèrent à l'angle de la rue Saint-Honoré; on retrouva des cadavres au milieu des landes architecturales, sur lesquelles le Louvre continuait à ne pas se finir, et le lieutenant de police fut obligé d'inscrire sur son livre noir le nom ydillique du *Panier-Fleuri*.

Les gardes-françaises furent les instruments principaux de cette décadence rapide. Je ne voudrais rien dire qui pût nuire à l'estime dont jouit ce corps, mais je ne puis m'empêcher de le faire remarquer, malgré l'engouement que l'on a depuis quelque temps pour eux, les soldats des gardes-françaises étaient bien les plus mauvais sujets de l'armée. Le garde-française est charmant avec son habit blanc à revers bleu de ciel, lorsqu'ayant à son bras une jeune beauté qui baisse les yeux, il frise galamment sa moustache en montrant à sa compagne les blonds épis de la moisson nouvelle, asile discret qui doit abriter leurs amours. Il y a là matière à de ravissantes aquarelles; en dehors du dessin, le garde-française est ce qu'on peut appeler un garnement fort peu sentimental de sa nature, nullement scrupuleux dans les affaires de cœur, et raccoleur plus que les nécessités du service ne le permettent. Faire le raccolage sur le Pont-Neuf, sur le quai de la Ferraille au profit du roi de France, ne lui suffisait pas; plus d'un enrôlait des défenseurs à la patrie et des amants à ses maîtresses. Quelles maîtresses! bon Dieu, que les beautés de la rue du *Panier-Fleuri*! C'était là cependant qu'ils choisissaient leurs odalisques. Plus d'un riche financier, plus d'un abbé trop galant, plus d'un bourgeois en maraude, payèrent cher leurs excursions sur les terres de ces braves guerriers. Que de fois entr'ouvrant tout-à-coup une armoire cachée ou une porte secrète, on vit des soldats français feignant les transports de la plus vive jalousie, interrompre un entretien commencé, et interposer la lame de leur épée entre deux caresses. Honteux d'être surpris en pareil lieu, et dans un tel moment, l'amant improvisé offrait sa

bourse. Je vous laisse à penser si elle était acceptée, non sans quelques difficultés cependant, afin de ménager l'illusion de la mise en scène. Il ne se passait pas de nuit sans que la rue du *Panier-Fleuri* ne fût le théâtre de semblables tours. La chronique scandaleuse du temps était pleine de ces mésaventures ; on nommait tout haut les victimes du drame, et les Mémoires, indiscrets confidents des médisances de l'époque, nous ont transmis les noms de plusieurs d'entre eux. Un prince, deux évêques, trois financiers, un acteur de la Comédie Française furent rançonnés dans la rue du *Panier-Fleuri*, après être tombés de cette façon entre les mains des sous-officiers aux gardes ; les sergents surtout étaient passés maîtres dans ces jeux qui faisaient pour ainsi dire partie de l'éducation militaire. Les mœurs de l'armée se sont bien améliorées depuis, et heureusement pour leur réputation, les gardes-françaises ont racheté ce passé légèrement scabreux devant les fossés de la Bastille, et sur les champs de bataille de la république.

Cette digression militaire était indispensable à l'intelligence complète de l'histoire que nous avons entreprise. Au dix-huitième siècle, en effet, elle se résume toute entière dans le garde-française, comme sous la république elle s'identifie avec l'existence des fédérés. On se souvient de ces bataillons de volontaires, que les départements envoyèrent après le 10 août, pour pousser à la roue révolutionnaire. L'énergie des Marseillais, la fermeté des Bretons, la vivacité des Languedociens, toutes les forces de la France furent mises en réquisition pour traîner le char de la république. Il fallait bien que tous ces hommes, dans la force de l'âge et de l'enthousiasme, dérobassent quelques minutes à la chose publique pour les donner à l'amour. La rue du *Panier-Fleuri* présentait alors un curieux spectacle : on vit les beautés peu désintéressées de ce quartier, saisies à leur tour de la fièvre patriotique, offrir gratis leurs faveurs aux défenseurs de la liberté ; elles aussi voulaient faire un sacrifice à la patrie ; elles couraient au-devant des fédérés étalant sur leur sein déshonoré une large cocarde tricolore ; elles les entraînaient, elles les portaient en triomphe, pour ainsi dire, dans leur demeure, et comme on avait le courage, la vertu, le désintéressement, on eut aussi l'amour civique. Plus de refrain bachique, plus de chanson obscène, mais la *Marseillaise*, partout et toujours ! Il suffit d'un noble enthousiasme pour ramener à la vertu, et certes celui qui eût vu ces femmes à genoux, les yeux levés vers le ciel, faisant un appel à l'amour sacré de la patrie, et appelant la liberté au milieu de ses défenseurs, celui-là n'eût pas osé dire : Voilà des prostituées !

Je suis étonné que personne n'ait songé à demander alors d'échanger le nom passablement rococo et aristocratique de cette rue, contre une désignation plus républicaine. Ce ne fut qu'en 1806 que le préfet de police se passa cette fantaisie. La rue du *Panier-Fleuri* prit le nom de *Pierre Lescot*, seigneur de Clugny, près Versailles, et de Clermont, conseiller au parlement, chanoine de Paris, et célèbre architecte sous les règnes de François Ier et Henri II. Le vieux Louvre, c'est-à-dire la galerie occidentale a été bâtie sur ses dessins et sculptée par Jean Goujon. C'est pour honorer la mémoire de Pierre Lescot, et à cause de sa proximité du Louvre, que la rue du *Panier-Fleuri* fut débaptisée. C'est un singulier honneur que l'on a fait à un chanoine, que d'inscrire son nom au fronton d'une pareille rue.

Depuis l'empire jusqu'à nos jours, les destinées de la rue Pierre-Lescot n'ont pas été des plus brillantes, si l'on en excepte la période de l'invasion. Ceci est le revers de la médaille, la contre-partie de l'enthousiasme républicain chez les prostituées de Paris. L'argent enlevé aux chaumières de la Champagne affluait dans les lupanars de la rue Pierre-Lescot : Autrichiens, Prussiens, Cosaques, Tartares, venaient là jouir à leur manière des plaisirs de la capitale. A leurs chefs, le Palais-Royal ; à eux, les ruelles voisines. Quelle joie pour ces barbares de sentir la main d'une femme souriante passer dans les poils hérissés de leur barbe rousse ; qu'importe l'odeur qu'ils exhalent, l'argent ne sent pas le suif! Caresses, agaceries, rien n'était épargné pour plaire à ces sauvages qui jetaient sur les tabliers, les chaînes d'or, les boucles d'oreilles, les bijoux, fruits de leurs rapines. Aussi vit-on les fils des Huns pousser, comme leur aïeul Attila, le plaisir jusqu'à l'apoplexie, et se tuer de luxure. La rue Pierre-Lescot coûta à l'armée russe autant qu'une bataille. Au milieu de ce hideux dévergondage, on cite un trait qui démontre que la fierté n'abdique jamais complètement au cœur des femmes. Une malheureuse fille séduite, et tombée, par suite de l'abandon de son séducteur, dans l'abîme de la prostitution, échut à un sous-officier cosaque dans le partage d'une nuit. Parmi les bijoux que son vainqueur faisait, en vrai barbare, reluire à ses yeux, elle reconnut un médaillon de famille que son frère, sergent dans la garde, portait toujours sur son cœur. Pour l'en dépouiller, il avait fallu le tuer. La pauvre fille était obligée de se livrer au meurtrier de son frère. La résistance était impossible, mais non pas la vengeance. Pendant que le cosaque assouvi se livrait au sommeil, Judith prit un des pistolets d'Olopherne et lui brûla la cervelle. Le lendemain elle fit l'aveu complet de son crime, et des motifs qui l'avaient guidée. Elle mourut en prison.

Après la révolution de juillet, la rue *Pierre-Lescot* obtint une vogue nouvelle. Les premières années qui suivirent ce changement furent le dix-huitième siècle de la bourgeoisie. On aimait aussi à s'encanailler, et comme le romantisme avait mis le moyen-âge en odeur de sainteté, on choisissait de préférence, pour faire l'école buissonnière, les lieux qui rappelaient les mœurs du vieux Paris. A ce titre, la rue *Pierre-Lescot* eut les honneurs d'une exhumation complète. Les étudiants, les clercs de notaire, les hommes de lettres visant à la porte Saint-Martin, se réunissaient là pour broyer de la couleur locale, et faire les truands. On allait dans la rue *Pierre-Lescot* voir la maîtresse de M. Coco, premier valet de M. Sanson, tourmenteur juré de la bonne ville de Paris ; on la regardait de loin, et après cette orgie, on rentrait chez soi mettre la dernière main à un roman intitulé la *Reine des Gourgandines*. A cette époque il n'y avait plus ni saltimbanque, ni prostituée, ni mendiant ; on était amoureux d'Esmeralda, on voyait partout des Chanteflueries, on donnait un sou parisis au grand Coësre. L'argot commençait à poindre dans la littérature, et l'on prêchait ouvertement la réhabilitation de la chair en prenant du punch rue Monsigny. Vous comprenez en quelle haute estime devait être la rue *Pierre-Lescot* chez les amateurs de poésie et de philosophie pittoresques. Aujourd'hui cet engouement n'existe plus, et la rue *Pierre-Lescot* est redevenue ce qu'elle n'a jamais cessé d'être, c'est-à-dire un des plus complets échantillons de la misère et de l'abjection parisiennes.

En traversant la rue *Pierre-Lescot* on s'aperçoit qu'elle n'a rien perdu de sa physionomie impériale. Les devantures de boutiques, les enseignes, les ustensiles dont on se sert dans les cafés datent encore de 1806. Entrez dans la boutique de ce marchand de bric-à-brac, vous y trouverez des pendules à sujets mythologiques, des fauteuils avec des aigles sculptés, des vases d'albâtre, des canapés carrés en velours d'Utrecht jaune, toute la défroque enfin des tapissiers de l'empire. Pendant le jour, cette rue n'offre rien de bien curieux; elle est morne, silencieuse, obscure, il n'y a là-dedans que des industriels nocturnes, des logeurs et des filles publiques ; je ne parle pas de cet établissement de bouillon hollandais qui est venu se fourvoyer, on ne sait trop pourquoi, dans cet endroit, et dont l'air honnête jure avec la mine peu engageante des autres établissements, hôtels pour la plupart sur la porte desquels on lit, en caractères à demi effacés : *Ici on loge à la nuit.*

Le prix de la couchée varie depuis dix jusqu'à trente sous, suivant qu'on demande une chambre tout seul, des draps propres, ou qu'on se contente d'un lit de sangle dans un dortoir. Il y a dans certains hôtels une salle où l'on ne paie que deux sous ; il est vrai que pour tout lit on a le sol, pour oreiller la muraille ; des cordes transversales séparent les dormeurs en deux rangs, s'il est possible de dormir en un tel gîte. Quel pandémonium de figures bizarres, de vêtements délabrés, doivent présenter ces tristes chambrées ! Les uns entrent en chancelant et se laissent tomber, ivres d'eau-de-vie et de fatigue, sur le pavé boueux où ils s'endorment bientôt; ceux-là sont les heureux de l'endroit, les habitués du logis. Ils ont passé leur soirée dans quelque estaminet borgne, occupés à boire l'argent gagné, Dieu sait dans quelle industrie, et maintenant ils cuvent leur vin ; d'autres, groupés dans un coin, causent à voix basse et d'un air animé en montrant un paquet que l'un d'eux cache sous sa redingote : ce sont des voleurs qui attendent que le jour soit venu pour aller partager le produit d'*une affaire* dans quelque carrière de Montmartre. Voyez-vous là-bas, adossé contre le mur, cet homme qui, les bras croisés contre la poitrine, l'œil fixé au plafond, a l'air de réfléchir profondément; ses traits, jeunes encore, sont cependant flétris avant l'âge ; ses vêtements ne sont pas déchirés, mais souillés de boue, c'est un ouvrier qui fait le lundi depuis trois semaines, et qui voit venir le moment où, après avoir dissipé ses économies dans de crapuleuses distractions, il va être obligé de rentrer dans l'atelier. C'est le remords qui tient ses yeux ouverts. L'insomnie de son voisin ne peut être attribuée à la même cause. Nonchalamment assis sur sa redingote qui lui sert de coussin, les mains cramponnées à la corde qui marque la frontière des deux royaumes, il balance le haut de son corps et regarde d'un air stupide le bout des semelles de ses bottes qui laissent voir un lambeau de bas; croyez-vous qu'il songe aux moyens de se procurer des bottes neuves? eh, mon Dieu, non! notre homme est un ancien habitué du Cent-Treize devenu joueur de poule; il rêve, tout éveillé, qu'il carambole à la roulette, et que la rouge sort dix-sept fois de la blouse. Un vieillard en cheveux blancs profite du peu de clarté qui règne dans l'appartement pour coudre son pantalon lézardé de toutes parts; un enfant de dix ans, aux cheveux blonds, à la figure délicate, sommeille appuyé contre le vieillard; la fièvre de la misère a tracé un cercle bleu au-dessous de ses yeux; le pauvre enfant murmure quelques paroles entrecoupées; il rêve peut-être à sa mère; mon Dieu! qu'il soit heureux pendant quelques instants. Mais non, les lourds barreaux qui s'entre-croisent derrière la porte retombent avec fracas, car, quoiqu'on paie à l'avance, l'hôtelier, par prudence, croit devoir retenir ses hôtes prisonniers toute la nuit, la serrure crie sur ses gonds: Réveillez-vous, gens qui dormez, et montrez vos papiers aux sergents de ville; la police veut savoir s'il n'y a pas parmi vous quelque assassin, ou tout au moins deux ou trois voleurs. Le chef de la patrouille fait avec soin sa tournée dans la salle; personne n'échappe à son coup-d'œil vigilant, et rarement sa visite s'achève sans qu'il n'envoie quelques individus passer le reste de leur nuit à la préfecture. Après le départ de l'escouade, la porte se ferme, la chandelle s'éteint, le silence et l'obscurité règnent dans ce dortoir de la misère, sur lequel s'appesantit une atmosphère tiède et nauséabonde comme celle que l'on respire dans les magasins de vieux chiffons.

Dans la maison voisine c'est une autre scène. Minuit vient de sonner; le trottoir est abandonné; ses habitantes ont regagné leurs pénates en compagnie de leurs hideux amants. Suivez de l'œil cet homme qui évite la clarté, et se glisse silencieusement le long des maisons; le voilà qui s'arrête et fait entendre un faible sifflement. Aussitôt une lumière paraît à une fenêtre, une porte s'entr'ouvre, il va entrer; tout à coup des hommes cachés s'élancent sur lui et le garrottent, non point sans essuyer une vigoureuse résistance. Ce rôdeur nocturne est un assassin qui s'est soustrait jusqu'à ce jour aux recherches de la police; il ne rentre à Paris que la nuit et dans de rares intervalles; quelque agent aura surpris le secret de son rendez-vous, ou bien sa maîtresse l'aura livré elle-même; en tout cas, c'est l'amour qui l'a perdu. Au tumulte occasionné par cette lutte, toutes les croisées se sont ouvertes, et les compagnons du prisonnier, ses complices peut-être, la figure éclairée par les reflets vacillants d'une lampe fumeuse, regardent partir, avec colère et stupeur, cet homme qu'ils ne reverront que sur l'échafaud.

Nous avons montré la prostitution et la misère vivant côte à côte dans cette affreuse rue *Pierre-Lescot*, la prostitution et la misère dans tout ce qu'elles ont de plus dégoûtant. Rien ne semble indiquer que ces deux cruelles sœurs veuillent faire ailleurs élection de domicile. Dans cent ans, à moins que le progrès ne nous ait débarrassés des voleurs et des filles publiques, on verra toujours là une de leurs colonies. Pour le quart-d'heure, la rue *Pierre-Lescot* est une de celles que l'on ne traverse qu'avec

répugnance, et qu'on ose à peine nommer ; il faut qu'il y ait dans sa réputation quelque chose de bien mérité, puisque ce fou, qui voulait se venger à force de misère de l'ingratitude de ses amis, Chodruc-Duclos, n'avait trouvé rien qui fût plus à la hauteur de ses haillons et qui fût mieux assorti à son dénuement qu'un logement dans la rue *Pierre-Lescot*.

TAXILE DELORT.

ALLÉE ET AVENUE DE L'OBSERVATOIRE

En face l'un de l'autre, et à une distance de 1,407 mètres, deux monuments grandioses se regardent fièrement à la partie méridionale de Paris. L'un de ces monuments est consacré à la plus exacte des sciences, et les lois immuables du monde physique y sont étudiées; dans l'autre, les lois les moins stables y sont votées, et l'on y débat les hypothétiques questions de cette science incertaine que l'on appelle la politique. Ces deux édifices, si différents par la forme et par la destination qu'on leur a données, se nomment l'*Observatoire* et le *Palais des Pairs* ou du *Luxembourg*.

L'Observatoire, ce gigantesque monument s'élevant à vingt-six mètres et demi au-dessus du sol, ferait douter du goût de Perrault, si le Louvre n'étalait pas au centre de Paris sa belle colonnade.

Le Luxembourg, où l'ordre toscan se marie avec assez de bonheur à l'ordre dorique, est l'œuvre plus élégante de Jacques de Brosse, ce modeste et véritable artiste dont aucune biographie ne nous a rien transmis, ni le lieu de sa naissance, ni aucun détail particulier de sa vie, ni l'époque de sa mort; mais qu'importe le coin de terre où est né l'artiste qui honore tant un pays? qu'importe comment a vécu, dans sa propre maison, celui dont l'existence laborieuse se révéla par des chefs-d'œuvre comme le portail de Saint-Gervais? qu'importe la mort d'un homme que ses travaux rendent immortel!

Soyons plus juste, sinon plus intelligent que la biographie : saluons, en passant dans le jardin du Luxembourg, l'ombre illustre de ce grand architecte qui a nom Jacques de Brosse.

Entre le Palais de la Pairie et le Palais de la Science, entre ces deux masses de pierres, l'œil s'arrête agréablement sur des tapis de gazon, sur des plate-bandes fleuries, sur des quinconces épais, sur un vaste et pur bassin où se prélassent des cygnes gracieux, sur de longues et vertes allées de marronniers alignés comme des soldats.

L'allée de l'Observatoire, la plus belle des allées du Luxembourg, prend ce nom à partir des deux lions classiques que le bon goût de M. de Gizors, architecte du Palais des Pairs, ne tardera pas sans doute à faire descendre de leurs ignobles piédestaux. La ligne de clôture du jardin était encore, vers la fin de l'empire, à ces deux lions fabuleux; et jusqu'à l'époque où furent supprimés les ordres monastiques, le terrain occupé aujourd'hui par l'allée, jusqu'à la grille de l'Observatoire, appartenait presque entièrement au couvent des Chartreux.

Dès que Jacques de Brosse eut achevé le palais du Luxembourg, Marie de Médicis, désirant un peu d'air et d'espace autour de sa belle construction toscane, céda, du côté sud-ouest, aux bons religieux, deux fois plus de terrain qu'elle ne leur en demandait à la partie nord de leurs propriétés. Rois et reines ont dû toujours faire bonne part aux hommes de Dieu! Avec de pareilles transactions, si le couvent ne s'arrondissait pas, il s'étendait du moins; ce qui ne l'empêcha pas de payer bien médiocrement l'histoire de Saint-Bruno, cette admirable galerie de Lesueur, au sein de laquelle l'auteur alla finir ses jours attristés, comme un père se réfugie dans sa vieillesse au milieu de ses enfants.

L'alignement général qui a établi une seule pente, de l'Observatoire au palais du Luxembourg, est un des plus magnifiques embellissements dont Napoléon ait doté Paris. Depuis la révolution, toute cette avenue, si plane aujourd'hui, était livrée aux décombres. Les remblais avaient commencé, à la vérité, sous le Directoire, mais ils n'allaient pas vite. Napoléon imprima aux travaux une grande activité, et une circonstance politique les mena à bonne fin.

Après les désastres de Russie, l'empereur se préoccupait beaucoup des ouvriers de Paris. Il appela au palais des Tuileries le préfet de police, M. Pasquier, auteur d'un rapport secret sur la population ouvrière, prête à se soulever, assurait-il, faute de pain.

— Ne peut-on, lui dit l'empereur, procurer de l'ouvrage à ces braves gens?

— Sire, répondit le préfet, pour satisfaire toutes les classes ouvrières qui souffrent, il faudrait beaucoup de commandes.

— Eh bien! reprit Napoléon, que l'on aille, au faubourg Saint-Antoine, commander des meubles pour tous les monuments de la couronne; qu'on parquette le Louvre; tous les travaux seront à ma charge; ma cassette y pourvoira.

— Sire, c'est bien pour les ouvriers à rabot, à marteau, à industrie particulière, et la sollicitude de votre majesté se signale en cette occasion comme toujours; mais que ferons-nous des ouvriers qui n'ont que leurs bras?

— N'avez-vous pas de grands ouvrages de terrassement à faire exécuter?

— Il serait bien facile d'en trouver, sire... Mais ces ouvrages se paient au comptant,.. et de l'argent?

— Vous êtes préfet de police. Vous devez savoir où il y en a, ou vous ne savez pas votre métier.

— Sire, la caisse du Sénat contient quatre ou cinq cent mille francs.

— Qu'on les prenne. Le premier corps de l'État doit, après moi, donner l'exemple des sacrifices en faveur du peuple de Paris. Que la Couronne et le Sénat nourrissent la classe ouvrière; ce ne sera, après tout, qu'un prêté rendu.

Il n'y avait pas à répliquer...... Les cinq cent mille francs furent *demandés*.

Les marteaux retentirent, les rabots gémirent, les scies crièrent dans toutes les salles du Louvre, au milieu des houras de *vive l'empereur!* des milliers de bras furent employés aussi à niveler l'allée de l'Observatoire; mais nul n'y cria *vive le Sénat!*

Quand il puisa dans la caisse du Luxembourg, M. Pasquier ne s'attendait pas à devenir pair et chancelier de France: il est même probable qu'il donnerait sur les doigts de M. Delessert, si celui-ci osait aujourd'hui ouvrir les coffres de la pairie avec les rossignols de la police, pour donner de l'ouvrage aux ouvriers de Paris. La pairie est peu prêteuse; aussi croyons-nous qu'elle saurait conserver ses économies beaucoup mieux que ne le fit le sénat conservateur.

A la droite de l'allée de l'Observatoire, depuis les lions jusqu'à la grille servant de clôture au jardin, on voit une vaste pépinière, triste coup-d'œil à l'époque où ces milliers d'arbres, rangés par familles et dépouillés par la froidure, figurent, à s'y méprendre, des plantations d'échalas ou de balais; mais d'un aspect ravissant, au contraire, quand le feuillé, en se développant, fait de ce bas-fonds comme un immense tapis vert à compartiments, sur lequel glisse le regard des promeneurs.

Le terrain inférieur, faisant pendant à celui-ci, sous la contre-allée de gauche, est occupé par un jardin où les étiquettes, écrites en latin, rivalisent d'éclat avec les fleurs. C'est un jardin botanique servant aux études des élèves de la Faculté.

Cette longue, large, admirable allée de l'Observatoire, est parcourue quotidiennement par les rentiers du faubourg Saint-Germain, plus haut placés que ceux du Marais sur l'échelle hiérarchique du *trois* et du *cinq*. C'est la promenade favorite des juges fatigués de leur sommeil de l'audience, des conseillers retraités, des avocats invalides : on pourrait la nommer *la petite provence* de Thémis. Les amateurs d'antiquités peuvent y aller voir tous les soirs, de six à huit heures inclusivement, la dernière culotte courte de Paris, portée par un honorable professeur de l'école de

droit. Les douillettes puce, ces paletots élégants de nos ayeux, y sont encore visibles par les belles gelées de février; enfin, on y suit de l'œil avec curiosité, comme une chose d'autrefois, le dernier des carlins, tenu en laisse par la dernière des chanoinesses, qui emportera avec elle dans la tombe cet unique survivant d'une espèce détruite.

Parmi tous ces personnages à la démarche grave et mesurée, l'allée de l'Observatoire est vivement arpentée, trois fois par semaine, le dimanche, le lundi et le jeudi, par des couples joyeux d'étudiants et de grisettes, qui vont, d'un pas rapide et dégagé, heurtant du coude et du langage, juges impotents et douairières pudiques. Eh bien! franchissons avec ces hardis et aventureux voyageurs, la grille du Luxembourg, cette limite du monde, ce *nec plus ultrà* des promeneurs habituels. Elançons-nous aussi dans l'*avenue* de l'Observatoire.

Au son du piston qui retentit, les couples légers s'envolent sous les quinconces à la gauche de l'esplanade; ils se précipitent dans un établissement rival de *la Chaumière*. O glorieux Saint Bruno! qu'est devenue votre sévère *Chartreuse?* Qu'a-t-on fait de votre discipline? S'ils revenaient au monde, ces moines de votre ordre rigide; s'ils parcouraient ces lieux consacrés par eux à la prière et au silence, où éclatent aujourd'hui les cris de la folie, les rires immodérés, que penseraient-ils, hélas!... que diraient-ils devant ces danses lascives, à l'aspect de cette licence que ne peuvent comprimer des escouades de sergents de ville?... Encore une fois, hélas!... ils s'envelopperaient dans leur froc...., s'ils ne le jetaient point aux orties!

Notre pudeur ne nous permet pas d'entrer dans ce lieu de perdition; mais, comme le paysan qui risquait un œil, nous avons osé y jeter un regard furtif et curieux:

A *la Chartreuse* comme à la *Chaumière*, l'élève en droit joint à l'étude des six codes la pratique du code de l'amour; l'élève en médecine vient y faire son cours de phrénologie, en étudiant les protubérances sur nature; bien d'imprudentes jeunes filles y commencent ou y entretiennent, en formant la chaîne, de coupables liaisons..... Et l'hospice de *la Maternité* est à la distance d'un carré de contredanse....; et l'hospice des *Enfants trouvés* est à la longueur d'une course de galop....; et à quelques pas plus loin, est *le Couvent des Filles repenties*!..

Mais, comme pour me distraire de ces tristes réflexions, une voix me crie gare! et une énorme boule, lancée avec vigueur, passe à deux lignes de mon tibia. Heureusement le joueur n'était pas adroit; il m'a manqué. Quelle imprudence, aussi, d'aller me planter sur un terrain dévolu aux joueurs de boules! Ces quinconces ne sont-ils pas leur propriété? Les dynasties finissent, les trônes s'écroulent, les révolutions s'accomplissent; et ces honnêtes citoyens restent impassibles, sous le fardeau de leurs boules jumelles... plus forts qu'Atlas qui n'avait qu'un monde à porter.

—Depuis quarante ans ce sont les mêmes joueurs, me disait un jour un habitant du quartier.

—Oui, lui répondis-je; comme le couteau de Jeannot était toujours le même couteau. Tantôt le *pointeur* abdique le *cochonet* pour cause de rhumatisme, et un *pointeur* en expectative prend alors sa place; tantôt le *buteur* meurt de vieillesse et cède ses boules à un surnuméraire. Aujourd'hui la lame est usée, demain le manche se brisera. Joueurs et couteau...

toujours la même histoire.

Avant de continuer notre ascension vers l'Observatoire, jetons derrière nous un long regard de satisfaction dans la rue de l'Est, où les belles maisons s'élèvent par enchantement, où de larges trottoirs témoignent de la sollicitude municipale. Remercions encore l'édilité parisienne, qui a doté de contre-allées viables le boulevart Mont-Parnasse, cet ancien détroit infranchissable, au temps des neiges et des pluies.

Et maintenant découvrez-vous, hommes d'intelligence! Vous avez Port-Royal à votre gauche; voilà l'ombre de Nicole, voilà celle d'Arnauld; voici, grande entre toutes, l'ombre de Pascal, cet immortel et implacable adversaire des jésuites! Incertain, tourmenté, s'agitant toujours sous le doute, signalant la Foi comme la souveraine du monde, mais ne pouvant courber devant elle sa raison mathématique : tel fut Pascal de son vivant; tel ses livres nous l'avaient montré; tel surtout il nous apparaît, aujourd'hui que de précieuses trouvailles ont restitué à ce *croyant-sceptique* un grand nombre de ses pensées, tombées sous les ciseaux sacriléges de l'abbé Perrier et du duc de Roannès.

Pendant la révolution, l'abbaye de Port-Royal prit le nom de Port-Libre : ironie administrative dont s'amusèrent beaucoup les suspects qu'on y renferma ; c'est aujourd'hui le triste port des femmes en couche, le refuge des femmes enceintes après leur huitième mois de grossesse. Mais ne peut-on faire le bien sans humilier celui qui doit en profiter? Les malheureuses qui veulent solliciter l'aumône d'un lit de douleurs, sont forcées de demander en rougissant où est la rue de *la Bourbe*. Ce nom ignoble ne peut-il donc pas être remplacé par celui de Port-Royal, riche de souvenirs glorieux?—Si les jésuites sont encore à ménager, pourquoi ne pas adopter l'appellation significative de rue de la *Maternité?*

A peine entrés dans la vie, les pauvres orphelins sont enlevés aux embrassements de leurs mères, et transportés à quelques pas de là, dans la rue d'Enfer, à l'hospice *de l'Allaitement* ou *des Enfants Trouvés*. Ainsi la première course dans le monde, pour ces créatures sans nom, c'est la largeur de l'avenue de l'Observatoire! Elle ne l'ignorait pas, cette pauvre mère qu'on vit un jour, à sa sortie de l'hospice de la Maternité, aller s'agenouiller à la porte des Enfants Trouvés, avant de se replonger dans cette ville immense où, trop souvent, la misère et la honte étouffent le remords d'une faute, et jusqu'au souvenir d'un fils abandonné.

Après la rue d'Enfer, l'avenue est traversée encore par la rue de Cassini, baptisée par le nom d'un savant Italien dont nous dirons bientôt les titres au souvenir et à la gratitude de la ville française.

Nous voici enfin au terme de notre course, devant l'Observatoire, ce fastueux monument élevé à l'astronomie par la magnificence du grand siècle. Louis XIV avait choisi lui-même cet emplacement, et les Chartreux, dont les propriétés s'avançaient jusques-là, ne voulaient pas céder de terrain : astronomie et astrologie se confondaient dans l'esprit des religieux ignorants; quant aux religieux érudits, et il n'en manquait pas, ils se souvenaient du *tamen movet* de Galilée; aussi redoutaient-ils de nouvelles révélations astronomiques.

Mais Louis XIV savait dire : *nous voulons!* Et bientôt Claude Perrault fut chargé par Colbert de fournir les dessins de cet édifice.

Commencé en 1667, il fut entièrement achevé en 1672. Le plan est un rectangle de trente mètres dans sa plus grande dimension de l'est à l'ouest, et d'environ vingt-huit mètres dans sa dimension du sud au nord. Aux angles de la face méridionale primitive, sont deux tours ou pavillons octogones, qui donnent plus de développement à cette face. Du côté du nord, est un avant-corps de huit mètres de saillie, où se trouve encore la porte d'entrée.

Un astronome italien, Cassini, fut appelé à Paris pour donner ses idées à Claude Perrault; mais, quand il arriva, le bâtiment était déjà élevé jusqu'au premier étage. Tout en approuvant la solidité de l'édifice, l'astronome étranger ne put donner son assentiment à une disposition de salles qui ne répondait en aucune façon aux nécessités de la science. L'artiste et le savant ne purent pas s'entendre : l'un plaidait astronomie, l'autre répliquait architecture. De sa royale autorité, Louis XIV se nomma tiers-arbitre, et il fit pencher la balance en faveur de Perrault. L'équerre l'emporta sur la lunette, dans une question d'astronomie ; aussi, les lunettes ne purent-elles jamais s'acclimater convenablement dans cette construction architectonique.

Les quatre faces de l'Observatoire sont exactement placées aux quatre points cardinaux du monde. La face du côté de Paris est couronnée d'un fronton ; celle du sud, plus élégante, est ornée de deux trophées en pendantifs, représentant des instruments et des symboles astronomiques.

Félibien, Dulaure et beaucoup d'autres écrivains parlent d'un *cabinet des secrets* dont la voûte porte la voix aux angles opposés, sans que les personnes placées au milieu de la pièce puissent rien entendre. Nous avons tenté l'expérience ; et la voix d'un ami placé à l'un des angles du cabinet est arrivée jusqu'à nous, sans qu'une troisième personne ait saisi une syllabe des paroles prononcées. Malheureusement, c'est nous qui étions placé au milieu de la salle, et celui qui n'entendait rien tenait l'oreille collée à l'angle correspondant : les voûtes dégénèrent peut-être !

Les caves de l'Observatoire sont à une profondeur égale à l'élévation extérieure de l'édifice, et l'on croit généralement que les astres sont observés du fond de ces trois cent trente marches ténébreuses. Un concierge, quelque peu retors, servit à propager cette erreur. Moyennant salaire, il faisait descendre les visiteurs dans les souterrains ; et grâce à une fissure pratiquée par hasard entre deux dalles de la terrasse, un point lumineux se montrait au-dessus de la tête des curieux, qui étaient dans l'admiration en voyant une étoile en plein midi. Un peu de plâtre coupa court à ces mystifications. Toutes les erreurs populaires ne se détruisent pas avec cette facilité.

Les historiens de Paris vantent aussi la rampe de l'escalier ; elle n'a cependant rien de curieux, soit par le volume, soit par le travail. L'édifice, ajoutent-ils encore, est si bien voûté, qu'on n'a employé ni bois ni fer dans sa construction. Le fer et le bois cependant ont été trouvés à plusieurs reprises dans l'épaisseur des murailles... On écrit l'histoire des monuments comme celle des hommes ; le merveilleux s'y glisse à côté de la vérité ; si grands que soient les uns et les autres, la flatterie cherche à les hausser encore.

Les deux Cassini, Picard, Pingré, Lahire, Lalande, Méchin, Delambre, Laplace, Arago, Mathieu, voilà la véritable, la glorieuse chronique de l'Observatoire de Paris. Il est dans la tour de l'est un escalier de vingt-sept mètres de hauteur, conduisant au petit pavillon flanqué de deux tourelles qui couronne le monument d'une façon plus utile que pittoresque, et l'on peut dire que les marches en pierre de cette longue spirale ont été usées par les comètes. C'est là que l'on observe ces astres chevelus, c'est là que la science décrit leur course dans l'espace.

Pour remédier aux vices primitifs de construction de cet observatoire-citadelle, un vaste amphithéâtre, consacré aux leçons d'astronomie, et de magnifiques cabinets d'observations sont sortis de terre aux flancs de l'édifice. Puis sur des bases immuables, on a scellé les instruments de précision de Lenoir et de Gambey ; les télescopes de Lerebours et de Cauchois y sont braqués aux croisées comme des fusils de rempart, ou montés sur leurs ingénieux mécanismes, comme des canons sur leurs affûts. Là brille le plus riche outillage de la science pratique ; là aussi, les innombrables observations barométriques et thermométriques sont consignées à chaque instant du jour et de la nuit par de laborieux élèves-astronomes.

On devinera, précisément parce que nous ne le dirons pas, à qui sont dus tous ces perfectionnements dont les observatoires de l'Italie, de l'Allemagne et de l'Angleterre peuvent se montrer jaloux.

Louis XIV n'était rien moins que savant ; mais il s'entendait à honorer, à protéger la science. Il alla voir la construction de Perrault à peine achevée ; et un tableau de son royal peintre, actuellement au Musée du Louvre, transmit à la postérité le souvenir de cette visite.

Napoléon, peut-être à cause de son titre de membre de l'Institut, n'y mit pas tant de façon. Par une belle journée, et se rendant à Fontainebleau avec Marie-Louise, il s'arrêta à l'Observatoire pour y attendre et y signer un sénatus-consulte qui se votait au Luxembourg.

M. F. Arago, bien jeune, et déjà astronome, venait de faire une leçon à l'École Polytechnique. — On lui annonça l'arrivée inattendue de l'empereur, et, sans lui donner le temps de changer d'habit, on le conduisit auprès de Sa Majesté. Comme il voulut s'excuser :

— C'est bien, c'est bien, lui dit Napoléon.

Puis jetant un coup-d'œil au-dessus de sa tête, il ajouta :

— Voilà un bel escalier! — Pas trop beau, Sire, répondit M. Arago, qui ne partageait pas tout-à-fait cette admiration. — Qu'en savez-vous?... — Je suis ancien élève de l'École Polytechnique, j'y professe maintenant, et je crois pouvoir dire que, si l'escalier est jeté avec hardiesse, l'architecte a eu le tort de multiplier à plaisir toutes les difficultés de coupes de pierres. — C'est possible, dit Napoléon, en regardant le jeune astronome avec plus d'attention.

On était arrivé aux cabinets; l'empereur ayant demandé à voir quelque chose dans le ciel, M. Arago lui répondit qu'il n'avait rien à lui montrer.

— Il serait singulier que je fusse venu à l'Observatoire sans rien voir du tout.

— Cependant, reprit M. Arago, en observant le soleil ce matin, j'ai vu des taches, et je puis les montrer à votre majesté.

— Eh bien, voyons les taches du soleil.

Napoléon les regarda, puis conduisit l'impératrice auprès de la lunette. Comme le chapeau de Marie-Louise, fort prolongé, selon la mode du jour, l'empêchait de mettre son œil contre l'oculaire, elle se plaignit de ne rien voir. L'empereur prit alors de ses deux mains le riche chapeau de paille d'Italie, et le brisa, en le retournant sur lui-même.

Après des observations deux fois répétées, l'empereur dit au jeune savant : — Je vous embarrasserais bien, si je soutenais que ces taches sont dans la lunette. — Vous ne m'embarrasseriez pas du tout, sire. — Voyons, répliqua Napoléon. — Si les taches sont dans la lunette, elles ne changeront pas de place; si elles appartiennent au soleil, votre majesté les verra entrer d'un côté de la lunette, traverser le champ et sortir par l'autre bord. Mais il faut que votre majesté ne touche pas à l'instrument.

L'empereur, les mains derrière le dos, remit l'œil à l'oculaire; il fit l'observation, et se retourna en disant : *Démontré!*

Leurs majestés montèrent alors sur la plate-forme : Paris tout entier se développait sous leurs yeux. Devant cet imposant et splendide panorama, la vaste poitrine de Napoléon sembla se soulever. Il resta quelque temps sans parler.

Allée et avenue de l'Observatoire.

— Voilà, dit-il enfin, en désignant la magnifique allée, dégagée de ses vieilles masures et déjà plantée dans toute sa longueur; voilà un des plus beaux travaux exécutés depuis Louis XIV. Puis ramenant la vue sur la cour de l'Observatoire :

— Quel est l'*imbécille* qui a tracé autour de ce monument une cour aussi étroite, aussi mesquine?

— Votre majesté vient de caractériser notre architecte d'une telle façon que je ne dois pas.....

— Fontaine me dira son nom, reprit Napoléon en souriant.

— Au reste, sa justification est facile, ajouta M. Arago. L'architecte n'était pas libre, il ne pouvait empiéter sur le *château-d'eau* qui est là sur notre gauche, appuyé contre la grille, et qui contient le bassin pour la distribution des eaux d'Arcueil.

— Ce n'est pas une excuse en fait d'art; on aurait transporté le château-d'eau plus loin. On n'étouffe pas pour si peu un beau monument.

Puis jetant un coup-d'œil autour de lui, il ajouta :

— Il faut que l'allée de marronniers se prolonge et se dessine autour de l'Observatoire pour rejoindre ensuite le boulevart extérieur. Ce sera une magnifique entrée de Paris du côté du sud.

Ce point convenu, ses yeux se portèrent vers le Val-de-Grâce :

— Ce dôme a-t-il été doré?

— Je ne crois pas, sire. J'ai souvent, dans mes observations, dirigé la lunette sur ce point de mire, et je n'y ai jamais reconnu la moindre trace d'antique dorure.

— C'est une faute. Les points élevés doivent être éclatants. Vous ne sauriez vous figurer l'effet produit sur l'armée par les dômes de Moscou. Ils étaient tous dorés.

C'est ainsi que se trahissait à chaque parole la prodigieuse activité d'esprit de Napoléon; mais elle devait éclater encore avec plus de puissance. Désigné le lendemain par l'Académie des Sciences pour aller aux Tuileries, M. Arago fut reconnu par l'empereur, qui s'approcha vivement de lui.

— Eh bien! lui dit-il, travaille-t-on au nouveau boulevart?

— Mais, sire, répondit M. Arago abasourdi de la question, je n'ai pas d'ordre à donner pour cela.

— Oh! je vois que vous *ne vous souciez pas* de mon projet.

— Pardonnez-moi, sire; mais il ne dépend pas de moi de faire commencer les travaux.

— Sans doute, sans doute... Je ferai prévenir M. Vaudoyer.

Le nom de l'architecte de l'Observatoire n'était déjà plus un mystère pour l'empereur.

Quelques jours après, l'empereur fit une nouvelle visite à l'Observatoire.

Qu'eût-il dit, hélas! si, sur la plate-forme, une voix prophétique eût fait retentir ces mots à son oreille:

« Le 7 décembre 1815 n'est pas loin. Or, ce jour là, quand l'horloge du
» Luxembourg marquera neuf heures vingt minutes, un soldat de la ré-
» publique paraîtra au fond de cette allée. Frappé d'un arrêt infamant,
» dépouillé du signe de l'honneur qu'il avait teint de son sang dans vingt
» batailles homériques, il traversera le Luxembourg. Arrivé à cette grille
» qui se développe à tes yeux, le soldat sera dirigé silencieusement
» vers l'un des côtés de l'esplanade. Là, il mettra un genou en terre, et
» le plomb des soldats français abattra, par arrêt de la Chambre des
» Pairs, le maréchal de France, duc d'Elchingen, prince de la Moscowa,
» Michel Ney, enfin, que tu as surnommé le brave des braves! »

ÉTIENNE ARAGO.

RUE DE LA HARPE.

I.

L'ENSEIGNE.

A rue de la Harpe ressemble à un long serpent; elle descend de la place Saint-Michel au pont de ce nom, enlaçant de ses replis une foule de rues. Ces rues sont presque toutes dépendantes du quartier des colléges; elles ont une odeur d'école qui n'a point encore vieilli. Traversez la rue de la Harpe dans toute sa longueur, et vous arrivez à l'arche jadis couverte de maisons nommée le pont Saint-Michel, en raison de la chapelle de Saint-Michel qui était située près du Palais, à une petite distance. Ainsi, dans cette partie de la ville, tout est doctoral, depuis la ligne de la Sorbonne, jusqu'à celle de la Sainte-Chapelle.

Le pays latin, ce boulevart de la Bazoche, cette clé de la science, comme l'appelle Hensius, reconnaît la rue de la Harpe pour sa reine. Les soutanes des étudiants couvraient autrefois les rues Saint-Jacques et de la Montagne-Sainte-Geneviève; la rue de la Parcheminerie et celle des Maçons-Sorbonne donnaient chaque matin la volée à ces disputeurs en rabat, coiffés de la toque ou du bonnet rabelaisien; mais la rue de la Harpe avait le privilége de les voir bourdonner comme autant de guêpes aux vitres de ses nombreuses boutiques : la rue de la Harpe était leur promenade favorite.

Dès 1247, une enseigne qui pendait à la deuxième maison, à droite, au-dessus de la rue Mâcon, donnait le nom de la Harpe à cette rue ; l'écriteau représentait : *le roi David jouant de la harpe.* C'était un honnête luthier qui demeurait là ; il avait une charmante fille du nom d'Agnès, et voilà qu'un beau soir elle disparut, après avoir monté en croupe rue Saint-Hyacinthe sur le cheval d'un gentilhomme. Le hasard voulut que le soir même il fît un vent du diable ; le pauvre luthier attendait encore Agnès, et cependant il y avait de longues heures que le couvre-feu avait sonné.

Tout d'un coup, il y eut dans la rue Mâcon qui commence la rue de la Harpe ainsi que la rue Saint-Severin, un tapage abominable sur le pavé, cela pouvait ressembler au bruit d'une armure qui tombe. C'était le roi David et sa harpe, qui, à force de danser tous deux sur leur tringle de fer, venaient de choir dans le ruisseau.

Le luthier comprit l'avertissement tardif du ciel, mais ce fut inutilement qu'il sortit, car on prétend qu'un page noir, de mauvaise mine, l'attendait alors à la porte. Ce page était bossu, sa cape avait une odeur

de soufre pareille à celle d'une allumette chimique, il avait un pied plus haut que l'autre, et tout faisait raisonnablement penser qu'il était de la livrée de Satan.

Quand le luthier le vit, il eut si peur qu'il referma l'huis de sa boutique sur sa poitrine; mais le page lui glissa sous la porte une lettre d'Agnès elle-même... La jeune fille, fascinée sans doute comme la Marguerite de Goëthe par les manches de satin, les beaux airs et la barbe fine d'un cavalier de la rue du Palais-des-Thermes, et trouvant le roi David aussi ennuyeux avec sa harpe que son père avec ses discours, avait quitté sa rue pour courir les aventures. Le lendemain son père mit en vain sur pied tous les archers de M. le grand-prévost, elle ne fut point ramenée.

De dépit, le luthier ramassa son enseigne qui était de bois, la brûla, et s'en fut demander asile à un tonnelier de ses amis, rue Saint-Jacques. Mais l'histoire ramassa l'enseigne tombée; elle laissa à la rue le nom de rue de la Harpe.

II.

LA PERRUQUE DU DOCTEUR.

C'était une vraie province, comme vous allez en juger.

Sa partie septentrionale se nommait la Juiverie, ou *rue aux Juifs*, parce que les Juifs y avaient leurs écoles. De la rue de l'Ecole-de-Médecine à la place Saint-Michel, elle a porté successivement aussi les noms de *Saint-Côme*, à cause de l'église de ce nom, et aux *Hoirs d'Harcourt*, parce que le collége d'Harcourt y est situé. Ce ne fut qu'au milieu du dix-huitième siècle qu'elle prit dans toute sa longueur le nom de la rue de la *Harpe*.

On voyait jadis tourbillonner sur son pavé gras et sale une foule de costumes. C'était d'abord la robe noire du *mire*, ce premier médecin des temps primitifs qui débitait ses drogues et son onguent par les rues, escorté d'un enfant portant un singe que l'opérateur saignait *à la demande des personnes;* puis, les manches pendantes et les fourrures d'un professeur aussi grave qu'Erasme; les manteaux des sorbonistes, mêlés à la jaquette des hommes d'armes, le bonnet pointu du juif, et plus tard la perruque du médecin Diafoirus. Que de prosélytes de Cujas et d'Hypocrate ces maisons noires, crasseuses, n'ont-elles pas abrités, que de grisettes aimées de l'étudiant, et chantant pour lui comme un serin dans sa cage, cette cage affreuse du sixième étage de la rue de la Harpe! Toute la fourmilière des écoles, usant le pied de l'arbre de science, autrement nommé *la Sorbonne*, commence chaque matin à mouvoir ses mille pattes du bas de la rue de la Harpe; le carabin qui s'en va le nez au vent, la main dans le gousset, et qui regarde les planches d'anatomie coloriées, le lycéen qui achète de la galette, l'élève en droit qui lorgne une modiste, le répétiteur qui conduit un fils de famille à son examen de bachelier. Aussi, rassurez-vous, les loyers sont-ils abordables ; mais n'ayez pas peur qu'un Chinois, un Turc, un Arabe, ou même un Anglais se logent là, c'est un peuple spécial qui habite ce quartier, un peuple qui a de l'encre aux doigts et aux lèvres, un peuple indiscipliné, hautain, tapageur, le peuple des écoles, des estaminets, des chambres garnies : la rue de la Harpe avec ses mille artères circonvoisines, c'est le cœur de l'étudiant.

La rue est laide, malpropre, ayant çà et là quelques velléités de gaz, quelques hôtels et cafés passés timidement au badigeon ; mais il est facile de voir que la boue et les embarras, les estaminets borgnes et les gargotes scolastiques n'en seront pas facilement expulsés. Le progrès, qui pénètre difficilement aussi loin, a bien fondé, rue Saint-Jacques, un théâtre dans une église (le théâtre du Panthéon), mais il n'a point encore reculé la rue de la Harpe. C'est une vraie sentine, une rue de *chien de cour*, pour nous reporter à la langue peu mellifique du collége ; le reflux éternel des élèves et des pédants a l'air d'y avoir consacré l'odeur des ruisseaux, le suif des portes, les taches des nappes, et les doigts des garçons de restaurant marqués sur les verres. Les figures des hôtesses et loueuses de ce quartier ont un air de *thèse* et de *censure* qui épouvante ; la grisette n'y pose le pied que pour en arracher l'étudiant et se faire mener par lui à la Chaumière. Et dites-nous, de quel droit la rue de la Harpe s'aviserait-elle d'être propre ? tout ne l'entretient-il pas dans l'oubli de la propreté ? La rue Saint-Severin, la rue Pierre-Sarrazin, la rue Mâcon, la rue du Foin, *etc.*, *etc.*, sont-elles des rues dont la robe vous plaise ? Et pour ne parler que de la rue Pierre-Sarrazin, l'une des ramifications de cette longue rue de la Harpe, savez-vous ce qui arriva sous Louis XVI au célèbre Andry, médecin ? C'est de sa propre bouche que nous tenons le fait suivant :

Le docteur Andry habitait la rue Pierre-Sarrazin depuis vingt ans, sans que sa renommée eût atteint, dans le quartier même, l'éclat qu'elle obtint si justement plus tard ; il est vrai qu'il manquait une chose au docteur, il ne portait point perruque.

Il le confessait même souvent devant nous, le spirituel vieillard ; il avait même alors de charmants cheveux auxquels il tenait singulièrement.

Sa voisine de fenêtre (elle habitait la maison située en face de celle du docteur) n'y tenait pas moins ; aussi quand elle apprit de lui qu'il s'était déterminé un beau jour à porter perruque, ce fut un déluge d'imprécations et de supplications tout ensemble.

— De si beaux cheveux ! — Mes confrères les coupent. — Une perruque ! à vous ! — C'est la livrée de la science. Sans cela serais-je médecin ?

La voisine du docteur lui choisit tout exprès une perruque colossale, une perruque à trois marteaux; il pouvait à grand'peine passer avec cette perruque dans la rue Pierre-Sarrazin, dès qu'il y avait le moindre embarras. Cependant, grâce à ses livres et peut-être à sa perruque, le docteur était à la mode. On le croyait plus vieux, ce qui était alors d'un grand poids pour la science; puis on l'invitait chez les demoiselles à une foule de petits jeux innocents; lorsqu'il lui advint tout d'un coup une de ces aventures capables d'ébranler une réputation mieux établie. Il fut appelé un soir par lord A..., un riche Anglais qui demeurait dans la rue de Tournon. Or, il fallait passer sous la fenêtre de sa voisine. Celle-ci se voyant négligée par lui depuis quelque temps résolut de lui jouer un tour; elle profita du temps de sa sortie pour tendre ses lacs : c'était une jolie fille de vingt-trois ans environ; son père l'aimait presque autant que la pêche à la ligne, ce qui est beaucoup pour un pêcheur. Elle prit si bien son moment, que lorsque le docteur passa sous ses fenêtres, elle enleva sa perruque à l'aide de l'hameçon paternel qu'elle lui jeta. Le malheureux doc-

teur l'implorait en vain; l'heure était pressante, et il n'avait pas même le temps de monter.

Quand il fut arrivé chez lord A..., l'Anglais s'écria :

— Un jeune homme! un blanc-bec, au lieu du célèbre docteur Andry! Tenez, ajouta-t-il, vous devez être son neveu; j'ai mon garçon d'écurie qui a juste le même rhumatisme que moi; visitez-le!

Et il le laissa après cet affront, éperdu, anéanti. Le docteur sans perruque courut furieux chez mademoiselle de..., qui lui dit en souriant : Mon cher docteur, vous arrivez à propos, mon père était en train de vous assurer mieux qu'une perruque...—Eh! quoi donc?—Une fortune... Vous m'aimez, au fond, quoiqu'un peu léger, et vous savez que Saint-Severin est notre paroisse...— Saint-Severin... je ne comprends pas...— Allez y voir jeudi prochain nos bans affichés... Seulement, docteur, ce jour-là plus de perruque! Vous la reprendrez après la lune de miel!

Observons en passant qu'autrefois les médecins se faisaient vieux; à cette heure, ils useraient plutôt dix cravates et deux chevaux pour paraître jeunes.

III.
LE PALAIS DES THERMES.

Lorsque Julien, proconsul des Gaules, habitait ce palais, en 357, avant d'être nommé empereur, il ne se doutait guère qu'il deviendrait le théâtre de la plus sanglante tuerie à l'occasion des princesses Gisla et Rotrude, filles de Charlemagne qui se virent reléguées, après sa mort, dans ce palais, séjour ordinaire des premiers rois de France. Un manuscrit italien qui nous a été prêté, en 1832, par le père Pasquale, au couvent des Arméniens de Venise, relate ce fait plus clairement et plus longuement que l'histoire de France du père Daniel. Nous croyons que nos lecteurs nous sauront gré d'exhumer ce drame, étouffé entre les murailles de ciment romain de l'ancien palais des Thermes.

Un soir du mois de février 814, deux cavaliers, arrivés d'Aix-la-Chapelle, descendirent en hâte dans cette même rue de la Harpe dont nous parlons, vis-à-vis le porche du Palais. Tous deux se tenaient si merveilleusement à cheval, qu'un grand nombre de bourgeois se crurent obligés de les escorter, les uns avec des piques, les autres avec des lanternes. A peine venaient-ils de mettre pied à terre dans la grande cour, que le sénéchal du Vieux-Palais (c'était ainsi qu'on nommait le palais des Thermes) donna l'ordre de fermer les grilles; en même temps, l'un de ses officiers vint prier ces deux seigneurs de lui remettre leurs épées...

Cependant les deux gentilshommes avaient remis au sénéchal un parchemin, scellé aux armes royales, dont ils se trouvaient porteurs, de la part du roi qu'ils précédaient eux-mêmes en courrier. Leur surprise fut grande en se voyant arrêtés par ordre de leur souverain. Ce roi était alors Louis *le Débonnaire*, assez mal nommé, d'après le début de cette histoire, Louis, le fils de Charlemagne, qui faisait tondre et resserrer dans de bons couvents ses frères bâtards, et qui, rompant les traités ou les partages de la couronne à tout propos, apprenait à ses sujets et à ses enfants à être parjures.

Ce jour-là était le trente-sixième jour après le décès de Charlemagne; Louis revenait d'Aix où il s'était rendu pour continuer les obsèques de son père, qui duraient en ce temps-là quarante jours, et s'entendre déclarer, pour la seconde fois, successeur au royaume et à l'empire. Le sénéchal du palais fit conduire les deux gentilshommes dans une salle basse.

Cette salle fort élevée, et dont la voûte soutenait récemment encore un jardin, peut donner une idée de la grandeur passée de cet édifice, précieux vestige de l'ancienne façon de bâtir du temps des Romains. Elle servait alors de corps-de-garde, pour ainsi dire, ou plutôt de galerie d'armes, mais alors elle était vide...

Le sénéchal se fit apporter un flambeau, regarda encore une fois le parchemin scellé du sceau royal de Louis, et s'adressant au plus jeune des cavaliers : C'est bien vous, messire, qui vous nommez Raoul de Lys? — Moi-même, messire sénéchal. — Et votre compagnon? — Robert de Guercy, tous deux mourant de faim et précédant le roi de France qui arrive d'Aix. Vous avez là la missive qu'il nous a chargés de vous remettre. — Oui, elle m'enjoint, messires, un bien triste office. Vous êtes mes prisonniers, et je dois vous laisser en cette salle jusqu'à demain! — Pour quel motif? — La lettre du roi n'en dit rien. Seulement vous devez être séparés. — Séparés! jamais! s'écria Robert de Quercy, Raoul est mon ami, mon frère! De quel crime ose-t-on nous accuser? — Je l'ignore, messires; interrogez votre conscience; moi, je me retire après avoir accompli l'ordre de mon maître. Et le sénéchal donna ordre que l'on séparât les deux amis. Raoul de Lys fut laissé dans cette salle basse ornée de panoplies et de drapeaux (1); un vent d'hiver gémissait à travers les boiseries de chêne, et quand Robert de Quercy et Raoul du Lys s'embrassèrent, le beffroi de Saint-Jacques sonnait minuit.

— A demain, frère! à demain, murmura Robert à l'oreille de son ami : ne te décourage pas; j'ai peut-être les moyens de sortir de cette prison!

Tous deux se serrèrent la main et parurent s'être compris; depuis longtemps la même amitié, la même vie, et les mêmes périls les unissaient. Mais un lien plus sombre, plus mystérieux rivait aussi leurs chaînes à l'insu de tous : ils aimaient chacun une fille de Charlemagne, une sœur de Louis le Débonnaire, Raoul de Lys rêva bientôt de Rotrude et Robert de Gisla, toutes deux filles d'Hildegarde, la seconde femme de l'empereur qui

---

(1) Toutes ces diverses enseignes étaient rangées en tête de l'armée : les enseignes des *martyrs* étaient rouges, celles des *saints pontifes et des confesseurs* de la foi étaient bleues et violettes, les enseignes *séculières* étaient chamarrées de mille couleurs. (*De Jure insignium tractatus.*)

venait de s'éteindre après avoir gouverné la France quarante-quatre ans.

Que faisaient ces deux princesses, alors qu'unique héritier de toutes les terres de Charlemagne et reconnu par Bernard d'Italie lui-même, Louis se préparait à entrer dans le palais impérial? De quel œil devaient-elles voir le retour de ce frère qui annonçait hautement devoir bannir de sa cour tous les plaisirs, et la discipliner comme un cloître? Quatre messagers venaient d'être envoyés à la cour avant l'arrivée de Louis : c'étaient Galon, Garnier, Lambert et Ingobert. Raoul de Lys savait toutes ces choses, mais il ignorait le sens de la missive dont le prince l'avait chargé ; ce n'était pas moins qu'un arrêt de perpétuelle détention.

L'amant de la belle Rotrude et celui de Gisla étaient loin de s'attendre à pareil sort, et, en se rendant au palais des Thermes, tous deux voulaient s'acquitter seulement de l'ordre du roi.

Un morceau de sanglier assez mal apprêté, un hanap rempli d'un hydromel fort douteux, tel fut le souper qu'ils obtinrent tous deux séparément; ce maigre repas fini, Raoul de Lys tira de sa poche un médaillon et se mit à le considérer... Il représentait la belle Rotrude, celle qui avait dû se voir unie à Constantin, mais dont Charlemagne n'avait jamais voulu contraindre le cœur, croyant sans doute qu'un nouveau diadème était trop peu pour un roi à qui la victoire prodiguait les couronnes.

— Rotrude! s'écria l'infortuné jeune homme, belle Rotrude! tu m'as cependant préféré à une foule de guerriers placés près de Charlemagne! Henri, duc de Frioul, le connétable Geilon, Volrade, comte du palais, Montmore, Amaury et vingt autres t'ont fait la cour! Hélas! que ne suis-je mort hier de la mort de Roland le fier paladin, plutôt que de me voir renfermé dans ces murs horribles! Si j'avais au moins là... sur cette table, un roman de chevalerie!

Raoul de Lys venait à peine d'achever ce monologue et de souffler sa lampe afin de dormir de son mieux, qu'une lueur mystérieuse échancra les murs de la salle où il se trouvait : un panneau glissa sur ses gonds, et Robert de Quercy parut tenant par la main une femme voilée.

— Que veut dire ceci? demanda Raoul en soulevant le voile de cette femme... Et il reconnut Gisla dont la figure était si pâle qu'elle ressemblait à une statue...

— Et Rotrude, s'écria le jeune homme, Rotrude, où est-elle?

Robert de Quercy, avec l'aide de Raoul, s'en fut lever péniblement une large dalle qui touchait à la première marche d'un escalier secret.

— La princesse ne peut tarder, dit Gisla d'une voix émue, nous savions le péril qui vous menaçait et nous venons vous sauver!..

— Quel péril? répondit Raoul en prenant dans ses mains les mains de Gisla, froides comme le marbre qu'il venait de lever avec Robert.

— Louis notre frère arrive demain, dit-elle, et je sais de Volrade, comte du palais, qu'il n'arrive que pour punir. Avant d'entrer dans le palais impérial, il désire, dit-il, le purger; mais il sait, aussi bien que vous, les liens qui nous unissent, et de peur, dit-il, de faire éclater la honte de sa maison, il veut d'abord vous faire égorger tous deux en secret... il verra ensuite ce qu'il a à faire de nous!

— Maudit soit le prince qui ne se souvient que des fautes, reprit Robert, et qui oublie les services! Il devrait avoir devant les yeux le spectacle de son père nous pressant tous deux, Raoul et moi, contre son cœur, comme si nous eussions été ses fils! Souvent, la nuit, et quand le vieil empereur se relevait pour contempler le mouvement des astres; il nous réveillait tous deux et montait avec ceux qu'il nommait ses pages nocturnes jusque sur une des tours les plus élevées du palais... C'est lui qui, ne pouvant se résoudre à se séparer de vous, Gisla, non plus que de votre sœur Rotrude, ne voulut pas vous donner en dot à quelque prince; il ne vous maria pas de peur de vous perdre, et maintenant son fils jurerait votre perte et la nôtre! oh! cela n'est pas! le corps de Charlemagne est à peine refroidi, Gisla, et Louis ne tient le sceptre que d'hier!

— Il le tient haut et ferme pour te punir! dit Louis, qui venait de se frayer un passage par le souterrain dont Raoul avait soulevé la pierre.

Louis entraînait avec lui sa sœur Rotrude et était suivi de quatre hommes dont le capuce était rabattu sur le visage.

— Une colombe échappée met l'oiseleur sur sa trace, dit-il en faisant asseoir Rotrude sur un banc; moi aussi, je connais les souterrains du palais des Thermes, et c'est ici que je viens tenir mon premier lit de justice!

— Voyons, ajouta-t-il, commençons par vous, belle Rotrude que j'ai rencontrée fuyant devant moi, comme si mon arrivée vous eût fait peur! Je suis un bon frère, et je n'en veux pour preuve que les quatre gentilshommes que j'amène avec moi! Ils vont vous servir de témoins, cette nuit même!

— De témoins! s'écrièrent Rotrude et Gisla, d'une voix tremblante.

— Oui, votre mariage sera célébré cette nuit même... au Vieux-Palais... Vous, Gisla, vous épouserez Robert, comte de Quercy; vous, Rotrude, Raoul baron de Lys... deux des meilleurs gentilshommes de feu mon père...

— C'est notre vœu le plus cher, répondirent les deux seigneurs. Le père craignait de se séparer de ses filles, mais le frère a le droit de réclamer, pour ses sœurs, la foi loyale des chevaliers. Noble empereur, nous sommes à tes ordres!

— Revêtez auparavant ces armures, reprit Louis, en lançant un regard d'intelligence aux séides qui l'escortaient. — Ces hommes étaient Galon, Garnier, Lambert et Ingobert.

— Les princesses, continua le roi, ne doivent pas assister à la toilette d'hommes d'armes et chevaliers!

Rotrude et Gisla se retirèrent, non sans jeter sur les deux seigneurs un regard où se peignait toute leur âme. L'empereur avait donné lui-même à ses filles l'exemple du désordre; Charlemagne avait un sérail dans son palais, et il s'attachait avec tant de passion aux objets de son amour, qu'on le vit un jour pleurer et se désoler devant le corps d'une de ses houris moissonnée à l'âge de seize ans. Mais ce prince s'exerçait parfois aux œuvres pieuses, épurant, dit Mezeray, par la méditation et la pénitence, ce que son âme pouvait avoir de fragile et de sensuel.

La mort de ce grand roi, de ce père bien-aimé, privait Rotrude et Gisla de leur appui le plus sûr; elles éprouvèrent donc une joie bien vive en voyant la décision de leur frère.

Cependant l'appareil mystérieux de cette toilette, et surtout la figure des quatre seigneurs qui escortaient Louis, avaient causé quelque frayeur à Robert et à Raoul; ils jetèrent bas cependant leur surcot de fer et leur chemisette de maille, pour revêtir les brassards que venaient de détacher Galon, Garnier, Lambert et Ingobert.

Deux heures sonnaient à la tour Saint-Jacques. Quand Gisla et Rotrude rentrèrent, introduites par Galon qui marchait devant le roi, elles trouvèrent leurs deux fiancés assis sur de larges chaises à dossiers de chêne, la tête penchée sur leur poitrine comme s'ils adressaient encore une prière mentale à Dieu.

L'empereur et ses quatre hommes une fois sortis, elles coururent aux deux chevaliers; il fut impossible de tirer d'eux la moindre parole..... Ils avaient été étouffés dans les armures envoyées du palais impérial de Ravenne à Charlemagne, en échange d'un vase de pierreries offert par l'empereur à cette ville....

« En 1560, plusieurs fouilles opérées dans cette partie du palais des Thermes, dit le manuscrit que nous avons sous les yeux, amenèrent la découverte d'un *casque à soufflet*, dont une pression secrète fermait tous les trous, en même temps que la partie basse du *colletin* serrait la poitrine du patient. Dans ce casque, il y avait une tête d'homme, conservée grâce à l'absence de tout air extérieur, et dont les dents et la barbe étaient admirables de beauté. »

Quant à la vengeance de Louis le Débonnaire, contre deux jeunes seigneurs *qui passaient pour être les amants de ses sœurs Gisla et Rotrude*, le père Daniel en parle; seulement il ne dit pas, non plus que Saint-Foix, à qui est due l'altération positive produite sur le testament de l'empereur Charlemagne; ce fut à un moine d'Italie du nom de Pagnola à qui Raoul avait donné un soufflet parce qu'il parlait mal de son empereur et maître.

Louis *le Débonnaire* n'en garda pas moins ce titre et mourut avec la réputation d'un très-vertueux, mais très-médiocre empereur.

Rue de La Harpe.

IV.

L'HÔTEL DE CLUNY. — LE COLLÉGE D'HARCOURT ET LE COLLÉGE DE NARBONNE.

La rue des Mathurins-Saint-Jacques, l'un des coudes de la rue de la Harpe, conduit à l'hôtel de Cluny où vient de s'éteindre, il n'y a pas encore un an, un vénérable patriarche de la science, l'excellent M. Dussomerard. M. Dussomerard avait mérité de prendre les armes, la mitre et la crosse de l'ancien abbé de ce domaine universitaire ; c'était le *flos et decus* du style gothique, au quartier latin. Sa collection d'antiquités déposée dans la chapelle même de Cluny, cette charmante chapelle ne sera pas vendue, assure-t-on ; on parle d'en faire un muséum national. Nous avons déjà beaucoup de musées, et peut-être celui de M. Dussomerard n'aurait-il pas cette correction irréprochable qu'exige la formation d'une telle galerie ; mais l'avenir de l'hôtel de Cluny soumis à d'autres destinées nous fait frémir ; qui sait où peuvent aller l'amour du plâtre et la guerre faite au gothique par les architectes ? Le collége de Cluny fut fondé en 1269 par un abbé de Cluny ; aussi Guillot nomme-t-il la rue de Cluny, rue *à l'abbé de Clugny*. De l'autre côté de la rue de la Harpe, vous avez la rue de l'Ecole-de-Médecine, dont notre cadre nous défend de nous occuper ; continuons à gravir le docte sommet affecté à deux colléges sans compter la Sorbonne, monument sans destinée à cette heure.

A droite, vous avez le *collége d'Harcourt*, au n° 94 ; il fut fondé, en 1280, par Raoul d'Harcourt, chanoine de Paris ; la chapelle et le portail furent reconstruits en 1675. Ce collége se nomme maintenant le collége Saint-Louis. C'était en face du collége qu'était autrefois le pâtissier Lesage, si célèbre par ses pâtés de jambon ; après avoir vendu son fonds, il est allé s'établir rue Montorgueil.

Maintenant, examinez un peu cette inscription qui fait face plus bas au collége d'Harcourt ; c'est une bande en festons sur laquelle on lit : COLLEGIUM NARBONNÆ. Cependant ce collége n'est plus un collége, c'est une maison, et une maison appartenant à qui... je vous le demande ? A l'auteur de *Valentine* et d'*André*, à madame Sand. Oui, cette maison, qui était jadis un collége, un collége fondé en 1317 par Bernard de Farges, archevêque de Narbonne, cette maison, devenue depuis un affreux hôtel garni où les étudiants se pressaient comme à l'hôtel du *Hasard de la Fourchette*, rapporte aujourd'hui 10,000 livres de rente à madame Sand !

Sachons gré d'abord au prosateur le plus net et le plus hardi de notre époque, de n'avoir point changé l'inscription latine de cette maison ; observons seulement que cette habitation semble braver la Sorbonne qui est tout proche, et où, d'après les antécédents de *Bélisaire*, on eût été sévère envers *Lélia*.

Le voile jeté sur les premières années de La Harpe, et que nul de ses biographes n'a pris à tâche de percer, a donné naissance à une foule de versions, entre lesquelles vient se placer naturellement le conte d'un enfant au maillot trouvé devant le collége d'Harcourt. On veut qu'on ait appelé La Harpe du nom même de la rue. Cependant La Harpe, dans un numéro du *Mercure* de 1790, donne lui-même des détails sur sa famille, en repoussant les attaques de l'abbé Royon. Il assure descendre d'une noble famille du pays de Vaud, et affirme que son père était capitaine d'artillerie au service de France. Orphelin avant l'âge de neuf ans, il aurait été « nourri six mois par les sœurs de charité de la paroisse Saint-André-des-Arcs, » et, de son propre aveu, présenté ensuite à M. Asselin, proviseur du collége d'Harcourt qui lui fit avoir une bourse.

Voilà, ce nous semble, de quoi désarmer la calomnie, d'autant que l'article du *Mercure* est écrit à la fois d'un style ferme et modeste; mais beaucoup de gens étaient ravis de reprocher en son temps à M. de La Harpe d'être un bâtard : Bâtard de Voltaire, comme tous les autres philosophes, je ne dis pas ! ROGER DE BEAUVOIR.

RUE LAFFITTE.

Comme beaucoup de choses et comme beaucoup d'hommes de notre époque, la rue Laffitte a changé de nom à chacune des révolutions qui ont passé sur Paris et sur la France depuis soixante ans. Elle naquit avec la Chaussée-d'Antin; la première pierre de sa première maison fut posée en 1770, et avant la fin de cette même année, la rue était presque entièrement bâtie. On lui donna, par flatterie, le nom d'un des jeunes princes de la famille royale, le comte d'Artois, qui n'avait alors que treize ans. Les deux frères aînés du prince avaient chacun'leur rue, la rue Dauphine et la rue de Provence; le petit comte d'Artois eût été jaloux si on ne lui avait pas donné la sienne. Voilà donc la nouvelle rue placée par son baptême sous un noble patronage, et se rattachant par son nom au monde aristocratique.

Mais bientôt l'aristocratie passa de mode; les titres nobiliaires perdirent faveur; le blason de France fut brisé à coup de hache; l'orage gronda chaque jour un peu plus fort et le parrain de la rue d'Artois

Le voile jeté sur les premières années de La Harpe, et que nul de ses biographes n'a pris à tâche de percer, a donné naissance à une foule de versions, entre lesquelles vient se placer naturellement le conte d'un enfant au maillot trouvé devant le collége d'Harcourt. On veut qu'on ait appelé La Harpe du nom même de la rue. Cependant La Harpe, dans un numéro du *Mercure* de 1790, donne lui-même des détails sur sa famille, en repoussant les attaques de l'abbé Royon. Il assure descendre d'une noble famille du pays de Vaud, et affirme que son père était capitaine d'artillerie au service de France. Orphelin avant l'âge de neuf ans, il aurait été « nourri six mois par les sœurs de charité de la paroisse Saint-André-des-Arcs, » et, de son propre aveu, présenté ensuite à M. Asselin, proviseur du collége d'Harcourt qui lui fit avoir une bourse.

Voilà, ce nous semble, de quoi désarmer la calomnie, d'autant que l'article du *Mercure* est écrit à la fois d'un style ferme et modeste; mais beaucoup de gens étaient ravis de reprocher en son temps à M. de La Harpe d'être un bâtard : Bâtard de Voltaire, comme tous les autres philosophes, je ne dis pas !

Roger de Beauvoir.

RUE LAFFITTE.

Comme beaucoup de choses et comme beaucoup d'hommes de notre époque, la rue Laffitte a changé de nom à chacune des révolutions qui ont passé sur Paris et sur la France depuis soixante ans. Elle naquit avec la Chaussée-d'Antin; la première pierre de sa première maison fut posée en 1770, et avant la fin de cette même année, la rue était presque entièrement bâtie. On lui donna, par flatterie, le nom d'un des jeunes princes de la famille royale, le comte d'Artois, qui n'avait alors que treize ans. Les deux frères aînés du prince avaient chacun leur rue, la rue Dauphine et la rue de Provence; le petit comte d'Artois eût été jaloux si on ne lui avait pas donné la sienne. Voilà donc la nouvelle rue placée par son baptême sous un noble patronage, et se rattachant par son nom au monde aristocratique.

Mais bientôt l'aristocratie passa de mode; les titres nobiliaires perdirent faveur; le blason de France fut brisé à coup de hache; l'orage gronda chaque jour un peu plus fort et le parrain de la rue d'Artois donna le signal de l'émigration. Il n'y avait plus moyen de garder un nom aristocratique; il fallait le cacher comme un crime, le porter à l'étranger, ou le sacrifier publiquement sur l'autel de la patrie, et le changer contre un nom républicain.

C'est ce que fit la rue d'Artois. La municipalité de Paris lui ôta son nom de prince et de province, par la raison que les princes et les provinces étaient supprimés, et la rue, qui était encore dans tout l'éclat de sa jeunesse, dans toute la blancheur de ses façades, prit le nom du citoyen Cérutti.

Qu'était-ce que ce Cérutti?

Plus d'un contemporain serait fort embarrassé de répondre à cette question.

Etait-ce un banquier? un danseur? un compositeur? — Non, c'était un jésuite.

—Eh quoi! direz-vous, la révolution rendait hommage à un homme de cette robe? C'est impossible!

Impossible, peut-être, et pourtant rien n'est plus réel : Cérutti fut un des plus fougueux apôtres du jésuitisme; il le défendit, il le célébra dans un livre qui fit grand bruit et que le parlement condamna au feu; le même arrêt émané d'une jurisprudence qui ne ménageait pas plus les consciences que les in-12, exigea de l'auteur une abjuration complète et officielle de ses principes jésuitiques. Cérutti obéit, puis il alla à la cour où les jésuites étaient toujours très bien venus; le Dauphin l'honora de sa protection spéciale, et il entra fort avant dans les bonnes grâces du comte d'Artois qu'il devait un jour remplacer sur le frontispice d'une rue.— Tout est fragilité, vanité et mobilité dans les choses révolutionnaires!

D'un caractère inconstant et frivole, Cérutti oublia bientôt les jésuites pour lesquels il avait écrit, plaidé, et subi les foudres parlementaires. Doué d'une pénétration vive et subtile, il vit de loin arriver la révolution, et il n'était pas homme à se laisser écraser par l'avalanche. Avec toute la souplesse de sa nature italienne, il plia devant l'orage, il suspendit son froc dans le coin le plus obscur de sa garderobe, il serra soigneusement sa haire avec sa discipline, quitta la cour d'un pied léger, sans dire adieu, et il vint se loger dans un petit entresol de la rue d'Artois.

Le déménagement fut complet. Cérutti changeait à la fois de logement, d'habit, de caractère et de mœurs; ou plutôt, sur ce dernier article, il afficha gaiement ce qu'il cachait autrefois. Cérutti avait toujours eu beaucoup de penchant pour les femmes, la bonne chère et tous les plaisirs mondains; dès ce moment il eut toute licence de se livrer ouvertement à ses goûts, et il ne s'en fit pas faute. Ses amis les plus intimes furent Talleyrand et Mirabeau;—rien que cela! Certes, il était difficile de choisir de meilleurs compagnons. Combien de fois le joyeux trio se réunit dans le petit entresol de la rue d'Artois, et là, quelle superbe mise en œuvre des sept péchés capitaux! Mais aussi, que de bons-mots! que de mordantes saillies, que de vastes projets conçus dans l'ivresse et poursuivis plus tard avec la verve d'un esprit inépuisable et l'autorité d'une éloquence entraînante!

C'est dans cet appartement de la rue d'Artois, que Cérutti établit le bureau d'un journal qu'il fonda et qui eut un prodigieux succès, comme on peut aisément le croire, puisque l'ex-jésuite, rédacteur en chef, avait ses deux amis pour collaborateurs. Ce journal d'une opinion avancée, d'une vive allure et d'un style incisif, portait un titre tout pastoral et s'appelait: *La feuille villageoise*. Voyez-vous d'ici Talleyrand déguisé en berger Tircis, Mirabeau maniant la houlette, et Cérutti gardant des moutons? Ces trois

esprits si fins, si ardents, si corrompus, s'étaient mis au vert pour propager les principes révolutionnaires dans les campagnes. Ils quittaient le ton railleur, le propos leste et fringant, l'anecdote scandaleuse, pour adopter le régime de l'églogue et se mettre à la portée des intelligences agrestes. Il faisait beau voir ces gentilshommes travestis, ces démissionnaires de l'aristocratie, ces beaux parleurs du grand-monde, présenter leur logique sous une forme simple et naïve, et dans un rustique langage, pour se faire comprendre par les habitants des fermes et des chaumières. Grâce à eux, le journal pénétra dans les champs et dans les bois, se fit lire par les bûcherons et par les moissonneurs. C'était-là une chose toute nouvelle dans les mœurs du temps : la presse, qui avait vieilli dans une longue enfance, s'émancipait tout d'un coup, et faisait un pas de géant. Le journal de Cérutti n'avait pas moins de succès dans les villes que dans les campagnes; à Paris, surtout, on le lisait avec avidité, et le bureau de la rue d'Artois fut souvent assiégé par la foule qui venait enlever l'édition d'un piquant numéro.

L'ancien jésuite s'était donc fait un nom dans la révolution naissante, lorsqu'un soir, après un joyeux dîner chez un restaurateur du Palais-Royal, Mirabeau, sortant de table, chancela et tomba évanoui entre les bras de Cérutti.—Ce ne sera rien, dirent les convives. C'était la mort !

Quelques jours après, par une belle matinée du mois d'avril 1791, la population parisienne se pressait toute entière à la suite d'un char funèbre qui se rendait au Panthéon. Mirabeau avait succombé aux excès de l'éloquence et des plaisirs; il était mort dans la force de l'âge et dans toute la majesté de sa gloire, tué par le génie et par les passions. Ne plaignez pas ceux qui meurent frappés par de tels meurtriers!

Cérutti prononça l'oraison funèbre du grand orateur qui le précédait seulement de quelques mois dans la tombe. Moins d'une année après cet événement, au mois de février 1792, des échelles furent plantées au coin du boulevart et de la rue de Provence; des ouvriers, envoyés par la municipalité, effacèrent le nom princier de la rue d'Artois, et y substituèrent le nom de Cérutti. C'était une récompense nationale décernée à la mémoire de l'homme qui avait servi la cause populaire, un peu tard peut-être ; mais à l'exemple de la Providence, une révolution accueille toujours mieux le pécheur repentant que le juste qui n'a jamais failli.

L'empire vint, et le nom de la rue Cérutti fut une des institutions révolutionnaires que Napoléon respecta. Dès l'époque du directoire, le beau monde avait pris cette rue sous sa protection; les incroyables et les merveilleuses y avaient élu domicile. Les conteurs d'anecdotes plaçaient dans la rue Cérutti le siège des plus piquantes nouvelles du jour. Au bal de l'Opéra, si quelque élégant cavalier était intrigué par un aimable domino, la conversation se terminait par un souper chez Hardy ou chez Riche ; et après le repas, lorsque la carte était payée et le traité conclu, le domino, qui n'avait plus rien à refuser, conduisait l'amphitryon vainqueur dans un galant boudoir de la rue Cérutti.

La rue Cérutti ne s'étendait pas au-delà de la rue de Provence. Elle était terminée par une magnifique décoration faisant face au boulevart : l'hôtel Thélusson.

M. Thélusson était un riche banquier genévois qui avait eu l'honneur d'avoir pour commis et pour caissier M. Necker, qui fut depuis ministre et père de madame de Staël. La veuve du financier fit construire l'hôtel dont nous parlons. Cet hôtel, ouvrage du célèbre architecte Nicolas Ledoux, s'ouvrait sur la rue de Provence par une immense arcade hémisphérique, à travers laquelle on apercevait un charmant jardin, et au fond une espèce de temple en forme de rotonde, orné d'une élégante colonnade, et élevé sur une base de rochers groupés avec art et entremêlés d'arbrisseaux, de fleurs rares et de fontaines jaillissantes. Rien de plus pittoresque et de plus original que cette habitation. C'était un palais de fée. Les promeneurs du boulevart et les passants se détournaient de leur chemin pour venir l'admirer. Il y avait toujours une douzaine de curieux, arrêtés au bout de la rue Cérutti devant l'arcade gigantesque, et jamais décoration de l'Opéra ne produisit un plus bel effet.

En tout temps, ce magnifique hôtel fut cité dans le grand monde parisien pour l'éclat de ses fêtes. Madame Thélusson y réunissait une brillante société, composée de tout ce que Paris comptait de personnages remarquables, en exceptant toutefois M. et madame Necker et leur fille qui n'y furent jamais admis. Le contrôleur général s'était montré fort ingrat envers son ancien patron qui avait été l'auteur de sa fortune ; la veuve du banquier ne voulut pas lui pardonner ses mauvais procédés, aggravés par quelques-unes de ces mordantes épigrammes que l'auteur de *Corinne* puisait dans son esprit satirique et malveillant.

Plus tard, l'hôtel Thélusson fut habité par une des illustrations de l'empire. La famille impériale avait une prédilection marquée pour le quartier d'Antin. Bonaparte se souvenait d'avoir passé, dans une charmante petite maison de la rue de la Victoire, les plus beaux jours de sa glorieuse jeunesse. C'était là que la fortune l'avait pris par la main, pour l'élever au sommet des grandeurs humaines. Une de ses sœurs habitait la même rue. Son oncle, le cardinal Fesch, avait son hôtel rue du Mont-Blanc. — Murat habita l'hôtel Thélusson.

Puis la restauration arriva. Les fenêtres de la rue Cérutti regardèrent passer, sur le boulevart, l'immense et bizarre cortége qui ramenait de l'exil les Bourbons et leurs serviteurs. — Quelques jours après, des ouvriers plantèrent encore l'échelle à ses quatre coins, et grattèrent son nom révolutionnaire pour lui rendre celui qu'elle avait reçu, à sa naissance, et qu'elle tenait de la royauté légitime.

C'est ainsi que l'ancien régime renaissait, sous toutes les formes, et dans les petites choses comme dans les grandes. Les aigles disparaissaient pour faire place aux fleurs de lys ; la paix succédait à la guerre ; l'empire français reprenait les proportions d'un royaume ; la vieille aristocratie ressuscitait avec ses titres, ses blasons et sa coiffure de 1788 ; le retour au passé était complet : la rue Cérutti devait suivre la pente de l'époque, et reprendre son nom de rue d'Artois.

Que signifiait d'ailleurs ce nom de Cérutti ? Quel était l'homme qui l'avait fourni? Nul ne s'en souvenait ; nul ne s'en souciait! Il est des noms qui ont le droit d'être respectés dans les défaites politiques ; ce sont ceux qu'environne une auréole de gloire. Mais Cérutti n'avait été qu'un obscur soldat, tombé sur le champ de bataille, au commencement de l'action ; l'esprit qu'il avait jeté dans la lutte avait été effacé par de bien plus vives saillies ; bien d'autres noms célèbres, fameux, retentissants, avaient étouffé le sien. Un seul homme aurait pu plaider sa cause ; cet homme avait été son ami, son collaborateur, son compagnon ; mais cet homme se nommait alors le prince de Talleyrand ; il avait passé par toutes les dignités et par toutes les trahisons ; il avait mené le convoi funèbre de l'empire ; les clés de grand chambellan que lui avait confiées l'empereur lui avaient servi à ouvrir aux Bourbons le château des Tuileries ; toutes les puissances étrangères attachaient des croix à son habit et versaient des millions dans ses poches ; il boitait sous le fardeau des honneurs, et il en demandait encore !...... Cet homme était trop adroit, trop avide, pour se souvenir d'un ami mort en état de péché républicain.

Aucune sympathie ne s'élevait donc en faveur de Cérutti ; rien ne protégeait son nom. Le comte d'Artois, au contraire, jouissait de la plus grande popularité. Il revenait précédé par une réputation chevaleresque ; les meilleurs esprits du temps lui faisaient des bons mots, que ses partisans répétaient avec enthousiasme. N'avait-il pas dit en parlant de son retour : —Rien n'est changé en France : il n'y a qu'un Français de plus !

Et une autre fois, en écartant les gardes qui empêchaient la foule d'arriver jusqu'à lui, ne s'était-il pas écrié : —Plus de hallebardes !

La rue Cérutti reprit donc le nom de rue d'Artois, le jour même où la rue de la Victoire, sa voisine, reprenait le nom de Chantereine.

Rien de bien remarquable ne se passa dans les premiers temps qui suivirent ce troisième baptême ou plutôt cette reprise d'un ancien nom ; la rue d'Artois continua son train de vie élégante et somptueuse. De riches comptoirs s'étaient ouverts dans son sein ; quelques-uns de ses hôtels furent convertis en fortes maisons de banque ; l'aristocratie financière venait lui prêter un nouveau relief.

Dans les dernières années de la restauration, la fièvre des constructions s'empara de tous les capitaux. La bande noire, qui jadis avait fait la guerre aux châteaux, leva le marteau de la spéculation sur les hôtels qui occupaient une trop grande étendue de terrain. Sur l'emplacement de ces somptueuses habitations, situées entre cour et jardin, on pouvait bâtir trente maisons productives. L'industrie dressa ses plans, dans lesquels la Chaussée-d'Antin ne fut pas oubliée.

Il y avait à cette époque, au Palais-Royal, en face des galeries de bois qui déshonoraient ce vaste et monumental édifice, un tailleur nommé Berchut, renommé surtout pour les habits d'uniforme. Les passants éblouis s'arrêtaient devant l'étalage de son magasin, pour admirer les habits des généraux couverts de broderies d'or et les dolmans de hussards élégamment galonnés. Pendant les guerres de l'empire, alors qu'on usait beaucoup d'uniformes, ce tailleur avait fait une belle fortune qu'il eut l'idée d'augmenter par des opérations industrielles. Le démon de la construction s'empara de lui : après avoir taillé le drap, il voulut tailler la pierre.

Berchut acheta l'hôtel Thélusson, et il le démolit.

Ce fut une véritable douleur et une indignation générale dans le quartier qui voyait détruire son plus bel ornement. On cria au vandalisme et au meurtre! Mais les maçons n'en poursuivirent pas moins l'œuvre de destruction. L'arcade immense, le délicieux jardin, le palais de fée, les rochers, la colonnade, les arbustes, les fleurs, les statues, tout disparut, tout tomba, et bientôt il n'y eut plus qu'un amas de décombres à cette place où naguère s'élevait la plus charmante habitation de Paris.

Mais rassurez-vous : l'industrie et la spéculation ont horreur du vide. Sur ce monceau de ruines, un nouveau quartier va s'élever, et pendant qu'un accroissement se prépare pour la rue d'Artois, voici qu'elle va devenir le théâtre de grands événements politiques.

Le 27 juillet 1830, l'insurrection éclata dans Paris.—De cette histoire, nous raconterons seulement ce qui touche à la rue d'Artois. Après avoir pris les armes et s'être disposés au combat, les insurgés songèrent à se donner des chefs. Parmi les noms qui se recommandaient le mieux aux amis de la liberté, on proclamait M. Laffitte, dont l'hôtel était situé rue d'Artois. Le soir du 27 juillet, l'école Polytechnique se révolta ; quatre élèves de cette école se rendirent chez le banquier-député, pour lui annoncer que tous leurs camarades étaient prêts à combattre pour la cause populaire, et se mettaient à la disposition des chefs du parti.

Il était onze heures lorsqu'ils frappèrent à la porte de l'hôtel Laffitte. Le concierge leur répondit que le maître était couché, et ils se retirèrent. — Tel fut le résultat de la première démarche faite ouvertement dans la rue d'Artois, en faveur de la révolution qui commençait.

Mais, le surlendemain, après une journée de bataille, la question était déjà fort avancée ; il était aisé de voir de quel côté penchait la fortune, et les nouvelles arrivant de tous les points de la ville annonçaient qu'il ne restait qu'à organiser la révolution. Les hommes que leur âge, leurs fonctions et leur caractère éloignaient du champ de bataille, prirent le chemin de la rue d'Artois, en évitant les barricades. Il s'agissait de savoir ce qu'on allait faire de la victoire. La foule se pressait aux abords de l'hôtel Laffitte, où les députés de la gauche se rendaient pour tenir conseil. Aucun d'eux n'avait reçu d'avis, et chacun avait jugé que c'était là le centre de réunion le plus convenable. Il n'y avait plus à hésiter. Le troisième acte du grand drame allait finir; l'hôtel Laffitte se chargea de composer le dénouement.

L'assemblée était à l'œuvre, et déjà d'importantes mesures avaient été prises, lorsque tout-à-coup un bruit de mousqueterie retentit dans la rue d'Artois, devant la porte de l'hôtel. « Qu'est-ce que cela? un revirement de fortune! La garde royale a repris l'avantage et vient attaquer la pensée révolutionnaire!... » Non... Un régiment de ligne qui occupait le boulevart des Italiens s'était rallié au peuple et venait de faire acte de soumission en déchargeant ses armes en l'air.

La rue d'Artois, qui, dans la première révolution, n'avait produit qu'un journal champêtre, et n'avait servi d'asile qu'à de frivoles conférences entre Mirabeau, Talleyrand et Cérutti, était appelée, cette fois, à un plus grand honneur. La Providence en avait fait un vaste théâtre où devaient se régler les destinées du pays. Le peuple, l'armée, la magistrature, le parlement, passèrent par-là, et M. de Talleyrand se rendit

avec les autres au quartier-général. Dès qu'on vit paraître Talleyrand à l'hôtel Laffitte, on put dire avec certitude que la cause de la légitimité était perdue sans retour. Le rusé diplomate ne risqua jamais de son pied boiteux une fausse démarche; sa montre ne retarda et n'avança jamais dans ces occasions solennelles; c'était un excellent régulateur qui lui indiquait la minute précise où il pouvait virer de bord sans se compromettre.

Le démon familier de toutes les révolutions était à peine entré dans le salon de M. Laffitte, qu'un parlementaire de Charles X, M. d'Argout, s'y présenta. Il avait traversé la rue d'Artois avec un sauf-conduit, signé par Casimir Périer. Il voulut entamer une négociation en faveur du roi vaincu; l'assemblée lui répondit : — « Il n'est plus temps! »

M. d'Argout n'avait pas une aussi bonne montre que M. de Talleyrand. Son régulateur retardait de vingt-quatre heures.

Le lendemain, la bataille étant finie, M. Thiers revint de Montmorency. Il n'eut pas de peine à trouver le chemin de l'hôtel Laffitte qui avait été son bureau politique. M. Thiers, qui n'était encore qu'historien et journaliste, prit la plume pour écrire sous la dictée des assistants une proclamation orléaniste. — La couronne tombée à Saint-Cloud était ramassée dans la rue d'Artois pour être portée au Palais-Royal.

Après ces évènements et pour consacrer le souvenir de la part qu'elle y avait prise, la rue d'Artois abdiqua son titre aristocratique et se donna le nom de rue Laffitte, qu'elle a conservé jusqu'à nos jours.

Satisfaite de ce résultat, elle a renoncé aux affaires publiques, pour se livrer sans trouble au commerce, aux arts, aux plaisirs. Le marteau du tailleur Berchut lui a ouvert une nouvelle carrière et l'a prolongée jusqu'au pied de la colonne et de la rue des Martyrs. Elle ne regrette plus l'hôtel Thelusson; à ses limites, s'élève aujourd'hui une autre charmante décoration : L'église Notre-Dame-de-Lorette.

C'est l'église la plus coquette de Paris; une paroisse qui a mis la dévotion à la portée de la Chaussée-d'Antin, et qui a très ingénieusement allié la religion à tous les caprices de l'art, du goût et de la mode; église élégante, fleurie, parfumée, drapée comme un boudoir, décorée comme un musée, harmonieuse comme le théâtre Italien. Dans les tableaux qui ornent ses autels de palissandre, dans les fresques qui couvrent ses murailles, les saints ressemblent à des dandys, et les saintes lancent sur les assistants des regards provocateurs. Elle chante ses pieux cantiques sur les plus jolis airs d'opéra, des airs de valse et de boléro. Le bruit des castagnettes semble se mêler aux graves soupirs de ses orgues. Les dilettants vont là comme aux concerts du Conservatoire. Son suisse et ses bedeaux ont quitté l'habit rouge et le large baudrier pour revêtir l'uniforme de colonel de la garde nationale. Parmi les dévotes les plus assidues à ses offices, on remarque presque tous les premiers sujets de l'Académie royale de musique. A Notre-Dame-de-Lorette, *la Favorite* a son Prie-Dieu dans le chœur, et la *Cachucha* rend le pain bénit. — Quelle charmante histoire à faire, que celle de la rue Notre-Dame-de-Lorette!

A l'autre extrémité de la rue Laffitte, c'est-à-dire à son entrée sur le boulevart des Italiens, s'ouvrent à droite une librairie et à gauche un restaurant; la nourriture du corps et de l'esprit. Le libraire habite une élégante petite maison qui date de la création du boulevart, et qui a dû être construite pour abriter quelques galants mystères du siècle dernier. Le restaurateur est logé dans une vaste maison toute moderne, toute ciselée et dorée du haut en bas. Longtemps cette demeure si reluisante a fait l'admiration des Parisiens; les badauds s'attroupaient pour la contempler. On l'a surnommée la Maison d'Or. Aujourd'hui on n'y fait plus attention, et c'est justice.

Une maison d'or est une digne introduction à cette rue qui renferme la plus grosse fortune de France. — Car, M. de Rotschild demeure toujours dans la rue Laffitte. Il y a fait construire trois hôtels pour lui et pour sa famille. Celui qu'il habite est le plus beau, le plus resplendissant. C'est un palais où l'on trouve d'éblouissantes dorures, de magnifiques étoffes, de superbes meubles, des tapis royaux. En fait de luxe, le palais des Tuileries ne saurait être comparé à l'hôtel Rotschild.

L'hôtel Laffitte est beaucoup plus modeste. Cette demeure qui a donné son nom à la rue, cette maison où la révolution de juillet s'est accomplie, allait être vendue par suite de cette même révolution, le propriétaire n'étant plus assez riche pour la garder. Mais le pays, voulant offrir à M. Laffitte un témoignage d'estime, a racheté cet hôtel et le lui a rendu. Pendant plusieurs années, on a vu sur la façade de l'hôtel une inscription portant ces mots en lettres d'or :

A JACQUES LAFFITTE
SOUSCRIPTION NATIONALE
29 JUILLET 1830.

Aujourd'hui, le marbre qui portait cette inscription est placé dans la cour de l'hôtel, de manière à ne pouvoir être vu de ceux qui passent dans la rue.

L'hôtel dont nous parlons est devenu un des monuments de Paris. Si vous courez dans la grande ville, pour la première fois, et qu'il vous plaise de visiter cette noble et populaire demeure, interrogez un pauvre de la rue, et il vous indiquera aussitôt la maison de l'illustre et charitable banquier : l'histoire la rendra immortelle, et la poésie n'oubliera pas que Béranger a composé quelques-unes de ses admirables chansons dans l'hôtel de M. Laffitte.

Eugène Guinot.

RUE ET FAUBOURG SAINT-ANTOINE.

Si, voyageur rétrospectif dans la nuit historique du Paris originaire, du Paris gallo-romain, vous laissez tomber sur cette période lointaine les reflets d'une vive imagination de poète ou d'artiste, l'espace qu'occupent aujourd'hui la rue et le faubourg Saint-Antoine vous apparaîtra couvert de marécages ou de sombres forêts, dont les cimes se découpent dans les eaux encore pures et transparentes de la Seine. Peut-être apercevrez-vous la jeune druidesse, proscrite par le paganisme des dominateurs de la Gaule, traversant d'un pied furtif ce bois, naguère sacré, où la faucille d'or ne peut plus qu'à la dérobée moissonner le guy, ce présent si cher aux dieux des Celtes. Voyez-vous là-bas briller, à travers la feuillée, des casques romains? Ce sont les légionnaires d'un César qui poursuivent, qui traquent comme des bêtes fauves les derniers sectateurs du druidisme.

Mais déjà la corruption, cet auxiliaire puissant des peuples civilisés qui subjuguent les nations primitives, la corruption a conquis les Parisiens, en dorant leur tunique, en les enivrant à la coupe des voluptés romaines, en faisant asseoir leurs princes dans ce sénat où tout patriotisme vient se cacher et mourir sous la pourpre patricienne. Ces délicieuses *villas*, ces palais bâtis en marbres de Paros, et qui blanchissent çà et là les côteaux qu'on nommera Ménilmontant, Charonne, Montreuil, appartiennent en grande partie à d'opulents Gaulois, fiers de n'être pas moins corrompus que les proconsuls romains dont ils se sont faits les serviles courtisans.

Ces splendeurs de la décadence d'un empire ne seront pas de longue durée : nous voici au cinquième siècle ; cette voie romaine qui suit la direction dans laquelle on bâtira un jour la rue Saint-Antoine, va favoriser l'invasion des barbares du nord ; en ce moment, les chrétiens surgissent en foule du midi, plus puissants par la croix du Rédempteur, que les Sicambres par leur terrible francisque !

A la fin Rome est tombée ; mais la Gaule n'a fait que changer de domination : Clovis lui a donné de nouveaux maîtres ; la féodalité a grandi vite. Ce ne sont plus d'élégantes villas qui couronnent un hémicycle de collines sur les bords du fleuve : des nids crénelés, à l'usage de ces oiseaux de proie que l'on appelle des seigneurs, ont remplacé les palais en marbre. Au fond des coteaux, on s'agenouille devant une croix taillée dans le vieux manoir gaulois ; l'oratoire invite à la prière, dans un temple payen, et la flèche du monastère rallie les populations ; là-haut, on règne par la violence ; ici-bas, on gouverne par la persuasion.

A la fin du douzième siècle, l'espace que nous parcourons était bien changé : les chênes sept à huit fois séculaires étaient tombés ; le marais avait pris l'aspect d'un champ cultivé, au milieu duquel s'élevait une sainte retraite dont voici l'origine. Foulques de Neuilly professait une foi vive ; il avait visité le tombeau du Christ, tantôt comme guerrier, tantôt comme pèlerin, et la grâce l'avait éclairé. Ses prédications le faisaient renommer à la cour de Philippe-Auguste ; il guérissait toutes les maladies par la seule imposition des mains, il donnait la lumière aux aveugles, l'ouïe aux sourds, la parole aux muets, et, chaque jour, il opérait des miracles. Malgré tous ces dons surnaturels, Foulques de Neuilly, sans doute pour agir plus efficacement sur l'esprit des Parisiens, s'associa Pierre de Roussy, autre prédicateur dont l'éloquence n'était pas moins persuasive, puisqu'il avait converti des usuriers. Cet orateur sacré s'appliquait surtout à tirer des voies de perdition « les folles femmes qui » s'abandonnaient, pour petits prix, à tous, sans honte ni vergogne. » Ceci est plus croyable : on doit convertir aisément ce vice qui n'est que la grimace de l'amour ; mais le chroniqueur du douzième siècle ne nous a pas dit si Pierre de Roussy convertissait les femmes vraiment amoureuses.

Quoi qu'il en soit, les prostituées, après avoir entendu nos deux prédicateurs, se coupèrent les cheveux, abjurèrent leur infâme métier, et devinrent sages jusqu'au plus fervent repentir. On les vit faire des pèlerinages pieds nus et en chemise; ce qui dut paraître plus humble qu'édifiant. Enfin, un grand nombre d'entre elles s'étant jetées dans le sein immaculé de Foulques de Neuilly, furent réunies par lui dans une maison qu'il fonda sous le nom de *Saint-Antoine-des-Champs,* et qui, ayant pris un accroissement considérable, devint ensuite une abbaye royale. De riches donations ayant été faites à ce couvent, il y eut à défendre, contre les incursions des pillards, deux espèces de trésors : les richesses proprement dites, et l'innocence des nonnes. Ce fut apparemment pour assurer cette double conservation, que, vers la fin du quatorzième siècle, l'abbaye de Saint-Antoine fut environnée de fortes murailles, dans lesquelles vinrent se resserrer, sous la forme d'une espèce de bourg, les habitations précédemment éparpillées aux environs du monastère..... Du haut de ces murailles, les manants qui faisaient *le guet* virent un matin, au jour naissant, s'élever et se rapprocher dans la plaine deux tourbillons de poussière. Bientôt on vit étinceler des armures, et les premiers rayons du soleil se brisèrent sur des casques aux cimiers dorés et aux panaches flottants. Puis on distingua une double *chevauchée* venant de deux points opposés; elle se joignit sous les murs mêmes de l'abbaye. On était en l'an de grâce 1465; la guerre dite du *bien public* avait éclaté; les grands vassaux de la couronne, las de subir la foi punique du cauteleux Louis XI, s'étaient ligués contre lui : Charles de Bourgogne, dit *le Téméraire,* était l'âme de la coalition; mais chacun des deux partis redoutait les chances de la guerre; on venait traiter, en se promettant de violer des conventions qui n'étaient pas encore signées..... Pénétrez avec nous dans ces groupes de guerriers : voici le roi; vous l'avez reconnu à son pourpoint rapiécé, à son chapeau de feutre décoré pour lui seul d'une petite madone en plomb, qu'il rend complice de ses attentats. Vous l'avez surtout reconnu à son regard fauve, au sourire toujours équivoque qui crispe ses lèvres minces et flétries. Près de Louis se tiennent le maréchal de Gamache, le comte de Vendôme, et le terrible Tristan, qui, de son regard de vautour, semble convoiter les princes coalisés, pour garnir, de leurs cadavres sérénissimes, le gibet de Montfaucon, qu'on aperçoit là-bas sur le coteau. Dans l'autre groupe, voilà Charles le Téméraire : il s'est fait violence pour venir à ce rendez-vous; ce prince connaît trop bien son adversaire pour croire à ses intentions pacifiques. Il a plus de confiance, le chevalereux Bourguignon, dans le cri de ses hérauts d'armes : *franchise, bien public, décharge du peuple!* Autour du vaillant guerrier se pressent ses alliés: Jean le Bon, duc de Bourbon, le duc d'Alençon, Jean d'Anjou, duc de Calabre, Jacques d'Armagnac, duc de Nemours, le sire d'Albret,

et les comtes d'Armagnac, du Maine et de Dunois.....
 Une trêve fut signée dans les murs du couvent : la nécessité l'avait dictée ; la mauvaise foi la viola ; et, selon l'usage, on cria des deux côtés à la trahison.
 Les religieuses, presque toutes nobles, enfermées dans l'abbaye de Saint-Antoine, devinrent quelque peu pécheresses ; au seizième siècle, elles joûtaient, dit-on, de galanterie avec les nonnes de Montmartre et de Lonchamp ; c'est beaucoup ! A la fin du dix-huitième siècle, et lorsque le couvent, reconstruit splendidement, fut un véritable palais, l'abbesse de Saint-Antoine, dame éminemment titrée, voulut y mener la vie d'une princesse du monde de cette galante époque. L'archevêque de Paris, la cour même intervinrent pour arrêter ces pieux déportements de toutes les passions mondaines ; mais ce *désir de nonne*, qui, selon Gresset, *est un feu qui dévore*, ne fut pas facile à comprimer. On raconte que madame l'abbesse, trop surveillée pour recevoir certaines visites dans l'abbaye, se faisait ingénieusement porter hors de l'enceinte sacrée, dans une grande hotte, que les tourières se gardaient bien de visiter... Ces excursions amoureuses sont encore citées parmi les traditions de l'ancien monastère, devenu un hôpital depuis la suppression des ordres monastiques.
 Dès le milieu du quatorzième siècle, on avait bâti quelques maisons, quelques hôtels flanqués de tours aux machicoulis meurtriers, le long de la

voie romaine que nous avons signalée, et qui, dans le siècle précédent, conservait encore le nom de *voie royale*. Charles V, n'étant que dauphin, donna à des religieux de l'ordre de Saint-Antoine *le manoir de la Saussaye*, situé sur l'emplacement où l'on voit aujourd'hui le passage du Petit Saint-Antoine, afin que ces moines pussent y recevoir et traiter les infortunés atteints du *mal des ardents*, appelé aussi *le feu sacré, le feu Saint-Antoine, le feu d'enfer*: maladie dévorante née de la misère du peuple. Mais, selon Guiot de Provins, les frères Antonins, comme on les appelait alors, s'étaient déjà montrés peu dignes de cette philanthropique mission; le Juvénal du treizième siècle peint ces hospitaliers comme des fourbes, des gloutons, des débauchés, dans des vers d'une candeur assez abrupte: « Tout le pays, ajoute Guiot, est peuplé de leurs enfants... Leur cochon » de Saint-Antoine leur vaudra cette année 5,000 marcs d'argent. » A propos de cette pauvre bête tant calomniée, les religieux dont nous parlons avaient acquis, par une charte royale, le droit de laisser courir un nombreux troupeau de porcs dans toutes les directions de la ville. Voyez-vous les seigneurs et les dames du temps, avec leurs splendides habits, leur chaussure brodée d'or, marcher le soir sur la voie publique, couverte des

immondices qu'y laissaient les favoris de Saint-Antoine? Dès son origine, la maison des Antonins avait été érigée en commanderie; celle-ci fut supprimée en 1624, mais vers 1689, ils firent reconstruire les bâtiments de leur communauté. Ces religieux d'une piété douteuse portaient, sur leur robe blanche, le *Tau* ou figure du T, en étoffe bleue. Plus tard, réunis à l'ordre de Saint-Jean de Jérusalem, ils quittèrent le costume monacal, et portèrent la croix de Malte à la boutonnière d'un habit séculier. A la révolution, les Antonins n'étaient plus, depuis long-temps, que des hommes inutiles, à moins qu'on ne leur tînt compte de la cour assidue qu'ils faisaient aux dames chanoinesses.

Qui n'a pas entendu raconter, dans sa jeunesse, les énormités commises par la tyrannie derrière les sombres murailles de la Bastille, cette citadelle formidable qui se dressait, toujours menaçante, entre la rue et le faubourg Saint-Antoine? Elle fut construite en 1369 par l'ordre de Charles V, sur l'emplacement d'une porte qu'avait fait élever le prévôt des marchands, Etienne Marcel, sous le règne précédent. La Bastille présentait, en regard du boulevart, quatre grosses tours réunies par d'épaisses courtines : entre les deux tours placées au milieu de cette façade, s'ouvrait une porte armée de herses, d'assommoirs, de machicoulis, de meurtrières, et devant laquelle s'abaissait un pont-levis, sur un fossé large et profond. La façade opposée, située vers l'est, offrait également quatre tours; les deux façades se liaient par les courtines du nord et du sud, qui n'étaient flanquées d'aucune tour. Au milieu de la forteresse, régnait une vaste cour que remplissaient en partie les bâtiments de service.... c'était là que l'on dressait un échafaud pour les exécutions secrètes : là fut décapité le maréchal de Biron, le 31 juillet 1602.... Cent quatre-vingt-sept ans plus tard, le peuple devait avoir aussi son juillet à la Bastille, en attendant qu'un second juillet populaire vînt marquer la place d'une colonne triomphale, sur le sol où pesa, durant près de cinq siècles, ce monument redoutable.

Que vous raconterai-je de la Bastille, qui n'ait pas retenti cent fois à vos oreilles? Vous dirai-je que la faction des Bourguignons l'assiégea, la prit sous Charles VI, et en tira vingt prisonniers, qui furent ensuite massacrés sur la place du Châtelet? Consignerai-je sur cette page que le conseiller Brousset, cet instigateur quasi-innocent de la fronde, devenu tout-à-coup guerrier, de robin qu'il était, se vit un moment gouverneur de la Bastille, dans cette guerre où le burlesque domina le tragique? Enfin, faut-il vous redire, après tant d'historiens, qu'au pied de cette prison d'état, deux grandes fortunes militaires se prirent corps à corps en 1650 : Turenne et Condé s'y mesurèrent, et l'armée du dernier ne dut son salut qu'au canon de la Bastille, tiré, par ordre de Mademoiselle de Montpensier, sur les troupes du roi.... Aussi ce canon-là, vous le savez, tua, dans la pensée vengeresse de Mazarin, le dernier des maris à la main desquels l'imprudente princesse pouvait prétendre. Ne vous êtes-vous pas égayés quelquefois de ces singulières hostilités où l'on guerroyait alternativement avec des mousquets et des chansons; où mesdames de Longueville et de Montbazon, mademoiselle de Chevreuse et Marion Delorme nourrissaient les guerriers frondeurs, de confitures et de soupirs, tandis que madame Martineau descendait du faubourg Saint-Antoine, l'épée à la main, à la tête de ces faubouriens, dont les arrière-

petits-fils devaient être un jour des *sans-culottes?*

Les annales de la Bastille pourraient nous offrir quelques joyeux épisodes; assez d'autres, dans leurs sombres narrations, ont parlé des cages de La Balue, pleines d'évêques ou de cardinaux, emprisonnés par le terrible Louis XI; assez d'écrivains ont essayé de vous attendrir sur le sort des prisonniers plongés dans les cachots de la Bastille, chargés de chaînes, et barbottant dans une fange immonde, avec des reptiles singulièrement vénéneux. Tout récemment encore on a reproduit les niaises aventures, niaisement racontées, du sieur de Latude, expiant par trente années d'une *affreuse captivité*, certaine boutade rimée (très-mal sans doute, à en juger par la prose de l'auteur) qui avait blessé au vif madame de Pompadour. Que de naturels impressionnables se sont épanouis, au récit des intelligentes consolations qu'une araignée sensible prodiguait à ce captif! que de collerettes soulevées par de sentimentales palpitations, à la lecture des malheurs, des souffrances intimes du sieur de Latude, et des essais dangereux qu'il fit pour en abréger la durée!

Voilons, croyez-moi, ces tableaux lugubres; laissons aux moralistes le soin de livrer à l'indignation de la postérité la scandaleuse émission des lettres-de-cachet; nous voulons vous montrer la Bastille sous un plus riant aspect. Peut-être Voltaire et Richelieu n'ont-ils habité ensemble cette prison d'État que dans un joli vaudeville, joué il y a quelque trente ans au théâtre de la rue de Chartres; mais il est certain qu'ils y ont séjourné l'un et l'autre: le premier, pour avoir trop écouté sa verve satirique à l'endroit du jeune Louis XV; le second, pour s'être montré trop peu galant envers sa propre femme... Où en serions-nous, bon Dieu! si l'on emprisonnait encore pour une satire ou pour une femme? Tandis qu'Arouet charbonnait, dit-on, sur la muraille de sa prison, le récit épique de la Saint-Barthélemy, le brillant Fronsac parcourait la plate-forme du fort: il agitait son mouchoir blanc, pour saluer toutes les belles dames qui venaient, par centaines, admirer, de loin, ce joujou de leurs passagères tendresses... Vous savez qu'à cette époque l'amour se donnait d'assez franches coudées: c'était la contre-partie des vices hypocrites du règne précédent. Ce fut à la Bastille que la très spirituelle et très laide mademoiselle Delaunay expia le tort honorable d'avoir été fidèle à son ambitieuse maîtresse, madame la duchesse du Maine, avant, pendant et après la ridicule conspiration de Cellamare; le séjour de mademoiselle Delaunay dans cette prison d'État, nous a valu un des épisodes les plus charmants du livre qu'elle nous a légué, sous le titre de *Mémoires de Madame de Staël*.

Quelques années avant la révolution, le spirituel mais trop acerbe Linguet fut mis à la Bastille: d'ordinaire, un emprisonnement calme peu la bile du prisonnier; le célèbre avocat écrivait *ab irato* un factum contre ses incarcérateurs, lorsqu'un homme grand, pâle, maigre, fluet, entra dans sa chambre. La présence de ce singulier visiteur lui déplut assurément:

— Que me voulez-vous? lui dit-il, avec l'accent d'une mauvaise humeur très-expressive.

— Monsieur, je viens...

— Eh! parbleu, je vois bien que vous venez; mais c'est fort mal à propos.

— Je ne dis pas, Monsieur; c'est que je suis le barbier de la Bastille, et je venais...

Ici le Figaro des prisonniers d'État termina sa phrase, en imprimant à ses doigts, sur son menton, un mouvement de rotation très significatif.

— Ceci est différent, mon cher; *eh bien! puisque vous êtes le barbier de la Bastille, rasez-la...* Et Linguet se remit à écrire.

Quelques années plus tard, ce fut le peuple qui se chargea de cette opération; et le *rasoir* dont il se servit le 14 juillet 1789, *rasa* tant de vieilles institutions dans les cinq années suivantes, qu'il n'en resta pas une debout. En 1790, on ne voyait plus que des ruines sur l'emplacement de la Bastille; sous la domination des législatures révolutionnaires, on y célébra souvent des fêtes civiques: les Parisiens septuagénaires se souviennent d'une statue de la *Régénération*, grosse figure aux formes athlétiques, au visage joufflu, robuste, en un mot, comme une liberté des poésies de Barbier; l'eau claire, qui coulait des énormes mamelles de cette immense déesse, était pour les mauvais plaisants du faubourg le symbole de presque tous les travaux de l'Assemblée Constituante. Vous parlerai-je des monuments dont l'élévation sur la place de la Bastille fut successivement décrétée? On bâtirait un nouveau fort avec les *premières pierres* qui, dans les plus variables intentions commémoratives, furent posées en ce lieu par les diverses puissances conventionnelles, directoriales, consulaires et impériales. Enfin, le peuple, de la pointe du glaive qu'il saisit quelquefois dans l'intérêt de ses droits imprescriptibles, marqua la place où devaient reposer les victimes de sa conquête; et la colonne napoléonienne de la place Vendôme eut une sœur populaire au faubourg Saint-Antoine.

Les siècles révèlent leur esprit à la postérité par le caractère de leurs monuments : le quatorzième se distingua par l'imposante ordonnance de ses constructions militaires; le quinzième et le seizième firent admirer la splendeur, la hardiesse et l'élégance de leurs édifices civils et religieux. Alors brilla, de son plus vif éclat, cette architecture dite gothique, si ingénieuse dans ses conceptions, si minutieusement exquise dans ses détails. Tel fut l'*hôtel des Tournelles*, situé rue Saint-Antoine, vis-à-vis le palais Saint-Paul : que de galantes indignités, que de saturnales durent s'accomplir dans ce palais des Tournelles! Ce fut là peut-être que l'infidèle époux de l'angélique Valentine de Milan montra au duc de Bourgogne le portrait de sa femme, parmi ceux de ses maîtresses, et aiguisa ainsi, lui-même, le poignard sous lequel il devait tomber en 1407. Après la mort de Louis d'Orléans, l'hôtel des Tournelles devint une propriété royale; Charles VI y passa plusieurs années de sa déplorable existence, quelquefois enseveli dans les tourbillons d'une vie insensée, quelquefois rappelé à de suaves émotions par Odette de Champdivers, quelquefois sortant de sa léthargie mentale, furieux de son déshonneur conjugal et de l'asservissement du beau royaume qu'il voyait livré en proie au léopard... Quand cet horrible sacrifice fut consommé, le duc de Bedford, régent de France pour le roi d'Angleterre (ne frémissez pas, quinze millions de bras nous garantissent contre le retour d'un tel avilissement); le régent, disons-nous, habita l'hôtel des Tournelles, le fit reconstruire et augmenta son étendue. Ce fut alors que ce palais offrit ces nombreuses tourelles (ou tournelles), qui lui donnèrent son nom, et les innombrables et sveltes aiguilles qui le hérissaient de toutes parts, comme vous l'a dit Victor Hugo. Lorsqu'à partir de 1436, Charles VII fit son séjour le plus ordinaire aux Tournelles, les beaux-arts, appelés par ce galant souverain, accoururent dans cette maison royale pour y orner des cabinets mystérieux, couvrir de sculptures ou de peintures voluptueuses les lambris et les plafonds, et semer d'amoureuses devises les galeries conduisant aux appartements retirés où le roi recevait Agnès Sorel, cette *dame de beauté* qui, dit-on, lui fit reconquérir sa gloire, après la lui avoir fait oublier.

Une partie du palais des Tournelles s'appelait *hôtel du roi*; Louis XI l'habitait lorsqu'il était à Paris; Louis XII y mourut, pour avoir voulu prouver à la jeune Marie d'Angleterre, sa troisième femme, qu'on est jeune encore après cinquante ans.

Mais jamais l'hôtel des Tournelles ne fut plus richement décoré, plus galamment habité, plus lumineux, plus retentissant d'harmonie, que sous le règne de François Ier, ce monarque dont la vie fut tour à tour si chevaleresque, si fastueuse, si agitée de passions, si désabusée enfin sur la constance de ce sexe qu'on ne fixe guère là où vient d'expirer le plaisir. Entrons dans la *salle des Écossais :* voilà ces gardes étrangers, revêtus de leurs *hoquetons d'orfèverie*, c'est-à-dire couverts d'or et d'argent; ils se promènent en devisant de guerre, de chasse et d'amour; ils égratignent quelque réputation de femme... ils se querellent au jeu de dés, et trouvent l'occasion d'une rencontre qui aura lieu dans le Pré-aux-Clercs ou derrière la Bastille Saint-Antoine. Suivons la foule des courtisans et des dames dans les appartements du roi, pendant qu'on s'y livre à de grands et joyeux *ébastements*. Admirez d'abord ces tapisseries de haute-lice, tissues d'or et de soie, représentant les héros d'Homère ou des sujets mythologiques, avec la plus excentrique expression. Voyez ces fauteuils de *cardouan vermeil* au dossier finement sculpté et armorié; approchez-vous de ce buffet sur lequel, pour servir la venaison, le poisson monstre, les conserves et les confitures sèches, cinquante marcs d'or massif sont façonnés en vaisselle ciselée par Cellini, ou contournés en flacons pour contenir l'hypocras et le vin épicé.

Voici les violons et les basses de viole du roi qui annoncent une sarabande. Suivons le mouvement rapide de ces nobles danseurs, en chausses étroites de soie blanche, en bouffantes et en pourpoints de satin rose ou bleu, avec crevés de couleurs différentes. Voyez comme en dansant ils font valoir ce manteau de velours orné d'un triple passement d'or, et que l'étiquette leur défend de quitter. Mais votre attention séduite s'attache de préférence à ces belles dames, dont le regard, brillant de plaisir et de gaieté, se montre beaucoup moins modeste que provocateur. Que voulez-vous, ce sont les dames de la cour de François Ier. Il a dit qu'une *cour sans femmes est un printemps sans roses;* le galant monarque a fleuri la sienne des roses les plus brillantes, le plus délicieusement parfumées... sans trop s'inquiéter du reste. Vous trouvez peut-être ces amples robes d'étoffes d'or ou d'argent d'une forme peu élégante, et plus remarquables par le luxe que par la grâce; on voudrait, en effet, que l'œil pût caresser, à travers un tissu moins lourd et moins épais, cette belle et puissante nature féminine du seizième siècle.

Les jardins de l'hôtel des Tournelles, qui s'étendaient sur l'emplacement où fut construite depuis la place Royale, étaient coupés, selon la coutume du moyen-âge, de vergers, de parterres, de viviers et de touffes de buis; en 1565, Catherine de Médicis condamna le séjour où Henri II avait péri si malheureusement, sous la main maladroite de Montgommery : la démolition de l'hôtel des Tournelles fut ordonnée par cette princesse; et sur une partie de son emplacement on établit le marché aux chevaux. C'est dans cet espace que se livra, en 1578, un combat acharné entre les mignons de Henri III et les favoris du duc de Guise : trois des premiers, Quélus, Maugiron et Livarot, périrent. Le roi les fit inhumer dans l'église Saint-Paul : on y vit longtemps leurs tombeaux, couverts d'inscriptions louangeuses, dans lesquelles, malgré la sainteté du lieu, figuraient les Parques, Vénus et l'Amour.

L'hôtel de Sully, seul édifice vraiment monumental qu'offre la rue Saint-Antoine, est bâti sur la partie la plus méridionale du terrain qu'occupait le palais des Tournelles. Cet hôtel, élevé aux frais du vertueux ministre de Henri IV, fut habité par ce modèle peu imité des hommes d'État. Il est construit dans le style imposant qui succéda à l'architecture de la renaissance, et quoique dénaturé sur plusieurs points, il ne manque pas de majesté : c'est le plus bel ornement de la rue. Cette maison a été divisée en une multitude de locations semi-bourgeoises.

Non loin de l'hôtel Sully, mais de l'autre côté de la rue, s'élève l'ancienne *église des Jésuites,* aujourd'hui l'église Saint-Paul, édifice qui touchait à la *maison professe* de l'ordre, dans laquelle est établi maintenant le collége Charlemagne. Chacun sait que la Compagnie de Jésus, approuvée par bulles du pape, fut introduite en France par Guillaume Duprat, évêque de Clermont. Le cardinal de Lorraine appela ces pères à Paris en 1551 ; mais l'évêque et le parlement s'opposèrent alors à leur établissement dans cette ville. Ce ne fut qu'en 1561 que, par la protection des Guises, ils s'y installèrent, après une haute lutte de dix années, qui put donner une idée de leur ténacité. Pour ne parler que de la maison professe, nous dirons que le cardinal de Bourbon céda aux jésuites, en 1580, l'hôtel d'Anville, communiquant de la rue Saint-Antoine à la rue Saint-Paul ; le même prélat leur fit construire une chapelle sous le vocable de Saint-Louis, ce qui autorisa ces pères à prendre le nom de *Prêtres de la mission de Saint-Louis.* Mais bientôt leur ambition se trouva trop à l'étroit dans cette église : ils sollicitèrent, comme ils savaient solliciter, la construction d'un nouveau temple ; et Louis XIII leur accorda l'emplacement qu'occupe l'église actuelle. Elle fut commencée en 1627, sur les dessins d'un jésuite nommé Marcel Ange, et terminée en 1641. Ce jésuite était mauvais architecte, a dit Dulaure, qui souvent ne voyait que des lignes là où l'on doit s'attacher à reconnaître un caractère monumental. Or, il est évident pour nous que les disciples de saint Ignace voulurent imprimer aux églises qu'ils firent bâtir une physionomie-type ; voyez partout ces édifices, c'est le même plan, le même système de construction, ce sont les mêmes détails dans les ornements : toujours une façade pyramidale formée de trois ordres superposés. Il y a là certainement un symbole mystérieux, une allégorie cachée, un langage de pierre connu des seuls adeptes. Du reste, la disposition architectonique du monument, tant à l'extérieur qu'à l'intérieur, n'offre rien de remarquable ; mais la nef et le chœur étaient richement décorés avant que la révolution eût imposé la maison de Dieu pour assurer la défense du pays. On voyait, par exemple, dans deux chapelles, deux anges en argent de grandeur naturelle, portant, l'un, le cœur de Louis XIII, l'autre, celui de Louis XIV. Les jésuites, durant la vie de ces monarques, avaient conquis leur cœur; ils en firent parade après leur mort. Là se trouvait, sans doute aussi à titre de conquête, le tombeau de Henri de Condé, père du vainqueur de Rocroi, de Fribourg, de Nordelingen et de Senef. Ce tombeau, l'un des chefs-d'œuvre de Sarrasin, avait été transféré au Musée des monuments français; il en fut tiré en 1815, et déposé longtemps dans les remises du palais de Bourbon. La restauration trouvait impie la belle et ingénieuse collection de la rue des Petits-Augustins; peut-être jugea-t-elle plus orthodoxe le séjour des restes d'un prince du sang à la porte d'une écurie.

Les jésuites avaient établi dans leur maison de la rue Saint-Antoine une école dont l'historien de Thou a dit : « Par une méthode toute nou-
» velle que ces pères avaient imaginée, méthode jusqu'alors inconnue à
» l'Eglise de France, ils étaient venus à bout, en interrogeant leurs pé-
» nitents, de les éloigner de leurs paroisses, d'attirer à eux tout le peuple
» et de fouiller dans les secrets des familles. » On sait comment, en 1762, les jésuites furent expulsés de France, et par quelles douleurs d'entrailles le pape Clément XIV expia la suppression de leur ordre. La maison qu'ils avaient occupée rue Saint-Antoine fut donnée, en 1767, à des chanoines réguliers, et plus tard l'église devint paroissiale sous l'invocation de saint Paul.

Vers l'extrémité de la rue Saint-Antoine la plus rapprochée du faubourg, l'on voit une église de forme circulaire, d'une construction trop vantée par Dulaure, quoiqu'elle soit due au célèbre Mansard. Elle appartenait au couvent de *la Visitation de Sainte-Marie*, fondé en 1621, dans l'ancien hôtel de Cossé, pour des religieuses de l'ordre de Saint-François de Sales. Cette église, achevée en 1682, fut nommée *Notre-Dame-des-Anges*. Après la révolution, les bâtiments d'habitation furent vendus à divers particuliers; en 1802, on céda l'église aux calvinistes de la confession de Genève; vingt-huit ou vingt-neuf ans plus tard, des honneurs funèbres, auxquels tout le Paris populaire assista, y furent rendus à Benjamin Constant.

Pour parcourir dans toute sa longueur, et les annales modernes à la main, la longue rue dont nous vous avons redit l'histoire ancienne, nous allons la redescendre jusqu'à sa naissance..... Nous voici à la rue du Monceau-Saint-Gervais : l'on y a retrouvé les traces d'un cimetière romain, dernier rendez-vous de ces dominateurs qui vinrent dans les Gaules conquérir, briller, corrompre et mourir. Ces débris de la vie antique étaient des tombes en pierre, découvertes à douze pieds de profondeur, et contenant des os pulvérisés : débris poudreux qui avaient été des généraux, des consuls, des empereurs, peut-être, et qu'une tabatière pouvait contenir. Une médaille d'argent, recueillie parmi ces vestiges humains, portait ces mots : *Antoninus Pius. Aug.* Au treizième siècle, cet emplacement était encore appelé place du Vieux-Cimetière : *Platea Veteris Cimeterii.*

Cette rue Saint-Antoine, maintenant si animée, si étincelante par la grâce de Dieu et du gaz, par l'étalage de ses magasins, où l'art de Raphaël est prodigué jusqu'aux lambris de l'arrière-boutique, a eu depuis un demi-siècle, comme le faubourg qui porte son nom, une grande et terrible histoire; remontons cette période jusqu'à son origine. — L'ancien régime n'a rien perdu encore de sa puissance; que peut vouloir oser cette foule tumultueuse, bigarrée, menaçante, qui remonte la rue Saint-Antoine, observée, mais de loin, par les suppôts du sieur Dubois, dernier chevalier du guet? Quelques excès que cette bande mutinée va commettre impunément, dans la maison du fabricant de papiers Réveillon, lui révéleront le secret de sa force.... Le lion longtemps captif, n'a pas senti, en s'éveillant, ses membres garrottés; bientôt il se précipitera sur ses maîtres et leur fera subir le redoutable début de sa liberté..... Entendez-vous ces détonations qui font vibrer les vitres de la grande ville?..... Ce n'est plus l'anniversaire d'un roi qu'on célèbre, ce n'est plus la naissance d'un prince qu'un page vient annoncer au corps municipal; c'est le canon de la Bastille que le peuple attaque... la Bastille est prise!... Voilà les vainqueurs qui redescendent la rue Saint-Antoine. Ils n'avaient pas de drapeau pour marcher à cette conquête; mais tout-à-l'heure ils auront une enseigne... La tête du marquis de Launay tombe, elle est placée à la pointe d'une pique, on la promène au-dessus de la foule, et le sang du gentilhomme sert au baptême de la liberté populaire.

En tournant le feuillet de cette histoire, nous trouvons une page plus terrible encore. Nous n'avons point parlé de l'hôtel de la Force : comme maison d'un grand seigneur, il n'offrit aucun événement digne de mémoire; mais on le convertit un jour en prison, et là s'accomplit un affreux épisode des journées de septembre 1792. Arrêtons-nous à l'entrée de la rue de Ballets; voilà le guichet de la Petite Force; dans la première pièce que l'on rencontre, après avoir passé cette porte surbaissée, siégeait, les 2 et 3 septembre, un tribunal, institué par lui-même, ou peut-être par cet homme que le canon du 10 août avait porté au ministère, et qui s'était dit dans sa politique radicale : « Pour terrifier les ennemis du dehors, il faut frapper sur les ennemis du dedans. » Le tribunal démagogique était donc constitué à la Force : accoudés sur une table couverte de bouteilles et de verres, les juges prononçaient ou la mort ou la vie de leurs prisonniers, sur des témoi-

Rue Saint-Antoine.

gnages ordinairement hasardés, sur des renseignements qu'ils empruntaient à des listes souillées de boue et de vin..... Hélas! ils absolvaient rarement; et lorsqu'ils avaient articulé, dans un langage d'une perfide ambiguïté, *élargissez le détenu,* on ouvrait la porte à un infortuné, qui se croyait libre, et que les *massacreurs* attendaient sur le seuil de la prison!... Le 3 au matin, une femme comparut devant ces juges, chancelants déjà sur leurs sièges, par suite des libations multipliées qu'ils avaient faites... Cette femme, quoique parvenue à sa quarante-troisième année, était encore belle, mais flétrie par la souffrance et par les larmes; elle était vêtue d'une robe de soie noire; elle portait un fichu de linon; et ses longs cheveux, auxquels se mêlait encore un reste de poudre, tombaient en désordre sur ses épaules... Cette femme, c'était Marie-Thérèse-Louise de Savoie Carignan, princesse de Lamballe!

— Vous étiez, lui dit un des juges, de la conspiration du 10 août contre le peuple.

— J'ai ignoré cette conspiration.

— Jurez, avec nous, haine au roi, à la reine et à la royauté.

— Ce serment n'est pas dans mon cœur, et je ne puis le faire.

— *A l'Abbaye!* s'écrie alors le juge.

A ces mots, la porte s'ouvre, la princesse a revu le ciel; elle a fait quelques pas dans la rue des Ballets; elle se croit sauvée!... Marie-Thérèse de Savoie allait entrer dans la rue Saint-Antoine, lorsque soudain un assassin lui porte un coup de sabre derrière la tête; un autre l'étend à ses pieds d'un coup de bâton... Les égorgeurs lui coupent la tête, ils portent ce sanglant trophée au bout d'une pique, ils courent sous les fenêtres du Temple, afin d'épouvanter la famille royale au spectacle de ce dénoûment horrible!...

Durant la terreur, la rue et surtout le faubourg Saint-Antoine furent le cratère d'où s'échappa le plus souvent la lave révolutionnaire. Santerre s'élança d'une brasserie du faubourg pour diriger les masses, commander les armées, et mériter, avant le jour de l'oubli venu pour lui, cette grotesque épitaphe :

> Ci gît le général Santerre,
>
> Qui n'avait de Mars que la bierre.

Le faubourg Saint-Antoine était le forum où grondait la colère du peuple avant d'éclater sur le palais des Tuileries ou sur la Convention nationale. Longtemps le faubourg Saint-Antoine fut un empire de fait, que Napoléon lui-même observait quelquefois avec inquiétude; il savait qu'un 13 vendémiaire eût été difficile ou dangereux dans ce foyer de l'émeute. Aujourd'hui, le luxe parisien a passé le canal : l'ouvrier ébéniste travaille, avec le *tibi* d'or à la chemise, et le soir, il endosse le paletot orné de velours. La faubourienne n'est plus coiffée d'un faux madras; elle a pour jamais abjuré le *casaquin;* chaque dimanche, l'élégante ouvrière en meubles du quartier se permet le double falbala, l'écharpe, la première galerie au théâtre Beaumarchais ; elle figure avec distinction au bal du Prado, et se hasarde parfois jusqu'au pays latin, pour y former, sur la foi d'un contrat verbal passé à la Chaumière, un ménage éphémère d'étudiant.

Ne croyez pas que le peuple du faubourg Saint-Antoine ait perdu le sentiment de sa force et de sa dignité... de sa dignité, car là plus qu'ailleurs, peut-être, il y a du patriotisme et de la grandeur! C'était surtout de l'Arsenal à la barrière du Trône que l'on demandait à grands cris, en 1814, des armes qu'on n'obtenait pas; c'étaient les habitants du faubourg Saint-Antoine, vétérans de Marengo, d'Austerlitz et de Wagram, qui tombaient frappés des balles russes, à Charonne et à Romainville. Lisez les noms inscrits sur la colonne de Juillet : vous y reconnaîtrez bon nombre de prolétaires du populeux faubourg; et ce boulet logé dans la façade d'une maison vis-à-vis la rue des Nonaindières, est là pour attester qu'en 1830 les Antonins avaient répondu à l'appel de leurs frères d'armes improvisés.

Nous aurions beaucoup à vous dire encore sur la rue et le faubourg Saint-Antoine, si, le mètre à la main, nous voulions décrire les édifices qui, dans cette partie de la capitale, ne sont pas des monuments. Sous ce rapport, il y a de quoi désespérer l'archéologue et le poète moyen-agiste. Rien de plus prosaïque que la rue dont nous venons de résumer l'histoire: tout ce qu'elle offrit jadis des beautés architecturales du style roman, de l'ère ogivale ou de la brillante renaissance, n'existe plus que dans les descriptions que nous ont laissées Sauval, Felibien et Dulaure. Il faut se rapprocher de la Seine pour retrouver l'intérêt du vieux Paris de pierre... l'église Saint-Gervais, les restes de l'hôtel Saint-Paul, l'église des Célestins, etc., etc. Dans la rue Saint-Antoine, l'artiste ferme son album, l'antiquaire ses tablettes, en voyant ressortir sur le badigeon blafard des façades, ici d'énormes gants rouges, là des bottes d'or, ailleurs des guirlandes de cervelas, le tout badigeonné peut-être par le pinceau besogneux d'un ex-premier prix de Rome. De loin en loin, l'élégance des magasins s'associe à ce pêle-mêle, entretenu par le mauvais goût, l'esprit mercantile et les concessions de la police. Nous avons besoin d'aller encore étudier à Londres l'ordre de la voie publique, la parure des établissements de commerce, ce que l'on pourrait appeler l'harmonie des rues.

G. TOUCHARD-LAFOSSE.

Rue Notre-Dame-de-Lorette.

RUE NOTRE-DAME-DE-LORETTE.

Rue toute nouvelle, sans origine connue, sans antécédents historiques, sans parchemins, et qui, à force de grâce, d'esprit, d'intrigue et de charmante coquetterie, n'a pas tardé à se faire une place, et des plus belles, parmi les innombrables rues de Paris, j'entends les plus vieilles, les plus nobles et les mieux famées.

Ce n'est point là, d'ailleurs, la seule raison qui nous ait fait lui ouvrir, toutes grandes, les portes de ce monument littéraire. Si nous faisons à la rue de Notre-Dame-de-Lorette l'honneur de lui consacrer ici quelques pages disputées, c'est que véritablement cette rue, née d'hier, a su se créer une physionomie à elle, des allures à elle, et enfin une individualité à elle, pour nous servir d'un grand mot dont on abuse fort aujourd'hui.

Pour moi, je ne traverse jamais la rue Notre-Dame-de-Lorette sans songer à ces belles fleurs écloses sous les chauds baisers du soleil des tropiques, et qu'un horticulteur jaloux a transplantées brutalement sous notre ciel gris, au risque de les faire mourir de froid et de tristesse. — Et en effet, sentez plutôt si cette rue n'exhale pas comme un parfum exotique; traversez-la par une de ces belles journées de juin ou de juillet, durant lesquelles l'asphalte des trottoirs se liquéfie et bouillonne, une de ces journées que M. Arago distribue d'une main si avare au pauvre et grelottant peuple de Paris. Voyez comme la brise se joue follement dans les grands peupliers de la place Saint-Georges; chaque fenêtre, chaque balcon, s'abritent coquettement derrière des stores de coutil aux éclatantes couleurs. Les pavés secs et luisants ne sont guère effleurés que par de séduisantes bottines de satin qui courent, légères comme la Camille de Virgile, au rendez-vous où les attendent, d'une semelle impatiente, quelques triomphantes bottes vernies du voisinage. Les petits oiseaux se baignent amoureusement dans les ondes limpides de cette fontaine qui cascade doucement devant la porte de M. Thiers. Un silence voluptueux plane sur toute la rue, silence que troublent à peine les échos affaiblis des gammes et des roulades perlées de mademoiselle Nau, ce gosier mélodieux de l'Académie royale de Musique. — Or, dites-moi, vous croiriez-vous à deux minutes des boulevarts et à trois pas de cet horrible faubourg Montmartre, bruyant et encombré comme une grande route de l'enfer? Et n'est-ce pas là, bien plutôt, le signalement d'une rue italienne?

La rue Notre-Dame-de-Lorette est habitée surtout par des artistes et par de jolies femmes; et ce sont, il faut le dire, les seuls locataires qui lui conviennent tout-à-fait.

Buffon prétend quelque part, dans un de ses admirables livres, qu'on reconnaît sans peine les goûts, les instincts et le caractère d'un oiseau, à la façon dont son nid est arrangé, et aussi lorsqu'on examine le lieu où il a été construit. Cette observation peut également bien s'appliquer à l'homme, cet autre oiseau, à deux pattes et sans plumes, selon la ridicule définition du divin Platon. C'est ainsi que, de temps immémorial, un confiseur fait son nid dans la rue des Lombards, cette rue parée de sucre candi, où les ruisseaux roulent incessamment des sirops hors de service, et où l'atmosphère est toute chargée de miasmes à la fleur d'oranger. Suivez cet agent de change sorti sain et sauf, ce qui est rare, des charybdes du report et des scyllas du fin courant, où se loge-t-il, sinon dans la rue de la Victoire et dans la rue de la Chaussée-d'Antin, l'endroit de Paris où florissent, en plus grande quantité, ces petits hôtels à deux étages, situés entre une ombre de cour et une apparence de jardin, et qui sont, sans contredit, la dernière expression du luxe boursicotier?

Et pour peu que vous passiez en revue, et l'une après l'autre, chaque partie de la ville, vous vous convaincrez, qu'à fort peu d'exceptions près, Paris est, à cette heure, ce qu'il était il y a des siècles, divisé en quartiers où les corporations restent parquées, pour ainsi dire : les quincailliers, sur le quai de la Ferraille; les opticiens, sur le quai des Lunettes; les libraires, dans le faubourg Saint-Germain; les fripiers, au Temple; et les ébénistes, dans la rue de Cléry. A ces causes, la rue Notre-Dame-de-Lorette, la seule rue poétique de Paris et l'une de celles dont les allures sont le plus aristocratiques, la rue Notre-Dame-de-Lorette, disons-nous, appartient, de toute justice, aux artistes et aux jolies femmes, les deux seules aristocraties réelles de ce bas-monde, l'aristocratie de l'intelligence et de la beauté.

Nous avons dit précédemment, en parlant de la rue dont on nous a constitué l'historiographe, qu'on ne lui connaissait ni antécédents, ni origine; c'est une faute. Qu'elle ne possède pas le plus petit bout de parchemin, soit; tout le monde ne peut pas posséder de parchemins: sans cela, il n'y aurait plus de nobles possibles; car, la noblesse ne consistant, après tout, que dans le seul droit de ne pas ressembler à tout le monde, s'il arrivait qu'un jour tout le monde pût se dire noble impunément, les véritables nobles seraient alors ceux qui auraient eu le bon esprit de rester roturiers.

Donc la rue de Notre-Dame-de-Lorette ne possède point de parchemins;

en revanche elle a une origine, car, selon la remarque judicieuse du seigneur Bridoison, on est toujours le fils de quelqu'un.

La rue Notre-Dame-de-Lorette a vu le jour sur des plages arides et sur des landes incultes dont le général Bugeaud, lui-même, ce Christophe Colomb agricole, n'aurait certes pas entrepris le défrichement. Qui de vous ne se rappelle encore ces terrains crayeux qu'on voyait se dérouler du côté de Montmartre, en manière de steppes inféconds, terrains sans valeur appréciable, et que leurs propriétaires désespérés eussent échangés volontiers en retour d'un plat de lentilles? Mais un jour Paris, qui se trouvait à l'étroit dans ses vieilles limites, Paris se prit à sauter par-dessus et à les enjamber, comme fait une troupe d'écoliers qui veut jouer et courir en toute liberté. Les maisons allèrent d'abord en s'éparpillant, de çà et de là, comme des folles; puis elles se rangèrent peu à peu et s'alignèrent avec la régularité géométrique d'un bataillon de la vieille garde. Du soir au lendemain, les terrains acquirent des valeurs fantastiques. Tel qui s'était endormi humble propriétaire de quelques mètres d'argile sans conséquence, se réveilla possesseur d'une fortune de Nabab; un bras du Pactole et un lac de bitume n'auraient pas été desséchés avec plus d'activité qu'on n'en mit à exploiter ces champs stériles où, maintes fois, on avait semé des pommes de terre et où l'on n'avait jamais récolté que des animaux immondes; si bien qu'en moins de temps qu'il n'en faut à une commission scientifique pour rédiger un rapport de vingt pages, le Parisien ébahi vit croître une ville nouvelle. Ainsi naissent, à l'improviste, au milieu de l'Océan, ces îles dont, la veille encore, nul marin ne soupçonnait l'existence.

Voici donc notre rue créée et mise au monde. Mais à qui appartiendra l'honneur de la tenir sur les fonts de baptême? et quel nom lui donner? Un nom propre, ou un nom de fantaisie? *That is the question.* Paris est divisé en un si formidable nombre de rues, que tous les mots et tous les noms de la langue française ont déjà, pour la plupart, été mis à contribution. Le problème était difficile à résoudre. Le préfet de la Seine s'en montra vivement préoccupé, et le conseil municipal consacra plusieurs séances à une discussion lumineuse, quoique sans résultats, comme c'est l'usage immémorial dans toutes les assemblées parlementaires.

En ce temps-là il y avait, dans le faubourg Montmartre, une pauvre église, simple et nue comme une chapelle de village. Elle était placée sous l'invocation de Notre-Dame-de-Lorette, et remontait au règne de Louis XV, qui en posa la première pierre, peu de jours après l'établissement du Parc-aux-Cerfs. L'amant de la Dubarry était, on le voit, un esprit sagement calculateur, et prévoyait les choses de loin : il voulait bien vivre un peu à la diable, mais à la condition pourtant de ne point se damner tout-à-fait. C'était aussi la règle de conduite d'un autre Louis, onzième du nom, lequel ne manquait jamais, sitôt qu'il venait de commettre une peccadille politique, de recommander son âme à sa chère et bonne petite dame d'Embrun, l'une des bienheureuses privilégiées auxquelles il avait fait les honneurs de sa casquette, ce martyrologe portatif.

Un jour les fidèles du deuxième arrondissement reconnurent avec effroi que l'église Notre-Dame-de-Lorette menaçait ruines de tous les côtés. La façade était sillonnée d'autant de rides profondes qu'on peut en voir sur le visage d'une vieille comédienne de province; les murailles s'affaissaient avec toutes sortes de craquements sinistres, et l'azur du ciel filtrait en losanges bleus à travers les voûtes du chœur. Plus d'une fois, pendant les offices divins, les assistants durent ouvrir, en même temps, leurs missels et leurs parapluies. Les choses en étaient là lorsque l'administration fit fermer l'église; et l'on décida qu'un temple serait construit, quelques pas plus loin, au bout de la rue Laffitte, à l'endroit même où commence le quartier neuf dont je viens de vous raconter la naissance. Peu d'années suffirent à ce travail. La résurrection de Notre-Dame-de-Lorette fut poussée avec une activité merveilleuse; et, à partir de ce moment, la rue sans nom en eut un tout trouvé. La nouvelle église remplit le rôle du parrain dans ce baptême.

Au point de vue monumental, l'église Notre-Dame-de-Lorette est une œuvre insignifiante, pour ne rien dire de plus; et je ne serais aucunement surpris d'apprendre que l'architecte qui l'a édifiée se soit inspiré de la vue d'un pâté de Lesage. C'est un carré long, d'une lourdeur désagréable, et massif au-delà de toute expression. On y dira la messe jusqu'au jour du jugement dernier, et il ne faudrait rien moins qu'un tremblement de terre pour en altérer l'épaisse solidité. Ajoutez encore que l'église est surplombée d'une sorte de clocheton qui produit à peu près l'effet gracieux d'un éteignoir sur une bougie. Quant à la partie intérieure, ce ne sont que festons, ce ne sont qu'astragales; c'est un luxe de dorures, une abondance de soieries, de marbres et de velours dont le calife Haroun-al-Raschid serait jaloux. Je sais qu'on a souvent reproché à cette église les exagérations de sa coquetterie; je sais aussi qu'elle a été accusée de ressembler beaucoup plus à un boudoir qu'à un temple chrétien. Pour moi, j'avoue que je ne me sens pas le courage d'en vouloir aux artistes qui l'ont ainsi parée. Ils se seront rappelé sans doute que Notre-Dame-de-Lorette n'est, après tout, que la petite-fille du roi Louis XV, et ils ont fait pour elle ce que l'aïeul, distrait par d'autres soins, n'avait pas fait pour la mère.

Disons, pour être juste, que l'oubli a été noblement et royalement réparé. A cette heure, l'église, dorée sur tranches et brodée sur toutes les coutures, reluit de mille feux, ainsi qu'une escarboucle au soleil. Des tapis soyeux absorbent le bruit des pas; les parfums les plus suaves y brûlent, jour et nuit, dans des cassolettes d'or, et, trois fois par semaine, on y exécute des concerts où certes les anges qui remplissent les fonctions de maîtres de chapelle dans le paradis doivent puiser d'excellentes leçons. Les tableaux eux-mêmes ont tous un certain air qui repose l'œil et le réjouit agréablement. La sombre école des Vélasquez et des Murillo, avec ses instruments de tortures, ses bourreaux demi-nus et ses victimes pantelantes, est sévèrement bannie de ce paisible lieu, où l'on ne rencontre que de jeunes vierges calmes et souriantes, aux blanches épaules, et aux regards doucement voilés.

Après tout, et pour parler sérieusement, cette église tant blâmée est fort bien comme elle est, et c'est ici le cas de dire que tout est pour le mieux dans la plus charmante des églises possibles. Transportez Notre-Dame à l'extrémité de la rue Laffitte, et voyez un peu quel énorme contre-sens de pierre ce serait là! il y a dévotion et dévotion, comme il y a fagots et fagots : il est évident que la dévotion de la Chaussée-d'Antin ne ressemble pas du tout à celle du faubourg Saint-Germain. Celle-ci veut un lieu grave et sombre, plein de silence et de recueillement, où l'âme puisse s'élever à son aise et voler en paix vers le Seigneur. Celle-là, au contraire, la dévotion rive droite, réclame impérieusement une mise en scène pompeuse : il lui faut de l'or, des parfums et des fleurs ; l'une prie avec sa tête et l'autre avec son cœur. — Une grande partie de la clientèle la plus assidue de Notre-Dame-de-Lorette, se recrute d'ailleurs dans le théâtre royal de la rue Lepelletier. On y remarque encore les prie-Dieu, garnis de velours, de Thérèse et de Fanny Elssler ; les deux sœurs Dumilâtre, ces deux jeunes *ballons* de tant d'avenir, assistent régulièrement, chaque dimanche, à la grand'messe de midi ; mademoiselle Forster y montre deux fois par semaine, son adorable profil de vignette anglaise, et madame Stoltz ne crée jamais un rôle sans faire dire auparavant cinq ou six messes pour le repos de son succès. — Comme on le voit, l'église Notre-Dame-de-Lorette pourrait, au besoin, troquer son nom contre celui de Notre-Dame-de-l'Opéra.

La rue Notre-Dame-de-Lorette se pare avec orgueil du square Saint-Georges ; c'est son éden, son oasis, le plus riche joyau de sa couronne. Cette petite place, qui n'a pas sa pareille dans tout Paris, se compose d'une fontaine dont la naïade est un factionnaire, de quelques hôtels élégants et d'une maison qui semble, je ne dirai pas construite, mais brodée par la main des fées. C'est de la pierre de taille passée à l'état de guipure, et j'ignore si le ciseau divin des grands artistes de la renaissance a taillé quelque part un diamant dont les formes soient plus sveltes, plus gracieuses et aussi pures. — Un des hôtels du square Saint-Georges est habité par M. Thiers. C'est là qu'il vient passer ses vacances ministérielles ; c'est là que les caprices de la Couronne, pour nous servir d'une métaphore parlementaire, à l'usage des grands journaux, l'exilent chaque année, et d'où ces mêmes caprices le rappellent tous les dix-huit mois. Les habitants du quartier qui, pour la plupart, ne s'occupent guère de politique, sortent quelquefois de leur apathie, mais seulement pour ce qui concerne M. Thiers. On se doit bien cela entre voisins. Voulez-vous savoir au juste si l'ex-président du 12 mars doit, ou non, faire partie du prochain remaniement ministériel? demandez aux voisins combien de voitures stationnent à sa porte le soir. Si une longue file d'équipages armoriés serpente au loin dans la rue, pariez hardiment pour M. Thiers; mais si, au lieu d'équipages, les voisins constatent la présence de quelques misérables chars numérotés, traînés par de maigres haridelles, soyez sûr que l'auteur de l'*Histoire de la Révolution Française* n'a point fait sa paix avec la Couronne. En attendant que M. Thiers quitte une cinquième fois sa palazzina de la place Saint-Georges pour l'hôtel de la rue des Capucines, il charme ses courts loisirs en composant une *Histoire de l'Empire*, achetée cinq cent mille francs d'avance. — Cinq cent mille francs! qu'on vienne encore nous chanter les louanges de l'ère d'Auguste et du siècle des Médicis.

Tout en face de M. Thiers, un spéculateur spirituel, et qui comprend les nécessités de son époque, a fondé un établissement de bains dont le besoin se faisait vivement sentir. Cet établissement est à deux fins. — Le nombre des femmes qui s'y baignent est considérable; mais le nombre de celles qui sont censées s'y baigner l'est cent fois plus. Règle générale et inflexible : il n'y aura de sécurité conjugale que du jour où tous les établissements de bains seront fermés par ordre et remplacés par un système de baignoires à domicile. Une femme qui sort le matin, en disant qu'elle va au bain est ou une femme perdue, ou une femme qui se perd, ou une femme qui veut se perdre. Ceci me rappelle un mot de la marquise de L., une des plus spirituelles et des plus jolies marquises de ce temps-ci. Elle avait paru désirer une salle de bain dans son appartement. M. de L. s'empressa de réaliser ce caprice qu'il goûtait pour mille raisons : la marquise fut ravie. Les choses allèrent ainsi durant quelques mois, après quoi la marquise reprit son train de vie ordinaire, préférant à sa coquille de marbre blanc ciselé, l'ignoble baignoire en zinc des bains à vingt sous. Un matin, le marquis se présente chez sa femme et ne la trouve pas; où est-elle? — Madame est au bain, dit la Marinette de l'endroit.

— Au bain! répète le mari... Au bain! c'est singulier!

Sur ces entrefaites rentre la marquise de L.

— Vous arrivez du bain? demande le mari, moitié figue, moitié raisin.

— J'en arrive.

— Est-ce que votre salle de bain vous déplairait, par hasard?

— Allons donc! elle est d'un goût charmant. Et d'ailleurs, n'est-ce pas vous qui en avez surveillé l'arrangement?

— Alors m'expliquerez-vous?...

La marquise de L. se posa en face de son mari, croisa les bras, cligna de l'œil et lui jeta ces trois mots foudroyants :

— Et mon prétexte ?..

Voilà comment et pourquoi il se fait qu'on sentit si vivement le besoin d'un établissement de bains sur la place Saint-Georges.

La rue Notre-Dame-de-Lorette, qui aboutit directement au cimetière Montmartre, par la rue Fontaine-Saint-Georges, doit à ce triste voisinage d'être sillonnée chaque jour, jusqu'à midi, par une succession non interrompue de voitures noires, de chevaux noirs et d'habits noirs à vous donner le cauchemar. Mais ce n'est là qu'une physionomie passagère, car il est à observer qu'à Paris, on enterre rarement après midi, et, comme, d'après les règlements de police, tout enterrement doit avoir lieu vingt-quatre heures après le décès, on est en droit de conclure que tous les moribonds de la ville se donnent le mot pour ne trépasser que dans la matinée. — Quant à la rue Fontaine-Saint-Georges dont je viens de prononcer le nom, c'est une rue de fraîche date, toute pleine de petites maisons bien régulières et bâties en jolies pierres blanches, ce qui la fait ressembler à une allée du Père Lachaise. Or, cette apparence est, à tout prendre, la seule qui lui convienne, car c'est là bien moins une rue comme les autres qu'un trait d'union jeté entre l'église et le cimetière.

Croiriez-vous qu'à Paris, dans la capitale du monde civilisé, en plein dix-neuvième siècle, il se trouve des propriétaires barbares qui refusent l'hospitalité, moyennant six cents francs par an, à des hommes, leurs frères devant Dieu, sous le vain prétexte qu'ils sont peintres. Voilà pourtant ce qu'ont produit les vaudevilles contemporains, où il est d'usage immémorial de représenter les artistes sous les couleurs les plus extravagantes et les plus fausses. — Et c'est là ce qu'on appelle sans rougir corriger les mœurs en riant ! — Grâce au ciel, les propriétaires de la rue Notre-Dame-de-Lorette ne partagent aucunement ces travers ridicules.

Au prochain créancier que vous aurez le plaisir d'accompagner à sa dernière demeure, pourvu toutefois qu'il soit enterré à Montmartre, levez la tête en traversant la rue Notre-Dame-de-Lorette et pointez votre regard sur quelqu'une des plate-formes qui couronnent les maisons, à la mode italienne. Alors il est impossible que vous n'aperceviez pas se dessiner à sept étages au-dessus du niveau des trottoirs, quelque chose de semblable à ces mannequins placés dans les champs pour servir d'épouvantail à la voracité des bandits emplumés. — C'est d'abord une robe de chambre où se fondent, sans harmonie, toutes les couleurs de l'arc-en-ciel, un pantalon à pieds d'une forme inconnue et des pantoufles impossibles à décrire. Sous cet attirail burlesque se cache un jeune peintre de la plus haute espérance : les jeunes peintres donnent tous les plus hautes espérances, y compris ceux qui finissent par enluminer les enseignes.

Cet héritier présomptif et présomptueux de Léopold Robert fume dans une pipe turque fabriquée à Paris un tabac qui n'est guère parfumé, et se

repose à l'avance des grands travaux qu'il compte exécuter dans sa journée. En attendant qu'il s'arme résolument de la palette et de l'appuie-main, il étudie la nature sur toutes les formes qu'il lui plaît de revêtir : chien qui aboie, grisette qui passe, oiseau qui vole, et le reste. Mais c'est dans la personne de ses voisines que le peintre se complaît à observer la nature. Son regard transperce les vitres et leur légère cuirasse de mousseline; le divan et la causeuse n'ont pas de secrets possibles pour lui; il déchiffre, à la première vue, tous les hiéroglyphes du boudoir, et Dieu sait si les boudoirs de la rue Notre-Dame-de-Lorette sont tapissés d'hiéroglyphes ! disons pourtant à sa louange que ses voisines ne l'absorbent pas tellement qu'il ne songe aussi à ses voisins. Or, le voisin est un confrère dont on est séparé par quelques cheminées, mais duquel, en revanche, on est rapproché par une communauté d'étages, d'opinion, de poésie et de gouttières. Et dès lors, ce sont des causeries sans fin sur l'art, la grandeur de l'art et la sainteté de l'art; on cause du Giotto, de Cimabuë, de l'Espagnolet dont on n'a jamais vu une seule toile; on cause de la Fornarina et de son divin amant qu'on a soin d'appeler *le Sanzio*, son nom de Raphaël étant spécialement abandonné au langage prosaïque du *bourgeois*.

La rue Notre-Dame-de-Lorette fait une incroyable consommation de citadines, à ce point que l'administration vient de créer une place spéciale de petites voitures à l'angle de la rue Bréda et de la rue Neuve-Bréda. Ce sont des allées et des venues perpétuelles qui commencent dans l'après-midi et se continuent jusqu'au beau milieu de la nuit; car c'est un des souverains plaisirs des jolies habitantes de ce quartier. On se demande même comment, ayant si peu de rentes inscrites sur le grand-livre, elles peuvent suffire à cette dépense? — C'est que, probablement, leurs rentes sont inscrites sur un autre livre; peut-être les trouverait-on dans ce livre charmant qui a pour titre : *les Contes des Mille et une Nuits.*

Demandez à M. Conte combien ce quartier absorbe à lui tout seul d'employés de la poste, depuis les commis qui classent et qui timbrent les lettres, jusqu'aux facteurs qui les distribuent. C'est à n'y pas croire, et cependant on n'a pas de peine à se l'expliquer lorsqu'on songe que chaque Lorette écrit ou fait écrire par ses amies, et même par ses amants, une moyenne de dix lettres par jour. Ces pauvres facteurs n'y tiendraient pas s'ils n'étaient suppléés et doublés par tous les commissionnaires du quartier. Quels hommes que ces commissionnaires! quelles ruses, quelle habileté, quelle diplomatie et quelle connaissance du cœur humain il leur faut déployer dans l'exercice délicat de leurs périlleuses fonctions! On a calculé qu'après trois ans d'un pareil métier, un commissionnaire de la rue Notre-Dame-de-Lorette ferait un très-excellent premier attaché d'ambassade.

Une observation singulière, c'est que dans ce quartier qui vit de plaisir et pour le plaisir, il n'y a ni théâtres, ni salles de concert; il n'y a absolument que l'église. Je n'ignore pas qu'on a inauguré l'hiver dernier une salle de danse dans la rue Neuve-Bréda. Mais une Lorette un peu bien située rougirait de s'y laisser apercevoir; de temps à autre, elle permet à sa femme de chambre d'y paraître. Et puis, au demeurant, qu'a-t-elle besoin de cette salle équivoque? ne règne-t-elle pas l'hiver à l'Opéra et l'été sous les verts ombrages du Ranelagh!

Un mot encore : la rue Notre-Dame-de-Lorette qui compte les cabinets de lecture par douzaine, ne possède pas un seul restaurateur. En revanche, les rôtisseurs y abondent. Ce détail statistique résume la physionomie tout entière de ce quartier de Bohêmes : on y mange comme on y vit, sur le pouce!

ALBÉRIC SECOND.

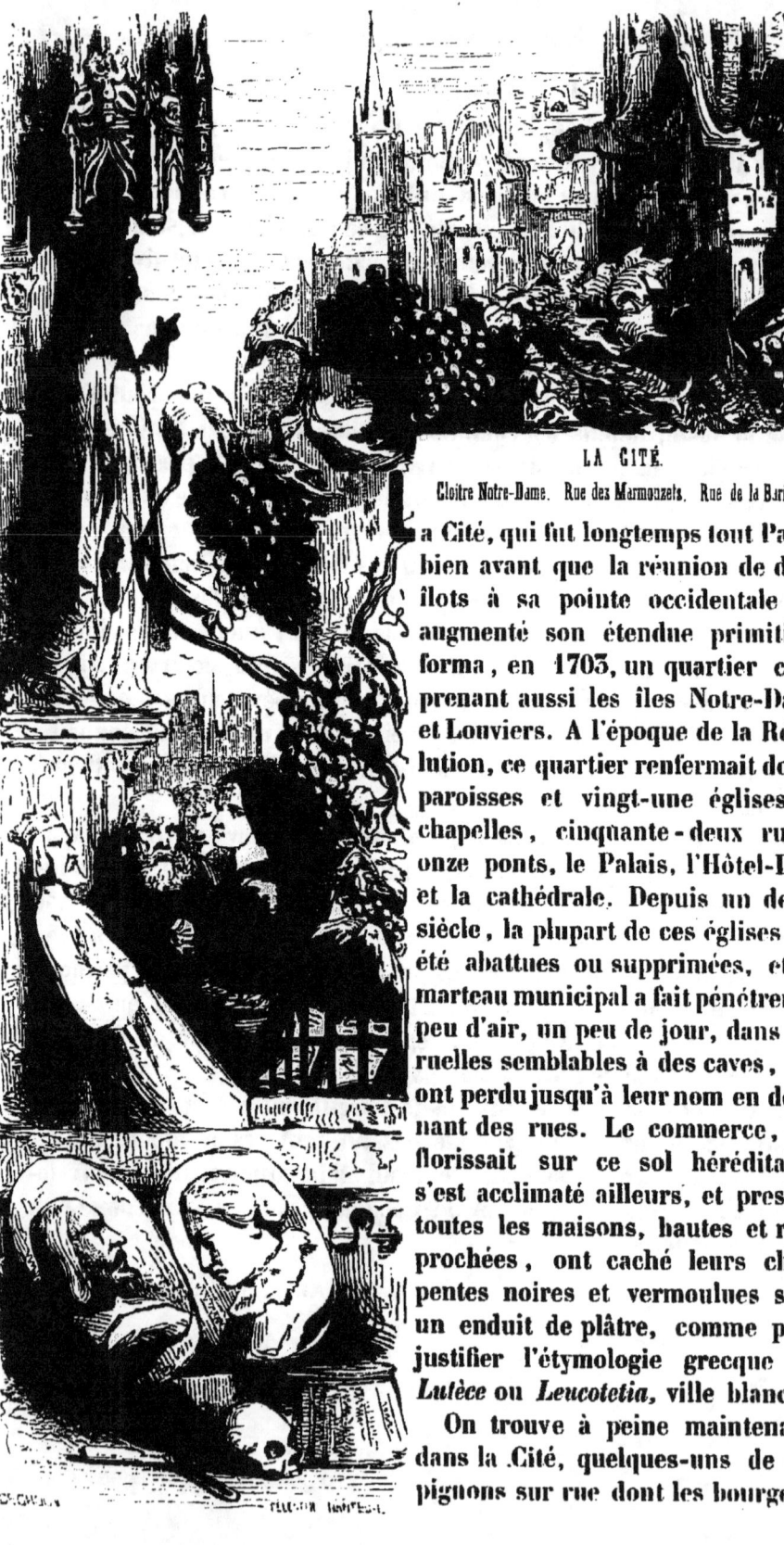

LA CITÉ.

Cloître Notre-Dame. Rue des Marmouzets. Rue de la Barillerie.

La Cité, qui fut longtemps tout Paris, bien avant que la réunion de deux îlots à sa pointe occidentale eût augmenté son étendue primitive, forma, en 1703, un quartier comprenant aussi les îles Notre-Dame et Louviers. A l'époque de la Révolution, ce quartier renfermait douze paroisses et vingt-une églises ou chapelles, cinquante-deux rues, onze ponts, le Palais, l'Hôtel-Dieu et la cathédrale. Depuis un demi-siècle, la plupart de ces églises ont été abattues ou supprimées, et le marteau municipal a fait pénétrer un peu d'air, un peu de jour, dans ces ruelles semblables à des caves, qui ont perdu jusqu'à leur nom en devenant des rues. Le commerce, qui florissait sur ce sol héréditaire, s'est acclimaté ailleurs, et presque toutes les maisons, hautes et rapprochées, ont caché leurs charpentes noires et vermoulues sous un enduit de plâtre, comme pour justifier l'étymologie grecque de *Lutèce* ou *Leucotetia*, ville blanche.

On trouve à peine maintenant, dans la Cité, quelques-uns de ces pignons sur rue dont les bourgeois étaient si fiers, et qui leur tenaient lieu de parchemins ; on y cherche en vain les *encoignures* ou poutres sculptées qui supportaient l'édifice et servaient à son ornement extérieur. Çà et là, un toit en auvent cintré, un étage en saillie, un angle de maison en cul-de-lampe, une porte basse à voûte de pierre, un escalier de bois à rampe massive, une boutique obscure et profonde, rappellent les anciens temps qui remplissent de souvenirs ces rues sombres, boueuses et infectes, qu'on croirait habitées par des crapauds, des hiboux et des chauve-souris.

Il y a pourtant des hommes qui naissent, vivent et meurent sans sortir de cette atmosphère putride, sans chercher d'autre maison que des murs enfumés, et sans connaître même les magnificences architecturales de Notre-Dame où ils vont à la messe le dimanche, où ils ont été baptisés, où ils auront leur messe des morts, s'ils laissent de quoi la payer! Qui oserait s'aventurer dans la rue des Trois-Canettes ou dans celle des Deux-Hermites ! Qui connaît seulement de nom la rue de la Licorne ou la rue Cocatrix ? Qui voudrait croire, même en le voyant, que Paris cache dans son sein des rues aussi étroites, aussi puantes, aussi affreuses que celles des Cargaisons, de Perpignan et de Glatigny?

La fondation d'une ville dans la Cité est un de ces faits que l'histoire ne rapportera jamais à une date précise, et le château des Parisiens, *castellum Parisiorum*, lorsque César s'en rendit maître, n'avait pas d'autre importance que sa situation inexpugnable au milieu de la Seine qui l'embrassait plus large et plus rapide qu'elle ne l'est aujourd'hui, car ses bords sont *atterris par gravois, pieux et ordures qu'on y a jetés*, suivant le crédule Raoul de Presles, qui ne lui accorde pas moins de vingt-six siècles d'antiquité. Ce vieil auteur raconte ainsi l'origine de Paris d'après une croyance qui était généralement adoptée au quinzième siècle, et qui n'a plus cours dans le nôtre.

Francon, fils d'Hector, ayant porté les pénates de Troie en Hongrie après le siège et la destruction de la ville de Priam, y fonda Sicambre, *et ce fut au temps de David*. La population de la nouvelle Troie se multiplia tellement dans l'espace de 250 ans, que vingt-deux mille Troyens conduits par un chef nommé Iboz quittèrent leur seconde patrie pour s'établir dans un pays plus fertile. « Ils passèrent Germanie et le Rhin, et vinrent presque sur la rivière de Seine, et avisant le lieu où est à présent Paris, et pource qu'ils le virent beau et délectable, gras et plantureux et bien assis pour y habiter, y firent et fondèrent une cité, laquelle ils appelèrent Lutèce à *Luto*, c'est-à-dire pour la graisse du pays ; et fut édifiée cette cité au temps de Amasie, roi de Juda, et de Jéroboam, roi d'Israël, 830 ans avant l'incarnation de Notre-Seigneur, et s'appelaient *Parisiens*, ou pour Pàris, fils du roi Priam, ou de *Pharisià*, en grec, qui vaut autant comme *hardiesse* en latin. » Une nouvelle colonie de Sicambres arriva et voulut con-

La Cité. — Notre-Dame.

quérir Lutèce ; « Mais quand ils surent que c'était ceux qu'Iboz y avait menés et que c'était tout un peuple, ils s'entrefirent grand' fête et demeurèrent ensemble paisiblement sous un roi et sous une seigneurie, et la ville qui avait nom Lutèce, ils l'appelèrent *Paris*, disant que c'était laid nom et ord que *Lutèce*. » Aussi, lorsque César entreprit la guerre des Gaules, « Paris était habité de gens grands et puissants qui tenaient la Cité seulement, laquelle était si forte pour lors et était tellement fermée d'eau, qu'on n'y pouvait passer. »

Raoul de Presles, qui, en commentant *la Cité de Dieu* de saint Augustin, se garde bien d'oublier la Cité de Paris, ne se permettait pas les licences d'étymologiste que Rabelais a prises dans son audacieux roman de *Gargantua*, en faisant dériver le nom de *Lutèce*, des *blanches cuisses des dames dudit lieu*, et le nom de *Paris*, de la bienvenue de son héros qui vint s'asseoir sur les tours de Notre-Dame, et qui noya *par ris* les badauds assemblés à ses pieds. Gulliver ne traita pas mieux les Lilliputiens, et ne baptisa pas leur capitale.

Depuis ce mémorable déluge, non moins probable que celui d'Ogigès ou de Deucalion, les rues de la Cité ont vu se succéder un flux de générations que les siècles ont balayées en poussière, et bien des événements, grands et petits, qui n'ont pas laissé de trace dans la mémoire des habitants actuels; ces rues ont subi bien des métamorphoses nominales et matérielles, depuis l'époque où l'*île des Corbeaux* n'offrait çà et là que quelques huttes rondes, sans fenêtre et sans cheminée, construites en bois et couvertes de roseaux, sous lesquelles s'abritaient de pauvres familles de bateliers gaulois. La formation d'une ville est lente et progressive comme celle d'un terrain d'alluvion : il a fallu dix-huit cents ans pour que l'antique Lutèce enfantât le Paris moderne qui est sorti de son berceau en rompant ses langes de fortifications, et qui n'est pas encore parvenu au terme de son accroissement gigantesque.

Jadis ces rues n'étaient pas pavées ; elles ne le furent que sous Philippe-Auguste. Ce grand roi, qui travaillait sans cesse à embellir sa cité de prédilection, était à la fenêtre de son palais, situé à la place même du Palais-de-Justice : un chariot remua en passant la fange de la rue, et répandit une telle infection jusque dans l'appartement royal, que le prince ordonna de paver les rues avec des pierres dures et carrées. L'exhaussement du sol à une toise au-dessus de ce premier pavé témoigne assez que les successeurs de Philippe-Auguste ne veillèrent pas à faire observer l'édit qui prescrivait aux bourgeois d'entretenir à leurs frais le pavé de la voie publique devant leurs logis. Les pourceaux eurent encore longtemps le privilége de barbotter dans les fanges de la bonne ville; il fallut qu'un d'eux renversât de cheval le fils aîné de Louis-le-Gros, passant près de Saint-Gervais, pour que ce privilége leur fût retiré par ordonnance du roi.

A ces époques-là, la plupart des rues n'avaient pas de dénominations précises. Ainsi, la rue de la Calandre est désignée dans les chartes par cette périphrase : *Rue par laquelle on va du Petit-Pont à la place Saint-Michel*. Ensuite, ces rues furent nommées de tant de façons souvent contradictoires, qu'il est presque impossible de les reconnaître à présent sur leurs anciennes dénominations. Ces noms créés et adoptés par le peuple, étaient obscènes ou ignobles, ridicules ou burlesques, significatifs ou caractéristiques ; on jugeait, au simple énoncé du sobriquet populaire, les rues consacrées à la prostitution, celles où s'était commis un crime célèbre, celles dont les habitants avaient mauvaise renommée, celles qu'il fallait aborder en se bouchant le nez, celles remarquables par un puits, un four ou une notre-dame, par un hôtel ou par un couvent. On n'avait pas alors d'écriteaux indiquant les noms officiels de chacune d'elles. Ce fut Turgot qui inventa, en 1725, ces écriteaux et qui n'osa pas changer un seul des anciens noms.

La Cité, que l'administration de la Voirie semble vouloir rebâtir de fond en comble, n'a conservé qu'un petit nombre de ces rues qui en faisaient un dédale inextricable et insalubre ; mais quelques-unes, par leur nom plutôt que par leur aspect, évoquent encore des souvenirs et des impressions qui s'effacent tous les jours.

CLOÎTRE DE NOTRE-DAME.

Le Cloître de Notre-Dame, qui a gardé son nom en abandonnant ses privilèges et sa destination canonicale, était ceint de vieilles murailles et fermé de portes ; la principale, bâtie avec les débris de Saint-Jean-le-Rond, s'ouvrait sur l'emplacement que cette petite église avait occupé naguère à la droite de la basilique de Maurice de Sully. C'était le domaine du chapitre de Notre-Dame qui existait déjà sous Charlemagne et composait un ordre régulier avec le titre de *Frères de la Vierge Marie*. Six papes, vingt-neuf cardinaux et une multitude d'archevêques et évêques furent donnés à l'Eglise par cet illustre chapitre, dont les chanoines avaient la tonsure en couronne et la barbe rase, sous peine d'être privés de tout bénéfice pendant un mois. Malgré cette rigidité de costume, ces chanoines sybarites expulsèrent de leur Cloître les écoles épiscopales dont la turbulence ne respectait pas plus leur sommeil que le service divin. Aristote et sa docte cabale traversèrent les ponts et se réfugièrent dans la rue du Fouare ; le chantre de Notre-Dame conserva sa juridiction dans ces foyers de disputes scolastiques, et seule, entre les *quatre Facultés*, la théologie eut la prérogative de s'enraciner à l'ombre de l'évêché.

A la fin du onzième siècle, le Cloître était jonché de paille fraîche et foulée, sur laquelle venaient s'étendre, aux heures des leçons, ces écoliers nomades, si nombreux et si passagers, qu'on ne les comptait jamais dans les dénombrements; ils allaient quêter de l'instruction dans les écoles célèbres, et souvent ils vieillissaient en apprenant par cœur quelques pages d'Aristote et de prières qu'ils avaient entendu lire, expliquer et paraphraser; car alors, un pauvre écolier, qui mendiait son pain de porte en porte et qui couchait en plein air dans son manteau, quand il avait un manteau, ne lisait que le Missel public, enchaîné derrière un treillis de fer à l'entrée des églises, et profitait plus ou moins des lectures faites par les professeurs qui s'exerçaient aux frivolités verbeuses de la dialectique. Souvent cet écolier, écorchant du grec et du latin, comme celui de Rabelais, passait le jour au cabaret et la nuit dans les mauvais lieux qui pendaient leurs enseignes obscènes vis-à-vis les images des saints et de la Vierge, impuis-

sants à protéger les mœurs; ici l'écolier se prenait de querelle avec un camarade en buvant et en dissertant: un coup de bâton ferré terminait le colloque et la vie de l'un d'eux; là, l'écolier détroussait les passants, s'affiliait aux confréries de gueux ou de larrons, volait une fille ou un jambon. Mais si le recteur de l'Université convoquait son arrière-ban à une procession solennelle, la tête de la colonne de ses vassaux commençait à déboucher dans la plaine de Saint-Denis, tandis que la queue se déroulait encore dans les ruelles de la Cité.

Les chanoines, qui avaient la permission de loger des femmes à titre

de proches parentes, se trouvèrent mal du voisinage de ces jeunes hommes, hardis et insolents, à qui Pierre Comestor détaillait les plus scabreuses naïvetés de la Bible. Ce Pierre-le-Mangeur *historiait* les Ecritures à sa fantaisie. Il faisait dire à Adam, après la formation de la femme : « Cette
» sera appelée Virago, car elle est prise et faite de l'homme ; pour laquelle
» chose l'homme laissera son père et sa mère, et se prendra à sa femme
» et seront deux en chair. » Il tirait du crime de Loth cette moralité :
« Fut le péché de boire jusques à être ivre, cause de l'autre péché. » Il répétait avec Moïse : « Ce n'est bonne chose à l'homme, qu'il soit seul. » Les chanoines partagèrent peut-être la doctrine de Moïse jusqu'à ce que le chapitre eût statué et ordonné, en 1334, qu'aucune femme, jeune ou vieille, chambrière ou parente, ne demeurât dans le cloître, « parce que,
» dit l'ordonnance, ce lieu est saint, dédié et consacré à Dieu. » Cet acte de rigueur contre les femmes fut bien tardif, s'il eut pour prétexte les amours d'Abélard et d'Héloïse, vers 1110.

On voyait encore naguère les médaillons de ces amants, dans le Cloître, sur la façade de la maison de Fulbert, chanoine de Notre-Dame, cet oncle jaloux d'Héloïse, ce bourreau d'Abélard. On ne regardait pas cette maison, où furent heureux le maître et l'élève, sans éprouver un serrement de cœur et une émotion tendre. Ces médaillons anciens étaient pourtant altérés par de burlesques restaurations : Héloïse avait la fraise haute et le corsage décolleté du temps de Henri IV ; Abélard portait avec la moustache une sorte de toge romaine. Il a fallu, sur leurs têtes de morts, rechercher la ressemblance qu'on voulait donner à leurs statues, couchées côte à côte aujourd'hui dans le champ de repos du Père-Lachaise.

Abélard, qui traînait à sa suite une armée d'écoliers, avec laquelle il vint camper sur le mont Sainte-Geneviève, comme pour combattre son rival en philosophie, Guillaume de Champeaux, dont il fut d'abord le disciple bien-aimé, Abélard n'avait eu de l'amour que pour l'étude et le sophisme ; il était noble et gracieux de corps autant que d'esprit. « Comme
» il lisait en l'évêché, raconte Pâquier, un chanoine nommé Foulbert,
» qui avait chez soi une sienne nièce fort bien nourrie en langue latine,
» le prie de vouloir bien lui donner tous les jours une heure de leçon :
» ce qu'il accepta volontiers. Après avoir quelque temps continué ce
» métier, amour se mit de la partie entre eux. » Le chanoine Fulbert, n'importe qu'il fût l'oncle ou le père d'Héloïse, avait concentré toutes ses affections sur cette fille de dix-huit ans, qui savait le latin, le grec et l'hébreu, mais qui savait encore mieux aimer : « Héloïse, dit Abélard lui-
» même, n'était pas la dernière pour la beauté du visage, mais elle était
» la première pour la connaissance des lettres. » Son maître, jeune et ardent comme elle, avait surtout deux moyens de séduction qui eussent pu lui gagner le cœur de toutes les femmes, comme l'avouait elle-même

Héloïse : son éloquence et sa voix enchanteresse. Le grave philosophe, qui n'avait plus d'autre ambition que de plaire à une femme, composa des vers amoureux, et les mit en musique ; on les chantait alors dans les provinces où la renommée d'Abélard était parvenue, et les écoliers de ce grand homme exaltèrent la maîtresse qu'ils avaient trouvée digne de lui.

La maison du chanoine était le théâtre de ces amours, couverts du prétexte de la science, et la lecture des Pères de l'Église avait rapproché leurs

yeux, leurs têtes et leurs bouches, comme Françoise de Rimini et Paolo s'interrompirent par des baisers en lisant le roman de Lancelot et de la belle Genèvre. Peut-être une correction usitée depuis dans les collèges de jésuites fut-elle cause et complice de la faiblesse du dialecticien : « Sous
» les semblants de l'étude, nous n'étions livrés qu'à l'amour, dit-il ; l'a-
» mour choisissait les réduits mystérieux où s'écoulait l'heure de la leçon ;
» les livres ouverts devant nous, l'amour, plus que la leçon, occupait
» nos entretiens ; nous échangions plus de baisers que de sentences ; les
» mains allaient de l'un à l'autre plus souvent que vers les livres ; l'amour
» confondait les regards que la leçon ne ramenait guère sur le papier ;
» enfin, pour écarter les soupçons du chanoine, l'amour, plutôt que la
» colère, mesurait les coups qui surpassaient la douceur des caresses. »
L'écolière devint éprise avec passion, avec orgueil, du maître célèbre qui lui sacrifiait gloire et richesses, qui préférait un seul mot de ses lèvres

aux applaudissements de l'école. On prétend que *le roman de la Rose* fut l'œuvre des amours d'Abélard, qui peignit son Héloïse sous le nom de *Beauté*. Guillaume de Lorris ne serait donc que traducteur ou plagiaire.
« Quelle femme, s'écriait Héloïse transportée d'enthousiasme, quelle
» vierge ne rêvait pas de lui en son absence, ne brûlait pas pour lui en sa
» présence? Quelle reine ou quelle dame de haut lieu ne portait pas envie
» à mes voluptés, à ma couche d'épouse? »

Fulbert et les parents d'Héloïse, qui étaient de la maison de Montmorency, apprirent tout, lorsqu'il ne fut plus possible de rien cacher. Héloïse, déguisée en homme, partit pour la Bretagne, où elle mit au monde un fils. Un mariage était une réparation que l'oncle exigeait en dissimulant son ressentiment, et la victime de l'amour, par philosophie sans doute, s'opposait de tous ses efforts à une alliance légitime, contre laquelle ses arguments subtils citaient saint Paul, Théophraste et Cicéron. « Quelle
» convenance y a-t-il entre des servantes et des écoliers, disait-elle, entre
» des écritoires et des berceaux, entre des livres et des quenouilles, entre
» des plumes et des fuseaux? Comment, au lieu des méditations théolo-
» giques et philantropiques, supporter les cris des enfants, les chansons
» des nourrices et les tracas du ménage? » Elle consentit cependant à épouser en secret son amant, et celui-ci, trahi par son valet, fut mutilé, une nuit qu'il dormait seul dans son lit. Malheureux Abélard, te voilà moine!

Son amour survécut à ses plaisirs, et quelquefois, dans des lettres que Pope et Colardeau ont osé imiter, ces amants, séparés par une atroce violence, se ranimaient au feu de leur imagination. Héloïse, qui trouvait plus noble et plus précieux le titre de sa *concubine*, que celui d'impératrice de toute la terre, redit pendant quarante ans : « Vœux, monastère,
» je n'ai point perdu l'humanité sous vos impitoyables règles : vous ne
» m'avez point faite marbre en changeant mon habit! » Elle mourut *mère et première abbesse du Paraclet, de doctrine et religion très-resplendissante*, et quand on la déposa dans le tombeau où son ami l'attendait depuis vingt années, ils ressuscitèrent un moment pour remourir ensemble dans un baiser.

Une statue de la Vierge, voisine de la maison qu'habitait Héloïse, ne fut pas exempte des faiblesses de son sexe, si l'on en croit la chronique rimée par Gauthier de Coinsi, qui recueillit les *Miracles de la Vierge* dans son prieuré de Saint-Médard, au commencement du treizième siècle. C'est l'époque où la cathédrale, fondée par l'évêque Maurice de Sully, s'élevait sur les ruines de la primitive église de Notre-Dame; et la statue héroïne du conte doit être celle que l'on remarque encore toute noircie et debout sur un pilier au portail septentrional. Quelque incrédule aura rompu la main droite, qu'elle tenait levée pour rappeler le miracle qui est consigné dans un manuscrit des fonds de l'église de Paris.

Pendant la reconstruction de cette basilique, vers 1170, une image de Notre-Dame avait été inaugurée devant les *portaux* de l'église qu'on lui bâtissait, et les passants déposaient leur offrande à ses pieds. Les jeunes gens venaient jouer à la *pelote* sur cette petite place, toute retentissante alors des jeux de l'école épiscopale. Un jour, un beau *garçonnet*, qui avait au doigt un anneau donné par son amie, craignant de le perdre en jouant, alla vers l'église, *pour l'anel mettre en aucun lieu;* il vit l'image peinte de couleurs éclatantes et si belles, qu'il s'agenouilla et s'inclina dévotement, les yeux mouillés de larmes. « Dame, dit-il, dorénavant je vous servirai, car jamais je ne *remirai* femme ni pucelle *qui tant me fut plaisant ni belle. Je veux vous donner cet anneau pour gage d'amour, et je jure que je n'aurai amie ni femme, si non vous, belle douce dame.* » A peine eut-il offert son anneau à l'image, celle-ci plia le doigt de manière qu'on n'aurait pu arracher l'anneau sans le briser. L'enfant, effrayé de ce prodige, pousse des cris, et raconte aux assistants ce qui est arrivé ; chacun lui conseille de *laisser le siècle* et de servir *madame sainte Marie*, qui doit être désormais son unique amie. Il oublia bientôt son serment et la mère de Dieu, en prenant *à femme* celle qui lui avait donné l'anneau. Ses noces furent riches et triomphantes : l'époux sentait un vif désir de posséder la *mignote* épousée ; mais dès qu'il entra dans le lit nuptial, il s'endormit, *sans plus faire*.

Notre-Dame lui apparut couchée *entre lui et sa femme* : elle lui montra l'anneau et lui reprocha doucement de quitter la rose pour l'ortie, le fruit pour la feuille, le miel pour le venin. Il s'éveilla en sursaut, émerveillé de la vision, chercha dans le lit pour y trouver l'image, et ne rencontra que son épousée : aussitôt il s'endormit derechef. Notre-Dame lui réapparaît, *fière et dédaigneuse*, en l'appelant faux, parjure et foi-mentie. Le clerc s'élance hors du lit, sachant bien qu'il est mort *s'il touche à sa femme*, et, inspiré par ce songe, il s'enfuit dans un désert, où *il prit habit de moinage : à Marie se maria*.

Cette légende, confite en amour mystique, procura certainement beaucoup d'adorateurs à *la Vierge à l'anel*.

RUE DES MARMOUZETS.

La rue des Marmouzets a dû certainement son nom à un hôtel, *domus Marmosetorum*, qui était orné de ces petites statues peintes et dorées que fabriquaient les *tailleurs d'images*, dans la simplicité de leur art, et qu'on prodiguait alors pour la décoration intérieure ou extérieure des édifices. Pâquier cite des « marmouzets qui sont encore au commencement » de la chambre dorée du parlement de Paris. » Que le mot marmouzet soit dérivé de *marmor*, marbre, ou de *marmous*, singe, ou de *marmot*, il variait peu de significations, en s'appliquant à des têtes fantastiques qui jettent de l'eau en fontaine, à des figures de ronde-bosse en pierre, en métal ou en bois, à des peintures, à des poupées, à des images de saints et à des girouettes. L'histoire décrit les réjouissances publiques aux sacres, aux entrées, aux mariages de rois et de reines ; le plus beau rôle appartient partout aux marmouzets qui, à chaque carrefour, représentaient une scène allégorique de circonstance. Ces automates avaient souvent à la bouche un rouleau, portant une devise gravée, en latin ou en rimes françaises. Nicolas Flamel, qui faisait servir ses immenses richesses à l'émulation des arts, nicha des marmouzets coloriés dans tous les monuments qu'il fonda ou répara, aux églises des Saints-Innocents, de Saint-Jacques-la-Boucherie, et surtout aux Charniers où sa femme Pernelle fut enterrée. Au nombre de ces marmouzets, son portrait tenait toujours le premier rang, à genoux, en costume de pèlerin et l'écritoire à la ceinture, comme ses armes parlantes. Les rois ne dédaignaient pas de figurer en marmouzets sur le frontispice de leurs palais, et de réduire ainsi la royauté aux proportions d'un magot de la Chine.

Le pape Grégoire XI, qui avait été chanoine de Notre-Dame, légua par testament, au Chapitre, une maison qu'il avait entre la rue de la Colombe et celle du Chevet-Saint-Landry. La place de cette maison semble au moins indiquée par une enseigne de la Vierge dont le nom reste à sa niche vide. Si un pape ne s'est pas trop compromis en logeant dans la rue des Marmouzets, où il devait entendre les glapissantes orgies du *Val d'Amour* de la rue Glatigny, Gérard de Montaigu, évêque de Paris, mort en 1420, pouvait s'autoriser de l'exemple apostolique pour habiter son hôtel, situé dans la même rue, au coin de celle de la Licorne : il voyait de là mener aux carrefours les vendeuses de prostitution, que l'on marquait d'un fer chaud, et à qui on coupait les oreilles au pilori. Le roi était propriétaire d'une plâtrière dans cette rue, qu'une lettre de François Ier qualifie *l'une des principales et plus anciennes de notre ville*, et cette plâtrière rapportait quelques sous de loyer à la couronne de France.

Vers la fin du quatorzième siècle, la maison des Marmouzets était en bonne renommée dans la vicomté et prévôté de Paris. Un barbier et un pâtissier y tenaient boutique : le pâtissier, qui augmentait chaque jour sa clientelle et sa fortune, se gardait de toute contravention aux ordonnances de la police du Châtelet, tandis que son métier commettait « fautes, mespren-
» tures et déceptions au préjudice du peuple et de la chose publique, au
» moyen desquelles fautes se peuvent encourir plusieurs inconvénients ès
» corps humains. » On ne lui reprochait pas d'avoir fait un seul pâté *de cairs sursemées et puantes, ni de poisson corrompu,* un seul flanc de lait *tourné et écrémé,* une seule *rinsole* de porc ladre, une seule tartelette de fromage moisi. Il n'exposait jamais de pâtisserie rance ou réchauffée ; il ne confiait pas sa marchandise à des gens de métiers *honteux et déshonnêtes.* Aussi

estimait-on singulièrement les pâtés qu'il préparait lui-même; car, malgré la vogue de son commerce, il n'avait qu'un apprenti pour manipuler la pâte, sous prétexte de cacher le secret de l'assaisonnement des viandes.

Son voisin le barbier, baigneur étuviste, avait mérité la faveur du public qui ne tarissait pas en éloges sur son adresse et sa probité; personne mieux que lui ne *testonnait*, ne rasait, ne saignait, n'étuvait. A peine ses garçons allaient-ils crier par les rues : *les bains sont chauds!* la foule s'y portait, et l'étuve était pleine en un instant; il connaissait la pratique des drogues autant qu'un *physicien*, et exerçait la chirurgie de même qu'une *mire*. On saluait ses trois bassins de fer-blanc à l'instar d'une madone, et on accourait de toutes parts grossir l'affluence des clients qui faisaient cortége à sa réputation.

Cependant des bruits sinistres avaient plus d'une fois circulé dans la rue des Marmouzets. On parlait d'étrangers massacrés la nuit, et on montrait du doigt le ruisseau teint de sang, qui ne provenait pas de saignées faites par le barbier, car on l'eût mis en prison et à l'amende pour n'avoir pas jeté ce sang dans la rivière.

Un soir, des cris perçants sortirent du laboratoire du barbier, chez le-

quel on avait vu entrer un écolier qui arrivait de l'Allemagne. Cet écolier se traîna sur le seuil, tout sanglant, le cou mutilé de larges blessures; on l'entoura, on l'interrogea avec horreur : il raconta comment le barbier l'avait attiré dans son *ouvroir*, en promettant de le raser gratis. En effet, il n'eut pas plutôt livré son menton à l'opérateur, qu'il sentit le rasoir entamer sa peau ; il cria, il se débattit, il détourna les coups de la lame tranchante, et parvint à saisir son ennemi à la gorge, à prendre l'offensive à son tour et à le précipiter dans une trappe ouverte qui attendait une autre victime. En achevant ce récit d'une voix étouffée, il tomba d'épuisement et s'évanouit dans son sang.

Les assistants éclatèrent en malédictions et se signèrent, avant de pénétrer dans ce repaire d'assassinats. On ne trouva plus le barbier, la trappe était refermée ; mais quand on descendit dans une cave commune aux deux boutiques, on surprit le pâtissier occupé à dépecer le corps de son complice qu'il n'avait pas reconnu en l'égorgeant : c'est ainsi qu'il composait ses pâtés, *meilleurs que les autres*, dit le père Dubreul, *d'autant plus que la chair de l'homme est plus délicate, à cause de la nourriture.* En mémoire de ce crime incroyable, la maison fut démolie, et une pyramide expiatoire élevée à l'endroit où ce boucher de chair humaine, qui fut brûlé avec ses pâtés, apprêtait sa délicieuse et atroce pâtisserie. L'arrêt exécuté, la procédure anéantie, le temps n'effaça pas le souvenir du pâtissier homicide qui sert encore d'épouvantail aux petits enfants de la rue des Marmouzets.

Plus de cent ans après l'événement, la place vide, *appelée anciennement le lieu des Marmouzets, et qui devait à toujours être inhabitée*, appartenait à Pierre Bélut, conseiller au parlement, qui *n'osait entreprendre* d'y faire bâtir ; il requit une permission du roi qui, par lettres-patentes du mois de janvier 1536, dérogea à *l'arrêt, sentence et condamnation qui sur ce pouvaient être intervenues, donna congé de réédifier cette place et lieu vide, pour être habitée*, et, *sur ce*, imposa *silence perpétuel* au procureur présent et à venir. Il ne fallut pas moins de la formule royale : *car tel est notre bon plaisir*, pour que les murmures du peuple ne se changeassent pas en voies de fait contre l'œuvre des maçons, quoique la rue des Marmouzets fût *grandement difformée* par cette place vide et cette pyramide en ruine.

Les rois au douzième siècle n'étaient pas aussi absolus qu'au seizième ; et si François Ier fit rebâtir impunément une maison, Louis-le-Gros n'en fit pas abattre une, *de pleine puissance et autorité*, sans outre-passer ses droits. Le chanoine Durancy avait dans cette rue des Marmouzets un logis qui empiétait sur le chemin public, et fermait presque le passage. Le fils de Philippe Ier ordonna de renverser la partie avancée de cette propriété particulière. Le Chapitre se plaignit de cet attentat à ses immunités, et lorsque Louis fut monté sur le trône, il consentit à céder au pouvoir ecclésiastique et à payer un denier d'or d'amende, le jour même de son mariage avec Adélaïde de Savoie. Louis-le-Gros, qui menaçait le roi d'Angleterre d'aller faire ses relevailles à Londres, en compagnie de vingt mille lances, s'avoua vaincu par le chanoine Durancy.

La rue des Marmouzets, qui n'a conservé de sa vieille physionomie que des piliers ronds incorporés dans une maison moderne, des angles de mur en saillie, des portes basses surmontées de soupiraux grillés, et une enseigne en relief, *au Palmier*, était, s'il se peut, encore plus noire et plus sale, avant l'année 1663, que commença le nettoiement des rues, lorsque le médecin Courtois, qui y demeurait, avait dans sa salle de gros chenets à pommes de cuivre, qui étaient chaque jour encroûtés de vert-de-gris, produit par l'infection de l'air. « Jugez, disait-il, en narrant son ex-
» périence journalière, à quelle action corrosive sont soumis les poumons
» et les autres viscères plus susceptibles que le cuivre ! »

Néanmoins, le médecin Courtois ne délogeait pas, malgré les intérêts de ses poumons, contraires à ceux de sa bourse.

RUE DE LA BARILLERIE.

La rue de la Barillerie, qui joint le pont Saint-Michel au Pont-au-Change, formait jadis trois rues sous trois noms différents : *rue du pont Saint-Michel, rue de la Barillerie,* et *rue Saint-Barthélemi*. Il est à croire que cette rue exista du moment où le Grand et le Petit-Pont furent construits, où fut élevé un palais pour le gouvernement de Lutèce, où le commerce exigea plus de relations entre les deux rives de la Seine : cette rue était une voie romaine, quoique son élargissement n'ait eu lieu qu'en 1703, et César y passa avec son armée, tandis que, sur la montagne de Mars, les Gaulois appelaient la bataille en choquant leurs boucliers. Quant au nom de la Barillerie (*Barilleria*), que Guillot, dans son *Dict des rues*, change en *Grand' Bariszerie*, pour la distinguer d'une autre ruelle de la Barillerie qui lui était parallèle, et qui est aujourd'hui couverte de maisons : ce nom témoigne assez qu'elle était habitée par des tonneliers qui suffisaient à peine pour l'immense quantité de vin que produisait le Parisis, depuis que Brennus y avait apporté d'Italie la vigne en trophée. Lutèce, du temps de Julien, qu'elle devrait placer à la tête de ses rois bien-aimés, s'environnait de fertiles vignobles, dont la récolte faisait sa richesse et sa gloire ; le Palais, les Thermes, le Temple et les monastères eurent longtemps une ceinture de ceps chargés de raisins délicieux, et l'on vendangeait à l'endroit même où la rue de la Harpe grimpe moisie et fangeuse entre ses deux quais de maisons pendantes ; enfin, le *nectar* de la Ville-l'Évêque, de Surène, de Vanvres et de Sainte-Geneviève était réservé à la table royale, et passait pour exquis, même sans l'être. Il faut que le vin ou le goût ait eu ses révolutions ainsi que le royaume.

Saint-Louis avait autant de soins de sa barillerie que de sa chapelle, et trois *barilliers* qui mangeaient *à la cour* étaient préposés à la garde des tonneaux, muids, *bottes* et barils. Le roi Jean se contentait de deux barilliers d'échansonnerie. Peut-être le voisinage des caves du palais où Charlemagne entassait ses bons barils cerclés de fer, (*bonos baridos ferro ligatos,*) a-t-il donné à la rue le nom de la Barillerie, qu'elle portait avant 1280.

Ce nom, suivant Robert Cenal, fut modifié en celui de la *Babillerie, via loquteliа, ou locutia*) soit à cause du parlement où se dépensait tant de paroles, soit à cause des badauds qui se rassemblaient là pour s'entretenir des nouvelles; soit à cause de la confusion de cris de toute espèce que jetaient les marchands ambulants, dont le nombre était si effrayant, que Guillaume de la Villeneuve, après en avoir cité une partie, finit par s'écrier : *que si j'avais grand avoir, et de chacun voulsisse avoir de son métier une denrée, il aurait moult courte durée.*

En effet, la plupart de ces *crieries* singulières sont perdues pour nous avec l'objet qui les avait fait inventer, et beaucoup d'états se sont agglomérés en un seul, qui à présent attend l'acheteur en silence et en boutique. On ne crie plus : Des aiguilles pour du vieux fer! de l'eau pour du pain! des oiselets pour du pain! On ne connaît plus les marchands de lie de vin, de *bûche à deux oboles,* de sauce à l'ail et au miel, de *poivre pour un denier*, de jonchées d'herbes fraîches. Enfin, pour comprendre la *babillerie* que c'était dans les rues, il faut lire le *Dict du mercier*, qui avait la constance d'énumérer sa marchandise en plus de deux cents rimes, depuis le *queton coton*, avec lequel les dames *se rougissent*, jusqu'au *bon coffre à garir la teigne* : on verra que notre mercerie est moins riche en assortiment que celle de nos *naïfs* aïeux.

A une époque où de hideuses maisons entassées l'une sur l'autre, chacune se haussant à l'envi au-dessus du toit voisin, formait la cour du Palais, et prolongeaient l'étroite rue de la Barillerie à l'endroit même où s'ouvre aujourd'hui une place assez vaste pour y dresser l'échafaud du pilori moderne, on établit dans une de ces maisons bourgeoises un *hôpital pour les pauvres enfants* : la charité chrétienne osa se montrer en public, pendant que la justice se cachait au fond de son sanctuaire.

En 1420, l'hiver fut bien rude et la misère bien affreuse; les fléaux célestes semblaient d'accord avec les fléaux terrestres : la mauvaise saison avait gâté les récoltes, et la guerre civile, qui mettait la France en feu, arrêtait toutes les ressources du commerce. Paris, dépourvu de gloire et d'approvisionnements, sous la domination anglaise, ne se souvenait plus de ses sanglants désordres, au milieu de la famine qui déchirait ses entrailles.

Le prix des denrées de première nécessité augmentait tous les jours, et bientôt l'argent ne suffit plus pour avoir du pain. Dans les rues, *à l'huis des boulangers,* « ouissiez par tout Paris piteux plaids, piteux cris,

» piteuses lamentations, et petits enfants crier : *je meurs de faim !* et sur
» les fumiers, parmi Paris, puissiez trouver, ci dix, ci vingt ou trente en-
» fants, fils et filles qui là mouraient de faim et de froid, et n'était si dur

» cœur qui par nuit les eût ouï crier : *hélas ! je meurs de faim !* qui grand
» pitié n'en eût ; mais les pauvres ménages ne les pouvaient aider. »

L'Église ne vint pas au secours de ces malheureuses créatures ; l'Église avait sa part des calamités publiques, et saint Vincent-de-Paule n'était pas né. Cependant, l'Église avait toujours ouvert ses bras aux enfants abandonnés qu'elle adoptait comme une brave mère, qu'elle nourrissait et qu'elle élevait dans son sein. Mais la *crèche*, placée dans la cathédrale, et destinée à recevoir les *pauvres enfants-trouvés de Notre-Dame*, semblait changée en cercueil, et restait vide comme pour insulter à tant d'êtres souffrants : Isabeau de Bavière ne leur avait pas encore légué huit francs dans son testament; Isabeau qui causa tous les malheurs de ce temps-là, Isabeau qui ne donna pas à manger au peuple mourant de faim aux portes de l'hôtel Saint-Paul!

Enfin, *aucuns des bons habitants de la bonne ville de Paris*, émus de tout ce qu'on souffrait autour d'eux, car la cherté des vivres devint excessive, et *il faisait toute la douleur de froid qu'on pourrait penser*, achetèrent trois ou quatre maisons dans la rue de la Barillerie, où *les pauvres enfants avaient potage et bon feu et bien couchés*; chaque hôpital ayant quarante lits ou plus, bien fournis, que les bonnes gens de Paris y avaient donnés. Mais ces soulagements ne favorisaient qu'un petit nombre d'infortunés : au mois d'avril, lorsqu'on vidait *emmi la rue* les pommes et prunelles qui en hiver avaient fait les *buvages* (cidres), femmes et enfants *mangeaient par grand saveur les fruits pourris qu'ils disputaient aux porcs de saint Antoine.*

Cette famine n'est pas le seul événement funeste dont la rue de la Barillerie fut le principal théâtre. En 1618, le feu consuma la grand' salle du Palais, et faillit détruire toutes les maisons et les églises de la Cité. Cet incendie frappa les Parisiens, comme une grande calamité publique : car le Palais de Saint-Louis, plein de souvenirs royaux amassés pendant quatre siècles, semblait devoir vivre autant que la monarchie, et Paris s'intéressait à la conservation de ce vénérable monument, ainsi que Rome attachait sa destinée au Capitole.

Ce Palais, dont le peuple savait tous les chemins, et qu'il avait rendu complice de toutes ses révoltes, du temps des Maillotins, des Bourguignons et des Ligueurs; ce vieux et solennel Palais s'énorgueillissait alors de sa grand' salle, *qui passait pour l'une des plus grandes et des plus superbes du monde;* il n'était pas moins fier de sa Table de Marbre, *qui portait tant de longueur, de largeur et d'épaisseur, qu'on tient que jamais il n'y a eu de tranches de marbre plus épaisses, plus larges ni plus longues.*

Cette Table de Marbre servait de tribunal, quand les maréchaux y rendaient leurs arrêts; de théâtre, quand les clercs de la bazoche y représentaient leurs farces et moralités; de réfectoire, quand les empereurs, rois, reines et princes du sang y siégeaient dans les festins publics; de pilori, quand on y exposait quelque illustre coupable aux yeux de la foule circulant et *bayant* à l'entour.

Cette grand' salle, bâtie par Saint-Louis, sur fondations plus anciennes que la royauté, avait été achevée et décorée par ce malheureux Enguerrand de Marigny, jugé à mort dans ce Palais, qu'il fit rééditier avec tant de splendeur; pendu au gibet de Montfaucon, qu'il fit reconstruire avec tant de prévoyance!

Un pavé de marbre blanc et noir, une magnifique voûte en charpente toute peinte en or et argent, des lambris de bois de chêne sculpté et rehaussé d'or et d'azur, de même que les piliers massifs qui soutenaient les arceaux du plafond, tels étaient les ornements de cette salle que la poussière de trois cents années avait noircie, mais que les pas et les cris de tant de générations n'avaient pas ébranlée. Les statues des rois de France, rangées comme dans l'histoire, ne régnaient plus que sur des bancs et des sacs d'avocats, des boutiques de mercerie et de libraires; car le Palais n'était plus le séjour royal par excellence, et le jeune Louis XIII eût dédaigné d'y venir coucher, quoique le bon roi Louis XII y eût dormi fort paisiblement la nuit de ses noces avec la belle Marie d'Angleterre.

Le crime de Ravaillac, en 1610, eut un contre-coup en 1618; l'incendiaire se chargea de parfaire la besogne du régicide. On soupçonnait, on accusait même de grands personnages d'avoir trempé dans la mort de Henri IV; les pièces du procès déposées au greffe pouvaient d'un jour à l'autre enfanter des échafauds pour de nobles maisons; il était donc urgent d'anéantir ces pièces : on mit le feu au Palais, au risque de brûler la Cité entière.

On ignora toujours les auteurs ou les causes de ce mystérieux incendie. « Le feu est descendu du ciel en façon d'une grosse étoile flamboyante, » d'une coudée de longueur et d'un pied de large, sur la minuit, » dit une relation imprimée peu de jours après.

Le feu ne se déclara que vers trois heures du matin, et un soldat qui était en sentinelle donna l'alarme le premier. Mais déjà la flamme, ali-

mentée par les bancs, les *ais* et les boutiques, s'élançait de toutes parts et jusqu'au faîte de la tour du tocsin, qu'on ne put sonner pour appeler du secours. Cependant, Defunctis, prévôt de la cour et de l'île, accourt avec ses archers; les voisins se réveillent au bruit et apportent de l'eau qu'on tire de la rivière et des puits de la rue de la Vieille-Draperie.

Déjà la grand' salle, *admirable, certes, en sa structure de si grande masse de pierre et en ses hauts et plantureux lambris*, était toute embrasée avec la chambre du trésor, et la première chambre des enquêtes et requêtes de l'hôtel; déjà l'embrâsement gagnait la chambre dorée; *les seaux, cruches et chaudrons*, employés par deux mille travailleurs, semblaient impuissants pour arrêter les progrès du terrible fléau, lorsqu'on imagina de faire au milieu de la rue de la Barillerie, vis-à-vis de l'église Saint-Barthélemy, un *canal bordé des deux côtés de fiens bien épais, qui conduisait l'eau jusqu'en la basse-cour du Palais qui, tout aussitôt, fut presque un lac d'eau.*

Les flammèches pleuvaient *à toute outrance* dans la Conciergerie, et les prisonniers, *alléguant que la prison était destinée pour les garder, et non pour les brûler*, arrachèrent les clefs des guichetiers, et tentèrent de s'évader; mais Defunctis et ses gens les repoussèrent de vive force; et plusieurs de ces misérables périrent par le fer en cherchant à fuir le feu.

Cette fournaise jetait une telle clarté dans les ténèbres, que les villageois qui venaient des environs apporter des provisions au marché, pensèrent que *le soleil s'était levé deux heures plus tôt que de coutume.*

A huit heures du matin tout était consumé. « Les grands piliers bâtis
» de pierre dure demeurèrent brisés en menus morceaux en façon d'é-
» cailles, ni plus ni moins que chaux mouillée; cette longue et épaisse
» tranche de marbre noir fort luisant, avec les pieds de même, fut pres-
» que réduite en cendres; ces belles et hautes statues des rois affichées
» aux parois, selon l'ordre qu'ils avaient régné, toutes mutilées et tron-
» quées. Il ne restait que le pavé marqueté, encore bouillant, qu'on n'o-
» sait toucher, ni marcher dessus à pied, qu'il ne brûlât pendant qu'on
» portait dehors les immondices du feu. »

Le lendemain, Messieurs de la Cour eurent beau rendre un arrêt pour les sacs, procès, pièces et registres dérobés pendant l'incendie : marchands, apothicaires, papetiers, cartiers, merciers, épiciers et autres, sommés de n'acheter aucun parchemin, papiers, écrits ou minutes ou grosses, ne rapportèrent rien au greffe civil et criminel. Il est donc prouvé maintenant que Ravaillac n'avait pas de complices.

L'arrêt du parlement, publié à son de trompe par la ville et lu aux prônes des paroisses, n'intimida pas la verve satirique du poëte Théophile, qui osa rire de ce désastre :

> Certes, ce fut un triste jeu
> Quand, à Paris, dame justice
> Pour avoir mangé trop d'épice,
> Se mit le Palais tout en feu.

Ce froid quolibet faillit coûter cher au poëte athée qui, sept ans plus tard, lors de la publication de ses vers libertins, fut enfermé à la Conciergerie et brûlé en effigie sur la place de Grève.

PAUL L. JACOB BIBLIOPHILE.

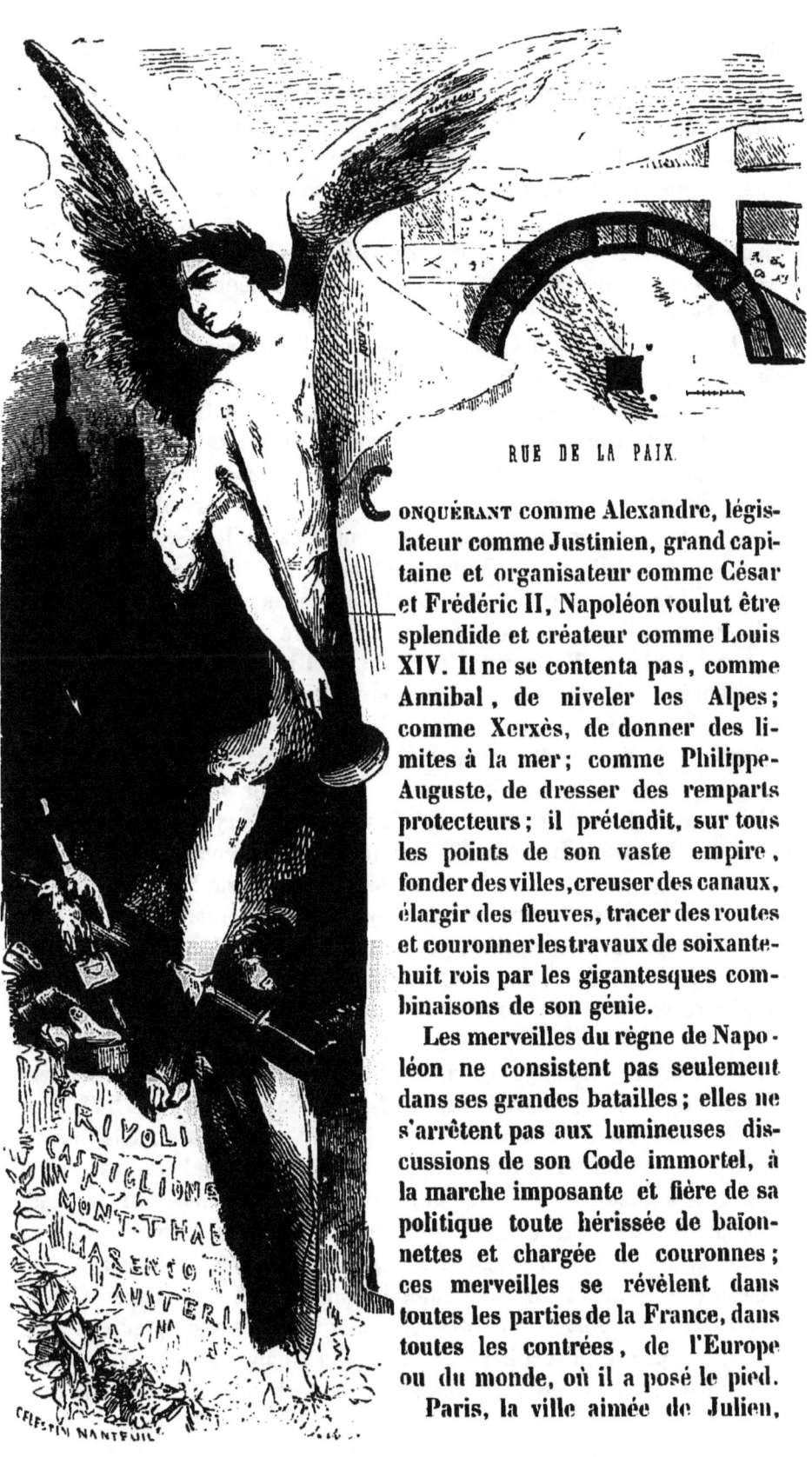

RUE DE LA PAIX.

ONQUÉRANT comme Alexandre, législateur comme Justinien, grand capitaine et organisateur comme César et Frédéric II, Napoléon voulut être splendide et créateur comme Louis XIV. Il ne se contenta pas, comme Annibal, de niveler les Alpes; comme Xerxès, de donner des limites à la mer; comme Philippe-Auguste, de dresser des remparts protecteurs; il prétendit, sur tous les points de son vaste empire, fonder des villes, creuser des canaux, élargir des fleuves, tracer des routes et couronner les travaux de soixante-huit rois par les gigantesques combinaisons de son génie.

Les merveilles du règne de Napoléon ne consistent pas seulement dans ses grandes batailles; elles ne s'arrêtent pas aux lumineuses discussions de son Code immortel, à la marche imposante et fière de sa politique toute hérissée de baïonnettes et chargée de couronnes; ces merveilles se révèlent dans toutes les parties de la France, dans toutes les contrées, de l'Europe ou du monde, où il a posé le pied.

Paris, la ville aimée de Julien,

la ville ornée par Charlemagne et policée par Saint-Louis; la ville héritière de la politesse d'Athènes, de la bravoure de Sparte et de la grandeur de Rome; Paris, cette capitale de deux mille ans, qui a vu passer, dans ses murailles, trois races de rois et une révolution inouïe dans les fastes de l'univers; Paris, dis-je, reçut du héros qu'elle vit couronner sous les arceaux de son antique basilique, les premières et sublimes étreintes de l'amour d'un grand homme pour les sciences, pour les lettres et pour les arts.

A la voix de Napoléon devenu empereur, le Louvre inachevé voit un peuple d'ouvriers déblayer son enceinte, continuer ses portiques, allonger ses galeries. Des ponts, des quais qui, tous, enregistrent une victoire; des boulevarts baptisés du nom des généraux morts au champ-d'honneur. Des places, des rues dont l'architecture élégante rappelle les quartiers de Périclès à Athènes, d'Adrien à Rome, de Pharaon en Égypte, s'élèvent comme par enchantement autour des Tuileries, de ce vieux palais bâti par Catherine de Médicis, et donnent à cette partie de la capitale une physionomie toute nouvelle. Là où des mâsures accroupies près de l'habitation des rois, projetaient leur ombre funèbre, on lit, sur de coquettes tablettes de marbre, les noms de Rivoli, de Castiglione et de Mont-Thabor. Chaque angle de ce quartier nouveau est incrusté d'une victoire, chaque place d'un trophée, chaque pierre d'un souvenir!

Tandis qu'à l'extrémité orientale de Paris, le Panthéon, destiné à recevoir les cendres des grands hommes, s'achève; le Temple de la Gloire s'élance du sol avec ses trépieds d'airain et ses cryptes de granit. Le dôme des Invalides étincelle d'or, comme au jour où Louis XVI alla saluer, sans gardes, les vieux débris des phalanges de Fribourg, de Rocroy, de Senef et de Nerwinde. L'abbaye de Saint-Denis, restaurée, réintègre dans ses caveaux purifiés par les bénédictions d'un pontife centenaire (le cardinal de Belloy), les ossements des rois disséminés par la tempête révolutionnaire, tandis que les pieuses mains du chef de la quatrième race, de la race Napoléonienne, dépose dans des chapelles expiatoires, au milieu de lampes ardentes, les poussières augustes qui étaient autrefois Louis XII, Henri IV, Louis XIV et l'infortuné Louis XVI. Puis l'arche des victoires de l'empire va poindre à l'occident de Paris, à cette barrière de l'Etoile, qui devrait s'appeler la barrière des batailles; enfin, il jette les fondements de la colonne de la grande armée sur la place Vendôme, et aligne les édifices de la rue Napoléon que l'abaissement de la France devait faire nommer, huit ans plus tard, *rue de la Paix*.

Cette rue, la plus belle de la capitale, fut projetée sous Louis XVI. Il appartenait à Napoléon de réaliser tout ce que les rois ses prédécesseurs avaient rêvé pour l'illustration de *la bonne ville;* mais avant d'entrer en matière sur les embellissements successifs effectués, sous l'empire, dans ce

Rue de la Paix.

quartier de Paris, il me faut jeter un regard rétrospectif sur ces emplacements qui, jadis consacrés à la méditation, au silence, à la prière, sont devenus, grâce à la métamorphose opérée par le génie du grand homme, le centre des plaisirs et des richesses de la première cité du monde.

En 1589, Louise de Lorraine, veuve de Henri III, roi de France, légua, par son testament, à mademoiselle de Mercœur, sa nièce, la terre et la seigneurie de Beaussart, avec mille écus d'or de rentes, (environ 216,000 francs de notre monnaie,) à la condition que le duc et la duchesse de Mercœur, ses père et mère, en jouiraient leur vie durant, et qu'ils emploieraient la somme de vingt mille écus d'argent parisis, (la valeur de 150,000 francs d'aujourd'hui,) à fonder un couvent de Capucines. La duchesse de Mercœur étant devenue veuve, présenta requête à Henri IV, et obtint de lui, en 1602, la permission de bâtir dans l'intérieur de la ville, et où elle le jugerait convenable, un monastère de Capucines. La duchesse choisit la rue Saint-Honoré; et, l'an 1604, le 29e jour de juin, elle posa la première pierre de cet établissement. Le 18e jour de l'année 1606, l'église fut dédiée et consacrée, par Claude Coquelet, évêque de Digne, en l'honneur de Jésus-Christ, de la Vierge et de sainte Claire : le couvent fut élevé l'année suivante, à la place de l'ancien hôtel du chancelier Duperron.

L'historien Létoile, en parlant de cet établissement religieux, assure que les Capucines prirent d'abord le titre de *Filles de la Passion*, et qu'elles se montrèrent, aux processions publiques, avec une couronne d'épines sur la tête. Il dit aussi que leur discipline était très-austère, et qu'elle surpassait celle des autres communautés de filles. Le couvent des Capucines était situé rue Saint-Honoré, presque en face de celui des Capucins, institué longtemps auparavant; mais en 1688, Louis XIV, déjà sur ses vieux jours, voulant faire construire la place Vendôme, ordonna la démolition du couvent des Capucines tel que la duchesse de Mercœur l'avait édifié, et fit élever à sa place de nouveaux bâtiments, plus vastes et plus commodes, à l'endroit même où commence aujourd'hui la rue Neuve-des-Capucines. La façade de l'église correspondait à l'axe de la place Vendôme, et servait de perspective à ce magnifique emplacement. L'église fut construite sur les dessins de l'architecte Ocbay. L'intérieur était décoré de quelques tableaux de Restout et d'Antoine Coypel. Plusieurs monuments funéraires donnaient à ses chapelles et à sa nef un caractère tout particulier. Les tombeaux de la famille de Créquy se trouvaient dans la chapelle Saint-Ovide; le mausolée du marquis de Louvois, ouvrage de Girardon, et enfin celui de la marquise de Pompadour, maîtresse de Louis XV, et d'Alexandrine Lenormand d'Etioles, sa fille, attiraient surtout l'attention des artistes.

Alexandre VII donna au duc de Créquy, lorsqu'il était ambassadeur à Rome, les ossements d'un saint de peu de réputation, nommé Ovide. Le duc accepta le don, et fit déposer les reliques dans la nouvelle église des Capucines, où il s'était réservé, pour lui et les siens, une chapelle sépulcrale. Les Parisiens coururent aux nouvelles reliques, et l'affluence des dévots fut si grande que l'esprit mercantile prit l'éveil. Des marchands de toutes sortes d'objets vinrent s'établir sur la place Vendôme; il y arriva même des limonadiers et des saltimbanques. Cet assemblage devint bientôt

une foire qui s'appela *foire Saint-Ovide*, et qui, en 1771, fut réunie à la foire Saint-Laurent installée dans le faubourg Saint-Denis. Après une existence de plus de cent années (de 1688 à 1790), ce couvent fut supprimé comme tous les autres, et les bâtiments, ainsi que les jardins et dépendances, déclarés, par la Convention, *biens nationaux*.

En 1792, ces mêmes bâtiments furent destinés à la fabrication des assignats; il est certain qu'une valeur de 25 milliards, chiffre qui paraîtra fabuleux, mais qui est exact, sortit des ateliers du couvent des Capucines, et alimenta, pour quelque temps du moins, les coffre-forts de la république; de sorte qu'on peut dire avec raison que l'emplacement de la rue de la Paix a fourni à la France les moyens de soutenir une guerre terrible et acharnée contre les rois de l'Europe, ligués entre eux, pour lui ravir la conquête de sa liberté.

Le jardin des Capucines devint, de 1797 à 1804, une espèce de promenade publique où quelques arbres, échappés à la voracité des édiles révolutionnaires, se montraient, çà et là, au milieu d'un terrain inégal, sablonneux et parsemé des débris du cloître, des ruines de l'église et des divers bâtiments qui se rattachaient au couvent. De nombreuses maisonnettes, des échoppes de marchands de gâteaux, de jouets d'enfants et d'orviétan ; des physiciens ambulants, des danseurs de corde, des lanternes-magiques et des baraques où l'on montrait des phénomènes et des animaux vivants, un grand théâtre même, se groupèrent dans ce jardin désolé, et remplacèrent les beaux arbres, les allées solitaires, les chastes réduits où de pieuses filles étaient venues, pendant un siècle, espérer en Dieu et peut-être se souvenir du monde.

Il n'est pas hors de propos de faire remarquer ici que le premier panorama, cette précieuse et savante conquête de la lumière appliquée à la peinture, a été bâti sur le terrain des Capucines.

Une autre foire de Saint-Ovide était donc venue s'installer d'elle-même dans ce lieu ; ou plutôt la Liberté, cette nouvelle et puissante sainte du calendrier républicain, avait daigné passer par là pour transformer en cirque populaire l'asile sacré des filles du Seigneur.

A propos de *cirque populaire,* il est bon aussi de rappeler que Franconi, le célèbre écuyer, grand-père de ceux qui existent aujourd'hui, vint, pour la première fois en France, donner ses exercices d'équitation au cirque du jardin des Capucines.

Tel était l'état des choses lorsque Napoléon crut devoir mettre un terme à tant de dégradations et de sacriléges. Il voulut effacer jusqu'aux traces matérielles des fureurs révolutionnaires, et l'abjection de l'ancien couvent des Capucines dut cesser. A sa voix, le démon des ruines fit place au génie des arts, et la *rue Napoléon* sortit des décombres amoncelées du couvent des Capucines.

La place Vendôme est véritablement la tête de la rue de la Paix : arrêtons-nous un instant au pied de la Colonne, pour apprendre, en quelques mots, l'origine et l'histoire de cette place.

Nous le savons déjà : Louis XIV avait déplacé les Capucines pour les établir dans le monastère qu'il leur fit bâtir un peu plus loin. Sur l'emplacement du premier couvent et sur une partie des terrains dépendants de l'hôtel du maréchal de Vendôme, qu'il avait acheté à cet effet, le grand roi fit élever la magnifique place qui n'a pas sa pareille en Europe.

La place Vendôme devait s'appeler *place Louis-le-Grand* ; mais l'habitude l'emporta sur les ordonnances, et les Parisiens s'obstinèrent à appeler *Vendôme* la place construite sur l'héritage du duc de ce nom. Les bâtiments qui l'entourent furent élevés sur les dessins de J.-H. Mansard, l'artiste admirable qui a doté également la ville de Paris du dôme des Invalides et de la place des Victoires. Rien de plus élégant, de plus majestueux, de plus noble que ces divers pavillons qui, liés ensemble par de riches cannelures, forment un double hémicycle aussi agréable à l'œil, qu'imposant pour l'imagination. Au milieu de cette place, la statue équestre de Louis XIV, coulée en bronze par les frères Keller, sur le modèle de Girardon, s'éleva entourée de bornes de granit unies par des chaînes de fer.

En 1792, la statue du grand roi subit le sort de la statue de Henri IV sur le Pont-Neuf, et de Louis XIII à la place Royale. Elle fut abattue dans la soirée du 10 août. Les rois et les empereurs ont le même sort, aux jours des tempêtes populaires; la clémence et la grandeur des héros ne défendent pas mieux leur effigie que l'éclat de leurs victoires. Sur cette place où le bronze qui représentait Louis XIV fut réduit en poussière, la statue de Napoléon, vingt-deux années après, était brisée et meurtrie par la main des mêmes hommes qui avaient applaudi à ses triomphes et qui s'étaient enorgueillis de son ambition.

La place Vendôme fut, à diverses époques, le théâtre de scènes plus

ou moins tragiques. Le 18 août 1696, un duel eut lieu entre le chevalier de Grisolles et le vicomte de Bergerac. Le sujet de la querelle était une belle parfumeuse de la foire Saint-Ovide, dont ces deux jeunes seigneurs étaient également amoureux. Ils se battirent, à la clarté d'une lanterne, dans la rue Saint-Honoré. Ce combat eut des suites funestes : le chevalier de Grisolles reçut une grave blessure, et le vicomte de Bergerac fut tué. Comme la coquetterie de cette parfumeuse avait déjà causé plusieurs malheurs de ce genre, le lieutenant de police la fit expulser de la foire par ses sergents, et enferma son mari au Fort-l'Évêque comme complice des déportements de sa femme.

Quand Louis XIV, abandonné par la fortune, vit l'Europe liguée contre lui, et ceux-là même qu'il avait protégés de sa puissance se tourner contre le lion devenu vieux, de misérables stipendiés eurent l'impudence d'affubler sa statue d'une besace, voulant indiquer par là que le monarque et son peuple étaient réduits à la condition de mendiants. Cette grossière injure, dont on ne connut jamais bien les auteurs, souleva l'indignation du peuple de Paris. Le lieutenant de police fit arrêter les individus soupçonnés d'avoir opéré cet ignoble travestissement; déjà même on avait recueilli de positives indications sur les gens qui les avaient mis en œuvre, lorsque le roi, toujours généreux, fit défendre de passer outre aux informations juridiques, et abandonna au seul mépris public une action que les lois de l'époque eussent punie avec la dernière sévérité.

Sous la minorité de Louis XV, la place Vendôme devint une arène d'agiotage et de spéculations frénétiques. L'Écossais Law, obligé de quitter la rue Quincampoix pour établir sa caisse des actions du Mississipi sur une plus grande échelle, vint installer ses bureaux dans un des hôtels de la place Vendôme. La foule des spéculateurs suivit l'émigration de la célèbre compagnie, et cette place fut transformée en marché, en bourse, en bazar où des centaines de millions de papier-monnaie étaient échangés chaque jour contre des lingots d'or et d'argent, et même contre des objets mobiliers, mille fois préférables à ces billets d'une banque fantastique.

La révolution baptisa du nom de *place des Piques* la place Vendôme : Ce nom lui fut donné à cause de la fabrique de piques qu'on établit dans plusieurs hôtels de cette place qui était alors presque déserte et d'un aspect lugubre. Les débris du piédestal de la statue de Louis-le-Grand étaient épars çà et là dans l'enceinte des bornes restées debout, parce qu'elles avaient pu résister à la fureur populaire; l'herbe croissait entre les pavés, et des oiseaux de nuit étaient venus asseoir leurs nids dans les combles de ses palais. Je me rappelle avoir vu, au milieu de cette place, triste, silencieuse à cette époque, un amas de plâtre et de métal qui avait représenté jadis le roi le plus puissant de l'Europe. Je n'étais encore qu'un enfant, lorsque pour la première fois je traversai la place

Vendôme pour aller chez le général d'Augeranville, beau-frère d'Alexandre Berthier (depuis maréchal de l'empire, prince de Neufchâtel, etc.) et ami de mon père ; mais les ravages de la révolution empreints sur les monuments, sur les statues et jusque sur les dalles de cette place, firent sur moi une impression si profonde, que je crois les voir encore, bien que plus de quarante-six années se soient écoulées depuis.

Napoléon, alors qu'il était chef de bataillon d'artillerie, allait souvent chez M. d'Augeranville. Un jour, que mon père y avait dîné avec Berthier et plusieurs officiers supérieurs, un convive fit la motion d'aller prendre des glaces à Frascati. Cette proposition ayant été immédiatement appuyée, toute la compagnie se leva. Ce soir là, Napoléon donnait le bras à madame Tallien. En débouchant sur la place Vendôme qui était sombre et sur laquelle on ne voyait passer, de temps en temps, que quelques promeneurs solitaires, Napoléon s'arrêta, et se retournant pour adresser la parole à M. d'Augeranville qui marchait en ce moment à côté de mon père :

— Mon général, lui dit-il, votre place est superbe ; mais il lui faudrait un centre et un peuple. Telle qu'elle est à présent, ce n'est qu'une belle femme sans âme.

— Le règne des statues est passé, repartit M. d'Augeranville, et je ne vois pas trop, mon cher commandant, ce qu'on pourrait mettre là.

— Une colonne comme celle de Trajan, à Rome, reprit Napoléon ; ou bien un sarcophage immense, destiné à contenir les cendres des grands capitaines de la république.

— Votre idée est bonne, commandant, dit à son tour madame d'Augeranville; moi, je pencherais pour une colonne.

— Et vous l'aurez un jour, madame, répondit en souriant Napoléon que le voisinage de la belle madame Tallien rendait plus expansif que d'habitude; vous l'aurez : seulement, laissez-nous, Berthier et moi, devenir généraux en chef!...

— Ma foi! ce sera un beau rêve pour moi, fit Berthier d'un ton d'incrédulité.

Moins de douze ans après, le chef de bataillon d'artillerie, devenu empereur, posait sur cette même place la première pierre de la Colonne dédiée à la Grande Armée, et fondait, à quelques centaines de pas plus loin, le Temple de la Gloire.

Le songe du futur prince de Wagram était réalisé.

Avec ce coup d'œil d'aigle qui le caractérisait, Napoléon, dès qu'il fut empereur, vit tout d'un coup le parti qu'il pouvait tirer, pour l'embellissement de sa grande ville, des terrains et des ruines que la révolution lui avait légués. Il médita la résurrection de la place Vendôme avec ses trophées, sa majestueuse et royale splendeur; il jeta, par la pensée, sur les landes d'un jardin sans arbres et sans verdure, une rue comparable aux plus belles voies publiques des plus belles capitales modernes.

En 1806 les ingénieurs nivellent le sol des Capucines, tandis que Lepère et Gondouin, architectes, posent les fondations de la Colonne de la Grande Armée, sur le pilotis établi jadis pour la statue équestre de Louis XIV.

La mémorable campagne de 1805, couronnée si dignement par la victoire d'Austerlitz, suggéra à Napoléon l'idée de voter, à l'exemple d'Antonin et de Trajan, une colonne monumentale à son armée; et cette vaillante armée et cette admirable campagne méritaient bien un tel honneur; jugez : en 1805, l'Autriche, la Russie et l'Angleterre forment une troisième coalition contre la France. Le 30 septembre, Napoléon passe le Rhin, et harangue l'armée de cette héroïque façon que vous savez, et qui enfante des héros et des prodiges; le 15 octobre, il attaque la ville d'Ulm, et la capitulation de Mack, due aux savantes combinaisons de l'Empereur, porte l'épouvante dans toute l'Europe monarchique; Nuremberg, Lowers, Amstettem, Marienzeh, Prassling et Inspruck servent à baptiser de nouvelles victoires; le 14 novembre, Napoléon fait son entrée à Vienne; le 19, il chasse les Russes de Brum; enfin, le 2 décembre, il livre la fameuse bataille d'Austerlitz.

Ce jour-là, deux grands souverains se mettent à la discrétion du vainqueur, après avoir perdu douze généraux, quarante-cinq drapeaux, et cent cinquante pièces de canon.

Grâce à la bataille d'Austerlitz, Napoléon est reconnu roi d'Italie ; la Toscane, Parme et Plaisance sont réunies à l'Empire ; le grand-duché de Berg devient une province française, et *l'empereur d'Allemagne* est forcé d'oublier le titre que portait Charles-Quint, pour ne plus être qu'un *empereur d'Autriche*.

Voilà ce que l'on appelait une campagne, en 1805.

Le destin semble se manifester encore dans la nouvelle création du génie de Napoléon. En creusant les terres, en jetant çà et là les fondements des riches édifices et des élégantes maisons qui doivent border la rue de la Paix, on rencontre les vestiges d'une voie romaine, on découvre le sarcophage d'un centurion romain (Ceïus Agomarus) ; et, dans des vases d'airain, enfouis sans doute depuis l'expulsion des Romains de la Gaule, on retrouve un grand nombre de pièces d'or et d'argent du temps de Jules César, d'Antonin-le-Pieux, de Marc-Aurèle, de Trajan et de Titus. L'effigie des héros de la Rome impériale semble surgir de terre pour saluer l'avénement au trône de France d'un guerrier magnanime, qui réunit dans sa personne le génie militaire de César, la sagesse d'Antonin, la justice de Marc-Aurèle, la grandeur de Trajan et la justice de Titus. Napoléon veut encourager la construction des édifices dans le nouveau quartier qu'il a créé. Il affranchit d'impôts, pendant quinze ans, toutes les maisons qui s'élèveront dans cette nouvelle voie parisienne ; il accorde de grandes facilités pour le paiement de ces terrains qui appartiennent au domaine. Cette double faveur produisit les plus heureux résultats ; ce fut à qui concourrait, parmi les riches citoyens de Paris, à orner de splendides demeures la rue que la reconnaissance de la ville de Paris baptisa du nom de *rue Napoléon*.

Les vastes et massives constructions du couvent des Capucines avaient échappé, en partie, au marteau révolutionnaire, et la rue Napoléon, en perçant le cloître par le milieu, avait laissé, à droite et à gauche, de nombreux bâtiments marqués au coin de la grandeur de Louis XIV. Les deux ailes de ce cloître, séparées de leur giron commun, ne seront pas perdues pour l'utilité publique, et les deux tronçons de ce serpent de pierre auront bientôt une destination utile. Dans celui de droite, dans le local même où sous la Convention on improvisait les trésors de la France, en éditant des assignats, on installera l'administration du timbre impérial ; dans celui de gauche, on logera une compagnie entière de pompiers. C'est ainsi que l'asile des saintes filles consacrées à Dieu, sera désormais l'apanage de la sûreté publique ; le bruit du timbre d'airain qui s'appesantit cent fois par minute sur des montagnes de papier remplacera les chants séraphiques des nonnes ; et le tambour des pompiers résonnera sous les arceaux d'un cloître où l'on n'entendait jadis que les soupirs des novices promises aux chastes solennités du sanctuaire.

RUE DE LA PAIX.

Une compagnie de sapeurs-pompiers de la ville de Paris, au nombre de cent hommes, a été casernée dans cette partie du cloître depuis la fondation de la rue (1806). On y a fait aussi une façade qui harmonise le bâtiment avec l'architecture générale de la rue. Il n'est point hors de propos de relater ici un fait qui honore ce corps d'élite. Toute l'année, à neuf heures du matin, la caserne de la rue de la Paix distribue des

soupes aux pauvres. Toutes les casernes de pompiers se sont empressées de suivre ce noble exemple d'humanité qui date de 1817. C'est ainsi que chez nous les soldats les plus intrépides se montrent aussi les citoyens les plus charitables.

Le 25 août 1806, le ministre de l'intérieur vient, au nom de son maître, déposer sur le ciment de la première pierre du monument de la place Vendôme une boîte de plomb, qui renfermait des médailles commémoratives de ce grand événement. En moins de quatre années la Colonne de la Grande Armée, l'un des plus augustes édifices de la capitale, se trouva érigée et prit sa place entre le Panthéon et le dôme des Invalides. Sa structure colossale, qui ne le cède en rien à la colonne Trajane de Rome, mérite bien que j'entre dans quelques détails.

La hauteur de cette colonne est de 45 mètres, ou 132 pieds, y compris le piédestal. Sa fondation est de 30 pieds de profondeur, et son diamètre de 12 pieds. Le piédestal a 21 pieds et demi d'élévation; il est entouré par une espèce de rempart en granit, dit de Memphis. Le fût de la colonne, le piédestal, le chapiteau et son amortissement, bâtis en pierre de taille, sont extérieurement revêtus de fortes lames de bronze, chargées de bas-reliefs, provenant des 1,200 pièces de canon prises sur les armées russes et autrichiennes, pendant la glorieuse campagne de 1805.

Des ornements guerriers, tels que sabres, lances, timbales, casques et étendards, garnissent les quatre faces du piédestal, sur l'attique duquel se dessinent des guirlandes de chêne soutenues aux quatre coins par des aigles colossales. Les bandes de bronze qui contournent la colonne, depuis la base jusqu'au chapiteau, ont 3 pieds 8 pouces de haut, et sont séparées entr'elles par un cordon sur lequel est inscrite en relief l'action ou la scène guerrière que représente le dessin. Dans l'intérieur de la colonne, on a pratiqué un escalier à vis de 176 marches, qui mène à une galerie sur le chapiteau. Au-dessus de ce chapiteau est une forme circulaire ou calotte sur laquelle ces mots sont écrits : *Monument élevé à la gloire de la Grande Armée; commencé le 25 août 1806, et terminé le 15 août 1810, sous la direction de M. Denon, directeur-général, de M. Lepère et de M. Gondouin, architectes.*

La quantité de métal employée dans le monument complet pèse 1,800,000 livres. J'ai déjà dit que cette colonne était une imitation de celle d'Antonin à Rome; mais la nôtre, de l'avis de tous les gens de l'art, est bien supérieure à son aînée, par la pureté du dessin et la correction des lignes. Et cependant, toute chargée qu'elle est de gloire et de batailles, elle ne compte que pour un trimestre dans l'histoire de France et de Napoléon. Qu'on suive du regard cette spirale d'airain, monument chronologique d'une prise d'armes qui se décide à Boulogne, et qui se repose à Presbourg; chaque régiment de notre armée s'y montre résumé par ses actions mémorables, c'est-à-dire homme par homme, heure par heure; dénombrement à la manière homérique, dicté par Napoléon. Le grand récit de la campagne de trois mois se presse autour de la colonne comme un musée de victoires. Et maintenant, déroulez ce chef-d'œuvre aux regards des vieux soldats; ils y liront le secret de cette pensée réfléchie et rapide qui veillait sur le Rhin, à cent cinquante lieues du Rhin; qui punissait Londres, en brisant les portes de Vienne, qui comptait un triomphe par étape, et qui communiquait enfin à la bravoure nationale, l'impétuosité de l'aigle qui planait avec ses ailes d'or sur la flamme de nos drapeaux. Dans cette spirale, qui remonte à Napoléon, comme le cri de la grande armée, il y a bien des conseils pour les gouvernements venus à la suite de l'empire : s'ils comprennent honorablement cet héritage, ils pourront apprendre qu'après une chute glorieuse, on reste encore debout dans la mémoire des générations.

Impatient de voir le monument de la place Vendôme entièrement terminé, Napoléon gourmandait chaque jour ses architectes pour la lenteur qu'ils apportaient à leurs travaux, *quoique*, disait-il, *ni l'argent, ni les bras ne leur manquassent*. Il se rendait souvent sur les lieux pour juger de l'effet que produirait l'érection de la colonne dont il venait de doter la capitale ; enfin, lorsque l'immense échafaudage qui devait servir à fixer sur la maçonnerie les plaques de bronze, ces fac-simile de nos victoires, fut presque achevé, il voulut le visiter lui-même ; et dans ce but, un matin à la pointe du jour, il sortit du palais. Suivi seulement de son grand maréchal du palais, Duroc, il traversa le jardin des Tuileries, se fit reconnaître et ouvrir la grille qui fait face à la rue de Castiglione, et arriva sur la place Vendôme.

—Que me disaient donc Fontaine et Perrier, avec leur encombrement ? s'écria-t-il ; à les en croire, plusieurs chantiers de bois auraient été transportés ici, et je ne vois rien de tout cela !

— Sire, est-ce que Votre Majesté n'entend pas le bruit que font les scies des charpentiers ? répondit le grand maréchal.

— Une, deux, trois, quatre, fit Napoléon en jetant ses regards à droite et à gauche ; il y en a tout au plus une demi-douzaine ! A quoi songent donc MM. les entrepreneurs ?... Ils se font cependant payer assez cher !... Ah ! ah ! Duroc, venez donc par ici, ajouta-t-il en entraînant le grand maréchal d'une main, tandis que de l'autre il abaissait sur ses yeux son chapeau rond à larges bords.

Il venait d'apercevoir une charpente énorme que des ouvriers essayaient vainement de poser sur des rouleaux, pour la changer de place.

— Ces gens-là ne savent pas s'y prendre, continua-t-il ; je gagerais qu'il ne se trouve pas parmi eux un artilleur... Ah ! les maladroits !... Mais c'est absolument comme s'il s'agissait de changer d'encastrement une pièce de gros calibre... Il faut que je leur donne une leçon...

— Y pensez-vous, Sire ? Votre Majesté veut donc se compromettre ? Non-seulement elle peut se blesser, mais encore elle risque de se faire reconnaître.

— Vous avez toujours peur ! interrompit Napoléon. Est-ce que je ne me rappelle pas mon ancien métier ? Jugez-en vous-même, Duroc ; ce n'est tout simplement qu'une manœuvre de force : les deux premiers servants de droite en tête, et de l'ensemble !...

— Sire, vous avez raison ; mais Votre Majesté me permettra de lui faire respectueusement observer...

— Au fait, c'est vrai, mais ils n'y entendent rien : et puisqu'il s'agit d'un monument de gloire à élever en l'honneur de la France, je crois, sans me flatter, y avoir suffisamment mis la main. Passons.

Après avoir examiné la gigantesque charpente de la colonne, dans tous ses détails, l'empereur continua son chemin en suivant la rue Napoléon, dont les nouveaux bâtiments commençaient à s'élever, çà et là, comme par enchantement. Il remarqua telle ou telle maison dont la saillie masquait le point de vue qui s'étend depuis la grille des Tuileries jusqu'au boulevart des Capucines, ou qui obstruait la voie publique : il en prit note sur son calepin pour en parler à ses architectes ; puis revenant sur ses pas, dans la direction du palais, il dit gaîment à Duroc :

— Il faut que les Parisiens soient bien paresseux dans ce quartier ; les boutiques sont encore fermées, et depuis longtemps il fait grand jour.

Au milieu des soins donnés aux travaux de l'ordre le plus élevé, aux ouvrages propres à éblouir les yeux de la France et des étrangers, Napoléon accordait un intérêt non moins vif à des objets de détail, d'une obscure utilité, et dont assurément il ne pensait pas qu'on dût jamais lui faire un mérite. Les bornes établies dans les rues de Paris pour protéger les piétons contre les voitures avaient, par l'extension abusive des devantures de boutiques, cessé de remplir leur destination. Napoléon en fit la remarque, et écrivit le jour même au préfet de la Seine, le comte Frochot, pour qu'il veillât à ce que ces bornes fussent remplacées le plus tôt possible, et à cette occasion il imagina, le premier, d'assujettir les propriétaires à poser des trottoirs devant leurs maisons.

— Il faut, disait-il, que l'ouvrier puisse se promener, le dimanche, dans les rues de Paris sans craindre, à tout moment, d'être écrasé par le cabriolet d'un banquier.

Ce fut à la suite de cette promenade qu'il dit encore en parlant des nombreux établissements projetés dans sa bonne ville :

— Paris manque d'édifices ; il faut lui en donner. C'est à tort que l'on a cherché à borner cette grande cité ; sa population peut, sans inconvénient, être doublée, et elle le sera un jour. Il peut se présenter telle ou telle circonstance où tous les rois de l'Europe s'y trouveront rassemblés ; il leur faut donc un palais et tout ce qui en dépend : il me serait impossible de les loger en hôtel garni !

Le dernier ordre que Napoléon donna le 14 janvier 1814, quelques heures avant son départ pour commencer cette admirable campagne de France, fut d'assigner de nombreux travaux à la classe indigente ; il sentait plus que jamais le besoin de se populariser, et il craignait toujours qu'en son absence les ouvriers de la capitale, qu'il aimait tant, ne vinssent à manquer de moyens d'existence.

— Surtout, dit-il à M. Fontaine, je vous recommande les maçons ; employez les maçons ; pour vivre, il faut que ces gens-là travaillent.

Trois mois plus tard, dans une de ces journées de réaction populaire si communes dans la vie des peuples, la statue de Napoléon était renversée comme l'avait été, vingt-deux ans auparavant, celle de Louis XIV. D'ardents royalistes, à la tête desquels se montraient plusieurs personnages appartenant à des familles patriciennes, attachèrent un câble au colosse de bronze, et tentèrent de le faire tomber de son piédestal. Efforts inutiles ! Il fallut, à l'aide de scies, la détacher du socle glorieux sur lequel elle semblait être rivée pour l'éternité. Cette statue fut reléguée dans les magasins de l'Etat, et contribua à la fonte de la statue équestre de Henri IV restaurée sur le Pont-Neuf. Le destin des statues ressemble à celui des rois dont elles retracent les traits ; le pouvoir monarchique ne s'annihile pas, il se transforme comme le bronze, et va, de race en race, de dynastie en dynastie, faire éclore des législateurs, des conquérants, des héros et des révolutions.

Le gouvernement de Louis XVIII remplaça la statue de l'empereur par une énorme fleur de lys à quatre faces, haute de six pieds et supportée par une flèche à laquelle était adapté un immense drapeau blanc.

La statue de bronze de Napoléon, qui s'élevait majestueusement sur la Colonne de la Grande Armée, était d'un style sévère. La pose du héros, ses vêtements impériaux qui rappelaient, par la forme, ceux de Justinien et de Charlemagne, contribuaient à donner au monument un haut caractère de splendeur. Cette image d'un guerrier, d'un grand capitaine, d'un soldat couronné à force de victoires, terminait dignement une série de prouesses où les acteurs étaient eux-mêmes, par le geste et par le costume, remarquables de sentiment héroïque et de patriotisme.

Un poète de nos jours, Victor Hugo, dans une ode immortelle, a célébré la Colonne triomphale de la Grande Armée. Désormais ce monument glorieux peut défier les invasions des nations étrangères et les insultes plus terribles encore de la guerre civile : il vivra par les vers du poëte ; les ailes d'or du génie ne se fondent pas au brasier des révolutions sociales, comme l'airain des colonnes et comme le bronze des statues.

La révolution de 1830 rendit à la Colonne de la Grande Armée non pas sa popularité, elle ne l'avait jamais perdue, mais sa valeur gouvernementale. Sous le ministère de M. Thiers, en 1832, les Chambres décidèrent que la statue de Napoléon serait replacée au faîte de la colonne de la place Vendôme où elle était remontée d'elle-même, dans l'imagination du peuple ; un concours fut ouvert à cet effet, et M. Seurre (jeune) eut le mérite et l'honneur de l'emporter sur ses nombreux rivaux. M. Thiers entoura la résurrection de la statue de Napoléon de pompes militaires, et Louis-Philippe, au bruit du canon, enleva de ses royales mains le voile qui dérobait encore l'image du grand homme aux regards attentifs de la foule impatiente.

Depuis ce temps, à certaines époques de l'année, les grilles qui entourent le piédestal de la colonne, son parvis et ses marches de marbre sont jonchés de couronnes de lauriers, de cyprès et de guirlandes. Le vieux soldat qui veille sur le monument rassemble et range symétriquement tous ces *ex-voto*, qui pleuvent au pied de la Colonne trois fois par an : le 15 août, jour de la naissance et de la fête de l'empereur; le 20 mars, jour de son retour à Paris; le 5 mai, jour de sa mort. Je suis loin de blâmer ce culte aux mânes d'un grand homme, et de porter atteinte à l'explosion honorable d'une douleur profonde; mais je dois l'avouer : cette idolâtrie pour le grand capitaine, cette exclusive commémoration annuelle me semble injuste et anti-nationale. La Colonne de la Grande Armée n'est point la colonne de Napoléon; elle n'est point son tombeau, elle n'est point son apothéose de bronze et de pierre; c'est la colonne, c'est le tombeau, c'est l'apothéose de la grande armée elle-même. Quelque grand qu'il soit, un homme ne vaut pas une nation.

Si la rue de la Paix rappelle à l'imagination tout ce que les arts, les richesses, le luxe et l'élégance peuvent avoir de plus splendide et de plus éblouissant, la place Vendôme retrace à l'esprit les conquêtes d'un grand roi, la splendeur d'un règne glorieux, la magnificence d'une cour qui a été la plus belle, la plus spirituelle et la plus aimable du monde.

Au milieu de tous ces souvenirs se dresse la Colonne de la Grande Armée comme un spectre de bronze qui crie aux Français : *Souviens-toi d'Austerlitz!* Ainsi, autrefois, l'Apollon Pythien disait aux Grecs : *Souviens-toi de Marathon!*

La colonne Vendôme est la couronne de fer de la ville de Paris. — Malheur à qui la touche!

Émile Marco de Saint-Hilaire.

RUE DES BLANCS-MANTEAUX

Dans le nom d'une rue que vous lisez ou que vous entendez prononcer, ne vous est-il pas arrivé souvent d'y chercher une image, d'y rattacher involontairement un souvenir, d'évoquer, au bruit mélodieux ou discordant des syllabes qui le composent et que vous épelez mentalement, toute une histoire terrible ou touchante, dramatique ou burlesque; tout un tableau fantastique et que votre imagination colore à son gré de nuances sombres ou lumineuses, ternes ou brillantes : — mirages trompeurs enfantés par la puissance imaginative, et que la réalité d'une investigation historique vient souvent détruire ?

Qui de vous, en épelant ce nom : LES BLANCS-MANTEAUX, n'a senti germer dans sa pensée comme un souvenir monastique de ce merveilleux Moyen-Age? et voici, qu'aussitôt, la prestigieuse optique de l'imagination vous montre, comme dans les tableaux de Zurbaran, des moines aux longues draperies blanches passant lentement et silencieusement sous les sombres arceaux de quelque mystérieux monastère.....

Mais la vérité historique vient vite souffler sur toutes ces poétiques et capricieuses rêveries. Un malheureux hasard vous fait ouvrir le bouquin poudreux d'un chroniqueur, et alors se montre à vous, roide, sec et froid, le squelette de la réalité. Vous cherchiez une histoire, là où vous ne trouvez qu'une date ; vous pensiez rencontrer un épisode, et vous ne lisez plus qu'un simple fait : — Un ordre religieux, l'ordre des Blancs-Manteaux, a baptisé cette rue. — Et voilà tout. Mais, si cependant nous cherchons bien dans les chroniques, dans la poussière des vieux livres écrits sur Paris, si nous interrogeons les historiens des époques antérieures, nous apprendrons qu'aux premiers jours de sa création, cette rue portait le nom de *Parcheminerie*. Ici, une réflexion ou plutôt un sentiment de curieuse investigation nous arrête : — Pourquoi ce nom de Parcheminerie ? Ne rappellerait-il pas, peut-être, à cette époque où le papier n'était pas encore inventé, une fabrication de parchemins, et partant des abattoirs d'animaux, des établissements de tanneurs et de pelletiers ? — Cela est vraisemblable.

Quoi qu'il en soit, et bien avant Philippe-Auguste et la fameuse ceinture de murailles dont il enveloppa Paris, cet emplacement, uniquement composé de terrains vagues, devait nécessairement être occupé par des artisans auxquels l'intérieur de la ville était défendu pour les mauvaises odeurs que leurs établissements répandaient : c'était là les restes encore en vigueur d'une ancienne loi romaine qui excluait des villes les industriels dont la profession était infecte et sale.

Puisque nous sommes dans le vaste champ des suppositions, rien ne nous empêche de conjecturer ensemble sur les noms de *Vieille* et *Petite Parcheminerie* que porta successivement la rue. Les Sauval, les Lebeuf, les Jaillot, ces historiens du vieux Paris, se sont obstinément refusés à nous donner là-dessus, bien ou mal, une origine. Pour nous, et en notre qualité d'historiographe, nous y mettrons un peu plus de conscience.

Personne n'ignore, que dans la Cité, la rue de *la Parcheminerie* renfermait autrefois des corroyeurs, des pelletiers et des fabricants de parchemins. La rue, comme vous le voyez, fut donc dûment baptisée d'un nom qui s'explique et qui a son origine naturelle. — Pourquoi ne supposerions-nous pas alors que la rue *des Blancs-Manteaux* dût porter antérieurement le nom de *Parcheminerie* pour des causes et des motifs analogues ? Il est à présumer que sur ces terrains devaient exister des établissements d'équarrisseurs, repoussés de l'intérieur de la ville pour cause de puanteur et d'insalubrité, qui, un beau matin et sur un royal caprice de Philippe-Auguste, se réveillèrent faisant partie intégrante de Paris. Ne vous semble-t-il pas voir d'ici, par les yeux de la pensée et de l'imagination, ces hideux hangars où séchaient les peaux puantes des parchemins, ces huttes couvertes de chaume où grouillait pêle-mêle tout ce peuple d'écorcheurs? Les yeux et l'odorat sont cruellement affectés : on veut marcher, et, au milieu de cette rue qui n'en est pas une, on

enfonce jusqu'aux oreilles dans une boue noire et infecte.— Allons, ne vous bouchez pas le nez, c'est l'industrie qui travaille, l'industrie forte et courageuse, aux bras nus, et qui trouve que l'argent n'a pas d'odeur!

A cette ville, qui, tous les jours, allait en s'agrandissant, il fallait à toute force céder le terrain, abandonner la place et se retirer plus loin. Mais des établissements industriels, comme vous devez le croire, ne disparaissent pas d'un seul coup et comme par enchantement. Ce n'est que lentement, insensiblement, que l'industrie cède le pas à qui vient la chasser. Les principaux établissements, ceux que l'on redoutait le plus comme insalubrité, durent, les premiers, se retirer : de là, le nom de *Petite Parcheminerie*. La fabrication alors était moins active, les fabricants moins nombreux, et le commerce moins lucratif. Puis en suivant toujours cette période de décadence industrielle, et qui s'accomplissait fatalement dans un laps de quatre-vingts années, nous voyons la rue prendre le nom de *Vieille-Parcheminerie*. L'industrie alors n'y existait plus qu'en souvenir, toute fabrication avait disparu. La première époque de la rue, l'époque industrielle et commerçante allait faire place à l'époque religieuse et monastique. Des moines (serfs de Sainte-Marie) viennent s'y installer, et le manteau blanc de leur ordre va servir de suaire pour ensevelir à tout jamais le nom et l'industrie première de la rue. C'est alors seulement, en 1258, que commence son époque religieuse. Ici, cesse toute incertitude; des rayons de lumière viennent luire dans cette nuit des temps. Philippe-Auguste a implanté ses premiers pavés, et désormais tout est dit. Sur ce terrain, maintenant solide, s'élèveront bientôt des monuments, ces signes matériels et palpables de l'histoire; et en fouillant dans ces archives de pierre, nous allons pouvoir y lire les faits et la pensée de chacune des époques qu'a traversées cette rue.

Quand tout fut balayé, et qu'il ne resta plus traces et vestiges de cette sale et puante parcheminerie, un architecte, un inconnu, un moine peut-être, et dont le nom n'est jamais arrivé jusqu'à nous, traça le plan d'un couvent pour y loger les Blancs-Manteaux. Au couvent fut jointe une église, et le tout porta le nom d'*église et de couvent des Blancs-Manteaux*. A ce peuple de moines il fallut des cabarets pour y boire après vêpres. C'était là de l'hygiène monastique bien entendue, et surtout scrupuleusement observée à cette époque d'intempérance et de barbarie.

Dans ces cabarets ouverts nuit et jour, les moines ne furent pas les seuls à venir s'enivrer d'hypocras et de cervoise. Des clercs, des basochiens, des écoliers, des ribauds et des truands, tous, comparses obligés de ces sortes de lieux, y accoururent en foule. Pour quiconque aime à étudier le moyen-âge, il y avait dans ces étranges saturnales, où la robe du moine touchait à la robe de la truande, où la cagoule du truand fraternisait avec la barette de l'écolier, il y avait vraiment tout un drame profond, toute une mystérieuse épopée. C'était l'époque où chaque fête du calendrier était chômée par des *mystères* et des *sotties*, où les bourgeois du quartier représentaient sans façon Jésus-Christ et les apôtres, Adam et Ève, Abraham, Isaac, Moïse, etc., en un mot, l'Ancien et le Nouveau-Testament. Convié naturellement à ces fêtes assez peu orthodoxes, le peuple de ces temps, misérable, ignorant et opprimé, s'y ruait avec toute la frénésie, avec toute la rage de ses grossiers appétits. Gare! laissez passer le flot populaire, le voici qui débouche dans la rue *des Blancs-Manteaux*; il s'arrête maintenant au détour de la rue *du Chaume*. C'est là qu'il va dresser son théâtre d'un jour; le plus fou et le plus laid sera couronné roi de sa fête... *de la fête des fous!* Prenez garde, ne vous arrêtez pas à regarder cet étrange spectacle; la joie du peuple ressemble terriblement à la colère : serf la veille, roi pour un jour, voué à la glèbe le lendemain, mêlant pour aujourd'hui les pleurs de sa rage aux larmes du fou-rire, au milieu de l'intermède fugitif qu'il improvise, il pourrait bien vous broyer!

Dans chacune de ces incroyables parodies, l'intrigue se compliquait toujours et d'une façon merveilleuse par l'intervention des arbalètes et des hallebardes de la maréchaussée : — c'était le *Deus machiná* de cette terrible *commedia* populaire.

Pendant longtemps, la rue des *Blancs-Manteaux* fut regardée, et à juste titre, comme fort dangereuse. Tout à côté, la sombre et humide ruelle de l'*Homme-Armé* nous a légué son nom comme un souvenir terrifiant des précautions qu'était obligé de prendre le bourgeois ou le voyageur quand, par hasard, il avait le courage ou la hardiesse de s'aventurer dans ces parages passé l'heure du couvre-feu.

Des écoliers, des clercs de basoche associés à des malfaiteurs de toutes conditions, et retirés dans quelques-uns des coupe-gorges de cet horrible quartier, se livraient à certains déportements que les gens du prévôt ne savaient comment réprimer. L'un de ces écoliers, nous disent les chroniqueurs du temps, assassina une nuit, par jalousie, un moine, un blanc-manteau. — L'instruction de l'affaire eût fait connaître probablement des détails peu édifiants pour la communauté religieuse; aussi ne poursuivit-on pas; mais l'ordre des Blancs-Manteaux fut aboli, et en 1274 les Guillemites (ermites de saint Guillaume) vinrent prendre leur place. — Etranges vicissitudes, trois ans plus tard, les Guillemites étaient à leur tour renvoyés et les Bénédictins de Saint-Maur les remplaçaient.

Deux cents ans se sont à peine écoulés et la rue des *Blancs-Manteaux* semble toujours vouée au crime et à l'exécration.

Nous sommes au 20 novembre de l'an 1407. Le ciel est noir; la pluie tombe à torrents; pas une lumière ne brille dans l'horrible obscurité de la rue, l'on dirait une nuit de l'enfer..... Silence! entendez-vous là-bas, du côté de la *Vieille-Rue-du-Temple*, ces cris déchirants : *Au meurtre, au meurtre!...* Place, place! Garez-vous, si vous ne voulez être écrasé sous les pieds des chevaux ou blessé par les coups de flèches..... Ce sont les assassins du duc d'Orléans, qui s'échappent au galop de leurs montures en criant: *Au feu, au feu!...*

Le lendemain au matin, au milieu de la sombre nef des Blancs-Manteaux, se trouvait étendu, enveloppé d'un drap de velours noir, le corps mutilé du prince. Autour de ce cadavre priait et pleurait la famille royale. Des torches de cire écussonnées aux armes d'Orléans secouent leurs clartés rougeâtres et sinistres sur cette scène de deuil. Des moines agenouillés récitent tout bas les vigiles des morts.

Regardez cet homme qui s'avance et qui d'une main tremblante secoue le rameau béni sur le corps de la royale victime : — Voyez ces larmes, écoutez ces paroles entrecoupées par des sanglots : « Jamais plus » méchant et plus traître meurtre ne fut commis et exécuté dans ce » royaume. » — Quels regrets, quelle douleur! n'est-ce pas? Voulez-vous connaître, maintenant, le nom de ce parent désolé? — C'est le duc de

Bourgogne, l'assassin qui le premier asséna le coup de massue sur la tête de son malheureux cousin.

Les taches de sang qui souillent les pavés de cette rue sont à peine effacées, qu'un nouveau meurtre vient prendre place dans les fastes de ce quartier. Voyez-vous d'ici, presqu'en face la fontaine des Audriettes, cette fenêtre de l'hôtel de Soubise (aujourd'hui les Archives du Royaume) et qui s'appelait alors l'hôtel de Guise? — Distinguez-vous dans l'ombre ces poignards qui reluisent? entendez-vous ces voix qui s'appellent et se répondent sourdement? prenez garde, ce sont des guisards, c'est Saint-Paul, c'est Mayenne, des assassins apostés par le terrible Balafré, Henri de Lorraine, leur maître.

Minuit vient de sonner à l'église des Blancs-Manteaux; par cette fenêtre éclairée que je vous montrais tout-à-l'heure, et qui donne dans la chambre à coucher de la belle duchesse Catherine de Clèves, un homme,

un amant, cherchera furtivement à s'échapper; mais, hélas! la nuit et le talisman que lui a donné son maître, ne le protègeront pas; le beau mignon de Henri III, Saint-Mégrin, trouvera la mort. — Laissez faire, le farouche mari a tout prévu, ce sera le mouchoir brodé de la maîtresse qui servira à étrangler l'amant!

La rue, maintenant, a assez bu de sang; elle est pour quelques siècles rassasiée. De 1578, époque de ce dernier meurtre, jusqu'à cette vaste et profonde secousse, qui a nom 89, la rue des *Blancs-Manteaux* vit se succéder, sans trop changer d'aspect et de caractère, bien des règnes et bien des époques diverses. Toutefois, n'allons pas trop vite, car, au mépris de nos devoirs d'historiographe, nous allions oublier de vous dire qu'en 1685, et je ne sais trop pourquoi, on jeta bas ce couvent et cette église des Blancs-Manteaux qui avaient duré presque cinq siècles : puis, sur de nouveaux plans, on éleva de nouveaux édifices, toujours sous le même nom et toujours voués à la même destination. Qu'importe, après tout? les destinées du monument ne tarderont pas à s'accomplir; la religion et les moines n'auront bientôt plus rien à y voir. — L'heure révolutionnaire vient de sonner et les couvents sont supprimés!

A cette époque, un misérable, un lâche, du nom de Turcatti, et qui habitait alors le numéro 27 de la rue, provoqua, par une dénonciation anonyme, l'arrestation et l'emprisonnement de l'infortuné Thomas Mahi, marquis de Favras. Accusé d'avoir voulu enlever Louis XVI pour le conduire à Péronne, il fut condamné à être pendu en place de Grève. Justement ou injustement condamné, ce que l'on ne sait pas encore, le marquis de Favras mourut comme savent mourir les hommes de cœur et d'énergie, en emportant avec lui un secret qui eût pu compromettre alors bien des têtes.

La honte et l'infamie toute entière furent pour le dénonciateur qui, lui-même, périt crapuleusement quelques années après. Des notes communiquées par la police nous apprennent que ce Turcatti, après une nuit passée en orgie avec des filles, fut trouvé, le lendemain au matin, chez lui, pendu par les rideaux de son lit. — Quel suicide bien trouvé! La justice divine aurait-elle voulu par hasard lui infliger la peine du talion? Qui peut dire non?

Comme vous le savez peut-être, Louis XVI, par lettres-patentes du 9 décembre 1777, avait doté sa bonne ville de Paris d'une philanthropique institution dont nous vous parlerons tout-à-l'heure. Bien que d'importation italienne, cette gracieuseté en valait bien une autre. Avant lui, Louis XIII et même Louis XIV y avaient bien un peu pensé, mais sans avoir pu malheureusement donner la moindre suite à cette charmante idée. Les préventions populaires s'y opposaient; — c'est toujours comme cela, le peuple, voyez-vous, n'entend rien à ses intérêts. Louis XVI fut donc plus adroit ou plus heureux; et, à son tour, la Convention, elle qui avait abattu tant de choses, respecta celle-là comme digne assurément d'être conservée : et savez-vous bien ce que c'était que *cette chose* qui méritait si bien tous ses égards, tous ses respects? — Le Mont-de-Piété! La Convention fit mieux, elle octroya à ce Mont-de-Piété, pour anéantir toute concurrence, une autorisation spéciale, et, pour le mettre plus à son aise, un local particulier. Quels procédés, quelles délicates attentions! Cet emplacement si généreusement octroyé, ce fut le couvent des Blancs-Manteaux, la maison de ces pauvres Bénédictins inhumainement renvoyés.

Du couvent et de l'église, il n'est resté aujourd'hui que les murs, et au premier coup-d'œil vous prendriez l'édifice pour un hospice ou une prison. D'étroites et hautes fenêtres dépouillées de toute espèce d'ornements, mais en revanche solidement bardées de fer; au-dessus d'une grande porte, un drapeau tricolore tout fané, tout déteint; une guérite et un soldat en faction : voilà, vu du dehors, le Mont-de-Piété : — *Le Grand Mont-de-Piété.*

Mais qu'est-ce que le Mont-de-Piété? — Belle question, ma foi! Qu'il me soit permis de croire, pour l'esprit de mes lecteurs, que bien peu d'entre eux sont à cet égard dans une complète ignorance. Eh! mon Dieu, qui de nous, tous tant que nous sommes, jeunes ou vieux, riches ou pauvres, qui de nous, dites-le-moi, dans le cours de sa vie parisienne, n'a pas eu pour un jour, pour une heure peut-être, besoin *de ma tante*. Pardon du mot, mais, si je l'emploie ici, c'est que, dans son expressive trivialité, j'y trouve je ne sais quoi d'incisif et de spirituellement railleur qui représente à mes yeux et dans son acception la plus vraie le peuple de Paris. Eh bien! alors, vous souvient-il dans ce jour de détresse, d'avoir avec anxiété attendu la nuit pour passer, furtivement et le cœur tout ému, le seuil redoutable de cette porte où brille une lanterne avec ces mots en transparent : *Commissionnaire au Mont-de-Piété.* Une fois dans le sanctuaire et après quelques légères formalités remplies, vous avez pu lire ce petit carré de papier où se trouvent expliqués d'une admirable façon les comptes du taux de l'intérêt, des droits supplémentaires, etc., etc. Vous en reparler ici, serait chose inutile; en faire la critique, — à quoi bon? Philosophes, humanitaires, écrivains de toute espèce, ont assez écrit pour ou contre cette institution que quelques buveurs d'encre, en accès de mauvaise humeur ou de misanthropie, ont appelée usure légale et privilégiée, pour qu'il me soit permis de m'abstenir. Après tout, il en est de cette plaie du pauvre peuple (si toutefois c'est une plaie) comme de tant d'autres, on en parle beaucoup, mais on ne la connaît pas. Bien peu ont étudié dans tous ses rouages et dans tous ses résultats cette immense machine du Mont-de-Piété. Ceux qui l'ont calomniée sont des ingrats... Ils n'ont pas voulu se souvenir: — voilà tout. Du reste, si quelque amateur de chiffres ou de statistique financière désirait savoir, à quelques mille francs près, le *petit* revenu de cette *philanthropique* administration, nous lui apprendrions, pour lui faciliter son calcul, qu'il se fait par an dans ses caisses un mouvement de fonds de....

Rue des Blancs-Manteaux.

soixante et dix millions ! Nous allions oublier de vous dire qu'en 1852 il y eut pour 500,000 francs de couvertures de laine d'engagées !

Quel beau document pour celui qui voudrait écrire *une histoire des classes malheureuses dans Paris!*

Si, passant un jour devant cette porte toute grande ouverte de l'ancien couvent des Blancs-Manteaux, il vous prenait fantaisie d'y entrer, vous apercevriez alors, et se déroulant devant vous, une enfilade de cours encaissées de bâtiments sombres, élevés, et percés comme un crible de nombreuses fenêtres à petits carreaux sales et ternes. Il y a là-dedans, je ne sais quel silence qui effraie : — On croirait tous ces bâtiments inhabités. Partout, autour de vous, des entrées obscures, des escaliers tortueux ; sur tous les murs, de longues colonnes d'affiches placardées les unes sur les autres, mais qui toutes laissent voir par le haut ce mot impitoyable : VENTE. Et puis dans ces cours, sur tous les pavés, sous tous les vestibules, ce sont des paquets, des couvertures, des ballots, des commissionnaires qui passent silencieux comme des ombres. Là, tout homme qui entre paraît chétif et faible, le besoin, la misère ou la honte le défigurent et l'amaigrissent. Du reste, pour l'observateur, il y a harmonie complète dans l'ensemble. — Passants, habitants, édifice, tout est triste, sale et sombre. Ce tableau ne vous engage sans doute pas à pénétrer plus avant ; sortons donc au plus vite. Nous voici dans la rue ; aussi bien le spectacle change, l'observation a son côté plaisant et pittoresque. A certains jours du mois ou de la semaine, toute une population de fripiers sortie du Temple et des Piliers des Halles envahit la rue *des Blancs-Manteaux* : — Ce sont les jours de vente. Ces jours-là, le Mont-de-Piété devient une véritable succursale de l'hôtel Bullion ; on y vend de tout : bijouterie ou friperie, marchandises neuves ou d'occasion, depuis l'habit brodé et l'épaulette à graines d'épinards jusqu'à la veste de droguet de l'ouvrier et la robe de velours de la femme entretenue ; depuis le tableau, chef-d'œuvre de l'artiste, jusqu'à la médaille d'or récompense du pauvre savant. Des juifs, des brocanteurs de toutes les nations vont et viennent sans cesse dans toute la longueur de la rue, s'interpellant, s'accostant, se faisant part des épaves qui leur sont survenues, se montrant les diamants, les montres et les bijoux qu'ils viennent d'acheter. Des marchands d'habits défilent par escouades avec des montagnes de pantalons et d'habits sur leurs épaules. — La rue est devenue un passage forain, le vestibule en plein vent d'un immense et intarissable bazar.

Indépendamment de cette physionomie périodique, la rue *des Blancs-Manteaux* a son cachet, son caractère à elle. Sombre, étroite et tortueuse, elle s'étend comme un serpent dont la tête reposerait rue *Sainte-Avoye* et la queue rue *Vieille-du-Temple.* Pour faire un peu de couleur locale, nous pourrions dire que presque toutes ses maisons existent encore telles qu'elles devaient être il y a deux ou trois cents ans, mais avec un aspect de *mercantilisme*, aujourd'hui, qui attriste et dégoûte. — Le Mont-de-Piété a passé par là. Regardez un peu : — Ce ne sont qu'écriteaux et enseignes avec ces mots moulés de toutes les façons : *ici on achète les Reconnaissances du Mont-de-Piété*. Des habits râpés, passés de mode, des friperies, des oripeaux de mille espèces étalent leurs misères aux portes de ces brocanteurs. Des bijoutiers de hasard exposent aux yeux du passant, de l'argenterie et des bijoux d'occasion. Le besoin, la détresse ont écrit leurs souffrances sur toutes ces hideuses archives. Le cœur se soulève, on est mal à son aise, l'on a froid. — Passons vite. Du soleil, n'en demandez pas ; lorsqu'il paraît, c'est à peine s'il effleure de sa poussière d'or les pointes aiguës des toits et des cheminées. L'air est humide et malsain ; une boue noire, visqueuse, infecte, couvre continuellement les pavés. De temps à autre, des haquets chargés de tonneaux et de ballots traversent ou longent la rue : c'est de la droguerie qui s'éloigne ou qui retourne à son foyer central, le quartier des *Lombards*. Faut-il vous dire que cette rue qui compte quarante-six numéros commence par un épicier et finit par un marchand de vins. Presque toutes les rues commencent et finissent ainsi ; ce qui pourrait vous faire penser un instant que Paris se résume par des marchands de vins et des épiciers. — N'en croyez rien. Maintenant, regardez là-bas, de l'autre côté de la *Vieille-Rue-du-Temple* : voilà le marché des Blancs-Manteaux, vaste et solide bâtiment construit en fer et en pierres de taille, et bien capable de pourvoir à l'approvisionnement substantiel de ce quartier populeux.

Un marché et un mont-de-piété. A l'un des bouts de cette rue, tout ce qu'il faut pour vivre en mangeant ; à l'autre bout, plus qu'il ne faut pour mourir de faim.

Une dernière réflexion :

A mon avis, il a manqué deux choses à l'histoire glorieuse de ce grand roi que l'on appelle François Ier. Certainement, c'était déjà quelque chose pour un héros de cette taille que d'avoir trouvé le *billet* de loterie.

Rival de Charles-Quint, émule de Léon X et de Bayard, il lui manque et il lui manquera toujours : — La *reconnaissance* du Mont-de-Piété et le *rouge et noir* de la Roulette !

Vous le voyez bien.... Les rois eux-mêmes ne s'avisent jamais de tout.

Carle Henriès.

LE PALAIS-ROYAL.

L'HISTOIRE du Palais-Royal, c'est le roman de Paris, il n'est pas d'annales plus fécondes et plus variées que celles de cet édifice, aux fastes duquel rien ne peut être comparé. Tout y est représenté avec une physionomie vive, ardente, animée. L'histoire a accompli, dans cette enceinte, des faits importants et nombreux; elle y a vu se placer sur les marches du trône des pouvoirs rivaux de la puissance royale; elle y a vu commencer des révolutions; les arts, les plaisirs, le vice, la dissolution, le travail et l'industrie, la mollesse et le désordre, y ont tenu leurs grandes assises. Là, se sont heurtées toutes les prodigalités et toutes les misères; nulle part on ne rencontre des contrastes plus variés, plus piquants et plus bizarres que ceux que cet endroit offre à chaque pas : le Palais-Royal fut, à la fois, le paradis et l'enfer du monde parisien.

Lorsque la mémoire veut évoquer les souvenirs qui se rattachent au Palais-Royal, elle voit bondir devant la pensée les images les plus capricieuses et les figures les plus fantastiques; le chaos des faits est éclairé par des lueurs étranges, tantôt brillantes et tantôt sinistres; il faut alors que l'esprit se livre et s'abandonne à ces clartés qui vacillent sous le regard; l'ordre chronologique est à peine un flambeau et un guide certain; c'est avec l'imagination qui remue le passé et qui demande le récit du présent à ses propres impressions, que doit être écrite l'histoire du Palais-Royal; c'est le conte des fées des enfants de Paris.

Il y a deux écueils à éviter: les uns, depuis quelque temps seulement, ont essayé de faire de l'histoire du Palais-Royal un chapitre des chroniques d'une seule famille; d'autres ont essayé de lui donner l'esprit et le caractère d'un chapitre de l'histoire nationale. Nous le dirons avec franchise, ces deux idées sont également fausses; l'une flattait un roi, l'autre flattait un peuple. L'histoire du Palais-Royal appartient exclusivement à l'histoire de Paris: des événements graves ont pu naître dans ce lieu, mais c'est toujours ailleurs qu'ils se sont terminés par la victoire ou par la défaite.

L'origine du Palais-Royal n'a rien de merveilleux. Richelieu, qui avait une cour et des sujets, voulut avoir un palais; n'osant pas régner en public, il aimait à trôner chez lui: il chargea donc son architecte Jacques

Lemercier, de lui construire un logis royal; pour l'élever, on choisit un

emplacement près du mur d'enceinte de Paris, vers la rue Saint-Honoré. Commencées en 1629, ces constructions ne furent achevées qu'en 1636. Ce fut à cette époque seulement qu'on leur donna le nom de *Palais-Cardinal*. On n'évalue pas à moins de 666,618 livres les frais occasionés pour édifier ces bâtiments : l'hôtel de Sillery, acquis pour la somme de 150,000 livres, permit de faire devant le palais une place que Richelieu ne vit pas, et qui ne fut achevée qu'après sa mort ; de là, il fit percer la rue à laquelle il donna son nom, et qui, de la fastueuse demeure qu'il venait de terminer, le conduisait en droite ligne à sa ferme de la Grange-Batelière. Nous ne ferons pas d'autres emprunts à l'érudition archéologique de nos devanciers.

Les grands événements du Palais-Royal furent, en ce temps-là, la représentation de *Mirame*, cette tragédie bien-aimée, que Richelieu mettait sous la protection de son pouvoir de ministre et de son amour pour une reine, tandis que Corneille confiait le sort du *Cid* à l'admiration publique ; puis, la fête donnée par le Cardinal, pour célébrer les fiançailles de sa nièce, Claire-Clémence de Maillé, avec le duc d'Enghien, qui fut depuis le grand Condé. Les historiens du temps s'épuisent en pompeuses descriptions sur la première soirée de *Mirame*. La salle de spectacle qui servait aux divertissements ordinaires, celle dont Molière prit possession plus tard, ne parut point suffisante ; on en construisit une autre radieuse de magnificence et qui témoignait sinon du génie poétique, du moins de l'opulence de l'auteur ; on estime que les soins paternels qu'il donna à cette tragédie lui coûtèrent environ trois cent mille écus. Quant à la fête nuptiale, la description tient du prodige. On joua une pièce de Desmarets, dans une salle sur le théâtre de laquelle on voyait « de fort délicieux jardins ornez de grottes, de statues, de fontaines et de grands parterres en terraces sur la mer avec des agitations qui semblaient naturelles aux vagues de ce vaste élément, et deux grandes flottes, dont l'une paraissait éloignée de deux lieues, qui passèrent toutes deux à la vue des spectateurs ; la nuit sembla arriver ensuite par l'obscurcissement imperceptible tant du jardin que de la mer et du ciel qui se trouva éclairé par la lune. A cette nuit succéda le jour qui vint aussi insensiblement, avec l'aurore et le soleil qui fit son tour d'une si agréable tromperie, qu'elle durait trop aux yeux et au jugement d'un chacun. Après la comédie circonscrite par la voix de la poésie dans les bornes de ce jour naturel, les nuages d'une toile abaissée cachèrent entièrement le théâtre. Alors trente-deux pages vinrent apporter une collation magnifique à la reine et à toutes les dames, et peu après sortit de dessous cette toile un pont doré conduit par deux grands paons qui fut roulé depuis le théâtre jusque sur le bord de l'eschaffaut de la reine, et aussitôt la toile se leva, et au lieu de tout ce qui avait été vu sur le théâtre y parut une grande salle en perspective, dorée et enrichie des plus magnifiques ornements, éclairée de seize *chandeliers de cristal*, au fond de laquelle était un throsne pour la reine, des siéges pour les princesses, et aux deux côtés de la salle des formes pour les dames; tout ce meuble de gris de lin et argent. La reine passa sur ce pont, pour s'aller asseoir sur son throsne, conduite par Monsieur; comme les princesses, les dames et les demoiselles de la cour, par les princes et seigneurs, lesquelles ne furent pas plutôt placées, que la reine dansa dans cette belle salle un grand branle avec les princes, les princesses, les seigneurs et les dames. Tout le reste de l'assemblée regardait à son aise ce bal si bien ordonné, où toutes les beautés de la cour ne brillaient pas moins de leur propre éclat que de celui des riches pierreries dont elles étaient ornées et faisaient admirer leur adresse et leur grâce. Après le grand branle, la reine se mit en son throsne et vit danser longtemps grand nombre d'autres dames des plus belles et des plus adroites de la cour. Enfin, si j'ai de la peine à me retirer de cette narration, dit l'auteur contemporain, jugez combien il fut difficile aux spectateurs d'une si belle action, de sortir d'un lieu où ils se croyaient avoir été enchantez par les yeux et par les oreilles; lequel ravissement ne fut pas pour les seuls Français; les généraux Jean-de-Vert, Enkenfort et Don Pedro de Léon, prisonniers de guerre, en eurent leur part, ayant été conduits du bois de Vincennes. »

Que cette fastueuse citation suffise à la mémoire du cardinal, et à l'orgueil du palais sur la porte duquel il avait inscrit son titre en lettres d'or.

En 1643, le 7 octobre, Anne d'Autriche, régente du royaume, veuve du roi Louis XIII, quitta le Louvre avec ses deux fils pour venir habiter le Palais-Royal. De toute cette vanité de Richelieu, pour ce monument dont il avait voulu que le pinceau de Philippe de Champagne fît un temple à sa gloire, il ne resta pas même le nom; les héritiers du cardinal obtinrent en vain le rétablissement de la première inscription, le nom de *Palais-Royal* prévalut et fut conservé. Aux fêtes de la Régence, qui ne furent pas sans quelque splendeur, succédèrent bientôt les troubles de la Fronde. Le Palais-Royal était nécessairement le quartier-général de la Cour, pendant son séjour à Paris; il fut aussi le centre des manifestations par lesquelles le peuple cherchait à effrayer la reine et le ministre contre lequel se soulevait l'indignation publique.

Le Palais-Royal prend soin lui-même de ses titres historiques; les pages qu'il conserve dans ses galeries de tableaux, forment le sommaire des différents chapitres de son existence. Ainsi, la Messe du cardinal de Richelieu, la Fondation de l'Académie Française et la réception des premiers académiciens, en février 1635; la Mort, le testament de Richelieu et le legs de son palais au roi Louis XIII; l'Arrivée du cardinal de Retz, suivi d'une foule immense qui réclame à grands cris la liberté de Brous-

Palais-Royal.

sel, en 1640 ; deux épisodes à cette réclamation qui est le pire des évènements de la Fronde ; l'Arrestation des Princes, et enfin Anne d'Autriche montrant au peuple son fils endormi, disent les évènements dont le Palais-Royal fut le théâtre. On raconte sur ce dernier tableau une anecdote récente. Le duc d'Orléans, actuellement Louis-Philippe, le montrait à ses familiers; quelqu'un s'étonnait que la reine pressée par cette multitude, et qui doute de ses intentions, fût sans gardes. « Il y en a, reprit le duc d'Orléans, mais on ne les voit pas. »

Anne d'Autriche fit beaucoup pour les embellissements du Palais-Royal, qui, malgré les éloges que l'on prodiguait à sa magnificence, était loin d'égaler les descriptions qu'on faisait si magnifiques pour plaire au cardinal.

Le 21 octobre, le roi Louis XIV, cédant aux vœux du peuple de Paris, revint dans sa capitale, et le même jour il quitta le Palais-Royal, pour aller habiter le Louvre.

On assigna cette résidence à Henriette-Marie, reine d'Angleterre, qui l'occupa jusqu'en 1661.

Par lettres-patentes du mois de février 1692, Monsieur, frère du roi Louis XIV, reçut le Palais-Royal à titre d'apanage; il l'habitait depuis l'année 1661.

Le 9 juin 1701, M. le duc de Chartres, qui depuis fut régent de France, posséda le Palais-Royal avec l'héritage de son père qui venait de mourir.

Au mois de septembre 1715, la Régence de Philippe d'Orléans s'installa au Palais-Royal, et commença pour lui une ère nouvelle de luxe, de splendeur et de tumulte.

Après avoir triomphé des premiers obstacles qui s'opposaient à l'établissement de sa Régence, Philippe, duc d'Orléans, s'arrangea pour donner à son Palais un aspect presque royal ; il embellit l'édifice et le dota d'une galerie de tableaux, dont il reste à peine aujourd'hui le catalogue, et quelques petites anecdotes qui ont longtemps charmé les loisirs des brocanteurs. La Cour, qui se pressait autour du Régent, n'avait rien des allures de celle qui avait entouré Anne d'Autriche et les deux cardinaux; le règne de Louis XIV et de madame de Maintenon venait de finir, et ce qu'on redoutait le plus, c'était l'austérité et la dévotion dont on avait secoué le joug; Philippe fit de sa demeure un lieu de plaisirs et de délices; il voulut que tout y respirât le luxe et la volupté; ses intentions ne furent que trop bien secondées.

Le Palais-Royal affecta dès ce moment une liberté de mœurs, dont il a longtemps conservé le souvenir et les traces. La famille du Régent, elle-même, se prêtait merveilleusement à l'élégance et à l'éclat de ce désordre. Tout ce que la mémoire des courtisans et du peuple avait conservé des galantes souvenances des autres règnes était dépassé; Charles VII et Agnès, François Ier, Henri II, Henri III et leurs amoureuses prodigalités, Henri IV et ses maîtresses, Louis XIV et sa superbe tendresse, pâlissaient dans les appartements du Palais-Royal. Les *roués* qui étaient les *mignons* du Régent, Dubois, son ministre, et des femmes auxquelles il était difficile de donner un nom, avaient porté au-delà de toute imagination le faste et l'impudence du plaisir.

Le Palais-Royal fut profondément empreint des marques de cette époque; il n'a jamais pu secouer entièrement le caractère de mollesse, dont il avait reçu les stigmates, et que le langage récent a caractérisé par le mot *Régence*, devenu le nom d'un style particulier aux mœurs, à l'art, à l'architecture et aux manières de ce temps.

Devant le bruit dont le vice de cette cour remplissait alors le Palais-Royal, les solennités augustes passaient silencieuses et obtenaient à peine un regard; la royauté n'était là qu'un hôte importun, dont on bouleversait le logis, sans daigner faire attention à lui. Les fêtes les plus pompeuses s'effaçaient devant la démence des mystérieuses bacchanales; les banquets étaient vaincus par les soupers; le cérémonial des grands appartements était désert pour les huis-clos des cabinets et du boudoir.

A ces dissipations, il fallait un Pactole : un étranger, l'Écossais Law, trouva dans le Mississipi le fleuve d'or qui devait alimenter des largesses qui ne connaissaient plus de bornes. On sait les déplorables folies du système; Law semblait avoir pris possession du Palais-Royal; ce fut donc autour de cet édifice que retentirent avec le plus de violence, tantôt les clameurs insensées qui demandaient à grands cris qu'on voulût bien hâter leurs ruines, tantôt les voix furieuses qui accusaient ceux qui avaient si indignement dépouillé le peuple; ce fut dans un tumulte de ce genre que des cadavres furent laissés sur les dalles de la première cour du Palais-Royal, spectacle sanglant dont le régent détourna les regards.

C'est le plus frappant des souvenirs que la Régence ait légués au Palais-Royal.

En 1725, le 2 décembre, Philippe, régent de France, mourut subitement entre les bras de sa maîtresse la duchesse de Phalaris.

Louis, son fils, fut ébloui par les richesses de l'habitation qui lui était léguée; il en respecta la splendeur et n'opéra aucun changement.

Fatigué sans doute par ces magnificences, et comme si, sous les lambris dorés, il entendait résonner les honteuses rumeurs de la Régence, ce prince se retira dans l'abbaye de Sainte-Geneviève. Il laissa pourtant une trace de son passage au Palais-Royal : il fit replanter le jardin sur un dessin nouveau. Deux belles pelouses bordées d'ormes en boules, accompagnaient, de chaque côté, un grand bassin placé dans une demi-lune, ornée de treillages et de statues en stuc, la plupart de la main de Lusemberg. Au-dessus de cette demi-lune régnait un quinconce de tilleuls, dont l'ombrage était charmant. La grande allée surtout formait un berceau délicieux et impénétrable au soleil : toutes les charmilles étaient taillées en portiques.

Le 6 avril 1763, onze ans après la mort du fils du régent, et sous son petit-fils Louis-Philippe, un incendie dévora la salle de l'Opéra, celle que Richelieu avait fait bâtir. Ce fut pour le Palais-Royal l'occasion d'une restauration complète, dont la ville de Paris fit les frais. Le conflit de deux architectes, celui de l'Hôtel-de-Ville et celui du Palais, gâta le monument. On retrouva, dans quelques arrangements intérieurs, un pâle reflet des étincelantes soirées de la Régence ; on fit construire une salle de spectacle sur laquelle le prince et sa famille jouèrent de petites pièces ; elle était, s'il faut en croire les témoignages contemporains, fort simple, fort agréable, et de forme ovale. Ces plaisirs, auxquels se livrait avec ardeur le duc de Chartres, déplurent à son père qui les avait d'abord encouragés, et en 1780, par les insinuations de madame de Montesson qu'il avait épousée secrètement, le duc d'Orléans céda le Palais-Royal à son fils Louis-Philippe-Joseph.

La prodigalité du régent eut dans son arrière-petit-fils un digne successeur ; les fêtes reparurent au Palais-Royal, et le plus éclatant de ces souvenirs est celui de la réception faite au roi de Danemarck ; rien ne fut négligé pour parer cette solennité : on fit dorer les grilles de l'escalier d'honneur; cette nouveauté fit longtemps l'admiration des Parisiens.

Le Palais-Royal subit, sous ce maître nouveau, une des modifications les plus importantes de son existence, et sur laquelle il est utile d'appeler l'attention.

Quels que soient les motifs que l'on s'efforce de donner aux résolutions prises et exécutées par le propriétaire du Palais-Royal, il y a un fait qui est demeuré incontestable, le but qu'il se proposa fut d'augmenter ses revenus devenus insuffisants pour ses dépenses. Il conçut le projet d'isoler le jardin, en l'entourant des édifices qui forment aujourd'hui les trois côtés de son enceinte; à ce sujet il y eut de la part des propriétaires voisins des réclamations très-vives, sur lesquelles le Parlement fut appelé à prononcer. L'opinion publique témoignait sa colère par des sarcasmes; à la cour on persiflait sans pitié sur les boutiques que le premier prince du sang faisait construire pour les louer aux marchands. Ce qui causa le plus de regrets, ce fut la destruction de la grande allée du jardin; elle était chère à l'oisiveté des promeneurs; elle était le rendez-vous des nouvellistes. Il fallut abattre les maronniers plantés par le cardinal de Richelieu, et qui étaient d'une grosseur remarquable; on vit tomber le fameux *arbre de Cracovie*, celui au pied duquel avaient été réglés, en dépit des rois, des armées, des législations et des évènements, les destinées du nord de l'Europe.

Le 8 juin 1781, pendant qu'on exécutait ces travaux, l'Opéra brûla une seconde fois; cet incendie enleva l'Opéra au Palais-Royal; ce spectacle fut provisoirement transporté dans une salle construite à la hâte près de la Porte-St.-Martin, celle qui existe encore aujourd'hui.

Ces dispositions contrarièrent tous les plans. On voulait d'abord conserver la façade principale du côté de la place, et séparer en deux parties, par des colonnades, l'espace qui s'étend du palais au jardin, avec des constructions posées sur les galeries. Le prince ne renonçait pas à l'espoir de ressaisir l'Opéra dont il regrettait l'absence; il ordonna donc d'interrompre les travaux des colonnades, et fit construire la salle de spectacle qu'occupe maintenant le Théâtre-Français. Dans l'intérieur du palais, les besoins successifs de la famille avaient exigé beaucoup de modifications: presqu'au même temps s'éleva, à l'extrémité d'une des galeries du jardin, une autre salle de spectacle, celle des *petits comédiens du comte de Beaujolais*, devenue depuis, mais avec des changements notables, la salle du théâtre du Palais-Royal.

Dès ce moment toute grandeur disparut; la spéculation exploita la triple galerie; le jardin vit revenir les promeneurs, le public s'empara de cette promenade, ouverte à ses distractions, et oublia bientôt les premières doléances, et la foule adopta cet endroit, dont le prince et ses familiers ne jouissaient qu'après la fermeture des grilles.

En 1786, le jardin du Palais-Royal avait conquis la plus grande vogue; c'était le lieu où les merveilleux de la ville et de la cour venaient le plus volontiers; les étrangers y accouraient de toutes parts; il y avait certaines franchises indigènes qui étaient comme les priviléges de ce territoire; la galanterie facile s'y était naturalisée. On avait construit un cirque au milieu du jardin; il était décoré d'une manière originale par des compartiments en treillage; il avait toutes les apparences d'un bosquet paré de fleurs et d'arbustes et rafraîchi par des jets d'eau qui s'élançaient et retombaient de la terrasse placée au sommet de cette construction. Pour que l'élévation du cirque n'enlevât rien à la vue, on avait enfoui dans le sol la moitié de sa hauteur, et on y arrivait par les parties basses et par des galeries souterraines. Nous insistons sur cet établissement auquel le Palais-Royal doit peut-être les grandes destinées auxquelles touche déjà notre récit. Destiné d'abord à des exercices d'équitation, le cirque, dans lequel ne parut jamais un cheval, fut occupé par des fêtes, par des bals, des spectacles forains, des jeux, des repas et d'autres divertissements qui attirèrent la foule. Il occupait l'emplacement où se trouve le bassin, et il s'avançait sur l'une et l'autre pelouse. Rose le restaurateur l'exploita d'abord; ce fut là que se réunit le *club de la bouche de fer*; en 1799, il fut dévoré par les flammes.

On était en 1789, la politique agitait tous les esprits; mais rien ne pouvait satisfaire la curiosité du public: les journaux manquaient à son impatience, et ce n'était que par les conversations et dans des entretiens mutuels qu'on pouvait s'instruire de ce qu'il importait tant de savoir. Le Palais-Royal était le point central auquel venaient aboutir tous ceux qui recherchaient avec avidité le moindre bruit. Ces réunions s'augmentaient chaque jour, la foule y accourait de tous les points de Paris, pour y chercher des nouvelles et s'instruire de la situation de l'État. Ne semble-t-il pas que dans ces habitudes athéniennes on voie poindre l'origine de nos journaux? La parole faisait alors ce que fait aujourd'hui la publicité imprimée. S'il arrivait une personne de Versailles, elle était aussitôt entourée par la multitude et pressée de questions sur la cour, sur le ministère et sur les États-généraux; les commentaires s'exerçaient ensuite sur ce que l'on venait d'apprendre.

Cette situation avait quelque chose d'alarmant; elle était plus dangereuse que la presse jugée si redoutable. D'abord, elle ouvrait la route à tous les mensonges, à toutes les erreurs et à toutes les exagérations. On dirait que c'est pour ces sortes de réunions que Beaumarchais a écrit cette pensée qu'il n'est de bruit absurde qu'on ne puisse faire croire aux oisifs d'une grande ville, en s'y prenant avec habileté. On comprend, tout de suite, quelle influence ce qu'on est convenu d'appeler un beau parleur, pouvait exercer sur ces masses mobiles, dociles et impressionnables; rien ne pouvait conjurer l'orage excité par quelques paroles sonores ou par quelque brillante explosion de sentiments; la raison n'aurait pu se faire entendre, elle eût été infailliblement étouffée par les transports du premier tumulte, et bientôt réduite au silence.

La force populaire ainsi groupée comptait promptement ses forces, les passions s'enflammaient par le contact; de l'idée à l'action, de la pensée au mouvement la transition était prompte et facile; c'était un amas de matières combustibles qu'une étincelle pouvait enflammer.

L'événement devait réaliser ces prévisions.

Necker venait de céder la direction des affaires publiques à un nouveau cabinet. Paris avait reçu cette nouvelle avec irritation; les groupes se formaient dans tous les lieux publics: au Palais-Royal, dans le jardin, la foule était immense. C'était le 12 juillet 1789.

D'une des masses qui marquait le plus d'irritation, une voix, dont il était aisé de reconnaître la jeunesse à son émotion et à sa fraîcheur, s'éleva au-dessus de tous les autres entretiens, proposa de prendre les armes et d'adopter une cocarde nouvelle pour signe de ralliement. Voici comment il raconte lui-même ce qui se passa:

« Il était deux heures et demie; je venais sonder le peuple, ma colère était tournée en désespoir. Je ne voyais pas les groupes, quoique vivement émus et consternés, assez disposés au soulèvement. Trois jeunes gens me parurent agités d'un véhément courage; ils se tenaient par la main: je vis qu'ils étaient venus au Palais-Royal, dans le même dessein que moi. Quelques citoyens passifs les suivaient. « Messieurs, leur dis-je, voici un commencement d'attroupement civique; il faut qu'un de vous se dévoue et monte sur une chaise, pour haranguer le peuple.—Montez-y. —J'y consens. » Aussitôt je fus plutôt porté sur la table que je n'y montai. A peine y étais-je, que je me vis entouré d'une foule immense. Voici ma courte harangue que je n'oublierai jamais.

» Citoyens, il n'y a pas un moment à perdre. J'arrive de Versailles, M. Necker est renvoyé; ce renvoi est le tocsin d'une Saint-Barthélemy de patriotes. Ce soir tous les bataillons suisses et allemands sortiront du Champ-de-Mars pour nous égorger; il ne nous reste qu'une ressource, c'est de courir aux armes et de prendre des cocardes pour nous reconnaître. » J'avais les larmes aux yeux, et je parlais avec une action que je ne pourrais ni retrouver, ni peindre. Ma motion fut reçue avec des applaudissements infinis. Je continuai: « Quelle couleur voulez-vous? » Quelqu'un s'écria: « Choisissez! — Voulez-vous le vert? couleur de l'espérance, ou le bleu cincinnatus, couleur de la liberté d'Amérique et de la démocratie? » Des voix s'élevèrent: « Le vert, couleur de l'espérance! » Alors je m'écriai: « Amis, le signal est donné; voici les espions et les satellites de la police qui me regardent en face. Je ne tomberai pas du moins vivant entre leurs mains. » Puis tirant deux pistolets de ma poche, je dis : « Que tous les citoyens m'imitent ! » Je descendis étouffé d'em-

brassements ; les uns me serraient contre leur cœur, d'autres me baignaient de leurs larmes ; un citoyen de Toulouse, craignant pour mes jours, ne voulut jamais m'abandonner. Cependant on m'avait apporté un ruban vert ; j'en mis le premier à mon chapeau, et j'en distribuai à ceux qui m'environnaient. Mais un préjugé populaire s'étant élevé contre la couleur verte, on lui substitua les trois couleurs, qui furent alors proclamées, comme les couleurs nationales. »

Cet homme, c'était Camille-Desmoulins. Le jour, c'était la première journée de la révolution.

Le lendemain de cette scène, la Bastille s'écroulait sous les coups du peuple. Quatre ans plus tard, une charrette s'arrêtait devant la façade du Palais-Royal; elle conduisait au supplice le duc d'Orléans, qui avait renoncé à son titre pour prendre le nom d'*Égalité !*

Cependant la salle du Théâtre-Français avait été entièrement achevée : mais les autres constructions n'avaient pu être terminées. A la place des colonnades projetées, on avait permis d'élever des hangars de planches qui formaient trois rangées de boutiques et deux galeries couvertes.

On appela ces baraques *le camp des Tartares*, et ensuite *les galeries de Bois*. Ces constructions improvisées ont duré quarante-trois ans. Nous aurons occasion d'en parler avec plus d'étendue.

Le 11 juillet 1790, l'Assemblée Nationale législative déclara que la patrie était en danger. Cette déclaration proclamée sur toutes les places publiques de Paris, le fut sur celle du Palais-Royal avec un appareil et une solennité extraordinaires. Elle fut, dès le matin, annoncée et précédée par le bruit du canon, le 12 juillet; les officiers municipaux à cheval, et divisés en deux corps, sortirent, à dix heures, de l'Hôtel-de-Ville, faisant porter au milieu d'eux, par un garde national, une bannière tricolore sur laquelle était écrit: *Citoyens! la patrie est en danger!* Devant et derrière eux marchaient plusieurs conscrits, accompagnés de nombreux détachements de gardes nationaux. La bannière, signal du danger de la patrie, était ornée de quatre guidons, sur chacun desquels on lisait un de ces mots: « *Liberté, égalité, publicité, responsabilité.* » Une musique convenable à la circonstance se faisait entendre devant le corps municipal.

Voici la formule que le président avait prononcée au nom du Corps législatif:

« Des troupes nombreuses s'avancent sur nos frontières: tous ceux qui ont en horreur la liberté s'arment contre notre constitution.

» Citoyens! la patrie est en danger!

» Que tous ceux qui ont déjà eu le bonheur de prendre les armes pour la liberté se souviennent qu'ils sont Français et libres: que leurs concitoyens maintiennent dans leurs foyers la sûreté des personnes et des propriétés; que les magistrats du peuple veillent, que tout reste dans le calme de la force, qu'ils attendent pour agir le signal de la loi, et la patrie est sauvée. »

Le Palais-Royal, déjà diminué par les ventes nationales, fut réuni au domaine de l'État. Il expia fatalement le scandale de sa splendeur passée; envahi par les races de Bohémiens qui exploitaient les vices et les désordres d'une population en délire, il fut livré à toutes les exploitations. On y installa une maison de jeu; des fourneaux et des salles de restaurateur occupèrent les appartements; les deux théâtres subirent, l'un, celui *de la République*, une ruine totale, l'autre les plus affligeantes dégradations.

Sous le consulat, le Tribunat chassa les vendeurs; cette assemblée tenait ses séances dans une salle dont le plan fut conçu par M. Bléro, et qui fut terminée par M. de Beaumont; elle fut construite avec beaucoup d'habileté; on accorde des éloges à son ordonnance et à l'harmonie de toutes ses parties. Bâtie en 1801, la salle du Tribunat a été démolie en 1827, pour la continuation des grands appartements, après avoir servi pendant treize ans de chapelle au palais. En 1807, le sénatus-consulte du 19 août et le décret impérial du 29 du même mois transférèrent au Corps législatif les attributions constitutionnelles du Tribunat. Le Palais-Royal fut réuni au domaine ordinaire et extraordinaire de la couronne dont il fit partie jusqu'en 1814. Napoléon ne le visita qu'une seule fois, et n'alla pas au-delà du second salon; rien n'a pu détruire les préventions défavorables qu'il avait contre cette résidence.

La Bourse et le Tribunal de commerce y furent abrités comme dans un asile provisoire.

M. Vatout, qui a écrit sur les résidences royales un ouvrage auquel nous avons souvent emprunté des documents recueillis et ordonnés avec une intelligence parfaite, peint ainsi le retour du duc d'Orléans, actuellement le roi Louis-Philippe, au Palais-Royal :

« En 1814, un auguste exilé revient dans sa patrie; il se présente seul et sans se faire connaître au Palais-Royal. Le suisse, qui portait encore la livrée impériale, ne voulut pas le laisser entrer; il insiste, il passe, il s'incline, il baise avec respect les marches du grand escalier. . . . . . C'était l'héritier des ducs d'Orléans qui rentrait dans le palais de ses pères.

Pendant les *Cent-Jours* le Palais-Royal fut habité par le frère aîné de Napoléon, Lucien, prince de Canino.

Après cette époque, le duc d'Orléans, rentré dans la possession des biens non vendus que le prince son père avait possédés à quelque titre que ce fût, s'occupa sans relâche de restaurer le Palais-Royal.

Depuis l'anéantissement du Tribunat jusqu'en 1814, le Palais-Royal, comme demeure, resta désert; au rez-de-chaussée et dans la cour, étaient, ainsi que nous l'avons dit, la Bourse et le Tribunal de commerce.

Quelle vie et quel mouvement animaient alors les galeries! Le Palais-Royal était comme une capitale au milieu d'une capitale; la magnificence de ses boutiques avait une renommée universelle; les deux-mondes en parlaient comme d'une pierre d'Orient. Les étrangers, les Français des départements, tous ceux qui affluaient à Paris, accouraient d'abord au Palais-Royal; merveille du monde, il était regardé comme le temple du goût et de la mode; pour lui tout était oublié et dédaigné; toute emplette faite ailleurs qu'au Palais-Royal, *dans les rues*, comme on disait ordinairement, n'avait aucun prix; l'Opéra-Comique l'avait ainsi voulu. Il est vrai que rien alors n'égalait les splendeurs de ce lieu; mais il avait d'autres attraits; c'était le centre des plaisirs, dont il avait le monopole exclusif, tant il les avait entourés d'irrésistibles séductions.

Les restaurateurs du Palais-Royal passaient, non sans raison, pour les premiers cuisiniers de l'Europe; leurs caves avaient les prémices de tous les vins fameux; le goût, l'élégance et la promptitude du service, ajoutaient encore à ces qualités précieuses. Les cafés déployaient un luxe inconnu partout ailleurs; des maisons de jeux présentaient à chaque pas les plus séduisantes promesses; des femmes radieuses de jeunesse et de beauté, brillantes de parure, comme les fées que l'on voit dans les songes, parcouraient les galeries; d'autres se glissaient dans l'ombre du jardin, partout on rencontrait des sourires, de doux appels, des regards prévoyants, et tout le manège d'une volupté qui verra ruiner ceux qu'elle attaque. C'était à se croire sous les portiques du harem ou dans les jardins du calife, au milieu des odalisques libres d'aimer et de choisir. Au premier étage le punch illuminait les croisées et ses lueurs redoublaient l'ivresse des sens; toutes les vitres étaient flamboyantes, et partout éclataient en mille transports divers et sous mille formes, les jouissances, les provocations, le rire, les plaisirs, l'oubli des maux et les plus vives sensations. L'esprit s'égarait et le regard se troublait à suivre ces délices. Au-dessous, dans les caveaux, retentissaient des bruits de fête; là s'accomplissaient des prodiges d'adresse, ici le concert était exécuté par des musiciens vêtus en sauvages avec de merveilleux roulements de tambour; plus loin des ventriloques mettaient au service du persifflage et de la mystification leur art de déplacer la voix; ailleurs des parades les plus amusantes et partout ces œillades enchanteresses, partout ces almées et ces bayadères dont la dégradation se cachait sous tant de grâces.

Les galeries de bois, bordées d'une double haie de boutiques de marchandes de modes, dans lesquelles on apercevait des figures jeunes et jolies, à l'éternel sourire, étaient le lieu de prédilection des promeneurs du soir. La foule s'y entassait, sans songer à l'aspect maussade, aux ruines humides, au sol fangeux, aux émanations infectes qu'augmentait encore cette multitude d'hommes réunis sur le même point; c'est que, là, les séductions se mêlaient plus intimement à la foule. On a maintenant peine à concevoir la liberté du propos de cette époque et l'inconcevable audace du geste et du maintien; il y avait une espèce de convention lassive dont personne n'était choqué. Là, aussi, dans les boutiques des libraires, s'établissait l'entretien des lettrés, pendant que de pauvres hères feuilletaient les livres de l'étalage, et happaient sans payer quelques bribes de science. Nous ne savons comment notre pensée, en se reportant sur ce tableau, éprouve des regrets à faire rougir notre mémoire. Ce sentiment, nous l'avons retrouvé chez tous ceux qui se rappellent les galeries de bois, hideux et honteux endroit, remplacé par cette galerie d'Orléans, monument de marbre et de cristal, lumineuse et transparente, comme ces palais diaphanes construits par l'imagination.

De ce côté, les abords du Palais-Royal étaient formés par d'abominables et étroites galeries aux portes peintes et vitrées; on s'y précipitait avec délices; Chevet les embaumait des fumées de ses provisions.

La promenade du Palais-Royal était, pour toutes les classes, un besoin impérieux : le Prince archi-chancelier de l'Empire et ses deux acolytes, s'y montraient tous les soirs, coudoyés par des gens de la campagne ébahis devant ces miracles.

Le Palais-Royal était alors le centre de l'Europe civilisée; cet immense et opulent bazar, ce harem toujours ouvert, toujours peuplé, et ce capharnaüm de toutes les dissolutions, tout attirait, charmait et retenait la multitude. C'était là que nos soldats revenaient dépenser l'or qu'ils allaient chercher dans toutes les capitales; leur insouciante prodigalité dissipait ces trésors en quelques jours, et leurs retentissantes largesses résonnaient en échos tentateurs.

Ce fut ainsi que l'invasion de 1814 trouva le Palais-Royal, pour la conquête duquel toute l'Europe s'était coalisée.

Un jeune colonel, en arrivant à la barrière de Clichy, le 31 mars 1814, demanda où était le Palais-Royal? Tout est compris dans cette question. Il y eut des officiers prussiens si pressés d'arriver au Palais-Royal, qu'ils entrèrent à cheval dans les galeries. Le commerce ne se pique pas de patriotisme; en un moment et comme par enchantement, le Palais-Royal de Paris offrait, sur toutes les devantures de ses boutiques, les uni-

formes, les coiffures, la passementerie, les armes et tout l'équipement militaire des nouveaux venus, qui pouvaient se croire à Vienne, à Berlin et à Saint-Pétersbourg : on redoubla d'agaceries pour capter les étrangers; ils furent ravis et ne songèrent pas à résister à ces prévenances; ils enrichirent le Palais-Royal, qui était alors à l'apogée de sa grandeur. Les naturels de l'endroit racontent des histoires prodigieuses sur les dépenses que firent les étrangers dans ce paradis terrestre.

Les *Cent-Jours* donnèrent au Palais-Royal une physionomie turbulente; après le retour des Bourbons, il y eut de cruelles représailles. Le café de la Paix vit toutes ses glaces brisées à grands coups de sabres qui n'étaient sortis du fourreau que pour ce bel exploit; il y eut des duels éclatants et des provocations qui firent quelque bruit. Le café de la Paix, salle de spectacle dans laquelle les représentations paraissaient et disparaissaient, était livré aux filles publiques, qui s'y abandonnaient à de dégoûtants excès; c'était un horrible spectacle. D'autres cafés cherchèrent à attirer le public en employant de jeunes femmes pour le service des tables; il y eut toutà-coup, entre ces établissements, une émulation de luxe et d'opulence qui pour plusieurs fut une cause de ruine : au café des *Mille Colonnes*, une des *belles limonadières* était assise au comptoir dans un fauteuil qui avait servi de trône à Jérôme, roi de Westphalie.

Le café Lemblin fut pendant quinze ans un foyer d'opposition.

La paix et la tranquillité de l'Europe amenèrent au Palais-Royal des flots d'étrangers qui tous y laissaient des dépouilles opimes; ces passages produisirent plusieurs années d'une étonnante prospérité.

Le duc d'Orléans, qui habitait le Palais-Royal, s'occupait activement de rentrer dans les domaines de sa famille.

Un bail qui durait jusqu'en 1804, avait sauvé de la vente nationale la galerie vitrée; le Prince la reprit; il revendiqua aussi judiciairement la propriété du Théâtre Français; on disait alors *qu'il échangeait la couronne de France contre un tas de pierres*; il a eu l'une et l'autre.

Les travaux de réparation étaient poussés sur tous les points avec beaucoup de zèle; les dépendances du Palais s'élevaient dans le plus bel ordre, et remplaçaient partout d'ignobles et immondes constructions. Dans les galeries, les marchands se disputaient la vogue et les chalands en s'avançant à qui mieux mieux vers les passants; ils écrivaient leurs noms sur les poutres transversales, au plafond, afin de le faire voir de plus loin. Les architectes du Prince ramenèrent partout la régularité, et il fallut descendre les hautes inscriptions, abattre les ambitieuses devantures, et faire rentrer les boutiques et les étalages dans les limites de l'alignement commun. C'est dans ces travaux que, sous le Palais-Royal que l'on démolissait, on vit apparaître le vieux Palais-Royal, celui de nos aïeux, avec les noms et les enseignes des vieilles hôtelleries autrefois fameuses; en même temps, les filles publiques étaient chassées des galeries et du jardin.

En 1829, l'achèvement des péristyles et de la grande galerie d'Orléans mit la dernière main aux constructions récentes; il était impossible de ne pas louer l'ordre de cette riche et correcte architecture.

En 1830, au mois de juin, le duc d'Orléans donna au roi de Naples, son beau-frère, une fête à laquelle le roi Charles X daigna se rendre; le Palais-Royal, fier de cet honneur insigne, fit des frais considérables pour se montrer reconnaissant de cette auguste faveur. Le peuple était dans le jardin illuminé; il contemplait la fête qui se répandait dans les allées suspendues au-dessus de la galerie... Tout-à-coup une de ces émotions sans cause et sans but si familières à la multitude se répand dans la foule; on franchit les barrières des parterres, on entasse des chaises au pied de la statue de l'Apollon du Belvédère, et l'on allume un bûcher dont le piédestal porte encore les traces. La garde arrive : obéissant aux commandements des officiers, les soldats refoulent et *rabattent*, comme ils avaient coutume de le dire alors sous un roi chasseur, les citoyens; l'indignation et la colère résistent; les flammes et les cris s'élèvent à la fois, on fait plusieurs arrestations. Dans cette échauffourée qui se termina par un procès en police correctionnelle, et que nous avons de bonnes raisons pour juger sainement, on a vu la préface de la révolution de 1830. Ce n'était pourtant qu'une convulsion passagère, mais qui témoignait du malaise général.

Cela se passait au moment où le roi Charles X s'écriait : « *Voilà, un bon temps pour ma flotte d'Alger!* » M. de Salvandy s'était écrié, le même soir : « *Nous dansons sur un volcan!* »

En 1830, le 28 juillet, ce fut dans le jardin du Palais-Royal que furent lus, à haute voix, par des jeunes gens montés sur des chaises, les journaux qui parurent malgré les ordonnances. C'est de là qu'on partit pour se rendre auprès des presses qui résistaient aux violences de la saisie.

Pendant les journées de juillet, le Palais-Royal resta muet et désert; les balles suisses sillonnaient de temps en temps les galeries pour les tenir libres; le troisième jour, de la colonnade et du balcon du Théâtre-Français, et sur la place du Palais-Royal, le combat fut des plus acharnés.

Chodruc-Duclos seul se promenait sous les péristyles, il était là comme Marius sur les ruines de Carthage; si quelqu'imprudent se hasardait dans ce lieu périlleux, il l'avertissait charitablement de se retirer.

Lorsque la royauté populaire s'établit au Palais-Royal, ce fut un temps de liesse et de tumulte; la cour et toutes les avenues du Palais, sans cesse assiégées par la foule qui appelait le roi et par les députations, étaient trop à l'étroit dans cette enceinte, la royauté étouffait dans cette habitation ducale; elle alla aux Tuileries.

D'ailleurs, il n'est peut-être pas bon que les grands de la terre soient vus de si près; la Régence loin des regards du peuple eût été moins odieuse.

Ainsi, Richelieu qui bâtit le Palais-Royal convoita le trône de Louis XIII et usurpa sa puissance, le Régent fut presque roi, et le duc d'Orléans Louis-Philippe monta sur le trône!

Les jeux furent abolis; ce coup fut mortel à la fortune du Palais-Royal. Ce *square*, le plus beau qu'on puisse imaginer, a des caractères distincts qui sont autant de traits de la physionomie parisienne.

L'espace qui s'étend devant la Rotonde, à l'extrémité nord du jardin, est invariablement consacré aux rendez-vous; pendant les vacances, tous les départements y affluent, en habit noir et en cravate blanche. A Friedland, on sonnait la charge : deux jeunes officiers marchaient à l'ennemi dans des directions différentes.—Adieu, cria l'un.—Au revoir, répondit l'autre.—Où ça?—Au Palais-Royal, dans quinze jours, à cinq heures!...—Devant la Rotonde?—Oui!—En avant!

Ils furent exacts au rendez-vous.

Lorsqu'avril a fermé les théâtres, c'est au Palais-Royal que les comédiens de toute la France, viennent *faire grève*, c'est-à-dire chauffer leur oisiveté au soleil et chercher de l'emploi; c'est un chapitre du *Roman comique;* il se passe sur des chaises que ces messieurs ne payent jamais.

La coalition des garçons tailleurs se tient debout dans les allées et parle allemand.

La politique n'a point abandonné le Palais-Royal; approchez-vous de ce groupe de gens qui se sont cotisés pour lire le journal, vous retrouverez dans leurs observations les plaisantes traditions de l'abbé *trente mille hommes*; pour leur stratégie, ils impriment sur le sable des fleuves, des montagnes et des routes. Dans ces pavillons qui ont remplacé les parapluies d'autrefois, les femmes qui louent les journaux vous donneront la mesure exacte du degré d'estime que chaque feuille inspire au public.

Le Palais-Royal n'est pas seulement la terre chérie de l'opulence, c'est l'asile de la misère; elle s'y promène en haillons qui révèlent presque toujours le souvenir d'un sort meilleur; elle y est affamée et transie; c'est là que se tient la petite bourse des signatures à un franc le mille.

Chodruc-Duclos, le Diogène des galeries, régnait sur ces tribus indigentes sans se confondre avec elles; le Palais-Royal a perdu en lui une de ses plus regrettables illustrations.

Le jardin du Palais-Royal voit en été se réunir autour des tables du café Foy toute la gent lettrée et la petite fashion du dehors; sa promenade est fréquentée; on forme cercle autour de son bassin pour humer la fraîcheur que lance le jet d'eau; mais le Palais-Royal est triste et languit.

Il s'en va comme tant d'autres puissances se sont en allées!

Voyez le nombre des boutiques à louer, comptez les magasins de tailleurs nomades, qui donnent à ses arcades un faux air du Temple. Il a perdu ses vieux cafés; le café Valois est fermé, de nouveaux établissements ont succombé sous l'extravagance de leur luxe, et malgré quelques beaux magasins, on se demande avec effroi, si la splendeur du Palais-Royal n'a pas émigré au loin, vers les régions fortunées des nouveaux quartiers.

Le soir, l'obscurité laisse dans les ténèbres ces fenêtres autrefois si radieuses. Pendant le jour, le jardin est infesté par des clans de sales nourrices, par des gamins plus incommodes que les animaux voraces, et par des tas d'enfants laids et déplaisants; c'est comme un avant-goût des destins de la place Royale, cet autre séjour de l'amour, de l'opulence, maintenant délaissé.

Il est vrai qu'on a fait le Palais-Royal beau et élégant: il a un palais riche de merveilles; son jardin a des phénomènes d'horticulture; il peut montrer avec fierté son air monumental et ses vastes galeries, mais à quoi lui sert cette vaine magnificence qui lui a enlevé tout contentement? Ne voyez-vous pas qu'il succombe sous ce faste qui l'écrase?

Rendez-lui, oh! rendez-lui ses anciennes joies, ses vices, s'il le faut;

ils l'ont fait si heureux! C'était un libertin qui menait vie joyeuse, vous l'avez converti, il fait son salut, mais il meurt d'ennui.

La vie n'est plus là!

EUGÈNE BRIFFAUT.

RUE SAINT-FLORENTIN.

La rue Saint-Florentin commence dans la rue de Rivoli et finit dans la rue Saint-Honoré ; elle a trente-trois maisons, ni plus, ni moins ; elle fait partie du premier arrondissement. S'il était possible que l'histoire d'une rue de Paris fût racontée par les hommes d'élite qui l'ont habitée, à des époques bien différentes l'une de l'autre, nous pourrions entendre de singulières et terribles confidences, de la bouche de quelques hôtes illustres de la rue Saint-Florentin.

L'histoire publique de cette voie parisienne se trouve tout entière dans les noms de certains personnages qui ont représenté : La finance sous le règne de Louis XIV, le gouvernement et l'arbitraire sous le règne de Louis XV, la noblesse étrangère sous le règne de la Convention nationale, la diplomatie française sous l'empire et pendant la restauration, l'aristocratie de l'argent sous le règne de l'égalité constitutionnelle de 1830.

De ces grands noms dont je parle, quatre appartiennent déjà à l'histoire, qui les a jugés sévèrement ;

le cinquième appartient à la puissance, à la richesse, aux plaisirs, aux vanités et aux intrigues de ce monde. Soyez tranquilles : les historiens des *rues de Paris* ménageront les passants qui vivent encore.

Je ne sais guère qu'un seul moyen de rendre la parole à la bouche des morts, que je voudrais entendre comme par enchantement, sans pouvoir les ressusciter par un miracle. Ce moyen, très-simple, très-facile, très-ingénieux, fut exploité autrefois par un homme de beaucoup d'esprit, de malice et d'audace, par un écrivain railleur, par un très-amusant philosophe qui se nommait Lucien, et que l'on pourrait surnommer, ce me semble, le Voltaire du paganisme.

C'est donc Lucien, ce véritable Aristophane de la tombe, qui me prêtera, si vous daignez me le permettre, le cadre fabuleux de ses *dialogues*, pour mieux étaler à vos regards le tableau d'une réalité historique. Aussi bien, ne s'agit-il pas, dans ce livre qui embrasse tous les âges de la ville de Paris, de la résurrection des sociétés parisiennes ?

Puisqu'il nous est impossible d'obliger les morts à comparaître devant nous, prenons à deux mains notre curiosité, notre imagination, notre courage, afin d'arriver secrètement jusqu'à eux, afin de les visiter dans l'autre monde, en nous promettant de les interroger et de les entendre.

Certes! nous n'irons pas dans le ciel, dans le royaume des bienheureux : pour trouver les héros que je cherche, nous n'aurons besoin que de pénétrer dans cette immense prison pénitentiaire qui touche à la vallée de Josaphat, et où souffrent, en essayant de se repentir, les grands comédiens du théâtre de l'humanité.

Adieu donc, terre!... et vive l'enfer où nous allons! La pensée voyage vite : nous voici déjà dans le purgatoire, au milieu de quasi-damnés qui furent autrefois des hommes coupables... avec des circonstances atténuantes.

Que le diable soit loué! je viens de reconnaître, à la première vue, les personnages célèbres que nous avons besoin de voir et de juger; regardons-les passer ensemble, s'il vous plaît.

Le premier est grand, maigre, sec, et tout à fait ridicule; il porte un accoutrement splendide : un pourpoint de velours noir, couvert de broderies et doublé de satin rose ; une veste écarlate, brodée en large point d'Espagne et garnie d'une frange à crépines d'or; des bas de soie d'un blanc d'azur, roulés sur les genoux, et retenus par des jarretières ornées de brillants; il traîne, en guise d'épée, une canne qui ressemble à celle de M. Turcaret; et puis, des manchettes de dentelle, des bagues à tous ses doigts, et des boucles de souliers étincelantes; il se promène en calculant ce qu'il gagnait, ce qu'il possédait autrefois, et il soupire en regrettant encore d'avoir prêté quelques poignées d'argent à l'insolvable vieillesse de Louis XIV. Vous voyez, dans ce bon homme, le financier Samuel Bernard.

Le second est un grand seigneur pailleté du dix-huitième siècle; il a cessé d'être un comédien redoutable dans le monde, et je le trouve presque charmant dans le purgatoire. Il se sourit à lui-même, il étale ses riches broderies, il tire ses deux montres à la fois, il prise une pincée de tabac d'Espagne, il joue avec le nœud de son épée, et il sautille à ravir, tout aussi bien que la plus habile marionnette de l'Œil-de-Bœuf. Il ne se souvient plus que des frivolités de l'ancien régime : il parle à ses compagnons d'infortune de sa majesté Louis XV et du petit lever de Versailles ; il se glorifie d'avoir eu l'honneur de présenter la chemise au roi ; il se prend à médire de la favorite, madame Dubarry ; il vante ses boîtes en émail qui sortent de chez le bon faiseur Ravechel, les damas éclatants, les tentures veloutées, les boiseries peintes, le style chicorée, les trumeaux, les houlettes, les magots, les singes, les négrillons, les sophas indiscrets, les éventails de Vanloo, les pendules érotiques, la poudre, les mouches et le rouge, toutes les petites merveilles, toutes les magnificences mignardes du xviii° siècle. C'est singulier ! sur son habit splendide, parsemé de pierres précieuses, de fleurs d'or et d'argent, notre magnifique damné porte, en guise de croix de Saint-Louis, une clé de fer qui ouvrait, sans doute, quelque porte bien mystérieuse ; est-ce la clé d'un Barbe-Bleu ? la clé d'un avare ? la clé d'un chambellan ? Non ; c'est la clé de la Bastille ; et vous voyez, dans ce brillant gentilhomme, le fameux distributeur des lettres-de-cachet, le duc de Lavrillière, ou le comte de Saint-Florentin, comme il vous plaira.

Ce pauvre vieillard, qui marche avec une lenteur solennelle, avec une noblesse indolente, et qui montre encore sur son front la trace de toutes les douleurs humaines, c'est un grand d'Espagne de première classe, c'est l'ancien ami et l'ancien complice de Ferdinand VII, c'est un faible et honnête Castillan que l'on appelait autrefois le duc de l'Infantado.

Le dernier et le plus grand des personnages qui doivent nous intéresser, dans notre promenade au purgatoire, a conservé les simples apparences de la société parisienne de notre temps ; il a su donner à toute sa personne la gravité d'un profond politique et l'élégance d'un homme du monde. Quand il vivait encore, je me laissai dire qu'il était infirme : je m'aperçois, en effet, qu'il boite comme le spirituel démon du roman de Lesage, et qu'il porte une béquille comme le Diable-Boiteux ; sans doute, il a boité bien souvent, sur la terre, afin de ne jamais arriver trop tôt, et souvent aussi, afin d'arriver trop tard. Quel nom que celui de cet homme ! nom terrible, qui cache le personnage le plus habile, le plus souple, le plus spirituel de la France d'autrefois et de la France d'aujourd'hui : évêque-législateur, royaliste révolutionnaire, républicain émigré, ministre impérial, ambassadeur constitutionnel, qui avait emprunté, dès sa jeunesse, aux traditions ingénieuses du paganisme, les deux faces symboliques de Janus : l'une, pour regarder le passé ; l'autre, pour considérer l'avenir !

Étrange ambitieux, que l'on admire sans pouvoir l'aimer, que l'on redoute sans l'estimer peut-être, que l'on recherche sans le désirer toujours! Lorsque je songe à ce mystérieux octogénaire qui sait encore trouver de la grâce, de l'habileté, de l'esprit, pour se draper dans son linceul et pour mourir, je m'en inquiète et je m'en effraie, parce qu'il m'est impossible de le comprendre ou de le deviner. Cette nature si calme et si pétulante à la fois ; cette intelligence qui s'élève, au besoin, jusqu'au génie ; cette audace qui prend tous les détours de la réserve ; cette force qui devient, en un clin-d'œil, de la témérité et de l'adresse ; cette ardeur qui se contient ; cette patience fougueuse qui peut, en même temps, attendre et se presser ; cette ambition calculée qui ne s'agite pas, qui ne marche pas, et qui arrive ; cette admirable pénétration des hommes, quand il s'agit de les subjuguer ou de les conduire ; ce jugement profond des circonstances, quand il s'agit de les exploiter ou de les vaincre ; cette faculté insigne de se dépouiller, à son gré, des affections et des sentiments, à la manière du reptile qui fait peau neuve ; ce dévouement actif et sincère pour toutes les grandeurs qui montent ; cette ingratitude froide et délibérée pour toutes les grandeurs qui descendent ; enfin, cette cruauté apparente dans les principes, mêlée à je ne sais quelle douceur réelle dans le langage, dans les façons, dans les goûts, dans les habitudes : n'est-ce point là un mélange incompréhensible de toutes les idées contraires, quelque chose d'inconnu, d'impénétrable et de ténébreux comme le gouffre imaginaire qui s'entrouvrait sous les pieds chancelants de Pascal?

Je n'ai point l'orgueil de vouloir prononcer l'éloge ou la critique de ce prêtre, de ce gentilhomme, de ce diplomate qui vécut tant de siècles en quelques années ; qui commença à être spirituel en devisant avec Voltaire ; qui se promena, bras dessus, bras dessous, avec Sieyès et le tiers-état ; qui consola Mirabeau mourant, en lui parlant de la patrie et de la liberté ; qui arma des navires de guerre, pour secourir l'Amérique émancipée, avec l'argent du clergé de France ; qui salua Bonaparte, à l'avènement de sa gloire, et qui le renia si vite, à la déchéance de son règne, de son pouvoir et de son nom ; qui inventa, en 1814, une royauté nouvelle pour l'abandonner ensuite et pour la condamner, pour lui dire adieu comme il lui avait dit bonjour, en souriant, en faisant de l'esprit, en se moquant de la restauration qui était son propre ouvrage! — Vous avez là, devant vous, tout près de Samuel Bernard, du duc de l'Infantado et de M. de Saint-Florentin, le prince de Périgord-Talleyrand!

Les illustres pécheurs dont je parle se promènent toujours ensemble, durant les heures de répit que leur laisse la bonté divine : ils aiment à se réunir, pour se consoler entre eux, comme il sied à de grands débris ; ils essayent de se rappeler, dans leur intimité d'outre-tombe, ce qu'ils ont dit et ce qu'ils ont fait sur la terre ; ils ne se sentent pas de

Rue Saint-Florentin.

joie, en apprenant qu'ils ont tous habité la même rue, peut-être la même maison, dans un misérable coin de boue que l'on appelle Paris, et c'est là ce qui provoque sans cesse leurs souvenirs, leurs regrets, toutes leurs confidences mondaines. Asseyons-nous silencieusement, pour écouter ce nouveau dialogue des morts; et que Lucien, qui savait si bien écouter aux portes des enfers, nous pardonne et nous protége!

Samuel Bernard. — Savez-vous bien, mon cher duc de La Vrillière, que sans ma fantaisie vaniteuse, et surtout sans la stupide faiblesse de M. Chamillart pour ma petite personne de financier, vous n'auriez jamais eu l'honneur de donner à une rue de Paris votre nom de Saint-Florentin? Rien n'est plus simple: le contrôleur des finances dont je parle avait fait sa fortune politique en jouant au billard avec le grand roi; ce fut aussi en jouant au billard avec ce pauvre ministre des finances, que je bloquai dans la blouse de mon coffre-fort la première bille, c'est-à-dire le premier million de mon opulente richesse. Dans la vie ministérielle de

Chamillart, le carambolage avait beaucoup aidé le génie de l'homme

d'état; dans mon existence financière, le carambolage vint en aide à l'ambition et à l'esprit avisé de l'homme d'argent. M. Chamillart sut conquérir l'estime précieuse du prince; moi, j'obtins, par ricochet, les bonnes grâces de la Fortune, qui daigna m'épouser... de la main gauche, et je trouvai, dans cette jolie main de ma déesse, une dot de trente-trois millions de livres !...

Une fois riche, opulent, millionnaire, je m'avisai de faire bâtir un hôtel splendide, un véritable hôtel royal, au plus bel endroit de la *place des Victoires*. Ma résidence était sans pareille, et tout-à-fait digne des plus magnifiques seigneurs de Paris et de Versailles; il ne manquait à ma splendeur et à mon orgueil qu'un peu de noblesse, un zeste de noblesse, une arme parlante, un méchant petit blason, une misérable branche de quelque arbre généalogique... Par malheur, mon ami M. d'Hozier fut inflexible : il ne daigna trouver, dans l'illustration équivoque de ma famille, qu'un pauvre marguillier de la paroisse de Saint-Sauveur.

Noble ou vilain, Samuel Bernard traita de puissance à puissance avec les grandeurs de la France aristocratique : toute la cour de Louis XIV défila dans mes antichambres, pour rendre hommage à mon mérite, et pour ramasser les pièces d'or et d'argent qui tombaient de ma corne d'abondance. Permettez-moi de m'en souvenir, mon cher duc : une fois, afin de mieux déshonorer, à ma façon, tous ces parasites qui venaient s'asseoir à ma table, j'offris un petit souper réjouissant à trois courtisanes de Paris, qui étaient charmantes, et à trois courtisans de Versailles qui étaient, par Dieu! de célèbres gentilshommes; le *repas fut fort honnête*, et pour que rien ne manquât au festin, je fis servir, au dessert, deux bassins énormes, tout remplis de ces jolies friandises que l'on appelle des louis d'or. Grâce à l'appétit insatiable de mes nobles convives, le dernier plat de mon petit souper fut dévoré en un clin-d'œil, et mes louis d'or disparurent, comme par enchantement, dans la poche des trois gentilshommes. Qui le croirait? mes belles courtisanes de Paris s'avisèrent de faire fi de mon extravagante prodigalité, en dédaignant de toucher au magnifique *dessert* de Samuel Bernard : sans doute, elles avaient plus d'argent, plus de cœur, ou moins de gourmandise que les courtisans de Versailles.

Vous riez, monsieur le duc! vous riez peut-être de ma faiblesse et de ma vanité?.... C'est vrai, je l'avoue à ma honte...., les gens de cour prélevaient un impôt extraordinaire sur mon orgueil et sur ma sottise. Dans une seule année...., je ne sais plus laquelle...., qu'importe...! la noblesse daigna user de ma niaiserie, avec une indiscrétion qui convenait à merveille à des emprunteurs insolvables; j'ai eu l'honneur de prêter mon malheureux argent à des gueux de la plus haute distinction, à des mendiants qui portaient une robe, une épée, un rochet et souvent même une couronne ; j'ai délié les cordons de ma bourse pour de besoigneux personnages que l'on appelait des plus beaux noms de la cour, de l'église et de la ville.

Enfin, mon cher duc, j'ai obligé de mes deniers, le plus gratuitement du monde, de très-hauts, très-puissants et très-excellents princes qui ont gouverné des peuples : Stanislas Ier, roi de Pologne, grand-duc de Lithuanie ; Louis XIV ; Louis XV. — Rien que cela !

Que l'enfer se charge du châtiment éternel de ce coquin de Desmarest, le maudit contrôleur des finances du vieux roi ! Je m'en souviens encore : bonté du ciel, quelle comédie pour un peu d'argent ! quelle royale comédie, et comme c'était bien joué, monsieur le duc !

En 1709, l'océan du trésor de l'État était épuisé ; les petits ruisseaux de la richesse publique étaient à sec ; on imaginait toutes sortes de moyens pour battre monnaie sur le dos du peuple : on se prit à établir des impôts sur les baptêmes et sur les mariages ; il fallut payer pour devenir chrétien, et pour se marier saintement devant Dieu et devant les hommes ! Les petites gens s'ingénièrent, à leur tour, pour se moquer du roi et de M. le contrôleur Desmarets : ils baptisèrent eux-mêmes des enfants, avec de l'eau sanctifiée par la prière, et qui valait bien celle de l'Église ; ils se marièrent en secret, avec l'assistance de deux témoins qui valaient, entre nous, autant que deux prêtres. Le contrôleur avait semé l'impôt ridicule des baptêmes et des mariages : le monarque recueillit, par toute la France, les murmures, les plaintes, la haine et la colère des pauvres gens ; M. Desmarets essaya de monnayer la flèche d'un autre bois.

Il se mit en marche pour aller frapper à toutes les portes ; mais, les portes des banquiers, des traitants, des fermiers-généraux, se fermaient à son approche, pour ne jamais plus s'ouvrir à sa voix ; et moi-même, moi, Samuel Bernard, je refusai d'avancer une seule pistole, en dépit des gains considérables que j'avais réalisés dans les finances de l'État.

Mais, hélas ! sous le règne de Louis XIV, le sujet propose et le roi dispose ! Un matin, à mon réveil, je reçus une invitation pour Marly... Oui, pour Marly !... Une invitation signée, non pas de la main de sa majesté, mais tout simplement de la main de monsieur le contrôleur général, et, en pareil cas, cela signifiait, à mes yeux, à peu près la même chose. D'ordinaire, on n'invitait pas un simple banquier aux fêtes vraiment royales de la cour de Marly ; mais, il est parfois, dans le monde où nous avons vécu, de misérables traitants qui méritent une faveur spéciale, une grâce exceptionnelle, une quasi-justice extraordinaire : je remerciai Dieu et le roi de l'honneur qu'ils avaient la bonté de me faire.

Je me disais, en m'affublant de mon superbe costume de cour : Ma soudaine présence à Marly produira quelque sensation, je m'en flatte ; mes confrères crèveront de dépit et de jalousie, j'en suis sûr ; Louis XIV daignera me parler, je l'espère ; peut-être daignera-t-il m'obliger à m'asseoir à sa table... je le souhaite ; quand on a eu l'honneur de dîner avec le roi, on devient gentilhomme par la grâce de la fourchette royale ! Et puis, un titre de chevalier, de comte ou de marquis irait si bien à l'éclat de ma jeune noblesse ! Oh ! que le cordon de Saint-Michel jouerait à merveille sur la veste dorée du financier Samuel Bernard !... Allons, ambitieux, viens à Marly !

Le même jour, à deux ou trois heures environ, je fus présenté à toute la cour de Louis XIV, par M. le contrôleur général des finances, qui spéculait, en ce moment, sur la sottise d'un petit et sur la sottise d'un grand. Je m'aventurai dans les jardins de Marly, au milieu d'un cortége de beaux seigneurs et de belles dames ; tout à coup, un homme, ou plutôt un demi-dieu, s'avança vers moi, et il me semble que le génie de la royauté prit la peine de me saluer, le premier ! Il daigna me dire, d'une voix qui avait quelque chose de divin : « Monsieur Bernard »... Je faillis en perdre la tête... J'aurais payé un tel bonheur, un tel honneur, au prix de vingt millions, et j'aurais cru, parlasembleu ! ne pas l'avoir payé trop cher. « Monsieur Bernard, me dit le roi, vous êtes bien homme à n'avoir jamais vu Marly ?... » Je crus sérieusement que j'allais mourir, à force de

joie, à force d'orgueil, et je me courbai jusqu'à terre, pour me rouler aux pieds du glorieux monarque!.. Louis XIV me releva, du bout de sa main souveraine, et là-dessus il daigna me faire les honneurs de sa résidence royale : il me montra lui-même, en personne, les jardins, les bosquets, les pièces d'eau, les statues, toutes les magnificences de Marly; mais, au milieu de ces splendides merveilles, je ne voulus voir et je n'admirai que mon hôte, mon guide, mon protecteur, mon demi-dieu... le roi de France! Dès ce moment, j'étais mieux que quelqu'un : j'étais quelque chose.

Desmarest demanda, pour moi, une audience particulière à madame la marquise de Maintenon; mais, sa solidité refusa de me recevoir. Je pardonnai, sans peine, un pareil accès de fierté à la veuve du cul-de-jatte Scarron : elle avait besoin de beaucoup d'orgueil pour vernir son ancienne bassesse.

Ma visite à la cour de Marly ne me coûta guère que la bagatelle de quatorze millions.

J'étais né pour devenir la providence, je n'ose pas dire la vache à lait des gentilshommes, des courtisanes et des rois. Quelques années plus tard, je pris en pitié la royauté minable du jeune Louis XV, comme je m'étais apitoyé sur la vieillesse malheureuse de Louis XIV. Dieu merci! mes nouveaux placements, à fonds perdus, me valurent du moins des faveurs insignes, des grâces inimaginables, des alliances illustres, et une renommée sans pareille. Louis-le-Bien-Aimé me surnomma le sauveur de l'État, et je me réveillai, un beau matin, chevalier de l'ordre de Saint-Michel, comte de Coubert, seigneur de Vitry, Guignes et autres lieux, conseiller secrétaire du roi et de ses finances. Ce n'est pas tout : j'obtins le droit précieux d'aller dîner, quand bon me semblait, chez le maréchal de Noailles; je soupai, chaque soir, chez la duchesse de Tallard, et je perdis au jeu des sommes considérables, au profit de quelques nobles vauriens qui me riaient au nez, en récitant les scènes les plus ridicules du *Bourgeois gentilhomme*.

Pour comble de bonheur et de gloire, j'épousai, à l'âge de soixante et dix-neuf ans, une jeune et jolie personne, mademoiselle Pauline-Félicité de Saint-Chamans; je mariai ma fille avec François-Mathieu Molé, seigneur de Champlâtreux, Luzarche et autres lieux, conseiller du Roi en tous ses conseils, grand président du parlement; je devins ainsi le grand-père de la duchesse de Cossé-Brissac, je m'alliai aux Biron, aux Duroure, aux Boulainvilliers, et je consentis à être l'ami intime du garde-des-sceaux Chauvelin. O puissance infaillible de l'argent!

Vous le voyez : mes alliances, mes amitiés et ma fortune m'avaient rapproché de la personne du roi; je voulus aussi rapprocher ma demeure du palais de la Royauté. J'achetai donc, pour y élever à grands frais une résidence princière, le petit *cul-de-sac de l'Orangerie*, qui avait emprunté son nom du voisinage des orangers des Tuileries; un jeune architecte, nommé Gabriel, se chargea de dessiner et de construire ce temple magnifique, dédié au hasard et à la fortune; j'approuvai tous les plans merveilleux de mon artiste; le cul-de-sac de l'orangerie disparut à ma voix, pour céder la place à la *petite rue des Tuileries;* on jeta, du soir au lendemain, les fondements du palais de Samuel Bernard.... Mais, ô regret! ô douleur! l'orgueil du financier ne put s'élever qu'à fleur de terre... Un jour, un triste jour, je vis chanceler et mourir, entre mes mains, ma poule noire, ma poule aux œufs d'or, une poule à laquelle je croyais attachées ma fortune, ma gloire, ma vie, ma destinée toute entière; j'avais raison : une heure après la mort de *Cocotte,* de ma meilleure amie, je fermai doucement les yeux, et j'expirai en recommandant à mes héritiers de continuer à bâtir, dans la petite rue des Tuileries, un palais qui devait être mon dernier château en Espagne!

Encore un coup, remerciez-moi, monsieur le duc : je déblayai la place où devait briller, un jour, votre hôtel que l'on dit raisonnablement magnifique, et je pris la peine d'aligner une nouvelle rue, que vous avez baptisée de votre nom de Saint-Florentin; *sic vos, non vobis!*

Le duc de la Vrillière. — Remerciez-moi plutôt, mon cher Samuel, d'avoir anobli, par la grâce d'un nouveau baptême, votre horrible *cul-de-sac de l'Orangerie;* tout cela sentait le parvenu, le traitant, le financier, le maltôtier... fi donc! songez un peu, mon cher, à l'honneur que je voulus bien faire à vos premiers travaux, à vos projets et à votre mémoire équivoque : en 1767, le nouvel acquéreur des terrains de votre petite *rue des Tuileries* n'était rien moins que Louis Phélypeaux, comte de Saint-Florentin, ministre de la maison du roi; à cette époque, il s'agissait déjà de le créer duc de la Vrillière. Jugez de mon crédit, de mon influence, de ma grandeur : en 1765, je perdis une main à la chasse, et mon royal maître eut la bonté de m'écrire : « Vous n'avez perdu qu'une main, et vous en trouverez toujours deux, chez moi, à votre service. »

L'absence d'une main ne m'empêcha pas de puiser dans la cassette de Louis XV, et je crus faire ma cour au monarque, en usant de ses libéralités gracieuses pour contribuer, dans les proportions de mon état, aux embellissements du quartier des Tuileries : les constructions de la *place Louis XV,* les édifices de la *rue Royale,* les arcades du *Garde-Meuble des bijoux de la couronne,* commencèrent à s'élever, avec le premier étage de mon hôtel Saint-Florentin; le roi consentit à baptiser une place, et je consentis à baptiser une rue.

La place Louis XV fut décorée d'une statue équestre, exécutée par Edme Bouchardon, et qui représentait le roi de France revêtu du *Paludamentum* antique; les angles du piédestal, en marbre blanc, étaient flanqués de quatre figures symboliques, indignes du ciseau de Pigalle :

la *Force*, la *Paix*, la *Prudence*, et la *Justice;* les mauvais plaisants de la ville s'empressèrent de crier, en se moquant de l'artiste... ou du souverain :

O la belle statue! ô le beau piédestal!...
Les vertus sont à pied, le vice est à cheval.

Vous le dirai-je! un peu plus tard, je ne sais quel misérable, quel impie, quel athée, quel philosophe, quel homme du peuple, osa monter, pendant la nuit, sur le cheval de Bouchardon : il banda les yeux de Louis XV; il imagina d'attacher à son cou une méchante tire-lire, et, le lendemain, les passants lisaient cette inscription sur la poitrine du monarque : *N'oubliez pas le pauvre aveugle.* Il y avait pourtant une Bastille, et je n'étais pas bien loin de la place Louis XV!

Ce qui se passa, durant ma vie, dans le mystérieux hôtel de la rue Saint-Florentin, Dieu seul le sait! cette habitation splendide tenait presque, par la lettre-de-cachet, à la fameuse prison d'état du faubourg Saint-Antoine : l'hôtel Saint-Florentin servait d'antichambre à la Bastille; les faiseurs de mots disaient, en parlant de ma maison : Voilà le bureau de la traite des innocents!

Vrai Dieu! c'était le beau temps de la monarchie française! à cette charmante époque, je l'avoue, le peuple se plaisait à reprocher au roi et à ses ministres bien des fautes, bien des vices et bien des folies; on médisait, à la ville, des courtisans corrompus de Marly, de Choisy, de Bellevue et de Versailles; on nous faisait un crime de la vénalité des titres, des décorations, des dignités, des gouvernements et des charges; on flétrissait le pouvoir des gentilshommes faciles et des maîtresses qui leur ressemblaient; on parlait de l'anéantissement de notre marine; on criait partout à la trahison, à propos du *traité* de *Paris* qui venait d'arracher à la France le Canada et la Louisiane; bagatelles que tout cela!.. tarte à la crème! il nous restait encore la Bastille.

Dans ce temps là, rien n'était plus simple que de gouverner; on chansonnait la favorite : à la Bastille; on essayait de faire l'esprit-fort : à la Bastille; on chantait la liberté en vers ou en prose : à la Bastille; on frondait les juges et les prêtres : à la Bastille; on osait écrire ce que l'on avait pensé : à la Bastille; un père défendait l'honneur de son enfant : à la Bastille; un mari voulait garder la beauté de sa femme pour son usage particulier : à la Bastille. La Bastille jouait un grand rôle dans les amours du règne de Louis XV : la lettre de cachet était un véritable permis-de-chasse pour le chasseur couronné, pour le chasseur amoureux de Versailles, qui s'en allait faire la guerre au galant gibier du Parc-aux-Cerfs.

Samuel Bernard.—Et vous appelez cela, monsieur le duc, le beau temps de la monarchie française?.. Qu'est-ce que c'est que votre petit roi Louis XV, à côté de mon grand roi qui se nommait Louis XIV? que signifie ce misérable Parc-aux-Cerfs, à côté des poétiques jardins de Versailles?... Sous le règne du souverain de mon siècle, la noblesse, l'esprit, l'amour élégant, l'art et la poésie, toutes les royautés de la France monarchique, se pressaient en foule chaque soir dans les jardins de Versailles, pour se disperser ensuite, aux derniers rayons du soleil, dans les grottes, dans les bosquets, derrière les charmilles, à travers tous les détours mystérieux de cet admirable labyrinthe : Louis XIV s'en allait çà et là, dans tout l'appareil de sa majesté bienheureuse, à la recherche des inspirations, des fantaisies et des idées, côte à côte avec Mansard qui avait édifié les voûtes solennelles du palais ; avec Lebrun qui les avait inondées de l'éblouissante lumière de ses chefs-d'œuvre ; avec Girardon et Le Puget qui avaient ranimé, du bout de leur ciseau magique, tous les dieux, toutes les nymphes, toutes les grâces, toutes les chimères, tous les caprices de l'imagination païenne ; avec Colbert, le noble exécuteur des entreprises royales, toujours prêt à recevoir ou à faire la confidence de quelque sublime pensée!.. Les promeneurs amoureux se glissaient au fond des massifs, dans l'obscurité silencieuse du parc ; les hommes d'État et les hommes de guerre se groupaient sur l'escalier des *cent marches*, que leur présence habituelle, sans doute, fit appeler un jour l'escalier des géants ; les beaux-esprits, les poètes, les artistes, les penseurs profanes se réfugiaient à plaisir, au milieu des fleurs et des parfums, dans la petite provence de l'orangerie ; les princes de l'Église, les prédicateurs éloquents, les hôtes sévères et religieux du maître de Versailles, se prélassaient dans la fameuse *allée des philosophes*, où Bossuet et ses amis devisaient tour-à-tour des grandes choses du ciel et des grandes choses de la terre. — Voilà, monsieur le duc, une cour charmante, un règne brillant, une magnifique page de l'histoire de la monarchie française !

Le duc de la Vrillière. — Le diable m'emporte... ou plutôt, le diable me garde!.. L'indignation vous a presque donné de l'esprit et de l'éloquence ; mon cher Bernard, où donc avez-vous pris toutes les belles choses que vous venez de nous dire?.. Je suis content de vous, Samuel, et je continue.

La respectueuse terreur, inspirée par le ministre de la maison du roi, ne gâta jamais ni les joies bruyantes, ni les prodigalités aimables, ni les ébats mystérieux de l'hôtel Saint-Florentin ; le duc de la Vrillière trouva le moyen de faire honneur à son galant souverain : le luxe coulait à pleins bords, autour de moi ; le plaisir avait toute la vivacité du scandale ; la folie obligeait la raison à l'embrasser en la tutoyant ; mon herbier d'amour était digne de notre maître à tous, dans l'art d'aimer et de séduire, digne de M. le duc de Richelieu qui savait si bien herboriser dans les plus beaux jardins de la France amoureuse ; que voulez-vous?.. sur le vaisseau de l'État, j'avais la douce faiblesse de préférer le rôle d'un joyeux passager aux fonctions difficiles d'un bon pilote! O le beau temps! ô le beau règne que celui de Louis XV le bien-aimé!.. Je me souviens d'avoir lu, dans un livre érotique de l'autre monde, que les anges avaient inscrit ces mots, en lettres d'or, sur le fronton du paradis: A ceux qui ont beaucoup aimé, le bon Dieu reconnaissant! — S'il en est ainsi, ô mon divin juge! pourquoi me trouvé-je dans le purgatoire?...

Une fois, pourtant, les plaintes et les cris du peuple vinrent chasser les songes heureux de tous les rêveurs éveillés de l'hôtel Saint-Florentin. C'était dans la nuit du 30 au 31 mai 1770; on avait tiré, ce soir là, un superbe feu d'artifice, sur la place Louis XV, en l'honneur du mariage du dauphin avec Marie-Antoinette d'Autriche. A l'issue de cette fête publique, où la royauté venait de jeter de la poudre à tous les yeux, la foule se précipita dans la rue Royale, au risque de s'y heurter contre une autre multitude qui descendait du boulevart. Le choc fut terrible: les malheureux convives de cette fête en plein vent furent culbutés dans les fossés de la rue, abîmés sur les matériaux de pierre qui servaient aux nouvelles constructions, et foulés sous les pieds des chevaux; quelques piétons mirent l'épée à la main, pour essayer de traverser la foule, en blessant, en tuant, en égorgeant les bêtes et les hommes qui s'opposaient à leur passage; quelle soirée affreuse!.. Le mariage de l'héritier présomptif de la couronne de France coûta la vie à trois cents personnes: ce fut là le présent de noces du peuple! La nuit, en sortant de table, chancelant, énivré de vin et de plaisir, j'ouvris une des fenêtres de l'hôtel Saint-Florentin; je jetai les yeux sur le rond-point de la place Louis XV, et les appareils qui avaient servi au feu d'artifice prirent tout-à-coup, dans le chaos de ma pensée, une apparence d'échafauds, de potences, de fourches patibulaires; affreuse illusion! Était-ce là un avertissement du ciel? était-ce là un présage?.. Passons.

L'hôtel Saint-Florentin eut l'honneur de servir de temple ou de théâtre, aux représentations féeriques, aux extravagantes fantaisies d'un singulier personnage que l'on nommait le comte de Saint-Germain. Les badauds de la cour et de la ville se demandaient bien bas à l'oreille, à propos du nouveau sorcier dont je parle: Est-il grand? est-il petit? est-il beau? est-il horrible? a-t-il des flammes dans les yeux, des pieds crochus, des griffes aux mains et des cornes sur la tête? Ses crédules adorateurs répondaient, sans hésiter et sans rire: C'est un démon qui est né dans les ruines de Memphis, et qui a grandi dans le sein des Pyramides; il opère des prodiges, il guérit les mourants et il ressuscite les morts; il compose des philtres souverains, il bat monnaie avec le bout de son index, et il a le don des enchantements; il prodigue l'or, les diamants et les bienfaits, sans que l'on sache d'où lui viennent la richesse et la puissance; il possède le grand'œuvre, et, comme Diogène, il cherche un homme... qui lui semble digne de participer au bénéfice de la pierre philosophale.

Grâce à mon bienveillant patronage, notre héros fut honoré des invitations, des politesses et des visites de tout le monde qui était quelque chose; les femmes, qui avaient une peur affreuse de ce diable fait homme, se décidèrent à lui sourire, et les esprits-forts qui ne croyaient plus à Dieu, se prirent à croire au comte de Saint-Germain.

Le nouveau comédien se mit à jouer une comédie mêlée d'impertinences, de sornettes, de perles fines et de brillants; l'ouvrage ressemblait à une légende ou à un conte des *Mille et une Nuits* : il obtint un succès de vogue; l'acteur avait en conscience tout ce qu'il lui fallait, pour briller dans un rôle merveilleux : de l'audace, un costume superbe, des mots charmants, des regards dédaigneux, des réparties insolentes, de belles manières, un luxe effréné, de l'or dans toutes ses poches, des bijoux à pleines mains, des mensonges à pleine bouche, et beaucoup de mépris pour son naïf auditoire; l'apothéose ne se fit pas attendre : le comte de Saint-Germain se laissa pousser tout doucement dans les nuages, et les dévots de l'enthousiasme adorèrent un demi-dieu.

Le comte de Saint-Germain faisait les honneurs des réunions quotidiennes de l'hôtel Saint-Florentin, à force de gaîté, d'esprit, de sang-froid et de hardiesse; mes nobles amis lui demandaient sérieusement :

« Monsieur le comte, vous souvient-il d'avoir rencontré, dans vos voyages notre seigneur Jésus-Christ?—Oui, répondait-il en tournant les yeux vers le ciel, je l'ai vu et je lui ai parlé bien des fois; j'ai eu l'occasion d'admirer sa douceur, son génie et sa charité : c'était une créature céleste! je lui avais souvent prédit qu'il lui arriverait malheur.—A propos de Jésus-Christ, monsieur le comte, avez-vous connu le juif-errant? —Beaucoup! le blasphémateur osa me saluer sur la grande route, au moment de se mettre en marche pour faire le tour du monde; il compta devant moi ses premiers cinq sous. — Monsieur le comte, quel est l'auteur de cette brillante sonate que vous avez jouée sur le clavecin?— Je l'ignore; c'est un chant de victoire que j'ai entendu exécuter, à Rome, le jour du triomphe de l'empereur Trajan. — Soyez indiscret, monsieur le comte : quelles sont les charmantes païennes que vous avez le plus aimées?—Lucrèce, Aspasie et Cléopâtre. »

Un beau jour, le comte de Saint-Germain disparut à jamais de la société parisienne, après avoir brillé parmi les hommes d'élite et au milieu des jolies femmes du xviiie siècle; sa naissance était un secret : sa vie et sa mort furent un mystère; le peuple de Paris n'oublia pas de dire son petit mot sur ce personnage extraordinaire, qui tenait à la fois de l'aventurier, du sorcier et du charlatan : Le comte de Saint-Germain, disait le peuple, est un *conte pour rire*.

Je le confesse en rougissant : l'hôtel Saint-Florentin eut l'innocente sottise de prendre, sous sa protection, ces petites figurines coloriées que l'on appelait des *pantins*; on ne tarda pas à voir, à la cour et à la ville, dans les salons et dans les rues, des gentilshommes, des magistrats, des vieillards très-respectables, des douairières, des colonels et des abbés, qui jouaient au pantin, le plus gravement et de la meilleure grâce du monde; les chansons et les traits satiriques tombèrent comme la grêle sur ce nouveau caprice parisien; voici une épigramme qui parut, je le crois, dans le *Mercure de France* :

> D'un peuple frivole et volage
> Pantin fut la divinité;
> Faut-il être surpris s'il adorait l'image
> Dont il est la réalité?

Après avoir égratigné les pantins, en général, l'épigramme osa s'at-

taquer à un pantin, en particulier; elle disait d'un grand seigneur......
de ma connaissance :

> Le théâtre du Roi.....
>
> Prononcez : La maison du Roi.
>
> Le théâtre du Roi répète
> Le grand écart de Florentin ;
> Dans l'intérêt de sa recette,
> Il nous fera voir, c'est certain,
> Un ministre-marionnette
> Qui gambade avec un pantin.

Le règne des pantins finit avec le règne de Louis XV ; ils furent remplacés par les économistes de la cour de Louis XVI, qui devinrent les comédiens ordinaires du roi.

L'avènement du dauphin et de Marie-Antoinette fut pour moi le signal d'une retraite prudente... je n'ose pas dire d'une chute honteuse. Le nouveau souverain, qui se piquait d'être un sage, se montra sans pitié pour mes bons et loyaux services; en 1775, je cédai à M. de Malesherbes le ministère de la maison du roi, et mes amis de la veille complimentèrent le nouveau ministre, en lui disant, avec un vilain jeu de mots : Monseigneur, les belles-lettres vont remplacer les lettres-de-cachet !

A compter de ce jour, il n'y eut que du silence et de la tristesse dans l'hôtel Saint-Florentin. Chaque soir, appuyé sur une des fenêtres de mon salon, je pensais à toutes les vicissitudes des ministres, des princes, des rois et des peuples ; je ne sais pourquoi, ni comment, mes yeux se promenaient sans cesse du palais des Tuileries à la place Louis XV, et, en regardant le rond-point de cette place, je croyais toujours voir, dans l'ombre, les échafauds, les potences, les fourches patibulaires dont je vous parlais tout à l'heure !

Mon agonie dura deux ans : je me laissai mourir en 1777. Les poétereaux, qui avaient écrit des épigrammes sur ma vie, en composèrent une sur ma mort, sans attendre le dernier soupir du duc de La Vrillière. Un indiscret, un fâcheux, un ennemi peut-être, vint murmurer, à mon chevet, cette épitaphe que l'on avait composée pour un pauvre défunt qui vivait encore :

> Ci-gît un petit homme, à l'air assez commun,
> Ayant porté trois noms, et n'en laissant aucun.

LE DUC DE L'INFANTADO. — Monsieur de La Vrillière, me trouvez-vous assez noble, assez riche, assez illustre, pour avoir mérité l'honneur de baptiser, après vous, l'hôtel Saint-Florentin? Je me crois d'assez bonne maison : je suis le fils d'une princesse de Salm; je me nommais autrefois duc de l'Infantado ; j'étais grand d'Espagne de première classe et président du conseil de Castille ; je marchais l'égal des ducs de Gor, de Alagon, d'Alba, d'Ossuña et de Médina-Celi; je me souviens aussi d'avoir été, en 1808, colonel des gardes de Joseph Bonaparte : un pareil honneur ne m'empêcha point de faire une rude guerre de partisan au soldat ambitieux qui vainquit l'Espagne, sans pouvoir la conquérir.

Si, au lieu de mourir en 1777, vous aviez eu la douleur de vivre jusqu'en l'année 1793, vous auriez assisté du haut des fenêtres de l'hôtel Saint-Florentin, avec la permission du peuple, bien entendu, à un solennel et terrible spectacle que la révolution française donnait à l'Europe, sur le rond-point de la place Louis XV; oui, votre illusion était un pressentiment, un présage, un avertissement du ciel : l'appareil du feu d'artifice, tiré le 30 mai 1770, en l'honneur du dauphin, se transforma, le 21 janvier 93, en un véritable échafaud destiné au roi de France! Vous n'aviez pas trop mal vu, monsieur de la Vrillière.

Ce jour-là, un homme, un prisonnier d'état sortit de la tour du Temple; il monta dans une charrette; il suivit toute la ligne des boulevarts, jusqu'à la rue Royale, où il se rappela, sans doute, le mariage du Dauphin avec Marie-Antoinette d'Autriche; il arriva sur la place Louis XV... je me trompe... sur la place de la Liberté; il gravit lentement les degrés de l'échafaud, j'allais dire le chemin du Calvaire; on le força de regarder, encore une fois, le château des Tuileries, le palais de l'ancienne royauté; le patient murmura quelques paroles, dont le bruit alla se perdre dans le roulement des tambours de Santerre; il baissa la tête, et un prêtre lui dit, à haute voix : Fils de Saint-Louis, montez au ciel!—Cet homme, ce prisonnier d'état, ce patient, c'était Louis XVI!... Monsieur le duc, vos plaisirs, vos prodigalités, vos scandales, vos lettres-de-cachet, étaient peut-être pour quelque chose dans la mort de ce fils de Saint-Louis, qui s'en allait au ciel par la route de l'échafaud.

La République Française déclara la guerre à l'Espagne, et, bon gré mal gré, il me fallut quitter la France où j'avais été élevé; je n'ai plus rien à vous conter sur l'hôtel de l'Infantado...—Mais, voici M. le prince de Talleyrand qui pourra nous en dire de belles, sur l'histoire secrète de l'hôtel Saint-Florentin, en 1814 et en 1815...

Le prince de Talleyrand.—Monsieur le duc, ce qui se passa dans mon hôtel, à cette époque, est bien naturel et bien simple : il s'y passa des mois, des semaines, des jours et des heures.

Le duc de l'Infantado.—Est-ce tout, monseigneur?

Le prince de Talleyrand.—J'ai une mémoire affreuse.

Le duc de l'Infantado.—Vous voulez dire, mon prince, que votre mémoire a des souvenirs affreux?

Le prince de Talleyrand. — Je vois, monsieur le grand d'Espagne, que vous n'entendez rien à la langue française.

Le duc de l'Infantado. — Pardonnez-moi, monseigneur... J'ai été élevé en France! et pour peu qu'il vous plaise de me le permettre, je pourrai vous interroger en un français très intelligible...

Le prince de Talleyrand. — Vous êtes du pays des miracles!... Je vous écoute, et je tâcherai de vous comprendre.

Le duc de l'Infantado. — Monseigneur, n'étiez-vous pas à une des fenêtres de l'hôtel Saint-Florentin, le 31 mars 1814, à midi, au moment où les trompettes des alliés se firent entendre sur le boulevart?

Le prince de Talleyrand. — Oui; je voulais juger de l'influence du climat de Paris sur les Prussiens et les Cosaques...

Le duc de l'Infantado. — En saluant de loin, par la pensée, l'empereur de Russie, le roi de Prusse et le grand-duc Constantin! le même jour, à la même heure, vous agitiez un mouchoir blanc, à votre fenêtre?

Le prince de Talleyrand. — C'est vrai; je voulais savoir d'où soufflait le vent.

Le duc de l'Infantado. — Il soufflait du Nord, n'est-il pas vrai?

Le prince de Talleyrand. — Oui, certes! Je rentrai bien vite dans mes appartements, parce qu'il faisait froid...

Le duc de l'Infantado. — Et parce que l'empereur de Russie venait de descendre de cheval, dans la cour de l'hôtel Saint-Florentin!

Le prince de Talleyrand. — Il s'agissait pour moi d'une question d'hospitalité....

Le duc de l'Infantado. — Et vous aviez hâte de recevoir, d'installer, sous le toit de votre hospitalière maison, le quartier-général de l'invasion étrangère..., n'est-ce pas, mon prince?

Le prince de Talleyrand. — Vous êtes bien curieux!

Le duc de l'Infantado. — Vous êtes bien discret! En parlant de Napoléon, ne disiez-vous pas, en 1814, à un ami qui devait passer par la place Vendôme : Passez vite, il va tomber?

Le prince de Talleyrand. — Oui, et je disais bien : Un peu plus tôt, un peu plus tard, le Napoléon de la colonne tomba sur le pavé de la place.

Le duc de l'Infantado. — On a prétendu que la corde qui avait garrotté l'empereur de bronze, s'étendait jusque dans les appartements de l'hôtel Saint-Florentin?

Le prince de Talleyrand. — Nos contemporains ont été si méchants pour moi!

Le duc de l'Infantado. — Oui, mais comme ils ont été justes! Etait-ce par votre ordre que votre nièce, la belle madame de Périgord, s'amusait à parader sur un cheval de cosaque, au beau milieu des Champs-Elysées, à la première revue des troupes étrangères?

Le prince de Talleyrand. — Je n'ai jamais influé sur les caprices de madame la duchesse de Dino.

Le duc de l'Infantado. — Quelque chose m'étonne encore, monseigneur : Napoléon, qui avait rétabli les cultes en France, fut déposé par trois prêtres.... Le baron Louis, M. de Pradt et vous!

Le prince de Talleyrand. — De grâce, monsieur le duc, ne parlons pas politique.

Le duc de l'Infantado. — Nous faisons de l'histoire, mon prince!

Le prince de Talleyrand. — Je n'estime pas les historiens.

Le duc de l'Infantado. — Ils vous l'ont bien rendu, monseigneur! Enfin, puisqu'il vous déplaît de m'entendre, je vous épargnerai les souvenirs historiques de 1815, quoique la royauté constitutionnelle de Louis XVIII soit, dit-on, sortie de l'hôtel Saint-Florentin.

Le prince de Talleyrand. — Dieu m'est témoin que je désertai la cause des Bourbons, le jour où ils désertèrent eux-mêmes la cause de l'esprit et du sens commun.

Le duc de l'Infantado. — Vous flairiez déjà 1830?...

Le prince de Talleyrand. — Vous êtes sans pitié!

Le duc de l'Infantado. — Vous avez été sans cœur!... les hommes n'ont pas assez flétri, assez sifflé, assez hué votre horrible tragi-comédie de 1814-1815; je hais cet imbroglio politique, monseigneur, et il vous a nui, dans mon estime, dans mon admiration pour votre esprit. Il s'agissait d'un puissant de la terre qui succombe, d'un négociateur habile qui l'abandonne après l'avoir adoré, d'un diplomate qui sacrifie un devoir à un fait, un principe à un évènement, l'intérêt d'un pays à l'intérêt d'une personne, une nation toute entière à une poignée d'ingrats ou d'étrangers !

Le théâtre de cette affreuse intrigue représentait les salons et les antichambres de votre hôtel de la rue Saint-Florentin : on voyait parader, sur cette scène de société, des empereurs, des rois, des princes, des espions et des traîtres, tous les délégués de la coalition européenne, qui cherchaient à se tailler de petits habits d'emprunt dans l'immense et magnifique pourpre de l'Empire; l'aigle impérial vivait encore, et chaque personnage de la pièce s'efforçait d'arracher une plume à ce noble oiseau des batailles, pour empanacher une tête de Cosaque, de Prussien, ou d'Anglais ; des étrangers criaient, dans une maison de Paris : Vive l'Allemagne! vive la Russie! vive l'Angleterre!... et pas une voix française ne se fit entendre, pour crier à son tour : Vive la France! Un diplomate célèbre, un profond politique, un ancien serviteur de Napoléon aurait pu défendre l'empereur et l'Empire... mais, il se contenta d'avoir de l'esprit, de sourire au milieu de ce terrible carnaval des barbares, et d'égayer le scénario de la tragédie, en improvisant quelques bons mots, derrière le manteau d'arlequin!... Ah! monseigneur, quelle méchante pièce historique, et quel triste rôle vous aviez là! Il ne faut jamais étaler, aux yeux d'un peuple, sur les planches d'un vaste théâtre, le spectacle d'un homme qui, voyant s'évanouir les espérances de la cause commune, se mêle impunément aux triomphes d'un parti contraire, au lieu de se retirer dans le silence et de s'ensevelir dans son deuil!

Le prince de Talleyrand.—Que voulez-vous, monsieur le duc?... dans la vie du prince de Talleyrand, parfois l'homme propose, et le diable dispose!

Le duc de l'Infantado.—Vous voulez parler du diable boiteux?... c'est juste.

Le prince de Talleyrand.—Comme vous le disiez tout à l'heure, j'avais pressenti l'avènement d'un pouvoir nouveau : la branche cadette remplaça, dans le château des Tuileries, la branche aînée des Bourbons, et j'obtins l'insigne faveur de trôner une dernière fois dans ma petite cour princière de Paris ; en 1830, ma comédie diplomatique recommença de plus belle · la rue et l'hôtel Saint-Florentin jouèrent encore un rôle assez important, dans le drame révolutionnaire de la France, jusqu'au jour où ma singulière destinée me força de devenir ambassadeur des barricades près la cour de Londres.

Je me vante d'avoir réussi dans la mission qui me fut confiée par le gouvernement de juillet; après cela, ma foi! je n'avais plus rien à faire dans la politique : je quittai l'Angleterre, je rentrai dans Paris, je débitai sans rire, à l'Académie des sciences morales, l'éloge des diplomates vertueux, et je me préparai à rétracter ma vie, et à mourir dans mon hôtel

Saint-Florentin, le plus spirituellement qu'il me serait possible. Certes ! l'hôtel Saint-Florentin avait déjà reçu bien des grands seigneurs, bien des beaux-esprits, bien des visiteurs illustres, et des princes, et des rois, et des empereurs; eh bien! il devait recevoir, le 17 mai 1838, une visite dont l'éclat allait effacer toutes les traces de son illustration glorieuse : il s'agissait de la visite de mon dernier maître, Louis-Philippe 1er.

A huit heures du matin, le Roi et madame Adélaïde entrèrent dans ma chambre, et je m'efforçai de me redresser, à leur approche, sur le bord de mon lit.

« Mon prince, restez couché... murmura l'auguste visiteur, en daignant me tendre la main.

—Sire, lui répondis-je, il faudrait que M. de Talleyrand fût mort pour ne point se relever devant vous! »

Et je me relevai aussitôt, en dépit de la Camargue qui voulait me clouer à mon chevet.

La visite du Roi fut courte; comme j'étais un vieux diplomate, mes adieux à Louis-Philippe furent un compliment; je lui dis, avec mon dernier sourire de courtisan émérite :

« Sire, notre maison a reçu aujourd'hui un grand honneur, un honneur digne d'être inscrit dans nos annales, et que ma famille devra se rappeler avec orgueil! »

Peu d'instants après le départ du Roi, je sentis que mon heure suprême allait sonner : c'était le moment d'avoir de l'esprit, une dernière fois! Je composai, de mon mieux, ma figure; je rejetai, de ma main défaillante, mes longues boucles de cheveux; je prêtai à mes lèvres pâles et amaigries un sourire de triomphateur : en ce moment solennel, si au lieu de m'attaquer elle-même, la mort avait traité avec moi par ambassadeur, à coup sûr je l'aurais trompée; ne pouvant pas être immortel par la voie diplomatique, je me contentai de mourir comme un grand homme spirituel : mon âme s'envola, sans faire grimacer mon corps, comme il convenait à une âme de bonne compagnie.

Une heure plus tard, il n'y avait pas une seule de mes créatures, un seul de mes amis, dans ma chambre mortuaire; je me trompe : les gens de ma maison priaient et pleuraient autour de mon lit; mes domestiques sont les seules personnes qui m'aient aimé.

Chose étrange! une nuit, on déposa mes dépouilles mortelles dans une voiture, et l'on se mit en route pour Valençay; tout-à-coup, dans une rue de Paris, bien triste et bien sombre, le postillon arrêta ses chevaux; il demanda à mon gardien : Par quelle barrière ?

Le voyageur, qui veillait sur mon corps, lui répondit :

—Par la barrière d'Enfer!

Le duc de la Vrillière. — Et vous êtes dans le purgatoire, monseigneur : Dieu s'est trompé !

Le prince de Talleyrand. — Non... mais, sans doute, il a trouvé dans mon esprit une circonstance atténuante.

Le duc de l'Infantado. — Mon prince, nous avons oublié de parler, à propos de la rue Saint-Florentin, de M. Soumet, le poète, qui a composé dans cette rue, tout près de votre hôtel, quelques uns de ses vers les plus poétiques...

Le prince de Talleyrand. — C'est vrai ; un jour, je lui rendis une visite de bon voisinage, et il me reçut en déclamant un bel épisode de sa *Divine épopée;* c'était bien de l'honneur qu'il daignait me faire : il recevait ses meilleurs amis, en leur jetant à l'oreille, à bout portant, sans les prévenir, des fragments d'un poëme ou des scènes d'une tragédie ! Puisqu'il s'agit entre nous des misérables choses de la terre, je ne serais pas fâché de savoir ce qu'est devenu mon hôtel de la rue Saint-Florentin...

Le duc de l'Infantado. — Je vais vous le dire, monseigneur... grâce à un journal qui est tombé de la poche d'un journaliste, condamné à relire dans le purgatoire ce qu'il a écrit dans les journaux de Paris : vos héritiers ont vendu l'hôtel Saint-Florentin à M. de Rotschild...

Le prince de Talleyrand. — M. de Rotschild !

Samuel Bernard. — Qu'est-ce que c'est que M. de Rotschild ?

Le prince de Talleyrand. — Rien... ce que vous avez été, Samuel.. un financier.

Le duc de l'Infantado. — Rassurez-vous, monsieur le diplomate : l'hôtel Saint-Florentin, qui se souvient avec orgueil de son rôle politique, n'a pas renoncé à son influence mystérieuse sur la destinée des princes et des peuples. Il appartient à M. de Rotschild, mais il est habité par madame la princesse de Lieven ; il a subi, bon gré mal gré, la flétrissure d'un magasin de modes, mais il a reçu, pour hôtesse, la diplomatie aristocratique ; dans l'hôtel Saint-Florentin, on adore le veau d'or, au rez-de-chaussée, mais on y consulte Egérie, dans les appartements du premier étage, derrière un buisson de velours, de satin et de soie : le Numa de cette nouvelle Egérie se nomme François Guizot.

Le prince de Talleyrand. — M. de Rotschild !... autrefois, en France, tout finissait par des chansons... aujourd'hui tout y finit par de l'argent ; rapprochement incroyable !... Samuel Bernard et M. de Rotschild, aux deux bout de la rue Saint-Florentin : décidément, ce qui vient de la flûte s'en retourne au tambour !

Louis Lurine.

RUE DES LOMBARDS

Nos industriels modernes, si fiers d'avoir inventé la *spécialité*, ne se doutent guère qu'ils ne sont que de maladroits plagiaires des inventions du moyen-âge. — Tout ce que nos plus grands génies de l'époque ont pu faire a été de créer des boutiques spéciales pour vendre des chemises ou des gilets de flanelle, tandis qu'il y a trois ou quatre cents ans, la *spécialité* brillait dans tout son éclat et dans toutes les branches du commerce parisien.

Non-seulement chaque objet avait ses ouvriers spéciaux, mais encore chaque rue de Paris était spécialement affectée à la vente de ces marchandises. — Le quartier des Lombards est un de ceux qui ont conservé le plus longtemps l'aspect du vieux Paris; et il n'a pas fallu moins que la révolution de 1789, pour agiter les paisibles boutiquiers qui se succédaient de père en fils, depuis deux cents ans, dans cet asile héréditaire des bâtons de sucre de pomme, des pralines, des pistaches et de toutes les autres confiseries.

Longtemps pas un baptême ne se fit à Paris, depuis la Bastille jusqu'à l'extrémité de la rue Saint-Honoré, sans que le galant parrain n'allât faire provision de douceurs au *Fidèle Berger* ou chez les rivaux de ce célèbre fournisseur, qui était le *Berthellemot* de l'époque; ce *berger* réellement *fidèle* s'est cramponné jusqu'à nos jours à son vieux comptoir de la rue des Lombards, et a protesté le dernier contre l'invasion barbare des épiciers qui sont venus faire retentir le bruit de leurs grossiers pilons dans ces lieux qui n'avaient entendu, pendant des siècles, que le doux bruissement des pralines, qui nuit et jour tombaient comme de la grêle dans d'élégants cornets de papier doré, ou dans de charmants sacs ornés de faveurs roses.

La rue des Lombards a subi trois transformations bien distinctes, depuis son origine.—Cette rue, aujourd'hui perdue dans l'obscur et sale quartier de Saint-Jacques-la-Boucherie, fut, sauf les becs de gaz et les trottoirs en asphalte, la véritable rue Laffitte du moyen-âge.—C'est là que logeaient et ouvraient boutique d'or et d'argent, tous les marchands lombards et lucquois qui venaient exercer à Paris le métier lucratif de banquiers ou plutôt de changeurs, de prêteurs sur gages et d'usuriers.

Ce fut longtemps le centre financier de Paris : les courtisans du Palais-de-Justice, alors que les rois de France l'habitaient, et plus tard tous les seigneurs du Louvre, de l'hôtel Saint-Paul et de la rue des Tournelles, vinrent tour à tour emprunter quelques beaux écus d'or au soleil à ces banquiers du moyen-âge que l'on chassait ensuite à coups de rigoureuses ordonnances, quand on ne pouvait les rembourser.

Le choix qu'avaient fait les Lombards de cette rue, abritée par les hautes tours de Saint-Jacques-la-Boucherie, pour leur séjour habituel, lui fit donner le nom traditionnel de ces prêteurs d'argent, et ce nom de rue des Lombards lui est resté, même après que ses habitants primitifs eurent été expulsés de France à plusieurs reprises.—Avant d'être baptisée ainsi du nom des Lombards, cette rue fut appelée rue de la *Buffeterie*,—*vicus buffeteriæ*,—probablement parce qu'à cette époque on y fabriquait des meubles et des buffets.—C'est sous ce nom qu'elle fut connue au XIIIe siècle, et on le retrouve mentionné en divers titres.—Ainsi dans un arrêt du parlement daté du 23 juillet 1322, on lit:—*Vicus Lombardorum qui vulgariter la* BUFFETERIE *nuncupatur*..... la rue des Lombards qui vulgairement est appelée la Buffeterie.

Au surplus, cette désignation semblerait prouver que le nom des Lombards, venus en France avant le règne de Saint-Louis, est antérieur à celui de la *Buffeterie*.—En 1384, cette dernière dénomination était encore employée, mais la toute-puissance de l'argent fit prévaloir le nom des Lombards, et dans cette lutte d'inscriptions ce furent les usuriers qui l'emportèrent définitivement. — Mais si le nom des Lombards reste à la rue, ils n'y demeurent pas eux-mêmes éternellement, car au XVIe siècle nous trouvons ce quartier habité par les fripiers et les tailleurs de pourpoints.

Cependant la présence de ces premiers industriels, nous voulons parler des marchands de friperies, ne se prouve aujourd'hui que par un faible indice, par un seul passage du *catholicon*, où on fait dire à M. de *Mayenne* : que la duchesse de Montpensier, sa sœur, est allée chercher des *drapeaux* de la rue des Lombards ; — ce qui a fait dire ingénieusement, de la Ligue, qu'elle avait une politique de chiffonniers.

Si l'on peut douter que les marchands fripiers aient occupé l'ancien séjour des Lombards, du moins c'est un fait authentique et avéré que les tailleurs de pourpoincts y ont ouvert boutique pendant un certain nombre d'années.

Au XVIe siècle, toujours par suite de cette *spécialité* dont nous avons déjà parlé plus haut, on comptait autant d'espèces de tailleurs qu'il y avait de différentes parties dans l'habillement d'un gentilhomme. — L'un ne s'occupait que du pourpoinct, l'autre du manteau, celui-ci des chausses et celui-là d'autres choses encore.

Le pourpoinctier devait avoir une grande importance et tirait sans doute grande vanité de sa profession, à une époque où Bassompierre, pour assister au baptême du fils de Henri IV, se faisait confectionner un pourpoinct du prix de quatorze mille écus. — Plaignez-vous donc aujourd'hui, quand le tailleur le plus à la mode ne vous fait payer un habit que cinquante écus !

Les pourpoinctiers, après avoir dressé à petit bruit leur établi dans la rue des Lombards, entraînés par un légitime orgueil, tentèrent une petite révolution d'étiquette dans le quartier qu'ils avaient adopté ; en conséquence, un certain soir, les habitants de cette rue s'endormirent rue des Lombards et se réveillèrent rue de la *Pourpoincterie*. — Mais les tailleurs n'eurent pas longtemps la satisfaction de voir leur corps de métier parrainer la vieille rue illustrée par les financiers du XIVe siècle. — L'innovation en fait d'écriteau ne dura pas, et en 1636, le nom des Lombards, qui n'avait jamais été complètement oublié dans le souvenir des Parisiens, reprit définitivement sa place, au coin de la rue en question, et désormais il ne fut plus effacé.

A un souvenir de mode, les habitants du quartier avaient préféré un souvenir d'argent, bien que ce nom des Lombards ne leur rappelât que la dure âpreté de l'usure, car si les banquiers italiens furent souvent persécutés, ils le rendaient bien à leurs débiteurs. — *Patience de Lombard,* dit Sauval, était devenu ironiquement proverbial, pour désigner les poursuites les plus actives et les plus impitoyables exercées par les créanciers contre leurs débiteurs.

J'ai lu dans un livre latin, à propos de ces banquiers équivoques, une petite anecdote que je vais tâcher de gazer en français :

Sous le règne des usuriers du moyen-âge, un des Lombards en question avait une fille charmante : je ne sais plus quel gentilhomme emprunta de l'argent au père, et voulut emprunter quelque chose à l'enfant.

Le juif essaya de punir l'amoureux de sa fille, en menaçant, en poursuivant son noble débiteur, un gros dossier à la main, et par toutes les *voies de droit* de ce temps-là; de son côté, le galant insolvable ne trouva rien de mieux à faire que de mettre le feu au logis de son créancier, pour enlever à la fois un titre de trois mille écus, et une vertu de seize ans.

La maison du vieux coquin fut brûlée; par malheur, si le lombard ne sut point s'opposer à l'enlèvement de sa fille, il s'opposa trop bien à la soustraction de ses titres de créance : le gentilhomme devint, avec l'aide du feu, l'amant d'une vierge; mais, il resta le débiteur d'un usurier.

La rue des Lombards faillit être incendiée toute entière, ce soir-là; les juifs perdirent, dans l'incendie, beaucoup de valeurs, beaucoup de billets qui ressemblaient, par anticipation, au fameux billet de La Châtre.

Un peu plus tard, notre amoureux consentit à restituer, en échange d'une quittance générale, tout ce qu'il pouvait rendre, avec la meilleure volonté du monde. Il avait pris une fille à son père : il lui rendit la fille, et un petit garçon par dessus le marché.

Il en coûta au pauvre Lombard, une maison et trois mille écus d'or, pour devenir grand-père devant Dieu.

Cette anecdote n'est rien; mais on en pourrait faire quelque chose avec de l'esprit.

A partir du dix-septième siècle, la rue des Lombards n'a plus subi de changement de nom, mais elle a encore éprouvé bien des révolutions dans le personnel de ses commerçants.

Avant de vous raconter les destinées modernes de ce quartier, il nous reste à vous parler d'un édifice dont la renommée appartient à son histoire d'autrefois.

C'est dans la rue des Lombards que se trouvait anciennement la *Maisons des Poids du Roi*, où venaient se vérifier les poids des marchands et la valeur de certains objets; c'est dans cet établissement qu'étaient déposés les poinçons, matrices, étalons des poids et mesures qui étaient en usage dans la ville de Paris.

La Maison des Poids du Roi se voyait encore en 1772, bien qu'elle n'eût plus son ancienne destination; depuis, on l'a détruite entièrement, et c'est tout à la fois un vieux souvenir historique de moins et un utile établissement de perdu, car c'est surtout dans le commerce d'épicerie que le marchand ne se fait pas faute de faire peser la balance du côté où il place sa denrée plus ou moins coloniale.

Aujourd'hui la Maison des Poids du Roi est un tribunal de police correctionnelle, où l'on condamne à *un franc* d'amende le boulanger qui vole six cent kilogrammes de pain au public, dans le courant d'un trimestre; il est vrai que par compensation, le même tribunal condamne à un an de prison le pauvre diable de Parisien affamé, qui se permet de prendre un pain d'un demi-kilogramme à ce même boulanger-voleur.

Le plus beau temps de la rue des Lombards fut, sans contredit, celui qui s'écoula de l'an 1650 à l'an 1800; tout le monde ne pouvait pas aller emprunter aux anciens usuriers de ce quartier, par la raison excellente qu'on ne prête qu'aux riches, tandis que pas un Parisien ne trouvait, au moins une fois dans sa vie, quelques pièces de trois livres à dépenser pour faire le galant; toutes les femmes idolâtraient les dragées, depuis les dames de la cour jusqu'aux plus simples grisettes.

Je ne parle pas des *parrains*; pour eux la course à la rue des Lombards était la première chose qu'ils inscrivaient sur leurs tablettes, en récapitulant les frais que devait leur procurer l'honneur de tenir un petit Parisien sur les fonts de baptême, en compagnie d'une charmante marraine.

Tous les bonbons les plus délicats et les plus galants ont vu le jour, pour la première fois, rue des Lombards; cinquante confiseurs luttaient continuellement de génie, pour inventer une nouvelle manière de rissoler les pralines et d'accommoder les pistaches; leur esprit était continuellement en ébullition comme leur chaudière, sans compter que deux cents poëtes se creusaient la cervelle, pendant les douze mois de l'année, pour rimer les *devises* qui accompagnaient invariablement chaque bonbon.

A cette heureuse époque, du moins, la poésie avait un débouché certain, et un père de famille pouvait voir, sans trop d'inquiétude, un de ses fils embrasser le *culte d'Apollon*; pour peu que notre poète eût la chance de connaître un confiseur de la rue des Lombards, il était sauvé ou à peu près ; on voyait de ces poètes se faire jusqu'à trois livres par jour, en confectionnant des devises, toutes plus amoureuses les unes que les autres.—Par exemple, il ne fallait pas travailler à ses heures, et *Pégase* devait être toujours bridé, chaque *cent* de devises étant payé six livres, prix fixe.

En 1843, bien des poètes regrettent l'année 1750, car les éditeurs sont encore moins généreux que les confiseurs : loin de donner un sou d'un volume de vers, ils commencent par se faire payer pour imprimer des œuvres poétiques ; et encore, ces infortunés volumes ne trouvent-ils un jour un peu de débit qu'à l'aide de l'épicerie ; c'est le poivre de Cayenne qui sert de passeport aux élégies les plus douces : mieux valait encore l'alliance de la poésie avec la confiserie ; c'était moins humiliant.

Ce n'étaient pas seulement les poètes du dernier ordre, et auxquels on devrait même à la rigueur refuser cette noble qualification, qui travaillaient pour les confiseurs de la rue des Lombards : *Gilbert*, cet illustre et infortuné satyrique, confectionna lui-même de banales devises, et ce n'était pas pour lui les plus mauvais jours que ceux où il allait toucher quinze ou dix-huit livres, chez le patron de la boutique du *Fidèle Berger*, pour prix de son travail littéraire de la semaine.

C'est fort triste, n'est-ce pas? Eh bien, ce qui est plus triste encore, c'est que Gilbert était plus généreusement payé par le confiseur qu'il ne le fut dans la suite par monseigneur de Beaumont; après toutes ses luttes contre les *encyclopédistes* et les *philosophes*, le seul champion de l'archevêque de Paris alla finir ses jours à la porte de cette église dont il s'était constitué le défenseur : à *l'Hôtel-Dieu!*

Si j'en crois un article de M. Louis Lurine, intitulé *le premier poète de la rue des Lombards*, ce fut le malheureux Gilbert qui inventa les bonbons à la *Dorat*, dont le succès fut immense ; notre confrère nous assure que les bonbons renfermaient l'épigramme suivante, en guise de devise :

> Capricieux et volontaire,
> Son esprit s'égare en tout lieu ;
> Le voilà d'abord terre-à-terre,
> Et puis, il vole jusqu'à Dieu!....
> On l'a dit : Emule fidèle
> De nos papillons voltigeurs.
> Il butine toutes les fleurs...
>   Excepté l'immortelle !

Et quelques jours plus tard, Gilbert s'écriait, dans un hospice :

> Au banquet de la vie, infortuné convive,
> J'apparus un jour, et je meurs ;
> Je meurs, et sur la tombe où lentement j'arrive,
> Nul ne viendra verser des pleurs !...

De nos jours, la *devise* a beaucoup perdu de sa vogue primitive ; l'école romantique lui a porté un coup terrible, et il n'y a plus que les vieux habitués classiques du théâtre Français, et les jeunes blanchisseuses de fin qui se laissent encore prendre aux charmes d'une poésie qui est pourtant si digne d'être goûtée, quand les pistaches sont bien fraîches.

Aujourd'hui *Pomerel* et *Berthellemot* enveloppent leurs bonbons-nougats dans une *Méditation* de Lamartine, et j'ai lu dernièrement un sonnet de M. Emile Deschamps, en faisant connaissance avec un bonbon au marasquin ; comme j'ai le courage de mon opinion, j'avoue franchement que je l'ai trouvé excellent — le bonbon au marasquin !

Les seules pistaches au chocolat sont restées fidèles à leur petit distique :

> « Peut-on ne pas mourir d'amour,
> « Quand on vous aperçut un jour. »

Ou encore :

> « Dès que je vous vis, ô madame,
> « J'ai senti s'allumer ma flamme ! »

C'est un peu faible de poésie, si vous voulez, mais le chocolat pur caraque fait passer bien des choses.

De toutes ces fameuses boutiques de confiseurs, qui brillaient naguère dans toute la longueur de la rue des Lombards, le *Fidèle Berger* est resté seul debout, à l'instar du sage d'Horace, sans s'inquiéter de toutes les ruines qui s'écroulent sur sa tête ; il est toujours debout, la houlette à la main ; fidèle à son vieux quartier et aux vieilles traditions, il n'imite pas tous les *Galants Parrains*, et toutes les *Belles Angéliques*, ses anciens voisins et voisines, qui ont profité de la révolution pour émigrer de la rue des Lombards et aller s'établir dans les quartiers de Paris où la mode a nouvellement établi son empire. — C'est à peine si ce vieux berger a fait une concession aux exigences de son siècle, en adoptant pour éclairer sa boutique le resplendissant bec de gaz. — Il voulait avoir une éternelle fidélité, même à l'égard de son vieux quinquet à l'huile !

Par exemple, il est un antique et agréable usage auquel toute la confiserie française est restée fidèle, et nous l'en félicitons bien vivement pour notre part. — Je veux parler des jeunes et jolies demoiselles de magasin qui sont chargées de servir aux chalands les cornets de dragées et les boîtes de pastilles. — Dans tous les autres magasins, les demoiselles de comptoir ont été remplacées peu à peu par des messieurs de comptoir dont l'aspect est beaucoup moins séduisant : il est affreux.

Entrez dans un magasin de nouveautés : un commis vous déroulera les étoffes moelleuses, qui ne devraient être touchées que par la main d'une femme. — Demandez du coton ou du fil chez un mercier, et vous verrez de gros doigts rouges chercher à démêler les écheveaux. — Entrez dans un magasin de modes, et ce sera très souvent *un modiste* qui vous détaillera toute la grâce d'une capote en satin, ou tout le mérite d'un bonnet en tulle; ce sera un *garçon modiste* qui vous apportera votre emplette, à domicile.

Les confiseurs seuls sont restés galants et n'ont pas dépossédé toutes ces jeunes filles, de leur délicieux emploi ; — ô confiseurs, soyez bénis!

C'est depuis une cinquantaine d'années qu'a commencé la phase actuelle de l'existence de la rue des Lombards : la confiserie a été peu à peu détrônée par l'épicerie, et le sucre de pomme a dû fuir devant le sucre candi !

La rue des Lombards est aujourd'hui le quartier-général de toutes les *denrées coloniales*, puisque l'on est convenu de dénommer ainsi jusqu'aux pruneaux de Tours, et jusqu'aux briquets phosphoriques ; — ce qui prouve que nos colonies commencent beaucoup plus près de Paris qu'on ne le croit généralement dans la société. — Mais si la rue des Lombards est livrée aux épiceries, du moins elle est fière de ne renfermer dans son sein que

des *épiciers en gros*, ou en demi-gros; quant au vulgaire *épicier en fin*, il y est complétement inconnu. Essayez de vous faire servir une once de cassonade, ou un petit pot de raisiné, et vous serez bien reçu! — On ne vend, dans ces lieux, du sucre candi qu'au quintal, et du bois de réglisse qu'à la voie!

On ne se doute pas généralement, dans le public, du nombre de transactions différentes auxquelles a donné lieu le débit d'une once de chicorée, vendue le matin par le petit épicier du coin au vieux garçon qui veut se régaler d'une tasse de moka. — Nous avons d'abord le fabricant qui expédie à l'entreposeur, puis celui-ci qui recède sa denrée au marchand en gros, puis celui-ci qui la revend à l'épicier en demi-gros, puis enfin le dernier qui fractionne encore ses paquets pour le petit épicier, lequel enfin vend sa marchandise par petites fractions *homéopathiques*, car il vous sert pour un liard de café si vous le désirez!

L'épicier en fin est plus qu'un marchand, c'est un véritable philanthrope dans l'acception la plus noble et la plus sainte du nom. A n'importe quelle heure du jour et quelquefois même de la nuit, notre personnage se dérangera de son dîner, de son souper ou de son sommeil, pour vous vendre, que dis-je, pour vous donner un briquet phosphorique de deux sous.

Et quand même vous n'auriez rien à demander à un épicier que votre chemin, entrez hardiment dans sa boutique, et il s'empressera de vous satisfaire en vous reconduisant poliment jusqu'au seuil de sa porte, tout comme si vous veniez de dépenser cinquante francs dans son magasin.

Cette philanthropie est admirable, et je ne passe jamais devant la boutique d'un épicier sans être tenté de saluer profondément le patron du logis comme un bienfaiteur de l'humanité. — Mais, jusqu'à ce jour, je n'ai pas encore mis mon envie à exécution. Du reste, si j'en viens là, je me garderai bien alors de passer par la rue des Lombards, car, vu l'immense quantité de magasins d'épicerie qui ornent ce quartier, il me faudrait tenir mon chapeau à la main tout le long du chemin. Il est bon d'être poli, mais il ne faut pas s'enrhumer du cerveau.

Dans les *modernes* magasins de la rue des Lombards, les jolies petites demoiselles de boutique, qui jadis enfonçaient avec tant de grâce leurs doigts blancs et effilés dans les bocaux où elles puisaient les pralines et les pastilles, se trouvent remplacées par de robustes garçons qui enfoncent jusqu'au coude leurs grands bras rouges dans des tonneaux de cassonade ou de raisiné de Bourgogne : la casquette de loutre se pavane derrière les vitraux, où l'on n'apercevait jadis que de charmants petits bonnets aux rubans roses!

Tout change dans la nature, et par conséquent dans la rue des Lombards; aussi ce quartier n'en restera-t-il pas là dans ses transformations successives, et grâce au voisinage de la rue *Rambuteau*, qui vient d'amener l'air et le soleil dans tout ce quartier jadis si sombre et si ténébreux, peut-être, dans une centaine d'années, Dieu et les maçons aidant, la rue des Lombards sera-t-elle une des rues les plus coquettes et les plus brillantes de Paris ; — en 1943, il ne serait pas impossible que les banquiers de la Chaussée-d'Antin reprissent leur domicile, dans ce quartier illustré quatre cents ans auparavant par le séjour des inventeurs de la *Lettre de Change*.

Louis Huart.

RUE ET PASSAGE DU CAIRE.

Nous ne croyons pas nécessaire de rechercher bien scrupuleusement ce qu'était, aux temps que l'on pourrait appeler les *temps fabuleux* de notre histoire, le petit coin de Paris dont nous sommes chargé d'étudier les diverses transformations. Il est aujourd'hui assez indifférent que l'emplacement actuel de la rue et des passages du Caire se soit trouvé ou non sur la voie romaine qui partait du grand pont de la Cité, touchait à l'endroit où, depuis, on a bâti les Halles, et là se divisait en deux branches qui allaient je ne sais où. Il importe aussi fort peu, que cet emplacement fût alors couvert de bois, ou qu'il fût couvert de marais, quoique les historiens ne se soient peut-être pas bien entendus sur cette grave matière. Quant à nous, nous serions assez disposés à croire bonnement, que sur la place en question, il y avait à la fois des bois et des marécages; mais nous sommes prêts à nous incliner devant le premier Edie Ochiltrée, qui nous démontrera notre erreur sur cet important sujet. Nous ne compulserons pas non plus les vieilles chartes poudreuses conservées à l'Hôtel-de-Ville et aux Archives de Paris, pour résoudre rigoureusement le problème de savoir si le terrain dont il s'agit appartenait, à une époque reculée, à la léproserie de Saint-Ladre ou Saint-Lazare, qui s'élevait dans le faubourg Saint-Denis, ou s'il dépendait de l'hôpital de la Trinité, qui existait à l'angle de la rue St-Denis et de la rue Grenétat. Tout ce quartier était hors de l'enceinte de Paris sous Philippe-Auguste; ce fut seulement sous Charles V qu'il devint partie intégrante de la ville, lorsque les limites, qui s'arrêtaient en 1190 aux rues du Jour, Bourg-l'Abbé et Michel-le-Comte, furent portées en 1553 jusqu'aux rues Meslay, Sainte-Appoline et Bourbon-Villeneuve.

Ce serait donc à partir de cette dernière époque que devrait commencer notre tâche, pour que nous restassions fidèles au titre de cet ouvrage. Mais nous ferons plus, et nous passerons tout d'abord à une époque rapprochée des temps modernes.

Nous supposons donc que nous sommes en plein XVIe siècle, que le vaillant roi François Ier règne sur la France, et que le lecteur peut embrasser d'un coup-d'œil le quartier populeux où doivent s'élever plus tard la rue et les passages du Caire. Rien n'annonce encore ces maisons blanches ou gris-sale, régulières, alignées au cordeau, que nous voyons aujourd'hui; rien ne fait craindre ces longues et tristes galeries vitrées, où végètent maintenant les lithographes et les marchands de jouets d'enfants; nous sommes dans le Paris du moyen-âge, dans ce Paris si sombre, si tortueux, si boueux, et pourtant si poétique, que la civilisation moderne et la ligne droite effacent tous les jours. Partout autour de nous se dressent de vieux et noirs édifices, dont le peu de largeur des rues fait paraître encore la masse plus sombre, et dans ces rues crie, s'agite et se coudoie cette population bariolée de bourgeois affairés, de moines et de moinesses mendiants, d'écoliers, de filles-de-joie, d'artisans ambulants, de gueux, qui donnaient à la ville ancienne une physionomie si étrange et si caractérisée. Mais avant d'examiner, en lui-même, le quartier qui nous occupera plus particulièrement, jetons rapidement un coup-d'œil sur les monuments qui l'avoisinaient.

D'abord, dans la rue Saint-Denis, presqu'en face de l'endroit où débouche actuellement la rue du Caire, se dressait le vieil hôpital de la Trinité dont nous avons déjà parlé : il se composait d'une chapelle gothique, construite au XIIe siècle, et d'une sorte de cloître de grande étendue; par derrière, était un vaste enclos rempli d'arbres fruitiers. Dans l'origine, cet édifice, comme l'indique son nom, avait été destiné à recevoir les pauvres malades, et il avait été desservi par des moines d'un ordre particulier, qu'on avait surnommés *Frères Aniers*, à cause des pacifiques bêtes sur lesquelles ils étaient montés lorsqu'ils allaient quêter dans la ville. Malheureusement, malgré l'apparence toute débonnaire de ces religieux, ils avaient dilapidé les fonds de leur hospice, si bien, qu'à l'époque dont nous parlons, ils en avaient été chassés depuis longtemps, et les immenses bâtiments de l'hôpital de la Trinité avaient été mis à la disposition des célèbres *confrères de la Passion*, ces premiers disciples de l'art dramatique en France. Les confrères étaient des marchands, des ecclésiastiques, des magistrats, qui s'associaient pour représenter des *Mystères*, et jouaient la comédie bourgeoise à la plus grande gloire de Dieu; leurs séances

avaient lieu dans la plus belle salle de la Trinité, et là, les dimanches et fêtes, l'Évangile et la Bible étaient travestis pendant toute la journée, en présence d'une foule bruyante et tumultueuse.

Un peu plus haut dans la rue, se trouvait la fontaine du Ponceau, monument fruste et grossier, mais qui avait l'avantage de fournir, en tout temps, aux habitants du quartier, une eau claire et saine, provenant de l'ancien aqueduc de Saint-Gervais. C'était à la fontaine du Ponceau que Louis XI, faisant son entrée dans sa bonne ville, fut reçu par « des sau-
» vages combattant, et par trois belles filles faisant personnages de sirènes
» toutes nues... Ce qui était chose bien plaisante, et disant de petits motets
» et bergerettes, » tandis que la fontaine rendait du vin et du lait, toutes merveilles dont le naïf Jean de Troyes nous a transmis le souvenir.

La porte ou bastille Saint-Denis terminait la rue du côté du Nord, non pas, comme on le pense bien, l'arc-de-triomphe élevé par Louis XIV, que nous voyons aujourd'hui, mais une véritable porte de place de guerre, composée de deux grosses tours avec herse, pont-levis, fossés et corps-de-garde extérieur. A partir de cette porte, la muraille de la ville allait, sans interruption, jusqu'à la porte Montmartre, toute hérissée de créneaux, de guérites de bois et de canons; au-dessus de la muraille, on pouvait néanmoins apercevoir encore la butte des Gravois et le petit village de Villeneuve, situé à peu près à l'endroit où se trouve aujourd'hui le boulevart Bonne-Nouvelle; puis au-delà, parmi les arbres verts de l'enclos Saint-Lazare, on distinguait les vastes bâtiments de la léproserie, et dans le lointain les piliers lugubres de Montfaucon, avec leurs grappes hideuses de suppliciés.

Quant au quartier même, dont nous n'avons décrit jusqu'ici que les abords, ce n'était, à l'époque où nous nous supposons transportés, qu'un assemblage immonde de maisons de bois écloppées et boiteuses, dont le pignon était tourné vers la rue, et dont les poutres croisées en forme d'X formaient sur les façades de bizarres figures géométriques. Ces maisons de hauteurs inégales, pressées l'une contre l'autre, croulantes, véritables *tanières à peuple*, formaient un amas discordant et confus qui s'étendait presque jusqu'aux Halles. Des rues étroites et fangeuses se glissaient à travers ces masures, tournaient, revenaient sur elles-mêmes, et aboutissaient souvent à un cloaque repoussant. Ni l'air, ni le soleil ne pénétraient jamais dans ces venelles infâmes, d'où s'échappaient, en toutes saisons, des odeurs nauséabondes. Pas un couvent, pas un hôtel, pas un noble édifice ne projetait la pointe élancée de ses tourelles au-dessus de ces toits plébéiens dans tout l'espace compris entre la rue Montorgueil et la rue Saint-Denis d'une part, la rue Mauconseil et l'emplacement de la rue Thévenot, de l'autre. Seulement, en dehors de ce carré de constructions misérables, d'impasses humides où végétait la population la plus pauvre et la plus méprisable de Paris, entre la rue Saint-Sauveur et le rempart, s'élevait isolément une église surmontée d'un clocher gothique, entourée de cloîtres réguliers et de vastes jardins, qui reposaient un peu le regard des constructions hideuses dont ils étaient voisins.

Cette église et ce couvent appartenaient aux *Filles-Dieu*; ces habitations misérables que nous venons de dépeindre, étaient *la Cour des Miracles;* nous allons donner quelques détails sur ces deux remarquables établissements.

Il est difficile, sinon impossible, de parler de la Cour des Miracles après l'illustre écrivain de la Notre-Dame de Paris; mais il entre nécessairement dans notre cadre, pour que l'histoire du quartier dont nous nous occupons soit aussi complète que possible, de rappeler ici quelques traits du magnifique ouvrage dont Victor Hugo a doté notre époque.

D'abord, nous ferons remarquer que cette dénomination de *Cour des Miracles* ne s'appliquait pas exclusivement à l'impasse qui porte aujourd'hui ce nom; il y avait dans la ville plusieurs asiles de ce genre. Dulaure cite parmi les plus célèbres : la *Cour du Roi François* et la *Cour Sainte-Catherine*, situées toutes les deux rue Saint-Denis, la *Cour de la Jussienne*, les *Cours des Miracles* de la rue du Bac et de la rue de Reuilly, etc. On peut y ajouter les rues de la Grande et Petite-Truanderie, des Mauvais-Garçons et les trois rues des Francs-Bourgeois; en général, les lieux qui ont conservé ces dénominations de *Francs*, servaient autrefois de refuge aux gueux et aux vagabonds de Paris.

Sous Louis XIV, la Cour des Miracles dont nous parlons s'étendait entre l'impasse de l'Étoile et les rues de Damiette et des Forges; son entrée était dans la rue Neuve-Saint-Sauveur. Sauval, dans son livre intitulé *Histoires et Antiquités de Paris*, en a laissé une description détaillée que nous allons rapporter :

« Elle consiste en une place d'une grandeur très-considérable et en un
» très-grand cul-de-sac puant, boueux, irrégulier, qui n'est point pavé.
» Autrefois il confinait aux dernières extrémités de Paris. A présent il
» est situé dans l'un des quartiers des plus mal bâtis, des plus sales et des
» plus reculés de la ville, entre la rue Montorgueil, le couvent des Filles-
» Dieu et la rue Neuve-Saint-Sauveur, comme dans un autre monde. Pour
» y venir, il se faut souvent égarer dans de petites rues vilaines, puantes,
» détournées; pour y entrer, il faut descendre une assez longue pente,
» tortue, raboteuse, inégale. J'y ai vu une maison de boue à demi-
» enterrée, toute chancelante de vieillesse et de pourriture, qui n'a pas
» quatre toises en carré, et où logent néanmoins plus de cinquante mé-
» nages chargés d'une infinité de petits enfants légitimes, naturels ou
» dérobés. On m'a assuré que, dans ce petit logis et dans les autres, ha-
» bitaient plus de cinq cents grosses familles entassées les unes sur les
» autres. Quelque grande que soit cette cour, elle l'était autrefois beau-
» coup davantage. De toutes parts, elle était environnée de logis bas, en-
» foncés, obscurs, difformes, faits de terre et de boue, et tous pleins de
» mauvais pauvres. »

On ne sait pas positivement, si le droit d'asile dont jouissaient ces quartiers, était le résultat de priviléges accordés anciennement à la corporation de l'argot, ou l'effet d'une longue tolérance de la part des prévôts et autres justiciers de Paris; toujours est-il que les soldats du guet et les gens de garde redoutaient d'y pénétrer, moins par respect pour ces priviléges, que par crainte de voir cette hideuse population se ruer sur eux à la première alerte. Soit de jour, soit de nuit, un certain cri qui retentissait de maison en maison, de bouche en bouche, et se répandait en quelques minutes dans toute l'enceinte, annonçait l'invasion des suppôts de police dans ce royaume de la gueuserie. A ce signal, on s'armait, on courait dans ce dédale sombre de rues, que Victor Hugo compare à « un écheveau de fil brouillé par un chat, » et malheur à l'escouade d'archers, aux sergents, aux soldats du *guet-assis* ou du *guet-royal*, qui s'étaient engagés dans ce nid de brigands; le moins qu'il pouvait leur arriver était de s'en retourner roués de coups. Nous nous empressons d'ajouter que ces braves miliciens de nuit, tout habitués qu'ils étaient à être battus, s'exposaient très-rarement à la colère des habitants de la Cour des Miracles; ils les laissaient aussi tranquilles que possible, et ils se contentaient de molester les inoffensifs bourgeois qui contrevenaient aux règlements de la police d'alors; il y avait moins de danger et plus de profit.

Pendant le jour, la Cour des Miracles était silencieuse et solitaire; tous ses hideux habitués la quittaient dès le matin, et refluaient sur la ville en bandes de bateleurs, de bohémiens, de *maîtres de sales métiers*, de mendiants, d'estropiés; de sorte, qu'un étranger n'eût pas trouvé grande différence entre ce quartier et certains autres quartiers pauvres de l'ancien Paris. Mais le soir l'aspect changeait; les cabarets borgnes, les tavernes repoussantes dont la Cour des Miracles était semée, s'éclairaient alors, et il en sortait des chants infâmes, des cris et des trépignements. On voyait rentrer de toutes parts les gueux qui avaient passé la journée à exploiter le pavé de la ville; les aveugles voyaient clair subitement, les boiteux jetaient leurs bourdes, les malingreux effaçaient leurs plaies postiches; les femmes qui exerçaient la profession de *pauvres mères*, déposaient les deux ou trois marmots demi-nus qu'elles avaient loués le matin, et les restituaient à leurs véritables propriétaires; puis, malingreux, enfants, pauvres mères et estropiés, allaient s'enivrer dans leur cabaret d'affection, car une des lois fondamentales de la Cour des Miracles, était qu'il ne fallait rien garder pour le lendemain, et les orgies se prolongeaient aussi tard dans la nuit que le permettaient les profits de la journée.

Nous venons de parler des lois de la Cour des Miracles; le royaume de l'argot avait, en effet, un code ou formulaire dont on exécutait rigoureusement les dispositions; il faut dire que ce code prescrivait le vol, le brigandage et la licence la plus effrénée. Dans la Cour des Miracles, on ne connaissait ni baptême, ni mariage, ni enterrement, ni aucun sacrement: cependant, les argotiers n'étaient pas pour cela privés de religion, car chaque fois qu'on les accusait d'impiété, ils montraient dévotement sur leur place principale, dans une grande niche, à l'angle d'une maison, une statue de pierre, représentant le Père Éternel, qu'ils avaient volée dans l'église de Saint-Pierre-aux-Bœufs. Les argotiers avaient aussi une orga-

Rue et passage du Caire. — Cour des Miracles.

nisation politique ; ils étaient classés en différentes catégories, suivant la spécialité de leurs professions, et ils obéissaient tous à un chef qu'on appelait le roi de Thunes ou Grand Coësre. Les catégories principales étaient celles des Capons, des Francs-Mitou et des Rifodés, c'est-à-dire celles des voleurs, des mendiants et des vagabonds. Le chef ou roi était électif ; il était chargé de conserver les lois et de les faire exécuter. Le signe de sa dignité était un gros martinet ou *boullaye*, avec lequel il pouvait caresser les épaules de ses sujets, lorsqu'il en avait la fantaisie. Il paraît aussi qu'il avait une certaine part dans le produit des vols et dans les profits de toute nature que faisaient ses inférieurs ; on déposait les offrandes à ses pieds, dans un bassin, et c'est de là, dit-on, qu'est venue l'expression vulgaire de *cracher au bassinet*. Sa bannière consistait en un chien mort porté au bout d'une fourche. Dans les processions de la fête des fous, et dans les cérémonies que l'on appelait les *montres*, le roi de Thunes marchait après le duc d'Egypte, entouré de ses archi-suppôts, et il précédait les hauts dignitaires de l'empire de Galilée.

On comprend quelle horreur devaient inspirer aux dignes bourgeois de Paris cette hideuse république et le cloaque qu'elle habitait. La plus grande injure que l'on pût faire à un homme a été, pendant plusieurs siècles, de l'appeler *échappé de la Cour des Miracles*. Aussi il n'y avait pas de marchand timoré, de timide clerc, de passe-volant candide, qui osât regarder le quartier maudit de plus près que la rue St-Denis ou la rue Montorgueil ; les femmes faisaient un grand détour pour l'éviter, et le plus hardi gendarme eût hésité à s'y aventurer de nuit.

Cependant il y avait une classe de la population parisienne, qui entretenait fréquemment des rapports avec les argotiers. Quelquefois le soir, après l'heure du couvre-feu, au moment où les assassinats et les vols commençaient dans la ville, on voyait des individus vêtus de grandes robes, le visage voilé, se glisser comme des ombres le long des murailles, et pénétrer courageusement dans la Cour des Miracles. Chose étrange ! ces personnages si hardis étaient des moines.

Pour s'expliquer ce fait, il faut se souvenir que les moines d'alors vivaient pour la plupart des dons faits à leurs couvents, à leurs églises, ou au saint dont ils conservaient les reliques. Pour que tel ou tel monastère reçût donc le plus de legs pieux, il fallait qu'il fût en réputation de haute vertu, et que son saint patron manifestât sa supériorité sur tous les autres patrons de tous les autres couvents de la terre ; il fallait, en un mot, que bon gré, malgré, le saint patron fît des miracles.

Or voici ce qui arrivait le lendemain ou le surlendemain des visites dont nous venons de parler, dans le quartier des gueux. Les bons moines faisaient une procession solennelle dans Paris, portant sur leurs épaules la châsse de leur bienheureux patron : on se prosternait, on se signait dévotement sur leur passage. Tout-à-coup, un homme paralysé d'un bras, ou boiteux, ou épileptique, fendait la foule et cherchait à toucher la châsse

qui contenait les reliques ; on le repoussait, on le frappait, il ne se rebutait pas. Il collait enfin ses lèvres contre le coffre sacré, et tout-à-coup, ô prodige ! le paralytique agitait son bras, le boiteux rejetait sa béquille loin de lui, et marchait droit comme un archer du roi, l'épileptique cessait d'écumer et se déclarait guéri. Le peuple était émerveillé, car depuis dix ans, quinze ans, le paralytique était notoirement paralytique, le boiteux boiteux, l'épileptique épileptique; on le connaissait, on lui avait donné cent fois l'aumône. Le fait était patent, les preuves à l'appui étaient là, le miracle était incontestable ; il était reconnu que le Saint de tel couvent était le plus grand Saint du ciel et de la terre. Les lampes d'argent et les ex-voto affluaient à sa chapelle, les donations, les legs pieux au trésor de ses desservants, et... voilà pourquoi les moines de Paris avaient souvent affaire aux argotiers, et pourquoi il y avait tant de prodiges au moyen-âge.

Telle était la Cour des Miracles, à l'époque dont nous parlons ; réceptacle de toutes sortes de vices, repaire de débauches, asile avoué du vol, du recel, du meurtre, elle a subsisté jusqu'à Louis XIV, sans qu'avant lui, aucun souverain ait songé à détruire cette plaie que Paris portait à son flanc, sans qu'aucun événement, aucun désastre public n'ait beaucoup altéré sa monstrueuse organisation. Malheureusement pour les gueux, Louis XIV fut plus jaloux de son autorité qu'aucun de ses prédécesseurs; il ne voulut pas qu'il y eût dans Paris d'autre roi que lui, et la gloire du roi de Thunes en particulier lui faisait ombrage.

Un jour donc, en 1656, je crois, les habitants de la Cour des Miracles virent une foule de soldats, de gens de justice, de commissaires, pénétrer effrontément dans la rue Neuve-St-Sauveur, ce vieil et dernier refuge de la gueuserie parisienne, ce sanctuaire redouté, dont aucun homme portant hallebarde ou vêtu d'une robe noire n'avait osé enfreindre les privilèges. On voulut résister, mais hélas! on n'était pas en force; une armée presqu'entière cernait le quartier. Tous les coquins, vauriens, vagabonds, mendiants, estropiés, les coquillarts et les sabouleux, les narquois et les malingreux, le roi de Thunes lui-même, avec sa cour et ses officiers, tout fut pris, examiné, trié; on envoya les uns dans les prisons de Paris, on fonda pour les autres l'hospice de la Salpétrière, on jeta bas quelques maisons, on élargit les rues, on assainit le quartier, et de ce moment la Cour des Miracles n'exista plus. Benserade fit un charmant ballet intitulé *La Nuit*, où les transformations nocturnes de la Cour des Miracles formèrent un épisode fort comique; le ballet fut joué sur le théâtre du Petit-Bourbon; le roi se divertit beaucoup, et trouva que ces mœurs étranges étaient racontées en vers fort galants. Singulière destinée des choses humaines! La Cour des Miracles devait avoir pour oraison funèbre! un ballet de Benserade...!

Passons maintenant à un autre sujet. Nous avons dit que l'ancien quartier des Truands était adossé du côté du nord au couvent des Filles-Dieu, aujourd'hui entièrement détruit, et dont les jardins, postérieurement à Louis XIV, s'étendaient assez loin sur l'ancien territoire des argotiers. Voici ce que c'était que ce couvent.

Dans le courant du treizième siècle, Guillaume III, évêque de Paris, fonda, dans la rue appelée encore aujourd'hui impasse des Filles-Dieu, près de la rue Basse-Porte-Saint-Denis, une maison religieuse destinée à recevoir les pécheresses, *qui, pendant leur vie, avaient abusé de leur corps et à la fin étaient tombées dans la mendicité.* » Joinville dit que Saint-Louis accorda à cette institution une rente de quatre cents livres; mais cette somme était sans doute insuffisante, puisqu'au moyen-âge, les Filles-Dieu allaient mendier dans Paris avec une infinité d'autres moinesses et moines qui exploitaient alors la charité publique. Elles parcouraient les rues, du soir au matin, en criant: *Du pain pour Jésus notre Sire!* et cette vie errante fut sans doute pour elles une cause première de démoralisation. D'ailleurs, bien qu'elles eussent échangé la ceinture dorée contre l'habit de bure, les bijoux précieux contre le chapelet de bois, elles se souvenaient toujours d'avoir été les sujettes du *roi des Ribauds*, et, dans le pieux asile qui leur avait été ouvert, elles juraient, ô profanation! elles s'énivraient et menaient une vie dissolue; si bien qu'au lieu d'être des exemples d'édification pour les fidèles, elles n'étaient que des objets de scandale. Aussi une réforme fut bientôt nécessaire; le nombre des recluses, qui était d'abord de deux cents, fut réduit de moitié, la règle devint plus sévère, la surveillance des autorités ecclésiastiques plus rigoureuse, et on parvint, ou à peu près, à transformer ces indociles pénitentes en religieuses.

Mais le couvent des Filles-Dieu avait du malheur, et il semble qu'une cruelle fatalité ait toujours pris à tâche de contrarier les bonnes intentions de ceux qui l'avaient institué. A peine des traditions de piété et d'expiation commençaient-elles à s'y établir, que les environs de Paris devinrent la proie de ces bandes indisciplinées, qui les ravagèrent tant de fois à cette époque; c'étaient tantôt les *compagnies*, tantôt les Anglais, tantôt ces ramassis de brigands qui n'appartenaient à aucun peuple, à aucun pays.

On peut juger combien ces invasions de soudards brutaux et effrénés portèrent de désordres dans le monastère et nuisirent aux bons effets des prédications. C'étaient tous les jours nouvelles violences, nouveaux pillages; la peste et la famine qui sévirent si souvent à Paris et dans les alentours pendant les 13me et 14me siècles, ne contribuèrent pas peu au relâchement forcé des mœurs; enfin, sous Charles V, une grande catastrophe termina cette première phase de l'histoire des Filles-Dieu : leur maison fut prise, pillée et brûlée par les Anglais, et elles furent elles-mêmes dispersées pour quelque temps.

Néanmoins la pensée qui avait présidé à l'établissement du couvent des Filles-Dieu était trop sage en elle-même, et Paris a contenu, en tous temps, trop de folles créatures, susceptibles de chercher un refuge dans une maison de ce genre, pour que celle-ci fût supprimée. Aussi ne tarda-t-on pas à construire un nouveau couvent beaucoup plus vaste et plus beau que l'ancien, et cette fois il fut compris dans la nouvelle enceinte de Paris, que venaient de tracer les États-Généraux, pendant la captivité du roi Jean. Il s'élevait précisément à l'endroit occupé aujourd'hui par les passages du Caire, et il était appuyé à la muraille. De la sorte, il était parfaitement garanti contre les ennemis du dehors, et il ne devait plus avoir à craindre que les ennemis du dedans.

Mais, comme nous l'avons dit, cette institution avait du malheur, et les efforts de ses protecteurs, pour améliorer les recluses, semblaient toujours tourner à leur démoralisation plus prompte. Le désordre se mit donc de nouveau dans le couvent des Filles-Dieu; sans doute, ce devait être une rude besogne que de convertir des pécheresses comme on en trouve encore aujourd'hui dans Paris! Bref, une seconde réforme devint bientôt nécessaire, et, pour arrêter les débordements des recluses, on les assujettit... à la règle de Fontevrault, c'est-à-dire, à l'ordre monastique dans lequel les hommes et les femmes vivent en communauté, sous la surveillance d'une abbesse. Nous regrettons de ne pas connaître le nom du sage et pieux personnage qui conseilla à Charles VIII cette étrange mesure, et qui prétendit arrêter par là les débordements des Filles-Dieu : son nom méritait de passer à la postérité.

Eh bien! tout cela n'était rien encore; le génie du mal réservait à cette malencontreuse maison un désastre plus terrible que tous les autres.

C'était en 1648, au commencement des troubles de la Fronde, pendant la minorité de Louis XIV. A cette époque, Paris était parcouru chaque nuit par des bandes de vagabonds et de pillards, voire de jeunes gentilshommes, qui faisaient la débauche, rossaient le guet et détroussaient les passants par occasion. Une nuit donc de cette année si célèbre à Paris, par la *journée des Barricades*, une foule d'hommes armés et masqués se dirigea en silence vers le couvent des Filles-Dieu. En un instant, la maison et les jardins furent investis, on apposa des échelles aux fenêtres et aux murailles, et on donna l'assaut au couvent... On ne pilla pas, on n'incendia pas les bâtiments, l'église ne fut point profanée, et cependant ce fut un scandale immense dans Paris, le lendemain matin, lorsque l'on apprit jusqu'où avait été poussé le sacrilége. Vertueux Guillaume de Paris, quelle eût été votre douleur, en voyant votre généreuse fondation atteindre si mal le but que vous aviez marqué !

Une pareille aventure eût suffi pour perdre entièrement de réputation une autre maison religieuse; mais, comme nous le savons, le couvent des Filles-Dieu n'avait jamais eu et ne pouvait avoir un bon renom; aussi le fait avait-il moins de gravité que s'il se fût agi de telle ou telle abbaye aristocratique où les reines venaient faire leurs dévotions. A la cour, on trouva la chose fort plaisante et on en rit tout haut. Du reste, lorsque Louis XIV travailla à épurer les mœurs en France, tout en se livrant, sans contrainte, à ses propres passions, le couvent des Filles-Dieu ressentit l'influence de la réforme universelle; les recluses s'amendèrent tant bien que mal, l'anecdote de 1648 fut oubliée, et, jusqu'à la révolution de 1789, il ne parait pas que cette maison ait été un foyer de scandale, plutôt que les autres maisons religieuses de Paris.

Il nous reste à parler d'un singulier privilége qu'avait autrefois le couvent des Filles-Dieu. Lorsqu'un criminel devait être pendu au gibet de Montfaucon, et lorsqu'on le conduisait au supplice, le cortége sinistre s'arrêtait devant la grande porte du monastère; on faisait descendre le condamné du tombereau, et toutes les religieuses, la supérieure en tête, venaient, un cierge allumé à la main, le recevoir processionnellement. Puis, on le conduisait, toujours en procession, devant un Christ qui était suspendu extérieurement au chevet de l'église, et on le lui faisait baiser.

Alors le condamné recevait solennellement des mains de la supérieure, *trois morceaux de pain et un verre de vin*, et on se remettait en marche

pour le conduire au supplice. N'y avait-il pas, dans cet usage d'offrir du pain et du vin à un malheureux qui allait mourir, quelque chose de naïf qui peint parfaitement nos bons aïeux ?

Un pauvre diable qui, je ne sais pour quel méfait, avait été condamné à être pendu à Montfaucon, et qui venait de recevoir de la supérieure des Filles-Dieu l'offrande ordinaire, avala tranquillement le vin et mit le pain dans sa poche; puis il remonta dans la fatale charrette. Son confesseur, qui n'était pas tellement occupé de sa mission charitable qu'il n'eût remarqué cet acte de singulière prévoyance, lui demanda à quel usage il pouvait destiner le pain qu'il avait mis en réserve :

— « J'imagine, mon père, répondit le malheureux, que les bonnes sœurs m'ont donné ce pain-là pour qu'il me serve en paradis, car en ce monde-ci, je n'en aurais plus que faire. »

Le couvent des Filles-Dieu s'étendait depuis la rue Saint-Denis jusqu'à la rue de Bourbon, anciennement appelée rue *Saint-Côme-du-milieu-des-Fossés*, et depuis la rue actuelle des Filles-Dieu jusqu'à la moderne Cour des Miracles. De beaux jardins, qui plus tard furent bordés de maisons, en étaient des dépendances. Le couvent, en lui-même, consistait en un vaste carré, dont l'église de forme rectangulaire, couverte en plomb et surmontée d'un petit clocher en pierre d'un travail élégant, formait une des faces vers la rue des Filles-Dieu. Les trois autres côtés contenaient les cloîtres et les bâtiments d'habitation; au centre était un parterre toujours bien entretenu par les recluses et un petit bassin d'eau vive. L'ensemble de l'édifice était noble, régulier, mais n'avait rien qui dût frapper particulièrement l'attention.

Voilà ce qu'était, dans les siècles antérieurs, le quartier dont nous sommes chargés d'écrire l'histoire; passons maintenant à l'origine et à la physionomie du quartier moderne.

A l'époque de la révolution, le couvent des Filles-Dieu fut supprimé comme tous les autres couvents; l'édifice fut vendu et démoli. Une compagnie se constitua alors pour l'exploitation des vastes terrains laissés vacants, par suite de cette démolition, au centre de Paris, dans un quartier populeux. Cette compagnie, dans un but de spéculation, décida qu'une rue allant de la rue Bourbon à la rue Saint-Denis, serait percée sur l'emplacement des anciens jardins des Filles-Dieu, et que des passages vitrés, dont la mode commençait alors à se répandre dans Paris, seraient construits sur les ruines du couvent. Les plans furent adoptés, on trouva de l'argent, les ouvriers se mirent à l'œuvre, et il en résulta la rue et les passages que nous connaissons.

Or, l'inauguration de ce quartier eut lieu en 1798, année grande et glorieuse dans nos annales. Bonaparte venait d'entrer au Caire avec cette belle et brave armée d'Égypte, à laquelle de nos jours quelques rares vétérans sont si fiers d'avoir appartenu. Cet événement avait excité en France, et surtout à Paris, le plus grand enthousiasme; et la compagnie dont nous avons parlé, résolut, par un sentiment louable, de rattacher le souvenir de ce magnifique fait d'armes au quartier qu'elle était occupée à reconstruire; elle lui donna donc le nom de *rue et de passages du Caire*, et l'ensemble fut appelé *foire du Caire*.

C'était fort bien; malheureusement on ne s'arrêta pas là. Afin qu'on ne pût se méprendre sur le sentiment patriotique des constructeurs, on chercha un moyen de donner au quartier nouveau une sorte de couleur locale, un caractère à la fois oriental, égyptien et glorieux, qui rappellerait la Pyramide de Gigeh, le temple de Denderach, et ces villes superbes de l'Orient que le général Bonaparte venait de conquérir. Un monument eut coûté bien cher, et d'ailleurs, ce n'était pas l'affaire des bons industriels qui avaient fait construire la rue et les passages du Caire, d'élever des monuments. Cependant on voulait, bon gré mal gré, apposer une sorte de cachet de circonstance aux nouvelles constructions; le patriotisme luttait contre l'économie, et enfin on se décida pour la décoration miraculeuse que nous voyons aujourd'hui.

Il est impossible que le lecteur, en traversant la place du Caire, n'ait pas aperçu par hasard, en levant les yeux vers la maison au-dessous de laquelle est l'entrée principale des passages, trois ou quatre mascarons de pierre, à gros nez, à visage carré, scellés dans la muraille; on dirait de ces masques grotesques que les costumiers suspendent au-dessus de leur porte en temps de carnaval. Ce sont pourtant des sphinx, à l'instar du sphinx géant qui depuis trois mille ans dort au pied des Pyramides. Plus haut, entre deux enseignes de tailleur et de bottier, se glisse une imperceptible frise, décorée du nom de bas-relief et qui s'étend d'une extrémité à l'autre de la façade. Ce bas-relief représente de petits personnages égyptiens de cinq à six pouces de haut, qui sont la caricature parfaite de ceux qu'on voit sur l'obélisque, et qui redisent sans doute en langue hiéroglyphique la gloire du général Bonaparte et de l'armée d'Égypte. Du reste la maison ressemble à toutes les autres maisons du voisinage, sauf ces enjolivements bizarres. Et voilà ce qu'imaginèrent les dignes industriels pour éterniser le souvenir d'une victoire et pour justifier le nom donné au nouveau quartier! Bonaparte, à son retour d'Orient, dût être bien fier en voyant ce quasi-monument, s'il le vit!

La rue du Caire, comme toutes les rues modernes, est large, droite et assez insignifiante. Elle n'est remarquable par aucune de ces gracieuses et fragiles constructions qui sont aujourd'hui à la mode; elle est fréquentée par une population industrielle qui préfère de beaucoup l'utile à l'agréable. Les maisons hautes, uniformes, sans doute peu commodes, sont remplies de marchands de tous les genres, dont les enseignes s'étalent sur la façade jusqu'au troisième étage. Cependant la rue du Caire a une industrie spéciale : on y trouve les principaux magasins de chapeaux de paille de Paris; c'est de là que partent ces coiffures légères et poétiques qui vont orner les jolies têtes de la France et de l'étranger. Au printemps, on voit parfois quelques élégantes, dont les goûts de luxe ne sont pas en rapport avec la fortune, se glisser vers ces magasins où elles sont sûres de trouver pour un prix inférieur ces belles pailles de riz ou d'Italie que leurs marchandes de modes leur vendraient bien cher; les bourgeoises économes viennent faire blanchir, dans les ateliers de la rue du Caire, les chapeaux qu'elles ont déjà portés, et la fringante mais pauvre grisette ne va jamais chercher ailleurs sa coiffure d'été.

Les passages sont tristes, sombres, et ils se croisent à chaque instant d'une manière désagréable à l'œil. Ni le jour, ni la nuit, rien n'y rappelle les brillants magasins et la population coquette des passages des Panoramas et de l'Opéra. Ils semblent du reste affectés aux ateliers de lithographie et aux magasins de cartonnages, comme la rue voisine est affectée aux fabriques de chapeaux de paille. Les passants y sont rares, excepté peut-être en temps de pluie, où ceux qui se rendent de la place du Caire à la rue Saint-Denis, évitent volontiers la rue fétide des Filles-Dieu.

Les imprimeurs et les lithographes du passage du Caire se livrent exclusivement à trois sortes de travaux, dont le besoin se fait généralement sentir, chaque jour :

Ils impriment ou lithographient des cartes de visite et des cartes de restaurant, des lettres de faire part pour les naissances, les mariages et les décès de la bonne ville de Paris.

L'industrie du passage du Caire continue à respecter la tradition des emblèmes ; elle est restée fidèle à la religion des souvenirs et à l'usage des ornements symboliques : elle se plaît encore à représenter sur les *billets de faire part*, un mariage dans un *amour* qui regarde brûler une flamme éternelle, une naissance dans une *poupée* au berceau, un décès dans un *bonhomme* qui pleure au pieds du *Temps*.

N'oublions pas le petit commerce de la *rue de Cléry* et de la *rue Bourbon-Villeneuve*, dans le voisinage de la rue du Caire : on y fabrique des meubles de noyer et d'acajou, à l'usage des mariés, des avocats, des littérateurs et des lorettes en espérance.

A quelques pas des rues et passages du Caire, sur la droite, se trouve la moderne cour des Miracles. Il est certain que l'espèce de place à qui l'on a conservé ce nom, a fait partie autrefois du royaume du roi de l'argot, mais rien en ce moment n'y rappelle plus les bouges immondes qu'habitaient les truands et les gueux du moyen-âge. Des bâtiments somptueux et d'une architecture régulière le décorent aujourd'hui, et à l'entrée on voit écrit, en grandes lettres dorées sur un fond bleu d'azur, au centre d'une resplendissante enseigne : *Cour des Miracles*. O dix-neuvième siècle !

Autre contraste : à l'entrée même de la Cour des Miracles se trouve la magnifique Typographie Lacrampe, établissement-modèle d'où sortent chaque jour les chefs-d'œuvre de littérature ancienne et moderne, illustrés par nos plus grands artistes ; ainsi, l'ancien refuge des vices les plus hideux, de l'ignorance la plus grossière, est devenu un centre de lumières, de civilisation et de progrès !

La typographie Lacrampe, dont nous parlons, est une petite communauté, une petite république du travail, de la persévérance et du courage ; c'est là une association, dont l'histoire est à coup sûr fort honorable : en 1837, dix-neuf ouvriers se réunissent pour travailler, pour souffrir et pour espérer en commun ; ils n'ont pas de brevet, et ils s'abritent sous la raison sociale d'un imprimeur breveté : ils amassent à grand'peine un capital suffisant pour acheter trois presses, et les voilà qui se mettent à travailler à qui mieux mieux, avec un égoïsme qui embrasse les intérêts de tous. Eh bien ! aujourd'hui la typographie Lacrampe occupe plus de deux cents ouvriers et près de quarante presses ; elle possède un matériel d'une valeur de cinq cent mille francs : certes, c'est-là un noble exemple, un noble encouragement pour les hommes de rien qui veulent devenir quelque chose en travaillant !

Élie Berthet.

MARCHÉ DES INNOCENTS

La condition des juifs, au moyen-âge, était rude, tourmentée, intolérable; les parias de l'Inde menaient assurément une vie moins abreuvée d'humiliations. Et n'allez pas croire que le grand attentat du Calvaire fût l'unique cause de l'aversion qu'ils inspiraient : l'humanité se montre rarement rancunière à ce point dans l'intérêt du ciel. Aujourd'hui que la civilisation a fait bonne justice de tout ce qui ressemble à l'intolérance, on peut avouer hardiment que le vrai crime des israélites était d'être riches au milieu de générations incessamment appauvries par les guerres. La noblesse elle-même favorisait les vues cupides de ce peuple parasite, en lui faisant des emprunts usuraires : c'était là une espèce de victime qu'on engraissait pour la sacrifier, ou plutôt pour la dépouiller; dès qu'elle se trouvait à l'état d'embonpoint désiré, mille imputations surgissaient contre elle de l'église, du manoir féodal et de la cour : ainsi, les juifs avaient fait bouillir une multitude de petits enfants dans d'immenses chaudières; ils avaient perforé la sainte hostie d'un fer sacrilège, qui en avait fait jaillir du sang; ou bien encore, ils s'étaient livrés au cruel plaisir de crucifier un adolescent en haine de Jésus-Christ. Sur ces accusations, plus ou moins mensongères et qu'on se gardait bien de vérifier, les coupables ou les accusés étaient bannis, dépossédés violemment, et les nobles emprunteurs se croyaient quittes envers leurs créanciers; impossible d'imaginer un moyen plus commode de payer ses dettes.

La fondation de l'église des Saints-Innocents rue Saint-Denis, à l'angle de la rue aux Fers, était due, selon le chroniqueur Vigeois, à un de ces forfaits judaïques dont nous parlions tout-à-l'heure: Un jeune homme nommé Richard, ayant été tué par les juifs sur l'emplacement de l'église, il s'y opéra des miracles, et la piété publique éleva l'édifice dans la seconde moitié du XIIe siècle. La basilique des Saints-Innocents fut paroissiale dès son origine, et, conformément à l'usage délétère consacré jadis, un cimetière se forma autour de cette nouvelle église. L'habitant du vieux Paris devait sa dépouille mortelle au territoire sur lequel il avait vécu; ses ossements étaient le patrimoine de sa paroisse... Patrimoine est bien le mot, car il en résultait un revenu certain: les vivants ne payaient-ils pas les prières données à la mémoire des morts?

Lorsqu'en 1786, l'église qui nous occupe fut démolie, elle conservait le caractère de diverses époques qui lui avait donné tour-à-tour des styles différents; sarrasine, dans les parties les plus anciennes, elle présentait, dans les détails de ses nouvelles constructions, quelque chose de plus en plus élégant, au fur et à mesure qu'elle se rapprochait de la fin du XVe siècle.

Aujourd'hui, grâce à Dieu et à M. le préfet de police, nous avons des sergents de ville: les paroissiens qui seraient assez peu dévots pour se battre dans une église, en seraient chassés ignominieusement, sans que les fidèles eussent à souffrir de cette profanation. Il n'en était pas ainsi sous le règne de Charles VII: un homme et une femme se prirent de querelle dans l'église des Innocents; la femme, d'un coup de quenouille, blessa l'homme au visage, et quelques gouttes de sang rougirent le parvis sacré! Jacques du Chastelier, qui occupait alors le siége épiscopal de Paris, lança un interdit sur la paroisse: durant vingt-deux jours toute cérémonie religieuse fut suspendue; les cloches et les dévots furent condamnées à se taire; les chants cessèrent au chœur; le temple demeura silencieux et sombre; les portes de l'église, celles mêmes du cimetière furent fermées; les vivants durent aller prier ailleurs, et les morts s'en allèrent, un peu plus loin, demander une dernière hospitalité au repos de la tombe chrétienne.

Des paroissiens ainsi traités au temps où nous vivons, se jetteraient dans les bras équivoques de l'abbé Chatel; ceux du XVe siècle pensèrent, quoique Molière ne l'eût pas encore dit, qu'il est avec le ciel des accommodements; ils emplirent en soupirant leur escarcelle de beaux écus d'or, et ils se hâtèrent d'aller frapper à la porte déjà entr'ouverte de l'évêché. Il serait difficile d'évaluer maintenant ce qu'il leur en coûta en 1457, pour réconcilier l'église avec Dieu..., et surtout avec les prêtres: mais l'exemple du prélat financier profita bientôt à son successeur Denis Dumoulin, qui, trois ans plus tard, fit fermer à son tour le cimetière des Innocents, sous le prétexte d'une nouvelle profanation, tout-à-fait différente de celle qui avait déjà valu à cette malheureuse église une interdiction épiscopale.

L'auteur du *Journal de Paris*, sous les règnes de Charles VI et Charles VII, nous a dit très-naïvement à ce sujet: « On n'y enterrait ni « petit ni grand; on n'y faisait ni procession ni recommandation pour « personne. L'évêque, pour en permettre l'usage, voulait avoir trop grande « somme d'argent, et l'église était trop pauvre. » Il est probable pourtant qu'on parvint à satisfaire la conscience timorée du métropolitain; car à cette époque le clergé rabattait fort peu de ses prétentions spirituelles ou temporelles.

Si l'église et le cimetière des Saints-Innocents furent profanés plus d'une fois, on voyait aussi, attenant à l'édifice, un asile de pénitence et

de profonde contrition. C'était une sorte de prison où des femmes et des filles, pécheresses repentantes, s'enfermaient pour le reste de leur vie;

elles faisaient murer la porte de cette demeure suprême, où elles espéraient reconquérir leur salut dans le ciel, un peu compromis au sein des voluptés de ce monde. Ces pauvres recluses se trouvaient en communication avec l'intérieur de l'église, au moyen d'une fenêtre étroite, par laquelle on leur passait les aliments grossiers qui les empêchaient tout juste de mourir de faim. Selon les registres manuscrits de la Tournelle, ces réclusions, qui furent quelquefois forcées, se multiplièrent au xve siècle, période aux passions ardentes, durant laquelle les dames donnèrent amplement carrière aux tendres égarements du cœur et de l'esprit.

Quand l'amour devient expansif et audacieux comme chez les dames du xve siècle, le mariage est un témoin assez importun, et le vice, gêné dans ses allures, se fait crime tout simplement par amour pour la liberté : Renée de Vendomois, femme du seigneur de Souldai, s'était affolée pour un bel archer de la garde du roi Charles VIII : il y avait en ce temps-là grande concurrence de convoitises féminines autour de ces compagnies, formées d'une élite d'hommes d'armes titrés ; Renée de Vendomois, afin d'embellir la chaîne qui l'unissait à son amant, s'efforça de la dorer ; pour y réussir, elle vola d'abord son mari, et puis ses amis, et puis tout le monde, afin de ne point faire de jaloux. Enfin, lasse du joug matrimonial, qu'elle secouait pourtant avec beaucoup de liberté et de bonne grâce, elle fit assassiner le seigneur de Souldai, en disant peut-être à sa conscience : laissez passer la justice de l'adultère ! Le Parlement condamna Renée de Vendomois à mourir sur un échafaud ; mais Anne de Beaujeu, régente du royaume, pénétrée sans doute de ce principe évangélique, qu'il devait être beaucoup pardonné à la coupable parce qu'elle avait beaucoup aimé, commua sa peine en une réclusion perpétuelle au cimetière des Innocents.

Depuis l'année 1186, ce cimetière était environné de hautes murailles ; ce ne fut guère que deux siècles plus tard que l'on commença à construire la galerie appelée *les Charniers* : galerie sombre, humide, tapissée de monuments funèbres, et pavée de tombeaux, dont les cavités rendaient un son lugubre sous le pied des passants ; là, s'en retournaient pompeusement à la poussière, au néant d'où ils étaient sortis, les riches et joyeux convives du banquet de la vie : dernier honneur rendu à l'opulence et à la noblesse ; dernier reflet des frivoles splendeurs de ce monde, qui se projetait encore dans le domaine de la mort !

Le charnier des Innocents ne ressembla jamais au *Campo Sancto* de Pise, même lorsqu'il eût été embelli par le maréchal de Boucicaut et par le fameux Nicolas Flamel coryphée des philosophes hermétiques du xve siècle. Il régnait sous ces voûtes funéraires une disparité étrange : des épitaphes gravées sur le marbre, des têtes de mort sculptées, des ossements en croix, à côté des attifets d'un magasin de modes ou de lingerie; ailleurs des instruments de musique suspendus, en guise de harpes éoliennes, à un squelette de marbre blanc qui était l'œuvre de Germain Pilon; plus loin, le tombeau de la dame Flamel, orné de figures d'anges et de saints, servait d'étalage à des jouets d'enfant. Un des côtés du charnier longeait la rue de la Ferronnerie, nommée précédemment rue de la Charronnerie. Sur cette face du charnier était peinte la *danse macabre*, parodie amèrement philosophique des travers de ce monde, exécutée par la comédie de la mort, pour faire honte à la comédie des vivants.

La justice de la danse macabre était égale pour tous : c'était l'égalité du cimetière. Les cardinaux, les princes, les évêques, les moines, les avocats, les ménétriers, les reines, les bourgeois, les religieuses, les enfants; tout le monde passait, bon gré mal gré, par l'impitoyable satire de la danse macabre.

Devant ce spectacle d'une originale bizarrerie, s'élevait, en 1429, un échafaud que l'on aurait pu croire destiné à l'exécution de quelques hautes œuvres criminelles; cependant, du haut de sa plate-forme on ne faisait justice que du déréglement des mœurs contemporaines; c'était la chaire d'un prédicateur nommé le frère Richard, terrible et persévérant antagoniste du luxe et de la galanterie; le frère Richard ne cherchait point à convertir les pécheurs par l'onction d'une parole touchante et persuasive; c'était par d'horribles imprécations qu'il attaquait le vice; il le montrait à nu, il détaillait en termes grossiers les scandales du temps; il faisait retentir les noms les plus illustres dans le bruit de ses orageuses prédications. Le frère Richard se plaisait à critiquer d'un ton sarcastique la toilette par trop païenne des femmes. Il effleurait de ses paroles railleuses leur beau sein tout découvert, bondissant, disait-il, du plaisir qu'elles éprouvaient à le laisser voir et à le faire adorer; il dénonçait à l'indignation chrétienne jusqu'aux échancrures démesurées de certaines robes, que les pécheresses n'avaient adoptées, suivant lui, que pour mieux inspirer les mauvaises pensées! le fougueux prédicant usait du bénéfice de la parole, comme un homme qui ne croit plus à la chasteté des oreilles de son auditoire; les sermons du père Richard seraient une excellente et précieuse consultation historique, pour l'historien qui voudrait entreprendre l'étude fidèle des mœurs du xve siècle.

Si l'art ne brillait pas précisément dans la disposition, dans l'arrangement du cimetière et du charnier des Innocents, il n'était pourtant pas impossible d'y découvrir, çà et là, le goût et l'inspiration des artistes; indépendamment de quelques tombeaux d'une belle exécution, on y pouvait s'agenouiller au pied d'une croix ornée d'un bas-relief sculpté par Jean Goujon, et qui représentait le triomphe du Saint-Sacrement; le citadin attardé, qui passait devant le cimetière après l'heure du couvrefeu, s'arrêtait quelquefois pour regarder en frémissant une mystérieuse flamme qui brillait dans les ténèbres et qu'une main invisible semblait faire rayonner au-dessus de ce champ du repos éternel; ce n'était là qu'une lumière bien prosaïque entretenue dans une lanterne en pierre haute de quinze pieds, et qu'un habile ciseau avait ornée d'élégantes sculptures; quelques écrivains ont confondu l'appareil de ce phare funéraire avec la fontaine des Innocents.

Cette fontaine, dont l'existence remontait au XIIIe siècle, avait été adossée à l'église, au coin de la rue Saint-Denis et de celle aux Fers; à cette époque, elle n'offrait encore aucun aspect de l'art monumental; ce ne fut qu'au XVIe siècle que Jean Goujon en fit un de ses titres de gloire. Avant de vous parler de ce chef-d'œuvre du ciseau de la renaissance, nous avons à vous rappeler encore une catastrophe sanglante dont l'église des Innocents fut le théâtre, en 1559.

En 1559, l'anathème qui tombait de toutes les chaires catholiques était affreux, impitoyable; un minime, nommé Jean de Han, se distinguait dans la foule des prédicateurs zélés par son intolérance sanguinaire. Un jour, tandis que cet énergumène demandait à grands cris des bûchers, des estrapades et des échafauds pour les disciples de Luther et de Calvin, deux assistants se prirent de querelle dans l'église des Innocents, et l'un d'eux jeta le mot de luthérien à la tête de son adversaire; ce mot valait un coup de poignard! Aussitôt l'auditoire, exalté par les vociférations du prêtre, se précipite sur le malheureux que l'on accuse d'être un misérable protestant; aux cris de la victime, deux passants, deux chrétiens se jettent dans l'église pour secourir un homme que l'on frappe, que l'on tue..... Ils sont poignardés, et le minime continue à prêcher dans le sang, la religion d'un Dieu qui est mort sur la Croix pour nous racheter.

Parmi tous les morts illustres qui reposaient dans le cimetière des Innocents et sous les voûtes de ses charniers, nous devons citer Jean le Boulanger, premier président du Parlement, Nicolas Lefèvre, habile critique, et François-Eudes de Mézeray, qui mourut pauvre comme La Fontaine et comme Corneille, pour avoir préféré le renom d'historien véridique au titre d'historiographe de France.

Le cimetière et le charnier des Innocents furent détruits avant la révolution; depuis longtemps déjà l'on se plaignait des émanations pestilentielles de cette terre sépulcrale, au milieu d'un quartier populeux, condamné à lutter contre des fièvres affreuses, dans cette cohabitation forcée des vivants et des morts. On enleva, en 1786, tous ces ossements accumulés depuis cinq à six cents ans, et l'église elle-même fut démolie. La fontaine qui s'y trouvait adossée, avait été reconstruite en 1550 par l'architecte Pierre Lescot, abbé de Clugny, et le célèbre Jean Goujon s'était chargé, comme nous l'avons dit, de l'exécution des sculptures dont elle est ornée. En 1788, ce délicieux monument fut enlevé avec une difficile

Marché des Innocents. — Fontaine des Innocents

précaution de l'emplacement qu'il occupait, et transporté au milieu de l'ancien cimetière, que l'on venait de convertir en marché. Plus tard, des restaurations et même des additions ont été faites à la fontaine des Innocents. Les lions posés aux quatre angles et les cuves massives dans lesquelles l'eau tombe d'une sorte de coupe antique, ne se combinent heureusement ni avec le style général du monument, ni avec les sculptures légères et gracieuses de Jean Goujon; cependant, aux regards d'un juge peu sévère, c'est là un ensemble qui ne manque ni de grandeur, ni d'élégante majesté.

Il ne nous reste plus à esquisser que l'histoire du marché des Innocents; histoire bizarre, nuancée de tous les tons des tableaux de Callot, de Teniers ou de Rembrandt. Cet espace, où vingt générations s'étaient endormies du sommeil éternel, devint, en 1788, une annexe du monde grossièrement pittoresque qu'on nomme la Halle; on vit s'avancer jusque-là des étalage trop odorants, des parapluies monstres et des échoppes mobiles, ayant pour point d'appui l'abdomen des marchandes qui ne pouvaient prétendre au titre quasi-aristocratique de *Dames de la Halle*.

Sous le règne des distinctions sociales, il existait en effet une grande distance entre ces deux espèces de femmes, qu'il fallait bien se garder de confondre sous la désignation vulgaire de *poissardes*. Maintenant encore la dame des marchés est un astre dont la revendeuse à éventaire n'est que le pâle satellite. Regardons un peu ce qu'il y a de cossu, de huppé dans la première : le point de Valenciennes encadre son visage haut en couleur; une chaîne d'or ruisselle en triple contour sur sa robuste poitrine; le fin mérinos ondule sur ses hanches puissantes, et vingt bagues scintillent à ses doigts rouges et courts. Elle dissimule à l'oreille de *Monsieur le chef* sa voix naturellement rauque; elle la réserve tout entière pour les phases orageuses de sa profession; elle module en sons flûtés ces mots ronflants qui accentuent le dialecte local et qu'elle adoucit bien vite, pour caresser de son mieux le nerf acoustique de M. l'inspecteur. La seconde est coiffée d'un humble madras; ses traits sont hâves et amaigris; la mince toile peinte l'habille en toute saison, et jamais le plus petit cordonnier revendeur de la rue de la Tonnellerie n'enlève sa pratique au sabotier du voisinage. Elle lutte de jurons et de lazzis obscènes avec le boueur ou le récureur d'égouts, lui tient tête pour *boire la goutte*, et vous fait entendre des accents comparables au grincement d'une scie... Cette femme mourra sous l'éventaire, à moins qu'une beauté rebelle à toutes les excentricités de sa carrière laborieuse, ne la porte un matin au rang de dame de la Halle, sur l'aile de l'amour, cet enchanteur à qui toute métamorphose est facile.

Lorsque le marché des Innocents fut établi, plus d'une marchande de poisson, plus d'une bouquetière de la pointe Saint-Eustache se souvenait d'avoir disputé en langage poissard avec ce joyeux Vadé, qui avait fait de la Halle son véritable Parnasse : on se rappelait son habit d'écarlate, sa

veste brodée, sa culotte noire, ses bas de soie blancs respectés par les balais les plus mal-appris de l'endroit; les balayeuses admiraient l'érudition locale du poëte qu'elles surnommaient un *petit Jésus*.

Plus d'une fois, avant la révolution de 89, les parapluies-modèles du marché des Innocents durent servir de salles de conseil, de collèges électoraux, en plein vent, pour le choix de cette fameuse députation de Poissardes qui avait le privilège de s'introduire dans les appartements de Versailles, et de fêter avec des bouquets Sa Majesté la reine de France; en pareil cas, la cour toute entière applaudissait aux compliments de ces grandes dames d'un jour, et la royauté elle-même daignait les traiter de puissance à puissance; chose étrange, les Charbonniers et les Poissardes ont joué un rôle dans l'histoire de la monarchie française, la plus galante de toutes les monarchies.

Un beau jour, le peuple s'avisa de penser qu'il n'était rien et qu'il devait être quelque chose en France : dans ce temps de perturbation, disent les uns, de régénération, disent les autres, l'émeute gronda souvent au marché des Innocents : il fallut plus d'une fois, que le magistrat-chapelier ou quincaillier de *la section* déployât, par mesure d'ordre, son écharpe tricolore sur ce petit foyer insurrectionnel ; mais aussi, avec quelle joie expressive l'on y célébrait les victoires de nos armées républicaines ! comme les dames *huppées* et les petites revendeuses de l'endroit confondues dans ces élans de nationalité populaire, faisaient sauter leur cotillon à la gloire des vainqueurs de Fleurus, de Lodi, d'Arcole et de Marengo ! Plus tard, Napoléon organisa, par un décret impérial, la gaîté patriotique des halles : on y servit, aux frais de l'État, des repas somptueux, dans l'immense local où se fait la criée du beurre ; le soir, l'enceinte dont il s'agit, devenait une salle de bal étincelante de bougies, où l'on dansait aux sons d'un orchestre magnifique ; une fois, par extraordinaire, quatre bornes fontaines, plantées au coin du monument décoré par Jean Goujon, donnèrent le spectacle gratis d'un vin généreux qui coulait pour tout le monde, durant une bonne partie de la journée :

« Le repas fut fort honnête ;
- Rien ne manquait au festin ;
- Mais quelqu'un troubla la fête
- Pendant qu'ils étaient en train. »

Par malheur pour les grands seigneurs et pour les grandes dames de la halle, il y avait, ce jour-là, tout près d'eux, des gendarmes tricolores, chargés de surveiller la joie publique, des agents de police qui s'avisèrent, plus d'une fois de régler le pas de la danse, et d'envoyer au violon le patriotisme et le plaisir !

Le pouvoir impérial fut mieux inspiré lorsqu'il substitua, sur le marché des Innocents, des échoppes en bois à ces ignobles parapluies, à ces énormes champignons de toile qui s'étendaient de la pointe Saint-Eustache à la rue de la Ferronnerie. L'on trouva le moyen de remplacer quelque chose d'affreux par quelque chose d'horrible.

Les galeries en bois forment un disgracieux ornement à la fontaine monumentale qui s'élève au centre du marché ; à vrai dire, des amas de choux, de carottes et de pommes de terre, éléments matériels des *capacités* électorales et électives, exposés à ciel découvert, produiraient un effet plus ignoble encore que celui des champignons-parapluies.

A une époque très-rapprochée de la nôtre, il se passa des événements graves au marché des Innocents : durant les trois journées qui suffirent pour renverser une monarchie, le peuple avait fait des échoppes du fruitier et de l'orangère autant de petits forts détachés d'où partait une mousquetade qui, pour être dépourvue de régularité, n'en était pas moins meurtrière. Sur ce point, comme partout, la victoire resta à ceux qui combattaient pour le droit, contre les défenseurs de l'arbitraire et de l'oppression. Mais le triomphe coûta cher aux phalanges populaires; Dieu seul sut le nombre des victimes qui ont reposé près de dix ans au milieu d'un marché, dans une halle, défendues à peine du piétinement de la foule par une fragile barrière; sans doute, il vous souvient d'avoir vu cette petite enceinte funèbre, où l'on avait enseveli pêle-mêle, dans un linceul de chaux, les amis et les ennemis..... Mais la mort ne proteste point contre de telles mésalliances, et c'est un grand pacificateur que le repos de la tombe!

Un mot encore: au sud du marché des Innocents s'étend la rue de la Ferronnerie où *le seul roi dont le peuple ait gardé la mémoire* avant Napoléon mourut d'un coup de cette arme fanatique dont la poignée est à Rome et la pointe partout, selon l'ingénieuse et expressive parole d'un avocat illustre. A l'ouest est située la petite rue de la Tonnellerie, où naquit cet admirable précepteur du genre humain, dont le nom glorieux a manqué à la gloire de l'Académie française..... En Italie, on montrera dans vingt siècles le toit sous lequel le Dante vit le jour; chez nous, la spéculation a déjà enseveli dans la poussière des grabats, le berceau de notre immortel Molière; seulement, sur la façade d'un bâtiment tout neuf, et qui donne des revenus superbes, sans doute, vous pourrez voir à grand'peine le buste lilliputien du poète comique de Louis XIV; l'architecte qui a bâti cette vilaine maison bourgeoise, a eu la bonté d'écrire au-dessous de l'image d'un grand homme que là fut la première demeure de l'auteur du *Tartufe* et du *Misanthrope*! C'est ainsi que l'on entend en France le culte des souvenirs et de la poésie! Au nord du marché des Innocents, s'élève Saint-Eustache, un autre vous racontera l'histoire de cette église, où vous lirez l'épitaphe de Chevert, et qui, durant la papauté théophilantropique du directeur Laréveillère, fut consacrée à cette morale bocagère et fleurie que Napoléon appelait *une religion en robe de chambre*. Une église, un empereur..... et la religion de Laréveillère!..... C'est ainsi qu'à travers les graves péripéties, dramatisées par la chronique des rues de la grande ville, le plaisant se mêlera parfois au sévère, *l'allegro* viendra après *l'andante*, le vaudeville après la comédie, et la bouffonnerie après le drame; à ces conditions, nul n'aura le droit de nous dire, en parlant des chapitres d'un pareil livre:

L'ennui naquit un jour de l'uniformité.

G. TOUCHARD-LAFOSSE.

RUE ET QUARTIER SAINT-GERMAIN-DES-PRÉS

'AN 542, le roi Childebert, fils du premier roi chrétien, était allé en Espagne faire la guerre à Teudis, roi des Visigoths, prince arien. Son frère Clotaire l'accompagna dans cette expédition. Les deux rois ayant réuni toutes leurs forces, ils mirent le siége devant Sarragosse qu'ils serrèrent de fort près. Les habitants consternés, réduits à l'extrémité et n'espérant plus aucun secours humain, eurent recours au jeûne et à la prière. Ils se revêtirent de cilices, et chantant des psaumes, portèrent en procession, autour des murs de la ville, la tunique de Saint-Vincent, leur concitoyen. Les femmes étaient en deuil, les cheveux épars, couverts de cendres, jetant des cris et des larmes, dit Grégoire de Tours, comme si elles eussent été à l'enterrement de leurs maris. Childebert et Clotaire ne distinguant pas bien de loin ce qui se passait sur les murailles, crurent d'abord que c'était une assemblée de personnes qui préparaient quelques maléfices contre les assiégeants. Sur ces entrefaites, un paysan sorti de la ville fut aussitôt arrêté et amené en leur présence. Ils l'interrogèrent sur l'état de la place, et pour quel sujet les habitants étaient ainsi assemblés sur les murailles. Le paysan leur répondit qu'ils portaient en procession la tunique de Saint-Vincent, pour fléchir la miséricorde de Dieu et obtenir la levée du siége. Les deux rois en furent si touchés, qu'ils promirent de laisser les Visigoths en paix ; à deux conditions, toutefois : l'une que l'arianisme serait entièrement banni d'Espagne ; l'autre, qu'on leur donnerait la tunique de St-Vincent. La nécessité força les Visigoths d'accorder cette demande, et Childebert apporta la tunique ou étole à Paris en grande solennité.

Quelque temps après, ce roi résolut de bâtir une église, pour y déposer cette sainte relique et une grande croix qu'il avait apportée de Tolède. Cependant, Childebert n'exécuta son dessein que quelques années plus tard, à la sollicitation de Saint-Germain, évêque de Paris.

Le lieu qui parut le plus propre pour la construction de cette église, fut celui qu'on nommait alors *Locotice* (Locotitia), où, selon l'opinion commune, restaient encore les anciens vestiges du temple d'Isis, situé au milieu des prés, dans le voisinage de la rivière de Seine; afin, est-il dit, de faire succéder le culte du Dieu du ciel, à celui des fausses divinités de la terre. L'édifice ne fut commencé qu'en 556, et achevé en 558.

Cette église, élevée en l'honneur de St-Vincent martyr, et de la Sainte-Croix, était soutenue de colonnes de marbre et ouverte de grandes fenêtres ; les lambris étaient dorés, les murailles ornées de peintures à fond d'or, et le pavé fait de pièces de marqueterie. L'extérieur répondait à la magnificence de l'intérieur ; tout l'édifice était couvert de cuivre doré, ce qui jetait un si grand éclat, que le peuple prit depuis occasion d'appeler cette église *Saint-Germain-le-Doré*.

Non content d'avoir enrichi la nouvelle église de quantité d'ornements précieux, Childebert la dota d'amples revenus pour l'entretien d'une communauté de moines, qu'il pria Saint Germain d'y établir. Le fond principal de la dotation, outre le territoire de l'Abbaye, était le fief ou domaine d'Issy, avec la Seine et ses pêcheries, les îles et autres appartenances dans toute l'étendue, depuis le pont de la ville de Paris, jusqu'à l'endroit où la petite rivière de Sèvres se joint à la Seine.

Ce fut à la prière du roi que Saint Germain accorda le privilége de *l'exemption* à l'Abbaye de St-Vincent, qui plus tard devait porter le nom de ce grand évêque. Ce privilége consistait principalement à laisser aux religieux la liberté d'élire leur abbé, à ôter à l'évêque et à toute autre personne la disposition des biens temporels du monastère ; à laisser jouir en paix la communauté de ses revenus sous l'autorité royale ; enfin, à défendre à tous prélats d'entrer dans ce lieu pour l'exercice d'aucune fonction de leur ministère, à moins qu'ils ne fussent invités par les abbés.

soit pour célébrer les mystères divins, soit pour donner l'ordination aux clercs et aux moines. Il n'y a rien de plus curieux que l'ardeur avec laquelle les abbés et les religieux de Saint-Germain soutenaient leurs priviléges dans le xii² et xiii² siècle.

Un jour, Saint Louis, passant par Villeneuve-Saint-George, s'arrêta pour dîner dans une prévôté de l'abbaye de Saint-Germain, et invita en même temps Gautier Cornu, archevêque de Sens, à dîner avec lui. A peine le prévôt eut-il appris cette invitation, qu'il alla trouver le roi, et le supplia très-instamment de ne pas permettre au prélat d'entrer dans la prévôté, ni d'y prendre son repas, crainte de porter atteinte aux priviléges de Saint-Germain. Quoi que le roi pût dire ou penser d'une telle précaution, le prévôt ne se contenta pas de la protestation de l'archevêque, qu'il ne prétendait acquérir aucun droit sur l'abbaye, ni sur la prévôté, par le dîner qu'il allait prendre avec le roi; il exigea de plus que le roi lui-même fit expédier des lettres qui continssent le fait que nous venons de raconter et la promesse de l'archevêque de Sens.

L'église de Saint-Germain, ravagée à diverses reprises par les Normands au ix² siècle, fut deux siècles plus tard presqu'entièrement reconstruite par l'abbé Morand. Sa reconstruction ne s'acheva qu'en 1163, époque où le pape Alexandre III en fit la dédicace et la consécration. Les différences de caractère que l'on trouve dans l'ensemble de l'édifice indiquent les époques diverses auxquelles ses parties appartiennent. La grosse tour carrée, simple et dépourvue d'ornement, qui s'élève à l'entrée, date évidemment du temps de la fondation. L'abbaye, fortifiée par les ordres du roi Charles V, ressemblait à une citadelle. Ses murailles étaient flanquées de tours et environnées de fossés. Un canal large de 13 à 14 toises qui commençait à la rivière et qu'on appelait *la petite Seine*, coulait le long du terrain, où est aujourd'hui la rue des Petits-Augustins, et allait tomber dans ces fossés.

La principale entrée de l'enclos du monastère était située à l'est, vers l'emplacement occupé aujourd'hui par la prison militaire de l'Abbaye. On y traversait le fossé par un pont, et l'on arrivait à la porte méridionale de l'église. Une autre entrée se trouvait à l'ouest de l'enclos dans la rue depuis nommée de Saint-Benoît. Cette entrée, nommée *Porte Papale*, était flanquée de deux tours rondes; on y arrivait par le moyen d'un pont-levis.

A l'est et au nord de ces fossés, s'étendaient de vastes prairies partagées en deux par la petite Seine. C'est de ces prairies que l'Abbaye, fondée par l'évêque de Paris, a pris le nom de *Saint-Germain-des-Prés*. D'un côté, ces prairies, en partant du terrain où se trouve aujourd'hui la rue des Saints-Pères, allaient en se prolongeant jusqu'à l'esplanade des Invalides : cette partie était appelée *le Grand-Pré*. L'autre partie,

34

située au nord de l'Abbaye, comprenait l'espace où l'on a ouvert depuis la rue Jacob, la rue des Beaux-Arts et le quai Malaquais; on l'appelait *le Petit-Pré*.

L'on a dit quelque part, dans ces derniers temps, que l'eau, loin de former une barrière naturelle entre deux peuples, était bien plutôt pour eux une voie de communication et de fusion: pour ce qui est de la barrière naturelle, je le veux bien; mais quant à la fusion, si les peuples campés sur les deux rives, en face l'un de l'autre, différents de mœurs et d'habitudes, ont de plus le malheur de ne pas être d'humeur facile et endurante, cette fusion pourrait bien ne s'opérer le plus souvent qu'au détriment du plus faible d'entre eux. Le Pré de l'abbaye de Saint-Germain nous en offre pendant des siècles un exemple frappant. *La petite Seine*, qui coupait ce pré en deux parts inégales, traçait en même temps une ligne de démarcation, peu respectée à la vérité, entre la propriété de l'Université et celle des religieux de l'Abbaye. Les écoliers de l'Université, gent turbulente et querelleuse s'il en fut, non contents de la permission dont ils jouissaient de prendre leurs ébats sur le Grand-Pré, qui appartenait à l'Université, choisissaient de préférence le Petit-Pré, domaine de l'Abbaye, pour but de leurs promenades, par la raison qu'il était le plus proche de la ville. Les religieux, bien qu'ils supportassent avec peine le voisinage des écoliers, la plupart hommes faits, mal disciplinés et *fort disposés à la querelle et aux batteries*, ne leur avaient jamais contesté la liberté de prendre l'air sur leur domaine. Mais loin de se montrer reconnaissants d'une telle faveur, les écoliers avaient insensiblement pris l'habitude de regarder ce Pré comme leur propriété, et tout d'abord ils l'avaient nommé *le Pré-aux-Clercs*. C'est le nom que l'on donnait autrefois aux écoliers, tant ecclésiastiques que laïques. Plusieurs fois déjà ils y avaient commis des dégâts et des désordres de toute espèce, et souvent il était arrivé que les habitants du bourg de Saint-Germain, forts de leur bon droit, les en avaient chassés avec perte.

Or, il advint que dans l'année 1278, l'abbé Gérard de Moret ayant fait élever quelques édifices sur son propre fonds, situé sur le chemin qui conduisait au Pré, les écoliers se plaignirent que les religieux rétrécissaient *leur* chemin. Le vendredi 12 mai, ils arrivèrent en bandes nombreuses, et tous, mettant la main à l'œuvre, ils démolirent en peu d'heures les constructions de l'abbé. Gérard de Moret, voulant réprimer leur violence, fit sonner le toscin. Aussitôt les vassaux de l'Abbaye accourent, se rangent en bataille, et conduits par les moines, ils fondent sur les écoliers en criant *tue, tue!* Les écoliers ainsi attaqués à coups d'épée et de massue, furent blessés en grand nombre. On en saisit plusieurs, on les garrotta et on les jeta en prison. Gérard de Dôle, bachelier ès-arts, fut blessé mortellement; Jourdain, fils de Pierre le Scelleur, fut tué à coups de flèches et de bâton, et Adam de Pontoise, frappé d'une masse de fer avec tant de furie, qu'il en perdit un œil. Pendant la mêlée, l'abbé avait fait

fermer et garder les trois portes de la ville qui donnaient dans le bourg, crainte que les écoliers, restés dans la ville, n'accourussent avec de nouvelles forces au secours de leurs camarades.

Le lendemain de cette lutte meurtrière, l'Université présenta une plainte au cardinal de Sainte-Cécile, légat du pape, pour avoir raison de ce sanglant outrage. Outre les faits que nous venons de rapporter, il est dit dans cette plainte, que le prévôt de Saint-Germain et quelques-uns de ses confrères armés d'épées, avaient attaqué et dépouillé des gens paisibles qui ne prenaient aucune part à la lutte; qu'ils les avaient fait traverser le marché têtes-nues, pour les conduire en prison, où on les avait retenus un jour et une nuit; qu'un maître-ès-arts, qui s'était interposé pour faire cesser le tumulte, avait été injurié par les religieux qui lui avaient percé ses habits de coups de lance. L'Université disait en terminant, que si dans la quinzaine on ne lui rendait justice, elle serait forcée de suspendre tous ses exercices : *seul remède que de pauvres étrangers, et sans armes, tels qu'ils étaient, puissent opposer à ceux du pays.*

Le légat ne savait que trop, à la vérité, à quoi s'en tenir sur le compte de *ces pauvres étrangers et sans armes,* que le règlement de l'an 1276 ne dépeint nullement comme des hommes studieux et paisibles, mais bien comme des gens dont la conduite déréglée troublait sans cesse la tranquillité publique. Mais le sang répandu dans cette rencontre cria puissamment en faveur des écoliers, et la mort de Gérard de Dôle et de Jourdain acheva d'irriter contre les religieux les puissances ecclésiastique et royale.

Le légat condamna Etienne de Pontoise, prévôt de l'Abbaye, comme coupable ou complice de cet homicide, à être chassé de l'abbaye de Saint-Germain et renfermé pendant cinq ans dans un petit monastère de la dépendance de Cluni. D'un autre côté, le roi Philippe-le-Bel fit examiner cette affaire en son *conseil étroit*, qui condamna l'abbé et les religieux. Le roi, qui était présent au jugement, prononça lui-même l'arrêt, par lequel les religieux furent condamnés à fonder deux chapelenies de vingt livres parisis de rente chacune, dont l'Université aurait le patronage : l'une dans l'église de Sainte-Catherine du Val-des-Écoliers, pour Gérard de Dôle, qui y fut enterré; l'autre, dans la chapelle de Saint-Martin-des-Orges, près des murs de l'Abbaye où fut enterré Jourdain Tristan. Cette chapelle appartenait dès-lors à l'Université. Tous les écoliers avaient coutume d'y entendre la messe les jours de congé, avant de prendre leur divertissement dans le Pré.

L'abbé et les religieux furent de plus condamnés à payer 200 livres pour les réparations de la chapelle de Saint-Martin; 200 livres à Pierre le Scelleur, *pour le dédommager de la perte de son fils* ; 400 livres aux parents de Gérard de Dôle, et 200 liv. au recteur de l'Université, pour être distribuées aux régents et aux pauvres écoliers.

Dix des plus coupables d'entre les vassaux de l'Abbaye furent exilés hors du royaume *jusqu'à ce qu'il plaise au roi de les rappeler*, et six autres hors de Paris jusqu'à la Toussaint. Les tourelles bâties sur la porte de l'Abbaye du côté du Pré, furent rasées jusqu'à la hauteur des murailles, et le chemin qui conduisait au Pré devint la propriété de l'Université.

Si les écoliers de l'Université avaient choisi de préférence le bourg de Saint-Germain pour le théâtre de leurs turbulents exploits, il faut dire à leur excuse que nul lieu alors ne leur offrait plus d'attraits et de séductions puissantes. Outre le Pré-aux-Clercs, qui, à force de procès et de transactions entre l'Université et les religieux, devint peu à peu dans son entier le domaine des écoliers, ce fut la foire de Saint-Germain qui les attira dans le bourg, pendant toute la durée du carnaval, et souvent même jusqu'aux approches de pâques.

Cette foire, située sur l'emplacement du marché Saint-Germain qui l'a remplacé depuis, s'étendait dans les xve, xvie et xviie siècles jusqu'aux abords du Luxembourg. Les abbés et religieux de Saint-Germain-des-Prés jouissaient depuis un temps immémorial du droit de foire. La première mention qui en soit faite, se trouve dans une chartre de 1176, où nous apprenons que Hugues, abbé de Saint-Germain, céda au roi Louis-le-Jeune la moitié des revenus de cette foire. Elle commençait à cette époque quinze jours après pâques, et durait pendant trois semaines. Après le procès qui suivit le grand combat entre les écoliers et les religieux et que nous venons de rapporter, la foire de Saint-Germain fut supprimée et transférée aux Halles. Les religieux de l'Abbaye ayant éprouvé de grandes pertes pendant les guerres civiles des règnes de Charles VI et de Charles VII, demandèrent au roi Louis XI le droit d'établir dans le bourg Saint-Germain une foire franche; Louis XI leur accorda cette demande par lettres-patentes du mois de mai 1482.

Ce fut le roi Charles VII qui, en 1486, fixa définitivement le temps de la tenue de cette foire. Elle fut établie sur l'emplacement de l'ancien hôtel de Navarre, auquel les religieux ajoutèrent en 1487 les terrains dont ils firent l'acquisition. Sa durée fut d'abord de huit jours; dans la suite elle fut considérablement prolongée.

Ouverte le 3 février, elle se continuait pendant tout le carnaval, le carême et ne finissait qu'au dimanche des Rameaux (*).

La foire de Saint-Germain n'était pas seulement le lieu de réunion des écoliers; c'était aussi le rendez-vous des courtisans et des personnes de tous états; c'était, au XVIe siècle surtout, le point de ralliement des *braves*, espèce de bandits venus en France à la suite de Catherine de Médicis et de sa cour. On leur avait conservé leur nom italien; peut-être aussi les appelait-on *braves* par ironie, parce qu'ils étaient accoutumés de se réunir au nombre de cinq ou six pour attaquer un seul homme. Comme les *braves* leurs confrères d'Italie, ces bandits faisaient métier de servir, pour de l'argent, les haines et vengeances particulières. On faisait marché avec eux pour faire battre ou assassiner son ennemi, voire même pour lui faire couper le nez, comme l'histoire suivante le démontrera.

Un gentilhomme de la cour de Henri III, à la fois abandonné et créancier de sa maîtresse, eut l'idée, assez saugrenue pour un amant délaissé, de faire valoir ses droits auprès d'elle. La dame qui croyait qu'en amour l'argent prêté était donné, refusait de s'acquitter. On n'eût pas mieux fait de notre temps, et raisonnablement cette belle aurait pu s'en tenir là. Mais blessée vivement des reproches de son importun créancier, elle résolut de s'en venger. Vous imaginez qu'elle prit un nouvel amant. C'est ce qu'elle fit en effet; mais ce ne fut pas assez pour son cœur vindicatif : elle projeta et disposa une autre vengeance.

Un soir donc que ce gentilhomme rentrait chez lui d'un tour qu'il avait fait à la foire de Saint-Germain, il se vit tout-à-coup arrêté par cinq ou six *braves* dans un endroit solitaire du *Champ crotté*, lieu destiné

*) Dulaure

à la vente des bestiaux et qui se trouvait entre les rues Garancière et de Tournon. Le chef de la bande saisit sans plus de façon le gentilhomme par le nez, et se met à le lui couper avec un couteau.

Les cris du gentilhomme empêchèrent que l'exécution ne fût complète; son nez ne fut pas entièrement coupé, il tenait encore par un fil.

Comme on ne coupe pas le nez d'un gentilhomme impunément, cette affaire eut des suites fâcheuses pour bien des personnes distinguées, complices de la vengeance de cette belle. Le *brave* fut pendu ; mais ceux qui avaient commandé le crime ne le furent pas; ils étaient riches et avaient beaucoup d'amis. Le nez coupé fut recousu, mais non pas si proprement qu'il l'eût été de nos jours à l'aide de la rhinoplastie, ce qui fit que le gentilhomme porta pendant qu'il vécut un souvenir de sa belle.

Le roi Henri III prit souvent plaisir à se promener à la foire Saint-Germain. Ce roi et ses mignons si bien *frisés et gaudronnés* étaient devenus le plastron des écoliers, qui les poursuivaient de leurs quolibets. Un jour le roi, revenant de Chartres, alla descendre à la foire Saint-Germain ; il fit emprisonner quelques écoliers qui s'y promenaient avec de longues fraises de papier, et qui, pour le tourner en ridicule, lui et sa suite, criaient en pleine foire : *A la fraise on connaît le veau.*

Dès l'an 1486, les religieux de Saint-Germain avaient fait construire pour cette foire 140 loges en charpente. Au commencement du XVIe siècle, ces loges devinrent la proie des flammes : on les reconstruisit dans une forme plus simple, et on divisa l'emplacement en huit rues qui se coupaient à angle droit. Ces rues étaient bordées de boutiques en bois occupées temporairement par des marchands de modes, de joujoux, de bijouterie, etc., etc. Il y avait des salles de danse, vrais marchés de courtisanes; la licence et la débauche qui y régnaient occasionnèrent souvent bien des désordres.

Pendant la Ligue, la foire Saint-Germain avait été fort négligée. Lorsque l'on en fit l'ouverture en l'an 1595, on la trouva dans le plus mauvais état; on y fit alors des réparations, et l'affluence du beau monde fut aussi grande que du temps de Henri III. *Le duc de Guise et Vitri,* dit l'Étoile, *y coururent les rues, avec dix mille insolences.*

Le faubourg Saint-Germain, presqu'entièrement ruiné par les guerres et réduit en terres labourables, avait commencé à se rebâtir sous François Ier ; sous le règne de Henri II, il passait déjà pour un des plus beaux faubourgs des villes de France. Les habitants qui le peuplaient de plus en plus, se joignirent, en 1550, à ceux de Saint-Jacques et de Saint-Marcel, pour obtenir que l'on fermât de murailles ces trois faubourgs. La proposition fut accueillie par le roi, qui manda près de lui le prévôt des marchands pour lui intimer ses ordres, à l'égard de cette clôture. Le prévôt s'excusa au nom de la ville d'entrer dans cette dépense; mais le roi insista, et l'on fit dresser les dessins de cette clôture, ainsi que celui d'un pont de communication du faubourg Saint-Germain avec la ville. Toutefois, les frais excessifs que la construction du pont eût entraînés, forcèrent d'en demeurer au simple projet. En attendant que l'on pût entreprendre le Pont-Neuf, on fit construire un bac pour passer la rivière vis-à-vis le Louvre, pour la commodité du public.

Déjà dans la même année, le roi avait envoyé l'ordre au prévôt des marchands et aux échevins de faire rouvrir les portes de Bussi et de Nesle, condamnées l'une et l'autre depuis quelques années. Cette mesure fut d'une grande commodité pour le faubourg Saint-Germain, quoiqu'on ne dût laisser passer par ces portes que *les gens de Dieu et de cheval*, à l'exclusion des charrettes et chevaux chargés de marchandises sujettes aux impôts des entrées.

Au dehors de l'enclos de l'Abbaye, sur la place située devant la porte, qui alors, était la principale entrée du monastère, on ne voyait à cette époque que quelques maisons bâties sans ordre et sans symétrie. Au milieu de cette place s'élevait une tour ronde, n'ayant qu'un étage percé de grandes fenêtres : c'était le Pilori.

Le 6 octobre 1557, une foule immense se pressait ardente, frémissante aux abords de la place du Pilori. Le ciel était gris; un épais brouillard couvrait les eaux de la Seine. Le bac, allant et venant sans cesse de la Tour de Nesle au Louvre, et du Louvre à la Tour, débarquait des flots de peuple qui allaient grossir la masse compacte, qui de toutes parts déjà avait envahi le lieu du supplice. Des fagots de bois vert étaient amoncelés autour du Pilori : on allait brûler des hérétiques.

—Pourvu que ces chiens de Huguenots n'aillent pas se rétracter, dit une mégère à la face hideuse, qui n'aurait pas mal figuré sous le bonnet rouge parmi les furies de l'Abbaye, trois siècles plus tard ; nous perdrions là un beau spectacle !

—Ne crains rien, mère Michaud, ce sont des hommes ceux-là ; ils se rétracteront tout aussi peu que les demoiselles que l'on a brûlées il y a deux mois sur la place Maubert.

—Ils mangeront plutôt leur langue, dit un écolier.

—Est-il vrai que les Huguenots mangent les petits enfants, demanda timidement une jeune fille ?

—Rien de plus vrai, ma mie, répondit l'écolier ; ils se servent du sang de ces pauvres innocents dans leurs abominables cérémonies.

—Quelle horreur!

—Au feu les Huguenots! Au feu ces chiens de Luthériens! au feu tous, vociféra la foule.

—Silence! Les voilà qui arrivent.

A ces mots, prononcés par ceux qui se trouvaient le plus près de la porte de Bussi, les cris de la multitude s'apaisèrent soudain; il se fit un grand silence.

Deux tombereaux venaient de déboucher sur la place.

Dans chacun de ces tombereaux il y avait un homme, jeune encore,

affublé de la robe des pénitents gris. Le visage de ces deux hommes était découvert; leurs traits pâles et amaigris par les souffrances de la torture, portaient l'empreinte d'une grande douceur et d'une résignation austère. A côté de chacun d'eux se tenait un cordelier, un crucifix à la main, prêchant à grand renfort de gestes, sans pouvoir obtenir un seul regard des condamnés qui, les yeux tournés vers le ciel, semblaient absorbés dans une extase muette.

Nicolas-le-Cène, médecin de Lizieux en Normandie, et Pierre Gavart, *solliciteur de procès* de Saint-Georges-les-Montagnes en Poitou, tous les deux protestants, étaient arrivés à Paris, le 11 septembre de l'année 1557. Le hasard voulut qu'ils descendissent à la même hôtellerie. Là, on les avertit qu'une assemblée de protestants se réunissait clandestinement, le soir même, dans une maison de la rue Saint-Jacques, en face le collége du Plessis, pour y faire la Cène. Comme la nuit allait tomber, les deux étrangers, sans se donner le temps de changer d'habits, se rendirent à cette assemblée, désireux qu'ils étaient d'entendre la parole de Dieu.

SAINT-GERMAIN-DES-PRÉS.

Ce soir-là, la réunion était nombreuse; hommes, femmes et vieillards s'y étaient rendus en foule pour prier Dieu en commun et à leur manière. On y comptait plus de trois cents religionnaires.

Malgré toutes les précautions que les protestants apportaient d'ordinaire à ces réunions clandestines, ils ne purent échapper cette fois à la surveillance de quelques prêtres boursiers du collège du Plessis, qui, fortement intrigués du but de ces assemblées, avaient fini par découvrir la vérité : ils firent avertir le guet de la ville. Toutefois, craignant que l'assemblée ne se séparât avant qu'il n'eût eu le temps d'arriver, ces prêtres, aidés de quelques-uns des leurs, se mirent à démolir une muraille voisine, dans le dessein de faire rentrer à coups de pierres ceux des religionnaires qui tenteraient de quitter la maison.

Vers minuit, comme les protestants songèrent à se retirer, les prêtres, voyant que le guet n'arrivait pas, commencèrent à lancer des pierres contre la porte de la maison, et pour mieux ameuter le peuple, ils se mirent à crier qu'il y avait là un repaire de brigands et de conspirateurs.

A ce bruit, les voisins réveillés en sursaut courent aux armes. Les cris de : *Sus aux brigands, aux conspirateurs*, se répètent de proche en proche. En un clin-d'œil tout le quartier est sur pied; car depuis la prise de Saint-Quentin, le peuple était continuellement en alarme; l'ordre avait été donné que chacun fit provision d'armes, et se tînt prêt au premier signal.

Mais lorsque le peuple apprit que ces prétendus conspirateurs n'étaient que de pauvres religionnaires, sa fureur, loin de se calmer, s'accrut de toute la haine qu'il portait à la nouvelle secte. Des imprécations se font entendre contre les huguenots; des cris de meurtre et de sang retentissent partout; les issues des rues sont occupées par des hommes armés; on allume des feux pour que personne n'échappe à la faveur de la nuit.

A la vue de cet effroyable tumulte, de cette populace ameutée qui assiégeait la porte de leur maison en poussant d'horribles clameurs, les protestants, sans armes pour la plupart, sentent défaillir leur courage. Leurs ministres, sans espoir de salut eux-mêmes, les rassurent pourtant. Il fallut prendre une résolution : attendre l'arrivée des magistrats, c'était se résigner à la prison, à la torture, à une mort certaine; on résolut de tenter le passage à travers cette multitude furieuse.

On se divisa en plusieurs groupes; les hommes portant épée marchèrent les premiers, frayant un passage à ceux qui les suivaient. Ce fut ainsi que bon nombre de protestants parvint à se sauver, non toutefois sans avoir traversé une infinité de périls; car les pierres grêlaient sur eux de tous côtés, le peuple tenait les rues avec piques et hallebardes, et des fenêtres on dardait des piques sur les passants.

Le jour allait paraître, il restait encore dans la maison, des vieillards, les ministres du culte, presque toutes les femmes, et quelques hommes généreux qui n'avaient pas voulu les abandonner, lorsqu'arriva Martine, procureur du roi au Châtelet, suivi de ses commissaires, et sergents. Un des ministres descendit pour ouvrir la porte au magistrat; il supplia Martine de protéger les femmes contre la fureur de cette populace qui était là, frémissante et écumant de rage de ce que sa proie allait lui échapper.

Hommes, femmes et vieillards sont aussitôt liés deux à deux pour être conduits au Châtelet. Le peuple, qui s'était échelonné des deux côtés de la maison, voyant enfin paraître les huguenots, les entoure, en vociférant contre eux des menaces de sang; quelques hommes vont même jusqu'à frapper des fûts de leurs hallebardes, de faibles vieillards aux cheveux blancs, qu'ils prennent pour les ministres.

Le procureur du roi, craignant de plus grands excès de la part de cette populace, et n'ayant pas assez de gens pour la contenir, voulut faire rentrer les femmes dans l'intérieur de la maison, jusqu'à ce que ces furieux se fussent écoulés.

Mais le peuple, voyant l'intention du magistrat, menaça de mettre le feu à la maison, et de se faire lui-même le bourreau de ces malheureuses, si on ne les conduisait au Châtelet incontinent.

Force fut de céder aux menaces de la multitude, et d'exposer de pauvres femmes à la furie de ces cannibales qui, sans respect pour leur sexe ni pour leur rang (elles étaient presque toutes dames de grande maison), les accueillirent avec les épithètes les plus viles et les plus outrageantes. Ces scélérats ne se bornèrent pas aux injures: on leur arracha leurs chaperons, leurs ajustements furent mis en lambeaux et on leur jeta de la boue au visage. En cet état, hommes et femmes furent conduits à la prison du Châtelet; de là on les transféra à la Conciergerie.

Au nombre des hommes généreux qui avaient voulu partager le sort de ces malheureuses femmes, se trouvaient Nicolas-le-Cène et Pierre Gavart; leur constance dans la prison fut admirable. On leur appliqua la torture pour qu'ils abjurassent leurs erreurs, mais au milieu des souffrances les plus atroces, ils protestaient à haute voix *qu'ils voulaient vivre et mourir sur ce qu'ils avaient dit et maintenu*. De la torture ils furent conduits à la chapelle de la Conciergerie; des prêtres se présentèrent pour les confesser: ils les repoussèrent. Le Cène s'écria « qu'il se confesserait à Dieu seul, sûr qu'il était de son pardon et de sa miséricorde. »

Le Cène et Gavart furent condamnés à être brûlés vifs en la place du Pilori, devant l'Abbaye de Saint-Germain-des-Prés. D'autres religionnaires des deux sexes avaient subi le même supplice sur la place Maubert, quelque temps auparavant.

L'heure de l'exécution étant venue, un cordelier accompagné du bourreau vint trouver les condamnés, et leur dit, que s'ils voulaient se rétracter, la cour avait décidé qu'ils seraient étranglés seulement ; sinon la sentence suivrait son cours et qu'ils auraient de plus la langue coupée.

Le Cène, sans mot dire, tendit sa langue au bourreau.

Sur un signe du cordelier, le bourreau la lui arracha.

—Hélas! je ne pourrai plus louer Dieu de ma langue, dit Gavart en gémissant.... Le Cène le consolait de la tête.

Lorsque les condamnés furent arrivés à la place de l'Abbaye, le bourreau leur lia les bras à l'aide d'une forte corde, puis on les hissa aux deux extrémités d'une poutre transversale, fixée au Pilori par le moyen d'une barre de fer.

On mit le feu aux fagots, aux acclamations frénétiques du peuple...

Le supplice de Nicolas-le-Cène et de Pierre Gavart peut être considéré comme un des plus horribles de ce temps, si riche en exécutions atroces. On avait laissé à dessein un grand intervalle entre le bûcher et le corps de ces malheureux, de sorte que le haut du corps était à peine atteint par les flammes, que déjà les parties inférieures avaient été entièrement consumées.

Mais ni la haine acharnée dont le peuple de Paris poursuivait les protestants, ni les persécutions, dont ils se voyaient en butte de la part des puissances séculière et ecclésiastique, ne purent empêcher la nouvelle secte de grandir et de s'étendre. Plus d'assemblées clandestines, plus de craintives réunions à l'ombre de la nuit. Elle relèvera fièrement la tête, et d'une voix forte, en plein Pré-aux-Clercs, elle entonnera les psaumes de David, traduits en vers français par Clément Marot, au grand ébahissement de la foule des promeneurs, attirés par la nouveauté d'un si étrange spectacle. Et vraiment, ce n'étaient pas de petites gens, ceux qui chantaient ainsi! Pour peu que vous eussiez cherché, vous auriez reconnu le roi Antoine de Navarre, sa femme, la reine Jeanne d'Albret, et beaucoup d'autres seigneurs. Ils ne craignaient pas, ceux-là, d'être pris dans une souricière, comme leurs coreligionnaires de la rue Saint-Jacques; ils avaient l'épée au côté, et du terrain devant eux pour repousser une attaque perfide. Cette fois, ce fut le clergé qui eut peur; il craignit que la beauté du chant ne séduisît la foule. Il déclama en chaire contre cette invention des hérétiques et contre ceux qui s'étaient associés à ces chants. Chanter les psaumes en vers français que tout le monde entendait, c'était, disait-il, faire mépriser au peuple l'ancien usage introduit par l'Église romaine, suivant lequel on doit faire le service divin en langue latine; c'était souffler la discorde parmi le peuple et l'exciter à la guerre civile. Le roi fut de l'avis du clergé; il ordonna que l'on informât contre les auteurs de ce scandale. Henri II, par une des dernières ordonnances de son règne, défendit, sous peine de mort, de se réunir pour chanter des psaumes en français. Pourtant, la sévérité de ces édits, loin de produire les effets qu'on en attendait, ne fit qu'aigrir les esprits, et les disposer à la résistance.

Le 21 juillet 1587, Charles de Bourbon, cardinal archevêque de Rouen et abbé de Saint-Germain-des-Prés, le même qui, un an auparavant, avait commencé la construction du beau palais abbatial, voulut se signaler par une procession magnifique et singulière. Il fit ranger en ligne toutes les jeunes filles et tous les garçons du faubourg Saint-Germain. Ils étaient vêtus de blanc, portaient chacun un cierge allumé à la main, et avaient les pieds nus. Les garçons étaient distingués par des couronnes de fleurs. Les capucins, les augustins et les pénitents blancs les suivaient par derrière. Puis venaient les prêtres de Saint-Sulpice, les religieux de Saint-Germain avec des reliques, et la musique ensuite. On y voyait les sept châsses de Saint-Germain portées par des hommes *nus en chemise*.

Le roi Henri III assista en habit de pénitent à cette cérémonie, et la

trouva si belle, qu'à son dîner il ne put s'empêcher de dire, que de longtemps il n'en avait vu *de mieux ordonnée ni de plus dévote que celle-là*.

On ne voyait, dans ce temps-là, que des processions dans les rues de Paris. Les plus indécentes étaient, suivant l'opinion des ligueurs, les plus belles et les plus dévotes. On en fit plusieurs composées d'hommes, de femmes et d'ecclésiastiques nus, ou presqu'entièrement nus. Un ligueur, l'auteur du *Journal des choses advenues à Paris*, etc., dont l'opinion ne saurait être suspecte en cette occasion, rapporte avec admiration les détails de ces pieuses farces.

« Le 30 janvier 1589, dit-il, il se fit en la ville plusieurs processions, auxquelles il y a grande quantité d'enfants, tant fils que filles, hommes et femmes, qui sont *tout nus en chemises, tellement qu'on ne vit jamais si belle chose, Dieu merci*. Il y a de telles paroisses, où il se voit de cinq à six cents personnes *toutes nues....* »

Je ne vous parlerai plus du Pré-aux-Clercs, si ce n'est pour vous dire qu'une partie de l'armée de Henri IV y était campée, lorsque ce roi assiégea Paris en 1589.

Le mercredi 1ᵉʳ novembre, le roi ayant envie de voir Paris à découvert, monta sur le haut du clocher de Saint-Germain-des-Prés, un moine l'y conduisit. Le roi et le moine y restèrent seuls pendant quelques instants. En étant descendu, Henri IV dit au maréchal de Biron qui vint à sa rencontre : « Une appréhension m'a saisi étant avec un moine et me « souvenant du couteau de frère Clément... »

Sous le règne de Louis XIII, on combla en partie les fossés de l'Abbaye de Saint-Germain; le canal de la petite Seine devint la rue des Petits-Augustins.

La reine Marguerite, première femme de Henri IV, avait fait venir des Augustins déchaussés, auxquels elle donna une maison, six arpents de terrain, et six mille livres de rente annuelle, à condition qu'ils chanteraient des cantiques *sur des airs qui seraient faits par son ordre*. Ces pères, dit Saintfoix, qui apparemment n'aimaient pas la musique, s'obstinaient à ne vouloir que psalmodier. Marguerite les chassa et mit à leur place des Augustins chaussés, qui ont donné le nom à la rue.

Pour bien loger ses moines chanteurs, la reine de Navarre dut expulser de leur modeste demeure les vénérables frères de l'ordre de *Saint-Jean-Dieu*, autrement dit **Frères de la charité**, que Marie de Médicis avait fait venir de Florence en 1602.

Ces frères, qui, suivant leurs réglements, devaient être chirurgiens et pharmaciens, ne chantaient point, à la vérité, à peine s'ils psalmodiaient; mais en revanche ils guérissaient beaucoup de malades et soulageaient bien des maux. Voyant ses protégés sans asile, la seconde femme de Henri IV comprit que la pieuse institution qu'elle venait de fonder, pour porter ses fruits, ne devait plus être à la merci de personne.

Il y avait alors au-delà de l'enclos de l'Abbaye, non loin de la place où quelques années plus tard l'on ouvrit la rue Taranne, une chapelle entourée de vastes jardins, appelée Chapelle de Saint-Pierre. Cette chapelle, devenue dans la suite église paroissiale, avait donné le nom au chemin voisin qui conduisait à la rivière, et qui, appelé par corruption chemin des Saints-Pères, est devenu depuis la rue de ce nom.

Ce fut dans le voisinage de cette chapelle que Marie de Médicis établit les frères de la charité. Elle leur fit construire un hôpital, une maison, et les dota convenablement. Cette maison de Paris devint le chef de tous les couvents du même ordre établis en France, et le nombre des religieux, de cinq qu'il était à la fondation de l'hôpital, s'y éleva bientôt à soixante.

L'an 1792, ce grand niveleur, qui n'avait que faire de Dieu ni des saints, supprima le couvent des frères de Saint-Jean-Dieu, comme il avait supprimé l'Abbaye de Saint-Germain-des-Prés. L'hôpital resta pourtant; mais comme le nom de *Charité* ne convenait guère à la circonstance, on l'appela *hospice de l'Unité*. Ce ne fut que sous l'empire, époque de restitution, qu'il reprit sa belle et primitive dénomination d'*Hôpital de la Charité*.

Quant aux Augustins, ils prospérèrent dans leur couvent, ils s'y arrondirent même, au dire de Saintfoix, jusqu'à ce que l'Assemblée Constituante leur coupa les vivres, en déclarant les biens du clergé propriétés nationales.

Dans cette époque de bouleversement social, le peuple, pour montrer à sa manière qu'il prenait part au travail, avait, en saccageant les églises, en brûlant et en dévastant les châteaux, brisé, mutilé et dispersé tant de chefs-d'œuvre, que la Convention, justement alarmée de ces actes de vandalisme qui menaçaient de priver la France des monuments les plus intéressants de son histoire, dut songer au moyen d'en recueillir les débris, et de mettre ce qui en restait encore intact, à l'abri des iconoclastes révolutionnaires.

Une *commission des monuments*, composée de savants et d'artistes, fut spécialement chargée de ce soin. Les bâtiments des Petits-Augustins furent choisis pour recevoir les tableaux et les monuments de sculpture, et le peintre Alexandre Lenoir en fut nommé conservateur.

Un décret de la Convention défendit de détruire, de mutiler ou d'altérer les monuments des arts, sous prétexte d'en faire disparaître les signes de féodalité.

Alexandre Lenoir, grand homme de bien et ami des arts, aussi chaleureux qu'éclairé, s'occupa dès lors avec un zèle infatigable de la restauration des monuments nationaux confiés à ses soins intelligents; et le 15 fructidor an III (1ᵉʳ septembre 1795), cette précieuse et vaste collection, qui prit le nom de *Musée des monuments français*, fut ouverte au public.

Depuis cette époque jusqu'en 1815, le musée des monuments français s'enrichit continuellement d'objets intéressants.

Ces monuments, rangés par ordre chronologique et classés par siècles, décoraient l'église, le cloître, la cour et le jardin des Petits-Augustins ; et tout en offrant une étude exacte de la marche progressive et rétrograde de l'art, ils formaient dans leur ensemble l'histoire de France la plus pittoresque et la plus grandiose.

Survint la restauration, et les réclamations de s'élever de toutes parts. Les émigrés, rentrés dans leurs foyers, redemandèrent leurs aïeux à grands cris ; le clergé, redevenu une puissance, réclama ses saints et ses tombeaux, et le musée des monuments français, cette imposante création de l'unité nationale, dépouillé peu à peu de ses richesses, se vit transformé en magasin de bric-à-brac artistique, sous le nom de *dépôt de monuments d'arts*.

La restauration eut alors la pensée d'élever une *école royale des beaux-arts* sur les décombres des Petits-Augustins. Le plan de l'édifice avait été arrêté ; on en avait même posé solennellement la première pierre ; mais l'exécution, que dis-je, la conception de cette idée, telle qu'elle a été réalisée sous nos yeux, appartient de droit au gouvernement de juillet.

En voyant ce noble édifice s'élever dans son éclatante et harmonieuse beauté derrière la gracieuse façade du château de Gaillon qui lui sert impunément d'entrée, que de fois ne vous êtes-vous pas dit : Voilà à coup sûr un des plus beaux ornements architectoniques de Paris..... si ce n'est le plus beau !

Le fondateur de l'église et de l'abbaye de Saint-Germain, n'eut sa rue qu'à la mort du grand roi : tous les fossés de l'abbaye étaient comblés, lorsqu'en 1715 on ouvrit la rue Childebert.

A l'extrémité orientale de la rue de Sainte-Marguerite, rue de fripiers, comme toutes celles qui enserrent l'antique église, le regard est frappé à l'aspect d'un mur sombre et sourcilleux, criblé de petites fenêtres que vous prendriez pour des meurtrières, si les barreaux épais qui les garnissent n'étaient là pour vous tirer d'erreur.

Ce noir édifice fut construit en 1635, par l'architecte Gamard : c'était la prison de la justice du seigneur abbé de Saint-Germain ; c'est aujourd'hui une prison militaire.

On l'appelle la prison de l'Abbaye, ou simplement l'*Abbaye*.

La célébrité qui est attachée à ce nom ne date pourtant pas de la prison monacale. En dépit des horribles cachots qu'elle renferme, cette prison ne doit sa triste renommée qu'à une époque de civilisation et de lumière. Il a suffi de deux jours pour la lui imprimer en traits de sang.

traits indélébiles! Mais quels jours que les journées du 2 et du 3 septembre 1792!

Je ne vous parlerai pas de ces hommes qui, ivres de sang, se ruaient ces jours-là dans la cour et aux abords de l'Abbaye. Marseillais, jacobins, peu importe le nom, ce sont les mêmes que vous avez vu trois siècles auparavant traquant, outrageant de malheureuses femmes, ne demandant pas mieux que de se faire leur bourreau; les mêmes que vous avez entendu pousser des hurlements de joie, à la vue de pauvres protestants mutilés, et accompagner leur supplice de frénétiques acclamations. Hier, c'étaient des huguenots qu'ils accusaient de boire le sang de leurs enfants; aujourd'hui ce sont des aristocrates, des prêtres, des ennemis du peuple, qui devaient égorger ses femmes et ses enfants, tandis qu'il serait à la frontière!

Mais je vous parlerai de ceux qui, assis dans une salle de l'Abbaye, composaient le *tribunal populaire*, de ces hommes impies qui faisaient une horrible mascarade de ce qu'il y a de plus saint et de plus sacré sur la terre : la justice.

Ils étaient cinq, deux officiers municipaux en écharpe et trois hommes ayant sous les yeux les registres d'écrous ouverts, et faisant l'appel nominal; d'autres faisaient les fonctions de jurés et de juges : rien n'y manquait. On lisait l'écrou au prisonnier, on lui faisait des questions; après l'interrogatoire, les juges qui venaient de tuer avec un calme infernal, se demandaient par l'organe de Jourdan leur président : Croyez-vous que dans *notre conscience* nous puissions *élargir* monsieur?

Ce mot *élargir* était son arrêt de mort. A peine le *oui* fatal était-il prononcé, que le malheureux, qui se croyait absous, était précipité sur les piques et les sabres des égorgeurs, qui, les bras nus et couverts de sang, se tenaient près du guichet de la salle pour exécuter les jugements.

Un autre le suivait de près et avait le même sort. Ce mode d'exécution était si expéditif, que les bourreaux, parmi lesquels il y avait plusieurs garçons bouchers, fatigués d'abattre quarante ou cinquante prisonniers par heure, demandaient de temps en temps quelques instants de repos.

« Ces instants de repos, dit un prisonnier, échappé comme par miracle aux massacres de l'Abbaye, les assassins les employaient à faire enlever les cadavres, à laver et à balayer la cour de l'Abbaye toute ruisselante de sang, ce qui leur donna beaucoup de peine. Pour en être dispensés à l'avenir, malgré les massacres qu'ils se disposaient à y faire encore, ils consultèrent entre eux divers expédients, et adoptèrent celui de faire apporter de la paille, d'en former une espèce d'estrade que l'on exhausserait encore avec les habits des victimes déjà immolées, et sur laquelle on ferait monter celles qu'on égorgerait dorénavant; au moyen de quoi le sang absorbé par ce lit de mort, n'irait pas inonder la cour. »

« Un des sicaires se plaignant alors de ce que chacun d'eux n'avait pas le plaisir de frapper chaque victime, ils décidèrent que l'on commencerait à la faire courir entre deux haies formées par tous, mais qu'alors on ne frapperait qu'avec le dos des sabres, et que lorsqu'elle serait montée sur le tas de paille et de vêtements, frapperait qui pourrait avec la pointe. Ils résolurent en outre, qu'autour de cette estrade, il y aurait des bancs pour les hommes et pour les femmes qui voudraient voir de près l'exécution et qu'ils appelaient *les messieurs et les dames.* »

Ces assassins s'appelaient eux-mêmes *les travailleurs de l'Abbaye.*

Malgré la rapidité du carnage, le *tribunal populaire* commanda que les Suisses seraient exécutés en masse. On les fait avancer : les officiers, la tête haute marchent les premiers.

— C'est vous, leur dit Maillard qui avez assassiné le peuple au 10 août !

— Nous étions attaqués ; nous avons repoussé la force par la force, répondent les gardes de Louis XVI.

— L'on va vous conduire à la Force, répond froidement Maillard.

Mais déjà les malheureux ont entrevu les sabres et les piques de l'autre

côté du guichet : il faut sortir ; ils reculent, se rejettent en arrière…,.

— Par où faut-il passer ? demande l'un d'eux, — Par cette porte, répond un geolier. — Eh bien ! ouvrez…..

Et dès que la porte est ouverte, il se précipite tête baissée au milieu des piques ; les autres s'élancent après lui et subissent le même sort.

Vers cinq heures du soir (le massacre des Suisses avait commencé à deux heures), Billaud de Varenne, substitut du procureur de la commune, vint, revêtu de son écharpe, à la cour de l'Abbaye. D'un regard satisfait, il contempla l'*ouvrage* qu'avaient déjà fait *ses travailleurs* ; puis s'avançant vers ces hommes qui, tout couverts de sang, trinquaient à la nation : *Peuple*, s'écria-t-il, *tu immoles tes ennemis, tu fais ton devoir !*...,

La révolution ouvrit la rue de l'Abbaye. Et vraiment ! à la voir encore silencieuse, morne, glacée, on croirait qu'elle se souvient de sa terreur de 92.

La rue de l'Abbaye s'en va joindre, en longeant l'église et l'ancien palais abbatial, la petite rue de Bourbon-Château, qui doit son nom au cardinal Charles de Bourbon, sur les ordres duquel on éleva le palais abbatial, vers la fin du XVIe siècle.

Je vous ai parlé de ce cardinal qui avait le goût des processions singulières, c'était de son époque ; mais j'ai à peine dit un mot du palais, aujourd'hui une ruine, pis qu'une ruine, une momie.

C'était pourtant un somptueux manoir que ce palais, dont les princes-abbés ne dédaignaient pas de faire leur résidence ! Les jardins en étaient magnifiques ; le cardinal abbé de Furstemberg dépensa des sommes considérables pour leur embellissement et pour l'agrandissement du palais.

Aujourd'hui, le palais abbatial est descendu au rang d'une maison bourgeoise, en dépit de sa façade qui proteste contre cette déchéance ; l'herbe croît devant sa porte et son aspect désolé vous rappelle ces tristes et froids débris de la grandeur vénitienne qui réfléchissent leurs fronts chargés d'années dans les eaux du grand canal. Une partie des jardins, sous les ombrages desquels un roi-abbé méditait jadis sur le néant des grandeurs humaines, est devenu l'ignoble *passage Jean-Casimir-de-la-Petite-Boucherie*, réceptacle dégoûtant des misérables haillons que le pauvre insolvable laisse entre les mains du recors[1]

Et tout ce quartier, toutes ces rues qui se pressent et se confondent autour de la vieille et décrépite église, ne trouvez-vous pas qu'elles ressemblent à d'avides héritiers, comptant avec une impatience impie les derniers moments de l'aïeule, afin de se partager le peu de terrain qu'ils lui ont laissé à regret pour finir sa chétive vieillesse ?

Quand viendra-t-il, celui qui chassera les marchands de l'enceinte du temple !

HARRY HOERTEL.

RUE QUINCAMPOIX

u centre d'un quartier populeux, entre les rues Saint-Denis et Saint-Martin, s'étend dans la même direction, un défilé obscur de quatre cent cinquante pas de long sur cinq de large, bordé par quatre-vingt-dix maisons d'une structure commune et dont le soleil n'éclaire jamais que les étages les plus élevés ; tel fut l'ignoble carrousel où se célébrèrent les fêtes du système de Law. On l'appelle la rue *Quincampoix*.

C'est ainsi que Lemontey, l'habile historien de la régence, dépeint cette rue où s'accomplit, en effet, le phénomène le plus singulier que l'histoire puisse recueillir : faites ce pèlerinage, comptez les maisons et les pas, vous n'aurez pas de cette rue une idée plus exacte, ni plus nette que celle donnée par Lemontey dans les quelques lignes que nous venons de citer. L'origine de ce nom bizarre, *Quincampoix*, n'est pas bien connue ; elle vient, dit-on, d'un seigneur de Kincampoix ou Klinquampoix, noble Breton, auquel appartenait le terrain sur lequel la rue est bâtie ; d'ailleurs, au temps de sa plus grande célébrité, ce nom était rarement répété ; on ne disait pas durant le système : la rue Quincampoix, mais tout simplement la *Rue*, comme autrefois le monde subjugué appela Rome, la *Ville* (*urbs*).

Quoique sa grande renommée soit due aux témérités de la régence, il est juste de dire que les dernières exactions de Louis XIV y avaient déjà naturalisé l'usure et l'agiotage. Ce roi, trop loué, était mort en 1715, et sa mémoire était alors vouée à la haine de la nation, ruinée, humiliée par les puissances étrangères et par l'orgueil ridicule du prince lui-même, à qui ni les malheurs, ni les infirmités, ni une vieillesse qui rapetissa jusqu'à sa stature, ne purent faire comprendre qu'il était formé d'une argile pareille à celle des autres hommes. La guerre de la succession venait de finir, mais elle avait été ruineuse ; Chamillard, Desmarest qui lui succéda, avaient eu recours à tous les moyens pour se procurer de l'argent ; ils avaient l'un et l'autre renouvelé sans cesse le titre des engagements pour réveiller la confiance des usuriers et des traitants, auxquels ils vendaient les revenus de la France : Promesses de la caisse des emprunts, billets de Legendre, billets de l'extraordinaire des guerres, ils avaient donné tous les noms et toutes les formes aux effets émis par le gouvernement, afin de leur rendre un peu de crédit ; mais tous les moyens étaient épuisés ; les effets royaux de toute espèce perdaient de 70 à 80 pour cent ; la recette était absorbée d'avance, les campagnes étaient dépeuplées, le commerce ruiné, les troupes non soldées et prêtes à se révolter ; 710 millions des bons royaux étaient exigibles. Un agiotage énorme se faisait sur ces promesses de la caisse des emprunts, sur les billets de Legendre, ainsi que sur les billets de l'extraordinaire des guerres, et cet agiotage avait eu lieu de tout temps dans la rue Quincampoix. Des juifs et des courtiers l'habitaient ; d'accord avec les caissiers de l'État, ils y achetaient à perte les ordonnances des paiements ; des banquiers voisins leur prêtaient des fonds à deux pour cent par heure, ce qui fit appeler ce commerce *prêt à la pendule*. Ce fut dans ces circonstances que les courtisans, qui voulaient que la libération du trésor permît de nouvelles faveurs, insistèrent auprès du régent pour la banqueroute ; celui-ci résista noblement et se regarda comme lié par les engagements du feu roi ; c'était beau, mais difficile à effectuer. Law se présenta alors ; il pensait que la prospérité d'un pays tient à la masse du numéraire, et qu'on peut accroître cette masse à volonté ; il présenta ses plans au régent, qui les adopta, et les opérations du système s'établirent naturellement dans la rue Quincampoix. Jean Law de Lauriston était Écossais ; beau, grand, bien fait, plein de grâce et d'agilité, il excellait dans tous les exercices du corps et principalement dans le jeu de paume, fort en vogue alors ; appliquant le calcul au jeu, il faisait sans déloyauté des gains considérables ; bien venu des femmes, une jeune dame lui valut un duel avec un gentilhomme qu'il eut le malheur de tuer; les réclamations de la famille le firent jeter en prison, il parvint à s'évader, quitta l'Angleterre et vint à Paris, où ayant rencontré chez une courtisane nommée la Duclos, le jeune duc d'Orléans, il se lia avec lui, et, sous la régence, cette liaison commencée dans un lieu de débauche, changea la face de la France.

Nous ne parlerons pas ici du système de Law, ni de la première émission d'actions, qui furent appelées actions du Mississipi, ni des suivantes qui reçurent le nom de *filles* et *petites-filles*; ce n'est pas du système que nous avons à nous occuper, mais seulement de la rue Quincampoix. La possession du moindre réduit dans cette enceinte privilégiée passait pour le comble du bonheur, et la cupidité les avait multipliés avec une étonnante industrie; chaque parcelle d'habitation se changeait en petits comptoirs; à la lueur de lampes infectes, on en trouvait des labyrinthes dans les caves, tandis que quelques banquiers, pareils aux oiseaux de proie, avaient attaché leurs guérites sur les toits. Une maison, ainsi distribuée, constituait une ruche d'agioteurs, animée dans toutes ses parties par un mouvement perpétuel. Celles dont le revenu était de 600 livres, en rapportaient alors 100,000. Les spéculations sur les baux en totalité furent une source facile de richesses.

Mais la rencontre des essaims étrangers et les plus vives négociations

se faisaient surtout dans la rue. C'est là qu'un attroupement bizarre confondait les rangs, les âges et les sexes. Jansénistes, molinistes, seigneurs, femmes titrées, magistrats, filous, laquais, courtisans, se heurtaient et se parlaient sans étonnement. L'avidité, la crainte, l'espérance, l'erreur, la fourberie, remuaient sans relâche cette foule intarissable; une heure élevait la fortune que renversait l'heure suivante. La précipitation était si grande, qu'un abbé livra impunément pour des actions de la Compagnie, des billets d'enterrement, et dans cette burlesque substitution, les applaudissements se partagèrent entre l'effronterie du vol et la malice de l'épigramme. Dans cette rue Quincampoix, aujourd'hui si calme et si solitaire, on était si entassé les uns sur les autres, que le besoin changea des hommes en meubles, et parmi ceux qu'enrichirent ces métamorphoses, on cite un soldat, dont l'immense omoplate valait un bureau, et un petit bossu, soutenu par une muraille, devenait un pupitre commode, sur lequel on transigea pour des milliards. Un savetier dont l'échoppe était appuyée contre le jardin du banquier Tourton, qui donnait sur la rue, gagnait deux cents livres par jour à louer son escabelle aux dames qui venaient contempler ce spectacle inouï. La ruse amenait alternativement la hausse et la baisse dans le prix des actions. Les variations étaient si rapides, que les agioteurs, recevant des actions pour aller les vendre, en les gardant un jour seulement, avaient le temps de faire des profits énormes. L'un d'eux, chargé d'aller en vendre un certain nombre, resta deux jours sans paraître; on crut les actions volées, point du tout, il en rendit fidèlement la valeur, mais il s'était donné le temps de gagner un million pour lui. On pouvait gagner un million par jour : il n'est donc pas étonnant que des valets devinssent tout-à-coup aussi riches que des seigneurs. On en cite un qui, rencontrant son maître par un mauvais temps, fit arrêter son carosse et lui offrit d'y monter. Le système commença à fleurir vers le milieu de 1718; le mois de décembre 1719 fut l'époque du plus grand engouement. Les actions de 500 livres avaient fini par monter jusqu'à 18 et 20,000 livres, c'est-à-dire à trente-six et quarante capitaux pour un. Tout avait été régularisé dans la rue Quincampoix; des gardes avaient été placés aux deux bouts de cette rue. Une commission avait été nommée pour juger sommairement toutes les contestations. L'affluence des spéculateurs était sans cesse croissante; tout le monde accourait au rendez-vous commun de la fortune; les créanciers y apportaient leurs remboursements; beaucoup de propriétaires, la valeur de leurs terres, et de grandes dames même celles de leurs diamants. Les *mississipiens* (on appelait ainsi ceux qu'avait enrichis le système) commencèrent alors à se livrer aux plaisirs et aux désordres qui accompagnent les fortunes subitement acquises. Le régent dégagé de ses soucis, la noblesse qui se croyait enrichie, les agioteurs, possesseurs de quantités immenses de papiers, se livrèrent à toutes les débauches. Les magasins de la rue Saint-Honoré, remplis ordinairement des plus riches étoffes, étaient épuisées : le drap d'or était devenu excessivement rare; on le voyait dans les rues porté par des gens de toutes les classes. Les denrées de toute nature avaient augmenté; un grand seigneur et un *mississipien* se disputant un perdreau chez un rôtisseur et enchérissant l'un sur l'autre, le mississipien le paya 200 livres. Notre profond chansonnier, Béranger, a fait sur cette époque un couplet aussi spirituel qu'historique :

> C'était la régence alors,
> Et sans hyperbole,
> Grâce aux plus drôles de corps,
> La France était folle;
> Tous les hommes s'amusaient,
> Et les femmes se prêtaient
> A la gaudriole au gué,
> A la gaudriole.

Les mœurs du peuple reçurent de ces événements une profonde atteinte; cette faculté soudaine donnée à toutes les classes de s'enrichir sans l'intermédiaire du travail, qui rend l'homme digne de la fortune et modéré à en jouir, excita chez la multitude une ambition excessive, un goût dangereux du luxe, et fit naître une foule de parvenus étrangers aux plaisirs délicats et livrés à des jouissances grossières et brutales. Les mississipiens déployaient dans leurs hôtels nouvellement acquis un luxe de mauvais goût; ils avaient des meubles d'or et d'argent, des pierreries, des parfums, des fontaines d'eaux odorantes; ils se faisaient servir des poissons monstrueux, des fruits des deux mondes, achetaient des automates merveilleux, et faisaient venir à leurs fêtes des courtisanes deminues, comme les libertins de la Rome des Césars.

Une pareille situation ne pouvait pas durer; les mississipiens les plus riches voulurent enfin réaliser leurs monceaux de billets, et l'emploi du gage en fit reconnaître l'exagération; mais, dans ce moment-là même, le crime vint se mêler aux chances du système. De jeunes seigneurs déréglés, à qui l'agiotage n'avait pas réussi, avaient résolu de voler ce qu'ils n'avaient pas su gagner. Ils formèrent, dit-on, le complot d'enlever les portefeuilles, en fondant l'épée à la main sur les spéculateurs réunis dans la rue Quincampoix. Un crime horrible, commis avant l'exécution de ce complot, le rendit impossible.

A l'un des coins formés par les rues Quincampoix et de Venise, là même où est établi aujourd'hui un marchand de vin, il y avait, en 1720, à l'enseigne de l'*Epée-de-bois*, un cabaret célèbre par les orgies qu'y faisaient les *mississipiens*. Antoine de Horn, frère cadet de Maximilien-Emmanuel, seigneur de Horn et de Lootz, un des plus petits princes d'Allemagne et parent du régent, Antoine, disons-nous, connu alors à

Paris sous le nom de comte de Horn, s'associa de Miles, gentilhomme piémontais, et un certain Lestang, fils d'un banquier de Tournay, qui se faisait nommer le chevalier d'Estampes; tous trois entraînèrent à l'*Epée-de-bois* Lacroix, un des plus riches mississipiens, sous prétexte de traiter avec lui de la vente d'une terre; ils se firent ouvrir une pièce dont les fenêtres donnaient sur la rue de Venise, et au lieu de traiter avec le détenteur d'actions, ils l'assassinèrent pour s'emparer de son portefeuille. Le meurtre fut commis par de Horn et de Miles seuls; Lestang faisait le guet dans la rue. Un garçon du cabaret, qui était dans l'escalier, entr'ouvrit la porte du lieu où étaient les assassins, vit le crime, referma la porte, emporta la clé, et alla répandre la nouvelle dans le cabaret de l'*Épée-de-bois*. Lestang, quand il vit ses complices découverts, prit la fuite; il sortit sans retard de Paris, quitta la France, et il paraît qu'il passa à la Nouvelle-Orléans : il alla voir ce Mississipi, dont il avait voulu voler des actions; de Miles, à l'aide d'une poutre qui étançonnait la maison de l'*Épée-de-bois*, se laissa glisser dans la rue de Venise, traversa l'église du Saint-Sépulcre, bâtie sur l'emplacement où est aujourd'hui la cour Batave, et fut arrêté dans le marché des Innocents; le comte de Horn voulut suivre le chemin qu'avait pris de Miles, mais il tomba, se foula le pied, et on s'empara de lui dans la rue de Venise même. Le crime était patent, c'était un assassinat prémédité. Les coupables devaient, suivant la loi, subir le supplice de la roue. Toute la noblesse entoura le régent pour épargner au jeune comte de Horn un supplice infamant; mais le régent résista noblement à toutes les instances, et répondit toujours par ce vers de Tancrède :

Le crime fait la honte et non pas l'échafaud !

Le duc de Saint-Simon lui représenta que le comte de Horn était non-seulement gentilhomme, mais encore allié aux familles princières d'Allemagne, lui, Philippe, fut inexorable; enfin le duc dit :

— Mais, Monseigneur, M. le comte de Horn a l'honneur d'être votre parent.

A quoi le régent fit cette réponse si connue :

— Quand j'ai du mauvais sang, je me le fais tirer.

Law et Dubois insistèrent pour faire donner un exemple indispensable, dans un moment où tout le monde avait sa fortune en portefeuille. Le comte de Horn et son complice de Miles expirèrent tous deux sur la roue.

Nous trouvons dans les mémoires de Mirabeau une anecdote singulière, qui prouve jusqu'à quel point le système avait infatué la nation et aveuglé jusqu'à ceux-là même qui étaient dans les secrets de l'État.

Le choc du système, dit-il, le frappa (Jean-Antoine, grand-père de

Rue Quincampoix.

Mirabeau) autant et plus rudement qu'aucun autre. Il avait cent mille écus en contrats sur l'Hôtel-de-Ville de Paris. Enchaîné par la peste (*), il ne put aller lui-même veiller à ce revirement de partie qui n'eut jamais d'exemple, et où les plus habiles voguaient à l'aventure. Le marquis de Castellane, son beau-frère, était à Paris; il était de la cour du régent, et sa femme dame d'honneur de la duchesse d'Orléans. Notre agent s'adressa au marquis de Castellane pour le placement de ces effets remboursés, et celui-ci en acheta des actions. M. de Castellane se laissa aller au courant qui en entraînait tant d'autres. Cependant, comme il était dans la plus intime des orgies du régent, qu'il jouait le jeu de cour et qu'il avait des amis, il fut instruit à temps : il l'a lui-même avoué à son beau-frère, qui ne lui en fit jamais un reproche. On l'avertit donc en secret que les billets allaient tomber et qu'il était temps de réaliser, quelle que pût être la marche des effets sur la place. Il se transporta à la rue Quincampoix dans l'intention de vendre, et pour son compte et pour celui de son beau-frère. Aujourd'hui, que nous avons fait de grands progrès dans l'art des fripons de bourse, on sait que, par le moyen du tour de gibecière des coryphées de l'agio, les décris sont toujours précédés par quelque faux bruit qui relève précisément les effets destinés à disparaître peu après. On avait pris, à cet égard, un soin aisément efficace, en un temps où tout le monde était la dupe des mêmes illusions, et où chacun, par le désir de se tromper soi-même, aidait encore à la commune erreur, ou plutôt à la fureur universelle. L'enthousiasme général gagna le marquis de Castellane, venu exprès pour en profiter et bien averti; au lieu de vendre, il acheta des billets et se noya lui et les effets de mon agent.

Lorsque la débâcle arriva, quand toutes ces valeurs fictives s'évanouirent dans les mains des détenteurs, M. de Canillac, l'un des plus spirituels amis du régent dit :

—Tout cela n'est pas nouveau, et Law n'a rien inventé; bien avant lui, j'ai fait des billets que je n'ai pas payés : voilà le système.

Cette plaisanterie cruelle n'était pas juste; si Law dépassa le but, cela vint de l'impatience de la nation, qui se précipita en aveugle sur un gage dont la valeur, suivant l'intention de Law lui-même, ne devait pas s'élever si haut. L'effet général fut néanmoins heureux : de monstrueuses fortunes s'élevèrent, non sur la misère publique, mais au sein de l'aisance générale. La noblesse paya ses dettes et s'enrichit; l'intérêt tomba au denier quatre-vingts; le nombre des manufactures s'accrut de trois cinquièmes; l'agriculture prospéra; et Law, génie malheureux, qui était arrivé en France avec une fortune considérable, alla mourir à Venise pauvre et oublié.

 (*) La peste de Marseille (1720).

Peut-être ne convient-il peu de quitter cette époque sans parler d'une femme plus connue aujourd'hui par ses rapports avec les littérateurs du xviii siècle que par ses propres ouvrages. Madame de Tencin, dont on oublie volontiers la jeunesse hasardeuse pour ne se souvenir que du courage hardi avec lequel elle soutint l'*Esprit des Lois*, chef-d'œuvre méconnu à son apparition; la seule femme de son temps, peut-être, qui ait dédaigné de s'enrichir durant le système, et la mieux placée néanmoins pour y parvenir aisément. A ce coin de la rue Quincampoix où vient aboutir la nouvelle rue Rambuteau, on voyait encore, il y a quelques mois, un édifice de belle apparence, quoique le temps eût jeté ses teintes grises sur les pierres de taille dont il était bâti; d'énormes barreaux de fer garnissaient les fenêtres du rez-de-chaussée, et à l'intérieur la cour était séparée de l'escalier par un passage étroit, et protégé dans toute sa hauteur par une grille de fer massive, précaution prise, il y a plus de cent vingt ans, contre une aggression populaire. Aujourd'hui cette maison historique vient de disparaître sous le marteau des démolisseurs; c'était là, que venait alors, pour y joindre l'Écossais Law, Madame de Tencin, femme élégante et belle, dont la taille était un peu

voûtée, ce qui venait, disait-elle elle-même, de son premier métier de religieuse, lorsqu'elle était plus souvent à genoux qu'autrement; maîtresse du régent, plus tard maîtresse de Dubois, et jamais passionnée que pour l'avancement de son frère, dont elle fit un cardinal et un archevêque de Lyon. L'abbé de Tencin avait été chargé de la conversion de Law, qui ne pouvait porter le titre de contrôleur-général qu'en se faisant catholique, et la sœur ajoutait incognito son éloquence à celle du convertisseur officiel. Ancienne religieuse du couvent de Montfleury, maîtresse d'un cardinal et sœur d'un abbé, elle avait quelque droit à s'occuper de son avenir. C'était à peu près la seule femme que Law reçut avec plaisir ; car, aussi désintéressée qu'elle était alors galante, elle n'usait pas de son intimité pour demander des actions : l'auteur du *Comte de Comminges* n'eut jamais qu'une fortune médiocre.

Les Parisiens n'oublièrent pas de fredonner leur petite chanson, à propos de la conversion de Law ; le peuple disait, en chantant, du nouveau contrôleur général des finances :

> Ce parpaillot, pour attirer
> Tout l'argent de la France,
> Songea d'abord à s'assurer
> De notre confiance,
> Il fit son abjuration,
> La faridondaine, la faridondon.
> Mais le fourbe s'est converti, biribi,
> A la façon de barbari, mon ami.

L'abbé-convertisseur fut surnommé l'*apôtre Tencin*, et l'on publia sur lui le quatrain suivant :

> Foin de ton zèle séraphique,
> Malheureux abbé de Tencin :
> Depuis que Law est catholique,
> Tout le royaume est capucin.

Pour ceux qui s'occupent de finances, il résulte du système plusieurs vérités ; la principale est celle-ci : « Le crédit doit représenter des valeurs » certaines et doit être tout au plus une anticipation sur ces valeurs. »

C'est à son application que nous devons les billets de banque.

Cependant la rue Quincampoix, qui avait vu naître et se développer les opérations du système, n'en vit pas la fin. Peu de temps après le supplice du comte de Horn, une ordonnance transporta ce jeu, dont les chances devenaient tous les jours pires, sur la place Vendôme, et plus tard à l'hôtel de Soissons.

L'hôtel de Soissons était situé sur l'emplacement occupé aujourd'hui par la halle aux blés : le prince de Carignan fit construire dans le jardin de cette habitation, qui était la sienne, des baraques dont chacune était louée cinq cents livres par mois ; cette ingénieuse façon de se créer un revenu annuel de quatre ou cinq cent mille livres, obtint le privilége d'une ordonnance qui défendait à l'agiotage de s'ébattre ailleurs que dans le jardin de l'hôtel de Soissons.

Dès ce moment, la rue Quincampoix devint triste et solitaire; elle perdit des milliers d'habitants; les guérites bâties sur les toits disparurent; les comptoirs abandonnèrent les caves pour faire place aux bouteilles, et le loyer d'une maison fut bien loin d'égaler l'achat d'un palais. Aujourd'hui voyez-la : l'herbe ne croit pas entre les pavés comme dans certaines rues de province, mais elle paraît déserte, elle a un aspect morne. et mérite la qualification de *défilé obscur* que lui a donné Lemontey ; un étranger, qui se réveillerait dans la rue Quincampoix, aurait de la peine à croire qu'il se trouve entre les rues Saint-Martin et Saint-Denis, les deux voies les plus bruyantes et les plus animées de Paris; elle est habitée par les oncles qui ont cédé leurs fonds à un neveu, les beaux-pères jaloux de surveiller un commerce continué par leurs beaux-fils, et qui veulent encore aller deux fois par jour au magasin du marché des Innocents, où ils ne sont plus les maîtres, mais où ils ont encore un intérêt : c'est un lieu de demi repos, où ils passent deux ou trois ans à attendre que, tout-à-fait dégagés des affaires, ils aillent se retirer à Saint-Germain ou à Belleville.

La rue Quincampoix n'a plus rien qui la distingue aujourd'hui des autres rues; l'intérêt qu'elle inspire, repose donc tout entier sur le rôle qu'elle a joué durant le système de Law ; puisque nous avons emprunté en commençant quelques lignes au concis Lemontey, on nous permettra de rapporter encore la manière dont il apprécie la conduite des Parisiens, des vrais Parisiens, des Parisiens du bon Dieu, comme dit Jean-Jacques, durant la période de 1718-20. Voici ses paroles :

« La colonie errante de la rue Quincampoix offrait un mélange de tous les peuples. Parmi les étrangers, se distinguaient les Lorrains, les Flamands, les Suisses et les Italiens, tandis que les contingents nationaux étaient principalement fournis par la Normandie, Lyon, la Guienne et le Dauphiné. Quant aux Parisiens, le système fut l'objet de leurs chansons, tant qu'il réussit, et celui de leur confiance, dès qu'il dégénéra. Les natifs de la moderne Athène conservèrent leur réputation d'être les dupes les plus spirituelles de la terre. »

Marie Aycard.

LES QUAIS.

Il y a deux mille cinq cents ans, les Celtes, dont la Seine baignait les huttes de roseaux, l'appelaient *Squan* ou le Serpent. Une double ceinture de marais, interrompue seulement par les bandes de verdure de la savane méridionale, et de tous côtés bordée de bois, pressait alors ses rives. Ses îles, au nombre de sept, étaient couvertes de glaïeuls, à l'exception cependant de la plus grande qu'habitaient les Parisis, et que deux ponts rattachaient à la terre. Les premiers navigateurs qui foulèrent ses ondes furent, dit-on, les Phéniciens. Ils vinrent semer sur ce sol vierge les arts civilisateurs de Memphis et de Thèbes, bâtir les colonnes du temple d'Isis, creuser le port de Mercure et inspirer aux indigènes ce goût du commerce religieusement gardé jusqu'à l'arrivée des Romains.

Ici commencent les annales glorieuses du fleuve. Labienus, lieutenant de César, s'étant présenté pour le soumettre au pouvoir de Rome, fut repoussé. Le noble chef des Parisis, Camulogène, campé dans les marais qui touchaient au temple égyptien, défia longtemps la valeur des légions. Trompé néanmoins par une ruse de guerre, il franchit le petit pont en mettant le feu aux pilotis et aux cabanes de son peuple.

Labienus se croyait vainqueur ; mais à travers les tourbillons de flamme et de fumée, il ne tarda guère à voir ses ennemis logés dans le marais de la rive opposée. Aussitôt le génie du Capitole inspire le Romain : ses dieux mêmes semblent comprendre sa pensée. La nuit arrive et avec elle un orage terrible, les éclats du tonnerre, la pluie à torrents… En ce moment Labienus s'embarque ; les sentinelles gauloises étaient accablées de fatigue ; si elles avaient veillé attentivement, elles auraient aperçu à la lueur des éclairs Labienus traversant silencieusement le fleuve avec ses légions, tandis que pour donner le change, deux troupes de soldats remontaient à droite et à gauche en battant l'eau avec leurs rames. Ce bruit trompa Camulogène ; il crut que les Romains avaient divisé leur armée en trois corps pour le surprendre, il divisa aussi ses forces et fut battu. Les Parisis perdirent leur général et leur liberté ; le fleuve perdit son nom ; les Romains, latinisant son vieux type celtique, l'appelèrent *Sequana*.

Ils changèrent aussi le nom de l'espèce de *hanse* ou association commerciale qu'ils trouvèrent établie ; et comme le commerce par eau rendant maître des fleuves, était d'une haute importance pour la consolidation de la puissance romaine, c'est vers ce point capital qu'ils tournèrent leur politique.

Une nouvelle ligue fut organisée sous le nom de collége des *Nautes* ; les sévirs, élus de la Cité, en firent partie ; on y compta des décemvirs, des décurions, des questeurs, des chevaliers et jusqu'à des sénateurs. Les chefs, seuls magistrats de la Sequana, s'appelaient curateurs, et, à ce qu'il paraît, *Senani*. La faveur extraordinaire dont les entoura Rome et les priviléges qu'elle leur prodigua en toute occasion leur fit donner la superbe dénomination de corps très-splendide des *Nautes*.

Mais ces honneurs ne faisaient que dorer la servitude de la *Sequana* : les voiles qui se déployaient sur ses ondes lui pesaient comme un joug romain : malgré l'amour d'un empereur, malgré les éloges du philosophe couronné, elle coulait, et coula longtemps, esclave, entre l'autel dédié à *Tibère* (*) par ses propres curateurs, et le portique où s'arrêtaient les barques pour payer le tribut à César (**).

Le cinquième siècle vint l'affranchir et lui faire jouer le premier rôle dans la ligue commerciale qui devait être plus tard l'Hôtel-de-Ville ; mais hélas ! cette prospérité ne dura pas longtemps. Elle avait déjà entendu les

---

(*) Sur l'emplacement de Notre-Dame.
(**) Où sont les tours du Palais.

Quais de Paris.

cris des barbares et le bruit lointain de leurs armes; tout-à-coup le galop des chevaux frappa ses rives; on vit rouler des nuages de fumée; on vit jaillir les étincelles de l'incendie, puis une multitude de Huns, les cheveux tressés comme des couleuvres; d'Hérules, les joues verdâtres comme l'écume de la mer, s'élança vers la Seine avec des hurlements affreux; ces fils du vautour avaient à leur tête le géant au coursier noir, à l'épée exterminatrice, Attila, fléau de Dieu.

La Seine alors sauva Lutèce. Il s'éleva de ses flots un brouillard si épais, si ténébreux, qu'Attila ne découvrit ni les toits de chaume, ni les tours du château de César....., et qu'il passa.

Après lui vinrent les Franks. Chassés deux fois, ils reparurent avec la bannière du Christ; et, vêtue de sa robe blanche, la fée druidique eut beau couvrir la Seine de pirogues pour nourrir les *Parisis*, les *Senani* eurent beau secouer le bouquet de glaïeuls imbibé d'eau lustrale sur l'autel du Serpent, leur ancien dieu tutélaire, la fée fut impuissante, et *Sequan* demeura sourd; il fallut se soumettre aux Franks.

La destinée du Tibre de la ville blanche est modifiée de nouveau. Ses curateurs, ses nautes échangent leur titre privilégié contre la dénomination plus modeste de *ligue francique*. La Seine devient chrétienne; mais en se mirant dans ses eaux, la Croix les a faites vassales. Elles appartiennent désormais à l'évêque et aux moines de Saint-Germain, dont le cloître s'élève sur les ruines du temple d'Isis.

Trois siècles se passent ainsi: la bénédiction de saint Denis multiplie outre mesure les habitants écaillés du fleuve. Le long des îles du pasteur, des treilles et des mottes sans nom qui s'éparpillent çà et là couronnées de joncs et de roseaux, les pêcheurs passent sans cesse avec leurs filets pleins. L'abondance était si merveilleuse qu'un auteur contemporain la relate en ces termes:

« Les poissons fourmillaient dans la rivière comme les ondes dans la
» mer; même cette rivière n'était pas un petit rempart et défense pour
» les murailles de la ville, car elle environnait de toute la largeur de ses
» eaux toute la largeur et circuit de l'île. »

Une nuit cependant, un des pêcheurs ne put retirer ses filets. Il appela ses compagnons; on traîna la proie sur la grève, et quand les mailles furent ouvertes, les poissonniers se regardèrent avec terreur. A la tête blonde et chevelue de la victime, à sa robe de pourpre souillée à demi de vase, ils s'écrièrent: c'est un prince! Mais dès que l'un d'eux eut fait signe au coup de poignard qui avait déchiré la robe, tous éteignirent promptement leurs torches, abandonnèrent le cadavre sur le sable, et à peine si dans le bruit des rames on entendit ce mot murmuré à voix basse: Frédégonde!

Longtemps après cette nuit funèbre, un de ces spectacles qu'on ne voit qu'une fois dans un siècle, mit en émoi les Parisiens : les deux ponts de bois de la Seine s'écroulaient sous les coups de hache, le port Saint-Landry était bordé de barques, la voile gonflée, les rames prêtes à partir au signal : mais ces barques ne portaient pas la banderolle bleue et rouge de la ligue commerciale; l'étendard au champ écarlate, aux larges abeilles d'or, flottait à tous les mâts. Chaque vaisseau était plein de soldats et de lances. Tout-à-coup, les cloches de la basilique et des couvents s'ébranlèrent; l'évêque, suivi processionnellement du clergé de toutes ses églises, s'avança et bénit une à une les trente-huit embarcations qui partirent avec Charles-le-Chauve pour aller disputer à ses frères le champ de bataille de Fontenay.

A ce choc succéda une alarme plus effrayante encore : dans la sainte semaine de 845, une flotte de barbares apparut dans la Seine. Jamais pareille vue n'avait consterné les Parisiens. Des pirogues formées avec les grands arbres du Nord, creusés par le feu, ou seulement de peaux de bœuf que tendaient en les recourbant des baguettes de chêne, remontaient la rivière au nombre de six-vingts. D'autres peaux grossièrement cousues servaient de voiles : une nuée d'hommes demi-nus, aux blonds cheveux, aux traits féroces, les poussaient avec de longues perches.

Toute la cité frémit en reconnaissant la tribu barbare du Danemarck, et ce seul cri : Les Normands, les Normands! mit tous les habitants en fuite.

Les fils d'Odin entrèrent donc dans la ville abandonnée comme autrefois les Gaulois nos pères dans Rome; le jour de pâques, au lieu d'être une fête solennelle et joyeuse, fut un jour de pillage et de deuil.

Charles-le-Chauve arriva enfin, non point en empereur, non en fils de Charlemagne, mais en marchand. Il n'osa en appeler à l'épée de son père, et traita avec ceux qu'il devait combattre. Sept mille livres d'argent pesées par sa lâcheté renvoyèrent les Normands.

Cette rançon obtint onze ans de trève. Au mois d'août de 856, par une chaude matinée, les Parisiens entendirent bouillonner les eaux de la Seine; ils regardèrent avec terreur vers le moustier de Saint-Germain, et, à travers les joncs, les roseaux, les herbages de l'île de Jérusalem, ils revirent les fatales pirogues. Personne ne les attendit; la Seine demeura seule le triste témoin du sac et du pillage. Tout le jour, elle vit dévaster et voler sa ville, puis, quand la nuit tomba, un large cercle de feu se réfléchit de chaque côté dans ses flots. Les Normands s'embarquaient aux lueurs de l'incendie en poussant des clameurs de triomphe, les Parisiens y répondaient par des pleurs en ne retrouvant plus que les cendres de leur cité.

A partir de cette époque, et jusqu'à Charles-le-Simple, c'est-à-dire pendant cinquante-quatre ans, la lutte continua avec les Normands; la

France était livrée à une désorganisation politique si grande, qu'une poignée de barbares put venir périodiquement attaquer et piller la première de ses villes, sans qu'une seule bannière se déployât pour sa défense. Quant au roi, on ne le trouva que pour faire une lâcheté. Charles-le-Chauve avait donné son argent et son honneur aux pirates du Nord. Charles-le-Simple leur donna son sang et sa Neustrie ; et, au moyen de ce pacte honteux, les compagnons de Rholf conquirent enfin ce fleuve de Seine pour lequel ils combattaient depuis cent soixante-cinq ans.

La Seine se remit donc à couler tranquillement comme une bonne et grasse vassale de l'Église. Les religieux de Saint-Magloire reprirent possession de ses eaux, « dès au-dessus du chief de l'isle Nostre-Dame jusqu'au viez grand pont de pierre, lequel soulait être où le pont des Molins est à présent. »

Les chanoines de la Sainte-Chapelle recommencèrent à jouir de leur rente perpétuelle de 700 livres parisis qu'ils avaient sur l'arche du Grand-Pont et sur les moulins qui en dépendaient.

Pareillement, les moines de Saint-Germain, propriétaires de la tour du Petit-Pont et de toutes les meules tournant entre cette tour et la porte de la ville, rentrèrent dans leurs biens.

Malheureusement la Seine se fatigua de servir l'Église : l'hiver de 1176 fut témoin de sa rébellion : grossie outre mesure, elle lança ses flots contre les barrières qui la gênaient, et les ponts de Paris, les moulins de la Sainte-Chapelle disparurent dans le courant.

On ne sait où se serait arrêtée sa furie, si l'Église n'était accourue soumettre la rebelle. Mais tout-à-coup s'avança processionnellement une armée pieuse de tous les prêtres, moines et religieuses de Paris, l'évêque en tête, revêtu comme un général qui marche à la bataille, de ses habits de cérémonie.

Le roi suivait avec un noble cortége de seigneurs, le manteau d'hermine parsemé de fleurs-de-lis d'or flottait sur ses épaules et ondulait gracieusement de loin aux mouvements de son cheval.

Une foule immense de menu peuple, mal contenue par les sergents, se pressait sur les pas du roi et de l'évêque. Celui-ci fit faire halte à l'endroit où les eaux mugissaient avec le plus de force ; c'était à la fausse estrivière de la Grève, devant le port aux Œufs, allongée en forme d'éperon de terre. Là, le prélat étendit les mains sur la Seine en ce moment plus grosse et plus courroucée, et les cloches de Notre-Dame étant mises en branle, il montra aux flots un clou jadis arraché des mains du Sauveur, en disant : « Que Notre-Seigneur, par les signes de sa sainte Passion,
» veuille resserrer les eaux dans leur lit ordinaire. »

La Seine obéit quelques jours après.

Puis ce fut le tour des glaces. De 1196 à 1416, elle se prit quatre fois pendant les quatre plus rigoureux hivers qu'on eût encore essuyés. Il suffira de dire, pour en donner l'idée, que la justice fut suspendue, parce que le greffier du parlement, bien qu'il eût son encrier sur le feu, voyait geler son encre de trois mots en trois mots, et ne pouvait enregistrer aucun arrêt.

Le xive siècle lui montra d'étranges spectacles : En 1313, les trois fils de Philippe-le-Bel armés chevaliers dans l'île Notre-Dame, le légat prêchant la croisade, les rois de France, d'Angleterre, de Navarre, recevant la Croix de sa main; puis, comme pour faire ombre aux pompes éclatantes de cette fête, à l'autre bout de la Cité, les Templiers dévorés par les flammes, le bourreau jetant au vent les cendres de Jacques Molay; à la même place les spectres de trois sorcières brûlées l'année suivante, qui revenaient, dit-on, la nuit; et plus bas les lueurs funèbres de la tour de Nesle! Au-dessus de cette Grève maudite où les pêcheurs, quand venait le soir, voyaient errer des ombres, brillait toutes les nuits un point lumineux, sorte de fanal allumé au pied de Notre-Dame; il éclairait cette langue de terrain formée autrefois par les débris de reconstruction de la cathédrale, et qui d'abord nommée *Motte aux Papelards*, finit par s'appeler le *Terrail*. C'était le chapitre de Notre-Dame qui entretenait le veilleur et qui était tenu de fournir par obligation bien ancienne deux bûches de mole et deux cotterets à ce garde silencieux qu'on apercevait chaque nuit entre les lueurs rougeâtres de son phare et l'ombre de la grande basilique.

Le moyen-âge toutefois ne donna pas toujours à la Seine cette sombre couleur de sang et de flammes. Souvent, au mois de mai, par le soleil si doux du printemps, les blondelettes de Paris s'embarquaient avec leurs fiancés. Ces bateaux, couronnés de branches vertes et de suaves aubépines, descendaient le long de l'île des Javiaux (*), dont le sol rocailleux était obstrué en tout temps de gravois et de planches; ils s'arrêtaient devant l'île Notre-Dame, et là, comme il faisait beau aller ramasser les marguerites dans les prés! A peine la troupe joyeuse avait-elle passé les glaïeuls et les joncs de l'autre île jumelle où paissaient les vaches qui lui avaient laissé leur nom, qu'à travers les saules penchés sur les deux rives apparaissaient l'île aux Bureaux et l'île de la Gourdaine.

Un des jeunes gens racontait, en montrant du doigt les juments pleines qu'on y voyait errer, comment ces pauvres bêtes payaient chacune six deniers à l'abbé de Saint-Germain, pour ce droit de pâture. Les bateaux en attendant volaient à côté des palés, et voici qu'en grondant, les moulins de la Gourdaine, du guort l'Évêque, de Bussi, épanchaient leurs vastes nappes d'écume. Rien de plus riant que le premier, dont la toiture blanche et les roues jaillissantes masquaient la Cité, tandis qu'avec ses vannes et sa double chaussée, il enfermait l'île dans un triangle de cristal.

(*) L'île Louviers.

Les rameurs n'avaient pas besoin de fatiguer leurs bras : emportés rapidement par les courants, ils effleuraient les mottes de Nesle, où les blanchisseurs gardaient leurs toiles étendues au soleil.

Un peu plus loin on passait entre l'île aux Treilles si fraîche et si gracieuse avec ses vignes et ses arbres fruitiers exposés aux rayons du midi à gauche, et l'île de Seine, jolie prairie entourée de roseaux et de nénuphars à droite.

Presque bord à bord avec ces deux îles, une troisième était couchée toute longue et étroite : les Parisiens l'appelaient Jérusalem, et pas un bourgeois qui ne se fît un grand délice d'aller respirer les brises de Seine sur ses gazons parsemés de touffes d'osiers et de saules ; mais ce bonheur n'appartenait qu'aux plus notables, qui en louaient une parcelle à

prix d'argent, et, afin de la distinguer de celle du voisin, la séparaient par une rigole, d'où il arrivait que tous ces lots formaient autant d'îles particulières, et prenant les noms de leurs possesseurs, étaient désignées par ceux, d'île à *Prunier*, *de la Garenne*, *de Longchamp*, *de la Pierre*

Ces bonnes gens ne manquaient pas de profiter des premiers beaux jours pour visiter leurs îles, et la joie devait être douce parmi eux au moment où les jolies blondelettes leurs filles, attachant les bateaux sous les oseraies de Jérusalem, venaient danser sur les pelouses ou manger la fouace en projetant d'aller parcourir les mottes de la sablonnière qui apparaissaient arides et chauves un peu plus loin (*).

Jusque-là, libre dans son cours, la Seine ne voyait point sur ses bords ces barrières murales destinées à contenir l'impétuosité de ses flots et à mettre un frein aux ravages des inondations. Bien que le savant Cuvier ait attesté son impuissance à changer un caillou de place, elle déracinait, quand il lui plaisait, les plus grands arbres des campagnes, entraînait les villages, rompait digues et ponts, et jetait le tout sur ses grèves ; ou, paisible dans son large lit, elle promenait capricieusement ses eaux claires et vertes entre deux frais rideaux de saules.

Philippe-le-Bel décréta qu'il n'en serait plus ainsi. Par son ordre, des quais commencèrent à s'élever en 1312 : de chaque côté, des remparts de pierre emprisonnèrent le vieux fleuve. Adieu, belle et fière Sequana des Celtes ; adieu, noble protectrice de Lutèce : ces deux bras de la Seine qui étreignent la Cité avec tant d'amour, deviendront désormais les esclaves des Parisiens.

L'ordre de Philippe-le-Bel avait paru si extraordinaire au prévôt de Paris, qu'il prit un an pour y réfléchir, et ce n'est qu'en 1313, qu'on abattit enfin les saules qui bordaient la Seine depuis la rue de Hurepoix située à l'endroit où est aujourd'hui la place du pont Saint-Michel, jusques au couvent des Augustins, qui s'élevait seul sur cette rive humide et basse, à laquelle devait plus tard venir s'attacher le Pont-Neuf. Toutefois, dans ces premiers travaux entrepris avec répugnance, on se borna à consolider le terrain avec quelques épaulements en maçonnerie et des palis. Une construction du même genre fut faite sous le règne de Charles V, le long du port au sel ; et cette partie de la rive droite de la Seine qui s'étendait depuis la pointe du Pont-Neuf jusqu'à la vieille vallée de Misère ou place du Châtelet, s'appela dès-lors quai de la *Saulnerie*, nom que ne tardèrent pas à lui enlever les Mégissiers.

Malgré le malheur des guerres anglaises, Hugues Aubriot, prévôt des marchands, commença, vers la fin du xive siècle, à faire revêtir ces deux quais de pierres de taille, et en 1364, Charles V ayant construit son magnifique hôtel Saint-Paul, deux rangées d'ormes ombragèrent l'espace compris maintenant entre la rue de ce nom et l'Arsenal. Ce terrain vague nommé alors quai des Barrés, parce que les Carmes, qui portaient des habits rayés de bandes blanches et noires, y possédaient un couvent, prit à partir de ce moment la dénomination de quai des Ormes.

(*) L'île du Gros-Caillou.

Un siècle et demi passa sur ces embellissements qui n'ôtèrent rien à a physionomie piquante de la Seine. Après avoir, en effet, baigné à droite les sillons de la culture Saint-Éloi et à gauche les terres de l'abbaye de Saint-Victor, elle arrivait d'un côté aux remparts où s'appuyait l'hôtel Saint-Paul, réfléchissait dans ses eaux pures les grosses tours du palais des Charles, le beau treillis, les vertes tonnelles, les cerisaies de leur jardin royal, et les ormeaux des Célestins, en effleurant de l'autre le clos de Saint-Bernard, le nouveau quai des Augustins et les prairies des îles Notre-Dame et du Palais.

Puis elle entrait dans les fossés du Louvre, courait rapidement le long de cette file de tours aux combles aigus couverts en ardoises et couronnés de girouettes peintes, figurant les armes royales ; et lorsqu'elle avait rongé, en écumant vis-à-vis, le pied verdâtre de la tour de Nesle, l'hôtel du même nom, le vieux rempart de Philippe-Auguste, le Pré-aux-Clercs et les terres de l'abbaye de Saint-Germain, elle fuyait dans la campagne vers le boulevart des Tuileries et le port l'Évêque.

C'est au milieu de ces ébauches de civilisation tracées par le moyen-âge, que François Ier trouva ses rives. Le premier soin de ce prince, ami des plaisirs, fut de songer à rendre praticable la partie de la rive droite qui allait du guichet du Louvre au couvent des Bons-Hommes de Chaillot. Il ordonna en conséquence à la ville de lui faire un chemin sur cet emplacement pour le passage des chevaux, et de le fermer par une porte et un pont-levis, afin que plus commodément et plus souvent il pût aller dans les beaux jours de son Louvre à Boulogne. Il faut rendre cette justice au prévôt des marchands, que tandis qu'il s'occupait avec le plus grand zèle des plaisirs du roi, il n'oubliait pas les besoins de ses concitoyens. Ainsi, en même temps qu'on aplanissait la rive du Louvre, on commençait les quais de la Grève et du port au Foin ; on réparait celui de l'arche Beau-Fils ou des Ormes, et l'on construisait sur une largeur de vingt toises les quais de la Saulnerie, appelés alors des Mégissiers, et ceux de l'École et du guichet du Louvre. Deux abreuvoirs et quatre rampes descendant à la rivière y avaient été ménagés par la sollicitude du magistrat populaire.

C'est encore à François Ier que le quai des Grands Augustins dût le plus beau de ses édifices. La duchesse d'Étampes était logée rue de l'Hirondelle ; pour arriver jusqu'à son hôtel, le roi fit élever un charmant petit palais au coin de la rue Gille-Cœur. Les appartements peints à fresque, retraçaient les scènes les plus tendres de la mythologie, les emblèmes les plus ingénieux, les plus amoureuses devises et les salamandres en pierre, les cœurs enflammés qui étaient sculptés sur la façade, disaient on ne peut plus clairement aux passants, et l'usage de ce palais et la qualité de son propriétaire ; mais ce qu'ils ne disaient pas, c'est que le roi

François Ier était aussi jaloux que galant. Malheur en effet à l'imprudent ou à l'audacieux qui osait trouver belles les magnifiques nattes blondes d'Anne de Pisseleu! il avait tôt ou tard le sort de la victime mystérieuse du Pont-au-Change. Au milieu de la nuit de 1531, un jeune homme blond et pâle fut tiré silencieusement de la tour de Billy et conduit au bord de la Seine par quatre hommes à figure sinistre. Le greffier du parlement lui annonça que sa peine était commuée, et lorsque cet infortuné levant les yeux au ciel murmurait déjà le nom de sa mère, le greffier déplia un parchemin et lut rapidement ce qui suit à la lumière d'une torche :

« François Ier par la grâce de Dieu roi de France, au prévôt de Paris. Comme pour un certain crime *qualifié et commis en notre hôtel* par un nommé Olivier de Lannes, ledit de Lannes eût été constitué prisonnier, son procès fait et parfait par sentence et jugement et condamné à être pendu et étranglé, savoir faisons : que pour aucune considération à ce nous mouvant et *que ne voulons être exprimées*, avons confirmé ledit jugement et néanmoins voulons et ordonnons ladite exécution être transmuée, c'est à savoir que ledit Olivier soit jeté en un sac en la rivière de Seine à telle heure que peu de gens en puissent avoir connaissance. »

Sous Henri II, son successeur, le quai s'allongea d'un côté, jusqu'au pont Saint-Michel, et de l'autre jusqu'à la tour de Nesle. A la même époque, le prévôt des marchands étant venu à Chaillot et voyant dans la plaine de Grenelle d'énormes tas de pierres qui n'appartenaient à personne, eut l'idée de les demander au roi. Sa requête ayant été admise sans difficulté, il commença en 1564 la construction d'un nouveau quai appelé des Minimes de Nigeon ou des Bons-Hommes, parce que le couvent de ces religieux en était le monument le plus remarquable.

Si les fils d'Henri II avaient suivi les traces de leur grand-père, les joncs, la boue et les broussailles auraient disparu rapidement des bords de la Seine; mais François II régna trop peu de temps pour songer à autre chose qu'à sa belle Marie-Stuart, et Catherine de Médicis, occupée à contenir les flots toujours grondants de la guerre civile, ne s'inquiétait guère de ceux de la Seine. La jeune cour de Charles IX, de son côté, donnait tant d'occupation au prévôt des marchands, qu'il ne pouvait en conscience avoir le loisir de tailler des pierres. Par un hasard étrange, le seigneur de Nantouillet, qui exerçait alors cet emploi, était l'homme d'Europe qui avait les plus puissants ennemis. Il se vantait lui-même d'avoir nargué la reine Élisabeth à Londres, de parler mal tous les jours du roi de Navarre, et d'avoir eu le plaisir de manquer de parole au duc de Guise. Toutes ces jactances, assez déplacées dans la bouche du petit-fils du cardinal Duprat, portèrent leurs fruits au moment où il s'y attendait le moins, et le quai des Augustins fut le théâtre du châtiment. Nantouillet y possédait l'hôtel d'Hercule, ainsi nommé des aventures de ce dieu qui en décoraient les murailles. Un soir, le roi de Navarre et les ducs de Guise et d'Anjou, s'invitèrent sans façon chez lui, et après souper, firent piller par leur suite ou jeter par les fenêtres toute la vaisselle et les meubles. Ce ne fut pas tout : Nantouillet n'avait pas coutume d'épargner les maîtresses du duc d'Anjou ; or, mademoiselle de Rieux, qui jouissait de cet honneur, le rencontrant quelques jours après sur le quai de l'École marchant à pied au milieu de ses gardes et à la tête des échevins, enfonce tout-à-coup les éperons dans les flancs de son cheval, et partant comme un trait, le renverse et le foule aux pieds devant les Parisiens stupéfaits, mais trop respectueux pour prendre le parti de leur premier magistrat contre la maîtresse d'un prince.

Cependant, malgré les orages de la guerre civile, Catherine, qui avait comme tous les Médicis la passion de l'architecture, ne laissa pas que de faire bâtir les Tuileries. Bientôt un superbe pavillon s'éleva au bout de la terrasse qui fait face au jardin bordant le chemin de François Ier. Ce pavillon terminé, des fêtes comme en pouvait seule inventer Médicis, se succédèrent pour son inauguration. La première était ce fameux ballet historique où les huguenots vêtus en chevaliers errants se voyaient plonger dans l'enfer, la seconde fut le drame lugubre de la Saint-Barthélemy.

A peine la cloche de Saint-Germain-l'Auxerrois eut-elle donné le signal, que le massacre commença avec fureur sur les quais. Un vieillard, Lavardin, fut la première victime. Traîné à la grande boucherie sur le quai des Mégissiers, il y fut égorgé comme un bœuf et précipité dans la Seine. Les jeunes Mortemart et Jarnac l'y suivirent de près, mais avec une agonie moins longue, car on s'était contenté de leur briser la tête contre les pierres du quai. Au bout du quai Saint-Michel, vis-à-vis la rue Saint-Jacques, deux hommes vêtus de noir demandaient avec étonnement à leurs assassins pourquoi on les avait arrachés à leurs livres, quand on les lança pardessus le pont : c'étaient le savant Ramus et le président La Place ; la foule, élevant ses lanternes, les regarda quelque temps se débattre dans l'eau et surnager, puis elle leur souhaita un bon voyage et courut *faire boire* le bailli d'Orléans et son fils. A quelques pas de là avait lieu une lutte courageuse mais trop inégale : Un professeur de l'Université, un libraire nommé Odin et un ministre qu'on appelait Lopez, s'efforçaient d'échapper aux meurtriers. Précipités l'un après l'autre, on entendit longtemps leurs cris de détresse. Tous ces vieux capitaines huguenots blanchis sous le harnais, se voyaient là garrottés et noyés l'un après l'autre, et tous souffrirent cette mort en silence, excepté le jeune Colombier, qui pleurait sa maîtresse ; le capitaine Vallavoire, qui regrettait sa vieille maison du Dauphiné, et le rude et fort Monthaubert, souhaitant tout bas de n'avoir jamais eu de mère. Les noyades, affreuses au quai de la Grève, car on avait affaire à des hommes intrépides qui vendaient chèrement leur vie, se continuaient en même temps avec un caractère de barbarie tout particulier sur le quai du Louvre. A la plus haute des fenêtres de ce palais brillamment illuminé, se tenait à demi cachée dans l'ombre, Catherine de Médicis encourageant du geste la curiosité obscène de ses filles d'honneur descendues pour regarder les cadavres, et le zèle du jeune Charles IX, qui s'essayait en visant les fugitifs au tir de l'arquebuse.

Le jour vint enfin, non pour arrêter mais pour couronner ces horreurs. Un amas immense de corps morts fut enseveli dans la Seine qui en rejeta dix-huit cents sur le quai des Bons-Hommes, où le prévôt des marchands les fit couvrir à la hâte d'un peu de terre.

A ces épouvantables scènes, succédèrent les spectacles burlesques de la cour d'Henri III. Pendant longtemps le quai des Grands-Augustins vit ce prince et ses mignons enveloppés dans de longs sacs de toile venir avec toutes les apparences de la contrition, faire pénitence dans la belle église des Augustins, de leurs débauches de la veille, et chercher le pardon de leurs péchés du lendemain. Ensuite, quand cette confrérie des *blancs battus* eut passé et repassé deux ans devant la statue de Charles V, qui, debout dans le vestibule, devait bien rougir de ses successeurs, les processions militaires de la Ligue et les revues des moines cuirassés soulevèrent tour-à-tour la poussière des quais Saint-Michel et du Louvre, jusqu'à l'arrivée d'Henri IV.

Ce fut une grande journée pour le Béarnais. Il avait acheté Paris à Lhuillier, prévôt des marchands, et au comte de Brissac, qui en était gouverneur. Le 22 mars 1594, jour fixé pour l'exécution du marché, ces deux traîtres se rendirent à la Porte Neuve située au bout du quai du Louvre, où est maintenant le Pont-Royal, et attendirent les protestants. Ceux-ci n'arrivaient pas, la pluie les ayant retardés ; ils ne parurent qu'au bout d'une heure d'anxiété mortelle pour les vendeurs, car il y allait de leur tête. Enfin à cinq heures, Saint-Luc entra avec l'avant-garde et prit position auprès du Louvre, tandis que les garnisons de Corbeil et de Melun, descendues par la Seine, débarquaient aux Célestins et se rangeaient en bataille sur le quai. Peu après, Montmorency et Matignon entrèrent par la Porte-Neuve et s'avancèrent jusques au quai de l'École, où un détachement de Suisses tenta, mais inutilement, de leur barrer le passage. Quand ils furent tous tués ou précipités dans la Seine, le comte de Brissac alla au-devant d'Henri IV, pour le presser d'entrer à son tour. Mais telle était la terreur qu'inspirait Paris, quoique vendu pieds et poings liés, qu'Henri IV hésita longtemps et ressortit jusqu'à trois fois avant de se déterminer à pénétrer dans la ville. Les protestations du prévôt des marchands, Lhuillier, ne parvinrent à le rassurer que vers les sept heures où, entouré de ses gardes et d'une nombreuse cavalerie, il se détermina à franchir tout de bon le seuil de la Porte-Neuve.

Dix ans plus tard, Sully, devenu grand voyer de France, faisait construire le quai de l'Arsenal. En 1611, le président Jeannin commençait le quai de l'Horloge par la construction d'une rangée d'échoppes adossées aux murs du palais à partir du Pont-Neuf jusqu'au pont Saint-Michel, et les maîtres teinturiers du pont Notre-Dame obtenaient vers cette époque de Sa Majesté, la permission de bâtir un quai derrière leurs maisons afin de puiser plus facilement l'eau nécessaire à leurs teintures. Louis XIII et son cardinal ne tardèrent pas à recevoir une nouvelle requête à ce sujet. Entre le pont Notre-Dame et le Pont-au-Change, s'étendaient des terrains vagues, chargés d'immondices et des débris infects de l'écorcherie : le marquis de Gèvres les demanda au roi, et par une ordonnance datée de 1642, ils lui furent concédés à perpétuité, à la charge d'y élever un quai sur des arcades avec quatre rues. M. de Gèvres tint sa parole en bon gentilhomme, il fit le quai et lui donna son nom.

Depuis une vingtaine d'années, Marsilly avait commencé celui de la reine Marguerite, appelé plus tard, comme le port, Malaquest et ensuite Malaquais.

C'est en effet sur la place de l'hôtel bâti par cette bonne reine au retour de son long exil en province, que l'on traça ce nouveau quai, dont le premier mur commençait à l'hôtel de Nesle, vis-à-vis le pont des Arts actuel, et finissait à la rue des Petits-Augustins au port Malaquest ou *Heurt du port aux Passeurs*. Cette dernière moitié du xviie siècle fut une époque heureuse entre toutes pour l'édilité parisienne et surtout pour la rive gauche. Au quai de Nesle, qui s'était un instant appelé quai Guénégaud, par respect pour le superbe hôtel que ce secrétaire d'État y avait fait construire et qu'on allait baptiser pour un motif semblable quai Conty, venait de s'ajouter le quai des Quatre-Nations. Par un remords testamentaire, Mazarin ayant voulu rendre à la France un peu de l'argent qu'il lui avait volé, s'avisa de laisser en mourant une assez forte somme afin d'édifier un gymnase destiné à la jeune noblesse de Pignerol, de Roussillon, de Flandre et d'Alsace. Ce collége, nommé des Quatre-Nations, s'éleva en 1662, tel que nous le voyons aujourd'hui sur les ruines de l'hôtel de Nesle : et peu après un quai magnifique, vraiment monumental, vint en décorer la façade. Couronné par une balustrade élégante, ce quai se déployait noblement vis-à-vis le Louvre, portant sculptée avec une grande richesse au milieu, la devise de Louis XIV, soleil couronné dont les rayons brillaient entre deux cornes d'abondance, et, en regard de chaque pavillon latéral, les armes de Mazarin, où l'orgueilleux chapeau de cardinal s'élevait au milieu des faisceaux consulaires.

Lié par ce quai fastueux au quai Conty, le quai Malaquais ne tarda

Quais de Paris. — La Tour de Nesle.

pas à s'attacher vers l'est à celui des Théatins. Ces bons pères, comme chacun sait, introduits en France par Mazarin, s'étaient bâti un couvent très-commode entre la rue des Saints-Pères et le pont nommé maintenant Royal. Comme le portail de leur église, véritable chef-d'œuvre de Desmaisons, donnait sur la rivière, on ne crut pas devoir se dispenser de placer le quai sous sa protection, et les Théatins furent les parrains de la barrière murale; cette dernière construction poussait les quais de la rive gauche jusqu'à la rue du Bac : il restait après cette rue un épouvantable marais parfaitement désigné par le surnom de *Grenouillère*, qu'on voulut au commencement du siècle suivant dessécher et enclore de murs; mais quoique le sieur Boucher d'Orsay, prévôt des marchands, en eût posé la première pierre en grande pompe le 3 juillet 1708, ce projet n'alla pas plus loin.

Pendant que la rive gauche s'embellissait ainsi, et que le quai de la Tournelle, sorte de fondrière proverbiale dans le quartier Maubert, recevait dans toute sa longueur une chaussée pavée large de dix toises, les quais d'Anjou, d'Orléans, des Balcons, de Bourbon, bâtis en vertu des traités passés en 1624 entre l'architecte Marie et la ville, enfermaient l'île Notre-Dame dans une triple ceinture de pierre. Le quai de l'Horloge ou des Morfondus portait de l'eau au pied des échoppes du président Jeannin, le quai des Orfèvres s'élevait entre le Pont-Neuf et la rue Saint-Louis, et le conseil ordonnant par sentence du 24 février 1673, aux tanneurs et aux teinturiers de la Grève, d'aller s'établir au faubourg Saint-Marcel et à Chaillot, confiait à l'habile Pierre Bullet la construction du quai Pelletier dont la voussure hardie surplomba de trente pieds sur la Seine.

Regardons maintenant derrière nous, et voyons quelle fut la physionomie des quais pendant les XVIe, XVIIe et XVIIIe siècles.

En partant de l'Arsenal et après avoir admiré la porte de ce monument qui s'ouvrait sur le quai en s'appuyant sur quatre canons, et portait au frontispice une inscription latine en l'honneur d'Henri IV, on arrivait d'abord au quai des Célestins où les bureaux des coches d'eau qui remontaient la Seine et les carosses de Lyon logés à l'hôtel la Vieuville entretenaient un mouvement continuel. Ensuite on descendait le quai Saint-Paul où abordaient les bateaux aux fruits et ceux qui apportaient le poisson d'eau douce, et quand on s'était arrêté quelques instants sur le quai des Ormes pour voir le marché aux Veaux, on venait regarder à travers les ouvertures de la rue de la Mortellerie ces barques lourdement chargées de pierres, de foin et de blé, qui, de temps immémorial, s'arrêtaient vis-à-vis la Grève au port au charbon. Le quai Pelletier et celui de Gèvres fermé par quatre grilles pour la sûreté des bijoutiers, libraires ou marchandes de dentelles, dont les boutiques les bordaient à droite et à gauche.

s'offraient immédiatement après, et en gravissant le quai de la Ferraille les yeux étaient éblouis par la variété des objets qui s'y trouvaient réunis et l'étrangeté des scènes dont il était le théâtre. A côté des marchands de ferrailles de toute espèce et de toutes sortes d'ustensiles, s'élevaient, en effet, les échoppes des marchands d'oiseaux, qui pouvaient fournir, en tout temps, aux amateurs des pigeons dorés, des singes verts et même des perroquets bleus! Les mercredis, et les samedis les jardiniers le couvraient d'arbrisseaux et de fleurs, et le dimanche il appartenait tout entier aux charlatans et aux bateleurs qui s'empressaient, après la messe, d'y dresser leurs tréteaux pour y jouer des farces et vendre des drogues au peuple. Placé à la descente du Pont-Neuf, le quai de l'École, ancien lieu de rendez-vous des tireurs de laine et des auditeurs de Tabarin, se présentait sur les pas du provincial errant à Paris, comme un bois où les aigrefins, les laquais et les chevaliers d'industrie guettaient sans cesse leurs victimes. Après avoir traversé cet échantillon de la forêt de Bondy, s'il restait quelques pistoles dans la bourse, les lingères, les ferrailleurs, les étaleurs de livres et les marchands d'images entassés dans les échoppes du quai Bourbon se les disputaient à grands cris. Mais l'hôtel peint en jaune du connétable de Bourbon fuyait avec ses armoiries brisées et ses moulures ternies par le bourreau, et le quai des galeries du Louvre allait se développant jusqu'au pont Rouge, (qui devait si tôt céder la place au Pont-Royal), entre le superbe édifice et le port Saint-Nicolas. C'était là que jetaient l'ancre, aux yeux des Parisiens curieux, tous les bateaux chargés d'épiceries et ceux qui avaient remonté du Hâvre, les vins de Languedoc, de Roussillon, de Provence et d'Espagne. Une foule de petits bateaux partant du guichet et du lanternon ne cessaient d'aller et venir de ces deux points à la rive gauche pour transporter les passagers au faubourg Saint-Germain moyennant six deniers par personne. Quelques pas plus loin et en tournant le gros pavillon du palais, on voyait le pilote de la galiotte de Saint-Cloud, debout sur le quai des Tuileries qui, en entendant sonner huit heures, agitait son drapeau blanc pour donner le signal du départ. Aussitôt retentissaient les jurements et les vociférations des matelots s'efforçant d'arracher les voyageurs des cabarets voisins. Ces cabarets, construits en planches peintes en rouge de même que l'ancien pont, s'étalaient, comme une rangée de mendiants accroupis au soleil, depuis le Pont-Royal jusqu'à la porte de la Conférence, élevée au bout du jardin. Ils étaient tenus, pour la plupart, par des Suisses et des femmes d'invalides, et fréquentés surtout par des gardes françaises qui avaient l'habitude de s'attabler, dans les beaux jours, sur les bancs extérieurs pour y boire, en fumant leur longue pipe, le cidre et le brandevin. Puis, après la porte de la Conférence, la magnifique promenade du Cours la Reine apparaissait avec ses quatre rangées d'ormes, ses trois allées de mille pas de long et ses élégantes portes de fer. On y admirait sous les fraîches voûtes de verdure :

> Les merveilleux, les petits maîtres
> Exhalant l'ambre le plus doux ;
> Les abbés, armés de lorgnettes,
> Les robins, aux cheveux flottants,
> Les aimables impertinents,

> Et la foule de ces coquettes,
> En lévite, en chapeaux galants,
> Ombragés de riches aigrettes,
> Qui cueillaient dans ces courts instants
> Le fruit de leurs longues toilettes.

Au bout du Cours, l'épais tourbillon de fumée que lançait la savonnerie annonçait le quai de Nigeon ou de Chaillot. C'était toujours avec une sorte de terreur que le bourgeois de Paris, qui venait de se signer dévotement devant le clocher du couvent des religieuses de la Visitation, longeait les prisons du village. Il se hâtait de doubler le pas et d'arriver à la délicieuse terrasse de la duchesse d'Orléans, moins célèbre par ses deux pavillons octogones à la romaine, que par ces échelles que le Parisien de Néel prenait pour celles du Levant, et qui étaient tout bonnement les échelles des blanchisseuses. Il ne lui restait plus, quand il avait vu tout cela et l'antique et immense couvent des Bons-Hommes percé de près de mille fenêtres et surmonté d'un clocher dont la flèche se perdait dans les nues, qu'à prendre une barque au port de Passy et à gagner la rive gauche.

Là, il semblait d'abord qu'on se promenât dans quelque désert où le majestueux hôtel des Invalides, avec son dôme colossal et solitaire, ne figurait pas mal un de ces anciens édifices perdus au milieu des ruines et des hautes herbes. Un étroit sentier serpentant sur la rive entre les broussailles, les joncs et les rares bouquets de saules, conduisait jusqu'aux jardins de l'hôtel Bourbon, qu'on apercevait au bord de la rivière dessinant en forme de demi-lune, vis-à-vis de la porte de la Conférence, sa grande porte à colonnes et ses deux pavillons. Venaient ensuite les hideuses baraques noires de vétusté et les chantiers du quai boueux de la Grenouillère, au bout duquel se dressait l'hôtel des Mousquetaires, bâti en 1671, par les habitants du faubourg Saint-Germain qui, ayant obtenu à cette condition d'être exemptés de loger ces messieurs, les reléguèrent et pour cause, le plus loin qu'il leur fût possible. Deux belles maisons isolées au coin de la rue du Bac terminaient ce quai, bien différent sous ce rapport de celui des Théatins qui, outre l'église et le couvent de ces bons pères, offrait à l'admiration des étrangers les deux hôtels de Mailly dont les jardins et la terrasse occupaient tout l'espace compris entre la rue du Bac et la rue de Beaune. L'hôtel de Morstin, bâti au coin de la rue des Saints-Pères par le Florentin Falani, n'annonçait pas moins dignement le quai Malaquais, où l'on trouvait encore deux monuments remarquables : l'hôtel de Bouillon, embelli par le pinceau de Lebrun, et celui de la reine Marguerite, devenu depuis 1718 l'hôtel Gilbert de Voisin. La magnificence de ces bâtiments avait fait de ce quai le rendez-vous du beau monde et la promenade favorite des femmes de qualité qui s'y rendaient l'après midi pour y montrer leur rouge, leurs paniers, leurs mouches, leurs éventails de Chine et les petits laquais qui portaient leur queue. En traversant les files serrées de ces belles promeneuses, parmi lesquelles se glissait plus d'une marquise de lansquenet et plus d'une nymphe de l'Opéra, on remontait par le quai armorié des Quatre-Nations jusqu'à celui de Conti que bordaient entièrement dans toute sa longueur l'hôtel de ce nom et l'hôtel de la Roche-sur-Yon. Que de vicissitudes écrites sur les pierres de cet hôtel Conti ! Que d'événements se sont passés dans ses murs ! Lorsqu'il s'appelait l'hôtel Guénégaud, il fut le logement de Molière ; c'est sous les fenêtres de l'auteur de l'*École des Maris* qu'en 1672 on vint fouetter la Tourette qui avait joué avec un président de Grenoble le rôle de sa femme ; c'est dans la vaste salle de cet hôtel que jusqu'en 1673 fut chanté l'opéra, et qu'on établit, jusqu'en 1688, la comédie française, tandis que vis-à-vis et à la place de l'arcade de l'abreuvoir, le célèbre Brioché émerveillait les badauds parisiens avec ses marionnettes. Puis tout-à-coup l'hôtel Conti s'était écroulé sous le marteau des maçons, et le 20 avril 1771 l'abbé Terray, contrôleur général des finances, était venu poser la première pierre de la Monnaie, en mettant sous le mortier étendu par sa truelle d'argent une médaille d'or qui porte au revers le dessin de la façade telle qu'elle existe aujourd'hui.

En quittant ce quai, vraiment monumental, et fendant la presse des charlatans, bateleurs, filles de joie, coupeurs de bourse et mendiants, qui fut très-grande de tout temps au bas du Pont-Neuf, on tombait devant l'église des Augustins, et il était impossible de ne pas s'arrêter un instant pour considérer le bas-relief expiatoire placé précisément à l'angle que l'église formait sur le quai, en mémoire d'une violation des priviléges du couvent : on voyait là les huissiers ou sergents à verge, en chemise, nu-pieds, chacun avec une torche à la main, faisant humblement amende honorable aux religieux. Les mercredis et les samedis, les boulangers vendaient leur pain à cette place, et, depuis 1679, le marché à la volaille y avait été transporté par arrêt du conseil, voici à quelle occasion.

Très-haute et puissante dame Françoise Le Prévost de Courtalvert ayant obtenu avec les marquis de Sourches et de Guitry la concession d'une halle, avait bâti auprès de la rue Mauconseil un mauvais hangard étroit et bas, qui causait dans le quartier une infection insupportable. Les habitants exaspérés se plaignirent, et sur leurs instances le conseil décida que la volaille se vendrait désormais sur le quai des Augustins et point ailleurs, sous peine du fouet. Sept ans auparavant, s'étaient élevées sur les ruines des hôtels de Nemours et de Luynes, ces maisons que les libraires occupaient le long du quai vers la fin du xviiie siècle. On trouvait encore ces libraires ou plutôt ces bouquinistes, car ils ne vendaient que de vieux livres et n'en faisaient pas imprimer de nouveaux, établis sur le parapet du pont Saint-Michel, et à peine avait-on laissé leurs étalages vermoulus chargés de latin, de grec et d'hébreu, qu'on descendait sur le quai de la Tournelle et qu'on avait en face cette vieille tour carrée d'où il tirait son nom. Jadis ce vieux reste du Paris de Philippe-Auguste était abandonné, mais la piété de saint Vincent-de-Paul lui fournit des habitants : et grâce à ses prières et à ses aumônes, les condamnés trouvèrent dans ses murs le vivre et le couvert jusqu'à leur départ pour les galères. A peu de distance de ce sombre refuge autour duquel rôdaient sans cesse des capucins implorant en faveur des malheureux qu'il renfermait la commisération publique, se présentait après l'hôtel de Nemours la porte Saint-Bernard. Cet édifice, composé de portiques séparés par une pile, avait été élevé en 1670, pour célébrer la générosité immortelle de Louis XIV, qui voulut bien supprimer cette année un léger impôt sur les marchandises. L'inscription latine l'appelait *grand* comme celle de la porte Saint-Denis, et le bas-relief sculpté par Tuby le représentait habillé en divinité antique et tenant en main le gouvernail d'un navire qui semblait voguer à pleines voiles. Au-delà de cette porte, il n'y avait plus à voir que la halle aux vins, construite en 1656, sur le canal de Bièvre un espace vague et désert nommé la Gare et le Jardin royal pour la culture des herbes médicinales, dont le médecin de Louis XIII, Guy de La Brosse avait planté vingt ans auparavant les premières allées.

Force était alors aux curieux de revenir sur leurs pas et de traverser la rivière pour aller parcourir les quais des îles. Le quai des Balcons appelé plus tard de Béthune, apparaissait le premier tout fier de la maison monumentale, d'Hesselin, le maître de la chambre aux deniers, et de l'hôtel Bretonvilliers, siège des bureaux des fermiers-généraux qui, pour le rendre digne d'eux, l'avaient fait embellir par les pinceaux de Bourdon et de Mignard. Ceux d'Alençon, de Bourbon, fameux par son enseigne de la femme sans tête, et d'Orléans, se déroulaient ensuite successivement à leurs yeux, et, franchissant le pont de bois, ils filaient le long du port Saint-Landry et descendaient sur l'ancien quai des Morfondus, jadis le quartier-général des perruquiers et marchands de cheveux de la Cité, et qui était devenu le magasin des instruments de mathématiques depuis l'élargissement de 1738. C'est de cette même année que datait son nouveau nom de l'Horloge, que lui fit donner par le peuple la table de marbre blanc incrustée dans le pignon de la dernière maison vers le Pont-au-Change, et sur laquelle Cassini avait tracé une méridienne. Tournant alors le Pont-Neuf à gauche et descendant sur le quai des Orfèvres, on allait admirer cette immense quantité de vaisselle d'or et d'argent, de bijoux de tout genre, de pierreries et d'ornements d'église, qui faisait ressembler ce quartier à un bazar oriental. Le quai du Marché-Neuf, bâti à côté de la boucherie et habité principalement par les miroitiers et les fourbisseurs, servait de terme à cette longue promenade.

Telle, fut pendant les trois derniers siècles de la monarchie, la physionomie des quais. Le grand réveil de 89 sonna enfin à l'horloge de la Bastille, le pouvoir retomba des mains de la cour dans celles du peuple, et la Convention vint occuper aux Tuileries la place de la royauté. Alors éclatèrent les grandes luttes républicaines. Le pavé brûlant des quais de la Grève, de la Mégisserie, du Louvre et du quai Voltaire, dont le nom venait de remplacer celui des Théatins, trembla maintes fois sous les pas du peuple et fut teint de sang au 10 août, au 12 prairial et au 13 vendémiaire! Puis la république eut le sort de la royauté; le premier consul se fit empereur, et tout prit sous son règne une face nouvelle. Les deux plus belles pages de nos annales militaires furent écrites en pierre et en fer dans ses ondes. Aux deux extrémités de Paris, les ponts d'Austerlitz et d'Iéna s'élevèrent pour éterniser la gloire de nos braves, et dès-lors, sous le coup-d'œil géométrique de Napoléon, les rives de la Seine s'alignèrent docilement et se revêtirent, partout où les régimes précédents les avaient laissées nues, d'un noble et solide rempart. Les buissons du bout du monde, les marais du quai de la Grenouillère disparurent à jamais pour faire place au quai des Invalides et au quai Bonaparte; le quai de la Conférence, réparé par le Directoire, s'avança hardiment dans la Seine pour se lier au quai Debilly, bâti au milieu du fleuve avec les débris de l'ancien quai de Chaillot ou des Bons-Hommes, et glorieusement baptisé du nom d'un des braves d'Iéna. Déjà en 1803 l'empereur braquant sa lunette sur les quais, avait manifesté son amour pour la ligne droite et les masses régulières, en alignant et exhaussant le quai du Louvre, et en ouvrant le quai Desaix sur l'ancien emplacement de la rue de la Pelleterie; le quai Napoléon ou de la Cité sur les ruines des rues infectes des Ursins et d'Enfer; le quai Catinat autour de Notre-Dame, le quai Montebello au pont Saint-Michel; le quai Saint-Bernard le long de la halle aux vins, et le quai du Mail, qu'il appela Morland, pour que la mémoire de ce vaillant commandant des chasseurs de sa garde veillât sentinelle funèbre de la gloire de l'empire, auprès du pont d'Austerlitz, comme celle du général Debilly veillait auprès du pont d'Iéna.

La Restauration n'exécuta point de travaux semblables, mais l'édilité constitutionnelle de 1830 marcha sans hésiter sur les traces de l'empereur. Les quais de l'École, de la Mégisserie, de la Grève, élargis et dotés de superbes trottoirs ; le quai Pelletier reconstruit, d'autres nivelés avec soin, et une large chaussée en bitume étendue sous les pas des promeneurs le long de la terrasse et du quai des Tuileries, a prouvé ses bonnes intentions et son zèle, tandis que ces jeunes arbres qui déploient déjà leur vert rideau au-dessus des dalles des trottoirs témoignent de sa sollicitude.

Et maintenant, si on oublie tout ce bruit humain, grand et confus qui s'est fait sur nos quais depuis que les raffinés s'y battaient en duel, que les valets des grands seigneurs y traînaient le corps du maréchal d'Ancre, ou escortaient à coups de pierres le carrosse de Mazarin, et forçaient le chancelier Séguier à se réfugier, pour sauver sa vie, dans une maison du quai des Augustins. Si on laisse dans les lointains obscurs du passé, et les fêtes éclatantes de Louis XV et celle qui inaugura si douloureusement le mariage de son successeur sur le quai de la Conférence, et les bruyantes revues des sections sur les quais de la rive droite, et les pompeux défilés des armées de Napoléon sur le quai des Invalides, et la résurrection populaire des trois jours qui, de la Grève aux Tuileries, ébranla chaque pavé, d'un tremblement de liberté et de victoire ; si l'on oublie tout cela et qu'on recommence aujourd'hui la promenade que nous avons faite à travers les seizième, dix-septième et dix-huitième siècles, que de changements, et quel aspect nouveau et divers !

A la place de l'étroite chaussée des Bons-Hommes, le vaste quai Debilly et celui de la Conférence, sillonnés par une foule de voitures et d'omnibus, auxquels ne se mêle plus que de loin en loin l'ignoble coucou au coursier boiteux, se déroulent jusqu'au pont de la Concorde veuf de ses statues, mais ennobli par le voisinage de l'obélisque. Au lieu d'être obstrué par la vieille porte de la Conférence, et son pont-levis resserré, le passage s'élargit encore au quai des Tuileries, et continue à former jusqu'à la colonnade du Louvre, la voie la plus belle et la plus spacieuse. Là, si les enfants du Cantal qui déchargent le charbon au coin du quai de l'École, sont toujours aussi noirs et aussi rudes qu'autrefois, si quelques marchands de graines et de plantes se souviennent toujours que le quai de la Mégisserie fut jadis le marché aux fleurs, les marchands de ferraille ont transporté les étalages en plein air dans des boutiques, et peu d'oiseliers y conservent les cages de leurs pères. En revanche, les marchands de lignes et d'instruments de pêche et de chasse y abondent depuis quelque temps. A côté, sur les trois quais de Gèvres, Pelletier et de la Grève, outre les marchands d'habits, de blouses et de vieilles armes qu'on y rencontre à la file, presque chaque allée est occupée par une revendeuse de chapeaux ou de casquettes pittoresquement coiffée en guise d'enseigne de la plus belle pièce de son fonds. Tandis que vis-à-vis, les débitants de limonade se promènent en agitant leur clochette argentine le long des trottoirs chargés d'ouvriers au repos. Une solitude profonde, troublée seulement par les rares visiteurs de la bibliothèque de l'Arsenal et quelques passants égarés, couvre les quais des Ormes, des Célestins, Saint-Paul, et Morland. Au contraire, en franchissant le pont d'Austerlitz, et passant au Jardin des Plantes et au quai Saint-Bernard, on retrouve un moment la vie et l'activité commerciale à la halle aux vins, immense laboratoire qui produit plus à lui seul, que tous les vignobles de la Champagne, de la Bourgogne et de la Gironde réunis. Puis, du quai désert de la Tournelle, qui n'a plus sa tour, mais qui a, comme au moyen-âge, ses teinturiers et ses cabarets hideux, à côté des bateaux à vapeur dont la roue bruyante a remplacé la lourde rame des coches d'eau, on parvient par le quai des Grands-Degrés et un nouveau passage ouvert entre l'Hôtel-Dieu et Notre-Dame, jusques au quai Saint-Michel, où vivent réfugiés les anciens marchands de meubles de la rue de la Huchette. Là, le vieux quai des Augustins, étranglé vers le pont comme le jour qu'on l'a bâti, s'étend au nord en forme de cerceau brisé, et nous offre ses innombrables boutiques de libraires tapissées d'affiches de toutes les couleurs, et un instant interrompues (pour aller se rouvrir à la descente du Pont-Neuf) par les arcades de la Vallée ou marché à la volaille bâti en 1809, où fut le couvent des Augustins.

Aussi fidèles que les libraires à leurs étalages antiques, les bouquinistes entassent comme leurs aïeux une triple rangée de vieux livres sur les parapets des quais de la Monnaie, Malaquais, Voltaire et d'Orsay; et là, tandis qu'une longue file de promeneurs érudits circule avec une lenteur complaisante entre les bouquins et les fiacres alignés le long du trottoir, et brave courageusement les rayons du soleil d'août ou le froid, une foule de curieux et de badauds s'arrêtent de l'autre côté, les uns pour étudier les cartes géographiques qui tapissent la Monnaie, les autres pour feuilleter les cartons d'estampes étalés sous les pavillons de l'Institut : ceux-ci, pour lire les annonces des libraires ou contempler pour la centième fois des lithocromies et des tableaux en étalage au quai Malaquais, ceux-là pour admirer les gravures et les lithographies du quai Voltaire, les curiosités et les lézards empaillés des naturalistes; d'autres enfin plus inoccupés pour pousser jusqu'à l'ancien hôtel des gardes-du-corps, afin de voir défiler les dragons qui l'habitent, ou de regarder ces dorades, élégantes héritières des galiotes de Saint-Cloud, soufflant au départ leur blanche colonne de fumée. Excepté des députés allant à ce palais Bourbon, qui ressemble au dehors à un grand sépulcre, et des invalides en uniforme bleu, et retournant à leur hôtel auprès de leur vieux capitaine, on rencontre aussi peu de monde sur les quais d'Orsay et des Invalides que sur le quai Morland. Ces deux extrémités de Paris sont glacées, et la vie qui battait si énergiquement autrefois dans la Cité, le cœur de la Lutèce du moyen-âge, s'en est presque retirée aujourd'hui pour se porter ailleurs. Un silence presque mortuaire règne en tout temps sur les derniers quais de la Cité. Il n'y a que les quais Desaix, de l'Horloge ou des Lunettes et des Orfèvres, qui aient échappé à l'anathème, le premier, parce que deux fois par semaine il se pare de fleurs, et que le frais lilas de la grisette y touche l'oranger de la grande dame; le second, parce qu'il mène au Palais, et que les opticiens y continuent le commerce de leurs pères, et le troisième, parce qu'il est sur le chemin de la Préfecture de Police, de la Morgue et de Notre-Dame, et que les trois classes de la population qui fréquentent ces lieux y trouvent, l'une de la grosse bijouterie et des montres d'argent, l'autre des ornements d'église et la dernière des émotions.

Mary Lafon.

RUE MOUFFETARD.

Les anciens chroniqueurs nous apprennent que dans la partie méridionale de Paris, sous la domination romaine, plusieurs voies traversaient Lutetia. L'une de ces voies naissait à l'endroit où la rue Galande débouche dans celle Saint-Jacques, et suivait la direction de la Montagne-Sainte-Geneviève, puis elle traversait, dans toute sa longueur, un champ de sépultures, avoisinant un lieu appelé *Mont-Cetardus*; mont qui, de nos jours, à quelques altérations près, a conservé la dénomination antique de *Mont-Cetardus*, on en a fait Mont-Cetard, et enfin Mouffetard.

C'est sur cette éminence que fut enterré, en 436, le digne saint Marcel. Son tombeau, illustré par des miracles, donna naissance au bourg qui, dans la suite, porta son nom. Ce bourg, en s'accroissant, perdit le nom de *Mont-Cetardus*, que conserva seule la rue qui y conduit de Paris.

Dans ces derniers siècles, Paris a subi bien des transformations. Il est facile de distinguer et de dater, en quelque sorte, la physionomie que les diverses époques lui ont successivement imprimé. Depuis longtemps déjà, le Paris antique a complétement disparu, et chaque jour une nouvelle couche efface le Paris du moyen-âge. Et, à moins de s'aventurer aux alentours de Notre-Dame ou dans les ruelles du quartier Saint-Marcel, impossible aujourd'hui de retrouver ailleurs le moindre vestige de la cité des vieux âges. Là, seulement, comme il y a cinq siècles, ce sont encore des grappes de maisons répandues de tous côtés et semées en désordre; ce sont toujours des habitations s'entrecroisant sans aucune discipline sur le sol inégal et ingrat du Mont-Cetardus.

Il en est de certains quartiers comme de certaines races, on les voit se perpétuer en se traînant toujours dans la même ornière ou jouir héréditairement des mêmes avantages. Remontez, en effet, jusqu'au XVe siècle, et vous voyez déjà Paris se diviser en trois villes tout-à-fait distinctes: la Cité, l'Université, la Ville; la Cité occupe l'île; la Ville s'étend sur la rive droite de la Seine; l'Université couvre la rive gauche. Enfin, chacune de ces trois grandes divisions de Paris était une ville à part, et avait son aspect particulier: la Cité était la plus riche en églises; la Ville en palais, et l'Université en colléges; à l'une, l'évêque; à l'autre, le prévôt des marchands; à la troisième, le recteur. — Aujourd'hui, en plein 1843, supprimez l'évêque, le prévôt et le recteur, et vous avez, à peu de chose près, la même division. La Ville a encore pour elle ses hôtels séculaires consacrés par les deux noblesses; dans la Cité trônent toujours les gens d'église; enfin, le quartier Saint-Jacques est demeuré le séjour exclusif des écoliers. Cependant, si dans ces trois quartiers le dessin du tableau est resté le même, que de modifications a subies le coloris! que de nuances a fait disparaître la moderne civilisation! Seul, au milieu de cette renovation incessante, le quartier Mouffetard semble prétrifié dans sa rouille gothique: il représente encore de nos jours, dans une foule de détails, la physionomie du vieux temps de notre histoire; et, par je ne sais quelle mystérieuse puissance, ce coin de Paris combat et repousse cet envahissement invincible qui emporte ailleurs les vieilles mœurs, les vieux usages et les vieux logis.

Prenez, en effet, ce quartier à toutes les époques, et vous lui trouverez invariablement le même aspect: la populace au premier plan, l'hospice à l'horizon. Ici, de tout temps, une invisible main a partout écrit le mot *misère*. Dès l'origine, ce sont de pauvres travailleurs qui viennent s'abriter à l'ombre du clocher de Saint-Marcel ou se grouper en prières autour de son tombeau. Puis, peu à peu vous les voyez élever de chétives masures au bord des sentiers capricieux qui serpentent sur le versant du mont; bientôt la petite bourgade s'agrandit; sa population se multiplie; elle réclamera sous peu une juridiction et des priviléges; où étaient les huttes, vont s'élever des monastères; où jaunissaient des épis, vont se répandre des masures ; où se déroulait un sentier, vous avez une ruelle ; l'épiderme du sol n'est plus reconnaissable ; seulement, au moyen-âge, comme en 436, et comme, hélas ! de nos jours encore, c'est toujours une peuplade en guenilles qui grouille et souffre dans cette inféconde région.

Du VIIIe au XIIe siècle, peu d'événements se passèrent dans ce quartier. — Les années qui s'écoulèrent entre le jour où le palatin Roland posa la première pierre de l'église qu'il éleva en l'honneur de Saint-Marcel, et le jour où Philippe-Auguste couronna la porte Bordet, celle qui s'ouvrait précisément sur la rue Mouffetard, furent des années de crue pour le bourg, et rien de plus.

Cependant, vers le XVe siècle, Saint-Marcel commençait à compter pour une bourgade assez importante ; vue extérieurement, elle présentait surtout un aspect des plus attrayants : en se plaçant au milieu des prairies qui avoisinaient la Tournelle, on apercevait d'abord se dessinant sur le ruisseau de la Bièvre, le pont rustique du bourg Saint-Victor, puis, en laissant à gauche le moulin des Gobelins, et oubliant au loin le faubourg Saint-Jacques, juste entre ces deux points, on avait devant soi les couvents et les trois églises de la bourgade, et le regard se promenait curieusement sur l'ondulation pétrifiée et pittoresque du dédale de ses ruelles.

Mais se poser à distance pour juger des choses, c'est s'exposer à se tromper souvent : il faut savoir sacrifier les illusions de la perspective pour pénétrer jusqu'à la vérité. La nature embellit tout : l'air bleu du ciel interposé entre nos regards et les objets, jette comme un voile d'azur sur les terrains les plus livides, et un rayon du soleil colore en pourpre des haillons. — Il faut s'approcher pour connaître ; or, en s'avançant vers le bourg, on était d'abord frappé de la physionomie particulièrement barbare de ce quartier : c'était un réseau inextricable de ruelles étroites, tortueuses, sombres et puantes ; ruelles toutes ouvertes sans logique, glissantes à défier un équilibriste et percées de distance en distance d'immondes culs-de-sac et de hideux carrefours. Enfin, sur ce sol ainsi coupé, on voyait s'élever des ravins de maisons à façades vermoulues, ratatinées et rabougries, des masures dont les lucarnes donnaient asile à tous les vents ; des abris, en un mot, dont pour la plupart la pluie avait pourri le bois, gauchi les planches et rongé la toiture. Ajoutons encore à ce tableau deux ou trois carcans et une ou deux poternes ; groupons autour de ces lieux de supplice un populaire souffreteux, jaunâtre, déguenillé et bruyant, et vous aurez, lecteur, une idée de ce que voyait, en 14, 15 et 1600, le voyageur aventureux qui se hasardait dans ces parages infects.

Cependant, si ce voyageur, pour ramener son âme à de plus douces idées, allait se recueillir un instant sous la coupole byzantine de Saint-

Médard, et qu'il vint ensuite, le couvre-feu une fois sonné, parcourir de nouveau et solitairement ces tristes ruelles, peut-être leur aspect ne lui paraissait-il point alors dépourvu d'une certaine grâce et même revêtu d'un mystérieux attrait.

Si donc, la nuit venue, notre voyageur eût remonté la rue Mouffetard, en se dirigeant vers les abords de la place Maubert, bientôt, au travers des lézardes capricieuses de la porte Bordet, cette barrière depuis longtemps enjambée de Philippe-Auguste; bientôt, dis-je, il eût aperçu la pointe des tourelles dévotes du grand couvent des Carmes et la cîme des grands arbres de son jardin, l'ombre lui aurait caché, en passant près des enclos des monastères, les buttes hideuses qui en salissaient le pied, et il n'aurait entrevu à leur faîte que les capricieux festons des créneaux gothiques, se découpant en silhouettes noires, sur le ciel bruni. Puis, en s'avançant toujours, il eût infailliblement entendu les chants du Job du moyen-âge; car pendant trente ans, dit la tradition, un pauvre reclus chanta les sept psaumes de la pénitence sur un fumier au fond d'une citerne, recommen-

çant quand il avait fini, psalmodiant plus haut la nuit : *Magna voce per umbras;* aussi de nos jours encore, l'antiquaire va-t-il demander un souvenir de ces chants aux échos de la rue du *Puits-qui-parle.*

Enfin, et ceci est dans nos priviléges d'écrivain, si nous supposons que c'est par un beau soir de l'an 1440, que notre voyageur accomplisse sa mélancolique excursion, bientôt nous le verrons arrêté autour dé la place Maubert, par une rumeur toujours croissante et par les feux de torches toujours plus nombreuses. L'aspect de la place, la scène qui s'y joue, ce désordre nocturne, cette foule ameutée, le coassement de ce peuple sautelant, les lueurs de ces torches rouges se croisant et jouant sur ces masses ondoyantes, puis, au milieu de ce cercle remuant, des huissiers de justice sans chaperon, nu-pieds, tenant chacun une torche ardente du poids de quatre livres, et demandant à tous pardon et miséricorde. Toute cette scène lui produira sans doute l'effet d'une mystérieuse vision; mais au bruit sans cesse grandissant, à la lueur des torches toujours plus ardentes, le sentiment de la réalité revenant à notre héros, alors nous le verrons accoster, au milieu de ce mutin populaire, quelque belle ribaude de la rue Traversine ou quelque honnête gredin de la rue d'Arras, et lui demander le mot de ce sabbat ténébreux.

Ribaude ou gredin, fille d'amour ou tireur de laine, voici en substance, ce que devra nécessairement répondre la créature de 1440 :

« Nicolas Aimery, maître en théologie, s'est réfugié, on ne sait pour-
» quoi, dans l'église des Augustins ; or, les huissiers que vous voyez là,
» ayant pour le quart-d'heure un pavé pour semelle, se sont avisés, mal-
» gré la défense des Augustins, de violer l'*asile*, pour se saisir de maître
» Nicolas. Mal leur en a pris, car les religieux ont de grands priviléges :
» ils ont menacé le prévôt, et M. le prévôt de Paris, pour adoucir les Au-
» gustins, a condamné les huissiers à l'amende-honorable dont vous et
» moi, messire, nous régalons en ce moment. »

Cependant les torches s'éteignent, la foule se dissipe. la queue du cortége va bientôt disparaître derrière l'angle que forme sur la place le grand couvent, et sur cette place, agitée il y a un instant par une rauque multitude et toute embrasée par de fantastiques lueurs, tout est redevenu morne et ténébreux. Seule, une vacillante lumière brille encore derrière l'ogive étroite de la tourelle orientale des Carmes. Peut-être est-ce la lampe du moine érudit qui a si héraldiquement développé l'origine de son ordre? Mais que ce soit ou non cet illustre savant qui veille, l'historien carme va néanmoins diriger ici notre plume.

Selon lui, son ordre descend en ligne directe du prophète Élie. C'est en raison de cette descendance, dit-il, que nous portons un manteau semblable à celui que ce prophète jeta du haut du ciel à son disciple Elysée. Ce point une fois constaté, l'auteur monacal range dans l'ordre des Carmes tous les prophètes successeurs d'Elie, tous les chefs de secte et tous les instituteurs de culte. Selon lui, Pythagore fut un Carme très-célèbre, et Zoroastre un Carme très-dévot. Les Druides de la Gaule étaient aussi des Carmes, et les Vestales de Rome n'étaient autres que des Carmélites.

Cependant, nous devons l'avouer, l'auteur montre quelque hésitation sur la question de savoir si le Christ a été moine de cet ordre; mais toute réflexion faite, il se décide pour l'affirmative, et transforme résolument en père Carme le divin Rédempteur de l'humanité.

Maintenant, nous allons souffler, pour la dissiper, sur l'ombre gothique que nous avions un instant évoquée, et ce sera d'autant plus à propos que sur la place où nous venons de l'abandonner, rien au monde, au xv° siècle, n'était plus dangereux que de s'y hasarder trop tardivement dans une nuit d'hiver.

A cette époque surtout, ce coin de Paris était redoutable à tout honnête bourgeois s'avisant de le parcourir à la belle étoile; les officiers du Châtelet et les sergents de la prévôté ne s'y aventuraient même qu'avec de grandes précautions, car les tortueuses ruelles qui s'infiltraient sur le sol boueux de la place Maubert, ainsi que des rigoles dans une mare, recélaient une effroyable quantité de filles d'amour, de bandits émérites, de coupe-bourse et autres variétés de cette espèce. C'est aussi dans les ruelles qui se perdent dans la rue Mouffetard ou, du moins, sont perpendiculaires, parallèles ou tangentes au tracé sinueux qu'elle parcourt, c'est dans ces obscures ruelles, disons-nous, que gîtaient les sorciers, les magiciens, les faiseurs de maléfices et les dénoueurs d'aiguillettes, dont, au dire de l'*Estoile*, le nombre s'élevait à plus de trente mille; philosophiques professions qui se sont perpétuées jusqu'à nos jours, et qu'exploitent admirablement, au sein du quartier Notre-Dame-de-Lorette, sous le nom de tireuses de cartes, les nombreuses magiciennes du xix° siècle.

Les femmes de notre époque, ainsi que celles de 1500, se montrent très-avides de ces sortes de prophéties. Les hommes mêmes ne sont pas toujours exempts de ce faible. C'est à cause de cette crédulité constante pour les choses qui en sont peu dignes, que l'on a gratifié les Parisiens de l'épithète de *badauds*. « Le peuple de Paris, s'écrie Rabelais, est tant badaud, et tant inepte de nature qu'ung bateleur ou un porteur de rogatons assemblera plus de gens que ne le ferait un bon prédicateur évangélique. »

Oui, ce quartier, dans une partie notable de sa population, n'était en quelque sorte qu'un annexe à la Cour des Miracles. De ces ruelles sortaient tous les matins et revenaient gîter chaque nuit, ce tas de vagabonds et de mendiants, de filles d'amour et de sorcières, de voleurs et de débauchés, gueusant le jour et tuant la nuit, qui obstruaient, infestaient et pillaient tous les recoins du Paris de nos pères.

A toutes les époques, et cela se conçoit, ces pauvres quartiers ont fourni de nombreux contingents à la perturbation. A part les pittoresques bandits que nous venons d'énumérer, ce qui restait de place dans ce coin perdu de l'Université était occupé par une populace ignorante, misérable et presque constamment en lutte avec les besoins les plus criants. Or, il était facile de la soulever, soit en abusant de sa crédulité, soit par l'appât de quelque convoitise, en lui laissant entrevoir une trêve à ses souffrances.

Mais outre les scènes accidentelles de désordre, dont jamais les occasions ne se faisaient longtemps attendre, il y avait encore des causes permanentes d'agitation, et qui ramenaient, pour ainsi dire, à périodes fixes, des tumultes sans fin et des scandales sans nom.

De temps immémorial, certains quartiers se léguaient leurs haines héréditaires. Ainsi, les habitants du faubourg Saint-Marcel étaient dans un état d'hostilité permanent avec ceux des faubourgs Saint-Jacques et de Notre-Dame-des-Champs; ils se battaient, se mutilaient et se dévastaient à qui mieux mieux. La guerre allait même si bon train que le parlement se vit obligé, pour intimider les batailleurs, de faire planter quatre potences sur les principales arènes du combat. La rue Mouffetard vit l'une d'elles se dresser fièrement sur son pavé.

Enfin, brochant sur le tout, les pages, les laquais, les écoliers perdus, les moines défroqués, les ouvriers en goguette, et les clercs du palais venaient là nouer et dénouer leurs éphémères liaisons et faire retentir l'air de leurs bachiques refrains.

Mais rassurez-vous, lecteur, la fin du monde n'est pas venue : ceci se passe à une des plus intéressantes périodes historiques. François Ier est sur le trône; les connaissances marchent vers leur perfectionnement; la lutte s'engage entre la raison et la sottise, entre la vérité et le mensonge; tout va progresser, les arts comme les sciences, le bien-être comme la morale. Pierre Lescot se prépare à construire le Louvre; Jean Goujon s'avance vers les Tuileries; Amyot traduit Plutarque; Montaigne prépare ses Essais; Clément Marot va nous charmer par ses grâces naïves; enfin, la liberté religieuse cherche à faire prévaloir ses droits.

Cependant le passé ne se laisse pas facilement détrôner; il faudra encore nombre d'années avant que la raison n'obtienne droit de bourgeoisie; il faudra livrer bien des combats avant que le libre examen ne se pose comme un fait. Pendant longtemps, Saint-Médard pèsera durement sur le temple des réformés, à la fois son voisin et son rival.

En effet, un beau jour de décembre de l'an 1561, les habitants du quartier Mouffetard entendirent tout-à-coup retentir le bruyant carillon de toutes les cloches de Saint-Médard; or, ce branle inusité n'avait pour cause ni une révolte dans la ville, ni une pendaison à la justice, ni une entrée de monseigneur le roi : il n'avait d'autre but que de contrarier dans leur temple les réformés qui assistaient au prêche. En un instant, la rue Mouffetard, encombrée de peuple, offrit aux curieux l'aspect d'un fleuve agité, dans lequel de profondes ruelles, comme autant de torrents impétueux, dégorgeaient à chaque minute de nouveaux flots de populace. Les ondes de ce peuple, sans cesse grossies de tous les curieux qui affluaient aux abords de la rue, s'avancèrent bientôt vers la façade du temple, et, en dépit de la digue que lui opposaient les efforts de quelques archers, elles commençaient à s'épandre en larges vagues sur les escaliers qui exhaussaient le portail de la façade. Cependant les protestants, effrayés de cette marée montante, et craignant qu'elle n'arrivât bientôt à les engloutir, se hâtèrent de fermer et de barricader leurs portes, puis ils menacèrent les religieux, si la foule ne se retirait, si la sonnerie ne cessait, de mettre un jour le feu au clocher de Saint-Médard. A cette menace, que rendait effrayante l'énergie du désespoir, la foule se retira, la sonnerie cessa, et les protestants, glorieux de leur succès, firent une marche triomphale dans toute la longueur de la rue.

Ces démêlés religieux se prolongèrent de longues années; soixante ans après la scène que nous venons de raconter, la rue des Postes et le bâtiment des Gobelins devinrent le théâtre d'un sanglant combat. Les protestants, sous l'escorte de quelques archers, se rendaient à leur chapelle pour y prier; tout-à-coup, une nuée d'assaillants débouche des carrefours voisins, et les cris : les huguenots à la corde! sont vociférés avec un bruit soudain et furieux.

Les archers qui fermaient la marche du cortége firent volte-face. « Taillez les hérétiques! s'écrie la cohue pour s'exciter. Prévôté! Prévôté! répondent les archers en se ralliant; et la lutte commença; la mêlée fut affreuse; la taille reprenait ce qui échappait à l'estoc, et l'arquebusade achevait ce qu'avait entamé la pique. La victoire, sur toute la ligne, resta aux gens du roi; puis le lendemain de cette équipée, le parlement, fidèle à ses traditions, se hâta de faire planter une potence pour les survivants.

Cette potence, à ce que l'on croit, était adossée à des murs avoisinant l'enclos, où s'éleva depuis le couvent des *Hospitaliers de la Miséricorde de Jésus*.

Le souvenir de ce couvent repose un peu la pensée des sombres événements de l'âge qui a précédé. On s'y préoccupait bien moins des idées que des personnes; la créature l'emportait souvent sur le créateur; les passions humaines (du moins au dire de l'histoire), s'infiltraient au travers de la monacale enceinte et pénétraient jusqu'au sein des plus virginales cellules. Dans les chapelles où les nones allaient égréner leurs chapelets, on entendait, dit-on, de bien douces confidences et de bien ardents soupirs. A en croire certains récits, l'âme des jeunes novices se vaporisait en rêves d'amour plus qu'elle ne s'oubliait en exaltation mystique. Il n'est pas jusqu'au lieutenant de police, M. d'Argenson, qui ne vint discrètement s'énamourer en ce lieu ; dégoûté de madame de Tencin, il venait ici chercher un bonheur plus chaste et plus recueilli. En tout temps les autorités se sont personnellement intéressées à certaines institutions; en tout temps aussi, elles ont accordé à ces objets de leur préférence une protection toute particulière.

Ainsi, en 1700, le couvent des nones menaçait ruine ; le délâbrement était complet : on devait naturellement alors s'adresser à M. d'Argenson. Les sœurs lui envoyèrent leur supplique. Le lieutenant de police vint au cloître, il toisa, mesura, examina et enfin se passionna : et peu de temps après cette visite, les Hospitalières avaient à leur couvent une muraille de plus; mais parmi elles, elles comptaient, hélas! une novice de moins.

Voilà sans doute un déplorable exemple de relâchement moral, un oubli impardonnable de tous les sentiments religieux, mais en vérité, ce ne sera pas ce qui doit se passer de plus attristant ici. Descendez la rue de quelques pas, cher lecteur, transportez-vous, par la pensée, sous le règne du bien-aimé Louis XV, et vous allez assister, non plus à un roman dont l'impiété fera tous les frais, mais à des extravagances où vous verrez le fanatisme dans sa plus effrayante exagération.

Nous voici en 1750, l'abbé Pâris vient de mourir et d'être exhumé dans le petit cimetière de Saint-Médard. C'était un saint homme, au dire de ses contemporains que le diacre Pâris; on ne lui connaissait d'autre défaut qu'une trop grande opiniâtreté religieuse. Pour se soustraire aux vanités du monde, il avait pris le parti de se confiner dans une maison du faubourg Saint-Marcel. Là, il se livrait sans réserve à la prière, aux pratiques les plus rigoureuses de la pénitence et aux travaux manuels ; il regardait les pauvres comme ses frères, et faisait des bas au métier pour eux. Jusqu'ici tout est rigoureusement évangélique, et si le digne abbé s'en fût tenu là, l'histoire n'aurait pas eu à enregistrer toutes les absurdités et tout le scandale dont il fut le prétexte. Malheureusement il n'en fut point ainsi : le diacre Pâris publia quelques écrits, et dans ces écrits, ses antagonistes crurent voir des hérésies, et ses partisans la trace de l'esprit divin ; on lui prêta des sentiments qu'il n'avait pas eus, et on le constitua, quoique défunt, chef d'une secte ridicule. On prêta à son tombeau de surprenants miracles, et la foule vint y faire des prières. Bientôt les dévotes stations tournèrent à la momerie et les momeries amenèrent rapidement à la convulsion.

Parmi les convulsionnaires, les jeunes filles dominaient par leur nombre et par leur ferveur. Leur esprit exalté imprimait à leur système nerveux de violentes secousses, et elles tombaient dans une extase voisine du délire le plus effrayant. Ces jeunes filles sollicitaient la douleur, comme les voluptueux les plus effrénés pourraient solliciter le plaisir ; et, si on les en croit, en demandant la convulsion, elles sollicitaient le plaisir lui-même.

Le nombre des convulsionnaires devint en peu effrayant, et leur affluence dans le cimetière était incalculable. On s'informait des habitudes du bienheureux Pâris et on les imitait avec un soin scrupuleux. On feignait de boire et de manger comme lui. Pendant quelque temps les convulsionnaires furent de bonne foi et crurent à l'efficacité de leurs extravagances.

Nous ne voulons pas entrer ici dans l'histoire circonstanciée des différentes sectes de convulsionnaires; car ces sectes admettaient dans leurs opinions des différences puériles et indignes de nous occuper. Cependant, pour donner un exemple des extrêmes dans lesquels peut tomber l'esprit humain, nous allons retracer quelques-unes des pratiques de ces illuminés.

Les secouristes, entre autres, frappaient à grand coups de poing les jeunes filles, et ces pauvres patientes, par les plus vives demandes, excitaient leurs bourreaux à les frapper plus cruellement encore. Ces énergumènes montaient sur leurs corps étendus, et foulaient aux pieds leurs seins et trépignaient sur elles jusqu'à lassitude.

A ces malheureuses en délire, de pareils traitements parurent encore trop doux : insatiables de souffrances, elles se faisaient frapper avec des bûches, et pendant qu'elles étaient aussi cruellement meurtries, elles s'écriaient : *Ah! que cela est bon! ah! que cela me fait de bien! mon frère, je vous en supplie, redoublez, si vous le pouvez.* Enfin, leur délire ne connut plus de bornes, elles avalèrent des charbons ardents et elles se frappèrent à grands coups de marteau!!!

Cependant, en 1732, le roi apprenant cet esprit de fanatisme, crut pouvoir les arrêter en faisant garder le cimetière de Saint-Médard, mais dans toutes les sectes, la persécution engendre les prosélytes. — C'est l'histoire de tous les temps. Les convulsionnaires n'avaient qu'une réunion, ils en formèrent vingt. Les remontrances, les arrêts, les châtiments et les incarcérations, ne firent qu'enflammer la fureur des sectaires. Ils publiaient des caricatures où le Pape, l'archevêque et les jésuites étaient tournés en ridicule; ils publiaient même une feuille périodique portant pour titre : *Nouvelles Ecclésiastiques*. Mais, comme dans les choses les plus affreuses, les Français savent toujours trouver le côté ridicule, un poète (sans doute convulsionnaire), inscrivit sur la porte de Saint-Médard le distique suivant :

> De par le Roi, défense à Dieu,
> De faire miracle en ce lieu.

La superstition fut si générale, qu'un conseiller au Parlement osa présenter à Louis XV un recueil de tous les miracles et prodiges des convulsionnaires. Ces extravagances ont été en France les derniers soupirs d'une secte, qui, n'étant plus soutenue par les disciples de Port-Royal, est tombée dans le plus complet abandon.

Chose étonnante, soixante ans après, des lieux mêmes où s'étaient passées ces scènes affligeantes de fanatisme religieux, partaient des bandes déchaînées qui allaient, vociférant, contre les ministres de cette même religion. Oui, le lendemain du jour où *les Marseillais,* mus secrètement par la faction liberticide vinrent annoncer à la barre que le jour de la colère du peuple était arrivé, ce lendemain, des hommes armés de bâtons, de sabres, de piques et de poignards, descendaient en tumulte la rue Mouffetard, pour aller demander au roi, qu'ils forcèrent à se couvrir du bonnet rouge, le rappel des ministres et surtout la sanction du décret contre les prêtres.

Puis, peu de temps après, le 2 septembre, à la nouvelle de l'entrée des Prussiens dans Longwy, les bandes qui avaient déjà inondé le Carrousel, remontèrent encore la rue et furent massacrer les pauvres détenus des prisons. Le carnage dura cinq jours. La princesse de Lamballe eut la tête tranchée et son cadavre, livré à cette populace, fut flétri, mutilé et déshonoré par elle.

Étrange bizarrerie, le quartier Mouffetard, le point le plus ignorant et le plus misérable de Paris, se trouve justement enserré entre la science et l'industrie, ces deux sources de toute richesse et de toute lumière. Au nord la manufacture des Gobelins, au midi l'école Polytechnique ; la bibliothèque Sainte-Geneviève et le collége Henri IV, déterminent, pour ainsi dire, la frontière de ce quartier. Les écoles et la manufacture, ces glorieux foyers de la prospérité nationale, répandent à la fois, sur toute la France, les lumières qui la guident et les rayons qui la fertilisent. Mais de ces rayons, pas un seul ne colore les ruelles de Mouffetard. Le peuple qui habite là, naît, végète et meurt dans sa livrée de misère. Ce peuple est vêtu grossièrement, et cependant il use sa vie à tisser les plus merveilleux tissus. — Allez aux Gobelins, et vous le voyez imiter, avec la plus grande vérité, les plus difficiles chefs-d'œuvre de la peinture. Par des procédés ingénieux, vous le verrez reproduire, avec un art admirable, non-seulement toute l'illusion de la perspective et toute la correction du dessin, mais encore des tons si fins, si brillants et si chaleureux, qu'ils rappellent par fois au connaisseur les tableaux les plus éclatants des maîtres de Venise.

Puis, entre les écoles et les Gobelins, entre le luxe et la science, vous avez alors les véritables monuments du peuple : la prison et l'hôpital. D'un côté, c'est l'hospice de *la Pitié,* d'abord créé pour les indigents que faisaient les guerres civiles du temps de la régence de Marie de Médicis; de l'autre, *c'est la Bourbe,* où vont accoucher les pauvres malheureuses que la prostitution ou le besoin force à y chercher un abri. — Enfin, comme pour engager cette population à la pratique des vertus sociales, voyez se dresser, au fond de cette étroite ruelle, les portes menaçantes et les murs épais de Sainte-Pélagie : c'est là, en d'autres temps, que Joséphine et la princesse de Lamballe éprouvèrent leur désespoir et versèrent leurs larmes; c'est dans ces sombres couloirs que la Restauration jeta l'illustre Béranger et l'éloquent Manuel; c'est là que le pouvoir de juillet relégua Carrel; c'est là enfin, de nos jours, que le sublime Lamennais a promené ses poétiques rêveries.

Entre le bourg obscur où naît l'enfant de ces quartiers, et le triste hôpital, où la plupart du temps il meurt, entre ces deux points extrêmes de sa vie, la majorité du peuple de ces ruelles a pour domaine le pavé de Paris, et sous le nom de *chiffonniers*, s'administre le monopole exclusif de toutes les bornes, de tous les égouts et de tous les recoins où les saletés se rejettent.

Le chiffonnier est le philosophe pratique des rues de Paris. Dans son abdication absolue de toute vanité sociale, dans ses flâneries incessantes et nocturnes, dans cette profession qui s'accomplit à la belle étoile, il y a je ne sais quel mélange d'indépendance fantasque et d'humilité insouciante, je ne sais quoi d'intermédiaire entre la dignité de l'homme libre

et l'abaissement de l'homme abject; il y a dans ces contrastes, enfin, quelque chose qui intéresse, captive et fait penser; rien de plus particulièrement exceptionnel que cette profession. Au gré de son caprice, le chiffonnier va de rue en ruelle et de place en carrefour, fouillant, furetant, remuant, à l'aide du fer de son crochet et à la clarté de sa lanterne, ce tas de vieilleries, ces débris de salle à manger, ces derniers lambeaux de vêtements caducs, que la consommation parisienne sème tous les jours sur le pavé de la ville. La position du chiffonnier, dans les démarcations sociales, tient essentiellement une place unique : c'est un *sui generis* à nul autre pareil ; il touche le bout de tous les extrêmes ; il est éternellement suspendu entre le haut et le bas, entre les étoiles et le pavé, entre l'égout et la rêverie.

L'industrie nocturne des chiffonniers, développe par fois chez eux, à un assez haut degré, leurs facultés naturelles. La solitude des nuits est propice à son commerce comme à ses méditations. Qui, par exemple, ne connaît de réputation au moins le philosophe Liard, ce chiffonnier à la fois érudit, artiste, phrénologue et orateur. — Ce philosophe antique à qui Béranger a donné ses œuvres, et que Traviés, le spirituel et profond dessinateur, a si pittoresquement crayonné.

Liard, à part toutefois sa supériorité, manifeste, personnifie en tout point les divers aspects de la corporation ; c'est le vigoureux croquis du tableau ; mais le croquis un peu poétisé ; Liard boit peu, il méprise le vin et ne goûte qu'à l'eau-de-vie ; Liard discute beaucoup, mais il ne se dispute jamais. Il est fier, et il se soumet aux travaux les plus humbles ; il a un très-haut sentiment de sa dignité, et il est couvert de haillons. Liard est orateur, avons-nous dit, et nous insistons sur cette qualité, car elle est distinctive en lui : il a pour tribune la rue, pour auditeurs les premiers passants, pour sujet favori la probité. Quelquefois il se rend *à la chambre des députés* (les chiffonniers ont ainsi nommé leur point de réunion à la barrière Poissonnière), et là, il participe aux discussions interminables qui y ont lieu. Ces estimables industriels ont rigoureusement imité nos honorables : — *la borne* s'appelle le fauteuil ; les hottes se nomment *les cabriolets ;* enfin pour compléter la ressemblance, la majorité de l'assemblée ne comprend rien à ce que débitent les orateurs ordinaires et s'en tient à les applaudir vivement.

Nous avons décrit l'aspect des ruelles et de la rue Mouffetard, au moyen-âge ; maintenant, pour tracer le tableau que ce quartier présente de nos jours, il nous suffira de peu de changements ; quelques touches suffiront pour amener notre peinture à son effet actuel.

Aujourd'hui encore, comme au XVe siècle, après avoir traversé la rue Descartes, on débouche brusquement sur le versant de la montée, sur laquelle s'échelonne la rue. Au premier coup d'œil, on l'aperçoit se déroulant comme un grand entonnoir dans sa partie la plus présentable. Cette grande voie, croisée avec une infinité d'autres moins importantes, telles que les ruelles de Saint-Médard, du Censier, d'Arras et de l'Oursine, etc., forment le réseau tortueux et presque ignoré de ce coin de Paris.

Le spectateur qui examine en artiste cette rue, s'aperçoit dès l'abord de la variété pittoresque des constructions qu'elle présente : c'est un papillotement de maisons, grandes, petites, vieilles, neuves, construites d'hier ou bâties il y a trois siècles, blanchies à la chaux ou peintes en ocre, bistrées par le temps ou enluminées à leur base. Le regard se perd dans cette diversité, dans cette profusion de détails, et ce n'est qu'après quelques instants d'examen que l'on arrive à pouvoir embrasser l'ensemble. Là, comme dans la Chaussée-d'Antin, tout ne se nivelle pas sous un modèle à peu près uniforme ; là, chaque maison a sa date, son cachet, son pittoresque, depuis le bouge à façade vermoulue et à porte écrasée, où pullulent des chiffonniers, jusqu'au bâtiment coquet et commode où se prélassent de petits bourgeois.

Et si vous pénétrez dans l'une des ruelles qui se dégorgent dans ce grand réservoir, dans celle de Saint-Médard, par exemple, vous apercevez, dès votre entrée, un tas de masures déchiquetées et puantes, des masures à contrevents pourris et à vitres de papier graisseux, des croisées d'où sortent de longues perches de bois surplombant sur la rue, et desquelles pendent en loques de vieilles guenilles et de sales haillons. Dans les lézardes des murs sont fichés des crampons qui supportent des grappes de vieilles bottes et des couronnes de vieux chapeaux ; puis, brochant sur le tout, des hottes indicatrices se pavanent à leur aise au-devant des portes, ou jonchent en désordre le sol. Enfin, si votre regard veut pénétrer dans l'intérieur de ces habitations, alors, au travers des mille débris et des clinquantes ferrailles qui en tapissent l'entrée, vous pourrez découvrir, se mouvant entre des amas de dégoûtantes vieilleries, un ou plusieurs de ces industriels nocturnes connus sous le nom de *chiffonniers*.

En continuant de descendre la rue, après avoir dépassé l'église Saint-Médard, vous avez un aspect plus étrange, peut-être : ici les maisons se rapprochent ou s'éloignent capricieusement, tantôt verdâtres et chétives comme des huttes, tantôt hautes et élégantes comme dans les beaux quartiers. En certains endroits, on dirait d'un ravin de pierre percé de lucarnes, tant le pavé est inégal et tant les gouttières surplombent sur le pavé. Le tout amalgamé et flanqué par des restes de vieilles constructions, par des enclos à bois, par des débris de murailles ou par des terrains encore à bâtir.

Telle est, dans son ensemble, l'impression que produit cette vieille rue de Mouffetard qui, d'un côté, débouche aux abords du Panthéon, et de l'autre, se perd dans les terrains que limite la barrière de Fontainebleau.

Louis Berger.

RUE ET FAUBOURG-SAINT-HONORÉ

> C'estoit bien la plus drôlerie
> qu'en rue à Paris i avoit.
> LE MOINE DE SAINT-JEAN.

PARIS a des rues dont la physionomie et le nom évoquent tout d'abord les plus grands souvenirs, et parmi celles-là se trouve au premier rang la rue Saint-Honoré; c'est qu'elle est, en effet, historique comme le récit d'une longue épopée; c'est que, dans ses sinueuses profondeurs, elle a vu souvent se dérouler de sanglants drames, et la lutte acharnée du peuple contre la puissance militaire des rois!

La rue Saint-Honoré a un vieux droit de bourgeoisie qui remonte haut dans l'histoire de Paris. Peut-être est-ce à sa position centrale ou à son immense étendue qu'elle doit sa prépondérance; nous sommes disposés à le croire. Après l'évasion de la vieille cité hors de son île étroite et fangeuse; après qu'elle eût envahi une large part de terrain sur les rives de son fleuve, les seigneurs songèrent qu'un air salubre, des cours, quelques jardins commodes, étaient une plus douce chose que leurs maisons désolées, tristes et malsaines de la Cité; alors les plus riches y firent bâtir des hôtels magnifiques, et vinrent y demeurer. Les marchands, principalement les drapiers, les fourreurs, les brodeurs (*) et ceux qui vendaient de riches étoffes ou d'autres objets de luxe, suivirent l'exemple des seigneurs qui les enrichissaient ; derrière les hôtels et les palais des nobles, surgit cette longue rue Saint-Honoré, semblable à ces grands fleuves qui traversent tout un empire, en lui apportant la richesse et la fertilité.

Sauval, Malingre et quelques autres vieux historiens de Paris, disent qu'ils ignorent son nom originaire. Comme elle avait été bâtie par petites portions à la fois, et que chacune de ces portions avait un nom différent, il est probable que c'est dans ces parts de constructions qu'il faut chercher ses titres primitifs.

Ainsi, de 1190 à 1211, sous le règne de Philippe-Auguste, quand ce roi fit élever une nouvelle enceinte autour de Paris, la rue Saint-Honoré, qui s'arrêtait à une porte située à peu près vers l'emplacement de l'Oratoire des protestants, avait déjà deux noms : celui de la *Féronnerie*, qui partait du cimetière des Innocents et venait s'arrêter à la rue *Tirechappe*; celui de Chasteau-Festu jusqu'au-delà du mur d'enceinte (**).

Elle alla toujours en s'accroissant sous les règnes des fils de Philippe-le-Bel et ceux de Charles V et Charles VI, quand Hugues Aubriot, prévôt de Paris, fit bâtir les grandes murailles qui partaient de la Bastille et venaient aboutir à la porte Saint-Honoré.

Rien, alors, n'était plus curieux que cette rue avec ses hautes maisons à pignons historiés, aux façades couvertes de figurines saillant entre des colonnettes frêles, ou parant, comme les madones italiennes, de gracieuses niches exécutées d'après les plus charmants caprices, et dont les porches formaient comme une sombre et longue galerie toute tapissée de ratines bleues du Dauphiné, de draps de Flandre et d'étoffes de Samis étincelantes d'argent, qu'on apportait d'Italie. Il faisait beau voir ces courtauds de boutique se quereller entre eux, parce qu'un riche gentilhomme avait passé outre, dédaignant leurs jalousies mercantiles, et s'était arrêté aux chassis garnis de minces plaques de corne de quelque jolie brodeuse d'aumônières, ou chez les belles filles en deçà du charnier, à l'enseigne de la *Couronne*, petites fées qui ouvrageaient en or les voiles merveilleux des dames de la cour.

(*) Estienne Boyleau, le livre des Mestiers.

(**) Dulaure doit s'être trompé en écrivant dans son *Histoire de Paris* que la rue de la *Ferronnerie* s'était autrefois appelée rue de la *Mancherie*, puisque Guillot-le-Poète, qui vivait en 1286, écrit en ses dicts :

> Alai en la *Féronnerie*;
> Tantost trouvai la *Mancherie*,
> Et puis la Cordouannerie,
> Près demeure Henry Bourgaie,
> La rue Beaudouin Prengaie,
> Qui de boire n'est pas lanier.

Le drapier pacifique écoutait toutes ces balivernes du fond de son comptoir avec un flegme tout bourgeois ; il se consolait bravement, au fond de son âme pleine de morgue et d'insolence, du mépris des nobles : il songeait aux moyens de défense et de sûreté que leur avait accordés Marcel, le prévôt de Paris, en faisant fixer aux angles des rues d'énormes chaines de fer qu'on tendait la nuit pour arrêter les déprédations des seigneurs, des universitaires et des malfaiteurs. Quelquefois aussi, pendant ces muettes vengeances du lourd personnage, un joli bras de femme, blanc et potelé, agitait un mouchoir à quelque étroite fenêtre, percée au-dessus du porche, et l'on voyait disparaître aussitôt du milieu de la rue quelque écolier ou quelque jeune seigneur qui allaient par les ruelles détournées ajouter aux griefs des gros drapiers.

Il y eut ainsi dix siècles d'injures et d'outrages pour eux ; et après ces dix siècles, ils eurent à leur tour une terrible année de vengeance qui lava tout !

Le sang couvrit la honte, et les plébéiens bâtards se légitimèrent en effaçant les noms et les écussons armoriés de leurs persécuteurs, aux cris frénétiques d'*égalité* et de *liberté!*...

Le matin, une heure après l'ouverture des boutiques, on entendait la voix glapissante du barbier-étuviste, près de cette fontaine de l'Arbre-Sec, à la croix du Trahoir (*) où un cheval indompté s'arrêta, dit un vieil historien des temps passés, P. Malingre, je crois, après avoir brisé et foulé aux pieds la malheureuse reine Brunehaut..... A cet endroit, si plein de souvenirs, on entendait ces cris :

> Seignor, quar vous allez baingnier
> Et estuver sans délayer.
> Li bains sont chaut, c'est sanz mentir (**).

En ce moment, on voyait plus d'un libertin couvert d'une cape ou d'une mante sombre se glisser rapidement dans la rue des Étuves, tourner la tête avec anxiété et se précipiter dans le célèbre établissement de bains

---

(*) Guillot dit :

> Més par la crois de Tirouer
> Ving en la rue de Neele,
> N'avoie ne tambour, ne viele.

On ne sait trop de quel nom la qualifier. Le vieux Sauval s'abandonne, à son sujet, à une dissertation savante. Ce qu'on sait seulement, c'est que là, de temps immémorial, était un gibet.

La rue de Nesle était celle qu'on nomme aujourd'hui la rue d'Orléans-Saint-Honoré. Les seigneurs de Nesle, qui y avaient leur hôtel, le vendirent à Jean de Luxembourg, roi de Bohême, qui lui donna son nom. Enfin, cet hôtel fut acheté de nouveau par Louis de France, duc d'Orléans, fils de Charles V. Sur ses ruines on a bâti la halle au blé.

(**) *Les crieries de Paris*, par Guillaume de la Villeneuve.—Fabliaux recueillis par Barbazan

qui était un lieu passablement équivoque (*). A une certaine heure, on voyait des hommes, vêtus de serge brune, tenant d'une main un broc et de l'autre un panier rempli de coupes de corne semblables à celles des moissonneurs, s'arrêter avec ténacité devant les auvents des boutiques, et offrir aux apprentis :

> Bon vin à bouche bien espicé.

C'étaient les crieurs de vin, autorisés sous Philipe-Auguste, moyennant *chantelage au roi* (**).

Des femmes des halles, toutes ridées, à la chevelure en désordre, aux vêtements sales, hurlaient de toute la force de leur poumons :

> J'ai chastaignes de Lumbardie,
> J'ai roisin d'oustremer — roisin !
> J'ai porées et j'ai naviaux,
> J'ai pois en cosse tous noviauz (***).

Plus loin, c'était la *ripaille des ovriés*. Une grosse commère, comme on en voit encore sur les quais et dans le marché des Innocents, portant sur son ventre tout l'attirail d'un restaurateur, arrêtait les maçons et les sculpteurs (ces deux corporations n'étant jamais nourries par les maîtres), en leur débitant la petite chanson de son métier :

> Chaudes oublées renforcies,
> Galètes chaudes, eschaudez,
> Roinssolles (couennes grillées) çà, denrée aux dez (****).

Tout cela était pour la populace ; les marchands, gros privilégiés, étaient sous le poids d'une obsession moins rauque et plus odoriférante. De jolies et fraîches filles de la campagne venaient, de porche en porche, offrir aux drapières les plus belles fleurs de la saison :

> Aiglantier.....
> Verjux de grain à fère aillie.
> Alies i a d'alisier.

Et parfois, les seigneurs qui achetaient des étoffes, saisissaient ce prétexte pour faire descendre au comptoir la femme du marchand, afin de lui offrir un bouquet de roses.

Les écoliers de l'Université, qui souvent avaient des intrigues amou-

---

(*) C'étaient pour la plupart des maisons de débauche et de prostitution sous le règne de Louis XIII et jusqu'à celui de Louis XIV. (Dulaure, *Histoire de Paris*.)

(**) Félibien, *Antiquités de Paris*.

(***) Guillaume de la Villeneuve.— *Fabliaux de Barbazan*.

(****) Guillaume de la Villeneuve. — *Fabliaux de Barbazan*.

reuses de l'autre côté de l'eau, venaient sous les porches acheter des

fleurs à l'intention de leurs belles ; c'était là qu'on vendait aussi des habits de gentilshommes point trop râpés :

> Cote et la chape par covent
> Clercs y sont engané souvent (*).

Mais malheur aux pauvres bazochiens qui s'avisaient de venir étaler leurs guenilles noires ; les cruels apprentis fripiers s'approchaient d'eux avec une humilité apparente, en leur disant :

> Cote et surcot rafeteroie (je raccommode).

Et comme ces clers avaient toujours plus de trous aux genoux et aux coudes que de *blancs d'angelots* ou de *sous parisis* dans leurs surcots, ils s'esquivaient tout honteux pour échapper aux quolibets de messieurs les chevaliers de l'aune et de l'aiguille.

Si l'on avançait davantage dans la rue, il semblait que les mœurs devenaient plus douces; la physionomie changeait de caractère; le tumulte s'y faisait à peine sentir; on arrivait à *la Croix du Tirouër*.

(*) Fabliaux de Barbazan.

puis à la *Chaussée-Saint-Honoré*, et enfin à la *rue Saint-Honoré*, qui partait du lieu qu'on nomme aujourd'hui la barrière des Sergents, et qui s'arrêtait à la porte Saint-Honoré, bâtie par Charles V, vers la rue du Rempart ; dans le faubourg, elle prenait le nom de *rue Neuve-Saint-Louis hors la Porte-Saint-Honoré*, à cause de l'hôpital des Quinze-Vingts, fondé par saint Louis vers 1260 (*); elle se terminait par le nom de *Chaussée Saint-Louis dans les champs*.

Là, comme je l'ai dit plus haut, c'étaient d'autres mœurs : les vieux *commerciers*, assez riches et fatigués des affaires, s'y livraient à une vie toute de béatitude et de joies terrestres ; ils passaient la moitié de leurs jours à l'église Saint-Honoré, et l'autre moitié à table, avec les chanoines du chapitre (**).

Il y a des rapprochements extraordinaires dans la vie, pour certains hommes comme pour certaines choses. La rue Saint-Honoré qui, la première a été l'arène où le peuple combattit naguère contre ses rois, fut aussi, ou à peu près, le lieu de la première lutte entre les fanatiques assassins aux gages de Charles IX et de Catherine de Médicis, et les infortunés protestants, dans la nuit sanglante de la Saint-Barthélemy.

Au coin de la rue de la Ferronnerie, une vieille maison, bien noire et bien sale, étale sur sa façade une inscription en marbre et deux bustes de pierre. — L'un d'eux, c'est le portrait de Henri-le-Grand, un de ces rois privilégiés, comme Titus ou Adrien, qui traversent les siècles avec l'amour des peuples. — C'est là qu'il fut assassiné par Ravaillac, le 14 mai 1610.

La rue Saint-Honoré a d'autres titres encore qui n'ont pas peu contribué à la rendre célèbre. En 1620, dans une pauvre maison à l'encoignure de la rue de la Tonnellerie, par une nuit d'orage, un tapissier était au chevet du lit de sa femme effrayée par la foudre, et en proie aux premières douleurs de l'enfantement : un fils vint terminer les

---

(*) Sauval, *Antiquités de Paris*.

(**) L'église Saint-Honoré fut fondée vers l'an 1204 ; Renold Chereins, homme noble, donna neuf arpents de terre qu'il avait près de Clichy, pour l'entretien de la chapelle qu'il voulait faire bâtir. Il en donna sa foi entre les mains de l'évêque Eudes, conjointement avec sa femme Sébile, Jean, son frère, et Gile, femme de Jean. Jean Paulmier, chevalier, et Julienne, sa femme, de qui Renold Chereins tenait six de ces neuf arpents de terre, à la charge de six sous de cens confirmèrent la dotation.

Cinq ans après, l'église Saint-Honoré se trouva bâtie, et les donataires déclarèrent à Pierre, évêque de Paris, que leur intention était d'y établir un chapitre de chanoines, ce qui fut fait au bout de sept ans. (Félibien, *Antiquités de Paris*.)

Cette église, dans laquelle était le tombeau du fameux cardinal Dubois, sculpté en marbre par Coustou jeune, fut démolie en 1793. On a construit sur ses ruines la rue Montesquieu et plusieurs passages. (Dulaure, *Histoire de Paris*.)

souffrances de la pauvre mère, et cet enfant étonna le monde par les créations de son génie.

Cet homme, le plus célèbre de tous les poètes comiques, ce fils d'un tapissier, c'était Molière!

Le carrefour de l'Arbre-Sec vit aussi le meurtre du vieux baron de Luz, par un des princes lorrains, le chevalier de Guise, parce que le malheureux vieillard avait eu connaissance du complot tramé par les princes contre Marie de Médicis, alors qu'elle était régente de France.— Son fils voulut le venger; il périt aussi par l'épée du duc de Guise (*).

Enfin, durant le cours de ce grand siècle, on vit s'élever, sur les ruines des hôtels de Rambouillet et de Mercœur, le célèbre Palais-Cardinal, qui inspira ces deux vers boursoufflés à un homme illustre :

> Non, dans tout l'univers il n'y a rien d'égal,
> Aux superbes splendeurs du Palais-Cardinal.

Richelieu, jaloux d'étaler une magnificence toute royale, fit appeler Mercier, le plus habile architecte de l'époque; il travailla avec lui aux plans du Palais, et son orgueil et sa présomption lui firent ordonner aux sculpteurs d'orner les parois des arcades de proues de navires, en commémoration de la prise de La Rochelle.

(*) Mémoires du maréchal de Bassompierre. — Phélippeaux de Pontchartrain.

Le cardinal songeait encore à l'embellir; il voulait y placer son *bon poète* Desmarest, lorsque la mort l'enleva. Ce fut Anne d'Autriche qui se chargea de l'achever en partie; il n'a été réellement terminé que par Louis-Philippe, qui en a fait un des plus beaux palais du monde.

II.

Nous avons décrit avec le plus de soin possible les mœurs et les événements remarquables de la rue Saint-Honoré dans les âges reculés.

La tâche que nous allons remplir, est plus facile, sinon plus intéressante. Quoique cette immense rue soit encore célèbre par son commerce, elle a beaucoup perdu de son caractère primitif; on n'y trouve plus ces corporations inamovibles, posées là comme les obélisques chez les Égyptiens; on n'y retrouve maintenant que le gros bourgeois, le boutiquier, hélas! et ce type semble éternel, comme ces mêmes obélisques dont nous venons de parler.

Aujourd'hui, le bourgeois de la rue Saint-Honoré (c'est-à-dire depuis les halles jusqu'au passage Delorme), ressemble assez aux autres bourgeois de Paris. La révolution de 1793, en traînant à sa suite le mélange des castes et en abolissant les priviléges, a déraciné les us et coutumes du vieux sol.

La rue Saint-Honoré peut cependant revendiquer l'avantage d'avoir conservé des mœurs qui lui sont particulières: l'observateur, en la considérant sous toutes ses faces, découvre encore des physionomies d'autrefois, de ces bonnes et curieuses physionomies de marchands que le xv° siècle n'aurait pas reniées. Ainsi, à partir de la rue de la Ferronnerie jusqu'à la fontaine de l'Arbre-Sec, ce sont encore des drapiers et des marchands d'étoffes qu'on appelle, en style vulgaire, *la grosse cavalerie du commerce*. Les frontons de leurs magasins étalent avec orgueil des inscriptions de marbre en lettres d'or, faites au milieu du xvii° siècle. Le nom se lègue avec la continuation du négoce: c'est leur arme *parlante*, leur écusson; seulement, je suis surpris de n'y point trouver le navire d'argent à la bannière de France flottant, un œil en chef sur champ d'azur (*), pour rappeler le fameux *Ballot*, arme parlante des Médicis.

L'on y trouve encore cette maison Le Gras, dont la vieille façade n'a été ni blanchie, ni recrépie depuis deux siècles; puis la maison Ratier; puis la maison Barbaroux; tous les gros cavaliers du commerce enfin, braves gens qui font de l'aristocratie dans notre époque, à leur bout de rue, comme en font à l'autre bout les Duras, les Talleyrand et les Montmorency. Seulement cette dernière noblesse est un peu plus tolérable et bien autrement spirituelle.

(*) C'étaient anciennement les armoiries des drapiers de la ville de Paris.

Voici le marchand de vin du coin de la rue des Prouvaires, où se trama cette *fameuse conspiration* qui devait amener Henri V ou la république : j'ai oublié lequel des deux ; probablement, ma belle lectrice, vous en aurez fait de même.

A la hauteur de la rue de Grenelle, une porte grillée, à voûte, à plein cintre, laisse passer à chaque instant une foule considérable : c'est un monde cosmopolite, dans lequel on rencontre les plus curieuses physionomies ; là accourent les pelerins de l'Orient et de l'Occident : — ce sont les messageries de MM. Laffitte et Caillard.

En face, on remarque l'Oratoire. Cette église, bâtie sous le règne de Louis XIII, de 1622 à 1630, a quelques parties qui annoncent un beau style d'architecture ; le portail, si peu en harmonie avec le reste de l'édifice, ne fut élevé que sous Louis XV. Là se trouvait autrefois le magnifique hôtel d'Estrées, habité quelque temps par Gabrielle, duchesse de Beaufort et maîtresse de Henri IV.

De l'Oratoire des protestants jusqu'à Saint-Roch, la rue Saint-Honoré est plus bariolée, plus changeante et plus luxueuse. L'aristocratie commerciale s'y fait sentir : ce sont, pour la plupart, des marchands de fourrures précieuses, de riches orfèvres, des horlogers et des magasins de nouveautés.

Quand on a franchi la rue du Coq, cette rue d'où l'on aperçoit une des grilles du Louvre ; le Louvre où la jeunesse et le peuple de Paris soutinrent une lutte si opiniâtre et si héroïque dans des jours de péril, on arrive à trois ou quatre petites rues parallèles, toutes fangeuses, horribles ! des rues qui doivent être sœurs, tant elles ont de ressemblance par leur aspect et leur population.

Les rues de la Bibliothèque, du Chantre, Pierre-Lescot, Froidmentel ou Fromenteau, servent de refuge à la classe des malfaiteurs de Paris. Le soir, on aperçoit de distance en distance, à la façade de maisons souvent suspectes, une lanterne carrée, d'une transparence sale, qui laisse lire ces mots : *Ici on loge à la nuit*; une nuée de bacchantes du dernier ordre ne cessent de faire entendre des propos, des provocations et des chants obscènes.

La rue Saint-Thomas-du-Louvre n'est pas loin : elle nous rappelle l'existence de l'hôtel de Rambouillet, dont on a déjà parlé dans ce livre, en termes tout-à-fait charmants ; ce fut l'hôtel de Rambouillet qui mit à la mode le café, comme un remède infaillible contre la tristesse. Un jour, une *précieuse* apprit que son mari venait d'être tué en duel : « Ah ! malheureuse que je suis ! s'écria-t-elle ; vite, que l'on m'apporte du café !... » — Et la belle dame fut tout de suite consolée.

Sur la place du Palais-Royal, tout près du café de la Régence, si vieux de réputation, et qui a toujours pour habitués de braves joueurs d'échecs qui restent une demi-heure sur un pion sans mot dire. — Un estaminet

se caché au fond d'une longue cour : c'était là que se voyait le célèbre hôtel d'Angleterre, ce réceptacle de joueurs, de curieux, de débauchés et de filous ; c'était comme une succursale du N° 113. Le joueur à moitié ruiné venait y finir sa nuit ; quelquefois aussi, il allait l'achever sous les eaux de la Seine ou dans un corps-de-garde... en attendant les assises ou le bagne de Toulon.

Immédiatement après, les angles de plusieurs maisons criblées de balles, dans les rues de Valois et de Rohan, rappellent une courageuse attaque : Le 29 juillet 1830, le peuple en fit le siége, car la garde royale s'y était introduite après en avoir chassé les habitants. Le peuple rendit outrage pour outrage ; il fut plus loin, peut-être, car de malheureux soldats, aveugles instruments d'une obéissance militaire, furent jetés sans pitié du premier étage sur le sol : c'était affreux !

La rue Saint-Nicaise nous parle de cette fameuse *machine infernale* destinée à faire sauter le premier consul Bonaparte ; cette histoire est tellement connue, que nous nous bornons à la mentionner. Nous arrivons à la rue de l'Échelle, où, durant le moyen-âge, les évêques de Paris, avaient une *échelle* patibulaire, signe de haute justice. De nos jours, la seule chose digne de remarque qui y existe, c'est la *Fontaine du Diable*.

à l'encoignure de la petite rue Saint-Louis. A quelques pas de la rue de l'Échelle, on trouve le passage Delorme, le second qui ait été bâti à Paris, et qui a pris le nom du propriétaire qui le fit construire. Cette galerie était la communication la plus agréable et la plus fréquentée qu'il y eût de la rue Saint-Honoré à la rue de Rivoli, avant le percement des rues des Pyramides, d'Alger, et du Vingt-Neuf Juillet.

La rue Saint-Honoré semble de nouveau changer de face : la belle rue des Pyramides, percée sur l'emplacement destiné aux écuries de Napoléon, laisse apercevoir le palais des Tuileries et le jardin réservé à la famille royale. Plus loin, c'est l'église Saint-Roch avec son portail si mesquin et si prétentieux ; il est encore couvert des stigmates que lui imprima l'ambitieuse énergie de Bonaparte. Ce fut là qu'il fit mitrailler, en vendémiaire, le peuple de Paris révolté contre le Directoire.

Nous arrivons à ce lieu d'où partirent tant d'arrêts sanglants aux jours de la puissance de Robespierre. Dans l'église des Jacobins se tenait le trop célèbre club des furieux, qui ne fut fermé que le 8 thermidor, la veille de la mort de Robespierre, par Legendre de Paris, membre de la Convention. C'est sur l'ancien emplacement du couvent des Jacobins, qu'on a ouvert la rue et le marché qui portent aujourd'hui son nom.

En face, se trouve l'ancienne rue du Duc de Bordeaux, appelée aujourd'hui rue du Vingt-Neuf Juillet. Qu'il y a de petitesses dans ces substitutions de noms quand les dynasties changent, quand les rois s'en vont ! Pourquoi ne pas lui laisser son premier titre, et restituer celui de Napoléon à la rue de la Paix ? Sans doute, les courtisans qui prennent de pareilles mesures pensent effacer la gloire et les souvenirs, en faisant gratter quatre pans de muraille ? — Pauvres gens !... Ainsi, la Chambre des députés a eu la faiblesse de laisser briser les trois fleurs-de-lys de l'écusson de Duguesclin, insignes illustres donnés à ce grand homme pour avoir chassé les Anglais du sol français qu'ils souillaient !...

La rue d'Alger, percée sur les ruines de l'hôtel Egerton, et la rue de Castiglione, cette rue si régulière, si alignée, qui rappelle Turin, occupent toutes deux l'emplacement du couvent des Feuillants, aboli en 1790 ; il s'était appelé d'abord Couvent de Jean de la Barrière, son fondateur. Le portail se trouvait placé vis-à-vis de la place Vendôme.

Nous sommes presque forcés de changer de plume : le vieux Paris cesse ; plus de marchands, plus de commerce, plus de ruines, tout est neuf : mœurs, aspect, temples et palais.

La rue Saint-Honoré s'élargit et attire les regards par sa splendeur et son opulence. C'est la magnifique place Vendôme avec sa colonne immortelle, ce trophée digne des gloires les plus célèbres, cette honte des nations jetée à leur face ; la colonne Vendôme sur laquelle on lit les noms de toutes les capitales de l'Europe! C'est le monument le plus sublime qu'ait jamais fait élever l'orgueil des conquérants, et peut-être est-il encore au-dessous de la renommée de Napoléon!

Une nouvelle scène et de nouveaux personnages s'offrent à nos yeux. Des voitures armoriées se heurtent, se croisent à chaque pas; ce ne sont plus que des hôtels, que des palais. Là, il y a quelques années, une haute porte cochère était tapissée de tentures de deuil; cent mille citoyens et des guerriers de toute arme s'y pressaient en foule : la tristesse et la plus profonde douleur se peignaient sur tous les visages. Un cri retentit..., tout s'ébranla. Un immense cortège suivait un char funéraire sur lequel étaient déposés les plus hauts insignes de la gloire tribunitienne : un grand homme était mort : — c'était l'illustre général Lamarque.

Donnons une larme à son souvenir et passons.

Plus loin, à gauche, une église avec son dôme mesquin s'offre à vos regards : — c'est l'Assomption, bâtie sur les dessins d'Errard, peintre du roi. Elle appartenait aux religieux de l'ordre de Saint-Augustin, autrefois appelées Andriettes. On la priva du titre d'église de la Madeleine, parce que le dôme peint par Lafosse représente l'Assomption de la Vierge.

C'est là que chaque jour des catafalques pompeux annoncent aux passants la mort de quelques vieux noms historiques ou celle des grandes gloires de notre armée.

La rue Duphot porte le nom de ce brave général, assassiné à Rome en 1797, dans une émeute populaire, la veille du jour où il devait s'unir à la belle-sœur de Joseph Bonaparte, devenue plus tard femme de Bernadotte, Charles-Jean, roi de Suède.

Dans la rue Saint-Florentin, appelée par Sauval la *petite Rue des Tuileries*, se trouve le bel hôtel de l'INFANTADO, qui appartenait naguère encore au vieux roi de la diplomatie européenne, à ce grand Talleyrand Périgord, auquel peuvent si bien s'appliquer les deux vers de Corneille sur Richelieu :

> Il a fait trop de bien pour en dire du mal;
> Il a fait trop de mal pour en dire du bien.

Mais, j'y songe : où donc est le bien qu'a pu faire M. de Talleyrand?

L'empereur de Russie habita l'hôtel de l'Infantado en 1814, jusqu'au 13 avril; il demeura ensuite à l'Élysée.

Si vous n'êtes point fatigué de me suivre à travers cette interminable rue, veuillez avoir la bonté de pénétrer avec moi dans le faubourg qui porte son nom. Regardez à gauche et à droite ces deux édifices, qui semblent deux frères, tant est grande la similitude de leur architecture. L'un, celui de droite, avec son gigantesque propylée, avec son fronton couvert de sculptures, avec cette colonnade grecque qui rappelle le Parthénon, c'est la Madeleine; d'abord église, puis temple de la gloire, puis encore église : on ne sait si elle n'aura point à subir le sort indécis du Panthéon !

L'autre monument, qui apparaît avec son parvis plus étroit, c'est la Chambre des députés, dont la façade est tristement scindée par l'Obélisque de Louqsor. C'est là que les hommes qui tiennent entre leurs mains les destinées de la plus riche et de la plus puissante des nations du globe ; c'est là, dans cette enceinte sacrée, dans ce forum *constitutionnel*, où retentissaient dans l'intérêt du peuple les voix solennelles de Foy, de Manuel, de Benjamin Constant, de Casimir Perrier, que des orateurs abandonnent trop souvent les idées pour les choses, les principes pour les faits, la patrie pour les hommes, les questions de l'intelligence pour les questions matérielles. Le budget de la Chambre abaisse tout, et l'on y discute avec plus de force l'avenir de la *Pêche de la Morue*, que l'avenir des beaux-arts, de la science et de la littérature. Hélas ! un peu de place au soleil constitutionnel, pour les savants, pour les artistes, pour les poètes ! laissez tomber sur l'intelligence un mince filet d'eau de l'océan des richesses publiques ! La misère tue et n'inspire pas !... Si l'on refuse aux gouvernements des allocations nécessaires pour payer les grandes œuvres, on réduira l'art aux proportions les plus mesquines : le poète fera des contes et des madrigaux ; l'historien écrira des romans, pour vivre, tandis que le peintre et le sculpteur useront leur génie sur le papier et sur le plâtre, en *modelant* des carricatures qui font rougir les nobles statues de la Grèce et de l'Italie !

Ouvrez l'histoire du xvie siècle, et voyez Jules II, Léon X, François Ier, Charles-Quint et les Médicis ! Les *bonnes gens* de ce temps-là n'avaient pas de système représentatif ; ce fut le grand siècle du génie !

Continuons notre voyage descriptif. Regardons ces hôtels où l'on sait encore vivre, où l'on ne s'injurie pas en discutant, où le sarcasme est dit avec une telle aménité, qu'on serait parfois tenté de l'accepter comme une galanterie. Ce sont les hôtels de Duras, de Beauveau, du prince Borghèse, qu'habita l'empereur d'Autriche aux jours de notre deuil national. Plus loin, c'est celui de l'ambassadeur d'Angleterre et le bijou de madame de Pontalba : puis vient l'Élysée-Bourbon, palais magnifique, témoin de si hautes infortunes. — Oh ! qui pourrait dire ce que ses murs entendirent, durant la nuit fatale qu'y passa Napoléon !

La rue du Faubourg-Saint-Honoré est aujourd'hui, pour la grande aristocratie, ce qu'étaient les quais des Tournelles et d'Anjou sous Charles IX, Henri III et Henri IV, la place Royale et le Marais sous Louis XIII et Louis XIV, le faubourg Saint-Germain sous Louis XV et la Restauration : c'est le monde élégant, le monde fashionable ; rien n'y est suranné, décrépit ; tout annonce l'élégance, les manières vraiment nobles, le bon ton; c'est là que règne en souveraine charmante la politesse du grand monde ; c'est la haute société sans mélange : s'il s'y trouve parfois des intrus ou des métis, ils peuvent voir leur infériorité sans qu'on les force de rougir. — Les femmes n'ont point cette morgue insolente qu'on trouve chez les *parvenus*, race d'hier qui n'aura pas de lendemain. Elles sont fières, sans doute, mais cette fierté est celle qui sied bien à la femme : c'est de la dignité. Il y a tant d'aisance dans leur manière de faire les honneurs de leurs salons, qu'elles ne provoquent dans l'âme qu'un sentiment d'estime, de tendre faiblesse ou d'admiration.

Aussi, est-ce vraiment au milieu de ce monde que se trouve la plus large part de plaisir qu'on puisse goûter dans cette vie parisienne, si rapide, si équivoque, si triste. Il n'y a là que des surfaces ; tant mieux : il ne faut pas aller au fond des choses, de peur d'y rencontrer la douleur.

J'allais oublier l'hôtel Castellane, dont les statues de plâtre intriguent si fort les Normands qui débarquent à Paris. Dans ce petit hôtel se sont sont agitées bien des intrigues lilliputiennes, à propos de comédies qui n'étaient pas de merveilleuses réalités, assurément ; le maître de cet hôtel a donné les violons à beaucoup de monde, sans qu'on lui sût un gré infini de sa musique gratuite..., ce qui était fort mal ; mais les temps sont changés ! Au lieu du tumulte d'autrefois, l'on y entend la voix d'une belle et jeune femme, qui a, dit-on, pris le parti d'avoir un hôtel pour elle et ses amis, et non une hôtellerie ouverte à tout venant ; ce n'est pas moi qui la blâmerai d'un pareil acte de bon goût. — Par bonheur, le mari propose, et la femme dispose !

J'ai vu bien des gens et bien des choses dans mon voyage. — Hé bien ! à tout prendre, entre les mœurs que j'ai essayé de peindre, je choisirais celles du temps passé, si la colonne napoléonienne et le faubourg Saint-Honoré n'appartenaient pas au temps présent.

LOTTIN DE LAVAL.

RUE NEUVE-DES-PETITS-CHAMPS

Le quartier des *Petits-Champs* tire son nom des défrichements successifs qui travaillèrent, de siècle en siècle, le bassin du vieux Paris ; son histoire, qui date de loin, s'enferme, presque entière, entre deux artères de Paris moderne : les rues Saint-Honoré et rue Neuve-des-Petits-Champs, depuis la rue Sainte-Anne jusqu'à la rue Neuve-Saint-Roch, sur ce sol accidenté qu'on nomme vulgairement *Butte des Moulins*.

Le plateau de cette butte s'élevait, encore tout couvert de jardins et de cultures, vers le milieu du XVIIe siècle, au carrefour où se rencontrent aujourd'hui les rues de l'Évêque, des Orties-Saint-Honoré, des Moulins et des Moineaux. Ce carrefour, qui n'a plus de nom, s'appelait, il n'y a guère longtemps, la passe des Quatre-Chemins.

Quant à son origine, elle paraît clairement démontrée par les anciens plans de Paris. La butte des Moulins a dû se former de deux manières : ou par l'amoncellement d'une partie des terres enlevées quand on creusait, à diverses époques, les fossés de nouveaux remparts, ou par l'usage qui existait d'entasser sur différents points les immondices et les gravois de la ville. Ces amas multipliés se nommaient buttes, voiries ou monceaux ; quelques-uns, des plus considérables, le monceau Saint-Gervais, la butte de Bonne-Nouvelle, la butte des Moulins, qui prit le nom de Saint-Roch vers 1587, ne sont, dit Sauval, composés d'autre chose que de dépôts successifs. Ces monticules factices, érigés d'abord à l'extérieur des murs, se trouvèrent clos dans l'enceinte de Paris, à mesure qu'elle s'étendit.

C'est là un des plus beaux quartiers de la ville moderne : il touche à la fois aux boulevards et aux Tuileries, à la place des Victoires, au Palais-Royal et à la place Vendôme.

La butte des Moulins a reçu de nos gloires sa part d'illustration ; il en est question pour la première fois en 1429 : la première date de sa grandeur nationale est inscrite sur la bannière de Jehanne d'Arc.

Au sortir des magnificences du sacre dans la royale basilique de Saint-Remi de Reims, Charles VII, victorieux sur la Loire et dans les plaines de Champagne, marchait vers Paris, à l'ombre de la bannière de Jehanne d'Arc. L'Anglais battu fuyait par toutes les routes devant les lys de France ; il fuyait jusqu'à Paris, sous le glaive de la pauvre fille qui lui avait repris Orléans. L'armée royale accourant à grandes journées, presque sans coup férir, vint camper autour de Saint-Denis.

Jehanne la vierge, avec les ducs d'Alençon et de Vendôme, le comte de Laval, les sires de Raiz et de Boussac, la fleur des combattants, gagna, de proche en proche, à travers les bruyères, les bois et les marais, jusqu'au lieu qui porte encore le nom de Chapelle-Saint-Denis, et de là prit position sur une hauteur appelée colline des Moulins, et d'où l'œil embrassait l'étendue des remparts de Paris.

A l'aspect de la cité royale, menacée des horreurs d'un long siége et des excès du pillage, le cœur faillit à Jehanne, qui n'avait plus souvenance que des splendeurs du couronnement. La pieuse héroïne hésitait devant l'effusion du sang ; mais la noblesse, impatiente de nouvelles prouesses, ne pouvait plus comprimer sa fougue. En même temps, des transfuges échappés de la ville et des espions surpris dans la campagne, annonçaient que les bourgeois de Paris, poussés à bout par la tyrannie des Anglais, n'attendaient depuis longtemps que le secours des troupes royales pour briser le joug de leurs oppresseurs.

Pressée de mettre à profit ces rapports qui semblaient promettre un facile triomphe aux vainqueurs d'Orléans, de Troyes et de Châlons, Jehanne, le 8 septembre, fit proclamer à son de trompe, autour des murs, le pardon du roi, si la ville ouvrait ses portes ; mais avant que les hérauts d'armes eussent achevé leur mission, un pierrier, pointé de la tour de Nesle, tua plusieurs soldats du sire de Raiz.

Ce fut le signal d'une attaque à outrance sur tous les points.

Jehanne était la première des siens à l'assaut, brandissant sa blanche bannière comme au fameux siège d'Orléans; et autour d'elle, chefs et soldats faisaient bravement leur devoir, sous une grêle de traits, de pierres roulées du haut des murs. Déjà la première barrière avait cédé, et la colonne d'attaque, arrêtée un moment par les fossés bourbeux qui baignaient les remparts, se hâtait d'y jeter des fascines, lorsque soudain un cri d'effroi retentit parmi les soldats : la blanche bannière a disparu! Une pierre a brisé l'épée de Jehanne, la clef d'Orléans; un trait d'arbalète a percé les deux cuisses de la guerrière, qui tombe au bord du fossé. Cette blessure produit dans l'armée royale une terreur panique : les Anglais tirent leur première vengeance de l'assaut d'Orléans. Le désordre est parmi les soldats de Charles VII; et sans le comte d'Alençon, Jehanne périssait dans les fossés, à cette place où s'ouvre aujourd'hui la rue Traversière, du côté de la rue Saint-Honoré.

Le roi Charles, découragé, retourna vers les bords de la Loire. Tout le monde sait que Jehanne d'Arc fut, un peu plus tard, abandonnée au retour d'une sortie, hors des portes de Compiègne, par l'envieuse lâcheté du gouverneur, Guillaume de Flavy. »

De 1429 à la seconde moitié du XVIIe siècle, l'enceinte de Paris avait gagné un majestueux aspect; la physionomie parisienne se diversifiait d'âge en âge; c'était une mosaïque vivante.

Il y avait à étudier Paris moyen-âge, et Paris en l'île avec ses fêtes catholiques dont Notre-Dame était le berceau. Au dehors, Saint-Germain-des-Prés et Saint-Germain-l'Auxerrois s'élevaient, comme des reposoirs, au milieu de leurs jardins plantureux.

La ville religieuse avait étendu ses bras jusqu'à Sainte-Geneviève, Saint-Étienne-du-Mont, Saint-Victor et Saint-Marcel; car partout où le plus humble oratoire appelait la prière du passant, un hameau, puis un bourg, puis une ville, n'avait pas tardé à naître, sous le giron de pierre de la ville-mère.

En même temps s'était formé le Paris des métiers, la ville des confréries avec ses quartiers Saint-Martin, Saint-Eustache et des Innocents.

Ailleurs, Paris parlementaire s'étendait à l'île Saint-Louis et au Marais; Paris savant couvrait de ses écoles l'herbe du Pré-aux-Clercs et les buissons du mont Sainte-Geneviève.

A côté de la ville catholique et marchande, pleine d'églises, de boutiques et d'étals, la ville d'université et de magistrature bâtissait des maisons régulières et des cours largement plantés, comme les solitudes de l'antique académie d'Athènes.

Paris royal, avec ses palais et ses monuments, depuis les Tournelles jusqu'au Luxembourg Florentin, descendait par le Pont-Neuf, œuvre de Henri IV, jusqu'au Louvre chargé de l'architecture de tous les âges, lequel attenait aux Tuileries, grand verger qu'on plantait de beaux arbres fruitiers et de vignes d'Espagne en espaliers que le Midi fécondait de sa tiède haleine.

Partout, Paris militaire offrait, autour de ses richesses, de redoutables moyens de défense ; au dedans, Paris bourgeois pressait ses rues étroites, fermées de chaînes puissantes que venaient mordre aux temps d'émeutes les archers du roi et les collecteurs d'impôts ; et dans ces rues étroites combien le voisinage de fenêtre à fenêtre était favorable à l'union des bons citadins.

On se connaissait tous comme francs amis et compères de la même rue ; on se disait, à travers l'huis, toutes les nouvelles du jour : — si le roi était arrivé dans sa *bonne* ville ; — si le parlement tiendrait sa séance ; — s'il y avait mariage ou fête à la paroisse, — mortalité en la cité, ou peste et famine en quelque ville lointaine ; — et si l'émeute allait gronder.

Quand les vieillards de Sainte-Avoie et de la Mortellerie voyaient bâtir les larges rues du Marais, tous ces quartiers neufs de magistrature et de noblesse, ils disaient en hochant la tête :

« Allez donc, bons bourgeois, faites rues larges et bien pavées, abattez maisons à tourelles, afin que les gens du roi puissent, bien et duement, vous arracher, un à un, tous vos priviléges, et frapper dur sur vos gaules bourgeoises ; démolissez vos bornes et vos chaînes, bâtissez maisons découvertes, pour qu'on puisse sans gêne tirer sur vous ! »

A côté de la rue Traversière s'ouvre celle des Frondeurs, qui monte au confluent des rues d'Argenteuil, l'Évêque et Sainte-Anne. Son nom rappelle en 1652 un fameux duel de cette bizarre époque, où l'on vit un prélat libertin jouer en raccourci le rôle de Catilina et, par ses ridicules exploits, prêter une face comique à la guerre civile. Ce duel fut celui du Roi des Halles avec le duc de Nemours.

Ce personnage était né avec toutes les qualités du corps et de l'esprit qui peuvent séduire le peuple. Petit-fils de Henri IV, François de Vendôme, duc de Beaufort, en avait le courage ; mais c'est tout ce qui lui en était resté ; encore n'était-ce pas le courage des héros, mais cette bravoure factice qui s'étourdit sur les dangers plutôt qu'elle ne les méprise, et qui succomberait peut-être si elle les considérait. De grands cheveux, très-blonds, qui lui descendaient sur les épaules et qui paraient sa mine efféminée, lui donnaient plutôt l'air d'un Anglais que d'un Français ; ses expressions, aussi basses que celles des halles, le rendaient encore plus charmant que sa figure aux yeux de la populace, dont il était l'idole. L'espèce d'adoration qu'elle lui avait vouée, l'aurait fait courir après lui dans un précipice, s'il eût daigné l'y conduire; aussi, en avait-il retenu le nom de Roi des Halles, et par ses manières, il était digne de tels sujets; elles étaient encore plus grossières que populaires; il avait l'art de les donner pour de la franchise; on aurait cru quelquefois, à sa mine fière et hautaine avec les courtisans, qu'il avait de la grandeur d'âme : ce n'était que de la présomption. Il se figurait se connaître en affaires, il n'en avait que le jargon; il s'y croyait habile, parce qu'il était plus artificieux qu'on ne l'est ordinairement avec peu d'esprit et de bon sens. Au reste, adroit dans tous les exercices, infatigable dans tous les travaux, intrépide dans tous les dangers, il avait cette espèce de mérite qui pouvait être précieux dans les temps héroïques, où les avantages du corps étaient les plus recherchés, mais qui sont devenus peu de chose depuis qu'on a reconnu la supériorité des dons de l'esprit. Il crut jouer un rôle au commencement de la régence, il l'avait persuadé; mais il ne joua que celui d'un étourdi, parce que c'était une suite de son arrogante vanité de ne consulter personne et de ne prendre jamais que de fausses mesures. Du reste, avec tous ses défauts et ses qualités, il fut quelque temps redouté de Mazarin.

L'époque des sanglantes farces de la Fronde le rattache à l'histoire de la butte des Moulins. Lorsque Mademoiselle, fille de Gaston d'Orléans, ambitieuse au point d'aspirer à régner auprès de Louis XIV, se présenta devant Orléans pour en faire ouvrir les portes à l'armée des princes, dont les ducs de Beaufort et de Nemours faisaient partie, les magistrats de cette ville ayant refusé de laisser entrer ses troupes, elle fut obligée de présider son conseil de guerre dans un cabaret des faubourgs. Il s'agissait de décider l'attaque de Blois, où Mazarin avait conduit la cour, Beaufort et Nemours n'étant point d'accord, la discussion s'échauffa, ils en vinrent aux injures, puis aux coups, s'arrachèrent leurs perruques, et Beaufort, plus animé que son collègue, le frappa au visage. Aussitôt les deux adversaires mirent l'épée à la main; mais Mademoiselle se jeta au milieu d'eux, et, à force de prières, parvint à les calmer; ils parurent même se réconcilier, mais le duc de Nemours conserva de son injure un ressentiment qui n'attendait qu'une occasion pour se déchaîner. Les témoins de la scène, soutinrent qu'il n'avait pas reçu un soufflet. — « Si c'en était un, disent malignement les mémoires de Retz, c'était du moins un de ces soufflets problématiques dont il est parlé dans les Provinciales. »

Les ducs de Nemours et de Beaufort renouvelèrent plus tard, à Paris, leur querelle du cabaret d'Orléans; malgré l'espèce de modération qu'afficha Beaufort, un duel devint inévitable; il eut lieu au pistolet, près des murs de l'hôtel de Vendôme, le 30 juillet 1652, à sept heures du soir : Nemours tira le premier et mettait l'épée à la main pour se ruer sur son adversaire, quand trois balles l'étendirent raide mort. L'archevêque de Paris lui refusa les prières de l'Église ; c'était son droit, mais on ne peut

s'empêcher de remarquer que ce prélat scrupuleux était le cardinal de Retz, casuiste à la manche large, et qui savait fort bien y cacher un poignard entre les feuillets de son bréviaire.

De la rue des Frondeurs, voyez à votre gauche la rue bâtie sur l'ancien sentier qui conduisait au village d'Argenteuil, dont elle a gardé le nom : saluons de loin, je vous prie, cette maison du côté droit, qui porte le numéro 18 ; c'est là que mourut, le 1ᵉʳ octobre 1684, Pierre Corneille, dont le sublime génie commença par être pensionnaire des vanités de Richelieu, pour rimer avec l'Étoile, Boisrobert, Colletet et Rotrou, sur les canevas fournis par Son Eminence. Pierre Corneille ! la plus haute gloire des lettres françaises, et qui mourut si pauvre, que peu de jours avant de descendre au tombeau, il fut obligé de s'arrêter, en sortant de chez lui, pour faire raccommoder son unique chaussure par le savetier du coin.

Le Sophocle français, dont la plume a fait vivre tant de comédiens et de libraires, n'a laissé qu'un nom pour héritage aux restes oubliés de sa famille. Quand il eut rendu le dernier soupir, un courtisan journaliste, le marquis de Dangeau, qui s'était enrichi au jeu, écrivit sur son calepin : « Le bonhomme Corneille est mort hier ; il était un des plus habiles de notre temps à faire des comédies. »

Passons : — Voici la rue de l'Évêque qui rampe sur un terrain que possédait autrefois le siége épiscopal de Paris. Au sommet s'élargit le carrefour dont j'ai parlé plus haut. D'ici, la pente était rapide, et la butte valait au moins une médiocre montagne, s'il en faut croire cette épigramme d'un bel esprit du temps de la Fronde :

> Dieu vous garde de malencontre,
> Gentille butte de Saint-Roch ;
> Montagne de célèbre estoc,
> Comme votre croupe le montre.
> Oui, vous arrivez presque aux cieux,
> Et tous les géants seraient dieux,
> S'ils eussent mieux appris la carte,
> Et mis, dans leur rébellion,
> Cette butte-ci sur Montmarte,
> Au lieu d'Ossa sur Pélion.

Remarquons légèrement que les antiquaires d'alors n'étaient pas de notre avis sur l'étymologie du mot Montmarte (*Mons Martis*), dont nous avons fait Montmartre (*Mons Martyrum*). Au moyen-âge, il y aurait eu matière pour un volume de controverse.

Voyez, en face de vous, cette fontaine qui coule au lieu des moulins supprimés ; à sa gauche, la rue des Moineaux fuit en glissant jusqu'à la rue Neuve-Saint-Roch ; à droite, celle des Moulins descend, large et paisible, en s'aplanissant jusqu'à la rue Neuve-des-Petits-Champs. Arrêtons-nous un moment devant cette humble demeure à trois croisées de face, et dont le portail, reconstruit, est flanqué de deux perrons usés : c'est le n° 14 : découvrez-vous ! ici demeurait un conquérant qui ravit à la nature l'immortel secret de vaincre une de ses plus irrémédiables infirmités.

Charles-Michel de l'Épée, né à Versailles, le 25 novembre 1712, d'abord prêtre au diocèse de Troyes, où il se distingua dans l'emploi difficile de prédicateur, refusait à vingt-six ans un évêché qu'on lui offrait, en reconnaissance d'un service personnel que son père avait rendu au cardinal de Fleury ; simple, modeste, humain, sévère envers lui-même, et rempli d'indulgence pour les autres, il répétait sans cesse cette belle maxime de Henri IV : « Tous ceux qui sont bons, sont de ma religion. » Il disait aussi avec Fénélon : « Souffrons toutes les religions, puisque Dieu les souffre. » Prêtre-citoyen, il aimait ses semblables pour eux-mêmes. A la mort de l'évêque de Troyes, il se lia étroitement avec le vénérable Soanen, adversaire de la bulle *Unigenitus*. Interdit pour ses opinions religieuses, par l'archevêque de Paris, M. de Beaumont, l'abbé de l'Épée brûlait du désir de porter sur un autre objet l'ardeur de dévouement dont il était animé. Il est assez remarquable que ce soit à un acte d'intolérance cléricale, que les sourds-muets aient dû les premiers bienfaits de l'éducation qui leur est offerte.

Le hasard fit rencontrer un jour à l'abbé de l'Épée deux jeunes filles, sœurs jumelles, et sourdes-muettes de naissance, qu'un prêtre de la Doctrine Chrétienne avait essayé de tirer, au moyen d'estampes combinées pour leur instruction, de l'affreux état d'ignorance auquel la nature semblait les avoir condamnées. Ce bon religieux venait de mourir; l'abbé de l'Épée offrit à la mère de le remplacer, et dès-lors s'ouvrit pour lui une vaste et glorieuse carrière : — « Lorsque je consentis (écrit-il dans une de ses lettres), à me charger d'instruire les deux sœurs que laissait abandonnées la mort du P. Vanin, je ne savais pas qu'il y eût dans Paris un instituteur qui, depuis plusieurs années, s'était appliqué à cette œuvre et avait formé des disciples. Les éloges donnés par l'académie à Don Antonio Parcirès, portugais, établi à Paris vers 1735, lui avaient acquis de la réputation dans l'esprit de ceux qui en entendirent parler, et sa méthode, avec laquelle il réussissait à faire parler plus ou moins clairement les sourds-muets, avait été regardée comme une ressource à laquelle on donnait de justes applaudissements : il n'en était pas l'inventeur; elle avait été pratiquée plus de cent ans avant lui par M. Wallis, en Angleterre, par don Juan Paolo Bonet, en Espagne, et par M. Amman, médecin suisse en Hollande, qui même ont laissé sur cette matière d'excellents ouvrages ; mais il avait profité de leurs lumières, et ses talents à cet égard n'étaient pas au-dessous de sa réputation. Étranger aux travaux de ces illustres maîtres, je ne pouvais songer à entreprendre de faire parler mes deux élèves; le seul but que je me proposais, fut de leur apprendre à penser avec ordre et à combiner leurs idées; je crus pouvoir y réussir en me servant de signes représentatifs assujettis à une méthode dont je composai une espèce de théorie. »

Avant l'abbé de l'Épée, l'instruction que recevaient les sourds-muets consistait à leur apprendre à *parler*, et lorsqu'on était parvenu à leur faire prononcer, avec plus ou moins de facilité, quelques phrases mal articulées et jamais senties, on pensait avoir beaucoup fait. Pour obtenir ce résultat, on employait la dactylologie que nous devons aux Espagnols et que l'abbé de l'Épée eut occasion de connaître par un singulier hasard. Un jour d'instruction, un pauvre diable vint lui offrir un livre espagnol, en l'assurant que s'il voulait bien l'acheter, il lui rendrait service. Ne sachant point cette langue, l'abbé de l'Épée le refusait d'abord, mais en l'ouvrant au hasard, il aperçut l'alphabet manuel des Espagnols gravé en taille-douce, et sur le titre du livre, ces mots : *Arte para enseñar à hablar los mudos*. « Je n'eus pas de peine, dit l'abbé de l'Épée, à deviner que ces mots signifiaient : *Art d'enseigner aux muets à parler;* et dès ce

Rue des Petits-Champs

moment, je résolus d'apprendre cette langue, pour la communiquer à mes élèves. »

Il était réservé à l'abbé de l'Épée de créer le langage universel de l'INTELLIGENCE, avec lequel on peut s'entendre et communiquer dans tous les idiomes du monde. Parcirès chercha tous les moyens possibles de lui nuire; mais le pieux philantrope ne lui opposa qu'un seul fait, qui démontrait victorieusement que sa nouvelle méthode n'était pas un signe de l'impuissance où il se trouvait de copier ses prédécesseurs. Il mit un de ses élèves, Clément de la Pujade, en état de *prononcer* en public un discours latin de cinq pages; et une sourde-muette, dressée par lui, récita les vingt-huit chapitres de l'Évangile de Saint-Mathieu. L'abbé de l'Épée avait bien le droit après cela, de marcher tête levée dans la voie nouvelle qu'il avait découverte.

De son vivant il fut calomnié comme le sont tous les hommes de bien qui sortent de la voie vulgaire. Si Joseph II daigna le visiter plusieurs fois pendant son séjour à Paris, le gouvernement français ne s'aperçut que deux ans après sa mort du trésor qu'il avait laissé. L'abbé de l'Épée qui s'était consolé de tout, par la vertueuse amitié du duc de Penthièvre, mourut pauvre, le 23 décembre 1789. En 1791, l'Assemblée Constituante fonda, par un décret, l'institution de Paris, dont l'abbé Sicard avait recueilli et soutenu l'héritage.

Le souvenir de l'abbé de l'Épée suffirait à la gloire d'une ville. Je m'étonne qu'une de nos révolutions n'ait pas doté de son nom la rue des Moulins. La rue Charles X est bien devenue la rue Lafayette. — Le XVIIe siècle prodiguait les *Rue Royale* pour flatter l'orgueil de son maître; le XVIIIe, a fait des rues philosophes; le XIXe a inauguré les siennes avec des victoires; à présent elles s'illustrent comme elles peuvent, avec de l'argent.

Poursuivons. — Sur la gauche, voici la rue Thérèse, décanonisée par la république qui prescrivait de dire faubourg Antoine, rue Honoré. La rue Thérèse est silencieuse comme un cloître; ses maisons, d'un aspect solennel, noircies par la brume, et lézardées par l'âge, respirent la magistrature où la prière. Tournez à droite: de la rue Ventadour, impasse annobli, vous touchez presqu'au coin de la rue Neuve-Saint-Roch. En arrivant à l'église, vous aurez fait le tour de la butte des Moulins.

Quatre bourgeois de Paris achetèrent en 1667, de l'abbé de Saint-Victor, ce terrain qui lui appartenait, et avec la permission du roi, ils y ouvrirent les rues que nous voyons aujourd'hui, et dont plusieurs existaient déjà comme chemins ou sentiers. En 1677, toute cette surface était chargée d'hôtels et de maisons. Ce quartier prit le nom de Gaillon, d'un hôtel situé sur une partie de l'emplacement où se trouve l'église actuelle de Saint-Roch; il existait une porte de Paris, appelée porte

Gaillon ; la rue qui aboutissait, de l'hôtel Gaillon à cette porte, en a gardé le nom. Par l'aplanissement presque complet de la butte, le quartier Gaillon procura à la ville de Paris un accroissement notable de population. Dans cet hôtel Gaillon se trouvaient deux oratoires : l'un, dédié à Sainte-Suzanne ; l'autre, aux cinq plaies du Sauveur. L'origine du premier reste inconnue ; celle du second, date de 1521 ; il fut bâti par Jacques Moyon, espagnol établi à Paris, qui obtint la permission d'établir sur ce terrain un hôpital pour les pauvres affligés d'écrouelles. En 1587, l'agrandissement du quartier obligea de construire une église à la place des deux oratoires. Plus tard encore, la même cause amena l'érection de l'église actuelle ; Louis XIV et la reine Anne d'Autriche en posèrent la première pierre, le 28 mars 1653 ; elle fut achevée en 1736.

Les dalles de Saint-Roch couvraient, avant 89, plusieurs tombes remarquable. C'est là que reposait Maupertuis, qui fut capitaine obscur de dragons, puis célèbre astronome, et qui mourut pieusement entre deux capucins, le 27 juillet 1759.

Lenôtre l'y avait précédé ; Lenôtre qui dessina sous les yeux de Louis XIV les allées des Tuileries et de Versailles ; Lenôtre, à qui l'on doit les embellissements ou la création des avenues de Chantilly, de Saint-Cloud, de Meudon et de Sceaux ; le parterre du Tibre à Fontainebleau, et l'admirable terrasse de Saint-Germain-en-Laie. Louis XIV, en 1675, lui accorda des lettres de noblesse, et voulait lui donner des armes : — « Sire, dit Lenôtre, j'ai les miennes, et j'y tiens : trois limaçons couronnés d'une pomme de chou ; permettez-moi d'y joindre ma bêche ; n'est-ce pas à elle que je dois toutes les bontés dont Votre Majesté m'accable ? »

Louis XIV avait parfois de bons moments. Un jour, il rencontre Lenôtre, vieux et cassé, clopinant à Marly, dont Mansard avait dessiné les nouveaux jardins ; il l'appelle et le force à prendre place auprès de lui dans sa chaise couverte. Lenôtre s'écria, les larmes aux yeux : « Ah ! Sire, que mon bonhomme de père serait ébahi, s'il me voyait dans un char, à côté du plus grand roi de la terre ! »

Quelques années avant, Lenôtre, un peu plus ingambe, voyageait en Italie, et le pape Innocent XI se faisait montrer par lui, en les comblant d'éloges, les plans de Versailles. Lenôtre ravi d'aise, s'écrie avant de prendre congé : « Je ne me soucie plus de mourir ! j'ai vu les deux plus grands hommes du monde : Votre Sainteté et le roi, mon maître. » — « Il y a une grande différence, dit le pape avec mélancolie : Votre roi est un grand prince victorieux ; je ne suis qu'un pauvre prêtre, serviteur des serviteurs de Dieu ; il est jeune, et je suis tout cassé. » — Pardieu, mon révérend, s'écria Lenôtre, perdant tout souvenir d'étiquette, au point de frapper sur l'épaule du pontife, « vous vous portez comme un Dieu, et vous mettrez en terre tout le sacré collége! » Innocent XI, ne put s'empêcher de rire de cette naïveté : ce que voyant, Lenôtre lui sauta au cou

et faillit l'étouffer à force de tendresse. Passez-moi cette anecdote : elle peint si bien deux bons vieillards qui s'en vont à Dieu tout doucement!

A côté de Lenôtre était la place de Mignard, l'élève du Primatice, et qui peignait si heureusement des vierges, des papes et des maîtresses de roi, en même temps qu'il ébauchait les fresques de la coupole du Val-de-Grâce que chanta Molière. Il avait fait neuf fois le portrait de Louis XIV; à sa dixième toile, le roi lui dit : « Mignard, vous me trouvez vieilli? » — « Sire, répondit le peintre courtisan, je vois quelques victoires de plus sur le front de Votre Majesté. » Un tel mot, à pareille époque, valait bien des lettres de noblesse et le titre de peintre ordinaire avec la direction des manufactures royales. L'académie s'ouvrit à deux battants devant lui; il y fut, le même jour, reçu membre, professeur, recteur, directeur et chancelier.

Deux ans plus tôt, la crypte de Saint-Roch avait englouti Antoinette du Ligier de la Garde Deshoulières, en qui, dit l'abbé Goujet, la nature avait pris plaisir à rassembler les agréments du corps et de l'esprit, à un point qu'il est difficile de rencontrer. Elle avait une beauté peu commune; elle dansait à merveille, montait bien à cheval, et ne faisait rien qu'avec grâce : Madame Deshoulières était la dixième muse de son temps. De cette femme aimable qui fut liée avec les deux Corneille, avec Fléchier et Mascaron, Quinault, Benserade, Bussy Rabutin, les maréchaux de Vivonne et Vauban, de ce *bas-bleu* sans prétention, parce qu'il était plein d'esprit, il ne reste, au-dessus de l'oubli, que la fameuse idylle : « *Dans les prés fleuris*, etc; c'était le chant du cygne. Elle mourut en 1693 : sa cendre a reposé près du grand Corneille.

Un dernier éclat historique s'attache de nos jours à la butte des Moulins : elle fut le principal champ de bataille du 13 vendémiaire, lorsque la Convention gagna sa dernière victoire contre les royalistes, avec le canon de Bonaparte. Ce qui s'ensuivit, est parfaitement raconté par La Fontaine, dans la fable du *cheval qui voulut se venger du cerf.* — C'est encore de l'histoire d'hier.

Mon pèlerinage est achevé dans le cercle étroit que lui traçait ce livre. Vous trouverez ailleurs les points que j'entrevois d'ici, les Tuileries et le Palais-Royal, le trophée de l'empire, et cette belle salle Ventadour, bâtie en 1781, pour traverser tant de vicissitudes; tour-à-tour théâtre d'Opéra comique, jusqu'en 1797; refuge de l'Odéon; incendiée en 1799, plus tard théâtre nautique, salle de concerts, puis scène d'une Renaissance avortée, et maintenant piédestal de la Grisi. Vous visiterez aussi au bout de la rue des Moulins, dans la rue Neuve-des-Petits-Champs, cette splendide galerie érigée sur les terrains du noble hôtel de Choiseul et qui vous attire aux magnificences du boulevart Italien et de la nouvelle Athènes.

L'on voit aujourd'hui, à peu près sur l'emplacement de l'hôtel de Choiseul, dans la rue qui porte ce nom, une maison splendide qui sert de bazar au caprice, à l'opulence et à la mode : toutes les jolies femmes, toutes les femmes distinguées, toutes les *aristocrates* de l'élégance et de la beauté *s'habillent* dans la Maison-Delile, précisément en un lieu où, les grandes dames du xviiie siècle allaient parfois se *déshabiller*.

La mort est comme le temps : elle ne détruit pas, elle transfigure. Quelques siècles encore, et le voyageur des pays civilisés cherchera peut-être curieusement, sur la grève déserte où fut Paris, en quels lieux s'élevaient jadis nos basiliques et nos palais.

Hélas! de quelque côté que l'homme étende sa main, quelque part que son pied s'arrête, il touche toujours une poussière qui a vécu, pensé, souffert, et prié comme lui.

P. CHRISTIAN.

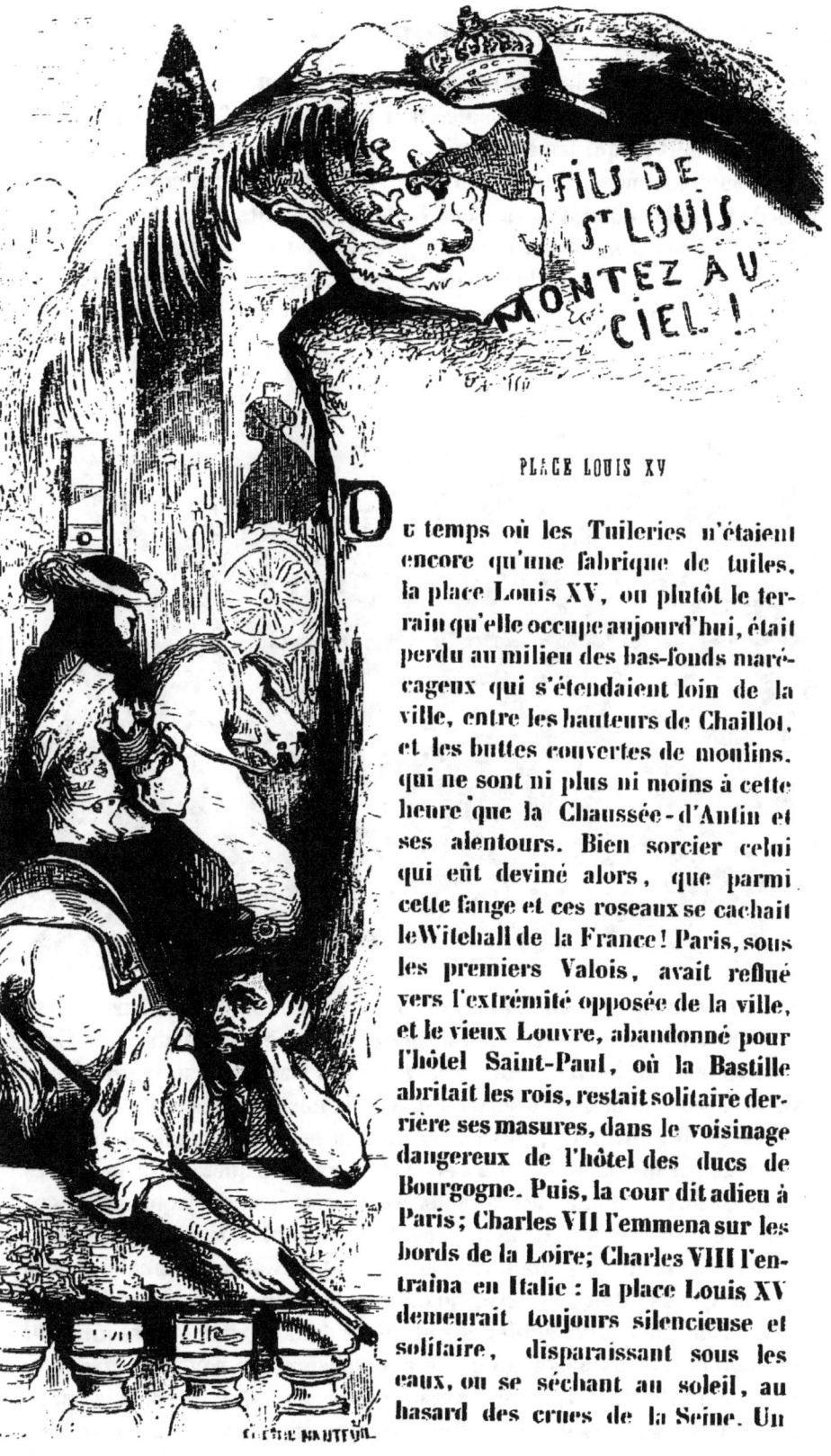

PLACE LOUIS XV

Ou temps où les Tuileries n'étaient encore qu'une fabrique de tuiles, la place Louis XV, ou plutôt le terrain qu'elle occupe aujourd'hui, était perdu au milieu des bas-fonds marécageux qui s'étendaient loin de la ville, entre les hauteurs de Chaillot, et les buttes couvertes de moulins, qui ne sont ni plus ni moins à cette heure que la Chaussée-d'Antin et ses alentours. Bien sorcier celui qui eût deviné alors, que parmi cette fange et ces roseaux se cachait le Witehall de la France! Paris, sous les premiers Valois, avait reflué vers l'extrémité opposée de la ville, et le vieux Louvre, abandonné pour l'hôtel Saint-Paul, où la Bastille abritait les rois, restait solitaire derrière ses masures, dans le voisinage dangereux de l'hôtel des ducs de Bourgogne. Puis, la cour dit adieu à Paris; Charles VII l'emmena sur les bords de la Loire; Charles VIII l'entraîna en Italie : la place Louis XV demeurait toujours silencieuse et solitaire, disparaissant sous les eaux, ou se séchant au soleil, au hasard des crues de la Seine. Un caprice de Catherine de Médicis ramena la royauté aux lieux où avait habité Philippe-Auguste, et la splendeur nouvelle des Tuileries rayonna bientôt sur tout ce qui les entourait.

Nous sommes encore loin pourtant de l'obélisque, et des enjolivements dorés de M. Thiers. Mais le jardin des Tuileries se plante; le va-et-vient de la foule commence à s'établir; l'histoire prend pied sur ce terrain obscur. La place Louis XV (pardon de l'anachronisme), a vu passer Henri III s'enfuyant par une porte de derrière, le pied demi-chaussé, devant le bâton

blanc qui, dans la puissante main du Balafré, fait tomber les barricades. Richelieu la traverse dans sa chambre portative en se rendant du palais Cardinal à sa maison de Ruel. Plus tard, le roi des Halles y viendra prendre le frais avec ses frondeurs, au sortir d'une orgie nocturne chez Renard. Mais voici Louis XIV qui arrive, notre place devient le grand chemin de la ville, le passage par où tout s'écoule à Versailles. Les mousquetaires gris, blancs et rouges, faisant piaffer les chevaux du roi; les grands laquais tout galonnés de soie et d'argent; le président sur sa mule; le marquis de Molière dans sa chaise à porteurs; le petit cadet de Gascogne huché sur le limousin que montait son père, quand il est allé prendre du service chez M. Le Grand; le pauvre sollicitor encaissé dans le coche entre un abbé sans bénéfice, et un poëte qui quête une pension; les pages de Madame; les coureurs de M. de Rohan; les pourvoyeurs de Vatel; que sais-je? peut-être les ambassadeurs du roi de Siam, qui reviennent tout ébahis de Versailles? Tout ce monde passe et repasse, se mêle, se heurte, foule et refoule le sol de la place, en se ruant sur la route qui mène au sanctuaire. M. de Dangeau qui va, si toutefois la chose est possible, manquer le petit lever, et qui crie au cocher d'une voix altérée de fouetter les chevaux, se croise avec le marquis de Sévigné, qui vient voir Ninon. Distinguez-vous au travers de cette foule empressée, chamarrée, empanachée, ces deux modestes compagnons, qui se glissent sans bruit le long de la Seine et se dirigent, devisant joyeusement sur le chemin d'Auteuil? C'est Molière avec Chapelle qui s'en vont bras dessus bras dessous dîner chez Boileau : ils cherchent de l'œil Jean de la Fontaine, qu'ils ont laissé en arrière, ruminant un verset de Baruch.

Cependant les Champs-Élysées étaient devenus une grande et belle promenade; la ville débordait à droite et à gauche de la Seine, poussant en avant ses quais, ses rues, ses maisons de plaisance; le flot arrivait déjà jusqu'à la place Louis XV, au moment où le grand siècle, qui avait passé là tout entier, partit, la laissant tout imprégnée de je ne sais quel parfum historique. A cette vie quelque peu factice, qu'on ne pouvait guères reconstruire que de sentiment, va succéder une vie réelle avec des dates positives, des noms propres qui ne seront plus de fantaisie. La place Louis XV entre dans son siècle à elle; on va bientôt pouvoir la nommer par son nom, sans faire intervenir la précaution oratoire.

Dès l'année 1722, le bourg du Roule, devenu faubourg de Paris, donne à la place, au-delà de laquelle il s'étend, ses droits de cité définitifs. La même année, juste vis-à-vis d'elle, sur l'autre rive du fleuve, le vieux quai de la Grenouillère, que Dorsay, le prévôt des marchands, n'a pas encore baptisé, reçoit les premières pierres du Palais Bourbon. Il importe peu à la place à cette heure; mais patience! La ville s'aperçoit enfin qu'il y a là de l'air et de l'espace, et que de ce grand terrain banal on peut faire ce que l'on appelle une place. Nous n'avons guères vécu jusqu'à cette heure que de la royauté et de son entourage; c'est elle encore qui entre en scène ici. En 1748, monsieur le prévôt des marchands, d'accord avec messeigneurs les échevins, vote une statue équestre à Louis, et son choix tombe sur notre place, dont le royal parrain se trouve avoir un nom de plus qui n'est qu'une épithète dérisoire du jour où l'égoïsme cynique du gouvernant ouvre les yeux aux gouvernés.

C'était alors le moment de cette fièvre de piété filiale qui se déclara chez le peuple, peut-être sans qu'il sût trop pourquoi, en faveur de Louis le *bien-aimé*, lors de la fameuse maladie de Metz. La statue était populaire, si elle fût venue à point; mais Bouchardon mit quinze ans, le maladroit! à improviser cet *ex voto* de circonstance, encore mourut-il avant d'avoir fait le piédestal. Pigalle, qui lui succéda, y travailla deux ans. Ce ne fut que le 20 juin 1765, que le chef-d'œuvre fut débarrassé de sa couverture de planches et de toiles.

et que le peuple put enfin reconnaître son ex bien-aimé, coiffé à l'oiseau royal, avec une couronne de lauriers, comme César, sur les épaules une espèce de manteau romain, et fièrement planté sur un étalon à tous crins. Aux quatre angles du piédestal, en marbre blanc, Pigalle avait placé quatre femmes colossales qu'il avait appelées, la Force, la Paix, la Prudence, et la Justice. Elles devaient être en bronze; mais le sculpteur n'ayant pas encore donné son dernier coup d'ongle, pour en finir avec les lenteurs du monument, on les livrait au public en plâtre doré. Des bas-reliefs représentaient, sur chaque face, les batailles où Louis XV était supposé s'être trouvé. Là, le bronze avait eu le temps d'arriver. Une chétive balustrade en bois entourait le tout.

On sait l'histoire de cette ode de Malherbe, à propos d'un mariage, qui se trouva achevée comme la mariée était morte depuis longtemps: c'était un peu celle de l'œuvre retardataire de Bouchardon. En 1765, le monarque chéri de 1748 n'aurait pas trouvé un *pater* sur le pavé de Paris, comme on disait à la Halle. Les gens mécontents sont volontiers difficiles, et les Parisiens restèrent froids devant tout ce bronze, tout ce marbre, tout ce plâtre doré. Il y en eut même qui se permirent de trouver ridicule le César de madame de Pompadour. L'on ne fit grâce qu'au cheval, qui ne tirait pas à conséquence. Les quatre vertus surtout parurent d'un goût détestable, et de toute façon. Aussi, pendant que le burin officiel du graveur-juré de la bonne ville de Paris, creusait sur un des côtés du piédestal l'inscription sacramentelle : *Hoc pietatis publicæ monumentum, præfectus et ædiles decreverunt anno* 1748, *posuerunt anno* 1763, des mains effrontées attachaient à la dérobée, sur l'autre, des pasquinades passablement insolentes. Mais la place demeurait en dehors de ces épigrammes heureuses ou malheureuses; la statue de Bouchardon était pour elle une bonne fortune, dont l'effet n'avait pas entendu au 20 juin pour se faire sentir. Maintenant qu'elle avait l'honneur de s'appeler *Louis XV*, la laisser à l'abandon eût été crime de lèze-majesté. En 1763, l'auguste effigie, sortant de l'atelier, venait à peine d'être transportée à l'endroit désigné, que déjà Gabriel était à l'œuvre pour lui préparer un encadrement. L'imagination de l'ordonnateur avait beau jeu, et les chances ne lui manquaient pas. Gabriel commença par se tailler un carré long, ayant 125 toises du nord au sud, et 87 de l'est à l'ouest: ensemble 10,875 toises carrées. Il abattit ensuite les quatre angles pour les dédoubler, et entoura son plan d'une sorte de fossé de place forte, avec un revêtement de maçonnerie, et une lourde balustrade en pierre. Puis, de chacun des angles il fit partir au centre une large bande coupant l'enceinte, qui se trouva fractionnée ainsi en huit petits fossés, terminés chacun par un pavillon microscopique, sorte de bâtiment piédestal, ayant pour toit un socle avec des guirlandes de pierre. Ils portaient sur le dessin des groupes allégoriques. Le

Louis XV en bronze, avec ses quatre vertus, était le point central vers lequel tout cela convergeait. Ce plan ingénieux imité de la rose des vents, était assurément coquet sur le papier. Livré aux terrassiers et aux maçons, l'échelle s'en trouva plus que minime. Quand les travaux furent achevés en 1772, il arriva que d'un bout de la place, on ne faisait plus qu'entrevoir à l'autre fossés et pavillons : ils sont encore là, et l'on peut en juger. C'eût été bien pis encore, si les immenses constructions du garde-meuble, commencées en 1760, n'étaient venues rehausser les décorations lilliputiennes de Gabriel, et donner, au moins d'un côté, quelque chose d'imposant à la perspective. Valeur monumentale à part, ces deux massifs de pierre, plantés là comme deux gardes d'honneur à l'entrée de la place, avaient du moins l'avantage de reposer l'œil fatigué d'errer dans le vide; ils dessinaient une limite et faisaient diversion à la nudité de ces 10,875 toises.

Voici donc la place Louis XV constituée, encadrée, baptisée, occupant Messieurs de la ville, les artistes, les poètes et les maçons. Ceux-ci la tenaient encore, quand arriva cette fatale nuit du 30 au 31 mai 1770 qui remplit une page néfaste dans l'histoire de la place Louis XV.

La France mariait son dauphin, et, pressée d'inaugurer sa création nouvelle, l'administration n'avait pas même attendu que la place fût déblayée pour y convoquer le peuple de Paris aux fêtes qui allaient accueillir Marie-Antoinette en France. La jeune archiduchesse arrivait rieuse et confiante, et se demandant tout bas ce qu'elle avait fait à ce peuple qui paraissait tant l'aimer. La foule, elle, se ruait à la fête avec une verve de curiosité qui se renouvelle à toutes les solennités de deuil ou d'allégresse; prodigue par instinct de bravos pour tout ce qui lui sert de spectacle, elle se souciait peu, devant les fusées du feu d'artifice, que la mariée fût Autrichienne. Donc, entre les huit fossés de Gabriel, ce n'étaient que rêves gracieux d'une part, cris d'ivresse de l'autre. Reine et foule ne se doutaient pas de ce que leur réservait cette place qui s'était faite si coquette et si brillante pour les recevoir ce jour-là.

Tout était fini, et la dernière étincelle du bouquet venait de s'éteindre dans les airs : la masse compacte, qui depuis le soir allait toujours s'entassant de plus en plus, commença à s'ébranler pour faire retraite; mais cet immense enclos n'avait qu'une seule issue du côté de la ville, la rue Royale, et ses abords étaient obstrués par des tas de pierres. Tous s'y portant à la fois, la rue s'engorgea en un instant, et l'encombrement devint affreux. Au milieu de ce désordre, un flot de peuple qui débouchait des boulevarts pour avoir sa part des débris de la fête, vint se heurter contre cette foule qui luttait pour s'écouler, et lui barra tout-à-coup le chemin. Ce fut alors comme une mêlée horrible. Une file de voitures se trouva engagée dans la bagarre; les chevaux s'effarouchèrent, et foulèrent aux pieds tout ce qui les approchait. Le flux et le reflux jeta des malheureux sur ces funestes tas de pierres, cause première du désastre, et les y broya : il en précipita d'autres dans les fossés, qui n'avaient pas encore tous leur balustrade ; quiconque trébuchait était mort. On vit un groupe de furieux qui avaient mis l'épée à la main, et qui allaient frappant devant eux, pour se faire jour. Le lendemain matin, cent trente-trois cadavres étaient étendus sur la place. De ceux qu'on emporta blessés chez eux ou à l'hôpital, il en mourut plus de trois cents.

La vie d'une place a comme celle d'un homme de singulières vicissitudes. Des cadavres du 30 mai, nous passons, sans autre transition que celle d'une année d'intervalle aux bateleurs et aux marchands de pain d'épices de la foire Saint-Ovide. Ceci est un épisode qu'il ne faut pas négliger dans l'histoire de la physionomie de la place Louis XV. L'autorité tenait peut-être à ne pas laisser celle-ci sous le coup du terrible souvenir du mariage royal, et, de fait, rien n'était plus propre à chasser l'idée d'un désastre que le joyeux mouvement de la foire Saint-Ovide. Monstres, géants, avaleurs de sabres, chanteurs de ponts-neufs, danseurs de corde, marionnettes, installés dans des baraques en charpente, n'y laissaient pas languir l'attention populaire. Les marchands étalaient mille babioles au goût du jour, et comme M. de Voltaire avait passé par là, elles ne répondaient pas toutes aux pieux débuts de l'institution. On parlait entre autres de jésuites à ressort qui sortaient d'une coquille d'escargot, et que l'on faisait rentrer à volonté, article qui fit fureur. Néanmoins, cela ne valait pas encore la place Vendôme. La foire était sans abri, ouverte à tous les vents, perdue de boue par la pluie, de poussière dans les temps chauds : les habitants du lieu en étaient aux plaintes, quand une belle nuit le feu se mit aux baraques, et le lendemain matin la place injuriée était veuve de sa foire. Ceci arriva du 22 au 23 septembre 1777. Comme tout se tient ici-bas, au sinistre des industriels de la foire Saint-Ovide se rattache un fait important de notre histoire dramatique. Audinot, qui tenait alors le sceptre du théâtre sur les boulevarts, imagina de donner *une représentation au bénéfice des incendiés*. Nicolet, son rival, en fit autant, puis les autres, et Dieu sait ce qui en est advenu avec le fameux mot *de plus fort en plus fort*.

De stations en stations, nous nous acheminons pourtant vers la grande époque de la place Louis XV. Avant de quitter le xviiie siècle, laissons passer cependant l'éblouissante cavalcade de Longchamps, qui couvre la place Louis XV de ses grands seigneurs et de ses financiers, de ses nobles dames et de ses filles d'opéra, se faisant concurrence sans vergogne. Prenez-y garde, ce tohubohu de la cour et de la ville et de quelque chose de pis encore, ces princes du sang qui se ruinent pour ne pas être écrasés par quelques fermiers du sel ou du tabac.

toute cette compagnie dorée, la première de France, si mêlée qu'elle soit, qui s'agite et s'inquiète sur ses coussins de velours, et ne pense qu'au public qui la regarde : tout cela est plus qu'un coup d'œil, et ce ne sont pas seulement des plumes, des diamants, des mouches et du rouge qui défilent devant vous. Ce monde-là est le même, à quelques éléments près, que celui qui galopait il y a cent ans sur la place ; mais les pères allaient à Versailles pour se faire voir au roi ; les fils s'en vont parader

dans les Champs-Élysées, pour se faire voir à la foule. La société s'est transformée sans que nous en ayons rien vu, emprisonnés que nous étions dans nos quelques milliers de toises carrées ; la souveraineté a changé de sphère et les courtisans lui sont restés fidèles. La reine immobile dans sa mobilité, c'est la mode, et pour plaire, elle va jusqu'au ridicule qu'elle fait accepter sans autre tyrannie que le caprice et la rage de changer.

Nous atteignons l'année 1774, et Louis XVI monte sur le trône. Les premières années de son règne amenèrent quelques améliorations matérielles dans les allures de la place : l'ignoble clôture en bois, soi-disant provisoire, qui entourait la statue de son aïeul, en 1765, étalait encore ses planches branlantes et vermoulues, éloquent témoignage du *decrescendo* de l'enthousiasme. Elle fit place à une superbe balustrade en marbre blanc, qui circulait autour d'un pavé de même matière. Trois ans après, en 1787, on enfonçait dans la Seine les premiers pieux des pilotis qui devaient supporter le pont Louis XVI. Le digne roi avait à cœur de ne pas laisser se renouveler les scènes de la rue Royale, et pendant qu'il ouvrait à la place un nouveau débouché du côté de la rivière, on avait mis à l'étude dans les bureaux le plan d'une rue qui devait aller du Carrousel à la place Louis XV, en côtoyant les Tuileries dans toute leur longueur. Peut-être eût-il fait plus encore? Mais le moment était venu où il allait bien être question pour la place d'une pierre ou d'une sortie de plus! La belle balustrade allait voir tomber son monument, huit ans seulement après avoir été mis en place; et devinez avec quoi on devait achever les piles du pont Louis XVI? avec les pierres de la Bastille.

On ferait presque une histoire de la révolution avec la mise en scène de la place Louis XV, à partir de 89. Les combattants de la Bastille, qui viennent emprunter au Garde-Meuble ses armes précieuses, et qui entraînent à bras (dérision de la fortune!) deux pauvres petits canons damasquinés en argent, présent du roi de Siam à Louis XIV; Théroigne de Méricourt, et l'*homme à la longue barbe* emmenant le faubourg Saint-Antoine à Versailles, et ramenant la royauté entre deux têtes de gardes-du-corps qui grimacent au bout d'une pique; les légions innombrables de travailleurs qui courent improviser le Champ-de-Mars, comme un parterre de jardin; les hommes du 10 août, Marseillais, fédérés et clubistes, tous y passent, laissant derrière eux comme une traînée de sang et de guenilles. A deux pas de là sont les feuillants et les jacobins de la rue Saint-Honoré, et la patrie n'est pas deux heures en danger, sans que la terrible section des piques (place Vendôme), n'y vomisse ses bandes incorruptibles de sans-culottes. Aussi la place eut-elle son brevet de civisme. Un décret de la fin de 1792, vint déclarer qu'elle avait bien mérité de la république, et lui donner en échange de son nom de *ci-devant*, le nom patriote de place de la Révolution. En même temps, comme pour la consoler de la perte de la statue du tyran, on éleva sur le piédestal même, après en avoir balayé les vertus, une grande construction en maçonnerie, revêtue de plâtre coloré, et signée: *Lemot*, figurant une Liberté assise, le bonnet phrygien sur la tête et s'appuyant sur une haste antique.

A quoi servirait de reculer devant le grand titre qui légitimait avant tout le nom nouveau de la place de la Révolution? N'avez-vous pas nommé déjà le compère de ce second baptême, maître Samson, la cheville ouvrière de tout le système révolutionnaire. On l'a décrété en permanence sur notre place; c'est là qu'il vient s'établir chaque matin, avec ses aides et ses outils, se demandant négligemment ce qu'on va lui amener pour le travail de la journée, des poëtes ou des femmes, des exaltés ou des modérés, des reines ou des tribuns, André Chénier ou Charlotte Corday, Hébert ou Bailly, Marie-Antoinette ou Danton, recevant tout avec la même impartialité, et ne mesurant les hommes qu'à l'épaisseur de leur cou. Historiens de la scène, nous n'avons d'autre rôle ici que celui de spectateurs; mais quel spectacle! et comment échapper au lieu-commun en évoquant cette armée d'ombres sanglantes qui viennent peupler la place, et qui défilent toutes devant nous, leur tête à la main? Que de force, que de santé, que de courage, que de beauté, que de génie ont été fauchés là pour le coup-d'œil des tricoteuses, public difficile et blasé, qui

n'applaudissait pas tous les jours, et qui n'était content qu'à demi, si la tête ne tombait pas avec grâce! Que de choses auraient à vous raconter ces pavés tant de fois ébranlés sous les roues pesantes de l'horrible charrette qui chaque jour, à heure fixe, tournait le coin fatal, et venait verser au pied de la guillotine l'ouvrage abattu la veille par le tribunal de Fouquier-Tainville! Une fois, par extraordinaire, elle arriva, n'apportant qu'un seul homme, et jamais elle n'avait été plus chargée!.. Ce jour-là, l'abbé Edgeworth trouvait un mot : *Fils de Saint-Louis, montez au ciel!* ou plutôt le *Moniteur* le lui prêtait, car le confesseur était plus mort que le martyr.

Il était déjà question, pour ménager le temps des valets du bourreau, de creuser une rigole qui aurait emmené le sang de l'échafaud à la Seine, quand Robespierre et les siens firent à leur tour les frais d'une dernière charretée, et la place de la Révolution cessa de se voir transformée en boucherie.

Place aux muscadins, à la jeunesse dorée de Fréron, aux intéressantes danseuses du *bal des victimes* qui s'en vont, en tunique grecque, faire aux tricoteuses dans les salons de Tallien une opposition sans fatigue et sans danger! Le club de la rue Saint-Honoré a été dispersé à coups de bâtons : si vous voyez se risquer encore quelque carmagnole, soyez sûr que le porteur est trop pauvre pour imposer à sa garde-robe les variantes brutales de la politique. La section des piques gronde bien de temps à autre; mais attendez que Buonaparte soit venu s'essayer la main sur les ennemis de Barras, son patron, et mettre ses canons en batterie dans l'emplacement même qu'occupait Samson. Tout rentre bientôt dans le calme, et la place rendue à la vie privée, n'a plus d'autre spectacle à vous offrir que la pacifique procession des théophilantropes qui promènent leurs robes blanches et leurs corbeilles de fleurs.

Mais rangez-vous devant un groupe de généraux, qui arrivent au galop des boulevarts, et qui enfilent la route de Saint-Cloud, conduits par ce petit homme pâle et maigre, qui a déjà fait quelque bruit et beaucoup de besogne à la journée de vendémiaire. Nous sommes en brumaire : saluez l'empire qui passe!

L'empire a laissé aussi ses souvenirs sur la place Louis XV. Il commença par la débaptiser, alors qu'il ne s'appelait encore que le consulat. Un décret de l'an VIII changea son nom révolutionnaire en l'honneur de la Concorde, qui représentait à merveille les intentions politiques du nouveau système. On chassa en même temps la Liberté de Lemot, qui n'avait plus de sens, et dont les plâtres déteignaient à l'air, et se fendaient du haut en bas. Un arrêté consulaire venait de doter chaque département d'une colonne triomphale : la place de la Concorde eut pour sa part une colonne nationale qui résumait toutes les autres. Le 25 messidor, le ministre de l'intérieur vint, en grande cérémonie, en poser la première pierre, sous les fondations de l'ancien piédestal qui disparut alors. Boîte d'acajou à double fond, avec une collection de médailles en or, en argent, en bronze, planche de cuivre gravée, destinée à raconter aux siècles futurs les détails de l'événement mémorable; rien n'y fut oublié : mais ce fut tout. On donna aux Parisiens le spectacle de ce que serait la colonne, moyennant un échafaudage en charpente, recouvert d'une toile peinte. Les figures de tous les départements tournaient autour de la base, se donnant la main. Puis Bonaparte courut à Marengo, et l'on n'y pensa plus.

La place Vendôme eut le privilége réel de la colonne nationale au détriment de l'ancienne rivale, qui lui avait volé la foire Saint-Ovide; mais celle-ci eut autre chose en récompense : elle eut la rue de Rivoli, cet interminable palais qui lui amena la ville par une magnifique avenue de pierres; elle eut la Madeleine pour faire pendant au palais Bourbon, remanié par le Directoire, de 1796 à 1798, à l'intention du Conseil des Anciens, et dans lequel l'empereur logeait son corps législatif. On lui adjugea aussi ou plutôt on lui promit l'immense Arc-de-Triomphe de l'Étoile, qui est bien à elle, malgré la distance, et qui en fait à cette heure la première place du monde. N'oublions pas ces fêtes gigantesques de l'empire qui ramenaient sans danger tant de myriades d'hommes, là où étaient venus s'écraser les futurs sujets de Louis XVI; ni la belle Pauline Borghèse, l'élément le plus féminin de tout l'empire, qui de la terrasse verdoyante de l'Élysée Bourbon, planait sur la place, sa voisine; ni l'hôtel historique de la rue Saint-Florentin, et son diplomate boiteux, leur maître à tous.

Laissons retentir quelque temps encore la place de la Concorde du bruit des sabres qui traînent à terre, et tenons-nous à l'écart, humbles pékins, pour ne pas coudoyer le grognard de la vieille garde. Mais apercevez-vous Joséphine qui passe en pleurant et qui va cacher à la Malmaison son impériale stérilité. L'Arc-de-Triomphe de l'Étoile s'improvise en toile peinte pour fêter la venue de Marie-Louise, et la blonde Autrichienne fait rouler, sans y prendre garde, son carrosse doré sur les dalles qui ont reçu la tête de sa tante ! Rien ne manque à cette grande fête; elle est toute romaine pour recevoir la fille des Césars; elle a tout prodigué pour entretenir l'amour, et les jeux du cirque, et les distributions de vivres, *panem et circenses*. Les sénateurs ont payé leur tribut d'adulations et chacun anticipe sur l'avenir par des prédictions de gloire et de bonheur durable, adoptant la vieille superstition qui protége le laurier contre la foudre. Le soir, ce fut une concurrence faite au soleil, mille étoiles partaient de la terre pour s'élancer dans les cieux; les canons grondaient, les bombes éclataient de toutes parts, la poudre jouait un aussi grand rôle qu'aux plus importantes batailles de l'empire. Vienne un fils à cette mère insoucieuse et Rome le saluera du nom de roi. Hâtez-vous de courir le long de la Seine, si vous voulez voir les premières pierres du palais du jeune César; car voici venir les Cosaques sur leurs petits chevaux, noirs et velus, qui vont dépouiller de leurs feuilles les arbres des Champs-Élysées.

La Restauration n'eut guères d'autre souci pour la place de la Concorde, que de lui arracher le nom qu'elle tenait de l'ogre de Corse, et de lui rendre sa dénomination de l'ancien régime. Les voltigeurs de Louis XIV se sentaient mal à l'aise sur ce terrain, témoin irrécusable de ce que pesait la main calleuse du peuple, et tout plein encore des grandeurs impériales. La Madeleine transformée d'avance de Temple de la Gloire en Église Catholique Apostolique et Romaine, étalait en vain comme un reproche aux regards ses chapitaux grecs et son fronton inachevé. L'Arc-de-Triomphe était trop lourd à finir : la velléité de le dédier aux exploits du duc d'Angoulême fit peur aux plus hardis ; l'on n'osa même pas aborder sur place la question dangereuse du régicide, et l'on alla cacher le monument expiatoire derrière les chantiers de la rue d'Anjou-Saint-Honoré. Heureusement encore qu'une autre Italienne a hérité de l'Élysée-Bourbon; et, toute veuve que l'a faite le couteau de Louvel, elle continue les traditions gracieuses de Pauline Borghèse, en dépit du pavillon Marsan.

Si vous voulez trouver de la vie et du mouvement sur la place, tournez-vous du côté du vieux palais Bourbon, devenu la Chambre des Députés. Les libéraux sont là, attendant Foy et Manuel, au sortir de la tribune, pour leur battre des mains ; ils ramènent en triomple l'illustre Mercier qui, le matin, a traversé la place, simple sergent de la garde nationale, et qui revient grand citoyen. La haie se forme autour du carrosse de Villèle, mais c'est un refrain de Béranger qui siffle aux oreilles du ministre gascon. Ne plaisantez pas trop pourtant avec ces enthousiasmes et ces colères : 1830 va bientôt en mettre à nu le côté sérieux. En vain, tous les souvenirs et toutes les gloires du passé cherchent à se rallier par une double haie de grands hommes, qui forme un cortège immobile aux hommes du jour ; mais le pont qui les porta deux années les relègue bientôt à Versailles, et Suger, pas plus que Bayard, Duguesclin ou Condé, ne sont tenus de renvoyer, du haut de leur piédestal, l'écho de nos assemblées législatives. Le sanctuaire est passé par bien des révolutions : c'est à peine si l'on se souvient qu'il dépendait, au commencement du siècle dernier, de l'abbaye de Saint-Germain-des-Prés et faisait suite au Pré-aux-Clercs. Maintenant il faut aller plus loin quand on veut se couper la gorge, et le duel, traqué de toutes parts, et par la loi, et par les fortifications ne trouble même plus la paix du bois de Boulogne, terrain de manœuvre qu'affectionnent les élus du jockei-club et de la fashion, ainsi que les commis marchands et les surnuméraires, qui ne sont gentilshommes et centaures qu'un jour sur sept. Le vrai duel, le duel entre le passé et le présent continue ; le dernier Suisse, qui fuit vers Saint-Cloud, emporte encore une fois le nom de la place.

Mais les révolutions ont beau faire, le peuple n'abandonne pas ainsi ses habitudes de langage, et les vainqueurs de Rambouillet ne pourront rien contre la tyrannie mnémotechnique de quatre mots et de deux chiffres.

Ici finirait notre histoire, si nous n'avions encore le Luxor et M. Thiers. A celui-ci l'honneur d'avoir emporté d'assaut, grâces au budget, le dernier coup de main qui manquait à la Madeleine, et à l'arc triomphal de l'Étoile. Tenons-lui compte aussi de toutes les intentions architecturales qu'il a semées d'une main prodigue, pour réparer, coûte qui coûte, l'avortement de Gabriel. Cette fois encore le petit est resté maître de la place; mais en revanche on l'a multiplié; si bien que de haut, l'on croirait voir les compartiments d'un immense jeu d'échecs avec un pion colossal au milieu. Respect toutefois à cette grande aiguille rouge, qui semble dépaysée et perdue sur ce pavé boueux. Pauvre pierre, qui date de Sésostris, et que l'on a arrachée à ses sables, à son soleil, à ses Bédouins qui venaient le soir planter à ses pieds les piquets de leurs tentes, pour la jeter, à grand renfort de millions, au beau milieu de nos becs de gaz, et de nos cochers de fiacre, et la donner à garder à un invalide! Encore voulaient-ils, les profanes! lui atteler une machine à vapeur pour la dresser sur leur morceau de granit armoricain. Respect et pitié pour elle! Peut-être verra-t-elle un jour Abd-el-Kader et ses fidèles Arabes la saluer en passant à la suite du jeune duc d'Aumale et du général Bugeaud.

Avant d'en finir, traversons encore la Seine, marchons à gauche, non sans payer un tribut d'éloges à l'admirable bas-relief de M. Pradier, et n'oublions pas le délicieux petit hôtel élevé par M. Visconti à la famille Collot, dont je n'aurais même pas demandé le nom, alors que toute la monnaie de France lui passait par les mains; mais on ne saurait montrer trop de reconnaissance au financier, lorsqu'il soulève le bandeau de la fortune pour distinguer l'homme de goût et de science, qui jette au public un monument de plus et se crée des droits aux remercîments de tous en servant si bien les fantaisies d'un seul. Plus loin, l'hôtel de la Légion-d'Honneur, dont l'exiguité ne laisserait pas soupçonner une fabrique si féconde en rubans, car s'il fallait estimer par millimètres ce qui s'en est répandu, tant en France qu'à l'étranger, il y aurait de quoi, je pense, conduire une zône élastique, de Paris jusqu'à Pékin. Tout près s'élève ce monument de création moderne, qui renferme le Conseil-d'État et la Cour des Comptes. L'aspect général en est triste et sans caractère, son style est de ne pas en avoir, et en cela l'artiste s'est fait une originalité négative qui ne le place pas au-dessus du maître-maçon dont l'intelligence pratique a choisi la forme d'un coffre à avoine, pour bâtir l'hôtel des Gardes-du-Corps. C'est maintenant la caserne d'un régiment de cavalerie quelconque; mais cette revue rétrospective nous entraîne trop loin, il faut revenir à notre point de départ.

Là Paris ne domine point seul: il y a convié les villes les plus importantes du royaume, ses amies et non ses rivales. Elles occupent les places d'honneur avec les attributs de leur puissance et de leur spécialité.

Je ne demanderai pas si Marseille a été mise sous les yeux du ministre de la marine pour lui rappeler les graves exigences de la Méditerranée; si Brest, qui, tant bien que mal, représente l'Océan, ne trouble pas parfois son sommeil; je sais seulement qu'il y a une de ces statues, la reine de toutes, qui fait battre le cœur comme si c'était une femme, la belle des belles, peu importe le nom, propriété banale qu'un autre Phidias a étalée aux yeux de tous, sans avoir la conscience de son œuvre, sans se douter qu'au milieu de la foule elle a fait une passion à part, qui vient se briser contre une pierre et ne croit pas à la fable de Pygmalion. Révolutions à venir! brisez toutes les autres, si bon vous semble, mais respectez celle-là, il faut qu'elle vive pour conserver aux siècles futurs l'idée de la grâce et de la forme, ainsi que nous la donnent les restes mutilés de la Vénus de Milo! Somme toute, ce n'est que l'image d'une ville : Strasbourg, je crois. Heureux ceux qui y entrent; heureux ceux qui en sortent sans souvenir et sans regret!

Passons aux Invalides, si nous voulons nous guérir de ces mauvaises pensées esthétiques. Pauvres vieux! le 15 décembre 1840 fut un grand jour pour vous. J'ai cru que les lions qui veillent à la porte des Tuileries allaient rugir, que les chevaux de marbre allaient enfin s'échapper, que l'École militaire, que la colonne de la place Vendôme, que l'Arc-de-Triomphe, voire même la grande perpendiculaire qu'on appelle l'Obélisque, se mettraient en branle pour aller au-devant des cendres de Napoléon. Rien n'a bougé et le calme plat est passé sur cette tempête de souvenirs. L'apothéose est consommée, à d'autres maintenant; que les destins s'accomplissent!   Th. BURETTE.

RUE LEPELLETIER.

l'ORIGINE de cette rue ne remonte pas au-delà de 1786; elle prit son nom de Lepelletier de Morfontaine, prévôt des marchands, à l'époque où elle fut construite.

Les premiers temps de son existence n'offrent rien de remarquable; seulement tant que dura la période révolutionnaire on voit figurer les grenadiers de la section Lepelletier dans les rangs royalistes, ou plutôt, comme on dirait aujourd'hui, *conservateurs*. C'est sous cette couleur qu'ils se montrèrent au 13 vendémiaire, au 1er prairial et au 18 fructidor.

L'illustration de la rue Lepelletier date de l'époque où elle eut l'honneur de posséder notre premier théâtre lyrique. Voici un court historique des pérégrinations du grand opéra de Paris depuis son établissement : Il fut représenté d'abord à l'hôtel de Nevers, dans la salle de la bibliothèque du cardinal Mazarin, puis transféré successivement aux Tuileries, dans la salle dite des Machines, — rue Mazarine, dans la salle du jeu de Paume, vis-à-vis la rue Guénégaud, — rue de Vaugirard près du Luxembourg. En 1673, après la mort de Molière, il vint occuper la salle du Palais-Royal, dans laquelle avaient été joués la plupart des chefs-d'œuvre de l'immortel écrivain. Cette salle fut détruite par un incendie, le 6 avril 1763, et magnifiquement reconstruite sur un plan beaucoup plus vaste, aux frais du duc d'Orléans. Le 8 juin 1791, un second incendie dévora ce bel édifice. Le grand opéra songea alors à s'établir sur le boulevart Saint-Martin, et par un prodige inouï en architecture officielle, une nouvelle salle (la même qui existe encore aujourd'hui) fut commencée et achevée dans l'espace de six semaines.

Mademoiselle Montansier, ancienne directrice de la comédie de Versailles, ayant fait construire un vaste théâtre sur l'emplacement de l'hôtel Louvois, rue Richelieu, le gouvernement révolutionnaire en fit l'acquisition pour le Grand-Opéra, et l'inauguration eut lieu le 15 juillet 1794.

La musique et la danse trônèrent dans ce temple pendant vingt-quatre ans, c'est-à-dire jusqu'en 1820. Après l'assassinat du duc de Berri, frappé le 13 février à la porte de l'Opéra, au sortir d'une représentation du ballet du *Carnaval de Venise*, et mort dans le foyer de la danse, la Restauration fit fermer, puis démolir le théâtre de la rue de Richelieu. On éleva sur le lieu même un monument expiatoire, que la révolution de juillet a abattu pour y substituer une belle place et une magnifique fontaine.

Afin d'abriter Euterpe et Therpsicore (vieux style), on construisit, rue Lepelletier, une salle qui fut appelée *provisoire* et inaugurée le 16 août 1821. Après vingt-deux ans, ce *provisoire* existe toujours, mais par comparaison combien de choses dites *permanentes* ont disparu dans ce même laps de temps.

Le théâtre actuel de la rue Lepelletier, bâti sous la direction de M. Debray, a été dès son origine l'objet de beaucoup de critique, en raison surtout de son aspect peu monumental. Ainsi, dans les premiers temps, lorsqu'un provincial demandait le grand Opéra, les mauvais plaisants lui répondaient : « rue Lepelletier, la deuxième porte cochère à main droite. »

On attribue généralement l'invention du grand Opéra à deux Florentins, le poète Ottavio Rinucci et le signor Giacomo Corsi, gentilhomme et excellent musicien qui, au commencement du XVIe siècle, firent représenter avec un immense succès sur le théâtre de la cour du grand-duc de Toscane une pièce lyrique à grand spectacle, intitulé *les Amours d'Apollon et de Circé*. Chacun sait que ce genre de spectacle fut introduit en France par le cardinal Mazarin, mais avec des paroles, de la musique et des chanteurs Italiens. L'abbé Perrin, successeur de Voiture, dans la charge d'introducteur des ambassadeurs auprès de Gaston d'Orléans, fut le premier qui osa hasarder des vers d'opéra en français. Il débuta par une pastorale en cinq actes, jouée à l'hôtel de Nevers en 1659. La musique était de la composition de Gambert, organiste de Saint-Honoré et intendant de la musique de la reine mère. Les chroniques de l'époque s'accordent à dire que ce premier *poème* était fort médiocre. Hélas! d'après la teneur de certains libretti modernes, on serait tenté de croire que l'ombre de l'abbé Perrin plane encore parfois sur ses successeurs!

Le 28 juin 1669, l'abbé Perrin obtint des lettres-patentes « portant per-
» mission d'établir en la ville de Paris et autres du royaume, des acadé-
» mies de musique pour chanter en public pendant douze années des
» pièces de théâtre comme il se pratique en Italie, en Allemagne et en
» Angleterre. » Les premiers musiciens et les premiers chanteurs du grand Opéra français furent tirés des églises cathédrales, principalement dans le Languedoc. N'est-il pas bizarre que ce spectacle, éminemment profane, qu'on a appelé depuis un lieu de perdition, ait été inauguré par un abbé et par des chantres de lutrin.

L'ouverture eut lieu en mai 1671, par *Pomone*, opéra en cinq actes, paroles de l'abbé Perrin, musique de Gambert. Cette nouvelle entreprise se vit, au bout de quelques mois, menacée d'une complète déconfiture. En 1672, le privilége fut transporté à Jean-Baptiste Lully, et l'on sait à quel degré de splendeur et de prospérité l'illustre musicien, aidé de la collaboration poétique de Quinault, porta bientôt le Grand-Opéra.

Par lettres patentes de Louis XIV, il fut permis à ce *Florentin*, dont La Fontaine a tracé le caractère peu magnifique, « d'établir dans la bonne
» ville de Paris une académie royale de musique, pour y faire des repré-
» sentations des pièces de musique qui seront composées tant en vers
» français, qu'autres langues étrangères, *même celles* qui auront été re-
» *présentées devant nous*; fesant expresses défenses à toutes personnes, de
» quelque qualité qu'elles soient, même aux officiers de notre maison
» *d'y entrer sans payer*; et d'autant que nous l'érigeons sur le pied des
» académies d'Italie, où les gentilshommes *chantent publiquement en mu-*
» *sique sans déroger*, voulons et nous plaît que tous gentilshommes et
» damoiselles *puissent chanter auxdites pièces et représentations de notre*
» *Académie royale, sans que pour ce, ils soient censés déroger au dit titre de*
» *noblesse et à leurs priviléges.* »

Quel honneur pour le blason amoureux de l'Opéra!

Il paraît qu'à cette époque le privilége royal conférait des pouvoirs tout-à-fait autocratiques, ou que du moins Lully l'interprétait ainsi, car il traitait ses artistes absolument comme des serfs. On raconte que la première chanteuse, mademoiselle Rochois, ayant déclaré qu'elle ne pouvait continuer à répéter le rôle d'un opéra du compositeur-directeur, par la raison qu'elle se trouvait dans une *situation intéressante*, comme disent les Anglais, Lully lui lança brutalement un coup de pied dont l'actrice faillit ne pas se relever.

De même, si aux répétitions un violoniste de l'orchestre manquait quelque trait ou s'avisait d'oublier un dièse ou un bémol, Lully s'élançait furieux et commençait l'explication par lui briser son violon sur la tête.

Après quinze années d'exercice, Lully mourut en 1687, laissant dans ses coffres la somme énorme, pour ce temps-là, de six cent trente mille livres en or. Ses successeurs furent loin d'être aussi heureux sous ce rapport ; leur histoire n'est qu'une suite non interrompue de bilans et de faillites. De 1687, il faut arriver jusqu'à 1830, pour trouver un second exemple d'un directeur qui se soit enrichi au Grand-Opéra.

Nous avons dit qu'en vertu d'une clause expresse de la charte d'institution de l'Opéra, octroyée par Louis XIV : Les demoiselles et gentilshommes pouvaient jouer et chanter audit Opéra, sans déroger à leurs titres de noblesse ; mais un fait plus généralement ignoré aujourd'hui, c'est que les artistes de ce théâtre privilégié jouissaient en outre d'une immunité spirituelle, en d'autres termes qu'ils étaient seuls exceptés de l'excommunication lancée contre les comédiens.

Dans les réglements dont nous avons parlé relativement à l'Opéra, sous les règnes de Louis XIV et de Louis XV, il est fait « très-expresses inhibitions et défenses à *toutes personnes, de quelque qualité que ce soit, même aux officiers de la maison du Roi*, D'Y ENTRER SANS PAYER. » Peu à peu cet article est tombé en désuétude. Aujourd'hui, non-seulement un grand nombre de personnages attachés à la cour, non-seulement les ministres, le préfet de la Seine, le préfet de police, les membres de la commission de surveillance, mais encore une foule d'employés de diverses classes dans les administrations, usent et abusent de leur position officielle pour imposer des entrées des loges gratuites aux théâtres royaux. Outre que de pareilles façons d'agir sont peu convenables et peu dignes, on pourrait dire qu'elles constituent une atteinte au principe fondamental du régime actuel : tous les Français doivent être égaux devant le contrôle des théâtres ainsi que devant la loi.

Nous citerons à ce propos un autre trait caractéristique des mœurs lésineuses du jour : beaucoup d'opulents habitués des théâtres royaux qui, par ostentation, louent une loge à l'année, font brocanter le coupon toutes les fois qu'ils n'ont pas l'intention de s'en servir. Les Richelieu et les Lauzun ne se doutaient guère, sans doute, que les brillants seigneurs d'une autre époque ne dédaigneraient pas de *faire des affaires* avec des marchands de billets. On trouve généralement que la moderne aristocratie d'argent tient beaucoup trop à ses titres de noblesse, autrement dit à ses pièces de cent sous et de vingt francs !

Autrefois, le Grand-Opéra, était en quelque sorte un salon où la haute société se donnait rendez-vous; depuis 1830, ce théâtre est devenu plus populaire ; on y compte cependant encore un grand nombre de fidèles habitués. Aux yeux des indigènes du Marais et de la rue Saint-Denis il a conservé son ancienne spécialité aristocratique ; pour eux, *aller à l'Opéra* donne toujours un certain relief de distinction. C'est surtout dans les petits spectacles qu'ils songent à tirer vanité d'une audition de *Robert-le-Diable* ou des *Huguenots*. Vous les entendrez souvent s'exclamer tout haut d'un ton dédaigneux : « Qu'est-ce que cela *quand on a vu l'Opéra!* »

La fameuse loge d'avant-scène, composée de l'élite des lions de l'époque, qui de 1833 à 1837 a fait tant de bruit (moralement et physiquement parlant) sous le nom de *loge infernale*, qui dictait des arrêts dans la salle, était redoutée et encensée dans les coulisses à l'égale d'une puissance; cette loge, disons-nous, n'existe plus aujourd'hui, du moins quant à la spécialité dont nous venons de parler. Différentes causes particulières ont dispersé presque tous les anciens membres ; on en cite un plus particulièrement infortuné, qui a été frappé d'une sous-préfecture.

Certains grands journaux ont toujours eu pour habitude d'imaginer différentes sources auxquelles ils sont censés puiser les nouvelles qu'ils publient. Après avoir usé et abusé des *salons politiques* et des *cercles les mieux informés*, ils en sont venus, afin de varier un peu, à y ajouter *le foyer de l'Opéra*. Que de chroniques paraissent avec ce préambule stéréotypé : « Hier on s'entretenait beaucoup au foyer de l'Opéra, etc. » En conséquence, beaucoup de bonnes gens considèrent le foyer de l'Opéra comme une espèce de forum politique; mais si, pour se mettre au courant de *la crise actuelle*, ils viennent prêter l'oreille aux bruits qui circulent dans ce lieu, quel n'est pas leur désappointement d'entendre, en fait d'importantissimes révélations des entretiens tels que ceux-ci : « Merci, pas mal, et vous? — Il fait bien froid; — il fait bien chaud; — il me semble que je n'ai pas aperçu ce soir madame Glandureau dans sa loge. — Elle est partie pour la campagne. — Duprez est en voix aujourd'hui, etc., etc. » Le *foyer de l'Opéra* est une des erreurs de l'époque.

L'entrée particulière des artistes de l'Opéra est du côté de la rue Grange-Batelière, dans un passage sombre et humide, assez semblable à une descente de cave. Les soirs de représentation, de dix heures à onze heures et demie, on aperçoit toujours à la lueur d'un quinquet douteux, une foule de jeunes ombres qui se promènent sous cette voûte, et

qui, en général, ont l'apparence de commis de magasins, d'artistes en herbe, ou de clercs d'avoués. Ces ombres semblent être dans l'attente, et au moment de la sortie, on dirait que de légères sylphides s'accrochent à leurs bras, puis disparaissent avec elles. Nous avons cru remarquer que les filles de l'air qui s'accouplent ainsi à de modestes sylphes de comptoir ou de bazoche, sont toutes fort jeunes, et qu'à en juger par leur mise simple, elles ne sont pas encore acclimatées dans les brillantes régions de l'Opéra. Parfois cependant, une nymphe portant l'attribut distinctif des divinités bien reconnues de l'Olympe lyrique, c'est-à-dire un cachemire ; après avoir, dans les coulisses, glissé à l'oreille d'un diplomate, d'un agent de change ou d'un prince russe, quelques mots qui ont paru contrarier l'interlocuteur et produire sur lui l'effet d'une excuse et d'une mauvaise défaite ; descend rapidement les degrés du théâtre, puis adressé, en passant sous la voûte mystérieuse, un regard furtif, à un adolescent paré de ses vingt ans plutôt que de son paletôt : ce regard apparemment doué d'une puissance électrique, entraîne aussitôt le jeune mortel sur les traces de la déesse. Ainsi, chaque soir le sombre souterrain de la rue Grange-Batelière, se peuple de gracieuses et poétiques visions et réveille des souvenirs de nuits vénitiennes.

Tout ce qui touche de près ou de loin aux théâtres, aux auteurs, aux acteurs et surtout aux actrices, a toujours eu le privilége d'exciter la curiosité du public. L'innocent spectateur, rentier, commerçant, père de famille et garde national, qui n'a jamais eu accès dans le monde dramatique, arrive jusqu'à l'âge de soixante ans, en conservant une foule d'illusions très-fraîches et très-voluptueuses touchant cet asile mystérieux, cet arcane impénétrable que l'on nomme *les coulisses*.

Les coulisses de l'Opéra, principalement, n'ont pas cessé d'être entourées aux yeux des profanes d'un prestige de féerie orientale ; elles sont inséparables des idées de houris, d'Almées, de bayadères. Le bourgeois qui serait admis à y pénétrer, aurait bien de la peine à ne pas se considérer comme quelque peu métamorphosé en pacha, et à ne pas se prémunir d'une foule de mouchoirs, pour les jeter aux beautés qu'il suppose toujours prêtes à recevoir une semblable faveur. D'autre part, il est passé en axiome moraliste, que quiconque a mis une fois le pied dans les coulisses de l'Opéra, éprouve à l'instant même un désenchantement amer et complet. Nous croyons pouvoir affirmer que des deux côtés il y a exagération. Ces coulisses ne rappellent pas très-exactement l'Orient ; les visiteurs ne sont point appelés à jouir *ipso facto* des béatitudes promises aux élus du paradis de Mahomet ; mais par contre, la réalité est loin d'être aussi réfrigérante que les moralistes le prétendent, témoins nombre de fidèles habitués qui paraissent enchantés des *désenchantements* qu'on éprouve en ce lieu. Une soixantaine de personnes environ jouissent de leurs entrées dans les coulisses de l'Opéra ; ce sont des lions pur sang, locataires de loges d'avant-scènes, de hauts employés des ministères, des artistes, des journalistes et des diplomates. Il est bon de faire remarquer que de temps immémorial et dans toutes les capitales de l'Europe, les ambassadeurs et leurs attachés ont toujours eu *de droit* le privilége d'être admis aux coulisses des théâtres chorégraphiques : nouvelle preuve du rapport mystérieux mais intime qui existe entre la pirouette et ce qu'on appelle encore la grave science de la diplomatie.

On pénètre dans les coulisses de l'Opéra, soit de l'intérieur de la salle, par une porte placée au bas de l'escalier qui conduit aux premières loges, soit par l'entrée des artistes qui ouvre, comme nous l'avons déjà dit, sur le souterrain de la rue Grange-Batelière. Des deux côtés il faut, pour arriver au sanctuaire, traverser une suite de couloirs obscurs, tortueux, et qui, par parenthèse, exhalent assez souvent des odeurs excessivement peu orientales. Impossible à un visiteur inexpérimenté de sortir sans guide de ce dédale, et il est plus vrai de dire sous le rapport topographique, que sous le rapport moral, qu'on est exposé à *se perdre* dans les coulisses de l'Opéra.

Sous l'ancienne monarchie et sous la Restauration, toute personne étrangère admise aux coulisses de l'académie royale de musique, devait avoir constamment le chapeau à la main. Aujourd'hui, cette marque de politesse n'est plus de rigueur que dans le foyer de la danse. Ce foyer est un ancien salon de l'hôtel Choiseuil, coupé en deux dans sa hauteur, et dont les pilastres, les glaces, les ornements sculptés attestent la richesse passée. Il est orné d'un buste en marbre de la célèbre mademoiselle Guimard, légué à l'Opéra par une clause expresse de son testa-

ment. Tout autour de la salle règne une balustrade dorée, sur laquelle s'appuyent les danseuses pour exécuter des *pliés*, des *battements*, des *hauts de jambe*, afin de s'assouplir avant de paraître sur la scène ; d'autres, répètent leurs pas au milieu du foyer, devant les glaces. Tous ces exercices chorégraphiques n'empêchent pas les sylphides de soutenir la conversation avec les visiteurs. Ce dialogue, mélangé d'entrechats, de pirouettes, de pointes de pieds levés à hauteur de l'épaule des interlocuteurs, offre un spectacle étrange, mais qui ne manque pas de pittoresque.

Jadis plusieurs actrices de l'Opéra ont été célèbres par leur esprit. Les bons mots de mademoiselle Cartou (la maîtresse du maréchal de Saxe), et plus tard ceux de Sophie Arnould, réjouissaient la ville et la Cour. Nous n'avons pas besoin de dire que toutes ces saillies étaient tant soit peu décolletées. En voici une qui n'est pas très-connue et que nous citerons comme chef-d'œuvre du genre. En 1795, Sophie Arnould, depuis quelque temps retirée du théâtre, avait fait l'acquisition de la maison des Pénitents de Saint-François à Luzarches : elle y vivait obscure et isolée, loin de ses anciens amis de Cour, dispersés par l'ouragan révolutionnaire, lorsqu'elle fut dénoncée comme suspecte de royalisme. Les membres du comité de surveillance de l'endroit envahirent sa retraite pour y procéder à une visite domiciliaire : « Mes amis, leur dit-elle en souriant, j'ai toujours été une citoyenne très-active et je connais par cœur *les droits de l'homme*. »

Sous ce rapport l'Opéra moderne n'a pas dégénéré ; on ferait un énorme recueil des piquants propos et des joyeuses anecdotes débités dans les foyers et dans les encoignures des *montants* de coulisses. Si la salle parfois critique la scène, la scène à son tour le lui rend avec usure. Pendant les entr'actes, des yeux de bayadères ou de dames de chœur viennent successivement s'appliquer aux deux ouvertures latérales de la toile, et là, toutes les figures et les tournures de spectateurs ou de spectatrices, pouvant prêter au ridicule, tous les manques de goût en matière de toilette, donnent lieu à un feu roulant de mordants quolibets ; mais aujourd'hui que l'esprit court les rues, il ne suffit plus pour donner la célébrité, et la renommée des modernes Sophie Arnould ne dépasse pas la rampe. C'est surtout dans le corps de ballet et dans l'*escadron* des choristes que l'on peut apprécier la justesse de cette observation de l'auteur d'*Antony* sur la merveilleuse aptitude des femmes à s'imprégner des idées, des habitudes et du langage de leurs *connaissances*. Ainsi vous entendrez de tout jeunes *rats* parler en amateurs consommés, de courses, de steeple-chases, de paris, de chasses, de races de chevaux, en un mot, de toutes les choses relatives au sport ; — ou bien causer avec aplomb beaux-arts et littérature ; — ou bien discuter gravement, soit la question d'Orient, soit tout autre question de politique intérieure et extérieure à l'ordre du jour, suivant que lesdits *rats* sont en relation avec un jeune gentleman-rider, un artiste, un diplomate ou un homme d'État.

Personne n'ignore à présent que l'on appelle *rats*, les jeunes sujets du corps de ballet, à cause de leur gourmandise, et parce qu'on les voit presque toujours *grignottant* quelque chose. Aussi les modernes don Juan s'adressent plutôt à l'estomac qu'au cœur; la carte d'un souper au café Anglais ou à la Maison-d'Or entre pour la plus grande part dans ce qu'on appelle les frais de séduction. Jadis la galanterie française se complaisait dans le madrigal, à cette heure elle tourne plus volontiers au perdreau truffé.

Une habitude caractéristique des *rats*, c'est qu'ils ont toujours à mettre en loterie un bijou, un tableau, un perroquet, etc. Les étrangers qui se fourvoyent dans les coulisses, sont exposés à être assaillis d'offres de billets de loterie par ces Reinganum en jupes de gaze. Qu'on se le dise !

Les anciennes chroniques ne parlent que du luxe extraordinaire de voitures, de livrées, d'ameublements, de bijoux, déployé par des déesses d'Opéra; aujourd'hui, ces exemples de fastueuse ostentation ont à peu près complètement disparu ; nous ne sachions pas une seule bayadère de la rue Lepelletier qui ait une voiture à elle. Ils sont loin les temps où le prince d'Hénin passait avec Sophie Arnould un contrat par l'une des clauses duquel il s'engageait à lui fournir un nouvel équipage tous les mois, où une nymphe qui florissait sous le Directoire, la célèbre Clotilde, jouissait, grâce à la munificence d'un prince italien et d'un amiral espagnol, de deux millions de rentes, et trouvait encore moyen, avec ce revenu royal, de faire, par an, environ 500,000 fr. de dettes.

Il est bien entendu que nos précédentes observations ne s'appliquent point aux *premiers sujets*, qui, à cette époque, se recommandent non moins par la régularité de leur conduite que par l'élévation de leur talent; maintenant le grand artiste est généralement bon époux, bon père, bon citoyen et même bon garde national. Duprez, Barojllhet, madame Stoltz, madame Dorus, etc., se montrent peu dans les coulisses, surtout quand ils jouent. Grâce à la coupe des opéras en cinq actes, et surtout au style criard et exagéré des partitions actuellement à la mode, les artistes quittent presque toujours la scène haletants, en sueur, et regagnent en toute hâte leur loge. Les grands génies du jour, inventeurs de la musique *savante, profonde, dramatique*, etc., seront cause qu'on pourra bientôt dire des chanteurs modernes, ce qu'on disait sous l'empire d'un régiment de grenadiers, à savoir qu'il ne devait pas durer plus de trois ans.

Tout le monde sait qu'à présent le chiffre des appointements des premiers sujets de l'Académie royale de Musique s'élève à un total exorbitant. Les *feux* ont augmenté dans la même proportion : le montant de ces feux varie de 200 à 300 fr. par soirée. Les chanteurs de troisième et de quatrième ordre en ont également et de très-confortables; l'un d'eux n'eût-il dans un opéra d'autre tâche musicale que de remettre une lettre en *ré* majeur, il touchera 40 à 60 fr.; cela se renouvelle à chaque représentation, de sorte que le port de cette lettre finit par revenir passablement cher à l'administration.

A ce propos nous pensons qu'on ne lira pas sans intérêt le document suivant, qui donne une idée des changements que deux siècles ont apporté dans la position financière des artistes de l'Opéra. Ce document porte la date du 11 janvier 1713; il est intitulé :

ÉTAT

Du nombre de personnes, tant hommes que femmes, dont le Roi (Louis XIV) VEUT ET ENTEND que l'Académie Royale de Musique soit TOUJOURS composée, SANS QU'IL PUISSE ÊTRE AUGMENTÉ NI DIMINUÉ.

Acteurs pour les rolles.

(Nous conservons partout l'ancienne orthographe.

BASSE - TAILLES.

Premier acteur.	1,500 livres.
Second acteur.	1,200
Troisième acteur.	1,000

HAUTES - CONTRES (ténors actuels).

Premier acteur.	1,500 livres.
Second acteur.	1,200
Troisième acteur.	1,000

ACTRICES POUR LES ROLLES.

Première actrice.	1,500 livres.
Deuxième actrice.	1,200

Suit une proportion décroissante jusqu'à la sixième actrice, qui est appointée à 700 livres.

POUR LES CHŒURS.

Vingt-deux hommes à 400 livres, et deux pages à 200 livres.
Douze femmes à 400 livres.

DANSEURS.

Deux premiers danseurs à 1,000 livres chacun ;
Dix autres à 800, 600 et 400 livres ;
Deux premières danseuses à 900 livres chacune ;
Huit autres à 500 et 400 livres.

ORQUESTRE.

Batteur de mesure (chef d'orchestre actuel) à 1,000 livres; suit la nomenclature de quarante-six instrumentistes, dont les appointements varient de 600 à 400 livres. *Deux* machinistes à 600 livres.

Il résulte de cet état officiel, qu'en 1713 le personnel de l'Opéra ne s'élevait pas à plus de *cent vingt-six* artistes ou employés, le tout coûtant par an *soixante-sept mille cinquante francs*, c'est-à-dire les deux tiers environ de ce que coûte aujourd'hui un seul premier sujet.

Après le grand Opéra, les seuls établissements publics remarquables que possède la rue Lepelletier, sont : — le fameux restaurant de Paolo Broggi, qui a fait pour la cuisine italienne, ce que Rossini a fait pour la musique du même pays, c'est-à-dire qu'il l'a rendue populaire et créé le dilettantisme de Macaroni, de Ravioli, de Pulpetti, etc. ; — un simple café que les habitudes des consommateurs ont transformé en club littéraire et politique. On l'appelle l'*Estaminet du Divan*. Pour être admis aux honneurs de l'introduction, deux qualités sont nécessaires : il faut être l'ami d'un homme de lettres, ou vouloir le devenir soi-même. Tout est littéraire dans cet établissement : les garçons eux-mêmes ne sont pas, dit-on, admis sans avoir un certain vernis de littérature, et ils ne sont reçus qu'après examen. —On ajoute que la plupart collaborent, sous des pseudonymes, à divers journaux de modes.

Lorsque vous entrez, ils vous disent : — Monsieur désire-t-il la suite d'Eugène Sue et sa demi-tasse? — Monsieur lira-t-il le feuilleton d'Alexandre Dumas, en prenant sa limonade? — Nous avons aujourd'hui un article de critique littéraire, et des tranches de jambon bien remarquables.

Quelquefois le maître de l'établissement vous aborde et vous dit à mi-voix : *Ah! ah! nous* avons publié *notre* feuilleton; c'est le cas de régler notre petit compte. Ou bien : — Nous arrangerons cela au moment de *notre* mise en vente. — Ou bien : — Je vous ferai remettre la petite note après votre *première*. — Je compte sur quelques billets.

Le National a, depuis cinq ans, planté son drapeau démocratique dans la rue Lepelletier. C'est également dans cette rue que M. Ganneron a récemment établi sa nouvelle banque d'escompte.

Le passage de l'Opéra est cité comme l'un des bazars de l'industrie élégante. C'est aussi le rendez-vous favori des Lions qui, le soir surtout, l'inondent d'un nuage de fumée de cigarres plus ou moins havane. Depuis quelque temps, les coulissiers de la Bourse, forcés d'abandonner le café de Paris et le perron de Tortoni, se sont réfugiés dans le passage de l'Opéra. Là, ils se coudoient avec les marchands de billets et de contre-marques. Ce rapprochement entre ces deux classes d'individus serait-il une épigramme du hasard ?

Le Grand-Opéra est pour la rue Lepelletier une cause de brillante animation. Les soirs de représentation, elle jouit du défilé des équipages et elle a en outre l'avantage d'être ornée de plusieurs plantons de gardes municipaux, cet inévitable indice de toutes les joies et de toutes les solennités modernes.

Albert Cler.

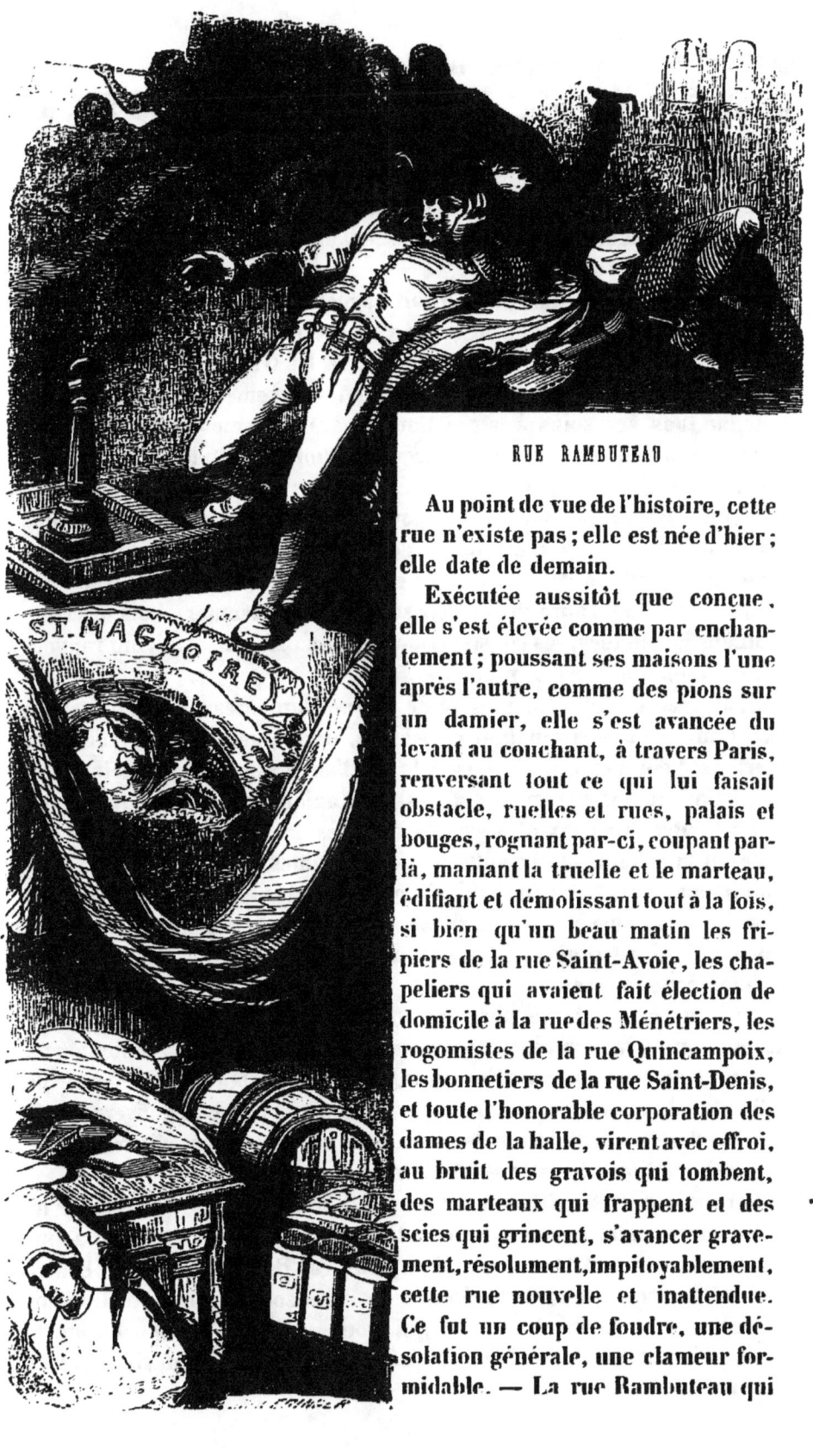

RUE RAMBUTEAU

Au point de vue de l'histoire, cette rue n'existe pas ; elle est née d'hier ; elle date de demain.

Exécutée aussitôt que conçue, elle s'est élevée comme par enchantement ; poussant ses maisons l'une après l'autre, comme des pions sur un damier, elle s'est avancée du levant au couchant, à travers Paris, renversant tout ce qui lui faisait obstacle, ruelles et rues, palais et bouges, rognant par-ci, coupant par-là, maniant la truelle et le marteau, édifiant et démolissant tout à la fois, si bien qu'un beau matin les fripiers de la rue Saint-Avoie, les chapeliers qui avaient fait élection de domicile à la rue des Ménétriers, les rogomistes de la rue Quincampoix, les bonnetiers de la rue Saint-Denis, et toute l'honorable corporation des dames de la halle, virent avec effroi, au bruit des gravois qui tombent, des marteaux qui frappent et des scies qui grincent, s'avancer gravement, résolument, impitoyablement, cette rue nouvelle et inattendue. Ce fut un coup de foudre, une désolation générale, une clameur formidable. — La rue Rambuteau qui arrive! la rue Rambuteau qui passe! On eût dit vraiment que l'émeute était aux portes, et le cloître Saint-Merri en feu.

Ce premier effroi passé, la rue Rambuteau fut acceptée, et de fait c'est là une magnifique rue; applaudissons encore à la création de cette nouvelle voie parisienne : tout ce qui doit embellir et purifier la grande ville est bon à prendre ou à recevoir.

« La magnificence de Paris, disait naguère M. Hippolyte Meynadier,
» dans une brochure sur les travaux d'art et d'utilité publique, atteindra
» les dernières limites, telles que peuvent les tracer nos sociétés mo-
» dernes, lorsque l'autorité, à la tête d'un mouvement progressif, aura
» donné tous ses soins à la création des grandes voies de communica-
» tion, si indispensables, sans lesquelles notre capitale ne peut avoir
» toute sa majesté; lorsqu'elle aura érigé, dans des institutions étudiées
» et convenables sous tous les rapports, les grands monuments d'utilité
» publique qui sont à créer ou à reconstruire; lorsqu'elle aura dégagé
» nos vieux édifices des entourages grossiers qui les obstruent trop sou-
» vent; lorsqu'elle aura même pris soin de faire exécuter, dans des con-
» ditions artistiques, les constructions qu'elle ordonne et qui ont rapport
» aux besoins du service public. »

M. Meynadier doit être content de la rue Rambuteau, cette puissante artère ouverte à la circulation parisienne, une large voie qui relie trois quartiers différents, qui dispense à la fois l'air, l'espace et le soleil, à une population nombreuse et étouffée, trait-d'union commercial qui soude l'un à l'autre les deux plus grands marchés de Paris : les carreaux des halles et la rotonde du Temple, les commestibles et le vieux linge; mais n'anticipons pas. Cette rue, qui n'a point d'histoire à elle, appartient au passé par les souvenirs qui se rattachent au sol, au présent par la physionomie qui lui est propre, à l'avenir par les services qu'elle doit rendre. Parlons donc du passé.

Aidés de ce nuage de poussière et de vieux plâtre qui promène un instant son antique auréole au-dessus des édifices démolis, remontons à la source de cette rivière d'indienne, côtoyons les bords de ce fleuve de calicot et de madapolam, car déjà la cotonnade règne et gouverne à la rue Rambuteau. Établissons la généalogie, et consultons, s'il vous plaît, l'arbre héraldique de cette nouvelle venue.

Paris n'a pas été bâti dans un jour, dit un vieil adage; l'enceinte de Philippe-Auguste, commencée en 1190, est là pour le prouver. La muraille terminée en 1221 passait, d'un côté, rue du Chaume, et de l'autre à Saint-Eustache. Ces deux limites de Paris sont aujourd'hui le commencement et la fin de la rue qui nous occupe. Philippe-Auguste avait prévu M. de Rambuteau; le préfet de la Seine a compris le roi de France.

Enfermer cet espace, ce n'était rien, il fallait le peupler; il y avait, il est vrai, des murs à la ville et des portes à ces murs, mais tout Paris était encore dans la Cité; les gens aventureux de ce temps-là, les Christophe Colomb du Pont-au-Change, s'avançaient bien jusqu'au pied de l'Hôtel-de-Ville, voire même jusqu'à la rue des Lombards, mais c'était tout. Au-delà, c'étaient d'immenses terrains vagues, de grands clos ensemencés, où l'herbe croissait plus vite que le bon grain : c'était la campagne, c'étaient les champs, la plaine Saint-Denis dans un mur d'enceinte.

Cependant on apercevait par fois, en cherchant bien, quelques taudis de mauvaise apparence, perdus dans ce désert fangeux, maisons lugubres, d'allures suspectes et de rencontre périlleuses, coiffées de chaumes ébouriffés, toujours guettant par leurs sinistres lucarnes, et devant lesquelles le bourgeois attardé n'eut passé qu'en tremblant. Puis çà et là jetés comme des germes civilisateurs, comme des colonies naissantes, on voyait de loin à loin s'élever le clocher d'une chapelle, les tours d'une abbaye, véritable forteresse monastique, où le froc cachait la cuirasse, où la croix n'était que la poignée de l'épée. Tel était, en 1138, le couvent des religieux de Saint-Magloire, situé à égale distance de la chapelle Saint-Agnès, qui fut depuis Saint-Eustache, et du grand chantier du Temple, sur l'emplacement duquel on a construit l'hôtel Soubise. Qui eut dit que ces trois jalons féodaux jetés dans le xiie siècle sur l'extrême limite du vieux Paris serviraient, en quelque sorte, de points de rappel aux géomètres de notre temps pour tracer la rue la plus bourgeoise, la moins dévote et aussi la moins guerrière du Paris moderne.

Quand bien même la rue Rambuteau n'aurait pas d'autre illustration que celle-là, ce lui serait assez d'appartenir par son commencement, par son milieu et par sa fin, à trois des plus curieux monuments historiques du moyen-âge; car, ainsi placée, elle peut résumer à elle seule l'histoire politique et religieuse de Paris du xiie au xviiie siècle.

N'est-ce pas à l'angle de la rue du Chaume et de la rue de Paradis, derrière ces murs où sont enfermés aujourd'hui les Archives du royaume, que se trouvait situé en 1182 le grand chantier des Templiers, vaste dépendance de cette congrégation militaire et religieuse, à laquelle un roi légua son royaume. Dans cette enceinte, qui communiquait avec le Temple, les chevaliers de la Croix-Rouge avaient fait construire les boucheries de leurs couvent.

Deux siècles plus tard, les Templiers étaient dispersés depuis longtemps; l'ordre, dépouillé et banni, errait à l'étranger. La ville, voulant témoigner sa reconnaissance au connétable Olivier de Clisson, qui avait intercédé auprès du roi Charles VI pour les Parisiens révoltés, lui donna le grand chantier du Temple, qui porta depuis le nom d'hôtel de la Miséricorde, en commémoration de la clémence d'Olivier de Clisson.

Le vieux capitaine affectionnait cette résidence, qui le rapprochait du roi son maître; Clisson passait de longues heures à l'hôtel Saint-Paul. Un jour il y resta plus longtemps que de coutume, le roi était ce jour là dans un accès de cette noire misanthropie qui devait plus tard se changer en démence. Le connétable, accompagné d'une suite peu nombreuse, s'en revenait dans la nuit, nuit mémorable du 13 juin 1391, lorsqu'il fut assailli, au coin de la rue Culture-Sainte-Catherine, par une troupe d'hommes armés. Pierre de Craon, seigneur de Sablé, chambellan et favori du duc d'Orléans, frère du roi, était à leur tête. Surpris à l'improviste, le connétable, percé de plusieurs coups, fut laissé pour mort sur la place, il en revint pourtant. Seize ans après, le duc d'Orléans, à l'instigation duquel avait été commis ce guet-à-pens, fut moins heureux, il fut tué dans la rue Barbette, par des assassins aux gages du duc de Bourgogne, Jean-sans-Peur, dans la nuit du 22 novembre 1407. Son corps, provisoirement transporté à l'église des Blancs-Manteaux, dut passer devant l'hôtel de la Miséricorde, sorte d'expiation que la Providence lui réservait peut-être, lugubre rapprochement que le hasard opéra seul, car le vieux connétable était mort le 25 avril de la même année, quelques mois auparavant, dans ses terres de Bretagne, mort dans son lit, dans son honneur et dans sa fidélité, âgé de 75 ans.

Comme on le voit, il y a du fer dans le blason de la rue Rambuteau; patience, il y a de l'or aussi.

Savez-vous quel est cet homme de haute taille, à la jaquette de velours violet, fourré de martre, monté sur un cheval caparaçonné d'or et de soie, qui va faire son entrée triomphale dans la ville de Rouen, la ville conquise, ayant à ses côtés les deux plus grands capitaines du temps, le comte Dunois et le seigneur de la Varennes. Cet homme, l'égal des princes, l'ami du roi, plus que son ami, l'ami de la France, l'ennemi des Anglais; cet homme, général de la mer, qui touchait d'une main au sultan des infidèles, et de l'autre au pape, c'est le fils d'un obscur marchand de la cité de Bourges, que son génie éleva au premières dignités de l'État: c'est Jacques Cœur.

L'or du marchand fut plus puissant que le fer des vaillants capitaines, et sans le secours du *petit roi de Bourges*, comme on l'appelait, peut-être que Charles VII n'eût jamais reconquis son royaume. Aussi, tant qu'il eut besoin de ses services, le roi se montra-t-il reconnaissant; il le nomma son argentier. Il venait le visiter souvent dans sa maison; là, assis sur des fauteuils à franges, mi-partie d'or et de soie, le prince et le sujet travaillaient ensemble à huis-clos, ou *devisaient privément de choses plaisantes*. Là aussi se glissait parfois en secret, le visage couvert d'un loup de velours, encapuchonnée dans sa mante, la belle Agnès Sorel, la gente damoiselle, lorsqu'elle voulait cacher à son royal amant quelque dépense exagérée, quelque folle acquisition d'étoffe et de joyaux.

De tout temps, la finance a eu le gracieux privilège de ces visites confidentielles et intéressées, la rue Rambuteau s'en souvient. Mais ce sont surtout les talonnières ferrées des grands seigneurs, qui usaient le pavé de l'argentier du roi. Dieu sait combien de haut-de-chausses, de chaperons de velours et de harnais de batailles, sont sortis de l'épargne de Jacques Cœur.

« *La noblesse est emprunteuse, c'est là son moindre défaut.* » Elle lui devait des sommes immenses, aussi, pour s'acquitter envers lui, Chabannes, Dammartin, la Trimouille et quelques autres, firent-ils saisir ses biens en son absence. On excita la colère et la jalousie du roi contre cet homme qui, la veille encore, venait de terminer, à force d'or et d'habileté, l'importante négociation de Turin.

Fort de son innocence, Jacques Cœur voulut se justifier; on le saisit, et il fut enfermé sous bonne garde dans le couvent des Cordeliers de Beaucaire; on fit mine d'instruire son procès, mais la sentence était prononcée d'avance : la confiscation, la prison et le bannissement, voilà ce que Charles VII gardait à celui qui, bien mieux que la Pucelle, l'avait fait sacrer roi à Reims.

Réhabilitée par Louis XI, la mémoire de Jacques Cœur est venue jusqu'à nous pure de toute souillure, M. de Rambuteau a voulu s'associer à ce grand acte de réhabilitation, et là où fut autrefois la maison de Jacques Cœur, on peut voir entre la rue Saint-Avoie et la rue Saint-Martin, sur la façade de l'une des plus élégantes maisons de la rue nouvelle, le buste d'un homme qui fut à la fois un grand financier, un habile diplomate et, chose trop souvent incompatible, un très-honnête homme. Cette simple devise, gravée sur la pierre au-dessous de son effigie, en dit plus que tous nos éloges :

A JACQUES CŒUR ;

PROBITÉ, PRUDENCE, DÉSINTÉRESSEMENT.

Puisse cet éclatant hommage rendu par la ville de Paris à la probité du petit marchand de Bourges, profiter à l'avenir de la rue Rambuteau. Déjà tout le commerce du quartier a fait invasion dans la rue nouvelle ; la renommée de Jacques Cœur trouble le repos de la toile d'Alsace, et empêche l'article Paris de dormir ; chaque marchand rêve derrière son comptoir les splendeurs de l'argentier du roi ; il s'y fait des commandes et de la diplomatie par correspondance. La bourre-de-soie trame des protocoles et des cachemires pur laine ; les fauteuils gothiques ont remplacé les tabourets de paille, et toutes les demoiselles de magasins sont des Agnès. Le dix-neuvième siècle a rétrogradé jusqu'au quinzième. Il y a des circonstances où reculer, c'est progresser.

Mais j'aperçois d'ici le carrefour où s'ouvrait la bouche noire, humide et infecte d'une ruelle autrefois célèbre. Qu'a-t-on fait de la rue des Ménétriers, je vous prie, joyeuse fille du vieux Paris, qui, dès le XIIIe siècle chantait incessamment la nuit et le jour d'une voix rauque et avinée, à l'angle de la rue Beaubourg et de la rue Geoffroi-Langevin ? En 1225, c'était la rue *aux joueurs de vielle*, puis la rue des *Jugleours* ; au XIIIe siècle rue aux *Jongleurs*, plus tard rue des *Ménestrels*, et depuis 1482, rue des *Ménestriers*.

Pour moi, je l'avoue, j'aime cette rue d'un amour d'artiste ; j'ai pour elle une sorte de vénération et de respect filial, quand je songe que ce titre de *Ménestriers* fut l'humble manteau qui recouvrit, il y a huit siècles environ, les musiciens et les poëtes.

On les appelait troubadours ou trouveres, soit qu'ils vinssent du Midi ou du Nord ; quelquefois même on les nommait sans scrupule jongleurs et *ménestriers*. Qu'était-ce, en effet ? des bateleurs vagabonds, qui faisaient simplement dans leur pélerinage poétique la langue d'*Oc* ou la langue d'*Oil*, reconstruisaient à la France un idiome perdu depuis longtemps, ou corrompu par les invasions des Barbares et les conquêtes des Romains, créaient une poésie, trouvaient une musique, et civilisaient des peuples au son des vielles et des rebecs. Dès le xie siècle les troubadours, trouvères, jongleurs ou ménestriers, s'étaient déjà rendus fameux, et comme les bonnes choses et les saines traditions ne durent guère, ils ne tardèrent pas à dégénérer, de telle sorte que Philippe-Auguste se vit contraint de les bannir la première année de son règne. Alors la gaîté insoucieuse, le rire franc et jovial, les belles histoires et les bons contes, les jolis refrains des ménestriers, les chants amoureux des troubadours, les divertissantes singeries, les merveilleux tours de gibecières, les danses plaisantes et les jovialités des jongleurs, tout cela s'en fut tristement dans la terre d'exil, laissant en grand émoi nobles dames et jeunes seigneurs, et plongeant toutes les châtelennies d'Oc et d'Oil dans la consternation et dans le deuil. De la Provence à la Picardie, ce ne fut qu'une lamentable clameur de détresse; aussi vit-on bientôt revenir les joyeux compagnons de la Ménestrandie.

La nouvelle de leur retour se répandit promptement; jamais roi couronné ne fut plus cordialement, plus magnifiquement accueilli. Ils rapportaient tant de nouvelles chansons, tant de galantes histoires, tant d'aventures merveilleuses, et d'autres qui avaient pieusement utilisé leur pèlerinage étaient chargés de tant de précieuses reliques péniblement apportées de la Terre-Sainte, que l'enthousiasme ne connut bientôt plus de borne.

Jacques Grure et Hugues-le-Lorain, deux ménétriers dont les affaires avaient prospéré sur la terre d'exil, fondèrent à cette époque une chapelle dédiée à saint Julien et à saint Genest; ils y annexèrent un hôpital où les ménétriers et jongleurs étrangers passant par la ville de Paris étaient reçus et hébergés gratuitement. Enfin, peu de temps après, ils formèrent une confrérie sous le patronage de saint Julien et saint Genest. Le règlement de cette confrérie fut dressé au Châtelet, le 23 novembre 1321. Ce règlement est un véritable privilége en faveur des ménétriers parisiens; il fut signé par trente-sept ménétriers jongleurs ou jongleresses, au nombre desquels se trouvaient Pariset, ménestrel du roi; Jaucor, fils du *Moine*, et Marguerite, *la Femme au Moine*. Pour justifier ces surnoms, au moins étranges, il n'est pas inutile de dire que la rue *des Ménétriers* touchait de fort près aux murs du couvent de Saint-Magloire; le voisinage explique tant de choses. Les compagnons, ou membres de la confrérie des Ménétriers, avaient croix et bannières, ainsi que toutes les autres corporations, et l'on voyait dans le sceau de la confrérie Saint-Genest, droit et raide, jouant de la vielle avec toute la gravité et le décorum qu'exigeaient son titre et sa position de bateleur canonisé.

A cette époque la confrérie était en telle odeur de sainteté, que saint Louis voulant lui donner une marque de sa royale munificence, exempta les compagnons du droit de péage, à l'entrée de Paris, sous le Petit-Châtelet, à condition qu'ils feraient sauter leurs singes et chanteraient une chanson devant le péager. Telle est l'origine de ce proverbe si connu :

— « *Payer en monnaie de singe.* »

Mais, hélas ! il en fut des *ménestriers* comme des grands de la terre ; ils ne purent demeurer longtemps au faîte où ils s'étaient élevés, et le jour de leur grandeur fut celui de leur décadence.

Depuis quelque temps la rue des Ménétriers se dérangeait. On avait eu beau la baptiser et la rebaptiser vingt fois, elle restait toujours un peu païenne, en dépit des ordonnances de Philippe-Auguste et des sages édits du saint roi. Jamais on n'avait ouï tant de chansons obscènes ; il y avait du libertinage dans l'air ; du matin jusqu'au soir, du soir jusqu'au matin c'était un continuel fracas de pots fêlés, de refrains grivois, de baisers retentissants et d'instruments discords ; on voyait incessamment courir dans la pénombre de cette rue obscure des formes ivres et débraillées ; déjà des regards indiscrets et des lèvres plus indiscrètes encore avaient éventé bien des secrets. Certaine porte du couvent de Saint-Magloire, condamnée du temps de Philippe-Auguste, s'ouvrait par fois à la nuit close, et les médisants assuraient que Marguerite-la-Jongleresse, surnommée la *Femme-au-Moine*, n'avait pas entièrement volé ce surnom. Les mœurs des Ménétriers avaient déteint sur le couvent, où la chanson était plus en honneur que le cantique. Puis on disait ceci et cela, et bien d'autres choses encore ; il est vrai que les beautés peu farouches de la rue Trousse-Nonain dénouaient trop facilement, peut-être, leurs ceintures dorées ; il se peut aussi que plus d'une fois les joyeux compagnons de la confrérie des Ménétriers leur aient appliqué la paternelle ordonnance de saint Louis, et que, par une licence poétique un peu hasardée, ils aient traité ces prêtresses de l'amour satisfait comme la barrière du Petit-Châtelet, dont ils payaient le passage en monnaie de singe.

Déjà bannis une première fois pour cause de libertinage, les ménétriers n'en continuèrent pas moins leur vie licencieuse et déréglée ; leurs désordres nouveaux furent portés à un tel excès, que le prévôt de Paris se vit obligé de rendre une ordonnance qui leur fit « défense de rien dire, représenter ou chanter dans les lieux publics et autres qui pût causer quelque scandale, à peine d'amende, de prison, et d'être réduit au pain et à l'eau. » Atterrés par cette loi sévère, ils se séparèrent et prirent différents partis : les uns se livrèrent à l'exercice des tours de force et d'adresse, et furent appelés bateleurs ; telle est l'origine des danseurs de corde. A l'entrée d'Isabeau de Bavière, un ange, précurseur d'Auriol et de Mazurier, descendit sans balancier sur une corde tendue à la porte

Saint-Denis, et vint poser une couronne sur la tête de la reine. C'était un de ces bateleurs.

Les autres après avoir fait divorce avec les singes, se lièrent entre eux et fondèrent la compagnie des Ménestrels.

Enfin, les derniers, dévots à la mémoire de leurs patrons, se vouèrent au culte du vrai Dieu, et voulant devenir maîtres de chapelle, parvinrent, non sans peine, à la dignité de chantres de paroisse.

Ainsi finit la confrérie des Ménestriers; l'institution s'éteignit, mais le principe survécut; que sont en effet de nos jours l'association des *auteurs dramatiques*, celle des artistes, des directeurs de théâtres, des gens de lettres? et la plus jeune de toutes, la société des musiciens qui vient de se fonder, que sont elles? si non les filles dégénérées de la grande *confrérie des Ménétriers*.

Quant à la rue, elle existait encore il y a six mois, toujours noire, toujours humide, elle était devenue l'asile des ateliers de chapellerie que le marteau municipal en a chassé. Le monastère de Saint-Magloire n'existait plus, le souffle révolutionnaire qui fit écrouler tant d'édifices féodaux, abattit en 1790, l'église et le couvent, et de ce puissant monastère, il ne resta bientôt plus rien qu'une impasse.

La ville de Paris vient de jeter un pan de son manteau sur toutes ces souillures, les taches du passé ont disparu; mais si vous soulevez les dalles du trottoir ou le pavé de la chaussée, vous trouverez peut-être encore les traces boueuses de la rue des Ménétriers; les traces sanglantes du gibet de Saint-Magloire.

D'un gibet à un cardinal, il n'y a que la corde, le sang tombé de l'un, a bien souvent ravivé la pourpre de l'autre; surtout quand ce dernier s'appelait Charles-de-Lorraine, cardinal de Guise. Que sa sainteté nous le pardonne, la rue Rambuteau tient à ses illustrations, et chacun sait que l'hôtel d'Olivier de Clisson est passé en 1587, à la maison de Lorraine. C'est là que fut le berceau de la Ligue, les massacres de la Saint-Barthélemi ont été conçus à l'hôtel de la Miséricorde.

Pourquoi faut-il que nous trouvions toujours sous notre plume des souvenirs sanglants? — Voici venir une femme, jeune et belle, rieuse et folâtre, et qui va nous parler d'amour. Que portez-vous donc là, belle dame? quel est ce bijou mignon coquettement suspendu à votre châtelaine guillochée? Dieu me pardonne! ce sont des ciseaux, je crois. Jamais ces blanches mains aux fossettes amoureuses n'ont manié l'aiguille; jamais ces beaux yeux ne se sont rougis à l'ardeur du travail! Pourquoi donc ces jolis ciseaux dorés dont la pointe acérée est moins fine pourtant que votre esprit? — Ah! je comprends; ce sont d'enragés Ligueurs que ces petits ciseaux mignons, et vous, madame, vous êtes la duchesse de Montpensier. qui venez savoir de votre bon oncle le cardinal, comment on s'y prend pour changer une couronne en tonsure, et faire un moine d'un roi.

On gratte à la porte;—Qui est là?—Vite, vite, madame la duchesse, remettez votre loup de velours; esquivez-vous par la porte secrète, il ne faut pas que l'on vous voie; il ne faut pas que vous puissiez voir. Ce bon cardinal, comme il est ému. La duchesse s'est éloignée; la portière est retombée sur elle; on peut ouvrir maintenant. Cette fois c'est encore une femme.—Est-elle jeune? est-elle jolie?—Attendez; elle a quitté sa mante; elle est jeune. Son masque tombe; elle est jolie.

Jolie, dites-vous? mais elle est charmante : demandez plutôt à Henri III, qui l'a surnommée la belle Gabrielle. Voyez la gracieuse taille, le pied mignon, la bouche vermeille et épanouie, les belles mains, les beaux yeux! oh! que tout cela est bien fait vraiment, pour enivrer d'amour rois, princes et cardinaux!

Mais, dites-nous de grâce, charmante Gabrielle, ce que vous venez faire à l'hôtel de Guise? ou plutôt ne dites rien. Allez, bouleversez le cabinet de son éminence; riez, chantez, lutinez ce pauvre cardinal de Lorraine, qui n'en peut mais, empêché qu'il est, le saint homme, par son avarice et sa soutane rouge.

Gabrielle est déjà loin. Ah! Monsieur le cardinal! non-seulement vous voulez enlever au roi son royaume, mais vous lui prenez encore sa maîtresse! une vive et pétulante jeune fille de dix-huit ans, pleine d'amour et de folie, ardente au plaisir comme un page; et vous vous imaginez qu'il n'en sera que cela. Tudieu! Gabrielle ferait-elle donc aussi partie de la sainte Ligue, passe encore pour la tonsure, que vous ménagez à Henri, passe pour les barricades, passe pour la Saint-Barthélemi; mais la maîtresse du roi, la Gabrielle d'amour, que vous laissez aller au bout d'un an, par une ladrerie indigne. Prenez-y garde, le jour des représailles viendra : et le 24 décembre 1588, il ne tiendra qu'à vous de voir derrière le poignard des assassins de Blois, l'arme d'une femme irritée qui se venge!

Mais, non, Gabrielle était trop bonne fille pour cela. Comme elle avait passé du roi au cardinal, elle passa du cardinal au duc de Longueville, et de celui-là à un autre, jusqu'à ce qu'elle fût enfin remonté de nouveau dans la couche royale; de Henri III à Henri IV elle avait franchi un règne, et sa beauté avait fait comme elle; le bouton s'était épanoui, la fleur était alors dans tout son éclat, dans tout son parfum.

La rue Rambuteau est toute remplie du souvenir de cette adorable femme. L'histoire de ses amours est écrite à chacun de ses angles, sous chacun de ses pavés. En sortant de chez le cardinal de Lorraine, elle trébucha à mi-chemin et fit une chute; elle se releva duchesse de Beaufort. Ce petit hôtel, qui se cache derrière une des façades de la rue Rambuteau, sur la droite, non loin de la rue Quincampoix, nous en dirait bien plus long à ce sujet. C'est là que vint au monde César de Vendôme.

cet enfant chéri de Henri IV, qui fut le père du duc de Beaufort, l'un des chefs les plus influents de la Fronde ; le duc de Beaufort, idole des Parisiens, qui l'avaient surnommé le roi des Halles, avait, dit-on, du sang de ligueur dans les veines ; comment n'eût-il pas été Frondeur.

Un peu plus loin, rue de de la Chanvrerie, ou mieux rue Rambuteau, nous retrouvons encore l'empreinte de ce joli pied qui se posait sans se fixer jamais. Or, Gabrielle avait le cœur sur le pied. Cette fois pourtant l'hôtel a gardé un plus long souvenir de sa propriétaire. A cette porte, Henri IV s'arrêta souvent, la rue était étroite et obscure ; il se glissait le long des murailles, le joyeux roi, comme un écolier en bonne fortune ; tandis que Sully le croyait enfermé dans son Louvre, il se livrait aux charmes d'un

amoureux tête-à-tête, ou au plaisir de quelque bonne partie de dés avec M. de Villars ; il perdait vaillamment deux ou trois mille pistoles, et la belle Gabrielle, accoudée sur le dossier du royal fauteuil, suivait d'un œil curieux le rapide mouvement des dés et de l'or sur le tapis.

Pendant que nous suivons au vol, et d'amours en amours, la changeante Gabrielle, la rue Rambuteau a vu bien d'autres révolutions, ma foi. Un grand cri s'est fait entendre; une clameur formidable a retenti; c'est la journée des barricades qui finit; le roi vient d'envoyer le maréchal de Biron à l'hôtel de Guise, prier le duc d'intervenir pour sauver les troupes royales de la fureur du peuple; le duc, flatté, est monté à cheval et l'ordre s'est rétabli aux cris mille fois répétés de vive Guise! vive la Ligue! Ramené en triomphe à son hôtel, le chef des Ligueurs, se tournant vers les Parisiens, leur dit alors ces remarquables paroles : « C'est assez, c'est trop, Messieurs; criez vive le roi! » Et l'on cria vive le roi, comme on avait crié vive la Ligue, tant était grande l'influence de cet homme, plus roi que le roi lui-même.

En 1697, l'hôtel est passé à François de Rohan, prince de Soubise, qui l'a fait reconstruire en 1706, tel qu'il existe encore, le fronton décoré des armoiries de la maison de Rohan-Soubise était un chef-d'œuvre de Le Lorrain, Brunetti peignit le grand escalier, un luxe vraiment royal présida à cette importante restauration.

Sur ces murailles, véritable memento historique, on déchiffre une date et un nom : mars 1786. — *Cardinal de Rohan.* — *Collier de la reine.*

Place, place; laissez passer le carrosse de monseigneur le maréchal prince de Soubise, le noble seigneur a trouvé sans doute qu'il y avait bien loin de la rue du Chaume à la rue de l'Arcade, et le voilà qui abandonne son hôtel pour aller mourir dans l'alcove d'une fille de l'Opéra, comme on disait en 1787.

Aujourd'hui cet hôtel, qui garde le souvenir des Templiers, d'Olivier de Clisson, de la maison de Lorraine et de la famille des Rohan-Soubise, sert d'entrepôt, de magasin, de bibliothèque, comme on voudra l'appeler, aux Archives de France. Il était certes, impossible de trouver un emplacement qui fût à la fois plus digne de cet honneur et en même temps moins propre à cette importante destination.

Ici nous touchons à la fin de notre tâche; nous avons demandé au passé tout ce qu'il pouvait décemment nous apprendre; on devinera que si nous n'avons pas tout dit, c'est que la naïveté du vieux langage touche parfois à la licence, et la rue Rambuteau est un peu prude. Que voulez-vous? la bonnetterie a des mœurs. Respectons la candeur du fil d'Ecosse et ne faisons pas rougir la toile peinte.

Nous avons passé au galop de notre plume à travers la rue Quincampoix, obstruée sous la régence par les agioteurs du Mississipi; la fièvre de l'or est contagieuse : heureux temps que celui où l'on se battait à la porte de l'hôtel de Nevers, pour avoir le privilége de perdre son argent; on se battait encore aujourd'hui, mais pour avoir le droit de le garder. — Autres rues, autres mœurs.

Partis de la rue du Chaume, nous voici arrivés aux halles en droite ligne.

La rue Rambuteau s'arrête là.

De tout ce passé plein de gloire, d'amour, de sang et de boue, la rue Rambuteau n'a rien gardé : c'est une rue nouvelle s'il en fut; propre, droite et quelque peu monumentale; d'un luxe sobre et bourgeois; une rue qui résume admirablement l'époque et le quartier qui lui ont donné le jour, style de la rue Rambuteau : car cette rue a son langage comme elle a ses mœurs et sa physionomie. La rue Rambuteau dit : mon *épouse*, pour dire ma femme et prononce *aigledon*, pour édredon. Elle se couche à dix heures, habitude du Marais, porte des pantalons de nankin l'été et

des parapluies en toute saison. A cela près, c'est une rue irréprochable, honnête et probe, pleine d'honneur et de dignité; les maisons s'y alignent comme les colonnes d'un livre de caisse, et les portiers de cette rue tiennent leurs escaliers en partie double avec une régularité irréprochable.

Il est vrai de dire que l'orgueil entre pour beaucoup dans ce luxe d'éponges et de paillassons, l'orgueil ce Charançon de la petite propriété; l'orgueil qui a perdu tant de rues illustres, est ce qui a sauvé celle-ci, en lui faisant choisir tout d'abord un préfet pour parrain? et quel préfet! le plus magnifique et le plus brillant; celui dont l'administration a réalisé en quelques années toutes les améliorations depuis si longtemps rêvées ; à qui Paris est redevable des immenses travaux des Champs-Élysées, des boulevarts, de la place de la Concorde et des quais de Paris ; celui à qui l'on doit le splendide achèvement et l'intelligente restauration de l'Hôtel-de-Ville, et qui, placé à la tête du corps municipal, représente la ville tout entière ; en un mot, le préfet de la Seine, M. de Rambuteau.

A M. de Rambuteau appartient l'heureuse idée de percer cette rue nouvelle ; la rue reconnaissante s'est parée de son nom ; c'était justice.

Mais qu'on ne s'y trompe pas, la rue Rambuteau est une rue politique, à elle seule ; elle a plus fait pour la tranquillité de Paris que vingt régiments et cinquante mille baïonnettes. La rue Rambuteau coupe à tout jamais le pied à l'émeute, en dévidant ce terrible écheveau de ruelles embrouillées de carrefours fangeux, de cul-de-sacs immondes qui étendaient leur sinistre réseau du marché des Innocents à la rue Saint-Avoie, et de l'Hôtel-de-Ville au cloître Saint-Merry.

Cette rue restera, comme un des plus utiles monuments de l'administration de M. de Rambuteau, et peut-être qu'un jour, lorsque les passions seront calmées, et que la consécration du temps permettra d'honorer chacun selon ses mérites, il se trouvera à la tête du conseil municipal de Paris un magistrat qui fera pour M. de Rambuteau ce que le préfet de la Seine vient de faire pour le petit marchand de Bourges.

Nul doute que la postérité n'inscrive alors en première ligne, à côté du nom de M. de Rambuteau, ce mot qui résume à la fois l'homme et le magistrat : *Urbanité!*

Ch. Rouget.

FIN DE LA PREMIÈRE PARTIE.

TABLE DES MATIÈRES

DU TOME PREMIER.

	Pages.
A Travers les Rues, par Louis Lurine.	1
Place de l'Hôtel-de-Ville, par Eugène Briffault	21
Rue de la Chaussée-d'Antin, par Amédée Achard	39
Place Royale, par Jules Janin.	49
Rue Pierre-l'Escot, par Taxile Delort	69
Allée et Avenue de l'Observatoire, par Étienne Arago.	81
Rue de la Harpe, par Roger de Beauvoir.	93
Rue Laffitte, par Eugène Guinot.	105
Rue et Faubourg-Saint-Antoine, par Touchard-Lafosse	115
Rue Notre-Dame-de-Lorette, par Albéric Second.	131
La Cité, par Paul L. Jacob, Bibliophile.	141
Rue de la Paix, par Emile Marco de Saint-Hilaire.	159
Rue des Blancs-Manteaux, par Carle Henriès.	175
Le Palais-Royal, par Eugène Briffault.	185
Rue Saint-Florentin, par Louis Lurine.	205
Rue des Lombards, par Louis Huart.	227
Rue et Passage du Caire, par Elie Berthet.	237
Marché des Innocents, par Touchard-Lafosse.	253
Rue et Quartier Saint-Germain-des-Prés, par Harry Hertel.	265
Rue Quincampoix, par Mary-Aycard.	285
Les Quais, par Mary-Lafon.	293
Rue Mouffetard, par Louis Berger.	317
Rue et Faubourg-Saint-Honoré, par Lottin de Laval.	331
Rue Neuve des Petits-Champs, par P. Christian.	345
Place Louis XV, par Théodore Burette.	357
Rue Lepelletier, par Albert Cler.	371
Rue Rambuteau, par Rouget.	385

PLACEMENT DES VIGNETTES

DES RUES DE PARIS.

	Pages.
Frontispice, entre le faux-titre et le titre.	
A Travers les Rues.	10
Place de l'Hôtel-de-Ville.	20
Chaussée-d'Antin.	43
Rue Pierre-l'Escot.	69
Allée et Avenue de l'Observatoire	90
Rue de la Harpe.	102
Rue Saint-Antoine.	128
Rue Notre-Dame-de-Lorette.	131
La Cité. Notre-Dame.	142
Rue de la Paix.	161
Rue des Blancs-Manteaux.	185
Palais-Royal.	189
Rue Saint-Florentin.	208
Rue et Passage du Caire. Cour des Miracles.	242
Marché des Innocents. Fontaine des Innocents.	258
Rue Quincampoix.	288
Quais de Paris.	295
Quais de Paris. La Tour de Nesle.	307
Rue des Petits-Champs.	352
Rue Rambuteau.	390

PROSPECTUS.

L'on a essayé bien des fois de nous montrer, dans une lanterne magique éclairée par le rayonnement de l'observation littéraire, le spectacle de la grande ville parisienne; on a voulu tour à tour appliquer à l'étude du monde du Paris moderne l'intérêt du roman, l'esprit de la comédie, les malices de la caricature, le génie de la satire, toutes les ressources d'une brillante fantaisie; on s'est efforcé d'étaler sous nos yeux, dans des tableaux renouvelés du livre de Mercier, les mœurs, les ridicules, les folies et les misères de la société parisienne de notre époque.

Après les publications spirituelles dont nous parlons, et qui ne réflétaient que la physionomie éclatante du Paris moderne, il restait encore, selon nous, quelque chose à faire, c'est-à-dire un livre populaire à écrire, un livre de tout le monde, qui embrassât à la fois les hommes et les choses du présent et du passé, l'histoire complète de Paris, histoire publique, intellectuelle, monumentale et pittoresque, histoire philosophique et morale qui se déroule, à travers les siècles, du fond de la vieille cité jusqu'aux magnificences de la ville contemporaine, du seuil des misérables huttes de la primitive Lutèce jusqu'aux merveilles de la capitale du monde : cette immense et glorieuse histoire se trouve tout entière sur les écriteaux des rues de Paris.

Ce que personne n'a voulu ou n'a osé faire jusqu'à ce jour, nous oserons l'entreprendre avec l'esprit, avec le talent, avec la poésie des arts, de la science et de la littérature.

Le livre des RUES DE PARIS s'adressera à l'historien, par le récit des événements publics; au penseur, par les enseignements de l'histoire; au philosophe, par le souvenir du travail et du progrès; à l'antiquaire, par l'esquisse rétrospective des ruines et des reliques nationales; aux femmes, par la curiosité du roman et de la mode; à l'artiste, par la reproduction et l'étude des monuments; à l'homme du monde, par le charme d'une science facile; à l'homme du peuple, par les chroniques et les traditions populaires; à l'étranger, au voyageur, par les indications les plus complètes et les plus magnifiques, sur la cité moderne qu'il viendra voir.

Tous ceux qui gardent encore la religion des grands souvenirs, des grands hommes et des grandes choses dont s'honore la France; tous ceux qui aiment encore la poésie, l'art, la science et l'histoire; tous ceux qui s'intéressent en même temps au spectacle des sociétés parisiennes d'hier et du monde parisien d'aujourd'hui, viendront se promener avec nous dans la poussière historique des *Rues de Paris*.

Et devant ce merveilleux spectacle, devant ce panorama des sociétés parisiennes de tous les temps, de tous les siècles, les spectateurs auront pour guides, à travers ce labyrinthe de rues, d'origines, de chroniques, de légendes et de souvenirs, des écrivains, des artistes, des archéologues, des observateurs, des passants de la grande ville contemporaine que l'on appelle :

MM.

JULES JANIN.
DE BALZAC.
ALFRED ET PAUL DE MUSSET.
ALTAROCHE.
LOUIS DESNOYERS.
FRÉDÉRIC SOULIÉ.
MARY-LAFON.
HENRI BERTHOUD.
LOUIS LURINE.
JACOB (LE BIBLIOPHILE).
EMILE MARCO DE SAINT-HILAIRE.
EUGÈNE GUINOT.
MARIE AYCARD.
E. ARAGO.
TOUCHARD-LAFOSSE.
TAXILE DELORT.
A. SECOND.
MERLE.
ED. MONNAIS.
A. ACHARD.
HARRY HŒRTEL.
LE DUC DE LAROCHEFOUCAULT-DOUDEAUVILLE.

MM.

H. DE LATOUCHE.
FORGUES (OLD-NICK).
GUICHARDET.
STAHL.
L'HÉRITIER (DE L'AIN).
E. BRIFFAULT.
JULES SANDEAU.
CHARLES DE BERNARD.
THÉOPHILE GAUTIER.
EDOUARD LEMOINE.
VIOLET-LEDUC.
ROGER DE BEAUVOIR.
ELIE BERTHET.
FÉLIX PYAT.
THÉODORE ANNE.
THÉODOSE BURETTE.
GAËTAN DELMAS.
CARLE HENRIÉS.
GUST. BOTTÉE DE CORCY.
PETRUS BOREL.
LOUIS HUART.
HIPPOLYTE LUCAS.
L. GOZLAN.

Sous la Direction littéraire de M. Louis Lurine.

DESSINATEURS.

MM.

JULES DAVID.
GAVARNI.
DAUMIER.
FRANÇAIS.
BARON.
CÉLESTIN NANTEUIL.
SCHLESINGER.
GRENIER.

MM.

MARCKL.
DEMORAINE.
LEMERCIER.
ROSSIGNEUX.
GODEFROY.
LOUBON.
GIRARDET.
VARIN.

Première Partie.

A travers les rues.	LOUIS LURINE.
Place de l'Hôtel-de-Ville.	E. BRIFFAULT.
Place Royale.	J. JANIN.
Rue Pierre-Lescot.	T DELORT.
Rue de la Chaussée-d'Antin.	A. ACHARD.
Avenue de l'Observatoire.	E. ARAGO.
Rue Laffitte.	E. GUINOT.
Rue de la Harpe.	R. DE BEAUVOIR.
Rue et faubourg Saint-Antoine.	TOUCHARD-LAFOSSE.
Rue Notre-Dame-de-Lorette.	A. SECOND.

Seconde Partie.

Diverses rues par MM. THÉOPHILE GAUTIER, le Bibliophile JACOB, LOUIS DESNOYERS, STAHL, MARIE AYCARD, E. MARCO DE SAINT-HILAIRE, ÉLIE BERTHET, LOUIS LURINE, L'HÉRITIER (de l'Ain), etc., etc.

S'adresser, pour la partie administrative, à M. KUGELMANN, éditeur; pour tout ce qui concerne la direction littéraire, à M. LOUIS LURINE, rue Neuve-Saint-Georges, 6.

CONDITIONS DE LA SOUSCRIPTION.

Le livre DES RUES DE PARIS, imprimé avec le plus grand luxe, sur papier *grand jésus* satiné, se composera de 60 livraisons ornées de 250 dessins, *têtes de page, lettres ornées, vignettes, culs-de-lampes*, etc., etc.; indépendamment de ces dessins, 32 sujets tirés à part, exécutés par les meilleurs artistes, représenteront les scènes les plus intéressantes de l'ouvrage.

La publication DES RUES DE PARIS commencera le 15 avril prochain; à partir de cette époque, il paraîtra, le samedi de chaque semaine, sans interruption, UNE LIVRAISON et quelquefois DEUX LIVRAISONS. L'ouvrage sera entièrement terminé à la fin de novembre 1843.

Chaque livraison se composera alternativement D'UNE FEUILLE (16 pages d'impression) avec 5 dessins imprimés dans le texte, ou D'UNE DEMI-FEUILLE (8 pages d'impression) à laquelle sera joint un GRAND SUJET tiré à part.

Le prix de la livraison, dans une belle couverture, est : pour Paris, 30 centimes, et pour les départements 35 centimes.

En payant d'avance 30 livraisons, les souscripteurs de Paris recevront l'ouvrage à domicile et *franco*.

On souscrit à Paris
CHEZ
G. KUGELMANN, ÉDITEUR, RUE JACOB, 25;
Et chez tous les Libraires de France et de l'Étranger.

IMPRIMERIE DE WITTERSHEIM, RUE MONTMORENCY, 8.

LES

RUES DE PARIS

PARIS ANCIEN ET MODERNE

PARIS. TYPOGRAPHIE DE WITTERSHEIM,
RUE MONTMORENCY, N° 8.

LES
RUES DE PARIS

PARIS ANCIEN ET MODERNE

ORIGINES, HISTOIRE

MONUMENTS, COSTUMES, MŒURS, CHRONIQUES ET TRADITIONS

OUVRAGE

RÉDIGÉ PAR L'ÉLITE DE LA LITTÉRATURE CONTEMPORAINE

SOUS LA DIRECTION DE

LOUIS LURINE

et illustré de 300 dessins exécutés par les artistes les plus distingués

TOME SECOND

PARIS

G. KUGELMANN, ÉDITEUR, 25, RUE JACOB

1844

RUE ET FAUBOURG-SAINT-DENIS.

Je vais voyager. — Où irai-je ? — Ailleurs, je ne sais pas où, en vérité : tous les chemins conduisent à l'ennui ; ô mon Dieu, faites que je n'arrive jamais ! — Pourquoi voyager ? — Le lointain a des prismes sans nombre ; je veux voir un peu mes amis dans le lointain. — Ni mes amis, ni moi, n'y perdrons : *Les absents ont tort*, dit le proverbe. — Mais n'est-il pas bien ennuyeux d'être toujours présent. — Présent pour qui et pourquoi ! Les absents ont tort, dites-vous ; moi je dis : les absents ont tort de revenir. On aime mieux les morts que les absents ; les absents sont des morts qui reviennent.

Avant de prendre la poste, — ou le chemin de fer, si je veux aller un peu moins vite, — ou mon bâton, si je veux voyager, il faut y réfléchir un peu. — Un moyen de faire un beau voyage, voyage d'esprit et de cœur, de souvenir et d'espérance ; — voyage autour du monde, voyage autour de moi-même, ce serait d'ouvrir tout simplement ma fenêtre ;

c'est la vraie route de l'esprit : c'est par là qu'il s'envole pour aller partout, dans le monde où l'on va à pied ou à cheval ; dans le monde où on ne s'élève que sur cette locomotive toute de flamme qui s'appelle *l'imagination*. En route, et bon voyage.—Insensé, est-ce que mon médecin ne m'a pas dit de voyager, d'aller au loin, au bout du monde ; pourquoi ai-je un médecin ? Est-ce que vous n'en avez pas plusieurs, madame ? aujourd'hui qu'il y a plus de médecins que de malades, le moyen de les fuir, ces messagers de la mort ? J'avais juré de vivre et de mourir sans le secours de la faculté ; mais j'ai dans ma famille un pauvre garçon, qui d'avocat, s'est fait médecin, en désespoir de cause : selon les plus strictes convenances, je dois me faire tuer par lui, sous peine de passer pour un homme sans entrailles.

En route donc ; mais où aller ? à Vichy, à Spa, aux Pyrennées, à Baden ? c'est là et ailleurs encore que coule l'ambroisie du xix⁰ siècle ; demandez plutôt aux belles dames qui vont prendre les eaux par ennui ; Cupidon s'est mis au régime ; c'est maintenant à Vichy, à Spa, aux Pyrennées, à Baden qu'on trouve l'amour à son gré ; c'est aller un peu loin pour boire de l'eau, même pour boire à la coupe enchantée.

Le dirai-je, oserai-je le dire ? depuis longtemps je suis inquiété par une fantaisie bizarre ; pendant que d'autres, plus aventureux, me parlent d'aller à Rome, à Alexandrie, à Constantinople, au Mogol, dans les îles Marquises, je me promets de saisir la première échappée pour faire un voyage dans la rue Saint-Denis. Pourquoi vous étonner tant ? Je n'ai jamais vu la rue Saint-Denis ; mais j'en ai beaucoup entendu parler. Ce voyage n'est pas trop long, on peut en revenir. Je vais donc, ne vous déplaise, me hasarder dans ces peuplades inconnues.

S'il faut en croire une vieille histoire de Sauval, la rue Saint-Denis aurait été, même après le déluge, la rue par excellence de la bonne ville de Paris ; mais peut-on ajouter foi à un historien ? Si la rue Saint-Denis avait jamais sillonné le vrai Paris, est-ce que depuis plus de dix ans que j'habite cette ville, je n'aurais point traversé cette rue ? « inabordable à pied, à cheval ou en carrosse, » disait Voltaire. Voltaire avait bien ses raisons pour avancer un pareil paradoxe.

Un jour qu'il avait touché cent louis, de madame la duchesse de Richelieu, pour avoir corrigé ou loué ses vers, il s'arrêta, tout énivré d'avoir une pareille somme, car il n'était alors âgé que de dix-sept ans ; il s'arrêta dans la rue Saint-Denis pour assister à une vente à l'encan après décès : « Quoi qu'on vende, fussent des vers non corrigés, je veux acheter ! » s'écria-t-il gaîment. On vendait un carrosse, des chevaux et des habits de livrée ; il y avait même là un laquais sans place, le laquais du défunt qui demandait à aller où iraient ses habits. Voltaire achète le carrosse et les chevaux ; il ordonne au laquais de reprendre sa place sur le siége ;

lui-même se jette dans le carrosse et déclare qu'il veut aller bon train pour son argent. Il y avait un si grand embarras de voitures dans la rue Saint-Denis, qu'il fut plus d'une demi-heure sans avancer. A la première échappée, le laquais fouette les chevaux de toutes ses forces, mais l'équipage du poète accroche une lourde voiture, et Voltaire verse comme un grand seigneur habitué à cela. Le reste de la journée se passa plus agréablement pour Voltaire. Le lendemain, cependant, ne prenant pas goût à cette vie-là, il retourna dans la rue Saint-Denis, et remit à l'encan son carrosse, ses chevaux et son laquais. Il perdit plus de moitié dans cette affaire, et malgré le piquant souvenir de cette folie d'enfant prodigue ou de poète de dix-sept ans, il en voulut toujours à la rue Saint-Denis.

Je me suis mis en route par une belle matinée de printemps, c'est-à-dire, entre une giboulée et un orage; j'ai suivi les quais, très-surpris de voir des gens de mon âge et de ma tournure se diriger vers le même point. J'ai commencé dès-lors à m'apprivoiser avec la rue Saint-Denis, espérant ne pas m'y trouver tout-à-fait étranger; mais où ne se rencontre-t-on pas, aujourd'hui que le monde est sillonné de chemins de fer et de bâteaux à vapeur? J'avançais donc avec plus de confiance; peu à peu cependant, je voyais disparaître mes compagnons de voyage : l'un, c'était un étudiant, s'éclipsa par le Pont-Neuf; l'autre, c'était un beau du boulevart de Gand, alla fumer son cigarre sur le quai aux Fleurs; ainsi des autres. Je traversai bravement la place du Châtelet, déterminé à tout, comme Lapeyrouse. Je me trouvai bientôt au milieu d'un autre monde, qui n'a de commun avec le nôtre, que les Omnibus. J'avais trop compté sur mes fines semelles; pour marcher dans la rue Saint-Denis, quel que soit le temps et la saison, il faut armer ses pieds de bottes de province. Je fis quelques pas sans pouvoir respirer, tant j'étais ému par les clameurs des indigènes : l'un poursuivait un provincial qui montait une boutique d'épicerie à Noyon; l'autre insultait un charretier qui avait renversé au passage une pyramyde de sucre ou accroché avec son fouet une guirlande de calicot. Le charretier me prit à témoin, je lui répondis en allemand, pour me délivrer de ce mauvais pas; je parvins à passer outre. Parmi toutes les femmes qui semaient la rue, j'en voyais à peine une digne par sa chaussure et sa physionomie du beau nom de Parisienne; toutes les autres étaient des provinciales sans grâce et sans style, mal peignées, mal coiffées, vêtues au hasard, traînant dans la boue des souliers sans forme. Pour les hommes, c'étaient des portefaix, des commis de première année et des gamins. Je fis une halte chez un épicier, pour savoir quelle était la langue des naturels du pays. Il y avait une femme trônant au comptoir. — Monsieur, me dit-elle en français douteux, nous ne vendons rien au détail. — Je le sais, madame, aussi viens-je vous demander mille kilos de thé Pékoa : j'en prends tous les soirs, je voudrais profiter de l'escompte. — Très-bien, monsieur, asseyez-vous; mais je ne connais pas le Pekoa; est-ce du sucre de betterave ou du sucre colonial? — C'est du sucre de pomme, madame. Mais dites-moi, êtes-vous contente du commerce? — Non, monsieur, le commerce ne va pas. A ce mot, je reconnus que j'étais en plein Paris. Quoique le commerce n'aille pas, j'appris pourtant de l'épicière, qu'elle possédait pour cent mille écus d'herbages en Normandie, une maison à la Madeleine, et de quoi marier sa fille *Héloïsa*, qui devait épouser un notaire de Beaugency. La dame du comptoir, qui était femme quoiqu'épicière, me raconta sans se faire prier, comment se faisaient et se défaisaient les fortunes dans la rue Saint-Denis. Voilà toute l'histoire : Ceux qui veulent s'enrichir en dix ans, se ruinent presque toujours; ceux qui ne demandent la richesse qu'après vingt ans de travail, achètent un domaine sur leurs vieux jours. Le secret est dans ce mot *patience*; mais comment conserver la patience après avoir été en chemin de fer! Du reste, ce n'est point l'épicerie, c'est la *rouennerie* qui abonde dans la rue Saint-Denis. — C'est là véritablement la rue des bonnets de coton.

Je me remis en route plein d'admiration pour le bon sens de l'épicière! mais déjà passablement ennuyé de ne rien découvrir de plus pittoresque. Des maisons, encore des maisons, toujours des maisons et quelles maisons! pas d'air, pas de soleil, pas même de fleurs sur les fenêtres. A quoi bon des roses ou des pervenches dans une rue où l'on ne prend pas le temps de dormir? D'ailleurs les fleurs sont des choses de luxe; or, jamais le luxe n'a osé se montrer dans la rue Saint-Denis ; jamais la marchande de violette, cette pauvre créature d'heureux présage, qui vend pour un sou le sourire du printemps, n'a mis le pied dans la rue Saint-Denis. On vend des violettes partout, jusque dans le faubourg Saint-Jacques ; le peuple achète des fleurs et recherche le soleil; mais dans la rue Saint-Denis, on ne veut de fleurs et de soleil que pour les terres qu'on a achetées ou qu'on achètera. Égoïsme, saint Égoïsme! Économie, sainte Économie! voilà les saints les plus fêtés du monde que je parcours.

Pourtant cette rue Saint-Denis fut longtemps surnommée la rue par excellence ; son origine est comme celle des Chinois : elle se perd dans la nuit des temps. C'était d'abord une chaussée; une bourgade s'éparpilla sur la chaussée, la chaussée devint une rue, cette rue prit le nom de l'abbaye de Saint-Denis, d'autres disent de saint Denis lui-même, qui avait souvent passé par ce chemin.

A peine le hasard l'eût-il tracée, qu'elle fut surnommée la rue par excellence; en effet, pendant bien des siècles, la rue Saint-Denis fut la première rue de la capitale de France. Les rois et les reines y passaient en triomphe soit au retour du sacre, soit au retour de la guerre. C'était encore par cette rue qu'ils allaient au tombeau. Le grand et le petit commerce de

Paris y ouvrirent des boutiques et y élevèrent des entrepôts; pendant cinq ou six siècles, la bourse, la rue Vivienne et Tortoni, se trouvaient tout simplement rue Saint-Denis.

Enfin, voilà un monument qui m'apparaît: la fontaine des Innocents, dont on a déjà parlé dans ce livre, et dont je veux parler à mon tour. Mais par quel chemin vais-je aller jusques-là? comment traverser cette haie de femmes qui font des bouquets de cerises tout en parlant la langue de Vadé? Cette fontaine est l'œuvre de Pierre Lescot et de Jean Goujon; que dire de plus à sa louange, si ce n'est qu'elle est infatigable à désaltérer les indigènes qui l'entourent! Un cimetière a fait place à un marché; cependant le cimetière était plus gai que le marché. En effet, le cimetière des Innocents a été le Palais-Royal de nos aïeux. Ce lieu choisi s'appelait les Charniers. Nicolas Flamel et le maréchal de Boucicaut l'avaient fait bâtir à leurs frais. Les morts étaient abrités par les vivants; sur chaque tombe une marchande de rubans, de dentelles, de colifichets,

de fanfreluches étalait gaiment sa marchandise en souriant au chaland. Jamais on ne s'était si bien familiarisé avec la mort; ces comptoirs d'un nouveau genre étaient sans cesse assiégés par les beaux oisifs du temps. On faisait l'amour aux Charniers comme dans un bazar; on s'y donnait rendez-vous comme aux Tuileries. En 1484 les Anglais, maîtres de Paris, choisirent ce lieu pour y donner une fête ; ils y dansèrent avec fureur la danse macabre : il y a un siècle on y faisait des miracles.

Enfin, en 1785, les idées de Voltaire sur les cimetières hors les villes ayant prévalu, on exhuma douze mille squelettes qui servirent au grand ossuaire des catacombes ; on détruisit l'église, et pour ne pas perdre de place on fit un marché. A Paris, la vie et la mort se touchent toujours ; n'y a-t-il pas un marché à la porte de la Morgue ?

Le plus grand poëte comique du monde est né à deux pas de la fontaine des Innocents ; c'est là, dans ce coin enfumé de Paris, qu'il a poursuivi ses premiers rêves. Patience ! je croyais voyager dans un monde inconnu, voilà déjà que j'ai salué Pierre Lescot, Jean Goujon, Arouet et Poquelin ! Je vous défie de faire un pas dans cette ville grandiose sans fouler du pied un grand souvenir. Paris, c'est le cœur de la France qui vous bat sous la main.

J'ai vu une église, j'y suis entré pendant une averse. J'aime les églises, d'abord parce que Dieu s'y trouve comme ailleurs, ensuite parce que la plus pauvre église renferme un précieux œuvre d'art. L'église de la rue Saint-Denis s'appelle Saint-Leu Saint-Gilles ; elle date du règne de Saint-Louis. Elle est simple et belle, d'un bon style et d'un gracieux aspect. Le maître-autel est élevé sur une chapelle souterraine ; il est dominé par huit statues d'apôtres et de patriarches. La chapelle souterraine se nomme *Chapelle du Tombeau* ; elle n'est éclairée que par un demi-jour, qui inspire le recueillement. Elle fut construite par les chevaliers du Saint-Sépulcre. Georges Cadoudal s'y cacha durant quelques jours, sous le tombeau du Christ. L'église de Saint-Leu Saint-Gilles est la plus riche en reliques ; elle possède celles de sainte Clotilde reine de France et de sainte Hélène, mère de l'empereur Constantin ; en outre, elle possède comme toutes les églises de la chrétienté des morceaux de la vraie Croix, ce qui me fait tristement songer que Jésus-Christ a porté une croix bien lourde. Saint-Leu Saint-Gilles est la seule église de Paris où l'on osa faire un service pour le repos de l'âme de la princesse de Lamballe, au temps même de son horrible mort. Peu de jours après, l'église fut mise à l'encan : deux juifs Ottevairi et Stevens, pourquoi ne pas dire leur nom, l'achetèrent moyennant quelques pièces d'or. Ils en firent un magasin à salpêtre. En 1802, quand les églises furent rouvertes au culte catholique, les deux juifs la louèrent trois mille francs pour l'amour de Dieu. Après un an de bail, voyant que les prêtres y replantaient l'étendard de la foi, ils demandèrent dix mille francs, toujours pour l'amour de Dieu, disant qu'ils ne la voulaient louer à d'autres qu'à Dieu même. Jusqu'en 1811, ils se firent un très-joli revenu aux frais des pécheurs de la paroisse.

Avant la révolution, l'église de Saint-Leu possédait plus d'un tableau signé d'un grand maître : au-dessus du maître-autel il y avait une cène de Porbus, qui passait pour son chef-d'œuvre. A l'entrée du chœur, un grand tableau représentait d'après nature Louis XV enfant, sa gouvernante, les ducs d'Orléans et de Bourbon priant Saint-Leu pour la conservation du prince. Aujourd'hui, hormis un Saint-François de Sales sur son lit de mort, de Philippe de Champagne, un Christ de Mignard et une visitation de Boucher, l'église ne renferme que de mauvaises copies et de pauvres originaux.

Le plus curieux tableau de l'église Saint-Leu est une vierge encadrée de cinq médaillons. Cette œuvre n'est pas d'une date fort ancienne, mais elle est précieuse par ce qu'elle représente : c'est l'histoire au pinceau d'un événement qui arriva en 1418 dans la rue aux Ours ; c'est plus qu'un événement, c'est un miracle, un miracle rapporté par les graves historiens du temps, et qui n'a pas été oublié par un de nos collaborateurs dans l'histoire de la rue Saint-Martin.

Les cinq médaillons encadrant la rayonnante image de la Vierge, représentent les diverses scènes de cette histoire. Dans le premier, on voit le soldat au cabaret qui perd avec désespoir ; dans le deuxième, il frappe la statue en blasphémant ; dans le troisième, il est conduit en prison ; dans le quatrième, on le juge solennellement ; dans le cinquième, il apparait sur un bûcher enflammé en face de la statue ; le tableau est en outre parsemé d'inscriptions. Je reproduis la plus curieuse : « Cette image a été faite en 1772, en l'honneur du signalé miracle arrivé à Paris rue aux Ours, paroisse Saint-Leu Saint-Gilles, le 3 juillet 1428, en mémoire de quoi les bourgeois de ladite rue, tous les ans à pareil jour, brûlent l'effigie du malfaiteur, qui *malheureusement* frappa l'image de la sainte Vierge de laquelle sortit du sang, et fut puni, par arrêt de la cour du parlement, comme il est représenté ci-dessus. »

Au-dessous de ce tableau est un bas-relief des plus précieux, qui montre bien tout le génie de la sculpture du moyen-âge. C'est un poëme en marbre divisé en trois chants : le premier représente la cène ; le deuxième, la trahison de Juda ; le troisième, la flagellation. C'est un chef-d'œuvre de sculpture naïve dû à un artiste qui avait la foi.

En face, on voit encore les traces d'un beau monument funéraire de Girardon, élevé à la mémoire de madame de Lamoignon, de son fils et de son petit-fils. Les deux premières épitaphes étaient d'une noble simplicité. Pour la mère : « Elle vint au monde le 28 décembre 1576 ; elle mourut le 31 décembre 1651. Le lieu de sa sépulture avait été désigné ailleurs ; mais les pauvres s'emparèrent de son corps et le déposèrent en ce lieu. » Pour celle du fils, qui fut chanté par Boileau : « Le cœur de Guillaume de Lamoignon, par acte de ses dernières volontés, repose en ce lieu, aux pieds de sa mère ; 10 décembre 1677. » Voilà bien le XVIIe siècle, tout y respirait la grandeur, même les épitaphes. Patience, nous touchons au xviii° siècle; voyez plutôt l'épitaphe du petit-fils : « Chrétien-François de Lamoignon, fils de Guillaume, marquis de Basville, baron de Saint-Yon, avocat-général du parlement de Paris durant l'espace de vingt-cinq ans, nommé président à Mortier; il continua encore pendant huit ans à employer ses loisirs de chaque jour à terminer les procès des grands. (Pourquoi pas des petits?) Il fut habile jurisconsulte, célèbre par son éloquence, par la maturité de ses conseils, par l'affabilité de ses manières et par sa piété envers Dieu. Il cessa de vivre le 7 août 1709, âgé de 65 ans. Il ordonna que son corps fût transporté ici par les pauvres. » Que dire de cette épitaphe? Il y aurait là toute une belle page à écrire; mais en disant que c'est l'épitaphe d'un avocat faite par lui-même, n'est-ce pas tout dire? O Marie de Lamoignon, sa noble grand'mère, vous n'avez pas ordonné que votre cœur fût transporté ici par les pauvres! Et vous, illustre Guillaume de Lamoignon, qui fûtes l'ami de Racine et de Boileau, qui êtes mort entre une prière de Bourdaloue et une oraison funèbre de Fléchier, vous n'avez ordonné qu'une chose simple et chrétienne : « Que mon cœur repose aux pieds de ma mère! »

N'oublions pas en passant deux églises qui viennent de disparaître; à peine s'il reste, à cette heure où j'écris, un pan de mur et trois fenêtres originales de l'abbaye de Saint-Magloire. L'hôpital Saint-Jacques-aux-Pèlerins a disparu; mais il n'y a pas quatre ans qu'en fouillant le sol béni pour les fondations d'un magasin qui a pour enseigne aux Statues de Saint-Jacques, on trouva dix statues gothiques en pierres mutilées et noircies; on reconnut encore saint Jacques à son costume de pèlerin. Quelque bon sacristain les avait pieusement ensevelies pour les préserver de la fureur des sans-culottes. Ceci me rappelle qu'une grande dame m'écrivait l'an passé : « Vous ne devineriez pas ce que j'ai fait des mauvais livres et des mauvais portraits de famille qui me prenaient tant de place; ne voulant pas exposer à l'injure des quais ce triste lot de l'héritage, j'ai tout enterré dans le parc. »

« En 1317 dit un historien, sous le règne de Philippe V, dit le Long, plusieurs notables et dévotes personnes qui avaient fait le voyage de Saint-Jacques-de-Compostelle, en Gallicie, mues de dévotion, délibérèrent entre elles d'édifier une église et un hôpital en la rue Saint-Denis, près la porte aux Peintres, à l'honneur de Dieu, de la sainte Vierge et de saint Jacques, apôtre, pour loger et héberger les pèlerins passants, allants et retournants de leur voyage. » Voilà l'origine de l'église. Elle avait la forme d'un parallélogramme sans bas-côtés; la voûte était en ogive avec nervures croisées; la nef était éclairée par six grandes fenêtres à meneaux et de style flamboyant; elle était percée d'une grande fenêtre pareillement à meneaux avec l'assis de nervures à point ogival. Outre les pèlerins, tous les jours la confrérie ouvrait les portes de l'hospice à soixante-dix pauvres, et les *hébergeait*. L'abbaye de Saint-Magloire existait dès le x⁰ siècle, sur la chaussée qui conduisait de la Cité à Saint-Denis. En 1572, Marie de Médicis demanda cette abbaye pour en faire une communauté de filles repentantes. Le couvent prit le nom des Filles-Dieu et de Sainte-Marie-Madeleine. Ce couvent fut institué par un religieux de Saint-François. Ce religieux « doué d'une éloquence vive et touchante, convertit, en 1491, dit l'abbé Vacher, un grand nombre de femmes de mauvaise vie. Parmi celles qui étaient filles ou veuves, plus de deux cents se vouèrent à la pénitence et à la clôture. » Cette communauté subsista jusqu'en 1795, mais non pas grâce aux Madeleines repentantes, car dès 1700 il ne s'y présenta plus que des personnes de bonne vie et mœurs. En effet, au XVIII⁰ siècle on ne se repentait pas, on attendait bravement dans toutes les joies enivrantes du carnaval, ce solennel mercredi des cendres, qui s'écrit avec quatre chiffres : 1793. — Avant la révolution, on voyait encore près de la porte de l'église un crucifix devant lequel s'agenouillaient

les coupeurs de bourses et autres honnêtes gens qu'on menait pendre à Montfaucon. Ils baisaient les pieds du Dieu qui s'est fait homme; ils recevaient l'eau bénite, autre baptême pour la mort, et s'asseyaient un moment à leur dernier banquet. Les Filles-Dieu leur servaient le pain et le vin.

avec de tendres paroles de charité et d'espérance; c'était, dit M. Charles Nodier : « le repas libre des anciens, adouci par les mœurs évangéliques. »

J'allais oublier le couvent du Saint-Sépulcre, ou l'hôtel de la Trinité, bâti en 1325 pour les pèlerins qui allaient en Orient ou qui en revenaient. Bientôt le saint Sépulcre étant tombé au pouvoir des infidèles, les pèlerins ne partirent plus. Que devint le couvent? En 1402, les bourgeois de Paris, maîtres maçons, menuisiers, serruriers, marchands ferrants et autres gens de piété bruyante, après avoir, les jours de fête, représenté les scènes les plus dramatiques du Nouveau-Testament, depuis la conception jusqu'après la résurrection, obtinrent du roi Charles VI, à la suite d'un procès avec la prévôté de Paris, des lettres-patentes érigeant leur société en confrérie de la Passion, et lui concédant le privilége de jouer Dieu le Père, Dieu le-Fils, l'autre Dieu, la Vierge, les saints, enfin, tous les habitants du paradis, ils s'installèrent vers la seconde porte Saint-Denis, en l'hôtel de la Trinité. Ces grotesques parodies de la divinité étaient recommandées au prône comme de bonnes œuvres. Les fidèles sortant des vêpres se précipitaient vers la Trinité; l'affluence était grande, les théâtres d'aujourd'hui n'offrent pas souvent à leurs portes une queue aussi respectable. Le saint théâtre était de plusieurs étages : au rez-de-chaussée l'enfer, au premier étage la terre, au deuxième étage le paradis. L'orgue et la prose des églises composaient l'orchestre : c'était là l'Opéra du xve siècle. Les décors et les vêtements étaient pareillement empruntés aux églises; la plus belle chasuble était pour Dieu le Père, à tout seigneur tout honneur. Le fond du paradis était peint par Guyon-le-Doux; c'était, disait-on, le plus beau paradis du monde; Guyon-le-Doux disait lui-même, dans sa naïve admiration pour son œuvre : « Jamais né verrez un si beau. » Dans ce théâtre, s'il y avait unité de lieu, il n'y avait pas tout-à-fait unité de temps. Le même mystère représentait la nativité de Notre-Seigneur et le martyre de Saint-Denis, qui s'en allait *en chantant jusque dans l'église,* quoiqu'il eût la tête coupée. » Dans le mystère de l'Apocalypse, les agents de Domitien s'embarquent à Rome pour Éphèse, où saint Jean prêche le peuple, *et pendant qu'ils passeront parlera l'enfer,* c'est-à-dire Lucifer, Astaroth, Satan, Burgibus, que l'approche d'une persécution met en gaîté. Dès qu'ils ont pris l'apôtre, les tyrans se rembarquent avec lui pour Rome. *Ici entrent en la nef et pendant leur navigation parlera paradis,* c'est-à-dire Marie, Jésus et Dieu le Père. » (Sainte-Beuve, *Histoire du théâtre français.*)

Durant plus d'un siècle, les confrères de la Passion jouèrent les pieuses farces, les grotesques mystères, en l'hôtel de la Trinité. Ainsi, le premier théâtre français fut ouvert dans la rue Saint-Denis. Plus tard, le berceau de l'opéra-comique et du vaudeville se trouvera à la foire Saint-Laurent, dans la rue du faubourg Saint-Denis; là s'épanouira dans toute sa sève la vieille et franche gaîté française. Dufresny, Regnard, Lesage, Fuselier, Dancourt, Piron, les rois immortels de l'esprit qui fait la gaîté. En 1775 ils étaient tous morts; on ne riait plus en France que du bout des lèvres, Arlequin ferma pour jamais son théâtre.

Voulez-vous savoir l'*étymologie* de la place Gastine? Au XVIe siècle, Pierre Gastine, riche marchand de la rue Saint-Denis, tenait chez lui une assemblée de huguenots; on le brûla vif et on rasa sa maison. Deux siècles plus tard, on mit sur la place Gastine des catholiques à la lanterne. On changeait de religion et de supplice.

Je n'ai pas, comme Voltaire, dans une vente à l'encan, acheté un carrosse dans la rue Saint-Denis, mais j'y ai acheté un dessin sur toile signé C. Vanloo. Il y a dans cette toile tout une histoire touchante et mystérieuse que je veux vous raconter. Personne n'eût donné de cette ébauche de quoi payer un cigarre ou un bouquet; moi, je l'ai vaillamment acheté un écu; car je savais que c'était là une belle page pleine de larmes. écoutez: Caroline Vanloo fut l'œuvre la plus aimée de Carle Vanloo, un divin portrait qui est allé enrichir l'immortelle galerie du ciel. Le peintre avait dit à sa femme, Catherine Somis, surnommée la Philomèle de l'Italie.

> Le Dieu d'amour grava ton portrait dans mon cœur.
> Et je veux que l'hymen m'en fasse une copie.

Madame Vanloo eut une fille et deux fils; la fille fut le digne portrait de sa mère, plus belle, plus gracieuse, plus adorable encore; pâle sous ses longs cheveux noirs, laissant tomber de ses yeux bleus, comme le ciel d'Italie, un regard angélique et charmant, vous parlant avec une voix qui allait au cœur, une voix faite pour chanter plutôt que pour parler. « O Raphaël! Raphaël! » s'écriait Vanloo en contemplant sa fille. Quand le peintre avait fini de la regarder, c'était l'œil du père. Raphaël est un grand maître, mais Dieu est un plus grand maître; Carle Vanloo regrettait de n'avoir pas eu plutôt un pareil chef-d'œuvre sous les yeux. Caroline Vanloo avait dans sa belle figure je ne sais quoi d'éclatant, ce rayon du ciel, qui est un présage de mort. En la voyant, on s'attristait comme à la vue de ces blanches visions de la jeunesse qui nous couvrent de leurs ombres fatales.

C'était moins une femme qu'un ange; une rêverie nuageuse avait de bonne heure enveloppé son âme; elle parlait peu, passait toute sa journée à lire ou à rêver, n'avait nul souci des plaisirs de ce monde; au bal, elle ne dansait pas, elle n'accordait à la fête que son ravissant sourire; on peut dire que son âme seule aimait la vie, son corps était un tabernacle de marbre. « Les livres la perdront, » disait sans cesse le bon Vanloo, qui ne savait pas lire et qui ne voyait pas sans effroi ces milliers de lignes noires, courant les unes après les autres; c'était pour lui des signes cabalistiques. Elle allait souvent lire ou rêver dans l'atelier, sous les yeux de son père, qui avait bien de la peine à lui arracher trois paroles. Il lui demandait conseil sur ses têtes de saintes ou de déesses païennes, elle ne répondait pas, mais son père l'avait vue : « Bien, très-bien ; ma fille, ne m'en dis pas davantage. »

Un matin, plus pâle et plus rêveuse que de coutume, elle descend à l'atelier ; n'y voyant pas Carle Vanloo, elle va s'asseoir sur son fauteuil devant une toile à peine barbouillée de quelques coups de pinceau ; elle prend un crayon noir et se met à dessiner. Son père, qui la suivait, entre en silence dans l'atelier ; frappé de l'air inspiré de sa fille, il s'avance dans l'ombre d'un grand tableau, en murmurant : « Voilà bien les Vanloo ; ils savent dessiner avant d'avoir appris. »

Au bout de quelques minutes, Caroline Vanloo dépose son crayon, tout en contemplant la figure qu'elle vient de tracer. Carle Vanloo va vers elle. Voyant tout-à-coup son père sans l'avoir entendu venir, elle pousse un cri : « Tu m'as fait peur, lui dit-elle en lui tendant la main.

A cet instant, le pauvre père pâlit, il a vu la figure dessinée par sa fille, cette figure, c'est la Mort ! voilà bien le linceul qui laisse entrevoir ce sein lugubre de la seule femme sans mamelles ; voilà bien ces pieds qui font le tour du monde en creusant une fosse à chaque pas ; voilà bien la faux terrible de l'éternelle moisson ! mais ce qui surtout effraie Vanloo, c'est à la tête de cette funèbre création, Caroline Vanloo, sans le savoir, peut-être, a donné ses traits angéliques à la mort ; ces traits sont à peine indiqués : tout autre que Vanloo ne reconnaîtrait pas là Caroline, mais Vanloo, Vanloo le peintre, Vanloo le père !

« Enfant, dit-il, en cachant ses larmes par un éclat de rire forcé, ce n'est jamais par là qu'on commence ; lève-toi, je vais te donner une leçon. »

Caroline se lève en silence : Carle Vanloo s'assied, efface d'une main agitée le dessin de sa fille, moins les traits de la figure, prend la sanguine et se hâte de faire une métamorphose. Déjà la tête s'anime d'un joli sourire, voilà des cheveux ébouriffés qui flottent au vent printanier, un gracieux contour a passé sur les épaules, des ailes légères y sont attachées, ce n'est plus la mort, c'est l'amour.

Le peintre, sans désemparer, jette quelques accessoires : un carquois et des flèches, des colombes qui se bequettent, en un mot tout l'attirail. Caroline Vanloo qui s'est penchée au-dessus de son père, suit son crayon avec un sourire doux et amer à la fois.

Quand Carle Vanloo eut fini, fini de dévorer ses larmes, il se tourna vers sa fille. « N'est-ce pas cela ? lui demanda-t-il en lui baisant la main

— Non, répondit-elle en penchant la tête avec mélancolie.

Son père la trouvant plus pâle, la prit dans ses bras et l'emporta dans la chambre de madame Vanloo.

Rue Saint-Denis.

—La mort! la mort! s'écria la pauvre fille toute égarée en tendant les bras.

Dès cet instant elle eut le délire. Je n'essaierai pas de peindre le désespoir de son père, il demeura près du lit de Caroline nuit et jour, priant Dieu pour la première fois de sa vie. Elle mourut à quelques jours de là « d'une maladie que les premiers médecins de Paris n'ont pu définir. » Ne pourrait-on pas appeler cela le mal de la vie? S'il faut en croire Carle Vanloo, les livres seuls ont tué sa fille : on ne sait pas quels livres.

Le pauvre peintre ne put retrouver le bonheur après ce coup terrible ; un crêpe lugubre couvrit toujours sa fortune et sa gloire. Le dauphin le rencontrant à la cour quelques années après ce malheur, lui demanda pourquoi il était si sombre. « Monseigneur je porte le deuil de ma fille, » répondit-il en essuyant deux larmes. Il avait conservé dans son atelier, comme un triste souvenir, la toile où Caroline avait dessiné la mort.

Comment cette toile se trouvait-elle dans la rue Saint-Denis, à la vente d'une ancienne gouvernante de la maison de Lignerac? Le comte de Caylus était l'ami généreux de Carle Vanloo; le marquis de Lignerac était l'élève du comte de Caylus, pour la philosophie et pour les arts. Voilà tout ce que je sais sur l'authenticité de mon ébauche ; qu'importe, j'y crois. En y regardant de très-près, malgré l'image de l'amour qui couvre le dessin de Caroline Vanloo, on voit encore les traces funèbres de la mort.

Un peintre qui vivait en même temps que Carle Vanloo, Lantara, a vécu et aimé au bas de la rue Saint-Denis, d'autres diraient a vécu, a aimé et a bu, car il buvait outre mesure. C'était l'esprit le plus naïf de son temps. A l'heure de la mort à l'hôpital de la Charité, son confesseur lui parlait du bonheur de monter au ciel. « Réjouissez-vous, mon fils, vous allez voir Dieu face à face pendant l'éternité.—Quoi, mon père, s'écria le moribond, toujours de face et jamais de profil! »

Lantara n'était pas de son siècle; le bruit et l'éclat du règne de Louis XV n'avait pas séduit ni atteint le naïf poète de la forêt de Fontainebleau. Il était né pour vivre dans l'insouciance des champs; forcé à coup sûr de vivre à Paris, il cherchait à s'abuser en peignant des paysages; s'il buvait, c'était pour s'abuser encore; pour lui, le vin créait presque les rêves de l'opium; car son ivresse était sereine, assoupie, rêveuse; sinon poétique comme celle d'Hoffmann, du moins douce et souriante. Lafontaine ivre vous eût bien représenté Lantara. Cet homme singulier ne vivait pas seulement en dehors de son temps, il vivait, on peut le dire, en dehors de lui-même; son corps n'était qu'une guenille grossière dont son âme se couvrait, faute de mieux; mais entre le corps et l'âme, la prison et le prisonnier, il n'y eut presque jamais d'harmonie. Que de fois dans le même jour l'âme s'envolait dans les bois et dans les montagnes pour respirer l'arôme des herbes ou s'épanouir sur le buisson avec l'oiseau et la fleur, tandis que le corps restait sur son grabat ou se traînait morne et désolé dans la salle du cabaret ou dans l'arrière-boutique d'une fruitière. L'âme revenait ivre d'amour et d'ambroisie dans sa triste demeure sans même voir que Lantara avait revêtu la robe de Noé ou s'était égaré sur les pas de Madeleine pécheresse. La plus belle passion du peintre fut une fruitière. La fruitière s'appelait Jacqueline; c'était une jeune Picarde dont la bonne mine avait séduit Lantara; elle était fraîche et gaie, deux trésors pour les femmes. Elle chantait du matin au soir; sa voix perçante montait jusqu'à la chambre du peintre; les soirs de la belle saison il ouvrait la fenêtre; son âme qui voyageait au loin, revenait aux chansons de Jacqueline; il fermait les yeux et croyait entendre chanter dans les champs, tant la voix avait de fraîcheur agreste. Jacqueline, de son côté, était sensible aux œillades de Lantara. Quand elle le voyait ivre, elle le plaignait du fond du cœur : plus d'une fois il arrivait que le peintre ne pouvait

monter, s'arrêtait au rez-de-chaussée, grâce à la charité plus ou moins orthodoxe de la fruitière. Lantara n'ayant plus de famille, avait trouvé là une sœur en même temps qu'une maîtresse; il lui a dû souvent de ne pas mourir de faim, abandonné sur son grabat. Quand il n'avait pas de quoi dîner, elle trouvait mille raisons aimables pour le décider à dîner avec elle; d'ailleurs il ne se faisait pas prier longtemps. Dans ses jours de misère, il descendait chez Jacqueline à l'heure du repas; à sa seule façon d'entrer, elle voyait bien qu'il fallait mettre son couvert, car il soupirait en se tournant vers l'âtre. En toute chose elle était sa providence: s'il était un peu malade, elle voulait veiller; l'hiver elle partageait son peu de bois, et Lantara avait le bon lot; le meilleur fruit de sa boutique, la pêche la plus rose et la plus veloutée, la grappe la plus dorée du plus beau raisin était toujours pour lui. Jacqueline valait mieux que Thérèse Levasseur; elle était plus franche et plus naïve; on ne doit pas s'étonner de l'amour que Lantara eut pour elle. Peut-être serait-elle parvenue dans sa sollicitude à lui fermer à jamais la porte du cabaret, mais elle mourut trop tôt pour accomplir cette bonne œuvre. Lantara fut frappé au cœur par cette mort presque soudaine; il se retrouvait seul et déjà vieillissant; il perdit courage, il retourna au cabaret avec plus d'abandon que jamais; il ne se consola qu'à grand peine; six mois après ce malheur, quand on lui parlait de Jacqueline, il soupirait et pleurait encore, ivre ou non. Il ne voulut jamais vendre un joli paysage qu'il avait peint au temps heureux où Jacqueline chantait. Un jour que sa voisine, une danseuse oubliée, lui demandait pourquoi il tenait tant à ce paysage, il lui répondit: « Vous n'entendez donc pas chanter Jacqueline dans ce paysage. »

Depuis Louis-le-Jeune jusqu'à Louis XIV la porte Saint-Denis a fait trois haltes; elle n'était qu'une limite, grâce au passage du Rhin et à Blondel, elle est devenue un monument. Sous Louis-le-Jeune, elle était à la hauteur de la rue de la Ferronnerie, sous Philippe-Auguste en face du cul-de-sac des Peintres, sous Charles V à la rue des Deux-Portes.

Guyon-le-Doux était un des plus anciens peintres français; il ouvrit un atelier rue Saint-Denis; de là, le cul-de-sac des Peintres. L'histoire ne daigne pas consacrer une seule page à Guyon-le-Doux et à ses disciples. Seulement, Froissard parle de leurs peintures communes : « A l'entrée d'Isabeau de Bavière, il y avait à la porte aux Peintres (ainsi la porte illustrait ses peintres), un ciel nué et étoilé très-richement, et Dieu par figure séant en sa majesté, le Père, le Fils et le Saint-Esprit; et là, dedans le ciel, petits enfants de chœur chantaient moult doucement, en formes d'anges; et ainsi que la royne passa, dans sa litière découverte, sous la porte de paradis; d'en haut, deux anges descendirent, tenant en leurs mains une très-riche couronne, et l'assirent moult doucement sur le chief de la royne en chantant tels vers:

   Dame enclose entre fleurs-de-lys.
   Royne êtes-vous de Paradis?

A l'entrée de Louis XI la fête fut des plus solennelles. Il y eut par toute la rue des fontaines de vin, de lait et d'hypocras, et au-dessus de ces fontaines, les plus belles filles de Paris, déguisées en syrènes, c'est-à-dire toutes nues, rappelant bien ces vers du poëte :

> L'embarras de paraître nue
> Fait l'attrait de la nudité.

— L'historien ne daigne pas dire si le *déguisement* fut du goût de ce bon Louis XI. Aujourd'hui, grâce au gouvernement représentatif, la ville de Paris ne se met plus en si belle humeur pour fêter son roi. Au lieu de ces fontaines de vin, de lait et d'hypocras, surmontées de syrènes vivantes dressant leur sein nu et secouant leurs cheveux flottants, nous avons une haie de gardes nationaux ! Ce fut d'une fenêtre ouverte au-dessus de la porte de Charles V, que Henri IV vit défiler la garnison espagnole : « Mes baise-mains, à votre maître, leur cria-t-il; allez-vous-en, à la bonne heure, mais n'y revenez plus. »

Que dirai-je de la porte de Louis XIV? elle est trop visible pour en parler. C'est un arc-de-triomphe qui rappelle bien le passage du Rhin : on ne peut passer dessous sans se mouiller les pieds.

L'histoire de la rue Saint-Denis n'apprend plus rien de bien curieux. En montant dans la rue du Faubourg-Saint-Denis, on lit encore une belle page d'histoire : Saint-Lazarre ! Saint-Ladre, comme disait le peuple. C'était d'abord une léproserie : là, les rois de France recevaient le serment de fidélité des ordres de la ville; là, étaient déposées à la garde des lépreux, les dépouilles mortelles de nos rois et reines de France, allant à Saint-Denis pour recevoir l'ablution des prêtres du royaume, représentés par l'archevêque de Paris. Cette halte à Saint-Lazarre, était un curieux spectacle, touchant symbole de l'égalité chrétienne, dit un historien. Cette égalité chrétienne n'est-elle pas une raillerie? Égalité chrétienne,—après la mort!—c'est toujours ainsi que cela s'est entendu à la cour. Saint-Vincent de Paule fut abbé de Saint-Lazarre et y mourut.

Sous le régime de la terreur, on fit de Saint-Lazarre une prison au nom de la liberté, comme partout ailleurs. Le peintre Robert y fut sauvé par une erreur de nom, mais André Chénier et Roucher y écrivirent leurs derniers vers. Saint-Lazarre est devenu un refuge pour les filles de mauvaise vie. Le pauvre saint n'a jamais assisté qu'aux misères et aux douleurs de l'humanité. Ce n'était donc point assez d'avoir vécu avec les miettes de la table; après sa mort, il est le patron des lépreux, des rois trépassés et des filles de joie; mais Roucher et Chénier ont souffert près de lui.

Me voilà à peu près au bout de mon voyage, je reviens sain et sauf tailler ma plume pour écrire sur mes découvertes. Une femme d'esprit disait, après avoir vu Lyon : « Les maisons m'ont empêchée de voir la ville. » Pour moi, je puis dire : « Les passants m'ont empêché de voir la rue Saint-Denis. »

ARSÈNE HOUSSAYE.

RUE DE LA VICTOIRE.

La Chaussée-d'Antin, cette superbe fille de Louis XV et de la municipalité parisienne, naquit le 4 décembre 1720.

Dans les premières années du xviiie siècle, l'immense terrain compris aujourd'hui entre la rue du faubourg Montmartre et la rue de l'Arcade, entre les boulevards et les barrières, était couvert de marais, de jardins, de petites maisons de campagne qui dépendaient du village des Porcherons et de Clichy.

Le grand nombre de valets, de visiteurs, de courtisans, attirés dans la ville de Paris par la royauté mineure de Louis XV, valut aux magistrats municipaux l'autorisation d'acquérir le vaste emplacement dont je parle, pour y élever un nouveau quartier : les lettres-patentes du roi furent signées le 4 décembre 1720.

La galanterie, la noblesse et la finance, construisirent les premiers édifices du quartier de la Chaussée-d'Antin : les *petites maisons* s'élevèrent comme par enchantement, pour les menus-plaisirs des grands seigneurs, des libertins, des parvenus, des financiers et des jolies femmes un peu publiques ; l'on jeta sur les marais beaucoup de vice et beaucoup d'argent : c'était une corruption nouvelle.

Il y avait, tout près des Porcherons, une ruellette, un chemin boueux, un véritable égoût qui devait jouer un beau rôle dans l'histoire de Paris, dans l'histoire de la France : la *ruellette au Marais des Porcherons* se nommait, en 1734, la *Ruelle des Postes*; mais bientôt, en voyant s'élever le quartier magnifique de la Chaussée-d'Antin, la ruelle des Postes voulut être une rue : le souvenir des grenouilles, qui avaient chanté, qui avaient coassé dans les marais du voisinage, servit à baptiser la rue Chantereine.

La rue Chantereine et la rue du Rocher sont les deux filles ainées, les deux filles jumelles de la Chaussée-Gaillon ou d'Antin ; elles vinrent au monde sur le plan de Paris, en 1735 ; leurs premières années furent assez tristes : elles ne commencèrent véritablement à vivre qu'en 1740.

Cette belle et bienheureuse Chaussée-Gaillon ressemble à l'héroïne d'une histoire romanesque : elle fut protégée par un prince, beau comme le jour, et qui était le roi de France ; elle fut heureuse, riche, brillante, et pour comble de bonheur, elle eut beaucoup d'enfants : la rue Chantereine et la rue du Rocher, en 1735 ; la rue de Provence, qui naquit en 1776 sur un égoût ; la rue Neuve-des-Mathurins en 1778 ; la rue de Joubert en 1780 ; la rue Saint-Nicolas en 1784 ; la rue Caumartin en 1786, et bien d'autres rues qui ouvrirent leurs fenêtres à la lumière avant, pendant ou après le règne de Louis XVI.

J'ai hâte de pénétrer avec vous dans la rue de la Victoire ; mais vraiment ! les rues qui environnent la rue Chantereine sont si nombreuses et si galantes, elles me semblent si riches en souvenirs d'une curieuse histoire, que je vous demande la permission de faire un peu l'école buissonnière, à travers le quartier de la Chaussée-d'Antin.

L'on a déjà parlé, dans ce livre, de la célèbre mademoiselle Guimard : mais, par les baladines sans esprit qui sautent sur les théâtres d'aujourd'hui, on ne saurait trop parler d'une spirituelle danseuse qui dansait sur un théâtre d'autrefois : mademoiselle Guimard, cette charmante Danaïde qui versait à pleines mains, dans des gouffres insatiables, dans le luxe, dans le caprice, dans le plaisir, les flots d'or et d'argent de M. de Soubise, fit construire en 1772, dans la rue de la Chaussée-d'Antin, un hôtel et un théâtre dont les ornements étaient adorables ; le peintre Fragonard avait passé par là, et Fragonard était un artiste délicieux, un décorateur païen qui excellait à évoquer, sur la conque marine de sa palette, les Amours mal appris et les Vénus mal habillées.

Le prince de Soubise songea tout naturellement à se rapprocher du *temple de Terpsichore*, qu'il avait donné à la sultane-favorite ; il installa son harem dans la rue de l'Arcade, et le maréchal-sultan y mourut en 1787.

Mademoiselle Guimard, qui était une charmante danseuse à l'Opéra, avait assez d'esprit pour être une charmante comédienne chez elle : la salle du Temple de Terpsichore, toute pleine des aristocraties de la cour

et de la ville, applaudissait bien des fois au talent d'une nouvelle Sylvia qui disait, à propos des petits chefs-d'œuvre de Marivaux : c'est le cœur dévoilé par l'esprit ! — Quel joli mot pour une danseuse !

A la fin du XVIII° siècle, l'hôtel de mademoiselle Guimard fut mis en loterie, et gagné par une grande dame qui le céda plus tard au banquier Perrégaux, pour la bagatelle de cinq cents mille francs : le billet de loterie avait coûté cent vingt livres à madame la comtesse Dulau ! mademoiselle Perrégaux épousa, dans la maison de mademoiselle Guimard, le général Marmont, et M. Jacques Laffitte y commença une brillante et honorable fortune. Certes ! le futur maréchal, duc de Raguse, n'avait pas deviné dans le commis, dans l'associé de son beau-père, un homme politique, un député, un ministre du peuple, qui devait le vaincre en 1830, une Charte à la main.

Le magnifique hôtel qui porte aujourd'hui le n° 7, dans la rue de la Chaussée-d'Antin, a été habité, à des époques bien différentes, par deux jolies femmes, par deux femmes à la mode : Madame Récamier et madame la comtesse Lehon : l'une, qui est déjà vieille, se souvient et se console, dans sa Thébaïde profane de l'Abbaye-au-Bois; l'autre, qui est encore jeune et belle, ne se consolera jamais, parce qu'elle se souviendra toujours.

La cité d'Antin a été bâtie sur les ruines de l'hôtel de madame de Montesson : madame de Montesson avait beaucoup d'esprit, beaucoup de talent et beaucoup de bonté; à ces causes, elle méritait l'honneur que daigna lui faire Louis XVI, en lui permettant d'épouser un prince qui n'était rien moins qu'un duc d'Orléans.

Dans les premières années de l'empire, l'hôtel Montesson appartenait au célèbre fournisseur Ouvrard; en 1810, il était occupé par l'ambassade d'Autriche; le mariage de Napoléon avec Marie-Louise coûta cher à l'ambassadeur autrichien : au milieu de la fête splendide qu'il avait offerte à l'empereur et à l'impératrice, il vit périr la princesse de Schwartzemberg, dans les flammes qui incendièrent la salle du bal; un jeune historien, qui a plus d'argent que de raison, s'est efforcé de faire expier à l'empire la mort de cette pauvre princesse, par la débâcle de Waterloo! Jacques-le-Fataliste avait du moins de l'esprit.

L'illustre Lamoignon-Malesherbes a vécu dans la rue des Martyrs; la tragédienne Dumesnil demeurait dans la rue Blanche; les frères Ruggiéri fabriquaient leurs pièces d'artifices dans la rue Saint-Lazare; un évêque de l'ancien régime, M. de Talleyrand, se maria en 1797, dans un petit hôtel de la rue Taitbout; enfin, dans le monde d'aujourd'hui, Talma et Horace Vernet, mademoiselle Mars et mademoiselle Duchesnois ont laissé de glorieux souvenirs de leur passage à la jolie rue de la Tour-des-Dames.

C'est la galanterie qui a pendu la première crémaillère, dans presque toutes les rues de la Chaussée-d'Antin : après la Guimard, qui ruina le prince de Soubise, voici la Duthé qui ruina le comte d'Artois, voici la Dervieux qui avait juré de ne ruiner personne, en se promettant de recevoir les aumônes amoureuses de tout le monde. En 1770, les deux plus beaux hôtels de la rue Chantereine appartenaient à ces deux jolies femmes, de galante mémoire; sans doute, elles voulurent purifier les fonds secrets de leur opulence équivoque, en contribuant à la décoration d'un nouveau quartier, d'une nouvelle ville.

La rue Chantereine débuta d'une façon admirable, dans ses relations publiques avec le grand monde parisien : elle obtint du hasard, sous le règne de Louis XVI, l'insigne et amusante faveur d'offrir un pied-à-terre à deux célèbres personnages, à deux voyageurs étrangers, qu'il serait injuste de flétrir de la même peine, c'est-à-dire du mépris que l'on doit au mensonge et au charlatanisme : l'un de ces hommes se nommait Mesmer; l'autre avait nom Cagliostro.

Un ancien avocat au parlement de Paris, un ancien ministre de la Restauration, un observateur de beaucoup d'esprit, un historien rempli de finesse, M. le comte Beugnot, s'exprime en ces termes, dans ses Mémoires inédits, au sujet du charlatan Cagliostro :

« Il semblait moulé pour le rôle du *signor Tulipano*, dans la comédie italienne ; il était d'une taille médiocre, assez gros, avait le teint olive, le cou fort court, le visage rond, orné de deux gros yeux à fleur de tête, et d'un nez ouvert et retroussé. Il portait une culotte rouge, l'épée engagée dans les basques de l'habit, et un chapeau bordé, avec une plume blanche.

» Un des prestiges de Cagliostro était de faire connaître à Paris un événement qui venait de se passer à l'instant même à Vienne, à Pékin ou à Londres ; mais il avait besoin pour cela d'un appareil ; cet appareil consistait en un globe de verre, rempli d'eau clarifiée et posé sur une table. Cette table était couverte d'un tapis fond noir où étaient brodés en couleur rouge les signes cabalistiques des rose-croix du degré suprême.

» Cet appareil préparé, il fallait placer à genoux, devant le globe de verre, une voyante, c'est-à-dire une jeune personne qui aperçût les scènes

» dont le globe allait offrir le tableau, et qui en fît le récit ; mais une voyante était difficile à trouver, parce qu'il y fallait plus d'une condition : la jeune personne devait être d'une pureté qui n'eût d'égale que

» celle des anges, être née sous une constellation donnée, avoir les nerfs
» délicats, un grand fond de sensibilité....., et les yeux bleus.

» La jeune innocente, ou la voyante agenouillée et les yeux fixés sur le
» globe rempli d'eau, l'évocation commençait : l'évocateur appelle les
» génies, par un concours d'emblèmes et de paroles cabalistiques, et les
» somme d'entrer dans le globe et d'y représenter les événements passés
» qu'on ignore, ou ceux à venir dont on veut avoir connaissance; il paraît
» que ce jeu n'amuse pas du tout les génies; quelquefois l'évocateur sue
» sang et eau pour vaincre leur résistance et n'en vient pas à son honneur;
» si, au contraire, les génies cèdent, alors ils entrent pêle-mêle dans le
» globe de verre : l'eau s'agite et se trouble; la voyante éprouve des con-
» vulsions; elle s'écrie qu'elle voit, qu'elle va voir, et demande à grands
» cris qu'on la secoure; elle tombe et roule par terre; on la relève, on la
» soutient en face du globe, tremblante et échevelée; l'évocateur ne la
» tient pas quitte à si bon marché : il faut qu'elle reconnaisse les person-
» nages de la scène que l'on veut voir, qu'elle accuse les habits qu'ils
» portent, les gestes qu'ils font, et répète enfin les paroles qu'ils pro-
» noncent; on obtient tout cela avec beaucoup de patience, à travers des
» contorsions, des grincements de dents, des convulsions si fortes qu'à
» la fin de la séance, on porte la voyante à demi-morte dans un lit. »

Quelques-unes des scènes *prestigieuses*, dont parle M. le comte Beugnot, se passèrent dans la rue Chantereine, à peu près à une époque où madame du Deffand disait à ses amis : Notre monde peut se diviser en trois classes : les trompeurs, les trompés et les trompettes.

Du globe de verre de Cagliostro au baquet magnétique de Mesmer, il n'y a que la main du magnétiseur.

Quelques mois avant son apparition triomphale à Paris, Mesmer n'était qu'un simple étudiant de Vienne, un disciple assidu de Swieten, un jeune homme tout plein d'une exagération spirituelle, qui allait jusqu'à l'exaltation, jusqu'à la violence; c'était, comme l'ont dit ensuite ses amis, un pauvre malade qui avait la fièvre toute l'année.

Le médecin de Vienne n'était ni un sorcier, ni un fou, ni un misérable : le chef de la fameuse société de l'*Harmonie* était un docteur savant, un théoricien audacieux; Mesmer voulut découvrir, à tort ou à raison, dans une secrète influence, un fluide commun, un agent universel qu'il appela le *magnétisme animal*.

La première jeunesse de Mesmer ne manque ni de charme, ni d'intérêt; à cette époque, il s'occupait déjà de nombreux travaux et de tentatives scientifiques, en s'appuyant des expériences de l'astronome Maximilien Stelle; il obtint le degré du doctorat, et ce fut dans sa thèse inaugurale qu'il essaya d'admettre, pour la première fois, l'hypothèse d'un fluide qui fut d'abord pour lui l'électricité, et plus tard le fluide magnétique.

En peu de temps, le nouveau docteur devint un médecin inspiré, un savant illuminé, un magnétiseur infatigable : on lui attribua des cures merveilleuses, et les médecins, ses confrères, fatigués d'entendre vanter ses recettes infaillibles, en guise de panacées, le combattirent et le repoussèrent comme un imposteur, en l'accusant de déshonorer la médecine, peut-être parce qu'il guérissait ses malades. Bientôt, Mesmer ne fut plus à Vienne un docteur universitaire, mais un empirique ou un insensé, un fou ou un charlatan.

La persécution ne fit qu'augmenter encore les croyances, et si je puis le dire, l'illumination du jeune rêveur ; une petite scène de magnétisme, en présence de toute la population viennoise, jouée de bonne foi par Mesmer, ou préparée par lui bien à l'avance, donna tout-à-coup à son nom et à son crédit l'éclat équivoque d'une singulière auréole. Mesmer se promenait un soir sous les magnifiques ombrages du *Prater*, oubliant pour quelques heures les hallucinations de ses longues veilles ; son impatience était visible : il frappait du pied avec une sorte de colère ; il s'arrêtait soudain ; il interrogeait de l'œil des groupes de promeneurs, et continuait à marcher çà et là, dans une agitation bien apparente ; il ressemblait ainsi à un amant qui souffre dans l'horrible purgatoire de l'attente, à l'affût d'une belle maîtresse, et regrettant, avec l'heure du rendez-vous qui s'envole, du temps et des plaisirs perdus.

Eh bien ! Mesmer était précisément amoureux, amoureux d'une grande dame : jamais il ne lui avait parlé ; mais il la voyait de loin chaque jour, et en ce moment encore, il la cherchait dans les allées du *Prater* et sur les bords du Danube.

Mesmer s'en retournait déjà du côté de la ville, bien chagrin, bien malheureux, lorsqu'il aperçut, au détour d'un massif de verdure, une jeune fille assez jolie, mais pauvre, faible, chétive, malade ; il la regarda fixement, et la jeune fille, immobile aussitôt, baissa les yeux. Une pensée subite, bizarre, illumina l'esprit du docteur : le dieu de la science occulte venait de lui parler, et Mesmer s'élança sur le trépied de l'oracle !... en d'autres termes, il s'approcha de la jeune fille et lui prit doucement la main :

— Vous pouvez, lui dit-il, me rendre un grand service, qui ne coûtera rien à votre délicatesse, à votre honneur. Vous me semblez pauvre, et je suis riche, par comparaison ; vous me semblez malade, et je suis médecin : faites ce que je désire, et je vous aiderai de ma fortune, de mes conseils, de mon talent...

— Que dois-je faire ? répondit le jeune fille, en tremblant.

— Asseyez-vous là, sur ce banc de pierre, et regardez-moi bien !

La jeune fille, s'étant assise, se mit à contempler Mesmer qui, debout devant elle, absorbait chacun de ses regards dans une pensée toujours tendue, toujours la même, au profit d'une volonté obstinée, tenace, inflexible, inexorable; puis, il promena ses deux mains, à distance, sur le front, le visage, la poitrine et les bras de la patiente, tantôt par un mouvement calme, ondoyant et harmonieux, tantôt par un mouvement abrupte, interrompu et saccadé. Les yeux de la jeune fille se fermèrent et se rouvrirent bien des fois, en lutte contre la fascination qui les dominait; au bout de quelques minutes, la figure de cette pauvre enfant se troubla d'une façon étrange: elle souffrait sans doute, car elle soupira à plusieurs reprises, et bien profondément; elle versa des larmes qui allèrent se perdre dans les joies naïves d'un sourire, et enfin, rejetant tout-à-coup sa tête en arrière, elle dormit!

Elle venait d'entrer dans le sommeil magnétique, dans le somnambulisme.

Ce n'est pas tout: pour Mesmer, le somnambulisme n'était encore un phénomène précieux, qu'à la condition de surexciter et de produire dans le sujet somnambule d'autres phénomènes et d'autres prodiges: la clairvoyance, la vision, l'extase.

— A quoi pensez-vous? demanda Mesmer à la jeune fille endormie.
— Je pense, répondit-elle en hésitant, à votre inquiétude de ce soir.
— Vous savez donc que j'ai cherché quelque chose, dans le Prater?
— Je sais que vous y avez cherché quelqu'un...
— Pouvez-vous me dire où *il* est, en ce moment?
— Je vous dirai où *elle* est...
— Eh bien! où est-elle?
— Attendez,... Non! non.., je ne peux pas... je n'y vois pas...
— Allons! regardez encore, près de vous, loin de vous, partout; j'ai besoin de savoir où est cette dame.
— Ah! s'écria la somnambule, je l'ai vue! elle est au théâtre impérial...

Un long murmure de surprise, d'incrédulité ou d'admiration, s'éleva dans un cercle immense de promeneurs qui se pressaient au spectacle de cette expérience magique, et que Mesmer n'avait point daigné apercevoir jusques-là.

Le magnétiseur réveilla la jeune fille, lui glissa dans la main quelques pièces d'argent, et s'en alla bien vite au théâtre impérial, où il put contempler tout à son aise la belle dame de ses pensées.

Peu de temps après cette scène de magnétisme, que le hasard avait rendue publique, Mesmer résolut de voyager en France, où rien ne réussit autant que le succès.

Il y eut, dans l'engouement inspiré par le magnétisme au grand monde parisien, du fantastique, du vertige et de la magie. Mesmer comprit admirablement Paris, qui était toute la France: il inventa des frivolités miraculeuses, en s'adressant tour-à-tour au désœuvrement, à la terreur, à la curiosité, aux préjugés et à la mode ; il imagina les farandoles autour du baquet magnétique, en songeant à l'avenir d'une science nouvelle, étayée par les principes et fondée sur la philosophie.

Les dernières paroles de Mesmer ne ressemblent point au langage suprême d'un charlatan ; en 1815, près de mourir dans le canton de Torgau, il voulut recommander une fois encore à ses disciples, à ses clients, les destinées futures du mesmérisme : «Amis, s'écria-t-il d'une voix inspirée, les amours créent après Dieu sans deviner le mystère de la vie ! Il faut croire au magnétisme sans avoir su l'approfondir, comme l'on croit à la création et à la mort sans avoir su les expliquer ! »

En 1796, la rue Chantereine eut le talent de s'attirer les bonnes grâces de la révolution française ; le Directoire se laissa prendre à la coquetterie de son langage, de sa parure et de ses belles manières : Barras eut la bonté de faire quelque chose pour ses menus-plaisirs ; il lui donna une jolie salle de spectacle, dessinée par Damème, et qui prit le nom de *Théâtre-Olympique*; le nouveau théâtre valut à la rue Chantereine les visites, les petits cadeaux d'amitié, les rires et les applaudissements de tous les Incroyables, de toutes les Merveilleuses de cette époque galante que l'on a surnommée la régence de la révolution.

Madame Tallien, qui demeurait dans la rue Cérutti, assistait à la plupart des représentations du Théâtre-Olympique ; un soir, elle daigna se montrer dans sa loge, sous le costume un peu négligé de l'illustre *Aspasie*; le lendemain, madame Récamier, qui était aussi une femme à la mode, étala, le plus légèrement qu'il lui fût possible, le costume *déshabillé* de la célèbre *Laïs*; les spectateurs applaudissaient en même temps Laïs et Aspasie, comme il convenait à de spirituels Athéniens de Paris.

Au beau temps des triomphes de la campagne d'Italie, Joséphine se hasardait aux spectacles du Théâtre-Olympique ; à son aspect, les républicains du parterre se levaient en criant : Vive Bonaparte ! Et tout le monde dans la salle oubliait le spectacle de la soirée, pour se souvenir de *Montenotte*, de *Millesimo*, de *Crémone* et de *Mondovi*, drames héroïques, pièces merveilleuses, dont le mari de Joséphine était à la fois le principal auteur et le principal personnage.

Madame Joséphine Bonaparte était une des hôtesses les plus aimables, les plus spirituelles, les plus distinguées de la rue Chantereine ; elle y occupait un charmant hôtel, qui avait appartenu à Julie Carreau, la première femme du tragédien Talma : Talma et Napoléon, le grand artiste qui devait régner au théâtre et le grand capitaine qui devait gouverner le monde, s'étaient mariés dans cette jolie petite maison, l'un en 1791, l'autre en 1796.

Le 5 décembre 1797, Napoléon Bonaparte arriva dans son hôtel de la rue Chantereine : ce jour-là, je l'imagine pour son honneur, la rue Chantereine oublia ses plaisirs habituels, ses fêtes galantes, ses banquiers, ses merveilleuses, son théâtre et ses incroyables, pour ne s'énorgueillir que de la gloire du conquérant de l'Italie.

Dès ce moment, les députations et les célébrités de toutes les sortes se pressèrent en foule dans la rue Chantereine : un matin, le Directoire, entouré d'un brillant cortège, vint frapper à la modeste porte du général Bonaparte, pour le prier d'assister à une fête splendide, que la république allait offrir au *libérateur de l'Italie*, au *pacificateur du continent* : cette fête patriotique eut lieu le 10 décembre, dans la grande cour du palais du Luxembourg ; Napoléon essuya, dans cette journée solennelle, les embrassements de Barras et les compliments de M. de Talleyrand.

Les ministres, les présidents des deux conseils législatifs, le corps diplomatique, les autorités civiles et militaires défilèrent tour-à-tour dans la rue Chantereine, pour déposer aux pieds de Bonaparte des adresses officielles, des éloges, des vers et de la prose, des invitations à dîner, à souper et à danser ; le 28 décembre, la rue Chantereine vit passer un cortège de savants illustres qui allaient annoncer au général Bonaparte sa nomination de membre de l'Institut, en remplacement de Carnot. Devant un pareil spectacle, la rue Chantereine se piqua d'honneur ; elle voulut faire quelque chose pour un héros, pour un grand homme qui devait la rendre immortelle : Elle réclama publiquement de l'autorité municipale la grâce d'un nouveau baptême, et la rue Chantereine obtint l'insigne faveur de porter le nom glorieux de *rue de la Victoire*.

Jusqu'au jour de son départ pour l'Égypte, Napoléon demeura, ou plutôt se cacha, modestement dans son petit hôtel : c'était, pour le jeune général, une retraite calme, tranquille, studieuse, où il ne recevait d'ordinaire que des visiteurs d'élite, qu'il appelait ses amis : Monge, Bertholet, Laplace, Lagrange, Berthier, Lefebvre, Cafarelly, Bourrienne, Bernardin de Saint-Pierre, Chénier, Daunou, Arnault, Talma et David ; avec un pareil entourage, Napoléon pouvait deviser à son aise, bien loin du monde, les pieds sur les chenêts, la tête doucement appuyée sur l'épaule de Joséphine, de science, de guerre, d'administration, de politique, de beaux-arts, de littérature, de théâtre et de poésie. Le général Bonaparte, membre de l'Institut, reçut la visite d'un ingénieur de vingt ans, qui venait lui soumettre un *mémoire* sur les moyens de construire des voûtes sous le lit des fleuves : ce jeune homme se nommait Brunel ; il devait réaliser, quarante ans plus tard, les merveilleuses théories de son mémoire, dans le fameux *Tunnel* de la Tamise.

Le 4 mai 1798, la rue Chantereine ou la rue de la Victoire perdit une seconde fois Bonaparte. Le général en chef de l'expédition d'Égypte quitta Paris pour se rendre à Toulon, où l'attendaient trente-six mille hommes de troupes réglées, dix mille marins, quatre cents bâtiments de transport et soixante-douze bâtiments de guerre. Le vaisseau-amiral, l'*Orient*, monté par Brueys et Bonaparte mit à la voile le 19 mai, et les prouesses fabuleuses des soldats de la république allaient recommencer de plus belle. Le 10 juin, Napoléon s'avise de prendre Malte en passant, et pour se faire la main; le 1er juillet, il débarque sur les côtes d'Égypte, s'empare d'Alexandrie et marche sur le Caire; le 21, il gagne la bataille des Pyramides, en présence de quarante siècles qui le contemplent; le 25 juin 1799, il écrase les ennemis dans la plaine d'Aboukir, et le 16 octobre, il est de retour à Paris, dans sa maison de la rue de la Victoire, où il va préparer le scenario politique du 18 brumaire.

Le matin du 19 brumaire, Fouché, Siéyes, Talleyrand et Moreau vinrent prendre les derniers ordres, les dernières instructions du général Bonaparte. A dix heures, des cavaliers armés qui se nommaient Sébastiani, Lannes, Berthier, Murat et Lefebvre se promenaient dans la rue de la Victoire, en répétant à haute voix: « Il faut jeter les avocats à la rivière! » Bientôt une porte cochère s'ouvrit avec violence; Napoléon, revêtu de son costume de général et monté sur un magnifique cheval arabe, salua de la main les promeneurs, les cavaliers qui étaient ses amis et ses complices; il se plaça bravement à leur tête; il regarda tour-à-tour deux pistolets qu'il portait à sa ceinture, et un sabre turc qu'il avait suspendu à sa taille par un petit cordon de soie rouge; enfin, Bonaparte donna le signal du départ, et cette petite armée d'ambitieux se mit en marche pour aller faire la difficile campagne de Saint-Cloud.

La rue de la Victoire perdit pour toujours, au 18 brumaire, le grand homme qui l'avait anoblie par le souvenir glorieux de ses premiers triomphes. En le voyant s'installer, avec sa nouvelle puissance, dans les salons du Luxembourg, et plus tard dans le château des Tuileries, elle ne songea pas à garder rancune au soldat ambitieux qui venait de la quitter sans la prévenir. A chaque bataille du consulat et de l'empire, la rue de la Victoire s'empressa d'ouvrir toutes ses fenêtres, pour mieux entendre la voix des crieurs publics qui annonçaient les prodiges héroïques de Bonaparte et de Napoléon. Mieux que cela, vraiment!.. un jour du mois de juin 1815, la rue de la Victoire, fidèle à la gloire de l'empereur et de l'empire, essaya de s'endormir avant la nuit, afin de pouvoir douter encore, jusqu'au lendemain, de la défaite suprême de Waterloo.

En 1816, la rue du Mont-Blanc, la rue Cérutti et la rue de la Victoire reprirent, bon gré, mal gré, leurs anciens noms de baptême; elles se laissèrent appeler de nouveau: rue de la Chaussée-d'Antin, rue d'Artois, rue Chantereine; des étrangers, des cosaques, des traîtres et une Restauration venaient de passer par là!

Après la mort du maréchal Ney, la famille de l'illustre et malheureux soldat de l'empire se retira dans une maison de la rue Chantereine, où elle vécut en pleurant une éclatante infortune et en espérant des temps meilleurs. La famille du maréchal était pauvre : En 1826, la rue Chantereine vit passer avec bien de la joie le jeune prince de la Moskowa, bras dessus, bras dessous avec un honnête homme, avec un riche banquier de Paris, avec un citoyen populaire : le prince de la Moskowa allait épouser une fille de M. Jacques Laffitte; cette fois, du moins, l'argent servait à quelque chose de noble : la finance venait au secours de la gloire.

Ce mariage fit grand bruit à la cour et à la ville. Le peuple joua, dans la rue Chantereine et dans la rue d'Artois, le rôle de l'opposition libérale, en chantant l'éloge d'un jeune homme et d'une jeune fille qui se mariaient; un pareil éloge était bien simple et bien naturel : le peuple s'intéresse à tout ce qui est jeune, à tout ce qui est beau, à tout ce qui est honnête, à tout ce qui est illustre...... Oui, mais ce jeune homme était le fils d'un maréchal de l'empire, tué par la Restauration; cette jeune fille était l'héritière, l'enfant d'un noble parvenu, d'un ami de Manuel, de Casimir Périer, du général Foy, d'un des acteurs les plus applaudis de cette fameuse comédie des quinze ans qui promettait un dénouement révolutionnaire : le mariage du prince de la Moskowa avec la fille de M. Jacques Laffitte, devait effrayer les maîtres couronnés et les hôtes aristocratiques du pavillon Marsan.

J'ai nommé tout à l'heure le général Foy ; sa vie et sa mort ne sont pas tout-à-fait étrangères à l'histoire de la rue Chantereine : le célèbre orateur demeurait dans la rue de la Chaussée-d'Antin, au n° 62, dans un hôtel qui fait l'angle de la rue de la Victoire.

Le général Foy mourut le 28 novembre 1825. — Le lendemain, un journal qui portait le drapeau le plus éclatant de l'opposition libérale disait en peu de mots, comme il convenait à une douleur sincère : « Que la France se couvre de deuil; elle a perdu un grand citoyen : le général Foy est mort! »

Le même jour, une feuille publique, plus royaliste que le roi, osa publier la phrase suivante : « Le général Foy est mort; M. Benjamin Constant se meurt. »

Les funérailles du célèbre député eurent lieu le 30 novembre : plus de cent mille personnes, des étudiants, des femmes, des vieillards, des enfants, se pressaient dans les rues Chantereine et de la Chaussée-d'Antin, pour saluer l'ombre d'un citoyen patriote.

Dès le matin de cette grande et triste journée, toutes les boutiques furent fermées, dans le quatrième arrondissement, qui avait eu l'honneur de nommer le général Foy membre de la Chambre des députés : les marchands de Paris, en 1824, en 1774, en 1715, ne s'étaient pas avisés de rendre un pareil hommage à d'augustes défunts, à des majestés de la veille, que l'on appelait Louis XVIII, Louis XV et Louis XIV.

Le convoi se mit en marche à une heure ; les quatre coins du poêle étaient tenus par le général Miollis, le duc de Choiseul, Méchin et Casimir Périer. Au nombre des riches voitures qui suivaient officiellement le corbillard, figurait un carrosse de Louis-Philippe, duc d'Orléans. Le temps était affreux ; il pleuvait, à ne pas jeter un traître à la porte ; une pauvre femme du peuple, qui priait sur le seuil de la maison mortuaire, se prit à dire avec une image qui était de circonstance : Il pleut *à chaudes larmes !*

A l'issue de la cérémonie funèbre, qui eut lieu dans la petite église Saint-Jean, au faubourg Montmartre, des étudiants, de vieux soldats, des notables, des ouvriers, se disputèrent l'honneur de porter jusqu'au Père Lachaise les dépouilles mortelles du général Foy. Il était déjà nuit ; le cortége immense, qui représentait la patrie aux funérailles d'un grand homme, ne pénétra dans le cimetière qu'à la lueur des torches ; des clartés douteuses donnaient quelque chose de mystérieux à la dernière scène de cette imposante solennité patriotique.

Méchin, Ternaux et Casimir Périer firent entendre de nobles et touchantes paroles sur la tombe du général Foy : Une pierre tumulaire leur servit de tribune, pour parler encore à la France de patrie et de liberté !

Benjamin Constant, qui avait préparé l'oraison funèbre de son ami, n'eut pas la force de lui adresser un dernier adieu ; M. Royer-Collard se trouva mal, sur le bord de la fosse, et M. Viennet prononça un discours en vers, interrompu bien souvent par les soupirs et les larmes du poète.

Je ne veux ni ne dois oublier, à propos des funérailles du général Foy, l'inspiration poétique d'une jeune femme, de mademoiselle Delphine Gay, qui est aujourd'hui madame Émile de Girardin. Voici le chant funéraire de *la Muse de la patrie :*

>Pleurez, Français, pleurez ; la patrie est en deuil !
>Pleurez le défenseur que la mort vous enlève ;
>Et vous, nobles guerriers, sur un muet cercueil,
>Disputez-vous l'honneur de déposer son glaive !
>Vous ne l'entendrez plus, l'orateur redouté,
>Dont l'injure jamais ne souilla l'éloquence,
>Celui qui, de nos rois respectant la puissance,
>En fidèle sujet parla de liberté :
>Le Ciel, lui décernant la sainte récompense,
>A commencé trop tôt son immortalité !
>Son bras libérateur dans la tombe est esclave ;
>Son front pur s'est glacé sous le laurier vainqueur ;
>Et ce signe sacré, cette étoile du brave,
>   Ne sent plus palpiter son cœur !
>Hier, quand de ses jours la source fut tarie.

La France, en le voyant sur la couche étendu,
Implorait un accent de cette voix chérie...
Hélas! au cri plaintif jeté par la patrie,
C'est la première fois qu'il n'a pas répondu!

Après avoir pleuré un grand citoyen, la France libérale n'oublia pas sa jeune famille; la France de cette époque fut heureuse dans la distribution de ses bienfaisantes largesses : elle adoptait en même temps les malheureux de Salins, les Grecs qui voulaient être libres, et les enfants du général Foy, qui étaient pauvres.

Le quartier de la Chaussée-d'Antin se glorifie d'avoir assisté aux funérailles solennelles de deux grands tribuns populaires : Mirabeau et le général Foy. — Le premier mourut sous le règne de Louis XVI, en emportant le deuil d'une monarchie; le second expira sous le règne de Charles X, en prédisant la chute d'une royauté.

Quelques mois après la mort de Napoléon, le général Bertrand, de retour à Paris, vint habiter l'ancien hôtel de Talma, de Bonaparte et de Joséphine : la rue Chantereine, qui se rappelait encore avec orgueil le jeune conquérant de l'Italie, salua le noble proscrit, le compagnon dévoué, l'ami fidèle qui avait reçu le dernier soupir du grand empereur! en revenant en France, avec l'admirable testament de Napoléon, le général Bertrand aurait cru rêver tout éveillé, si une voix prophétique lui avait dit, au nom de la France :

« Le 7 juillet 1840, tu monteras sur une frégate française, avec un
» prince, avec un Bourbon de la branche cadette, pour aller chercher les
» restes mortels de ton empereur.

» Le 9 octobre, tu reverras l'île de Sainte-Hélène, et tu montreras à tes
» compagnons de voyage et d'honneur le chemin qui conduit au tombeau
» de Napoléon, au sépulcre de ce nouveau demi-dieu!

» Le 15 octobre, tu soulèveras, d'une main tremblante, le linceul de
» satin qui enveloppe le corps de ton ancien maître, et comme s'il plai-
» sait au ciel de faire un dernier miracle, en faveur d'un grand homme
» qui a tant fait de prodiges sur la terre, Napoléon t'apparaîtra tout
» entier, reconnaissable, respecté par le temps qui n'aura point osé
» sans doute le réduire en poussière.

» Le 15 décembre, tu rentreras dans Paris avec ton empereur; le
» soleil d'Austerlitz illuminera la dernière marche triomphale de Na-
» poléon; le peuple criera sur ton passage : Vive le général Bertrand!...
» pour te remercier d'avoir servi, d'avoir aimé, d'avoir adoré ton maître
» jusqu'à son dernier jour; et alors seulement, tu pourras mourir! »

L'hôtel du général Bertrand est occupé aujourd'hui par M. Jacques Coste; les jardins de cette résidence historique appartiennent à l'établissement des Néothermes; les riches malades, qui se laissent vivre le plus agréablement qu'il leur est possible dans cette fastueuse maison de santé, s'amusent à lorgner tous les matins, sur la terrasse d'une habitation voisine, un vieillard, un poëte, un académicien, qui feuillette chaque jour, au milieu des fleurs, les œuvres spirituelles de sa jeunesse : ce poëte, c'est M. de Jouy; le livre qu'il se plait à relire en souriant, en se souvenant, en regrettant peut-être, c'est un volume de *l'Ermite de la Chaussée-d'Antin.*

Il n'a fallu rien moins que la révolution de 1830, pour rendre à la rue Chantereine le nom glorieux de *rue de la Victoire;* la rue d'Artois, qui était sa sœur par alliance, a reçu des trois journées le nom populaire de *rue Laffitte.* La justice du peuple a permis à la rue Laffitte et à la rue de la Victoire de se donner la main, comme il sied à deux bonnes parentes, à deux bonnes amies : pour la première fois, peut-être, l'argent et l'honneur ont trouvé le moyen de vivre en famille.

L'habitant le plus ancien, le plus fidèle, peut-être le plus heureux de la rue de la Victoire, est un pauvre savetier dont la misérable échoppe sert d'antithèse à un hôtel magnifique, tout près de la rue de la Chaussée-d'Antin; il travaille en chantant, il chante tout le jour, et bien des fois, sans doute, il rappelle à quelque riche voisin cette jolie fable que nous connaissons tous : *Le Savetier et le Financier.*

Depuis longtemps, le théâtre Olympique de la rue Chantereine a cédé la place à une maison de bains; la Providence préside à toutes les combinaisons, à toutes les métamorphoses de ce monde : l'eau tiède a lavé la salle de spectacle du Directoire.

Chassée du théâtre Olympique, pour cause de tapage nocturne, la galanterie a pris sa belle robe et son courage à deux mains : elle a traversé le ruisseau de la rue de la Victoire; elle s'est réfugiée dans une vilaine petite maison que l'on a surnommée le théâtre Chantereine. La salle Olympique était une Merveilleuse; la salle Chantereine est une Lorette. Les actrices de ce théâtre ne sont d'ordinaire que de gentilles et folles comédiennes, qui songent à jouer la comédie beaucoup plus à la ville que sur la scène; elles s'avisent de placer, dans l'intérêt de la coquetterie et de la convoitise, le piédestal d'une femme sur les planches illuminées d'un spectacle; il plaît à leur jeunesse et à leur beauté de spéculer, en riant, sur les illusions du monde dramatique : à leurs yeux, les plus beaux rôles ne sont que des occasions charmantes pour montrer une jolie figure, des prétextes admirables pour étaler une toilette nouvelle, dont la forme emporte le fond. Les grandes actrices du théâtre Chantereine tiennent à la fois de la grisette, par leur éducation, de la comédienne, par la variété des rôles qu'elles ont joués, de Manon Lescaut, par l'abondance de leurs caprices : ardentes et infatigables bohémiennes, qui laissent tomber à chaque pas une agrafe de leurs robes, dans les broussailles des chemins de traverse, sans avoir seulement la pudeur de perdre une minute pour renouer leur ceinture !

La rue de la Victoire serait tout-à-fait heureuse, n'étaient de certains bruits anti-mélodieux qui la réveillent le matin, qui la fatiguent dans le jour, et qui l'empêchent de dormir le soir : elle se repent, mais trop tard, d'avoir cédé un de ses plus beaux hôtels à la fabrique de pianos et de pianistes de Messieurs Hertz ; ces deux fabricants-professeurs ont établi dans la rue de la Victoire une maison meublée, à l'usage des concertants de tous les pays et de toutes les écoles : on peut dire qu'ils logent la musique au jour et à la nuit, à pied et à cheval : cette petite industrie leur a donné les moyens de courir le cachet, en voiture.

La rue de la Victoire commence à sentir, avec le poids de l'âge, le besoin du repos ; elle est calme, tranquille, dégoûtée des plaisirs bruyants et des grandeurs éclatantes de ce monde ; parfois, hélas ! comme je vous le disais tout-à-l'heure, elle est troublée, dans sa noble quiétude, par le retentissement équivoque des clavecins de Messieurs Hertz ; mais, en pareil cas, elle ferme bien vite ses doubles volets ; elle se bouche les oreilles, et la rue de la Victoire se repose sur ses lauriers.

La rue de la Victoire ne croit pas à la mort de Napoléon.

Louis Lurine.

RUE SAINT-ANDRÉ-DES-ARTS.

'est pendant le calme des nuits, au carrefour désert des grandes cités, que j'aimerais à voir le philosophe et l'historien venir évoquer les souvenirs des temps passés et étudier avec le cœur, autant qu'avec l'esprit, les vérités de l'histoire.

Durant ces heures où tout est ombre et silence, l'imagination, dégagée des distractions des sens et s'aidant seulement de la mémoire, peut reconstruire, par enchantement, les choses que la main du temps et la main des hommes ont fait disparaître. A ces édifices qui vous environnent, l'obscurité semble donner la noire empreinte des ans, et trompé par cette vague apparence, vous vous prenez naturellement à peupler ces demeures avec les idées, les habitudes et surtout les passions des hommes qui, jadis, ont passé par là.

Certes, il n'est pas au monde un théâtre plus favorable pour recevoir de semblables impressions que ce vieux sol parisien, si activement remué depuis des siècles par le travail incessant de toutes les passions humaines. Que de crimes! que de vertus! que de tristes et merveilleuses histoires, dont le souvenir est enfoui dans cette poussière qu'ont accumulée tant de ruines! Bien souvent, il m'était arrivé de parcourir avec indifférence une de ces rues parisiennes qui, par leur aspect banal, semblent tout d'abord n'avoir rien à dire à la pensée, ni même devoir arrêter la curiosité des yeux. Telle me parut longtemps la *rue Saint-André-des-Arts* : rue modeste, honnête et sans physionomie qui, se ralliant par sa double extrémité aux quartiers de la vieille cité et de la nouvelle ville, ne réfléchit ni l'originalité pittoresque du faubourg Saint-Jacques, ni la riche et aristocratique coquetterie du faubourg Saint-Germain.

Une fois, le hasard voulut que je traversasse ce lieu vers une heure avancée de la nuit, et, chose étrange! je ne sais quelle nouvelle vie anima tout-à-coup les objets autour de moi. — Des souvenirs se réveillèrent en mon esprit, pleins d'un intérêt puissant, d'un charme inexprimable.

Qu'il a fallu peu de chose pour créer ce rêve de mon imagination! d'abord, c'est le pas cadencé et sonore d'une patrouille qui passe lentement au carrefour voisin; c'est quelque soudaine clameur qui retentit au loin dans les profondeurs du quartier latin; ce sont encore, vers les bords de la Seine, de confuses rumeurs, qui ressemblent aux derniers murmures d'une fête. Ces soldats que j'entends, ne sont-ce pas les archers du guet? Ces clameurs lointaines, qui les a poussées? quelque turbulent écolier de *Montaigu* ou de *Tregnier*, éveillant de ses cris les pacifiques échos de la rue Saint-Jacques. Enfin, ces rumeurs qui m'arrivent à ma droite, du côté de l'*Hôtel de Nesles*, je crois les reconnaître. Mais silence! respectons les orgies de mesdames Marguerite, Blanche et Jeanne de Bourgogne, belles-filles du roi de France : il ne faut pas se mêler des plaisirs des grands; imitons la prudence des bons bourgeois, endormis dans leurs discrètes et silencieuses demeures.

En effet, depuis longtemps le couvre-feu a sonné à l'église paroissiale de *Saint-André*. Dormez en paix, bourgeois, pauvres gens, car les journées sont rudes et fatigantes par le temps qui court. Voilà que, depuis le matin jusqu'au coucher du soleil, votre haut-justicier, l'abbé de Saint-Germain, vous a tenu la hallebarde au poing, hors la *poterne des murs du roi*. Les étudiants sont descendus vers le Pré-aux-Clercs; surcot, mantel déguenillés, blasphème en bouche, rapière en main, ils viennent, les larrons, voler le poisson de l'abbaye, au *canal de la Petite-Seine*. Bourgeois et manants, défendez les priviléges de notre sainte mère l'Église..... Allons, vous avez été braves, comme des archers de l'ordonnance royale : vous avez dignement versé votre sang; l'Université a battu en retraite! Dieu et monseigneur l'abbé de Saint-Germain vous bénissent, le poisson est sauvé..... et maintenant, dormez en paix jusqu'à demain, bourgeois de Saint-André; la *poterne de Saint-Germain* est fermée, les chaînes sont tendues aux carrefours, ribauds et filles folles ont regagné la cour des Miracles : Dormez en paix sous la sauve-garde de votre *très-redouté et puissant* monarque, Philippe-le-Bel, de son ministre Enguerrand de Marigny et de messire Étienne Barbette, prévôt de la bonne ville de Paris.

L'origine de la *rue Saint-André-des-Arts*, en entendant par là un lieu habité, remonte aux temps les plus reculés de la monarchie. *Felibien* et *Jaillot* veulent qu'elle ait été percée sous la troisième race, sur le terrain dit de *Laas* ou *Lias*. Elle aurait même, dans le principe, porté ce nom, qui ne serait qu'une altération des mots : *Li arx, le palais* ou *la citadelle*, dont on a fait plus tard, en revenant à la véritable étymologie, *ars, arcs*, et qu'on écrit maintenant *arts*, par une très-fausse application. Le voisinage du palais des Thermes, dont les jardins et dépendances s'étendaient sur le terrain qu'occupe aujourd'hui cette rue, nous fait adopter cette opinion de préférence à celle de *Saint-Foix*, qui attribue l'origine de ce surnom aux boutiques d'armes de guerre et surtout d'arcs, établies en ces lieux.

Quoi qu'il en soit, l'existence proprement dite de la *rue Saint-André-des-Arts*, comme partie inhérente de Paris, ne date véritablement que du règne de Philippe-Auguste, à l'époque où ce prince fit entreprendre le mur d'enceinte, sur la rive droite de la Seine. Jusque-là, ce qu'on appelait rue de *Lias* ou *Laas*, ne devait être, en effet, qu'une réunion de quelques pauvres maisons habitées par les serfs de l'abbaye Saint-Germain-des-Prés, abandonnées à l'approche des bandes normandes, et maintes fois saccagées ou brûlées par ces féroces aventuriers.

Comme nous venons de le dire, la rue Saint-André-des-Arts prit enfin de la physionomie et de l'importance en se réunissant à la capitale, par l'ordonnance royale de 1190. Un peu plus tard, cette valeur s'augmentait encore par la création de l'église paroissiale de *Saint-André-des-Arts*, dont les constructions furent commencées en 1210, et dont on voyait, il y a quelques années, les ruines à l'endroit où s'étend la place du même nom.

Depuis le xvie siècle, il ne restait guère que la nef de la primitive église. A cette époque on en avait reconstruit les autres parties, et même la façade principale n'avait été achevée qu'au xviie siècle. Cette église, supprimée en 1790, fut un des théâtres où se célébrèrent les folles fêtes de la Raison et de la Liberté. Elle a été démolie ensuite dans un intérêt de salubrité pour les quartiers avoisinants.

Dulaure, dans son Histoire de Paris, dit qu'elle renfermait les tombeaux de quelques hommes illustres, entre autres les sépultures des célèbres familles de *Thou* et de *Conti*. Plusieurs de ces personnages durent sans doute habiter la rue qui nous occupe. Nous n'avons pu nous assurer si de ce nombre serait le fameux *Jacques Coitier*, médecin de Louis XI, dont les cendres reposaient dans une des chapelles qui lui avaient appartenu durant sa vie. Une autre chapelle était ornée d'un *ex-voto*, placé par Armand Arouet, frère de Voltaire. Cette église, depuis son origine, joua toujours un assez grand rôle dans ces luttes de juridiction ecclésiastique dont se préoccupaient si vivement nos pères, et dont le récit a si peu de charmes pour nous : l'on doit naturellement supposer que la *rue Saint-André-des-Arts*, rue essentiellement paroissiale, bourgeoise et cléricale, prit une part active à toutes ces petites querelles de sacristie dont l'histoire daigne à peine nous parler. Nous eussions bien vite renoncé à notre projet d'appeler un véritable intérêt sur la *rue Saint-André-des-Arts*, s'il nous eût fallu fouiller dans de semblables ténèbres pour en extraire seulement, à force de recherches et même de suppositions, d'aussi pâles souvenirs que les querelles d'amour-propre des abbés de Saint-Germain, de Sainte-Geneviève et de Saint-Séverin, et pour reproduire tout au plus la monotone et insignifiante physionomie de quelques moines, clercs ou bourgeois, animés par de petites passions et par de petits intérêts dont l'objet nous échappe. Mais voici venir le sombre règne de l'infortuné Charles VI : tant de calamités s'accumulent sur Paris, qu'il n'y a pas dans cette ville un seul pouce de terrain où il ne soit rencontré place pour un malheur. C'est la *rue Saint-André-des-Arts* qui verra jouer le premier acte du drame sanglant qui mettra la couronne de France aux mains de l'étranger, et désormais, au nom de cette rue, va s'attacher un grand et éternel souvenir.

L'état de démence du roi Charles VI a livré la France à toutes les dévorantes ambitions des grands du royaume : de ces ambitions naissent des crimes sans fin. Deux factions surtout se lèvent menaçantes pour la fortune de la France : ce sont les factions de Bourgogne et d'Armagnac; elles déchirent le peuple en s'entre-déchirant elles-mêmes. Ce n'est pas assez pour la haute noblesse de promener la dépradation et la mort au sein du pays, de multiplier de toutes parts les désordres, de faire en quelque sorte rétrograder la civilisation; il faut que ces indignes Français poussent l'oubli de tout devoir jusqu'à faire intervenir l'étranger dans leurs misérables querelles. Ainsi, les premiers feudataires du royaume abandonnèrent sans honte la bannière de France, à la bataille d'Azincourt, et les princes du sang eux-mêmes entrèrent en négociation avec le roi d'Angleterre.

Déjà l'on avait vu l'exécrable ambition des grands, pendant la minorité de saint Louis, s'appuyer sur l'Anglais pour attaquer ce jeune roi, et sous Jean-le-Bon s'unir encore à l'Angleterre, pour soulever Paris contre le dauphin : maintenant ils font si bien, que l'infortuné Charles VI va déclarer son fils indigne du trône, et qu'un infâme traité, le *traité de Troyes*, va consacrer cette spoliation, en instituant l'étranger régent et héritier de la couronne de France. Le triomphe du parti bourguignon sur les d'Armagnac amena définitivement ce triste résultat. Que tout l'odieux en retombe donc à jamais sur la mémoire du duc de Bourgogne et de sa complice *Isabeau de Bavière!* Malgré les crimes du connétable Bernard d'Armagnac, l'histoire aura encore quelque chose à lui pardonner : il racheta du moins les fautes de sa vie, en mourant de la main de ceux qui eurent la honte de vendre et de livrer le royaume.

Ce fut dans la nuit du 28 au 29 mai 1418 que s'accomplit la victoire des Bourguignons, prélude de l'invasion anglaise. Le seigneur de l'Isle-Adam, comptant sur l'appui de la populace, et surtout des compagnies de bouchers et d'écorcheurs assassins, aux gages du duc de Bourgogne, se présente avec huit cents hommes sous les murs de Paris. L'entrée de la porte de Buci est livrée par *Perrinet-Leclerc*, qui en a dérobé les clefs sous le chevet de son père, un des quarteniers de la ville.

A la faveur de l'obscurité de la nuit, la troupe de l'Isle-Adam s'écoule silencieusement le long de la rue *Saint-André-des-Arts*, gagne le pont, et arrive jusqu'à la place du Châtelet, où l'attendent déjà douze cents séditieux. Tous réunis, ils se portent tumultueusement vers l'*hôtel Saint-Paul*, parlent au roi, et décident l'insensé à monter à cheval et à se mettre à leur tête. Pendant plusieurs jours, la désolation, la terreur, le carnage, régnèrent dans Paris. Le 12 juin, les fureurs n'étaient pas éteintes : les prisons furent forcées; les plus notables bourgeois, deux archevêques, six évêques, plusieurs présidents, conseillers et maîtres des requêtes, furent assommés et précipités du haut des tours de la Conciergerie et du grand Châtelet.

Des écrivains ont prétendu que la bourgeoisie parisienne, irritée des excès commis par les troupes du connétable d'Armagnac, dans la ville et dans ses environs, et ne sachant plus de deux maux quel était en réalité le pire, se jeta unanimement dans les bras du duc de Bourgogne. Nous ne pouvons croire que la saine partie de la population ait pu pactiser avec ce bourreau de la patrie, non plus qu'avec les misérables à ses ordres ; il est plus probable que les sympathies de la bourgeoisie étaient acquises au parti contraire. Après tout, ce parti comptait dans ses rangs le dauphin de France, l'ennemi né de l'usurpation étrangère, les membres les plus respectables du clergé et du parlement, enfin, tous ces braves et loyaux chevaliers qui, comme Tanneguy Duchâtel, suivirent avec tant de constance la bannière de Charles VII, et jetèrent si hardiment leur épée dans la balance où se pesaient les destinées de la France. Si, comme le prétend Dulaure, d'après un soi-disant témoin oculaire, on eût trouvé dans Paris, le 30 mai 1418, *gens de tous estats, au nombre de deux cent mille, sans les enfants*, portant pour signe de ralliement la croix de Saint-André, qui était le blason du duc de Bourgogne, il faut uniquement attribuer cette démonstration à la terreur répandue sur la ville entière.

Une fête nationale, à laquelle présida véritablement un unanime enthousiasme, fut celle qui se célébra dix-huit ans plus tard, le 12 novembre 1439 ; ce jour-là, après avoir enduré tous les maux possibles : la guerre, la famine et la peste, Paris ouvrait ses portes à son roi légitime, ramenant avec lui la paix, l'ordre et l'abondance.

A cette heureuse époque, nous voyons reparaître sur la scène des événements la rue *Saint-André-des-Arts*. Tremblante et condamnée au silence sous la main de fer de la tyrannie étrangère, elle va enfin solennellement protester de son horreur pour la trahison dont le contact l'a souillée. La statue élevée par les bouchers à *Perrinet-Leclerc*, sur la place Saint-Michel, est renversée de sa base et honteusement mutilée : le tronc décapité en est traîné jusqu'à la rue *Saint-André-des-Arts*, et par dérision, on

en fait une borne, à quelques pas de l'endroit où s'accomplit la trahison.

Dans ses Essais historiques, Saint-Foix dit avoir vu cette borne adossée à la maison qui fait le coin de la rue Saint-André-des-Arts et de la rue de la Vieille-Bouclerie. Que sera devenue cette pierre ? Personne sans doute ne le sait, et cependant on doit regretter sa disparition. Quoique l'origine historique de cette borne soit loin d'être authentique, il suffisait, ce nous semble, que les préjugés du peuple fussent arrêtés à cet égard, pour qu'on respectât ce curieux monument : il y a une aussi grande leçon dans les souvenirs donnés au crime, que dans ceux accordés à la vertu. Seulement, il eût fallu inscrire sur la pierre infamante, au-dessus du nom obscur de Perrinet, les noms de ses illustres complices : le duc de Bourgogne et Isabeau de Bavière. Celui qui, par calcul, commande le crime, est plus coupable que celui qui l'exécute par aveuglement. Cette rude leçon, donnée un siècle et demi plus tard à la dangereuse ambition des grands, aurait pu, à elle seule, si Dieu n'y avait pourvu d'une autre manière, empêcher bien des crimes de plus, durant la fatale nuit de la Saint-Barthélemy. On sait que par un hasard providentiel, la clef donnée au chef des massacreurs, le duc de Guise, pour ouvrir la porte de Buci, n'appartenait pas à cette porte. Ainsi furent sauvés les malheureux protestants restés dans le faubourg Saint-Germain et à qui ce retard donna la facilité de s'enfuir. Tandis qu'il traversait avec sa troupe d'assassins la rue *Saint-André-des-Arts*, peut-être le duc de Guise, traître à son roi, ami de l'Espagne et ennemi de la France, se fût-il tout-à-coup arrêté devant le nom, voué à la honte, de ce duc de Bourgogne qui fut, lui aussi, traître à son roi, ami de l'étranger et ennemi de sa patrie !....

Vers la fin du xviiie siècle, un certain soir de l'année 1784, ici même, à l'extrémité de la *rue Saint-André-des-Arts*, dans ce carrefour où s'élevait la vieille poterne de Buci, six cents voitures richement armoriées aux blasons des premières familles du royaume, se pressaient bruyamment ; de tous les points de la ville, la cour et la noblesse de France allaient soutenir de leurs applaudissements la première représentation du célèbre *Mariage de Figaro !* Eh ! mon Dieu, oui : tous ces grands seigneurs vont voir traîner sur les planches d'un théâtre, la morale, la religion, les lois, le gouvernement, tout ce qui fait enfin la force des états...... Oh ! si dans ce moment, à quelques pas du théâtre, sur la statue renversée de *Perrinet*, se fût assis un homme inspiré de Dieu, et que d'une voix tonnante, il se fût écrié : « Grands de la terre ! la corruption de vos mœurs engendrera le mépris des devoirs et des croyances ; du vice au crime il n'y a qu'un pas. Prince de Conti, dont j'aperçois passer l'orgueilleuse livrée, et qui vous êtes fait le triste héros de ce jour, votre blason sera ignominieusement brisé ; les tombeaux de vos pères seront violés, et leurs cendres jetées au vent ; et vous, ministres, seigneurs, abbés, magistrats, qui passez, le sourire sur les lèvres, la gaîté et l'insouciance dans le cœur, vous tomberez en coupes réglées sous le fer du bourreau !

Si quelques-uns échappent à la mort, ils n'auront plus, fatale destinée ! d'autre ressource que de s'exiler bien loin de la France, et d'aller mendier contre leur patrie les vengeances de l'étranger. »

L'homme qui eût parlé ainsi, on l'eût traité de fou, en 1784 : neuf ans plus tard, on aurait reconnu que c'était un sage.

Comme nous l'avons dit en commençant, chaque partie du sol parisien est une mine inépuisable en souvenirs et en traditions. Il nous eût fallu un volume entier, pour donner un développement complet au travail que nous venons d'entreprendre sur la seule rue *Saint-André-des-Arts*; ce n'est pas sans regret que nous avons laissé, dans l'ombre, les figures intéressantes du respectable *Claude Léger* et du fanatique ligueur *Aubri*, les deux célèbres curés de la paroisse Saint-André. Nous eussions voulu également esquisser, en quelques traits, la physionomie de plusieurs hommes de lettres, habitués du café Procope, et qui habitèrent la rue Saint-André-des-Arts. Nous eussions volontiers donné place, dans notre récit, aux affreuses inondations de 1493; à l'histoire du fameux *club* apollonien, où figurèrent les noms de Rozier, de Fontanes et de Cailhava; à celle de la maison de jeu qui, dans ces derniers temps, fut si fatale aux

jeunes gens de nos écoles; enfin, en fouillant les mystères des vieilles maisons groupées auprès de la rue *Gît-le-Cœur*, peut-être nous eût-il été facile de retrouver quelques pierres oubliées par le temps, et avec lesquelles nous eussions reconstruit, par la pensée, la physionomie architecturale de notre rue tout entière.

Mais dans un sujet sérieux, placé entre des souvenirs qui ne parlent qu'à la curiosité et des souvenirs qui renferment de graves instructions, nous avons cru devoir exclusivement adopter ces derniers. En agissant ainsi, nous pensons avoir appelé un grand et véritable intérêt sur la rue Saint-André-des-Arts.   Du Casse.

RUE ET FAUBOURG-SAINT-MARTIN.

Rue des Arcis. — Rue Planche-Mibray.

u nord de l'antique cité parisienne, non loin des murs de la Métropole, et aussitôt après avoir passé le pont Notre-Dame, l'on entre dans une rue d'une longue étendue, et qui, assez étroite d'abord, va toujours en s'élargissant à mesure qu'elle s'éloigne du centre de la ville. Cette rue, qui change quatre fois de nom, mais dont les deux plus grandes parties portent celui de *Saint-Martin*, doit évidemment son origine au culte dont ce grand martyre a été l'objet, de toute ancienneté, parmi nous. Dès le VIe siècle, une chapelle dédiée à Saint-Martin s'élevait sur le terrain qui est compris de nos jours entre l'église Saint-Merry et la Seine, et le faubourg où elle se trouvait, faisait depuis longtemps partie de la ville, quand les Normands le détruisirent entièrement à la fin du IXe siècle. Dans les premières années du Xe, quand toutes les ruines que les invasions des Normands causèrent autour de Paris furent relevés, le faubourg du nord, placé sous l'invocation de Saint-Martin, se rétablit l'un des premiers. Il fut habité par tous ceux qui se livraient à une industrie dont l'exercice au milieu de la ville aurait été préjudiciable à la santé publique. Cette population, déjà nombreuse à cette époque, occupait l'espace compris entre la rivière et les premières maisons de la rue Saint-Martin; elle s'étendait le long de la rivière, entre la Grève et la rue Saint-Denis. Les deux rues *Planche-Mibray* et *des Arcis* en traversaient à peu près le centre. Sur le bord de l'eau l'on trouvait la *grande place au Veau*, et la *Tuerie*; un peu plus haut à gauche la *Triperie*, la *Grande-Boucherie*; elles étaient derrière le Châtelet. Puis à droite, en se dirigeant vers la Grève, l'on rencontrait les tanneurs, les pelletiers, les couteliers et tous les états qui se rattachaient au commerce de la boucherie. Deux églises s'élevaient au milieu de ce faubourg : à gauche au bout de la rue des *Arcis*, *Saint-Jacques*, que sa situation fit surnommer de la *Boucherie*, et à droite au commencement de la rue Saint-Martin, *Saint-Méderic*, qui fut désigné généralement sous le nom de *Saint-Merry*; la rue de la *Parcheminerie* qui est aujourd'hui la rue des Blancs-Manteaux, n'était pas loin : les corroyeurs devaient tout naturellement donner la main aux bouchers.

Cette population qui, antérieurement à l'invasion normande, avait trouvé place dans la première enceinte de Paris formée en dehors de l'île, fut comprise, mais avec une plus grande étendue, dans celle que fit au commencement du xiiie siècle, le roi Philippe-Auguste. Ainsi, tandis que la porte de cette première enceinte était située à la hauteur de la rue Neuve-Saint-Merry, la porte de l'enceinte dite de Philippe-Auguste se trouvait devant la rue *aux Ours* ou *aux Oues*; elle s'appelait *Porte-Saint-Martin*, et le même nom était donné en 1231 et en 1247 à la rue qui conduisait de cette porte à l'église de Saint-Merry. Cet espace doit donc être considéré comme la plus ancienne partie de la rue dont j'essaie de retracer l'histoire; c'est pourquoi sur le vieux plan, gravé sous le règne François Ier, elle est appelée la *Grand'-Rue-Saint-Martin*.

L'antique chapelle dédiée à saint Martin ne s'était pas relevée immédiatement, mais en 1060, le roi Henri Ier fonda un prieuré au milieu de la campagne, qui suivait ce quartier de la ville, et qui fut célèbre sous le nom de *Saint-Martin-des-Champs*. La richesse de ce prieuré attira autour de ses murs une population nombreuse qui établit sa demeure des deux côtés de la grande voie conduisant vers le nord au monastère de Saint-Laurent. C'est ainsi que, dans l'intervalle des années 1220 à 1365, se forma la seconde partie de la grande rue *Saint-Martin*, et que le prieuré et toutes ses dépendances se trouvèrent tellement joints à la ville, qu'on s'empressa de les y faire entrer. En 1356, les suites malheureuses de la bataille de Poitiers, et la présence des ennemis au centre du royaume, ayant fait craindre pour la sûreté de la capitale, l'on commença au midi comme au nord à en élargir l'enceinte ; de ce dernier côté l'on creusa des fossés, l'on dressa une muraille tout au bout des dépendances de l'abbaye Saint-Martin-des-Champs, qui se trouva ainsi enclose dans Paris. Charles V et Hugues Aubriot, prévôt de la ville, achevèrent, quelques années plus tard, ces fortifications faites à la hâte. Sur le terrain occupé aujourd'hui par le boulevart et les premières maisons de la rue Saint-Martin, l'on voyait en 1383 un édifice carré avec des murs d'une grande épaisseur, surmonté d'une plate-forme crénelée. Cet édifice était flanqué à la face extérieure de quatre tours et de deux à la face intérieure. On y arrivait du coté de la ville par un pont en maçonnerie, divisé en trois arches, et par un pont-levis du côté de la campagne. Des remparts élevés protégeaient cette porte, à droite et à gauche ; et le terrain encore très en pente aujourd'hui, où est situé le *théâtre de la Porte-Saint-Martin*, était occupé par quatre moulins à vent, qui existaient encore en 1620, ainsi que l'indique un plan de Paris gravé à cette époque.

Les envahissements successifs de la grande capitale ne devaient pas s'arrêter là. Déjà sur ce plan de 1620, l'on voit deux rangées non interrompues de maisons qui vont de la Porte-Saint-Martin jusqu'au monastère de Saint-Laurent. On devine que ce nouveau faubourg fera partie tôt ou tard de la ville ; c'est ce qui arriva des années 1670 à 1675. Les anciennes fortifications de Charles V, abandonnées depuis la Ligue, disparurent peu à peu ; un arrêt du conseil, du 16 mars 1671, autorisa la continuation des boulevarts depuis la Porte-Saint-Antoine jusqu'à celle de Saint-Honoré, et en 1674 la vieille *Porte-Saint-Martin* fut renversée. Comme à cette époque Louis XIV venait de remporter des victoires dans le nord de l'Europe, on éleva, d'après les dessins de Pierre Bulet, quelques pas au-dessus du terrain occupé par cette porte, l'arc-de-triomphe qui s'y trouve aujourd'hui. Depuis cette époque, le faubourg qui suivait, connu déjà bien avant le xvie siècle, sous le nom de *faubourg Saint-Laurent*, échangea ce nom contre celui de Saint-Martin, et se joignit de plus en plus, à ce quartier de la ville. Les constructions s'y multiplièrent, et à la fin du xviiie siècle, il était presqu'aussi peuplé que de nos jours.

Quant aux deux petites rues de *Planche-Mibrai* et des *Arcis*, elles paraissent avoir toujours existé. Antérieurement à 1402, époque où fut construit le pont Notre-Dame, quand on voulait se rendre de la Cité au nord de la ville, il fallait traverser la Seine sur un petit pont de bois dont l'origine précise n'est pas bien connue ; on le nommait les *Planches de Mibrai*, parce qu'il passait sur le petit bras de la Seine, ainsi que l'a fort bien dit *Raoul de Presles*, dans sa traduction de la Cité de Dieu, qui date de la fin du xive siècle. *René Macé*, moine de Vendôme, chroniqueur officiel de François I*er*, explique autrement l'origine de ce nom. Voici les vers que l'on trouve à ce sujet dans son poëme manuscrit intitulé le *Bon Prince* :

> L'empereur vint par la Coutellerie
> Jusqu'au carfour nommé la Vannerie,
> Où fut jadis la *Planche de Mibray*.
> Tel nom portoit pour la vague et le bray *(fange, boue)*,
> Getté de Seyne en une creuse tranche,
> Entre le pont que l'on passoit à planche ;
> Et on l'ôtoit pour estre en seureté.

Le nom de la petite rue des *Arcis* est loin de s'expliquer aussi aisément que celui de la *Planche-Mibray*. Sauval nous dit bien que dès l'année 1130, cette rue s'appelait *de Arsionibus*, mais il ne donne aucune raison de cette désignation. Les deux rues *Planche-Mibray* et *des Arcis*, toutes étroites qu'elles nous paraissent aujourd'hui, furent cependant élargies en 1673. Avant cette époque, elles ne formaient que deux petites voies qui conduisaient à la grande rue Saint-Martin.

A gauche dans la rue des *Arcis*, en venant par le pont Notre-Dame, l'on trouve un terrain assez vaste rempli par des constructions modernes, qui sont presque toutes occupées par des revendeuses de linges ou de vieux meubles. Ce terrain est terminé par une petite place, sur laquelle s'élève à main gauche une tour très-haute et d'une architecture semi-gothique qui date des premières années du xvi*e* siècle. Cette tour est la seule partie restée debout d'une église longtemps célèbre et qui, sous le nom de *Saint-Jacques-la-Boucherie*, servit de paroisse à tout ce quartier de la ville. L'on ignore la date précise à laquelle remonte la première fondation de cette église : il est à croire qu'elle existait déjà depuis longtemps vers l'année 1119, époque où elle est désignée dans une bulle du pape Calixte II. Cette église, construite à diverses reprises depuis le milieu du xii*e* siècle jusqu'aux premières années du xv*e*, était surtout remarquable par la position qu'elle occupait au milieu de ce quartier populeux, habité par des artisans de toute nature. L'histoire en est intimement liée à celle de l'ancienne bourgeoisie parisienne, dont elle fait connaître et les usages et le luxe. Le portail était situé à l'orient au côté opposé à la rue des *Arcis*. Un clocher s'élevait au septentrion, à peu près en face de la tour qui existe encore. Le chœur de l'église et son chevet étaient plus rapprochés de la rue des *Arcis*, dans laquelle aboutissait une petite ruelle qui conduisait à la porte occidentale de *Saint-Jacques* appelée la porte de la *Pierre-au-Lait*. Au septentrion, et donnant sur la rue des *Écrivains*, une autre petite porte avait été remplacée par un portail que *Nicolas Flamel* avait fait bâtir en 1399. On sait que cet habile artisan occupa longtemps une petite échoppe dans la rue des *Écrivains* ; qu'il sut acquérir par son travail et l'habileté de sa conduite une fortune considé-

Rue Saint-Martin. — Tour Saint-Jacques-la-Boucherie.

rable, ce qui fut cause que les alchimistes le comptèrent au nombre des *Souffleurs*, assez heureux pour avoir découvert le grand art de faire de l'or. *Flamel*, devenu riche, contribua de ses deniers à l'érection de plusieurs monuments de piété. Son église paroissiale ne pouvait être oubliée : outre le portail dont je viens de parler, il fonda une chapelle dans l'intérieur, à laquelle d'abondantes aumônes étaient attachées. C'est ce qu'on lisait dans l'inscription gravée sur le pilier au-dessus de son tombeau : « Feu » Nicolas Flamel, jadis escrivain, a laissé par son testament à l'œuvre de » cette église, certaines rentes et maisons qu'il a acquestées et achetées » de son vivant pour faire service divin et distributions d'argent, chacun » an, par aumône, touchant les Quinze-Vingts, Hôtel-Dieu, et autres » églises et hôpitaux de Paris. »

Au petit portail, construit par Flamel, l'on voyait la statue de cet écrivain ; il était représenté à genoux, avec une robe longue, la tête nue, ayant à son côté une écritoire, attribut de son métier. L'on y voyait encore une image de la Vierge avec cette inscription d'un côté : *Ave Maria soit dit à l'entrée*, et de l'autre : *La Vierge Marie soit ci saluée*. Il y avait aussi au même portail un petit ange sculpté, qui, à l'époque où l'église a été détruite, tenait dans ses mains un cercle de pierre : « Flamel, dit l'historien » de *Saint-Jacques-la-Boucherie*, y avait fait enclaver un rond de marbre » noir avec un filet d'or fin en forme de croix, que les personnes pieuses » baisaient en entrant dans l'église. La cupidité moins vive ou plus re-» tenue autrefois, avait respecté ce petit morceau d'or, pendant plus d'un » siècle et demi, mais au milieu du dernier siècle, elle ne put y tenir, et » le ciseau dont les marques subsistent encore, fut employé pour enlever » le marbre et la croix, qui n'ont point reparu. »

Nicolas Flamel, en fondant une chapelle à sa paroisse, et en reconstruisant à grands frais une des portes d'entrée, n'avait fait que suivre un exemple fort en usage à l'époque où il vivait. Ainsi l'église de *Saint-Jacques* était entourée d'un grand nombre de chapelles, qui, presque toutes, avaient pour fondateurs un riche bourgeois des environs. La position de cette paroisse, au milieu d'un des quartiers les plus commerçants du vieux Paris, fut cause qu'elle a été le siége de plusieurs confréries, auxquelles appartenaient différents corps de métiers ; on vit tour à tour dans cette église, la *Confrérie de la Nativité Notre-Seigneur*, pour les maîtres bouchers, celle de *Saint-Jean l'Évangéliste*, pour les peintres et selliers, celle de *Saint-Michel* pour les chapeliers, celle *de Saint-Georges*, pour les armuriers, celle de *Saint-Fiacre* pour les bonnetiers, enfin, les confréries de *Sainte-Anne, Saint-Jacques* et *Saint-Léonard*, pour tous ceux qui voulaient s'y affilier. Dans la seconde moitié du xviiie siècle, plusieurs de ces confréries étaient détruites, mais il en existait trois autres sous l'invocation de *Saint-Nicolas*, du *Saint-Sacrement* et de *Saint-Charles*. La confrérie de Saint-Nicolas était principalement consacrée aux clercs, attachés comme aides ou serviteurs aux curés ou autres prêtres titrés. Cette confrérie, établie en 1492, était florissante en 1496 ; car, cette année-là les membres représentèrent dans une maison de la rue des Arcis, un mystère ou jeu de Saint-Nicolas : le fond du sujet était comme nous l'apprennent les comptes de la confrérie : *un changeur qui s'en allant en voyage, bailla son argent à garder à Saint-Nicolas, et le retrouva à son retour.*

Le culte divin, tel qu'on le pratiquait au moyen-âge, était merveilleusement approprié à l'esprit simple, à la foi sincère mais crédule des hommes laborieux qui fréquentaient l'église de Saint-Jacques-de-la-Boucherie. Ainsi, le jour de Pentecôte, au moment où l'on chantait l'hymne du *Veni-Créator*, une blanche colombe descendait de la voûte en souvenir du Saint-Esprit; d'autres oiseaux s'échappaient aussi des arceaux gothiques du chœur et voltigeaient au milieu des étoupes enflammées qui figuraient ces langues de feu que l'on vit briller sur la tête des apôtres quand ils reçurent de Dieu leur mission. Des feuillages verts, des branches d'arbres et des couronnes de fleurs décoraient l'église à tous les jours de fête de la belle saison, et mêlaient leurs parfums naturels à ceux qui brûlaient dans les cassolettes dorées et les encensoirs d'argent. Des tapisseries d'un fin tissu et d'un admirable travail, retraçant différentes scènes de l'Ancien et du Nouveau Testament, couvraient les murailles. La nuit du jour de Noël, l'on voyait dans *Saint-Jacques-la-Boucherie* un spectacle singulier qui mérite d'être signalée : Dans une crèche de toile vermeille surmontée d'un dais en toile azuré, était assise une belle jeune fille, vêtue d'une robe de velours rouge toute garnie d'hermine; elle représentait la vierge Marie; sur ses genoux reposait un enfant couvert d'une robe de damas noir, brochée d'or et parsemée de petites fleurs blanches et rouges ; de ses épaules tombait un manteau de soie blanche, brodée d'or et de soie, avec des dessins d'oiseaux et d'autres figures. Cet enfant avait sur sa tête un bonnet de velours vert et noir broché d'or, terminé par une grosse perle, et représentait le petit Jésus.

Il y a dans toutes ces pratiques religieuses, une grande naïveté, qui fait sourire aujourd'hui, mais il y a aussi une foi bien sincère, qui commande l'admiration.

La tour de Saint-Jacques-la-Boucherie, qui reste seule de cette ancienne église, ne remonte qu'aux premières années du XVIe siècle. En 1510, elle n'existait encore que jusqu'au premier étage; elle fut achevée en 1532. *Rault, tailleur d'images*, fit le Saint-Jacques qui était sur la calotte de l'escalier, avec les animaux aux trois angles, représentant les symboles des Évangélistes. Cette tour a de hauteur depuis le rez-de-chaussée de la rue, jusqu'au haut de la figure Saint-Jacques, trente toises, ou cent quatre-vingt pieds; elle a de largeur d'un angle à un autre angle hors d'œuvre, cinq toises ou trente et un pieds neuf pouces. L'église Saint-Jacques a été démolie en 1791.

A quelque pas de l'emplacement occupé naguères par Saint-Jacques-de-la-Boucherie, mais du côté opposé, l'on trouve l'église de Saint-Merry. Je ne décrirai pas cette église, qui est encore debout, et que chacun peut aller voir. Je me contenterai d'observer que le bâtiment qui existe aujourd'hui, bien qu'il soit dans le genre gothique, ne remonte pas au-delà du xvie siècle, et même les travaux commencés vers 1530, ne furent complètement achevés que dans l'année 1612.

L'église, qui fut détruite à cette époque, était déjà la seconde élevée sur ce terrain. En effet dès le viie siècle, une petite chapelle du titre de Saint-Pierre y existait. Un peu après, l'an 700, Saint-Méderic étant venu à Paris, y mourut; il fut inhumé dans cette chapelle, qui obtint bientôt le titre et l'importance d'une paroisse, prit le nom de *Saint-Méderic* ou *Saint-Merry*. Au commencement du xie siècle, cette chapelle et ses dépendances s'étant trouvées trop étroites, furent entièrement reconstruites. Dans l'église qui existe aujourd'hui, dans le portail principalement, l'on retrouve quelques détails de cette seconde reconstruction; il est probable que les architectes du xve siècle conservèrent certaines parties du vieil édifice. Sept chanoines, primitivement choisis parmi ceux de Notre-Dame, administraient cette église; le gouvernement fut ensuite remis à l'un d'eux qui prit le titre de chanoine-curé. Aussi un cloître qui n'existe plus aujourd'hui était annexé à la seconde église, à la partie nord de son chevet; on y entrait par la rue Saint-Martin et par une porte située sur le terrain de la rue du *Cloître-Saint-Merry*.

Cette porte était nommée la *Barre Saint-Merry*, à cause de la juridiction temporelle que les chanoines exerçaient dans ce quartier; ils avaient un auditoire et même des prisons. Indépendamment de la rue qui en porte aujourd'hui le nom, ce cloître comprenait encore les rues *Taille-Pain* et *Brise-Miche*. Jusqu'à nos jours, il n'a été célèbre que par son antiquité, mais dans les troubles civiles, qui suivirent la révolution de 1830, ce cloître devint le théâtre du plus sanglant épisode dont l'histoire contemporaine ait conservé le souvenir.

Dans une maison qui dépendait de ce cloître, fut établi par un édit de Charles IX du mois de novembre 1563, le tribunal des juges-consuls, remplacé aujourd'hui par le tribunal de commerce. L'on raconte ainsi l'origine de cet établissement : Charles IX assistant un jour dans un lieu caché aux audiences de la grand'chambre du Parlement, fut témoin du renvoi hors de cause d'un procès entre deux marchands qui durait depuis dix ans, faute de la part des conseillers d'en pouvoir comprendre les incidents. Le roi, frappé de la nécessité de confier ces sortes d'affaires à des hommes du métier, institua ce tribunal, qui fut composé d'un juge, et de quatre consuls choisis parmi les plus notables commerçants.

L'église de Saint-Merry a servi de sépulture à plusieurs hommes remarquables; parmi eux je citerai *Jean Fernel* premier médecin de Henri II; Simon Marion, avocat-général mort en 1605; Arnaud, marquis de Pomponne, mort ministre d'état en 1699; le poète Chapelain. Avant qu'elle ne fût reconstruite, on y voyait aussi le tombeau de Raoul de Presles, l'un des plus savants hommes du xive siècle, l'un de ceux qui ont le plus contribué à la formation de notre prose française. Sa traduction de la Cité de Dieu et les commentaires qui l'accompagnent, sont un monument impérissable et des plus curieux à consulter. Charles V favorisa les travaux de Raoul de Presles, et, grâce à sa magnificence, cet écrivain put établir à sa convenance, la maison qu'il occupait dans la rue neuve Saint-Merry.

Sous le même roi Charles V, un spectacle singulier fut offert aux fidèles dans l'intérieur de Saint-Merry : une certaine *Guillemette*, surnommée de la Rochelle, parce qu'elle y avait demeuré, ayant été reconnue pour sainte, fut établie par Gilles Mallet, valet de chambre, bibliothécaire du roi, dans un bel oratoire de bois à Saint-Merry; elle y restait des jours entiers en contemplation, à ce point, dit Christines de Pisan, qui raconte le fait, *qu'on l'a aucunes foiz veue soulevée de terre en l'air plus de deux pieds*. (Hist. de Charles V, ch. 23.) On voyait encore aux jours de grandes fêtes dans l'église Saint-Merry, de belles tapisseries représentant la vie de Notre-Seigneur, d'après les dessins d'un nommé *Henri Lerembert*; ces tapisseries existent encore. Il n'en est pas de même du tableau suivant, ainsi décrit par Germain Brice en 1725 :

« Dans une chapelle à droite, en entrant, assez proche de la porte, on
« trouve une chose unique à Paris : c'est un morceau de mosaïque en
« tableau qui représente la sainte Vierge et l'enfant Jésus, accompagnez
« de quelques anges sur un fond d'or, ce morceau à cause de sa rareté,
« mériteroit d'être conservé avec plus de soin. On lit au bas : *Opus magistri*
« *Davidis florentini*, Anno MCCCCLXXXXVI ; (œuvre de maître David de Flo-
« rence, l'an 1496.)

Mais hâtons-nous de franchir l'espace qui sépare l'église de Saint-Merry de l'ancienne Abbaye Saint-Martin, devenue aujourd'hui le Conservatoire des Arts et Métiers. Avant d'arriver à cet établissement, unique dans son genre, l'on rencontre l'église de Saint-Nicolas-des-Champs, qui, de simple chapelle à l'usage des vassaux et serviteurs de l'Abbaye, s'est élevée peu à peu au rang des paroisses de la capitale. Une bulle du pape Calixte II, datée de l'an 1119 la désigne parmi ces dernières. Le bâtiment que nous voyons aujourd'hui, est loin de remonter à une époque aussi ancienne, la vieille église fut entièrement détruite vers 1420, et en 1480, l'on travaillait encore à celle qui existe. De 1535 à 1575, on y fit plusieurs construc-

tions consistant en diverses chapelles fondées par des particuliers. Saint-Nicolas a servi de lieu de sépulture à quelques hommes remarquables, parmi lesquels je citerai *Guillaume Budé*, savant du xvie siècle, *Pierre Gassendi*, mort en 1655, les deux frères *de Valois*, savants dans nos antiquités nationales, morts le premier (Henri) en 1676; le second (Adrien) en 1692, et enfin la fameuse *Madeleine de Scudery* qui y fut enterrée en 1701. C'est à Saint-Nicolas-des-Champs que les enfants de chœur de Paris, le jour de la fête patronale de ce nom, se rendaient en procession. Pendant le chemin, ils se livraient à des représentations singulières, débitaient des facéties et des satyres qui furent cause de l'abolition de cet usage : « En 1525, dit Sauval, les chapelains, les chantres et les
« enfants de chœur de Notre-Dame, déguisés, allèrent partout Paris,

« menant une femme à cheval, tirée par des gens faits comme des diables,
« et toute environnée d'hommes en habits de docteurs, avec des écriteaux
« devant et derrière où étaient écrits *Luthérien*. François 1er s'en étant

« plaint, le doyen et quelques chanoines, par son ordre, furent au parle-
« ment, et le président Gaillard commanda de supprimer ces sortes de
« mascarades. (*Antiquités de la ville de Paris*, t. 2, p. 623.)

J'ai remarqué en commençant, qu'une chapelle dédiée à Saint-Martin, et dont l'origine remontait au xve siècle avait été cause du nom donné à cette partie de la ville; c'est, dit-on, sur l'emplacement de cette chapelle, qui fut détruite par les Normands, que le roi Henri Ier fonda l'an 1060, le monastère de Saint-Martin-des-Champs; il y plaça treize chanoines sous le gouvernement d'un prieur, et leur fit de grandes libéralités encore augmentées par le roi Philippe Ier, son fils. Ces libéralités consistaient principalement en terres environnant le monastère, dont la situation aux portes de la ville augmentait encore la valeur. Quelques années après avoir été fondé, c'est-à-dire vers 1079, *Saint-Martin* passa des mains des chanoines séculiers, entre celles des moines de Cluny, qui s'y établirent conformément aux volontés du roi Philippe Ier; l'Abbaye Saint-Martin devint donc un simple prieuré sans voir pour cela diminuer son importance et ses richesses. C'est ainsi que dans la première moitié du xie siècle, quand on commença à construire les murs et les tourelles dont Saint-Martin fut longtemps environné, les bâtiments et les dépendances immédiates, c'est-à-dire les jardins, les granges, les moulins, le four et tout ce qui était nécessaire aux besoins de la communauté, ne comprenaient pas moins de quatorze arpents. Du côté de la rue Saint-Martin, les murs de l'Abbaye commençaient immédiatement après l'église Saint-Nicolas-des-Champs, et se prolongeaient jusqu'à la maison qui porte aujourd'hui le numéro 234, ainsi qu'une des tours encore debout l'indique suffisamment. C'est au gouvernement de Hugues Ier, de 1130 à 1142, que le nécrologe de l'Abbaye fait remonter la construction des murs. Ils étaient fort élevés et d'une grande épaisseur, garni de tourelles de distances en distances, et avançaient en carré long sur le terrain qui forme aujourd'hui la rue Saint-Martin. La situation de ce monastère au milieu de la campagne, rendait nécessaires les fortifications qui le mettaient à l'abri d'une surprise. Derrière ces murailles il y avait des bâtiments considérables. Dès le xie siècle, on y voyait un hôpital pour les pauvres et les pèlerins allant à Saint-Martin-de-Tours. L'église, qui existe encore aujourd'hui, avait son portail tourné à l'occident, faisant face à la rue Saint-Martin, au fond de cette cour où l'on voit la mairie du sixième arrondissement. Le sanctuaire, le fond de l'édifice, le clocher et le grand portail remontent, suivant l'abbé Lebeuf, au xie siècle : « Pour ce qui est de la nef
« et du chœur, ajoute le même écrivain, ils sont d'une structure bien pos-
« térieure : c'est un grand vaisseau fort large, sans piliers et sans ailes,
« mais aussi sans voûte et simplement lambrissé. » Il paraît avoir été bâti vers le règne de Philippe-le-Bel. Le clocher et le grand portail pri-

mitifs ont été détruits, mais le sanctuaire, le fond de l'édifice, encore debout, appartiennent sans aucun doute à l'époque reculée que l'abbé Lebeuf leur assigne. C'est une sorte de galerie circulaire, régnant derrière le chœur, partagée au milieu par un rond-point qu'occupait jadis un autel. Les voûtes sont en ogives presque plein cintre et de forme irrégulière. Elles sont soutenues par des piliers composés de faisceaux de colonnes avec chapiteaux à tailloirs carrés, de hauteur différente, dont le dessin est toujours varié.

En sortant de cette église à gauche, on entrait dans un cloître d'une grande étendue, formé par quatre galeries dans le style gothique, mais qui ont été remplacées en 1702 par d'autres galeries et des colonnes d'ordre dorique ; tenant au cloître et dans la même direction que celle de l'église, on trouve un magnifique réfectoire dans un état parfait de conservation et qui mérite à tous égards une attention particulière. Ce bâtiment, d'une grande hauteur, forme un parallélogramme d'environ quarante-cinq mètres de longueur sur dix de largeur, que soutiennent extérieurement douze contre-forts. Il est éclairé par huit fenêtres qui existaient autrefois des deux grands côtés, mais aujourd'hui celles de droites ont été fermées. Ces fenêtres se composent de deux baies ogivales accouplées, surmontées d'une rosace, deux fenêtres au couchant éclairaient aussi ce réfectoire du petit côté. A l'intérieur, il est divisé en deux parties au moyen de sept colonnettes aussi légères que hardies, qui reçoivent les retombées des voûtes en ogive. Dans la dernière travée à gauche, est placée une tribune extérieure destinée aux lectures qui avaient lieu pendant les repas. L'on arrive à cette tribune par un escalier à jour, composé de douze marches pratiquées dans l'intérieur du mur. Rien n'est comparable à l'effet produit par cet ensemble, dont toutes les parties sont complètes : c'est l'architecture gothique dans sa grandeur et sa pureté. Hâtons-nous d'ajouter que ce réfectoire est l'œuvre d'un grand maître français, de *Pierre de Montereau*, qui vivait sous le règne de Saint-Louis et qui construisit la Sainte-Chapelle du palais, le réfectoire longtemps célèbre, mais actuellement détruit, de Saint-Germain-des-Prés et d'autres monuments remarquables par leur élégance et leur solidité.

Il y avait encore dans l'enclos de ce prieuré d'autres bâtiments destinés à l'exercice du droit de justice haute et basse, que possédaient les moines sur les terres de leur juridiction. C'est ainsi qu'on y voyait un auditoire et une prison, qui se trouvaient sur le terrain occupé aujourd'hui par la petite rue *Aumaire*; elle fut ainsi nommée, de l'officier chargé de rendre la justice par la communauté. La porte principale du monastère était située autrefois dans cette rue, à l'endroit où l'on voit actuellement la porte latérale de l'église Saint-Nicolas-des-Champs. Un procès qui s'éleva entre les marguilliers de cette paroisse et les moines de Saint-

Martin, obligea ces derniers de transporter la geole, l'auditoire et la grande porte du prieuré sur la rue Saint-Martin. Ce changement n'eut lieu qu'en 1575. Derrière les bâtiments et les jardins du monastère, il exista, jusqu'au XV° siècle, un terrain assez vaste, en forme de carré long et fermé par des barrières en bois : c'était un champ clos où avaient lieu les duels judiciaires fort en usage, comme on le sait, pendant plusieurs siècles. L'un des plus célèbres dont le champ clos de Saint-Martin ait été le théâtre, se passa en 1386. Jean de Carouges et Jacques Legris, deux gentilshommes normands, après de longues plaidoiries au parlement qui n'eurent aucun résultat, descendirent dans l'arène pour une cause bien légitime du reste. Jacques Legris était accusé d'avoir profité de l'absence de Jean de Carouges pour s'être porté à un attentat envers la femme de ce dernier. Il niait le crime, et Charles VI, voyant l'inutilité des plaidoiries des avocats, crut pouvoir connaître la vérité en se rapportant à l'antique jugement de Dieu. Jacques Legris fut vaincu et

foulé à terre par son rival ; il refusa d'avouer le crime, bien que le seigneur de Carouges lui mit l'épée sur la gorge. Suivant les règles du duel judiciaire, Jacques Legris fut pendu ; son innocence ne tarda pas à être reconnue, dit-on, et la dame de Carouges fut obligée d'aller finir ses jours dans un couvent.

La communauté de Saint-Martin, enrichie par les dons considérables que lui firent les rois de France ou de simples particuliers, était comptée à la fin du xviiie siècle au nombre des grands bénéfices de la capitale. A un revenu de quarante-cinq mille livres, le titulaire joignait la collation de vingt-neuf prieurés, la nomination à deux vicaireries perpétuelles dans la cathédrale de Paris, à une autre dans celle d'Étampes, et à cinq cures de la capitale, savoir : *Saint-Jacques-de-la-Boucherie*, *Saint-Nicolas des-Champs*, *Saint-Laurent*, *Notre-Dame-de-Bonne-Nouvelle* et *Saint-Josse*. Il nommait encore les cures de vingt-cinq églises situées dans le diocèse de Paris, et trente dans diverses parties du royaume; c'était donc une position très-recherchée que celle de prieur de Saint-Nicolas, aussi fut-elle souvent occupée par des personnages remarquables. Les plus connus sont : Pierre Asselin de Montaigu, cardinal de Laon, ministre de Charles VI, mort empoisonné, dit-on, en 1388; Guillaume d'Estouteville, successivement évêque d'Angers, de Beziers, de Térouene, archevêque de Rouen et cardinal légat du Saint-Siége, mort en 1483, enfin, le fameux cardinal-ministre, duc de Richelieu, qui, ayant pris possession du prieuré de Saint-Martin le 7 novembre 1633, le conserva toute sa vie.

Au moment où la révolution de 1789 éclata, les moines de Saint-Victor avaient fait dans l'intérieur et même à l'extérieur du prieuré des changements considérables. Outre le cloître dont j'ai parlé précédemment et qui fut rebâti en 1702, quelques années plus tard les anciennes fortifications qui environnaient l'abbaye furent démolies; à la place qu'elles occupaient, on continua la grande rue Saint-Martin, et dans une partie des murs qu'ils élevèrent, les religieux firent construire, de 1712 à 1714, plusieurs belles maisons, qui existent encore aujourd'hui. A la même époque, ils offrirent à l'administration municipale la concession nécessaire pour établir une fontaine que l'on voit au coin de la rue du *Vert-Bois*. La prison et l'auditoire furent également reconstruits. Aux portes de l'abbaye se tenait depuis longtemps un marché qui embarrassait singulièrement la voie publique, les religieux transportèrent ce marché derrière leur jardin sur l'emplacement où avaient lieu autrefois les duels judiciaires; une boucherie et un corps-de-garde pour le guet de Paris y furent également établis. Ce marché fut ouvert en 1765. Des dortoirs et autres appartements claustrales avaient été bâtis sur les jardins du monastère, à gauche de l'église et du cloître : « Cette maison a été finie en
» 1739, dit le géographe parisien; c'est une des plus grandes et des
» plus spacieuses; elle a soixante-deux toises de longueur sur dix de
» largeur, et quarante-cinq pieds de hauteur. Le rez-de-chaussée est
» distribué en peristyles voûtés pour conduire à l'un des plus beaux
» escaliers hors-d'œuvre; les marches de la première rampe ont jusqu'à
» onze pieds de longueur. Cette maison est du dessin de M. de Latour,
» architecte. »

Depuis 1791, époque où les communautés religieuses furent supprimées, jusqu'en 1794, les bâtiments de l'ancien prieuré de Saint-Martin restèrent sans destination; c'était déjà beaucoup qu'ils ne fussent pas renversés. A cette époque, le comité d'instruction publique proposa à la Convention nationale de créer un *Conservatoire des Arts et Métiers*. Cette idée fut accueillie, et la commission temporaire des beaux-arts chargée de la mettre à exécution. Grégoire, ancien évêque de Blois, fut l'un de ceux qui contribuèrent le plus à cet établissement. Le représentant Alquier fit au conseil des Cinq-cents un rapport curieux, qui désarma l'opposition qu'avait d'abord rencontré ce projet, et le 6 mai 1798 (ou 17 floréal an VI), le conseil décréta que les bâtiments de l'ancien prieuré supprimé de Saint-Martin, seraient destinés au *Conservatoire des Arts et Métiers*. Trois dépôts de machines industrielles composèrent les éléments de ce musée d'un genre tout nouveau : les machines que M. Pajot d'Onzenbray avait données à l'Académie des Sciences et celles qui appartenaient à cette compagnie; les machines léguées en 1782 au gouvernement par Vaucanson; et un autre dépôt composé des instruments aratoires en usage chez les différents peuples. Il serait hors de propos de donner ici, même en abrégé, la description des objets curieux de toute nature renfermés dans cette vaste collection, je me contenterai de faire quelques remarques. Confié aux soins minutieux et habiles d'un savant distingué, M. Pouillet, membre de l'Académie des Sciences, le *Conservatoire des Arts et Métiers* prend chaque jour une plus grande importance. Déjà M. Pouillet a introduit une amélioration sensible, en divisant les objets dont ce musée se compose, en deux classes bien distinctes, c'est-à-dire une classe pour toutes les machines, instruments, outils et objets nécessaires aux différents métiers, qui ont été mis en pratique et dont l'utilité est reconnue, une autre classe pour tous les objets qui ne sont plus d'usage ou qui ne sont que des essais auxquels a manqué l'application. Cette organisation intelligente est aujourd'hui en pleine voie d'exécution. Ainsi les grandes galeries formées dans le dortoir neuf des moines, au premier, et la galerie du rez-de-chaussée, que l'on prépare en ce moment, contiendront les objets de première catégorie; ceux de la seconde sont placés dans l'ancienne église de l'abbaye. Dans ce vaste assemblage de tous les moyens de force et d'appui que l'industrie humaine sut appeler à son aide, sont réunis des objets tous fort curieux, mais à des titres bien différents; par exemple, on trouve non loin d'un joli modèle du premier chemin de fer que l'Angleterre ait exécuté, l'appareil savant et ingénieux qui servait au roi Louis XVI à tourner. Mais, pour que le Conservatoire des Arts et Métiers soit tout-à-fait digne d'une admiration sans réserve, il est nécessaire d'achever l'œuvre si bien commencée. Je n'ai pas mission pour donner mon avis sous le rapport scientifique et industriel, mais sous le rapport de l'art et de l'intérêt qui s'attache aux antiques bâtiments où est renfermé ce musée, je dirai qu'il est temps de continuer la restauration entreprise avec tant de succès par M. Pouillet. Le réfectoire de Pierre de Montereau ne laisse plus rien à désirer; si jamais la pensée conçue par M. Pouillet, d'établir dans ce réfectoire la bibliothèque, peut être exécutée, il aura garanti de toute atteinte l'un des chefs-d'œuvre de la vieille architecture française; mais un ouvrage aussi curieux et d'une antiquité beaucoup plus haute, a besoin d'une réparation complète, imminente, car il menace ruine dans plusieurs endroits, je veux parler du sanctuaire de l'édifice, qui est encore intact au moment où j'écris ces lignes, mais qui, dans peu de jours peut-être, n'existera plus. Sans doute, il est beau de classer des machines, de recueillir et de montrer aux ouvriers les instruments que les travaux de la science leur préparent, mais il est beau aussi, il est du devoir de tout gouvernement bien établi de ne pas laisser périr les œuvres d'art que nous ont légué nos aïeux. M. Pouillet l'a bien compris, grâces lui en soient rendues!

La mairie du sixième arrondissement est sur le point de quitter les bâtiments de l'ancienne abbaye Saint-Martin qu'elle a occupé longtemps, il serait bon de profiter de cette occasion pour détruire les masures qui obstruent l'entrée de l'église, du cloître et du réfectoire, et rendre à la rue Saint-Martin le monastère dont elle porte le nom, et qu'on pourrait croire aujourd'hui complétement renversé.

Avant de traverser la ligne formée par les boulevarts, qu'il me soit permis de revenir sur mes pas pour signaler une petite église, aujourd'hui détruite, mais qui exista pendant deux siècles et demi environ, dans la rue Saint-Martin, entre les numéros 96 et 98 : elle dut son existence à deux ménestriers qui, sans autres ressources que leur bon cœur et un peu d'argent, entreprirent de fonder un hospice dans cet endroit. Je laisse ici parler l'un des vieux historiens de Paris : « En l'an de grâce 1328, le
» mardi devant la Saincte-Croix, en septembre, il y avoit en la rue Sainct-
» Martin-des-Champs, deux compagnons ménestriers, lesquels s'entre-
» aimoyent parfaictement et estoient tousjours ensemble. Si estoit de
» Lombardie et avoit nom Jacques Grare de Pistoye autrement dict Lappe:
» l'autre estoit de Lorraine et avoit nom Huet le Guette, du palais du roy.
» Or, advint que le jour susdit, après dîner, ces deux compagnons estant
» assis sur le siège de la maison dudit Lappe, et parlant de leur besogne,
» virent de l'autre part de la voye une pauvre femme appelée Fleurie de
» Chartres, laquelle estoit en une petite charette et n'en bougeoit jour et
» nuit, comme entreprise d'une partie de ses membres; et là vivoient des
» aumosnes des bonnes gens. Ces deux, esmeus de pitié s'enquerrent à
» qui appartenoit la place, desirants l'achepter, et y bastir quelque petit
» hospital. Et après avoir entendu que c'estoit à l'abesse de Montmartre,

» ils l'allèrent trouver; et pour le faire court, elle leur quitta le lieu à per-
» pétuité, à la charge de payer par chacun an cent solz de rente, et huict
» livres d'amendements dedans six ans seulement. » (*Dubreuil, Antiquités de Paris, p.* 990.) Devenus possesseurs de cette maison, les deux ménestriers firent faire des chambres et des *bancs à lits*, au premier desquels
fut couchée la bonne femme paralytique, qui n'en sortit qu'après sa mort.
L'hôpital prit le nom de Saint-Julien, et les deux fondateurs placèrent à
la porte d'entrée une boîte pour recevoir les aumônes de ceux qui venaient à passer. La fondation des deux jongleurs réussit, et en 1331, ils
réunirent les autres ménestriers de Paris, et formèrent une confrérie qui
travailla à la propagation de cet hospice. L'année suivante, l'abbesse de
Montmartre concéda entièrement le terrain aux confrères, moyennant
soixante livres une fois payées. En 1334, les ménestriers purent réunir
assez d'argent pour construire une petite chapelle où ils obtinrent, non
sans quelque peine, il est vrai, d'établir un prêtre desservant auquel ils
s'engagèrent par serment prêté sur l'Evangile, de constituer dans quatre
ans une rente de seize livres. Cette petite église n'avait de remarquable
que la fondation charitable à laquelle elle appartenait. L'une des trois
figures qui en décoraient le portail, méritait cependant quelque attention :
elle représentait un jongleur qui tenait de la main gauche un violon et de
la droite un archet très-long dont il se servait pour jouer de son instrument. On a prétendu que c'était la figure de *Colin Muset*, jongleur-poète
de la fin du xiii⁵ siècle, qui nous a laissé plusieurs chansons pleines de
grâce et d'esprit. Devenu vieux et riche, *Colin Muset* aurait légué une
somme considérable à l'hospice fondé par sa confrérie, et quand il mourut,
son image aurait été placée à l'endroit où l'on mettait ordinairement celle
des principaux bienfaiteurs de tous les monuments religieux.

Mais hâtons-nous de traverser le boulevart et de monter le faubourg
Saint-Martin. A droite, je me contenterai de signaler l'ancien couvent des
Capucins, occupé aujourd'hui par la garde municipale, et un peu plus haut
dans le faubourg, celui des *Récollets*, transformé depuis 1802, en hospice
pour les hommes incurables. En face, et sur la gauche, se trouve l'église
et le marché Saint-Laurent dans lesquels je m'arrêterai quelques instants.

Il ne faut pas croire que l'église *Saint-Laurent* d'aujourd'hui ait été
bâtie immédiatement sur le terrain de celle qui existait au vi⁵ siècle. Cette
ancienne église, détruite par les Normands, était plus rapprochée de la
porte Saint-Martin, et située à la hauteur de la rue Grenier Saint-Lazare.
Reconstruite à la fin du xii⁵ siècle environ, sur l'emplacement qu'elle
occupe aujourd'hui, l'église de Saint-Laurent fut à cette époque érigée
en paroisse et soumise à l'administration du prieuré de Saint-Martin-des-
Champs. Elle fut aussi complètement reconstruite au commencement du
xv⁵ siècle, et dédiée le 19 juin 1429. Elle fut augmentée en 1548 et refaite

en partie en 1595. Le portail qui existe maintenant et la chapelle de la Vierge, datent de l'année 1622. A côté de cette église se trouve un vaste marché qui porte le nom de *Foire Saint-Laurent*. Elle fut concédée aux lépreux de Saint-Lazare par Louis-le-Gros en 1126, et rachetée en 1181 par Philippe-Auguste, qui la transporta aux halles de Paris. Ce roi laissa aux religieux de Saint-Lazare, le droit de tenir la foire un seul jour de l'année. Peu à peu ce seul jour s'étendit jusqu'à une semaine, puis jusqu'à deux, et au mois d'octobre 1661, les prêtres de la Mission, héritiers des religieux de Saint-Lazare, obtinrent un privilége qui portait la durée de cette foire à trois mois. De 1666 à 1775, elle fut assez suivie : on y voyait principalement des marchands de joujoux, des limonadiers, des pâtissiers, des cabaretiers, un théâtre de marionnettes, et bon nombre de filoux. Suspendue trois années de suite, la *Foire Saint-Laurent* fut rouverte le 17 août 1778. Le terrain sur lequel elle était établie, avait reçu des dispositions nouvelles : il était divisé en rues bien alignées, plantées d'arbres, garnies de boutiques de toute espèce et d'établissements consacrés au plaisir, comme restaurants, cafés, spectacles et autres : une troupe de comédiens y donna des représentations suivies et des prodiges de toute nature s'y montraient chaque année : par exemple, en 1743, l'on écrivait : « Mais tout ce que Paris a vu faire cette année à
» la foire Saint-Laurent par ce singe admirable que l'on appelle le *diver-*
» *tissant*, est encore plus surprenant, puisqu'il faisait vingt choses sur-
» prenantes avec autant d'adresse et de jugement qu'une personne l'au-
» rait pu faire : entre autres, étant vêtu en femme, il dansait avec son
» maître un menuet en cadence. Enfin, l'on peut dire qu'il représentait
» une comédie avec un chien qui était sellé, bridé et instruit à le seconder
» pour l'exécution de ses exercices. Il jouait du bilboquet et apprenait
» alors à jouer du violon. » (Spectacles de la foire, p. xlv.) La prospérité de la foire Saint-Laurent ne fut pas de longue durée : soit à cause de son éloignement du centre de la ville, soit par un autre motif, elle était déjà fermée depuis quelques temps en 1789.

Colletet a composé un petit poëme burlesque sur la foire Saint-Germain, et sur la foire Saint-Laurent *qui ne valait pas la première* :

   Celle-ci pourtant a sa grace
   Elle est dans une belle place ;
   Et ses bâtiments bien rangés
   Sont également partagés.
   Le temps qui nous l'a destinée
   Est le plus beau temps de l'année....

La foire se tenait au mois d'août.

Les marionnettes de Saint-Laurent ont donné le premier *exemple* d'une représentation au bénéfice des malheureux ; les théâtres, en France, n'ont pas oublié de suivre l'impulsion de cet *exemple* de charité dramatique... N'est-ce pas étrange de voir les religieux de Saint-Germain et les prêtres de la mission qui installent, au milieu de la ville, des établissements pour amuser le peuple, parfois au dépens de la morale, de la décence publique?

A côté des monuments divers que j'ai essayés de faire connaître, il existait encore dans la rue Saint-Martin des maisons particulières qui ont joui d'une certaine célébrité. L'espace me manque pour ce chapitre de notre vie privée, et je ne puis citer ici que des noms. On remarquait non loin de la rue *Aux Ours* l'hôtel de Vic, situé du même côté et célèbre par la richesse des ameublements; celui du financier *Jabach*, au coin de la rue Neuve-*Saint-Merry*, et qui, dans un almanach pour l'année 1691, est indiqué comme la première maison de banque pour la Hongrie, la Turquie et la Pologne. Parmi les restaurants fameux à la même époque, je trouve encore celui de la *Croix-Blanche*, dans la rue aux Ours, celui de la *Galère*, derrière Saint-Jacques-la-Boucherie, celui du cloître Saint-Merry, tenu par Robert. En face l'hospice Saint-Julien, il y avait un hôtel qui, disait-on, après avoir été la demeure de Gabrielle d'Estrées, devint une maison consacrée à la plus abominable débauche; la vérité est, qu'en 1691 cette maison servait d'*hôtel à la Compagnie des Indes orientales*, et qu'on y recevait les engagements de tous ceux qui voulaient s'embarquer.

Des rues, des passages et d'autres petites voies de communication donnent accès aux deux côtés des rues *Planche-Mibray*, *des Arcis* et *Saint-Martin*. Ainsi, l'on en compte trente-neuf à droite et trente-cinq à gauche. En partant du pont Notre-Dame, à droite, l'on trouve les rues de: 1° la TANNERIE; 2° la VANNERIE; 3° la COUTELLERIE; 4° JEAN-PAIN-MOLLET; 5° la LANTERNE; 6° de la VERRERIE; 7° du *Cloître-Saint-Merry*; 8° NEUVE-SAINT-MERRY; 9° MAUBUÉE; 10° de la CORROYERIE; 11° des VIEILLES-ÉTUVES; 12° Rambuteau, autrefois des MÉNÉTRIERS; 13° des PETITS-CHAMPS; 14° du MORE ou SAINT-JULIEN; 15° GRENIER-SAINT-LAZARE; 16° de MONTMORENCY; 17° du CIMETIÈRE-SAINT-NICOLAS; 18° JEAN-ROBERT, autrefois des GRAVILLIERS; 19° AUMAIRE; 20° Royale; 21° VERT-BOIS; 22° NEUVE-SAINT-MARTIN; 23° *Meslay*; 24° *Boulevart-Saint-Martin*; 25° de *Bondy*; 26° Neuve-Saint-Nicolas; 27° des *Marais*; 28° des *Vinaigriers*; 29° des *Récollets*; 30° du Grand-Saint-Michel; 31° des Écluses-Saint-Martin; 32° du Canal-Saint-Martin; 33° des Buttes-Chaumont; 34° du Chemin-de-Pantin.

On trouve encore du même côté les impasses suivantes : 1° le Pas Saint-Pierre; 2° le Pas de l'hôtel Jabach; 3° le Pas de la Réunion; 4° l'Impasse Clairveaux; 5° l'*Impasse de la Planchette*. A gauche, en partant du pont Notre-Dame, viennent aboutir les rues suivantes : 1° VIEILLE-LANTERNE; 2° VIEILLE-PLACE-AU-VEAU; 3° SAINT-JACQUES-LA-BOUCHERIE; 4° des ÉCRIvains ; 5° des Lombards ; 6° Ognart ; 7° Aubry-le-Boucher ; 8° de Venise ; 9° aux Ours ; 10° Neuve-Bourg-l'Abbé ; 11° du Grand-Hurleur ; 12° Grénetat ; 13° Guérin-Boisseau ; 14° du *Ponceau* ; 15° Neuve-Saint-Denis ; 16° *Sainte-Apolline* ; 17° *Boulevart-Saint-Denis* ; 18° Neuve-Saint-Jean ; 19° de la Fidélité ; 20° *Saint-Laurent* ; 21° Neuve-de-Chabrol ; 22° du Château-Landon ; 23° du Chaudron. De plus, il existe de ce côté : 1° la cour Saint-Jacques-de-la-Boucherie ; 2° l'*Impasse Saint-Fiacre* ; 3° le passage Molière ; 4° le passage de l'Ancre ; 5° le passage du Cheval-Rouge ; 6° l'*Impasse de l'Égoût* ; 7° le passage de l'Industrie ; 8° le passage Brady ; 9° le passage du Désir ; 10° la Cour du Commerce.

Ces rues nombreuses et ces passages ne remontent pas tous à la même époque ; l'on pourra juger du degré d'ancienneté des uns et des autres, en jetant les yeux sur la nomenclature qui précède et qui est ainsi classée : le nom des rues qui sont antérieures au commencement du xvie siècle, est imprimé en petites capitales, le nom de celles qui existaient avant la révolution, en italique, et les plus récentes en caractère ordinaire. Toutes ces rues ont leur histoire, dont le fait le plus saillant a souvent été la cause du nom qu'elles portent. Quelques-uns de ces noms remontent à l'origine du vieux Paris, plusieurs autres ont été changés ou singulièrement défigurés ; par exemple : la rue de *Venise*, nommée dans des titres de 1500 à 1513, *Hendebourg-la-Traffelière*, et dans un autre de 1388, *Bertaut-qui-Dort*, fut désignée au xve siècle, comme elle l'est aujourd'hui, à cause d'une enseigne de l'*Écu de Venise*, que l'on y trouvait. Quant aux altérations résultant d'une prononciation vicieuse si naturelle parmi le peuple, les plus étranges sont celles de la vieille rue aux *Ouès* en rue aux *Ours*, et de la rue *Darnetal* en rue *Grénetat*. L'ancienneté de ces deux rues les recommande à notre attention : la rue *Grénetat*, appelée en 1256 *de la Trinité*, portait en 1262 le nom d'un bourgeois qui l'habitait, *Pierre Darnetal*. Ce nom corrompu en celui de *Guernetal*, *Garnetal*, a enfin produit *Grénetat*. Cette rue fut la première voie de communication ouverte entre la grande rue Saint-Denis et l'abbaye Saint-Martin-des-Champs ; elle est indiquée avec la position oblique qu'elle conserve aujourd'hui dans un diplôme de l'an 1070.

La rue *aux Ours* est aussi mentionnée sur le même diplôme. Quant au nom qu'elle a toujours porté, c'est celui de la rue aux *Ouès*, aux *Ouès*, c'est-à-dire aux *Oies*, à cause des rôtisseurs qui y étaient établis. Aussi est-elle désignée dans quelques vieux documents, *la rue où l'on cuit les oës*. Jusqu'en 1745, on lisait sur un tableau fixé au mur de la maison qui fait le coin de cette rue et de celle qui est appelée *Sale-au-Comte*, l'inscription suivante : « L'an 1418, le 3 juillet, veille de la translation de Saint-Mar-
» tin, un soldat, sortant d'une taverne qui était en la rue aux Ours, dé-
» sespéré d'avoir perdu tout son argent et ses habits au jeu, jurant et

» blasphémant le saint nom de Dieu, frappa furieusement d'un couteau
» l'image de la sainte Vierge; Dieu permit qu'il en sortît du sang en

» abondance. Ce malheureux fut pris et mené devant messire Henri de
» Marle, chancelier de France, et par arrêt du Parlement il fut conduit
» en ce lieu, et là, étant lié à un poteau devant ladite image, il fut frappé
» d'*escorgées* (verges), depuis six heures du matin jusqu'au soir, en sorte
» que les entrailles lui sortaient du corps. On lui perça la langue d'un
» fer chaud, et il fut jetté au feu, ainsi qu'il est rapporté par Corozet.
» chapitre xx des *Antiquités de Paris*, et confirmé par le révérend père
» Jacques Dubreuil, religieux de Saint-Germain-des-Prés, au troisième
» livre des *Antiquités de Paris*, page 794. Tous les ans, à pareil jour,
» en ce même lieu, Messieurs les bourgeois de la rue aux Ours, font dres-
» ser un feu d'artifice, ce qui n'a pas discontinué depuis plus de trois cents
» ans, pour conserver la mémoire du miracle que Dieu a voulu opérer. »
On croyait que cette image avait été transportée dans l'église du prieuré
de Saint-Martin, sur une petite chapelle voûtée, dont la place est encore

marquée à gauche du maître-autel de cette église, et qu'elle y faisait chaque jour de nouveaux miracles ; mais il est certain que cette chapelle existait avant le sacrilége commis dans la rue aux Ours. Par une singularité que l'on comprendra aisément, l'habit dont était revêtu le mannequin brûlé chaque année, ayant quelque ressemblance avec celui des gardes-suisses, l'on désigna ce mannequin sous le nom du *Suisse de la rue aux Ours*, et il fut appelé ainsi jusqu'en 1743, époque où un arrêt du lieutenant de police supprima ce spectacle, qui pouvait causer les plus graves accidents. Sur la fin de l'année 1606, une maison de la rue aux Ours (la troisième à droite, en sortant de la rue Bourg-l'Abbé), fut le théâtre d'une singulière anecdote, dont Bassompierre, qui en est le héros, a conservé le souvenir. En revenant de Fontainebleau, où la cour se tenait alors, Bassompierre traversait le *Petit-Pont*, et chaque fois qu'il faisait le même trajet, une jeune lingère, fort belle femme, dont la boutique avait pour enseigne l'image de *deux Anges*, se mettait sur sa porte et lui faisait de grandes salutations. Un jour qu'il passa plus près de la boutique, cette jeune femme lui fit sa révérence accoutumée, en ajoutant ces mots : « Monsieur, je suis votre servante ; je lui rendis son salut, ajoute Bas-
» sompierre, et me retournant de temps en temps, je vis qu'elle me sui-
» vait de la veue aussi longtemps qu'elle pouvait. » Ce dernier envoya l'un de ses gens auprès de cette séduisante bourgeoise, en lui offrant de la veoir partout où elle le voudrait. La lingère accepta, et je renvoie aux mémoires du maréchal ; ceux de nos lecteurs qui seront curieux de connaître les détails du *rendez-vous* galant qu'il venait d'obtenir. Bassompierre, charmé de la grâce et de la beauté de cette jeune femme, obtint d'elle la promesse d'une autre journée tout entière qui devait se passer chez une tante de la lingère ; voici comment lui-même raconte la fin de cette aventure : « Si vous voulez me voir une autre fois, me dit-elle,
» ce sera chez une de mes tantes qui se tient en la rue Bourg-l'Abbé,
» proche des halles, auprès de la rue aux Ours, à la troisiesme porte du
» côté de la rue Saint-Martin : je vous y attendrai depuis dix heures jus-
» qu'à minuit, et plus tard encore, et laisserai la porte ouverte ; à l'en-
» trée, il y a une petite allée que vous passerez vite, car la porte de la
» chambre de ma tante y répond, et vous trouverez un degrés qui vous
» mènera à ce second estage.

» Ayant fait partir le reste de mon train, ajoute le maréchal, j'attendis
» le dimanche pour voir cette jeune femme ; je vins à dix heures et
» trouvai la porte qu'elle m'avoit marquée, et de la lumière bien grande
» non seulement au second estage, mais au troisiesme et au premier en-
» core, mais la porte estoit fermée : je frapay pour advertir de ma venue,
» mais j'ouys une voix d'homme qui me demanda qui j'estois. Je m'en
» retournai à la rue aux Ours, et estant retourné pour la deuxième fois,

» ayant trouvé la porte ouverte, j'entrai jusques au second estage où je
» trouvay que ceste lumière estoit la paille du lit que l'on y brûloit, et

» deux corps nuds estendus sur la table de la chambre. Alors, je me
» retirai bien estonné, et en sortant je rencontrai des *corbeaux* qui me
» demandèrent ce que je cherchais, et moy, pour les faire écarter, mis
» l'espée à la main et passai outre, m'en revenant à mon logis un peu
» esmeu de ce spectacle inopiné. » Bassompierre ajoute qu'après avoir
bu trois ou quatre verres de vin (ce qui est un remède d'Allemagne
contre la peste), il s'empressa de se mettre au lit. Quelque recherche
qu'il ait pu faire, soit dans la rue aux Ours, soit au Petit-Pont, à l'enseigne des *deux Anges*, jamais il n'a pu savoir ce qu'était devenue la jeune femme dont il garda longtemps un tendre et triste souvenir.

Chacune des petites voies qui aboutissent à la grande rue Saint-Martin pourrait devenir le sujet d'une histoire particulière, et toutes ces histoires nous révéleraient des faits étranges et curieux, inconnus jusqu'à ce jour, mais je suis obligé de terminer brusquement cette promenade, en signalant la rue de Montmorency comme ayant été la demeure de ce fameux *Nicolas Flamel*, dont j'ai parlé plus haut. Il y avait fait bâtir une vaste maison dont il louait plusieurs parties à différentes personnes. L'apparence en était fort simple, autant qu'on peut en juger par le dessin qui en reste.

Seulement, au-dessus de la porte d'entrée il avait fait sculpter diverses figures; la Science entre autres, et au milieu, le Sauveur avec une Croix devant lui. Les alchimistes n'ont pas manqué de prendre toutes ces figures pour des signes ayant rapport à leur rêverie.

A toutes les époques de sa longue existence, la *rue Saint-Martin* a joui d'une grande renommée, et s'est distinguée des autres par une physionomie toute particulière. Placée dès l'origine au centre du commerce de la capitale, elle a toujours conservé ce même privilége, et dans un almanach des adresses de Paris, l'on fait encore observer que c'est autour de Saint-Jacques-la-Boucherie que se tiennent les corroyeurs, les pelletiers et les fourreurs. Du XIIIe au XVIIe siècle, c'est principalement dans cette rue que se portaient tous ces vendeurs ambulants des marchandises les plus diverses que l'on trouve en abondance aujourd'hui dans les boutiques nombreuses de notre capitale, et que l'on criait autrefois dans les rues : par exemple, un baigneur vous engageait à entrer aux *étuves*. « Les bains sont chauds, disait-il, c'est sans mentir; » puis l'on criait la marée qui était si abondante, dit un petit livre des *Rues et Églises de Paris*, imprimé à la fin du XVe siècle, *qu'on s'asseyait dessus, car c'est un monde que Paris*. On y criait des oies, des pigeons, de la chair salée et fraîche, des herbes de toutes sortes, des fromages de Champagne et de Brie, de la farine, des poires, des pêches et des pommes, des cerises, de l'huile, du vinaigre, des pâtés, de la galette, des oublis, du vin à trente-deux sous, à seize, à douze, à dix, à huit, et tant d'autres objets nécessaires à la vie. Ces cris se mêlaient à ceux des frères quêteurs des différents ordres mendiants, ou se taisaient devant la voix du hérault d'armes qui proclamait le *ban du roi;* à tous ces cris se mêlaient les bruits confus, insaisissables qui règnent dans les grandes populations. Comme aujourd'hui c'était principalement à la naissance du jour que ce commerce forain avait lieu. Il durait jusqu'à onze heures ou midi, temps du dîner, même encore au XVIIIe siècle. Alors cette grande rue devenait déserte et silencieuse, car il ne faut pas oublier que cette quantité toujours croissante de voitures qui ébranlent incessamment les maisons de notre capitale et causent tant de bruit, ne date que des premières années de notre siècle; il faut se rappeler que les maisons, quoique réunies les unes aux autres, n'étaient pas serrées comme elles le sont aujourd'hui, et qu'elles n'avaient pas la même hauteur; des jardins, des enclos fermés par de grands murs, les séparaient. Ce n'est que peu à peu, à partir du XVIIIe siècle environ, que ces jardins, ces enclos, se sont couverts de hautes maisons, que la population commerçante de Paris s'est empressée d'occuper; au bas de chaque maison, plusieurs boutiques ou des magasins ont été ouverts, et dans ces lieux obscurs, étroits, où le jour pénètre difficilement, et le soleil jamais, sont nées, ont vécu et passé plusieurs générations d'hommes industrieux, et parfois doués d'une haute intelligence, qui composent le commerce de notre capitale.

Malgré l'immense accroissement de Paris et le déplacement qui en est résulté, la rue Saint-Martin est encore l'une des plus *marchandes* de la ville. Dès le point du jour, cette rue est sillonnée par de grosses voitures qui viennent y déposer des denrées de toute espèce ; des ouvriers, des commis, se rendant à leur ouvrage, la parcourent en tous sens. Bientôt s'y montrent, comme dans les siècles antérieurs, ces petits marchands avec leur cri particulier, incompréhensible pour celui qui n'en a pas l'habitude. Ces cris sont à peine étouffés par le tapage assourdissant des voitures de toute espèce qui s'augmentent sans cesse, et jusqu'au milieu du jour interceptent entièrement la circulation. Malheur à l'étranger que le hasard ou ses affaires conduisent au milieu de cette rue. Poussé, heurté dans tous les coins, c'est à grand peine qu'il parvient à s'échapper et à sortir sain et sauf de cette cohue qui demande pour s'y conduire, ou beaucoup de sang-froid, ou cette grande habitude innée chez les enfants de la ville. Vers le milieu du jour, la rue Saint-Martin commence à devenir un peu moins bruyante. Ces cris sauvages des marchands ambulants cessent ; les grosses voitures débarrassées de leurs fardeaux s'éloignent ; l'on commence à pouvoir marcher sur le milieu de la chaussée, que de nombreuses voitures sillonnent encore. Ainsi le rapide cabriolet du *courtier du commerce* doit être évité soigneusement par quiconque sait marcher dans Paris ; puis viennent les *omnibus*, les *citadines*, les diligences et autres voitures publiques si multipliées aujourd'hui dans Paris. Une population variée, nombreuse, ne cesse pas non plus de circuler dans cette rue. L'on ne s'y promène pas : l'on y marche, et très-vite. C'est en regardant tous ces individus courir, pressés qu'ils sont d'arriver au but qu'ils se proposent, qu'on se souvient de ce passage des Lettres Persanes de Montesquieu : « Depuis un mois que je suis ici, je » n'y ai encore vu marcher personne ; il n'y a point de gens au monde » qui tirent mieux partie de leur machine que les Français : ils courent, » ils volent. » Vers le soir, un bruit nouveau de voiture ébranle la rue Saint-Martin ; il est causé par l'ouverture des théâtres du boulevart auxquels se font conduire les habitants des faubourgs Saint-Germain ou Saint-Jacques, et des quartiers Saint-Honoré ou du Louvre. Mais ce bruit momentané cesse vite, et de sept heures à onze heures, la rue Saint-Martin semble se reposer des agitations de la journée. Un bruit momentané de voitures s'y fait encore entendre, un peu avant minuit, à la sortie des spectacles ; mais bientôt ce bruit s'éloigne, et pendant quelques heures un silence inaccoutumé règne dans la grande voie solitaire.

Le Roux de Lincy.

RUE DE L'ANCIENNE-COMÉDIE.

A rue de l'Ancienne-Comédie est en même temps la rue des Fossés-Saint-Germain-des-Prés. Lorsque la vieille Lutèce de César était renfermée dans son île, et que son vaisseau dormait à l'abri de ses deux ponts, la rue dont nous allons nous occuper existait peut-être à l'état de bois sacré, et l'imagination a droit d'y placer les amours de quelque Pollion inconnu, avec une *Norma*, membre du sénat de femmes choisies qui réglaient les affaires civiles et politiques de la Gaule. Plus tard, quand un Childebert quelconque fit bâtir près de Paris, à la prière de l'évêque Saint-Germain, l'abbaye de l'église de Sainte-Croix et de Saint-Vincent, depuis l'abbaye de Saint-Germain, en considération d'un morceau de la vraie Croix, de l'étole ou de la tunique de saint Vincent, et de quelques autres dons qu'il avait obtenus de l'évêque de Sarragosse, pour avoir levé le siége de cette ville, il est probable que notre rue existait à l'état de pré, comme les prés voisins connus sous le nom du grand et du petit Pré-aux-Clercs, que traversait un canal qui descendait de l'abbaye à la rivière. L'imagination peut encore s'exercer dans ce champ sans limites; ce ne serait pas faire un grand tort aux moines de l'abbaye de Saint-Germain-des-Prés, que de prêter à l'un d'eux un rendez-vous avec quelque jolie fille de Paris.

Après l'enceinte de Philippe-Auguste, qui étendit la ville, la rue dont nous parlons commence à se dessiner, et on la trouve mentionnée dans l'histoire de Paris, sous le nom de rue des Fossés-Saint-Germain. Il ne faut pas croire que les rues fussent alors ce qu'elles sont aujourd'hui, et qu'on y connût l'agrément du trottoir : le bitume était loin d'être inventé; si bien que Philippe-Auguste, poursuivi par les mauvaises exhalaisons des sentiers boueux qui formaient toute la voie parisienne, entreprit le pavage des deux principales rues de sa bonne ville de Paris; mais les autres, et surtout celles des faubourgs, restèrent longtemps comme de grandes routes, bordées çà et là de chaumières et de maisons, avec des jardins et des vignes dans leur dépendance. La rue des Fossés-Saint-Germain, commençant au coin des rues Saint-André-des-Arts et de Bussy et finissant au coin des rues des Boucheries et de l'École-de-Médecine, n'a pas figuré, que nous sachions, dans l'histoire, jusqu'au moment où elle devait refléter l'éclat de la comédie française, dont elle a pris le nom glorieux. C'est de cette époque qu'elle date véritablement.

Molière étant mort, sa troupe, chassée du *Palais-Royal* par Lully, qui avait obtenu le privilége de cette salle pour l'Opéra, acheta du marquis de Sourdeac un théâtre construit dans la rue Mazarine, en face de la rue Guénégaud, au Jeu de paume de la Bouteille; ce fut alors que le roi décida qu'il n'y aurait plus que deux troupes de comédiens français à Paris : l'une à l'hôtel de Bourgogne, et l'autre au théâtre de la rue Mazarine; Colbert incorpora dans cette troupe les débris comiques de la compagnie du Marais. En 1680, jugeant qu'une seule troupe serait suffisante, celle de l'hôtel de Bourgogne fut encore réunie à celle de la rue Mazarine : la réunion s'opéra le 25 août de la même année. Mais ils ne devaient pas jouir d'une longue tranquillité : le directeur des écoles du collége de *Mazarin* ne tarda pas à faire des représentations sur les inconvénients qui résultaient du concours des écoliers et des carrosses que le collége et la comédie occasionnaient. Sa Majesté ordonna à M. de Louvois de faire ordonner aux comédiens, par M. de la Reynie, lieutenant-général de police, de chercher un autre emplacement pour leur spectacle; la troupe du roi n'ayant que six mois pour trouver ce qui lui convenait, il fut arrêté dans une assemblée qu'elle tint le 20 juin 1687, qu'elle achèterait l'hôtel de *Sourdis;* mais la vente manqua. La comédie tourna ses désirs vers l'hôtel de *Nemours,* puis vers l'hôtel de *Sens,* puis vers l'hôtel de *Lussan,* puis vers l'hôtel de *Dauch;* enfin, après toutes ces vicissitudes, elle se fixa au jeu de paume de l'Étoile, sis dans la rue neuve Saint-Germain-des-Prés. Le sieur d'Orbay, architecte célèbre, fut chargé de la construction de ce nouveau théâtre, dont le roi avait agréé le plan.

Racine a raconté dans une lettre à Boileau, avec beaucoup de grâce et d'esprit, les pérégrinations des comédiens français repoussés sur tous les points : « Ils ont déjà marchandé des places dans cinq ou six endroits, » dit-il, mais partout où ils vont, c'est merveille d'entendre comme les » curés crient : le curé de Saint-Germain-l'Auxerrois a déjà obtenu qu'ils » ne seraient point à l'hôtel de Sourdis, parce que de leur théâtre on au- » rait entendu tout à plein les orgues, et de l'église on aurait parfaite- » ment entendu les violons. Enfin, ils en sont à la rue de Savoie, dans la » paroisse de Saint-André-des-Arts : le curé a été tout aussitôt au roi » représenter qu'il n'y a tantôt plus dans sa paroisse que des auberges et » des coquetiers ; si les comédiens y viennent, que son église sera déserte. » Les Grands-Augustins ont été aussi au roi, et le père Binbrochons, » provincial, a porté la parole; mais on prétend que les comédiens ont » dit à Sa Majesté, que les mêmes Augustins, qui ne veulent point les » avoir pour voisins, sont fort assidus spectateurs de la comédie, et qu'ils » ont même voulu vendre à la troupe des maisons qui leur appartiennent » dans la rue d'Anjou pour y bâtir un théâtre, et que le marché serait » déjà conclu, si le lieu eût été plus commode. M. de Louvois a ordonné » à M. de Lachapelle de lui envoyer le plan du lieu où ils veulent bâtir » dans la rue de Savoie. Ainsi on attend ce que M. de Louvois décidera. » Cependant l'alarme est grande dans le quartier ; tous les bourgeois, qui » sont gens de palais, trouvent fort étrange qu'on vienne leur embarras- » ser leurs rues, M. Billard surtout, qui se trouvera vis-à-vis de la porte » du parterre, crie fort haut, et quand on lui a voulu dire qu'il en aurait » plus de commodité pour s'aller divertir quelquefois, il a répondu fort » tragiquement : *Je ne veux point me divertir.* »

Voilà un trait tout-à-fait dans le goût de Molière ! Il paraît que ce bon M. Billard, qui ne voulait pas se divertir, l'emporta, puisque le jeu de paume de la rue des Fossés-Saint-Germain-des-Prés servit de refuge aux comédiens. Qu'on nous permette de faire en passant une réflexion à propos des jeux de paume. Ils ont singulièrement contribué aux progrès des lumières, de la philosophie et des libertés. Leurs salles, si long-temps consacrées à des amusements gymnastiques, virent les jeux remplacés par les exercices de la pensée. Les premiers théâtres s'y établirent, et l'on se souvient que la balle de la révolution, si nous pouvons nous exprimer ainsi, est partie de la main de Mirabeau, du jeu de paume de Versailles, et il l'a lancée si haut, qu'elle n'est pas encore retombée.

L'ouverture du Théâtre-Français eut lieu le 18 avril 1689, par la tragédie de Phèdre, et la comédie du *Médecin malgré lui*. Quelle magnifique assemblée se pressa ce jour-là dans la rue des Fossés-Saint-Germain ! comme ses honnêtes habitants durent se placer aux fenêtres pour voir passer les carrosses. On admira beaucoup cette belle salle, entourée d'un triple rang de loges richement étoffées, les unes ouvertes, les autres grillées de barreaux; ce grand vaisseau boisé et doré, éclairé par une brillante roue de chandelles, qui pendait du milieu du plafond, peint par Boullogne; la recette fut de 1,889 livres : c'était énorme pour le temps.

Quel est ce marquis, vrai marquis de Molière et de Regnard, qui, sortant d'un long repas, entre à la Comédie-Française pour voir *l'Opéra de Village*, de Dancourt, et s'établir sur les banquettes placées aux deux côtés de la scène, selon son droit de marquis? Ses jambes sont avinées, et il va commettre quelque impertinence à coup sûr. Ne reconnaissez-vous pas le marquis *de Sablé?* il pénètre enfin sur le théâtre, il arrive vers la douzième scène, au moment où l'on chante dans un couplet que les prés seront sablés. *Sablé*, se dit-il, on m'insulte : il cherche Dancourt, il le rencontre dans les coulisses, il lui donne un soufflet. Dancourt tire l'épée, mais on entraîne le marquis de Sablé ; on le porte plus que jamais dans son carrosse, au milieu des brocards des bourgeois de la rue des Fossés-Saint-Germain.

Voici bien une autre foule : nous sommes au 16 décembre 1716. La Comédie-Française donne un bal, privilége auquel le directeur de l'Opéra l'obligea de renoncer bientôt; quelle réunion ! la fleur de la Régence ! les gentilshommes de la chambre et les belles comédiennes ! la naissance et les grâces ! la fortune et l'esprit ! tout cela descend de compagnie des plus brillants équipages !... Nous sommes fiers de cette fête pour notre rue, beaucoup plus que de la représentation d'*Iphigénie*, annoncée comme une chose qu'on *n'avait jamais vue* et qu'on *ne devait jamais revoir :* c'était Poisson, le Crispin, qui s'avisait de jouer le rôle d'Agamemnon. Poisson s'attira tant de huées, qu'on les entendait de la rue des Cordeliers.

Vous voulez savoir pourquoi ces sept messieurs sortent en grande tenue du théâtre? Ce sont des comédiens, parmi lesquels vous devez remarquer, à sa désinvolture affectée de grand seigneur, ce fameux *Quinault-Dufresne*, que Destouches a pris pour modèle dans son *Glorieux*. Ne venez-vous pas de l'entendre dire à ses gens : *A-t-on mis de l'or dans mes poches?* Où vont-ils ainsi? Ne voyez-vous pas qu'ils se dirigent du côté de l'Académie-Française : ils vont, et c'est un honneur qu'ils donnent et reçoivent, offrir leurs entrées aux membres de l'illustre assemblée !

Le 26 avril 1751, j'aperçois, à la porte de la Comédie, les gardes-françaises qui relèvent le guet. Je suis sûr désormais du bon ordre et de la tranquillité du spectacle, troublé souvent par le parterre aussi bien que par les seigneurs; mais les bals recommencent : le seul Grandval a obtenu la permission d'en donner huit. La Comédie a droit aussi de donner des ballets; regardez plutôt les demoiselles *Bonjoni* et *Auguste*, ces fringantes personnes qui saluent, en passant, les gardes-françaises comme de vieilles connaissances; elles viennent danser avec le fou *Cosimo* et le sieur *Rivière*, dans *la Fête du Village*. Que nos habitants de la rue des Fossés-Saint-Germain sont heureux!

Quel silence dans la rue, le 16 janvier 1757! Des groupes errent çà et là; le théâtre est fermé: le roi a été frappé par le couteau de Damiens. Quel bruit, au contraire, le 16 octobre 1758! Qui donc porte-t-on en triomphe?... C'est l'excellent comédien Armand, qui, après une longue maladie, a reparu dans le rôle de *Dave* de *l'Andrienne*. — Emeute de marquis le 23 mai 1759; on a retranché les banquettes où s'asseyaient ces messieurs: la scène est délivrée de leurs personnes. L'ombre de Ninus ne sera plus forcée de se disputer avec les assistants pour faire son apparition; l'illusion théâtrale y gagnera quelque chose; Clairon et Le Kain ont déjà porté une heureuse réforme dans le costume! Laissons donc crier messieurs les marquis.

Souhaitez-vous là-dessus l'opinion de Sainte-Foix? écoutez-le; il ne s'est jamais mieux exprimé: « Tout Paris, dit-il, a vu avec la plus grande satisfaction, en 1759, le premier de nos théâtres, notre théâtre par excellence, tel qu'on le désirait depuis longtemps, c'est-à-dire délivré de cette portion brillante et légère du public, qui en faisait l'ornement et l'embarras; de ces gens du bon ton, de ces jeunes officiers, de ces magistrats oisifs, de ces petits-maîtres charmants, qui savent tout sans avoir rien appris, qui regardent tout sans rien voir, et qui jugent de tout sans rien écouter; de ces appréciateurs du mérite qu'ils méprisent, de ces protecteurs des talents qui leur manquent, de ces amateurs de l'art qu'ils ignorent. La frivolité française ne contrastera plus ridiculement avec la gravité romaine. Ce marquis de..... sera placé dans l'éloignement où il convient qu'il soit d'Achille, de Nérestan, et de Châtillon. »

Au feu! au feu! au feu! Que signifient ces cris? quels flots de spectateurs s'élancent, traversent la rue, et sans s'armer d'aucun courage, cherchent un asile dans le temple voisin, c'est-à-dire dans le café Procope, dont il sera question tout à l'heure!.. Heureusement, c'est une terreur panique; le feu est vite éteint, le spectacle peut continuer. Mademoiselle Dumesnil, quoiqu'elle se soit trouvée mal, n'en jouera pas moins Sémiramis. Une bougie allumée, laissée sur une chaise par une actrice, a causé cet émoi.

Quelle affluence aujourd'hui, 13 février 1765! Une partie du public n'entrera pas à la Comédie! comme les portes en sont gardées avec soin! Voici des plaisants qui escaladent le balcon avec des cordes, en dépit des gardes-françaises, et qui entrent sans payer. Quel chef-d'œuvre va-t-on jouer? C'est le *Siége de Calais*, qui attire tout ce monde : cette pièce plus

française de cœur que de style. Le croiriez-vous? l'enthousiasme était tel, qu'un jour les comédiens qui jouaient le *Siége* n'étant pas arrivés, afin de ne pas figurer à côté du comédien Dubois, compromis par un procès scandaleux, le semainier proposa *le Cid* à la place de cette pièce : on hua *le Cid*. Le public redemanda son argent, comme si on avait voulu le voler. Le lendemain, les bons habitants de notre rue virent la Comédie en deuil partir pour le For-l'Évêque; on sait que ce fut la cause de la retraite de mademoiselle Clairon.

L'année 1770 est fatale à la rue de l'Ancienne-Comédie; elle voit fermer son théâtre, dont la troupe passa aux Tuileries, en attendant qu'une nouvelle salle, celle qu'on a depuis appelée Odéon, fût bâtie au faubourg Saint-Germain. Il ne lui resta de consolation que dans le café Procope, qui a vécu de sa vieille gloire jusqu'à nos jours. Le Sicilien François Procope avait ouvert à la foire Saint-Germain un établissement recommandable par la bonne qualité du café, nouvellement introduit en France. Il vint se fixer ensuite, en 1689, dans la rue des Fossés-Saint-Germain, en face du théâtre, et il se vit éternellement rempli d'auteurs dramatiques, de gens de lettres et de gens du monde.

C'est au café Procope que se montaient les cabales, que se fabriquaient les épigrammes, que se formulaient les jugements sur les pièces.

Rue de l'Ancienne-Comédie.

Le café Procope était un véritable journal de Paris, journal du matin, journal du soir, toujours spirituel, littéraire et charmant.

Au café Procope Jean-Baptiste Rousseau f donnait ces couplets qui lui furent si funestes; Lamothe renouvelait la querelle des Modernes et des Anciens; il disait : Je mettrai votre *Œdipe* en prose, à Voltaire, qui lui répondait : Je mettrai votre *Inès* en vers; Rousseau le philosophe, reconnaissait avec naïveté que ses pièces ne seraient pas son plus beau titre de gloire; Piron récitait à voix basse des vers qui ont déshonoré sa mémoire; le brillant chevalier de Saint-Georges donnait des leçons d'escrime aux gens de lettres, excepté à Sainte-Foix, qui n'aimait ni les leçons, ni les bavaroises; c'est du café Procope que Dorat adressait des messages amoureux à mademoiselle Saunier; c'est encore là que Marmontel faisait l'éloge de mademoiselle Clairon; là que le marquis de Bièvre essayait ses calembours, tandis que Duclos et Mercier écrivaient des scènes de mœurs sérieuses et passablement satiriques.

Un jour Voltaire, sortant de la Comédie, était entré au café Procope dans une grande agitation d'esprit; il demanda, suivant son habitude, à M. Procope, une tasse de chocolat mélangé de café, puis de l'encre et du papier; on s'empressa de lui servir tout ce qu'il désirait; il se mit à écrire une lettre qui absorbait son attention, au point que M. Palissot, essayant de l'intéresser d'avance à la comédie des *Philosophes*, ne put parvenir à se faire comprendre de lui...

« Vous avez fait une comédie, M. Palissot? — Oui, M. de Voltaire : *les Philosophes*. — J'en suis bien aise...; contre ce misérable Fréron, n'est-ce pas? — Au contraire; mais je respecte votre personne et vos écrits. — Ah! oui, cet homme ne respecte rien; vous attaquez aussi ce vilain Piron, qui m'en veut, je ne sais pourquoi? — Mais non, j'attaque d'Alembert, Rousseau, Diderot, Helvétius! — Mes amis, d'honnêtes gens; oui, il faut les défendre : il n'y a que des polissons qui leur jettent la pierre, entendez-vous, M. Palissot; des polissons, c'est le mot. »

Palissot, peu satisfait de la tournure que la conversation avait prise, mit son chapeau et s'en alla. Voltaire continua d'écrire, sans prendre garde à sa sortie, et sans remarquer un homme qui, retiré dans un coin, l'observait avec attention.

Piron entra dans cet instant, et Piron fredonnait ces couplets, qu'il venait d'achever, sur un air de l'opéra de *Pyrame et Thisbé* :

> Que n'a-t'on pas mis
> Dans Sémiramis;
> Que dites-vous, amis,
> De ce beau salmis?
> Blasphèmes nouveaux,
> Vieux dictons dévots,

Hapelourdes, pavots
Et brides à veaux ;
Mauvais rêve,
Sacré glaive !
Billet, cassette et bandeau,
Vieux oracle,
Faux miracle,
Prêtres et bedeau,
Chapelle et tombeau !
Que n'a-t'on pas mis....

Voltaire bondit au refrain, qu'il n'avait pas bien entendu d'abord, et s'élançant vers Piron, il lui dit avec un accent tragique :

« Monsieur Piron, vous êtes un.... vous avez fait *les Fils ingrats !* »

Il partit ensuite, ne croyant pas pouvoir adresser une plus grosse injure à son ennemi.

L'homme dont nous avons parlé, l'observateur, s'était vivement approché de la table; il mit la main sur le brouillon de lettre laissé par Voltaire, et lut ce qui était écrit avec une satisfaction diabolique.

« Monsieur Piron, dit-il, voilà une lettre bien capable de vous venger.

— Eh ! monsieur Fréron, répondit le poète, je me vengerai bien tout seul. Écoutez mon second couplet :

Tous les diables en l'air,
Une nuit, un éclair,
Le fantôme du festin de Pierre,
Cris sous terre,
Grand tonnerre,
Foudres et carreaux,
États généraux.
Que n'a-t'on pas mis...

—C'est bien, dit Fréron, mais *l'Année littéraire* enverra ce chef-d'œuvre épistolaire à la postérité !

— Et mon troisième couplet, s'écria l'auteur de *la Métromanie* ; vous allez voir :

Reconnaissance au bout,
Amphigouris partout,
Inceste, mort-aux-rats, homicide,
Parricide,
Matricide,
Beaux imbroglios,
Charmants quiproquos.
Que n'a-t'on pas mis...

Que pensez-vous de tout cela ?

— Ma foi, dit Fréron impatienté, vous allez me forcer, à mon tour, de vous rappeler que vous avez fait *Gustave*.

— Oh ! oh ! dit Piron, quel serpent vous a mordu ?

— Que peuvent vos vaudevilles? reprit le critique; c'est par leurs propres petitesses que les grands hommes se perdent. Voici une lettre qui fera plus de tort au caractère de Voltaire, que tout ce que nous avons, vous chanté, moi écrit; et il lut à Piron cette épître adressée à la reine :

« Madame,

» Je me jette aux pieds de Votre Majesté : vous n'assistez aux spec-
» tacles que par condescendance pour votre auguste rang, et c'est un
» sacrifice que votre vertu fait aux bienséances du monde; j'implore
» cette vertu même, et je la conjure, avec la plus vive douleur, de ne pas
» souffrir que les spectacles soient déshonorés par une satire odieuse
» qu'on veut faire contre moi, à Fontainebleau, sous vos yeux. La tra-
» gédie de *Sémiramis* est fondée, d'un bout à l'autre, sur la morale la
» plus pure, et par là, du moins, elle peut s'attendre à votre protection.
» Daignez considérer, Madame, que *je suis domestique du roi, et par con-
» séquent le vôtre.* »

— Ceci est bas, dit Piron, qui avait le sentiment de la dignité des lettres. — Continuons, reprit Fréron, avec un sourire sardonique.

« Mes camarades, les gentilshommes ordinaires du roi, dont plusieurs
» sont employés dans les cours étrangères, et d'autres dans des places
» très-honorables, m'obligeront à me défaire de ma charge, si j'essuie,
» devant eux et devant toute la famille royale, un avilissement aussi cruel.
» Je conjure Votre Majesté, par la bonté et par la grandeur de son âme,
» de ne pas me livrer ainsi à mes ennemis ouverts et cachés, qui, après
» m'avoir poursuivi par les calomnies les plus atroces, veulent me perdre
» par une flétrissure publique. Daignez envisager, Madame, que les pa-
» rodies satiriques ont été défendues à Paris pendant plusieurs années :
» faut-il qu'on les renouvelle pour moi seul, sous les yeux de Votre
» Majesté? Elle ne souffre pas la médisance dans son cabinet; l'autori-
» sera-t-elle devant toute la cour? Non, Madame, votre cœur est trop
» juste, pour ne pas se laisser toucher par mes services et par ma dou-
» leur, et pour faire *mourir de honte un ancien serviteur*, le premier sur
» qui sont tombées vos bontés. Un mot de votre bouche, Madame, à
» M. le duc de Fleury et à M. de Maurepas, suffira pour empêcher un
» scandale dont les suites me perdraient. J'espère de votre humanité
» qu'elle sera touchée, et qu'après avoir peint la vertu, je serai protégé
» par elle. »

— Eh bien! dit Fréron, à votre tour, que dites-vous de tout cela? — Je veux être de moitié dans la parodie. — Il est incorrigible, répliqua Fréron.

Voltaire rentra en ce moment avec Palissot; il courut à la table : ne retrouvant plus son brouillon de lettre, il se retourna et reconnut Fréron; il devina la main qui s'était emparée de son écrit; mais affectant un souverain mépris pour son détracteur, il se contenta de dire à Palissot : — Ah !... vous mettez en scène les philosophes, M. Palissot ? j'y mettrai un jour les gazetiers ; la scène se passera dans un café ! — Au café Procope, peut-être... — Au café Procope... de Londres, reprit Voltaire, en jetant un regard significatif à Fréron.

Et Voltaire écrivit, un peu plus tard, le vilain rôle de *Frélon*, dans une comédie-satire intitulée : *l'Écossaise*.

En 1782, la rue de l'Ancienne-Comédie, qui avait depuis longtemps perdu son théâtre, vit passer, d'un œil curieux et jaloux, tous les beaux seigneurs de la cour et tous les beaux-esprits de la ville, qui se dirigeaient vers une nouvelle salle de spectacle, la salle de l'Odéon, pour y assister à la première représentation d'une singulière pièce, impatiemment et ardemment attendue par tout le monde, et qui n'était rien moins qu'une comédie intitulée : le *Mariage de Figaro* ; le Mariage de Figaro devait *tomber* cent fois de suite.

Ce soir là, les habitués, les hôtes spirituels, les hypercritiques du café Procope, se levèrent en masse, pour aller ergoter ou se réjouir, aux nouveaux ébats, aux nouveaux jeux d'esprit de l'audacieux Barbier de Séville qui s'avisait de prendre Suzanne pour lui seul, à la barbe de son maître, monseigneur Almaviva ; toutes les charmantes grandeurs du règne de Marie-Antoinette passèrent à pied, en chaise ou en carrosse, dans la rue de l'Ancienne-Comédie, pour applaudir, en riant, à cette préface en action du livre révolutionnaire, où le peuple devait écrire plus tard, avec du sang, les péripéties d'une terrible histoire; les amis les plus dévoués, les défenseurs les plus courageux, les courtisans les plus sincères de la monarchie et de la noblesse, avaient hâte d'assister au spectacle d'une vengeance littéraire qui bafouait, en public, l'esprit monarchique et l'esprit aristocratique.

Oui, les grands seigneurs de Louis XVI avaient la bonté de vouloir rire avec le seigneur Almaviva; les juges voulaient absolument qu'on les jouât, sous les apparences de... de... de... Bridoison; les nobles dames de Versailles tenaient beaucoup à recevoir une dernière leçon de galanterie, dans le boudoir de la comtesse Rosine; les maîtres consentaient à se faire bâtonner par un sémillant valet de comédie, qui avait besoin de prendre plus d'une revanche; la cour toute entière sentait généralement le besoin d'aller se morfondre sous les *marronniers*, et de se faire duper par ce coquin de Figaro.

A l'issue de cet étrange spectacle, la rue de l'Ancienne-Comédie vit défiler, au grand galop, le convoi de l'aristocratie, qui venait d'expirer dans la salle de l'Odéon, sous les brocards d'un homme du peuple, d'un homme de lettres, d'un homme de rien, qui se nommait Caron de Beaumarchais.

Ce fut, je le crois, à cette époque que des poètes eurent l'honneur de baptiser de leurs noms quelques nouvelles rues de Paris : on vit un beau matin, autour de la place du nouveau théâtre, la *rue Corneille*, la *rue Voltaire*, la *rue Racine*, la *rue Molière*, et sans doute, une semblable innovation scandalisa les quarteniers, les dizeniers et autres officiers de l'Hôtel-de-Ville.

Pendant la révolution de 93, la rue de l'Ancienne-Comédie fut traversée bien des fois par des passants qui n'étaient rien moins que les nouvelles puissances du jour : ce n'étaient plus les beaux-esprits, les esprits forts, les génies railleurs, les petits marquis et les petites marquises du xviiie siècle monarchique; non, les passants dont il s'agit étaient des illustrations révolutionnaires, qui s'en allaient visiter un horrible tribun, dans une rue voisine; et bien souvent, la rue de l'Ancienne-Comédie entendit de loin, la voix formidable de Danton qui appelait son ami Marat!

Un matin, la rue de l'Ancienne-Comédie vit passer une jeune et belle fille, une provinciale qui arrivait de son village, et qui se nommait Marie ou Charlotte, comme il vous plaira : Charlotte marchait dans la foule, sans trembler mais non pas sans rougir; elle disparut soudain, au détour de la *rue de l'École-de-Médecine*; elle chercha des yeux le numéro d'une vilaine maison habitée par un impitoyable personnage de la tragédie contemporaine; elle frappa tout doucement à la porte de cette maison, en ayant bien soin de cacher, sous son mantelet, quelque joyau ou quelque poignard ; elle entra dans cette mystérieuse et sombre demeure ; elle pénétra dans une petite chambre...; elle se pencha sur une baignoire où un homme se débattait contre la rage, contre la fièvre, contre la gale ;— et Charlotte Corday frappa le cœur, je me trompe, frappa le corps de Marat !

Je soupçonne bien des incroyables mal habillés, et bien des merveilleuses à peu près nues du Directoire d'avoir passé, quelques années plus tard, dans la rue de l'Ancienne-Comédie, pour aller prendre leur part de pouvoir, d'influence, de plaisir et de scandale, dans les salons équivoques du Luxembourg.

Aujourd'hui, la rue de l'Ancienne-Comédie est une des rues les plus vivantes du faubourg Saint-Germain qui commence décidément à mourir : il y passe beaucoup d'étudiants, beaucoup de grisettes qui représentent plusieurs thèses, beaucoup de membres de l'Institut et beaucoup d'omnibus.

L'ancien théâtre, qui a longtemps abrité la glorieuse vieillesse du peintre Gérard, appartient, ce me semble, à un restaurateur, ou, comme aurait dit Boileau, à un empoisonneur que l'on appelle Dagneaux ; un peu plus loin, un second empoisonneur, nommé Pinson, se glorifie d'avoir nourri bien des avenirs littéraires : la carte de Pinson a bien mérité des estomacs les plus célèbres, et il faut le dire, les plus ingrats de notre maigre littérature.

L'on croirait que la rue de l'Ancienne-Comédie a voulu conserver quelque chose qui lui rappelât les apparences et les illusions de la salle de spectacle du XVIIIe siècle : on voit encore, tout près de la façade du vieux théâtre transformé en habitation particulière, un arlequin, un pierrot et une colombine qui servent d'enseigne à la boutique d'un costumier.

Quant au café Procope, ce n'est plus aujourd'hui qu'un simple café, à l'usage des poètes de l'École de Droit et des critiques de l'École-de-Médecine : le café Procope est un souvenir, une ruine, une page presque effacée de l'histoire littéraire d'autrefois : les étudiants sont très fiers d'y jouer au domino, sur la table de Voltaire !   HIPPOLYTE LUCAS.

PLACE DU LOUVRE.

Place Saint-Germain-l'Auxerrois

Voici de grands noms et de grands souvenirs : Saint-Germain-l'Auxerrois, paroisse royale; le Louvre, royale demeure. Places et rues ont aussi leur aristocratie : il ne s'agit, après tout, que de prêter aux choses une âme, une pensée, un sentiment, pour leur trouver un immense orgueil et d'immenses tristesses.

Les monuments, œuvres de l'homme, ruines de sa grandeur, affirmation de ses vanités, se lient si intimement à tout un passé humain, qu'ils prennent, pour ainsi dire, une part d'action, de passion, de vie, enfin, dans le drame éclatant de l'histoire. Paris est plein de ces espaces de quelques pieds carrés, où les hommes et les événements se sont coudoyés à tant de reprises, que chaque pierre des édifices devrait avoir une date, chaque pavé un nom.

La consécration de la vertu, le stigmate du crime se révèlent aux yeux de l'esprit, partout où se sont succédé de longues générations!

pas un débris qui n'ait été lavé de larmes saintes ou souillé de taches de sang. Et quelle ville au monde dont les annales soient remplies comme celles de cette capitale babylonienne, où le génie et la gloire ont posé tant de fois leurs pieds divins dans les fanges de la terre!

Qu'importe cependant tout cela? Excepté quelques rêveurs sans rime, quelques artistes sans raison, poëtes dont les poëmes ne s'écrivent pas, pauvres diables qui, à l'heure où d'autres font leur œuvre, le pinceau, la plume ou le compas à la main, s'en viennent mélancoliquement ou niaisement, comme on voudra, s'asseoir, sans pinceau, plumes ou compas, sous un porche désert, avec les yeux au ciel et l'esprit on ne sait où; excepté ces braves gens qui ne comptent guère, et pourquoi compteraient-ils? à qui cela fait-il quelque chose que la vieille église et le palais, bientôt vieux, se regardent éternellement dans un silencieux tête-à-tête? Qu'importent ces deux muets témoins, représentants solennels des deux suzerainetés du passé; l'antique foi, l'antique royauté! si nous avions, par à-propos, quelque charmante historiette, quelque jolie médisance à conter, à la bonne heure! cela ferait passer encore par-dessus les détails de la mise en scène que nous risquerions sans trop d'appréhension; mais décrire ce qui est tout simplement pour se donner le droit de dire ce qui fut; peindre une place triste et trop souvent fangeuse, après avoir remué la poudre séculaire des manuscrits et fait éternuer l'ennui sur des pages qui n'auraient même pas le mérite d'une érudition bien sérieuse, à quoi bon?

La place Saint-Germain-l'Auxerrois et la place du Louvre, qui se confondent dans une intimité touchante et fraternelle, et semblent l'Alphée et l'Aréthuse des places, n'ont d'abord formé qu'un pré assez marécageux qui n'eut de longtemps point l'honneur d'être circonscrite dans l'enceinte du vieux Paris. Quel fut le fondateur de l'église? fut-ce Childebert ou Chilpéric? à la fin du VIe siècle ou au commencement du VIIe? c'est ce qu'il est difficile d'établir. Il paraît cependant probable que l'édifice fut élevé par Chilpéric en l'honneur d'un saint Germain quelconque, saint Germain de Paris, plutôt que tout autre. L'église s'appela d'abord Saint-Germain-le-Rond. Malgré l'admiration tout-à-fait relative de certains chroniqueurs pour d'autres constructions contemporaines, il est permis de douter de la majesté et de la grandeur des œuvres de ce temps, et l'on peut croire que toutes les églises rééditiées dans la troisième race, s'élevèrent en général sur l'emplacement de modestes chapelles. Dans la période du VIIe au XIe siècle, Paris s'agrandit lentement en plusieurs sens, et quelques habitations aventureuses se rapprochèrent des terrains dont nous parlons. Ce fut alors que le dévot Robert II, fils de Hugues Capet, fit reconstruire la basilique qui prit le nom de Saint-Germain-l'Auxerrois; de grandes prérogatives ecclésiastiques lui furent accor-

Place du Louvre. — Église Saint-Germain-l'Auxerrois.

dées, et le chapitre s'enrichit de nombreuses redevances. Aussi voyons-nous qu'au commencement du xve siècle, pendant la domination des Anglais dans Paris, l'église subit une nouvelle transformation, et elle y subvint par ses propres ressources. Quoi qu'aient pu prétendre quelques écrivains qui croient voir dans le monument qui reste des traces de la réédification faite par Robert II, nous sommes disposés à admettre qu'il ne faut y chercher aujourd'hui que l'œuvre du xiiie, du xive et du xve siècle. Cette dernière date apparaît d'une manière incontestable dans le porche et le vestibule du portail, qui présentent tous les caractères du gothique fleuri encore pur, ou gothique rayonnant. Il est à croire qu'à dater de cette époque les modifications à la partie extérieure de l'édifice furent peu importantes. Sous François Ier, un peu plus d'un siècle après, on se borna, selon toute apparence, à des réparations intérieures. Pierre Lescot, l'illustre architecte du Louvre, sous Henri II, et l'immortel Jean Goujon, élevèrent le jubé, qui fut détruit en 1744, lorsque le chapitre de Saint-Germain-l'Auxerrois fut réuni à celui de Notre-Dame; l'église cessa alors d'être collégiale; mais riche des dons des rois, elle ne perdit rien de sa splendeur. On y admira longtemps des pages des maîtres illustres et plusieurs tombeaux dans le goût de la renaissance. Malherbe, madame Dacier, Caylus, le célèbre antiquaire, y furent enterrés.

Sans pouvoir être rangée au nombre des grandes créations de l'ère gothique, l'église Saint-Germain-l'Auxerrois est un beau monument. Avec quelques-uns des caractères des églises de transition, lesquels s'expliquent en raison de ses transformations successives, elle a, à l'intérieur surtout, de la beauté dans sa simplicité. La disposition qu'on y voit, d'une haute nef accompagnée de quatre collatéraux aux voûtes assez basses, rappelle les monuments romano-byzantins des siècles antérieurs; mais la nef du milieu est hardiment voûtée; les piliers sont élancés, les fenêtres, dont l'ogive surbaissée s'appuie sur des montants très-svelles, sont hautes et lumineuses, et l'on reconnaît à ces indications les dates plus récentes.

Après tout, ce qui nous paraît le plus imposant devant cette œuvre du passé, c'est encore le souvenir; la générosité fastueuse du roi pour l'orgueilleuse soumission du prêtre, s'est écrite en durables caractères sur la face des monuments; et la pierre des sanctuaires glacés s'est usée sous la sandale des reines. Quel dialogue séculaire entre l'église et le palais! quel long échange de puissance sur les choses, et de domination sur les hommes! Enfin, il est un fait à méditer, par ce qui se retrouve dans toutes les histoires : la croyance est la mère des civilisations; les sociétés s'organisent d'abord sous la loi religieuse : la tour des rois cherche, pour s'élever, le voisinage de la maison de Dieu.

Du reste, l'Église ne fut pas toujours pour le palais une alliée commode et docile. Empruntant une importance toute locale au voisinage du siége de la royauté, plus que tout autre le chapitre de Saint-Germain-l'Auxerrois eut occasion de s'insinuer aux choses politiques. Lorsque Catherine de Médicis, rêvant déjà peut-être la nuit sanglante de la Saint-Barthélemy, parut cependant se rapprocher un instant des huguenots, et voulait ménager dans des conférences quelques chances d'accommodement, l'église qui, à son ordre, devait sonner plus tard le tocsin fatal se prononça violemment contre elle. Un moine séditieux, nommé Fournier, dont les prédications attiraient une affluence énorme, poussa même si loin la hardiesse, que le parlement dut intervenir par arrêt. Puis, quand vinrent les massacres, les attaques véhémentes se changèrent en ardents panégyriques et en exhortations effrénées à bien terminer l'œuvre d'extermination.

Quelques années après, aux premières fureurs de la ligue, la chaire religieuse formula de nouveau une menace permanente contre la royauté. Henri III, ouvertement désigné à la haine des ligueurs, voit chaque jour son autorité méprisée. Ce prince, faible et pusillanime, hésite devant l'orage, et donne à ses ennemis la joie du spectacle de son impuissance. L'égarement du peuple était tel alors dans Paris, qu'il fallait à son fanatisme les plus burlesques manifestations : l'ardeur des processions allait toujours en croissant : hommes, femmes, garçons et filles, nus, mais nus de la plus complète nudité, s'y pressaient en foule. Ces étranges cérémonies se renouvelaient plusieurs fois par jour; le peuple prit enfin si grand goût à la chose, que les prêtres ligueurs qui l'avaient d'abord excité, durent plus d'une fois trouver son zèle exagéré. Le curé de Saint-Germain-l'Auxerrois, Jacques Cueilly, l'un des séditieux les plus ardents, était chaque nuit réveillé par ses paroissiens, qui demandaient à *processionner*. S'il faut en croire l'Estoile, les sexes différents, confondus pêle-mêle, dans le costume quelque peu primitif et léger que nous avons dit, marchaient par les ténèbres où tout était *carême prenant* : c'est assez dire, ajoute le chroniqueur, *qu'on en vit bien les fruits* : les processions revenues dans l'église, après une promenade démesurément longue dans les rues de Paris, les prédications recommençaient de plus belle, et des prêtres, indignes de ce nom, se livraient sur des figures de cire représentant le roi, aux pratiques de la magie : ils enfonçaient au cœur de l'image royale des épingles qui devaient, à l'aide de sortilèges, poignarder en réalité le *tyran*. Le roi eut un jour une velléité de fermeté souveraine : le 2 septembre 1587, ordre fut donné au prévôt Rapin d'aller arrêter en chaire les prédicateurs de plusieurs paroisses, et entre autres un moine qui faisait retentir les voûtes de Saint-Germain-l'Auxerrois des plus atroces provocations au régicide. Bussi-Leclerc, un des chefs de la ligue, qui, de maître d'armes, devint gouverneur de la Bastille, accourut avec ses hommes d'armes pour s'opposer à l'exécution des ordres du roi. Cependant Henri III fit demander par devant lui les docteurs en théologie et messieurs de la Sorbonne, et leur fit un discours à peu près éloquent pour leur reprocher ces méfaits. Le pauvre roi en fut pour ses frais d'éloquence, et on continua d'aiguiser sur la pierre profanée des autels le poignard de Jacques Clément. Après la mort de Henri III, le Béarnais ne pouvait pas espérer que tant de fureur s'apaiserait à son nom. Ces folies honteuses, sanglantes, où la religion n'avait vraiment que faire, ne firent que s'accroître, même après son abjuration. On sait dans quelles dégradations tomba l'esprit public pendant les horreurs du siége de Paris, et quand le calme apparent se rétablit, Ravaillac ramassait dans l'ombre le fer régicide de Jacques Clément. Sous la hache de Richelieu, tout se tut; la chaire revint, bien lentement, il est vrai, aux enseignements sacrés qui devaient inspirer un jour la parole des Massillon et des Bossuet.

Telles furent, en résumé, jusqu'à notre époque, les destinées de la vieille basilique des rois francs. Nous allons ébaucher aussi l'histoire du palais qui vint s'abriter, pour ainsi dire de son ombre.

Quoi qu'en dise Duboulay, lequel prétend que la tour du Louvre existait déjà sous ce bon roi Dagobert, qui a su se faire une durable renommée sans la demander à la gloire, il paraît certain que la première fondation ne remonte pas à une époque de beaucoup antérieure au règne de Philippe-Auguste. Ce prince y fit construire un mur d'enceinte qui devait relier plusieurs bâtiments différents : une vieille charte atteste, au dire de Sauval, que les terrains qui appartenaient alors à l'abbé de Saint-Denis-de-la-Chartre furent payés la somme de 30 sous. La tour, agrandie et entourée de nouvelles constructions, devint l'habitation des rois; on y établit aussi une prison pour les captifs illustres et le dépôt du trésor public. Cette tour était la suzeraine des grands vassaux, le siège féodal de la royauté; toutes les dépendances de la couronne relevaient de la tour du Louvre. Aussi chaque règne y laissa-t-il quelque trace : Charles V y fit surtout de nombreuses réparations; il y reçut pompeusement, au dire de Christine de Pisan, l'empereur Charles IV.

Mais une réception éclatante encore devait y saluer un jour, sous un plus grand nom, la majesté impériale.

Après la captivité de François Ier à Madrid, après l'entrevue d'Aigues-Mortes, où le roi de France et l'empereur Charles-Quint mirent courtoisement leur gloire face à face, le monarque espagnol, apprenant la révolte de Gand, ne savait comment arriver dans les Flandres : les tempêtes pouvaient le jeter sur les côtes de France ou sur celles d'Angleterre, deux pays ennemis; il préféra s'en rapporter à la générosité et à la droiture du roi-chevalier : il fit donc demander à traverser la France; les promesses lui coûtaient peu ; il s'en montra prodigue. François Ier, dans sa loyauté, crut indigne de lui d'exiger des engagements écrits. Charles-Quint obtint toutes les sûretés possibles ; et dans une circonstance où il savait bien cependant qu'il n'eût pas fallu se fier à sa parole, se fiant à celle d'un rival qu'il avait indignement traité, il entra en France, suivi seulement des gens de sa maison.

Le 1er janvier 1540, l'empereur, que François Ier avait été attendre à Loches, fit son entrée dans le Louvre ; entrée splendide et magnifique, s'il en fût. De Bayonne à Paris, le voyage de Charles-Quint, longue série de fêtes, avait duré près d'un mois. François Ier venait de consacrer ce temps à des embellissements continuels : le palais de la vieille monarchie française n'avait jamais étalé tant de pompes ; tout rappelait les profusions luxueuses de ce fameux camp du drap d'or si vanté dans l'histoire. Nous ne décrirons pas le merveilleux cortége qui venait de traverser Paris : le Louvre est notre seul domaine. Une fête digne de la cour de François Ier, la cour la plus brillante de l'Europe, attendait Charles-Quint ; tous les grands dignitaires de l'État, toute cette héroïque génération de Marignan, et les femmes les plus séduisantes du règne le plus chevaleresque et le plus galant de notre histoire, étaient présents dans tout l'éclat de leur rang, de leur gloire ou de leur beauté ; six cardinaux français, deux cardinaux romains envoyés par le pape comme témoins de cette pacifique rencontre, entouraient les monarques. A une table garnie d'un seul côté, François Ier fit asseoir son hôte ; lui-même s'assit après l'empereur, puis ses deux fils, le légat du pape, le roi de Navarre, les cardinaux de Bourbon et de Lorraine, les ducs de Lorraine et de Vendosme prirent place ; ce que la France avait de plus illustre après ce que l'Europe avait de plus grand.

Charles-Quint resta six jours à Paris ; François Ier lui fit courtoisement les honneurs de sa capitale. Les deux princes n'avaient-ils aucun souvenir du passé ? Charles-Quint oubliait-il qu'il avait estorqué le traité de Madrid ? François Ier ne songeait-il pas quelquefois que l'empereur son rival était à la merci de sa loyauté ? Il est impossible que ces idées ne vinssent pas à tous deux. On sait le propos de Triboulet, qui avait dit à la nouvelle du voyage de Charles-Quint : « Ah ! par Belzébuth ! je vais céder ma marotte à l'empereur. — Et si l'empereur traverse la France comme ses états ? reprit François Ier. — Alors, Sire, c'est au roi de France que je céderai mon bonnet. »

Le prisonnier de Madrid ne put cependant se défendre de faire allusion à ces souvenirs devant Charles-Quint lui-même. Montrant la belle dame d'Étampes, son conseiller intime et nocturne : « Mon frère, dit-il à son hôte, si je croyais tout ce que me dit la bouche adorée de cette dame que vous voyez là, je ne vous laisserais pourtant point partir, devant que vous n'eussiez consenti à rompre le traité de Madrid. — Si le conseil est bon, il faut le suivre, répartit froidement l'empereur. » Néanmoins, il saisit bientôt une occasion de radoucir les rigueurs de la belle dame.

Un jour qu'il se lavait les mains dans un plat d'or que lui tenait un page, il laissa adroitement tomber aux pieds de la dame d'Étampes un diamant magnifique, d'un prix véritablement impérial, et comme elle

s'empressait de le lui rendre : « Gardez-le pour le souvenir de moi, dit-il ; il paraît bien qu'il veut changer de maître, et n'aurait su mieux choisir. » La belle se tint pour battue, et Charles-Quint eut le droit de la compter parmi ses amis les plus dévoués.

François Ier resta ferme en sa loyauté : noble exemple que son hôte illustre ne devait point imiter.

Charles-Quint partit, il renia ses promesses ; il est bien probable que la droiture généreuse du roi de France laissait dans sa pensée un tout autre sentiment que celui de l'admiration.

Plus tard François Ier ne se contenta pas des changements qu'il avait déjà faits dans le palais du Louvre : il abattit l'édifice presque entier, pour le reconstruire. Des artistes italiens furent appelés à présenter de nouveaux et plus vastes projets. Ce fut cependant celui d'un Français qui prévalut : Pierre Lescot, abbé de Clirgny, chargé de l'exécution de son propre plan, jeta les fondements de ce qu'on appelle aujourd'hui *le Vieux Louvre*.

Sous Henri II, ces travaux furent activement continués. L'édifice se régularisa : Jean Goujon y laissa l'empreinte de son génie. C'est à l'œuvre même que le Phidias français devait bientôt tomber, victime de quelque basse et envieuse inimitié, sous la balle d'un assassin de la Saint-Barthélemy. Quoique dès-lors le Louvre formât un ensemble complet, plusieurs parties des constructions de Pierre Lescot lui-même ont été modifiées, surtout du côté de la Seine, où un corps-de-logis faisait saillie jusqu'au bord de l'eau.

Quand Charles IX monta sur le trône, les grands travaux étaient presque achevés; mais on travaillait encore à des décorations de détail. Sous le règne de ce prince, le Louvre reçut de nouveau un de ces hôtes illustres, dont le passage laisse trace partout dans la mémoire des hommes. Le cardinal d'Este vint à Paris : parmi les gentilshommes de sa suite, on avait remarqué tout d'abord un jeune seigneur à l'œil fier, à sa noble figure; un de ces hommes dont le front semble fait pour une couronne, et qui, à défaut de couronne, y portent dignement un rayon divin : le génie.

Charles IX, au milieu de sa cour assemblée, et comptant autour de lui tous les poëtes de la Pléiade, dont il avait fait ses amis, fit un accueil brillant au cardinal-prince. Lorsque ce dernier, qui présentait tour-à-tour les personnes de sa suite, prononça, avec un sourire d'orgueil, le nom de Torquato Tasso, le roi de France se leva et salua le premier.

Le Tasse trouva dans toute la cour les sympathies les plus vives. Ronsard, que le roi s'honorait d'appeler son maître en poésie, se lia de la plus vive affection avec le poëte italien; et pendant les quatorze mois de séjour que ce dernier fit en France, les plus nobles et les plus illustres amitiés s'empressèrent autour de lui. — Le cardinal d'Este ne sut cependant pas résister à de petites jalousies d'amour-propre; inquiet de l'influence que le roi lui-même accordait au génie, il en vint vis-à-vis du Tasse à une froideur dont le poëte, doué d'une sensibilité exaltée, fut profondément affligé ; il y eut même un moment où la pénurie du Tasse en vint à ce point, qu'il fut réduit à emprunter un écu. C'est donc avec de l'amertume dans l'âme qu'il repartit pour l'Italie, en janvier 1572. Toutefois il garda des bontés de Charles IX un durable souvenir. Heureux le poëte, si le laurier du génie l'eût préservé de la foudre ! Heureux le roi, si les nobles instincts qu'il puisa quelques fois dans l'amour éclairé des lettres, lui eussent donné le courage de résister aux sinistres suggestions, aux épouvantables exemples dont son inexpérience fut entourée ! Catherine de Médicis, dont le souvenir se dresse comme un spectre fatal sur les hauteurs de l'histoire. Catherine n'avait que trop bien réussi dans l'œu-

Place Saint-Germain-l'Auxerrois

vre de dépravation précoce qu'elle entreprit au cœur même de ses enfants. L'heure sinistre de la Saint-Barthélemy avait sonné : le tocsin de Saint-Germain-l'Auxerrois éveilla le tocsin du Louvre. Nous n'avons pas à entreprendre le récit de ce drame, dont on connaît toute l'épouvante ; mais deux ou trois épisodes sont trop inhérents à notre sujet pour que nous puissions les passer sous silence ; ce sera la dernière page historique que nous aurons à rappeler, à propos du Louvre, jusqu'au jour où l'insurrection victorieuse de juillet, vengea contre la royauté, les huguenots égorgés, et sur le même emplacement, fit payer aux Capets de Bourbon, la vieille dette des Capets de Valois. Dès le premier signal que Catherine avait arraché à son fils, tous deux et monsieur, frère du roi, étaient au portail du Louvre, joignant le Jeu de Paume. Un coup de pistolet part ; le roi, qui avait lutté longtemps avant de céder à sa mère, hésite encore et s'émeut ; il envoie dire au duc de Guise d'arrêter ses soldats et de ne rien entreprendre. Guise répond par ce mot devenu célèbre dans une autre circonstance : *Il est trop tard*. Alors le massacre commence ; la cour du Louvre fut un lac de sang : les officiers du roi de Navarre et du prince de Condé qui habitaient le palais, réveillés en sursaut, furent égorgés sans défense, sous les yeux de la reine-mère ; l'un d'eux, Legrand, échappa aux premiers coups, et se précipita tout sanglant sur le lit de la reine de Navarre : dans sa terreur, il l'embrassa étroitement ; on n'osa pas l'achever. Combien d'autres furent moins heureux ! Au bout de quelques heures trois cents cadavres étaient étendus devant les portes du Louvre. Les plus illustres victimes y étaient traînées, mortes ou mourantes, et les dames de la cour allaient les reconnaître, en faisant les plus exécrables et les plus impudiques plaisanteries ; presque tous étaient nus : ces dames cherchèrent longtemps sur un cadavre les causes ou les signes d'impuissance d'un jeune gentilhomme, Charles Guillevé de Pontivy, contre qui Catherine de Soubise, sa femme, demandait le divorce.

Enfin, Charles IX, comme s'il eût voulu assumer toute la responsabilité d'un crime qu'il s'était longtemps refusé à autoriser, monta lui-même à une fenêtre de l'aile du Louvre qui faisait saillie jusqu'à la Seine, et se mit à tirer sur les malheureux qui se sauvaient à la nage. On sait le reste. Henri IV racontait depuis avec terreur, que pendant plus de huit jours, des bandes innombrables de corbeaux ne cessèrent de s'abattre sur les toits du Louvre, et qu'il entendit longtemps, d'intervalles à autres, retentir à son oreille d'effroyables bruits sans causes.

Mais tout s'efface, le sang comme autre chose, sur les dalles des palais. Louis XIII fit reprendre quelques travaux ; c'est au commencement de son règne que fut élevé le pavillon du milieu, couvert d'un dôme carré. La façade du côté de Saint-Germain-l'Auxerrois n'avait pas été modifiée sous Henri II ; elle était toujours défendue par des fossés, qu'on franchissait au moyen d'un pont-levis assis sur des piliers de pierre. Louis XIV voulut achever l'œuvre de ses prédécesseurs : il provoqua, comme avait fait François Ier, le concours d'un grand nombre d'architectes. Aucun projet ne parut satisfaisant : on fit venir de Rome le cavalier Bernin dont la renommée était immense. Pendant ce temps, Claude Perrault, le naïf auteur des *Contes des Fées*, à qui Boileau donnait cet aigre conseil :

> Soyez plutôt maçon, si c'est votre talent.

présenta aussi son plan, sans qu'il fut cependant architecte. Mais le Bernin arriva; et quoique ses projets parussent complètement au-dessous de sa réputation, Louis XIV qui l'avait fait recevoir avec des honneurs princiers, hésita à manifester son désappointement : Colbert était devenu ministre; il s'éprit d'enthousiasme pour l'idée de Claude Perrault; il osa plus que Louis XIV : il ne dissimula pas son opinion. Bernin tranchait du Michel-Ange : peintre, sculpteur, architecte, il avait sa gloire et son génie acceptés; son orgueil se révolta dès qu'il put soupçonner qu'on ne craignait pas de lui comparer quelqu'un. Sous un prétexte de santé, il partit : Claude Perrault se mit à l'œuvre; il fit exécuter ces dessins qu'avait admirés Colbert; c'est la splendide façade connue sous le nom de *la Colonnade* du Louvre. Elle se compose d'un soubassement à surface unie, percée de vingt-trois ouvertures; cette partie de l'édifice est d'un aspect triste et, pour ainsi dire, sacrifié, mais au-dessus on ne peut qu'admirer un grand ordre de colonnes corinthiennes couplées, avec des pilastres de même; le tout du plus majestueux effet. Cette façade, longue de cent soixante-seize mètres, se partage en trois avant-corps, un au milieu et deux aux extrémités. L'avant-corps du milieu s'ordonne de huit colonnes couplées et porte un grand fronton dont la cimaise est de deux seules pierres qui ont chacune seize mètres et demi de longueur. Pour les poser, il fallut inventer une machine; l'honneur en appartient à un simple ouvrier nommé Cliquin; l'une de ces pierres s'est fendue sous l'impression des froids. Malgré ces grands travaux, le Louvre était loin d'être terminé; des parties peu en harmonie avec l'ensemble restaient encore debout, surtout du côté de la Seine. La décoration intérieure n'était pas non plus complète. Napoléon voulut mettre la dernière main à l'œuvre; on commença par démolir plusieurs bâtiments qui obstruaient le passage du quai; le sol fut exhaussé, et on laissa l'espace pour une large rue; en même temps on achevait les distributions générales de l'édifice; on lui donnait des portes, des balustrades, des escaliers, des plafonds, et toutes sortes de sculptures dignes de sa grandeur; on fit aussi quelques changements à la façade qui regarde Saint-Germain-l'Auxerrois. Le grand arc cintré qui dominait la porte d'entrée fut détruit, et l'on établit une communication entre les deux parties du péristyle. A un nouveau bas-relief représentant un quadrige de la victoire, on adjoignit comme pendentifs deux autres bas-reliefs, qui, dans la première ordonnance, existaient aux cintres de l'attique. Au-dessus, dans le vide du fronton, on en établit encore un nouveau représentant Minerve et des Muses, et au centre, la figure de Napoléon, qui, en 1815, fut remplacée par celle de Louis XIV. Depuis lors, on a réalisé complètement le vœu exprimé dans l'encyclopédie du xviii° siècle, pour que le Louvre fût consacré à toutes les grandes collections d'art. Napoléon avait transporté ailleurs le siége des anciennes académies qui y tenaient leurs séances. Successivement plusieurs Musées y ont été établis. Les premiers artistes contemporains ont orné toutes les salles de plafonds et de peintures : de nombreuses galeries d'une richesse remarquable sont décorées d'objets de curiosité d'un grand prix. Nous nous bornerons à énumérer les diverses collections qui sont une des gloires de la France. — Le *Musée des Tableaux* proprement dit, contient les immortels chefs-d'œuvre des *Ecoles*, *Italienne*, *Flamande et Française*; *le Musée Espagnol*, est un important noyau dû au règne actuel; le *Musée Grec et Égyptien*, situé dans des salles magnifiques; le *Musée des Antiques*, le *Musée Anglais* ou *Musée Standish*, comprenant une galerie et une bibliothèque léguée au roi Louis-Philippe par un Anglais, M. Standish; le *Musée de la Marine ;* la salle *des Statues* ; le *Musée de la Sculpture française*, occupent également plusieurs locaux merveilleusement appropriés à leur destination. Il faut remarquer aussi *les salles Historiques*, conservées avec leur ameublement, telles qu'elles étaient sous plusieurs des rois qui ont habité le Louvre. On y voit avec intérêt, la chambre à coucher où mourut Henri IV. Ces différents établissements, dont chacun contient d'inestimables merveilles, forment un ensemble de trésors artistiques que l'Europe nous envie à bon droit, et qui n'a pas d'égal au monde. Telles sont les transformations successives qu'a subies la vieille tour de Philippe-Auguste, désignée par les anciens chroniqueurs sous le nom quelque peu barbare de *Lupara*, parce que, disent les commentateurs, ses alentours furent longtemps parcourus par des bandes de loups. Grâce au travail intelligent des siècles, la sombre forteresse est devenue un splendide palais, et Paris a pu s'énorgueillir de compter un de plus de ces grands monuments dont s'honorent les grandes nations. Le Louvre, on l'a vu, a de glorieux parrains; Philippe-Auguste, François Ier, Louis XIV, Napoléon :—c'est l'aristocratie de la royauté.

N'avons-nous pas assez fait pour le passé? après avoir évoqué les dormeurs de la mort, nous avons vu trop de souvenirs s'éveiller sous nos pas. Nous pouvons donc quitter l'église des premiers rois Francs, la demeure de Philippe-Auguste, et redescendre sur la place du Louvre, sur la place de Saint-Germain-l'Auxerrois, puisqu'on ne peut pas les séparer, puisqu'elles ont tout en commun : leur antique orgueil comme leur moderne délaissement. Il nous reste maintenant deux épisodes de l'histoire à enregistrer ici ; et c'est vraiment bien de l'histoire, toute contemporaine, toute palpitante encore. Après les fastes des rois, les fastes du peuple, le nom de la révolution a dû s'inscrire sur les œuvres de la monarchie. Malheureusement pour l'art, l'idée révolutionnaire remue plus les idées que la matière ; elle édifie dans le monde moral avant tout ; et jusqu'à présent, en fait de monuments, elle a plus détruit que fondé. Son tour viendra sans doute ; il ne faut pas demander aux jours du combat l'orgueilleuse prospérité du lendemain des victoires. A la révolution de juillet 1830, les deux places furent le théâtre de scènes sanglantes : le peuple avait commencé depuis longtemps l'attaque de la colonnade défendue par un bataillon Suisse, qui soutint avec vigueur un feu meurtrier. Après de longs efforts, le peuple s'empara du Louvre : Voici comment l'événement s'accomplit ; le maréchal duc de Raguse avait envoyé des Tuileries un bataillon nouveau, pour remplacer celui qui avait supporté une fusillade de plusieurs heures. L'aide-de-camp qui dirigeait ce mouvement, arrivé au Louvre, fit descendre les troupes qui combattaient, avant de faire monter celles qu'il amenait. Le peuple voyant cesser le feu des soldats, crut qu'ils désespéraient de leur position et qu'ils abandonnaient la place. Quelques jeunes gens, quelques enfants, montèrent à l'assaut, et parvinrent au péristyle de la colonade. Plusieurs assaillants les suivirent, et l'on commença, des fenêtres du Louvre, à tirer dans la cour sur les Suisses ; ceux-ci inquiets et surpris de cette nouvelle attaque, crurent la partie perdue et se retirèrent. Le lendemain on ramassa les morts. Un prêtre de Saint-Germain-l'Auxerrois bénit devant la colonnade, la sépulture commune où vainqueurs et vaincus furent couchés ensemble. Une croix s'éleva sur ce terrain, clos d'une ignoble balustrade de bois, et ce cimetière improvisé garda les victimes jusqu'à la translation de leurs cercueils sous la colonne funéraire de la Bastille. Saint-Germain-l'Auxerrois et le Louvre, comme deux témoins du courage de tous, gardèrent au front de larges cicatrices où les balles avaient gravé le souvenir du combat.

Enfin, en 1831, à l'occasion d'un service funèbre célébré en mémoire de la mort du duc de Berry, la foule se rua au presbytère et puis à l'église même de Saint-Germain-l'Auxerrois, elle y commit de sacriléges dévastations ; les statues de Chilpéric, de sa femme Ulthrogothe, plusieurs autres statues qui ornaient le portail, les sculptures intérieures et les tombeaux furent affreusement mutilés. Le lendemain, l'église était fermée ; un buste en plâtre de Louis-Philippe fut placé dans une niche, et la noble basilique eut l'honneur d'être métamorphosée en mairie surnuméraire du quatrième arrondissement.

En 1838, on a entrepris de réparer l'édifice. Cette restauration ne peut encore être appréciée entièrement; toutefois, à voir les peintures, les sculptures et les décorations de toute sorte auxquelles on travaille avec activité, on peut croire que l'église n'aura rien à regretter de son ancienne splendeur.

Malgré quelques améliorations, la place Saint-Germain-l'Auxerrois est toujours peu décente; la place du Louvre n'est pas plus convenable. Toutes deux, entre deux grands édifices, font peine à voir et n'ont point de prestige: ce n'est plus la physionomie pittoresque du vieux Paris; c'est moins encore le luxe de la ville moderne. Que de gens passent par là, en oubliant qu'ils ont devant les yeux les œuvres magnifiques de l'art séculaire! A vrai dire, la foule n'est pas nombreuse; qu'a-t-elle à faire ici? Notre place n'aboutit nulle part. Le flot populaire roule sur le Pont-Neuf, mais n'afflue point à gauche vers la rue des Prêtres et le Louvre; il s'en va par la droite retrouver les quartiers où l'ouvrier travaille; il s'achemine vers la ligne des boulevarts; mais à gauche, mais par la place du Louvre, qui diable peut venir? quelques étudiants qui du quartier Latin vont au Palais-Royal, le cigare et souvent *proh pudor!* pauvres mères de province! si elles voyaient cela! la pipe culottée entre les dents; les

apprentis jurisconsultes en casquette, les Broussais et les Dupuytren futurs, légèrement émus par quelques libations préalables, viennent de s'arrêter, pour compléter leur gaîté, chez *la mère Moreaux*, place de l'École, à la renommée du *Chinois de Marseille* et de la *Prune à l'eau-de-vie*; d'autres poursuivent depuis le Pont-Neuf, d'une allure assez irrégulière, la svelte grisette, qui s'en va trottant menu.

Ne jugeons pas du passé par le présent : la foule aima jadis ces lieux délaissés aujourd'hui. Sans rappeler encore les grands jours du Louvre, les grands jours de Saint-Germain-l'Auxerrois, ni revenir aux souvenirs de la religion et de la royauté, nous dirons que le peuple trouva longtemps sur ces places ses plaisirs ordinaires : des farceurs, des saltimbanques, voire des comédiens et toutes sortes de charlatans, marchands d'onguents, de poudres et diseurs de bonne aventure; pour ne parler que de ce qui reste en mémoire aux contemporains, écoliers ou flâneurs sous l'empire, qu'est devenu ce bon temps où pas mal de badauds affamés des bourdes d'un bel esprit de carrefour, attendaient d'avance et très-patiemment, ma foi, le cours scientifique et gratuit du plus populaire des professeurs? Un cours, direz-vous! Oui, un bel et bon cours, moins rétribué que ceux de messieurs de la Sorbonne, mais en revanche beaucoup plus régulier et plus amusant : le fameux *l'Esprit*, « fils de l'Esprit son père, engendré par l'opération de *l'Esprit*, » comme il le disait lui-même, *travaillait* chaque jour de la semaine, mais bien plus particulièrement le dimanche, sur la place Saint-Germain-l'Auxerrois; ses démonstrations de physique assaisonnées de bon mots hardis, de joyeux quolibets, d'apostrophes gaillardes et entremêlées de tours de gobelet, attiraient un perpétuel concours. Aujourd'hui la bourgeoisie va en fiacre, le peuple va en omnibus; tout le monde est pressé : il n'y a plus rien à faire pour ces estimables *bilboquets*, qui s'associaient sincèrement à la bonne grosse gaîté de leur entourage, et dont on n'aurait pas su dire si leur public s'amusait d'eux plus qu'ils ne s'amusaient de leur public; du reste, est-il bien sûr que le succès de ce spectacle, où chaque lazzi recevait tout de suite sa rétribution, où les suffrages s'exprimaient sans *claque* par de bruyants éclats, n'eût pas comme un autre sa grande vanité, son orgueil et ses joies? Il y avait des admirateurs et des rivaux, des fanatiques et des envieux : de quoi donc autre chose se compose la gloire?

Je voudrais bien ne pas commettre d'injustice, et faire à chacun sa part de souvenir : en ce même temps où régnait *l'Esprit*, une autre renommée, au moins égale, rivalisait avec la sienne dans l'estime populaire. L'habile praticien qui s'offrait à grand orchestre à soulager toutes les mâchoires de l'assistance, sur la place Saint-Germain-l'Auxerrois, se vanta chaque jour, pendant longues années, d'avoir si dextrement extirpé des millions de dents que personne n'en gardait contre lui.

Le temps marcha toujours, et comme l'ingratitude de la foule n'est pas seulement un privilége à l'usage des hommes, on fut de plus en plus ingrat envers ces lieux jadis aimés; nous l'avons dit, de nouveaux ponts s'établirent et créèrent de nouveaux passages : le pont des Saints-Pères conduisit aux guichets du Carrousel, le pont des Arts amena directement dans la cour du Louvre; il y a peu d'années cependant, un exécutant d'une grande habileté dans son genre, eut encore le talent d'attirer un cercle nombreux autour de lui, sur la place du Louvre ou celle de Saint-Germain-l'Auxerrois, il est peu de flâneurs sans doute qui n'aient remarqué, aux lieux que nous disons, tout comme aux Champs-Élysées, le bâtonniste de première force, qui faisait par son jeu merveilleux l'admiration de tous les connaisseurs, et jetait à perte de vue en l'air des sous qu'il recevait dans leur chute au bout de son bâton, qu'il reconduisait ensuite du bout de son bâton dans sa poche; cet artiste en plein vent rançonnait très-agréablement les curieux, et les exigences croissaient en raison de l'affluence du public; nous croyons qu'il a maintenant disparu de la scène improvisée, où son talent s'était acquis une renommée sans rivale; il ne serait pas impossible que ce garçon-là, vu son aptitude aux *tours de bâton*, eût fait un assez beau chemin dans les hautes régions de ce bas monde.

A de longs intervalles, on rencontre aussi par là, sur le soir, quelques-uns de ces bohémiens de l'art vulgaire, qui donnent au public pour cinq centimes de mélodie chantée, avec l'accompagnement d'une harpe effarée, d'une guitare agacée ou d'un violon rageur : quatre chandelles suffisent au luxe de la mise en scène; une soucoupe égueulée sollicite piteusement la générosité populaire; croyez bien que la recette n'ira pas à la caisse d'épargne, ce qui vient par le gosier du chanteur s'en va par le même chemin, et bon train! Le marchand de vin, ou pour parler le pittoresque langage du peuple, *le marchand de consolation* n'est pas loin; il est partout, le coin de la rue lui appartient de droit; il est place du Louvre, place Saint-Germain-l'Auxerrois aussi; et cela doit être. A Paris il n'y aura, si l'on veut dans une rue, ni prêtre, ni médecin, ni avocat, ni notaire, il n'y aura pas même de boulanger quelquefois; mais le *petit bleu* doit couler quelque part; il doit se détailler dans quelque angle effronté, sur un comptoir d'étain.

Et maintenant qu'on nous permette quelques lignes de topographie pour former comme le cadre matériel des tableaux que nous venons d'ébaucher. L'église Saint-Germain-l'Auxerrois est pressée derrière, à droite et à gauche par les rues de l'Arbre-Sec, de Chilpéric et des Prêtres ou des *Prestres*, comme il est encore écrit sur un angle; c'est dans cette dernière rue humble, et pour ainsi dire honteuse, qu'au milieu de modestes boutiques, tout près d'un café à bière, siége, dans sa puissance et dans sa majesté, l'aristocrate de la presse, le *Journal des Débats*. Devant l'église est la place Saint-Germain-l'Auxerrois qui, comme nous l'avons dit, se confond avec la place du Louvre.

La place du Louvre forme un grand parallélogramme dans toute la longueur de la façade de l'édifice ; elle s'étend depuis le quai du Louvre jusqu'à la place de l'Oratoire, et de ce côté elle communique avec la rue Saint-Honoré par les rues d'Angivilliers et des Poulies ; à peu près en face de l'entrée de la cour du Louvre s'offre la façade de l'église ; un peu à gauche, et fuyant en diagonale vers la rue de l'Arbre-Sec est la rue des Fossés-Saint-Germain-l'Auxerrois ; une grande partie de la place est occupée par deux terrains rectangulaires qui s'avancent de chaque côté de la façade. Ces terrains, désignés autrefois sous le nom de *Jardin de l'infante*, devaient être entourés d'une grille dont une partie a même été posée du côté de la place de l'Oratoire ; en attendant, une balustrade de bois supplée misérablement la grille projetée ; la partie du côté du quai est exhaussée d'un à deux mètres au-dessus du pavé, et ce terrassement est soutenu par un mur indignement dégradé. Nous avons fait remarquer déjà que c'est dans cet emplacement que furent ensevelis les morts du combat de juillet 1830 ; on ne saurait trop stimuler l'administration pour l'engager à s'occuper le plus promptement possible des travaux peu considérables mais urgents qu'exige l'état actuel de cette partie extérieure du Louvre.

La longue file de maisons qui regarde la colonnade, ne présente aucune construction qui mérite d'être signalée.—Une grande maison sans caractère bien particulier, mais un peu plus blanche que les autres, eut cependant longtemps le privilége d'attirer un public d'élite : cette maison était celle de Dupuytren ; l'illustre chirurgien y est mort. Un notaire, un avoué, deux médecins habitent sur la place, quelques boutiques de deuxième ou troisième ordre n'attirent pas grand nombre de chalands : un libraire, des marchands de vin, un ou deux petits traiteurs, de petits marchands d'habits ou de friperie, tels sont les voisins du Louvre. Au numéro 14 se trouve la maison de secours du bureau de bienfaisance du quatrième arrondissement.

Tel est le présent ; nous avons en commençant essayé l'esquisse du passé ! La mémoire des hommes en conservera de jour en jour moins de souvenirs : les événements vont si vite qu'ils s'entassent pour ainsi dire couche par couche sur le même sol. Mais tandis que les générations roulent dans un océan de ténèbres sous la main de la mort, les créations de l'art laissent du moins après l'homme une impérissable idée de son existence : les monuments restent au seuil même de l'oubli, comme le cénotaphe de la grandeur humaine.

Ch. Calemard de Lafayette.

RUE ET FAUBOURG DU TEMPLE.

Vers le milieu du xiᵉ siècle, des Français, la plupart soldats, qui avaient contribué à la délivrance des lieux saints, fondèrent à Jérusalem, et tout près du Sépulcre, un hôpital où ils recevaient les pélerins et soignaient les malades. Le goût des voyages d'outre-mer était alors dégénéré en fureur; les hauts barons, les seigneurs suzerains, les simples chevaliers, vendaient leurs biens et couraient en Palestine se faire absoudre des violences féodales et des crimes dont ils avaient rempli l'Europe. L'hôpital du Saint-Sépulcre devint bientôt nombreux et riche des aumônes de toute la chrétienté; alors ces garçons de salle, comme dit un historien, se firent chevaliers. Telle fut l'origine des Templiers, qui bientôt fondèrent partout des établissements et semèrent leurs commanderies en France, en Allemagne, en Angleterre, en Italie et dans la Sicile, presqu'aussi riche alors qu'elle l'était du temps des Romains. On ignore l'époque précise de leur arrivée en France, où ils apparaissent seulement en 1128, comme propriétaires du vaste terrain qu'occupent aujourd'hui la rue et le quartier du Temple. Ils firent bâtir un château flanqué de tours, entouré de cours spacieuses et de jardins superbes ; une muraille crénelée en défendait les approches, et un fossé profond régnait encore autour de la muraille, abordable seulement quand les ponts-levis étaient baissés. Ce fut là que ces fiers religieux, qui ne prétendaient relever que de leur grand-maître, régnèrent en souverains pendant plus de cent ans, opposant aux rois de France une juridiction dont ceux-ci étaient obligés de respecter les prérogatives et les abus. Le Temple était une forteresse si sûre, que Louis IX, avant de partir

pour la croisade, y fit transporter son trésor ; Philippe-le-Hardi en usa de même, et, chose singulière, Philippe-le-Bel imita ces exemples et logea même dans l'enceinte du Temple, se confiant ainsi à cet ordre dont, plus tard, il devait faire brûler vifs les premiers dignitaires et le grand-maître.

On comprend que les Templiers, fiers de l'hospitalité qu'ils accordaient aux rois, s'occupaient peu d'héberger les pauvres voyageurs. Sous le nom de commanderies, ils possédaient les plus belles terres de France ; ces terres étaient mieux cultivées que les domaines du roi. Pour augmenter leurs richesses, et favorisés d'ailleurs par leur communauté d'intérêts avec leurs frères de Sicile et d'Italie, ils faisaient le commerce des blés, et il y eut un moment où ils en eurent presque le monopole : ils se livrèrent

Rue et faubourg du Temple.

alors à toute l'insolence et à tous les vices que donnent les richesses ; à eux les meilleurs vins, les mets les plus exquis, les plus beaux chevaux, les meilleures armes, les meubles et les vêtements les plus somptueux, et aussi les plus belles femmes ; le proverbe *boire comme un Templier*, devint populaire et l'est encore ; enfin, comme le sacrilége se mêle volontiers aux déréglements de moines dissolus, on les accusa de magie, crime familier aux esprits supérieurs de ces temps d'ignorance ; on dit qu'ils faisaient un amalgame monstrueux des superstitions les plus révoltantes avec les mystères sacrés ; ils avaient, assurait-on, des rites secrets ; ils faisaient des sacrifices impies. De graves historiens, d'érudits compilateurs, et à leur tête il faut placer feu Raynouard, auteur de la tragédie des *Templiers*, ont nié la vérité de ces accusations ; les Templiers étaient riches, puissants, et leur conduite turbulente mettait souvent en question l'autorité royale ; ces crimes-là sont avérés. Philippe-le-Bel fit saisir tous ceux qui se trouvaient en France ; il s'empara de leurs biens ; il les fit juger par les juridictions royale et ecclésiastique. Les Templiers furent condamnés sans que la torture pût leur arracher un aveu. Philippe-le-Bel supprima cet ordre puissant en 1312, et deux ans après, Jacques de Molay et Gui, frère de Robert, dauphin d'Auvergne, les deux premiers personnages de l'ordre, furent brûlés vifs sur le terre-plein du Pont-Neuf, à l'endroit même où s'élève aujourd'hui la statue d'Henri IV. Les biens des chevaliers furent appliqués en partie à payer les frais du procès ; on donna le reste aux frères de l'ordre de Saint-Jean de Jérusalem, nommés plus tard chevaliers de Malte, qui héritèrent du Temple et l'habitèrent depuis cette époque.

Cependant les possessions des Templiers n'étaient pas tombées dans des mains nouvelles sans s'amoindrir. Les pères de Nazareth bâtirent une chapelle sur ce terrain, et plus tard, François I*er* et sa sœur, Marguerite de Valois, y fondèrent un hôpital pour les enfants abandonnés ; on l'appela l'hôpital des *Enfants-Dieu* ; mais comme ses petits habitants étaient vêtus de rouge, le peuple s'habitua à les nommer les *Enfants-Rouges*. La chapelle des pères de Nazareth n'existe plus, l'hôpital a disparu, une rue seulement a retenu le nom donné par le peuple. Malgré ces empiétements, l'enclos du Temple avait encore vingt-cinq arpents. Henri IV, qui venait de bâtir la Place-Royale, eut l'idée d'acheter aux moines Hospitaliers leur propriété, d'abattre le Temple et de le remplacer par une place demi-circulaire, sur laquelle devaient s'ouvrir huit rues magnifiques. Le plan en fut dressé sous les yeux du roi, et Sully devait être chargé de son exécution, lorsque le poignard de Ravaillac fit évanouir ce projet. Les Hospitaliers ayant ainsi échappé au danger d'être dépossédés, se hâtèrent de bâtir pour légitimer leur gage. En 1667, le grand-prieur Jacques de Souvré fit élever un prieuré, dont la façade donnait sur la rue appelée d'abord *vicus Militiæ Templi*, ensuite rue de la Chevalerie, et qui prit alors celui de rue du Temple, qu'elle a toujours gardé depuis. Tout ce quartier se peupla, et partout se groupèrent des rues nouvelles, que les besoins ou l'agrément firent élever; les rues du Four-du-Temple, du Moulin-du-Temple, où les Hospitaliers faisaient moudre leurs blés et fabriquer leur pain, et mille autres : une rue obscure et tortueuse, presqu'entièrement bâtie en bois se distinguait parmi ces constructions récentes : c'était la rue Vieille-du-Temple, dans laquelle en 1407, le duc de Bourgogne fit assassiner le duc d'Orléans, frère unique de Charles VI ; ce fut un gentilhomme normand, nommé d'Ocquetonville, qui, à la tête de dix-huit sicaires, commit ce crime. Le malheureux prince avait partagé la veille le lit de celui qui le faisait assassiner, et il s'acheminait peut-être vers l'oreiller de son bourreau ! Non loin de là est la rue de *la Perle*; vous croyez peut-être que ce nom lui vient de quelque jeune bachelette, miracle de sagesse et de vertu, perle de beauté qui aurait légué son souvenir à cette rue ? Détrompez-vous ; nos ancêtres avaient rarement d'aussi gracieuses inspirations : le premier nom de cette rue était *Thorigny* ; on y établit un tripot, le plus achalandé des tripots du xve siècle, celui où on jouait le plus gros jeu, où on buvait le meilleur vin, où les dés étaient le mieux pipés ; la perle des tripots ; de là son nom. Plus loin est la rue de l'*Echelle*, qui rappelle les fourches patibulaires des Hospitaliers ; c'est là qu'ils exécutaient les malheureux tombés sous leur juridiction.

Déjà les boulevarts étaient plantés d'arbres et le faubourg se bâtissait : encore quelques années et l'amour des plaisirs, le luxe des petites maisons, allaient donner à ce quartier l'importance dont avait joui auparavant la Place-Royale. Dans les dernières années du règne de Louis XIV, Philippe de Vendôme, qui s'était distingué au siége de Candie, à la prise de Namur et dans le Piémont contre les impériaux, fut, en sa qualité de prince du sang et de chevalier de Malte, nommé grand-prieur du Temple. Philippe, quoique rempli de valeur, tint une conduite assez équivoque à la bataille de Cassano, et maltraité par Louis XIV, il ne sollicita le retour des faveurs royales que pour se retirer dans son prieuré et s'y livrer à ses goûts épicuriens. C'était la régence alors, et le grand-prieur de Vendôme voulut surpasser dans son prieuré la licence de l'époque ; il y parvint ; les soupers du Temple devinrent fameux ; ils surpassèrent ceux du Palais-Royal, par le choix et l'esprit des convives ; la Fare y brillait de tout l'éclat de sa gaîté ; Chaulieu, riche prébendier et qui habitait dans l'enceinte du Temple une maison à lui, était le convive habituel du prieur, et quoique presque octogénaire, il y chantait l'amour et le vin ; mademoiselle de Launay, cette spirituelle femme de chambre de la duchesse du Maine, y venait apporter ses reparties piquantes, et ce cœur orgueilleux, qui devait s'attendrir pour un ingrat, sous les verrous de la Bastille. Jean-Baptiste Rousseau fut admis à ces soupers, et la manière dont il en parle, fait croire, ou qu'on ne le jugea pas digne d'une initiation complète, ou bien que l'ironie seule lui a dicté ce passage de son épître à Chaulieu :

> Par tes vertus, par ton exemple,
> Ce que j'ai de vertu fut très-bien cimenté.
> Cher abbé, dans la pureté,
> Des innocents soupers du Temple.

La pureté des soupers du grand prieur et de Chaulieu est une figure de rhétorique, dont M. de Vendôme a dû beaucoup rire, s'il a lu les vers du poète. Toujours à table ou au lit, le voluptueux petit-fils d'Henri IV s'obérait sans cesse, et quoique les huissiers ne pénétrassent pas dans l'enceinte du Temple, il fallait néanmoins payer ses dettes, ne fusse que pour ne pas voir s'éteindre son crédit. M. le grand-prieur vendit à la ville le terrain sur lequel est bâti la rue de Vendôme, qui porte le nom du vendeur. A Philippe de Vendôme succéda le prince de Conti, qui, en 1770, ouvrit la porte du Temple à Jean-Jacques Rousseau ; le philosophe de Genève, pauvre, poursuivi par des ennemis réels, et obsédé par les fantômes que créait son imagination, vint abriter sous des murs féodaux la célébrité qui suivait l'auteur d'*Émile* : le prince eut la gloire de protéger l'écrivain.

L'enclos du Temple, dont la population s'élevait à quatre mille âmes environ, était alors habité par trois sortes de personnes : le grand-prieur, les dignitaires de l'ordre, et quelques grands seigneurs, qui y avaient des hôtels ; des ouvriers attirés par la franchise d'un lieu où ils exerçaient leurs industries sans maîtrise et enfin des débiteurs qui y trouvaient un refuge contre leurs créanciers. Les titres de ce dernier droit n'ont, dit-on, jamais existé : c'était un reste des coutumes du moyen-âge, que le gouvernement toléra jusque en 1779, époque où l'enclos tout entier fut vendu par bail emphytéotique et livré aux entreprises particulières. La forteresse proprement dite, fut alors en partie démolie ; c'était une tour carrée de cent cinquante pieds de hauteur, flanquée de quatre tours rondes et accompagnées du côté du nord de deux tourelles beaucoup plus basses. La tour avait quatre étages, des galeries circulaires, et derrière ses murs, dont l'épaisseur n'était pas moindre de neuf pieds, les Templiers devaient être parfaitement à l'abri d'attaques bien moins redoutables alors qu'elles le seraient aujourd'hui. C'est au deuxième étage de cette tour carrée que Louis XVI fut renfermé après la journée du 10 août ; sa famille occupa l'étage supérieur. Nous ne nous appesantirons pas sur cette époque sanglante ; nous dirons seulement que Louis XVI ne sortit du Temple que pour marcher au supplice, et que, si pendant dix-huit ans de règne, ce roi avait montré le courage et la résolution dont il fit preuve en face de l'échafaud, il serait, sans doute mort ailleurs que sur la place de la Révolution.

La tour du Temple a été démolie en 1811 : ainsi disparurent dans cet enclos célèbre les derniers vestiges de la féodalité.

En 1781, on bâtit sur cet emplacement une rotonde, qui subsiste encore : c'est un bâtiment isolé de forme circulaire, des arcades soutenues par des colonnes toscanes donnent du jour et de l'air à une galerie couverte bordée de boutiques. Là vit une population à part qui troque, vend, revend, et dans les mains de laquelle passent les défroques de la ville et de la Cour. Dans de vieux bahuts sont ensevelis des habits qui ont brillé à la cour de Louis XV, des robes de brocard qui ont vu la régence : à côté de la carmagnole républicaine, on trouve la robe rouge du magistrat parlementaire, et le costume de la vieille garde y mêle son odeur de poudre à l'ambre éventée de l'habit du petit-maître. C'est au Temple que le comédien court chercher le type perdu d'une mode du xviiie siècle, et il en est sorti plus d'une fois emportant des défroques royales; c'est au Temple que se rendent à onze heures tous les marchands d'habits de Paris : ils arrivent chargés des achats qu'ils ont fait dans la matinée, et ces dépouilles sont immédiatement estimées et revendues aux marchands stationnaires qui en parent leurs boutiques. On raconte que durant les premières années de l'empire, le brave général Dorsenne, dont la tenue élégante et sévère avait plus d'une fois attiré les éloges de l'empereur, qui disait volontiers :

— Voyez Dorsenne un jour de bataille, c'est le vrai type du général français, tandis que Murat ressemble à Franconi.

Le général Dorsenne allant partir pour la campagne de Prusse, avait en réserve un habit magnifique, et jaloux de montrer aux ennemis le beau Dorsenne dans tout son éclat guerrier, il fit emballer le brillant uniforme, destiné, suivant lui, à recevoir son baptême de feu dans la plaine d'Iéna. Dorsenne devait quitter Paris le lendemain de très-bonne heure; le soir la fantaisie lui vint d'aller à la Gaîté voir l'acteur Tautain et un mélodrame de M. Guilbert de Pixerécourt, qui attirait la foule. Le premier acte se passa bien, à la fin du second acte, l'acteur Tautain parut revêtu d'un superbe habit de général. Dorsenne tressaille dans sa loge, il braque sa lorgnette sur l'acteur, et il reconnaît son habit :

— Faites arrêter ce coquin, dit-il à son aide-de-camp, en désignant l'acteur; qu'on le conduise au poste voisin ; j'y arriverai aussitôt que vous.

Tautain, escorté de quatre soldats, se présente tout tremblant devant le général :

— Où as-tu pris cet habit, malheureux ? demanda Dorsenne.

— Je l'ai acheté au Temple, répondit Tautain.

Le fait était vrai, le beau Dorsenne voulut bien ne pas reprendre son habit; il chassa son valet de chambre qui l'avait volé, et fit la campagne de Prusse avec un vieil uniforme.

Le Temple, en effet, est le lieu où les filous vont tout naturellement se défaire de leur proie; mais comme ce n'est plus un lieu privilégié, la police y pénètre sans cesse, et souvent, avant l'aurore, elle met la main sur les vols de la nuit. C'est le marché le plus matinal de Paris: le dimanche avant cinq heures du matin tous les magasins sont ouverts et remplis de chalands: l'ouvrier qui a reçu sa semaine, la grisette qui veut briller au bal de Belleville, y viennent acheter la redingote hasardée et le châle un peu passé qui doit les parer. En avant de la Rotonde, du côté de la rue, sont de vastes hangars en bois et divisés en magasins : là, vous avez sous la main et vous pouvez choisir et acheter, en moins d'un quart d'heure, tout ce qui est nécessaire pour meubler une maison de la cave au grenier : linge, ustensiles, tapis, matelas, couvertures, tout est prêt; on vous donne du vieux ou du neuf à votre gré ; ce qu'on vous offre surtout, c'est du linge ; il y a des chemises pour toute une armée, des draps pour tous les lits de Paris, des nappes, des serviettes pour des tables de mille couverts; le linge du Temple est connu et apprécié d'un bout de la ville à l'autre, une habitude singulière en favorise l'écoulement : c'est dans le linge du Temple que sont reçus les enfants nouveaux-nés ! c'est dans ces langes à demi usés que la plupart des Parisiens ont poussé leur premier vagissement. On croit avec raison, sans doute, que la rudesse et l'aspérité du linge neuf blesseraient les membres délicats d'un enfant, et on court au Temple se munir d'un tissu qui, assoupli par un long usage, doit mollement tapisser un berceau. Hélas ! on ne songe pas aux transpirations contagieuses, aux plaies vénéneuses qui ont déposé sur ce linge leurs principes mortels et leurs sanies, et tandis que le petit oiseau repose dans son nid odorant, tandis que la louve et l'hyène préparent à leurs petits un lit de fougère, le fils de l'homme dort enveloppé d'émanations délétères ! En voyant de jeunes mères courir au Temple acheter des haillons impurs, ne dirait-on pas que la féodalité vaincue se venge encore sur les lieux mêmes où elle a régné, et que, ne pouvant plus opprimer le peuple par l'épée, elle cherche du moins à le décimer par la maladie ? Une chapelle et un couvent portent encore le nom de Temple; la chapelle est ouverte au public; dans le couvent on élève des jeunes filles riches, et nobles quand faire se peut, car le prix de la pension est élevé.

La rue entière est peuplée de souvenirs religieux et d'appellations qui se rattachent à des ordres monastiques; c'est d'abord Sainte-Elisabeth, jadis couvent, dont l'église seule subsiste encore; la rue Neuve-Saint-Laurent, annexe du prieuré Saint-Martin; la rue des Vieilles-Haudriettes, où un sieur Haudry avait fondé un hospice de religieuses, dans lequel étaient hébergés les voyageurs, pourvu toutefois qu'ils voulussent bien dire sur le seuil l'oraison à monsieur saint Julien. Dans la rue Sainte-Croix-de-la-Bretonnerie étaient des chanoines; dans la rue Sainte-Avoye (qui n'est autre que la rue du Temple), de pieuses filles, dont la dévotion avait recueilli dans de saintes légendes le nom de la saxonne Hedwige, dont nous avons fait Sainte-Avoye....; mais le temps fuit, il change en courant la face du monde et celle des rues : ô profanation! Sur l'emplacement même du couvent, et entre les quatre murailles du cloître, il y avait, sous l'empire, une synagogue! Quelques pas plus loin était alors aussi l'administration des droits-réunis, lieu sacré, Parnasse, sanctuaire ou plutôt asile des jeunes muses de 1805 ; là, de midi à quatre heures on fredonnait le couplet, on faisait des plans de tragédie, on élaborait le dithyrambe impérial; il suffisait d'avoir fait une romance ou d'avoir aligné vingt lignes de prose, pour être admis dans ce gymnase littéraire; c'était le chemin de l'Académie, et parmi les quarante immortels, on en compte encore quelques-uns qui y ont fait leurs premières armes. Aujourd'hui, le commerce a tout envahi, couvent, hospices, synagogue, droits-réunis, et l'administration des contributions indirectes est la plus prosaïque des administrations. Cette partie du quartier que nous décrivons, renferme peut-être les habitants les plus laborieux et les plus soigneux de leur fortune de Paris : l'épicerie, le commerce du demi-gros, la droguerie, y ont établi leurs magasins. Le père travaille, use sa vie à assortir les gommes du Sénégal, les canelles odorantes de Ceylan, et dans dix ans, le fils, notaire ou agent de change, transportera ses pénates à la Chaussée-d'Antin et dissipera en folies ruineuses l'héritage paternel.

Si vous voulez retrouver le spectacle du plaisir et de la joie, un air pur et un panorama animé, remontez sur le boulevart; il fut commencé par Charles IX, de sanglante mémoire, mais c'est par antiphrase et par allusion aux théâtres qui le bordent, qu'on l'appelle le boulevart du crime; sur ces théâtres, la vertu, longuement persécutée, ne reçoit qu'au dénouement la récompense qu'elle mérite; ils n'en sont pas venus là tout d'un coup. En 1769, Audinot, acteur congédié de la troupe des Italiens, fit bâtir sur ce boulevart une salle où il montrait une troupe modèle, des jeunes premiers sans fatuité, des amoureuses sans intrigue, des valets sans prétention; c'étaient des comédiens de bois : tout Paris y courut. Il renferma alors dans leurs étuis ses marionnettes et produisit sur la scène une troupe d'enfants : *Sicut infantes Audinos*, disait l'affiche, et le même jeu de mots était écrit en lettres d'or sur le rideau; le public traita les enfants comme il avait traité les marionnettes, et Delille voulut bien les honorer d'un de ses vers :

Chez Audinot (dit-il) l'enfance attire la vieillesse.

Dans ce temps-là, la vieillesse de Louis XV eut un point de ressemblance avec celle de son aïeul Louis XIV; le grand roi, quelques années avant sa mort, était devenu inamusable : l'amant de madame du Barry le devint également. Madame de Maintenon distrayait Louis XIV avec *Esther* et *Athalie*. Or, comme il faut que toute proportion soit gardée, comme le remède doit être appliqué suivant la constitution du malade, madame du Barry fit jouer devant Louis XV les enfants d'Audinot; sa majesté fut très-satisfaite; elle assura Audinot de sa protection, et aux enfants succédèrent bientôt des hommes sur la scène de l'Ambigu-Comique. Ce théâtre a brûlé deux fois; des maisons particulières remplacent maintenant l'emplacement qu'il occupait, et on a rebâti une salle nouvelle, où les successeurs d'Audinot exploitent le privilége obtenu pour des enfants. A l'époque même dont nous parlons, Audinot avait un rival dangereux : c'était Nicolet; l'un avait obtenu la vogue par des marionnettes, l'autre, quelques années plus tard, lui enleva ses spectateurs au moyen d'un singe; singe savant dont Paris raffola et qui l'emporta un moment sur l'acteur Molé, alors les délices de la capitale. L'acteur chéri tomba malade, c'est de Molé que nous parlons, et la cour fut en émoi; les duchesses, les marquises, tout ce qui avait tabouret à la cour ou y était présenté, se fit écrire chez le comédien : la perte d'une bataille n'aurait pas inspiré plus d'alarmes, on eût été beaucoup moins effecté si l'orage eût détruit les moissons de la Beauce ou fait couler les vins du Bordelais, le tendre intérêt des femmes se manifesta de mille manières : elles exigèrent que les bulletins de la santé de l'acteur fussent lus tous les soirs au théâtre entre les deux pièces, et l'hygiène du malade ayant exigé l'usage du vin de Bordeaux, Molé reçut deux mille bouteilles dans l'espace de quelques heures. Le chevalier de Boufflers se moqua le premier, dans quelques vers spirituels, de l'indécence de cet engouement; le singe de Nicolet fit le reste. Il représenta Molé, en pantoufles, en robe de chambre, en bonnet de nuit; le singe toussait, crachait, était capricieux et faisait l'enfant gâté, absolument comme le comédien : le public rit, et la leçon profita. Nicolet a fondé le théâtre de la Gaîté, qui depuis a vu des entreprises rivales l'entourer sans lui nuire. Il ne serait pas juste de passer sous silence deux hommes singuliers qui, des deux extrémités sociales où le hasard les avait placés, contribuèrent l'un et l'autre au succès de ce théâtre naissant. L'abbé de Latteignant, chanoine de Reims (à tout seigneur tout honneur), et l'acteur Taconnet. L'abbé enrichissait le répertoire de petites pièces égrillardes que n'eût pas désavoué Collé, dont M. de Voisenon se serait fait honneur. Taconnet, acteur original, buveur intrépide, est l'auteur de parodies pleines d'esprit, de petites comédies d'une gaîté populaire et naïve qui lui ont fait donner le surnom, trop louangeur sans doute, de Molière des boulevarts. Deux pièces de lui, *les Aveux indiscrets* et *le Baiser donné et rendu*, justifient, cependant jusqu'à un certain point, l'honneur qu'on lui a fait.

Je le méprise comme de l'eau.

Voilà la plus grande injure qui soit jamais sortie de la bouche de Taconnet. Il mourut à quarante-cinq ans, victime de son mépris pour l'eau. Taconnet excellait à rendre la gaîté et surtout l'ivresse du peuple, qui est la bonne, ainsi que le dit Figaro; il jouait surtout les savetiers avec un talent supérieur, et Préville, cet émule de Garrick, l'a regardé comme son rival. Latteignant n'aimait pas plus l'eau que le comédien, mais le vin du chanoine n'était pas frelaté; il venait des clos les plus célèbres de France, et de ces deux hommes ce fut celui qui buvait le meilleur vin qui vécut le plus longtemps.

La scène de l'Ambigu et celle de la Gaîté furent longtemps abandonnées à des auteurs sans talents, manouvriers inhabiles, dont tout le mérite consistait à reproduire sans nuance et sans art un fait dramatique. Victor Ducange, le premier, donna au mélodrame une valeur littéraire et émut les spectateurs avec des ouvrages que le bon goût ne réprouvait pas. De nos jours, des auteurs recommandables *travaillent*, comme on dit, pour la Gaîté ainsi que pour l'Ambigu, et un académicien n'a pas craint d'avouer une chute sur le petit théâtre Saint-Antoine. Le mélodrame et le vaudeville ne sont pas seuls cultivés dans le quartier du Temple, la littérature équestre y a aussi son théâtre. A l'endroit même où sont aujourd'hui bâties les premières maisons du faubourg s'élevait autrefois un cirque établi par Astley; Astley crut devoir quitter Paris pour Londres, où il a fait une grande fortune, et les frères Franconi lui succédèrent; ils établirent d'abord leur hyppodrome rue du Mont-Tabor, puis ils bâtirent un théâtre au commencement du faubourg; l'édifice devint la proie des flammes, et il fut rebâti sur le boulevart même. Aux manœuvres des écuyers, aux exercices de voltige, les frères Franconi ajoutèrent bientôt des drames, dans lesquels les chevaux jouaient toujours un rôle. Les chevaliers, les Arabes, la grande armée, ont passé tour à tour sur cette scène, qui a ainsi reproduit les tournois du moyen-âge, les victoires et les défaites de l'empire. A partir de 1830, Napoléon, Murat, Kléber, Eugène, ont été mille fois offerts à l'avide curiosité du public; mais depuis le singe de Nicolet, les bêtes savantes ou non l'ont toujours emporté au boulevart du Temple sur les bipèdes. Les frères Franconi en firent souvent l'heureuse expérience, sans parler du *Régent*, de l'*Aérienne*, ni du *Cheval gastronome*, tout le monde se souvient du cerf *Coco*, de l'éléphant *Djeck* et du petit tigre que la déconfiture de M. de Montbel, ministre de Charles X, amena dans l'arène du Cirque-Olympique.

Ceux que le spectacle n'attire pas, jouissent sur le boulevart du Temple de la promenade la plus aérée de Paris et de farces jouées en plein vent

Bobêche y avait jadis ses tréteaux; on y trouve encore les figures de Curtius, des phénomènes vivants, des escamoteurs, des géantes, des boas, des danseurs de corde et le fameux paillasse Débureau, si aimé de M. Charles Nodier, et dont M. Jules Janin n'a pas dédaigné d'être le biographe; le jardin Turc est enfin le tranquille et frais oasis où le promeneur fatigué peut reposer son admiration et se rappeler en buvant la bière de mars, les lazzis du paillasse et les tours d'adresse de l'escamoteur. Hélas! ce jardin, lieu chéri des rentiers du Marais et des danseuses de la rue Boucherat, a, lui aussi, son jour de funèbre mémoire, jour fatal, dont le souvenir est toujours récent dans le quartier. C'est devant le mur d'enceinte du jardin Turc, en face de ses lanternes chinoises, que Fieschi avait placé ses régicides et meurtrières batteries. Le soleil de juillet éclairait les boulevarts; la garde nationale et la ligne formaient une double haie; toute la population inondait les contre-allées; des jeunes filles, des jeunes mères, des vieillards, debout sur les bancs du jardin, attendaient le cortège royal... Le roi s'avance, précédé, suivi, entouré, de ses fils, de ses maréchaux, de ses ministres, de son état-major; c'était le moment qu'attendait l'assassin..... Tout-à-coup l'éclair et le bruit d'une décharge se font voir et entendre; un maréchal qu'avaient épargné cent combats, tombe mort; des femmes des enfants, gisent sans vie, et le joyeux anniversaire devient un jour de deuil et de larmes. Un hasard heureux préserva le roi.

Tout passe, cependant, et le gai boulevart du Temple, sans oublier le désastre, ne put pas conserver longtemps une physionomie attristée; le jardin reprit ses concerts, et la dernière scène de l'attentat de Fieschi eut lieu au Luxembourg.

Il nous reste à parler du faubourg du Temple, que traverse le canal Saint-Martin : c'est le faubourg le moins long de Paris : tandis que les faubourgs Saint-Martin, Saint-Denis, Saint-Antoine, du Roule, offrent d'interminables avenues, en trois pas on a franchi le faubourg du Temple et on se trouve au village de Belleville; ce n'en était pas moins autrefois un lieu de plaisir, grâce à deux établissements fameux : la Courtille et les Marronniers. Sous la régence, le peuple allait à la Courtille oublier les édits boursaux de Philippe et les rigueurs administratives de Dubois. De grands arbres ombrageaient les toits d'ardoise des cabarets, et sous leurs réduits mystérieux les groupes s'égaraient et devisaient d'amour. Comme l'abus des plaisirs avaient amené la lassitude et le dégoût, les grands seigneurs quittaient volontiers Saint-Cloud, et les nuits d'Asnières et du Luxembourg, pour les plaisirs de la Courtille, piquants surtout par leur nouveauté; madame de Parabère, madame de Prie y faisaient des conquêtes dont elles avaient soin de ne parler ni au Palais-Royal, ni à Versailles; cependant comme tout se sait, et quoique le régent fût le moins jaloux des hommes, et M. le duc l'amant le plus aveugle de ce temps-là, des agents adroits et sûrs reçurent l'ordre de se glisser à la Courtille et d'observer exactement ce qui s'y passait : il y avait un rapport scandaleux à faire, et Dubois se réjouissait à la seule idée de jouer un mauvais tour à la maîtresse favorite, et de détruire ainsi une influence qui l'offusquait. Il payait, dit-on, fort cher madame de Parabère, pour que, dans l'intimité dont elle jouissait, elle ne contrariât pas ses desseins, mais malgré ses largesses, il n'était jamais sûr de cet appui fragile et changeant. Quant à madame de Prie, son étoile pointait à peine, et la chose avait bien moins d'importance, puisqu'elle ne regardait, en effet, que M. le duc. Les agents obéissent avec empressement; ils se glissent sous les ombrages de la Courtille; ils ne laissent pas passer une femme sans la regarder sous le nez; ils cherchent cachées sous quelques déguisements bourgeois les figures aristocratiques qu'on leur a désigné, et que d'ailleurs ils connaissent bien; madame de Parabère était loin de là, le cabaret de la Courtille n'avait pas l'honneur d'héberger l'ambitieuse madame de Prie. Tout-à-coup, un de ces observateurs s'arrête devant un jeune gentilhomme, d'une taille élégante et bien prise, l'épée au côté, le chapeau

à plumes sur l'oreille, la petite moustache frisant sur la lèvre supérieure, l'observateur regarde, hésite, ce n'était pas madame Parabère, c'était bien mieux.

— Je vous arrête, mon gentilhomme, dit-il en mettant la main sur l'épaule du cavalier.

Celui-ci, sans s'étonner, donne un coup de poing dans l'estomac de son antagoniste et le renvoie à dix pas; l'agent de police appelle au secours, le jeune gentilhomme veut s'élancer hors du jardin, on accourt, les hommes de police paraissent sortir de terre; ils entourent celui qui a battu leur camarade, et après bien des coups donnés et rendus, ils s'en emparent.... C'était Cartouche!..... Cartouche a été arrêté faubourg du Temple au cabaret de la Courtille, en 1721.... Cartouche, l'effroi de Paris, le chef d'une bande nombreuse, qui, depuis dix ans, déjouait tous les efforts de la police, et dont le nom populaire est devenu générique. L'adroit voleur ne désespéra, ni de lui, ni de sa fortune; il avait tant d'amis, de complices, de compères, qu'il se croyait sûr d'échapper, comme cela lui était déjà si souvent arrivé; il y parvint par un effort désespéré, mais il fut repris quelques pas plus loin et on l'enferma soigneusement dans une des prisons les plus sûres de Paris. Son arrestatation fit événement; elle devint la nouvelle du jour; le théâtre s'en empara, et tandis qu'on instruisait le procès du voleur célèbre, il était le sujet d'une comédie et d'un poème. L'auteur de la comédie pousse le scrupule dramatique jusqu'à prendre la peine d'aller consulter Cartouche sur les détails de la mise en scène de son ouvrage. Cartouche commença par tout nier : à l'entendre il n'avait jamais dérobé un fétu à son prochain; lui voler! lui assassiner! il avait les sentiments trop élevés pour cela. On lui donna la question, il la supporta sans changer de langage; à la fin, pourtant, Cartouche consentit à parler : il passa une nuit tout entière à nommer ses amis, ses complices et ses maîtresses; Cartouche était adoré de trois jolies femmes! Condamné à être rompu vif, il marcha bravement au supplice; son œil interrogeait la foule et cherchait parmi les spectateurs des visages amis, des bras dévoués, il attendait l'exécution d'une promesse solennellement faite; personne ne bougea, et Cartouche se trouva en face du bourreau; alors, voyant qu'il ne fallait plus compter sur sa délivrance, ni sur des secours qui ne venaient pas, il demanda à faire de nouvelles révélations, sans pour cela éviter la mort cruelle qui l'attendait. Le procès de Cartouche et son exécution occupèrent la capitale pendant trois mois et firent jouir d'une vogue nouvelle le cabaret de la Courtille où il avait été arrêté. En face même de ce cabaret, était un emplacement planté de marronniers, qui parut à un spéculateur un lieu propre à l'établissement d'une entreprise rivale; c'était, en dépit du proverbe, porter du bois à la forêt, mais les proverbes ont quelquefois tort, et ici l'événement le prouva. Les marronniers prospérèrent; des jeux de bagues, des escarpolettes et surtout une devineresse, donnèrent la vogue au cabaret des Marronniers sans nuire à son voisin. La Courtille servit d'asile aux buveurs, à tous ceux qui fuyaient le souper de famille, pour s'asseoir sous le tonneau avec de bons compagnons : les Marronniers furent le lieu du rendez-vous des amants ; une phrase convenue indiquait le plaisir qu'on trouverait à s'y rencontrer :

— Il fera beau ce soir sous les grands Marronniers.

Le spirituel Beaumarchais, toujours habile à s'emparer du dicton populaire qui frappent vivement la multitude, n'a pas manqué de reproduire cette phrase dans les *Folles Journées* : c'est par elle que Suzanne indique au comte Almaviva, le rendez-vous du soir. Vers le milieu du règne de Louis XV, l'État acheta la Courtille ; on y a bâti une caserne qui existe encore. L'existence des Marronniers s'est prolongée plus longtemps : ce refuge des amoureux du quartier les a abrité jusqu'à l'époque du consulat ; les Marronniers tombèrent alors sous la hache, et l'amour s'envola pour aller s'abattre ailleurs : c'est aujourd'hui un chantier de bois, et le seul lieu du faubourg où l'on fête encore Common, et Bacchus est le restaurant des *Vendanges de Bourgogne*, tandis que les amants ne quittent pas le boulevart et vont cacher leur bonheur dans les cabinets particuliers du *Cadran-Bleu*. On trouve au faubourg du Temple une rue qui porte un nom célèbre ; le nom d'un homme, qui, enlevé trop vite à la science, n'en a pas moins surpris les secrets de la vie et ceux de la mort ; la rue Bichat.

Le quartier du Temple a été chanté dans tous les temps et sur tous les tons ; il a épuisé la verve des chansonniers :

> La seule promenade qui a du prix,
> La seule où je m'amuse, où je ris,
> C'est le boulevart du Temple à Paris.

a dit le joyeux Désaugiers, et en effet, les théâtres, l'hiver, y attirent la foule ; l'été, ils sont le rendez-vous des buveurs de Belleville, des rentiers du Marais, des promeneurs qui ont passé leur journée dans le bois de Vincennes, dans les guinguettes du Saint-Mandé, de Saint-Maur, et ils offrent en tout temps le panorama le plus gai, le plus vivant, le plus animé que puissent présenter la capitale.

Marie Aycard.

RUE VIVIENNE.

Il y avait une fois une famille du nom de Vivien, qui possédait de vastes terrains sur l'emplacement où s'étend aujourd'hui la rue dont nous allons essayer d'écrire la monographie. Si l'adage, qui prétend que les peuples les plus fortunés sont ceux dont l'histoire ne parle pas, peut s'appliquer aux familles, il faut croire que la famille Vivien a joui d'un bonheur inaltérable; elle n'a laissé aucune trace dans les biographies; nous ne savons ni ce qu'elle faisait, ni d'où elle venait; nous ignorons de même ce qu'elle est devenue; que l'oubli lui soit léger!

A l'encontre des seigneurs qui prenaient les noms de leurs terres, la rue Vivienne a pris le nom de ses maîtres; seulement elle s'est féminisée, comme il convenait à une rue mondaine. Cependant, au jour de sa naissance, alors qu'elle n'était pas même encore une rue au berceau, elle fut baptisée au masculin; mais, si les destins sont changeants, pourquoi le sexe des rues ne serait-il pas variable?.., Notre héroïne a donc cousu un e muet à la queue de son nom, et de rue Vivien qu'elle était autrefois, elle s'est faite rue Vivienne.

En prenant une si grave résolution, cette aimable rue faisait preuve d'esprit; elle avait bien vite deviné que, dans la ville où Dieu l'avait fait naître, c'était du côté de la robe que se trouvait la toute-puissance.

Maintenant il faut se soumettre à tous les caprices de cette rue, qui est bien une rue des plus coquettes qui soient au monde. Entreprendre de lui faire changer de goût, ce serait tenter l'impossible; on réussirait plutôt à persuader à une jolie veuve d'entrer en religion. La rue Vivienne s'est créé un royaume où elle règne et gouverne de la plus despotique façon qu'il se puisse imaginer : ce royaume est l'empire aérien des modes; elle ne souffre point de rivale, et sa chaussée est un lit de Procuste où toutes les créations du goût viennent se plier au bon plaisir de sa fantaisie.

La rue Vivienne était prédestinée à cette royauté qu'elle rendrait impérissable, si quelque chose pouvait ne jamais périr; au temps de son enfance, quand ses maisons, mal alignées et médiocrement belles, n'offraient encore que les premiers rudiments d'une rue, elle avait déjà un goût très vif pour les chiffons et les rubans, comme ces petites filles qu'on voit jouer avec des bouts de dentelles dérobées aux corbeilles de leurs grands-mamans; les colifichets lui faisaient tourner la tête; elle ne rêvait que toilettes, et fort peu soucieuse de querelles politiques, tandis que la cour et le parlement, le prince de Condé et M. de Turenne, la grande Mademoiselle et Louis XIV, guerroyaient au temps de la Fronde, notre rue ne s'informait que des modes nouvelles et n'avait d'oreilles que pour les récits de belles fêtes. La ville pouvait se battre tout le jour, si la guerre l'amusait, il suffisait à la rue de se divertir un peu le soir. Elle ne savait pas toujours qui l'emportait enfin, du spirituel coadjuteur ou du rusé cardinal, mais elle savait, à coup sûr, où se donnait le plus joli bal de la nuit prochaine, et la brillante coquette ne songeait plus qu'à tailler son déguisement pour danser une sarabande.

Nous n'oserions prendre sur nous de dire qu'elle avait choisi la plus mauvaise part dans les affaires de ce monde : l'agréable et quelquefois l'utile.

Déjà, bien avant la fastueuse régence, la rue Vivienne avait une galante réputation que lui valaient ses airs de petite maîtresse; elle était en quelque sorte la femme-de-chambre du Palais-Royal; mais une de ces femmes-de-chambre que Marivaux savait si bien esquisser avec sa plume délicate et parfumée; délicieuses soubrettes, alertes et mignonnes, promptes à la réplique, lestes en affaires d'amour, et comprenant à demi-mot les choses les plus difficiles à comprendre, de ces Margots à minois chiffonné comme Tony-Johannot en dessine quelquefois.

Aussitôt qu'un magasin, pardon, je veux dire une boutique; en ce temps là il n'y avait pas encore de magasins, mais en revanche il y avait beaucoup d'échopes ; aussitôt, dis-je, qu'une boutique était à louer dans la rue Vivienne, une gentille mercière venait y planter son aiguille comme un drapeau ; la mercière d'alors s'est transformée depuis en marchande de modes. Messieurs les cadets de familles, les roués de l'Œil-de-Bœuf, les gentilshommes de la chambre du roi, ces mousquetaires et ses officiers ne prenaient pas garde à la condition des femmes pour les adorer : en matière de galanterie le meilleur blason est un joli visage. Or, comme la rue Vivienne n'admettait sur ses domaines que de jeunes et belles filles, je vous laisse à penser si elles étaient courtisées, à la grande colère des belles dames qui avaient écussons et tabourets à la cour. Mais s'il faut en croire les médisances du temps, nous ne disons pas les calomnies, les belles dames se vengeaient un peu plus loin, un peu plus tôt ou un peu plus tard ; le temps ne fait pas grand'chose à l'affaire, et le sentiment n'y perdait rien.

Et puis ces boutiques étroites, obscures, voilées d'étoffes et de broderies, et dont une lampe indiscrète ne dissipait jamais le demi-jour, étaient fort propices aux rencontres imprévues, à ces merveilleux hasards qui forcent les gens à se trouver ensemble en l'absence des jaloux et des fâcheux, absolument comme s'ils se cherchaient ; grâce à la coquetterie, peut-être calculée, du clair obscur, si quelque mari venait à passer dans la rue, il se gardait bien de reconnaître sa femme dans celle qui marchandait des guipures au comptoir de la mercière, en compagnie d'un gentilhomme enrubanné.

C'étaient un peu là, du reste, les mœurs, la tournure, les petits avantages de toutes les rues voisines du Palais-Royal. Les petits hobereaux imitaient un grand prince dans tout ce qu'il osait entreprendre ; les rues contrefaisaient aussi le palais de monseigneur le régent, et se donnaient l'air débraillé, si fort à la mode, pendant la durée de son gouvernement amoureux. Mais plus adroite que ses sœurs dans le joli métier de la galanterie, la rue Vivienne savait tirer des bénéfices de ses plaisirs, et quand elle mariait ses filles avec des procureurs au Châtelet, elle estimait, en comptant leurs dots en beaux louis d'or, que la fin devait être l'excuse des moyens.

Plus tard, seule entre toutes ses compagnes, elle garda les coutumes évaporées qui allaient si bien aux caprices de son caractère. Lorsque le quartier du Palais-Royal se prononça si vivement, à la suite de son maître, en faveur de la démocratie naissante, elle conserva une froide neutralité. La rue Vivienne ne pouvait pardonner à la révolution la fuite des plaisirs ; volontiers elle aurait donné tous les Droits de l'homme pour une robe de satin, et immolé la liberté sur l'orchestre d'un bal, ou, mieux encore, sur l'établi d'un atelier de couture.

Si son opposition au régime nouveau ne fut pas plus énergique; si elle ne dépassa jamais les limites prudentes de la bouderie, il faut en accuser son caractère, qui n'est pas le moins du monde belliqueux : *Cedant arma togæ*! Les armes de la rue Vivienne, c'étaient des robes de soie, de cachemire ou de satin. Bien différente des rues du quartier Saint-Martin, qui tressaillent à l'odeur de la poudre et se soulèvent au bruit de la fusillade, la rue Vivienne a horreur des batailles. Quand on se bat, on ne danse plus, et quand on ne danse pas, on ne s'habille guère.

Mais on aurait tort de lui reprocher trop haut sa faiblesse. La timidité sied aux jeunes filles, et la rue Vivienne n'est, après tout, qu'une fille quelque peu émancipée, il est vrai, mais qui a néanmoins tous les instincts tendres et compatissants de son sexe. Que voudriez-vous qu'elle fît dans un combat avec sa population effarouchée de demoiselles? et voyez donc la plaisante figure qu'elle montrerait derrière une barricade, avec sa petite garnison de modistes gourmandes, amoureuses et coquettes!

Un beau jour, cependant, la rue Vivienne se réveilla en sursaut au bruit d'un grand tumulte qui ne ressemblait guère aux aubades qu'elle aimait tant. Des canons, la gueule béante, passaient en ébranlant la chaussée; de menaçantes files de grenadiers, de hussards, d'artilleurs, se rangeaient le long des maisons; des officiers d'ordonnance s'élançaient au galop, et l'on entendait dans les rues adjacentes les voix confuses, les murmures et les cris de la foule. A chaque instant, cette mer vivante, inquiète et tourmentée, poussait le peuple comme un flot jusque dans la rue Vivienne, et les masses silencieuses des soldats avaient peine à conserver leurs rangs sous la pression toujours croissante des Parisiens.

La vérité historique nous oblige à confesser que la rue Vivienne n'était point aussi étrangère à ce mouvement qu'elle aurait voulu le faire croire. Elle y était fort intéressée; elle y prenait même part, en sa manière, en se mettant à la fenêtre. Ce jour-là elle n'ouvrit pas ses boutiques; elle se contenta d'ouvrir ses croisées : curieuse avant tout, elle voulait voir passer les événements et les hommes.

Ce jour-là n'était rien moins que le 12 vendémiaire (4 octobre 1795). La veille d'une sanglante journée où les destinées de la France républicaine se jouèrent à coups de boulets dans les rues de Paris.

La rue Vivienne faisait partie de la section Lepelletier, qui s'était le plus avancée dans le mouvement royaliste et qui siégeait au couvent des Filles-Saint-Thomas, remplacé plus tard par le palais de la Bourse. La section, présidée par M. Delalot, parlementait avec le général Menou. On ne parlait déjà que de conquérir la ville de Paris, et la rue Vivienne se voyait menacée d'un avenir de batailles qui ne souriait point à sa galante indolence. Mais comme il n'y a rien de si terrible qu'un poltron, quand par hasard il s'avise de jouer le rôle d'un brave, la rue Vivienne, entraînée par le mouvement, criait plus haut et plus fort que tout le monde, au risque de gâter sa petite voix douce et flûtée, et proposait gaillardement de marcher contre les Tuileries, où la Convention répondait par des décrets aux menaces des sections réactionnaires.

On ne se battit point dans la journée du 12 vendémiaire; tout se passa en conversations; le général Menou, qui n'aimait pas à se trouver mêlé aux agitations populaires, fit prudemment rebrousser chemin à ses troupes, fort étonnées de se retirer devant des petits-maîtres en cadenettes, après avoir fait reculer les grenadiers autrichiens. La rue Vivienne, très-enrouée d'avoir beaucoup crié depuis le matin, pérora encore un peu dans le couvent des Filles-Saint-Thomas, présenta les motions les plus hardies, et, vers le soir, alla se coucher, le chapeau sur l'oreille et le poing sur la hanche, avec des airs de matamore; elle ne s'était jamais crue si vaillante.

Le lendemain, c'est-à-dire le 13 vendémiaire, le bruit de la fusillade remplaça le bruit des paroles; mais, pendant la nuit, bien des événements s'étaient accomplis. Le commandement de l'armée venait d'être enlevé au général Menou et confié au représentant Barras, qui avait sous ses ordres un jeune officier nommé Bonaparte. L'insurrection avait recruté vingt-sept mille hommes; la Convention ne comptait que huit mille défenseurs; mais parmi ceux-là se trouvait l'homme qui devait être un jour Napoléon.

On sait comment les insurgés furent balayés par la mitraille républicaine.

La rue Vivienne rentra chez elle, fort affligée de s'être jetée en étourdie dans une émeute où il n'y avait eu que des balles à gagner. Le lendemain, elle n'eut garde de sortir, quand elle entendit les derniers coups de fusil qui chassaient du Palais-Royal les sectionnaires les plus récalcitrants; elle regarda courir les fuyards, très-prudemment cachée derrière ses volets, et se hâta, quand tout danger fut passé, de rouvrir courageusement ses boutiques.

Le 13 vendémiaire lui avait coûté quelques *incroyables* en collet vert: elle s'en consola en confectionnant des habits à collet noir.

La rue Vivienne n'a pas toujours été ce qu'elle est aujourd'hui: au temps où les gentilshommes qui tourbillonnaient autour du régent, les philosophes qui se querellaient sur les pamphlets du jour, les bavards politiques qui péroraient sur les expédients financiers de M. de Calonne ou de M. de Necker, avaient fait du Palais-Royal leur quartier-général, la rue Vivienne s'estimait fort malheureuse de ne pouvoir entrer d'emblée dans ce jardin, qui était alors le centre du monde; l'on ne saurait croire tous les chagrins que lui causaient deux vilaines maisons qui barraient le chemin et l'obligeaient à se détourner, quand il lui prenait fantaisie d'aller respirer le frais sous les marronniers. De grands diplomates ont intrigué avec moins d'habileté et de persévérance pour renverser de puissants états, que la rue Vivienne pour démolir deux pauvres maisons; enfin, elle triompha de ses ennemies de pierre, et on la vit un jour franchir lestement la rue Neuve-des-Petits-Champs pour descendre dans ce bienheureux jardin par le passage du Perron: ce fut en 1806 que la rue Vivienne accomplit cette glorieuse conquête.

Jadis elle s'étendait jusqu'à la rue Feydeau sous le nom de rue Saint-Jérôme; mais cette prolongation disparut un beau matin, pour faire place aux jardins du couvent des Filles-Saint-Thomas, qui s'arrondissait pieusement aux dépens de ses voisins. Quand elle se vit privée de sa vassale, la rue Vivienne comprit que de longtemps elle ne pourrait avoir la prétention d'arriver jusqu'aux boulevarts, qu'elle s'était crue sur le point d'atteindre; mais elle avait de l'expérience et savait que dans les affaires de ce monde, on n'a pas de meilleur auxiliaire que l'avenir; c'est pourquoi elle attendit.

La Bourse.

Une révolution emporta le couvent : la rue Vivienne accepta le secours qui lui venait du caprice des événements et se remit à suivre son petit projet; le jardin du Palais-Royal et les boulevarts étaient ses deux rêves, les colonnes d'Hercule de son ambition. Comme M. de Talleyrand, qui à aucune époque de sa vie, si étrangement agitée, ne s'était pressé, et qui était toujours arrivé à propos, la rue Vivienne laissa faire le temps et atteignit son but.

C'est aujourd'hui le lien fashionable qui relie, l'un à l'autre, les deux centres de l'activité parisienne; le tourbillon des affaires et des plaisirs passe sur sa chaussée; elle voit naître et mourir les spéculations qui empruntent sa commodité pour annoncer la hausse ou la baisse dans Paris; le coupé de M. de Rothschild effleure le commis-voyageur, qui se croit en bonne fortune, parce qu'il va dîner chez Champeau, avec une figurante du théâtre des Variétés; plus loin, le cabriolet de l'agent de change heurte une citadine, qui trotte sournoisement, les stores baissés, portant une Hélène de la rue de Provence à quelque Pâris du quartier Latin. Elle a vu passer l'asphalte, le bitume, le fer galvanisé; voici le trois pour cent qui file en tilbury et les métalliques autrichiens qui roulent en mylord; là-bas, ce sont les cortès qui ne valent pas grand'chose et qui cependant marchent en calèche; ce landau est un emprunt; cette chaise de poste est une banqueroute : laissez passer la fortune qui vient et la ruine qui s'en va : ne faut-il pas que tout le monde vive !

C'est par le travers de la rue Vivienne, presque en face du théâtre du Vaudeville, que s'élève le palais de la Bourse, ce temple grec consacré au commerce français : toute richesse en vient, toute misère en sort. Bien plus que la chambre des Députés, la Bourse règne et gouverne; c'est aux mouvements du crédit, ce thermomètre de l'opinion, que se mesurent les entreprises de la politique, humble esclave aujourd'hui de l'argent. Sans cesse, de midi à six heures, une foule inquiète va et vient autour du palais et s'agite dans son enceinte bourdonnante; les puissants de la terre, ceux-là qui ne comptent que par millions et dont la signature remue les banques du monde entier, y viennent décider de la hausse ou de la baisse. Chaque coup de piston de cette machine, d'invention moderne qui a nom l'agiotage, ébranle le pays et a son écho jusques dans le conseil des rois.

Dans une époque où le veau d'or est le dernier dieu qui subsiste debout, ne fallait-il pas lui bâtir un temple.

C'est au milieu d'une large place plantée d'arbres que s'élève le palais de la Bourse, avec son perron ambitieux et sa haute colonnade corinthienne. La première pierre en fut posée le 24 mars 1808, commencée d'après les plans de Brougniart, l'édifice, qui affecte la forme d'un parallélogramme de 212 pieds de long sur 126 de large, fut terminé sous la direction de M. Labarre. La Restauration acheva l'œuvre de l'empire, et l'inauguration de la salle se fit le 4 novembre 1826.

Le tribunal et la chambre de commerce sont réunis dans l'enceinte du monument, à l'étage supérieur. Combien déjà le palais n'a-t-il pas vu de grandeurs et de décadence! A combien de fortunes n'a-t-il pas servi de piedestal ou de tombeau? Aujourd'hui que tout vient de l'argent et que tout y retourne, la Bourse n'est-elle pas comme une capitale, dans la capitale, un centre étrange et mystérieux par qui tout s'abaisse et s'élève?

Jadis, la ville et le peuple, le riche et le pauvre, le monde tout entier, les forts et les opprimés tournaient autour de la cathédrale, nœud divin qui reliait la terre au ciel, l'espérance à la douleur; aujourd'hui la cathédrale est abandonnée, et le seul temple qui compte des fidèles, c'est la Bourse.

Vous qui passez dans la rue Vivienne, saluez-donc : la reine du monde est devant vous!

Si toutes les spéculations se lancent dans Paris par la rue Vivienne, la rue Vivienne ne se laisse pas aller à leurs séductions; elle se méfie des morceaux de papier qui représentent des millions; sa grande affaire est de vendre des cachemires, du satin, du velours, tout ce qui est riche, somptueux, élégant; des chapeaux et des écharpes, des éventails et des parures, des plumes et des fleurs; la rue Vivienne est une marchande de modes mariée à un bijoutier.

Mais ne vous y trompez pas : la rue Vivienne est la pourvoyeuse du monde; si elle n'avait que la France ou l'Europe même pour clientes, elle ne saurait que faire la moitié du temps; or une reine par la grâce du hasard peut-elle un instant se reposer? Tandis que la rue Vivienne coiffe les quatre-vingt-six départements, la Russie et le Portugal lui demandent ses rubans; ses bonnets font le tour du monde; ses chapeaux naviguent au-delà du cap Horn; il n'y a pas de latitudes où ses modes n'aient pénétré. Les robes des lionnes de Lima, les spencers des naturelles de la mer du Sud, les canezous des petites maîtresses de Java sont nés rue Vivienne. Elle conquiert l'univers à coups de ciseaux; où l'aile de l'oiseau ne peut aller, où la vapeur s'arrête, où le wagon recule, la rue Vivienne arrive, à cheval sur une grande mode : l'habit du roi Jotété, le souverain des îles Marquises, était de sa façon.

Elle précède la civilisation. Si les Anglais entrent dans Pékin, ils y trouveront la rue Vivienne.

Aussitôt que la province débarque à Paris, elle court se faire habiller rue Vivienne; c'est l'éditeur responsable de toutes les extravagances en matière de costumes. Les originaux de tous les méridiens sont ses sujets : le tailleur du général Blücher demeurait rue Vivienne. Après l'invasion, elle avait, en vingt-quatre heures, travesti en mirliflors les officiers de la coalition ; parmi les Prussiens, les Anglais et les Russes on ne trouvait plus que des Français.

L'empereur Alexandre lui-même était tributaire de la rue Vivienne : il y faisait des emplettes à l'intention de madame de Krüdner.

C'est un problème insoluble que de savoir où la rue Vivienne trouve assez d'heures pour fabriquer tant de robes, de chapeaux et de pantalons. Laplace lui-même, cette équation faite homme, ne le résoudrait pas. Plus active que Dieu, elle travaille six jours, mais ne se repose pas le septième. Quant au chiffre de ses produits, M. Charles Dupin l'a cherché et tout naturellement il ne l'a pas trouvé.

La rue Vivienne présente un éblouissant spectacle, un soir d'été, quand le soleil empourpre l'horizon ; c'est, du Palais-Royal aux boulevarts, une procession de désœuvrés qui collent leurs visages aux devantures des magasins. Les femmes, comme d'imprudentes alouettes, viennent se grouper autour de ces transparentes prisons où s'élèvent des pyramides de fichus, s'étalent des guirlandes de manchettes, s'enroulent les dentelles, et se suspendent en girandoles les mille riens charmants qu'enfante le caprice, ce veau d'or des Parisiennes.

Une des plus grandes illustrations contemporaines, un homme dont le nom vole de Lisbonne à Moscou, le Napoléon de la contredanse, le messie du galop, Musard, après avoir trouvé son Béthléem dans la rue Saint-Honoré, est allé se perdre dans la rue Vivienne. C'est là que ce chef, nous dirions volontiers ce capitaine d'orchestre, a vu pâlir cette renommée qui a déjà fait tant de bruit, s'éteindre cette gloire qu'il avait conquise l'archet à la main, mourir ce nom qui a eu sa grandeur et sa décadence comme un empire. De ses concerts retentissants, il ne reste qu'une salle où un autre a pris la place, et cependant l'Europe a passé au travers de cette salle, qui a vu toutes les grandes célébrités, depuis Dom Pedro jusqu'à Paganini, depuis Chodruc-Duclos jusqu'à Hussein-Dey, depuis le général Allard jusqu'à madame Laffarge ! Elle a tout vu, des pachas et des boyards, des mandarins et des sagamores, des cheicks et des margraves, des bayadères et des grands ducs. C'est dans cette salle que l'archet de Musard a galvanisé le bal masqué ; c'est dans cette salle que ce galop terrible, foudroyant, la seule chose originale que le XIXe siècle ait inventée ; ce galop dont toutes les jambes contemporaines garderont la mémoire, a, pour la première fois, emporté la foule dans son tourbillon.

Quand sonnait minuit à l'horloge du carnaval, cette horloge où il est toujours l'heure des extravagances, la rue Vivienne s'emplissait de bruit, d'agitation, de tumulte : les gardes municipaux essayaient de conserver l'apparence de l'ordre dans le désordre ; les fiacres paresseux arrivaient conduits par des postillons, de vrais postillons armés de flambeaux ;

une cohue de femmes et d'hommes, pêle-mêle, vêtus de costumes fantastiques, descendant de voiture ou marchant à pied, envahissaient la rue et battaient avec impatience les portes du bal. Quand les portes s'ouvraient

enfin, la foule, comme un torrent, se précipitait dans la salle; elle contenait mille personnes, dix mille danseurs y bondissaient. Il y a des circonstances pendant lesquelles le corps humain est compressible comme de la ouate; durant le carnaval vingt personnes tiendraient à l'aise dans les lieux où deux individus ne pénétreraient pas au saint temps du carême : la chair est du caoutchouc.

Mais l'homme dont l'archet a introduit la fièvre dans la contredanse, le délire dans le galop, Musard, a déserté la salle qui si souvent l'a vu porter en triomphe. Ses concerts se sont éteints, son bal est mort : la rue Vivienne ne danse plus.

Maintenant faut-il vous dire sur quel emplacement funèbre, sur quel terrain lugubre est bâtie la rue Vivienne, si folle, si insouciante, si coquette? cette rue qu'habitent la jeunesse, la gaîté, l'amour? Sur un cimetière.

Le hasard a donné des tombeaux pour fondements à ses maisons toutes pleines de frivoles splendeurs. La salle Musard repose sur un tumulus; et qu'on ne vienne pas nous dire que nous raillons : c'est l'archéologie qui parle, et la pauvre savante n'a point assez d'esprit pour rien inventer. Elle a fait des fouilles, et sur les flancs d'une voie romaine, qui jadis franchissait les marais voisins de la Seine, elle a trouvé des urnes, des tombeaux, des sépulcres, des vases cinéraires, des bas-reliefs et des fragments de marbre avec des inscriptions de deuil. Les vieux Gaulois, nos pères, et les Romains, leurs maîtres, se faisaient ensevelir aux lieux où maintenant s'élèvent le palais de la Bourse et le théâtre national du Vaudeville. Quel chapitre de philosophie nous ferions là-dessus si Young était notre nom!

Mais parmi ces découvertes, il en est une qui tient au domaine du fantastique; l'archéologie a fait une fois par hasard l'école buissonnière dans le royaume des fées : un ouvrier qui déracinait un arbre dans le jardin dépendant de l'ancienne Bourse de Paris, entendit sonner le bronze sous les coups de sa pioche; il redouble, et soudain, comme le laboureur de Virgile, il arrache à la terre des armes rouillées et bosselées : c'étaient neuf cuirasses de femmes.

A quel peuple d'amazones ont appartenu ces cuirasses? quelles guerrières ont combattu jadis sur les rives de la Seine? c'est ce que la science n'a jamais pu déterminer. Ces neuf cuirasses sont des énigmes de bronze. Quelle destinée que celle qui donne des Bradamantes pour aïeules aux modistes de la rue Vivienne!

Si la rue Vivienne est coquette et fort évaporée, en revanche elle est infiniment gourmande; c'est la capitale du chocolat, de la praline et du petit gâteau. Marquis, Félix, Bonnet offrent un asile aux jolies femmes, lasses de voir et de se faire voir; si ses chefs-d'œuvre de l'aiguille et du ciseau arrivent aux Antipodes, disons que la renommée de ce triumvirat de la gourmandise française est parvenue jusqu'aux pôles.

Peu de rues peuvent rivaliser avec la rue Vivienne pour le nombre des passages; sur ses trottoirs s'ouvrent le passage des Panoramas, où tous les départements de France fument et flânent; le passage Colbert, la galerie Vivienne et le passage du Perron, le moins brillant, mais le plus utile. Ainsi qu'une jolie femme, la rue Vivienne se permet tous les caprices : n'est-elle pas certaine d'être toujours obéie? S'il lui prenait fantaisie d'avoir des tapis, elle les aurait demain. Le pavage en bois est à peine essayé, que déjà on lui en a donné quelques mètres; ne lui faut-il pas les primeurs de toutes les découvertes?

Le nom de la Chaussée-d'Antin fait tressaillir toutes les jolies femmes de Berlin et de Vienne qui rêvent de bals et de fêtes somptueuses; l'aristocratie, qui se baigne à Tœplitz, sourit quand on parle du Faubourg-Saint-Germain; mais tous les cœurs féminins, qu'ils soient du nord ou du midi, palpitent au nom de la rue Vivienne, la plus cosmopolite des rues de Paris, parce que ce nom est synonyme de toilette; parce que cette rue est le palais de la mode et que la mode est la seule reine que les invasions ne détrônent pas. Les cosaques passent, mais les chapeaux restent et les bonnets triomphent des baïonnettes.

Si jamais la destinée d'Herculanum affligeait la ville de Paris, la rue Vivienne, comme le phénix antique, renaîtrait bientôt de ses cendres, et elle taillerait gaîment une robe sur les ruines de la cité.

La rue Vivienne aura l'immortalité de la coquetterie.

AMÉDÉE ACHARD.

RUE DES PORTRAITS.

Vous la chercheriez vainement sur votre plan de Paris; si vous la nommiez de ce nom devant un facteur de la poste, il lèverait au ciel des yeux étonnés, passerait sa main sur son front soucieux, et vous dirait: —Non, nous n'avons pas cette rue dans Paris.

Elle existe, cependant; elle est grande, aérée, bordée d'hôtels splendides qui, presque tous, ont leur histoire et leurs écussons; dans ses vastes cours sont logés des chevaux de prix, sont remisées des voitures armoriées; de beaux jardins permettent à ses heureux habitants de promener leurs loisirs sous d'autres arbres que ceux des Tuileries, et d'enfermer sous des prisons de verre des trésors aussi odorants que ceux du Jardin des Plantes. Vous avez parcouru cette rue cent fois; cherchez bien: elle commence rue du Bac, non loin de ce ruisseau fangeux que madame de Staël préférait aux ombrages de Coppet, et s'étend jusqu'aux Invalides. Sous l'empire, votre oncle l'abbé y allait toutes les semaines faire sa cour à son excellence le ministre des cultes : on y donnait des évêchés ; votre cousin le capitaine y courait aussi, le matin, pour s'assurer si, par hasard, il ne s'était pas réveillé commandant : le ministère de la guerre y avait planté son piquet. Êtes-vous assez heureux pour avoir été autrefois le commensal d'un homme habile et surtout spirituel, qui, ministre de la république, ami des consuls, sénateur de l'empire et pair de France, a toujours voulu servir son pays, que le pouvoir fût abrité sous les faisceaux consulaires, précédé de l'aigle ou du coq gaulois, coiffé du bonnet de la liberté ou ombragé par les lys, estimant qu'il faut être utile à la France, quelle que soit la couleur du drapeau national ? s'il en est ainsi, vous avez souvent dîné dans cette rue, chez M. de Semonville. La belle duchesse de Montebello était alors sa voisine, et à quelques pas plus loin, logeait l'Asmodée de notre temps, celui qui prédisait si juste la chute des empires et des rois, qu'il semblait n'avoir qu'à délaisser une tête couronnée pour que le pouvoir lui échappât aussitôt. M. de Talleyrand a été si heureux dans la rue dont je parle, qu'il l'a quittée quand la vieillesse est venue, comme s'il n'avait pas voulu souffrir et s'éteindre là où son âge mûr avait trouvé bien des plaisirs et des succès. Hélas ! pourquoi cette rue n'a-t-elle pas su conserver tous ses hôtes ? Pourquoi n'a-t-elle pas su retenir l'ambassadeur de Russie, qui s'y plaisait tant, et que la fatale guerre de 1812 renvoya dans ses steppes glacées.

Je vous ai dit que toutes les gloires, toutes les distinctions s'étaient donné rendez-vous dans cette rue, et que tous les hôtels y avaient leurs écussons : percée en effet dans l'enfance de Louis XIV, elle a été bâtie par les courtisans de ce prince, et rappelle autant les hauts faits et les galanteries du grand siècle, que les triomphes du règne de Napoléon : là, sont l'hôtel Rohan, l'hôtel d'Orsay et l'antique demeure de cette madame de Monaco, sujet de la rivalité de Louis et du hardi Lauzun. Un des favoris de Philippe d'Orléans, un de Broglie y a représenté la régence, un Biron l'époque de Louis XV; on y trouve aussi l'hôtel de M. le duc de Castries, ministre de Louis XVI, petit vieillard à la figure fleurie, qui étalait sur nos promenades, il y a peu d'années encore, sa perruque poudrée dont la queue était toujours engagée dans le collet de l'habit. Enfin, pour mieux faire connaître cette rue, je vous signalerai une demeure qui porte un nom célèbre dans nos fastes littéraires et qui n'est pas étranger à notre histoire nationale : le nom de Larochefoucauld ! l'auteur des *Maximes*, fut un des héros de cette plaisanterie armée qui s'appelle la Fronde ; Madame de Lafayette, dont il fut l'ami, madame de Sévigné qui passait peu de jours sans le voir, nous ont laissé de lui des portraits ressemblants jusqu'au scrupule ; la dernière nous a initié, dans ses lettres, à la vie intime de cet homme vertueux, qui ne croyait pas à la vertu ; le cardinal de Retz, dont les fiers et intrépides regards ont, suivant l'expression de Bossuet, suivi Mazarin jusqu'au tombeau, parle beaucoup de Larochefoucauld, dans ses Mémoires: il loue la douceur, l'insinuation, la facilité de ses mœurs; il ajoute que M. de Larochefoucauld n'a jamais été bon homme de parti, quoique toute sa vie il ait été engagé dans les partis; qu'il n'a jamais été guerrier, quoiqu'il fût très-bon soldat; que son ambition a toujours été de sortir des affaires, avec autant d'impatience qu'il en avait mis à y entrer, et que si, par l'irrésolution de son caractère, il était peu propre à entrer dans un parti, il n'en était pas moins le courtisan le plus poli et le plus honnête homme, qui eût paru dans son siècle.

Ces louanges ne sont pas petites, surtout si l'on considère que le factieux de Retz a longtemps regardé M. de Larochefoucauld comme son ennemi ; mais la colère du cardinal a très peu touché l'auteur des *Maximes* qui, aimé de madame de Longueville, a audacieusement déclaré que : *pour plaire à deux beaux yeux, il a fait la guerre aux rois, et l'aurait faite aux dieux*. C'est là un aïeul illustre, et dont le descendant a raison de dire qu'il aime autant avoir de ce sang dans les veines que de celui d'Henri IV lui-même : nous comprenons cet orgueil littéraire, mêlé à l'orgueil que donne la probité des ancêtres.

Vous savez maintenant de quelle rue je veux parler; je vous dois compte de la fantaisie qui me fait lui donner le nom de *Rue des Portraits*.

Un homme de cœur et d'esprit, dont nous respectons les convictions politiques, sans les partager, habite cette rue. Retiré du monde dans lequel il a brillé sous un autre roi que le roi actuel, entouré d'amitiés aussi distinguées que celles qui entouraient l'illustre auteur des *Maximes*, et possédant d'ailleurs l'esprit d'observation héréditaire dans sa famille, il regarde passer ceux qui lui succèdent dans l'arène politique, ceux qui l'entourent dans la société : son crayon ingénieux, habile et charmant reproduit des traits souvent aimés, quelquefois peu sympathiques avec ses croyances : alors il se souvient que l'auteur des *Maximes* a tracé le portrait du cardinal de Retz, et il nous oblige à nous en souvenir. — Ces portraits, dont la finesse, la fantaisie, la profondeur ou la grâce, seront facilement senties, ont déjà fait du bruit dans le monde : leur auteur en a lu quelques-uns à sa société intime, et il n'en fallait pas davantage pour qu'on en parlât beaucoup; n'est-il pas vrai que, dans la description des rues de Paris, dans le récit des faits passés, le lecteur sera heureux de rencontrer ces physionomies nouvelles, ces analyses ingénieuses et vivantes du cœur humain, qui nous viennent de la rue des Portraits? Le livre des *Rues de Paris* a promis d'embrasser tous les âges, tous les siècles, tous les passants illustres de la grande ville.

Voici donc quelques passants de la rue des Portraits, des personnages remarquables, à des titres différents, et qui ont inspiré le crayon du spirituel et noble observateur dont je parle.

L. L.

En cédant aujourd'hui aux vives instances du directeur des *Rues de Paris*, qui a eu la bonté de me demander un article pour un beau livre, pourquoi parlerai-je précisément des maisons, des pavés et des pierres de taille de la rue de Varenne?

Je me suis avisé, dans mon petit observatoire, dans mon modeste atelier de peintre à la plume, de crayonner, de près ou de loin, mes amis et mes ennemis. Eh bien! il m'a semblé que le spectacle de certains passants illustres ne gâterait rien au tableau pittoresque de la grande ville. Le cadre d'un pareil livre peut servir, selon moi, à renfermer des croquis, des portraits, des silhouettes qui rappellent des noms, des faits, des caractères de l'histoire parisienne.

D'ordinaire, on achète une collection de jolis portraits pour en faire une galerie : je n'ai rien acheté; j'ai dessiné moi-même les figures que je vous montre : mes portraits ont cela de piquant, peut-être, qu'ils représentent des personnes d'élite que nous avons tous rencontrées dans les salons ou dans les rues de Paris.

Rue des Portraits. — M. de Lamartine.

En ce moment encore, je m'imagine voir dans la rue de Varenne, sous les fenêtres de mon hôtel, à pied ou en voiture, *des passants* qui ont joué, ou qui jouent un grand rôle dans le monde parisien. Je vois d'abord un poète; il vient peut-être de l'Abbaye-aux-Bois, et sans doute il s'en va faire de la poésie à la Chambre des députés; il se nomme de Lamartine: à tout enchanteur, tout honneur !

C'est un homme d'une taille élégante et élevée, dont le regard est fier, parfois ironique, et qui, se confiant dans ses propres forces, ayant une haute et juste opinion de lui-même, regarde en pitié ses semblables.

C'est un homme qui rêve, penseur mélancolique plutôt que grand penseur, poète sublime qui jette à la face du public des poésies, sans se donner la peine de les relire, et qui, dédaignant le travail, voit échouer parfois sa supériorité contre une facilité dangereuse.

Premier poète de l'époque, M. de Lamartine délaisse la poésie pour la politique, et ses discours sont empreints d'une éloquence qui transporte ceux qui l'écoutent, sans les entraîner toujours à la suite de l'orateur.

Poète malgré lui, poète pardessus tout, M. de Lamartine a de beaux élans et de nobles pensées; mais il ne sait pas s'établir sur un terrain solide et praticable; s'avançant, avec une noble énergie, sans avoir prévu les conséquences de ses démarches, il s'arrête tout-à-coup, étonné d'avoir marché; ceux qui se sentaient disposés à le suivre, s'arrêtent à leur tour, parce qu'ils n'ont plus personne qui les précède et qui les dirige.

Rien n'est fixe dans cette imagination poétique : passionné sans passions, orgueilleux sans ostentation, ambitieux sans égoïsme, il lui faut de la gloire, et il veut à tout prix occuper le monde de sa personne; souvent il se perd au milieu de l'improvisation vaniteuse d'un noble cœur.

Cet esprit supérieur erre dans l'espace, bercé par les vents, mais il ne s'appuie réellement sur rien : il ne pense pas, il rêve.

Il veut plaire, séduire, entraîner, convaincre, mais il ne sait point persévérer. La persévérance doit avoir un but; chez M. de Lamartine, rien n'est décidé, rien n'est arrêté. Homme tout exceptionnel, il ne veut appartenir à personne, et n'appartient réellement à aucun système; ses croyances et ses sentiments n'ont rien de positif; mais les élans de son esprit sont toujours empreints d'un sentiment généreux et élevé. Marchant sans but, il avance sans résultats; ce n'est point un soleil qui éclaire et qui féconde à la fois : c'est un météore qui brille et qui passe.

Si vous allez chez lui, vous serez étonné du bon arrangement de ses propriétés et de l'ordre qui règne dans sa maison; mais si vous lui parlez de sa fortune, qui est considérable, il sourira peut-être; prodigue de bienfaisance, il sera forcé de vous avouer ses embarras.

M. de Lamartine aime les succès, sans les poursuivre; les adulations, sans reconnaissance, et les adorations, sans y répondre.

Tout ce qu'on lui offre, il l'accepte comme une dette qu'on lui paie.

Bon, facile à vivre, bon enfant même, simple et digne dans ses manières, il vous révolte par son orgueil et vous charme par sa bonhomie. Il s'écoute en discutant, sans tenir compte de vos réponses, qu'il a à peine entendues.

S'il ne vous a pas convaincu, il rit à vos dépens, et passe a autre chose par une transaction subite. Facile à entraîner, il est presque impossible à convaincre. Il aime les chevaux, les chiens, le monde, la retraite, Paris, la campagne, la ville, les plaisirs, la tribune.

Sa conversation est enjouée, légère, profonde, pleine de charme. Armé de mille contrastes, M. de Lamartine vous plaît et vous étonne sans cesse. Ne visant à rien de mieux que ce qu'il est, il croit toucher au pinacle; et malgré ses qualités éminentes, il laisse souvent de profonds regrets, en rencontrant aussi bien des mécomptes.

Poète sublime, que de lacunes dans ses poésies, d'irrégularités, de distractions, d'incomplet, de médiocre même !

Écrivain distingué, il manque à son éloquence un but; homme politique, il marche sans idées; homme d'intérieur, il donne trop au monde; homme du monde, il le méprise trop pour le comprendre et encore moins pour le ménager; esprit superficiel, il se perd en vaines théories, sans étudier assez les choses et les hommes.

On l'aime, malgré soi et presque malgré lui, et en l'admirant, il vous reste une pensée pénible. Il vous charme, il vous étonne, et on le plaint.

Ses cheveux rares et grisonnants, un teint pâle et des traits altérés, attestent assez le travail, l'inquiétude et l'ambition; mais l'élégance de sa tournure, la noblesse de ses manières, la recherche de sa mise, l'éclat de ses dents, qu'il montre avec coquetterie, prouvent que M. de Lamartine n'a renoncé à aucune espèce de prétentions.

M. de Lamartine, enfin, ne connaît bien ni lui ni ses semblables; entraîné par son imagination, il obéit encore plus à des impressions qu'à des principes; et tandis que chaque parti aspire à l'honneur de sa coopération active, sa prétention à lui est de n'appartenir à aucun, et de rester complétement indépendant.

Tel M. de Lamartine m'est apparu dans un moment de rêverie, et à son insu je l'ai fait poser devant moi, afin de pouvoir l'observer tout à mon aise.

Saluons une triste et dangereuse célébrité qui a nom M. de Talleyrand.

M. de Talleyrand, en entrant au ministère, commit une grande faute dans son intérêt, et surtout dans celui de la France: il voulut, sans la consulter, lui imposer une Charte au nom de Louis XVIII, comme si une nation pouvait et devait être comptée pour rien dans la balance des pouvoirs.

Jouissant de l'autorité et disposant de la volonté de son maître, ayant

Rue des Portraits. — M. de Talleyrand.

dans les cabinets de l'Europe cette influence que donne une grande habitude des affaires et de l'intrigue, un genre d'esprit qui promet plus qu'il ne tient, un grand air de supériorité qui en fait accroire et qui en impose, un grand art de dissimuler, un sang froid qui le laissera toujours écouter et parler le dernier, beaucoup de finesse, autant de mépris pour les hommes que d'insouciance pour leurs jugements, connaissant surtout le pouvoir de cette ressource séductrice qui applanit les difficultés, triomphe trop souvent des sentiments, des intérêts que l'on devrait défendre, de l'honneur qu'on méconnaît et de la fidélité qu'on outrage, M. de Talleyrand pouvait rendre de grands services à la France ; il pouvait rendre indulgents sur le passé des hommes qui aimaient à croire au repentir, mais qui voulaient la religion, le roi et la légitimité.

M. de Talleyrand avait traversé la révolution, lié intimement avec les gens de tous les partis ; entouré d'intrigants qui avaient sa confiance, il n'eut ni la volonté, ni le courage de rompre avec eux pour s'entourer de gens fidèles et dévoués : ce fut là son premier tort.

Le pouvoir était son but, et il ne calcula jamais que les moyens de le prendre, ou de le recouvrer, lorsqu'il le perdait. M. de Talleyrand restera le chef de cette école dangereuse qui croit tout justifier par la nécessité ou bien par les résultats qu'elle obtient.

Jamais homme ne sut mieux profiter des circonstances pour se donner le mérite des événements.

Après avoir servi en apparence, et surtout, enchaîné la restauration, il l'abandonna, lorsqu'il la vit décidée à secouer son joug ; et le trône de juillet lui a eu, en réalité, des obligations bien plus positives que celui de la branche aînée des Bourbons, à laquelle, suivant moi et par haine surtout de Napoléon, il fut réellement plus utile en 1815 qu'en 1814.

M. de Talleyrand *improvisa* souvent de ces mots heureux et spirituels qu'un silence habituel et une grande nonchalance de paroles lui donnaient le temps de préparer.

Saluons aussi, le plus gracieusement qu'il nous sera possible, madame la duchesse de Dino, la nièce de M. de Talleyrand.

C'est un homme vraiment capable que cette femme, aussi remarquable par son caractère que par ses connaissances.

Son esprit est à la portée des conceptions les plus hautes et des pensées les plus profondes. Il sait tout entendre, tout comprendre, et il n'est pas plus étranger à la politique qu'aux sciences. Madame de Dino a immensément lu, et elle a tout retenu : elle parle quatre ou cinq langues.

Sans aucune prétention, sa conversation est facile et pleine d'intérêt ; elle écrit aussi bien qu'elle parle. Bras droit d'un vieillard pour lequel son dévouement fut absolu, elle a su également dissimuler sa propre importance et son ambition personnelle : sa vie s'est pour ainsi dire fondue dans celle d'un autre.

Elle parle avec grâce, et sait se taire à propos; elle est bien avec tout le monde, parce qu'elle ne veut être mal avec personne; ceux qui la blâment se sentent désarmés par sa présence.

C'est du reste un type de distinction : son caractère est grand et généreux. J'ignore si son indulgence pour les autres est plus ou moins calculée, mais jamais on n'a cité d'elle un mot malicieux, et l'on n'a pas plus d'obligeance.

Madame de Dino aurait de la peine à dissimuler la vivacité de ses impressions, sans l'incroyable empire qu'elle exerce sur elle-même.

Sa taille est élégante, et sa tournure pleine de grâce; ses dents sont éblouissantes de blancheur; sa physionomie est expressive; son teint a l'expression des femmes du Midi; ses traits annoncent la force d'âme et la passion.

Jamais des yeux plus grands et plus expressifs ne parèrent figure de femme; ils ont quelque chose de caressant, et une expression magnétique qui vous domine.

Madame de Dino s'est plusieurs fois trouvée dans des positions difficiles, dont elle a su toujours se tirer avec esprit.

Vivant dans l'intimité d'un des hommes les plus spirituels de son époque, elle a profité avec esprit d'une école qui n'était pas sans danger.

Ceux qui ont approché de madame de Dino, en parleront peut-être avec plus de chaleur; je ne suis ici qu'un assez mauvais peintre; j'ai voulu tracer la simple esquisse d'une des femmes les plus distinguées que je connaisse.

Ce passant tout petit, mince, assez laid, marqué de la petite vérole, mais d'une physionomie singulièrement expressive, c'est M. de Villèle.

Vous pénétrant jusqu'au fond de votre âme, ses petits yeux perçants et pleins de feu vous témoignent autant de méfiance que de curiosité.

Il n'a aucune habitude du monde; il est même un peu gauche, mais lorsqu'il se tait, on l'examine malgré soi, et il vous subjugue quand il parle.

Habitant des bords de la Garonne, on lui a souvent reproché son origine. Sa raison est supérieure; il a de la finesse, de la mesure, une grande sagesse, une patience inaltérable, une persévérance invincible, avec une apparence de mobilité dans les idées qui est plus fictive que réelle; un coup-d'œil pour les affaires, qui les lui fait apercevoir à l'instant sous leur véritable jour, les traitant toutes avec une égale profondeur, et une spontanéité de vues qu'il conserve au milieu du travail le plus fatigant.

Sa logique est serrée, et il va droit au but sans se perdre dans les détails.

Il prend dans le tête à tête un ascendant dont on subit le joug, malgré soi.

Sentant vivement ce qui le touche personnellement, il sait le dissimuler.

Visant à la bonhomie, et prétendant jouer cartes sur table, on se demande en le quittant : où est la dupe.

Ne prenant aucun soin pour conserver ses amis, il fait peu de cas des hommes, et leur accorde généralement peu de confiance.

Il néglige d'abattre ses ennemis, sans chercher à les gagner. Occupé de l'affaire du moment, il paraît ne pas penser toujours assez au lendemain, et il néglige les détails, croyant souvent éviter une difficulté en en remettant la solution.

« Tout vient à point à qui sait attendre » Il cite sans cesse cette devise qui en effet est la sienne. En affaires cependant, l'opportunité fait tout.

Hardi, presque téméraire, lorsque les circonstances l'y obligent, il est parfois incertain, attendant l'événement pour en profiter, sans être assez occupé de le prévenir; mais il en tire ensuite, avec habileté, le parti qu'il croit le plus favorable.

M. de Villèle a de grandes qualités et de légers défauts.

Aimant le pouvoir, il ne fait rien pour y parvenir; et lorsqu'il y est, il ne s'occupe peut-être pas assez de le fonder sur des bases solides.

Il compte trop sur son étoile et sur lui-même, en négligeant de vaincre les obstacles qui s'opposent au bien qu'il veut faire.

Désirant être maître absolu, il n'imprime pas toujours sa volonté aux autres, et ne confie à personne sa pensée intime.

Méfiant, il peut même soupçonner ceux qui lui sont le plus dévoués.

On ne le persuade pas facilement, mais on peut l'entraîner sur de petites choses.

Il n'aime pas à avouer qu'il s'est trompé, mais il ne conserve pas longtemps de rancune; les hommes ne lui semblent pas en valoir la peine.

Inépuisable en ressources, il ne désespère jamais, et s'il a semblé abandonner ses projets ou ses idées, il y revient bientôt sous une autre forme.

Homme très-difficile à connaître et qu'on a peut-être trop vanté sans l'apprécier assez.

Plein de finesse dans l'esprit, et profitant souvent des conseils sans l'avouer.

Sensible à la critique, il veut paraître impassible, plus disposé à écouter ses inférieurs que ses égaux.

Ayant, sous plus d'un rapport, fait lui-même sa propre éducation; calculant, réfléchissant beaucoup, et profitant toujours de l'expérience qu'il acquiert; s'occupant peu d'un passé qu'il ignore; songeant au présent, en méditant sur l'avenir.

Étonné parfois du rôle qu'il joue, les hommes sont pour lui des moyens qui tendent plus ou moins à ses fins.

Complaisant avec l'autorité, il ne sait pas lui résister en face, et prend quelquefois des détours pour arriver à son but.

Ombrageux par caractère, il est susceptible de préventions, même contre ceux qui lui ont donné des marques du plus inébranlable dévouement.

Il croit peu à la franchise. Montrant parfois pour les choses importantes une prévoyance qui étonne, et négligeant mille détails non moins essentiels. Pensant avec habileté, sans apporter assez de résolution dans ses pensées.

Je crois l'avoir jugé, avec la plus grande impartialité.

Jamais ministre ne montra un désintéressement plus noble et plus grand.

Nous venons de voir M. de Villèle: son ancien collègue, M. de Corbière, n'est pas loin (*).

M. de Corbière est à peu près de la taille de M. de Villèle, plus fort et moins nerveux; il a un grand front chauve, une petite mine chafouine, des yeux spirituels, beaucoup de physionomie.

(*) Nous n'avons pas besoin de faire observer la date probable de ces deux portraits qui appartiennent au tableau ministériel de la Restauration.

Bon homme au fond, il est bourru, sans égards, sans procédés, mais capable d'affection et même de sensibilité.

Connaissant peu ou point les usages du monde, il en rit et ne se laisse arrêter par aucune considération : fin, susceptible, méfiant, instruit, original.

Ayant tout l'entêtement d'un Breton, n'aimant pas la Charte, non pas peut-être sans motifs, mais ayant fait par son inconséquence, comme par sa nonchalance, un tort réel à la chose publique.

Détestant les chambres qui le gênent et qui le fatiguent; faisant peu, et ne voulant pas que les autres fassent à sa place; ayant acquis d'abord assez de puissance sur l'esprit du roi, par son instruction, comme par le ton plaisant avec lequel il raconte. Il avait une manière toute nouvelle d'entendre Homère, qui intéressait Louis XVIII.

MM. de Villèle et Corbière, mécontents l'un de l'autre et se boudant par suite comme des amants, n'étaient jamais plus heureux que quand ils se retrouvaient, et le danger commun les ralliait aussitôt.

Jamais homme ne fut moins fait pour être ministre à portefeuille que M. de Corbière; mais en revanche il avait au conseil une supériorité incontestable : son coup-d'œil était toujours aussi prompt que juste.

Sensible aux compliments, il aime peu la supériorité, en laissant de l'influence à ceux de ses subalternes qu'il croit dévoués, sans toujours s'occuper de les juger.

M. de Corbière est un parfait honnête homme, reconnaissant d'un service et capable de dévouement.

Il a porté dans les affaires de l'État une économie louable, quand elle est mesurée, mais qui, par son exagération, eût convenu plutôt à son ménage qu'à la France.

Indolent pour monter à la tribune, il y parle avec esprit et avec talent; mais il n'a pas soutenu comme ministre cette supériorité incontestable qui, dans l'opposition, lui avait acquis une si juste renommée.

Trouvant sa position commode, il la quitta sans regrets, et par la conduite la plus honorable, il a grandi dans la retraite.

Après les deux ministres qui ont servi la Restauration, voici deux ministres d'hier ou d'aujourd'hui, qui servent la Révolution de Juillet.

L'un, M. Thiers, a beaucoup de physionomie; une mobilité sans pareille; enfant gâté, qui court après le pouvoir et la fortune, en jouant avec l'un comme avec l'autre; facile sur les moyens qu'il emploie, sans méchanceté, mais capable de tout braver pour arriver à ses fins.

Ne sachant pas bien ce qu'il veut, il ignore ce qu'il doit; ne croyant manquer à rien, parce qu'il ne croit à rien, et ne réfléchissant qu'après avoir agi; acteur toujours en scène, tragique ou comique, suivant la circonstance.

Pas plus de véritable élévation dans la pensée que dans la parole ou dans la tournure; se disant fils de la Révolution, et affectant de l'être, avec une

tendance marquée vers le despotisme; brave, impétueux, orgueilleux, téméraire, inconséquent, présomptueux, étourdi, fanfaron, ne doutant de rien, peu occupé du jour, et nullement du lendemain; allant à la minute, suivant son impression, et capable du bien comme du mal, sans qu'on puisse lui savoir gré de l'un, ni précisément lui en vouloir de l'autre.

Aimant la fortune pour jouer avec elle; impossible à intimider, mais toujours incertain; élève boiteux de M. de Talleyrand, qui boitait de toutes les manières; jouant avec tout et se jouant de tout; n'appartenant véritablement à personne, à moins que le soleil levant ne soit quelqu'un.

L'esprit domine chez M. Thiers toutes les autres facultés. Vrai tribun, une assemblée délibérante n'a rien qui l'effraie, et il a le talent de parler longtemps pour ne rien dire; habile à exprimer tous les sentiments, il enlace si bien ceux qui l'écoutent, qu'il finit toujours par les entraîner à sa suite. Sa facilité est remarquable; mais on l'embarrasserait fort, si, avant de monter à la tribune, on lui demandait ce qu'il va dire, ou si, lorsqu'il en descend, on lui demandait ce qu'il a dit.

M. Thiers n'a aucune des conditions de l'homme d'État; il est plus heureux que vraiment habile; c'est un tribun, je le répète, enflé par la fortune, à laquelle il se livre sans réserve.

Ambitieux, la retraite n'a rien qui le décourage; les reproches lui sont aussi indifférents que les revers, et lorsque son étoile semble pâlir, il se console par l'idée du retour.

Ayant toutes les prétentions, et il en justifie quelques-unes; il se croit aussi facilement un Napoléon qu'un Sully, et il dresse avec la même confiance un plan de campagne et un coup d'état.

Si on lui prouve qu'il dit le contraire de ce qu'il pense, ou qu'il pense l'opposé de ce qu'il dit, il vous déjoue par un sourire dédaigneux. Rien n'est fixe dans cette tête qui improvise tout.

Sans connaissances profondes, admirablement superficiel, il laisse toujours courir au hasard sa langue comme sa plume. Aussi orgueilleux dans les succès que dans les revers, il ploie s'il succombe, se croyant toujours certain de se relever; M. Thiers se baisse, mais il n'est jamais abattu.

L'autre, M. Guizot, est un homme d'une immense instruction, d'un esprit et d'un talent peu communs.

Homme sans aucune conviction, mais fixe dans son ambition, une seule pensée domine tous les sentiments de cet esprit qui sait prendre tous les masques et employer tous les moyens pour arriver à ses fins.

M. Guizot sait attendre, il sait remettre : véritable talent de l'homme d'État. On n'a pas plus de séduction dans le langage, ni plus de force dans le raisonnement.

Grand travailleur, il est tout entier à la passion qui le domine, et s'il se montre parfois sensible, c'est encore parce qu'il le croit utile à son ambition. Petit, pâle et maigre, il a une sorte de distinction qui commande et une bonhomie qui vous séduit en vous trompant.

S'il était né méchant, il se fût rendu redoutable; car rien ne peut l'arrêter dans sa marche; mais il calcule trop bien pour renoncer à la séduction de son langage et de ses manières.

On n'a pas plus d'esprit; aussi est-il difficile de ne pas l'écouter, de ne pas se sentir un moment entraîné par ses paroles; mais si vous pensez bien à cet homme qui a tout cru et tout nié, tout soutenu et tout combattu, vous douterez bientôt de celui qui vous avait un moment entraîné.

La confiance que M. Guizot a en lui, tient presque de la folie, tout en lui donnant une grande force; jamais il ne doute de lui-même, bien que semblant toujours ajouter foi aux paroles des autres.

M. Guizot est parvenu à imposer à ceux qui l'approchent, en se faisant pardonner une légèreté peu en harmonie avec son caractère; mais comment estimer réellement l'homme qui n'a aucune conviction réelle!

La tendance de son esprit le porte vers le despotisme, et il se sert avec habileté des images de liberté pour arriver au pouvoir, qui est son idole, et à l'absolu, qui est son rêve. Il ne tient qu'aux idées qui sont utiles à son ambition. Faible ou despote, il transige avec le pouvoir, ou l'écrase sous le poids de l'autorité qu'il a su conquérir; ayant l'adresse de se conserver toujours comme une ressource ou de s'imposer comme une nécessité.

M. Guizot, arrogant et présomptueux, ne se montre jamais ni inquiet ni incertain; il peut, jusqu'à un certain degré, réussir, grandir de son

vivant; mais après sa mort, la postérité se montrera sévère, et de tous ces tristes souvenirs il ne restera qu'un tombeau.

Plus prudent que M. Thiers, mais moins souple, il sait parfois trouver une éloquence puissante, prendre toutes les physionomies et parler toutes les langues.

Plus réfléchi que M. Thiers et non moins dangereux, il a bien plus de persévérance dans ses projets, et non moins de témérité dans l'action.

M. Thiers *se donne sous conditions*; M. Guizot s'impose.

Un autre ministre de la Révolution de Juillet, M. le comte Molé, vient de passer sous mes fenêtres : c'est un homme d'un esprit remarquable,

dissimulant sous un extérieur froid beaucoup d'ambition et un grand amour du pouvoir.

Audacieux et indépendant par caractère, il ménage l'autorité pour favoriser sa passion dominante, et reste fidèle à ce qu'il croit, dans l'intérêt d'une ambition qu'il colore à ses yeux du dévouement qu'il porte à son pays.

Élevé à l'école de l'arbitraire, il vise au pouvoir absolu. Homme du monde, agréable et séduisant, il n'est pas insensible aux succès que lui valent ses manières aussi gracieuses que distinguées.

Il suit silencieusement ses idées, mais avec une grande persévérance.

S'il parle, c'est avec goût et talent, soit à la tribune, soit dans un salon.

Absorbé par les affaires, on n'est pas plus aimable dans l'intimité.

Son âme est accessible à un sentiment généreux, et capable des plus nobles actions.

Une imagination ardente lui fournit toujours de nouveaux calculs; homme de tête, capable de trouver des ressources où un autre ne verrait que la certitude du danger, et ayant en lui une confiance que souvent il justifie, mais qui, parfois aussi, l'abandonne au moment de l'action.

Décidé par caractère, il sait sacrifier sa volonté, et calcule plus souvent le but qu'il veut atteindre que les moyens d'y parvenir.

Ne voyant pas toujours les choses d'assez haut, il ne les prend pas assez dans leur ensemble.

Orateur et homme d'esprit, M. Molé ne borne pas ses prétentions à être homme d'État, il veut être homme du monde, et il y réussit au gré de ses désirs.

Celui qui siégeait au Conseil-d'État des cent-jours; celui que l'on accuse à tort ou à raison d'avoir participé à l'acte qui proscrivait Louis XVIII et sa famille, *siége aujourd'hui au banc des ministres.*

Si ce n'est pas un grand bien, ce peut être un grand mal.

La journée est bonne pour l'observateur et pour le peintre; encore un excellent modèle : j'aperçois M. Dupin aîné.

M. Dupin n'a pas un mauvais cœur, tant s'en faut; mais rien n'est fixe dans sa tête, et il règne la même mobilité dans ses opinions que dans ses sentiments.

Irascible au dernier degré, il vous tourne le dos, si vous avez le malheur de le blesser, et il vous revient avec la même facilité. Partisan de la liberté, il est courtisan avant tout; et la puissance exerce sur lui une influence absolue; il ne sait pas plus résister à un mot obligeant qu'à une poignée de main.

Ne lui en veuillez pas de ce qu'il est: il n'y a chez lui ni projet ni volonté, et souvent il ne sait pas lui-même ce qu'il a été ou ce qu'il sera.

Vif, emporté, taquin, susceptible, violent, il s'apaise facilement; il fait le mal et le bien sous l'impression de l'heure et du moment.

Le pouvoir lui plaît.

M. Dupin est capable de courage et d'énergie, surtout si un événement quelconque lui a fait perdre son sang-froid. Il a eu de beaux moments, de l'éloquence et du caractère, au barreau et à la tribune; dans une position donnée, il est capable de se dévouer pour rendre un service; s'il a de la mémoire pour certaines choses, il en manque absolument pour d'autres.

Le passé ne l'embarrasse jamais, et l'avenir l'occupe peu.

Il y a dans son âme une grande indifférence pour mille choses de la vie.

Il a beaucoup d'ambition, en négligeant souvent de servir cette ambition même.

Il oublie facilement ses amis, et cependant ces derniers sont sûrs de le retrouver au besoin.

M. Dupin est orgueilleux, il aime le faste et l'ostentation.

Il vous écoute rarement, et le meilleur raisonnement du monde aura moins d'empire sur son esprit qu'un caprice ou une distraction.

M. Dupin a des accès de gaîté dont il ne se rend pas toujours compte; habituellement son caractère est sombre.

Il peut vous faire du mal par boutade ou par violence, mais il est incapable de se venger, et parfois un moment d'épanchement lui est doux.

Il a de la bonté, de la suffisance, de l'abandon, de l'orgueil, de la vanité, de la présomption, beaucoup d'originalité.

Il a même une sorte de bonhomie, et peut devenir bon enfant, lorsqu'aucune de ses passions n'est mise en jeu.

On ne se ressemble pas moins, au moral et au physique, que ces deux frères que l'on appelle Dupin aîné et Charles Dupin.

Remarquablement instruit, homme moral, religieux, profond, sensible, délicat à l'excès, ami dévoué, époux tendre, M. Charles Dupin fait oublier ce que l'on pourrait appeler sa laideur, par une physionomie spirituelle, fine, distinguée et pleine de charme, bien qu'un peu dédaigneuse.

Fixe dans ses idées comme dans ses sentiments, il est aussi difficile de le faire renoncer aux unes qu'aux autres. Aimable, gai, sérieux, du caractère le plus grave avec de l'enjouement, léger même au besoin dans la conversation, on n'est pas plus profond sur tous les points. S'il est moins éloquent que son frère à la tribune, il l'est beaucoup plus en écrivant, et porte dans votre âme la conviction qui est dans la sienne.

On n'a pas une plus belle âme ni un plus noble caractère. Sa parole est sacrée, sa loyauté imperturbable, sa délicatesse digne de servir de leçon et de modèle.

Ami dévoué, rien n'atténuerait son énergie, si vous blessiez devant lui un ami, en le méconnaissant. Bon, sincère, fidèle, il se pardonne difficilement la peine qu'il a pu causer dans un moment d'emportement, et il est prompt à la réparer.

Son genre d'esprit le porterait à la critique et à l'épigramme; mais son cœur le retient.

M. Dupin a bien quelques systèmes, mais la justesse de son esprit est toujours inséparable de la conscience la plus pure et la mieux éclairée.

Il y a autant de profondeur dans sa pensée que d'élévation dans son caractère. Il ne calcule point ses actions, mais beaucoup ses paroles, à moins qu'il ne se livre, ce qui lui arrive parfois, avec l'abandon le plus aimable. Il a, sans pédanterie, la science du savant le plus érudit... le bien qu'il fait... chacun l'ignore, et à peine si lui-même se le rappelle!

Aimé, apprécié, estimé par tout ce qui l'approche, M. Dupin est un de ces hommes qu'on ne connaît pas assez et qu'on ne pourrait trop connaître.

La plus sévère impartialité seule a conduit ma plume, et sûr de n'avoir rien dit de trop, je me demande si j'ai rendu à cet homme honorable toute la justice qu'il mérite!

Ne sortez pas de la rue de Varennes, sans prendre garde à cette maison qui porte le n° 31; c'est l'hôtel où loge M. le marquis de Dreux-Brézé.

Pour être un profond penseur, un profond politique, un véritable homme d'État, il ne suffit pas d'avoir un noble cœur, un esprit élevé, un tact exquis, beaucoup de finesse, de souplesse et presque de coquetterie, beaucoup de réflexion et d'adresse, de l'énergie dans l'occasion et toujours du talent, il faut encore bien comprendre sa position, en sachant en tirer tout le parti possible; ne point hésiter, ne jamais revenir sur ce qu'on fait, et sans éprouver le besoin de ménager tout le monde, marcher droit vers un but, avec une invincible persévérance, choisir ses amis et se rire de ses ennemis; il faut savoir profiter des circonstances, et des fautes de ses adversaires, braver au besoin l'opinion, en s'efforçant de la diriger, et compter sur sa conscience, bien plus que sur la justice des hommes.

Il faut enfin avoir une santé parfaite, un corps robuste, une volonté de fer, un caractère assez fort pour que rien ne l'étonne, ne le domine, ni ne l'ébranle dans sa marche.

C'est ce tout complet qui est rare; aussi, le véritable homme d'état se comprend-il plus facilement qu'il ne se rencontre : c'est presque la huitième merveille du monde qu'on est encore à chercher.

Chacun aime et apprécie M. le marquis de Brézé, en rendant justice à ses sentiments, à ses pensées générales, à son honorable caractère, comme au charme répandu dans sa personne et dans son langage; mais ses adversaires politiques ne le craignent pas assez, et ils comptent trop sur des hésitations qui tiennent surtout à la défiance de ses propres forces.

Homme du monde, il vous captive dans l'intimité; il vous subjugue dans un salon; il vous entraîne à la tribune.

Lorsqu'il y monte, on craint la puissance de ses paroles si françaises et si nobles ; sa franchise et son éloquence qu'il puise surtout dans son cœur ; son imperturbable loyauté, un désintéressement si peu commun, son énergie même ; mais on ne lui répond jamais qu'à demi, en laissant au lendemain le soin d'atténuer l'effet de la veille.

Un front élevé, des cheveux rares sur le front, un coup-d'œil vif et pénétrant, qui vous regarde toujours en face ; de la grâce dans toutes ses manières, une profonde conviction, des gestes simples et animés, une manière de dire simple et persuasive, font du marquis de Brézé un des meilleurs orateurs de la chambre des Pairs, terrain qu'il a si bien étudié et qu'il connaît si parfaitement, que toujours on l'écoute avec la plus sérieuse attention, dans un profond silence.

Le marquis de Brézé commande le respect, et ceux qui blâment ses opinions, parlent souvent de l'estime que leur inspire son noble caractère.

Le marquis de Brézé n'est pas sans ambition, mais c'est surtout l'ambition du bien qui le domine.

Avec toute l'apparence de l'abandon, il se livre rarement sans réserve, et on le devine plus encore qu'on ne le connaît.

Avec beaucoup de franchise apparente, il se fie à sa finesse pour vous dissimuler sa pensée la plus intime ; mais malgré lui, sa physionomie est un miroir pour qui l'étudie avec attention ; et si, contre sa volonté, vous l'avez deviné, il vous sourit avec grâce.

Trahir la vérité lui serait impossible : il peut se taire, mais jamais sa bouche ne prononcerait un mensonge.

Une disposition fébrile, beaucoup d'âme et d'imagination lui rendent assez difficile de conserver un sang froid qu'il voudrait toujours garder.

Triste et plutôt mélancolique, il compte sur les hommes qu'il croit connaître ; mais parfois il les ménage trop pour ce qu'ils valent.

Simple, il a l'opinion de ce qu'il vaut, et personne n'est tenté de le contredire.

Il a beaucoup d'à-propos, dans la conversation comme à la tribune, où il improvise toujours avec grâce.

Dans sa jeunesse on le croyait léger ; mais sa carrière politique a donné un noble démenti à ses premières années : M. de Brézé est l'orateur vraiment national.

Passants, le *Sacré-Cœur* est dans la rue de Varenne : on ne saurait avoir trop de respect pour cette maison du Bon Dieu, ni faire trop son éloge.

LAROCHEFOUCAULD, duc de Doudeauville.

RUE DE VAUGIRARD.

Place Saint-Sulpice

La rue de Vaugirard, anciennement désignée sous le nom de *Chemin-de-Vaugirard*, commence aux rues des Francs-Bourgeois-Saint-Michel et de Monsieur-le-Prince, et finit à la barrière; elle appartient aux dixième et douzième arrondissements, et aux trois quartiers de l'École de Médecine, du Luxembourg et de Saint-Thomas-d'Aquin. Située au nord-ouest de Paris, elle est limitée par la rue Dauphine, le Pont-Neuf et les boulevarts extérieurs.

Ce n'est qu'au xvi° siècle qu'on a commencé à bâtir dans cette rue, aujourd'hui grande, active et populeuse, comme un vrai faubourg. On lui donnait le nom de Vaugirard et quelquefois du Luxembourg, dite de Vaugirard, qu'elle tirait sans doute du village auquel elle conduit. Ce village, nommé Valboiton ou Vauboitron jusque vers le milieu du xiii° siècle, changea sa dénomination quand Girard, abbé de Saint-Germain-des-Prés, l'eut fait reconstruire. Presque à son entrée se trouvait situé, il y a quelques années encore, un cimetière qui fut réuni à celui du Mont-Parnasse : il n'avait ni l'étendue des champs de repos actuels, ni le luxe et les fastueux mausolées du Père-Lachaise ; mais les pauvres gens qu'on y enterrait, pour y prendre moins de place, n'en étaient pas pour cela moins nombreux, et entre autres monuments funèbres dignes d'une citation, on remarquait les tombeaux de La Harpe, du docteur Leroy, de mademoiselle Clairon et du général Mounier.

Le boulevart extérieur, qui sépare le village de Vaugirard de Paris, fut établi par suite des constructions du mur d'enceinte, ordonnées dans l'intérêt du fisc par Louis XVI, le 13 janvier 1783. Les fermiers-généraux, sous prétexte d'arrêter les progrès de la contrebande, mais bien pour assujettir aux droits d'entrée un plus grand chiffre de consommateurs, obtinrent du ministre Calonne l'exécution de ces immenses travaux, malgré les réclamations et la résistance des habitants de Paris, lésés dans leurs propriétés. C'est à cette occasion qu'un plaisant fit ce vers qui circula aussitôt de bouche en bouche :

Le mur murant Paris, rend Paris murmurant.

La porte ou barrière d'entrée, élevée sur les dessins de l'architecte Ledoux, est un lourd édifice, d'une magnificence d'autant plus déplacée, qu'à cette époque les finances de l'État se trouvaient dans la plus déplorable des situations.

Le calme et l'aspect demi-champêtre des avenues environnantes, la tranquillité des rues, la nature bourgeoise et laborieuse de ses habitants, l'éloignement de tout fracas, de toute agitation, de toute cohue ; nulle rivalité commerciale, nulle industrie bruyante ; quelques hôtels à peine habités, dont les panaches d'arbres verts ombragent les sourcilleuses murailles, tout concourt à faire de la rue de Vaugirard l'asile le plus retiré, la solitude la plus paisible et l'ermitage le plus propice aux amis du silence, du travail et de la prière. Aussi servit-elle d'abri constant aux innombrables ordres religieux qui, à différentes époques, vinrent chercher en France et à Paris, un refuge assuré contre les fléaux de la guerre, de la peste, de la famine et de la persécution. Nous avons pu compter jusqu'à vingt-trois communautés, monastères ou succursales qui s'y sont établis et multipliés, et que 1790, ce terrible niveleur, à presque tous anéantis. De ces maisons religieuses il en est à peine trois qui n'ont pas changé d'habitation à l'heure qu'il est. Telles sont les Filles du Saint-Sacrement, au coin du boulevart ; les Sœurs de Charité, près la rue du Regard ; les Carmélites, entre les rues Cassette et d'Assas, qui se partagent les grands enclos de l'ancien chemin du Val-Girard avec plusieurs maisons de jésuites ; une école de frères de la Doctrine-Chrétienne et quelques succursales religieuses, dont le nom n'a pu nous être donné.

Le couvent des Carmélites appartenait primitivement aux *Carmes déchaussés*, ainsi nommés, parce qu'ils étaient les seuls qui eussent persévéré dans la règle de leur réformatrice Thérèse d'Ahuma, et qu'ils marchaient pieds-nus. Les Carmes se donnaient pour fondateur le prophète Élie ; ils eurent à ce sujet une longue guerre à soutenir contre les jésuites, qui leur contestaient cette origine. En 1611, Nicolas Vivien, maître des comptes, leur fit don du vaste emplacement occupé de nos jours par l'église et les cloîtres actuels. Malgré les richesses qu'ils amassèrent, ils ne discontinuaient pas de mendier. Leur apothicairerie faisait un grand commerce d'une *eau de Mélisse* dont ils étaient inventeurs ; ils possédaient aussi le secret d'une composition dite *blanc des Carmes*, qui donnait aux surfaces des murs le brillant d'un marbre poli. En 1791, on fit de leur couvent une maison d'arrêt destinée aux prêtres insermentés, dont une partie s'y rendit volontairement, pour être déportée conformément aux lois. Le 7 septembre de l'année suivante, cent soixante-douze prêtres et quelques personnages de marque y furent égorgés : les ossements de l'archevêque d'Arles, des évêques de Beauvais et de Saintes, du ministre Montmorin et de son frère, d'Abancourt, de Rulhières, de Rohan-Chabot, de Reding, de Maussabré et de la princesse de Lamballe, qui périrent dans cette fatale journée, ont été déposés aux Catacombes.

Joseph Duplain, administrateur de la caisse d'escompte, échappa au massacre en s'emparant des pistolets qu'un des égorgeurs avait déposé sur une fenêtre, puis, se mêlant à la foule et vociférant avec elle, il gagne les portes et s'évade.

En 1808 madame Soïecourt se rendit propriétaire des terrains et du monastère qu'elle rendit au culte en les concédant aux Carmélites.

A quelque distance se dressait un magnifique hôtel, où le duc de Richelieu conduisit un soir mademoiselle Maupin ; il lui remit une bourse de trois mille louis, de la vaisselle plate, un écrin de pierres de la plus belle eau, du linge, des meubles, des étoffes, et finit même par y ajouter sa plaque de l'ordre du Saint-Esprit, toute couverte de diamants ; sur quoi on fit le couplet suivant :

> Judas vendit Jésus-Christ.
> Et s'en pendit de rage.
> Richelieu, plus fin que lui,
> N'a mis que le Saint-Esprit
>   En gage.

Au coin de la rue du Regard est une fontaine construite par Bralle en 1806, et alimentée par l'aqueduc d'Arcueil ; son bas-relief, d'un assez bon style, est une imitation du genre de Goujon : il représente Léda assise aux bords de l'Eurotas, près de Jupiter métamorphosé en cygne. Tout à côté existe une fabrique de poterie, sur les anciennes dépendances de l'hôtel de Laval, appartenant à la veuve Santerre : c'était autrefois une *petite maison*, où les seigneurs de la Régence, amis du maître, donnaient leurs soirées galantes et leurs fastueuses orgies; c'est à présent un des magasins du service militaire de l'habillement et du campement. On reconnaît encore aux peintures plus qu'érotiques prodiguées aux panneaux et aux plafonds des cabinets, aux portes secrètes, aux escaliers dérobés, la destination passée de ce séjour, dont la chronique, malheureusement perdue, doit avoir été riche en tendres mystères et en piquantes intrigues d'amour. Plus loin, au n° 100, est un autre hôtel qui fut, en 1816, le siège de la légation américaine : il avait appartenu autrefois au fermier-général Bouret, qui vécut toujours misérable, même au sein de ses richesses; il n'avait plus à sa mort que dix-huit cent livres de rentes et devait plus de cinq millions. Au fond du jardin il s'était fait construire *une bergerie* où il nourrissait une vache avec des petits pois verts à 150 livres le litron, afin d'en régaler dans la primeur une femme qui ne vivait que de lait. Si de pareilles folies ne nous étaient attestées par l'histoire, nul de nos jours, même les plus fous, n'y voudrait ajouter foi. Sa femme lui représentant sans cesse l'énormité de ses dépenses, alla jusqu'à accuser son intendant d'infidélité.

— « Madame, lui répondit Bouret, qui était honnête homme, — quoique financier, — j'examine minutieusement les comptes; mais, par malheur, ils sont toujours de plus en plus justes. »

Après les rues d'Assas, Cassette, de Madame et du Pot-de-Fer, s'ouvre la rue Férou, qui commence rue Palatine et place Saint-Sulpice. Des deux maisons qui font l'angle dans la rue de Vaugirard, en face la porte de la caserne du Luxembourg, occupée avant 1830 par la gendarmerie d'élite, l'une est l'ancien hôtel de La Trémouille, l'autre est une maison d'éducation dirigée par M. de Reuss. Cette rue doit son nom à Étienne Férou, procureur au parlement, propriétaire de plusieurs maisons dans le clos Saint-Sulpice. Elle était autrefois partagée par un cul-de-sac dit *Ferou* de la rue principale ou *des Prêtres*, étant particulièrement habitée par les clercs attachés à Saint-Sulpice. Sauval assure qu'on la désignait aussi sous le nom de Saint-Pierre.

Pendant la terreur, le célèbre Lavoisier, menacé par la colère du tribunal révolutionnaire, se cacha dans une petite maison de la rue Férou; il y fut accueilli par une excellente et courageuse femme, dont nous regrettons vivement d'avoir oublié le nom : elle négligea le soin de sa propre sûreté, pour veiller sur son hôte, dont elle croyait avoir à répondre devant Dieu; elle l'emprisonna, pour ainsi dire, dans la chambre, dans la retraite la plus mystérieuse de sa demeure, pour le protéger contre sa frayeur ou son imprudence. Lavoisier craignait à chaque instant de compromettre sa nouvelle amie, et plus d'une fois il avait parlé de s'enfuir, au risque d'aller porter sa tête sur un échafaud : la dame de Bon-Secours de la rue Férou employa plus de peine, plus de ruse, plus d'imagination pour empêcher Lavoisier de sortir, que bien d'autres n'en auraient employé pour l'empêcher d'entrer.

Un jour, un triste jour! Lavoisier profita de l'absence de son hôtesse, de son généreux geolier, il franchit le seuil de sa prison hospitalière; il se mit à courir dans la rue Férou; il traversa le Luxembourg; il quitta Paris; il arriva au Bourg-la-Reine, et le lendemain c'en était fait d'un savant illustre, mieux que cela, c'en était fait d'un innocent.... Oh! que de regrets et que de larmes dans la petite maison de la rue Férou!...

Le petit séminaire de Saint-Sulpice et la communauté dite *des Robertins*, occupaient la majeure partie de son étendue. En face, l'hôtel Charost s'appuyait contre le couvent des *Filles du Saint-Sacrement*, établi là par lettres-patentes de 1654. C'est dans leur chapelle, dont elle s'était déclarée fondatrice, qu'Anne d'Autriche, un cierge à la main, vint expier solennellement les outrages faits au saint Sacrement pendant la guerre civile qu'elle avait soulevée. Il était d'usage dans ce couvent qu'une religieuse répétât chaque jour cette cérémonie et fît amende honorable au milieu du chœur, moitié nue, la corde au cou et une torche à la main.

La rue Férou touchait presque à l'étroite place Saint-Sulpice, encore plus rétrécie par les bâtiments du grand séminaire, fondé par Jacques Ollier, curé de Pebrac, lesquels empiétaient considérablement sur le terrain affecté à l'église. Malgré toutes les recherches qu'on a faites, on n'a jamais découvert la date exacte de la première construction de Saint-Sulpice. L'abbé Lebœuf, dans son histoire de Paris, pense que ce temple servait de baptistaire au bourg de l'Abbaye, comme dans les siècles reculés, Notre-Dame à la Cité. La partie de Saint-Sulpice qui fut abattue en 1725, était un nouvel accroissement qu'on lui avait donné sous François Ier; l'évêque Mégare en bénit la chapelle de l'*Immaculée conception*, avec la permission de l'évêque de Paris. Le 10 février 1646, sur les quatre heures du soir, la reine Anne d'Autriche, mère de Louis XIV, alors régente du royaume, assistée de la princesse de Condé, de la duchesse d'Esguillon, de la comtesse de Brienne et des ducs d'Uzès et de Guise, vint à l'ancienne église, où elle fut reçue par Alin, évêque de Cahors et M. Olier, curé, avec tout le clergé; elle fut processionnellement conduite dans le cimetière, à l'endroit où devait être le maître-autel de la nouvelle paroisse et où elle descendit poser la première pierre dans les fondations. Les travaux commencèrent alors sur les dessins de Louis Leveau et se continuèrent sous la direction de Gittard, puis d'Oppenord et enfin de Servandoni, jusqu'en 1745. Sa façade et son magnifique portique ne purent être terminés que grâce aux intrigues et aux démarches pressantes du curé Linguet; il était connu pour aimer beaucoup l'argent; il ne cessait de harceler ses paroissiens pour qu'ils contribuassent par leurs générosités au prompt achèvement de son église, et abusait de ce prétexte en leur enlevant par-ci par-là quelque pièce d'argenterie, des bijouteries ou de la vaisselle, qu'ils n'osaient plus lui réclamer. Un financier millionnaire, nommé Samuel Bernard, constamment en butte à ses importunités s'était juré de demeurer constamment sourd à ses prières; il tombe malade et agonise; Linguet d'accourir et de le menacer de tous les supplices de l'enfer, s'il ne lègue point une partie de ses richesses au chapitre; mais le financier reste insensible:

— Cachez vos cartes, M. le curé, lui dit-il avec un dernier sourire, je vois tout votre jeu.

Et il meurt en juif avare, sans rien donner au chrétien cupide.

Ce curé était fils du journaliste Linguet de Gergy, qui passa vingt-deux années de sa vie à la Bastille, pour avoir maltraité, dans un article au sujet d'une danseuse qu'il avait outragée, le maréchal duc de Duras, alors chargé de la surveillance des théâtres. Ce dernier lui ayant fait dire qu'il le tuerait à coups de bâton :

— Ah! ah! s'écria Linguet, il n'a donc pas oublié qu'il était maréchal de France?

L'intérieur de Saint-Sulpice est très-beau; l'ensemble de son architecture est d'un grand et noble effet : la chapelle de la Vierge, remarquable entre toutes les autres, est précieuse par l'exécution de la statue et des groupes qui l'accompagnent, par son magnifique dôme et la manière ingénieuse dont elle est éclairée. La république de Venise fit présent à François Ier, qui les donna à cette église, des deux énormes coquilles si remarquables par leur pureté et leur forme, attachés en guise de bénitiers aux pilastres des deux entrées principales. La chaire est une merveille de hardiesse et d'élégance; l'orgue, construit par Cliquot, est un des meilleurs de Paris. Sous le Directoire exécutif, les théophilantropes tinrent leurs séances à Saint-Sulpice, sous la présidence de La Réveillère-Lépaux, leur grand pontife. Napoléon, lors de son avènement, leur défendit de se réunir dans les lieux publics, mais il se garda bien de les molester autrement, car il n'eût manqué qu'une persécution à la gloire de cette religion naissante, pour accroître le nombre et l'enthousiasme de ses sectateurs. Le mépris froid avec lequel on les traita, les anéantit tout d'un coup.

Le séminaire de Saint-Sulpice, dont les bâtiments contrariaient la principale façade de l'église, fut démoli en 1802. Dix-huit ans plus tard, le ministre de l'intérieur posait la première pierre du nouveau séminaire, élevé aujourd'hui au sud de la place et qui contribuera beaucoup à sa décoration, dès que la fontaine qu'on y construit en ce moment, sera terminée.

Sous cette vaste plaine du faubourg Saint-Germain que couvrent Saint-Sulpice, les rues de Vaugirard, Saint-Jacques et la Harpe, l'Odéon, le Panthéon, le Val-de-Grâce, l'Observatoire et bien avant jusqu'à Mont-Rouge, sont d'immenses carrières composant une nouvelle ville, dont les rues souterraines et même les numéros de maisons correspondent aux rues et aux maisons supérieures de Paris. Les débris de 80,000,000 d'individus sont enfouis dans cette immense nécropole. C'est à M. Lenoir, lieutenant-général de police, qu'on attribue la première idée de déposer dans ces carrières, les ossements accumulés depuis un temps immémorial dans le cimetière des Innocents, dont le Conseil-d'État, par son arrêt du 9 novembre 1785, prononça la suppression. Un an après, l'ingénieur Guillaumot commença les travaux des cryptes parisiennes.

L'usage d'inhumer les morts fut commun à tous les peuples; il s'est religieusement transmis de siècles en siècles jusques aux nôtres, et c'est à l'origine de cette coutume que remonte l'établissement des Catacombes. Il est impossible de préciser à quelle époque les carrières des environs de Lutèce furent mises en exploitation. C'est par tranchées ouvertes dans le flanc de ses collines, que l'extraction des pierres aura dû être opérée. On en retrouverait encore quelques traces au bas de la montagne Sainte-Geneviève, sur les rives de l'ancien lit de la Bièvre, dans l'emplacement de l'abbaye Saint-Victor, du Jardin des Plantes et du faubourg Saint-Marcel.

Les carrières de ce dernier faubourg ont exclusivement fourni, jusqu'au XII° siècle, les pierres de construction des temples et des palais de la ville. Ces carrières une fois épuisées, on en ouvrit de nouvelles au sud des remparts, vers les places Saint-Michel, de l'Odéon, du Panthéon, des Chartreux et des barrières d'Enfer et Saint-Jacques. Trois escaliers communiquent aux Catacombes : le premier est situé dans la cour du pavillon occidental de la barrière d'Enfer; le second à la tombe Issoire ou Isoard, maison dépendant de Saint-Jean de Latran, et ainsi nommée, suivant la tradition du fameux brigand Isoard, qui exerçait ses rapines dans les environs; le troisième dans la plaine de Montsouris sur le bord de la *Voie Creuse*,—ancienne route d'Orléans,— et à peu de distance de l'aqueduc souterrain d'Arcueil : c'est par ce dernier que l'on descend le plus généralement dans ces retraites sépulcrales.

On raconte qu'à l'approche des alliés, le bruit s'étant répandu que tous les souterrains de Paris étaient remplis de poudre et que les piliers des Catacombes avaient été minés pour s'abîmer au premier signal, le général Sacken s'enquit auprès des autorités municipales de ce fait, tellement accrédité, qu'il était venu à la connaissance de la plupart des généraux étrangers bien avant la journée du 30 mars. M. Héricart de Thury, alors ingénieur en chef au corps royal des mines. interrogé par le soupçonneux feld-maréchal, lui proposa de descendre lui-même aux Catacombes et d'y faire telles perquisitions qu'il jugerait convenables pour arriver à la découverte de cette prétendue mine; mais, rassuré par le calme et la noble franchise de M. de Thury, Sacken se refusa à une investigation de ce genre, et dès-lors, ne s'occupa plus des inquiétudes qu'on lui manifestait de toutes parts à ce sujet.

L'aspect de ces vastes souterrains, bordés de croix, d'épitaphes, de tombes et de pyramides, d'ossements bizarrement ornées; le profond silence qui y règne, leurs ténèbres, à peine interrompues çà et là par la lueur rougeâtre des torches ou le cordon des lampes allumées sous les voûtes; ces gardiens, ces ouvriers, marchant et travaillant dans ce séjour de la mort, se croisant en sens divers et disparaissant dans les plis mystérieux du terrain, pour reparaître aussitôt au sommet de quelque galerie aérienne, qu'on croirait édifiée par les puissantes incantations d'une fée plutôt que par la main des hommes, tout cela trouble les plus fortes imaginations, émeut les cœurs les moins susceptibles et ramène irrésistiblement les souvenirs vers ces antres ténébreux de l'île de Crète, tant de fois décrite par nos anciens poëtes latins et où Virgilius Maro avait placé le gouffre initial de la sombre juridiction de Minos.

En continuant notre excursion dans la rue de Vaugirard, nous passons devant les quatre entrées du jardin du Luxembourg : c'était, dans son origine, une maison environnée de jardins que Robert de Harlay de Sancy avait fait bâtir en 1540. A sa mort, elle échut à sa veuve, Jacqueline de Marinvilliers, qui la vendit au duc de Pinci-Luxembourg, dont cet hôtel, a depuis, conservé le nom. Marie de Médicis, veuve de Henri IV, en devint à son tour propriétaire pour la somme de 90,000 livres. Elle acquit environ vingt-cinq arpents de terres contigues, et fit construire le palais actuel tout entier, en moins de six ans, sur le modèle du palais *Pitti*, des ducs Toscans, à Florence et sous la direction de Jean des Brosses, le plus fameux architecte du temps. Cette princesse le légua à Gaston de France, frère unique de Louis XIII, qui lui donna momentanément le nom de Palais d'Orléans.

La duchesse de Berry, fille du Régent, y mourut à l'âge de vingt-quatre ans. Lorsqu'on lui représentait que la bonne chair, les veillées et les plaisirs immodérés pouvaient abréger son existence, elle répondait : « Eh bien! qu'elle soit courte, mais je la veux bonne! »

Le père Proust et le père d'Orléans s'y rencontraient souvent à la promenade et s'amusaient à tirer mutuellement de leurs noms des anagrammes satiriques : c'était alors la grande mode. Le père Proust trouva un jour *asne d'or* dans le nom de son confrère, et le défia de lui rendre le change, vu la brièveté de son nom. En sortant du palais, un des gardes s'étant retourné en les voyant passer, et demandant assez haut à un de ses camarades qui étaient ces deux religieux : « C'est, lui dit le père d'Orléans, un *pur sot* qui ramène l'*asne d'or* au ratelier. » L'abbé Proust convint que l'anagramme de son adversaire était aussi juste que le sien.

Le Luxembourg fut successivement possédé, en 1672, par mademoiselle de Montpensier et la duchesse de Guise, qui le vendit à Louis XIV. La première fois qu'il s'y rendit, il avait plu à verse toute la matinée. Un officier aux gardes, anglomane décidé, galopait à l'une des portières de son carrosse, dont à tout moment il éclaboussait l'intérieur, la glace étant baissée. « Nédonchelles, lui cria enfin le roi impatienté, vous me crottez? — Oui, sire, répond le gentilhomme qui, un peu sourd, avait entendu vous trottez? Oui, sire, à l'anglaise. » Le roi saisissant la méprise, releva la glace en riant beaucoup de ce trait d'anglomanie.

Mademoiselle de Brunswick, puis mademoiselle d'Orléans, qui devint reine d'Espagne, l'habitèrent à leur tour. Louis XVI l'ayant donné à son frère, Monsieur, comte de Provence, depuis Louis XVIII, il y fixa sa résidence jusqu'en 1791, époque de son émigration : il y avait fait construire une jolie maison avec un jardin anglais donnant sur le Luxembourg du côté de la fontaine, pour sa maîtresse, la comtesse de Balbi, dont le mari était gouverneur du palais. En 93, il fut converti en prison; on y avait renfermé près de 5,000 individus de tout sexe, de tout rang et de tous les partis, à l'exception de celui qui avait triomphé : c'était ce que les vrais patriotes appelaient le *réservoir de la guillotine*. L'ex-ministre des finances, de Clavière, y fut transféré avant d'être conduit à l'Abbaye, où il se détermina à se plonger trois coups de couteau dans le cœur pour échapper à la honte de l'échafaud.

Le Directoir exécutif, puis le Sénat-conservateur, s'y établirent jusqu'à leur suppression. Barras demeura dix-huit mois dans la petite maison de la comtesse de Balbi, où l'on but plus d'une fois à la santé de cette *bonne République*. C'est lui qui, passant un jour rue Honoré, les saints étant alors supprimés, cassa par mégarde un carreau de boutique de la valeur de trente sols; le marchand n'ayant pas à lui rendre la monnaie du petit écu que lui présentait le directeur, voulut sortir pour aller en chercher.

« Oh! c'est inutile, lui dit Barras; nous allons compléter la somme... » et il cassa un second carreau.

Le palais du Luxembourg devint Palais des Pairs à la Restauration, et demeura consacré jusqu'à ce jour aux travaux législatifs de cette cour suprême.

Le Petit-Luxembourg, qui est la résidence du grand-chancelier, baron Pasquier, est également situé rue de Vaugirard et contigu au palais. Il fut bâti, en 1629, par le cardinal de Richelieu, qui en gratifia sa nièce, la duchesse d'Aiguillon, lorsqu'il vint habiter le Palais-Royal. Il passa, à titre d'hérédité, à Henri de Bourbon-Condé, puis à la princesse Anne, palatine de Bavière, qui y fit exécuter pour ses officiers, ses cuisines et écuries, un passage souterrain communiquant dans un vaste hôtel situé de l'autre côté de la rue, et où se trouvent établis les ateliers de l'imprimerie Béthune et Plon. Les membres du Directoire, à l'exception de Barras, l'ont habité pendant cinq ans. Le consul Bonaparte y passa six mois avant de se rendre aux Tuileries; il servit aussi de palais à Joseph Bonaparte, grand électeur et roi de Naples.

C'est-là que le maréchal Ney fut condamné à mort; c'est là qu'en 1830 les ministres de Charles X furent écroués pendant leur procès; c'est là que les accusés d'avril et les régicides Fieschi, Pépin, Morey, Alibaud, Meunier et Quénisset furent renfermés après leurs attentats.

Le jardin du Luxembourg a été dessiné par Lenôtre; c'est un des plus beaux et des mieux entretenus de Paris : on y arrive par neuf entrées principales, ornées de grilles en fer. A l'extrémité orientale de l'allée contigue à la façade du palais, est une fontaine remarquable par ses bossages et des congélations multipliées; elle s'adosse au mur de l'ancienne église du séminaire de Saint-Louis, du côté de la rue d'Enfer; on la regarde à juste titre comme un chef-d'œuvre de J. Desbrosses : elle a été restaurée par Chalgrin. Plus bas s'allonge, entre deux petites allées, l'une servant de pépinière, l'autre de jardin botanique, la grande avenue de l'Observatoire.

En face du palais, sur la terrasse duquel les connaisseurs de la statuaire antique venaient admirer autrefois les statues colossales de l'*Activité* et de la *Guerre*, deux des nombreux chefs-d'œuvre de Cartelier, s'étendent de vastes parterres qui font une magnifique bordure à un bassin octogone dont deux cygnes éclatants se partagent le liquide empire. Des terrasses s'élevant en amphithéâtre tout autour, conduisent à de sombres allées symétriques coupées de distance en distance par un *rosarium*, où les sens de l'odorat et de la vue se récréent sans cesse dans de nouvelles délices. Les poëtes viennent rêver là dans le silence et le recueillement, les prêtres

y prient, les hommes d'Etat y méditent; la vieillesse et l'enfance s'y heurtent à chaque pas, l'une dans ses souvenirs et l'autre dans ses jeux. Châteaubriant y a colligé ses pages d'outre-tombe, Lamenais y forgeait ses fulminantes apostrophes, de Barante s'y inspirait pour ses œuvres dont notre postérité la plus lointaine sera juge.

Ici notre pudeur hésite à vous rappeler un autre habitué de ces mystérieuses oasis, dont le nom, ou plutôt le surnom, est intimement attaché à l'histoire du Luxembourg; c'était un vieux chevalier de Saint-Louis, la terreur des dames, fameux par le sobriquet un peu cru de *chevalier Tape-Cul*, sous lequel il était universellement connu dans certaines promenades publiques de Paris. Ce sobriquet terrible vous révèle tout son crime ; du plus loin qu'elles apercevaient sa tête rouge et poudrée, sa gibbosité, son œil flamboyant, et sa croix de Saint-Louis se dessinant sur un vieux carrick gris tout crasseux, toutes les femmes se rangeaient et s'éloignaient avec effroi de ce vieillard, dont la manie ne trouvait jamais d'obstacle, même dans la présence d'un cavalier. Il lui arriva souvent de recevoir, en récompenses de ses indiscrétions, certaines volées d'un bois vert fort connu de feu Figaro, mais les épaules amaigries du bonhomme y semblaient accoutumées ; il se résignait en brave ; puis sa correction reçue, le chevalier Tape-Cul, impassible, reprenait le cours de ses indécentes explorations.

Du côté des prisons sont établies les jardins potagers et fruitiers; la vacherie de M. Decazes, son parterre et l'Orangerie, nouvellement construite, qui sert de musée lors des expositions annuelles des produits de notre horticulture.

En 1782 fut construite la Comédie Française, aujourd'hui l'Odéon, qui s'élève en face de la dernière grille du Luxembourg, du côté de la rue Vaugirard. Peyre et de Vailly en ont exécuté les plans sur l'ancien hôtel de Condé. Il fut deux fois détruit par des incendies en 1799 et en 1818. L'Opéra Italien, après l'incendie de la Salle Favart en 1838, s'y réfugia jusqu'à ce qu'il eut obtenu le privilége de la salle Ventadour. L'Odéon, depuis délaissé, rouvrit ses portes au public l'an passé, sous la direction de M. d'Epagny. A quelques vingt pas de là, au n° 11 de la rue de Vaugirard, est mort le célèbre Lekain, le 8 février 1778.

Il s'était traîné une dernière fois au théâtre, douze jours avant d'expirer. Placé à l'orchestre à côté d'un vieux chevalier des ordres du roi, il se plaignit de n'avoir amassé que treize mille livres de rentes en jouant la comédie.

—Eh quoi! s'écria le gentilhomme courroucé, vous, petit cabotin, vous avez une fortune, lorsque moi, vieux soldat, criblé de blessures et chevalier de Saint-Louis, je n'ai obtenu qu'avec peine huit cents livres de pension !

— Monsieur, lui dit amèrement le malade, comptez-vous pour rien le droit que vous avez de me parler de la sorte?

FRANZ DE LIENHART.

RUE ET QUARTIER SAINT-LAZARE

Rue Blanche. — Rue Moncey. — Rue Boursault — Rue Neuve-Clichy. — Rue Saint-Lazare. — Rue de Larochefoucauld. — Rue de la Tour-des-Dames.

Toutes les noblesses ne comptent pas quarante quartiers, et pour monter dans les carrosses de la gloire il n'est point indispensable qu'une rue fasse dresser son arbre généalogique par Chérin, ou que sa création se perde dans les ténèbres des âges : nos anciens carrefours, les ruelles de Philippe-Auguste et de François 1er déchoient pour la plupart à moitié chemin des dynasties ; leur splendeur s'éteint à mesure que les mœurs changent, que des besoins nouveaux surgissent, que la population augmente et se déplace. Ainsi le lustre des vieilles familles se ternit au contact des générations, il y a dans les archives héraldiques plus d'un blason barré par la roture ; mais quand les émaux de l'écu sont de fraîche date, quand la couronne de comte a été ciselée la veille, écu et couronne étincellent sur les panneaux de la calèche ; la valletaille s'arme de pied en cap des couleurs du maître, et tant pis alors pour le vilain, que les roues éclaboussent. Les quartiers neufs ressemblent aux aristocraties d'hier : que leur importent les aïeux, à l'exemple du maréchal Lefèbvre, ils sont eux-mêmes des ancêtres. Régions heureuses et fortunées entre toutes, le passé pour elles est un vain mot; elles ignorent ce que dure un siècle, et déjà pourtant elles comptent plus de souvenirs que d'années.

Louis XIV et Madame de Maintenon avaient disparu du premier trône du monde : le crépuscule de ce grand règne éblouissait encore l'Europe, et Paris, vanté comme étant la ville par excellence, s'arrêtait à la ligne des boulevarts; au-delà, depuis le faubourg Montmartre jusqu'à la place Beauvau, ce n'était que marais et fanges, sentiers étroits et passerelles, où l'on se hasardait en tremblant à travers de sinistres cabanes, qui étaient à la fois des vide-bouteilles et des coupe-gorges. Survint la régence, à qui l'on reproche d'avoir tout corrompu, et qui commença par purifier ce pays : les cabarets succédèrent aux bouges, on s'y étrangla encore mais plus poliment, comme jadis au Pré-aux-Clercs, entre deux témoins, loin de la surveillance de M. le lieutenant de police pour des affaires d'honneur ou d'alcove; puis des horticulteurs, des philantropes peut-être plantèrent çà et là quelques arbres, et Louis XV, lors de son avénement, put entendre le bruit argentin des coups mêlés aux doux propos des comédiennes et aux baisers des danseuses, dans deux ou trois hôtels qui peuplaient les abords de la Chaussée-d'Antin. Les amours et les gentilshommes firent le reste, et peu de temps après, cette voie ouverte, ou tout au moins inaugurée par les joyeux compagnons de Philippe d'Orléans, fuyait large et déjà célèbre vers la rue Saint-Lazare, et ne s'arrêtait qu'à une limite digne d'elle, sous les feuillages des Porcherons.

Tout passe, mais la tradition survit. On se souvient de Ramponneau et de son enseigne. Vadé, Piron, Collé, Désaugiers, et jusqu'au vieux Panard, se sont inspirés à cette source féconde; maintes fois son éloge a retenti aux voûtes sonores du caveau :

> Vive le vin de Ramponneau.
> C'est du nectar en perce.

Les couplets et l'air sont devenus populaires, et si Béranger, le chantre de toutes les gloires nationales, a oublié, je ne sais pourquoi, cette taverne aux gais loisirs, des grandes dames l'ont connu, des grandes dames l'ont aimé; il y a cinq ou six ans on voyait encore chez le traiteur qui fait face à la Chaussée-d'Antin, les trois acacias blancs et roses qui plus d'une fois abritèrent la gouvernante de notre roi, lorsqu'il plaisait à Madame de Genlis, affublée des cornettes de sa servante, de vider des brocs de *sacré chien* en compagnie de gardes françaises et de laquais.

Le cabaret de Ramponneau, aujourd'hui transformé en guinguette où vont danser tous les dimanches les cochers et les femmes de chambre, était l'extrême frontière de ce royaume de joies, qui s'étendait à droite et à gauche sur les versants poudreux des Batignolles et de Montmartre. Paris ne s'aventurait point encore par là : ce ne fut que longtemps après la révolution, que la barrière de Clichy, d'abord située au bas de la rue de ce nom, fut transportée à l'autre bout. Le quartier Saint-Lazare ne va donc pas plus loin que Louis XV, à l'état de campagne; comme ville, soumis au régime de l'arrondissement et de la mairie, il est notre contemporain; son origine, ses développements, ses transformations successives embrassent à peine l'existence d'un homme, et cependant, dans ce laps si court, mais si bien rempli, on retrouve pêle-mêle les réminiscences princières de madame de Pompadour, le drame de 93, la Convention, l'Empire, enfin les premières années et les derniers gentilshommes de la Restauration. Au lieu des rues qui se percent de toutes parts, multipliant les issues d'un point à l'autre, au lieu des hautes maisons qui dressent leur façade au soleil et proclament aux quatre points cardinaux le règne de l'industrie, on ne voyait jadis en ce coin parfumé de Paris, en cet espace aimé des pères nobles de la finance et des filles de l'Opéra, que jardins sans bornes, balustres à jour, charmants et discrets réduits à la porte desquels l'amour drapé dans son manteau couleur de muraille venait frapper dès que le guet avait tourné le dos.

Les a-t-on assez maltraités les défunts fermiers-généraux ! On en a fait des vampires d'argent, comme si les traitants d'autrefois avaient la moindre ressemblance avec les banquiers d'aujourd'hui. Au demeurant, qu'ont-ils laissé après eux, ces hommes qui dépensaient leur or plus royalement que le monarque, qui prêtaient aux grands seigneurs et donnaient au peuple sans compter? Ils ont laissé des propriétés magnifiques, des parcs ombreux qui animaient et rafraîchissaient les alentours, et que le génie de la spéculation contemporaine, bourreau de toutes les choses pittoresques, a mis bas pour y construire des boutiques. Plusieurs financiers, trop à l'étroit dans la ville, avaient peu à peu traversé la Chaussée-d'Antin, franchi la barrière, et étaient venus s'établir par ci par là, sur ces pentes sablonneuses que huit jours leur avaient suffi pour transformer en paradis terrestre. La rue de Clichy et la rue Blanche, ensuite les rues de La-Tour-des-Dames, de La Rochefoucauld, Pigale, tout récemment la rue Neuve-Clichy, la rue Moncey, la rue Boursault, se sont frayé un passage à travers les pivoines et les lauriers-roses. Hélas! ces pauvres fleurs, sorties de la poussière, sont retournées à la poussière; le carrefour a usurpé la place du jardin anglais; le trottoir a écrasé sous son asphalte brutal l'allée mélancolique où l'éperon du mousquetaire aimait à s'égarer avec le soulier mignon de la comédienne.

Une fois installés dans leurs palais, ces mêmes fermiers-généraux, — ils étaient douze, ni plus ni moins, — qui avaient le droit de se passer toutes sortes de caprices, voulant allier les charmes de la cité aux délices de la villégiature, offrirent au roi d'enceindre Paris de murailles, à la condition qu'ils obtiendraient la ferme de l'octroi; cette offre ayant été acceptée, ils jetèrent les fondements du mur d'enceinte que la révolution vint interrompre. Les perturbations qui en résultèrent sont encore incalculables. Les traitants émigrés, poursuivis comme tant d'autres, abandonnant derrière eux leur œuvre à moitié faite, sans avoir eu le temps de mettre ordre à leurs affaires, de régulariser leurs achats ou leurs ventes, des étendues considérables de terrains acquis par eux furent, au bout d'un certain temps, occupées par le premier venu. La possession valant titre aux yeux de ces singuliers maîtres, ils revendirent leurs biens sans garantie, et il ne serait pas impossible qu'un dépouillement sérieux des archives de l'Hôtel-de-Ville amenât, un jour ou l'autre, des restitutions qui mettront au désespoir les détenteurs actuels.

Au résumé, ces rues, dont l'histoire est encore à écrire, veuves de monuments, abondent en souvenirs et en noms illustres, et, leurs annales se composant, à vrai dire, de mille petites aventures, il leur manque ici, pour être fidèlement racontées, l'entrain de Tallemant des Réaux et l'esprit du duc de Saint-Simon.

La rue Blanche est une fondation impériale de même que le Conseil d'Etat, la Légion d'Honneur et tant d'autres choses glorieuses que les révolutions et les changements de règne ont laissés debout. Un archéologue qui florissait vers cette époque, M. de La Tyna, suppose que la rue Blanche dut son nom à une méchante auberge qui avoisinait la barrière, et où l'on donnait à boire. Dulaure, plus consciencieux, n'en dit pas un mot; mais il est aisé de voir à la ligne tourmentée et indécise de cette rue, qui hésite plusieurs fois avant d'atteindre le chemin de ronde, qu'elle s'est formée, tant bien que mal, en dehors du contrôle de l'édilité parisienne, avant qu'on eût songé aux prescriptions systématiques de l'alignement, en un mot, au hasard de la fortune des propriétaires riverains. Plusieurs s'y ruinèrent, et dans ce nombre, un fournisseur des armées, nommé Joubert. Le métier était bon, même sous le Directoire, et Joubert en étant censé fournir des souliers aux enfants de la France qui, sous la conduite de leur général, volaient à la conquête d'une paire de sabots, donnant ainsi très-peu d'une main et recevant beaucoup de l'autre, quitta bientôt un appartement devenu trop étroit pour sa splendeur et acheta l'habitation des demoiselles Pigale, à l'angle droit de la rue Saint-Lazare et de la rue Blanche. Là, il fit construire un hôtel étrange, qui témoignait des goûts bâtards de l'époque, et dont on rencontre encore des vestiges, rue de la Pépinière, devant les hôtels de la famille de Ségur, famille de généraux et de diplomates, d'historiens et de poètes, qui ont publié leurs vers sous des pseudonymes couronnés, tantôt la grande Catherine et tantôt la reine Hortense.

L'hôtel Joubert se déroulait donc en manière de décors d'Opéra derrière un lourd manteau d'arlequin. Imaginez un mur énorme formé de quartiers de roche et couronné d'un fronton triangulaire; percez ce mur d'un rond gigantesque de cinquante pieds environ qui, dans sa partie supérieure, atteignait les premières corniches de l'entablement, et vers le bas, reposait sur le soubassement à hauteur d'appui, accordant tout juste l'espace nécessaire au passage de deux voitures. Les tranches de granit, çà et là entrebâillées, étaient remplies par des pots de fleurs, et en certains endroits, par des arbres qui mêlaient leur végétation et leurs éclatantes couleurs aux teintes grisâtres de la pierre. A la suite de ce trophée druidique, qui s'élevait là sans savoir pourquoi, comme la porte Saint-Denis entre la rue et le faubourg, apparaissait l'hôtel du fournisseur avec sa colonnade superposée, ses consoles et ses emblèmes. Mais quand il fut question de pendre la crémaillère dans ce palais, ou plutôt dans ce temple païen, Joubert, qui avait mené les choses en gentilhomme et n'avait pas compté avec ses fantaisies, trouva sa caisse vide. Force lui fut de vendre son bien à la princesse de Vaudemont, qui, sans miséricorde pour ce luxe de méchant goût, sans pitié pour cette gloire toute neuve, jeta bas l'hôtel et le rond triomphal qu'elle remplaça par une moins ambitieuse demeure.

Cette princesse de Vaudemont aimait les chiens, beaucoup moins cependant qu'une de ses voisines, madame la duchesse de Choiseul, qui en nourrissait de toutes les races et de toutes les couleurs, après leur

avoir donné des titres empruntés au grand armorial de France : il y avait le maréchal, le chambellan, l'écuyer-cavalcadour, monsieur le duc, monsieur le comte, madame la duchesse, monsieur le vidame. La broche était mise pour ces messieurs tous les vendredis; eux seuls étaient dispensés des rigueurs du jeûne; mais lorsque M. le vicomte ou madame la baronne, ou M. le duc et pair, s'étaient mal conduits, ils étaient sévèrement admonestés par leur maîtresse, et en cas de récidive, envoyés en exil dans son château de Suresne.

Au coude que dessine la rue Blanche avant de se résigner à joindre la barrière, une voie nouvelle, portant le nom de rue Moncey, et communiquant à la rue de Clichy, se perce en ce moment, et l'on vient d'abattre une grille, qui jadis livra passage à plus d'une amoureuse chaise, à plus

Quartier Saint-Lazare.

d'un somptueux carrosse; car elle s'ouvrait sur l'allée discrète et ombreuse qui, de détours en détours, conduisait au pavillon Richelieu, qu'on a aussi appelé pavillon de Fronsac.

C'était là que le vainqueur de Mahon s'était choisi une retraite, qu'il remplissait des plus jolies femmes et des fleurs les plus odorantes. L'architecte ne s'était pas livré à une grande dépense de style; n'étaient le balustre à jour qui la couronne et sa configuration pentagonale, la petite maison du galant maréchal ne se distinguerait guère d'une maison commune; mais le duc ne voulait pas autre chose qu'un lieu de rendez-vous assez éloigné de la ville, pour que les citadins n'entendissent pas le tumulte de ses orgies. Plus élégant et relevé de symboles allégoriques, le pavillon que Richelieu avait fait construire au coin de la rue d'Hanovre, avec les taxes imposées aux Hanovriens vaincus, avait acquis une célébrité gênante pour ses plaisirs; quand le duc soupait, des valets veillaient aux portes, afin que nul ne vînt troubler le désordre. Et qui donc, en effet, eût été assez mal appris pour interrompre les amours bruyantes de M. le prince de Conti, de M. le comte de Maillebois et du héros de Fontenoy, le fameux maréchal de Saxe, s'ébattant sur des genoux féminins avec leur ami, M. de Richelieu?

Richelieu mort, son ombre erra plaintive autour du pavillon, soupirant des madrigaux dans le feuillage des ormes, jusqu'à l'heure où le pied furtif d'une Égérie foula les gazons désolés de sa pelouse.

Le Directoire florissait avec ses gilets insensés et ses bottes à revers,

> La Tallien, secouant sa tunique,
> Faisait de ses pieds nus craquer les anneaux d'or,

lorsque tout d'un coup, au milieu de ces fêtes échevelées, parut une femme.

L'ardent soleil du tropique avait bruni son teint; sa taille était petite, mais bien prise; sous un double arc d'ébène l'éclat jaillissait de son regard, et l'amour ruisselait de ses lèvres. C'était à qui admirerait, à qui vanterait la belle créole; en son honneur, deux jeunes membres du Directoire décrétèrent la Martinique fille aînée de la France, et bientôt on ne parla plus dans le monde que de madame Hamelin. Tous les carrosses prirent le chemin de la rue Blanche; le pavillon de Richelieu fut assiégé, nuit et jour les amours y firent sentinelle.

Madame Hamelin s'envola au Raincy.

Qui racontera les merveilles de ce lieu enchanté? Ouvrard en était le royal possesseur; il l'avait acheté au marquis de Livry, qui lui-même le tenait du duc d'Orléans. Mais le domaine du père devait tôt ou tard revenir au fils. Louis-Philippe est aujourd'hui propriétaire du Raincy. Ouvrard y fut roi, les fêtes qu'il donna rappelèrent en beaucoup de circonstances celles de Louis XIV, et le rayonnement de madame Hamelin dans ces salons féeriques, sous ces ombrages séculaires, dut avertir madame Tallien que son règne était fini. — En effet, le Consulat adoucissait les mœurs et restaurait la contredanse. Madame Hamelin ceignit la couronne du chassé-croisé : déesse de la valse, Trénice fut son chevalier d'honneur, et elle eut la gloire de figurer dans le quadrille de la reine Hortense et de mademoiselle Elisa Lescot. L'Empire la trouva dans tout l'épanouissement de la jeunesse; il y eut alors deux cours à Paris, l'une aux Tuileries, l'autre au pavillon de Richelieu; des fournisseurs et des généraux, Ouvrard, Perrégaux, Montholon, Moreau, mirent leur cœur et leur fortune aux pieds de l'enchanteresse. Il faut croire qu'elle fut cruelle, car aux madrigaux se mêlèrent les épigrammes : les uns accusèrent la belle damnée de répandre sur son passage des miasmes de négresse; d'autres prétendirent qu'elle ressemblait à Rustan, le mamelouck. Napoléon, fermant l'oreille aux méchants bruits, entoura de ses bonnes grâces la créole dans le salon, et ne tarda point à être le centre de toutes les illustrations de la politique et des armes, ce qui donna matière à de nouvelles médisances. On annonça que madame Hamelin était dans les secrets de Napoléon, comme le comte Demidoff dans ceux de l'empereur de Russie; on parla de lits à double fond, d'alcôve sonore; la conspiration de Mallet et les fables qu'elle entraîna à sa suite parurent un instant confirmer ces conjectures, et puis on ne s'en occupa plus. Madame Hamelin avait accepté l'hospitalité du duc de Choiseul dans un gentil castel de Romainville, dont madame de Curmieu devait être plus tard la châtelaine. Quelques années après, les grâces s'étant envolées à tire-d'ailes, madame Hamelin songea qu'il était temps de faire retraite, et, sans trop répandre de larmes, elle dit adieu au pavillon qui avait abrité sa jeunesse.

Le cabinet particulier du vainqueur de Mahon échut alors à des bourgeois, qui se le transmirent de main en main sans lui faire de mal; — je soupçonne pourtant l'un des derniers acquéreurs d'avoir ajouté l'auvent en style gothique qui sert de loge au concierge; — et voici que le sort de ce pavillon, qui ne serait rien si le duc de Richelieu n'y avait soupé, est assuré désormais; madame la duchesse de Vicence, qui en est devenue propriétaire, le conserve, l'embellira peut-être, et elle a voulu qu'il fît face au vaste hôtel dont on jette les fondements à l'heure présente et qui embrassera presque tout un des côtés de la rue Moncey.

Les contrastes sont l'éternelle loi de ce monde; non loin de cette palazzino, qui s'élève comme par enchantement sous la baguette de madame de Caulaincourt, un autre domaine, qui fut célèbre, a été rasé par la spéculation. Les jardins de Boursault offrent aujourd'hui le triste spectacle des ruines de Palmyre; les plates-bandes ont disparu sous les cailloux; la maison a été rasée; à peine retrouve-t-on le long des murs des vestiges de ces espaliers dont la renommée était européenne et la charpente de cette serre où fleurissaient une multitude de plantes exotiques qui étaient l'orgueil du maître. Du côté de la rue Labruyère, un châlet est encore debout, parce qu'il sert de magasin aux maçons, mais rien, hélas! au milieu de ces mutilations et de ces décombres ne rappellerait la mémoire du défunt, si un vaste écriteau ne disait aux passants : « Qui que tu sois, désœuvré qui te promène dans Sparte, c'est ici que sera la rue Boursault. »

On peut dire que Boursault fut avec Ouvrard le dernier des grands seigneurs. A la vérité la source de cet opulent patrimoine n'était pas très-pure. Boursault mena une des existences les plus aventureuses du siècle : d'abord comédien, puis membre de l'Assemblée législative, et après le 9 thermidor membre de la Convention, l'entreprise de la poudrette et des boues de Paris jeta des monceaux d'or dans ses coffres, ce qui était un sujet inépuisable de plaisanteries pour Rougemont et M. Romieu. La ferme de jeux augmenta sa fortune qu'ébrécha au déclin la création de la salle de l'ancien Opéra-Comique, place Ventadour. Boursault n'en conserva pas moins jusqu'à la dernière heure une charmante aménité de caractère; à quatre-vingts ans, la jeunesse de son cœur durait encore, et sa femme, qui partageait ses goûts, figurait avec une prestesse sans seconde dans le quadrille de ses petits enfants. — Deux ou trois ans avant sa mort, Boursault, qui n'était pas homme à se contenter de la réputation de ses serres et de son cabinet de tableaux, et qui cultivait la muse en ses heures de loisir, fit jouer une tragédie au Théâtre Français, et ainsi la vieillesse de l'ancien fermier des jeux renouvela les miracles de la vieillesse de Voltaire. Le poète horticulteur se montrait fort chatouilleux sur le chapitre de la littérature, et à ceux qui le lui demandaient il laissait assez volontiers croire qu'il était le petit-fils de Boursault, auteur du *Mercure Galant* et d'*Ésope à la Cour*, contemporain de La Fontaine et de l'abbé de Pure, quoiqu'il n'en fût rien.

Un peu plus haut, à gauche, une grille entr'ouverte permet de pénétrer dans un chantier de pierres de taille. — Là fut Tivoli.

Tivoli, galant rendez-vous, où le commis et la grande dame se trompèrent plus d'une fois, où les amours du tiers-état allaient chaque dimanche s'égarer dans le parc, dormir sur les gazons verts ou danser aux branles équivoques d'un orchestre aviné. Ce Tivoli avait repris la clientèle d'un autre endroit du même nom, situé au bas de la rue de Clichy, dans le quartier nouveau bâti par la compagnie Mignon et Hinguermann, sur l'emplacement qu'occupe aujourd'hui la rue de Londres, et connu sous la dénomination de jardin Boutain, en mémoire du fermier-général dont il avait été la résidence. Pendant le Directoire, le jardin Boutain était le lieu de réunion des Clichiens, qui furent en grande partie déportés à la Guyane, après avoir été dupes, au 13 vendémiaire, de la conspiration royaliste de Barbé-Marbois et de Pichegru. Plus tard, Napoléon offrit sous ces majestueux ombrages un banquet à sa fidèle garde impériale.

Le second Tivoli possédait, comme Beaujon et le Delta, ses montagnes soi-disant russes, où on était libre de se rompre le cou à raison de cinquante centimes par personne et par course ; il eut ensuite les escamoteurs, l'oiseau bleu, les Hercules du Midi et du Nord et les danseurs de corde ; puis les tournois et le billard des dames ; mais à toutes les époques on y vit briller les chandelles romaines et les flammes de Bengale, rapides symboles des passions qui se rencontraient là pour s'allumer et s'éteindre en un soir.

Durant sa longue existence de plaisirs, Tivoli ne compte guère que deux fêtes : celle qui fut offerte à madame la duchesse de Berry, en 1829, et le bal de la liste civile, il y a trois ans. De la dernière, il n'y a rien à dire : le soleil ne voulut pas sourire à la bonne action des royalistes ; la nuit venue, la lune s'enveloppa de longs voiles funèbres ; la pluie battait la mesure sur les pupitres ; le vent et l'orage s'engouffraient dans les contrebasses ; si bien que les dames patronesses s'en retournèrent à leurs hôtels mécontentes, morfondues et sans avoir accordé la moindre contredanse. La fête de la duchesse de Berry, au contraire, fut favorisée par un temps magnifique ; les allées de Tivoli étincelaient de verres de couleur ; ce n'était partout que bouquets de feu et transparents, où resplendissait le doux nom de CAROLINE. La duchesse, appuyée sur le bras de son féal écuyer, M. de Ménars, avait peine à traverser la foule aristocratique qui se pressait sur ses pas. Robertson s'élança en ballon avec une Esmeralda ; la maudite nacelle faillit deux ou trois fois chavirer en s'accrochant aux branches, après quoi Robertson et sa compagne intrépide volèrent librement dans les plaines éthérées pour aller débarquer je ne sais où. Le duchesse de Berry, lasse à la fin de tant de tumulte et désireuse de retourner au pavillon de Flore, donna l'ordre de tirer le feu d'artifice ; il était neuf heures à peine et le dénouement n'était promis que pour dix, de telle sorte que les invités éparpillés çà et là étaient partout hormis au bon endroit. Les fusées partirent, bientôt suivies des soleils, des pyramides, des bombes, des artichauts et des temples au mille facettes enflammées. Le monde alors se prit à courir ; les plus pressés arrivèrent assez à temps pour contempler le bouquet ; le surplus dut se contenter d'une description du feu d'artifice.

L'heure de l'histoire a sonné pour Tivoli ; ses vieux arbres tombent un à un, et le pavillon élevé sur un tertre dans une si élégante architecture de trumeau, est lui-même détruit de fond en comble. Le fermier-général, La Bouxière, qui en avait été l'édificateur, y avait consacré, sans s'en apercevoir, des sommes énormes. Les jardins allaient rejoindre ceux du pavillon de Richelieu, et on a construit la prison pour dettes sur un terrain qui en a été détaché. M. de La Bouxière, qui ne comptait pas avec ses écus, avait fait couvrir de peintures et d'or les parois intérieures de son temple; on admira une allégorie finement reproduite sur le plafond du salon principal jusqu'au moment où la hache des pompiers la mutilèrent dans un incendie. La prodigalité intarissable de ce grand seigneur formait chaque nuit de nouveaux rêves : après les tableaux, il éprouva le besoin d'avoir des statues, et fit de nombreuses commandes aux Coysevox et aux Coustou de son époque. L'œuvre ne répondait pas toujours à son attente : qu'importe! il payait et faisait enfouir le marbre dans son jardin. Les habitants du quartier, instruits de ces inhumations artistiques, gagnèrent le fossoyeur ou s'introduisirent en maraude dans le parc, et les statues, exhumées au fur et à mesure de leur enterrement, s'en furent orner des habitations moins difficiles que celles du riche voisin.

La mort surprit M. de La Bouxière au milieu de ses largesses, et les dépouilles mortelles du fermier-général étaient à peine cousues dans le linceul, lorsque deux processions, l'une débouchant des Batignolles, l'autre accourant de Montmartre, se présentèrent à la fois par devant et par derrière, rue de Clichy et rue Blanche, pour décerner au trépassé les honneurs de la sépulture. Le pavillon La Bouxière, situé hors Paris, occupait un terrain mixte, moitié relevant de la commune de Clichy, moitié de la paroisse de Montmartre, et la querelle s'engagea sur le cercueil du mort. Les deux vicaires firent réciproquement valoir leurs droits, excipèrent de leur préséance; les marguilliers, cherchant à apaiser le conflit, l'embrouillèrent; les diacres en vinrent aux coups de poings et d'encensoirs, tandis que les enfants de chœur jouaient à colin-maillard dans le jardin et que les chantres s'enivraient à la cave. On ne sait comment l'affaire se serait terminée si un mousquetaire passant par là n'avait donné à ces bonnes gens d'église l'idée d'appliquer à la conjoncture le procédé du jeu de boule, de mesurer géométriquement la distance qui séparait la bière en litige de l'une et de l'autre commune, et de donner les avantages du *De profundis* à celle qui en serait la plus proche. Les curés acceptèrent l'arbitrage, et la paroisse de Montmartre resta maîtresse du champ de bataille; la tête de La Bouxière étant tournée de son côté.

Plus d'une fois les princes avaient honoré de leur visite le pavillon du fermier-général. Le prince de Condé et le comte d'Artois s'y rafraîchissaient souvent, à moitié chemin de leurs chasses des Ternes; ils arrivaient là, l'un et l'autre en costume de chasse avec leurs piqueurs et leurs chiens, et devisaient des choses les plus folles, à cheval sur la table même où leur déjeûner était servi.

Le domaine de M. La Bouxière fut acheté à ses héritiers par M. Greffulhe, créé comte par Louis XVIII en récompense des services qu'il avait rendu, pendant l'émigration, à la famille royale. Le comte de Greffulhe donnait un grand bal le 13 février 1820, le soir même de l'assassinat du duc de Berry ; cette nouvelle l'affligea, dit-on, si profondément qu'il en mourut de chagrin, joint à un asthme qui depuis plusieurs années le tourmentait. La propriété de Tivoli, sur laquelle un nouveau quartier va s'établir, appartient encore à la famille de Greffulhe.

Au bon temps de M. La Bouxière, les hauteurs de la rue de Clichy étaient vraiment un Éden. En face des taillis du fermier-général croissaient les tilleuls de mademoiselle Coupé, une des plus séduisantes danseuses de l'Opéra, qui eut la gloire de ruiner une multitude de traitants, de généraux et de ducs et pairs ; le plus célèbre fut le duc de Grammont. Mais à quoi bon raconter les aventures galantes de mademoiselle Coupé ? Le roman de ses amours n'est-il pas le même que celui de la Guimard, de Sophie Arnould ? La Coupé, cela suffit à sa mémoire, était une adorable fille qui, avant toute chose éprise du théâtre, ne dépouillait les grands seigneurs que pour jeter aux artistes, ses frères, leurs oripeaux pailletés. L'or dont on pavait son boudoir ne disparaissait pas dans les mains crochues des marchandes de modes et des juifs; mademoiselle Coupé aimait et encourageait les beaux arts ; elle avait surtout un faible pour la sculpture, et ornait ses charmilles, aujourd'hui traversées par la rue Neuve-Clichy, de Dianes chasseresses, d'Hébés, de Flores, de Pomones, de Glycères et de Cynthies qui, sous des attributs divers, reproduisaient fidèlement sa ravissante figure. Si bien que dans les derniers jours de sa vie, après avoir donné asile à Vergniaud, à Boyer-Fonfrède, à Roger-Ducos et autres girondins, mademoiselle Coupé, qui n'avait pu se résoudre à abandonner les modes chères à son bel âge, la poudre, les mouches et la fontange, appuyée sur sa haute canne à pomme d'ivoire, et suivant d'un pas alourdi les allées de son jardin, rencontrait tantôt une Muse, tantôt une Naïade, frais souvenir de jeunesse, lui souriant de bien loin dans le passé.

Un architecte de talent, M. Félix Pigeory, a conçu une idée très française, que l'avenir peut-être réalisera. Dans le but d'immortaliser le grand fait d'armes de la garde nationale en 1814, sous la conduite du maréchal Moncey, ce même fait qu'un tableau d'Horace Vernet a rendu populaire, M. Pigeory propose de démolir tout ce qui existe à la barrière de Clichy, et d'y substituer une vaste place octogone comme la place Vendôme, vers laquelle rayonnerait du côté de la banlieue la grande rue des Batignolles, du côté de Paris, les rues de Clichy, de Tivoli, de Pétersbourg. La statue équestre de Moncey s'élèverait sur un triple piédestal, au milieu de la place, coupée en deux par une grille concentrique à son axe. Plus tard, si la réunion des Batignolles à la capitale avait lieu, par la simple suppression de la grille, on aurait un monument et une place de plus dans Paris.

En descendant la rue de Clichy, on est surpris désagréablement par le spectacle des masures qui touchent à la caserne. — Pourquoi, à la sortie de la Chaussée-d'Antin, quartier de bonheur et d'aisance, la désolation de ces murs, ces cheminées qui tombent, ces toits disloqués que le vent et l'orage agitent avec un murmure funèbre? Écoutez :

Il y a quelque cinquante ans, un jeune avocat, M. R......, rechercha en légitime nœud une demoiselle de bonne famille. Les choses n'allèrent pas au gré de ses désirs, et, dès-lors, prenant en horreur le genre humain, il résolut de s'isoler du monde sans quitter Paris, et de vivre dans la solitude et le deuil au milieu même de ses riches domaines; — la fortune de M. R... s'élève à plus d'un million en terrains seulement; — il donna congé aux locataires, laissa s'étioler et mourir les fleurs, et s'installa avec une vieille servante dans une de ses maisons dont les étages s'éfondrent les uns sur les autres faute de réparations, si bien que d'une heure a l'autre il y sera englouti. M. R.... passe toutes ses journées au Palais-de-Justice; il revient le soir, dîne dans un pupitre pour que les importuns ne voient pas ce qu'il mange, si d'aventure l'un ou l'autre lui rend visite; et dernièrement, ayant besoin de siége dans sa

thébaïde, il a scié à deux pieds de terre les plus beaux ormes de son jardin. — La fidélité de Pénélope est-elle comparable aux rudes expiations de ce célibat?

Le voisinage de la rue de la Victoire et de la petite maison du premier consul fit d'abord de la rue Saint-Lazare un vrai quartier de cour. Là demeuraient la duchesse de Raguse, tandis que M. de Marmont guerroyait en Égypte, — le comte Démidoff, chambellan du czar, qui alla ensuite se loger rue de la Chaussée-d'Antin et rue Taitebout où mourut sa femme, — Ilinguerlot qui s'enrichit dans l'administration des biens de la reine Hortense près de Saint-Denis, — le général Ornano, cousin de Napoléon, commandant la division de réserve de la garde impériale en 1815 ; — Carion de Nisas, membre du tribunat ; — puis des femmes célèbres par leur beauté ou leurs intrigues, mademoiselle Julie Candeille de la Comédie Française, qui se maria si singulièrement à Bruxelles ; mademoiselle de Quincy, qui partagea au Raincy les succès de madame Hamelin, — enfin madame de Visconti, qui fut l'Égérie du maréchal Berthier, et qui conserva l'amitié du prince de Wagram jusqu'en 1815, car la première à Paris, elle eut connaissance du départ de l'île d'Elbe.

Il est d'ailleurs facile d'indiquer la situation de quelques-uns des hôtels d'alors ; presqu'à l'angle de la rue de la Victoire et de la Chaussée-d'Antin était l'entrée principale du grand hôtel des La Ferté-Fresnel, contemporains de Turenne, qu'il ne faut pas confondre avec les La Ferté-Papillon, famille de finance, qui date de Louis XV. Ensuite venait le petit hôtel La Ferté ; puis, en tournant de la Chaussée-d'Antin dans la rue Saint-Lazare, l'hôtel du cardinal Fesch, que suivaient les hôtels du maréchal Ney, de Sébastiani, de Kerkado, de Chauvelin, de Montgeron. Le marquis de Chauvelin eut pour successeur le comte de Rattepont, propriétaire de filatures immenses en Normandie, le même qui, sous la Restauration, joua toute sa fortune à la duchesse de Berry, qui la gagna et la lui rendit. L'hôtel de Montgeron servit aussi de résidence à madame la princesse de Beaufremont qui, en 1811, eut l'honneur d'être remarquée par M. le prince Charles-Maurice de Talleyrand. Ney avait acheté son hôtel à M. de Beaumé, ancien président de la cour de Douai ; il le revendit à son ami Caulaincourt, et la famille de Vicence doit l'habiter encore. Le général Sébastiani avait loué le sien à Salicetti, successivement conventionnel, représentant du peuple, membre des Cinq-Cents, puis ministre de la police des rois de Naples Joseph Bonaparte et Murat ; il mourut en 1809, dans cette ville, empoisonné, à ce que l'on pense, car ce fut de la même mort que le général Dumas, père du célèbre écrivain.

Vers une des extrémités de la rue Saint-Lazare, à côté du manège du vicomte d'Aure, il y avait jadis une église qu'a remplacée le château du Coq, lequel château a disparu comme tant d'autres : en face se dresse l'immense caravansérail du chemin de fer qui fait plus que jamais ressentir le besoin d'une place en cet endroit fort rétréci de la rue Saint-Lazare, tandis qu'à l'autre bout, près de la rue Neuve-Saint-Georges, s'étale dans sa lourde construction anglaise la place d'Orléans, qui fut le mauvais rêve d'un architecte.

Cet architecte était, avec le vieux Châteauneuf, un des commensaux le plus fidèles du foyer de la Comédie-Française. Il persuada, de la meilleure foi du monde sans doute, à messieurs les comédiens et à mesdames les comédiennes ordinaires du roi, qu'il avait dans son carton sa fortune à eux tous et à lui. Des actions furent émises pour l'édification de la place d'Orléans; mademoiselle Mars en prit plus que ses camarades, et plus que ses camarades elle fut victime de cette entreprise. Par bonheur, l'illustre actrice avait assez d'esprit pour se consoler de ce revers, et assez de talent, grâce à Dieu, pour le réparer.

Quelques années s'étant écoulées, mademoiselle Mars acheta au maréchal Gouvion Saint-Cyr l'hôtel devenu célèbre par le vol de ses brillants, et qu'habite aujourd'hui la douairière de Wagram. L'entrée, située dans la rue La-Tour-des-Dames, est contigue à une porte basse et à une maison de médiocre apparence, où Talma a rendu le dernier soupir. C'est de la rue La-Tour-des-Dames que se dirigea, en 1828, vers le cimetière du Père-Lachaise, le deuil du tragédien immortel, mené par toutes les illustrations de l'époque. L'atelier d'Horace Vernet touche à la maison de Talma; à deux pas de là, Paul Delaroche a établi le sien, et le panorama de ces demeures artistiques est dominé par l'immense pavillon de la Poste-aux-Chevaux, qui sert de maison de ville et de campagne au directeur actuel, M. Dailly, plus renommé comme agriculteur que comme sportman. Ainsi, la rue La-Tour-des-Dames compte presque autant de célébrités que de numéros; et, quant à son nom, il provient d'un domaine qui embrassait jadis toute la superficie comprise entre la rue Larochefoucauld et la rue Pigale, et au milieu duquel s'élevait une tour appelée la Tour-des-Dames; il en reste une à peu près pareille au centre du nouveau quartier Beaujon.

En face de cet enclos galant, se développait avec un luxe de petit prince la résidence du duc de Valentinois, colonel du Royal-Cravate. Un labyrinthe, fait dans le jardin au moyen de terres rapportées, permettait aux regards d'embrasser tout l'ensemble de la grande ville : le 10 août on était là aux premières loges pour voir brûler les Tuileries, et sous l'Empire, on y assista sans danger à l'incendie de l'hôtel Schwartzemberg, rue de la Chaussée-d'Antin, ce soir de funèbre souvenance où il plût à l'ambassadeur d'Autriche de fêter le mariage de Napoléon et de Marie-Louise, et où des malfaiteurs profitèrent de la circonstance pour se glisser dans le bal, mettre le feu aux draperies et faire main basse, à la faveur de l'effroi général, sur les brillants des nobles danseuses. Les jardins du prince de Valentinois descendaient jusqu'à la rue Saint-Lazare et n'étaient séparés de la Folie-Joubert que par le cabaret du *Sabot d'or*, placé là exprès pour leur rappeler à l'un et à l'autre le néant des choses humaines.

La rue Pigale, qui forme l'angle aigu avec la rue La-Tour-des-Dames, s'appelait avant la révolution rue Royale, et si plus tard ce nom changea, il faut l'attribuer à la présence dans le quartier des demoiselles Pigale. Il ne serait pas impossible que la rue Larochefoucauld eût été baptisée par le marquis de Fortia d'Urban, poëte octogénaire, qui, à l'exemple de La Fontaine, console et occupe sa vieillesse par la traduction des psaumes de David et des hymnes de Santeuil. Le marquis de Fortia, membre de l'Institut et d'une foule de sociétés savantes, est assurément plus vieux qu'aucune des maisons qui l'entourent; toutes il les a vues bâtir; il a vu les rues se percer autour de lui; lui seul est resté immobile, comme le juste d'Horace, dans ses plates-bandes incultes. Plus d'une fois, durant l'été de 1842, j'ai pu suivre des fenêtres d'un appartement voisin le vieillard de haute stature, se promenant à la même heure et toujours au même endroit, appuyé sur l'épaule d'un domestique dans une allée stérile de son potager; son torse amaigri errait dans une ample redingote brune, et sa tête était doublement emmaillottée d'un bonnet de soie noire et d'un feutre gras. Tel est pourtant le père, et en quelque sorte le fondateur, du quartier. Son patrimoine s'est accrû par la vente de terrains considérables dont la valeur a plus que triplé en vingt ans. Malgré cet énorme accroissement de richesses, M. le marquis de Fortia d'Urban n'a rien voulu changer à son costume ni à ses immeubles, et si son jardin est productif, ce ne peut être qu'en racines grecques.

L'époque contemporaine revit donc tout entière dans ces rues alignées de la veille. A partir du règne de Louis XV jusqu'au jour où nous sommes, la chaîne non interrompue des événements se déroule aux yeux éblouis du philosophe ou du rêveur, de l'historien ou du poëte. La politique, la littérature, les grâces, peuplent de souvenirs ces jardins et ces murailles. Fermiers généraux, fournisseurs, danseuses et comédiennes, écrivains, peintres, maréchaux d'empire, gentilshommes d'autrefois et d'aujourd'hui, tous ont laissé çà et là des traces ineffaçables de leur passage, aristocratie de traditions qui en vaut bien une autre; et si ce quartier béni, plein de prospérités, d'air et de parfums, conserve les apparences de la jeunesse, c'est qu'au milieu des révolutions et des fêtes, dans les petits soupers comme dans les guerres civiles, gardant toujours son insouciance aimable, il n'a jamais songé au lendemain, et qu'ainsi occupé sans relâche, depuis un demi-siècle d'amours, de finances ou de gloire, il n'a pas eu le temps de vieillir.

G. GUÉNOT-LECOINTE.

RUE PICPUS.

En remontant le faubourg Saint-Antoine, si vous arrivez au premier marronnier du rond-point de la barrière du Trône, vous avez à votre gauche la maison du docteur Dubuisson, foyer de la conspiration organisée en 1812 par les Philadelphes contre l'absolutisme impérial.

Les conjurés ne pouvaient oublier quel enjeu ils risquaient; car de la fenêtre de l'appartement habité par le principal chef, le regard plongeait sur le champ de mort où tant de têtes sanglantes avaient, vingt ans auparavant, marqué la partie sur l'échiquier révolutionnaire.

Cet épisode de l'Empire n'a laissé dans le souvenir, comme jalon historique, que quelques calembours populaires (*), et cependant ce fut un coup de main auda-

---

(1) Le général Hullin, commandant de Paris, blessé à l'État-Major, fut surnommé *Bouffe-la-Balle*. On dit que Napoléon avait failli être victime d'un coup de *Soulié*, et les Tuileries conquises d'un coup de *Rateau*, allusion aux noms de deux des complices. Le duc de Rovigo (Savary), ministre de la police, mis à la retraite, vit sa disgrâce ridiculisée par la caricature : *Ça varie, mon ami.*

cieux, une révolte savante, hardie, olympienne; Titan fut au moment d'étouffer dans son aire l'aigle de Jupiter.

De l'autre côté du faubourg Saint-Antoine et à la même hauteur que la maison Dubuisson, commence la rue Picpus, ruelle solitaire, dont les soixante maisons encadrées de murs se prélassent sur une courbe de deux kilomètres.

C'est une thébaïde, à toute heure silencieuse, comme à midi la Plazza del Sol à Madrid; et cependant il y a là une population dont le chiffre satisferait l'orgueil d'un chef-lieu de sous-préfecture.

Si le roulement des équipages ne trouble pas incessamment le calme de ce quartier; si cette artère qui aboutit au grand faubourg ne fait pas refluer vers lui ses flots de colons, c'est que les hôtes de la rue Picpus ne vivent pas de la vie du monde; c'est qu'ils ont une existence spéciale, exceptionnelle, qui se satisfait à elle-même dans l'enceinte du logis; c'est qu'ils sont divisés en grandes familles pacifiques, en tribus sédentaires dont chacune obéit à une règle, à une habitude ou à une discipline; chaque maison est un pensionnat, un asile de charité, un saint collége, une maison de santé, un hospice ou un cloître.

Les chroniques du moyen-âge ne révèlent pas le nom du village de Picpus; il faut chercher son origine dans des temps plus rapprochés de nous. Quand Philippe-Auguste agrandit le manoir royal de Vincennes, et qu'il peupla les bois de bêtes fauves exportées d'Angleterre, quelques hardis braconniers bâtirent sans doute de pauvres cabanes sur la lisière de la forêt, au risque de voir les chênes se transformer pour eux en hart et les ormes en gibet; quand Louis IX tint ses référés sous les ombrages de Vincennes, il dut s'établir, à proximité du lieu des séances, quelques hôtelleries où les plaideurs attendirent, la coupe en main, les jours et heures de la royale audience; à l'époque où le Béarnais gagna Paris par une messe, il y avait assez de huttes en ce lieu pour lui mériter le titre de village, il ne s'agissait plus que de lui donner un nom, et voici comment un moine du tiers ordre de Saint-François, un frère de la Pénitence, en devint le parrain.

Vers l'année 1601, un mal épidémique assez singulier se manifesta dans les campagnes des environs de Paris : de petites tumeurs blanches se déclarèrent sur les bras et les mains des femmes, et présentèrent le caractère d'une morsure faite par un insecte venimeux. Le mal n'épargnait pas plus le noble que le vilain; il frappait avec la même cruauté les membres habitués au travail des champs et les blanches mains que les hautes dames cherchaient vainement à préserver de la souffrance et de la difformité.

Une abbesse de Chelles avait été atteinte de ce mal d'aventure. On raconte qu'un jeune frère du couvent de Franconville-sous-Bois, envoyé par ses supérieurs pour chercher un lieu propre à établir un cloître près Paris, se présenta chez l'abbesse, s'agenouilla devant elle, baisa la plaie, et la guérison fut instantanée.

On cria au miracle : quelques jeunes nonnes du même couvent ayant ressenti le même mal, le franciscain opéra de la même manière, et la cure fut obtenue.

Le secret transpira bientôt et passa les murs du cloître; les femmes et filles des manants voulurent aussi avoir part aux soins du franciscain, et elles demandèrent qu'il voulût bien s'agenouiller devant elles et baiser leurs mains brunes et calleuses; mais, soit que le frère de la pénitence trouvât la tâche moins douce qu'au cloître de Chelles, soit qu'il ne pût suffire à la besogne et qu'il désirât la partager avec ses frères, il avoua humblement qu'il n'y avait rien de surhumain dans sa méthode curative; que ce n'était point par la génuflexion et le baiser qu'il obtenait la guérison, mais bien par une piqûre pratiquée sur la plaie dont il aspirait le venin; il appela un détachement de moines de Franconville : ces frères continuèrent l'œuvre du jeune franciscain, et bientôt l'épidémie disparut.

Comme le signe inflammatoire du mal ressemblait à la tumeur produite par l'insecte dont le nom est si populaire, le peuple appela les moines de Franconville frères Pique-Pusses.

Le couvent, qui fut le second du tiers-ordre de Saint-François, ne tarda pas à s'élever, et bientôt il devint le chef de l'institution; plus tard, quand les fermiers-généraux donnèrent à Paris sa ceinture de murailles, le cloître et toutes les maisons qui l'avoisinaient furent réunis à la ville; ils formèrent l'enclos, puis enfin la rue Pique-Pusses, dont on a fait depuis Pique-Puce, puis enfin Picpus.

Cette rue, isolée à l'époque où la grande parallèle du faubourg Saint-Antoine était à peine à moitié garnie de maisons, eut cependant ses jours de foule et de fête. Un jour le peuple se rua avec curiosité de ce côté; le piaffement des chevaux, le cliquetis des armes, la voix des clairons troubla le calme habituel; des cavalcades d'élégants gentilshommes appartenant à la cour et à l'armée, des détachements d'archers, de lansquenets, de hallebardiers, de piquiers et de gardes françaises aux uniformes variés donnèrent au faubourg une animation inaccoutumée; ce jour-là les moines de la rue Picpus exerçaient pour la première fois le privilége concédé par Louis XIII à leur ordre, privilége qui leur donnait droit exclusif de recevoir les ambassadeurs étrangers envoyés à la cour de France; il devait y avoir gala offert dans le monastère par les officiers du roi. L'ambassadeur auquel ce jour-là les frères de Saint-François offraient l'hospitalité était, que nous croyons, l'ambassadeur envoyé par l'Espagne après le traité de Quérasque. Au-devant de l'ambassade sont venus, suivant l'usage, les hauts officiers du roi. Laissons le diplomate et les seigneurs à table, les gardes dans la cour du cloître, le peuple dans la rue, et, pour suivre l'ordre des faits, franchissons la distance qui sépare Paris de la province de Franche-Comté, où la propagande monastique méditait alors des conquêtes plus faciles que celles tentées en vain par les armées du roi Louis XIII.

Un soir, trois moines, venus isolément, firent en même temps une halte près la ville de Salins, à une hôtellerie voisine d'un monastère dont l'abbesse était madame de Recy, célèbre par son esprit de sévère pénitente et par la profonde piété de sa fille Odille. Un de ces moines portait une robe de drap blanc, serrée par une ceinture de cuir de même couleur; sa cuculle et son capuce blancs étaient recouverts d'une chape et d'un capuce noirs; c'était un disciple de Saint-Bruno dans le costume du voyage.

Le second moine était vêtu d'une robe grise mélangée de blanc; au grand chapeau noir qui recouvrait sa tête, on reconnaissait un récollet.

A son vêtement brun, à son capuce rond isolé de la robe, à la corde noire qui serrait fortement ses reins et à ses sandales de bois très-élevées, on pouvait dire: le troisième voyageur est un frère Picpus.

Les trois moines venaient dans un même but; chacun d'eux avait mission d'attirer à son ordre l'abbesse de Salins; les voyageurs renoncèrent à établir entre eux une lutte de prédication; il fut convenu que trois jours se passeraient en prières, que toute communication avec le monastère serait interdite et que, le quatrième jour, les trois députés se présenteraient à la communauté et adresseraient en même temps leur requête à l'abbesse.

Le Récollet et le Chartreux firent appel à l'intervention divine pour obtenir la victoire; mais le Picpus crut devoir mettre en pratique cette sentence dont plus tard on fit un aphorisme révolutionnaire: *Aide-toi, le ciel t'aidera.*

C'est peut-être au cloître de la rue Picpus qu'appartient l'invention du prospectus, à défaut de la presse, dont la puissance se résumait alors dans *le Mercure*, qui comptait à peine quelques années d'existence. Les frères du tiers-ordre de Saint-François occupaient leurs loisirs à transcrire de nombreux exemplaires de l'histoire apologétique de leur ordre; ils ornaient ces copies de dessins à la plume et de délicieuses initiales d'azur rehaussées d'or; une bande nombreuse de jeunes colporteurs, élevés et formés au cloître, se répandaient en France et à l'étranger et vendaient à vil prix ou donnaient ces petits livres, dans les châtellenies, les bourgs ou les monastères. Un de ces adroits commis-voyageurs avait précédé de quelques jours à Salins le missionnaire de Picpus; un incident que le moine put croire providentiel servit en cette circonstance les intérêts de son ordre: une blanche palombe, venant du colombier de l'abbesse de Salins, s'abattit un matin sur la fenêtre de l'hôtellerie; le moine ne laissa pas partir le messager sans utiliser son vol ; il roula un de ses petits livres, le fixa avec un ruban au cou du ramier, et il vit l'oiseau se diriger vers un clocheton qui servait de cellule à une jeune fille de la communauté.

Au quatrième jour, quand les trois moines se présentèrent au monastère, madame de Recy dit :

« Mes pères, je me donne au tiers-ordre de Saint-François. » Le Récollet et le Chartreux s'inclinèrent et partirent, et ils purent voir en traversant le cloître comment les frères de Saint-François pratiquaient la propagande, car chaque nonne, jusqu'à la sœur tourière, avait en main une histoire de Picpus.

L'abbesse se proposa de faire un pèlerinage au chef-lieu de l'ordre ; elle emmena sa fille Odille et Blanche de Mezeray, la novice vers laquelle avait volé la colombe ; il y avait peu de mois que cette jeune fille s'était réfugiée au cloître.

« Venez, mon enfant, lui dit madame de Recy ; ma présence double vos forces ; depuis que Dieu vous a inspiré le pieux mensonge qui vous a fait morte à la vie comme vous l'êtes au monde, le jeune comte de Rochechouart n'est plus en France, et nous n'avons pas à craindre ses recherches ni son désespoir. Dieu vous enverra l'oubli, ma fille, comme déjà il vous a donné la résignation. »

Blanche de Mezeray était d'une noble mais pauvre souche, et elle avait sacrifié son amour aux intérêts de fortune de la famille de Rochechouart, qui avait refusé d'unir les deux amants.

— « Oui, ma mère, la résignation m'est venue, et même dans mes rêves Dieu semble m'enseigner à me vaincre : cette nuit même, il m'a semblé encore voir Charles de Rochechouart ; il s'est approché de moi, son regard inquiet interrogeait mes traits, que je rendais volontairement immobiles ; sa voix tremblante me demandait si j'avais encore la vie..... J'ai eu la force de rester pour lui muette, glacée, morte..... Oh ! que j'ai souffert !

— Si le péril eût été réel, ma fille, Dieu aidant, vous auriez eu le même courage, dit madame de Recy. »

L'abbesse et ses deux compagnes arrivèrent au couvent de Picpus le jour où les moines recevaient, comme je l'ai dit, l'ambassadeur d'Espagne. Il y avait là grand nombre de gens de cour. Madame de Recy, Odille et Blanche, se tinrent à l'écart dans une partie isolée du monastère. La chapelle était voisine ; Blanche vint s'agenouiller à un autel de la Vierge séparée par une grille de la nef principale ; elle priait avec recueillement..... Du côté opposé une porte s'ouvrit et laissa passer un jeune gentilhomme, qui sans doute s'était égaré dans les longs corridors du cloître ; il fait quelques pas et aperçoit une jeune fille agenouillée ; un voile rejeté en arrière, lui permet d'apercevoir ses traits, il s'approche... Ce jeune homme, c'est le comte de Rochechouart qui fait partie de l'ambassade d'Espagne....; il a reconnu Blanche, la jeune fille aussi a reconnu le comte, et elle a demandé à Dieu la force de soutenir l'épreuve renouvelée du rêve..... Elle garde l'immobilité d'une madone taillée dans le marbre. A trois fois le jeune homme a jeté en vain le nom de Blanche aux voûtes sonores, qui l'ont rendu; et Blanche est restée dans son attitude.

Madame de Recy et Odille surviennent; elles comprennent la pensée de Blanche et persuadent au comte qu'il est le jouet d'une vision. De

Rochechouart a fui de l'église pour échapper à ce rêve..... L'abbesse appelle Blanche à voix basse, la jeune fille prolonge son silence; elle est muette à la douce voix de l'abbesse, comme à l'appel strident du comte. Ce cœur plus fort que le songe, la réalité, comme la foudre, l'a brisé, et avec lui s'est rompu le lien qui retenait l'âme de Blanche sur la terre; l'ange était remonté aux cieux.

Le même jour, deux cortéges partaient à la même heure du cloître de Picpus. Une nombreuse suite de courtisans entourait l'ambassadeur descendant vers le Louvre au son des fanfares et au milieu des joyeuses causeries.

L'autre escorte, composée de quatre religieux portant dans un suaire un corps inanimé, s'avança en psalmodiant lentement le *Miserere*; il gagna, à travers le bois de Vincennes, la route de l'abbaye de Chelles, où il alla demander un peu de terre sainte pour une sainte jeune fille.

Les règnes de Louis XIV et de Louis XV marquèrent peu dans l'histoire de la rue Picpus. Les rayons du soleil de Versailles ne reflétèrent pas jusque sur cette solitude, et son éloignement la préserva de la souillure des petites maisons de la régence, dont les hôtes se souciaient peu du mystère.

A la révolution de 89, la scène fut trop voisine de la rue Picpus pour qu'elle n'entendît pas le canon de la Bastille; le bruit de la hache fonctionnant à la barrière du Trône ébranla ses cloîtres et mit en fuite ses religieux, car aucun d'eux n'avait accepté la prime demandée par le citoyen Mailhe au profit des moines et des religieuses qui marieraient leur apostasie; ce qui était alors, en style parlementaire, le moyen de moraliser les masses et de perfectionner les mœurs.

La rue Picpus, par sa position topographique, fut alors une des coulisses du grand théâtre révolutionnaire, le faubourg Saint-Antoine. Le sang, l'incendie et la destruction atteignirent ses paisibles demeures et troublèrent le calme de ses ruelles ombragées, sentiers solitaires qui conduisaient par la traverse au bois de Vincennes et que Jean-Jacques Rousseau aimait à suivre, quand il allait faire visite à Diderot captif.

A cette époque, Rousseau n'allait presque jamais visiter son ami malheureux que bras dessus, bras dessous, avec un compagnon littéraire qui se nommait Grimm; ce fut de Grimm et de Diderot que Jean-Jacques reçut, à Vincennes, le conseil d'écrire un *Mémoire* sur une question de morale proposée par l'académie de Dijon : le discours du philosophe gagna le prix académique. Quelle causerie spirituelle, savante, délicieuse ce devait être que l'échange des idées et des sentiments de ces trois hommes : Diderot, Grimm et Jean-Jacques! L'un, qui avait toujours à son service la verve, la hardiesse de l'auteur de *Jacques le Fataliste* et du *Neveu de Rameau*; l'autre qui laissait tomber les flots de son éloquence et de son génie sur les paradoxes les plus hasardés de la philosophie; le troisième enfin, qui mêlait aux graves et ardentes paroles de ses deux amis, les finesses de l'observation, les délicatesses du goût, toutes les charmantes bonnes fortunes du babillage et de l'esprit.

Puisqu'il s'agit de Grimm, n'oublions pas la petite comédie qu'il joua à propos d'une comédienne, et qui a été ainsi racontée par Rousseau :
« Grimm s'avisa de vouloir mourir pour mademoiselle Fel; il fut en
» proie à la plus étrange maladie dont jamais peut-être on ait ouï parler;
» il passait les jours et les nuits dans une continuelle léthargie, les yeux
» bien ouverts, le pouls bien battant, mais sans parler, sans manger,
» sans bouger, paraissant quelquefois entendre, mais ne répondant
» jamais, pas même par signes, et restant là comme s'il eût été mort. »

Revenons à notre sujet : Jean-Jacques avait pris en affection une petite ferme placée sur la lisière de la ruelle qui fait l'angle de la barrière Picpus; souvent il y venait prendre du laitage, et la famille du fermier,

dont un des enfants habitait encore il y a quelques années la rue de Charonne, avait conservé un vase en faïence qu'on appelait la tasse de M. Rousseau. J'ai vu cette tasse entre les mains de M. Richebraque, fondateur de la maison de santé dont je parlerai. Cette tasse était sillonnée de longues arêtes en mastic qui attestaient une fracture réparée.

Voici ce qui était arrivé : quelques années après la révolution, le fanatisme religieux livra une guerre acharnée aux écrits philosophiques et aux monuments, si petits qu'ils fussent, qui pouvaient perpétuer le souvenir des œuvres du XVIIIe siècle. Un des fils du fermier dont nous avons parlé voulut se marier, mais il reçut la visite d'un vicaire de sa paroisse, qui refusa de l'admettre à la confession avant qu'il eût brisé *la tasse de Jean-Jacques.* Le prétendu obéit, et la tasse vola en éclats; mais les fragments furent conservés et réunis, *et la tasse de Jean-Jacques ressuscita.*

Pendant les dernières années du XVIIIe siècle et aux premiers jours du XIXe, la rue Picpus eut ses poètes, qui vinrent rêver sous les charmilles de ses jardins. Des noms déjà illustres, et qui devaient grandir encore, attachèrent là un souvenir. Une maison de modeste apparence, élevée de deux étages, qui porte aujourd'hui le n° 36, fut habité par la comtesse

Rue Picpus.

d'Esparda, Eugénie de la Bouchardie, que l'amour et les vers de Marie-Joseph Chénier ont rendue célèbre.

Chénier eut un rival : Eugénie de la Bouchardie, qui avait peut-être révélation des secrets du destin, avait répondu à sa déclaration : *Vous irez trop loin pour moi qui aime à rester où je me trouve.* Celui à qui cette parole s'adressait dans la petite maison de la rue Picpus était depuis peu général, et se nommait Bonaparte. C'était après Toulon et avant la campagne d'Italie.

Eugénie de la Bouchardie aimait à raconter qu'un jour le général, qu'elle appelait amicalement *son martyr*, lui avait promis, pour le jour de sa fête, un bouquet d'un genre nouveau ; mais il avait demandé la faveur de le présenter à la nuit close et aux bougies éteintes. A l'époque venue, le général, qui dînait ce jour-là chez Eugénie, s'absenta au crépuscule du soir, et trois heures s'écoulèrent pendant lesquelles il fit une promenade dans le bois de Vincennes ; quand il revint, et qu'au signal convenu on eut fait complète obscurité, il présente un buisson ardent ou plutôt une tige d'escarboucles éblouissantes ; c'était un énorme bouquet de petites mauves dont chaque calice contenait un de ces insectes nommés vers-luisants et dont la phosphorescence jette un si vif éclat. Bonaparte les avait recueillis un à un dans les fourrés et les herbages de la forêt.

Chénier s'alarma des assiduités du général, il en conçut même de la tristesse, et Bonaparte dit un jour en souriant à la comtesse, je crois que Chénier veut usurper mon titre de martyr. Peu à peu le général cessa ses visites. Dans la suite, quand une pétition était contresignée Eugénie de la Bouchardie, Napoléon fit toujours droit à la demande.

Talleyrand, de retour d'exil, se rappela un moment que Chénier l'avait servi de tout son crédit.

Je ne pouvais vous oublier, lui dit Chénier ; quand j'étais un jour sans parler de vous, Eugénie se mettait au clavecin et chantait la romance du Proscrit, et, comme si elle eût eu besoin de rendre l'émotion plus profonde, elle disait les vers d'André qu'elle avait tous mis en musique ; c'était là notre Angelus du soir.

Et l'ex-évêque d'Autun se plaçait *à deux genoux* devant la maîtresse du poète, il baisait sa blanche main avec transport, et peut-être madame de la Bouchardie eut-elle le rare privilége de voir une larme de diplomate reconnaissant.

Et quand des années eurent passé sur tout cela, quand Chénier eut été rejoindre son frère et lui porter l'épître sur la calomnie, quand l'insouciance de l'avenir, qui est commune à l'amante du poète comme au poète, eût amené des jours de privation et de jeûne pour la comtesse d'Esparda, elle tendit vainement au diplomate sa blanche main amaigrie ;

l'obole ne tomba pas des doigts du millionnaire; il ne craignait pas de donner, mais il craignait de se souvenir.

Il y a quelques années encore, Eugénie de la Bouchardie vivait des secours qu'elle obtenait des écrivains et des artistes, auxquels elle montrait avec orgueil des lettres intimes de Marie-Joseph Chénier, et un recueil assez volumineux d'autographes recueillis par elle au temps de sa prospérité. Un soir que le froid ou la faim l'auront torturée au-delà des forces humaines, elle aura donné tout cela pour le gîte d'une nuit.

Enfin un hospice lui a ouvert ses portes, l'admission a été accordée d'urgence, pour cause d'imbécillité. L'ange de l'évêque d'Autun, l'aimée du général Bonaparte, l'idole de Chénier, la belle comtesse de la rue Picpus, tout cela n'est plus rien, pas même une individualité; c'est une chose qui n'a plus de nom et qui se désigne sous un numéro d'ordre dans l'inventaire de cet ossuaire vivant qu'on nomme Dépôt de mendicité.

Il reste encore des ruines de l'ancien couvent de Picpus un joli pavillon construit en rocailles, qui a pour ornements des portraits de moines en pierre sculptée, placés dans des niches en coquillages. Cet ermitage, qui est aujourd'hui au milieu des cultures maraîchères, limite de la barrière Saint-Mandé, a été habité quelque temps par Millevoye, un des hôtes assidus de la petite maison d'Eugénie de la Bouchardie. De nos jours, un des locataires de l'oasis fut le spirituel et fécond Théaulon, qui eût été le premier auteur dramatique de notre siècle s'il eût cru que la gloire valût la peine qu'on se rendît esclave du travail. L'ermitage de Picpus a été le berceau du *petit Chaperon rouge*; là fut baptisée *Rose d'amour*, à qui Boïeldieu vint apprendre, sous les berceaux de pampre et de vigne vierge, les chants gracieux qui ont été si longtemps populaires.

Le propriétaire de l'ermitage était alors M. Richebraque, le même qui possédait *la tasse de Jean-Jacques* et dirigeait la maison de santé à laquelle madame Richebraque-Reboul, sa belle-fille, a conservé sa bonne et ancienne renommée.

Dans cet établissement, un service spécial avait été organisé pour le traitement des aliénés. Parmi les malades, quelques-uns jouissaient de longs intervalles de raison, et on cherchait à combattre pour eux le mal par la distraction et les occupations manuelles. Un jour Théaulon avait donné un manuscrit à copier à un des pensionnaires de M. Richebraque; pressé par le temps, l'auteur emporta au comité son manuscrit, qu'il n'eut pas le loisir de collationner... Il commence et lit les deux premiers actes sans encombre; arrivé au troisième, il trouve sur les pages les mots les plus bizarres et les plus incohérents; et quels personnages a-t-on substitué aux siens? c'est la vierge Marie, saint Joseph, le Père Éternel, et tous ceux qui sortent du cerveau troublé du copiste. Le langage burlesque du dialogue aurait fait croire que le paradis était aux petites maisons. Au troisième acte de la pièce, l'éclair de raison du pauvre écrivain s'était éteint.

La partie de la maison de santé qui n'était pas réservée aux aliénés devint à une autre époque, une réunion d'artistes en tous genres et d'hommes de lettres convalescents, que le hasard avait amenés. Certain jour de la semaine, il y avait réception, et le vaste salon recevait de nombreux invités, parmi lesquels se trouvait souvent le spirituel docteur Alibert. Un soir que l'auteur de la Physiologie des Passions était présent, il passa par la tête d'un des habitués, qui depuis, devint le mari d'une cantatrice célèbre, d'égayer la soirée par une scène improvisée de sa composition, dont il se fit l'acteur, et pour laquelle il choisit un compère.

Le compère dit au docteur Alibert qu'il était arrivé dans la matinée un aliéné dont la double manie était singulière : « Il se croit théière, dit-il avec un sang-froid doctoral.

—Théière, reprit le docteur, ne paraissant pas comprendre ? » A ce moment le jeune Casimir s'avance gravement au milieu du salon, le regard fixe, le sourire sur les lèvres ; son bras gauche est arrondi et repose sur sa hanche, il tient le bras droit horizontal jusqu'à la saignée, l'avant-bras se redresse perpendiculaire jusqu'au poignet, qui se recourbe en col de cygne ou de théière.

« Qui veut me faire l'honneur de prendre une tasse de thé ? » dit Casimir ; et, sans attendre la réponse, il s'avance vers le docteur, imprime à son corps un mouvement penché comme si le thé eût été versé ; il ajoute en faisant un sourire niais : « Sucrez-vous ? » et répète la scène en parcourant tout le cercle, puis il va s'asseoir à l'écart dans une attitude mélancolique. Le docteur Alibert se lève pour aller au malade, Casimir fait un mouvement brusque, le compère retient le médecin et lui dit : « Voici la seconde phase du mal qui se déclare ; l'autre manie de ce pauvre garçon est de se croire *réverbère*. » Casimir arpente le salon et s'adressant à son compère, il lui dit d'une voix sévère : « Faites-moi l'amitié d'avertir monsieur le préfet de police qu'on oublie tous les soirs de m'allumer... » et il ajoute : « Je suis le réverbère le plus connu de Paris, au coin de la rue Saint-Honoré ; mais si on me laisse sans huile, je ne réponds plus des événements....; c'est bien assez d'avoir à lutter contre le vent... » Et voilà le jeune homme qui balance son corps et imite l'oscillation de la lanterne agitée.

Le docteur Alibert allait parler et peut-être compromettre les théories de la science, quand un éclat de rire, que ne put retenir un des confidents de la scène, mit fin à cette plaisanterie.

« Avouez, docteur, que vous m'avez cru fou, » dit Casimir en s'approchant de M. Alibert ; le docteur prit la main de l'artiste, lui toucha le pouls, passa légèrement les doigts sur sa tête pour avoir quelque indication phrénologique, et l'artiste ayant répété en souriant : « Vous m'avez cru fou ? » le docteur répliqua gravement : « Je suis loin d'être revenu de cette opinion. » Les rieurs alors changèrent de camp.

La rue Picpus a son cimetière privilégié, concession faite sous l'Empire à plusieurs nobles familles. Là dorment les Montmorency, les Noailles ; là repose Lafayette, cet astre des deux hémisphères dont l'éclat a été si vif et dont la marche sans règle appréciable est et sera longtemps encore inexpliquée. Dans ce champ de mort, dont l'étendue est de quelques mètres, tout est solennel et sévère ; pas de mausolées, pas de longues épitaphes, pas de fleurs : en se fanant elles symbolisent l'oubli, et toujours elles se fanent faute de larmes pour les raviver ; une table de marbre ou une simple pierre dit le nom de celui qui n'est plus et la date où il a dit adieu à son blason.

Un concierge plus érudit que bien des inspecteurs de monuments publics, meilleur bibliophile que bien des archivistes littéraires, vit depuis dix-neuf ans parmi ces tombes illustres, qui sont aujourd'hui au nombre de quarante, comme les fauteuils académiques. Questionnez le vieux cicerone sur les annales de la rue Picpus, sur ses vieilles chroniques, sur ses établissements modernes, il vous dira tout ce que les bornes de cet article ne me permettent pas d'écrire.

Un de nos collaborateurs dit qu'il croit à la prédestination de certaines localités, et qu'il y a telle place publique, tel carrefour qui, par une force mystérieuse et providentielle, semblent éternellement voués à la même spécialité.

Les annales de la rue Picpus argumentent en faveur de cette croyance. Dans la chaîne des temps qui sert de tracé à cette rue, le premier anneau fut un monastère hospice.

Cette chaîne s'est brisée sous le choc des révolutions, puis elle s'est renouée, et son extrémité est venue se sceller de nouveau, par attraction, aux murs du cloître et de l'asile hospitalier.

Aujourd'hui la rue Picpus compte deux hospices, plusieurs pensionnats, trois maisons de santé, un séminaire et le couvent la Perpétuelle Adoration. L'éducation y prépare l'avenir à l'enfance ; le cloître accueille les croyances que le monde n'a pas tiédies ; le pauvre trouve un lit, qu'une famille princière a préparé pour lui. Espérance, foi et charité, la rue Picpus résume et met en action ces trois vertus chrétiennes, qui doublent de force par leur union.

MAURICE ALHOY.

HALLE AU BLÉ — POINTE SAINT-EUSTACHE.

Le temps est un grand maître, dit la sagesse des nations ; ajoutons que c'est aussi et par dessus tout un impitoyable railleur, un ricaneur insolent, qui se sert des travers d'une époque pour fouailler les ridicules d'une autre, qui fait du présent la satire du passé, et de demain un épigramme contre aujourd'hui. Jamais Figaro dans sa jeunesse n'eut plus de verve moqueuse, plus d'ironie sanglante que n'en a montré ce grand vieillard mythologique armé d'une faux et d'un sablier, emblèmes parlants qui, dans la langue pittoresque de l'atelier, l'ont fait surnommer *le Grand Fossoyeur*.

En effet, qui donc, si ce n'est lui, creuse la tombe où vont s'ensevelir, une à une, toutes nos illusions les plus chères, rêves d'amants et rêves de poètes ? qui donc ensevelit les gloires du passé sous les cendres du présent, exhausse le sol des vieilles cités, renverse les chapiteaux des colonnades et sème sur la croûte de pierre des cités nouvelles ces monuments uniformes et froids, sans goût, sans couleur et sans style, qui sont comme la pierre tumulaire scellée sur les œuvres des générations mortes. Et comme si ce n'était point assez du temps, ce grand destructeur de villes, ce grand faucheur d'hommes, il faut que chacun apporte son coup de marteau au monument qui s'écroule, que chacun jette en passant sa pierre au génie qui s'en va. Tant il est vrai que, homme ou palais, chef-d'œuvre ou génie, tout ce qui meurt ne peut chez nous mourir tranquille.

Pour cette fois, on le voit, ce n'est pas l'histoire d'une rue que nous allons faire, mais l'histoire d'un monument que nous allons raconter; il est vrai que ce monument est plus qu'une rue, c'est un quartier tout entier.

Au centre de Paris, non loin du carreau des halles, à égale distance du Louvre et de la rue Saint-Denis, du Palais-Royal et de la Seine, perdu dans un inextricable réseau de rues tortueuses et bruyantes, se cache une immense rotonde de pierres que l'on prendrait tout d'abord pour un cirque, si elle ne rappelait beaucoup mieux encore l'idée peu poétique, mais parfaitement exacte, d'un monstrueux gâteau de Savoie. Ce glorieux édifice, précieux échantillon de l'art architectural au xviiie siècle, s'appelle *la Halle au Blé*.

Loin de nous la pensée de ridiculiser un établissement d'une utilité aussi incontestable que l'est celui dont nous parlons. Dans une ville comme Paris, où la consommation quotidienne s'élève, pour la farine seulement, à quinze cents sacs environ, formant un poids total de deux cent trente-huit mille cinq cents kilogrammes ou six cent soixante-dix-sept mille livres, la *Halle au Blé et à la farine* est certainement quelque chose de fort respectable : on ne plaisante pas avec le pain de chaque jour, et quand on songe que si la Halle au Blé venait tout-à-coup à s'écrouler ou à prendre feu, Paris en serait réduit demain à dîner sans pain, et dans quelques jours, peut-être, à ne pas dîner du tout; on se sent pris, je l'avoue, d'une admiration profonde pour ce philantropique établissement. C'est à cette légitime admiration que la *Halle au Blé* doit sans doute la belle réputation dont elle jouit comme œuvre d'art. Le culte depuis longtemps voué au contenu s'est insensiblement étendu jusqu'au contenant. La louange a passé de la farine à l'édifice, de l'édifice aux architectes qui l'avaient élevé de ceux-ci au magistrat qui en conçut le projet, de celui-là au roi qui en fit jeter les fondements, et de ce dernier à tous les autres de la même famille, *ejusdem farinæ*; qu'on nous pardonne ce mot, il ne sort pas de notre sujet.

Mais avant tout, procédons par ordre : c'est surtout à l'égard des monuments que nous croyons à la métempsycose, et malgré ses allures bourgeoises, sa tournure lourde, sa mine enfarinée, l'odeur de négoce et le parfum de gros sous qu'elle exhale, il nous semble reconnaître à travers les murailles massives de la Halle au Blé quelques traces mal effacées d'une plus noble origine.

En dépit du prévôt des marchands et de messieurs les échevins de la bonne ville de Paris, le bout d'une oreille aristocratique a fini par percer au bord de ce dôme gigantesque, dont on a si bourgeoisement coiffé la Halle au Blé ; le squelette de celui qui fut autrefois l'hôtel Soissons n'était pas si profondément enseveli dans son double linceul de farine et d'oubli, qu'on ne pût voir poindre à la surface de l'édifice nouveau quelque vigoureux rejeton du palais Médicis.

S'il en est des palais comme des familles, si leur noblesse s'accroît en raison de leur ancienneté, l'emplacement où s'élève aujourd'hui la coupole de la rue de Viarmes a droit plus que toute autre à nos respectueuses investigations.

Vingt maîtres différents, tous de famille royale, ont possédé ce sol ingrat, qui ne garde pas même leur souvenir : huit têtes couronnées ont reposé derrière ces murs que tant de majesté n'ont pu défendre. Cinq rois de France : Louis IX, Philippe de Valois, Charles V, Charles VI et Louis XII ; deux reines : Blanche de Castille, mère de saint Louis, et Catherine de Médicis, mère de trois rois, qui fut trois fois régente : voilà sur quelle souche glorieuse la prévôté de Paris est venue greffer ce rameau plébéien qui se nomme la Halle au Blé. Jamais plus noble blason subit-il plus sanglant outrage ?

Dès le commencement du XIIIe siècle, Jean II, seigneur de Nesle et châtelain de Bruges, possédait en cet endroit un hôtel auquel il donna son nom, et qui ne se composait, à cette époque, que de deux maisons réunies par une grange. Il y avait loin de là au fastueux palais qui, deux siècles plus tard, devait sortir de cet humble berceau.

Jean II ne pouvait prévoir la colossale fortune de sa modeste demeure ; aussi, en vrai prodigue qu'il était, en fit-il présent au roi Louis IX, qui, la même année, la céda à la reine sa mère. Dès lors commença, pour l'hôtel de Nesle, une série de transformations qui le rendirent bientôt méconnaissable ; dès lors ses vieilles murailles, entourées de prés et de vignes, marchèrent rapidement à la conquête des terrains environnants.

Tout d'abord la reine Blanche y fit son séjour. Thibaud, comte de Champagne, ce prince le plus vaillant des capitaines et le plus gentil des troubadours, soupira des *lais* amoureux aux échos plaintifs de son oratoire. C'était, à la vérité, un amour insensé, un véritable amour de poète ; car si la reine était belle, elle était plus vertueuse encore ; *les chansons du roi de Navarre* en sont la preuve. Quoi de plus galant et de plus chevaleresque que ces vers dans lesquels le poète guerrier déclare qu'en partant pour la Palestine il cède bien plutôt à l'excès de l'amour qu'à l'entrainement de la foi; l'étendard des croisades couvrit de son voile ces platoniques amours, comme pour sanctifier les voûtes de l'hôtel de Nesle :

>Amor le veult et ma dame m'en prie,
>Que je m'en part, et moult je l'en merci ;
>Quand par le gré, ma dame m'en chasti,
>Meillor reseon ne voi à ma partie.

L'histoire de l'hôtel de Nesle n'offre rien de bien intéressant dans cette première phase de son existence. Son inconstance patronymique mérite seule d'être mentionnée.

En 1327, il s'appela hôtel de *Bahaigue* ou *Bohême*, de Jean de Luxembourg, roi de Bohême, qui y demeurait.

En 1388, il appartenait à Louis, duc d'Orléans, qui fut depuis Louis XII. Il prit alors le nom de son nouveau propriétaire ; mais en même temps qu'il s'était débaptisé, il s'était aussi considérablement agrandi, et l'*hôtel d'Orléans*, avec ses jardins immenses, ses longues galeries et son vaste préau, occupait tout l'emplacement compris entre la rue Coquillère, la rue d'Orléans et celle des Deux-Ecus. C'était beaucoup, ce n'était point assez.

En 1499, le couvent des Filles-Pénitentes possédait la totalité de l'*hôtel d'Orléans*, en partie donné par le roi Louis XII à cette communauté religieuse, en partie acheté par elle à Robert de Framezelles, chambellan du roi.

Voilà donc l'hôtel devenu *couvent*.

Aux refrains bachiques des joyeux compagnons du duc vont succéder les pieux cantiques des saintes femmes ; les voûtes sonores, qui retentissaient la veille sous le pas éperonné des chevaliers, ne rediront plus que le doux murmure des *oremus*. Le séjour de la reine Blanche ne pouvait tomber en de meilleures mains, espérons que les vertueuses traditions de la mère de saint Louis s'y conserveront intactes et pures !

Mais, hélas ! les mœurs du temps ne sont pas, à beaucoup près, aussi édifiantes que nous l'avions rêvé, et s'il faut en croire les naïfs chroniqueurs de l'époque, les jolies pénitentes du couvent ne tardèrent pas à se consoler entre elles des rigueurs d'une réclusion forcée : il est avec le ciel des accommodements, et le cloître n'est que le trait-d'union du ciel et de la terre.

En 1571, l'hôtel de Nesle avait déjà changé trois fois de nom et quinze fois de maître ; il ne pouvait s'arrêter en si beau chemin. Son humeur inconstante s'arrangeait mal du long séjour des nonnes qui l'habitaient depuis près d'un demi-siècle. Il ne fallait qu'une occasion favorable pour l'affranchir de leur tutelle. Cette occasion se présenta : elle se nommait Catherine de Médicis, reine et régente de France : on ne pouvait la désirer meilleure.

« Catherine, dit Varillas, avait la taille admirable ; la majesté de son
» visage n'en diminuait pas la douceur ; elle surpassait les autres dames
» de son siècle par la vivacité de ses yeux et la blancheur de son teint ;
» le beau tour de ses jambes lui faisait prendre plaisir à porter des bas
» de soie bien tirés, et ce fut pour les montrer qu'elle inventa la mode
» de monter mi-jambe sur le pommeau de la selle, en allant sur les ha-
» quenées, au lieu d'aller, comme on disait, à la planchette. Elle inven-
» tait de temps en temps des modes également galantes et superbes.
» Elle était avare et prodigue, magnifique mais non généreuse. Avant
» tout elle aimoit la puissance, et pour régner elle ne mettait aucune
» différence entre les moyens légitimes et ceux qui sont défendus. Mal-
» heur aux princes, aux courtisans, aux ministres qu'elle appelait *mon*
» *ami!* c'était dans sa bouche l'expression de la haine et de la vengeance.
» Madame, lui dit un jour Bois-Février, qu'elle venait d'appeler *mon ami*,
» obligez-moi de m'appeler plutôt votre ennemi. » En un mot, Catherine était une véritable Italienne, ardente jusqu'à l'impétuosité, dévote jusqu'au fanatisme ; ses moindres désirs étaient des passions. Dès qu'elle eut jeté les yeux sur le couvent des Filles-Pénitentes, elle y porta la main ; elle rêvait déjà les splendeurs impossibles que n'avaient réalisées qu'à demi son palais des Tuileries et son hôtel de Saint-Maur-des-Fossés.

Bientôt elle abandonne tout pour se livrer à sa nouvelle fantaisie ; elle possédait depuis longtemps l'hôtel d'Albret, six maisons et deux jardins situés dans la rue du Four ; le couvent lui convenait, elle l'acheta. Une armée de maçons, de tailleurs de pierre, de sculpteurs, de menuisiers, de charpentiers et de tapissiers, envahit les désertes cellules, se répandit dans les plus secrètes galeries, bouleversa les jardins, et mit en fuite ce gracieux essaim de nonnes éplorées, qui, ramassant au plus vite guimpes et chapelets, émigra tout doucettement, sans scandale et sans bruit vers l'abbaye de Saint-Magloire.

Alors s'éleva véritablement, comme par miracle, ce splendide palais qui fit l'admiration des contemporains, et dont il ne reste debout aujourd'hui que l'élégante tour construite par Bullan, rare et précieux débris de cette royale merveille. Comme tous les esprits impérieux, Catherine mit à poursuivre son projet une ardeur incroyable ; rien ne l'arrêta : une rue venait entraver ses plans, elle la coupait par le milieu, et passait outre. Ainsi fit-elle de la rue d'Orléans et de la rue des Deux-Écus, qui lui barraient le passage. Elle obtint des bulles du Saint-Père pour ratifier le déplacement des Filles-Pénitentes, et des actes du parlement pour légaliser ses usurpations de terrains ; elle appela à grands frais des ouvriers de toutes les parties du monde. Pour arriver à ses fins, elle employa tour-à-tour la violence et la persuasion, la menace et la prière. Bref, en moins de deux années, *l'hôtel de la Reine* sortit radieux de ses limbes, et Catherine vint l'habiter.

Aujourd'hui on connaît le véritable motif de cette impatience mal contenue, de cet empressement extrême qui lui fit tout prodiguer, l'or, les faveurs, les grâces et jusqu'à ses plus doux sourires, pour hâter l'achèvement de son nouveau palais. Ce motif, le voici :

Catherine était dévote et superstitieuse ; certain soir qu'elle consultait les astres dans son observatoire des Tuileries, assisté de Côme Ruggieri, astrologue florentin, en qui elle avait la plus entière confiance, elle désira savoir quel serait le lieu de sa mort. L'astrologue, après avoir interrogé les étoiles et tracé plusieurs cercles magiques du bout de sa baguette divinatoire, lui répondit ce seul mot : « *Saint-Germain.* »

Catherine, frappée de la prédiction, ne songea plus dès cet instant qu'à déjouer l'influence des astres. Elle abandonna sur-le-champ le palais des Tuileries, qui se trouvait dans la paroisse de Saint-Germain-l'Auxerrois ; elle laissa inachevé son palais de l'abbaye de Saint-Maur-des-Fossés, situé près de Saint-Germain-des-Prés, et ne remit plus les pieds au château de Saint-Germain-en-Laye. Mais comme il lui fallait nonobstant une royale demeure, elle fit construire *l'hôtel de la Reine*, sur la paroisse Saint-Eustache ; puis tranquillisée par ces prudentes mesures, elle oublia dans les bras du cardinal de Lorraine la funeste prédiction de l'astrologue.

Ce fut au milieu des bals, des fêtes, des carrousels et des divertissements de toute espèce que se fit l'inauguration de l'hôtel de la Reine. Catherine avait soif de plaisirs ; la joie débordait de son cœur ; elle était belle, elle était puissante, elle pouvait à bon droit se croire immortelle, et de plus elle était veuve. Quelle femme, quelle reine, eut à la fois plus de bonheur?

L'hôtel de la Reine était le rendez-vous de tout ce qu'il y avait de jeune, de noble et de beau à la cour de France. A la faveur du masque et du travestissement, les chefs de la Ligue y coudoyaient les mignons de Henri III ; et qui sait? ce fut peut-être durant l'une de ces fêtes que Saint-Mégrin puisa dans les beaux yeux de Catherine de Clèves, duchesse de Guise, cet amour qui devait causer sa mort ; ce fut peut-être aussi à la faveur d'une des lourdes portières de brocard qui fermaient l'oratoire de la reine-mère, que le Balafré surprit le secret des deux amants.

Mais nous sommes au 9 mai 1588 ; la foule encombre les rues, les places et tous les abords de l'hôtel ; c'est que le duc de Guise vient de rentrer dans Paris, malgré les ordres réitérés de Henri III, et qu'il est descendu tout d'abord à l'hôtel de la reine-mère. Voyez, les portes s'ouvrent, Catherine de Médicis est dans sa chaise ; le duc de Guise, à pied, se tient à la portière : ils vont ainsi tous deux, aux acclamations de la foule, braver le roi dans son Louvre.

Ce jour fut leur dernier jour d'orgueil et de puissance à tous deux. Un an plus tard, le 5 janvier 1589, Catherine meurt en apprenant l'assassinat de ce forcené ligueur; une fièvre violente la saisit, un prêtre est appelé, et après une longue et pénible confession, Catherine de Médicis expire dans les bras de cet ecclésiastique. C'était un prédicateur du roi, qui se nommait *Saint-Germain* ; la prédiction de Ruggieri s'accomplissait.

Catherine avait habité son hôtel pendant quatorze ans ; elle y mourut chargée de dettes, et les créanciers d'une des plus grandes, sinon des plus vertueuses reines de France, vendirent ce magnifique palais à Charles de Bourbon, comte de Soissons, fils du prince de Condé, pour la somme de trente mille et cent écus. Il reçut alors le nom d'hôtel Soissons, qu'il a conservé jusqu'en 1763.

Il n'était pas au bout de ses vicissitudes ; du XVIe au XVIIIe siècle, il mena la vie élégante et dissipée d'un grand seigneur en train de se ruiner. La trop célèbre comtesse de Soissons y donna des fêtes splendides, qui se terminèrent brusquement par l'intervention du lieutenant criminel et de la chambre ardente. Un sinistre reflet du bûcher de la

Voisin répandit ses teintes rougeâtres sur le somptueux édifice. Vous savez l'histoire terrible des empoisonnements de cette époque; tout le monde mourait empoisonné, parce que tout le monde croyait à un poison invisible qui se glissait dans les familles, chez le pauvre et chez le riche, dans la maison du bourgeois, dans l'hôtel du grand seigneur et jusque dans le palais du monarque. Paris, qui était toute la France, était dans l'épouvante, et l'on ne parlait que des mystères de la chambre ardente. J'ai nommé l'empoisonneuse la Voisin : il n'est pas hors de propos de vous nommer la Brinvilliers; celle-là était une grande dame, riche, élégante, spirituelle, qui passait son temps le plus doux à empoisonner les gens qu'elle aimait par une préférence bien naturelle, et puis les gens qu'elle n'aimait pas, ce qui était encore plus naturel et plus simple. Madame de Brinvilliers inventa la *poudre de succession*; nous lui devons aussi une des lettres les plus charmantes, les plus cruelles, les plus impitoyablement jolies de madame de Sévigné; il faut voir de quelle façon l'adorable marquise nous parle de ces petites pincées de cendres.... qui ont été une femme !

Bientôt enfin, devenu succursale de l'hôtel de Nevers, il préluda par l'agiot des billets de la banque de Law à l'agiotage plus immoral encore qui s'y fait aujourd'hui sur les farines.

Ce fut le prince de Carignan qui offrit au chancelier, dont l'hôtel était situé sur la place Vendôme et que le bruit des agioteurs incommodait sans doute, de transférer l'agiot à l'hôtel de Soissons. Une ordonnance défendit, sous prétexte de police, aux porteurs de billets de conclure ailleurs aucun marché. Le prince fit alors construire dans les jardins de l'hôtel quelques centaines de petites baraques qui, louées à raison de 500 livres chacune, lui firent un agréable revenu de 500,000 livres par an. Rien n'était plus curieux que l'aspect du jardin et de ses baraques à certaines heures de la journée : il y avait foule ; les carrosses des grands seigneurs encombraient toutes les avenues de l'hôtel; les dames y allaient en chaises, et tandis que les maris jouaient à la hausse, les femmes s'abaissaient parfois jusqu'à sourire à ces petits agents de change de création toute nouvelle, mais que l'on regardait déjà comme les dispensateurs de la fortune.

Le 4 avril 1741, la mort vint une fois encore frapper aux portes de l'hôtel, et cette fois elle frappa si rudement que le vieil édifice en fut ébranlé. On le sait, il était du bel air en ce temps-là de mourir insolvable. A peine Victor-Amédée de Savoie, prince de Carignan, dernier propriétaire de l'hôtel Soissons, reposait-il dans le caveau de sa famille, que ses créanciers s'abattirent sur cette belle et riche proie; mais, oh ! honte, l'hôtel Soissons, mis en vente, ne trouva pas d'acquéreur, et les créanciers, impatients de la curée, mirent la main à leur œuvre de démolition. Faute d'acquéreurs ils auraient scié, les Vandales, la Vénus de Médicis ou la Madeleine de Canova, pour en faire des tablettes de cheminée et des socles de pendules !

Les magistrats, qui avaient laissé démolir l'hôtel Soissons, achetèrent son emplacement pour y élever la Halle au Blé; puis, fiers sans doute de tant de générosité, ils voulurent éterniser le souvenir de leur magnificence. La postérité apprendra donc, grâce à eux, que MM. de Viarmes, de Sartines, Oblin, de Varennes, Babille, de Vannes et Mercier, sont seuls coupables de la destruction de l'hôtel Soissons; ils ont voulu se faire un piedestal de ses ruines; l'art indigné le change en pilori.

Pourtant si quelque chose peut pallier cet acte de vandalisme sauvage, c'est assurément l'idée qui a présidé à la construction de la Halle au Blé.

L'initiative du projet appartient à M. de Viarmes, alors prévôt des marchands, et à MM. les échevins que nous venons de nommer. M. de Sartines, lieutenant-général de police, que ses fonctions mettaient plus souvent en rapport avec le maître, eut le mérite de le faire agréer au roi, et M. Le Camus de Mézières, qui en avait dressé le plan, fut appelé à en diriger l'exécution.

A tout prendre, l'hôtel Soissons une fois détruit, ce qui restait de mieux à faire c'était d'en utiliser l'emplacement.

Déjà depuis longtemps en France il se faisait une grande révolution dans les idées et dans les mœurs; les préjugés s'en allaient insensiblement; les palais ne pouvaient rester debout longtemps encore. Déjà l'on commençait à faire la cour au peuple; bon peuple, que l'on flatte en lui donnant du pain ! En 1772 l'inauguration de la Halle au Blé fut donc, en quelque sorte, un mouvement politique : c'était, sous une autre forme, la reconnaissance tacite des droits du tiers-état.

Sous ce point de vue, la Halle au Blé et les rues qui l'environnent ne sont pas entièrement dépourvues d'intérêt. D'ailleurs, parmi ces rues plébéiennes, issues d'aristocratiques décombres, il en est une qui mérite une mention particulière.

On comprend que nous voulons parler de celle qui s'est placée sous le patronage de M. de Sartines.

En sa qualité de lieutenant-général de police, Antoine Raymond Jean Gualbert de Sartines était certes à cette époque l'homme le plus influent de tout Paris, sans excepter le roi lui-même. C'est qu'il réalisait merveilleusement bien la fable du solitaire, — qui sait tout, qui voit tout, entend tout, est partout. — C'était, en un mot, l'homme le mieux renseigné de France et de Navarre, et comme tel, ami précieux, dangereux ennemi.

A M. de Sartines a commencé seulement la police en France. Jusqu'alors le système se réduisait à deux choses : les lettres de cachet et le guet de nuit; les unes étaient pour l'utile, l'autre pour l'agréable. Les lettres de cachet servaient à mettre les fâcheux à la Bastille; le guet servait à se faire rosser. Rosser le guet a longtemps été la suprême folie du XVIII° siècle.

M. de Sartines inventa les *fonds secrets* à une époque où la pudeur publique n'était cependant rien moins que farouche. Jugez alors et de la source et de l'emploi de pareils fonds. Chaque maison de jeu, chaque lieu de débauche, payait à la ville une redevance qui servait à solder la police. L'impôt du vice perçu par l'infamie, la source était digne de l'emploi!

Qui fit mettre à l'index le *Contrat Social* et les *Lettres de la Montaigne?* M. de Sartines, ce même M. de Sartines qui, étant ministre de la marine, ne trouva rien de mieux à faire pour la guerre de l'indépendance qu'un surcroît de dépense de douze millions, qui lui valut l'épigramme suivante :

> J'ai balayé Paris avec un soin extrême,
> Et, voulant sur la mer balayer les Anglais,
> J'ai vendu si cher mes balais
> Que l'on m'a balayé moi-même.

Un homme aussi répandu et surtout aussi populaire que l'était M. de Sartines devait nécessairement donner son nom à une rue créée et mise au monde par sa toute-puissance. Mais n'est-ce pas une chose digne de remarque, que la rue la plus mal famée et la plus immorale de ce quartier fut, vers la fin du XVIII° siècle, cette même rue à laquelle M. de Sartines avait donné son nom pour lui servir d'égide.

La débauche devint l'hôte privilégié de la rue de Sartines : chaque maison logeait au moins, à chacun de ses étages, l'un des sept péchés capitaux. Jour et nuit l'orgie chantait par ses fenêtres ouvertes, laissant flotter ses rideaux au dehors, comme un ivrogne débraillé laisse flotter son jabot taché de vin. Bientôt la contagion gagna de proche en proche. Autour des rues de Sartines, de Viarmes, de Varennes, Oblin et Mercier, vint se grouper une population hideuse, que la misère conduisait au vice et le vice au crime. Toute la corruption de bas-étage, la prostitution qui a froid et qui a faim, s'inféoda à ce quartier, dont le centre est la *Halle au Blé*, et qui eut *sainte Agnès* pour patronne. Cela a existé, cela existe encore, cela existera longtemps ainsi, comme si Dieu voulait, afin d'éclairer ces ténèbres, que la pudeur vendue pour un morceau de pain vînt expirer sur des monceaux de farine.

Nous venons de nommer sainte Agnès; la vierge pudique que l'on adorait au commencement du XIII° siècle avait sans doute prévu les débordements futurs de ce quartier, puisqu'elle ne fit que poser à peine le bout de ses pieds de marbre sur l'autel qu'on lui avait élevé. Scandalisée par avance de tous les damnables méfaits qui devaient s'accomplir sous ses yeux, elle déploya ses ailes et céda la place, en 1223, à un saint moins scrupuleux, canonisé sous le nom de saint Eustache, saint d'origine tellement problématique que la légende reste muette à son égard, et que certain curé de la paroisse dont il est le patron disait en parlant d'un savant docteur, grand dénicheur de réputations usurpées et de canonicats douteux : «Lorsque j'aperçois M. de Launoy (c'était le nom du savant), je lui ôte mon chapeau bien bas et lui tire de grandes révérences, afin qu'il laisse tranquille le saint de ma paroisse. »

Quoi qu'il en soit de l'orthodoxie du bienheureux saint Eustache, toujours est-il que, dès 1254, il existait près des Halles dans le carrefour étroit et dangereux, formé par la rue du Jour, la rue Montmartre et la rue des Prouvaires, une église paroissiale, précédemment consacrée à sainte Agnès et bâtie sur l'emplacement d'un ancien temple de Cybèle. Cette fois encore le culte chrétien s'élevait sur les ruines du paganisme.

De temps immémorial, la paroisse Saint-Eustache fut un centre d'opposition, où toutes les dissidences religieuses, toutes les rumeurs populaires, toutes les querelles politiques eurent de l'écho.

D'abord ce furent d'interminables différends entre le curé de cette paroisse et le doyen de Saint-Germain l'Auxerrois, dont il n'était en quelque sorte que le fermier. La plupart des curés de Paris exploitaient ainsi le paradis et l'enfer au profit des grands seigneurs ecclésiastiques. Mais en dépit de ce vieux proverbe, qui prétend qu'*il faut être fou pour être curé de Saint-Eustache*, nous aimons à croire que la vigne du Seigneur était déjà d'un entretien facile et d'un excellent rapport, car si le maître engraissait à vue d'œil, en retour l'esclave ne maigrissait pas.

Tandis que les deux compétiteurs se disputaient ainsi les bénéfices de la messe, les produits de la confession, les dragées du baptême et les aubaines de la bénédiction des lits nuptiaux, survint un troisième larron qui les mit promptement d'accord.

Un moine de l'ordre de Citeaux, grand, pâle, décharné, visage livide, accompagné d'une barbe inculte, d'où sortait une voix grave et retentissante, venait d'arriver à Paris, traînant à sa suite une horde de bandits fanatisés composée de près de cent mille hommes, et qu'on appelait *les Pastoureaux*.

Cet imposteur effronté se nommait Jacob : il se disait l'envoyé de Dieu, le précepteur des anges et le cousin de la Vierge Marie à la mode de Bretagne; il était venu sur terre prêcher une sainte croisade composée de bergers, de cultivateurs et de gens du peuple, et ne marchait qu'entouré de cette multitude sauvage qui l'avait surnommé le maître de Hongrie.

C'était à coup sûr un maître fripon que ce moine Jacob, mais la terreur qu'il inspirait, lui et sa bande, était si grande qu'on n'osa pas d'abord l'inquiéter. Il choisit l'église *Saint-Eustache* pour le lieu de ses prédications, en chassa les prêtres, en fit assassiner quelques-uns sur les marches mêmes de l'autel, et inspira aux Parisiens une si grande terreur que les maîtres de l'Université se barricadèrent dans leurs collèges, s'attendant de jour en jour à quelque effroyable massacre; par bonheur, ce débordement de barbares n'eut pas d'autres suites; un beau matin Jacob et les Pastoureaux s'en allèrent comme ils étaient venus, emportant seulement par distraction, sans doute, les vases sacrés, les ornements du culte et tout ce qu'ils trouvèrent de précieux à Saint-Eustache.

A vrai dire, la perte ne fut pas bien grande, car l'église était pauvre et modeste. Ce fut seulement en 1532 que Jean de La Barre, prévôt et lieutenant du gouvernement de Paris, posa la première pierre de l'église actuelle; plus d'un siècle s'écoula avant qu'elle fût achevée : c'est là ce qui explique l'originalité de sa construction. L'aspect général de cette œuvre est sévère et imposant, malgré l'opposition des deux genres d'architecture sarrasine et grecque qui s'y trouvent réunis. Cette église appartient par son style au genre dit gothique fleuri, et mérite d'être classée parmi les plus curieux monuments de la transition; mais c'est l'intérieur surtout qu'il convient d'admirer; la voûte, dont l'élévation est prodigieuse, est soutenue par des faisceaux de colonnettes qui montent avec une merveilleuse hardiesse; on dirait des fusées de granit, s'élançant du sol jusqu'au cintre, où elles éclatent en culs-de-lampes délicatement sculptées, en fleurons et en gracieux pendentifs. Mais ce que l'on admire plus encore, ce que l'on admirera toujours comme un véritable chef-d'œuvre, c'est le petit portail de la rue des Prouvaires, auquel il ne manque qu'un peu plus d'air et de jour pour disputer la palme aux plus riches sculptures de ce temps-là.

Sous ce portail festonné comme une dentelle, périt assassiné un pauvre écolier qu'une vieille dévote fanatique traita publiquement de luthérien; ce seul mot fut son arrêt de mort, et ce mot était une calomnie. Les prédicateurs préparaient ainsi le drame sanglant de la Saint-Barthélemy; il ne pouvait en être autrement : Catherine de Médicis n'était-elle pas le premier marguillier de la paroisse Saint-Eustache !

L'Eglise se souvient de loin : Saint-Eustache n'a pas oublié que la confrérie de Saint-André, instituée par les agents du duc de Bourgogne, s'est élancé de ses nefs pour voler au massacre de la faction d'Armagnac; elle se rappelle la date du 9 juin 1418, où chaque confrère, la tête couronnée de roses, comme pour une fête, prêta serment de fidélité au duc de Bourgogne.

C'était en effet le riant prologue d'une fête sanglante qui se donna trois jours après, et dans laquelle le comte d'Armagnac, connétable de France, le chancelier de Marle et l'évêque de Coutances furent impitoyablement massacrés. Guidés par maître Cappeluche, bourreau de Paris et favori du duc, les meurtriers pénétrèrent dans les prisons, incendièrent celles qu'ils ne purent forcer, et, tuant tout ce qu'ils rencontraient, mirent véritablement Paris à feu et à sang. Ils préludaient ainsi à quatre siècles de distance, aux massacres de septembre ; Bourguignons et Septembriseurs étaient dignes de leurs chefs : Cappeluche était frère de Marat.

Nous n'en finirions pas si nous voulions évoquer tous les actes de férocité dont le parvis de l'église Saint-Eustache fut le théâtre. Dans l'histoire des vieilles églises de Paris, le sang vous mouille parfois la cheville ; à Saint-Eustache il y en a jusqu'au genou.

Par bonheur, ce qui nous reste à dire est d'un genre beaucoup moins lugubre ; le burlesque se trouve souvent à côté de l'horrible.

Les confrères de la Passion, ces joyeux paroissiens du curé de Saint-Eustache, vinrent égayer parfois la sombre monotonie de ces sanglantes chroniques : le bruit des grelots succède aux sons plaintifs du tocsin.

Depuis que les *confrères de la Passion* s'étaient installés dans son quartier, d'abord à l'hôtel de Flandres, rue Coquillière, ensuite à l'hôtel de Bourgogne, rue Mauconseil, jamais curé ne vécut en plus mauvaise intelligence avec ses ouailles que René Benoît, curé de Saint-Eustache, avec ces comédiens.

C'était entre eux un touchant et continuel échange de petites taquineries fort peu édifiantes.

En ce temps-là, les théâtres n'étaient pas précisément ce qu'ils sont aujourd'hui, le public ne venait pas toujours prendre son billet à la porte, par l'excellente raison qu'il n'y avait pas de billets. Que faisait le théâtre alors ? Personnifié dans son directeur, il mettait sur ses épaules un tambour retentissant, s'en allait chercher son public au premier carrefour venu, et l'alléchait à grand renfort de promesses pompeuses et de roulements de caisse qui manquaient rarement leur effet. La pointe Saint-Eustache était l'endroit adopté de préférence par les comédiens de l'hôtel de Bourgogne pour leurs périodiques appels, et maintefois les bons bourgeois de Paris, se rendant aux offices du dimanche, interrompirent, sous le porche même de l'église, leur signe de croix commencé pour aller entendre de plus près les facétieuses annonces de Jean Serre ou de Jean du Pontalais. Ce Jean du Pontalais devint le principal acteur de l'hôtel de Bourgogne ; il était à la fois auteur, acteur, souffleur, machiniste et aboyeur de son théâtre, et l'héritier direct de Pierre Gringoire, autre célébrité du théâtre des *Enfants sans souci*.

Un jour, Pontalais vint battre la caisse jusque sous la gargouille de Saint-Eustache ; le curé, bruyamment interrompu au milieu de son prône, éleva la voix ; Pontalais battit plus fort. Impatienté, le curé descend de sa chaire en grande hâte et va droit à Pontalais : « Qui vous a fait si hardi de jouer du tambourin pendant que je prêche, lui dit-il ? » Pontalais, sans se déconcerter, lui répond : « Qui vous a fait si hardi de prêcher tandis que je tambourine? » Le curé furieux crève le tambour, Pontalais exaspéré court après lui et soulevant de ses deux mains la caisse effondrée, il en

coiffe le pauvre curé, qui reparaît dans ce grotesque équipage aux yeux ébahis de ses paroissiens.

Pontalais se retira triomphant, mais peu de temps après René Benoît fut bien vengé; défense fut faite aux comédiens de l'hôtel de Bourgogne d'ouvrir les portes de leur théâtre avant que les vêpres fussent achevées.

Ainsi se termina ce différend, qui ne prouve rien, du reste, contre les goûts artistiques et littéraires du curé de Saint-Eustache. Loin de là, il y a peu d'églises aussi riches en monuments funèbres et surtout en monuments *littéraires*, s'il est permis de parler ainsi des tombeaux de Voiture, le poëte bel-esprit mort en 1648, du grammairien Vaugelas, mort en 1650, du poëte Benserade, du ministre Colbert, d'Antoine Furetière de l'Académie française, de Marie de Gournay, fille adoptive de Michel Montaigne, à laquelle nous devons l'admirable livre des *Essais*, rassemblés et publiés par elle. Là encore fut enterré Chevert, pour lequel d'Alembert composa une épitaphe très-remarquable, modèle de simplicité et d'éloquence, que nous ne pouvons résister au désir de transcrire ici:

« Ci-gît François Chevert, commandeur, grand'croix de l'ordre de

» Saint-Louis, chevallier de l'Aigle blanc de Pologne, gouverneur de Gi-
» vet et de Charlemont, lieutenant-général des armées du roi.

» Sans aïeux, sans fortune, sans appui, orphelin dès l'enfance, il entra
» au service dès l'âge de onze ans; il s'éleva malgré l'envie, à force de
» mérite, et chaque grade fut le prix d'une action d'éclat; le seul titre de
» maréchal de France a manqué, non pas à sa gloire, mais à l'exemple
» de ceux qui le prendront pour modèle.

» Il était né à Verdun sur Meuse, le 2 février 1699; il mourut à Paris,
» le 24 janvier 1769. » Il est impossible de dire plus de choses en moins
de mots et en meilleurs termes.

Maintenant que nous avons exploré les deux pôles de notre sujet, la
Halle au Blé et la pointe Saint-Eustache, gravissons la spirale de pierre
qui monte au sommet de la colonne de Médicis, et de ce point culminant
jetons un rapide coup-d'œil sur le quartier qui nous environne.

Derrière le cercle que nous avons tracé, à l'extrémité de la rue Oblin,
commence la rue du Jour, où Charles VI fit construire une maison, des
écuries et un jeu de paume, et dont il fit pendant quelque temps son séjour. De là lui est venu le nom qu'elle porte; de l'autre côté de Saint-
Eustache est la rue des Prouvaires; les prêtres de Saint-Eustache qui
l'habitaient au XIIIe siècle lui ont donné leur nom. En 1476, Alphonse V,
roi de Portugal, étant venu à Paris, Louis XI le logea dans la rue des
Prouvaires, chez un épicier nommé Laurent Herbelot. Ici c'est la rue des
Deux Écus, là c'est la rue du Four; partout c'est la honte, la misère et la
prostitution, qui se cachent aux angles de Saint-Eustache, comme dans
les carrefours de la Halle au Blé : c'est par là que nous terminerons.

Comme œuvre d'art, la Halle au Blé est plus que médiocre, elle est
nulle; comme monument d'utilité publique, elle ne pouvait être plus mal
placée. Nous ne répéterons pas les éloges exagérés qui ont été décernés
au choix des pierres et à la qualité des briques employées dans sa construction. Nous nous garderons bien de parler de sa coupole, les questions de diamètre et de circonférence ne sont pas de notre ressort; que
M. Le Camus de Mezières et MM. Grand et Molinos soient de remarquables géomètres et des architectes de talent, nous sommes bien loin
de le trouver mauvais, attendu que cela nous est parfaitement indifférent;
mais ce que nous nions de toutes nos forces, c'est que la Halle au Blé
soit une œuvre d'art, et ces messieurs des artistes.

Nous donnerions toutes les pierres, toutes les briques, tout le cuivre
et tout le zinc, et tous les vitraux par dessus le marché, qui donnent une
si grande importance à la Halle au Blé, pour cette élégante colonne de
Médicis dont nous parlions tout-à-l'heure; et à ce sujet, un dernier mot.
La démolition de l'hôtel Soissons allait être achevée, déjà le marteau
s'abattait sur la frêle aiguille de Bullan, lorsqu'un amateur éclairé des

arts, indigné d'un pareil sacrilége, se présenta pour l'acheter. Cette colonne lui fut adjugée pour la somme de quinze cents livres.

On a immortalisé le nom des magistrats qui sont restés spectateurs muets de cette profanation, on n'a rien fait pour sauver de l'oubli le nom de ce protecteur des arts : c'était M. Petit de Bachaumont; nous sommes heureux de pouvoir lui rendre ici l'honneur qui lui est dû.

Voilà donc ce que c'est que la gloire. On aura vu se succéder vingt générations de rois; on aura servi de séjour à la reine Blanche, la dame *au doulx regard*, abrité la démence de Charles VI et le repentir des plus jolies pécheresses du xv° siècle; on aura fait de la nécromancie avec la reine Catherine, de la chimie avec la comtesse de Soissons et de la finance avec le prince de Carignan : et de tout cela il ne restera rien, rien qu'un quartier fangeux, bruyant, mal aéré, des rues sombres, encombrées d'immondices, et une halle où s'accomplit chaque jour, sur une denrée de nécessité première, le plus scandaleux agiotage ; car la Halle au Blé n'est, après tout, il faut bien le dire, que la bourse des farines. Tous les abus de la coulisse se sont glissés dans son sein, les ravages de la fin de mois s'y font sentir, la vente à prime et la vente à livrer y ont fait élection de domicile. Rien n'y manque, en un mot, ni les plus scandaleuses fortunes, ni les plus épouvantables désastres. Encore si c'était tout ; qu'importe, en effet, quelques méchants millions plus ou moins gagnés, plus ou moins perdus, plus ou moins volés ! le mal n'est pas là assurément ; mais ce qui est important, ce qui est immoral, bien plus, ce qui est impolitique, c'est que le prix du pain augmente ou diminue en raison de la hausse ou de la baisse imprimée aux farines. Que les spéculateurs se ruinent du jour au lendemain, libre à eux; mais que le pain, la seule nourriture du pauvre, devienne un objet de luxe, voilà ce que l'on devrait prévenir, ce que l'on devrait empêcher. Le peuple a un appétit robuste : quand il a faim, il mangerait des bastilles : donnez-lui donc du pain !

Ch. Rouget.

ESPLANADE DES INVALIDES.

Trois noms glorieux de notre histoire nationale devraient être gravés en lettres d'or sur la porte d'entrée de l'Hôtel des Invalides : *Henri IV*, pour avoir eu, le premier, la pensée d'ouvrir un noble refuge aux défenseurs du pays; *Louis XIV*, pour en avoir fait un des plus majestueux monuments de son royaume; *Napoléon*, enfin, pour s'en être préoccupé toute sa vie, et pour l'avoir, après sa mort, comme sanctifié par sa dépouille.

Celui qui criait aux siens pendant les rudes combats de la guerre civile : « Sauvez les Français, et main-basse sur l'étranger; » celui-là devait concevoir la sainte pensée d'offrir un asile aux militaires que l'âge ou les blessures condamnaient au repos. Mais le Béarnais trouva les coffres de l'État épuisés; aussi plaça-t-il dans une modeste demeure de la rue de l'Oursine les soldats mutilés par Mayenne ou par l'Espagnol. Louis XIII, son fils, les transporta au château de Bicêtre, et Louis XIV jeta, en 1671, les fondements de cet hôtel, qui n'a pas son pareil en Europe.

Le sort des défenseurs du pays commença alors seulement à être honorablement fixé.

Avant ce jour, les abbayes, les prieurés contribuaient à nourrir, à entretenir, à loger, les vieux soldats. Tout monastère en recevait un certain nombre; mais un devoir ridicule ou humiliant leur était imposé en retour; ils étaient obligés de sonner les cloches pour éveiller les moines; ces hommes d'épée, qui avaient été réveillés si longtemps au son du clairon et du tambour, moins considérés que les sacristains, moins estimés que les suisses de paroisse, dans leurs mains le balai remplaçait le fusil qu'ils avaient noblement porté. Honneur au petit-fils de Henri IV pour avoir relevé le vieux soldat de ces humiliantes nécessités!

L'édit de fondation de l'Hôtel des Invalides parut en 1674; il mérite qu'on en cite des extraits. La France était toute saignante encore de glorieuses blessures, et elle allait s'engager de nouveau dans une guerre formidable. Louis XIV, dira-t-on peut-être, avait intérêt à se montrer généreux envers les soldats vieux ou mutilés, puisqu'il en appelait de plus jeunes à de nouvelles chances. Qu'importe si dans ce grand acte de reconnaissance il entrait un peu d'égoïsme! Les rois ne font pas toujours de grandes choses, alors même que leur intérêt particulier marche d'accord avec l'équité.

« Nous avons estimé, dit le monarque, qu'il n'était pas moins digne
» de notre pitié que de notre justice, de tirer hors de la misère et de la
» mendicité les pauvres officiers et soldats de nos troupes qui, ayant
» vieilli dans le service, ou qui, dans les guerres passées, ayant été
» estropiés, étaient hors d'état de pouvoir vivre et subsister; et qu'il
» était bien raisonnable que ceux qui ont exposé librement leur vie et
» prodigué leur sang pour la défense et le soutien de cette monarchie...
» jouissent du repos qu'ils ont assuré à nos autres sujets, et passent le
» reste de leurs jours en tranquillité...... A l'effet de quoi, et pour suivre
» un si pieux et si louable dessein et mettre la dernière main à un ou-
» vrage si utile et si important, nous avons donné nos ordres pour faire
» bâtir et édifier ledit hôtel royal, au bout du faubourg Saint-Germain
» de notre bonne ville de Paris. »

On fit trois classes d'officiers et soldats, pouvant être reçus.

La première classe comprenait ceux qui avaient servi vingt ans.

La deuxième classe, ceux qui, après avoir rempli deux engagements de six ans, se trouvaient par leur âge ou leur mauvaise santé hors d'état de continuer le service.

La troisième enfin, ceux qui étaient estropiés ou grièvement blessés, sans avoir égard au temps pendant lequel ils avaient servi.

Il est inutile d'entrer dans de plus longs détails sur une organisation qui, depuis cette époque, a été considérablement modifiée. Dans le principe, le cadre des invalides *résidents* s'élevait à quatre ou cinq mille; il y a place aujourd'hui pour sept mille pensionnaires, bien logés, bien nourris, bien chauffés, entretenus avec soin et recevant : les officiers, 10 fr. par mois, et les soldats 1 fr. pour leurs *menus besoins.*

L'Hôtel des Invalides semble être l'établissement national que Louis XIV affectionnait le plus. Souvent il s'y rendait incognito ; quelquefois sa cour l'y suivait en grande pompe.

Son dernier soupir témoigne encore de cette prédilection : « Outre les
» différents établissements que nous avons faits dans le cours de notre
» règne (dit-il dans son testament), il n'y en a point qui soit plus utile à
» l'État que celui de l'Hôtel royal des Invalides... Toutes sortes de motifs
» doivent engager le dauphin et tous les rois nos successeurs à le soutenir
» et à lui accorder une protection particulière. Nous les y exhortons
« autant qu'il est en notre pouvoir. »

Coustou le jeune, qui a fièrement campé Louis XIV à cheval, au-dessus de la porte d'entrée, a donc eu raison d'asseoir aux angles du piédestal, et dominant les statues colossales de Mars et de Minerve, les figures plus modestes de la Justice et de la Prudence.

Situé à l'extrémité du faubourg Saint-Germain, presqu'au milieu de l'ancienne place de Grenelle, non loin du fleuve qui baigne le centre de Paris, sur un terrain un peu élevé et dans une magnifique position, l'Hôtel des Invalides occupe une surface de 5 hectares, 400 ares.

Lorsque, sur les dessins de Libéral Bruant, s'élevaient ces fortes murailles, les jeunes et les vieux soldats ne craignaient plus tant la guerre. « Morts, disaient-ils, Dieu là-haut récompense les braves : blessés, le roi à Paris nous bâtit un palais. En avant donc, et vive la France !... »

Le clergé et les moines en furent seuls marris ; ils perdaient leurs sonneurs de cloches et leurs balayeurs d'église....

.... Jadis, pour soutenir ses jours,
Dans un pays ingrat, sauvé par son courage,
Le guerrier n'avait pas, au déclin de son âge,
Un asile pour vivre, un tombeau pour mourir :
L'État qu'il a vengé daigne enfin le nourrir !

La façade de l'Hôtel des Invalides a 198 mètres de long, d'une extrémité à l'autre de ses pavillons ; au centre, est la porte surmontée d'une forme cintrée où l'on voyait un bas-relief représentant Louis XIV, entouré comme le soleil des douze signes du zodiaque; en avant est une place en demi-lune entourée de fossés, revêtus en maçonnerie jusqu'à hauteur d'appui. Là, comme pour annoncer les hôtes du lieu, seize pièces de canon présentent leur bouche tamponnée aux promeneurs inoffensifs. Un beau page, tantôt borgne, tantôt manchot, tantôt jambe-de-bois.

monte la garde à la grille d'entrée. Derrière lui s'allongent de galants parterres symétriquement dessinés ; et sur les côtés de la place, quelques invalides ratissent, bêchent, cultivent enfin des jardinets particu-

liers, où la rose fleurit pour le corset de leur belle ; où grimpent aussi à des berceaux treillagés la gracieuse clématite et le volubilis tricolore.

> Souviens-toi qu'Apollon a bâti des murailles,
> Et ne t'étonne pas que Mars soit jardinier.

Quittons cette place extérieure, passons sous la grande porte, et saluons la statue équestre du royal fondateur ; entrons dans la cour Napoléon, suivons de l'œil, dans cette cour, les glorieux débris de nos armées immortelles ; voyons-les se glisser, vieux ou aveugles, le long de ces quatre corps de bâtiments ; écoutons retentir leurs béquilles sur les dalles des arcades ; ils montent, ils descendent, ils vont et viennent comme les habitants d'une fourmillière. Attention ! le tambour bat ; les quatre réfectoires sont ouverts. Là, au milieu de peintures à fresque, représentant des victoires du règne de Louis XIV, des tables rondes de huit couverts sont dressées, et chaque soldat y vient prendre sa place accoutumée. Alors commence un curieux, un intéressant spectacle : l'aveugle arrive, appuyé sur l'épaule du manchot qui lui sert de guide, et

Esplanade des Invalides.

le manchot trouve à son tour un soldat à la jambe de bois qui lui coupe les morceaux et lui donne la becquée.

Dans la bibliothèque, au centre de 25,000 volumes, riche présent de l'empereur Napoléon, un cercle d'aveugles est formé, et un camarade leur fait la lecture. Toutes les fois qu'il arrive à la fin de la deuxième page, « tournez », dit le lecteur qui a laissé ses deux bras à Wagram ou à Moscow; et un aveugle des Pyramides est là, dont le doigt exercé obéit au commandement. Partout l'Hôtel des Invalides offre la réalisation de la fable de l'*Aveugle et le Paralytique* :

Je marcherai pour vous, vous y verrez pour moi.

Le secours mutuel y est organisé ; disons mieux : y est inspiré par la fraternité militaire plus que par l'infortune et la nécessité.

Ne sortons pas encore ; jetons un coup-d'œil dans les vastes cuisines, où le feu pétille sous les marmites gigantesques, dont la crédulité provinciale a cependant décuplé les dimensions. Au fait, on peut croire aux marmites de vingt mètres de circonférence, fonctionnant à merveille, quand on croit à la tête de bois de l'invalide bon vivant.

Visitons encore, et avec un tout autre intérêt, les infirmeries où les sœurs de la charité ne cessent de prodiguer le dévouement aux malades, aux vieillards, aux plus infirmes des pensionnaires ; montons jusqu'aux combles de l'édifice, à la salle des *plans en relief des places fortes de France*, où l'on ne pénètre qu'avec une permission du ministre de la guerre ; passons enfin à l'église... Mais non ; le récit d'illustres funérailles nous y ramènera plus tard ; retournons sur nos pas, à l'Esplanade qui nous réclame.

On est redevable de l'Esplanade des Invalides au comte d'Argenson, ministre de la guerre sous Louis XV. C'est à l'ombre de ces quinconces épais, c'est sous ces belles allées d'ormes, et de tilleuls servant de cadre à de frais tapis de verdure, que les vieux soldats promènent leur rêverie : comme aux héros d'Homère et de Virgile, il fallait bien leur créer un Elysée. Cette esplanade silencieuse, où l'oiseau chante et fait son nid, tranquille comme au fond d'un bois écarté, le peuple l'envahit plus d'une fois, et y laissa l'empreinte de ses pieds de géant. Est-il une rue de Paris, un de ses carrefours, une de ses promenades, qui n'ait sa page glorieuse et sa date immortelle? Une fois..... c'était le 14 juillet 1789 :

Trente-cinq mille hommes campaient sur la route de Versailles; les gardes suisses occupaient même l'entrée de la place Louis XV. Le prétexte était le rétablissement de l'ordre public ; l'objet réel, la dissolution des états-généraux. Mirabeau, depuis quatre jours, avait rédigé la fameuse adresse qui demandait l'éloignement des troupes et le renvoi des Suisses; Louis XVI avait refusé. La veille du grand jour, le prince de Lambesc avait sabré des promeneurs dans le jardin des Tuileries, et, une heure plus tard, Camille Desmoulins avait transformé en cocardes aux couleurs de l'espérance les feuilles des arbres du Palais-Royal. Deux conspirations depuis longtemps en présence, celle de l'aristocratie et celle du peuple, allaient se heurter enfin.

Le soleil qui devait éclairer la chute de la Bastille n'était pas encore levé, mais déjà pointait à l'horizon de Paris l'aurore de la liberté. Deux hommes franchirent alors la grille de l'Hôtel et gagnèrent, en continuant leur conversation commencée, les premiers arbres de l'Esplanade. L'un d'eux était M. de Sombreuil, gouverneur des Invalides ; l'autre, un courtisan dont le nom est resté inconnu.

« Dites au roi que je ferai mon devoir, Monsieur ; mais, je vous le répète, en voulant faire naître la peur, on peut enfanter l'enthousiasme. Le peuple se forge des armes comme par enchantement quand la nécessité le lui commande. Annoncez à Versailles, Monsieur, que cent cinquante mille piques ont été fabriquées en une nuit.

— Des piques, répondit l'inconnu, en souriant avec mépris, que pourront les piques contre les canons et les fusils de M. de Besenval ?

— Mais le peuple sait où des canons dorment sur leurs affûts ; il sait où des milliers de fusils se trouvent en dépôt. Deux députations de districts vinrent hier déjà réclamer les 52,000 armes à feu que renferment les souterrains de l'Hôtel ; j'ai refusé de les donner aux députés, mais si le peuple vient les prendre.....

— Vous les défendrez, M. de Sombreuil...— Oui, si mes invalides écoutent ma voix... Mais, portez mes craintes à Versailles... Hier, après avoir éconduit les deux députations, j'ai imaginé de faire retirer de tous les fusils les chiens et les baguettes.— C'est parfait, M. le gouverneur... Voilà une ruse de comédie... qui rendra toute tragédie impossible.. Le récit en égaiera la Cour. — Patience, Monsieur ; ne vous hâtez pas de rire. J'ai donc fait descendre vingt invalides pour mettre mon moyen à exécution. — Il n'en fallait pas davantage pour rendre dans une nuit toutes ces armes inoffensives.— Eh bien ! Monsieur, dans l'espace de six heures, vingt invalides de choix n'avaient désarmé que vingt fusils —Un fusil par six heures et par individu ! d'honneur, c'est par trop invalide...

— Monsieur, répondit M. de Sombreuil à l'inconnu qui riait aux éclats de sa mauvaise plaisanterie, libre à vous de réjouir la Cour avec le récit que je vous ait fait, et surtout avec le jeu de mots qu'il vient de vous inspirer... Cependant, n'oubliez pas de dire à Sa Majesté qu'un danger peut naître, et que j'attends des ordres. »

Là-dessus le gouverneur tourna les talons au courtisan, qui monta à cheval et se dirigea du côté de Versailles. Deux heures après cet entretien, des rassemblements nombreux débouchaient par les rues de Grenelle, de Varennes, de l'Université, et envahissaient l'Esplanade.

Il y avait un danger réel dans cette expédition. Le procureur de la ville l'affronta courageusement, à la tête de quelques compagnies de gardes françaises, rangées déjà sous la bannière des autorités révolutionnaires. Dans d'autres groupes moins pacifiques on distinguait les habits rouges des clercs de la Basoche; mais le rassemblement le plus tumultueux était celui que conduisait le curé de Saint-Étienne-du-Mont, animant du geste et de la voix ses fidèles paroissiens.

M. de Sombreuil répondit, comme la veille, au magistrat que : dépositaire des fusils, il ne pourrait les livrer sans l'autorisation du ministre de la guerre, auquel il s'était adressé; et il ajouta, pour gagner du temps sans doute, que la réponse arriverait dans une heure.

Il était imprudent pour le peuple de se contenter de ce faux-fuyant, en face des préparatifs hostiles du maréchal de Broglie et de M. de Besenval. Cette réflexion une fois exprimée à haute voix par un simple ouvrier, la foule se précipite, franchit les fossés de l'hôtel, avec d'autant plus de facilité que les invalides assiégés tendent les mains et les béquilles aux assiégeants; on désarme les sentinelles, qui se laissent faire. Pour traîner vingt pièces de canon dont on s'empare, on emprunte à M. de Sombreuil, qui les livre sans se faire prier, les chevaux de sa voiture; enfin on descend dans les souterrains, au-dessous du dôme; on y trouve les fusils, on les emporte au nombre de près de 30,000, y compris les vingt qui avaient été désorganisés la veille par les doigts paresseux des vingt vétérans patriotes. Une fois armé, le peuple traverse l'Esplanade et se répand dans Paris; un grand nombre de vieux soldats se mêlent à la foule, l'instruisent en marchant, la dirigent militairement; et tout ce peuple va, le même jour, faire contre les murs de la Bastille le premier essai de ses forces invincibles. C'est donc sur l'Esplanade des Invalides que commença le grand combat du despotisme et de la liberté. Ces soldats mutilés, leurs canons, leurs fusils, figurèrent souvent à titres d'acteurs et d'accessoires dans le magnifique drame de la révolution. Quant à l'Esplanade, elle fut envahie, occupée, parcourue toutes les fois que le peuple de Paris se rendit au Champ-de-Mars et à la plaine de Grenelle, où se déroulèrent quelques-uns des plus pathétiques tableaux de cette sublime période.

Bonaparte rappela dans le feuillage de ce quinconce les oiseaux effarouchés; et si, souvent alors, on les vit s'envoler à tire-d'ailes, c'est que les canons des Invalides, replacés sur leurs affûts, avaient pour mission d'annoncer à la France les victoires de ses enfants.

En 1804, le conquérant de l'Italie plaça le lion de Saint-Marc au milieu de la grande allée de l'Esplanade. Hélas! il resta seize ans à peine sur le piédestal de Trepsat; mais Venise ne revit son palladium que brisé en éclats, et c'est par morceaux rajustés qu'il est remonté sur sa haute colonne. La veille du jour où l'Autrichien devait nous l'enlever, grues et cabestans avaient été dressés autour du superbe trophée. Un invalide, selon l'usage, fut placé là toute la nuit, comme gardien; et le jour venu, quand les poulies tournèrent, quand les cordages se tendirent sous l'effort des ouvriers, le lion, soulevé un instant, tomba et se fracassa sur le sol de l'Esplanade. Le gardien de nuit n'aurait-il pas dévotement coupé avec son briquet d'Italie quelques brins du chanvre, qui sembla se rompre sous le poids du bronze colossal?

Une gerbe de lys en plomb doré remplaça, sous la Restauration, le lion absent; et du centre de chacune de ces fleurs coulait quelquefois un léger filet d'eau, qui allait humecter le fond d'une grande vasque circulaire.

Après la révolution de juillet, un buste de Lafayette détrôna le bouquet de fleurs royales; et maintenant, buste et fontaine ont disparu. Rien n'arrête plus l'œil sur la longue ligne qui va se prolongeant entre des tapis de verdure et de belles allées, depuis la grille de l'hôtel jusqu'au parapet qui borde la Seine.

Nous n'en avons pas fini encore avec l'époque impériale; notre chronique y doit puiser d'autres souvenirs.... Un jour, les canonniers invalides étaient à leurs pièces, écouvillon en main et mèche allumée. Paris attendait tout en émoi. On disait que le docteur Dubois venait d'être appelé aux Tuileries; et aussitôt la foule d'accourir par toutes les avenues sur le terre-plain des Invalides, entre les fossés et l'Esplanade.

Place! place au page de l'Empereur qui apporte la grande nouvelle! Et le page entra au galop de son cheval dans la cour de l'hôtel. Quelques minutes après, une mèche allumée traça un demi-cercle à la droite d'un affût, et donna un baiser de feu à la lumière d'un canon. Le premier coup retentit; et sur cette multitude qui parlait, qui jacassait comme une femme bavarde, plana aussitôt un de ces silences imposants, solennels, qui s'échappent des foules immenses. Seulement, à chaque détonation, il bruissait un léger murmure, écho du bronze qui avait commencé à parler. On comptait à voix basse : un... deux... trois... quatre... jusqu'à vingt, limite fatale, car à ce nombre, le doute sur le sexe de l'enfant n'avait pas cessé. Encore une gargousse brûlée, et Napoléon avait un héritier mâle, un successeur direct au trône impérial.

L'invalide qui devait enflammer la vingt-unième amorce avait été jadis le loustic du régiment. Voyant la foule suspendue au bout de corde qui brûlait dans sa main, il l'abattit à faux sur la pièce, puis, comme si la mèche eût été presque éteinte, il l'approcha de ses lèvres pour la ranimer en soufflant. Pendant ces évolutions calculées, l'intervalle voulu entre deux détonations s'était écoulé et au-delà; si bien que Paris, l'oreille au guet, était consterné. Ces mots circulaient déjà sous les quinconces : « — Vingt! — Rien que vingt! — C'est fini, c'est une fille! »

Le loustic coupa court aux commentaires. Le vingt-unième coup de canon éclata; et d'un bout à l'autre de l'Esplanade un cri s'élança dans les airs : Vive l'Empereur! —Vive l'Empereur! répondirent de l'autre côté des fossés les mutilés de l'Empire. Vive l'Empereur! dirent aussi les blessés de Sambre-et-Meuse; et de vieux soldats de Fontenoi poussèrent aussi ce cri qui signifiait : Vive la France, glorieuse et respectée!...

Alors l'hôtel en hébergeait encore plus d'un de ces braves militaires, qui eurent l'honneur de servir sous Maurice de Saxe ou Richelieu. C'était plaisir de les voir marcher fraternellement, appuyés sur un camarade de Hoche, ou sur un grognard d'Oudinot. Assis sur un banc de pierre de l'Esplanade, ils contaient aux nouveaux venus Port-Mahon et Laufelt; puis, quand les jeunes parlaient, quand ils disaient les envahissements du torrent républicain et les élans rapides de l'aigle impérial, les vieux soldats de l'antique monarchie trahissaient leur admiration par cette phrase banale : « J'aurais voulu être là! » Et comme le brave Crillon, ils se seraient pendus de regret de ne s'être pas trouvés à de pareilles fêtes.

Ah! le poète avait surpris, sans doute, un de ces naïfs entretiens quand il fit dire par un soldat de l'ancien régime :

> Vieux compagnons, des héros d'un autre âge
> Comme Nestor je ne vous parle pas;
> De tous les jours où brilla mon courage,
> J'achèterais un jour de vos combats.

Mais bientôt, à ces époques de joie universelle succédèrent des temps

de deuil. Un matin, Paris au désespoir vint secouer la grille des Invalides : « Aux armes, crie-t-on ! Aux armes, vieux soldats.... L'étranger est à la barrière. » Soudain, comme au son de la trompette du dernier jugement, ces nobles débris de nos légions secouent leur poussière, se redressent, se cherchent, se combinent, et par tronçons réunis reconstituent des soldats complets, forment des pelotons, se groupent en batteries, qui s'arment, marchent, manœuvrent, s'attèlent aux canons, les traînent jusqu'à la route de Vincennes, jusqu'aux buttes Saint-Chaumont, jusqu'à la barrière de Clichy ; et là, de béquille ferme, ils défendent Paris, sous le commandement de celui qui sera plus tard gouverneur des Invalides..... Dernier et sublime fait d'armes qu'ont popularisé la plume, le pinceau et le burin !

Mais voici la grande journée de l'Esplanade des Invalides.

Dès l'aube, tout un peuple est en mouvement, toutes les imaginations sont remuées ; la France entière est représentée dans sa capitale ; les vieilles générations pleurent, les jeunes admirent. La nationalité française se réveille et se rattache à une grande ombre qui s'avance. Bonaparte, le premier consul, Napoléon, l'empereur, le petit caporal, le proscrit de Sainte-Hélène, tous ces grands hommes si populaires reviennent dans un même cercueil, après vingt-cinq ans d'exil !

Les abords de l'Esplanade, l'Esplanade elle-même, dans la partie qui n'est pas interdite, tout est envahi avant le jour par des hommes, des femmes, des enfants qui affrontent une température de glace.

Bientôt le dôme doré des Invalides reflète des rayons éclatants ; c'est le soleil d'Austerlitz qui se lève ! tout le monde l'a reconnu et salué. Lui aussi vient revoir son héros...

> Chacun disait : quel beau temps !
> Le ciel, toujours le protége¹

A dix heures, un coup de canon tiré de Neuilly annonce que le cortége s'ébranle. Pendant qu'il s'avance dans tout son éclat, dans toute sa majesté, pendant que Napoléon s'arrête sous cet arc-de-triomphe de l'Étoile qu'il fonda de sa main puissante ; pendant que sur une longue ligne, toute resplendissante d'armes, d'uniformes et d'étendards, il passe sa dernière revue ; pendant que l'armée frémit et pleure, que les gardes nationales présentent les armes, que les drapeaux s'agitent, que les ponts gémissent sous le poids de la foule, jetons un coup-d'œil rapide sur l'Esplanade, dans la cour intérieure de l'hôtel et dans l'église, où nous n'avons pas encore pénétré.

Trente-sept statues gigantesques sont alignées le long des quinconces. Entre ces statues faites à la taille des héros dont elles sont l'image, des flammes funèbres brûlent dans des trépieds dorés. Derrière cette double rangée de rois, de généraux, deux estrades sont bâties où trente-six mille personnes, debout, échelonnées, resteront là, en plein air, en plein vent, en plein froid, heureuses, dans leur souffrance, de leur place privilégiée; et derrière ces estrades, une foule compacte, plus de deux cent mille citoyens se rappelant combien la France fut grande alors que l'homme géant combattait pour elle.

L'entrée de l'hôtel est imposante de draperies; la cour intérieure, où six mille places ont été marquées, offre une décoration bien harmoniée avec la circonstance; des tentures noires, brodées d'argent, des grisailles, des trophées, des boucliers, des chiffres de Napoléon; tout cela éveille des idées de gloire, tout cela se marie par ses couleurs sombres à la couleur grise du monument.

L'église, divisée en deux parties, la première, que l'on doit à Bruant le jeune, n'offre plus au regard ses deux ordres de colonnes ioniques et composites l'un sur l'autre placés. Les belles figures de Van-Clève et de Coustou l'aîné sont masquées aussi; l'autel lui-même, ses six colonnes torses, dorées, garnies d'épis, de pampre, de feuillage, portant faisceaux de palmes qui, en se réunissant soutiennent le baldaquin, cet autel a disparu pour la cérémonie. Complètement transformée, cette partie de l'église resplendit d'or et d'argent sur un fond violet et noir; les travées latérales sont disposées en tribunes inférieures et supérieures; à chaque pilastre s'élève un faisceau de drapeaux tricolores; et les noms des plus illustres généraux et des plus glorieuses victoires du consulat et de l'empire étoilent les deux côtés de la nef.

La partie appelée le dôme, ce chef-d'œuvre d'architecture élevé par Jules Hardouin Mansard, a changé totalement aussi de caractère. Là sont réunies les notabilités les plus éminentes du pays, autour du catafalque, dont la partie inférieure attend le cercueil du héros. Aux angles de ce monument s'élèvent quatre figures de victoires, dominées par l'aigle impérial aux ailes déployées. Où sont les peintures de Lafosse? *La gloire du paradis, la félicité des bienheureux?* qui les cherche de l'œil? qui s'en informe? Voyez, voyez ces velours, cet or, ces lauriers se jouant sur une draperie parsemée d'abeilles... Regardez, avant tout, ces drapeaux de vingt nations, que nos soldats enlevèrent à l'ennemi, et qu'on avait voulu leur reprendre avec le lion de Saint-Marc! Les sublimes recéleurs de ces trophées sont descendus naguère au fond des souterrains; ils ont déroulé ces glorieux lambeaux tachés de leur sang peut-être; ils les ont suspendus de nouveau à la voûte du temple, où on croit les voir s'incliner devant la grande ombre qui s'avance.

Vingt-un coups de canon annoncent son arrivée sur l'Esplanade. Quel moment solennel! Napoléon mort, défilant devant l'image de ses généraux, morts comme lui, pour aller, à quelques pas de là, se coucher dans la tombe qui lui est préparée, et que garderont les débris mutilés de ses glorieuses phalanges !

Le mausolée porté sur quatre roues étincelantes d'or, traîné par seize chevaux richement caparaçonnés, traverse l'Esplanade. Là, comme sur toute la route parcourue, tous les fronts se découvrent, et une voix énergique, la grande voix du peuple, fait entendre ce cri de *vive l'Empereur!* autour de ses restes inanimés !

Le char funèbre s'est arrêté à la grille de l'hôtel. Trente-six matelots s'emparent du cercueil et le portent jusqu'à la cour intérieure ; là, trente-six sous-officiers de la garde nationale et de l'armée, les remplacent jusque sous le dôme..... et les cérémonies de l'église commencent.

Ainsi, sur l'Esplanade des Invalides, déjà si riche en souvenirs, s'est accompli ce dernier vœu de Napoléon :

« Je désire que mes cendres reposent sur les bords de la Seine. »

ÉTIENNE ARAGO.

RUE SANS NOM.

Vous trouverez la rue dont je veux vous parler entre le faubourg Saint-Martin et le faubourg du Temple; elle porte le nom de *rue des Marais*. Si vous me demandez pourquoi je débaptise cette rue, bien plus, pourquoi je la prive de toute espèce de nom, comme on le fit en 1793 à l'égard de la seconde ville du royaume, je vous répondrai en vous engageant à lire ce chapitre.

Le faubourg du Temple et le faubourg Saint-Martin ayant été déjà décrits dans ce livre, il ne m'appartient pas de revenir sur ce travail. Ne vous attendez donc pas à trouver ici le résultat de recherches historiques sur la vieille rue *des Marais Saint-Martin*. Je veux tout simplement me placer au centre de cette rue, et pénétrer dans la maison qui porte le n° 31 *bis*, en vous engageant à m'y suivre : je ferai en sorte que ni vous ni moi n'ayons à regretter cette visite domiciliaire.

Là habite un homme dont la vie est étrange; qui, à l'exception de sa famille, de ses serviteurs et de quelques rares amis, n'a de commerce qu'avec des malheureux, qui n'en ont plus avec la société, du sein de laquelle ils vont disparaître tout-à-l'heure; un homme dont l'aspect, dont le nom même, fige le sang dans les artères, et dont la seule présence dit à celui qu'il approche : « Tu n'es plus de ce monde! »

C'est l'exécuteur des jugements criminels!.... Inclinons-nous en entrant chez cet homme... qui a le dernier mot de bien des destinées!...

. . . .

Le prince de l'Eglise et l'exécuteur des hautes-œuvres; l'homme du ciel avec sa parole tout évangélique, et l'homme de la terre avec sa mission toute de douleur et de sang;

Celui qui prie pour l'âme, celui qui détruit le corps;

L'un portant ses regards vers ce qu'il y a de plus haut, l'autre forcé de les tourner vers ce qu'il y a de plus bas;

Tous deux, par un étrange abus de mots, par un renversement de toute idée, de toute logique, tous deux appelés du même nom :

BOSSUET, *monsieur de Meaux!*

SANSON, *monsieur de Paris!*

Son nom seul inspire de l'horreur, et cela s'explique : il rappelle une mission de mort; il évoque dans l'âme d'affreux souvenirs; il fait apparaître aux yeux une fantasmagorie sanglante....! Vous voyez l'échafaud, la planche d'un rouge noir dont une nouvelle couche de sang va raviver la couleur; vous voyez le coffre de plomb où vient se précipiter une tête fortement lancée loin du tronc!.... Vous voyez un néant anticipé succéder à une vie pleine de jours!....

Il est bien difficile de prendre de cet homme une idée juste et raisonnable; ses fonctions s'adressent trop à ce sentiment intime qui vient de l'âme, pour que la raison préside au jugement que l'on en porte. On n'est pas toujours le maître de se faire une opinion entre celle de l'illustre auteur des *Soirées de Saint-Pétersbourg* et celles du chantre de *Julie :* s'il ne faut pas, comme M. de Maistre, voir dans la famille de l'exécuteur *une femelle et des petits*, il faut aussi se défier de la sophistique philosophie de Jean-Jacques; et, même sans être roi, rêver pour son fils une autre épouse que la fille du bourreau.

La charge d'exécuteur des hautes-œuvres n'a pas toujours été soumise à l'état d'abaissement où nous la voyons aujourd'hui.

Chez les Israélites, les sentences de mort étaient exécutées par tout le peuple, ou par les accusateurs du condamné, ou par les parents de l'homicide, si la condamnation était pour meurtre, ou par d'autres personnes, selon les circonstances.

Le prince donnait souvent à ceux qui étaient auprès de lui, et surtout aux jeunes gens, la commission d'aller mettre quelqu'un à mort. On en trouve beaucoup d'exemples dans l'Écriture; et loin qu'il y eût infamie attachée à ces exécutions, chacun se faisait gloire d'y prendre part.

Chez les Grecs, l'office de bourreau n'était point méprisé. Aristote, dans ses *Politiques*, met l'exécuteur au nombre des magistrats. Il dit même que, par rapport à sa nécessité, on doit mettre cette charge au rang des principaux offices.

A Rome, outre les licteurs, on se servait quelquefois du ministère des soldats pour l'exécution des criminels, non-seulement à l'armée, mais à la ville même, sans que cela les déshonorât en aucune manière.

Chez les anciens Germains, la charge d'exécuteur était exercée par les prêtres, par la raison que ces peuples regardaient le sang des coupables et des ennemis comme l'offrande la plus agréable aux dieux de leur pays.

Anciennement les juges exécutaient souvent eux-mêmes les condamnés : l'histoire sacrée et l'histoire profane en fournissent plusieurs exemples.

En Allemagne, avant que cette fonction eût été érigée en titre d'office, le plus jeune de la communauté ou du corps de ville en était chargé. En Franconie, c'était le nouveau marié; à Rentlingue, ville impériale de Souabe, c'était le dernier conseiller reçu, et à Stadien, petite ville de Thuringe, l'habitant qui était le plus nouvellement établi dans la ville.

En Russie, la charge d'exécuteur n'existe pas; les exécutions sont confiées chaque fois à un prisonnier. Cette mission d'un instant lui vaut grâce pleine et entière.

En France, l'exécuteur de la haute justice avait autrefois droit de prise, comme le roi et les seigneurs, c'est-à-dire de prendre chez les uns et chez les autres, dans les lieux où il se trouvait, les provisions qui lui étaient nécessaires, en payant néanmoins dans le temps du crédit qui avait lieu pour les emprunts forcés.

Les lettres de Charles VI, du 5 mars 1398, qui exemptent les habitants de Chailly et de Lay, près Paris, du droit de prise, défendent à tous les maîtres de l'hôtel du roi, à tous les fourriers, chevaucheurs (écuyers), *à l'exécuteur de la haute justice et à tous nos autres officiers*, et à ceux de la reine, aux princes du sang et autres, qui avaient accoutumé d'user de prise, d'en faire aucune sur lesdits habitants.

L'exécuteur se trouve là, comme on le voit, en assez bonne compagnie.

Plus tard, le métier de bourreau tomba dans le plus complet avilissement. Il ne fut un peu relevé qu'en 1790, époque où l'Assemblée nationale, sur la proposition de Maton de la Varenne, appuyée par Mirabeau, décréta qu'elle avait entendu comprendre les exécuteurs dans le nombre des citoyens.

Prévoyait-on déjà que, deux années plus tard, il dût être la cheville ouvrière de la révolution, et voulait-on le récompenser à l'avance du terrible service que l'on devait exiger de lui?

Mais nous voilà bien loin de la petite maison de la rue des Marais du Temple. Cependant, avant d'y revenir, je vous demande la permission de vous conduire non loin de là, dans le même faubourg, et dans une petite rue encore plus étroite, encore plus malpropre, et que l'on nomme la rue Saint-Nicolas.

C'est là que demeurait le grand-père de l'exécuteur actuel; celui qui, il y a cinquante ans, fit tomber tant de têtes illustres et courageuses.

Nous nous arrêterons là quelques instants, en face d'une petite maison noire et enfumée, qui serait à peine digne de servir d'écurie à la confortable demeure du petit-fils de celui qui l'a bien longtemps habitée. Je ne vous parlerai pas de celui-là : je n'étais heureusement pas né lors de son terrible règne ; mais je vous raconterai une anecdote que je tiens de son fils, mort il y a trois ans, et qui se rattache à un des épisodes historiques les plus célèbres du XVIIIe siècle.

Vers l'année 1750, au milieu de la nuit, trois jeunes gens appartenant à cette haute noblesse qui avait le monopole des vitres cassées, des passants insultés, du guet battu; trois jeunes gens, de ceux qui faisaient revivre, après un long intervalle, les mœurs si gaies, si en dehors, si insolemment aristocratiques de la régence; trois jeunes gens descendaient le faubourg Saint-Martin, après un délicieux souper dans une petite maison, car on soupait alors : une civilisation rétroactive n'avait pas encore détruit ce joyeux usage du vieux temps, où l'on mettait le couvert à l'heure où l'on se couche aujourd'hui, pour ne l'ôter qu'à l'heure où l'on se lève.

Après souper donc, entre deux et trois heures de la nuit, ces messieurs descendaient le faubourg Saint-Martin, riant, délirant, et surtout causant de cette causerie si amusante quand on ne sait pas ce que l'on va dire et quand on ne sait plus ce qu'on a dit. Ils voulaient ne pas rentrer chez eux avant le jour, et aucun cabaret n'était ouvert.

Arrivés devant la rue Saint-Nicolas, ils entendent un bruit d'instruments, une musique joyeuse, spéciale, qui dit que l'on danse d'une danse folle, instinctive, affreusement bourgeoise.

Quelle trouvaille ! ils vont pouvoir finir la nuit.

L'un d'eux frappe; un homme vient ouvrir, poli, simple, bien vêtu.

Celui qui avait frappé s'empresse d'expliquer le motif d'une visite à cette heure indue : « Nous sommes montés à la joie, dit-il ; la nuit a commencé pour nous délicieuse et folle; nous cheminions sans savoir où, quand le bruit de votre joyeuse fête nous a brusquement arrêtés. Nous serons bien venus partout où l'on rira; souffrez que nous nous joignions à vos convives.

— » Ce que vous demandez est impossible, répond avec une froide politesse le maître du lieu; ceci est une fête de famille; aucun étranger n'y peut être admis.

— » Vous avez tort ; jamais peut-être meilleure société n'aura fait honneur à votre salon.

— » Je vous répète, Messieurs, que je ne puis vous recevoir.

— » Bah ! vraiment !.... vous ne savez pas qui vous refusez, l'ami.

— » C'est bien à regret, je vous le jure.

— » Faites attention, bon homme !.... nous sommes de la cour, nous venons de souper à notre petite maison, et c'est un grand honneur que nous vous faisons de vouloir bien achever la nuit chez vous.

— » Encore une fois, Messieurs, je suis forcé de vous refuser, et si vous saviez qui je suis, bien loin de me prier, vous mettriez autant d'empressement à vous éloigner que vous mettez d'insistance à vous faire admettre.

— » Charmant, d'honneur ! dit le plus tenace, le plus fou. Vous pensez donc qu'il soit si facile de nous intimider ?

— » Messieurs, messieurs, pas un mot de plus, de grâce..... vous ne savez pas à qui vous avez affaire.

— » Et qui êtes-vous donc, bon Dieu ?

— » Je suis le bourreau de Paris !....

— » Délicieux !..... ah ! ah ! ah ! Comment, c'est vous qui coupez si dextrement les têtes ? qui écartelez si habilement des membres ? qui faites si bien craquer des os entre deux chevalets? qui torturez si agréablement de pauvres diables? qui.....

— » Là, là, Monsieur, tels sont bien en effet les devoirs de ma charge; mais je laisse tous les détails à mes valets....; seulement lorsqu'un homme de qualité, un seigneur comme vous, Messieurs, a eu le malheur d'encourir les rigueurs de la justice, je ne laisse pas à d'autres le soin de punir, et je me fais un honneur de l'exécuter de ma main. »

L'interlocuteur du bourreau était M. le marquis de Lally.

Vingt ans après, M. le marquis de Lally mourait de la main de ce même homme, dont les fonctions lui inspiraient alors de si folles railleries.

Retournons maintenant à la petite maison de la rue des Marais.

Depuis longtemps j'étais curieux de connaître cette puissance occulte qui est comme le premier anneau de la chaîne sociale; je voulais voir dans son intérieur, entouré de sa famille, celui dont le monde se fait une si prodigieuse idée; je voulais l'entendre parler de ses terribles fonctions, recueillir de sa bouche des paroles humaines.

Arrivé devant le n° 31 *bis*, j'aperçus une petite maison protégée par une grille de fer, dont les interstices en bois ne permettent pas à l'œil de pénétrer dans l'intérieur. Cette grille ne s'ouvrait pas; on entrait dans le sanctuaire par une petite porte qui s'y trouvait attenante, et à droite de laquelle était une sonnette. Au milieu de cette porte était une bouche de fer entièrement semblable à une poste aux lettres; c'est là que l'on déposait les missions que le procureur-général envoie à l'exécuteur pour le prévenir que l'on va recourir à l'appui de son bras.

Aujourd'hui cet extérieur est entièrement changé, comme je le dirai plus tard, quand je parlerai de l'exécuteur actuel. Il n'est ici question que de son père, mort, comme je l'ai dit plus haut, il y a trois ans à peu près.

Je pressai doucement le bouton de la sonnette; la porte s'ouvrit, et un homme d'une trentaine d'années, grand et vigoureux, me demanda fort poliment ce que je désirais. « M. Henri Sanson, » répondis-je d'une voix mal assurée.— « Entrez, Monsieur, » me dit mon guide.

C'était un des aides de l'exécuteur.

Je pus, dès ce moment même, me convaincre combien le monde a souvent une fausse idée de ce qu'il ne connaît pas, et combien certains proverbes populaires sont peu fondés : je ne sais si le moutardier du pape est fier, mais je puis répondre que les valets du bourreau ne sont pas insolents.

Parmi les croyances superstitieuses qui règnent sur les devoirs de l'exécuteur, il en est une qui est généralement accréditée : je parle de l'obligation où serait le fils de succéder à son père, de la perpétuité de la charge dans la famille.

C'est une grande erreur : il faut chercher autre part la cause de l'acceptation que fait toujours le fils de l'exécuteur du sanglant héritage de son père.

L'exécuteur vit en dehors du monde; sa seule société, après sa famille, ce ne sont guère que des bourreaux; ses alliances, il va les chercher parmi des bourreaux. Lui donneriez-vous votre fille? rechercheriez-vous la main de son fils? le recevriez-vous dans votre salon? Cependant c'est un homme comme vous; comme vous il a besoin d'amitié, d'expansion, et il ne peut demander tout cela qu'à des âmes faites comme la sienne; c'est une famille de chandalas au milieu d'une caste de bramines.

Et puis, que l'on ne croie pas que la charge d'exécuteur puisse jamais venir à faiblir. Il y a quelque vingt ans, quand *monsieur de Versailles* vint à mourir sans laisser d'héritier naturel, cent quatre-vingt-sept pétitions demandèrent la place. Les postulants étaient, pour la plupart, d'anciens militaires et surtout des bouchers.

Je reviens à ma visite.

On m'introduisit dans une petite salle basse, où je vis, occupé à tirer d'un piano des sons qui n'étaient pas sans mélodie, un homme paraissant avoir à peine soixante ans, bien qu'il en eût soixante-dix, d'une figure pleine de franchise, de douceur et de calme; sa taille élevée, sa belle tête chauve et les traits réguliers de son visage lui donnaient l'apparence d'un patriarche.

C'était lui!....

Dans la même pièce était son fils, — celui qui est aujourd'hui titulaire de la charge, — un homme d'environ trente-huit ans, l'air timide et doux. Près de lui se tenait une jeune fille de quinze à seize ans, de la physionomie la plus vive et la plus distinguée.

C'était la sienne.

Ce tableau de famille me frappa : M. Sanson parut s'en apercevoir. Le fait est que, sans partager l'opinion irréfléchie de la multitude, je m'étais fait une tout autre idée du spectacle qui frappait mes yeux.

Cette jeune fille surtout!.... elle bouleversait toutes mes idées. Je n'aurais pas voulu que quelque chose de si frais se rencontrât là : c'était comme un rayon de soleil traversant un orage, une rose élevant sa tige entre les pierres d'un tombeau.

M. Sanson me reçut en homme qui sait son monde, sans embarras comme sans affectation, et s'informa du motif de ma visite.

Ma fable était faite : je lui dis que, m'occupant d'un ouvrage sur les supplices aux différentes époques de notre législation, j'avais assez compté sur sa complaisance pour venir lui demander quelques renseignements.

Le ton avec lequel il me répondit qu'il était tout à ma disposition me mit bientôt à mon aise ; je ne m'en tins pas aux questions que devaient comporter le motif que j'avais donné à ma visite, et, dans une conversation de près de deux heures, je pus remarquer la justesse d'esprit et la pureté de vues de *Monsieur de Paris*.

M. Sanson ne se dissimulait pas l'horreur de la position dans laquelle le sort l'avait placé ; il la supportait non pas en homme qui en eût méprisé les conséquences, mais en sage qui sentait ce qu'il valait, qui comprenait que nous pouvons toujours avec une volonté nous élever au-dessus de l'état que la naissance nous a fait, et que les sentiments du cœur, les conseils de la raison nous classent dans le monde en dépit de la direction imprimée à nos mouvements.

Cette conscience, qui le relevait à ses propres yeux, ne lui faisait jamais oublier la distance que la société a mise entre elle et lui. Si l'on avait pu un instant la perdre de vue, M. Sanson eût pris soin lui-même de vous la rappeler.

J'en eus bientôt une preuve : il avait souvent ouvert sa tabatière devant moi sans me la présenter. Cette dérogation aux usages reçus parmi les priseurs, à cette politesse qui n'en est plus une depuis qu'elle est devenue une habitude, m'avait surpris sans que je pusse me l'expliquer. Tout-à-coup, sans but aucun, machinalement, au milieu d'une conversation qui ôtait l'âme à mes pensées, je lui offre du tabac. Il élève sa main en signe de refus, avec une expression de physionomie qu'il est impossible de rendre et qui me fit froid. Le malheureux !... un souvenir d'hier venait de lui mettre du sang aux doigts !

M. Sanson aimait à causer, peut-être parce qu'il avait lu beaucoup et avec fruit. Il possédait, en effet, une bibliothèque nombreuse et choisie, qui chez lui n'était pas une affaire de luxe. Ses livres étaient toute sa société ; par leur secours il pouvait, échappant à la gêne et à l'humiliation, s'entretenir avec les hommes qui la composaient, leur demander des distractions à ses horribles devoirs, des consolations contre les mépris du monde, des arguments pour ceux qu'il aimait, du repos pour ses jours, du sommeil pour ses nuits..... Exclu de la société des vivants, il en trouvait une dans la compagnie morte de nos grands hommes, et ceux-là, il pouvait les regarder sans frémir : ils ne sont pas morts de sa main !...

Parmi les ouvrages qui composaient la bibliothèque de l'exécuteur, il en est deux que je ne serais pas venu chercher là : les *œuvres de M. de Maistre* et le *Dernier jour d'un Condamné*.

L'examen des livres de M. Sanson me fournit un sujet de causerie que je fus bien aise d'avoir trouvé.

Dès que je l'eus mis sur le chapitre de la littérature, il s'abandonna entièrement ; la contrainte qu'il s'était imposée jusque-là disparut tout-à-coup ; il émit des principes, discuta mes opinions, et à travers quelques hérésies qui tenaient au manque d'instruction primitive, il avança des jugements dont se ferait honneur un membre de l'Académie des inscriptions et belles-lettres.

Il semblerait que la nature de ses fonctions, les gens avec lesquels elles le mettaient incessamment en rapport, eussent dû détruire chez lui tout sentiment d'humanité. Bien loin de là, ils avaient développé dans son âme une sensibilité exquise.

Ce même homme, qui allait froidement surveiller tous les apprêts d'un supplice, monter pièce à pièce l'affreuse machine de destruction, graisser les cordes, consulter du doigt le tranchant du couteau, faire partir d'une main assurée la détente qui allait rendre à la terre l'ouvrage du ciel ; ce même homme ne pouvait retenir ses larmes quand vous lui rappeliez le souvenir de quelque exécution ; vous l'auriez entendu s'élever avec une ferme énergie contre la peine de mort, développer avec vivacité les moyens qui pouvaient la remplacer le plus efficacement ; vous l'auriez vu un jour de Grève pâle et défait, refusant toute nourriture, mort comme s'il avait changé de rôle, comme si l'*autre* eût été le bourreau.

Il me rapporta une foule de particularités sur les divers moments de quelques condamnés célèbres ; je ne les rapporterai pas ici. Parmi des détails quelquefois touchants, quelquefois burlesques, toutes ces histoires offrent quelque chose de pénible et de forcé : c'est comme le rire d'un pendu.

Je ne dirai qu'un mot pour rassurer des consciences timorées : beaucoup de personnes croient encore aujourd'hui que Castaing, ce célèbre médecin-empoisonneur, était innocent ; eh bien ! il a fait, au pied de l'échafaud, l'aveu complet de son crime !

Je citerai encore, de cette conversation, la circonstance à laquelle il est dû que maintenant l'échafaud soit démonté et remis en place tout de suite après l'exécution, tandis qu'autrefois il restait là pendant plusieurs heures. C'était une attention délicate pour les assistants : la tragédie est courte, il fallait laisser la foule jouir du spectacle des décors.

Seulement un cadenas comprimait la détente qui laisse glisser l'instrument oblique.

En 1797, après une exécution, le bourreau et ses aides s'étaient retirés au premier étage du cabaret, situé à l'angle de la place de Grève et du quai Pelletier.

Ils causaient, ils buvaient, ils riaient, peut-être !

On frappe à la porte du cabinet. C'est un homme, une espèce d'ouvrier, qui vient prier M. Sanson de lui confier la clé du cadenas qui retient le couperet de l'échafaud. Un garçon perruquier venait d'être arrêté au moment où il volait une montre au milieu de la foule qui s'écoulait après l'exécution. Le peuple, dans sa justice expéditive, avait saisi le coupable, l'avait hissé sur l'échafaud, couché sur la bascule, roulé sous le couteau, et c'en était fait du malheureux sans la précaution que l'on prenait toujours, sans doute par instinct. L'exécuteur, qui était venu ouvrir lui-

même, répondit à cette demande atrocement singulière que M. Sanson était sorti, que lui seul avait la clé, et qu'il ne reviendrait pas avant deux ou trois heures. Il fallut se résigner : la foule s'écoula peu à peu, mais le patient promis à la mort était toujours dans son affreuse position. Enfin, après un temps dont on ne peut calculer la longueur si l'on veut se mettre à la place du pauvre diable, on vint le délivrer. Rien ne peut redire son état et ce qu'il avait dû souffrir dans cette lente agonie.

Moins par curiosité que pour rappeler à M. Sanson le but de ma visite, je le priai de me faire voir la chambre où il tient renfermés les instruments destinés aux différents genres de supplice usités autrefois.

La vue de ce *musée* me glaça d'horreur, moins par ce que j'y vis, que par ce qu'il me rappela.

Une seule chose, dans ce sanglant conservatoire, mérite qu'on en parle ; c'est le sabre avec lequel M. le marquis de Lally fut décapité. On le fit faire exprès, et il en fut fondu trois avant qu'on en pût trouver un convenable.

A cette époque, lorsqu'une exécution remarquable avait lieu, les jeunes seigneurs avaient le privilége de monter sur la plateforme de l'échafaud, comme d'aller le soir, à la Comédie-Française, s'étaler sur les banquettes qui garnissaient la scène. Le jour où M. de Lally subit son jugement, la foule était plus considérable que de coutume. Un des plus empressés à l'horrible fête froissa le bras de l'exécuteur au moment où l'arme homicide se balançait au-dessus de la tête du patient; la secousse fit dévier l'arme, qui, au lieu de frapper la nuque, rencontra le cervelet et vint s'arrêter sur la mâchoire de la victime sans trancher entièrement sa tête. La lame du sabre fut ébréchée par le contact d'une dent contre laquelle elle frappa, et un des aides de l'exécuteur fut obligé, à l'aide d'un coutelas, d'achever le sacrifice!.....

J'ai tenu dans mes mains l'arme fatale; une dent s'adaptait exactement au vide laissé par l'éclat qui en a jailli.....

Une dernière observation qui achevera de peindre cet homme.

Quand je le quittai, après une longue visite qui avait fait disparaître à mes yeux celui chez lequel je me trouvais, et poussé par cet élan naturel et irréfléchi qui nous porte au-devant de toutes les infortunes, je tendis la main. Il recula d'un pas, et me regarda d'un air étonné et presque confus.

La tabatière me revint à l'esprit, et je compris toute sa pensée: la main qui subit chaque jour le contact du crime n'osait pas presser celle d'un honnête homme.

Depuis la mort de M. Sanson, la petite maison de la rue des Marais a perdu son aspect étrange et presque lugubre. La grille de fer noir et oxydé, a fait place à une de ces portes élégantes comme on en voit aux petits hôtels des quartiers neufs; la petite porte a disparu, et la bouche de fer n'existe plus. Dans la cour, qui est assez vaste, on a construit une sorte de tambour vitré, dont l'intérieur forme un élégant vestibule. A gauche, sous ce vestibule, se trouvent la cuisine, l'office et tout le service; à droite, la salle à manger et un petit salon où *Monsieur de Paris* reçoit ses visiteurs; au premier, sont les appartements, où l'on ne pénètre pas, et où se tient renfermée madame Sanson, que je n'ai jamais pu apercevoir dans mes différentes visites soit au fils, soit au père. Ce que j'ai vu de l'habitation de M. Sanson est meublé avec cette simplicité sévère qui convient à un pareil lieu.

Connaissant très-peu le fils de M. Sanson, que je n'avais vu qu'une ou deux fois en passant, lorsque j'étais allé chez son père, je ne croyais pas me retrouver jamais avec lui, lorsqu'il y a quelques mois il vint dans les bureaux de rédaction de la *Gazette des Tribunaux*, pour nous engager à aller voir une guillotine que M. le ministre de la guerre lui avait commandée pour Alger, et qui allait partir sous quelques jours pour sa destination. Je me trouvais là, et je me promis de me rendre à l'invitation de M. Sanson:

accompagné d'un de mes amis, j'allai le prendre chez lui, et il nous conduisit dans la rue des Vinaigriers, où est situé son atelier. M. Sanson est charpentier fort habile, et c'est sous sa direction que cet échafaud avait été construit. Il se trouvait dressé dans la cour; sa couleur garance, frottée et cirée, reluisait au soleil; le sang d'aucun homme n'avait encore terni ses jumelles ni filtré dans ses jointures : c'était un échafaud brillant, coquet, que l'on pouvait regarder, que l'on pouvait toucher.

M. Sanson, au lieu de perdre du temps à nous faire la description de la machine, voulut la faire fonctionner devant nous : un botillon de paille, fortement serré à son extrémité et de la grosseur voulue, fut roulé sous le couteau, la détente fut lâchée et la paille coupée avec une affreuse précision. Un second essai eut lieu, et cette fois M. Sanson m'engagea à faire partir moi-même la détente : je n'osai pas refuser; mais tel est l'empire de l'imagination que, quand je posai la main sur la tringle de fer, mon bras s'engourdit comme s'il avait été touché par une torpille.

L'un des aides de l'exécuteur me dit au moment où nous partions : « Si vous voulez revenir demain, à onze heures, ce sera bien mieux qu'aujourd'hui; nous aurons une *répétition générale.* » Ce mot me glaça : au théâtre une répétition générale a lieu avec tous les accessoires, souvent même avec les costumes : l'accessoire obligé d'une guillotine, c'est un guillotiné, et je me demandais si l'on n'avait pas en réserve quelque condamné à sursis dont on voulût nous donner les prémices. Toujours est-il que je manquai à l'invitation.

Quelques jours après, je retournai rue des Vinaigriers avec un avocat célèbre qui, lui aussi, était curieux de voir en détail un échafaud. M. Sanson s'y trouvait encore, car c'est dans son atelier qu'il passe presque tout son temps; l'aide qui m'avait invité à la répétition générale ne m'eut pas plustôt aperçu qu'il me dit : « Eh bien ! vous n'êtes pas venu l'autre jour...; vous avez eu tort, cela a été à merveille... Nous avons exécuté un mouton.... En roulant dans le panier, sa tête a fait trois ou quatre sauts, *absolument comme une tête de chrétien.* »

Combien je me félicitai alors de n'avoir pas assisté à la répétition générale de la guillotine d'Alger !

Le surlendemain l'échafaud partait pour l'Afrique. Qu'on vienne nous dire maintenant que la civilisation n'a pas pénétré en Algérie : on y a introduit une guillotine !

Pendant que l'avocat que j'accompagnais examinait la machine, moi j'étais resté à causer avec M. Sanson, sur le seuil de son atelier.

L'exécuteur actuel diffère beaucoup de son père : il n'a pas, en parlant de sa profession et des détails qui s'y rattachent, cet embarras, cette gêne, ce malaise que l'on remarquait chez son prédécesseur. Bien convaincu de l'utilité de sa charge et des services qu'il rend à la société, il ne se considère pas autrement qu'un huissier qui exécute une sentence, et il parle de ses fonctions avec une aisance remarquable. Autant son père était ennemi de la peine de mort, autant il en est partisan. Cette différence entre l'opinion du père et du fils peut, je crois, s'expliquer facilement.

Bien jeune encore, à cet âge où les impressions fortes s'enracinent si profondément dans le cœur, le premier avait assisté son père dans les sanglantes saturnales de la révolution; il avait vu tomber les plus nobles têtes; il avait vu disparaître sous sa main la gloire, la fortune, la grandeur, la vertu, la beauté, toutes choses devant lesquelles on continue de s'incliner. De ce frottement d'une minute, si l'on peut ainsi dire, à toutes les grandes infortunes, il avait amassé de douloureux souvenirs, presque des remords, et il s'était dit, le pauvre homme, que mieux vaut renoncer aux services que la peine de mort peut rendre, que de voir ainsi tomber, sous le fer légal, tout ce qu'il y a sur la terre de respectable et de sacré. Quand on a eu le malheur d'être choisi pour décapiter une monarchie dans la personne de son chef, il est bien permis de détester la peine de mort.

Il n'en est pas ainsi de l'exécuteur actuel: jamais on ne lui a jeté que des criminels obscurs, rebut de l'humanité, et pour lesquels les cœurs sont fermés à toute pitié; et puis il a vu tous ces misérables, domptés seulement par une grande condamnation de mort, chercher à s'y soustraire, même au prix des galères perpétuelles, et supporter alors leur destinée avec insouciance, souvent avec gaîté, dans l'espoir incessant d'une prochaine évasion; et il s'est dit que la mort de pareils hommes était un bienfait, et qu'il n'y a que les morts qui ne reviennent pas.

J'avais souvent lu dans les journaux que tel et tel condamné avait faibli en présence de l'échafaud et était mort lâchement. J'ai su, de la bouche de M. Sanson, qu'il n'en est point ainsi : il m'a dit que, depuis vingt-cinq ans qu'il assistait aux exécutions, il ne pouvait pas citer l'exemple de trois suppliciés qui fussent morts sans courage. D'après lui, c'est, chez la plus grande partie de ces malheureux, une résignation inspirée par les paroles du prêtre; chez d'autres, c'est un moment de fièvre, qui leur donne une force factice bien suffisante pour le temps du sacrifice; chez d'autres enfin, c'est la vanité qui n'abandonne jamais certains hommes: ils savent que la foule a les yeux sur eux, et, comme l'empereur Vespasien, ils veulent mourir debout.

Je demandai à M. Sanson ce qu'était devenue sa fille, cette charmante jeune personne dont j'ai parlé au commencement de ce chapitre : « Elle est mariée, me dit-il; elle a épousé un médecin de Paris. »

Je ne sais si ma figure exprima quelque étonnement; mais M. Sanson se hâta d'ajouter: « Eh! mon Dieu, voyons donc les choses d'un peu haut. Pour sauver un corps humain, un chirurgien est souvent obligé de sacrifier un membre malsain ; lorsque le corps social a un de ses membres gangrenés, ne convient-il pas aussi d'en faire le sacrifice... — Permettez-moi, lui dis-je avec quelque hésitation, de vous faire observer qu'il y a entre les deux sacrifices une bien grande différence. — Oui, Monsieur, dans la dimension du couteau. »

Et, me saluant avec une politesse grave, M. Sanson rentra dans son atelier.

Tâchez de passer maintenant, sans éprouver une secrète et terrible émotion, dans la rue *Sans Nom!*

James Rousseau,
Rédacteur de la Gazette des Tribunaux.

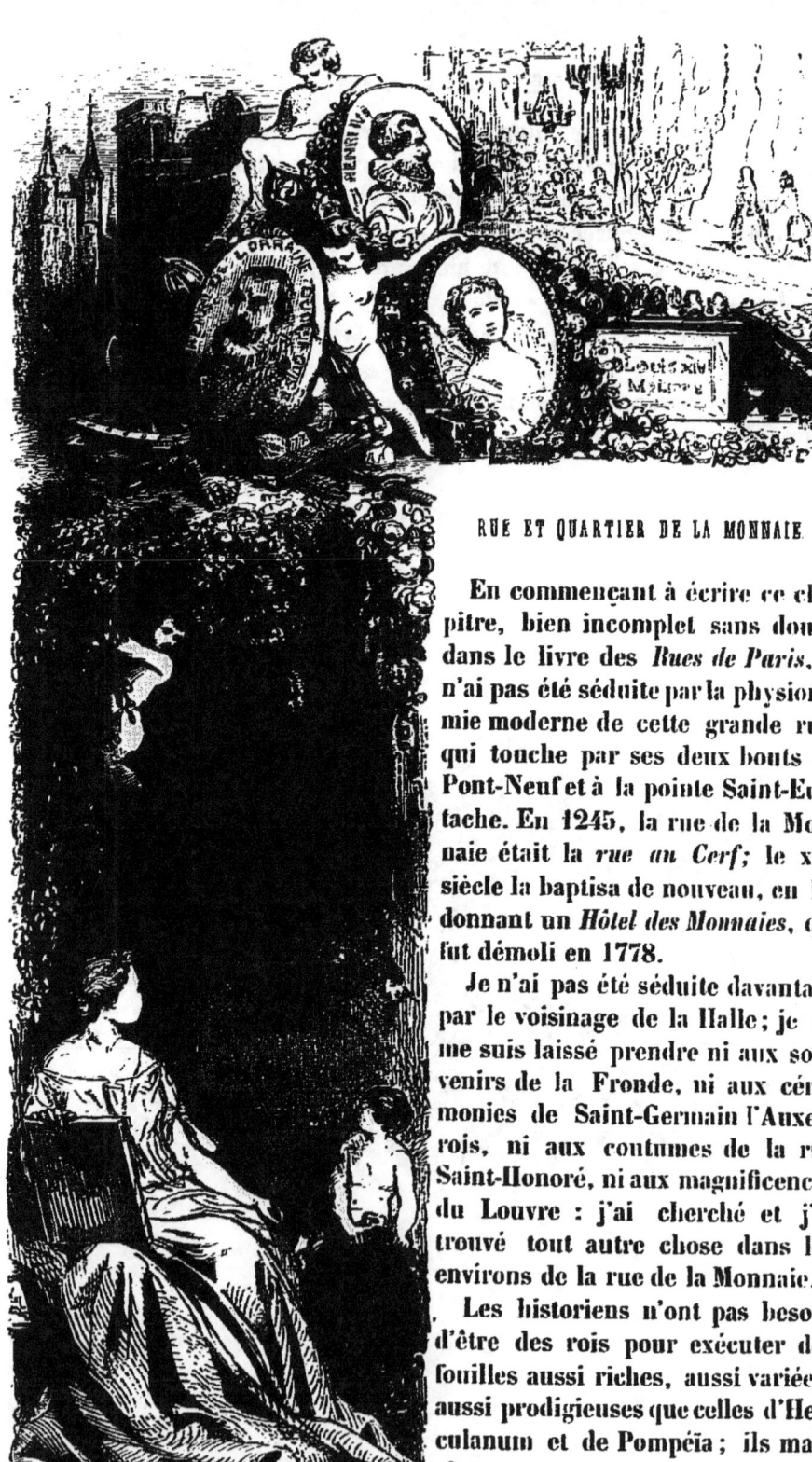

RUE ET QUARTIER DE LA MONNAIE.

En commençant à écrire ce chapitre, bien incomplet sans doute, dans le livre des *Rues de Paris*, je n'ai pas été séduite par la physionomie moderne de cette grande rue, qui touche par ses deux bouts au Pont-Neuf et à la pointe Saint-Eustache. En 1245, la rue de la Monnaie était la *rue au Cerf*; le XIVe siècle la baptisa de nouveau, en lui donnant un *Hôtel des Monnaies*, qui fut démoli en 1778.

Je n'ai pas été séduite davantage par le voisinage de la Halle; je ne me suis laissé prendre ni aux souvenirs de la Fronde, ni aux cérémonies de Saint-Germain l'Auxerrois, ni aux coutumes de la rue Saint-Honoré, ni aux magnificences du Louvre : j'ai cherché et j'ai trouvé tout autre chose dans les environs de la rue de la Monnaie.

Les historiens n'ont pas besoin d'être des rois pour exécuter des fouilles aussi riches, aussi variées, aussi prodigieuses que celles d'Herculanum et de Pompéïa; ils marchent sur les ruines, les yeux et l'esprit fixés sur le livre de l'histoire, et soudain, en faisant voler autour d'eux, avec la barbe de leur plume, la poussière qui cache les hommes et les choses du temps passé, ils ressuscitent des royaumes, des villes, des palais, qui se remettent à s'agiter et à vivre, par la grâce de l'imagination et de la science.

Les pavés, la terre, l'herbe et la boue que nous foulons chaque jour, avec toute l'indifférence des vivants pour les morts, ne couvrent-ils pas des sociétés tout entières, des civilisations brillantes, des mœurs oubliées ou inconnues, des événements et des personnes qui ont joué un grand rôle sur le théâtre de l'humanité?

Les princes et les savants, qui s'ingénient au pied du Vésuve, ne trouvent au fond de leurs fouilles réelles que des matériaux de marbre, de pierre et de brique, des ustensiles, des métaux, et de petits tas de poussière qui ont été des hommes; l'histoire est plus heureuse : quand elle fouille dans la lave des siècles, elle trouve des morts qui ressuscitent à sa voix, comme par enchantement, avec les passions, les coutumes, les plaisirs, les amours et les vices, en un mot, avec l'esprit et le cœur de leur première vie d'autrefois.

Regardons ensemble ce coin de terre qui se cache dans la ville de Paris, entre la rue de la Monnaie, la rue Étienne, la rue Boucher, la rue des Poulies, la rue de la Bibliothèque, la rue d'Angivilliers, et bien d'autres rues noires, maussades, boueuses ou déshonorées : la grandeur, la noblesse, la galanterie élégante, l'amour chevaleresque, la gloire et la royauté ont passé par là; tâchons de les admirer encore, en les réveillant!

Tristes ou modestes, comme des coquettes détrônées, les rues dont je parle n'ont plus rien de leur ancien éclat; leurs hôtels, les plus beaux fleurons de leurs couronnes, sont tombés un à un sous le marteau des démolisseurs, si bien, ou plutôt si mal, qu'il n'en reste pas même une pierre pour provoquer les souvenirs du poète, de l'artiste ou de l'historien. Hélas! elles eurent des jours de gloire; les caprices de la mode semblaient devoir leur rester fidèles à jamais; elles étaient belles, riches, parées, splendides, fières de leurs nobles maisons, qui étalaient orgueilleusement des jardins tout remplis de femmes et de fleurs, des terrasses somptueuses, des portes blasonnées. Lorsque nos rois vinrent habiter le Louvre, les rues du quartier de la Monnaie serpentaient au milieu de vieilles constructions qui appartenaient au clergé de la paroisse voisine; sombres et malsaines, elles ne durent leur prospérité qu'au voisinage de la royale demeure, dont elles étaient le chemin. La noblesse, comme une plante avide de soleil, y jeta des racines profondes; les constructions se multiplièrent, et bientôt ces vieilles maisons, à l'aspect misérable, cédèrent la place aux hôtels d'Austeriche, d'Alençon, de Louis d'Évreux, de La Roche-Guyon, tandis qu'un peu plus loin l'hôtel du Petit-Bourbon s'élevait sur d'autres masures et sur d'autres ruines.

Je vous ai dit en courant l'origine de la rue de la Monnaie : permettez-moi de me débarrasser bien vite de l'étymologie de la rue des Poulies, dont la place a joué un grand rôle dans l'histoire de ce quartier. D'après Félibien, son nom viendrait d'Edmond Poulie, qui vendit vers 1250 à Alphonse de France, comte de Poitiers, frère de saint Louis, sa maison, située rue d'Austeriche ; selon d'autres historiens, ce nom serait venu de l'hôtel d'Alençon, dont les jardins étaient garnis de poulies ; ces poulies, raconte Sauval, servaient à jouer un certain jeu, inconnu de nos jours. Ce jeu, dont il est question dans quelques vieux livres, était une sorte de gymnastique à laquelle s'exerçaient les pages : il consistait à se hisser à une très-grande hauteur, pour se laisser ensuite descendre avec une rapidité que le joûteur pouvait modérer à son gré, en retenant la corde entre ses mains garnies de gantelets. Quoi qu'il en soit, l'hôtel d'Austeriche, qu'Alphonse de France avait fait bâtir sur l'emplacement de la maison d'Edmond Poulie, et auquel il avait réuni dix maisons appartenant au chapitre de Saint-Germain, prit un développement si considérable qu'Archambaud, comte de Périgord, en étant devenu possesseur après la mort d'Alphonse de France, en vendit la moitié à Philippe de France, comte d'Alençon, cinquième fils de saint Louis, et à Jeanne de Chastillon, comtesse de Blois, pour la somme de sept cent cinquante livres tournois. C'est du séjour qu'y fit le prince que l'hôtel porta dans la suite le nom d'*hôtel d'Alençon*.

Enguerrand de Marigny, qui possédait déjà aux environs du Louvre plusieurs maisons et jardins, devint encore possesseur d'une partie de l'hôtel d'Alençon par la grâce de la munificence royale ; mais les rois se succèdent et ne se ressemblent pas : Louis-le-Hutin, cédant aux insinuations de Charles de Valois, frappa d'un coup terrible l'ancien surintendant de son père. Enguerrand de Marigny, chez qui tous les contemporains s'accordent à reconnaître de grandes qualités et de grands talents, fut pendu au gibet de Montfaucon qu'il avait fait construire lui-même ; ses biens furent pris et confisqués au profit de Philippe de Valois, qui eut la bonté de s'en dessaisir à l'intention de son frère Charles, le jour de son avénement au trône de France.

Puisque nous sommes sur les terres d'Enguerrand de Marigny, arrêtons-nous devant la maison Saint-Germain : elle porte le sceau de la malédiction royale ! Là s'élevait une noble et riche demeure qui s'est écroulée au souffle de la haine ; il semble que les exécuteurs de la justice princière aient eu à cœur d'accomplir les paroles terribles que Dieu adressait à une ville maudite : « Je chercherai avec soin tes moindres vestiges pour les effacer. » Mais cet horrible empressement à détruire tout ce qui pouvait rappeler une illustre victime ne réussit pas aux bourreaux: longtemps, à l'heure du couvre-feu, les imaginations superstitieuses crurent voir paraître, au milieu des ruines, l'ombre de l'ancien ministre de Philippe-le-Bel. Ces frayeurs, ces rêveries, ces préjugés des esprits faibles, donnèrent de la mémoire au peuple qui avait estimé Enguerrand de Marigny : il se souvint des vengeances royales.

Après le drame et l'échafaud, la comédie et le bal; nous allons danser, si c'est possible, sur le gibet de Montfaucon. Voulez-vous assister aux fêtes brillantes qui furent données dans les jardins d'Alençon? que votre fantaisie soit faite : voilà des écuyers, des pages qui portent des bassins en or, en argent ou en vermeil; voilà de bien riches étoffes qui flottent aux branches des arbres, ou qui servent de tapis aux boudoirs en plein vent que l'on a imaginés sur les terrasses; vous plaît-il de boire et de vous enivrer, au besoin, à une coupe enchantée? allons, tendez votre verre de cristal à la main charmante d'Hébé; moi, je vais demander un peu de nectar à Ganymède.—Le nectar s'appelait hypocras ou cervoisie.

Cet homme, ce gentilhomme qui prend une si bonne part de tous les jeux, de tous les plaisirs, de tous les excès de la fête, c'est Jean II, duc d'Alençon, fils de Jean Ier, tué à la bataille d'Azincourt; il est riche, fastueux, magnifique; nul ne saurait le surpasser quand il s'agit de luxe, de prodigalité, de folie; mais, pour Dieu! n'allez pas voir, dans ce prince, un gentilhomme qui n'aime que le faste, la paresse et le plaisir!.. Certes, il adore les femmes, et il les trompe toujours; mais la patrie, la France a été sa première maîtresse, et vraiment, la main sur son cœur, il ne l'a jamais trahie. Prisonnier à la bataille de Verneuil, il a refusé de redevenir libre pour ne point avoir le déshonneur de remercier des Anglais! Vous n'êtes peut-être pas de mon avis..... moi, je vous assure que les princes ont quelquefois du bon.

Trente ans s'écoulent vite, au milieu des fêtes et des plaisirs; en 1457, vous retrouvez à l'hôtel d'Alençon le même bruit, la même richesse, les mêmes excès; seulement, la figure du maître est un peu triste; il ne s'amuse plus qu'à obéir à un vœu de sa conscience, qui ne lui permet pas de trop s'ennuyer; aussi bien, voici le commencement de sa fin.

Assisté du prévôt de Paris et d'une troupe de hallebardiers, le comte de Dunois vint un jour, en 1458, arrêter au nom du roi le duc d'Alençon, qui, après avoir rendu son épée, fut conduit à Vendôme. Un arrêt de la cour des pairs condamna Jean II à la peine capitale pour crime de haute trahison.

Rassurez-vous : l'arrêt ne fut pas exécuté; Charles VII laissa la vie à l'illustre condamné, en commuant la peine en une prison perpétuelle. Le duc fut conduit au château de Loche, d'où il ne sortit qu'à l'avènement de Louis XI. Esprit inquiet et turbulent, Jean II conspira de nouveau pour Charles-le-Téméraire : nouvel arrêt de mort; nouvelle grâce d'en haut; nouvelle commutation de peine. Louis XI fut assez adroit pour être clément; jugez de sa clémence ou de son adresse : le roi de France rendit la vie à un vieillard; mais en accomplissant cet acte généreux, il se réserva le droit de punir le fils, qu'il haïssait, des fautes du père qu'il ne craignait plus; par son ordre, on supprima les pensions du malheureux René d'Alençon, qui, privé de ses biens, effrayé par des avis perfides, se réfugia en Bretagne, où il fut arrêté et conduit prisonnier à Chinon, pour y vivre, tout simplement, dans une cage de fer; enfin, jugé par le parlement et déclaré coupable de simple désobéissance, il recouvra la liberté, mais ses biens et ses titres ne lui furent rendus que sous le règne de Charles VIII. — Louis XI a été notre premier roi diplomate.

L'histoire de l'hôtel d'Alençon est une sorte d'appendice à ce livre de pierre que l'on nomme le Louvre; la maison reçoit toujours le contrecoup du palais : le château du roi a toujours une tuile que le vent fait tomber sur le logis du seigneur.

Dieu merci, l'hôtel d'Alençon se reposa un instant, dans les premières années du XVIe siècle; respectons, s'il vous plaît, ce calme, ce silence qui ne sont pas habituels à sa vie orageuse, et frappons à la porte de son illustre voisin, l'hôtel du Petit-Bourbon.

Nous jouons de bonheur, dans notre visite historique : à l'heure qu'il est, l'hôtel du Petit-Bourbon se trouve tout rempli de mouvement, de bruit et de colère : le peuple vient d'envahir les appartements de notre hôte; le peuple crie, le peuple menace, le peuple voue à l'exécration éternelle un traître qui a trahi son roi et sa patrie, un traître qui n'est rien moins que le fameux connétable de Bourbon! Et au même instant, quel curieux spectacle! un bourreau, le bourreau de Paris exécute un arrêt qui dégrade le coupable : il sème du sel dans les cours de l'hôtel; il marche librement, solennellement, oh infamie! dans la maison du traître, et sa main qui déshonore vient de toucher le blason d'une noble famille. — Maintenant que le bourreau est sorti, vous pouvez regarder aux armes du connétable : assurément vous y verrez une tache.

Justice est faite!..... Je me trompe : car voilà M. le duc Charles de Bourbon qui continue à trahir la France, tandis que Charles IV, duc d'Alençon expie, par son désespoir et par sa mort, la honte d'avoir sonné la retraite à la bataille de Pavie; vous le savez : cette retraite funeste, c'est la captivité de François Ier.

Par un contraste bizarre, chaque nouvel avénement s'annonce sous les auspices les plus magnifiques : les fêtes sont étincelantes; la joie est si folle qu'elle semble défier l'avenir; et tout-à-coup, les bals et les jeux finissent par une péripétie qui est une catastrophe. La branche d'Alençon venait de s'éteindre; mais les apparences tristes et désolées de l'hôtel des anciens ducs de ce nom se cachèrent bien vite sous de brillantes armoiries qui laissaient voir ces mots gravés en lettres d'or : *Hôtel de Villeroy.*

Singulier caprice, et qui est bien un caprice royal ! en 1549, Henri II veut habiter cet hôtel, autour duquel gravitent pêle mêle les grands et les petits, la noblesse et la roture. Cette députation qui s'avance lentement, au détour de la rue Saint-Honoré, c'est la ville qui vient faire la révérence au roi, lui soumettre humblement l'élection de Marcel à la dignité de prévôt des marchands, et s'entretenir avec Sa Majesté du projet des fortifications de Paris.

En cet endroit, les cours souveraines viennent en grande cérémonie et en grand deuil honorer les funérailles d'une fille de France : il me semble entendre le bruit des plaintes et des sanglots; les sujets et le roi pleurent sur un cercueil; les portes, voilées d'un drap mortuaire, ne s'ouvriront plus, sous ce règne, que pour laisser passer les nobles Vénitiens ou les derniers envoyés de l'Espagne, en 1559.

Cette ambassade eut pour objet le mariage de Philippe II et d'Élisabeth de France, fille de Henri II; les ambassadeurs étaient le prince d'Orange, un des premiers capitaines de son temps, Alvarez de Tolède, duc d'Albe, dont la cruauté politique a flétri la mémoire, et par un rapprochement étrange, le comte d'Egmont, ce héros qui devait quelques années plus tard porter sa tête sur un échafaud, dressé par le représentant impitoyable de Philippe II. Oui, en 1559, le comte d'Egmont et le duc d'Albe parurent officiellement dans ce quartier de Paris; ils entrèrent, bras dessus bras dessous, dans cet hôtel, pour y négocier le mariage de leur souverain maître! Le jour de leur arrivée à Paris, quel bruit, quelle cohue, quelles rumeurs, aux portes de l'hôtel de Villeroy, que l'on avait préparé avec une magnificence royale, pour y recevoir les ambassadeurs de Philippe! La foule, qui a toujours des yeux et des oreilles, voulait tout voir et tout entendre : il fallut je ne sais combien de soldats et de gourmades pour empêcher le peuple de regarder et d'écouter de trop près, sur le seuil de l'hôtel de Villeroy. Enfin les pauvres gens, qui comptaient sur un spectacle gratis, se retirèrent bon gré, mal gré : la ville complimenta les ambassadeurs, et le cortége officiel commença à défiler dans l'ordre suivant:

Les archers, les arquebusiers et les arbalestriers à pied, vêtus de leurs hoquetons de livrée.

Dix sergents de la ville, à pied et vêtus de leurs robes à la nef d'argent sur l'épaule.

Le prévôt des marchands et les échevins.

Les greffiers vêtus de leurs robes de livrée et montés sur leurs mulets.

Le procureur du roi et la ville.

Les quarteniers, au nombre de seize. Enfin les bourgeois, vêtus de leurs plus beaux habits.

Oui, oui, tout cela à cette place même qu'occupent aujourd'hui la rue de la Monnaie, la rue des Poulies et d'autres vilaines petites rues, sombres, tristes et boueuses!

L'exactitude a toujours été la politesse des rois; ce n'était pas là précisément la politesse du duc d'Albe, qui représentait pourtant une royauté : il fit attendre les complimenteurs officiels et ses propres collègues jusqu'à six heures du soir; il s'en était allé, en mettant pied à terre, au débotté, voir le Louvre, visiter le roi et la reine, faire l'éloge de son maître, en saluant la royale fiancée de Philippe II. — Le courtisan des deux monarques et des deux pays n'avait pas une minute à perdre, en faveur des bourgeois de la ville.—Il faut être juste envers la bourgeoisie : elle ne revint pas deux fois à la charge; elle rengaîna ses compliments et ses cadeaux de circonstance, ou plutôt elle se contenta de les offrir à ceux de messieurs les ambassadeurs qui jugeaient que les présents de la ville de Paris valaient au moins la peine de les prendre.

Quelques jours après, le duc d'Albe épousa, au nom du roi son maître, la princesse promise à l'infortuné don Carlos, et voilà la fin d'une véritable tragédie. Les fêtes continuèrent dans Paris, avec tous les *esbatements et playsirs* que l'on put imaginer, jusqu'au 28 juin 1559, jour néfaste, où Henri II fut si malheureusement frappé de mort, en joûtant une dernière fois en l'honneur de la reine, au tournois de la rue Saint-Antoine.

En 1568, Henri III, alors duc d'Anjou, vint habiter l'hôtel de Villeroy, qu'il donna ensuite à sa femme, lorsqu'il fut appelé au trône de Pologne.

Jaloux de reconnaître les services que lui avait rendus Costellani, son médecin, homme dévoué qui se mêlait un peu d'astrologie judiciaire, cette princesse lui fit don de l'hôtel et de ses dépendances; il paraît, par un titre daté de 1578, qu'Albert de Gondi, duc et pair de Retz, en acheta une partie, des héritiers de Costellani, pour la somme de deux mille trois cents écus d'or.

Depuis la trahison du connétable, une volonté mystérieuse pèse sur l'hôtel du Petit-Bourbon : c'est la vengeance de François Ier qui le poursuit sans doute; les murailles ont beau en être solides, elles tomberont une à une; et pour commencer l'œuvre de démolition *fatale*, voici la rue des Poulies qui se glisse comme un serpent, au milieu de cette demeure maudite et qui cherche à rejoindre la Seine à travers l'hôtel de Villeroy. Plus tard, on ne ménagera pas même la chapelle de cette habitation : elle s'écroulera, par respect pour la colonnade du Louvre.

Une partie des débris de l'hôtel de Villeroy servit, en 1588, à élever cette mémorable barricade qui causa tant de déplaisir au roi, et qui le retint prisonnier dans son château du Louvre.

S'il vous plaisait de prendre des bottes de sept lieues, vous pourriez enjamber aujourd'hui les événements et les siècles, pour assister à cette sanglante tragi-comédie qui a nom la Ligue, et dont les principaux personnages s'appellent de Guise et de Valois.—Vous avez été bien bon de me suivre, et je tiens à vous faire les honneurs de ce nouveau spectacle, qui représente des barricades, échelonnées dans la rue de la Monnaie, dans la rue des Poulies, tout près de la chapelle du Petit-Bourbon.

Le duc de Guise est entré dans Paris; on entend déjà le signal de la révolte, et le pauvre Henri III, qui ne manque pourtant ni de vaillance ni de volonté, encourage lui-même la sédition populaire, à force de faiblesse, à force de lâcheté; comprenez-vous qu'en cette occasion, en un pareil jour, un roi de France ait laissé à un rebelle assez de temps et assez de force pour soulever le peuple? La royauté se réveille à la fin; mais dans l'histoire politique, aussi bien que dans le plus petit monde, comme *on fait son lit, on se couche*: Henri III a permis au duc de Guise de lancer des pavés dans le jardin royal, et le roi de France se réveille sur des barricades!

J'aperçois à merveille, et vous apercevez aussi, le maréchal de Biron à la tête des gardes suisses et des gardes françaises, M. Daumont qui garde le pont Notre-Dame avec une double haie d'arquebusiers, Chillon qui défend le pont Saint-Michel, et Legast qui vient de poster sa compagnie sur le Petit-Pont; mais, à quoi bon tout cela? que faire et que résoudre, contre un mal à peu près sans remède?

Le peuple s'inquiète de ces préparatifs extraordinaires, qui, selon moi, ne le sont pas assez; les chefs de la Ligue ont répandu de certains bruits: on parle d'un pillage général, et les marchands ne plaisantent jamais en semblable matière : ils ont la faiblesse de ne vouloir pas être pillés. Holà! entendez-vous le cliquetis des épées, le bruit des arquebuses et des pertuisanes? et le tocsin qui fait trembler toute la ville? et le retentissement des chaînes que l'on vient de tendre dans les rues? et les cris de ces ouvriers de l'insurrection qui forment, avec des planches, des tonneaux et des pierres, les citadelles de la Ligue, des barricades qui ont l'air de vouloir frapper sur les portes du Louvre, en guise de béliers? Eh bien! êtes-vous fâché de votre petite promenade historique dans le quartier de la Monnaie? quant à moi, je ne suis pas fatiguée le moins du monde, et je continue, si vous voulez bien me le permettre....; mais il est trop tard : la bataille est finie; les Suisses, qui manquent de chefs, ont été chargés par les Ligueurs, et comme ils faisaient mine de vouloir mourir pour leur maître, on les a tués presque sous les yeux du roi! — La toile tombe sur ce tableau, et la couronne royale aussi.

Et la reine-mère et le roi, que font-ils en ce moment dans les coulisses du théâtre des barricades? La reine-mère monte en tremblant dans son coche, et s'en va prier M. de Guise de mettre fin à ce tumulte révolutionnaire; M. le duc lui répond qu'il ne peut guère retenir de véritables taureaux échappés; il déclare ne pas être disposé à se jeter en pourpoint au milieu de ses ennemis; d'ailleurs il proteste de son dévouement, si bien qu'il s'avance tout seul jusque sur la barricade du Petit-Bourbon, et la reine-mère entend crier trop distinctement : Vive Guise! vive notre sauveur!

Henri III entendit aussi les cris des Ligueurs, et il s'effraya pour sa personne royale; il affecta une contenance assez calme, en voyant bien que tout était perdu; il parla de réprimer le désordre qu'il n'avait pas su prévenir; il proposa d'assembler le conseil et de faire justice aux grands et aux petits; comédie que tout cela, et la pire des comédies politiques...., celle de la peur! Sous le prétexte d'une promenade aux Tuileries, le roi se fit accompagner de MM. de Montpensier et de Longueville, bien résolu à se promener jusque dans la ville de Chartres.

Près de quitter Paris, presque seul, et déjà sans couronne, Henri III s'arrêta un instant à Chaillot; il voulut jeter un dernier regard sur sa capitale infidèle, et il s'écria, les yeux mouillés de larmes : « Ville ingrate » et déloyale! ville que j'ai toujours honorée d'une continuelle demeurance, » que j'ai plus enrichie qu'aucun de mes prédécesseurs, je ne rentrerai ja-

» mais dans ton enceinte que par une brèche mémorable! Maudits soyez
» aussi, vous tous, pour lesquels j'ai encouru la haine de tant de peuples! »

Le roi maudissait la ville de Paris, mais il pleurait en la maudissant; il l'appelait ingrate et déloyale, mais il la regardait, il l'admirait de loin, avec une colère toute pleine de regrets, avec une haine toute remplie d'amour!

Paris fut inexorable : je n'ose rien dire, rien vous rappeler, à propos de ces processions, de ces réjouissances extravagantes qui accueillirent la nouvelle de l'assassinat de Henri III. — Une maîtresse infidèle a bien le droit de tuer celui qui l'aime encore; mais chanter, danser et s'ébattre sur sa tombe... fi donc!

Je l'avais prédit, ce me semble : l'hôtel du Petit-Bourbon s'en va déjà, pierre à pierre, fleuron à fleuron; et pour que rien ne manque à son malheur et à sa honte, les arbres de ses jardins, qui ombrageaient la couronne d'un duc-connétable, ombragent aujourd'hui le coffre-fort d'un financier italien, d'un Zamet!

L'amour ne veut pas encore abandonner l'hôtel du Petit-Bourbon : Henri III s'est hasardé bien souvent dans la galante demeure de Zamet; Henri IV s'y hasardera plus souvent encore, en chantant à voix basse, afin de n'être entendu que d'une seule personne :

Charmante Gabrielle!

Ce diable de Zamet avait commencé par être cordonnier à Lucques; il amassa, je ne sais comment, ou plutôt, je le sais trop bien, une fortune immense, et il osa s'intituler, dans le contrat de mariage de sa fille : *Seigneur suzerain de dix-sept cent mille écus d'or.* — Qu'il aurait eu de noblesse, si on lui en avait donné pour son argent! Zamet eut l'honneur d'être l'ami de Henri IV et le triste avantage de devenir son compagnon de débauche; le roi galant confiait au financier italien l'histoire équivoque de ses passions amoureuses, et il lui empruntait beaucoup d'argent par-dessus le marché : Henri IV perdait au jeu des sommes énormes, et Zamet payait volontiers les dettes du joueur couronné; en pareil cas, le prêteur se personnifiait avec orgueil dans le royal emprunteur, et il disait parfois en souriant : J'ai beaucoup perdu la nuit dernière!

Chose étrange! Henri IV, *le seul roi dont le peuple ait gardé la mémoire*, a surtout aimé une femme qui est aussi la seule maîtresse à demi-couronnée dont le peuple ait conservé le charmant souvenir. Gabrielle s'est promenée dans ce vilain quartier, qui était magnifique autrefois : elle a soupiré dans des berceaux de charmille qui étaient les boudoirs d'été de l'hôtel du Petit-Bourbon; elle a glissé sur cette terre que nous foulons aujourd'hui et qui était couverte, je l'imagine, d'un beau tapis de gazon et de fleurs; elle a marché, elle a couru, elle a volé, comme un bel oiseau amoureux, dans ces vilaines petites rues qui cachent les plus belles mai-

Rue et quartier de la Monnaie.

sons historiques de la grande ville. Un recueil d'anecdotes, un livre précieux et tout-à-fait ignoré, que je me plais à relire, nous parle de la légèreté de Gabrielle, quand elle se faisait poursuivre par Henri IV dans les jardins de l'hôtel du Petit-Bourbon ; le vieux conteur s'extasie sur les *petits pas*, sur les *petits sauts*, sur les *petits bonds* de cette nouvelle Galathée, et l'on est tenté de dire, en la voyant courir, ce que le poëte a dit de l'oiseau :

Et même quand il marche, on sent qu'il a des ailes.

O Brantôme! Brantôme! qu'il y a loin de mon recueil d'anecdotes à votre livre des *Femmes Galantes* ! Quoi ! vous perdez votre temps, votre honnêteté et votre esprit à recueillir des contes horribles sur ma pauvre et adorable Gabrielle! Il vous sied de vous faire le triste écho d'une cour jalouse et dissolue ! Ajoutez donc foi, misérable Brantôme, aux accusations de Sully, qui haïssait Gabrielle ; allez, allez toujours, écoutez aux portes de nos ennemis intimes ; ramassez les balayures des appartements du palais, et dites aussi que nous avons empoisonné d'Alibour, le médecin du roi !

Répondez-moi, Brantôme : si vous reparaissiez dans ce monde, pour y inventer de nouvelles galanteries, comme vous seriez étonné, fâché, furieux, d'entendre le nom de Gabrielle chanté par le peuple, qui daigne l'associer au nom et presqu'à la gloire de Henri IV! Vous reviendriez à la charge, n'est-ce pas ? vous répéteriez vos contes d'autrefois, et il vous souviendrait encore du médecin empoisonné par Gabrielle ! O monsieur de Brantôme ! vous avez donc été bien malheureux avec les femmes ? On ne se décide à les haïr toutes que parce qu'on n'a pas réussi à se faire aimer d'une d'elles.

En 1599, Gabrielle demeurait dans l'hôtel du Petit-Bourbon ; elle s'y trouvait à merveille : sa tante, madame de Sourdis, et Henri IV, son amant, étaient ses plus proches voisins. Le 8 mai, dans l'après-midi, Gabrielle descendit dans les jardins de Zamet, pour y rêver tout éveillée, en retrouvant à chaque pas des souvenirs dans des feuilles mortes, des espérances dans des fleurs qui ne devaient s'épanouir que le lendemain. — Vous savez la fin de cette histoire : Gabrielle voulut goûter à une orange, et soudain la pauvre reine sans couronne se laissa tomber en criant, en sanglottant, et dans des convulsions horribles ; les médecins ne se firent pas attendre, mais la médecine n'avait plus rien à faire : Gabrielle était morte!

Brantôme, voilà un poison bien plus réel que celui qui a tué le médecin d'Alibour !

Entre nous, Henri IV avait un grand défaut : son cœur n'avait pas de mémoire ; il pleura sans doute Gabrielle, mais il l'oublia tout de suite ; chez lui, l'amour survivait aux amours ; il appliquait à la galanterie le principe de l'hérédité royale : Ma mie est morte....., vive ma mie !

Henriette de Balzac d'Entraigues monta sur le trône de Gabrielle d'Estrées ; et si j'en crois les méchantes langues de l'histoire, Henriette avait réussi à se faire couronner secrètement, sans attendre la succession amoureuse de Gabrielle.

Douze ans plus tard, à quelques pas de la rue de la Monnaie, tout près de l'hôtel du Petit-Bourbon, le peuple voulait massacrer un homme que des soldats avaient arrêté : c'était François Ravaillac, le fanatique assassin de Henri IV.

Ravaillac fut conduit à l'hôtel de Retz. Le souvenir de cette demeure historique va me fournir une anecdote qui est un contraste avec le drame qui précède ; voici la comédie : elle fut jouée sous le règne de Marie de Médicis.

L'on s'entretenait à la cour d'une intrigue dont les héros étaient MM. de Montmorency et de Retz, tous les deux fort épris, amoureux à en perdre la tête, d'une jeune et très-jolie femme. Nos deux poursuivants d'amour avaient déjà demandé bon nombre de sonnets galants à M. de Malherbe, le poète le plus complaisant dans ces sortes d'affaires de poésie et de cœur. M. de Malherbe se mit à rimer les plus douces choses du monde, sans confier aux nobles seigneurs qu'ils raffolaient de la même femme : il chanta Thémire pour le compte de M. de Retz, et Corisandre pour le compte de M. de Montmorency ; de pareils noms d'emprunt servaient, à cette époque, à déguiser le scandale de certaines mésalliances. Les deux rivaux, qui ne savaient pourtant rien de leur rivalité, trouvèrent charmant de se faire de mutuelles confidences, et la comédie de *Thémire* et *Corisandre* s'embrouilla de mieux en mieux, à la grande joie de Malherbe.

Que vous dirai-je ? il s'agissait d'une femme adorée en deux personnes ; eh bien ! la belle fit un miracle : elle aima deux fois. C'est bien simple : *Thémire* ne fut pas insensible à l'esprit de M. de Retz, et *Corisandre* n'eut pas la force de résister aux grâces de M. de Montmorency ; quel triomphe pour M. de Malherbe !

Ce n'est pas tout : il fallait un dénouement à l'intrigue, et ce fut un valet qui dénoua la pièce. Ce maladroit eut l'adresse de deviner le mot de l'énigme ; il courut bien vite le dire à son maître, et voilà la guerre allumée ! M. de Retz était furieux, et M. de Montmorency ne l'était pas moins ; l'un voulait châtier son rival, et l'autre voulait tuer son adversaire ; ils s'expliquèrent, et ils finirent par ne rien comprendre à cet imbroglio amoureux ; M. de Montmorency s'imagina que M. de Retz avait perdu la tête.

La reine s'en mêla ; la cour tout entière voulut s'en mêler ; on persuada sans peine à M. de Retz qu'il était offensé; on accusa son ami, son rival, qui avait l'audace de rire d'une pareille aventure; bref, on alla se battre, avec deux tenants : quatre gentilshommes se mirent à ferrailler,... sans pouvoir ou sans vouloir se faire la moindre égratignure; mieux que cela : ils se laissèrent tomber par terre, tous quatre à la fois; ils se regardèrent alors, et apparemment ils se trouvèrent si ridicules, qu'ils se relevèrent en riant pour s'embrasser.

Le soir, grand souper, grande fête à l'hôtel de Retz ; Malherbe était de la partie, et même on l'avait chargé d'adresser une invitation en vers à *Corisandre* et à *Thémire*.

Au milieu du festin, une femme paraît dans la salle; elle met bas son masque de velours : elle est charmante.

— C'est Thémire ! s'écria M. de Retz.
— C'est Corisandre! s'écria M. de Montmorency.
— Je ne suis que Thémire, répond la belle dame ; vous ne reverrez jamais Corisandre : elle a rompu pour toujours avec M. de Montmorency.

Sautez donc, M. de Retz!

J'ai oublié de vous nommer quelques hôtes illustres de la rue ou du quartier de la Monnaie : les Longueville, les Créqui et les Conti demeuraient dans la petite rue *des Poulies*. Robert Bayeul, clerc des comptes, a donné son nom à une rue du voisinage ; Philippe Tyson a légué à la rue Bayeul une tourelle fort élégante, qui sert aujourd'hui de magasin à un commissionnaire de roulage.

Nous arrivons au grand siècle, au règne de Louis XIV, et Molière va nous forcer de visiter encore les ruines de l'hôtel du Petit-Bourbon : ces ruines sont à demi cachées par un théâtre, depuis le mariage de Louis XIII ; la royauté s'est beaucoup divertie sur cette scène ; le grand roi a daigné lui-même s'y montrer en personne ; il a figuré, il a dansé publiquement dans le ballet de la *Nuit* et dans les *Noces de Thétis et de Pelée*; singulier spectacle : un grand roi qui se dépouille de sa majesté réelle, pour s'affubler d'une couronne radiale... en carton doré !

Après avoir excité l'enthousiasme du Languedoc, Molière et sa troupe avaient enrayé à Rouen leur chariot dramatique, qui valait un peu mieux que celui qui roule dans le roman de Scarron ; la cour de Paris fut jalouse de la ville de Rouen : Molière, mandé au Louvre, protégé par un grand seigneur, présenté au roi et à la reine-mère, ne tarda pas à jouer, avec sa troupe, dans la salle des Gardes, en présence de leurs majestés, le chef-d'œuvre de *Nicomède*.

A la fin de cette pièce, qui fut approuvée par le roi, Molière s'avança jusqu'aux bords du théâtre ; il s'inclina respectueusement ; il remercia Louis XIV, en appelant son indulgence sur de pauvres comédiens qu'avait troublés l'aspect d'une assemblée auguste ; sa majesté daigna lui sourire, et Molière, encouragé par tant de bonté, continua son petit discours, en disant: « que l'envie qu'ils avaient de divertir le plus grand roi de l'uni-
» vers leur avait fait oublier que sa majesté avait à son service d'excel-
» lents originaux dont ils n'étaient que les copies, mais que puisqu'elle
» avait bien voulu souffrir leurs manières de campagne, ils la suppliaient
» très-humblement de vouloir bien permettre qu'on lui donnât un de ces
» petits divertissements qui leur avaient acquis quelque réputation et
» dont ils régalaient la province. »

Le roi fut si satisfait du compliment de Molière, et surtout du divertissement, qu'il lui accorda le théâtre du Petit-Bourbon pour y jouer alternativement avec la troupe italienne.

Les comédiens de Molière débutèrent dans cette salle le 3 novembre 1658, par l'*Étourdi* et le *Dépit-Amoureux* : leur réussite fut complète. La construction de la colonnade du Louvre ayant été décidée, on détruisit la galerie qui servait de salle à la nouvelle troupe ; en 1661, les comédiens de Molière se réfugièrent au Palais-Royal, et prirent le titre de *Comédiens de Monsieur*.

La noblesse continue à vivre et à briller dans la rue *de la Monnaie* ou dans ses environs. Louis-Marie Daumont, marquis de Vielleguier, le même qui se fit appeler duc de Mazarin avec l'aide du nom de sa femme, avait acheté de M. de Guise la moitié de l'hôtel de Conti, où il fit construire l'hôtel Daumont; c'est à ce même duc de Mazarin, qui était bien le personnage le plus débraillé et l'aristarque le plus pointilleux de son siècle, que le duc de Richelieu adressa cette apostrophe, si spirituellement railleuse :

« Duc d'Aumont, Dieu t'a fait bon gentilhomme et le roi t'a fait duc et
» pair ; M. le duc de Bourbon t'a fait.....; et c'est madame la duchesse
» d'Orléans qui t'a fait cordon bleu ; c'est moi qui t'ai fait et reçu che-
» valier, à telle enseigne que je t'ai embrassé ce jour-là ; mon bon ami,
» fais donc, à ton tour, quelque chose pour ta personne : fais-toi la
» barbe. »

Les hôtels historiques du quartier de la *Monnaie*, de la *rue des Poulies*, de la *rue Étienne*, de la *rue Boucher*, ont subi bien d'autres changements, bien d'autres transformations, des vicissitudes dont l'histoire serait trop longue pour le lecteur et pour moi ; je demande seulement la permission de vous adresser encore quelques mots sur les maisons illustres que nous avons visitées ensemble.

Après la destruction de la galerie et de la chapelle, démolies en 1662, les étages inférieurs du Petit-Bourbon furent conservés…, mais pour servir de garde-meubles, de magasins et peut-être même d'écuries.

L'hôtel de Longueville, élevé sur les ruines de l'hôtel de Retz, fut vendu à Louis XIV, lorsque ce prince voulut faire construire la place du Louvre.

L'hôtel de Longueville joua de bonheur : il fut réparé ; il reçut un maître honorable, M. d'Antin, directeur des bâtiments ; il fut baptisé du nom d'*hôtel de la Surintendance*, et consacré à la fois au service des bâtiments et des postes.

Vous le voyez : bien des illustrations ont passé tour-à-tour dans le quartier de la Monnaie, sous le giron du Louvre qui les abritait de sa couronne royale ; bien des personnages, grands, nobles, orgueilleux, ont gravé les armes de leurs blasons sur la façade de ces vieux hôtels qui recevaient des princes, des rois et des reines ; mais, au milieu de toutes les célébrités dont je parle, il en est une que je préfère à toutes les autres, moins pour sa grandeur que pour sa vertu : il s'agit, qui le croirait ? d'une princesse ottomane qui avait nom Marie-Cécile, et qui avait fait l'admiration de son siècle.

La fille d'Achmet III, de ce héros qui accorda une hospitalité généreuse à Charles XII vaincu, fut enlevée du sérail à l'âge de six mois, et conduite à Gênes, où elle fut solennellement baptisée devant le sénat. Dix ans plus tard, elle arrivait à Rome, pour y être présentée au pape Clément XI : dans cette entrevue avec le Saint-Père, Marie-Cécile laissa percer un peu de cette fierté que l'excès du malheur ne devait point abattre. Comme on l'engageait à baiser la main du souverain pontife, elle refusa de se soumettre à ce qui lui semblait une faiblesse ; elle disait qu'elle était d'assez bonne naissance et d'un rang assez haut pour ne faire sa cour à personne ; il fallut bien des prières et bien des ruses pour la forcer d'accepter un tableau de la Vierge, enrichi de diamants et de perles.

A Paris, où le Régent l'avait appelée, je ne devine pas trop dans quel but, Marie-Cécile fut reçue deux fois par ce prince; plus tard, elle eut l'honneur de s'entretenir avec Louis XV et Louis XVI.

Ce que l'on a raconté de la violente passion du Régent pour Marie-Cécile est-il bien vrai? On raconte qu'un jour, le prince osa lui parler de son amour; elle en fut, dit-on, si effrayée, qu'elle s'enfuit en pleurant, en se désolant comme une folle; c'est bien la peine d'être née dans un sérail pour avoir peur d'une belle passion que l'on inspire!..... Comme elle sortait du Palais-Royal, les yeux mouillés de larmes, un gentilhomme lui recommanda, de la part du prince, de bien prendre garde à sa chevelure, qui était longue, épaisse, soyeuse, magnifique; elle se retourna fièrement, elle prit des ciseaux, elle coupa ses beaux cheveux, elle les cacha dans son mouchoir, et répondit au gentilhomme :

— Allez dire à celui qui vous envoie, que désormais ma chevelure sera bien gardée!

Marie-Cécile avait trouvé dans la maison du prince de Condé les égards et les secours d'une protection bienveillante; à la mort de son noble protecteur, elle n'eut plus aucune ressource pour vivre comme il convenait à une personne qui venait de si loin et de si haut. Trop fière pour aller tendre la main à ses amis d'autrefois, elle vécut d'une petite pension que lui fit obtenir M. de Calonne, contrôleur général; elle supporta les rudes épreuves de la mauvaise fortune, avec une résignation toute chrétienne; souvent elle disait, avec une sorte de sentiment du fatalisme oriental :

— Chaque fois que l'on frappe à ma porte, je m'imagine que c'est la mort qui m'appelle, et je me hâte d'aller ouvrir. Je ne m'inquiète guère de quelle maladie je mourrai; sera-ce de la fièvre ou de la faim? Peu m'importe.... l'une ou l'autre sera la bienvenue, pourvu qu'elle vienne vite me chercher, de la part de l'Éternel.

Marie-Cécile mourut de douleur et de misère, dans la rue des Poulies, au fond d'un galetas, tout près de l'hôtel d'Antin.

Encore un mot : l'hôtel de Rambouillet, situé autrefois dans la rue *Saint-Thomas-du-Louvre*, ne me semble pas bien loin des beaux hôtels qui brillaient il y a longtemps, il y a des siècles, dans les environs de la rue *de la Monnaie*; salut à madame la Marquise de Rambouillet!

Avouez que pour un bas-bleu qui a la prétention d'écrire un chapitre d'histoire, il est impossible de mieux terminer sa petite besogne littéraire, qu'en parlant de l'hôtel de Rambouillet, de prétentieuse mémoire.

Madame Élisa Latour de Warrens.

PROMENADES DE PARIS.

» Dedans la *Cité* de Paris
» Y a des rues trente-six,
» Et, au quartier de *Hulepoix*, (*)
» En y a quatre-vingt et trois;
» Et, au quartier de Saint-Denis,
» Trois cents, il n'en faut que six :
» Contez-les bien, tout à votre aise.
» Quatre cents y a et treize. »

dit un rimeur du temps de Henri IV dans son poëme des cris et des rues de Paris.

En revanche, à cette époque, il n'existait encore dans la capitale qu'une seule promenade : le Pré-aux-Clercs.

On allait donc au Pré-aux-Clercs, comme, depuis, on a été aux Prés-Saint-Gervais.

Mais messieurs les écoliers, auxquels un réglement de 1215 avait adjugé cette localité, se considéraient bien et duement comme seuls propriétaires de l'endroit, en dépit des revendications de l'abbé et des moines du bourg de Saint-Germain, et devenaient souvent des trouble-fêtes pour les paisibles bourgeois de la grand'ville, qui se permettaient

(*) *Quartier de l'Université.*

de flâner sur leurs terres. Peu de jours se passaient sans amener une rixe sanglante, ou l'incendie d'une ou deux maisons ; un duel, un sergent mis en pièces, n'étaient que jeux d'enfants. Le parlement avait beau se déclarer en permanence et mander le recteur, ils n'en pouvaient mais ; les troupes que l'on envoyait étaient accueillis par une grêle de pierres, et ce n'était guère qu'à la faveur de la nuit que le lieutenant civil et ses archers parvenaient quelquefois à pénétrer dans l'intérieur des colléges et à y faire quelques prisonniers. En 1557, pour ajouter aux agréments de la promenade, les réformés avaient choisi le Pré-aux-Clercs comme lieu de prêche et pour y chanter les psaumes de David en vers français : la foule les entourait et reprenait les refrains en chœur ; ce concert ambulant devenait à la mode et se renouvelait chaque jour, quand la force armée s'en mêla, au nom de Henri II.

Or, ceux des citadins qui ne se souciaient pas de tirer le bâton ou la rapière, de recevoir des horions, de chanter des psaumes, ou même de rencontrer leur ménagère en galante partie dans quelque cabaret du lieu, s'abstenaient prudemment d'aller prendre le frais au Pré-aux-Clercs. Auquel cas, ils avaient la faculté de vaguer dans leurs noirs carrefours, dans leurs rues fangeuses et tortueuses, en s'amusant, le long du chemin, à compter les croix, potences, échelles et piloris destinés aux contrevenants, sans autre figure de procès. Ils avaient également le droit de faire de l'exercice devant leur porte, de prendre l'air à leur croisée et de se promener dans leur chambre, en long ou en large, à leur choix.

En l'année 1616, Marie de Médicis, qui cherchait tous les moyens de se distraire de son veuvage, et qui se plaisait à mettre à sec les caisses d'épargnes de Henri IV, fit tracer et planter, pour elle et ses courtisans, dans l'espace compris maintenant entre la place Louis XV et l'allée des Veuves, le long du quai de Billy, une promenade à laquelle on donna le nom de Cours-la-Reine.

C'est là que les d'Épernon, les Concini, les ducs de Guise et de Nevers, venaient étaler autour de la régente les costumes brillants qui remplaçaient le vêtement noir, dont l'économie de Sully et la sévérité des mœurs des calvinistes avaient amené la mode sous le règne précédent ; c'est là que venaient cavalcader les justau-corps de satin, les haut-de-chausses écarlates, ouverts à la ceinture, les petits manteaux de velours, les longs cheveux en boucles, les moustaches bien cirées, les amples feutres ombragés de plumes de coq, les fraises tuyautées dites *à confusion*, les riches aiguillettes, les grandes épées de duel, les larges bottes découpées, et les longs éperons d'or résonnant aux talons ; car tel était alors l'accoutrement d'un gentilhomme, d'un raffiné, d'un beau dangereux. C'est là que passaient et repassaient, à pied ou en litières, les robes de soie brochées d'or et d'argent, les larges collerettes empesées, les roses de ru-

Les Promenades de Paris.

bans appelées *assassines*, les belles épaules découvertes et les jolis minois voilés d'un masque noir; c'est là qu'au milieu de sa cour, Marie de Médicis apparaissait, traînée dans un *coche* à forme ronde; c'est là que le comte de Bassompierre fit rouler le premier carrosse fermé avec des glaces, que l'on eût vu à Paris jusqu'alors.

L'entrée du Cours-la-Reine était interdite aux habits de tiretaine, aux bas de laine noire et aux chaperons de drap. Or, en ce temps-là, dire à quelqu'un : Allez vous promener, n'eût pas été logique; il vous aurait répondu : Où voulez-vous que j'aille? Le pauvre populaire, ainsi que la bourgeoisie, en étaient donc réduits à considérer le Pont-Neuf comme une promenade. Les croquants et les coquardeaux, badauds de l'époque, venaient, faute d'ombre, s'ébahir en plein soleil devant les charlatans, les empiriques, les banquistes, les joueurs de gobelets et les marionnettes qui exploitaient les environs du terre-plein; ils écoutaient les marchands de chansons accompagnés par le carillon de la Samaritaine, et allaient se gaudir sur la place Dauphine aux farces de Tabarin.

Pendant que je suis sur le Pont-Neuf, où je ne fais que passer, je ne puis résister au désir de citer une courte anecdote, qui peint mieux peut-être que tout *Péréfixe* la popularité du Béarnais.

« Un pauvre poursuivait un passant, le long du parapet : — Au nom de

» saint Pierre, disait-il... — Au nom de saint Joseph, — de la Vierge Ma-

» rie,—de son divin fils !..—et le passant allait toujours. — Au nom de
» Dieu! — rien encore. — Arrivés devant la statue : — Au nom de
» Henri IV, dit le pauvre... — Tiens, répond le passant, voilà un louis
» d'or. »

Mais il ne s'agit pas de conter des histoires; il s'agit de se promener, quelque temps qu'il fasse.

Entrons dans le jardin des Tuileries, c'est-à-dire, contentons-nous d'abord de tourner autour.

Vers 1566, l'enceinte de Paris fut étendue à l'ouest, et cette partie d'enceinte se nomma boulevart des Tuileries. L'extrémité occidentale fut fermée par un large bastion dont Charles IX posa la première pierre, le 6 juillet de la même année. C'est entre ce bastion et la Seine que l'on établit, par la suite, une porte appelée de *la Conférence*, ainsi que je le disais, avec des fossés et des bastions; avec des sentinelles telles que Charles IX et Catherine de Médicis, il n'était pas donné à tout le monde de pénétrer dans l'enceinte pour contempler la vaste volière, l'étang, la ménagerie, l'orangerie et la garenne contenus dans l'enclos royal. La consigne devait être : les chiens et le peuple n'entrent pas.

Sous Louis XIII, le jardin des Tuileries était encore séparé du palais par une rue qui portait le nom de ce jardin, ce qui inspira, au commencement du règne suivant, les vers que voici à l'auteur de *Paris Ridicule* :

« Qu'il est beau ! qu'il est bien muré ! (*)
» Mais d'où vient qu'il est séparé,
» Par tant de pas du domicile?
» Est-ce la mode, dans ces jours,
» D'avoir la maison à la ville
» Et le jardin dans les faubourgs ? »

Quelque temps après la révolution de 1830, nous avons eu aussi les plaisanteries de circonstance sur les fossés des Tuileries.

Laissons de côté, jusqu'à nouvel ordre, ce jardin si bien muré, si bien embastionné; et, en attendant qu'on s'y promène, allons visiter le jardin des Plantes, où nous serons peut-être plus heureux.

Naturellement c'est à un médecin que nous devons le jardin des Plantes; mais Gui Labrosse, en obtenant de Louis XIII et du cardinal de Richelieu la fondation du jardin royal des plantes médicinales, à l'imitation des jardins botaniques de Padoue, de Florence et de Pise, qui avaient donné l'exemple depuis un siècle, Gui Labrosse, dis-je, ne songeait nullement à nous ménager un but de promenade. Quoi qu'il en soit, sans le savoir, il nous a ordonné l'exercice qui vaut à lui seul tout l'attirail d'une pharmacie

(*) *Le Jardin des Tuileries*

On n'avait connu à Paris, jusques-là, que le jardin botanique fondé par Nicolas Houel, et devenu depuis jardin des apothicaires, dans la maison des Enfants-Rouges et ensuite à l'hôpital de la rue de l'Oursine. Après avoir acquis, au nom du roi, en 1633, une voierie appelée des *Copeaux*, et, quelques années après, des terrains voisins, le tout réuni formant environ quatorze arpents, Gui Labrosse fit construire des bâtiments pour des cours de botanique, de chimie et d'histoire naturelle. Les premières allées du jardin des Plantes n'ont dû être foulées, dans le principe, que par les confrères en chirurgie, les graves docteurs et les élèves de la faculté.

A dater du règne de Louis XVI, le jardin lui-même fut considérablement agrandi; et maintenant sa superficie totale a cinq fois plus d'étendue qu'elle n'en avait à son origine. Avant 1782, il ne s'étendait pas au-delà de cent soixante toises, en partant du Muséum d'histoire naturelle, et son extrémité orientale était bornée par un vieux mur au bas duquel coulaient les eaux du canal de Bièvre, lorsque ce canal traversait l'abbaye de Saint-Victor et une partie de Paris.

Louis XV avait nommé Buffon à la surintendance du jardin du roi: Louis XVI, en 1780, fit placer solennellement, à l'entrée du cabinet d'histoire naturelle, la statue en marbre du célèbre naturaliste, sur le socle de laquelle on lit cette inscription :

Majestati naturæ par ingenium.

La belle serre près la ménagerie est de la même époque.

La révolution, qui laboura tant de jardins de luxe, respecta le jardin des Plantes et concourut à son embellissement. En 1790, un monument fut érigé à Linnée, à mi-côte du labyrinthe, et l'on creusa le grand bassin dont les talus sont environnés d'arbustes et de plantes aquatiques. En 1792, quand on supprima la ménagerie de Versailles, une foule d'animaux rares ou féroces qui se trouvaient sans feu ni lieu, reçurent l'hospitalité dans ce paradis terrestre des hyènes et des fleurs. Aujourd'hui, chaque espèce du genre animal a son domicile bien clos, ses heures de repas bien réglées, malgré la réduction proposée naguère à la Chambre des députés sur la table et le logement des lions et des tigres. Toute la gente volatile, y compris les oiseaux de proie, perche ou vole à son gré derrière d'élégants treillis qui n'ont d'autre défaut pour elle que celui d'être une cage; mais qui n'a pas sa cage, ici-bas?.. Les aquatiques se livrent aux délices du bain dans une onde transparente; toute bête ruminante a pour elle et sa famille une cabane, au milieu d'un parc... j'allais presque dire un château; enfin, les singes ont un palais, un palais de cristal, une maison de verre, comme le sage de l'antiquité. Un muséum est leur dernière demeure; ils ont aussi leurs catacombes dans le cabinet d'anatomie comparée, où sont rangés, comme des statuettes de Dantan, les squelettes de toutes les races d'animaux connus.

De pareils hôtes ne pouvaient manquer d'amener des promeneurs, et quelquefois, en venant visiter l'éléphant ou la girafe, on jette un coup-d'œil sur les nouvelles serres chaudes, dont les vitraux rivalisent avec la demeure féerique des Jokos, et l'on entre un instant dans la Bibliothèque et dans les vastes galeries où sont rassemblées les productions les plus rares des trois règnes, venues de toutes les parties du monde. Enfin, voici une promenade digne de ce nom et ouverte à tous les rangs, à tous les âges ; mais c'est une promenade excentrique ; le véritable Parisien y va une fois en sa vie, à moins qu'un tendre rendez-vous ne l'appelle sous ces discrets ombrages, dans ce nouveau monde situé aux confins de Paris. Le labyrinthe a vu plus d'une Ariane. Les habitués du lieu sont les étrangers, les militaires et les bonnes d'enfants. Les enfants regardent les singes ; les bonnes regardent les militaires ; les étrangers seuls regardent tout.

Quittons donc cet univers en abrégé, et traversons rapidement le Luxembourg, où Etienne Arago a passé avant moi, en allant à l'Observatoire.

Revenons vers le centre ; mais, tout en avançant, reportons-nous en arrière de deux siècles à peu près. En quelle année sommes nous ?.. 1670. En l'espace de cent ans, nous avons eu bien du changement aux Tuileries ; Lenôtre a dessiné tout le jardin sur un nouveau plan, et puis on y entre maintenant ; Louis XIV est à Versailles. Promenons-nous, promenons-nous, pendant que le roi n'y est pas.

Oui, tout est changé : voici maintenant deux belles terrasses plantées d'arbres qui encadrent le parc des deux côtés et s'inclinent, après un retour, en se rapprochant du côté opposé au palais. Voici un beau parterre orné d'ifs et de buis en dessins contournés ; un bosquet, trois bassins et la belle allée des orangers semée d'un vert gazon ; et voyez que de statues dans le parterre ! Énée, après le sac de Troie, enlevant son père Anchise, qui tient par la main son petit-fils Ascagne (de Lepautre) ; la mort de Lucrèce, groupe commencé à Rome par Théodon et terminé à Paris par Lepautre ; au-delà du bosquet, la Vestale de Legros, et au bas des rampes des deux terrasses, quatre groupes représentant des fleuves : d'un côté, le Nil et le Tibre, sculptés à Rome d'après l'antique ; de l'autre, la Seine et la Marne par Coustou l'aîné, et la Loire et le Loiret par Van-Clève. Mais, assez de statues ; nous n'avons pas ici à composer un livret d'exhibition.

Laissons donc les statues de marbre pour les statues vivantes et parlantes : Voici quelques échantillons des modes de l'époque : on a quitté le petit manteau pour prendre l'habit à manches que l'on nomme *sur-*

tout. Les magistrats et les gens de robe s'enveloppent dans des manteaux très-larges. On voit quelques habits de velours ; mais la plupart sont en draps de couleur, bordés de galons d'or. Le chapeau est toujours rond et surchargé d'un nombre infini de plumes d'autruche, qui ont succédé aux plumes de coq, et là-dessous d'énormes perruques. Peu de changement dans la toilette des dames : les étoffes de soie brochée sont encore bien *portées*; seulement on fait les robes à corsage avec manches et jupes fort longues, sans *tournures*. Sans tournures ! O siècle de Louis XIV ! Voltaire a eu bien raison de t'admirer.

« Dans ce lieu si agréable, dit un contemporain, on raille, on badine,
» on parle d'amour, de nouvelles, d'affaires et de guerre ; on décide, on
» critique, on dispute, on se trompe les uns les autres, et avec cela, tout
» le monde se divertit. »

C'était un salon en plein air.

Aujourd'hui c'est un cabinet de lecture : on y lit les journaux, ou bien l'on s'observe en silence ; on s'assied, on s'encaisse comme les orangers, et l'on appelle cela *se promener*. Les enfants qui sautent à la corde, et les vieillards qui se chauffent à la petite Provence, ont l'air d'être les seuls à comprendre qu'ils sont dans un jardin.

Les Tuileries peuvent être rangées au nombre des victimes de la révolution. Envahies par le peuple aux 20 juin et 10 août 92, elles furent souvent arrosées de sang et sablées de poudre à canon, témoin le siége que la Convention eut à soutenir au 13 vendémiaire. Marat, couronné de fleurs et porté en triomphe le 24 avril 1793, y causa bien aussi quelque dommage, et les jardiniers durent avoir de la besogne, le lendemain de la fête de l'Être-Suprême. Du moins, les dégradations de ce genre avaient-elles encore quelque chose de noble, de grand, et ne peuvent se comparer à l'affront que reçut le jardin des Tuileries pendant la disette : on arracha les fleurs, les gazons, et à leur place on cultiva des pommes de terre ; oui, les pommes de terre, *inventées* par Parmentier, suivant l'heureuse expression d'un orateur de faubourg. La plaine des Sablons était devenue insuffisante pour ce genre d'horticulture.

Du reste, il faut rendre justice à la révolution : elle fut la première à réparer le dégât qu'elle avait causé : de nombreux embellissements furent commencés en l'an v par le conseil des anciens et continués ensuite par le premier consul et l'empereur. Des statues, tirées des parcs de Sceaux, de Marly, vinrent se joindre à celles dont nous avons parlé. La terrasse des Feuillants était bordée par un vieux mur qui cherchait en vain à masquer sa vétusté par une charmille : cette clôture délabrée fut remplacée sous l'empire par la grille qui règne maintenant le long de la rue de Rivoli.

Mais, en attendant tout cela, en attendant les fêtes du Directoire, du consulat et de l'empire; en attendant les concerts en plein vent du pavillon de l'Horloge, les illuminations de tous les règnes, de tous les partis, de toutes les couleurs; en attendant que les dames portent la cocarde tricolore à leur bonnet, et que l'on danse la Carmagnole sur la terrasse du château, où, vingt ans plus tard, on doit danser en rond, au retour de Louis XVIII; en attendant que Napoléon fasse construire un petit souterrain conduisant du palais à la terrasse du bord de l'eau, pour ménager à Marie-Louise une promenade isolée, pendant sa grossesse, sortons du jardin des Tuileries, par le Pont-Tournant de 1717, mécanisme imaginé par un frère Augustin, Nicolas-Bourgeois, pour laisser la nuit le fossé à découvert, et dirigeons-nous vers les Champs-Elysées.

Une seule observation avant d'aller plus loin : il est à remarquer que le plus beau jardin public d'Athènes, *le Céramique*, s'appelait aussi les Tuileries, parce qu'il avait également été planté sur un endroit où l'on faisait de la tuile (κεραμος, tuile; κεραμικος, tuileries.) Pardon de l'érudition; il ne faut pas m'en vouloir; c'est Saint-Foix qui dit cela, et maintenant, allons.

Car il faut continuer mon chemin, aller toujours, sans savoir si j'arriverai jusqu'au bout. Je suis le juif-errant des promenades, l'Ahasvérus des jardins publics, et ce n'est qu'en l'an de grâce 1843 qu'il me sera permis de me reposer. Oh! alors je dépenserai de grand cœur mes cinq sols avec les *receveuses* de chaises des Tuileries ou du boulevart des Italiens; car, en ce temps-là, je vous le dis, ces dames ne s'appelleront plus loueuses de chaises, mais bien receveuses de chaises.

Pour le quart-d'heure, il s'agit d'arpenter les Champs-Élysées, plantés en 1670 par ce même Louis XIV et dessinés par ce même Lenôtre; les Champs-Élysées, la vraie promenade du Parisien; ce cours du peuple, qui est venu se placer là à côté du Cours-la-Reine; ce rendez-vous du riche et du pauvre, du noble et de l'artisan, de la grisette et de la grande dame, avec la seule différence que les uns marchent en voiture et que les autres se promènent à pied; les Champs-Élysées, témoins de toutes nos fêtes populaires, où il a poussé autant de mâts de Cocagne dans les carrés que d'arbres dans les quinconces; où il s'est allumé plus de lampions qu'il n'y a d'étoiles au ciel; où il a jailli plus de vin dans les distributions officielles de comestibles qu'il ne coulera d'eau des fontaines dorées qui les arrosent aujourd'hui; les Champs-Élysées, ce parc, cette avenue, ce hameau, ce bazar, qui, ainsi que le Palais-Royal, n'ont pas leur pareil sur la surface du globe civilisé, et que les Anglais nous ont envié et nous envieront toujours, en dépit de Saint-James-Parc, de Hyde-Parc, de Regent-Parc et de tous leurs autres parcs!

Là, point de clôtures, point de fossés, de bastions : une seule grille, celle de la barrière; une seule porte, l'Arc-de-Triomphe. Là, point de gêne, point d'étiquette; on circule librement, à droite, à gauche, en avant, en arrière; on joue aux quilles, on joue à la paume; on tourne au jeu de bagues, on s'élance dans les balançoires, on se fait peser, on essaie ses forces, on s'exerce au tir, on entre chez *Auriol*, ou l'on s'arrête devant polichinelle; au-dessus de quinze ans, on va danser ou voir danser au bal Mabille; au-dessous de sept ans, on se promène en voiture à quatre chèvres: la foule se presse dans les restaurants, s'attable devant les cafés, auxquels on a élevé des temples; des flots de bierre, des flots d'harmonie!... enfin, on va, on vient, on rit, on cause, on regarde, on s'arrête, on se repose... excepté moi.

Mais, là-bas, dans la grande avenue, ces trois files de voitures et toutes ces cavalcades...c'est Longchamp, Longchamp, sous Louis XV!...Courons! justement c'est vendredi, le beau jour! et il fait beau! Oui, voilà bien les carrosses de la cour sur le haut du pavé, et, sur les bas-côtés, les carrosses de remise et les fiacres, qui s'en mèlent aussi depuis 1650. Que de broderies! que d'or et d'argent! que de paillettes! Oh! les jolis bonnets, les jolies dentelles, avec des coques de rubans! Tiens, voici des chapeaux à trois cornes! Quelle est donc cette voiture, dont les roues étincellent de métaux précieux? les chevaux sont ferrés d'argent et ornés de marcassites... sans doute quelque princesse du sang? Non, c'est l'équipage d'une Lorette de l'époque. Bon temps pour les Lorettes! Elle a voulu éclipser sa rivale, la femme honnête, la femme légitime, qui est tout bonnement couverte de pierreries, comme on disait alors. Et quels paniers, grand Dieu! Quatre pieds de circonférence! (Mesure de l'ancien régime.) Cela est un composé de cerceaux de baleine et se nomme un *bouffant*; cela porte même un autre nom que la pudeur et la civilité puérile et honnête me défendent de prononcer. On a repris les draps de Silésie, les camelots, les velours ciselés. C'est juste: nous sommes au printemps. Demain, samedi, on va quitter le point d'Angleterre et reprendre les malines; ensuite, viendront les taffetas, et d'ici à l'hiver prochain, qu'il fasse chaud ou froid, nous ne verrons plus ni satins, ni draps, ni manchons, ni ratines. Oh! oh! deux cavaliers qui ont l'air de se disputer le pas: c'est un prince de la maison d'Artois et un prince de la maison d'Orléans! Que de monde, quelle confusion! et, bien qu'on ait arrosé, quelle poussière!... Non, c'est la poudre. Quels doux parfums exhalent les fleurs! Non, c'est la pommade.

Ma foi, suivons la foule; je veux aller à Longchamp; je veux aller à Ténèbres, tout comme un autre. J'entrerai dans l'église avec la bonne société, pour entendre les *leçons* chantées par les jeunes recluses. On dit que les demoiselles Lemaure et Fel surpassent les premières chanteuses de l'Opéra: on dit même que M. l'archevêque a bien envie de supprimer la musique, sous prétexte que les sœurs mineures ont oublié depuis longtemps qu'elles doivent la pieuse fondation de leur communauté à Isabelle de France, sœur de saint Louis ; qu'elles ne font plus de miracles ; qu'elles ont des mœurs et une discipline beaucoup moins austères ; qu'elles ont quitté l'uniforme de la maison, pour prendre des habits mondains et porter des bijoux ; qu'elles reçoivent des visites au parloir, en plein jour..., et même, ne va-t-on pas jusqu'à faire des commentaires sur leurs petites fenêtres, qui semblent avoir été construites tout exprès pour favoriser des escalades nocturnes ; et cela parce que le bon saint Vincent-de-Paule a fait dans le temps quelques réflexions à ce sujet dans une lettre qu'il écrivait au cardinal Mazarin ; parce que jadis une religieuse, à l'âme un peu trop tendre, sortit du couvent avec les honneurs de la guerre, grâce au roi vert-galant, et devint abbesse de Saint-Louis-de-Vernon, ce qui, suppose-t-on encore, a dû exciter l'ambition des autres ; mais les chants auront beau cesser, Lonchamp sera toujours à la mode. On aura beau ensuite vendre l'abbaye, abattre les cellules ; le bois de Boulogne sera toujours là, et l'on continuera d'y venir, sinon en pèlerinage, du moins en promenade. Les parvenus, les fournisseurs, les incroyables, les merveilleuses, les habits carrés, les costumes grecs, les titus, les caracalla, les cadenettes, les carmagnoles et enfin les fracs, les bottes, les dessous de pied, les paletot et les twen, remplaceront tous ce monde frisé, pommadé, parfumé, pailleté de la régence et de Louis XV.

A commencer par moi, je me trouve tout porté dans ce bois de Boulogne, qui est bien réellement une promenade de Paris, quoique *extrà-muros*, ou plutôt, *suprà-muros*, depuis les fortifications, et à travers les allées duquel je voulais faire ma dernière excursion. Ce bois, de quatre kilomètres en longueur, sur deux de large, est désigné, dans une ordonnance de 1577, sous le nom de bois de Rouverai. Le village voisin, qui lui-même s'appelait anciennement Boulogne, a fini par lui procurer son nouvel extrait de baptême.

En revenant de Longchamp, dont il ne reste plus que la plaine, le premier objet qui me frappe est la Folie-Sainte-James. Un seul rocher du parc coûta quinze cent mille francs au trésorier général de la marine, qui, sous Louis XVI, se fit construire cette fabuleuse habitation, ce qui lui valut de la part du roi le sobriquet de l'homme au Rocher. Après avoir scandalisé la ville et la cour par son luxe de Lucullus, Sainte-James finit par faire, en 87, une légère faillite de vingt-cinq millions (huit de moins que le prince de Guéménée) ; il fut mis à la Bastille, et n'en sortit que pour mourir d'indigence et de chagrin. Un dicton bourgeois dit qu'il faut acheter les folies des autres. Le fournisseur Hainguerlot fut en effet plus adroit et plus heureux que le premier propriétaire : il trouva moyen, sans se ruiner, de donner à la Folie-Sainte-James des fêtes de trente mille livres chaque et de la revendre ensuite à un frère de Bonaparte. Après avoir été successivement habitée par madame la duchesse d'Abrantès et M. Thiers, et s'être vu convertir l'an dernier en une maison de santé à l'usage des malades comme il faut, sous le patronage de madame Récamier et de monsieur de Châteaubriand, la Folie-Sainte-James est devenue la propriété de M. Bénazet, qui l'a louée à lord Cowley, ambassadeur d'Angleterre. Cette ravissante *villa* s'est entourée successivement d'élégantes maisons de campagne et de châlets fashionables, qui ont fini par constituer un nouveau village avec lequel le parrain enfumé du bois ne peut plus soutenir la comparaison, et je ne vois pas pourquoi le bois de Boulogne ne s'appellerait pas un de ces jours le bois Sainte-James.

Pendant que nous y sommes, si nous allions à Madrid, non pas pour voir Espartero, qui n'y est plus, mais pour contempler la place où fut le château bâti en 1529 par François Ier, sur le modèle et en mémoire de celui où il avait été trois ans prisonnier en Espagne, après la bataille de Pavie. Singulier souvenir que ce roi chevalier a voulu se donner là ; il aura pu inscrire sur les vitraux de son nouveau manoir :

« *Gloire* varie
« Et bien fol qui s'y fie. »

Charles IX et Louis XIII vinrent souvent à leur tour au château de Madrid que, de nos jours, Louis XVIII a fait démolir : le roi exilé redoutait-il le souvenir d'un roi captif ? c'est ce que j'ignore ; tout ce que je sais, c'est que l'emplacement de cette royale villegiature est occupé maintenant par des œufs frais et des beeftecks. A propos de restaurants, la cour de Cassation a dû porter un coup terrible à ceux du bois de Boulogne, en supprimant les duels. Il est avéré qu'on plume beaucoup moins de canards à la porte Maillot. A défaut de parties d'honneur, on s'en retire comme on peut sur les cabinets particuliers.

On loue des chevaux à la porte Maillot et même des ânes ; des ânes au bois de Boulogne ! C'est bien la peine d'avoir un jokeis-club et à quelques pas de là, un dépôt des haras. Heureusement ces modestes montures suivent humblement la contre-allée, l'espèce de chemin de ronde qui conduit à la porte de Madrid, laissant le pavé du roi, la route d'Harmenonville, aux pur-sang, aux Briska et aux gentleman riders ; quant aux philosophes et aux amoureux, ils vont rêver à la mare d'Auteuil.

Au nombre des habitués du bois, il faut citer notre gracieux compositeur Auber, celui qui a su résumer en lui seul Grétry et Rossini : chaque jour il fait sa promenade à cheval et travaille là comme dans son cabinet.

C'est peut-être aux allées du bois de Boulogne que nous devons les plus heureuses inspirations du Domino Noir, de l'Ambassadrice et de la Part du Diable.

« Le talent monte en groupe et galoppe avec lui. »

En trottant de mon côté, me voici à Bagatelle. Ce joli château en miniature qui est venu se poser si légèrement en 1779, sur les ruines de celui de mademoiselle de Charolois, cette merveille à mettre sous verre, que le comte d'Artois ou la baguette d'une fée a fait sortir de dessous terre, en huit jours et en huit nuits, pour ménager une surprise à Marie Antoinette, ce *petit* Trianon, où les enfants du duc de Berry ont essayé leurs premiers pas, a été flétri pendant quelque temps par l'ignoble écriteau de « Maison à vendre. » Mais 1,800,000 fr. l'ont adjugé à la marquise de Hertford, mère de lord Seymour, qui l'habite été et hiver. Le contrat de vente renferme, dit-on, une clause singulière, d'après laquelle l'acquisition serait annulée, au cas où le duc de Bordeaux reviendrait en France. Il est heureux qu'après avoir échappé à la bande noire, Bagatelle ne soit pas devenue la maison de plaisance d'un épicier retiré ou d'un gentilhomme de la bourse. Il en aura été quitte pour quelques fêtes champêtres pendant la révolution, comme l'Elysée-Bourbon et le jardin Marbeuf.

L'hygiène est venue se réfugier sous les ombrages du bois de Boulogne. Parmi les maisons de santé qui l'environnent, on remarque l'établissement orthopédique du docteur Duval, qui occupe à la porte Maillot la belle maison où Casimir-Périer venait chaque jour se délasser de ses travaux ministériels et parlementaires.

L'orthopédie a pareillement élu domicile au château de la Muette ou de la Meute qui, depuis Charles IX, avait servi de rendez-vous de chasse. Rebâti dans les premières années du règne de Louis XV, le château de la Muette vit mourir en 1719 la duchesse de Berry, fille du régent, à la suite de ses petits soupers du Luxembourg et de ses fêtes d'Adam. Ce fut à la Muette qu'eut lieu le 21 novembre 1783 la seconde expérience de Pilastre du Rozier, accompagné dans son voyage aérien par le marquis d'Arlandes : nous attendons la suite, car les chemins de fer commencent à être bien usés, bien terre-à-terre.

C'est là aussi qu'Audinot, expulsé de la salle de l'Ambigu, obtint la permission d'établir en 85 ses petits comédiens *du* bois et non *de* bois de Boulogne, avec droit et privilège d'exploiter le répertoire de la Comédie française et de l'Opéra-Comique.

Ce souvenir de théâtre me sert de transition pour arriver au Ranelagh, qui justement est là tout près. Ouvert quelques années avant la révolution, le Ranelagh est plus connu comme salle de bal que comme salle de spectacle ; cependant il s'y donne, de temps à autre, pendant l'hiver, des représentations d'amateurs qui font pâlir la rue Chantereine ; de plus, il est desservi l'été, par l'administration des théâtres de la banlieue.

Les folles et insouciantes parisiennes qui, chaque jeudi et chaque dimanche de la belle saison, viennent exécuter là les différentes figures franco-andalouses, ne se doutent pas qu'elles doivent la conservation du Ranelagh au directeur de l'établissement. En 1814, il sut, à lui tout seul, par son sang-froid et sa présence d'esprit, le défendre contre une armée de Cosaques, campée dans le bois de Boulogne, où elle a laissé des traces de dévastation à peine effacées aujourd'hui. Ces enfants du Nord, dont l'intention était évidemment de se chauffer avec l'édifice, planche par planche, avaient déjà commencé à faire irruption dans le magasin de décors du théâtre, et s'apprêtaient à faire bouillir leur marmite avec des coulisses et une toile de fond représentant des arbres.

— Comment! leur dit le brave directeur, avec autant de justesse que d'indignation, comment! vous avez là un bois sous la main et vous voulez brûler ma forêt?.. — A ces paroles fermes et inattendues, la forêt tomba des mains des Cosaques et le Ranelagh fut sauvé.

Toute plaisanterie à part, si chaque Français d'alors en avait fait autant, la France serait demeurée saine et sauve.

Je n'ai rien à vous dire des promeneurs qui choisissent les coins mystérieux du parc royal de Boulogne, pour venir se pendre ou se brûler la cervelle; ce serait assombrir la fin de notre promenade. Je retrouve bien, en passant devant Beau-Séjour, tout un volume de souvenirs; mais il ne m'est accordé qu'une feuille d'impression : d'ailleurs, il est difficile d'intéresser les autres avec des souvenirs intimes. Un adieu à notre bon

Brazier, que je crois entendre encore fredonnant un gai refrain sur cette verte pelouse, et puis grimpons dans la voiture de Passy!

J'aurai laissé sur ma gauche, en revenant par la rue de Rivoli, feu le jardin des Capucines, dont on a parlé, et les boulevarts si vivants dont on parlera. Une autre plume que la mienne est chargée de retracer cette énorme voie où tout Paris a passé, où tout Paris passe, où tout Paris passera.

Ouf! je suis au Palais-Royal, devant le café de Foy; je m'assieds, je m'endors, comme a pu le faire tout lecteur qui vient de me lire, et voici le rêve que je fais :

Un vitrage immense, soutenu par des milliers de colonnettes de fer, couvre toute la surface du jardin, à partir de la hauteur du balcon qui règne tout autour, et des calorifères souterrains répandent dans les allées et sous les galeries la douce haleine du printemps. Notez qu'on est à la fin de décembre; dans la rue, dix degrés de froid; dans le jardin, vingt degrés de chaleur. La Seine est prise depuis deux jours; ici, voyez les poissons rouges! là-haut, il neige; en bas, les arbres sont toujours verts, toutes les fleurs sont en fleur, les citronniers ont des citrons, les orangers ont des oranges; on les achète sur pied. A chaque entrée, des portes à deux battants, avec des bourrelets. Au perron, un vestiaire, où l'on dépose en arrivant les pelisses et les manteaux; le pantalon blanc et la robe de barrège sont de rigueur. Les locataires du Palais-Royal n'ont plus besoin de faire du feu; il leur suffit, pour se chauffer, d'ouvrir la fenêtre; et voilà que nous sommes en janvier, et l'ingénieur Chevalier descend toujours. Ici, l'on étouffe; si cela continue, il faudra donner de l'air au jardin....

Et là-dessus, je m'éveille en grelottant; par l'été qui court, le besoin d'un jardin d'hiver se fait généralement sentir. Pourquoi ne nous donnerions-nous pas cette petite douceur, à l'instar de Saint-Pétersbourg? — Cela coûterait trop cher. — Pas tant que les fortifications. Ne doit-on pas, dans cent ans, parqueter et frotter les boulevarts? Eh! mon Dieu, *nous verrons* tout cela. Tivoli, Beaujon, Frascati, ne sont plus. Nous n'avons plus de jardins d'été; ayons au moins un jardin d'hiver. Si les marchands du Palais-Royal entendaient un peu leurs intérêts, ils se cotiseraient, à l'instant, pour faire les fonds de mon idée; ce serait le seul moyen décent de rendre à ce point central du globe toute sa vogue et tout son éclat; autrement, dans un temps donné, le Palais-Royal passera à l'état de Place-Royale.

Si mon rêve se réalise, la chanson n'osera plus dire :

« La plus belle promenade
« Est de Paris à Saint-Cloud. »

« Frédéric de Courcy. »

RUE ET QUARTIER DE LA SORBONNE.

Il y a des noms qui sont doués, comme certaines formules de la démonologie antique, du mystérieux pouvoir d'ouvrir les tombeaux, d'évoquer les ombres et de reconstituer, pierre à pierre et homme à homme, les sociétés et les monuments couchés dans la poussière des siècles.

Ces noms sont autant de légendes; ils résument de la manière la plus pittoresque, la plus énergique, les mœurs, les opinions, les événements du passé; ils se sont pour ainsi dire identifiés avec les hommes et les choses qu'ils rappellent; ils sont devenus hommes et choses eux-mêmes.

Pour nous borner à un exemple, ne suffit-il pas de prononcer le nom de la Sorbonne pour que mille souvenirs, comme éveillés par un appel magique, surgissent aussitôt dans notre esprit bruyants, tumultueux, pleins d'animation et de vie; pour que nous voyions se presser, se heurter en foule sous nos yeux, ces représentants d'un autre âge, cette population innombrable de clercs, de bacheliers, de docteurs, de casuistes, pédants de toute espèce, de tout âge, de toute nation, cohue bariolée de mille couleurs, débraillée et fourrée d'hermine, grave et tapageuse, tachée d'encre et de vin, avide de science, et, la leçon finie, se ruant au cabaret pêle-mêle avec les truands et les filles de joie? N'entendez-vous pas les cris de l'école, les disputes sur la logique et les catégories d'Aristote, les anathèmes lancés contre les appelants de la bulle *Unigenitus*, les censures prononcées contre les Lettres Provinciales et Bélisaire? N'assistez-vous pas à l'exhumation complète d'une époque passée sans retour, et cela naturellement, sans effort, presque malgré vous? Vous est-il possible de séparer le mot de la chose, l'idée du fait?

Tant que vous verrez gravé à l'angle d'une rue un nom aussi significatif que celui de la Sorbonne, ne craignez pas de voir périr le souvenir des événements qui se rattachent à ce nom. En vain les habitudes, les mœurs, les industries modernes, tenteront l'invasion de cette rue; en vain vous la sillonnerez d'omnibus, vous la criblerez de cafés, vous la constellerez de becs de gaz, vous ne parviendrez jamais à lui ôter son caractère originel, car le nom qu'elle porte est sa sauve-garde, car le passé est le bouclier du présent. Oui, jusqu'à ce que vous ayez remplacé son nom historique par le nom banal de quelque préfet ou de quelque agent de la grande voirie, la rue de la Sorbonne restera ce qu'elle a été, le quartier-général, le saint des saints des écoles.

Cette rue, qui commence à celle des Mathurins, en face de l'hôtel Cluny, et qui aboutit à la place de la Sorbonne, n'a d'autre histoire que celle de la Sorbonne elle-même; et la Sorbonne étant, comme nous l'avons dit, le noyau, le cœur, la capitale d'un empire qui avait ses mœurs, ses lois, sa milice, ses tribunaux particuliers, il suit que cet empire entier est notre domaine légitime, et que nous avons le droit incontestable de l'explorer dans toute son étendue. La rue de la Sorbonne sera donc l'observatoire d'où notre œil rayonnera sur les régions environnantes, d'où nous recueillerons tous les faits du même ordre qui doivent entrer dans la composition de notre tableau. Notre cadre embrassera tout l'espace compris entre la rue des Mathurins, la rue de la Harpe, la rue des Grés et la rue Saint-Jacques.

Il n'est pas nécessaire d'avoir creusé et étudié à fond l'histoire du vieux Paris, pour savoir que la plupart des colléges, écoles et asiles de l'ancienne Université étaient renfermés dans cet étroit espace. Beaucoup de ces monuments ont disparu, mais il en reste encore assez pour donner à l'ensemble du quartier une physionomie singulièrement originale. Ces maisons hautes, étroites, pignonnées, trouées de petites fenêtres, qui se heurtent, se coudoient et grimpent les unes sur les autres, sans ordre, sans symétrie, sont les colléges de Seez, de Narbonne, de Bayeux, de Justice. Quel est cet hôtel garni qui empiète audacieusement sur la voie publique pour mieux faire admirer ses persiennes feuille-morte et son fringant badigeon jaune? C'est le collége de Dainville, fondé avec les deniers prélevés sur les halles et marchés de la ville de Rouen. Voyez-

vous cette fenêtre toute couverte de liserons et de capucines qu'arrose en riant une jolie grisette? C'est de là que fut précipité, sur le pavé, le corps sanglant de Pierre Ramus.

Regardez cette maison noire et crevassée qui bourdonne comme une ruche d'abeilles et d'où s'échappent par instants de folles clameurs et d'épaisses colonnes de fumée de tabac : c'est le gothique collége des Cholets où Buridan, sauvé des eaux comme Moïse, soutint, un jour durant, qu'il est licite de tuer une reine de France. Vous le voyez, pas une pierre, pas une ruine de ce vieux quartier qui ne soit une relique précieuse de l'Université de Paris, la fille aînée des rois de France.

Je me trompe pourtant, on voit encore dans la rue des Mathurins les restes de deux monuments étrangers à l'Université, le couvent des Pères de la Merci et l'abbaye de Cluny : nous commencerons par l'histoire de ces deux maisons pour que rien ne vienne plus nous distraire de la partie capitale de notre sujet.

COUVENT DES PÈRES DE LA MERCI.

A quelques lieues de la ville de Digne, en Provence, s'élève une montagne percée de quelques grottes naturelles, où, à une époque bien éloignée de nous, de pieux solitaires venaient chercher un refuge contre le bruit et les distractions du monde. Par une belle et chaude soirée d'été de l'année 1196, un vénérable habitant de cette obscure Thébaïde était agenouillé au milieu d'un petit bois de mélèzes ; la terre fraîchement remuée et ramassée en tertre sous les genoux du vieillard, une croix de bois grossièrement façonnée, et plus encore une bêche jetée non loin de là sur le gazon, indiquaient qu'une scène douloureuse venait de s'accomplir, et que la voix humaine qui se mêlait aux vagues murmures du désert était en même temps une prière et un adieu. Lorsque le solitaire se releva, il aperçut à quelques pas devant lui, debout et appuyé sur un long bourdon de pèlerin un étranger qui semblait le contempler avec un religieux intérêt. L'étranger rompit le premier le silence.

— Mon frère, dit-il, vous venez de remplir avec courage un cruel devoir ; à en juger par les larmes qui coulent de vos yeux, celui qui dort maintenant dans cette tombe était un ami cher à votre cœur ?

— Vous dites vrai, mon frère, répondit le solitaire ; je viens de confier à la terre la dépouille mortelle de l'homme que j'ai le plus aimé. Le premier de nous deux, Fiacre, a obtenu le pardon de ses fautes.

— Mon frère, reprit le pèlerin avec émotion, pardonnez à la curiosité d'un étranger, mais je crois avoir déjà entendu votre voix ; maintenant même que je vous examine avec plus d'attention, votre visage ne me paraît pas inconnu.

— Devant Dieu je me nomme le père Félix, répondit le solitaire, mais il y a vingt ans, les hommes me nommaient Hugues de Valois.

— Quoi ! s'écria le pèlerin, êtes-vous réellement Hugues de Valois, le fils de Raoul le Vaillant et d'Aliénor de Champagne, le petit-fils d'Hugues de France, comte de Valois et de Vermandois, le noble rejeton du roi Henri Ier du nom ?

— Il fut un temps, répondit le solitaire avec un sourire mélancolique, où ma vanité s'enivrait du bruit de ces titres ; mais voyez ces sandales d'écorce et cette robe de bure, et jugez, mon frère, de l'impression que peuvent produire sur mon cœur toutes ces pompes de l'orgueil humain. Mais vous, quel motif vous a engagé à prendre le bâton de pèlerin et à vous éloigner pour longtemps peut-être de votre famille, de vos amis ?

— Je n'ai ni famille ni amis, répondit l'étranger ; je suis un pauvre solitaire comme vous ; depuis de longues années je vivais aussi priant

Dieu et travaillant de mes mains dans un désert traversé par la rivière de Marne ; mais des gens de guerre se sont emparés de mon ermitage, et comme j'avais entendu parler de cette sainte montagne, je me suis décidé à venir y chercher l'oubli du monde et la paix du cœur. Je me nomme Jean de la Mathe ; ce nom n'est pas aussi éclatant que le vôtre, mais je dois moins attendre de la miséricorde de Dieu, puisque je ne puis lui offrir, comme vous, le sacrifice des honneurs et des biens de la terre.

Le père Félix réfléchit un moment, puis lui prenant la main :

— Frère Jean de la Mathe, lui dit-il, puisque Dieu vous a inspiré la pensée de venir habiter cette montagne dans le même temps qu'il rappelait à lui le compagnon de ma solitude, il est juste de croire qu'il vous a choisi pour remplacer l'ami que j'ai perdu. Je ne puis vous offrir que ma pauvreté, mais nous prierons, nous travaillerons ensemble.

Une heure ne s'était pas écoulée depuis cette rencontre, que Jean de la Mathe était installé dans la grotte du père Félix ; les deux solitaires avaient les mêmes goûts, la même simplicité de cœur, la même piété, et ils auraient passé toute leur vie dans cette retraite si la volonté de Dieu, manifestée par des miracles, ne les en eût fait sortir. Un jour, Félix et Jean de la Mathe venaient de faire leur prière accoutumée sur la tombe

de saint Fiacre, lorsqu'ils aperçurent, arrêté à quelques pas devant eux, un cerf blanc dont le front était surmonté d'une croix moitié bleue et moitié couleur de pourpre. Les deux anachorètes, saisis de frayeur, se signèrent en se serrant instinctivement l'un contre l'autre. Au bout de quelques instants le cerf s'éloigna lentement en se retournant de temps à autre, et alors il fixait sur les deux vieillards des regards d'une douceur inexprimable, et il baissait doucement la tête comme pour mieux leur faire remarquer l'emblême mystérieux qu'il portait.

Lorsque cette vision eut complètement disparu, Félix saisit la main de Jean de la Mathe, et d'une voix tremblante d'émotion :

— Mon frère, lui dit-il, si Dieu vous a accordé le don d'expliquer les prodiges, faites-moi connaître le sens de celui-ci, car mon cœur est rempli de surprise et de crainte.

— Je suis encore plus troublé que vous, répondit Jean de la Mathe, car ce n'est pas la première fois que ce miracle se manifeste à mes yeux. Le jour que je dis ma première messe, pendant l'élévation de l'hostie, un ange m'apparut; il était vêtu d'une tunique blanche, et sur sa poitrine brillait une croix semblable à celle que nous venons de voir sur la tête de ce cerf; à sa droite était un esclave maure, à sa gauche un esclave chrétien. Or, voici ce qui arriva : l'ange fit passer le maure à sa gauche et le chrétien à sa droite; tout-à-coup les fers des deux esclaves se brisèrent et tout disparut. Longtemps je cherchai la signification de ce prodige, mais je n'ai pu la trouver.

Le père Félix se recueillit un moment :

— Frère Jean, dit-il ensuite, Dieu vous destine et veut m'associer à l'accomplissement d'un glorieux dessein, cela n'est pas douteux. Mais ce dessein, quel est-il? je ne connais qu'un homme au monde qui puisse nous le révéler. Partons demain pour Rome, et nous raconterons à notre saint père le Pape les merveilles dont nous avons été témoins.

Le lendemain, Jean de la Mathe et Félix de Valois se mirent en chemin; un mois après, ils arrivèrent à Rome.

Le pape Innocent III accueillit avec distinction les deux solitaires, et, après les avoir entendus en audience publique, il ordonna un grand jubilé pour supplier l'Esprit saint de l'éclairer de sa sagesse divine. Quelques jours après cette solennité, le souverain pontife fit appeler les pères Jean et Félix, et leur parla ainsi en présence de tous les dignitaires de l'Église.

« Au nom de la très-sainte Trinité, voici ce que j'ai à vous dire :

« Dieu, mes fils, a daigné exaucer nos prières et m'expliquer le sens des miracles que vous avez vus. Frères Jean et Félix, vous avez été choisis pour fonder un ordre religieux, dont la mission sera de solliciter par toute la terre la charité des fidèles, afin de payer aux idolâtres la rançon des pauvres esclaves chrétiens. Pour perpétuer le souvenir du prodige par lequel s'est déclarée la volonté de Dieu, vous vous vêtirez de blanc et vous porterez sur la poitrine une croix mi-partie rouge et bleue ; vous vous nommerez les Frères de la Rédemption des Captifs ; allez en paix, mes fils, et Dieu nous pardonne à tous nos péchés ! »

Telle fut l'origine de l'ordre des Frères de la Rédemption ou de la Merci. Jean de la Mathe et Félix de Valois ayant quitté Rome, vinrent à Cerfroid en Brie et y fondèrent le premier monastère de leur ordre ; quelque temps après ils obtinrent, par lettres-patentes, la propriété de l'aumônerie de Saint-Benoît, située rue des Thermes, et vinrent s'y établir. Dans cette aumônerie était une petite chapelle où reposait le corps de saint Mathurin. Le nom du saint devint bientôt celui de la rue et des religieux qui l'habitaient.

Les philosophes du siècle dernier ont éloquemment attaqué l'institution des ordres monastiques, et ils ont sagement fait, car toute institution qui tend à isoler les hommes, est un abus et un principe de ruine ; mais, s'il eût été possible d'établir des distinctions entre les communautés de toute espèce, de toute règle, de toute couleur, qui pullulaient alors sur le sol de la France, assurément les frères de la Merci méritaient d'être exceptés de la proscription générale. N'était-ce pas en effet un touchant spectacle que de voir ces pauvres frères s'en allant prêchant par le monde et sollicitant, au nom de Jésus le divin Rédempteur, l'aumône de tous, humbles ou puissants, pauvres ou riches, non pour acheter le champ du voisin, ou pour dorer la chapelle du couvent, comme les autres ordres mendiants, mais pour rendre un époux et un père à la famille du soldat, du matelot pris sur les galères du roi par les corsaires barbaresques ! — Puis, quand la récolte avait été abondante, quand le tribut levé par la charité sur la pitié de tous les peuples chrétiens avait atteint le chiffre exigé, que d'acclamations, que de vœux ardents devaient saluer le départ du navire qui allait porter aux malheureux enchaînés sur une terre inhospitalière l'espoir de la patrie et toutes les joies de la liberté. Les voyez-vous ces pauvres esclaves de Tunis et de Tanger s'élancer en foule de leurs bagnes infects à la vue du vaisseau rédempteur, tomber à genoux sur le rivage, et, sans pouvoir prononcer une parole, arroser de leurs larmes les pieds des saints missionnaires qui, réalisant la vision de Jean de la Mathe, touchent leurs fers et les font tomber !

Et cependant ces religieux qui opéraient tant de merveilles étaient les plus simples et les plus modestes des hommes. Ils ne se recommandaient ni par les brillants dehors du clergé séculier au moyen-âge, ni par l'éclat de l'éloquence, ni même par la supériorité de l'instruction ; pauvres et ignorants pour la plupart, ils n'avaient pour combattre l'indifférence, ou même l'avarice des heureux dont ils venaient solliciter la compassion, d'autres armes qu'une foi ardente et un dévouement infatigable. Leur humilité même était passée en proverbe, et ils avaient reçu un de ces surnoms significatifs qui ont presque la valeur d'une définition. Comme ces religieux entreprenaient de longs voyages, et que leurs forces ne répondaient pas toujours à leur zèle, le pape leur avait permis de se servir d'ânes pour montures; d'où il arriva que le peuple, chez qui la familiarité n'exclut pas toujours l'admiration et le respect, les appelait communément les *frères aux ânes*. Ils se glorifiaient eux-mêmes de leur simplicité, et se faisaient honneur des travaux les plus serviles, comme le prouve cette épitaphe curieuse d'un de ces bons pères, nommé Mathurin Duportail.

> Cy gist le léal Mathurin
> Sans reprouche bon serviteur
> Qui céans garda pain et vin
> Et fut des portes gouverneur.
> Pannier ou hotte par honneur
> Au marché volentiers portait ;
> Très vigilant et bon sonneur
> Dieu pardon à l'ami lui soit.

On lisait encore dans l'église des Mathurins une autre épitaphe, dont nous aurons bientôt occasion de parler; église et tombeaux ont disparu; il ne reste du couvent des frères de la Merci que les dépendances, qui sont aujourd'hui des propriétés particulières.

HÔTEL CLUNY.

En sortant du couvent des Mathurins, nous entrons immédiatement dans l'hôtel Cluny.

Précieuse relique du passé, échappée aux sauvages mutilations du vandalisme moderne, l'hôtel de Cluny est situé en face de la rue de la Sorbonne et adossé aux Thermes, qui dépendaient du palais de l'empereur Julien; ce *fac-simile* du style du moyen-âge, ce merveilleux échantillon de l'art au XVe siècle, s'est conservé jusqu'à nos jours aussi intact que s'il sortait d'un musée.

Cet édifice résume en lui seul trois âges de l'architecture ; romain par la base, élevé et décoré en partie par les dernières inspirations de l'art gothique, il a été terminé sous la gracieuse influence du style de la renaissance. L'édifice tout entier repose sur des fondements pétris de ce ciment qui a survécu au peuple-roi et a conquis, lui aussi, à juste titre, l'ambitieux surnom d'éternel, masse agatifiée de six ou huit mètres d'épaisseur, qui rappelle les monuments égyptiens taillés d'un seul bloc dans les immenses carrières de la chaîne lybique. C'est sur ce rocher, image du stoïcisme antique personnifié dans l'empereur Julien, son fondateur, que le moine, l'artiste, le poète catholique a brodé et découpé les capricieuses fantaisies, les inspirations célestes de la pensée, fière d'avoir enfin trouvé son symbole ; le caractère des arts à cette époque se trouve heureusement formulé par cette expression de madame de Staël, en parlant d'une vieille basilique : c'est, dit-elle, la prière fixée ; certes il serait difficile d'accuser d'une manière à la fois plus exacte et plus poétique la tendance des hommes d'alors à traduire le *sursum corda* que le prêtre prononce avant de chanter la préface, pour engager les fidèles à élever leurs cœurs vers Dieu.

Le voisinage du collége de Cluny, situé sur la place de la Sorbonne, en face de la rue Coupe-Gueule, et dont l'église a longtemps servi d'atelier au peintre David, détermina les abbés de Cluny à choisir l'emplacement du palais des Thermes pour y fixer leur résidence. C'est de cette église pittoresque que Germain Brice a écrit : « A main droite de la place de la Sorbonne est la chapelle du collége de Cluny, qui procure quelque sorte de décoration, quoiqu'elle soit gothique, en disposant les yeux à remarquer la différence grossière et rustique de bâtir des siècles passés d'avec la manière correcte et étudiée de ces derniers temps. »

L'hôtel Cluny, dans lequel ce même Germain Brice ne trouvait rien de remarquable que sa solidité, a servi tour-à-tour de résidence à des princes, à des ministres du saint-siège, à des comédiens, à des religieuses ; la section de Marat y tint ses séances en 93. Son dernier hôte fut M. Dusommerard ; depuis dix ans cet antiquaire intelligent et infatigable y a accumulé tous les objets d'art qu'il a pu recueillir. Le gouvernement, jaloux de conserver et de compléter ce musée, vient d'en faire l'acquisition, moyennant 500 et quelques mille francs qu'il a obtenus du vote des deux chambres. Lorsque nous nous y sommes présentés, l'entrée en était fermée à tout ce qui n'était ni député ni pair de France. Nous, qui ne sommes pas même électeur, nous n'avons qu'à grand renfort de salutations obtenu d'une dame vêtue de noir, et qu'à tout hasard nous avons jugée être la veuve du propriétaire, la permission de visiter l'hôtel en compagnie du valet de chambre, qui nous a servi de cicerone. Il est impossible, avec les idées étroites qu'on se forme d'une collection créée par les soins et les deniers d'un simple particulier, d'imaginer les richesses du musée Dusommerard. Meubles, bronzes, marbres, armes, bijoux, étoffes, tableaux, manuscrits, vitraux, porcelaines, émaux, faïences, tout le moyen-âge est là pêle mêle, en dépit de l'ordre qu'on a voulu y introduire : ainsi, dans une chambre dite de François Ier, nous avons remarqué à côté de l'épée du vainqueur de Marignan et des éperons qu'il portait à la bataille de Pavie, les quenouilles de la reine Blanche et ses fuseaux. Une de ces quenouilles surtout est sculptée avec une délicatesse exquise ; ce n'est qu'à l'aide de la loupe qu'on peut en admirer tous les détails ; le clou de Jaël, la cruche de Rébecca, les ciseaux de Dalilah, le sabre de Judith, et d'autres signes encore y sont ingénieusement reproduits et composent une espèce de trophée en l'honneur des Juives illustres.

Comme nous, lectrice, vous n'auriez pu résister au désir de vous pencher sur le miroir de Marie de Médicis, et si les groupes d'amour sculptés sur le cadre d'or vous eussent inspiré quelque pensée profane, la Vierge et les saints, qui tournent le dos à ces petits Cupidons, vous auraient rappelée bien vite à des idées plus sévères.

Nous recommandons aux disciples de Philidor l'échiquier du roi saint Louis, dont les cases et les pièces sont en cristal de roche et montées en argent doré. La bordure d'encadrement est creuse et renferme de petites figurines en bois sculpté représentant des tournois ; sous le parquetage sont des fleurs en argent découpées et dorées ; le dessous et le pourtour extérieur sont couverts d'appliques en argent repoussé. Cet échiquier, précieux à cause de sa date et de son bel état de conservation, doit être un ouvrage allemand du XVe siècle. Il est décrit dans l'inventaire des diamants de la couronne, imprimé en 1791, par ordre de l'Assemblée constituante, et il est mentionné comme ayant été donné au roi par *le Vieux Lamontagne*. Les commissaires sans-culotte chargés de procéder à l'inventaire auront cru, dans leur ignorance, devoir sacrifier la particule du Vieux de la Montagne aux principes d'égalité dont ils étaient les apôtres si intelligents.

Ce jeu a été apporté aux Tuileries sous la Restauration ; une de ses pièces fut égarée, et alors Louis XVIII en fit don à son valet de chambre, M. le baron de Ville-d'Avray, qui le vendit 1,200 francs à M. Dusommerard.

Dans la salle à manger, sur de magnifiques buffets ou dressoirs richement sculptés, on admire de belles faïences de Flandre et d'Italie, et de magnifiques plats ronds représentant des sujets mythologiques ou peuplés en relief d'écrevisses, de coquillages, de poissons et d'herbes marines. Ces poteries sont tout simplement de Bernard de Palizzi, ce grand artiste dont le génie persévérant lutta contre la matière rebelle, jusqu'au jour où, pour faire sa dernière expérience, il fut réduit à chauffer son four des débris de son mobilier. Cela ne vous rappelle-t-il pas l'héroïque action de Guillaume-le-Bâtard, brûlant sa flotte sur les côtes d'Angleterre et criant à ses compagnons : « Nous vaincrons ou nous mourrons ici. »

Au milieu des lutrins, des mitres, des crosses, des châsses, des chasubles, des coffres, des stalles, des chappiers, des prie-dieu, objets tirés en grande partie des villes relevant de l'ancien duché de Bretagne, nous avons remarqué une cordelière d'Anne, fille du dernier duc. Cette princesse avait institué pour les dames de sa cour, en l'honneur, dit-on, des cordes de la Passion et du cordon de saint François d'Assise, patron du duc son père, l'ordre de la Cordelière, qu'on n'obtenait qu'à des conditions de vertu très-difficiles à remplir, à la cour surtout. Mezerai accorde à cet insigne la vertu d'éteindre *les flammes de l'impureté.* Ce cordon, que nos femmes portent aujourd'hui encore au théâtre et à la ville, n'éteint plus rien. Nous n'en finirions pas si, au risque d'ennuyer nos lecteurs, comme un catalogue, nous entreprenions de décrire toutes les richesses que contient cette précieuse collection. Du reste, l'hôtel Cluny va devenir un musée public, et chacun pourra inventorier à son aise les objets d'art que nous-même nous n'avons vus qu'imparfaitement, talonnés que nous étions par notre cicerone et par la maîtresse du logis, dont la défiance un peu brutalement exprimée aurait pu nous formaliser.

SORBONNE.

Ce collége fut fondé vers l'an 1250, par Robert de Sorbonne, chapelain du roi saint Louis, originaire d'un village du Rethelois, dont il prit le nom, suivant l'usage du temps. Saint Louis de son côté agrandit cet établissement de trois maisons situées rue Coupe-Gueule, et donna à chacun des écoliers qui l'habitaient un ou deux sous par semaine pour les aider à vivre. Cependant les bâtiments menaçaient ruine depuis longtemps, lorsque le cardinal de Richelieu résolut de les reconstruire sur un plan plus vaste et plus magnifique. Le nouveau collége fut commencé le 4 juin 1629, en présence de l'archevêque de Rouen, et le 15 mai 1635 le cardinal posa lui-même la première pierre de l'église, qui fut construite sur les dessins de Jacques Lemercier, un des plus habiles architectes de l'époque. C'est dans cette église qu'on voit le tombeau du cardinal de Richelieu, exécuté par le fameux sculpteur Girardon. C'est à la vue de ce tombeau que mademoiselle de Thou, dont le cardinal-ministre avait fait décapiter le frère, dit, en parodiant avec amertume, les paroles dont Marthe salua Jésus après la mort de Lazare : *Domine, si, fuisses hic, frater meus non esset mortuus.* A soixante ans de là, le czar Pierre, à genoux devant le même tombeau, s'écriait : « O grand homme ! je t'aurais donné la moitié de mes états pour apprendre de toi à gouverner l'autre... »

La maison de Sorbonne, qui devint par la suite le siége de la faculté de théologie, n'était dans l'origine qu'un collége fondé comme les autres pour servir d'hospice à de pauvres écoliers qui suivaient les leçons des écoles publiques de l'Université.

Une opinion assez accréditée de nos jours fait honneur à Charlemagne de la fondation de l'Université de Paris. C'est une erreur : Charlemagne, il est vrai, s'efforça pendant toute la durée de son glorieux règne de faire fleurir dans ses Etats les sciences et les lettres ; il couvrit de sa protection éclairée les écoles naissantes d'Aix-la-Chapelle, de Tours, de Châlons ; mais il n'y avait pas alors une seule école publique à Paris. Les premiers professeurs qui vinrent y enseigner furent deux moines de Saint-Germain d'Auxerre, nommés Remi et Hucbald de Saint-Amand, qui ouvrirent, en l'année 908, près d'un siècle après la mort de Charlemagne, un cours de dialectique et de théologie ; ces deux maîtres ayant réuni autour d'eux un certain nombre de disciples, d'autres professeurs vinrent se fixer à Paris et y obtinrent un succès immense. Les noms de Guillaume de Champeaux, d'Abailard, de Robert de Melun, de Joscelin, de Pierre Lombard, devinrent européens, et la gloire de ces savants maîtres attira dans la ville une telle affluence d'étudiants de toutes les nations, que leur nombre, au dire des chroniqueurs, dépassait quelquefois celui des habitants, et qu'ils étaient obligés de bivouaquer dans la campagne, faute de maisons pour se loger. Les maîtres eux-mêmes faisaient souvent leurs leçons en plein air. Abailard, qui était toujours suivi de trois ou quatre mille disciples, établissait son camp, comme il le disait lui-même, sur le sommet de la montagne Sainte-Geneviève ou au milieu du Pré-aux-Clercs.

C'est à cette époque que Jean Scot introduisit et vulgarisa en France la philosophie d'Aristote. L'enthousiasme qui s'empara des écoles à la lecture des écrits du philosophe grec tenait de la frénésie et du délire ; ce fut comme une seconde révélation ; on ne jurait que par Aristote : *Le maître l'a dit*, voilà quel était le dernier argument, l'*ultima ratio* des controversistes.

Les opinions du maître, même les plus erronées, même les plus bizarres, étaient considérées comme autant d'articles de foi. On rapporte à ce sujet qu'un moine qui cherchait, à l'aide de son lexique, la signification de ce passage : ὁ νοῦς ἔστιν αὐλος (l'âme est immatérielle), ayant trouvé que αὐλὸς signifiait flûte, composa dans un exercice académique quinze arguments, tout au moins, pour prouver que l'âme est un sifflet. Et ce ne fut pas là une mode d'un jour : huit siècles durant, le livre d'Aristote fut regardé comme l'arche sainte à laquelle on ne pouvait toucher sans sacrilége ; on sait que le savant et malheureux Ramus fut assassiné pour avoir soutenu publiquement « *que tout ce qu'Aristote a enseigné n'est que fausseté et chimère* ; » mais ce qui passe toute croyance, c'est que le parlement de Paris, le parlement de Louis XIV, dans le siècle de Pascal, de Corneille, de Molière, s'assembla un jour, toutes chambres réunies, à la requête de la Sorbonne, et condamna au bannissement trois chimistes nommés Bitaut, de Claves et Villon, qui avaient soutenu des thèses contre Aristote, et prononça gravement la peine de mort contre quiconque oserait à l'avenir attaquer les doctrines du philosophe grec.

Ce qu'il y avait de plus singulier dans cet engouement, c'est que les plus fougueux champions d'Aristote ne le comprenaient pas, et qu'on l'admirait généralement sur parole : on avait, il est vrai, adopté sa méthode de raisonnement parce qu'elle se prête merveilleusement à l'analyse, et que, comme un arsenal neutre, elle peut fournir des armes aux combattants de tous les partis ; mais au fond rien ne ressemblait moins aux spéculations élevées de la philosophie antique que les disputes des dialecticiens du moyen-âge ; rien de puéril, d'extravagant, de bizarre, comme les thèses qu'on soutenait dans les écoles. Pour ne citer qu'un exemple, on examinait consciencieusement, sans rire, si Jésus-Christ est nu ou habillé dans l'eucharistie. Chaque argument affirmatif était noté par un pois chiche, chaque argument négatif par une fève, et la question était résolue par oui ou par non, selon que le nombre des pois l'emportait sur celui des fèves, et réciproquement.

L'abus de l'argumentation scolastique, joint à la futilité des objets en discussion, n'était pas le seul vice qui se remarquât alors dans l'enseignement comme dans le principe : on n'exigeait des maîtres aucune preuve, aucune garantie de capacité ; de ce que le premier venu pouvait, si bon lui semblait, ouvrir une école, il arriva qu'une foule de prétendus savants se mirent à enseigner des matières dont ils ne possédaient pas les premières notions, et que la plupart des classes devinrent autant de tours de Babel, où maîtres et disciples parlaient, péroraient, disputaient des journées entières sans s'écouter et sans se comprendre. On finit par sentir la nécessité d'imprimer une direction uniforme aux études et de centraliser l'enseignement ; vers le milieu du XIIIe siècle, les maîtres se réunirent et décidèrent qu'à l'avenir, nul ne pourrait professer s'il n'était pourvu des diplômes de bachelier, de licencié, de docteur ; et, pour pouvoir exercer sur les écoliers un contrôle plus actif, on les divisa en quatre nations sous les dénominations de France, d'Angleterre, de Normandie et de Picardie ; c'est alors que, pour la première fois, la réunion de toutes les branches d'études ou facultés fut désignée sous le nom d'Université. Mais l'Université, en s'organisant hiérarchiquement, voulut aussi se constituer comme corporation civile, et elle obtint du pouvoir royal des franchises particulières, qui devaient par la suite lui procurer une influence redoutable à la couronne elle-même ; entre autres privilèges, les clercs ou étudiants étaient affranchis de la juridiction ordinaire, et en toute circonstance ils devaient être jugés d'après le droit canon par le tribunal ecclésiastique du lieu où ils faisaient leurs études.

On comprend de quelle puissance était armée, dans une ville du moyen-âge à peu près dépourvue de lois et de réglements de police, une population de cent mille jeunes gens ne formant qu'un seul corps, ayant les mêmes occupations, les mêmes goûts, les mêmes habitudes, indépendants par caractère et par position, ardents, passionnés, impatients de toute autorité et naturellement ennemis des bourgeois qui avaient bon feu, bon lit, bonne table, bon pourpoint de surcot de laine, tandis qu'eux, les clercs, les lettrés, réduits pour la plupart aux deux sous par semaine du roi saint Louis, s'en allaient mendiants par les rues, en compagnie des francs-mitous, des cagous et des bohêmes, buvaient du vin frelaté quand le tavernier faisait crédit et se chauffaient en hiver quand luisait le soleil.

C'était, en vérité, une singulière institution que l'Université de Paris au moyen-âge! n'est-il pas bizarre de voir ce vaste corps d'où sortirent tant de personnages recommandables tout ensemble par leur savoir, leurs vertus, leur piété, ce corps qui donna à la France ses ministres les plus capables, à l'Église ses prélats les plus illustres, composé d'une cohue inouïe de joyeux pauvres diables sans chausses le plus souvent et le ventre creux, mais portant fièrement la dague malgré les ordonnances, bons compagnons, mais toujours prêts à dégaîner, disputant à l'école sur les propriétés hygiéniques du vin de Brie, mais en revanche ergotant au cabaret sur les catégories d'Aristote. Quant au reste, il n'en faut point parler; les fredaines des étudiants de nos jours, les abominations du Prado et de la Grande Chaumière, ne sont qu'un pâle reflet des bruyantes orgies du Pré-aux-Clercs, orgies de toutes les heures, orgies de jour et de nuit, accessibles seulement aux initiés, aux clercs, et où n'aurait osé se risquer quiconque n'eût pu se faire reconnaître par quelque mystérieux *shiboleth*.

Qu'on s'étonne à présent que, lorsque les écoles venaient à vaquer, lorsque la rue de la Harpe et la rue Saint-Jacques, comme d'inépuisables

vomitoires, jetaient tout-à-coup sur les quais des nuées d'écoliers, affamés, armés jusqu'aux dents et désœuvrés, qui pis est, les bourgeois rentrassent chez eux et fermassent leurs boutiques comme dans une calamité publique ; et ce n'était pas là un événement rare : toutes les fois qu'un clerc se passait la fantaisie de rosser un sergent du Châtelet et que celui-ci avait l'audace de rendre, d'après la jurisprudence du talion, horion pour horion, œil pour œil, dent pour dent, l'écolier, qui connaissait ses classiques et qui savait quelle émotion populaire avait excitée ce débiteur romain étalant les plaies de son dos au milieu du Forum, se mettait à parcourir les écoles depuis la rue du Fouarre jusqu'au sommet de la montagne Sainte-Geneviève, faisant montre de sa souquenille délabrée, poussant le cri de guerre et recrutant en moins d'une heure une armée de dix mille hommes. Malheur alors aux archers qui se trouvaient sur le passage de l'émeute ; en un clin d'œil, si nombreux, si braves qu'ils fussent, ils étaient entourés, démontés, foulés aux pieds et jetés à la rivière, le tout pour la plus grande gloire de l'Université et d'Aristote. Ces excès se renouvelaient chaque jour, en plein soleil, au cœur de Paris ; et si par hasard il se trouvait un prévôt moins patient que ses devanciers, qui fît conduire au Châtelet quelques-uns des perturbateurs, oh ! alors ce n'était plus une émeute, mais une insurrection générale, une guerre sainte, avec son manifeste, son drapeau et ses chefs ; l'Université tout entière, clercs et docteurs, disciples et maîtres, s'ébranlait comme un seul homme ; les cours étaient suspendus, les écoles fermées, et le recteur, suivi d'une respectable escorte, allait humblement signifier au roi que, si dans les vingt-quatre heures on ne faisait pas droit à ses justes griefs, « la fille aînée » du trône, persécutée dans son honneur, abandonnerait Paris, cette ville » d'iniquité, et s'en irait comme une brebis errante chercher ailleurs un » asile. »

Le roi, qui savait que sa fille aînée, toute brebis qu'elle était, ne se ferait pas faute d'exciter des troubles dans tout le royaume, s'empressait toujours de désavouer son prévôt, et le courageux magistrat, coupable d'avoir trop bien fait son devoir, était condamné d'ordinaire à l'amende honorable, au bannissement perpétuel et à la confiscation de ses biens.

De pareils faits demandent à être appuyés par des preuves : nous choisirons un exemple entre mille.

C'était au mois d'octobre de l'année 1407, sous le règne de Charles IV ; dans la salle basse et enfumée d'une taverne qui s'ouvrait à l'angle formée par la rencontre des rues des Mathurins et de la Sorbonne, était réunie une foule inaccoutumée de clercs et de bacheliers ; mais, contre l'usage du lieu, le silence le plus profond régnait dans l'assemblée ; les pots de vin et de cervoise restaient remplis sur les tables, et les écoliers se regardaient avec inquiétude comme si tous avaient quelque chose à dire et que personne n'osât commencer.

Tout-à-coup une voix éclatante s'écria du coin le plus obscur de la salle.

Los et honneur à l'Université! Mort au sire de Tignouville! à sac le Châtelet et la prévôté!

Ces quelques paroles produisirent dans la taverne l'effet d'une commotion électrique. Une sourde et vaste rumeur s'éleva dans l'assemblée, et un grondement lugubre courut le long des voûtes surbaissées de la salle.

Alors on vit s'élancer au milieu des tables un personnage de haute taille et d'une carrure puissante. Une moustache fièrement retroussée ajoutait encore à la sévérité de son visage, et sa longue rapière, dont le baudrier se croisait sur son pourpoint de camelot noir avec le cordon plus pacifique d'un encrier de corne, dénotait suffisamment un étudiant armé en guerre.

« Par la mort-dieu! s'écria-t-il, que signifie cet air abattu, ces visages consternés? Est-ce que les Bourguignons sont entrés dans Paris? Est-ce que le roi notre sire est mort? Non pas, que je sache. De quoi s'agit-il donc? d'arracher deux écoliers aux griffes du prévôt? Et pour cela que faut-il faire? rosser quelques archers et renverser quelques potences? Est-ce la première fois que nous rappelons au sire de Tignouville le respect qu'il doit à nos priviléges? Que ceux qui ont peur se retirent: quant à moi, je déclare que, si dix d'entre vous veulent me suivre, je me charge d'aller chercher nos camarades jusqu'à Montfaucon, et de vous les ramener en triomphe.

— Ignorez-vous, Eustache Beautreillis, dit une voix, qu'à la requête du prévôt le roi a mandé des troupes de toutes les villes des environs; Philippe Bruant, que voici, a vu entrer ce matin par la porte Saint-Honoré six compagnies d'arbalétriers venant de Chartres, et Senlis nous a envoyé toute la cavalerie du comte de Brissac.

— Eh bien! si la victoire est plus disputée, s'écria Eustache Beautreillis, est-ce une raison pour laisser pendre comme des truands deux écoliers comme nous, et cela parce que, sentant leur bourse et leur ventre à sec, ils ont emprunté dans le bois de Vincennes quelques misérables écus à un riche bourgeois du faubourg Saint-Antoine?

— Non, non, s'écrièrent quelques voix dans la salle; à bas le prévôt, à bas le Châtelet!

— Oui, à bas le Châtelet! reprit Eustache Beautreillis; nous sommes clercs, et devons être jugés en cour d'Eglise. La condamnation de Bourgeois et de Dumoussel est une insulte à l'Université; aux armes, donc, camarades!

— Oui, oui, aux armes! s'écria-t-on de toutes parts.

— Un moment, dit Eustache Beautreillis, écoutez-moi, camarades; lorsque vous entendrez Dumoussel crier : « A nous, clergie! » vous vous jetterez sur les gardes! Malheur à qui fera quartier!

Quartier de la Sorbonne.

— L'exécution a lieu à une heure, s'écria Philippe Bruant. — Et il est midi, répondit Eustache Beautreillis; nous n'avons pas de temps à perdre. Camarades, à Montfaucon !

— A Montfaucon, s'écrièrent tous les écoliers en se précipitant hors de la taverne. »

Chemin faisant, cette troupe indiciplinée se grossit d'une armée entière de clercs qui, à la nouvelle du soulèvement, sortaient en foule des colléges innombrables des quartiers Saint-Benoît et Saint-André-des-Arts. Toutefois ce ne fut pas sans peine que les écoliers purent pénétrer jusqu'au lieu du supplice. Dès le matin les archers de la prévôté, les sergents du Châtelet et les troupes royales s'étaient emparés de toutes les issues, et plus d'un horion fut donné et reçu avant que les soldats, refoulés de toutes parts vers l'éminence sur laquelle se dressait le gibet, se fussent décidés à abandonner leur position et à se replier en cordon serré autour des fourches patibulaires.

Après ce premier succès, un hourra formidable s'élança du milieu des assaillants ; mais, cette démonstration accomplie, il s'établit partout un silence de mort mille fois plus menaçant que le tumulte : l'émeute attendait.

Tout-à-coup un son lugubre vibra dans les airs; des tintements sourds et monotones se succédaient lentement : c'était le glas des agonisants qui annonçait l'heure du supplice ; un immense frisson parcourut la foule, et toutes les mains se dérobèrent à la fois sous les capes et les manteaux pour serrer la garde d'une épée ou la poignée d'un lourd maillet de fer.

Bientôt un murmure mêlé de cris se fit entendre du côté du faubourg Saint-Martin, et un appareil formidable de cavalerie et d'arbalétriers déboucha sur le plateau de Montfaucon. Eustache Beautreillis, qui n'avait pas cessé de parcourir les groupes en excitant le courage des uns et en calmant la fougue des autres, s'élança sur une pierre et fixa ardemment les yeux sur une charrette entourée d'un triple rang de soldats. Tout-à-coup il pâlit.

« Malédiction ! s'écria-t-il, tout est perdu ! »

Tous les regards suivirent la direction des siens : Dumoussel et Bourgeois étaient bâillonnés.

Cet incident pouvait avoir les suites les plus funestes. En effet, qui donnerait le signal? Quelle voix imprimerait une impulsion universelle et instantanée à cette foule, dont l'ensemble seul pouvait faire la puissance? Déjà l'on se regardait avec inquiétude; les plus timides ne se voyaient pas sans une certaine terreur en face de cette lourde cavalerie de Brissac, qui avait pris part à tant de combats dans la guerre des Anglais.

Beautreillis seul, le premier moment de surprise passé, ne laissait voir sur ses traits ni crainte, ni découragement; immobile sur le bloc de pierre qui lui servait d'observatoire, il ne perdait pas un détail de la scène qui se passait sous ses yeux, et son attention paraissait surtout concentrée sur un vieux moine assis entre les condamnés, et qui leur parlait avec une vivacité peu ordinaire en pareil cas. Tout-à-coup Beautreillis se retourna vers l'écolier qui était le plus près de lui :

« Lyonnel Pernotte, lui dit-il, vous qui mangez à la gamelle de tous les couvents de la ville, connaissez-vous ce vieux moine barbu qui tient le bon Dieu comme une rapière?

— Je ne l'ai jamais vu, répondit Lyonnel.

— C'est singulier, reprit Beautreillis en fixant de nouveau les yeux sur la charrette. »

En ce moment le regard du religieux rencontra celui de l'écolier. Beautreillis tressaillit, et, montrant du doigt la charrette qui n'était plus qu'à vingt pas du gibet,

« Attention, s'écria-t-il en tirant vivement son épée. »

Alors on vit le moine s'approcher de Dumoussel comme pour l'embrasser, puis d'un coup de main il lui enleva son bâillon, et Dumoussel se redressant avec fierté, s'écria d'une voix éclatante :

« A nous, clergie! »

A ce signal, une clameur effroyable ébranla les airs; les soldats stupéfaits se replièrent en désordre autour de la charrette, tandis qu'Eustache Beautreillis s'élançant du haut de sa tribune improvisée courait sus aux archers en criant de toutes ses forces :

« En avant l'Université! à sac! à sac!

—Bayeux, en avant! par ici la Sorbonne! à moi les Grassins! » criait-on de toutes parts.

Le choc fut terrible : Beautreillis, suivi de toute sa troupe, fit une trouée au milieu des soldats; mais le flot se referma et l'engloutit avec ses compagnons.

Pendant cette lutte, les condamnés avaient atteint l'échafaud, et bientôt ils parurent sur la plate-forme, escortés d'un huissier du Châtelet et du bourreau. A cette vue, les assaillants, qui n'étaient plus animés par les cris et par l'exemple d'Eustache Beautreillis, commencèrent à reculer; une vigoureuse charge de cavalerie acheva la déroute, et lorsque toujours courant ils furent arrivés au bas de la colline, les écoliers purent voir les corps de Léger Bourgeois et d'Olivier Dumoussel se balancer entre les funèbres poteaux du gibet de Montfaucon.

Toutefois l'Université ne se tint pas pour battue. La mort de deux clercs condamnés et exécutés par la justice civile criait vengeance; la montagne Sainte-Geneviève s'émut jusque dans ses fondements; le recteur et tous les maîtres s'assemblèrent en séance solennelle dans le cloître des Mathurins. On approuva la conduite des écoliers, on ordonna un service funèbre en l'honneur d'Eustache Beautreillis et de tous ceux qui avaient péri dans le combat, et on décida que les cours seraient suspendus et les écoles fermées.

Le lendemain l'Université en corps se transporta au palais du Louvre, et, ayant obtenu audience, demanda énergiquement au roi Charles VI la punition du sire de Tignouville, le prévôt de Paris, qui avait fait arrêter Léger Bourgeois et Olivier Dumoussel. Le roi, qui n'osait reconnaître que le prévôt avait agi par ses ordres, répondit en termes vagues qu'il examinerait cette affaire; mais quelques mois après, l'Université ayant déclaré que, si satisfaction ne lui était pas donnée dans un délai déterminé, elle en référerait au pape et se disperserait dans tout le royaume, le roi, qui avait alors bien d'autres affaires sur les bras, eut la faiblesse de désavouer le premier magistrat de la cité, et, le 16 mai 1408, un arrêt du conseil condamna le sire de Tignouville à aller en personne détacher les cadavres du gibet, à les baiser sur la bouche et à payer les frais de leur convoi, que devait conduire le bourreau revêtu d'un surplis et portant à la main un cierge de cire jaune. Le prévôt fut en outre destitué de sa charge, et privé à toujours de l'exercice de ses droits civils.

Après cette cérémonie, les deux écoliers furent enterrés en grande pompe dans le cloître des Mathurins, et, pour perpétuer le souvenir de la satisfaction qu'elle avait obtenue, l'Université fit graver cette épitaphe sur leur tombe:

« Cy dessous gissent Léger Dumoussel et Olivier Bourgeois, jadis
» clercs écoliers, étudiants en l'Université de Paris, exécutés à la justice
» du roy notre sire, par le prévost de Paris l'an 1407, le vingt-sixième
» jour d'octobre, pour certains cas à eux imposés; lesquels, à la pour-
» suite de l'Université furent restitués et amenés au parvis de Nostre
» Dame, et rendus à l'évêque de Paris comme clercs, et au recteur et aux
» députés de l'Université, comme suppôts d'icelle, à très grande solen-
» nité, et de là en ce lieu cy furent amenés, pour estre mis en sépulture,
» l'an 1408, le seizième jour de may; et furent lesdits prévost et son
» lieutenant démis de leurs offices à ladite poursuite, comme plus à
» plein appert par lettres patentes et instruments sur ce cas. Priez Dieu
» qu'il leur pardonne leurs péchés. Amen. »

L'Université, enhardie par ce succès, put se considérer dès-lors comme une puissance redoutable; on la vit se mêler activement à toutes les guerres civiles qui, jusqu'au règne de Henri IV, ensanglantèrent la France. La Sorbonne surtout, qui était devenue, comme nous l'avons dit, le siège de la faculté de théologie, s'était de sa propre autorité établie juge de toutes les controverses politiques et religieuses qui agitaient l'Etat, et si quelques-uns de ses actes témoignent honorablement de son indépendance et de sa fermeté à défendre, même contre le pape, les droits de la royauté et les libertés de l'Église, il en est d'autres qu'on ne peut

rappeler sans un pénible sentiment de honte et de douleur. Ainsi, pendant l'occupation de Paris par les Anglais, on vit la faculté de théologie assemblée aux Bernardins, pour examiner les pièces du procès de Jeanne d'Arc, déclarer cette héroïque jeune fille hérétique et schismatique, et demander sa mort aux ennemis de la France; plus tard, elle approuva, par une déclaration solennelle, les massacres de la Saint-Barthélemy. C'est dans la chambre de Jean Boucher, docteur de Sorbonne, que s'organisa le conseil des seize, et que tous les Français furent déliés du serment d'obéissance à Henri III. Henri III mort, la Sorbonne déclara Henri IV indigne du trône, et ne le reconnut qu'après son abjuration.

Les autres facultés avaient pris une part plus ou moins directe à ces actes; aussi Henri IV, dont la rancune s'étendait à toute l'Université, entreprit-il de reconstituer ce corps sur des bases toutes nouvelles. En 1600 parut une ordonnance de réforme, rendue au nom du roi, et sans l'intervention du pape ni de l'autorité ecclésiastique. L'Université murmura, la Sorbonne surtout; mais, la satire Ménippée aidant, ses plaintes n'excitèrent que la risée du public, et l'ordonnance s'exécuta. A partir de ce moment, les écoles furent assujéties à une discipline plus sévère; le bon ordre, la tranquillité reparurent, et le goût des hautes études, si longtemps négligées pour le vain bruit de la dispute, se répandit de plus en plus dans les colléges. L'ordonnance de Henri IV enleva à l'Université tout caractère politique; pour la première fois, elle ne fut pas admise comme corps aux états-généraux qui se tinrent à Paris en 1614.

Toutefois, au milieu de ce silence des autres facultés, la Sorbonne conserva encore une certaine influence en vertu du caractère spirituel dont elle était revêtue. L'activité de ce corps remuant ne s'appliqua plus qu'aux questions purement religieuses; mais c'était encore assez pour troubler, à cette époque, la tranquillité publique. Tout le monde sait quelle agitation causèrent dans le clergé de France la publication du livre de Quesnel sur la grâce et les mandements fulminés de part et d'autre par les évêques soumis et appelants; il y avait, en effet, matière à faire égorger tous les théologiens de l'Europe, tant les propositions condamnées par le pape étaient obscures; la Sorbonne se jeta à corps perdu dans la mêlée; et tour-à-tour moliniste ou janséniste, selon que l'exil ou le rappel de ses membres les plus fougueux modifiait sa majorité, un siècle durant, elle ne cessa d'ergoter et de disputer sur des propositions que n'avaient comprises ni Quesnel, qui les avait émises, ni le pape Clément XI, qui les avait censurées.

Ces discordes avaient un fâcheux retentissement. Du fond de la Sorbonne le goût de la dispute s'était répandu au dehors, la société tout entière était envahie par ce fléau; il y avait des salons molinistes et des salons jansénistes; dans les cafés, dans les promenades, dans tous les lieux publics, on ne parlait que de la grâce, de la bulle *Unigenitus*, de l'appel au futur concile.

Les armes spirituelles ne suffisant pas pour apaiser la querelle, l'autorité royale crut devoir intervenir; la confiscation, l'emprisonnement, l'exil, frappaient les appelants, comme on nommait alors les jansénistes; ceux-ci, de leur côté, se défendaient par les voies judiciaires, et, chose incroyable! on vit alors des curés qui refusaient les derniers sacrements de l'Eglise à des malades, et des malades qui sommaient par huissier les curés de les administrer. Ces sommations se terminaient ordinairement par cette singulière formule, qui peint toute l'époque: « Et à défaut par » ledit curé de donner ledit bon Dieu, le présent acte devant tenir au ma- » lade lieu et place de viatique, etc. » C'est sans doute un descendant de quelqu'un de ces praticiens qui, en l'an de grâce 1842, signifiant un acte à une personne morte la veille, rédigeait ainsi le *parlant à*: « Nous sommes transportés au domicile du sieur Léveillé, musicien en cette ville de

Langres, rue Neuve, n° 3, où étant et parlant à sa personne, ainsi déclarée, que nous avons trouvée en bière sur sa porte, etc. »

En 1729, la Sorbonne, qui avait vu cent de ses docteurs exilés par le cardinal Fleury, s'était définitivement rangée du côté des jésuites. A partir de cette époque, la Faculté de théologie se déconsidéra tellement par les censures ridicules dont elle frappa presque tous les livres de physique, de jurisprudence et de philosophie, entre autres, ceux de Montesquieu, de Buffon et de Marmontel, qu'elle perdit toute influence sur l'esprit public. Elle était morte de fait; un décret de l'Assemblée législative la supprima de droit, au nom de la raison « *qu'elle avait outragée tant de fois*, » dit le rapport. Le même décret supprima le conseil académique et l'Université.

La révolution qui, au milieu des embarras de toute espèce que lui suscitaient ses ennemis au dedans et au dehors, ne cessa pas de se préoccuper des besoins intellectuels et moraux de la nation, comprit la nécessité de réorganiser l'instruction. Dès le 21 avril 1792 Condorcet présenta à l'Assemblée législative un nouveau système d'enseignement public, dont les terribles événements qui suivirent paralysèrent l'application. Plus tard, divers rapports furent présentés à la Convention au nom du comité d'instruction publique par les députés Lakanal, Chénier et Lepelletier. Enfin, le 9 brumaire an III, parut la loi établissant l'École normale, qui dès sa fondation comptait au nombre de ses professeurs Lagrange, Berthollet, Laplace, Garat, Bernardin de Saint-Pierre, Monge, Daubenton, Haüy, Volney, Sicard et Laharpe. Le 17 novembre 1808, l'Université, décrétée deux ans auparavant, fut définitivement organisée comme elle l'est de nos jours; M. de Fontanes en devint le premier grand-maître. Depuis cette époque, la Faculté des lettres et la Faculté de théologie, réinstallées côte à côte à la Sorbonne, nous ont donné les conférences de monseigneur l'évêque d'Hermopolis, les leçons de philosophie de MM. Royer-Collard, Cousin et Jouffroy; les leçons de littérature et d'éloquence française des Andrieux et des Villemain ; les leçons d'histoire des Lacretelle, des Guizot, des Michelet et des Quinet, magnifique pléiade que nous avons pu admirer depuis vingt ans, et qui a dû rassurer les amis de la philosophie sur les destinées du pays, en dépit de ces hommes noirs,

> Qui, de toute lumière obstinés détracteurs,
> Au char de la Raison s'attelant par derrière,
> Veulent à reculons l'enfoncer dans l'ornière.

Oui, malgré vos cris, l'Université continuera sa carrière, et, si vous l'insultez dans vos libelles, elle saura bien encore vous répondre avec de l'encre de Pascal.

S'il est vrai que dans les derniers siècles la Sorbonne ait justifié par son intolérance l'accusation portée contre elle par Fourcroy, il est juste de reconnaître qu'elle a puissamment contribué à répandre en France les lumières et la liberté de discussion en protégeant contre d'aveugles préjugés les premiers essais de l'imprimerie. L'an 1469, Jean de la Pierre, prieur de Sorbonne, fit venir d'Allemagne Martin Crantz, Ulric Gering et Michel Friburger, qui imprimèrent dans une salle de la Sorbonne *les Epistres de Gasparinus Pargamensis* et *les Epistres cyniques de Crates le philosophe*. Ces trois imprimeurs se fixèrent par la suite rue Saint-Jacques, près des charniers de Saint-Benoît, et prirent pour enseigne le soleil d'or.

A quelques pas de là, dans la rue Saint-Jean-de-Beauvais, les Estienne établirent le siége de leur imprimerie ; nombreuse et belle famille de savants qui ont poussé l'art de la typographie à un tel degré de perfection que le luxe de nos éditions modernes reste bien au-dessous de la netteté et de la correction des leurs. De pareils hommes comprenaient toute la grandeur de l'art auquel ils s'étaient voués, et la considération qui s'attachait à leur personne rejaillissait sur leurs travaux. On raconte qu'un jour François Ier vint visiter les ateliers du premier Henri Etienne, l'imprimeur était occupé à corriger une épreuve ; le roi ne voulut pas l'interrompre, et attendit, avec toute sa suite, qu'il eût fini sa tâche. Qu'aimez-vous mieux, de François Ier faisant antichambre chez un savant ou de Charles-Quint ramassant le pinceau du Titien ?

Le second, Henri Etienne, l'auteur du *Thesaurus*, ne fut pas aussi heureux que son devancier. Proscrit sous le règne de Henri II, à cause de son apologie d'Hérodote, il fut brûlé en effigie pendant qu'il était caché dans les montagnes d'Auvergne, ce qui lui fit dire plaisamment qu'il n'avait jamais eu si grand froid que lorsqu'il avait été brûlé à Paris. Il mourut fou et misérable à l'hôpital de Lyon, en 1598.

Peu d'arts ont obtenu, en si peu de temps, des résultats aussi complets que l'imprimerie ; on peut dire que, grâce à ses progrès, il s'opéra, en moins de vingt ans, une révolution dans l'enseignement des écoles ; les livres, qui auparavant étaient rares et hors de prix, se trouvèrent bientôt dans toutes les mains, comme on en peut juger par ces vers d'un poète contemporain :

> J'ai vu grand' multitude
> De livres imprimés
> Pour tirer en estude
> Povres mal argentés.
> Par ces novelles modes,
> Aura maint escholier
> Decrets, bibles et codes
> Sans grand argent bailler.

Toutefois, les encouragements accordés à l'imprimerie firent bientôt place à des persécutions. Henri II, pour arrêter les progrès du calvinisme, au profit duquel fonctionnaient presque toutes les presses de France, ordonna qu'aucun livre ne pourrait paraître sans l'autorisation des censeurs royaux. Cette ordonnance, dont les rigueurs furent souvent aggravées, fut en vigueur jusqu'à la révolution de 1789.

Que de faits encore à énumérer, s'il nous fallait compléter l'histoire de ce petit carré de terrain dont nous avons plus haut déterminé les limites. Nous voudrions pouvoir vous peindre l'étonnement de la cour et de la ville en apprenant l'impolitique audace du jeune abbé de Gondi, depuis cardinal de Retz, passant sa sorbonique et l'emportant sur l'abbé de Lamothe-Houdancourt, candidat avoué de Richelieu, qui lui faisait l'honneur de le reconnaître pour son parent. N'est-ce pas à la Sorbonne aussi que se révéla la mâle indépendance du génie de Bossuet, lorsque âgé de vingt ans à peine, et aux risques de compromettre les résultats de sa thèse, il défendit contre le recteur un point de dogme avec une opiniâtreté telle qu'il lui fallut se retirer aux Bernardins, en s'écriant comme Sertorius : « Rome n'est plus dans Rome, elle est toute où je suis. » C'est sur la place de la Sorbonne, dans le grand salon d'une guinguette, que les Saints-Simoniens avaient établi une de leurs succursales. A dix pas plus loin, nous trouvons la rue des Cordiers, devenue célèbre par le séjour qu'y fit l'auteur d'*Emile*. Dans la même rue, dans la même mansarde peut-être, Hégésippe Moreau méditait, en 1835, une ode infernale à la faim !

Que serait-ce donc s'il nous était permis de sortir de notre cadre et de vous retracer l'histoire de cet édifice apostat qui abrita tour-à-tour sous sa tolérante coupole la châsse de sainte Geneviève et la tombe de Mirabeau, qui tour-à-tour se para avec orgueil de la croix catholique et du magnifique fronton de David. Nous vous introduirions encore dans ces bâtiments lourds et écrasés que l'architecte Soufflot semble n'avoir assis en face du Panthéon que pour faire ressortir l'élégante hardiesse de ce temple. C'est là que bourdonne et dispute la Faculté de droit, qui, si longtemps proscrite par les jésuites et la Sorbonne, vint s'y installer en grande pompe le 24 novembre 1783. Suivons cet essaim de jeunes gens qui sortent des cours ; ce n'est plus au Pré-aux-Clercs, ce n'est plus à Montfaucon qu'ils vont discuter, boire ou batailler. Leur Pré-aux-Clercs aujourd'hui c'est le Luxembourg et la grande Chaumière ; leur champ de bataille, le parterre de l'Odéon ; leurs cabarets, la taverne et les caves de Rousseau, que son surnom d'*aquatique* semble prédestiner à présider un jour quelque société de tempérance.

PAUL LAGARDE.

PLACE DES VICTOIRES.

La place des Victoires,— quel nom ! Londres a la place Waterloo, la rue Waterloo, l'impasse Waterloo, le square Waterloo, comme si l'Angleterre ne comptait dans son histoire qu'un seul jour de triomphe; note unique qui revient sans cesse, comme celle d'un illustre personnage de comédie. — Nous, nous avons la place des Victoires : cela résonne comme une fanfare, cela dit tout !

Le provincial qui n'a pas encore dépassé l'horizon de son département se figure, dans ses bouffées d'amour-propre national, cette place des Victoires comme la plus belle, la plus vaste, la plus monumentale de Paris ; et pourtant il n'en est rien. La place des Victoires est plus modeste que son nom; l'étiquette est menteuse comme toutes les étiquettes; le titre vaut mieux que l'ouvrage.

La place des Victoires n'a pas connu, comme sa sœur la place Royale, les beaux cavaliers et les grandes dames du siècle de Louis XIII, les fins esprits et les charmantes précieuses de l'hôtel de Rambouillet; elle n'a pas vu reluire aux lanternes les rapières des raffinés, comme cette petite place Dauphine qui a tant fait parler d'elle à une autre époque; la noblesse de la place des Victoires est moins ancienne, ses parchemins datent de Louis XIV.

Mais aussi on lui a épargné, peut-être en faveur de sa glorieuse dénomination, les horribles spectacles de la terreur; elle n'a pas assisté à l'exécution d'un roi de France, comme sa sœur de la Concorde; jamais l'affreuse machine du philanthrope Guillotin n'a posé ses pieds rougis sur ce noble sol du grand roi. Elle a traversé tous les régimes en conservant toujours son nom, parce que ce nom se lie à toutes les politiques et est au-dessus de tous les gouvernements.

Est-ce le souvenir des victoires de Louis XIV qui a donné un nom à cette place? ou bien a-t-elle été baptisée par l'invocation des religieux de Notre-Dame des Victoires? Le terrain historique dont il s'agit relevait à coup sûr de l'église, de la communauté, de la congrégation, sa voisine; il y poussait probablement, dans ce temps là, des fruits, des légumes et des fleurs, à l'usage du monastère; plus tard, il devait y pousser des rois et des grands hommes, c'est-à-dire des statues.

La place des Victoires est la fille d'un courtisan! Avouons que les courtisans sont parfois bons à quelque chose.

Mon Dieu, oui! ce fut le vicomte François d'Aubusson, duc de La Feuillade, maréchal de France, colonel des gardes françaises et chevalier de Saint-Louis, qui, dans son admiration et son amour pour son maître, consacra près de trois millions à l'achat du terrain occupé alors par le magnifique hôtel de Senneterre, qu'il fit abattre, et à l'érection d'un monument en l'honneur de Louis-le-Grand.

Mais comme il a payé cher son dévouement et son enthousiasme pour son roi, ce chevaleresque duc de La Feuillade! Tous les écrivains qui se sont occupés de lui l'ont passé au fil de leurs épithètes les plus saugrenues; ils l'ont appelé le courtisan des courtisans, le flatteur des flatteurs, comme si les courtisans avaient l'habitude de jeter pour trois millions d'encens dans la cassolette qu'ils font fumer au pied de leur idole..... Il n'y a pas jusqu'au duc de Saint-Simon, ce beau phraseur du grand siècle, ce noble insulteur de la noblesse française, qui n'ait poursuivi le duc de La Feuillade de sa période à quatre membres.... « Si Louis XIV l'eût laissé faire, M. de La Feuillade eût adoré son roi comme un dieu! » dit le caustique chroniqueur qui n'avait jamais adoré que sa personne.

A les entendre, tous les critiques et les esprits chagrins qui ne voient les choses qu'à travers leur lorgnette misanthropique, ne dirait-on pas que le duc de La Feuillade n'avait jamais quitté le repos de l'Œil-de-Bœuf, et qu'il profitait de la faveur de son maître pour vivre tranquillement au sein des voluptés de la cour? Vous allez voir quel courtisan c'était que ce noble gentilhomme, dont l'ancêtre Ébon d'Aubusson avait signé à la donation de Pepin-le-Bref, père de Charlemagne. — Tout jeune, il débute dans la carrière militaire à la bataille de Rhétel, où il reçoit trois blessures; un an après, à l'attaque des lignes d'Arras, il entre le premier dans les retranchements des Espagnols, commandés par le grand Condé. Six mois plus tard, il est blessé à la tête et fait prisonnier au siége de Landrecies. Mais ce n'est pas tout; le courtisan ne s'arrête pas en si beau chemin. On le voit tour-à-tour à la bataille du Saint-Gothard commandant les Français en l'absence de Coligny, puis au siége de Bergues, de Furnes et de Courtrai. La paix venait d'être signée; rien n'empêchait le duc de La Feuillade de prendre du repos, mais il avait résolu de se montrer courtisan jusqu'au bout; il part avec trois cents hommes entretenus à ses dépens, pour aller secourir Candie, alors assiégée par Achmet Kœperli, le même qu'il avait vaincu à Saint-Gothard. Puis, de retour en France, il fait la campagne de Hollande, suit le roi en Franche-Comté, prend Salins, emporte l'épée à la main le fort Saint-Étienne, l'ancienne citadelle de Besançon, et entre encore le premier dans

Dôle, dont la prise acheva la conquête de Louis XIV. Nous ne vous parlerons pas de la campagne de Flandre, qu'il fit plus tard, et où il se

montra comme toujours un preux et chevaleresque gentilhomme..... Ce que nous venons de dire nous semble suffisant, et si l'épithète de flatteur et de courtisan doit toujours rester accolée au glorieux nom du fondateur de la place des Victoires, demandons à Dieu qu'il nous envoie beaucoup de courtisans comme ce brave et intrépide duc de La Feuillade!!.

Le duc de La Feuillade se rendit donc possesseur de l'hôtel de Senneterre, dont les écrivains contemporains du grand siècle ont vanté la magnificence; on remarquait surtout dans cet hôtel colossal une chapelle en stuc qui passait pour l'une des curiosités du temps.—Quand il ne resta plus une pierre de ce monument, dont l'achat avait coûté au duc six cent mille livres (à peu près douze cent mille francs d'aujourd'hui), il fit placer au milieu de la place improvisée un piédestal de marbre blanc qui supportait un groupe de bronze doré représentant la statue pédestre de Louis XIV, couronné par la victoire, avec cette inscription : *Viro immortali*. Aux quatre coins du piédestal, quatre esclaves enchaînés servaient de pendants allégoriques. Quatre bas-reliefs ornaient chaque côté du piédestal; ils représentaient la conquête de la Franche-Comté, le passage du Rhin, la préséance de la France sur l'Espagne et la paix de Nimègue. Ce monument était l'œuvre du statuaire Desjardins.

Mais dans notre description nous avons omis un détail d'assez peu de valeur en apparence, et qui cependant a joué un certain rôle dans la destinée de ce monument.

Le duc de La Feuillade avait fait placer autour de la statue de Louis-le-Grand quatre lanternes. Ce luxe inouï jeta d'abord Paris dans l'admiration..... On s'occupait médiocrement de la statue en elle-même, des quatre esclaves enchaînés et des bas-reliefs : on ne parlait que des quatre lanternes, qui faisaient, dit un auteur du temps, régner un jour éternel autour de l'image du grand roi...., quand le vent voulait bien le permettre.

On sait que les réverbères ne datent que du règne de Louis XV. Mercier, dans son Tableau de Paris, ne tarit pas en moqueries contre les *antiques lanternes*, dans lesquelles on plaçait une chandelle que le vent éteignait quand il ne se contentait pas de la faire couler; mais il parle avec emphase des *feux combinés* de douze cents réverbères qu'on venait d'établir tout nouvellement. Que dirait-il aujourd'hui, s'il voyait la place de la Concorde ? Eh bien, les quatre lanternes dont l'apparition avait causé un si vif enthousiasme parmi la population parisienne furent supprimées, quelque temps après la mort du grand roi, par arrêt du conseil; et savez-vous à quoi l'on attribue la cause de cette suppression? à un distique gascon ainsi conçu :

La Feuillade, sandis, jé crois qué tu me bernes,
Dé mettre le soleil entre quatre lanternes.

Il faut avouer que nos pères étaient par trop accessibles à l'épigramme.

Cette démolition des lanternes fut le premier coup révolutionnaire porté à la mémoire de Louis XIV.

Dix ans plus tard, la grille qui entourait le monument partagea la mauvaise fortune des lanternes et fut arrachée d'après un nouvel arrêt du conseil.

Et il y a des gens qui prétendent que la révolution française a commencé en 89 !

Mais poursuivons l'histoire de la grandeur et de la décadence du monument du duc de La Feuillade.

En 1790, à cet époque d'émancipation où l'on ne prononçait plus qu'un seul mot du dictionnaire, le mot *liberté*, la municipalité de Paris ne jugea pas convenable de laisser les quatre esclaves de bronze dans leur posture humiliante ; elle voulut qu'ils fussent libres comme tout le monde, et elle les fit enlever pour les envoyer respirer à pleine poitrine dans la cour du Louvre. — Franchement, la municipalité leur devait bien cela.

Enfin, en septembre 1792, la statue du grand roi alla rejoindre les lanternes, la grille et les quatre esclaves !.. Elle tomba sous les coups des démolisseurs.

Si le distique gascon n'eût pas renversé les quatre lanternes soixante années auparavant, les hommes qui traînaient l'image de Louis XIV dans le ruisseau les eussent certainement laissées debout ; on avait le plus profond respect pour les lanternes depuis qu'elles étaient devenues fonctionnaires publics.

Louis XIV destitué, il fallait mettre quelqu'un ou quelque chose à sa place. La république, qui n'aimait pas les personnalités, se décida pour la chose. Elle substitua au royal monument du duc de La Feuillade une pyramide en bois, portant sur ses faces les noms des départements et des citoyens morts dans la journée du 10 août. A dater de ce jour, la place enrichit son nom d'un adjectif ; elle s'appela Place des Victoires nationales. — La pyramide commémorative ne jouit pas longtemps de son triomphe ; Bonaparte la traita de barraque, et en fit cadeau à un corps-degarde, qui se chauffa tranquillement avec le monument républicain.

En 1800, le premier consul posa sur la place des Victoires la première pierre d'un nouveau monument, qui devait être consacré à la mémoire de Desaix et de Kléber, morts le même jour, l'un tué à la bataille de Marengo, l'autre assassiné en Égypte après la bataille d'Héliopolis.

Mais ce monument ne fut pas exécuté ; on figura seulement le modèle en charpente. C'était un temple égyptien contenant sur des cippes les bustes des deux généraux. Après quoi l'on abattit le tout un beau matin sans donner la moindre explication. Voilà donc cette malheureuse place veuve pour la troisième fois.

En 1806, Napoléon fit construire un piédestal uniquement destiné à Desaix; Kléber était sacrifié, il n'avait connu que l'apothéose provisoire. La statue de Desaix, exécutée en bronze sur les dessins de Degoix, était gigantesque (dix-huit pieds de haut). Le général républicain, représenté dans un appareil trop simple, souleva les réclamations des pères de famille, qui n'osaient passer avec leurs femmes et leurs filles devant cet indécent colosse. Pour faire taire les scrupules de la foule, on se vit obligé de jeter sur les épaules du héros une chemise..... de charpente. — Desaix n'aperçut donc les fêtes de l'Empire qu'à travers les fissures de ces planches, puisqu'il demeura dans sa boîte jusqu'en 1815, où il fut déporté dans ce musée qui, depuis trente ans, servait successivement de refuge aux grands hommes de toutes les opinions. — Impartial Botany-bey de la gloire!

De 1815 à 1822, la place resta sans monument; elle commençait à s'habituer aux douceurs de son quatrième veuvage, lorsque le grand Louis reparut un matin à cheval, à l'endroit même où il s'était tenu si long-temps debout, au milieu de ses quatre esclaves enchaînés. Seulement, comme le gouvernement absolu avait définitivement fait place au régime constitutionnel, le roi de Versailles s'était soumis aux exigences de l'esprit contemporain. Il ne traînait plus à sa suite aucune province conquise; il était seul, à cheval, mais toujours beau, toujours fier, toujours roi.

Dans l'espace d'un siècle, la place des Victoires a vu cinq monuments paraître et disparaître, ombres chinoises des idées et des passions du moment. Dans cet espace resserré, il y a toute l'histoire de la France depuis Louis XIV. Chaque gouvernement, chaque faction dominante a imprimé sur le sable de cette place la trace de son pied, effacée le lendemain. Il ne faut pas plus de quatre mètres carrés pour contenir l'histoire en relief d'une nation!....

Le gouvernement de juillet a laissé intact le monument de la Restauration, lequel, si nous ne nous trompons pas, est l'œuvre du baron Bosio. En 1830, nous nous rappelons avoir vu le drapeau tricolore ombrager perpendiculairement la tête du monarque absolu. Qu'aurait dit le grand roi, qui tenait tant à ses trois fleurs de lis, si quelque courtisan de Trianon lui eût prédit que son nez servirait un jour de point d'appui au bâton d'un drapeau républicain, et que lui, le petit-fils de saint Louis, porterait l'oriflamme de la révolte pendant que la France chasserait ses descendants?

Les hôtels dans le style de Louis XIV qui entourent cette place circulaire, et qui servent aujourd'hui de magasins à des marchands de draps et de soieries, étaient autrefois occupés par de grands seigneurs et des financiers. Le célèbre Law habita pendant quelques mois seulement l'hôtel situé entre la rue de La Feuillade et la petite rue de la Banque.

La statue de Louis XIV, élevée juste en face de la rue Neuve-des-Petits-Champs qui s'étend perpendiculairement jusqu'à la rue de la Paix, près de la place Vendôme, présente de loin un aspect grandiose. Le piédestal du grand roi sert de pendant à la colonne du grand empereur; la rue Neuve-des-Petits-Champs est le trait d'union des deux monuments.

Voilà, en quelques mots, l'histoire de cette place. Hommage d'un sujet fidèle, présent d'un grand seigneur qui aimait, disait-il, son roi comme un père et son pays comme une maîtresse.

La place des Victoires est enclavée dans les rues Vide-Gousset, Croix-des-Petits-Champs, des Fossés-Montmartre et de la Vrillière.

La rue de la Vrillière doit encore son nom à un grand seigneur, qui y fit bâtir un hôtel en 1620 (aujourd'hui l'hôtel de la Banque de France).

A ce propos, ne trouvez-vous pas ridicule le reproche fait au grand siècle, par quelques historiens, d'avoir tenu sur les fonts baptismaux une assez grande partie des rues de la capitale?

Qu'a fait la cour de Louis XIV, si ce n'est ce qu'on a fait avant et après elle? Est-ce que chaque époque n'a pas laissé un quartier à cette immense cité, et placé son nom en tête de chacun de ces quartiers.

Le moyen-âge religieux a donné à ses rues des noms de saints; les corporations ont aussi baptisé leurs rues : les rues de la Boucherie, de la Tixeranderie, de la Corderie, de la Tonnellerie, etc., etc. Le XVIIe siècle nomma des rues royales; le XVIIIe fit des rues littéraires et philosophiques, comme la rue du Contrat Social, la rue Voltaire, la rue J.-J. Rousseau..... Le XIXe siècle commença le baptême des rues par des victoires. Aujourd'hui c'est l'argent seul qui se prélasse au coin des rues ou au fronton des passages.... Le boutiquier a remplacé le philosophe et le grand seigneur, et l'argent s'appelle Véro quand il ne se nomme pas Dodat!

Mais revenons à nos moutons.

Cet hôtel de La Vrillière, qui donna son nom à la rue, avait été construit par M. Phélippeaux de La Vrillière, secrétaire d'Etat, sur les dessins et les plans de Mansard. L'intérieur était d'une magnificence inouïe; l'escalier surtout passait pour un chef-d'œuvre à cette époque des grands et majestueux escaliers. L'hôtel de La Vrillière renfermait l'une des plus belles galeries de tableaux de la France : on y voyait des Titien, des Guide, des Poussin, des Tintoret, des Pierre de Cortone, des Véronèse; et l'on venait surtout admirer, dans la fastueuse demeure du secrétaire d'État, l'Andromède du Titien et une fresque de Périer, représentant le soleil (encore Louis XIV) accompagné des quatre éléments…. L'écurie pouvait contenir quatre-vingts chevaux, et il y avait une remise de carrosses pavée en marbre blanc, qui surpassait en richesse les remises de Versailles et certains appartements de Saint-Germain !..... Les carrosses de M. Phélippeaux étaient bien plus à l'aise que les courtisans de l'Œil-de-Bœuf, qui, au dire de Saint-Simon, étouffaient derrière leurs lucarnes comme des prisonniers sous des plombs.

Le conseiller d'État laissa son hôtel et ses fabuleuses richesses à son fils, lequel n'était tourmenté que par une idée, mais une idée qui l'obsédait à chaque heure, à chaque minute ; il voulait absolument être duc et pair.... Une seule personne peut-être trouvait qu'il ne faisait pas assez de démarches auprès du cardinal Dubois et de monseigneur le régent pour enlever cette haute dignité, c'était sa femme, madame de La Vrillière, très célèbre sous la régence pour sa beauté et ses galantes aventures.

Madame de La Vrillière avait résolu de travailler de tout son pouvoir à placer la couronne ducale sur la tête de son mari, qui ne montait pas assez vite, selon elle, à ce mât de Cocagne des dignités, élevé à l'usage des grosses fortunes du temps par son éminence le cardinal Dubois. En conséquence, comme ses importunités n'avaient que médiocrement réussi auprès du régent, et que le cardinal se réfugiait dans un labyrinthe de faux-fuyants, elle avait jeté les yeux sur un certain Suisse nommé Schraub, pour arriver à son but.

Schraub, ce Suisse, ce drôle, cet intrigant, dit le duc de Saint-Simon, cet aventurier si rusé, si délié, si anglais, si autrichien, si ennemi de la France, si ami du ministère de Londres, était un beau jeune homme, ma foi ! d'une figure charmante, portant le jabot comme Lauzun, et se tenant sur la jambe gauche avec la ravissante fatuité de Fronsac..... Schraub, agent de l'Angleterre, exerçait une grande influence sur l'esprit du cardinal. Il avait vu plusieurs fois madame de La Vrillière, et avait papillonné autour d'elle avec l'intention bien arrêtée de se brûler un beau jour, ou plutôt une belle nuit, à la chandelle des yeux provocateurs de la future duchesse ! Or, un certain soir que le chevalier Schraub respirait le frais dans les jardins de Trianon, où se tenait madame la duchesse de Berry, la fille du régent… voilà deux hercules qui s'emparent de sa personne, lui mettent un bâillon sur la bouche, le jettent dans un carrosse sans livrée, et fouette cocher ! Une heure après cet enlèvement, Schraub se trouvait étendu sur un sofa dans un boudoir délicieux.

D'abord l'agent anglais, surpris à l'improviste, avait cru à une vengeance diplomatique ; il se voyait déjà suspendu au bout d'une corde à dix pieds au-dessus de l'éternité, ou tout au moins enfermé dans quelque cachot de la Bastille; mais quand il sortit de ce rêve lugubre, pour tomber dans ce boudoir élégant, coquet et voluptueux, paradis en miniature, il pensa avec raison qu'il était plutôt le captif de l'amour que le prisonnier de la politique.

Alors il reprit toute son assurance, et, tout en chiffonnant son jabot de dentelle devant un magnifique glace de Venise, il jetait un coup d'œil rapide sur sa personne pour se convaincre que l'harmonie de sa toilette était irréprochable. Son imagination, emportée sur les ailes du caprice, parcourait dans tous les sens cette belle guirlande de femmes du parterre de la cour, et dans ce charmant jardin de l'amour, de la grâce, de la jeunesse et de la beauté, il ne savait sur quelle fleur arrêter sa pensée et son désir, non pas qu'il eût craint de la cueillir, eût-il dû se piquer aux épines ; mais comme à toutes il avait jeté au moins un sourire et un regard, il s'interrogeait sur le choix de sa préférence pour voir si dans cette circonstance le hasard allait prendre la peine de l'exaucer!...

Si c'était madame de Veyle? pensait-il en faisant claquer sa langue contre son palais...

Ou la marquise de Montbazon?

Ou mademoiselle de Néris?...

Triple sot! les yeux de la duchesse de Berry m'ont lancé l'autre jour deux flèches mortelles. Mon cœur saigne encore. — Je me promenais précisément dans ses jardins tout-à-l'heure; c'est elle qui m'aura fait enlever!... Allons, chevalier, la fortune te poursuit en France comme en Angleterre. — Il en était là de son monologue lorsqu'un ressort secret joua dans la boiserie; il tourna la tête aussitôt, et vit paraître toute pomponnée, toute étincelante de beauté et de jeunesse, madame de La Vrillière... Schraub exécuta trois saluts, baisa plutôt deux fois qu'une le bout des doigts de sa nouvelle conquête, et prit place sur un fauteuil à côté du sofa de la belle duchesse en perspective.

« Eh quoi! dit-il en rejetant son corps en arrière et en dandinant sa jambe droite, posée sur la jambe gauche; c'est vous qui avez daigné penser au plus humble de vos serviteurs; mon cœur me le disait bien tout bas... mais je n'osais croire aux propos de ce présomptueux... »

Schraub mentait comme un nouvelliste.

Madame de La Vrillière, qui avait bien la toilette la plus provocatrice, la plus charmante, la plus divine et la plus transparente, laissa tomber sur Schraub un regard long et tendre en souriant à demi, pour montrer une double rangée de perles fines dont l'éclat était rehaussé par le corail de sa petite bouche en cœur, ravissant écrin que n'auraient pu payer toutes les richesses du Bengale.

Schraub profita de ce moment pour examiner la place où il allait poser le genou, et tombant aux pieds de la jeune femme, sans perdre la grâce de l'équilibre, il se penchait pour effleurer de ses deux lèvres les épaules de sa souveraine lorsque celle-ci, évitant cette attaque amoureuse, se retira tout au fond de l'appartement en laissant le malheureux chevalier à genoux vis-à-vis du sofa, comme un fidèle en face d'une niche veuve de son saint...

« Mais, madame, dit Schraub désappointé, qui venait de reprendre la position perpendiculaire, pourquoi diantre m'avez-vous donc fait venir ici ? »

Madame de La Vrillière s'était rapprochée en riant de l'air décontenancé de sa victime.

« Pour vous parler d'affaires, mon beau chevalier, répondit-elle.

— Ah ! dit Schraub en chiffonnant son jabot d'une main convulsive, s'il en est ainsi qu'on me ramène aux carrières.... de Trianon.

— Ecoutez, lui dit la jeune femme, qui venait de reprendre place sur le sofa, ne me faites pas la moue ainsi, cela va mal à un amoureux !...

— A un amoureux, répéta Schraub...

— Vous voudriez peut-être me faire accroire que vous ne m'aimez pas ?

— Mais.... répondit Schraub avec une suspension qu'il s'efforçait de rendre impertinente.

— Bah ! chevalier, dit madame de La Vrillière avec le plus adorable sourire, vos yeux ont parlé pour vous.

— Alors, madame, ce sont des pendards et des traîtres qui ont dévoilé un secret que je n'avais confié qu'à eux seuls... »

Et en parlant ainsi Schraub baisait la main de madame de La Vrillière.

« Oui, continua la jeune femme sans retirer sa main et en regardant autour d'elle d'un air indifférent, il faut que vous me rendiez un service ?

— Parlez, madame.

— Vous êtes tout-puissant auprès du cardinal ? »

Décidément pensa Schraub, ceci rentre dans la politique ; et cette fois il imprimait ses lèvres sur la peau satinée de la jeune femme.

« Vous pourriez bien, poursuivit-elle sans faire semblant de s'apercevoir des galanteries risquées de l'agent de la Grande-Bretagne, lui dire deux mots ce soir en faveur de M. de La Vrillière.

— Comment ! quatre, si vous voulez, répondit Schraub qui s'était assis sur le sofa à côté de la jeune femme.

— Il y a longtemps que mon mari attend sa nomination de duc et pair.....

— C'est trop juste... aussi je vous donne ma parole d'honneur qu'il sera nommé avant trois jours.

— Vous me le promettez ?

— Je vous le jure ! » Et leurs lèvres n'étaient plus séparées que par

Place de la Victoire.

l'épaisseur d'un baiser lorsque madame de La Vrillière, le repoussant tout doucement :

« Tout beau chevalier, vous allez trop vite!.. Exécutez-vous à votre tour; pour moi, je suis en règle, j'ai donné mes arrhes...

—Tigresse! » reprit Schraub, qui devenait plus entreprenant.

Mais la jeune femme fit un bond de panthère, et, se suspendant à un cordon de sonnette...

« Si vous faites un pas de plus, j'appelle mes gens, » dit-elle.

A la vue de ce cordon, Schraub demeura ébahi.

« Et comme vous êtes un galant homme, ajouta madame de La Vrillière d'un ton plus doux, je compte sur votre promesse...

—Allons, reprit Schaub qui semblait prendre son parti, je suis battu. Quelle honte!..... Dans un pareil combat ceux de ma nation ne font pourtant ni quartier ni merci!.... Mais enfin puisqu'il le faut.... absolument.....

—C'est une revanche à prendre, dit en riant la jeune femme qui ne voulait pas désespérer son galant protecteur.

—Elle est prise, s'écria celui-ci! « Et se saisissant d'une paire de petits ciseaux en nacre, qu'il venait d'apercevoir au fond d'une chiffonnière, il leva le bras et coupa le cordon de la sonnette.

—Que prétendez-vous faire, dit madame de La Vrillière effrayée?

—Madame, je vous l'ai dit : ceux de ma nation n'accordent jamais ni quartier ni merci. . . . .

. . . .

Le lendemain à la cour il ne fut bruit que de l'aventure de Schraub et de madame de La Vrillière, que l'on appela la duchesse au cordon, le cordon ducal et le grand cordon du Saint-Esprit.

Il paraît que ce drôle de Schraub ne tint pas ses promesses, ou que sa protection fut impuissante, car M. de La Vrillière ne fut nommé duc et pair que beaucoup plus tard, sous le règne de Louis XV de galante mémoire.

Louis le Bien-aimé et le mal-aimant avait probablement connu l'histoire du cordon, et il trouvait que madame de La Vrillière avait bien gagné son titre de duchesse.

Cet hôtel de La Vrillière fut vendu en 1705 à M. Rouillé, maître des requêtes, moyennant 450,000 livres. Il passa depuis, en 1713, aux mains du comte de Toulouse, et fut habité, quelque temps avant la révolution, par le vertueux duc de Penthièvre.

Le bucolique capitaine de dragons, M. le chevalier de Florian, de l'Académie française, qui appartenait, comme chacun sait, à la maison de Penthièvre, occupa dans cet hôtel, pendant quelques années, une petite chambre où il composa quelques-unes de ses idylles.

L'hôtel de La Vrillière a passé sans transition de la poésie au positif. Il a suivi le cours des choses; ses vastes appartements, qui avaient entendu les plaintifs accents de l'églogue sentimentale, ne retentissent plus aujourd'hui que du son des pièces de cinq francs... Le berger d'Arcadie s'est fait loup-cervier.

Le dernier jour de chaque mois, cette petite rue de La Vrillière, où l'on n'entend que le bruit métallique des sacs d'écus qui entrent et qui sortent, qui vont et qui viennent sur les épaules des garçons de recette, présente un aspect des plus animés.

C'est le quart d'heure de Rabelais, c'est le jour où le grand et le petit commerce viennent rembourser les effets échus... Quelquefois, une foule impatiente stationne aux portes de l'antre monstrueux dont le dragon est représenté par un soldat de la troupe de ligne, qui garde, moyennant cinq sous par jour, deux ou trois cents millions de francs!

C'est dans l'hôtel même de la Banque de France qu'est venue s'installer cette institution philantropique qu'on appelle la Caisse d'Épargne. La Caisse d'Épargne a remplacé avantageusement dans notre siècle, rangé et vertueux, la loterie et les jeux de hasard, que la rigidité puritaine de nos représentants a jetés au-delà de la frontière... Autrefois les domestiques volaient leur maître pour nourrir à la loterie royale quelque terne fabuleux ou quelque quine impossible; aujourd'hui, les mêmes serviteurs, encouragés par la perspective des prix Monthyon, volent leurs maîtres comme par le passé; seulement, au lieu de confier le produit de leur vol à des chances aléatoires, ils le déposent à la Caisse d'Épargne à raison de quatre pour cent d'intérêt; ce qui est un véritable triomphe pour la morale publique!...

L'établissement de la Caisse d'Épargne a fait élection de domicile dans cette partie de la Banque qui fait face à la rue Croix-des-Petits-Champs. A ce propos, nous allons saisir l'occasion qui se présente tout naturellement de donner une preuve de notre profonde connaissance étymologique; la rue Croix-des-Petits-Champs est ainsi nommée parce qu'il y avait une croix de pierre près de l'hôtel de Senneterre, et que l'emplacement sur lequel elle fut construite représentait des champs comparativement plus petits que d'autres plus étendus.

Nous défions le bibliophile Jacob lui-même de donner une plus rigoureuse définition.

L'étymologie de la rue Vide-Gousset, qui faisait autrefois partie de la rue du Petit-Reposoir, n'est guère plus difficile. Le nom de cette rue était une indication nette et précise qu'il ne faisait pas bon de s'y promener après le couvre-feu. C'était un avis charitable donné aux bourgeois trop confiants de cette époque naïve qui ne connaissait pas encore les bienfaits du gouvernement constitutionnel et de la gendarmerie

PLACE DES VICTOIRES.

royale... Si, nonobstant le nom significatif de la rue, quelque nocturne flâneur rentrait chez lui dévalisé, il ne pouvait s'en prendre qu'à lui-même, ce qui lui évitait la peine de déposer sa plainte entre les mains du procureur du roi et de voir le lendemain dans les journaux le récit de son aventure, avec cette éternelle phrase stéréotypée, pour l'encouragement des voleurs : *la justice informe*.

Du reste, la rue Vide-Gousset ne jouissait pas seule de cette *détrousseuse* prérogative; ce n'était pas seulement les tirelaines et les flibustiers vulgaires qui volaient ou assassinaient les passants à la barbe du

guet et des archers. Sans parler des gentilshommes qui envahissaient, à la tombée de la nuit, les issues du Pont-Neuf, la joyeuse à la main, Tallemant des Réaux nous raconte, avec sa bonhomie quelque peu contemporaine, que M. le duc d'Angoulême, fils de Charles IX et de Marie Touchet, avait l'habitude de répondre à ses gens lorsqu'ils demandaient le paiement de leurs gages :

— Eh quoi! marauds, l'hôtel d'Angoulême est situé au beau milieu d'un carrefour, quatre rues viennent y aboutir, et vous osez encore me demander des gages!

Quelle charmante époque pour les gens qui savaient se servir de leur épée!

Reste la rue de La Feuillade, qui n'est que le prolongement ou la tête de la rue Neuve-des-Petits-Champs. Cette rue est composée d'une vingtaine de maisons modernes, et ne possède qu'un petit hôtel dans le style du temps de Louis XV. Cet hôtel a été construit et habité par un financier dont nous n'avons jamais pu trouver le nom, ce qui empêchera ce malheureux croquant de passer, par la voie de cet article, à la postérité la plus reculée.

Ce quartier de la Banque, habité jadis par les grands seigneurs et les hauts financiers du XVIIe et du XVIIIe siècle, est envahi aujourd'hui par le commerce des soieries et des draps. C'est sur la place des Victoires, au coin de la rue des Fossés-Montmartre, qu'a commencé et décliné la colossale fortune de la maison Ternaux qui étendit, sous la Restauration, ses opérations commerciales dans toutes les parties du monde. On nous a dit que M. Ternaux avait beaucoup perdu à la révolution de juillet, dont il avait hâté l'événement de ses vœux et de ses actes. C'est l'histoire éternelle de la flûte et du tambour : ce qui vient par le commerce s'en va par la politique....

Pour remplir le cadre que nous nous sommes tracé, il serait peut-être nécessaire de dire quelques mots de la rue des Fossés-Montmartre; mais nous avons vainement cherché et compulsé, nous n'avons rien trouvé de bien intéressant sur l'origine de cette rue, à laquelle on pourrait appliquer le mot que disait Voltaire, à propos d'une académie de province : « C'est une fille honnête qui n'a jamais fait parler d'elle. »

Edm. Texier d'Arnout.

RUE ET ILE SAINT-LOUIS.

En 1614 l'île Saint-Louis n'existait pas encore; il y avait à sa place deux îlots, l'un à peu près vague, l'autre presque inhabité, et qui ne portaient pas encore le nom qui a prévalu; on les appelait l'île Notre-Dame et l'île aux Vaches. La première et la plus considérable forme aujourd'hui le terrain compris entre les quais de Béthune, de Bourbon, d'Orléans, d'Anjou, jusqu'à la rue Bretonvilliers au midi, et jusqu'au delà de la rue Poultier au nord; l'île aux Vaches se composait du reste.

C'était un beau séjour alors que ces deux îles! Si on en excepte quelques rares cabanes, dont la concession avait été faite dans l'une d'elles aux favoris du chapitre, elles étaient tout entières semées de gazons toujours frais, plantées de vergers bien ombreux, de jardins bien fleuris, où se promenait la rêverie studieuse des chanoines. Pas de bruit, pas de boue, pas d'odeur nauséabonde; le domaine épiscopal les avait protégées, et rien ne ressemblait moins à la Cité, cette ville sombre, marécageuse, bruyante, que ses tranquilles et vertes voisines, sorties tout exprès de l'eau pour offrir un de ces contrastes saisissants que l'on ne rencontre qu'à Paris.

Or, en 1614, deux hommes abordèrent sur la côte occidentale de l'île Notre-Dame; c'était dans une des premières journées d'avril; la brise, qui suivait le cours du fleuve sans rider sa surface, portait à nos deux promeneurs les fines senteurs de la violette qui commençait à fleurir; le soleil avait séché les vapeurs de l'air, le ciel était pur, la cime des arbres se colorait déjà de je ne sais quelle poussière lumineuse, et le printemps n'était pas loin.

Sans doute les deux hommes qui s'étaient fait descendre sur le rivage fuyaient l'éternel hiver de Paris; amoureux impatients des fleurs et du soleil, ils n'avaient d'autre but que de rendre hommage à leurs naissantes amours, dans les délicieuses solitudes de l'île.

Ils étaient bien soucieux, cependant, pour des poètes qui allaient cueillir des violettes, et peut-être aussi trop vieux pour ce pèlerinage bucolique. Le plus jeune avait, ce me semble, des cheveux qui grisonnaient déjà ; sa physionomie austère, son front dépouillé, ses yeux sans regard, ses lèvres sans mouvement, son attitude grave et réfléchie auraient laissé deviner en lui un officier de la justice criminelle, si son habit de cour, fastueux dans sa simplicité, n'eût révélé brillamment quelque haute position nobiliaire. Sous Louis XIII, un manteau de velours noir, un chapeau à larges plumes ondoyantes, une longue rapière, et voilà tout de suite un véritable gentilhomme, sans qu'il soit besoin de prodiguer sur son juste-au-corps les torsades, les rubans, les dentelles, toutes les futilités apparentes des gens de la cour. En regardant ce personnage, nous apprenons déjà qu'il est un seigneur de Paris ; peut-être en saurons-nous davantage en l'écoutant. Aussi bien, celui qui l'accompagne ne doit pas être un rêveur silencieux ; l'exagération de sa bosse abdominale ne nous annonce guère une secrète ardeur des jouissances contemplatives ; il secoue les pans de sa soutane de la meilleure grâce du monde ; il prise, il tousse, il pousse de petits soupirs bienheureux, il se frotte les mains en écarquillant sa luisante prunelle ; le bon chanoine va, vient, court, arpente le terrain, prononce des mots techniques, des mots barbares, et vraiment! c'est à faire fuir les muses et à désoler ceux qui sont encore dans l'âge où on les cultive, où on les aime ! — décidément nous avons affaire à l'économe du chapitre ; il va parler :

« Eh bien, messire ? demanda le chanoine.

— Oui, j'avais raison, répondit le gentilhomme, sans avoir entendu la demande de son compagnon.

— Mais cependant, messire...., reprit l'économe un peu plus haut.

— C'est impossible ! » répliqua le seigneur un peu plus bas.

On pouvait parler ainsi fort longtemps et ne s'entendre guère ; c'était au moins l'avis du chanoine qui, à bout de sa longanimité, se prit à saisir l'interlocuteur rebelle, en le tirant par le bout de son petit manteau ; il lui dit d'un ton presque sévère :

« Or çà, vous plaît-il de vous décider enfin, messire Lagrange ? »

Messire Lagrange ! Qu'est-ce que c'est que çà ! — Voilà un nom qui sent assez peu son pont-levis et sa meurtrière ! — Lagrange ! mais voilà un nom qui n'a jamais été celui d'un gentilhomme ! Quelle est cette méprise ? Eh! mon Dieu! il n'y a point de méprise. Le raffiné au manteau de velours est bien le sieur Lagrange, secrétaire du roi ; par malheur, il n'a de noble que les relations de sa place et les dentelles de son pourpoint ; homme considérable pourtant par son entourage, et qui a fini par revêtir sa personne de toutes les magnifiques apparences d'un véritable duc et pair.

Le secrétaire du roi, Jean Lagrange ou Delagrange, mis en demeure par le chanoine, et ne trouvant plus de moyens dilatoires, consentit à s'expliquer en ces termes :

« Mon révérend, vous m'avez indiqué vous-même les obligations auxquelles le protégé des commissaires devra souscrire, pour la réunion des deux îles et pour la construction d'un nouveau quartier sur ce vaste terrain; puisqu'*il est maçon*, il doit savoir à quoi il s'engage !... J'ai consulté des architectes d'un mérite incontestable, je me suis interrogé moi-même, et, tout considéré, je ne pense pas qu'un honnête homme puisse prendre de pareils engagements, parce qu'il lui serait impossible de les remplir; je me retire donc, mon révérend, et je remercie le chapitre pour une gracieuse préférence dont je n'ai que faire.

— Tant pis pour vous, messire ! »

Et le chanoine n'avait point tort.

Quelques jours plus tard, le 19 avril, Christophe Marie, entrepreneur général des ponts de France, signait un contrat par lequel il s'obligeait à réunir les deux îles, en comblant le canal qui les séparait, à les environner, dans le délai de dix ans, de quais revêtus de pierres de taille, à y construire des maisons, des rues larges de quatre toises et un pont de communication avec la ville. En revanche, il obtenait la faculté d'établir, dans l'été, un jeu de paume et une maison de bains, qui n'auraient donné peut-être que du vent ou de l'eau claire si les commissaires du roi n'avaient libellé un dernier article qui lui conférait le droit de lever sur chaque maison, et pendant soixante ans, une contribution annuelle de douze deniers.

Désormais en règle à l'égard de toutes les chambres du parlement, maître et seigneur pour plus d'un demi-siècle d'un vaste et beau quartier qu'il allait construire, Marie s'avisa de rêver à la gloire. Il se rappela que l'une des clauses de son traité, — bizarre époque où les entrepreneurs songeaient à leurs traités ! — il se rappela qu'il devait un pont pour relier le nouveau quartier à la ville, et il résolut de baptiser ce pont, pour l'honneur de son orgueilleuse truelle.

L'entrepreneur Christophe Marie avait donc l'extrême bonté de se soucier de la gloire; mais jusqu'à cette époque les saints du calendrier avaient eu seuls le privilège de patroniser les rues de Paris, les places de Paris, les quais et les ponts de Paris. Quelque prévôt, quelque échevin, quelque dignitaire municipal s'était glissé parmi eux, çà et là, dans les endroits les plus écartés, les plus sombres de la ville; les maîtres maçons ne l'avaient point osé encore.... Eh bien ! Christophe, qui avait du crédit à la cour, se fit promettre par la reine-mère de venir, avec le roi son fils, poser la première pierre du *pont Marie;* la cérémonie eut lieu avec une grande pompe, le 11 octobre 1614, en présence d'une assemblée auguste, d'une foule d'élite, dans laquelle figuraient le président Miron, prévôt des marchands, les échevins, le procureur de la ville et bien

d'autres notables; la reine-mère dont je parle était Marie de Médicis.

Le vent emporta tout ce bruit d'une foule brillante, toute cette poussière soulevée par un manteau royal; le souvenir du 11 octobre resta enseveli sous les arches du pont; bientôt les tailleurs de pierres ne connurent que leur entrepreneur, et le nom de l'heureux Marie devait survivre, grâce au mortier hydraulique, à toutes les révolutions, à tous les orages, à toutes les crues d'eau de la Seine.

Mais c'était là trop de bonheur pour un maçon!... A tort ou à raison, le chapitre de Notre-Dame se prétendit lésé par le contrat de Christophe Marie, et les chanoines s'opposèrent vivement à l'exécution des travaux; l'affaire fut chaudement suivie par le bon économe que vous connaissez, par l'ami de Jean Lagrange; il épuisa tous les degrés de juridiction, y compris le conseil du roi, et le chapitre perdit son procès.

Neuf ans plus tard, l'île Notre-Dame, comme on l'appelait encore, commençait à prendre l'aspect que nous lui voyons aujourd'hui, quoiqu'il lui restât beaucoup à faire pour compléter sa métamorphose. Jean Lagrange, qui n'avait pas été absolument étranger au procès du chapitre, regretta ses scrupules et ses refus. Il voyait avec l'envie d'un courtier qui a manqué une belle opération, avec le dépit d'un courtisan qui se laisse dépasser en courtisanerie, les rues de l'île se couvrir d'édifices et les édifices se peupler d'habitants; il voyait une ville nouvelle s'élancer du fleuve, comme par enchantement; il voyait grandir l'influence de Christophe Marie, que les honneurs de la popularité allaient transformer en une puissance du jour, en un homme véritablement à la mode.

Faute d'un meilleur moyen pour contenter son dépit et sa colère, Lagrange essaya contre Marie le pouvoir des séductions diplomatiques, terrain sur lequel il se sentait tout-à-fait à l'aise, comme chez lui; la ruse et la flatterie lui réussirent à merveille. Dans l'année 1623, Jean Lagrange devint cessionnaire du privilége qui lui avait inspiré tant de convoitise; par malheur les commissaires du roi avaient reconnu depuis longtemps la nécessité d'apporter quelques modifications au traité de Christophe; Lagrange s'engagea à continuer les travaux de son prédécesseur, à construire en six ans un pont de bois pour joindre l'île au quartier Saint-Landry et un pont de pierre pour la réunir aux Tournelles; il obtint le droit d'établir des bateaux de lavandières, douze étaux de boucher, et enfin le droit de bâtir des maisons sur le pont Marie et sur le pont des Tournelles; c'était là un vrai coup de maître.

C'est à un pareil contrat que nos pères furent redevables de ce couronnement pittoresque de maisons qui s'élançaient avec tant de légèreté et de grâce, du milieu de la Seine, et qui, pour le pont Marie particulièrement, jouissaient d'une si juste réputation de hardiesse et d'élégance; quant à Lagrange, sans le petit inconvénient que nous allons vous dire, il leur aurait dû de bonnes redevances, car, à cette époque, il s'y faisait un commerce très-actif en pierres fines et en métaux précieux, absolument comme cela se fait encore sur le *Ponte-Vecchio* à Florence.

Voilà donc Lagrange qui se croit le cessionnaire le plus heureux de France et de Navarre !

Pauvre secrétaire ! vous ne savez pas ce que le métier de constructeur a de dangereux; on dégringole si aisément d'un échafaudage ou d'une échelle ! Pour Dieu ! craignez qu'il ne vous tombe quelque tuile sur la tête ! Pas d'imprudence ! Voici venir Marie avec ses associés et ses gens de loi ; vous êtes sur un terrain glissant, entre un chapitre et un entrepreneur !

Prenez garde !... mais il est trop tard ; le pied vous a manqué !... un huissier vous jette par terre, et vous voilà secrétaire du roi comme devant. Ceci se passait en 1627.

Les requêtes, les débats, les plaidoiries commencèrent entre Lagrange, Christophe Marie et les chanoines de l'île Notre-Dame; la lutte judiciaire dura jusqu'en 1642, et les plaideurs, bien entendu, n'y gagnèrent que les coquilles de l'huître dont parle la fable. Enfin, que vous dirai-je : il ne fallut rien moins que trente-un ans de travaux, d'intrigues et de procès, pour couvrir de maisons un terrain deux ou trois fois grand comme la *Boule-Rouge*, que l'on vient de peupler de véritables palais en une minute, en un clin d'œil, en un hiver ! A vrai dire, il s'agissait, dans l'île Notre-Dame, d'un quartier qui allait abriter durant deux siècles tous les justiciers, tous les gens de robe de la ville de Paris.

En perdant ses chanoines pour prendre des procureurs, l'île Notre-Dame a quitté son nom pour prendre celui de Saint-Louis.

De ce moment, l'île Saint-Louis aura des rues bien alignées, des maisons bien aérées, des hôtels riches et sévères, des terrasses plantées d'arbres, des bassins et des eaux jaillissantes ; et tout cela, pour une population grave, silencieuse, triste et presque toute vêtue de noir !

Molière, qui avait beaucoup ri sans doute en regardant les hôtes habituels de l'île Saint-Louis, habilla de noir tous ses personnages ridicules : *castigat ridendo mores*.

L'apparition du nouveau quartier eut un succès immense dans l'opinion parisienne. D'abord il était vraiment tout neuf, de la cave au grenier ; ensuite il était à coup sûr plus beau, plus élégant, mieux divisé que tous les autres quartiers de la ville de Paris ; l'admiration des Parisiens n'était-elle pas bien légitime ?

Puisque désormais l'île Saint-Louis existe bien et dûment, par acte authentique, enregistré au greffe, essayons d'examiner, dans quelques-uns de ses magnifiques détails, le nouveau quartier qui a métamorphosé l'île Notre-Dame.

A la pointe orientale de l'île, précisément à l'endroit où s'appuie le pont de Damiette, on voyait encore à la fin du dernier siècle un hôtel somptueux, bâti par Du Cerceau pour M. de Bretonvilliers, et dans lequel les fermiers généraux transportèrent, en 1719, le bureau des aides et du papier timbré ; en 1790, il servait encore à la régie de la ville ; c'était là une belle porte de Paris, *sur la route de la Seine* ; un terre-plain en parterre, entièrement découvert sur le quai, et rafraîchi par un jet d'eau, attirait sans cesse les rêveurs du quartier ; l'hôtel Bretonvilliers faisait concurrence à l'hôtel Lambert.

L'hôtel Lambert est bien le monument le plus singulier de l'île, celui qui témoigne le mieux de sa splendeur passée, le seul qui raconte aux générations contemporaines la vie tout entière d'une société éteinte, disparue dans un orage révolutionnaire ; qui porte lisiblement écrite sur son front son illustre origine, et conserve encore assez de grandeur pour commander les regards, l'attention et les respects de la foule. Peu d'édifices particuliers ont abrité autant de gloires, et gardé autant de souvenirs que l'hôtel Lambert. Dans les deux siècles de sa vie publique et privée, il a vu s'asseoir dans ses salons, défiler dans ses splendides galeries tous les grands noms qui ont honoré les lettres, les arts et la magistrature ; et, comme si tant d'éclat et d'honneur ne suffisait pas encore à la grande existence de l'hôtel Lambert, l'abandon et la solitude ont jeté sur lui la poétique majesté des ruines et du silence.

L'hôtel Lambert est le contemporain des plus vieilles maisons de l'île Saint-Louis ; il est né dans l'ombre, bien loin du soleil parisien, entre l'hôtel de Pincodan et l'hôtel de Bretonvilliers ; il est sorti des mains un peu louches de l'architecte Levau, qui devait écraser un peu plus tard, sous le poids des pavillons de Flore et de Marsan, une des plus charmantes et des plus délicates créations de la renaissance.

Une réflexion, trop souvent applicable aux édifices bâtis depuis cette époque, s'applique singulièrement à l'œuvre de l'architecte Levau ; en comparant les styles qui ont décoré tour-à-tour l'extérieur et l'intérieur de l'édifice, on croirait qu'il s'agit de la collaboration de deux hommes bien différents l'un de l'autre ; le premier n'est qu'un bourgeois, un misérable tailleur de pierres, un simple artisan qui ne sait pas réaliser dans l'air une pensée de Vignolle, de Palladio ou de Michel-Ange ; le second est un artiste audacieux, original, élève de son propre génie bien plus que du génie de ses maîtres, et qui ne se souvient de l'école que pour chercher le beau dans une voie nouvelle ; l'hôtel Lambert, d'une apparence imparfaite au dehors, avait reçu au dedans toutes les merveilles d'une admirable fantaisie ; l'on eût dit que Levau avait douté de ses juges... en plein vent.

Soyons juste, l'hôtel Lambert avait une porte-cochère assez remarquable : elle était surmontée d'une guirlande en feuilles de chêne d'un travail et d'un goût tout-à-fait charmants.

L'hôtel Lambert a perdu presque tous les tableaux que lui avait donnés l'admirable munificence de Lesueur ; il garde encore, avec un juste orgueil, le plafond de sa galerie, peint tout entier par le pinceau de Lebrun ; l'artiste favori du grand roi se surpassa lui-même dans cette magnifique peinture ; à vrai dire, il s'agissait pour lui de lutter avec un rival redoutable, qui se nommait Eustache Lesueur, peintre de la reine-mère.

A cette époque, Lebrun n'était pas encore le premier peintre de Louis XIV, et il lui fallait conquérir un pareil titre à force de travail, à force de talent ; son œuvre de l'hôtel Lambert a trahi la secrète pensée de son ambition ; de la science, des efforts, du bonheur, du goût, mais pas de chaleur, point de cœur, aucune véritable inspiration, digne d'un aussi grand artiste que Lebrun.

Tout cela n'a pas empêché le peintre de Louis XIV d'avoir laissé tomber de sa palette, sous les lambris de l'hôtel Lambert, des fleurs qui ont l'air de se balancer sur leurs tiges, de jeunes filles qui ont l'air de s'envoler avec les amours, des riens charmants, de poétiques allégories qui feraient adorer la plus vieille et la plus ennuyeuse mythologie de ce monde.

Il y a là, dans cette brillante peinture, une Cybèle qui ressemble à une délicieuse marquise de Versailles ; une Cérès qui ressemble à une vicomtesse adorable, et une Flore qui ressemble à une petite baronne sans pareille ; les grandes dames de la cour empêchaient Lebrun de peindre exactement les déesses de la mythologie. L'hôtel Lambert est tout rempli de héros fabuleux, d'animaux fantastiques, de génies ailés, de festons et de corbeilles de fleurs.

Dans un des premiers salons qui avoisinent la grande galerie, les mutilations qui ont bouleversé l'hôtel Lambert commencent à s'étaler bien tristement ; les glaces et les lambris ont été remplacés par une espèce de papier en chinoiserie, dont l'aspect a quelque chose de désolant ; voilà une bonne occasion de gémir et de lever les yeux au ciel, afin de perdre de vue les lambris et de trouver sur un plafond une belle peinture sans nom d'auteur, un Zéphire soulevant un corps aussi léger que le sien, le corps divinisé de la Psyché grecque : page ravissante, petit chef-d'œuvre de goût, d'expression et de grâce, qui aurait honoré même le pinceau de Lesueur.

C'est en admirant cette Psyché que le souvenir d'une petite anecdote nous est revenue, parce qu'elle a dû se passer tout près de la galerie Lebrun.

Peu de temps après l'entière exécution des travaux de l'hôtel, un nonce du saint-siége, ami des arts, en sa double qualité d'Italien et de prince de l'Église romaine, désira les visiter et les juger ; ce fut Lebrun lui-même qui le reçut dans l'hôtel et qui voulut avoir la faveur de le conduire ; le nonce, qui ne connaissait pas encore le nom de son officieux cicérone, se prit à louer de son mieux les tableaux du peintre de Louis XIV, sans deviner tout ce que valaient de pareils éloges aux yeux du complaisant anonyme qui lui faisait les honneurs de la galerie d'Hercule, dans tous ses détails, dans toutes ses petites merveilles ; si bien qu'en entrant dans les salles peintes par Lesueur, Lebrun s'avisa de presser le pas, sans doute pour en finir au plus vite avec les chefs-d'œuvre d'un rival...

— Tout beau, *caro mio!*... s'écria le nonce, ce plafond est de la peinture italienne, de la peinture d'un grand maître ; regardons-le, s'il vous plaît, avec le soin, avec l'attention qu'il mérite. Quant à ce que vous m'avez fait voir jusqu'ici, entre nous, ce n'est qu'une *coglioneria!* — Pauvre Lebrun !

Le troisième salon n'a rien aujourd'hui de ce qui faisait autrefois sa splendeur ; le *Phaéton* de Lesueur n'y est plus ; ses belles Muses ont cédé la place à de petites dames énamourées, qui soupirent avec tout le mauvais goût d'*Angélica Kauffmann* ; les voussures de François Périer sont à peine visibles, grâce à une couche de poussière qui commence à se faire carton-boue ; saluons encore, dans cette salle, quelques gracieuses figurines sur fond d'or, et n'oublions pas d'aller admirer dans l'antichambre les grisailles de Lesueur que B. Picard n'a point jugées dignes des honneurs de la gravure.

L'hôtel Lambert possède une salle précieuse qu'on appelle la chambre de Voltaire; ce cabinet a dû commencer par être une salle de bains; les peintures qui ornent son plafond convenaient à ravir au ciel d'une baignoire; elles sont toutes de Lesueur et partout admirables.

L'artiste a peint en camaïeux entourés d'ornements Actéon, Neptune et Amphitrite; la marquise du Châtelet s'est peut-être baignée dans cette salle, les yeux fixés sur Actéon.

Le jardin de l'hôtel Lambert a subi la loi du temps et celle des hommes, quelquefois plus cruelle encore; le pauvre président Nicolas Lambert ne reconnaîtrait guère ce beau jardin qu'il aimait tant, et qui n'a plus aujourd'hui ni bosquets, ni amours, ni fleurs, ni mystères, ni rêveries!

Nous voici déjà à la porte de l'hôtel Lambert, et nous ne quitterons pas l'île Saint-Louis sans avoir salué son église.

Cette église, succursale de Notre-Dame, n'était en 1616 qu'une petite chapelle, bâtie par Nicolas le jeune, couvreur, qui le premier avait habité dans l'île en 1600. Le nombre des habitants s'étant augmenté, cette chapelle fut agrandie à la fin de 1622. Enfin, le 14 juillet de la même année, elle fut érigée en paroisse sous le titre de Notre-Dame en l'île; titre qu'elle ne conserva pas longtemps, puisque vingt ans plus tard on disait : Le curé de Saint-Louis en l'île.

Le 1er octobre 1664, M. de Péréfixe, archevêque de Paris, posa la première pierre des nouveaux agrandissements dirigés par l'architecte Levau; mais, ces constructions n'étant point en harmonie avec les autres parties de l'édifice, on reconstruisit la nef, et l'église, achevée par Leduc, fut bénite le 4 juillet 1726.

Telle qu'elle est aujourd'hui, elle n'offre rien de remarquable.

Depuis deux cents ans, l'île Saint-Louis n'a rien changé à ses apparences habituelles; l'ancien pays des chanoines et des gens de robe est resté grave comme le chapitre de Notre-Dame, immobile comme la balance de la justice, inamovible comme la magistrature de France.

En général, ce sont des teinturiers et des imprimeurs en étoffes qui ont remplacé, dans l'île Saint-Louis, les chanoines et les procureurs. — Voilà le progrès.

L'île Saint-Louis, c'est la province à Paris; c'est une petite ville qui a des rentiers dans les maisons, de l'herbe dans les rues et de petits bateaux sur l'eau.

L'île Saint-Louis a eu trois existences bien distinctes : la vie du cloître, la vie du palais, la vie du bourgeois : un rochet, une robe, un bonnet de coton!

G. BOTTÉE DE CORCY.

RUE MONTMARTRE

Le nom seul de la rue Montmartre nous dispense de faire ici l'historique de son baptême. Tout le monde connaît cette butte, fameuse par ses ânes et ses moulins autant au moins que par ses carrières, qui s'élève au nord de Paris. Il n'est pas douteux que la rue n'ait eu la butte pour marraine : je ne sache point d'étymologiste qui ne tombe d'accord de ce fait ; mais à quelle circonstance la marraine doit-elle le nom qu'elle a transmis ? c'est une question, il en faut convenir, qui n'a jamais été été très-claire. Avant même que les savants s'avisassent de s'en mêler, on s'entendait mal sur ce chapitre. Depuis eux, c'est une autre affaire, on ne peut plus s'entendre du tout.

Les uns veulent que Montmartre ait, dans les temps anciens, servi de lieu d'exécution, et s'appelât alors *Mont du Martrois*.

Les autres, grands rechercheurs d'origines latines, y dressent, de leur chef, un temple au dieu des batailles, et décorent ladite butte du titre pompeux de *mons Martis*.

Certains érudits, peu jaloux des étymologies faciles, préfèrent consacrer le temple à la divinité du commerce, et décident que Montmartre descend en droite ligne de *Mons Mercurii*. Ont-ils raison? je le veux croire. Toutefois ce dérivé-ci me semble proche parent de celui dont riait Voltaire :

> Oui, *cheval* vient d'*equus*, sans doute,
> Mais avant il faut dire aussi
> Que, pour se transformer ainsi,
> Il a dû bien changer en route.

Citons enfin une quatrième version traditionnelle; suivant elle, c'est à Montmartre, au fond d'une cave où saint Denis disait clandestinement sa messe, qu'il fut surpris et décollé avec un de ses amis : c'est de là qu'il partit, sa tête entre ses mains, pour le lieu de sa sépulture, d'où il suit qu'il parcourut un demi-myriamètre environ, sans se reposer, dit la légende, plus de trois fois le long du chemin. Certes, faire une lieue en semblable équipage est un assez rare tour de force; mais en pareil cas, comme disait le cardinal de Polignac, il n'y a que le premier pas qui coûte.

Quoi qu'il en soit, il est certain que, dans l'opinion populaire, Montmartre est, de temps immémorial, synonyme de *Mons Martyrum*, en bon français, Mont des Martyrs. Dès l'an 1096, il est fait mention d'une chapelle érigée par la dévotion du seigneur de ce lieu, Gualterus Paganus, et qui jouissait d'un grand crédit à Paris et aux environs. Les moines de Saint-Martin-des-Champs, auxquels il en avait fait don, en furent longtemps propriétaires. En 1133, la reine Adélaïde acquit de ses deniers l'abbaye qu'avaient bâti les moines, et y fonda un couvent de bénédictines. En 1534, Loyola, sur le point d'instituer les jésuites, vint supplier les saints martyrs de se charger auprès de Dieu des intérêts de la compagnie, et il faut rendre de bonne foi à ses bienheureux agents d'affaires la justice qu'ils ne se sont pas mal acquittés de la commission. Anne de Jésus et Anne de saint Barthélemy se crurent obligées, avant d'acclimater les Carmélites à Paris, à une semblable déférence.

Du reste, toutes ces politesses, très-flatteuses sans doute pour l'honneur des saints patrons du monastère, étaient apparemment peu productives pour la bourse des saintes filles. En effet, on lit dans Sauval que vers la fin du XVIe siècle la communauté se trouvait grevée de plus de dix mille livres de dettes, et ne possédait pas au-delà de deux mille livres de revenu. Le jardin était tout en friche, les murailles gisaient par terre, le cloître et le dortoir servaient de promenade, et le réfectoire, vu la maigreur de la cuisine, devenu une superfluité sans objet, remplissait l'office de bûcher. Tel était l'état du local. Quant à celui des habitantes, il n'était pas moins affligeant. Au titre et au costume près, il n'y avait plus de religieuses : fort peu se souciaient des matines, pas une ne songeait au salut. Les plus sages, en d'autres termes, les plus laides, travaillaient pour vivre et mouraient à peu près de faim ; les plus jolies faisaient les coquettes, quelques-unes faisaient encore pis ; les vieilles allaient garder les vaches ou bien jouaient, auprès des jeunes, le rôle des duègnes espagnoles dans Don Quichotte et dans Gil Blas.

Soyons justes pourtant : l'indigence n'était pas seule responsable de tout le mal : Henri IV avait passé par là. En 1590, au début du siège de Paris, le quartier général de l'armée assiégeante occupait la butte Montmartre. Le Béarnais était alors plus hérétique et plus vert-galant que jamais ; les officiers valaient le maître : c'était double plaisir pour tous ces mécréants que de faire damner des nonnes. Aussi n'y manquèrent-ils point, d'autant que les nonnes, il faut le dire, n'étaient que trop faciles à la tentation. Le prince se chargea, pour sa part, de la conversion de l'abbesse, Claudine de Beauvilliers : elle était jeune, belle, partant fort agréable à convertir, et Henri la prêcha si bien que, lors de sa retraite sur Senlis, sa néophyte voulut l'y suivre. Ce fut même là, par parenthèse, que notre pauvre abbesse apprit ce qu'il en coûte de se fier aux infidèles. Le roi vit Gabrielle d'Estrées, et la pénitente de la veille fut sacrifiée à celle du lendemain.

Tout le temps que dura le blocus, l'état-major des troupes royales élut domicile au couvent. Aussi, quand l'armée décampa, n'y restait-il guère de novices; l'innocence et la chasteté s'étaient envolées pour longtemps. Les satiriques contemporains, dans leur langage sans façon, baptisaient la sainte maison d'un nom médiocrement chrétien. Cependant ce ne fut pas sans peine que la nouvelle supérieure obtint de sa libéralité six mille francs, *pour réparer*, dit Sauval, *les dégâts qu'il y avait faits*. Je m'étonne tout le premier de cette étrange lésinerie; mais eût-il donné cent fois plus, eût-il épuisé sa cassette, il avait fait là, par malheur, de ces dégâts que tout l'or du monde est impuissant à réparer.

Si les six mille francs du roi, joints à quelques aumônes, ne suffisaient pas, tant s'en faut, pour relever l'abbaye de ses ruines, ils suffisaient du moins pour les premiers travaux. On mit donc la main à l'œuvre, et,

dès les premiers coups de pioche, que trouva-t-on? un trou tout noir parfaitement ignoré jusque là. Sur ce, le chapitre s'assemble : grands débats, grandes suppositions. A quoi donc ce trou noir peut-il avoir servi? Si c'était...? pourquoi pas?... la cave où saint Denis disait sa messe? Allons, c'est clair, c'est manifeste : c'est là qu'il fut décapité. Vite on fait corner la trouvaille aux quatre coins de la capitale. A ce bruit l'attention s'éveille, la dévotion s'exalte; puis survient la mode, qui s'en mêle. La reine Marie de Médicis et les plus grandes dames donnent l'exemple : les visites affluent, les offrandes abondent, le caveau s'emplit, le tronc regorge, et voilà le couvent rétabli.

Ce n'était pas assez au gré de la persévérante abbesse; il s'agissait de ressusciter la discipline, et de renfermer au bercail des brebis qui passaient depuis longtemps leurs jours, trop souvent même leurs nuits, à s'égarer. La supérieure s'engagea franchement, hardiment, dans la voie des réformes. On murmura, on parla de résistance; elle ferma l'oreille. Poussées à bout, comment s'y prirent les rebelles? qui chargèrent-elles du soin de les défendre ou de les venger? Le poison. Quand les nonnes s'avisent de faire de l'opposition, elles n'y vont pas de main morte. La constitution de la victime et des antidotes administrés à propos détournèrent à demi les effets de cette odieuse tentative. La supérieure vécut, mais affligée de mille infirmités précoces. N'importe, sa fermeté ne se démentit pas. Force fut aux recluses de plier sous le joug, et le couvent reprit, du moins en apparence, son austérité d'autrefois. Il paraît, au surplus, qu'elle ne se maintint guère. Pendant le XVIIe et surtout pendant le XVIIIe siècle, la licence du couvent de Montmartre était presque proverbiale. La Fillon, célèbre entremetteuse, qui vivait, ainsi que chacun sait, en fort bons termes avec le régent, eut le front de lui en demander très-sérieusement la direction, sous prétexte qu'une abbesse comme elle était bien bonne pour de pareilles religieuses.

« D'ailleurs, ajoutait-elle, non sans quelque raison, pourquoi n'aurais-je point une abbaye? mon compère Dubois a bien un archevêché! »

En 1789, la maison, soupçonnée de recéler des armes, fut visitée, sondée, fouillée de fond en comble par le peuple. Bientôt la congrégation, dispersée au vent de la tempête révolutionnaire, disparut; les murailles abandonnées tombèrent, et à l'heure où sont tracées ces lignes à peine reste-t-il encore quelques vestiges de l'œuvre de l'abbesse de Beauvilliers. Chaque jour les carrières qui s'affaissent, les gouffres qui s'entr'ouvrent, achèvent d'engloutir le peu qu'ont épargné les ans, la main des hommes et la guerre! oui, la guerre. S'il est vrai que le dieu des batailles ait jadis vu fleurir son culte en ces hauts lieux, les débris dont il les a couverts attestent qu'il ne l'a point oublié. Sentinelle avancée de la grande ville, qu'il commande, Montmartre compte par ses désastres les siéges que subit Paris depuis l'invasion des Normands en 886, jusqu'à l'invasion des alliés en 1814. Aujourd'hui la voix de la guerre s'est éteinte comme s'eteignit la voix des recluses. A la place où éclatait le bruit des combats, où montaient jusqu'au ciel les hymnes monastiques, vous entendrez hurler des refrains animés ; vous entendrez grincer les accords des guinguettes provoquant les passants aux ébats de la Terpsichore un peu nue qui règne sans rivale dans ces parages-là.

Le plan de Paris sous Philippe-Auguste, venu, grâce au hasard, jusqu'à nous, constate que la rue Montmartre faisait partie de la clôture fortifiée construite par le susdit prince, aux frais des bourgeois de la ville, en l'an de grâce 1190. L'église Saint-Eustache et la butte Montmartre se disputèrent assez longtemps l'honneur de lui donner leur nom. La butte finit par triompher : l'usage décida que la porte s'appellerait Porte Montmartre, et quand elle périt au bout de cent soixante-six ans d'existence, elle transmit à son héritière ce nom désormais consacré. C'était en 1356, année de deuil et de désastres. La fleur de la noblesse était morte à Poitiers, le roi Jean était pris, l'Anglais victorieux, la France à deux doigts de sa perte, et la capitale du royaume à la merci de l'ennemi. Un homme ne désespéra pas ; cet homme fut Étienne Marcel, le fameux prévôt des marchands. Quelques mois lui suffirent pour mettre Paris en état de défense. A l'aide de trois cents ouvriers et d'une somme équivalente à un million de notre monnaie, il restaure, il rehausse, il augmente, il équipe les vieux remparts de Philippe-Auguste. Vers le nord, où la ville, à l'étroit dans ses murs, débordait à grands flots au dehors de la digue, il en élargit la ceinture ; et c'est ainsi que la nouvelle porte, pourvue d'un pont-levis et flanquée de tourelles, se trouve, du point où d'abord fut assise sa sœur aînée, transférée à seize pieds en deçà de la rue Neuve-Saint-Eustache, autrefois rue Saint-Côme du Milieu des Fossés.

Non loin de la première porte Montmartre, Charles V, vers l'an 1370, fit bâtir une somptueuse et vaste résidence, surnommée le *Séjour du roi*. C'était la mode en ce temps-là, chez les princes et les grands seigneurs, de posséder dans les faubourgs ou les alentours de la ville une sorte de succursale de leur palais, de *villa*, de maison de plaisance, connue sous le titre de *Séjour*. Celui du roi, qui fut, à son apparition, salué comme une merveille, se composait de six corps de logis, d'une chapelle, d'un jardin, de trois cours, sans préjudice d'une grange. Le jardin, qui comprenait en outre, écuries, manége et promenade, à l'usage des coursiers de cérémonie, dits *Grands Chevaux du Séjour du roi*, s'émaillait de mille fleurs charmantes, s'ombrageait de mille arbres touffus. Le château, retraite favorite de Charles V et de sa cour, brillait de toutes les recherches de l'art, du goût, de l'élégance et du luxe contemporains. A un siècle de là, de ce royal asile, de toutes ces richesses, de toutes ces splendeurs, qu'avaient fait le temps, l'abandon et surtout la guerre intestine ? un dé-

Rue Montmartre. — Hôtel Royaumont.

sert de ruines, de ronces, de décombres, où s'élevait encore, isolée, chancelante, une pauvre mâsure ouverte à tous les vents et dont un portefaix avait fait sa tanière à raison d'un loyer annuel de vingt-quatre sols parisis (un franc cinquante centimes en monnaie d'à-présent). Louis XI, dont l'esprit économe s'arrangeait mal des non-valeurs, mit, après expertise, enquête et contre-enquête, le domaine tout entier en vente, sur le pied de seize livres, treize sols, quatre deniers parisis de rente, rachetable moyennant deux cents livres comptant. Un conseiller, le sieur Morin, en fit emplette; dès-lors, adieu le Séjour du roi! Jardins, châteaux, ronces, ruines, tout disparait, voire le souvenir! son nom même, superbe relique confiée aux lieux où il fut (*campos ubi Troja fuit*), ne lui survécut qu'à demi. Mutilé, tronqué, dénaturé, c'est lui, c'est pourtant lui qui figure aujourd'hui, absurde contresens consacré par l'usage, au coin de cette ruelle sombre, noire, lugubre, qu'on appelle la rue du Jour.

Jusqu'à Louis XIII, la rue du Jour ou du Séjour conserva son aspect rustique; mais, vers l'année 1612, on la voit s'enrichir d'un nouvel édifice qui, du chef de son fondateur, l'abbé de Royaumont, évêque de Chartres, s'intitule fièrement *Hôtel de Royaumont*. A peine achevé, l'hôtel, bizarre vicissitude! passe des mains d'un homme d'église aux mains du plus fameux duelliste d'une époque féconde en duellistes fameux. C'est la demeure de Montmorency Bouteville, noble coupe-jarret, qui, grâce aux rigueurs salutaires du cardinal de Richelieu, termina le cours de ses duels par un duel en place de Grève, en tête à tête avec le bourreau. Tenez! voyez là-haut ce balcon où pérore, s'agite et gesticule, la rapière au côté, le feutre sur l'oreille, la barbe en fer de lance et la moustache en croix, ce groupe de cavaliers au regard querelleur, toisant du haut en bas les passants, qui s'éloignent sans mot dire et sans oser même lever les yeux. — Quels sont ces gens-là? je vous prie. Ces gens-là sont le cadet de Suze, Pompignan, Végole, Villemore, Lafontaine, Montmorin, Pétris, Monglas, que sais-je? l'élite de la cour, la fleur de la noblesse, l'escadron, comme on disait alors, ou bien, comme on dit aujourd'hui, le club des *raffinés d'honneur*. Ces gens-là se piquent, se font gloire de jouer incessamment leurs jours au hasard d'une feinte ou d'un coup droit. En vain les édits de Louis XIII promettent au vainqueur l'échafaud; en vain les plus hardis, les plus habiles finissent par succomber à leur tour; en vain on a vu Balagny, Balagny le roi des fines lames, Balagny surnommé *le brave*, tomber victime du sort des armes qui le favorisa si longtemps. Point de remède à cette absurde et sanguinaire monomanie. C'est la mode, l'épée ne tient point au fourreau; on se choque d'un mot, on s'offense d'un geste, on se formalise d'un coup d'œil. On pousse jusqu'au fanatisme l'idolâtrie du point d'honneur. Une vétille, un rien suffit pour dégainer. Plus vous êtes pointilleur, plus on vous considère, et l'importance d'un homme se mesure au nombre de ceux qu'il a tué.

A ce titre, le premier rang appartenait sans contredit à Bouteville ; il marchait, par droit de conquête autant que par droit de naissance, à la tête des raffinés. Son hôtel de la rue du Jour était l'état-major de la bande. Là se traitaient les plus subtiles et les plus délicates questions du point d'honneur ; là le duel avait ses juristes, l'escrime ses académiciens. On y discutait l'art sublime de s'entr'égorger par principes ; on dissertait sur le mérite d'un coupé ou d'un dégagé ; on plaidait le pour et le contre de la botte la plus nouvelle ; prime, seconde, tierce, quarte, quinte, parade, riposte, voilà le jargon qu'on y parlait ; et afin que la théorie s'y fortifiât de la pratique, la courtoisie du maître avait pris soin de transformer en salle d'armes le rez-de-chaussée de sa maison. Noble ou vilain, tout spadassin, tout matamore, tout bretailleur de profession jouissait librement de ses entrées ; c'était la terre promise des vauriens, des ivrognes, des tapageurs, des vagabonds, de la Bohème de Paris, vrai pays de Cocagne où, du matin au soir, elle trouvait, gratis et à discrétion, de quoi boire et de quoi ferrailler ; car l'hospitalité de Bouteville pourvoyait, à ses frais, à ce double besoin ; des épées mouchetées tapissaient les murailles, des tonneaux toujours pleins provoquaient les buveurs, et le tireur haletant pouvait, séance tenante, retremper dans le vin sa vigueur épuisée, au risque de l'y noyer tout-à-fait.

Chacun courait à volonté du gobelet à la flamberge, de la flamberge au gobelet. Ce n'était que santés, ce n'étaient que défis : ce n'étaient, au sein de cet enfer, de ce *tapis-franc* d'un autre âge, que cris, horions, blasphèmes, refrains de cabaret, cliquetis de verres et d'aciers ; puis quelquefois, l'ivresse et la colère aidant, certains champions finissaient par prendre le jeu au sérieux ; la joûte dégénérait en bataille, on démouchetait le fer, on affûtait la pointe, on s'attaquait avec fureur, et bientôt, à la grande joie de la galerie, l'un ou l'autre des combattants, trop souvent même l'un et l'autre, après avoir laissé leur raison au fond des bouteilles, laissaient leur vie au bout d'un fleuret.

Le couvre-feu sonné, la valetaille faisait évacuer la place ; ceux des habitués (c'était le petit nombre) qui gardaient tant bien que mal l'équilibre gagnaient le pont clopin clopant ; les autres, on vous les balayait pêle-mêle sur le pavé, sans s'inquiéter le moins du monde de savoir s'ils n'étaient que morts-ivres ou s'ils étaient morts tout de bon.

Mais fuyons, détournons nos regards et nos pas de ces saturnales sanglantes ; aussi bien nous allons trouver, pour rejoindre la rue Montmartre, une autre voie qui, Dieu merci, réveille, avec d'aussi nobles noms, de moins flétrissants souvenirs ; je veux parler de la rue ci-devant Plâtrière, replacée, depuis 1830, sous l'invocation de J.-J. Rousseau, quartier privilégié qu'illustrèrent tour-à-tour l'aristocratie de la naissance, l'aristocratie de la fortune, l'aristocratie du talent.

En 1292, elle portait encore son vieux nom de *Maverse*, et n'était qu'un chemin fangeux, abandonné, relégué au pied des murailles, que déjà Guy, comte de Flandre, un des plus grands seigneurs de son temps, y venait fixer sa résidence. Un riche bourgeois, le sieur Coquillier, possédait, dans la rue Coquillière, une vaste habitation voisine de la porte de Bohême. Le comte achète l'habitation, y joint trois arpents et demi de terres contiguës que lui cède l'évêché de Paris; et, comme cet immense espace de bâtiments et de jardins dont l'ensemble forme l'hôtel de Flandre, bientôt ce beau domaine passe, en vertu d'alliance, à la famille des ducs de Bourgogne; puis, dans la suite des ans, négligé, délaissé par ses propriétaires, aliéné par les uns, démembré par les autres, envahi par tous ses voisins, il n'est plus, vers le milieu du xve siècle, que le fantôme de lui-même. L'édifice tombe en ruines, les plantations n'existent plus; une grande maison à l'image Saint-Jacques a usurpé le terrain de la rue Plâtrière, et l'unique corps de logis susceptible d'être utilisé sert de local aux *maîtres et doyens de la Passion de notre Sauveur.*

C'est là, chez ces Thespis du Théâtre-Français, qu'apparurent successivement le *Mystère des Apôtres*, dont le succès fut tel que la pièce obtint (prérogative peu commune en ce temps-là) les honneurs de l'impression, et même (prérogative fort rare en ce temps-ci) ceux de la réimpression; le *Mystère de l'Apocalypse*, drame de Louis Choquet, pareillement inspiré et composé de neuf mille vers, c'est-à-dire deux fois supérieur, du moins quant à la quantité, aux plus longs ouvrages de Corneille; enfin le fameux *Mystère de l'Ancien Testament*, qui fit courir Paris entier au spectacle et la France entière à Paris. Bien plus! il eut la gloire d'allumer un conflit entre le parlement et la cour. Interdit par autorité de justice, il ne triompha du *veto* que par l'autorité royale. Encore la cour souveraine, tout en se soumettant aux volontés formelles du roi François Ier, prescrivit-elle aux comédiens « de n'user d'aucune fraude, » et de n'interposer aucunes choses profanes, lascives, ni ridicules. »

O Censure dramatique, comme te voilà fière! la première page de ton histoire est écrite, il y a trois siècles, dans les registres du parlement.

L'arrêt, car il y eut arrêt, contient en outre plusieurs articles réglementaires d'un intérêt assez piquant:

« Les comédiens, y est-il dit, ne prendront pour l'entrée du théâtre pas
» plus de deux sous par personne; pour le louage de chaque loge, durant
» ledit mystère, pas plus de trente sous. N'y sera procédé qu'à jours de
» festes non solennelles; commenceront à une heure après midi, finiront
» à cinq. — Feront en sorte qu'il ne s'ensuive ni scandale ni tumulte; et
» à cause que le peuple sera distrait du service divin, *et que cela dimi-
» nuera les aumônes*, ils laisseront aux pauvres la somme de dix livres
» tournois, sauf à ordonner plus grande somme. »

En 1547, Henri II ordonna, par lettres-patentes, la démolition de l'hôtel de Flandre. La maison de l'Image Saint-Jacques suivit son voisin dans sa chute, et de leurs débris réunis sortit triomphant et superbe le nouvel hôtel d'Épernon. Cent ans après, celui-ci subissait à son tour le sort de son prédécesseur. Le terrain morcelé, divisé de rechef, voyait s'élever côte à côte les demeures plus brillantes et plus somptueuses encore de deux Crésus de la maltôte, deux vilains auxquels leurs écus avaient servi de savonnette. L'un était Fleurian d'Armonville, simple marchand de la Touraine, parvenu, en passant par les Fermes, à la direction des finances; l'autre le surintendant de Bullion, cet amphytrion magnifique, ce Lucullus digne des Mille et une Nuits, qui, traitant quelques grands seigneurs, et des plus huppés de la cour, fit circuler comme plats de dessert trois corbeilles de pièces d'or; ce fut, du reste, la plus goûtée de toutes les friandises du festin, et les nobles convives firent de si bon cœur l'éloge des morceaux que, quand on desservit la table, il n'y restait pas un louis.

A l'heure qu'il est, ces deux hôtels n'ont pas cessé d'être debout; mais que leurs destinées diffèrent!

L'un, ravalé au rang du Temple et des Piliers des halles, est devenu le *forum* de la vente aux criées, le champ de bataille du brocantage, l'auxiliaire habituel des décès, des faillites, l'exutoire du Mont-de-Piété. J'ai vu, moi qui vous parle, je crois les voir encore, ses salons étincelant jadis de meubles précieux, d'éblouissantes toilettes, métamorphosés en musée de bric-à-brac et de guenilles. Oh! regrets, oh! douleur, oh! dégradation! *heu! quantum mutatus ab illo!*... Eusses-tu voulu croire, aux temps de ta splendeur, que tes pauvres échos mollement endormis aux accords harmonieux des bals et des concerts, s'éveilleraient au bruit de la voix glapissante d'un crieur et d'un huissier priseur? que sous tes lambris, imprégnés du parfum de l'aristocratie, viendrait grouiller la tourbe impure des fripiers et des revendeurs? que tes glaces, où se miraient de si frais, de si nobles, de si charmants visages, se verraient condamnées à réfléchir un jour tant de faces communes et de traits avinés? que tes parquets enfin, naguère effleurés par le soulier de satin et par le talon rouge, gémiraient au contact de l'escarpin ferré, du socque articulé, hélas! même (*proh pudor!*) du trivial sabot?

Au dehors, tout est noir, sombre, morne, enfumé, et n'était l'écusson gravé sur le fronton ainsi que sur un mausolée, nul indice extérieur, dans ce lugubre édifice, ne révélerait le fastueux séjour du surintendant Bullion.

Mais chez son voisin quel contraste! quel mouvement! quelle vie! A peine l'aube blanchit-elle les murs grattés, polis et recrépis à neuf, tout s'éveille. Les salles, converties en bureaux, se peuplent d'une fourmillière d'employés; les cours, les escaliers, les corridors s'animent; mille passants se croisent, s'entre-croisent, se coudoient d'un air affairé; on entre, on sort, on sort, on rentre : ce ne sont qu'estafettes arrivant au galop, courriers s'élançant ventre à terre, véhicules qui s'en vont, véhicules qui reviennent, gens à pied, à cheval, en voiture, sentinelles veillant aux portes, en un mot l'appareil complet d'une vaste administration. C'est que c'en est une en effet, c'est que l'hôtel a passé, depuis 1717, du service de l'opulent traitant au service d'un maître encore plus opulent que tous les traitants imaginables, au service de tout le monde : c'est que le ci-devant hôtel d'Armenonville est aujourd'hui l'*Hôtel des postes*.

Je rappellerai que Louis XI, fondateur de la poste, en emprunta l'idée première aux Messagers de l'Université, qui, en sa qualité d'érudite, l'avait elle-même renouvelée du grand Cyrus et des Romains ; que cet établissement, qui produit à l'État un revenu de près de cinquante millions, lui coûtait, au début, trois millions de dépenses annuelles. Et le *Cabinet noir*, cette inquisition épistolaire créée pour amuser la vieillesse blasée de Louis XV; et le bureau de la poste restante ! et le bureau des envois d'argent! et le bureau des imprimés, qu'assiègent à l'envi, de deux heures jusqu'à trois, ce qu'on est convenu d'appeler les organes de l'opinion ! Au xive siècle, les comtes de Joigny habitaient l'hôtel de Calais, en face de l'hôtel de Flandre. Après lui, l'hôtel de Laval s'éleva sur une partie de son emplacement; à celui-ci succédèrent plusieurs maisons de maigre et chétive apparence, entre autres la maison qui porte actuellement le n° 2; regardez-la : rien ne la distingue de ses maussades et tristes sœurs, si ce n'est qu'elle semble peut-être encore plus triste et plus maussade; et cependant elle fut, c'est tout dire, le logis de J.-J. Rousseau. C'est là que, défiant, ombrageux, hypocondre, victime imaginaire de complots chimériques, l'auteur de *Julie* et d'*Emile*, cet homme qui traduisit avec tant d'éloquence l'âme d'un ami, d'une mère, qui sut peindre l'amour pur, éthéré, céleste d'un si poétique pinceau, vécut, tel qu'un ours dans son antre, rebelle à l'amitié, rebelle à la nature, uniquement attaché, que dis-je ? acoquiné à je ne sais quelle créature sans attraits, sans jeunesse, sans éducation, sans esprit et sans cœur.

Nous savons par Rousseau lui-même qu'il habitait la rue Plâtrière en 1776, année de l'accident qui faillit lui coûter la vie et dont sa deuxième rêverie nous a minutieusement conservé les détails. Il y raconte comment un chien danois courant en avant d'un carrosse le fit choir à la descente de Ménilmontant, et peu s'en faut qu'il n'accuse la pauvre bête de s'être fait en cette circonstance l'agent secret de ses ennemis. On le reconduisit tout sanglant à son domicile, et les premiers symptômes furent si graves que ses jours parurent un instant en danger. Quelle fin pour Jean-Jacques.

pour cet amant des cieux, de l'air, de la verdure, que d'expirer au fond de son obscur réduit, comme un captif dans son cachot! Le destin ne le permit pas. Il mourut quelques années plus tard, sous ces beaux ombrages d'Ermenonville qu'il a célébrés et chéris. Ses restes confiés à l'*Ile des Peupliers* en sortirent en 1791; ils rentrèrent à Paris par un beau soir d'automne, au milieu des concerts, des flambeaux et des fleurs. Le Panthéon s'ouvrit; les cendres de Voltaire attendaient celles de Rousseau, et le même caveau vit les deux prétendants au sceptre de la philosophie, les deux rivaux, les deux antagonistes unis et réconciliés dans la mort.

Un nouveau compagnon, Marat, ne tarda pas à les y joindre; le 21 septembre 1793, la Montagne triomphante y fit, en grande cérémonie, transporter sa dépouille mortelle, mais

La roche Tarpéienne est près du Capitole.

Cette maxime, faite pour les vivants, n'était pas moins vraie pour les morts. Tout défunt qu'il était, Marat suivit dans ses vicissitudes la fortune de la Montagne, et ne fit qu'un saut du Panthéon à l'égout de la rue Montmartre ; ce fut là sa dernière caravane.

A droite de l'égout où Marat, ce lépreux physique et moral, trouva une tombe digne de lui, s'étend une longue galerie toute revêtue de marbre et de cristal : c'est le Passage du Saumon. Naguère ténébreux et gothique, le passage du Saumon a fait toilette. Le jour, le soir, il brille, il étincelle, tantôt de l'éclat du soleil, et tantôt de mille et mille becs de gaz, mille et mille fois répétés. Les magasins de modes, de lingerie, de fantaisies, de nouveautés, l'ont surtout pris en affection. Dans la plupart de ces boutiques on ne vend rien ou pas grand'chose, et pourtant ce ne sont pas celles qui font le plus mal leurs affaires.

A gauche, voici la rue de la Jussienne, dont le nom rappelle.... ou plutôt dont le nom ne rappelle guère la chapelle élevée au XIVe siècle sous les auspices de sainte Marie l'Egyptienne.

La rue de la Jussienne devint plus tard le refuge d'une autre pécheresse, qui dut à ses charmes diamants, vaisselles, rentes, armoiries et bonnes terres; elle s'appelait la comtesse Du Barry. On voit encore, rue de la Jussienne, la retraite, fort coquette d'ailleurs, où Cotillon III ensevelit les premières années de son *veuvage*. Elle y attendit l'achèvement de sa résidence princière élevée à l'angle de la rue Sainte-Anne et de la rue des Petits-Champs. Ce fut dans ce nouveau séjour que la révolution vint la prendre pour la conduire à l'échafaud. On sait comment elle y monta ; elle trembla vis-à-vis de la guillotine, elle se débattit sur la planche fatale, en poussant à travers ses sanglots, ce cri tristement célèbre :

« Cinq minutes encore! rien que cinq minutes! Au nom du ciel, monsieur le bourreau ! »

Nous passons lestement devant les rues des Fossés-Montmartre et du Mail, dont le nom seul indique suffisamment la condition primitive, et nous voici à la porte des Messageries royales. Qui ne connaît les Messageries royales? La moitié de la France, que dis-je? la moitié de l'Europe, du monde, a peut-être passé par là! Les Messageries sont, en quelque sorte, le cœur même de la capitale; c'est par leur entremise que s'opère cette transfusion, ce troc journalier, à l'aide duquel se renouvelle et s'alimente incessamment la masse flottante de la population parisienne.

Hélas! l'instant n'est-il pas proche où, comme Babylone, Tyr, Carthage, Venise, ce grand centre d'activité va s'amortir et s'éteindre petit à petit? Les choses ressemblent aux hommes, elles n'ont qu'un temps à vivre, et le progrès, cet autre Saturne, ne subsiste qu'à la condition de dévorer ses propres enfants. La vapeur! la vapeur! c'est la divinité du jour. Les Messageries contraintes à sacrifier devant leur mortelle ennemie, se sont, bon gré mal gré, attelées à sa suite. Depuis Orléans jusqu'à Rouen, la vapeur triomphe sur toutes les lignes et leur coupe l'herbe sous les roues en attendant, destin fatal, inévitable! qu'elle la fasse pousser dans leur cour.

Non loin des Messageries, *le Constitutionnel* arbore au-dessous de son enseigne *l'arc-en-ciel de la liberté*, comme dit *la Parisienne*. Quelle histoire que celle du *Constitutionnel!* Quel tableau que celui de cette lutte acharnée de l'esprit libéral en France contre l'absolutisme et le parti-prêtre, lutte d'où sortit tout armée l'insurrection de juillet!

Vis-à-vis de la porte du *Constitutionnel* se trouve le marché Saint-Joseph, qui fut autrefois un cimetière: Molière et Lafontaine y reposèrent côte à côte jusqu'à l'époque où le champ de mort se métamorphosa en marché. La piété des vivants a respecté cette fraternité posthume, et, dans le gîte que ces grands hommes occupent au Père Lachaise, elle a groupé leurs tombes jumelles sous l'égide de la même grille et à l'ombre des mêmes cyprès.

Que me reste-t-il à dire? Parlerai-je d'une méchante fontaine où la main du sculpteur fit jaillir à grands flots une onde emblématique, prévoyante enseigne qui fut, depuis Louis XV jusqu'à l'Empire, l'unique témoignage de sa destination? Parlerai-je de l'hôtel d'Uzès, magnifique demeure, naguère la résidence d'une de nos plus illustres familles, puis le siège de l'administration supérieure des douanes, actuellement le séjour d'un banquier, M. Benjamin Delessert; hélas! les banquiers sont aujourd'hui les heureux de la terre! à eux les palais, le pouvoir, les honneurs, les titres, tout enfin! L'argent est l'idole du monde, et les banquiers en sont les rois. L'aritocratie a fait place à la théocratie du Veau d'or.

Franchissons les boulevarts : voici la rue Grange-Batelière, construite sur l'ancien domaine de l'évêché de Paris, lequel domaine, tirant son nom du voisinage du Champ de joûte, s'appelait, en latin du IIIe siècle, GRANGIA BATAILLIÆ, *grange de la bataille*, et non pas, ainsi que l'interprète l'opinion vulgaire, *grange aux bateaux* ou *aux bateliers*.

En face de la rue Grange-Batelière l'œil rencontrait encore, il y a trois ou quatre ans, avec autant de surprise que de répugnance, un amas hideux de masures, de toitures défoncées, de charpentes vermoulues, de murailles moisies, de débris, de fange, d'immondices, un repaire de misère, une sentine infecte, une de ces choses enfin qui n'ont, comme dit Bossuet, de nom dans aucune langue. Cela en avait un pourtant : la Boule-Rouge. Le terrain provenait d'un legs fait aux hospices en 1261, par Geoffroy et Marie, sa femme, pauvre ménage de savetiers. Le paiement du cens seigneurial et de la rente viagère imposée aux donataires leur a coûté, à l'origine, quatre mille francs de notre monnaie. La vente leur a produit quatre millions. Tout vient à point à qui sait attendre : le tout est de savoir attendre cinq cents ans.

Maintenant ce sol se couvre à l'envi des merveilles de l'architecture ; une rue monumentale est ouverte, où le nom des deux auteurs de ce riche cadeau, dont elle perpétue la mémoire, rayonne à chaque extrémité, et bientôt la Boule-Rouge, autrefois la honte et le dégoût du quartier, en va faire l'orgueil et l'admiration.

Pourquoi continuer? Là finit l'histoire du faubourg Montmartre, ou plutôt, à proprement parler, le faubourg Montmartre n'a pas d'histoire ; sa naissance date d'hier. Des marais, des champs, des égouts et quelques cabarets clair-semés, avant-postes des Porcherons, tel était l'état des lieux en 1760, au moment où vint s'y abattre la bande des bâtisseurs du temps. Maisonnettes, jardins, prairies, tout disparut sous le marteau, la pioche et la truelle. La démolition ne fit grâce qu'à la vieille chapelle des Porcherons, humble et noir édifice dont Notre-Dame de Lorette se contentait alors et s'est contentée près d'un siècle. A Notre-Dame de Lorette maintenant tout est doré.... jusqu'aux ceintures.

AD. DE BALATHIER.

RUE DE RIVOLI.

La rue de Rivoli est une des rues les plus nouvelles de Paris; éclose par la volonté de l'Empereur, son nom est un beau souvenir de gloire, car il rappelle une victoire remportée le 14 janvier 1797. — C'est une page détachée de ce grand siècle, siècle de victorieuse mémoire, s'il en fut. Mais, par sa construction, elle est aujourd'hui une preuve irrécusable de ce mauvais goût qui présidait à l'architecture du temps de l'Empire. Cette colonnade, carrément uniforme à l'œil, n'appartient à aucun ordre, à aucun style; c'est tout uniment un portique bien froid, bien lourd, bien compassé, un amas de pierres et d'ardoises, une exhibition de fenêtres qui représentent assez volontiers des serres chaudes avec des balcons extérieurs.

La Restauration, que les lauriers de l'Empire empêchaient de dormir, tenta un effort pour changer le nom de la rue de Rivoli au profit du duc de Bordeaux; un buste transparent en toile fut placé aux deux extrémités de la rue avec cette inscription : RUE DU DUC DE BORDEAUX. Le lendemain, écriteau et transparent, tout avait disparu sous une avalanche de pierres; la rue de Rivoli conserva son glorieux nom, et la dédicace qu'on cherchait à introduire vint, quelque temps après, prendre possession d'une petite rue qui changea bientôt son noble titre pour une simple date : le 29 Juillet.

Séparé du jardin des Tuileries par un mur élevé, le terrain qui forme actuellement la rue de Rivoli était coupé en trois parties : l'*Assomption*, couvent habité par des religieuses; le *Couvent des Feuillants*; le *Couvent des Capucins*. Ces trois monastères étaient compris entre la rue Saint-Florentin et la rue du Dauphin; le reste du terrain jusqu'à la rue de Rohan était occupé par l'hospice des *Quinze-Vingts*, construit par saint Louis, sur une pièce de terre appelée Champourri. Il avait même doté particulièrement cet hospice, et une rente annuelle de trente livres avait été affectée à payer le potage des aveugles. En 1779, le cardinal de Rohan, grand-aumônier de France, les transféra dans le faubourg Saint-Antoine, et fit ouvrir sur le lieu même où avait été l'hospice deux rues, dont l'une prit le nom de *Rohan*, l'autre celui des *Quinze-Vingts*.

Mais revenons aux monastères, en commençant par le seul dont il reste encore un souvenir : je veux parler du couvent de l'Assomption.

C'est le cardinal de La Rochefoucauld, en 1623, qui donna sa propre maison, et qui la consacra à recueillir quelques pauvres religieuses sans asile; mais, leur nombre s'accroissant de jour en jour, il adjoignit peu de temps après l'hôtel d'un bourgeois enrichi, le sieur Desnoyers, dont l'étendue permit bientôt de construire une église et un vaste corps de logis. Le couvent fut réformé en 1790 et démoli entièrement en 1804; l'église seule reste debout, comme pour garder la place hantée jadis par l'esprit saint.

Le *Couvent des Feuillants* se prélassait sur l'espace occupé aujourd'hui par les rues Saint-Honoré, de Castiglione, de la Paix et la place Vendôme. Les religieux ne prirent possession du couvent et ne s'y installèrent que le 9 juillet 1587. De l'Estoile parle ainsi de leur arrivée : « Venue » des Feuillants à Paris, espèce de moines aussi inutiles que les autres. »

Ils arrivèrent à la suite de Jean de la Barrière, abbé du diocèse de Rieux, qui les avait rangés militairement sur deux lignes, ce qui produisit l'effet le plus pittoresque. Leur église, bâtie par Mansard, en 1676, fut l'objet d'une demande assez singulière.

La famille de Rostaing, qui y possédait une chapelle et les tombeaux de plusieurs de ses membres, offrit de reconstruire le maître-autel et de se charger de l'entretien de l'édifice, à la seule condition que le blason de Rostaing y figurerait dans soixante endroits. Les Feuillants s'y refusèrent, ne voulant pas, dirent-ils, accepter un don qui n'était offert que pour servir l'orgueil du donateur.

Les règles du couvent étaient d'une sévérité telle que dix-sept religieux moururent en moins de huit jours. Cette règle, qui consistait à marcher pieds nus et la tête découverte, à dormir entièrement vêtus et couchés sur des planches, à manger à genoux et à boire de l'eau dans des crânes humains, fut considérablement adoucie. Des lits moelleux remplacèrent les planches ; les religieux s'attablèrent pour prendre un repas plus substantiel, et ils abandonnèrent les crânes humains dans lesquels ils ne buvaient que de l'eau, pour prendre des gobelets remplis d'un vin généreux.

Bernard Percin, dit *le Petit Feuillant*, fut un des plus ardents ligueurs ; et, quoique boiteux, il n'épargna ni son temps ni ses démarches au profit de la Fronde. La satire Ménippée nous donne du *Petit Feuillant* un portrait fort piquant.

Un club, qui prit le nom de Club des Feuillants, vint s'installer en 1790 dans les bâtiments du couvent, mais bientôt il se vit dissous par l'influence de la société des Jacobins, à laquelle il était tout-à-fait opposé.

De tous les couvents de France, le plus vaste, le plus considérable et le plus nombreux était le *Couvent des Capucins*. Il s'étendait depuis la rue Saint-Honoré jusqu'au mur des Tuileries, et du terrain des Feuillants jusqu'à la rue de l'Echelle. Cent vingt religieux habitaient ce monastère, mais, loin d'imiter l'austérité de leurs voisins, les capucins entretenaient un cellier bien garni. Tous les jours, quatre frères parcouraient les rues et rapportaient les aumônes récoltées dans Paris. L'intérieur du monastère était riche et splendide, des peintures de prix garnissaient les murs de la chapelle ; entre autres, on peut citer un tableau de Lahire, un autre de Robert, et un Christ de Lesueur. L'argent ne manquait point à cet ordre mendiant, et les plus grands personnages, en prenant le froc et les sandales, lui apportaient des dotations considérables.

Henri, duc de Joyeuse, à la mort de sa femme, se fit capucin, et donna au couvent une partie de ses biens ; mais il n'y resta que fort peu de temps, il reprit le casque et la cuirasse pour aller guerroyer contre Henri IV, auquel il se vendit plus tard au prix du bâton de maréchal. Le roi ne fut pas dupe d'un dévouement dicté par l'intérêt personnel ; aussi, un jour que des gens du peuple se groupaient sous le balcon du Louvre, Henri IV lui dit en souriant : « Savez-vous, mon cousin, de quoi ces braves gens s'étonnent ? c'est de voir ensemble un renégat et un apostat. »

Cette épigramme le décida à rentrer aux capucins ; et, pour racheter les péchés de sa vie mondaine, il entreprit à pied le voyage de Rome, mais il mourut en chemin. C'est en parlant du duc de Joyeuse que Boileau a dit :

> Il tourne au moindre vent, il tombe au moindre choc,
> Aujourd'hui dans un casque et demain dans un froc.

Et Voltaire :

> Il prit, quitta, reprit la cuirasse et la haire.

Il fut transporté en grande pompe et comme un saint homme dans le couvent dont il avait été un des principaux bienfaiteurs et enterré sous le maître-autel de la chapelle. Près de sa tombe on plaça celle du père Joseph, l'ami et le conseiller du cardinal de Richelieu. Ce voisinage inspira le distique suivant :

> Passant, n'est-ce pas chose étrange,
> De voir un diable auprès d'un ange (*) !

En 1790, l'Assemblée nationale fit évacuer le couvent, dispersa les capucins et attacha cet écriteau sur les portes de l'église : TERRAIN A VENDRE.

En 1804, on éleva sur cet emplacement même le Cirque Olympique, où fut jouée la fameuse pantomime de Kléber en Égypte. Enfin l'espace compris entre la rue de l'Echelle et les Quinze-Vingts était occupé par le manége et les écuries du roi.

Voici de nouveau la rue de Rohan, dont vous connaissez le parrain. Qu'entends-je, quel est ce tumulte, quels sont ces cris, ces coups de feu partant des fenêtres? des hommes en armes se précipitent dans les maisons... c'est la rue de Rohan qui reçoit son baptême de sang, comme elle avait reçu son baptême de féodalité de la main du cardinal.

— Quels sont ces deux hommes à l'œil en feu, à la moustache hérissée, aux lèvres noires de poudre..... leurs habits sont en désordre ; ils entrent

(*) Le duc de Joyeuse se nommait *Ange*.

chez un boucher... une foule hurlante suit leurs traces... elle assiège la porte..... elle demande à grands cris la tête des fugitifs..... La porte cède enfin sous les efforts redoublés..... Deux grands gaillards à la figure imberbe viennent faire offre de service au peuple souverain. En un moment, la boutique est visitée, les recherches les plus actives n'amènent aucun résultat, aucune découverte ; ces deux hommes se sont enfuis, et la foule, mobile et changeante dans ses plaisirs comme dans ses colères s'écoule en tumulte et court le mousquet au poing renverser un trône et conquérir la liberté.

Nous sommes au mois de juillet 1830 : ces deux hommes sont des gardes royaux qu'un boucher a rasés pour les soustraire à la fureur du peuple ; nous sommes en pleine révolution.

Mais la rue de Rohan est rentrée dans son calme primitif, les pavés ont repris leurs places, le trou des balles est rebouché, la révolution a passé : continuons.

La rue Saint-Nicaise, sa voisine, pourrait nous parler d'une machine infernale qui devait ébranler la puissance d'un futur empereur et qui n'ébranla que les maisons du quartier des Tuileries ; mais c'est encore un souvenir de sang et de meurtre : courons bien vite faire nos ablutions dans la fontaine de la rue de l'Échelle.

— Ah ! je vois bien une fontaine, mais l'eau ?...

Patience, cette fontaine a été construite en 1759, en prévision de la pompe à feu de Chaillot ; en attendant, regardez avec moi ces sculptures, ce cadran solaire, cet obélisque, cette proue de vaisseau : tous ces ornements sont, il est vrai, d'un goût un peu hasardé. Ce monument, passez-moi le mot, est élevé sur l'emplacement du lieu de supplice (les échelles) qui a donné le nom à la rue ; pardonnez donc, en faveur de l'intention, à l'architecte philanthrope qui a voulu remplacer l'instrument de mort par un objet d'utilité publique.

Mais pendant que nous causions, la pompe à feu vient de marcher, et l'eau coule en abondance. *Tout vient à point à qui sait attendre*, comme disait un des principaux habitants de la rue de Rivoli.

La rue du Dauphin est une des premières étapes de Napoléon Bonaparte. C'est dans la rue du Dauphin qu'il habitait une chambre sombre et mesquine à son retour d'Italie ; c'est devant la rue du Dauphin qu'il frappa pour la première fois à la porte du château, en se faisant annoncer par le bruit du canon. C'est de la rue du Dauphin qu'il dessina le nouveau quartier des Tuileries, et le boulet parti de Saint-Roch traça d'un seul jet les rues de Rivoli, de Castiglione, de Monthabor, de Mondovi, des Pyramides, pour venir s'arrêter au pied de la Colonne de la place Vendôme.

Les rues que je viens de nommer, et qui se rencontrent successivement, appartiennent au domaine de l'histoire moderne, c'est-à-dire au souvenir des victoires et conquêtes de l'armée française, dont on trouve le catalogue sur les murs de l'arc de triomphe de l'Etoile.

La Restauration entreprit en 1817 de régulariser les projets de l'empereur; sur les plans dessinés en 1805, on vit s'élever une grande maison, ni moins belle, ni moins laide, et semblable en tout à ses voisines. Cette maison fut destinée d'abord à faire une caserne pour les gardes-du-corps; mais l'auteur du trois pour cent, M. de Villèle, la jugeant convenable à ses idées bourgeoises, vint l'habiter en 1820. Depuis cette époque, le bâtiment se distingue des autres par un drapeau tricolore à toutes les fenêtres, des lampes sépulcrales à toutes les arcades, et des sentinelles à toutes les portes : c'est le ministère des finances, c'est le trésor.

Je ne quitterai pas la rue de Rivoli sans vous parler de deux excentricités qui ont vécu aux deux extrémités de cette longue file de maisons.

La première, la plus curieuse, c'est lord Egerton, dont le singulier entêtement s'était toujours opposé à livrer sa maison, le plus ravissant hôtel de toute la rue, à l'alignement de la colonnade. Contre le fisc, pas de résistance possible : voici donc ce qu'il fit pour avoir un peu de cette tranquillité qu'il était venu chercher en France.

Un jour, pressé plus que de coutume par les architectes voyers de la capitale, lord Egerton envoya chercher son médecin et un avoué, puis les réunissant devant son fauteuil, qu'il ne quittait plus depuis longues années, — le noble lord était goutteux, — il dit en s'adressant à l'avoué :

« La ville de Paris veut faire comprendre mon hôtel dans l'alignement de la rue : je ne veux pas y consentir; on parle déjà de me contraindre par la voie des tribunaux. Je vous ai fait venir pour vous consulter; vous m'avez été spécialement recommandés; dites-moi donc combien de temps vous pouvez faire durer cette affaire.

L'avoué réfléchit, médita, pesa toutes les questions et répondit :

— Mylord peut compter sur mon zèle pendant trois ans.

— C'est bien, reprit lord Egerton. Puis, se tournant du côté du médecin :

— Vous me soignez depuis vingt ans, vous devez donc connaître mon tempérament : combien de temps ai-je encore à vivre?

— Mylord!.... reprit le médecin tout interdit.

— Je ne vous ai appelé que pour savoir la vérité, parlez sans crainte, et surtout parlez vite.

Après avoir hésité quelques instants encore, le docteur répondit :

— La santé de mylord, quoique robuste, est attaquée par des affections assez graves, et qui peuvent faire croire que sa seigneurie en aurait encore pour.....

— Pour combien? repartit lord Egerton avec impatience.

— Pour quatre ans, répondit le médecin.

— Vous entendez, messieurs, répliqua l'Anglais, il y a entre vous une année de différence. Allez, et tâchez de vous mettre d'accord.

Le médecin eut tort et l'avoué n'eut pas raison ; deux années après cette conversation, lord Egerton succombait dans un accès de goutte, et donnait ainsi gain de cause aux adversaires du procès qu'il avait engagé.

Cet Anglais était bien le plus original de tous les originaux de son pays : il aimait les chiens jusqu'à la fureur ; il en élevait chez lui une grande quantité, qu'il envoyait promener tous les jours au Champ-de-Mars, dans deux magnifiques voitures attelées de quatre chevaux.

Comme nous l'avons dit, lord Egerton était podagre, rongé par la goutte et les rhumatismes ; amateur passionné de la chasse, il ne voulut pas renoncer à ce délassement, alors même que ses jambes lui refusaient le service. Tous les ans, assis dans un fauteuil à roulettes, il s'en allait, traîné par deux laquais, faire l'ouverture de la chasse.... dans son jardin. Un sanglier *domestique* acheté pour cet usage, et peint en noir par les soins de son intendant, représentait le gibier, qui ne tardait pas à tomber sous les coups du vieux chasseur, dont le coup-d'œil n'avait rien perdu de sa vivacité ni de sa justesse.

On raconte de lord Egerton un fait qui serait tout-à-fait en harmonie avec ses habitudes bizarres.

Il touchait en Angleterre une rente considérable, résultat d'un legs de famille, mais à la condition expresse qu'il prouverait son séjour en Angleterre.

Lord Egerton, comme beaucoup de ses compatriotes, avait pris la terre natale en aversion ; il allait donc tous les ans à Douvres, et dès qu'il avait mis le pied sur le sol anglais, il donnait cinq guinées au premier manant qui lui tombait sous la main, à la condition qu'il chercherait querelle à quelqu'un ; ce qui ne se faisait pas attendre. Après les premiers coups de poings, lord Egerton saisissait au collet le malheureux qui agissait toujours sans comprendre, le menait chez le sheriff, et déposait comme témoin ; ayant ainsi donné une preuve évidente de son séjour en Angleterre, il reprenait immédiatement le chemin de la France.

Cette autre excentricité dont je vous ai parlé habite modestement un cinquième étage de la maison qui fait le coin de la rue Saint-Florentin. Une femme, dont le nom est célèbre par l'importance qu'elle a voulu lui donner, dépense en un jour, au profit des oiseaux de la capitale, tout le pain que le couvent des Capucins absorbait en un mois. Des domestiques, chargés de corbeilles pleines de pain et de graines de toutes sortes, se rendent tous les matins aux Tuileries, et les moineaux reçoivent de cette main charitable, une distribution à domicile et quotidienne.

Aux petits des oiseaux *elle* donne leur pâture ;

mais je n'ai pas ouï dire que sa bonté s'étendît sur toute la nature.

Maintenant la rue de Rivoli peut se prélasser dans tout son éclat ; une seule maison s'opposait à l'alignement officiel ; le propriétaire voulut faire comme lord Egerton, mais, n'ayant pas eu la précaution d'appeler à son aide la faculté de médecine et celle de droit, il s'est vu contraint d'obéir à la loi d'expropriation, et les colonnes fiscales ont masqué la maison récalcitrante.

Je ne terminerai point cette revue sans parler de deux restaurateurs qui ont fait sinon la fortune de la rue, du moins leur fortune particulière.

Le premier est Legacque, et le second Véry, dont les salons étaient le rendez-vous de la haute fashion du Directoire et de l'Empire.

Le café Véry étalait un luxe jusqu'alors inouï ; on parlait de 80,000 fr. qui auraient été dépensés seulement en glaces, porcelaines et cristaux. Il est vrai que Lucien Bonaparte allait souvent dîner chez Véry ; on dit même qu'un jour il eut la fantaisie de payer une carte de 75,000 fr. ; les habitués du temps ont prétendu que ce n'était là qu'un prêt fait à la dame du comptoir ; d'autres ont assuré que c'était un don purement gratuit ; ce qu'il y a de certain, c'est que le café, magnifiquement restauré, fit une fortune rapide. La rue de Rivoli est une des premières rues de Paris… en venant de la barrière de l'Etoile : c'est le plus bel éloge qu'on en puisse faire.

Max. de Rével.

LES PONTS

Nous en demandons pardon à nos lecteurs, mais il nous est impossible d'aborder cet article sans prendre un faux air de savant et d'archéologue.

Paris, quand il portait le nom de *Lutèce*, n'était qu'un pauvre petit amas de cabanes, décoré du nom de *Cité* et enclos par la Seine dans l'île qui porte encore ce nom. C'était ce que l'empereur Julien appelait *sa chère Lutèce* et ce que Sauval appelle « un grand navire enfoncé » dans la vase et échoué au fil de » l'eau, vers le milieu de la Seine. » On y abordait de gauche et de droite par deux ponts. L'un s'appelait comme aujourd'hui le *Petit-Pont*; la voie romaine venant de la bourgade d'*Issy* y aboutissait, et, de l'autre côté de l'île, allait rejoindre le *Grand-Pont*, à la place où est maintenant le *Pont-au-Change.* — Alors, et dans les premiers temps qui suivirent la domination romaine, ces deux ponts étaient construits en bois. Tous ceux, au reste, qui furent bâtis en Gaule, sous la race mérovingienne, même ceux que Charlemagne tenta d'établir sur le Rhin, n'étaient point faits d'autre matière. Ce n'est que sous la troisième race qu'on commença à bâtir des ponts en pierre.

A mesure que Paris gagna sur les deux rives du fleuve, de nouveaux ponts s'élevèrent pour servir aux besoins de la population, et à ce sujet il nous revient un couplet que vous retrouverez dans un vieux petit livre, intitulé *Tout Paris en vaudevilles*. Il date de la révolution; le voici :

> Grâce à nos artistes profonds,
> Nous possédons de nombreux ponts;
> Mais le public, toujours sévère,
> Trouve encor qu'il n'y en a guère;
> Il en demande chaque jour.
> A sa plainte pour couper court,
> Un architecte a proposé d'en faire
> Tout le long, le long, le long de la rivière.

Au mois de janvier 861, les Normands, qui deux fois avaient déjà envahi Paris, revinrent plus nombreux et plus audacieux, et, après avoir pillé les riches abbayes de Saint-Germain-des-Prés et de Saint-Victor, tandis que le bon empereur Charles-le-Chauve tremblait enfermé dans Senlis, ils rompirent les deux ponts, dont les piles trop rapprochées les unes des autres opposaient à leurs barques un obstacle qui les empêchait de porter leur brigandage plus loin.

Après la retraite de ces hardis pirates, Charles-le-Chauve ordonna la reconstruction du Grand-Pont. Le Petit-Pont fut également reconstruit, et tous deux furent flanqués à leur extrémité de tours en bois, qui, en 885, défendues par Eudes, comte de Paris, et par l'évêque Goslin, arrêtèrent une nouvelle invasion de trente mille Normands. Mais l'année suivante, la moitié du *Petit-Pont* fut renversée par les eaux débordées de la Seine, et la tour qui se trouvait à l'extrémité méridionale fut prise et brûlée par les infatigables assaillants. On sait que Charles-le-Gros paya leur retraite quatorze cents marcs d'argent.

Louis VI, à la place d'une des tours en bois qui s'élevait à l'extrémité septentrionale du Grand-Pont ou *Pont-au-Change*, en fit construire une autre aussi en bois, mais plus considérable et qui prit le nom de Grand Châtelet; c'était la demeure du prévôt de Paris; on présume que le *Petit Châtelet*, situé à l'extrémité méridionale du Petit-Pont, fut fondé à la même époque.

Le Palais de Justice et la Sainte-Chapelle touchent presqu'au seuil du Pont-au-Change, et pour en parler dignement je n'ai besoin que de faire la citation suivante, empruntée à un excellent discours que M. Charencay vient de prononcer à l'audience de rentrée du tribunal de première instance :

« Le Palais de Justice est presque aussi vieux que celui des Thermes. Tous les monuments de la même antiquité ont péri, ou n'offrent que des ruines. Il est certain qu'il était édifice public même avant l'invasion des Francs dans les Gaules.

Il est probable que c'est au Palais, comme le croient certains auteurs, que, du temps de la domination romaine dans les Gaules, se tenaient les magistrats municipaux, *ordo municipalis*.

» Selon Adrien de Valois, Eudes serait venu au Palais pour se protéger mieux contre les Normands, et placer entre eux et lui le fil de l'eau.

» Les rois de la seconde race n'habitèrent pas le palais, mais Hugues Capet en fit sa demeure.

» Robert le Pieux se maintint dans le manoir paternel. Il passe pour avoir rebâti complètement le Palais, et, à dater de son règne, l'histoire et l'art marchent avec plus de certitude. De son temps se sont vues la chambre de la Conciergerie, celle de la Chancellerie. Il fonda une chapelle du nom de Saint-Nicolas au même lieu où, dans l'année 1180, entre Robert et saint Louis, Louis le Jeune éleva une chapelle à la Vierge.

» Ainsi, il faut bien le reconnaître, c'est sur un sol autrefois bénit que s'agite, que se presse cette foule que des intérêts divers appellent chaque jour au sanctuaire de la justice, et par une étrange vicissitude des siècles, la chicane et la controverse aiguisent aujourd'hui leurs armes les plus acérées là où jadis on prêchait à nos pères la paix évangélique et l'oubli des injures.

» En 1137, Louis le Gros mourut dans le Palais. L'histoire a conservé de lui de nobles paroles prononcées au dernier moment. Puis-je m'étonner assez d'avoir à répéter ces paroles sous les mêmes voûtes qui les recueillirent il y a huit siècles, de la bouche d'un roi de France expirant : « Sou-
» venez-vous, mon fils, disait le monarque, et ayez toujours devant les
» yeux que l'autorité royale n'est qu'une charge publique dont vous ren-
» drez un compte très-exact après votre mort. »

» C'est là que Philippe-Auguste épousa en secondes noces Ingelburghe, sœur de Canut, roi de Danemarck.

» Un soir il regardait par une de ses fenêtres couler l'eau de la Seine lorsqu'il fut désagréablement assailli par une odeur infecte qui monta vers lui, parce qu'au-dessous des voitures sillonnaient la boue épaisse qui croupissait alors dans les rues de Paris. « Le roi sentit la pueur si cor-
» rompue et s'en tourna en grande abomination de cœur. Il manda le
» prévôt des bourgeois et ordonna que toutes les rues fussent pavées
» soigneusement de grès gros et forts. »

» Ainsi commença le pavage de la capitale. Pour assurer et hâter les travaux, un sieur Gérard de Melcy donna onze mille marcs d'argent. J'avais hâte d'arriver à ce trait, et je croirais même faillir au bien public que de ne pas le proposer en exemple aux financiers de notre temps.

»J'arrive à saint Louis, et avec ce roi qui fut à la fois un saint, un législateur, un héros, commence une ère nouvelle pour le palais. L'histoire, la religion et l'art s'y établissent à la fois. Pour recevoir dignement les saintes reliques venues d'Orient, la Sainte-Chapelle s'élève, monument digne de tous nos éloges, chef-d'œuvre incomparable, où se sont rencontrés, fondus d'un seul jet, le génie d'un grand artiste et la vertu d'un grand roi. La Sainte-Chapelle a toujours été le type le plus pur et en même temps l'œuvre la plus achevée à Paris, de cette architecture dont nos pères surprirent le secret chez les Sarrazins. L'analyse seule de ses beautés matérielles demanderait un volume. Nulle part on ne trouve plus de légèreté hardie, une plus grande abondance de traits délicats, d'ornements riches, variés, minutieux, qui sont le charme du genre gothique, comme ils en sont le caractère. Si je voulais, messieurs, faire avec vous le tour extérieur du monument, m'arrêter devant ces fenêtres en ogives, si belles jadis par leurs teintes éclatantes et leurs splendides personnages, devant ces tourelles, sentinelles gracieuses qui gardent et décorent à la fois la façade; si, entraîné à la suite de détails ingénieux et finement œuvrés, je m'élevais jusqu'à ce toit dont le faîte, imitant la carène renversée d'un navire, a semblé au poète du haut des tours Notre-Dame *le dos d'un éléphant chargé de sa tour*; si, entrant ensuite dans cette double église, d'où la prière s'élançait vers le ciel de deux étages superposés, je vous faisais admirer la pierre ici se dressant en faisceaux de colonnettes sveltes et minces, plus haut se projetant par une courbe flexible en arceaux à vive arête, là se divisant, là se réunissant, s'intersectant avec une grâce infinie, plus loin s'épanouissant en rosace brillante, se posant, se prolongeant, se découpant en élégante balustrade, se transformant en bouquets de sculpture, limite indécise entre l'art du statuaire et celui de l'architecte, serpentant en festons, s'agençant en guirlandes, en couronnes, se couvrant comme une étoffe légère de mille dessins à souhait pour le plaisir des yeux; s'assouplissant en un mot, s'animant en mille manières pour reproduire les fantaisies d'une imagination libre et inépuisable, je serais trop court pour mon sujet; mais ne serais-je pas trop long pour vous, messieurs, et surtout pour moi-même, et sans servir à Pierre de Montereau, ne me nuirais-je pas dans vos esprits?

» La première flèche de la chapelle était un modèle de ténuité, de grâce aérienne; on eût dit de la dentelle de pierre. Sauval l'appelle *une des merveilles du monde*; elle périt par le feu en 1630, et fut remplacée par un clocher, œuvre remarquable encore, mais qui dut disparaître parce qu'il menaçait ruine avant la révolution. L'eau envahit les fondements de l'édifice comme la flamme en avait attaqué le sommet, et après une inon-

Ponts de Paris. — La Sainte-Chapelle.

dation qui le dévasta en 1690, le rez-de-chaussée fut refait dans le goût moderne.

» Dans la chapelle était le trésor des Chartes ; près de là saint Louis se fit construire une bibliothèque sacrée, dans laquelle il venait passer de longues heures. Les livres, après sa mort, furent partagés entre les Cordeliers, les Jacobins et l'abbaye de Royaumont.

Dans les jours de grandes cérémonies religieuses, un ange se détachait de la voûte et faisait tomber de l'eau d'un vase d'or sur les mains du pontife officiant dans la haute chapelle. Ce spectacle divertissait singulièrement Charles VIII, « petit homme de corps et peu entendu, dit Com-
» mines, mais si bon, qu'il n'est point possible de voir meilleure créa-
» ture. »

» Le clergé de la Sainte-Chapelle jouit de tout temps de notables prérogatives. Une bulle de Jean XXII l'affranchit de la juridiction épiscopale ; mais ce ne fut point assez pour l'archichapelain de marcher l'égal des évêques : il osa prendre un jour le titre de pape de la Sainte-Chapelle.

» Je ne sais pourquoi cette pensée me conduit au Lutrin immortalisé par Boileau ; mais je laisse le poème pour parler du poète. La mort eut bien vite fait raison aux chantres et aux chanoines de celui qui avait tant égayé le Parnasse à leurs dépens. En 1711, une dépouille mortelle arrivait à leur porte : c'était la sienne. Ils la reçurent, et lui donnèrent, sous une de leurs dalles, l'hospitalité glacée du tombeau. Etait-ce une vengeance, était-ce un pardon ? Question délicate, et dont je livre la solution à votre sagacité et à vos recherches. »

Il y a tout un beau livre à faire avec l'histoire du Palais de Justice et de la Sainte-Chapelle. Que de scènes étranges et terribles, comme le dit encore M. Chavençay, se sont passées sous ses voûtes formidables, et que n'aurais-je pas à dire de ces lieux qui voient le crime à tous les instants, mais qui ont vu aussi la vertu et les plus hautes infortunes !

Au temps de saint Louis, c'était au passage du Petit Châtelet que se percevaient le péage et les droits d'entrée. Sainte-Foix nous a conservé quelques-uns des tarifs imposés aux Parisiens par Étienne Boislève, leur prévôt. Ainsi, le marchand qui y faisait passer un singe, pour le vendre, payait 4 deniers. Si le singe appartenait à un jongleur, le jongleur le faisait jouer et danser devant le péager, qui alors était peut-être quelque vieil invalide échappé des croisades, et il était quitte de son passage. Les faiseurs de vers payaient en chantant un couplet de leur façon : alors, du moins, les vers étaient bons à quelque chose.

A la fin du XIIe siècle, le philosophe Jean de Petit-Pont et ses disciples reconstruisirent de leurs mains et à leurs frais le Petit-Pont, qui venait de s'écrouler. C'est bien le moins qu'un philosophe qui se fait maçon s'édifie une maison, pour son usage particulier : c'est ce que firent, sur le pont même, Jean de Petit-Pont et ses élèves, et c'était là que le maître enseignait sa science.

Vingt fois les deux misérables passerelles se trouvèrent sous l'eau, et même elles eurent à subir un outrage auquel nul pont au monde ne devrait s'attendre : elles furent incendiées, l'une par des bateaux de foin enflammé que le courant emportait, et qui vinrent s'engager dans les charpentes; l'autre, quelque temps après, par les débris en flammes de son voisin le *Pont Marchand*; dont nous parlerons plus loin. Enfin le Petit-Pont, en 1718, fut reconstruit tel qu'il est aujourd'hui, et le grand en 1647. Tous deux étaient bordés de maisons et n'étaient à proprement parler que deux rues jetées sur la Seine; à l'extrémité septentrionale du Grand-Pont ou Pont-au-Change, il y avait deux entrées formées par un groupe triangulaire de maisons; la façade de ce groupe de maisons était ornée de trois figures ronde-bosse en bronze, sur un fond de marbre noir représentant Louis XIII, Anne d'Autriche et le jeune Louis XIV, alors âgé de dix ans. Il était l'ouvrage de Simon Guillain. Au-dessous était un bas-relief représentant deux esclaves. — Ces maisons furent détruites sous Louis XVI.

Au moyen-âge, l'aspect pittoresque de ces deux rues traversant la rivière était égayé par des philosophes qui y débitaient leur marchandise, par des jongleurs, des chanteurs et des conducteurs de chiens savants ou d'ours apprivoisés; le jour, c'était un coupe-bourse, la nuit, un coupe-gorge. Quelques historiens ont parlé d'un troisième pont que Charles-le-Chauve aurait fait élever au-dessous du Pont-au-Change, mais son existence est fort problématique.

PONT SAINT-MICHEL.

Il communique de la place où viennent aboutir les rues de la Vieille-Bouclerie, de la Huchette, de Saint-André des Arcs, etc., à la rue de la Barillerie dans la Cité. On ne connaît point au juste l'époque où il fut construit; son existence est constatée pour la première fois vers le milieu du XIIIe siècle. Il subit plus tard le sort fatalement attaché à ces misérables constructions en planches. En 1378, Charles V chargea Hugues Aubriot, né à Dijon, capitaine et prévôt de Paris, « qui, dit l'historien anonyme de Charles VI, se plaisait à la décoration des villes, » de reconstruire le pont Saint-Michel; il fut bâti en pierre et prit le nom de *Pont-Neuf*. Des maisons le bordaient des deux côtés, selon l'habitude invariable du temps. En 1408, les bourgeois du pont Saint-Michel se réveillèrent un beau matin dans la rivière, qui roulait d'énormes glaçons et avait sapé les fondements du frêle édifice. Il fut reconstruit en 1416, mais simplement en bois. Jean de Taranne, bourgeois de Paris, avec la permission du roi, moyennant une redevance de 16 livres de rente, payées à la recette de Paris, y fit élever un double rang de baraques ou loges en bois qui le couvraient de chaque côté. L'autre moitié du pont fut également couverte de baraques par Michel de Lallier. « La nuit qui suivit la Conception de la bienheureuse Vierge, dit une chronique de 1547, les eaux de la Seine s'étant fort accrues, le pont Saint-Michel fut à moitié emporté. »

Enfin, il fut reconstruit en pierre l'an 1618 : c'est le même que nous voyons aujourd'hui; mais il était alors bordé de maisons, qui ne furent démolies qu'en 1808.

PONT NOTRE-DAME.

Dans la direction de la rue du Petit-Pont et de la rue qui traverse la Cité, au commencement du XIVe siècle, il y avait là un pont en bois qui servait de communication avec des moulins établis sur la Seine. Il se nommait Planche-Mibray.

Le pont Planche-Mibray était ainsi nommé parce que son extrémité nord, où se trouve maintenant la rue Planche-Mibray, aboutissait à une planche ou à des planches qu'on jetait sur une mare formée par la vase de la Seine : *mi bray, émi bray, parmi la boue.*

Le pont Notre-Dame date de 1413. Le premier pieu en fut planté, le 31 mai, par Charles VI, en présence du duc de Guienne, du duc de Berry, du duc de Bourgogne et du sire de la Trémouille. Robert Gaguin a dit, en parlant de cette *merveille* du temps : « Il était chargé de soixante
» maisons, trente de chaque côté de la route. Lorsqu'on s'y promenait,
» ne voyant point la rivière, l'on se croyait sur terre et au milieu d'une
» foire par le grand nombre et variété de marchandises qu'on y voyait
» étalées. On peut dire que ce pont, par la beauté et la régularité des
» maisons qui le bordaient, était un des plus beaux ouvrages qu'il y eût
» en France. Ces maisons étaient en bois, quelques-unes sculptées,
» peintes de diverses couleurs, et leurs vitraux coloriés, enchâssés dans
» des fenêtres en ogives, ajoutaient à l'éclat du spectacle. Selon l'usage,
» des moulins étaient au-dessous établis sur des bateaux. »

Le 25 octobre 1499, à sept heures du matin, un charpentier courut avertir le prévôt de Paris que le malheureux pont menaçait ruine ; on fit mettre le brave homme en prison. Toutefois on avertit les habitants de l'endroit d'avoir à prendre leurs mesures de sûreté, et deux sergents, la hallebarde au poing, furent placés à chaque extrémité du pont pour en interdire le passage. Deux heures après, un horrible craquement se fait entendre, les maisons s'entr'ouvrent, le pont cède, et tout s'engloutit dans la Seine. Le prévôt des marchands et les échevins furent assez justement accusés de négligence, car, dit Robert Gaguin, ils gardaient pour eux, au lieu de l'employer en réparations, le prix du loyer des maisons ; ils furent destitués.

En attendant qu'il fût en effet reconstruit en pierre, on établit un bac sur la rivière ; Jean Joconde, cordelier, fut chargé des nouveaux travaux du pont Notre-Dame, qui fut terminé en 1512.

Ce distique latin fut inscrit sur l'une des arches, en l'honneur du bon cordelier :

        Jucundus geminos posuit tibi, Sequana, pontes;
        Nunc tu jure potes dicere PONTIFICEM.

Ce qui n'est rien moins qu'un calembour latin : on nommait frères *pontifes*, au moyen-âge, des industriels qui exploitaient le privilège de la construction des ponts.

Cette fois encore deux baies de maisons bordèrent le pont Notre-Dame ; elles furent démolies en 1786.

PONT AUX MEUNIERS ET PONT MARCHAND.

Nous ne parlerons que pour mémoire du *Pont aux Meuniers*, qui aboutissait d'un côté au quai de l'Horloge, et de l'autre au quai de la Mégisserie ; il existait au XIII° siècle et n'avait été établi que pour le service de plusieurs moulins des environs.

Il fut emporté par la Seine, dans la nuit du 21 décembre 1596.

En 1598, Charles Marchand, le constructeur du Pont-Neuf, obtint des lettres-patentes qui l'autorisaient à reconstruire le *Pont aux Meuniers* ; en 1609, le nouveau pont fut achevé et on le baptisa du nom de son architecte, comme l'indique ce vers de l'inscription gravée sur une table de marbre :

Mercator fecit et nomen ipse dedit.

On l'appelait aussi le *Pont aux Oiseaux*, parce que chacune des boutiques dont il était bordé avait pour enseigne un oiseau : charmantes boutiques et charmantes maisons, toutes peintes à l'huile et de diverses couleurs ! — En 1621, dans la nuit du 22 octobre, le feu prit à une de ces baraques, et le pont brûla tout entier.

PONT BARBIER.

Le pont Marchand ne fut point reconstruit. A cette extrémité de la rue qui fait maintenant face au Pont-Royal, était autrefois un *bac* à l'aide duquel on traversait la Seine pour communiquer du Pré-aux-Clercs aux Tuileries. — La rue du Bac a pris son nom de ce souvenir ; un nommé Barbier, qui possédait quelques arpents de terrain à l'endroit où est maintenant la rue de Beaune, construisit de cette rive à l'autre un pont de bois auquel il donna son nom. Plus tard, il se nomma tour-à-tour pont *Sainte-Anne* en l'honneur d'Anne d'Autriche, puis *des Tuileries*, et enfin *Pont-Rouge* parce qu'on le peignit de cette couleur. Il exista jusqu'en 1684 et fut emporté, au mois de février de cette année, par les eaux de la Seine. On lui substitua le Pont-Royal, qui fut jeté un peu plus haut et dont nous parlerons ailleurs.

PONT-NEUF.

En 1578, Paris n'était plus un misérable amas de cabanes ; c'était une grande et belle capitale, riche et populeuse. La plupart de ses rois lui avaient légué un monument ; et quelques-uns d'entre eux avaient été forcés d'en étendre l'enceinte, trop étroite pour ce corps immense de maisons, de palais, de tours et de châteaux, d'églises et de couvents, qui se multipliaient sous l'influence magique de cette fée que l'on appelle la civilisation.

Le cardinal de Bourbon, abbé de Saint-Germain-des-Prés, continua dans son faubourg les améliorations que son prédécesseur, l'abbé de Tournon, avait commencées. Il fit paver quelques rues, et combler d'immenses cloaques situés à l'extrémité orientale de la rue Taranne.

De l'autre côté de la Seine, les environs du Louvre se peuplaient également; les communications d'une rive à l'autre devenant chaque jour plus actives, les bacs et les batelets durent être remplacés par un pont.

La première pierre du Pont-Neuf fut posée par Henri III, le 31 mai 1578, le soir même du jour où il fit inhumer si pompeusement les corps de ses mignons Quélus et Maugiron. Cette première pierre fut posée du côté du quai des Augustins. Le journal de Henri III, connu sous le nom de *Journal de l'Étoile*, parle ainsi de la construction de ce pont :

« En ce mois de mai, à la faveur des eaux qui lors commencèrent et jusqu'à la Saint-Martin continuèrent d'être fort basses, fut commencé le *Pont-Neuf*, de pierres de taille, qui conduit de Nesle à l'Ecole de Saint-Germain (de la rue Dauphine au quai de l'École), sous l'ordonnance du jeune Du Cerceau, architecte du roi, et furent, en un an, les quatre piles du canal de la Seine, fluant entre le quai des Augustins et l'isle du palais, levées chacune environ une toise par-dessus le rez-de-chaussée; les deniers furent pris sur le peuple, et disait-on que la toise de l'ouvrage coûtait quatre-vingt-cinq livres. »

Ce projet d'un pont que l'*Étoile* appelle *merveilleux* fut chanté par le poète Ronsard. Cependant les travaux en furent suspendus, les événements politiques ne permettant point de s'occuper d'autre chose que de guerre; on ne les reprit que sous Henri IV, en 1602. L'année suivante, l'intrépide Béarnais, qui était allé visiter la nouvelle construction déjà fort avancée, mais qui cependant n'offrait encore qu'un passage fort périlleux, s'y hasarda malgré les pressantes objections de ses courtisans. « Mais, sire, lui disait-on, des imprudents, qui ont voulu » tenter ce que veut tenter votre majesté, se sont rompu le cou. — Ils » n'étaient pas rois, reprit Henri IV. » — Les rois croyaient encore qu'ils étaient un peu plus que des hommes.

Les masques de satyres, de sylvains et de dryades, qui supportent la corniche saillante dont le Pont-Neuf est orné sur ses deux faces dans tout son prolongement, sont dus à l'habile ciseau de Germain Pilon.

La célèbre fontaine si poétiquement appelée la *Samaritaine* fut érigée en 1608, sous la seconde arche du Pont-Neuf, du côté du quai de l'École, non sans grande irritation de la part du prévôt des marchands, qui y voyait un obstacle à la navigation; mais Henri IV lui imposa silence, « attendu que le pont avait été fait de ses deniers. » — Eh bien! et les deniers du peuple?

Le mécanisme de cette fontaine était de l'invention d'un Flamand nommé Lintlaër; le bâtiment, supporté par des pilotis, s'élevait au-dessus du pont et était décoré sur sa façade d'un groupe de figures en bronze doré, représentant Jésus-Christ et la Samaritaine auprès du puits de

Ponts de Paris.

Jacob; entre ces deux figures tombait d'une vaste coquille une nappe d'eau, reçue dans un bassin également doré.

On y voyait aussi le cadran d'une horloge à carillon, sur lequel un petit bonhomme venait sonner les heures. Cette merveille attirait une foule de curieux; elle n'a été complètement détruite qu'en 1813.

Ce ne fut qu'en 1675 que furent construites les boutiques que nous voyons encore sur le Pont-Neuf. A l'extrémité méridionale, sur le quai Conti, à l'endroit même où est la voûte sous laquelle on passe pour descendre à la Seine, était une maison appelée le Château-Gaillard.

> A quoi sers-tu dans ce bourbier?
> Est-ce d'abri, de colombier?
> De quoi? de port ou de soutien?
> — Je crois que tu ne sers de rien;

dit un poète du temps, en parlant du Château-Gaillard.

De rien! le profane! c'était là que Brioché avait établi son spectacle de marionnettes; bons et chers petits acteurs sans prétentions, à qui Nodier a donné tant d'esprit, quoiqu'ils en eussent beaucoup déjà; ils n'ont légué à nos artistes modernes que leurs ficelles!

Dès son origine, le Pont-Neuf devint la promenade favorite des Parisiens, le rendez-vous des étrangers, des charlatans, des joueurs de gobelets, des chanteurs, des marchands de toute espèce, et des *tirelaines* en plus grand nombre.

C'était un pêle-mêle bigarré, remuant, grouillant, parlant, criant; un brouhaha souvent compliqué de batailles à coups de poings, à coups de brettes, que le gué compliquait encore jusqu'à ce qu'enfin il eût rétabli une apparence d'ordre en arrêtant les battants et les battus, les voleurs et les volés, les charlatans, les compères et les dupes.

Ces vers empruntés à un poète de l'époque donnent une idée des mille bruits confus qui animaient le Pont-Neuf:

> J'ai, monsieur, de fort bon remède,
> Vous dit l'un; mon baume est en aide
> Au cours de ventre, au mal des yeux;
> — Mon élixir est merveilleux;
> Il blanchirait la peau du diable.
> — Cette chanson est agréable,
> Dit l'autre, monsieur, pour un sou!
> — Là hé! mon manteau! ah! filou!
> Au voleur! au tireur de laine!
> — Eh! mon dieu! la Samaritaine,
> Voyez comme elle verse l'eau!
> — Et cet horloge, qu'il est beau! etc.

C'était sur le Pont-Neuf, du côté de la place Dauphine, qu'était établi le fameux Tabarin, beau-père de Gauthier-Garguille, associé de Mondor. Mondor et Tabarin, c'étaient les *Bilboquet* de l'époque, joyeux acteurs en

plein vent qui ne savaient jamais ce qu'ils allaient dire en montant sur les planches, et qui n'en descendaient jamais sans avoir aspergé d'esprit les badauds ébahis devant leurs tréteaux.

Dans une ancienne gravure, on voit attachés au-dessus du théâtre de Mondor et de Tabarin deux écriteaux avec ces vers :

> Le monde n'est que tromperie,
> Ou du moins charlatanerie ;
> Nous agitons notre cerveau
> Comme Tabarin son chapeau.
> Chacun joue son personnage ;
> Tel se pense plus que lui sage
> Qui est plus que lui charlatan.
> Messieurs, Dieu vous donne bon an !

Mondor et Tabarin sont les pères du vaudeville et les véritables créateurs de ces joyeuses chansons qui coururent si longtemps Paris, sous le titre de *ponts-neufs*.

Il serait trop long de donner ici une analyse *des farces de Tabarin*, dont quelques-unes ont été empruntées par Molière, celle du sac de Scapin, par exemple. Quelquefois, Mondor et Tabarin se proposaient des questions, des énigmes, dont la solution ou le mot était toujours une épigramme :

Qu'aimerais-tu mieux, demande Tabarin à Mondor, être un âne ou un cheval? — Un cheval, répond Mondor. — Et moi un âne, réplique Tabarin, parce que les chevaux ont la peine de courir les *bénéfices*, et les ânes n'ont qu'à les prendre.

Souvent l'épigramme était joyeuse jusqu'à la licence, mais n'en était que plus gaîment acceptée par le public. Les dames de la cour ne dédaignaient ni les bons mots de Tabarin, ni son baume, ni son opiat, ni ses pommades. Peut-être même n'allaient-elles acheter les précieuses drogues de l'empirique que pour avoir une occasion d'entendre décemment les gaudrioles du charlatan. — Le recueil général des *Œuvres et fantaisies de Tabarin* eut six éditions! Cependant, soit que les commères de la Cité fussent devenues trop prudes, soit que le goût se fût épuré, comme dirait un moraliste classique, le pauvre Mondor fut forcé par ordre du parlement de fermer boutique en 1634. Les voisins se plaignaient de ce que « lui et les autres charlatans du Pont-Neuf chantaient des chansons » scandaleuses et faisaient des actions mal séantes. »

Les jongleurs détalèrent, et avec eux s'en alla la grosse gaîté française. Le Pont-Neuf n'en fut pas moins le rendez-vous général des oisifs, des tirelaines, des mendiants, qui venaient s'y chauffer au soleil et faire la cour au roi de bronze, comme dit le poète Saint-Amand, dans la Chronique du Pont-Neuf. Les poètes y venaient aussi pour avoir chaud et pour s'inspirer dans la foule. Hélas! l'abbé Levayer raconte qu'un pauvre poète vint sur le Pont-Neuf proposer à un charlatan de se faire arracher deux dents pour dix sous, avec promesse de jurer ses grands dieux aux assistants qu'il n'avait pas ressenti la moindre douleur! *Le Roi de bronze* dont parle Saint-Amand n'est pas celui que nous voyons maintenant sur le Pont-Neuf. Nous allons en quelques lignes tracer l'histoire des *deux rois de bronze* : c'est un grand exemple de la fatalité de notre destinée que celle du premier cheval sur lequel on fit monter Henri IV. D'abord il n'avait point été fait pour son cavalier. Ferdinand, duc de Toscane, l'avait fait faire pour lui, ou du moins pour sa statue, par Jean de Boulogne, élève de Michel-Ange. Mais, Ferdinand étant mort, Côme II fit cadeau du palefroi de son prédécesseur à Marie de Médicis, régente de France. C'était s'épargner adroitement les frais d'une statue. On l'embarqua; il fit naufrage, et le voilà cheval marin pendant un an sur les côtes de la Normandie. Il fut retiré à grands frais du fond de la mer, et il reparut à Paris au mois de mai 1614 : debout sur le piédestal qu'on lui donna, il attendit bien des années, la patte en l'air, la venue d'un complaisant cavalier. Dupré acheva enfin la statue de Henri IV, et voilà le Béarnais à califourchon sur un cheval toscan! Il était représenté la tête nue, couvert d'une armure, tenant d'une main la bride du cheval, et de l'autre son bâton de commandement.

Le piédestal avait quatre bas-reliefs qui représentaient les batailles d'Arques et d'Ivry, l'entrée d'Henri IV à Paris, la prise d'Amiens et celle de Montmélian. Richelieu, qui avait fait finir ce monument en 1635, y avait fait graver son nom. Le peuple l'effaça en 1788. Mais rendons au peuple ce qui est au peuple : il couronna Henri IV de fleurs et de rubans! Peu à peu, cependant, *le seul roi dont le peuple ait gardé la mémoire* fut oublié ou méconnu par le peuple. En 89, on mit une cocarde nationale à l'oreille de son cheval. Pauvre cheval! En 92, toutes les statues des rois qui étaient à Paris furent renversées, celle de Henri IV comme les autres. Cheval et cavalier devinrent canons. Cette fois, le peuple eut raison, car l'armée du roi de Prusse était aux portes de Paris. Je suis bien sûr que Henri IV n'a pas pris en mauvaise part cette utile et glorieuse métamorphose. En 1817, la nouvelle statue que nous voyons aujourd'hui fut fondue dans les ateliers de Lemot. Louis XVIII posa la première pierre du piédestal, qui reçut, sous le sceau du secret, un magnifique exemplaire de la Henriade.

Ce fut sur le Pont-Neuf que se révéla pour la première fois ce singulier homme de cour, d'esprit, de cape, d'épée, d'amour, d'intrigues, j'ai manqué dire d'état, qui s'appelle le cardinal de Retz.

Après l'enlèvement du *Patriarche de la fronde, du père du peuple*, Pierre Broussel, et de quelques autres conseillers au parlement qui avaient résisté à Mazarin, en 1648, le peuple prend les armes, tend des chaînes dans les rues, fait des barricades et réclame à grands cris la liberté des prisonniers. Le Pont-Neuf était le centre de l'émeute; les gardes françaises et les gardes suisses, envoyés par la régente ou plutôt par Mazarin, avaient été repoussés. L'abbé de Gondi, coadjuteur de l'archevêque de Paris, depuis cardinal de Retz, vêtu de ses habits pontificaux, vint haranguer la populace en la pressant, mais mollement, de se retirer; le peuple déposa les armes à la condition qu'on lui rendrait Broussel.

Nous aurions dû peut-être faire l'historique de chacun des ponts de Paris en les présentant dans leur numéro d'ordre; mais nous avons pensé qu'il était préférable de les prendre par date de construction.

PONT MARIE.

Il communique de l'île Saint-Louis au quai des Ormes, sur le bras septentrional de la Seine. Il doit son nom à son architecte. Il fut commencé en 1614 et terminé seulement en 1635. En 1658, la Seine entraîna deux arches du pont Marie du côté de l'île; il était, comme tous les ponts d'alors, bordé de maisons qui ensevelirent leurs habitants sous leurs ruines. La reconstruction des deux arches fut ordonnée, et provisoirement on les remplaça par deux arches en bois, sur lesquelles on ne pouvait passer qu'en payant. Le prix du péage devait servir à la restauration du pont. Dix ans plus tard, il fut enfin réparé; mais l'expérience profita cette fois, et on n'éleva point de maisons sur les deux arches nouvelles. Celles qui existaient à l'autre extrémité n'en étaient pas moins habitées; elles ne furent complètement enlevées qu'en 1789.

PONT DE LA TOURNELLE.

Sur le bras méridional de la Seine, entre l'île Saint-Louis et le quai de la Tournelle. Il fut établi sur la ligne du pont Marie; il figure sur le plan de Paris de 1620. En 1627, il fut emporté par les glaces et reconstruit encore en bois; il ne le fut en pierre qu'en 1656. Une inscription placée sous une de ses arches précise cette date.

PONT ROUGE.

Il servait de communication entre la pointe occidentale de l'île Saint-Louis et la Cité.

Pendant le jubilé de 1634, trois paroisses en procession, et se disputant la préséance, se précipitèrent à la fois sur le frêle édifice, l'ébranlèrent d'abord et puis, brisant les garde-fous (c'est bien le mot), les rompirent si bien que quelques malheureux tombèrent dans la rivière; une terreur panique s'empara de la foule; on s'imagina que le pont s'écroulait de toutes parts, et voilà les plus hardis, les plus peureux peut-être, qui se jettent dans la Seine comme les moutons de Panurge. Détruit un peu plus tard, toujours par une inondation, ce pont fut reconstruit et peint en *rouge* en 1717. On n'y passait qu'à pied et en payant un liard. Il fut enfin remplacé par le pont de la Cité.

Passons à la hâte par les ponts de la Cité, de l'Archevêché, Saint-Charles, de Bercy, et arrêtons-nous un instant sur le pont d'Austerlitz.

PONT D'AUSTERLITZ.

Le pont d'Austerlitz ou du Jardin des Plantes communique par son extrémité septentrionale au quai de la Râpée, et par son extrémité méridionale au quai de l'Hôpital de Saint-Bernard, et au boulevard de l'Hôpital.

Il fut un des trois ponts que la loi du 24 nivose an ix (14 janvier 1801) ordonna de construire; le *pont de la Cité* était le second; le troisième était le pont des Arts.

Le pont d'Austerlitz, commencé en 1802, ne fut entièrement achevé qu'en 1807. Son nom rappelle la brillante victoire remportée en 1805 par nos armées sur les Russes et les Autrichiens. Une compagnie, qui en perçoit le péage, le fit construire sur les plans de M. Becquey-Beaupré, par l'ingénieur Lamandé.

On regarde le pont d'Austerlitz comme un des plus beaux monuments du genre. Ses culées et ses piles en pierres de taille sont sur pilotis; cinq arches en fer fondu, dont la dimension est de 25 mètres, présentent un arc de cercle. Sa longueur totale est de 130 mètres.

C'est un spectacle magnifique qui se déroule sous les yeux du spectateur placé au milieu du pont d'Austerlitz. En face, le plus beau jardin du monde; à droite et à gauche, des quais immenses que longent d'un côté la belle grille du Jardin des Plantes et celle de l'Entrepôt; cet Entrepôt, avec ses petites maisons en bois entourées de jardins, ressemble à une petite ville peuplée d'artistes. Fiez-vous donc à l'apparence! De l'autre côté, la Seine, coupée un peu plus loin par le pont de Bercy; à droite, le vieux Paris, les tours de Notre-Dame; enfin, voilà tout près de vous une promenade plantée d'arbres, le boulevard Bourdon, et vous pourrez encore apercevoir la colonne de Juillet, avec son génie de la liberté qui prend son vol pour s'en retourner au ciel.

PONT D'ARCOLE.

Le pont d'Arcole est un pont en fil de fer jeté sur le bras droit de la Seine, du quai Napoléon à la place de Grève. Avant 1830, il se nommait pont de Grève; il ne sert qu'aux piétons. On sait que le pont d'Arcole a été le théâtre d'une horrible tragédie.

PONT DES ARTS.

Le pont des Arts traverse la Seine, du Louvre à l'Institut, ci-devant Collège des Quatre-Nations, ci-devant Palais Mazarin. Jeté entre le Louvre et l'Institut, ce pont ne pouvait s'appeler que le pont des Arts. Il a été commencé en 1802 et terminé en 1804, aux frais d'une compagnie qui vous demande l'aumône d'un sou quand il vous plaît d'aller à l'Académie par le chemin le plus court. C'est le premier pont de Paris dont les arches aient été construites en fer.

Pendant la nuit, le panorama qui se déroule autour du pont des Arts est un spectacle merveilleux. On se croirait au milieu d'un monde féérique, splendidement éclairé par des myriades d'étoiles. Voilà le palais du Louvre, la Cité, les tours Notre-Dame, le Pont-Neuf, le Palais de la Monnaie, le Palais Mazarin, les quais Malaquais, Voltaire et des Tuileries. Là-bas, là-bas, sur la Seine, tâchez de suivre ces feux follets bleus ou rouges qui volent d'une rive à l'autre: ce ne sont que des voitures illuminées par des lanternes et qui traversent le Pont-Royal ou le pont du Carrousel. Je comprends qu'un poète qui ne peut plus vivre s'élance dans l'éternité du haut du pont des Arts, durant une belle nuit; en pareil cas, l'on doit se croire à une très-petite distance des splendeurs du paradis de Mahomet.

PONT DU CARROUSEL.

Du quai du Louvre au quai Voltaire, parallèle au pont des Arts et au pont Royal, ses deux magnifiques voisins de droite et de gauche. Il est d'une hardiesse de construction remarquable; trois arches, dont chacune présente cinq travées formées par de longues planches de sapin superposées comme des ressorts de voiture, bien goudronnées et enfermées dans une enveloppe de fonte, soutiennent élégamment un sol de cailloutage bordé de trottoirs en relief, *pavés* d'asphalte. La rampe du pont du Carrousel est simple et élégante comme l'encadrement à jour d'une corbeille.

PONT ROYAL.

Après la destruction du *pont Barbier*, dont nous avons déjà parlé, la communication directe des Tuileries au Pré-aux-Clercs se trouvait interrompue. En 1685, Louis XIV ordonna la reconstruction d'un pont, cette fois en pierre, et qui devait s'élever un peu au-dessus de l'endroit où avait été le pont Barbier. Mansard et Gabriel fournirent les plans de ce nouveau pont, et l'exécution en fut confiée à un dominicain, frère François Romain. On le nomma pont Royal, en mémoire sans doute de ce qu'il avait été construit aux frais du roi. Le pont Royal a été le théâtre de la première tentative d'assassinat faite sur Louis-Philippe.

PONT DE LA CONCORDE.

Ce pont va de la place de la Concorde à la Chambre des Députés; on le commença en 1787; il fut achevé en 1790, sur les dessins de l'ingénieur Péronnet. Il a été terminé avec des matériaux provenant de la démolition de la Bastille. Nous y avons vu douze statues de grands hommes qui menaçaient de l'enfoncer; elles sont maintenant au musée de Versailles.

Ces grands hommes du temps passé formaient la haie aux grands hommes vivants de la Chambre des Députés, qui leur demandaient sans doute, en se rendant au parlement, de nobles et utiles inspirations.

Il n'y a pas loin du pont de la Concorde au pont des Invalides et au pont d'Iéna.

PONT D'IÉNA.

Le pont d'Iéna communique du Champ-de-Mars à la route de Versailles. Il fut commencé en 1809 et achevé en 1813. Au-dessus de chaque pile et dans l'intervalle des arches étaient sculptés des aigles, qui ont été effacés sous la Restauration. Il doit son nom à la bataille d'Iéna, gagnée en 1806 sur les Prussiens. A l'époque de l'invasion étrangère, Blücher, qui commandait l'armée prussienne, voulut faire sauter le pont d'Iéna, espérant ainsi effacer le souvenir d'une honte et d'une défaite. Louis XVIII, qui avait besoin de se rendre populaire, s'opposa vivement à cet acte de vandalisme et alla même jusqu'à dire : « Si vous persistez à vouloir détruire le pont d'Iéna, vous me ferez sauter aussi. » Blücher transigea avec Louis XVIII : le pont d'Iéna s'appela *pont des Invalides* et fut conservé.

En suivant le cours de la Seine, jetons un coup-d'œil rapide sur la physionomie habituelle que présentent les ponts principaux de Paris. Toutes les individualités si distinctes et si tranchées des derniers siècles se sont effacées peu à peu ; une déplorable uniformité envahit chaque jour les costumes, les allures, les instincts de la population parisienne. S'il nous était permis d'observer avec justesse tous les gens affairés qui traversent la Seine pendant une journée, nous reconnaîtrions sur tous les ponts les mêmes préoccupations, les mêmes désirs ; nous devinerions sous des traits différents les mêmes mobiles et les mêmes intentions. Où retrouver aujourd'hui les *raccoleurs*, les tirelaines, les charlatans, les duellistes du joyeux Pont-Neuf de nos pères ? Le raccoleur moderne a subi une entière transformation : vous le prendriez volontiers pour un banquier ou pour un avocat ; il se croirait déshonoré s'il entrait comme autrefois boire au simple cabaret ; il lui faut de riches appartements, des commis, des bureaux, des caisses à remplir, une maîtresse, un cabriolet, des meubles moyen-âge, des tableaux ; dans son salon, il tranche de l'artiste, mais il tient une *assurance* contre les chances du recrutement ; il n'est plus *raccoleur*, il est marchand d'hommes. Le charlatan que nous avons vu peupler le Pont-Neuf attend aujourd'hui l'acheteur, non plus en plein vent, mais dans de vastes magasins, et se contente de dépenser 20,000 francs d'annonces et de se faire bréveter pour l'invention d'une poudre dentifrice ou d'une pommade mélaïnocôme. Le mousquetaire si admiré de tout Paris en jupon, un instant ressuscité par Elleviou, parait condamné à l'éternel repos, à moins qu'une velléité guerrière de mademoiselle Déjazet ne lui ouvre encore une fois un dernier théâtre.

L'inventeur de la poudre persane, le grand Miette, est le seul héritier de toute cette joyeuse bande dont Tabarin est l'aïeul ; à ce grand artiste peut s'appliquer cette phrase académique de M. Sainte-Beuve, qui n'est peut-être pas fort compréhensible : « L'ombre de Brioché vint
» donc de bonne heure prendre par la main M. Miette ; il espéra ! et
» comme un Scapin, serein et patient, souriant de loin sous son man-
» teau à quelque ami qui s'avance le long des trottoirs, il marche à
» l'immortalité par la route non plus frayée, mais encore sûre. »

La place qu'occupe M. Miette est à peu près celle que tenait Brioche, au bout du Pont-Neuf.

A part les bouquinistes, qui encombrent de vieux livres les parapets des ponts de la Cité, et l'homme au petit manteau bleu, qui est la providence des malheureux sur le pont au Change, personne à présent ne peuple les ponts : ils ne sont plus une demeure, ils ne sont qu'un passage. Quelques bibliophiles s'y arrêtent seuls quelquefois, flairant la poussière d'un Alde ou d'un Elzevir en s'écriant avec Pons de Verdun :

> Ah ! je la tiens : que je suis aise !
> C'est bien la bonne édition,
> Car voilà, pages treize et seize,
> Les deux fautes d'impression
> Qui ne sont pas dans la mauvaise.

Naguère encore, à certain jour, le pont au Change présentait une animation inaccoutumée : c'était un condamné qui allait expirer à la place de

Grève ; maintenant le patient va finir loin de Paris, loin de tout, près des catacombes, à la barrière Saint-Jacques. Les jolies marchandes du quai aux Fleurs réclament, dit-on, contre la suppression de ce dernier acte du drame judiciaire, qu'elles voyaient représenter gratis. Sur le pont d'Austerlitz, c'est toujours l'impassible rentier du Marais qui s'en va visiter les singes du Jardin des Plantes. Le pont des Arts est fréquenté par les académiciens, en dépit de cette épigramme que M. Victor Hugo débitait après la réception de M. Scribe : « Je ne veux plus entrer à l'Académie » française ; pour y arriver maintenant, il faut passer par le *Pont-Neuf*. »

Sur le pont Royal, véritable cap des tempêtes, si favorable aux jolies jambes, c'est toujours une foule qui va se précipiter dans la rue du Bac ou qui vient se jeter dans les Tuileries et dans le Carrousel ; placé entre le régime absolu et le régime constitutionnel, le pont Royal est un trait d'union entre l'ancienne noblesse et la nouvelle cour.

Quand il s'agit d'une chute en ballon ou d'une course de chevaux, le pont d'Iéna reçoit la bruyante visite des pur-sang, des grooms, des sportmen et des badauds ; le lendemain, le pont d'Iéna reprend sa gravité habituelle, comme il convient à un solitaire qui pense à la grandeur et à la décadence de l'Empire.

L'auteur du *Voyage sentimental* aurait-il le droit de s'écrier encore : « De tous les ponts qui ont été faits le Pont-Neuf est certainement le plus beau, le plus noble, le plus magnifique, le mieux éclairé, le plus long, le plus large qui ait jamais joint deux côtés de rivière, sur la surface du globe. »

Francis Guichardet.

LES BOULEVARTS

Parfois, être savant c'est deviner le moyen de découvrir la science où elle se trouve, où elle se cache. Près de toucher, du bout de ma plume, à l'histoire des boulevarts de Paris, je compris qu'il me fallait savoir bien des choses : comment faire pour venir à bout de mon embarras qui était extrême, de mon ignorance qui était complète? Je résolus d'aller frapper à la porte d'un homme qui sait tout quand il s'agit de la grande ville; je me promis de feuilleter tout à mon aise, les pieds sur les chenets, un véritable livre vivant qui se laisse entr'ouvrir par tous les amis intimes de la maison, pourvu que les amis consentent à flatter la curieuse faiblesse de ces monomanes que l'on appelle des *collectionneurs*. Le savant, le livre animé dont je vous parle, se nomme Pierre Lambert : il est bien connu dans Paris; il demeure sur le boulevart Poissonnière; c'est le marquis de Carabas du *bric-à-brac* et de *la curiosité*.

Il serait difficile de rien imaginer

de plus singulier, de plus somptueux que le sanctuaire de cet adorateur de la *collection*; c'est un pêle-mêle bizarre, incroyable, fabuleux : des meubles sculptés dans tous les goûts, dans tous les styles, et de mille façons étranges ; des monuments d'histoire, d'art et de poésie; des chefs-d'œuvre de ciselure, des dessins et des toiles de toutes les écoles ; des antiquités profanes qui sentent furieusement le paganisme, mêlées à des reliques pieuses qui respirent encore le parfum de la chasteté chrétienne; les croyances, les siècles et les nations, confondus dans le désordre le plus capricieux : Cléopâtre et Marie-Madeleine; Messaline et madame Dubarry; Sardanapale et S. M. Louis XV; de jolies filles de Watteau et des magots de la Chine ; des amours bouffis qui effleurent, en badinant, la sainte épée de Jeanne d'Arc; des bas-reliefs, des camées, des glaces de Venise et des momies!... Cette magnifique salle est le *salon carré* du Louvre de notre collectionneur.

En visitant M. Pierre Lambert, dans l'intérêt de mon histoire des boulevarts, je commençai par admirer ses bric-à-brac du XVIIIe siècle, parce que je lui connaissais une secrète préférence pour le rococo du règne amoureux de madame de Pompadour.

« Mon cher savant, mon cher archéologue, mon cher antiquaire, lui dis-je en prenant un éventail de Vanloo qui cachait presque une figure érotique, en arrivant dans cette salle, dans cette Thébaïde de la fantaisie spirituelle, j'admire dans toutes ces frivolités luxueuses le caprice et le bonheur des riches d'autrefois; près de vous, le siècle de Louis XV s'élance tout-à-coup, à mes yeux, de son obscure poussière, dépouillé de son beau linceul de soie et de dentelle : vous l'avez obligé à revivre tout entier, à grands frais de patience, d'imagination et d'argent; vous avez recueilli, une à une, toutes les merveilles mignardes du XVIIIe siècle ; vous avez cherché dans ces futilités mondaines la robe de madame de Lignolle et les mouches de la marquise de B***; vous avez découvert toute la défroque pailletée des coureurs de ruelles et des héros de petites maisons ; vrai Dieu ! en admirant ces frivoles reliques, l'on croit assister au spectacle de l'impertinence et de la galanterie de l'ancien régime ! A ces causes, mon cher M. Lambert, votre maison historique doit figurer dans mon histoire des boulevarts.

— Quelle est cette histoire? me répondit le collectionneur.

— Un chapitre bien difficile, et qu'il me faut insérer dans le livre des *Rues de Paris*.

— Que savez-vous de la vie publique et privée des boulevarts ?

— Rien, mais j'ai compté sur vous pour en apprendre quelque chose.

— Qu'à cela ne tienne, mon jeune ami ; questionnez-moi : je répondrai à vos questions les plus indiscrètes.

— Grand merci! je n'ai pas une minute à perdre, et je vais commencer... par le commencement.

— Mais d'abord, de quels boulevarts me parlez-vous?

— Je ne vous parle ni du boulevart de 1761, qui commence au Luxembourg et qui finit à l'Esplanade des Invalides, ni du boulevart qui sert de ceinture à la ville de Paris, à travers les villages de Ménilmontant, Belleville, Montmartre, Batignolles, Passy, Vaugirard, Ivry, et bien d'autres vastes cabarets qui touchent aux barrières ; il s'agit des boulevarts du nord, des vrais boulevarts, qui s'étendent, sous la forme d'un demi-cercle, de la place de la Bastille à la place de la Madeleine.

— Oui, vous avez raison : c'est le boulevart par excellence, le boulevart historique et monumental ; les arbres y périssent chaque jour, faute d'air et de soleil ; mais, en revanche, les hommes, le gaz, la mode, le luxe et l'industrie s'y trouvent à merveille. Après?

— Quelle est la date, quelle est l'origine de cet immense boulevart?

— Son origine se perd dans la boue des fossés de 1536 ; ces fossés devaient servir à repousser les attaques des Anglais qui ravageaient la Picardie et menaçaient la capitale ; les premiers arbres y furent plantés en 1668. Ensuite?

— Cette longue et admirable promenade, qui touche à la Bastille et à la Madeleine, se divise en plusieurs boulevarts, en plusieurs quartiers?

— Oui; nous avons les boulevarts *Beaumarchais, du Temple, Saint-Martin, Saint-Denis, Bonne-Nouvelle, Poissonnière, Montmartre, des Italiens, des Capucines* et *de la Madeleine*. Autrefois, quand on arrivait à Paris par la rue Saint-Antoine, on regardait tour-à-tour la Bastille, l'Arsenal et l'habitation de l'auteur du *Mariage de Figaro*; aujourd'hui, la maison du poète, la prison d'État, l'édifice embelli par Henri IV, Louis XIII et Louis XIV, ont cédé la place à un grenier d'abondance, à une bibliothèque publique, à la colonne de Juillet et à une des branches du canal de l'Ourcq. Tout près de l'habitation de Beaumarchais, voici la demeure de Cagliostro en 1785, et un peu plus loin, la résidence galante de Ninon de Lenclos, dans la rue des Tournelles. Le boulevart Beaumarchais est bien calme, bien tranquille, bien solitaire; il ressemble aux académies de province : il ne fait jamais parler de lui. Le souvenir de Figaro lui a pourtant inspiré quelque velléité de bruit, de réputation et de gloire : il s'est donné un petit théâtre qui, pour réussir, ne demande que des pièces, des auteurs, des comédiens et un public.

— Passez vite sur le boulevart *du Temple* : un de mes collaborateurs en a déjà parlé d'une façon charmante, à propos de la rue et du faubourg qui portent ce nom....

— C'est le boulevart des petits cafés, des petits restaurants et des petits spectacles ; le grand nombre de théâtres établis, dans tous les temps, sur le boulevart du Temple, inspira le quatrain suivant je ne sais plus à quel méchant auteur de vaudevilles :

> Il ne fallait au fier Romain
> Que des spectacles et du pain ;
> Mais, au Français plus que Romain,
> Le spectacle suffit sans pain.

Tenez, j'ai là, dans ma bibliothèque, un petit livre très-rare et fort amusant; il est intitulé *l'Espion du boulevart du Temple en 1782*; le promeneur, qui nous a légué ce scandale littéraire, nous en apprend de belles sur les cafés, les restaurants, les jardins, les théâtres qui brillaient au xviiie siècle ; lisez ce livre, mais n'en dites rien aux lecteurs des *Rues de Paris*.

— Pourquoi cela ? Je trouve, à la première page de cette médisance en un volume, des vers adressés à une glace du *Café Turc* d'autrefois; je les recommande au propriétaire du *Café Turc* d'aujourd'hui :

> Douce liqueur, glace adorable,
> Émule du nectar des dieux,
> Si ma bouche te baise, un charme délectable
> Me fait douter, en ce moment heureux,
> Si j'habite la terre ou si je règne aux cieux.
> Iris et toi, dans le fond de mon âme,
> Portez la pure volupté ;
> Chacune de vous m'enflamme.
> Et paraît à mes yeux une divinité.
> Mais tu ne charmes que ma bouche
> Par ton excessive fraîcheur ;
> Et quand celle d'Iris me touche,
> Je sens une douce chaleur
> Que son baiser conduit jusqu'à mon cœur.

Voilà, ce me semble, un bouquet à Iris... à la glace.

Je m'aperçois que notre espion du boulevart du Temple en veut beaucoup à l'intelligence de Nicolet, qui était pourtant un homme d'esprit :
« Un soir, nous dit-il en parlant du directeur des *Grands danseurs du roi*,
» on répétait une pantomime; un musicien avait les bras croisés en at-
» tendant que son tour vînt d'exécuter sa partie : Nicolet fait tout arrê-
» ter, le prend à la gorge, et lui demande pourquoi il reste ainsi à se
» reposer, tandis que ses camarades s'escriment de toute leur force ? Ce
» musicien, qui jouait de la quinte, lui répond qu'il compte des mesu-
» res. — Malheureux ! s'écrie Nicolet, est-ce que je vous paie pour
» compter des mesures ?... Jouez, monsieur, jouez... Je paie ici pour que
» l'on joue ! — Nicolet faillit l'étrangler. »

Et plus loin, quand il juge la troupe dramatique de ce pauvre Nicolet :
« C'est un composé de mauvais, de bizarre, d'extravagant ; si ce spec-
» tacle n'existait pas, personne n'y songerait ; il existe, et l'on s'y rend
» par habitude. »

N'est-ce point là l'histoire de plus d'un théâtre du boulevart, en 1843 ?
— Ne cherchez plus ce boulevart du Temple qui faisait les délices du xviiie siècle : la promenade que nous voyons aujourd'hui est pleine de bruit, mais elle n'a plus d'éclat. Où sont les spirituels Paillasses du temps passé ? Et Bobèche et Galimafré, que sont-ils devenus ? Qu'a-t-on fait des illuminations, des concerts, des bals, des fêtes du *Jardin de Paphos*? Et le cabaret mystérieux de Bancelin, qui s'entendait si bien au petit bonheur des parties fines ? Et Fanchon la vielleuse, où est-elle ? Mon dieu ! que cette jolie petite fille chantait à ravir les couplets de Piron,

de Collé et de l'abbé de Latteignant ! Pauvre Fanchon ! elle n'a servi qu'à faire faire un vaudeville par M. Bouilly.

Et le *Cadran Bleu !* il n'a plus d'aiguille qui marque l'heure des galants rendez-vous; et les *Variétés amusantes*, dont on voit encore le titre sur une façade, sur un relief théâtral qui n'est que le mensonge d'un masque! Et le *Café d'Apollon*, dont les joyeux habitués furent remplacés par des figures en cire! Et tous ces beaux piétons de la cour et de la ville, ces grands seigneurs, ces grandes dames, ces tirailleurs titrés du plaisir et de l'amour, qui s'en allaient gaîment à la guerre sur le boulevart du Temple! Le temps, le caprice, le vent, la bande noire, les révolutions et la mode ont tout emporté!...

— Passons au boulevart Saint-Martin : la journée s'avance, et je n'ai qu'un jour pour me promener de la Bastille à la Madeleine.

— S'il en est ainsi, regardons à la hâte le *Château d'Eau*, qui fut construit en 1811, et le théâtre de l'Ambigu-Comique, dont le répertoire est un véritable robinet d'eau tiède, et la salle Saint-Martin, qui fut bâtie pour l'Opéra en soixante-dix jours, par l'architecte Lemoine, à la fin du règne de Louis XVI. Le boulevart dont je parle est le rendez-vous habituel des piou-piou, des bonnes d'enfants, des gamins, des acteurs et des poètes du mélodrame.

Le boulevart Saint-Denis est situé entre les deux portes triomphales que la faiblesse ou la reconnaissance de la grande ville daigna voter en l'honneur de Louis XIV. La porte Saint-Martin fut édifiée en 1674; la porte Saint-Denis en 1672. L'une nous parle, dans ses bas-reliefs, de la prise du Limbourg et de la défaite des Allemands; l'autre nous rappelle le passage du Rhin et les provinces conquises par le grand roi. L'écusson fleurdelisé de la porte Saint-Denis est le seul emblème royal qui ait été respecté par les sublimes démolisseurs de la révolution de juillet.

— Au XVe siècle, n'y avait-il pas déjà un théâtre sur le terrain qui est aujourd'hui le boulevart Saint-Denis?

— Le théâtre de la Trinité n'était pas loin, en effet; l'on y jouait des *mystères*, et ce fut là véritablement que se firent les débuts de l'art dramatique en France. Les spectacles ont toujours abondé sur la ligne de cette belle voie parisienne : le *Gymnase Dramatique*, enrichi par la verve inépuisable de M. Scribe et par la charmante protection de la duchesse de Berry, continue à tenir sur le boulevart Bonne-Nouvelle son petit bureau d'esprit.... où il ne manque guère qu'un peu de marchandise spirituelle; nous verrons tout-à-l'heure, sur le boulevart Montmartre, le *théâtre des Variétés* qu'il ne faut pas confondre avec les anciennes *Variétés amusantes*; plus loin, sur le boulevart des Italiens, vous entrerez, si bon vous semble, au théâtre de l'Opéra-Comique, où rien ne ressemble ni à un opéra ni à une comédie. Je vous ai parlé du *Gymnase Dramatique* : n'oubliez pas son voisin, le fameux marchand de galette; les deux boutiques se touchent. Un autre détail, s'il vous plait : l'ancien théâtre de S. A. R *Madame* fut construit en 1820 sur l'emplacement d'un cimetière; aujourd'hui le Gymnase se ressent peut-être de cette triste origine : il tombe en poussière dramatique.

Je vous recommande, sur le boulevart Poissonnière, l'hôtel Montholon, qui sert d'entrepôt à une manufacture de tapis ; le bazar, qui sert de promenade pendant l'hiver à des chalands qui ne veulent rien acheter ; l'hôtel de Rougemont de Lowemberg, ce délicieux oasis, cette maison de plaisance au milieu de Paris, ce nid de fleurs, de gazon et de rocailles, qui faisait envie à Napoléon ; hélas ! je me trompe : l'hôtel de Rougemont n'existe plus depuis quelques mois ; la bande noire a passé par là !

Le boulevart Montmartre est l'antichambre ou le vestibule du boulevart des Italiens : il nous introduit aux régions bienheureuses du monde parisien ; il nous provoque déjà, il nous allèche par le spectacle de la rue Neuve-Vivienne et du passage des Panoramas ; il commence à nous surprendre à force de luxe, à nous étourdir à force de bruit, à nous éblouir à force de lumière. Le jockey-club se tient à cheval au coin de la rue Grange-Batelière, entre le boulevart Montmartre et le boulevart des Italiens.

La vie du boulevart des Italiens, la vie publique, brillante, scandaleuse, se passe et se perd tout entière sur les allées de droite : elle commence à s'ébattre sur le seuil du passage de l'Opéra ; elle expire tout doucement dans une espèce de pénombre, au coin de la fameuse rue du Helder. Le café de Paris, le café Tortoni et la maison d'or sont là tout près de vous ; s'il nous était possible de nous asseoir un instant sur ces chaises que les promeneurs se disputent, nous verrions passer à nos pieds, dans un désordre, dans un pêle-mêle incroyable, l'agiotage, le journalisme, la mode, la galanterie, la littérature, l'art, la science, l'aristocratie et la prostitution, toutes les existences de la grande ville. — Permettez-moi de rendre hommage à la mémoire du café Hardy, qui *gouvernait les hommes* en leur donnant à boire et à manger, sur le boulevart des Italiens, au coin de la rue Laffitte : c'est le premier café de Paris qui ait eu la bienheureuse pensée d'offrir au public des déjeuners à la fourchette. Les gourmands du café Hardy appelaient cette innovation gastronomique une succulente hardiesse ou *Hardyesse*.

Le seuil du passage de l'Opéra nous offre, chaque jour, deux spectacles assez curieux et qui ne coûtent rien au spectateur ; ces passants affairés, inquiets, bavards et turbulents, sont les Bohémiens de la Bourse, les coulissiers, que le dieu de la police a chassés du temple de Tortoni. — Ces autres promeneurs qui trottent menu, en chantant, en gazouillant, en battant la mesure, en parlant de Rossini, de Beethoven ou de Mozart, sont presque tous des mélomanes, des chanteurs de romances, des compositeurs, des maîtres de chapelle, des organistes qui appartiennent à la clientèle officieuse du magasin de musique de Bernard Latte : l'auteur de la *Lucia*, de la *Favorite*, et de *don Sébastien* est le grand-prêtre de cette charmante église où le plain-chant ressemble aux plus belles harmonies de ce monde ; les Tuileries ont leur *petite Provence*; grâce à M. Bernard Latte, le boulevart des Italiens a sa *petite Italie*.

Un peu plus loin, de l'autre côté du boulevart des Italiens se trouvent le café Anglais, dont la cuisine française est excellente, les Bains chinois dont l'eau tiède ne lave plus les petits corps et les petites souillures à la mode, le Pavillon de Hanovre qui fut baptisé ainsi par la dédaigneuse justice du peuple.

Vous savez sans doute que cette luxueuse résidence appartenait à M. le duc de Richelieu ; M. le duc de Richelieu l'avait fait, disait-on, construire avec le produit des lauriers d'or et d'argent qu'il avait cueillis ou qu'il avait dérobés pendant la guerre de Hanovre ; les nouvelles à la main, débitées par le peuple, voulurent flétrir la conduite équivoque du maréchal, en jetant sur la façade de son petit pavillon un titre afflictif qui lui est resté. Je me souviens d'une anecdote que j'ai entendu raconter à ce sujet par un ancien serviteur de M. le duc de Richelieu.

Ce diable de maréchal, s'étant avisé de faire la guerre de Hanovre, s'avisa, je ne sais comment, de prendre une petite forteresse ennemie ; aussitôt M. le bourgmestre, au lieu de se brûler la cervelle, s'achemine vers le vainqueur et lui apporte les clés de la ville, qui étaient pardieu ! en or massif ; le duc de Richelieu, avec ce tact admirable qui lui faisait toujours deviner le bon argent, la chair fraîche et le fruit nouveau, salue, remercie et tend les deux mains... — Hélas ! s'écrie le bourgmestre, en pareille occasion, M. de Turenne se contenta de prendre la ville... il ne prit pas les clés. — C'est possible, répond le maréchal ; mais M. de Turenne était un homme vraiment inimitable ! Les clés d'or dont il s'agit ne servirent-elles pas aux serrures du Pavillon de Hanovre ?...

Les boulevarts des Capucines et de la Madeleine ont subi, en quelques années, une métamorphose complète ; ils sont devenus tout-à-fait dignes, à force d'élégance et de richesse, du voisinage magnifique de la rue de la Paix et des Tuileries, de la rue Royale et de la place de la Concorde. L'hôtel du ministère des Affaires étrangères, l'hôtel d'Osmond, l'hôtel Sommariva, sanctifié par un chef-d'œuvre de Canova, appartiennent au boulevart des Capucines. — Nous voici sur le seuil de l'église de la Madeleine : « Le soir, aux abords de cet édifice, a dit un promeneur spirituel et sentimental, tout revêt un aspect de majesté ; tout y est vaste, ample, élevé ; il y a dans les dispositions de ce monument le reflet d'une dignité qui surprend la pensée ; quelques-uns peuvent regretter de ne pas rencontrer, entre ces colonnes aux chapiteaux corinthiens qui s'éclairent de lueurs fantastiques, la statue de la gloire ; nous nous consolons en y trouvant celle de la charité. »

— Je prends note, ô mon savant cicérone! de tout ce que vous avez eu la bonté de me montrer et de me dire; mais, ce n'est pas tout, et j'ai besoin d'en apprendre davantage : recommençons notre promenade sur les boulevarts; marchons bras dessus, bras dessous, au hasard ; regardons ensemble çà et là, dans le monde de l'histoire ou dans le monde de la vie contemporaine; je n'aurai que des yeux pour voir et des oreilles pour entendre : vous aurez de la mémoire, de l'observation et de la patience pour me guider et pour m'instruire. Je vous écoute.

— Tout Paris a passé, tout Paris passe et tout Paris passera sur les boulevarts; parlons d'hier et d'aujourd'hui, sans nous inquiéter de demain.

J'ai vu passer sur les boulevarts les convois de Louis XVIII, de Lafayette, de Casimir Périer, du général Lamarque et du duc d'Orléans ; j'y ai vu défiler les mascarades du carnaval, les pèlerins frivoles qui s'en allaient à Longchamps, à pied, à cheval ou en voiture, les cortéges de toutes les sortes qui assistaient à des cérémonies religieuses, civiles et militaires; j'y ai vu tour-à-tour les vainqueurs de la Bastille, et Louis XVI que l'on conduisait à l'échafaud, et Marat que l'on se préparait à jeter dans l'égout de la rue Montmartre, et Mirabeau qui rentrait, pour y mourir, dans sa maison de la rue Caumartin, et les rois étrangers qui ramenaient les Bourbons, et les émigrés de Coblentz, et les royalistes de Gand, et Charles X qui se montrait au peuple, et la révolution de 1830 qui commençait à poursuivre la garde royale à coups de pierres, parce qu'elle n'avait pas encore de fusils.

J'ai assisté, sur les boulevarts, au spectacle des incendies qui dévoraient la nuit ou le jour les théâtres du Petit Lazary, de la porte Saint-Martin, de la Gaîté, du Cirque, de l'Ambigu, de l'Opéra Italien ; j'ai fait la chaîne, bon gré, mal gré, autour des flammes de l'ancien bazar : j'ai entendu les plaintes affreuses, les cris horribles des animaux que le feu atteignait déjà dans leurs cages, et je me rappelle encore la terreur des Parisiens qui croyaient à l'évasion des serpents à sonnettes de cette ménagerie incendiée.

Mirabeau est mort au premier étage de cette maison, qui fait l'angle du boulevart et de la rue Caumartin. — La célèbre Mlle Duthé, cette véritable *fille d'affaires* du xviiie siècle, demeurait presque en face, de l'autre côté du boulevart; elle y reçut l'auguste visite du roi de Danemarck ; S. M. danoise professait, pour la petite Duthé, une si singulière estime et une admiration si profonde qu'elle parlait sérieusement, Dieu me pardonne! de lui confier l'éducation mondaine de son héritier présomptif!... Il n'en fit rien pourtant, et le royaume de Danemarck l'échappa belle!

Chose étrange! en 1814, le jour de l'entrée des alliés dans Paris, au moment où ils défilaient triomphalement sur les boulevarts, il y avait à toutes les fenêtres de l'ancienne habitation de Mlle Duthé des femmes, de jolies Françaises, des folles de tout, qui agitaient leurs mouchoirs, en guise de drapeaux blancs, et qui criaient avec l'enthousiasme de je ne sais quelle tendre curiosité : Vivent nos amis les ennemis ! — Les malheureuses, les ingrates, avaient oublié déjà leurs amants de la veille, les beaux officiers de l'Empire.

En revanche, il n'y avait personne sur la terrasse de la maison mortuaire de Mirabeau ; cette maison semblait porter le deuil de l'empereur et de l'Empire. Des hommes, des traîtres, plus étrangers que les soldats de la coalition, pénétrèrent de force dans cette demeure, qui avait peut-être le courage de son opinion : ils y trouvèrent une jeune et belle femme en deuil; elle était agenouillée ; elle priait, en pleurant, pour le salut de la France, dans la chambre même qui entendit le dernier soupir d'un tribun de la révolution française! Quel regret pour la mémoire de mon cœur : je ne sais pas le nom de cette femme !

Le 17 février 1814, je vis passer sur les boulevarts les prisonniers que l'empereur avait faits sur le champ de bataille de Champaubert; à peu près à quatre heures, huit ou dix mille soldats étrangers, qui avaient eu l'honneur de se battre contre nous, commencèrent à défiler sur le boulevart Saint-Denis, sous l'escorte de la garde nationale de Paris. Permettez-moi de vous le dire, tandis que Napoléon défendait son trône et son pays, les armes à la main, en imaginant des prodiges, les Parisiens, je me trompe... quelques Parisiens oubliaient la France, pour crier à Paris, sur les boulevarts de Paris : Vive l'Angleterre ! Vive l'Allemagne ! J'ai vu, le 17 février 1814, des Français qui s'apitoyaient en public sur le sort des prisonniers de Champaubert : on leur jetait du pain, des gâteaux, de l'argent et des hardes; une jolie femme, une comédienne, Mlle Bourgoin, du Théâtre-Français, leur distribuait des provisions dans sa voiture; Mlle Regnault, de l'Opéra-Comique, eut l'indigne bonté de suivre l'exemple de sa camarade. Pardonnons à ces deux belles actrices : elles se souvenaient peut-être de quelque Russe amoureux ou de quelque Anglais prodigue ; elles n'étaient pas chargées de faire du patriotisme : elles faisaient tout simplement de la reconnaissance; les comédiennes de tous les pays et de tous les siècles ont été élevées dans l'amour des étrangers.

L'horrible procession des armées étrangères, sur les boulevarts, est un événement qui me semble digne de notre curiosité la plus inquiète, de notre intérêt le plus triste. Le 31 mars 1814, dans la matinée, un cortége de royalistes annonça, par des cris qui n'étaient plus séditieux, la présence très-prochaine de nos amis les ennemis; M. le duc de Fitz-James, M. de Montmorency, M. de Morfontaine, M. Louis de Châteaubriand, M. Archambauld de Périgord, se mirent à crier : *Vive le Roi ! vive Louis*

XVIII! *vivent les Bourbons!* M. de Maubreuil, qui avait attaché sa croix d'honneur à la queue de son cheval, criait plus fort que les autres : *Vive le roi! à bas le tyran!*

Je m'en souviens... Il était midi et un quart à ma montre de Bréguet, lorsque les trompettes des alliés se firent entendre sur le boulevart des Italiens; je ne veux pas prêter mes propres paroles à l'expression de pareils souvenirs : prenez ce livre rouge... là, sur le premier rayon de ma bibliothèque, et lisez pour vous et pour moi.

— C'est un livre traduit de l'anglais...

— Oui; lisez toujours.

— « Nous ne tardâmes pas à voir un groupe magnifique, composé de l'empereur de Russie, du roi de Prusse, du prince de Schwartzemberg, de l'hetmann Platoff, du général Muffling, de lord Cathcart, de lord Bargers, de sir Charles Stewart et de plusieurs autres, tous vêtus de brillants uniformes et montés sur des chevaux superbes. L'empereur portait un uniforme vert avec des épaulettes d'or; sur son chapeau était un plumet, assez semblable à la queue d'un coq. Le prince de Schwartzemberg était à sa droite; à sa gauche se trouvait le roi de Prusse : son air paraissait grave; il portait un habit bleu et des épaulettes d'argent. Lord Cathcart, avec son uniforme écarlate et son petit chapeau plat, faisait un singulier contraste avec les autres. Sir Charles Stewart était couvert de rubans, de plaques, de croix, et son costume fantastique était évidemment composé de ce qui lui avait plu dans les uniformes des différentes armées..... »

— Oui da! ce Charles Stewart avait peut-être voulu représenter sur son costume la coalition européenne. Continuez.

— « Aussitôt que les souverains parurent, on commença à crier : *Vivent les alliés! vivent nos libérateurs! vivent les Bourbons! à bas le tyran!*... Les officiers répondaient par des saluts gracieux aux acclamations des hommes, et principalement à celles des femmes... »

— Passez, passez, de grâce... ce n'étaient là ni des hommes, ni des femmes; ce n'étaient que des lâches qui n'avaient point de sexe.

— Je continue... dans l'intérêt de l'histoire. « Le grand-duc Constantin se sépara du cortége, tout près de l'église de la Madeleine, et se plaça sur un des côtés du boulevart, pour inspecter les troupes qui défilaient : elles se composaient de 35 à 45,000 soldats. En voyant des hommes placés devant une femme, il fit observer qu'il croyait les Français plus galants.. »

— Cosaque, va !

— « Lorsque les troupes eurent fini de passer, je me rendis à la place Louis XV, où je trouvai les souverains qui revenaient des Champs-Élysées. L'empereur de Russie se rendit à l'hôtel de M. de Talleyrand, où il établit son quartier général; le roi de Prusse alla loger à l'hôtel du prince Eugêne, rue de Lille, n° 82. M'étant tiré, non sans quelque peine, du milieu des chevaux, je suivis la rue de Rivoli, et en arrivant rue de Castiglione, je vis un homme monté sur l'acrotérium de la colonne Vendôme : Il essayait, avec un gros marteau, de détacher la statue de Napoléon !... »

— Et en ce moment là Napoléon s'efforçait encore de défendre Paris et l'indépendance nationale !... O Parisiens de 1814! vous valiez moins que les Russes de 1812 : ils brûlaient leur ville sainte pour la soustraire à l'empereur des Français, et vous livriez notre grande ville aux cosaques de l'empereur de Russie ! Ce jour là, du moins, j'eus le bonheur d'entendre un mot grossier mais sublime, prononcé par un homme du peuple : un ouvrier, plein de mépris et de colère pour les passants qui saluaient nos ennemis, se jeta sur un groupe de bourgeois qui insultaient à la gloire de l'empereur et de l'Empire ; il leur dit, à deux pas du grand-duc Constantin : Misérables ! vous n'avez pas d'entrailles... vous n'avez que des tripes !

— A la bonne heure, voilà un Parisien !

— Vous me parliez, au début de notre promenade sur les boulevarts, de la maison de Beaumarchais et de celle de Ninon de Lenclos ?...

— Oui, et j'ai eu le tort de vous en parler assez brièvement. Tenez, montons dans cet omnibus qui passe et retournons au boulevart Saint-Antoine ; à propos d'omnibus, la première de ces voitures populaires roula dans Paris en 1825, et je me suis laissé dire qu'elle eut l'honneur de porter bien des fois S. A. R. Madame la duchesse de Berry. — Ah ! nous jouons de malheur : l'omnibus est au complet ; nous marcherons.

Ne quittons pas le boulevart des Capucines sans dire un mot sur deux étrangers célèbres, un philosophe et un médecin, qui ont habité la rue Caumartin, au XVIII° siècle ; le premier se nommait Grimm, et le second Tronchin.

Le nom du baron Frédéric de Grimm est arrivé jusqu'à nous, pêle-mêle avec les noms de tous les beaux esprits du XVIII° siècle. Ce n'est là qu'un pauvre satellite qui s'est illuminé d'une petite auréole, d'une petite flamme d'emprunt, au splendide rayonnement d'un immense et magnifique soleil ; vraiment ! quand on a pris la peine de lire les œuvres misérables de ce petit bavard, on est tenté de croire que la postérité d'aujourd'hui a daigné le recevoir, sans y prendre garde et par-dessus le marché, dans la glorieuse succession du règne éblouissant de Voltaire. M. Grimm, dont la vie tout entière fut une spirituelle exploitation de la poésie, de la littérature, de la critique, de la royauté, de la finance et de la noblesse, a trouvé le moyen d'exploiter encore, après sa mort, la célébrité de ses amitiés littéraires : Jean-Jacques a laissé tomber sur son front un reflet de son immortalité radieuse, en lui consacrant quelques lignes de regrets, de plaintes et de reproches ; Diderot a jeté sur l'obscurité de son talent équivoque un faible rayon de sa gloire, de ses travaux et de son génie.

Dans les dernières années du xviiie siècle, du xviiie siècle monarchique, l'influence des médecins en général, et de Tronchin en particulier, était prodigieuse sur la santé, ou plutôt, sur l'esprit des jolies femmes de la cour et de la ville : les médecins avaient remplacé, dans les boudoirs, les directeurs de consciences. — Tronchin n'était pas français, et cela même lui porta bonheur, en lui donnant le droit de réussir en France ; il avait assez d'esprit pour se moquer de la médecine, assez de finesse pour deviner les petits secrets du cœur humain, assez d'habileté pour connaître le monde, assez d'élégance pour lui plaire, assez de charlatanisme pour savoir l'exploiter ; dans l'ordre des travaux qui intéressent l'art difficile de guérir, le médecin à la mode du xviiie siècle, le docteur ordinaire de Richelieu, de madame de Polignac et de l'abbé Terray, nous a laissé deux bons ouvrages pratiques : un fauteuil et une table, qui portent encore le nom de Tronchin. Tronchin ne manquait pas d'une certaine dose de sensibilité ; il disait souvent, pour justifier cette faiblesse, bien rare chez les médecins : « Un cœur sensible est un instrument nécessaire, indispensable à l'exercice de la médecine. C'est bien le moins que l'on sache s'apitoyer sur les souffrances que l'on ne sait pas guérir. »

Encore un mot sur le boulevart de la Madeleine. L'église que nous avons admirée est le centre merveilleux d'un nouveau monde de pierres, d'une petite ville admirable ; le quartier de la Madeleine est le digne pendant de cet autre quartier splendide que l'on appelle *la Boule rouge*; le quartier Saint-Georges est éclipsé ; l'on ne dit plus, en parlant de certaines femmes qui gazouillent le jour et la nuit, dans les bosquets amoureux de Paris, des *Lorettes*; on dit maintenant des *Madeleines* et des *Boules rouges*. Le quartier de la Madeleine a des rues dont le titre renferme quelque chose d'honorablement historique : la rue *Tronchet* et la rue *De Sèze* rappellent de nobles exemples de courage, d'éloquence et de dévouement ; elles ne sont pas loin du monument expiatoire de la *rue d'Anjou*. Laissons là ces souvenirs d'une grande et terrible époque, et mêlons-nous un instant à la foule des belles dames qui achètent des *Jardins suspendus*, au marché aux fleurs de la Madeleine ; les jardins suspendus des Sémiramis de Paris sont tout simplement des violettes et des giroflées... sur le bord d'une fenêtre.

Nous allons passer devant la rue Sainte-Anne, qui portait autrefois le nom d'*Helvétius*. Quel singulier homme que cet Helvétius, et de quelle étrange façon il débuta dans le monde, pour un philosophe qu'il voulait être ! Helvétius était beau, trop beau pour ne point réussir dans un siècle où la beauté conduisait à tout, jusque sur les degrés du trône ; il était riche, à une époque où la finance était une souveraineté, parfois ridicule, mais toujours inviolable; il avait beaucoup d'esprit, dans un temps où l'esprit était une puissance dont l'éclat prestigieux servait à saupoudrer de sable d'or les taches et les souillures du cœur; Helvétius dansait comme un ange, comme un ange travesti en homme, sous le double règne de Louis XV et du célèbre danseur Dupré; il s'escrimait dans les salles d'armes tout aussi bien que la chevalière ou le chevalier d'Eon; il hantait les coulisses avec les Sophie Arnould de tous les théâtres; il se glissait dans les boudoirs et les ruelles, sur les traces des héros amoureux les plus compromettants; il composait des vers lestes et badins, à la façon de Gentil-Bernard et des poètes assermentés de madame de Pompadour; il était l'amphitryon de petits soupers qu'il offrait, sans doute, aux convives habituels du baron d'Holbach; enfin, Helvétius commença par être un des hommes les plus beaux, les plus adroits, les plus aimables, les plus heureux du XVIIIe siècle. Un jour, le fermier général voulut devenir un écrivain; l'homme du monde voulut devenir un philosophe; il s'empara d'une idée étrange, audacieuse, fausse, absurde, et il publia son fameux livre : *De l'esprit*.

Voltaire a dit du chef-d'œuvre immortel de Montesquieu : « C'est de l'esprit sur les lois; » on pourrait dire avec plus de raison, en parlant du chef-d'œuvre d'Helvétius : C'est de l'esprit sur rien.

Voyez donc, sur le boulevart Poissonnière, cette délicieuse maison qui porte le n° 14 : *Ce ne sont que festons, ce ne sont qu'astragales*, et des voûtes à arcades, des colonnes, des ponts suspendus, des jardins, des dentelles en pierre, des joyaux de marbre, des dorures, tout le luxe, toute la fantaisie, toute la prodigalité d'une résidence princière. Eh bien! la foule daigne à peine prendre garde à cette petite merveille de l'architecture parisienne. — N'oubliez pas, dans votre histoire des boulevarts, les Piqueurs de 1818, ces malfaiteurs mystérieux qui attentaient à la sûreté publique en général, et à la pudeur des femmes en particulier... à coups d'épingles.

Nous voici de retour au boulevart Saint-Antoine : la maison de Beaumarchais, dont je vous parlais tout-à-l'heure, joua un rôle dans le drame révolutionnaire; l'auteur du *Barbier de Séville* et de *la Folle Journée* avait assez bafoué, ce me semble, la noblesse, la justice, la royauté, la religion, tout ce que la révolution avait détruit elle-même : en 93, l'esprit de Figaro alla se perdre dans le bruit des vociférations populaires, et Beaumarchais n'eut pas toujours à se louer, dans la tourmente, de ce peuple qu'il avait fait si bien parler, en 1784, contre les nobles, contre les prêtres, contre les juges, contre les rois. Sa maison reçut la visite armée du faubourg Saint-Antoine, qui venait y chercher le comte Almaviva, et Rosine, et Bartholo, et Bridoison, et Basile, et jusqu'à ce pauvre Chérubin, qui n'eut que le temps de se cacher dans le fauteuil où il s'était blotti si souvent à la Comédie Française.

Mlle Lenormand, qui vient de mourir, aurait dû habiter cette maison qui fait le coin de la rue Saint-Claude; c'était là que demeurait, en 1782, le charlatan, le sorcier, l'aventurier Cagliostro. Le plus grand miracle de ce faiseur de prodiges fut, à coup sûr, l'escamotage du collier de la reine; Marie-Antoinette, dans sa vertu, le cardinal de Rohan, dans son honneur déjà fort équivoque, le bijoutier de la couronne, dans ses intérêts matériels, devinrent les victimes de Cagliostro et de madame de Lamothe; l'escroquerie du collier de la reine aurait fait honneur au génie quelque peu hasardé de Cartouche et de Mandrin.

Saluons, pour la seconde fois, au détour de la rue des Tournelles, Mlle Ninon de Lenclos, cet *honnête homme* qui avait toutes les faiblesses d'une femme; cette courtisane émérite qui fut toujours jeune; cette malheureuse mère qui eut la honte d'inspirer à son propre fils, sans le savoir, une passion horrible, et qui eut la douleur de le voir mourir pour elle; ce philosophe en jupon qui pensait comme Epicure, et qui agissait comme Aspasie; cette protectrice de l'esprit, des belles manières, du bon goût, des beaux arts et des lettres, qui devinait le génie du jeune Arouet de Voltaire en lui léguant une bibliothèque pour l'inspirer, pour l'encourager, pour l'instruire.

De Ninon de Lenclos, qui demeurait rue des Tournelles, à Marion Delorme qui demeurait place Royale... en d'autres termes, d'Aspasie à Laïs il n'y a que la distance d'une jolie main; baisons cette petite main, le plus longtemps qu'il nous sera possible, et parlons un peu de Marion.

N'était-ce point là une folle raisonnable, une folle spirituelle, dont la vie fut une puissance amoureuse, et qui se moqua, le plus gaîment du monde, de toutes les seigneuries de France et de Navarre? Cette frivole héroïne, cette reine des plaisirs, dont le sceptre était un éventail, le diadème une couronne de fleurs, le palais un vaste boudoir, le peuple toute la jeunesse illustre de la cour et de la ville, vivait et brillait dans Paris au beau milieu du XVIIe siècle; dans les meilleurs jours de son règne, cette souveraine insensée était encore bien jeune pour une femme à la mode: on lui donnait vingt-huit ans, à la première vue, à la première œillade, au premier soupir, et la coquette n'en voulait guère accepter que vingt-cinq; la vérité de l'histoire m'oblige à vous dire qu'elle en avait trente.

Une beauté merveilleuse, des trésors de coquetterie inépuisables, des intrigues sans fin, une galanterie espagnole, italienne et française tout à la fois, une richesse apparente, un luxe insolent, beaucoup d'extravagance, une audace à l'épreuve, des plaisirs un peu publics, tout cela avait valu à une courtisane en chaise à porteurs, à une aventurière en carrosse, je ne sais quelle influence mystérieuse, une royauté fort équivoque sans doute, mais une royauté charmante, une usurpation naturelle qui commandait à de nobles cœurs, à de nobles esprits, a de nobles courages; oui, cette femme brillante, cette puissance d'un jour qui régnait par la grâce de Dieu, du hasard et de la mode, se nommait tout simplement Marion.

Marion Delorme trônait, sans être reine, dans son joyeux sanctuaire de la place Royale, comme le cardinal de Richelieu trônait, sans couronne, dans les salles mystiques du Palais-Royal; je ne sais... mais il me semble qu'il ne serait point impossible de découvrir plus d'un secret rapport entre ces deux singulières figures historiques, Marion Delorme et Richelieu! l'une en voulait à l'orgueil et à la richesse des gentilshommes; l'autre en voulait à la force et à l'ambition de la gentilhommerie. L'une visait le cœur; l'autre visait la tête. La courtisane gouvernait, à coups d'éventail, le prêtre politique gouvernait à coups de hache. Marion, n'est-ce point la fée du plaisir, la séduisante Armide, qui attire Renaud dans ses bras, le flatte, le caresse et l'enchante jusqu'à ce qu'il s'endorme? Richelieu, n'est-ce point l'ennemi caché, le complice terrible qui survient, au premier souffle du sommeil, et qui frappe sur le front engourdi de son adversaire?.. Cinq-Mars s'agenouille aux pieds de sa belle maîtresse, et soudain la noble tête du conspirateur amoureux tombe, des genoux de Marion Delorme, dans les bras ensanglantés du bourreau.

Sous le règne de Louis XIII, on joue, on s'amuse, on se bat en champ clos, on parade, on parle, on s'agite, on conspire contre la robe rouge du cardinal, on soupire, on fait l'amour chez Marion Delorme, et l'on s'agenouille sur les planches de l'échafaud; et puis, s'il reste encore une noblesse, une aristocratie en France, elle ira tour-à-tour s'humilier, s'étourdir et disparaître, dans les antichambres de Louis XIV, dans les petits soupers de la Régence, dans la tempête révolutionnaire de 93.

Vous ignorez, je l'imagine, que le magnifique intérieur de la maison de Marion Delorme fut dessiné, décoré, enrichi par un grand homme méconnu, par un homme de génie persécuté? Il se nommait Salomon de Caus. A vingt ans, Salomon de Caus était déjà un architecte habile, un peintre distingué, un ingénieur remarquable; il se vantait d'avoir deviné une véritable merveille scientifique : il avait eu l'idée singulière d'élever l'eau avec l'aide de la vapeur; il avait imaginé d'employer la vapeur comme moyen de force active, dans les proportions d'une échelle immense; grâce à la protection galante de Marion, le jeune savant eut l'honneur de soumettre au cardinal-ministre le plan d'une machine atmosphérique; or, cette machine, sauf quelques légers détails de construction, est absolument semblable à celle qui fut inventée plus tard par l'illustre Papin.

Salomon de Caus, qui avait le double tort d'avoir du génie, aux yeux du surintendant des finances, et de la beauté aux yeux de Marion Delorme, fut arrêté, par l'ordre de Richelieu, garrotté, bâillonné, et enseveli tout vivant dans la tombe d'un hospice ; la tombe de Bicêtre se referma sur sa tête, et tout fut dit.

Au mois de février 1641, Marion Delorme s'avisa de proposer au marquis de Worcester une promenade sérieuse, une promenade d'observation à l'hospice de Bicêtre. Comme ils se promenaient en observant, en riant, dans le jardin des fous, un homme, un maniaque, jeune encore, mais horrible à force de misère et de folie, leur apparut tout-à-coup derrière les grilles d'un cabanon, et se mit à crier d'une voix tremblante, d'une voix brisée :

— J'ai fait une découverte qui enrichira mon pays ! Venez, venez briser les barreaux de ma cellule... Je me nomme Salomon de Caus ! — Et qu'est-ce que la découverte dont il parle ? demanda le marquis de Worcester à un gardien. — Ah ! monseigneur, une chose bien niaise : l'emploi de la vapeur de l'eau bouillante.

Le lendemain, après avoir interrogé Salomon de Caus, le marquis s'écriait devant toute la petite cour de Marion Delorme : Oui, vous l'avez rendu fou ; mais quand vous l'avez jeté dans un cachot, vous avez assassiné le plus grand génie de votre époque !

Béranger, sans le vouloir, chantait l'éloge de Salomon de Caus quand il disait dans une chanson admirable :

> Vils soldats de plomb que nous sommes,
> Au cordeau nous alignant tous,
> Si des rangs sortent quelques hommes,
> Tous, nous crions : à bas les fous !
> On les persécute, on les tue,
> Sauf, après un lent examen,
> A leur dresser une statue,
> Pour la gloire du genre humain.

Voilà de ces choses que l'on trouve dans l'histoire des boulevarts, en les cherchant bien.

Le souvenir de ce pauvre savant, qui était aussi un artiste, porte bonheur à ma mémoire. Je me souviens d'avoir vu, il y a quarante ans, sur le boulevart du Temple, une bicoque, une mâsure qui avait appartenu, me disait-on, à un artisan célèbre, à l'ouvrier Boule, sous le règne de Louis XIV. André Boule avait quelque chose que n'ont pas d'ordinaire les simples artisans : beaucoup de tristesse, beaucoup d'orgueil, une grande intelligence et une ambition plus grande encore.

Un jour, la belle Mlle de Fontange adressa un appel public à tous les talents de Paris et de Versailles pour l'ornement, pour la décoration mobilière d'un palais, d'une espèce de petite-maison qu'elle devait à la munificence amoureuse du grand roi. L'ouvrier Boule osa se mettre sur les rangs, pour disputer le prix-Fontanges à tous les artistes de la cour et de la ville; il eut l'honneur d'étaler sous les yeux de la duchesse un modèle d'ameublement qu'il avait dessiné à l'insu de tout le monde, et la favorite en fut véritablement ravie, émerveillée. — Madame, lui dit le modeste ouvrier, il ne me faut que de l'argent pour exécuter un pareil assemblage d'ornements, de caprices et de figures; j'acheterai du bois de l'Inde, du bois du Brésil, du cuivre, de l'ivoire, et j'imiterai, à l'aide de l'incrustation et de la découpure, tous ces fruits, tous ces animaux, toutes ces fleurs, toutes ces feuilles d'acanthe, toutes ces figurines, tous ces riens que j'ai dessinés à plaisir et qui vous paraissent un prodige.

Le prodige fut réalisé, et les caillettes du grand siècle disaient à voix basse que l'amour avait passé par là ! Eh ! mon Dieu, pourquoi pas ? Boule était jeune, beau, spirituel et amoureux... oui, amoureux de la maîtresse d'un roi; à vrai dire, il n'était qu'un homme de rien, mais en France tous les hommes sont égaux devant une coquette ! Louis XIV voulut être le premier à visiter le nouvel hôtel et le nouvel ameublement de la duchesse : il pénétra dans le boudoir de Mlle de Fontange, avant tout le monde... après Boule ! Le souverain accorda au protégé de la favorite un brevet, une pension et un appartement au Louvre.

Il y a des inventions d'une apparence bien commune et dont les origines sont charmantes; les joies et les souffrances de l'inventeur, voilà un monde tout plein de mystère, de douleur et de poésie ! L'histoire des hommes de rien qui sont devenus quelque chose par le travail serait en même temps une belle action à faire et un beau livre à écrire; la lutte de l'intelligence contre la misère est un spectacle qui peut donner des leçons à tout le monde. L'on nous a raconté cent fois la vie des hommes illustres qui ont imaginé des poèmes, gagné des batailles, écrit des romans, inventé des théories orgueilleuses, prononcé des discours admirables, conquis des provinces, ravagé la terre ou déshonoré le genre humain ; pourquoi ne pas confier à la mémoire des pauvres les illustrations populaires qui ont honoré le peuple? Croyez-vous donc qu'il n'y aurait aucun intérêt véritable pour le cœur et pour l'esprit dans cette histoire qui porterait ce titre bien simple : *le Poème du travail* ?

Les boulevarts sont tout remplis, tout peuplés de ces souvenirs du travail, de l'intelligence, du génie en lutte avec l'injustice, avec les passions, avec la misère. Après Salomon de Caus, après Boule, voici Montgolfier : il a vécu à Paris, en 1784, dans une chétive maison du boulevart Saint-Martin. A l'âge de treize ans, Joseph Montgolfier s'était enfui du collège de sa province, sous le prétexte admirable qu'il avait horreur du grec et du latin ; à quinze ans, il s'était pris d'une belle passion pour les arts utiles, pour les sciences exactes ; à vingt ans, il avait inventé les planches de la stéréotypie et la simple et utile merveille du bélier hydraulique ; enfin, au mois de juin 1783, il lança dans la ville d'Annonay son premier ballon, un aérostat, que le public appela une Montgolfière.

Le premier voyage dans l'air, exécuté à Paris dans la nacelle d'une montgolfière, coûta la vie au malheureux Pilâtre du Rozier. On disait, à ce propos, à l'illustre Franklin : A quoi bon, je vous le demande, l'invention puérile de ces globes de toile et de papier ? — A quoi bon l'enfant qui vient de naître ? répondit le physicien philosophe.

L'enfant de Montgolfier tarde bien à grandir jusqu'à la taille d'un homme !

Moi qui vous parle, j'ai vu, j'ai entendu, sur le boulevart Saint-Antoine, une femme bien singulièrement et bien tristement célèbre : elle se nommait Théroigne de Méricourt ; cette fille, cette femme, ce démon était né dans un village ; elle était jolie, ambitieuse, ardente, infatigable au plaisir : elle appartenait de droit à la grande ville ; Dieu me pardonne ! je crois qu'elle entra dans Paris le même jour et par la même porte que Charlotte Corday ! Comme elle était jolie, Théroigne commença par réussir : elle se faisait surnommer l'*Aspasie* du peuple ; comme elle était ambitieuse, elle essaya de jouer un rôle révolutionnaire ; comme elle était ardente et résolue, elle prit un bonnet rouge, une pique, un sabre, un fusil... que sais-je ?... et la voilà dans les rues de Paris, criant, frappant, blasphémant, faisant de la terreur et du vice, au bruit du tambour de Santerre !

Un jour, les femmes du peuple, ses compagnes, qui valaient mieux qu'elle, s'emparèrent de cette insensée : on la garotta, on la déshabilla publiquement, et on la fouetta comme une vile pécheresse. Eh bien ! cette malheureuse, qui n'avait rougi de rien jusque là, eut honte du châtiment public qu'elle avait reçu ; elle devint folle : elle est morte folle à la Salpétrière, sous l'Empire ou dans les premières années de la Restauration.

L'histoire a des oppositions et des contrastes qui effraient et qui consolent à la fois ; soyez assez bon pour m'écouter encore : voici une simple histoire qui repose un peu de celle de Théroigne de Méricourt.

C'était quelques jours avant la mort de Marie-Antoinette. Une de ces femmes, une de ces choses que l'on appelle des filles de joie, et que l'on devrait appeler des filles de peine, s'avisa de crier dans un cabaret du boulevard du Temple : *Vive la Reine !* Je crois bien que cette malheureuse ne savait pas ce qu'elle disait ; n'importe : elle fut prise, jugée et condamnée à mort. Je commence à croire qu'elle savait ce qu'elle avait dit, puisqu'en entendant prononcer sa condamnation elle se reprit à crier : *Vive la Reine !*

Les hommes imaginent de singulières vengeances : le jour où Marie-Antoinette devait mourir sur la place de la Révolution, on fit monter la pauvre femme dont je vous parle dans la charrette qui portait une reine de France ; pourtant la Convention n'avait point voté cette humiliation, cette honte, cette peine aggravante contre *l'Autrichienne.* La fille de joie se rendit justice : elle s'agenouilla aux pieds de Marie-Antoinette, et lui dit, tout le long de la route qui conduisait au calvaire royal : « Madame, madame, pardonnez-moi de mourir avec Votre Majesté ! »

Je regrette d'avoir oublié le nom de cette malheureuse femme, qui croyait encore à quelque chose.

— Vous ne m'avez rien dit, en passant sur le boulevart du Temple, de l'horrible attentat de Fieschi...

— Je ne vous ai pas montré, parce qu'elle n'existe plus, Dieu merci, la maison qui servit de coulisse à ce drame déplorable, à cette tragédie de la rue; vous connaissez et de reste, avec tout le monde, cette affreuse histoire dont le dénoûment fut une calamité publique. La journée de Fieschi porta malheur à ce pauvre Jardin Turc : les habitués et les oiseaux de l'endroit ne sont pas encore revenus de leur épouvante; les uns ne parlent guère et les autres ne chantent plus.

C'est au coin du boulevart et du faubourg du Temple que commence ou que finit, comme il vous plaira, la *fameuse descente de la Courtille*; là

vient tomber le dernier masque du Mardi-Gras, dans la poussière du mercredi des Cendres; le carnaval vient y expirer, en grimaçant de la façon la plus horrible, comme un moribond vicieux qui a honte de sa vie et qui a bien peur de la mort : il expire, pour ressusciter un peu plus tard à la voix joyeuse du dieu de la mi-carême, qui lui rendra, pour une nuit, ses oripeaux tachés de boue, de sottise et de vin. La descente de la Courtille est le revers affreux d'une brillante médaille ; c'est l'affreuse doublure d'un habit pailleté d'or et d'argent ; c'est le lendemain bien triste, bien noir, bien désolé d'un jour de plaisir, de soleil, d'ivresse et de folie. La descente de la Courtille est à la fois le spectacle le plus attristant et le plus consolant que l'on puisse offrir à la raison : il n'y a pas de joie qui vaille une pareille infamie, de pareilles grimaces, une pareille misère ; tout y est en guenilles, le masque, l'esprit, le travestissement, le corps, la bourse et le cœur : c'est hideux !

— Le premier essai de l'éclairage au gaz n'a-t-il pas été fait sur les boulevarts ?

— Oui, en 1817, sur le boulevart Montmartre, dans le passage des Panoramas. — Vous devinez que ce passage a dû son nom à un spectacle introduit en France, au mois de janvier 1799. Le premier Panorama de Paris fut dirigé par un Américain des États-Unis, un très-habile ingénieur, qui se nommait Fulton. Qui le croirait ! le sort de l'empereur et de l'Empire s'est trouvé un instant dans les mains de cet homme : Fulton, à l'époque du projet de descente en Angleterre, fit présenter à l'empereur un mémoire sur l'application immédiate de la vapeur à la marine de l'Etat. Les savants et les ministres empêchèrent Napoléon de prendre garde à la grandeur merveilleuse d'une pareille idée, qui était pourtant d'une exécution bien raisonnable et bien facile. L'ingénieur, repoussé en France, s'en alla réussir en Amérique, et l'on dit qu'en se rendant à Sainte-Hélène, pour y mourir, l'empereur rencontra au bout de sa lunette un bateau à vapeur qui s'appelait LE FULTON.

Tout près du passage des Panoramas, au coin du boulevart et de la rue Richelieu, se voyaient encore, il y a peu d'années, les beaux salons et les beaux jardins de Frascati ; cette maison de jeu était le véritable salon et en même temps le boudoir et la salle à manger des tripots publics de Paris ; l'on y donnait volontiers à jouer, à dîner, à souper et à coucher. Le dernier jour, ou plutôt la dernière nuit de Frascati fut une solennité admirable, un spectacle horrible et merveilleux pour l'observateur qui n'avait jamais joué ni au *trente-et-un*, ni à la *roulette*, ni au *creps* : les hommes, les femmes, les croupiers, les tailleurs, les inspecteurs, les messieurs de la chambre, tous les visiteurs habituels, toutes les *curieuses* de l'endroit, tous les employés grands et petits, s'étourdissaient à qui mieux mieux, dans ce dernier carnaval de l'argent et du hasard ; et quand la dernière carte fut tombée sur la table, quand le dernier dé eut roulé sur le tapis vert, quand le dernier bruit de l'or eut retenti dans l'oreille et dans le cœur de tous ces malheureux, riches ou pauvres, qui couraient après la fortune, un immense cri de regret, d'indignation et de douleur se fit entendre dans les salons et dans les jardins de Frascati : c'était le dernier soupir du jeu qui expirait aux pieds des gendarmes.

Les maisons de jeu de Paris ont été fermées le 1er janvier 1838 : ce jour-là, la morale publique reçut de bonnes étrennes.

En 1822, un jeune homme, qui venait de se déshonorer à Frascati, afficha le quatrain suivant sur la glace du grand salon :

> Il est trois portes à cet antre :
> L'espoir, l'infamie et la mort ;
> C'est par la première qu'on entre,
> Et par les deux autres qu'on sort.

L'auteur de ces quatre vers était déjà déshonoré : il se tua pour donner tout-à-fait raison à la moralité de son quatrain.

Je me souviens d'une scène à laquelle j'ai eu le bonheur ou le malheur d'assister, dans les salons de Frascati.

Une nuit d'hiver, en 1824, un jeune homme vint s'asseoir autour de la table verte en chancelant comme un homme ivre, et il était ivre en effet ; sa figure avinée, ses cheveux en désordre, ses vêtements souillés, son sourire stupide, ses yeux sans regards, donnèrent l'éveil aux délicatesses de la banque : on délibéra sur la question de savoir si le rateau du croupier était compétent pour dévaliser la folie ou l'ivresse ; on passa outre, et les choses se firent en conscience.

Dieu soit loué ! le jeune homme se mit à jouer avec ce bonheur que l'on appelle insolent, parce qu'il est contraire aux chances habituelles du jeu ; il gagna de l'or à pleines mains ; il gagna des billets de banque dont il ne savait plus que faire, et qu'il étalait en souriant avec une joie convulsive...

Le joueur bienheureux se leva et demanda du feu pour allumer un cigare... oui, pour allumer un cigare ! On lui fit observer que les *messieurs de la chambre* n'étaient point de vils garçons d'estaminet ; on lui fit comprendre, avec toute la politesse due au bonheur, qu'il y avait loin d'un coupe-gorge à une tabagie. — C'est vrai ! répliqua le fumeur avec une raison charmante ; je m'incline et je m'en vais...

Mais on transigea bien vite avec les réglements, et l'on eut la bonté d'apporter du feu : le fumeur roula tout simplement un chiffon de papier, un chiffon signé *Garat*, qu'il fit flamber en guise d'allumette, et le cigare alla son petit train dans son petit nuage de rêverie et de fumée.

La galerie osa se plaindre : il lui jeta quelques bouffées de tabac à la figure et continua de jouer. Hélas ! le jeu ressemble à la pleine mer : quand on y tombe, la lutte devient impossible ; on a beau résister par le désespoir, par la force ou par la ruse, le flot vous entraîne toujours, l'horizon s'éloigne sans cesse, l'abîme s'entr'ouvre, on revient encore à la surface de l'eau, on disparait une dernière fois, et tout est dit.

Deux heures plus tard, le joueur qui avait tant gagné n'avait plus rien à perdre que la vie : il se leva, s'approcha d'une fenêtre, prit un pistolet dans sa poche et se brûla la cervelle : le sang de ce malheureux tomba sur les fleurs du jardin de Frascati.

Chassés par une loi, qui n'était que la consécration de l'opinion publique, les jeux patentés de Paris se sont envolés sous la forme de Mercure, qui n'est pas seulement le dieu du commerce, et nous les retrouvons aujourd'hui, sous les traits d'un banquier, d'un tailleur, d'un croupier, dans les principales villes de l'Europe ; les habitués de Frascati jouent encore à Londres, à Vienne, à Berlin, à Madrid, et dans toutes sortes de tripots que l'on appelle des résidences princières.

Les détails que je vous donne doivent servir à un travail littéraire ; eh bien ! permettez-moi de terminer ma causerie, ma promenade en paroles, par un nom qui a honoré les lettres françaises : Regnard, le poète comique Regnard, a vécu dans la rue de Richelieu, au coin du boulevart des Italiens, là où s'élève maintenant la maison du café Cardinal. En avez-vous assez pour votre article? — Je vous écoute encore...

— Oui da ! vous siérait-il d'aventure de raconter à vos lecteurs l'histoire tout entière, l'histoire complète des boulevarts de Paris? Quelle idée ! Il vous faudrait trois volumes et trois ans pour bien écrire une pareille histoire. Quoi! vous voudriez raconter la vie des hommes et des choses d'élite qui ont figuré sur cette grande voie parisienne? vous voulez parler à la fois des monuments, des maisons, des passants, des industries, des arbres et des pavés? Il vous plaît de nous rappeler un à un tous les faits, tous les événements, tous les drames, toutes les farces, toutes les comédies, tous les malheurs, toutes les misères, tous les crimes, toutes les cérémonies, tous les désordres qui ont eu un pareil théâtre? Terminez donc votre article tout simplement; dites aux gens encore de bonne volonté qui prendront la peine de vous lire :

Les boulevarts de Paris sont une ville, une grande ville, où il serait possible à l'homme le plus difficile, le plus sévère, de vivre dans le luxe, dans l'opulence, dans le plaisir, dans une ivresse continuelle. Ce que l'on disait autrefois du Palais-Royal peut s'appliquer aujourd'hui, avec plus de raison, aux boulevarts de Paris : un homme, un prince, pourrait se faire volontiers, en un pareil lieu, le prisonnier de lui-même; c'est là une vaste et admirable hôtellerie, dont les splendides ressources doivent suffire à tous les besoins, à tous les désirs, à tous les caprices : des cafés et des restaurants, des bibliothèques, des bains somptueux, des vêtements à la mode, des bijoux, des fleurs, des spectacles, de jolies femmes, des chevaux, des voitures, tout le bien-être, toutes les joies, toutes les délices de la fantaisie qui sait vivre. Pour un étranger qui marche au

hasard, à bâtons rompus, sans ami et sans guide, les boulevarts ressemblent à un miroir immense qui tournoie à la lumière ; c'est une gerbe de feu éblouissante qu'il faut s'habituer à contempler en face, à la manière des aiglons quand ils regardent le soleil.

— Il manque pourtant quelque chose aux boulevarts...
— Quoi donc?
— Des arbres qui puissent donner un peu d'ombrage.
— Prenez-vous-en aux révolutions et aux travaux publics; les plus belles villes du monde sont comme les hommes : elles ne s'avisent jamais de tout.

Les boulevarts mourront d'un anévrisme : l'explosion du gaz.

LOUIS LURINE.

RUE RICHELIEU

Après Henri IV, Louis-le-Grand et Napoléon, il n'est ni empereur, ni roi, ni prince plus populaire en France que le cardinal de Richelieu : popularité tristement acquise sans doute, gloire obtenue à force de perfidies, de passions basses et de ruses, car cette pourpre romaine a vingt fois renouvelé ses couleurs dans le sang de Chalais, d'Urbain Grandier, du maréchal de Marillac; car ce prêtre impitoyable, fauchant comme Louis XI toutes les têtes plus hautes que la sienne, n'a fait grâce ni à la jeunesse du fils de d'Effiat, ni au chevaleresque caractère du duc de Montmorency; et ce n'est pas sa faute si la comtesse du Fargis, espionne de la reine-mère, n'a été exécutée qu'en effigie sur la place de Grève. Mais la postérité, comme les individus, égoïste par nature, oublieuse par intérêt, ne tient compte que du bien aux hommes qui jouèrent un rôle important dans les affaires de ce monde.— Les contemporains ont moins de larmes pour les victimes du cardinal que d'éloges pour les fortes institutions et les monuments dont il a doté la France : on se souvient de ses victoires en Italie et en Espagne, de ses efforts réitérés pour l'abaissement de la maison d'Autriche; on se rappelle qu'il a fondé l'Académie Française, le jardin des Plantes, qu'il a restauré et agrandi l'Imprimerie royale, la Sorbonne, et l'on s'inquiète très-peu après cela de sa conduite particulière, des honteuses représailles auxquelles il se livra, des condamnations sanglantes que, pour être plus sûr de sa vengeance, il faisait exécuter dans ses châteaux de Bagneux ou de Rueil. Voilà sans doute bien des fautes, j'allais écrire bien des crimes, mais la gloire efface tout, a dit un poète, et la gloire fut en effet d'une prodigalité sans réserve envers Armand Duplessis de Richelieu.

A ce nom devenu presqu'un symbole, car il réunit en lui seul des qualités et des vices dont plusieurs générations ont recueilli les avantages ou porté le fardeau, l'histoire ouvre ses portes à doubles battants ; une époque mystérieuse et féconde revit dans le passé, et le regard s'arrête sans être ébloui sur cette aube d'un grand soleil qui va luire. On s'égare sous les ombrages de la place Royale avec une société galante et frivole; c'est un bruit d'éperons, un doux murmure d'éventails, une exhibition de vertugadins, de dentelles, de passements d'argent, de manteaux courts et de mouches, d'épées et de blancs panaches, qui réjouit la vue et embaume le cœur: les ponts-levis du Louvre se lèvent et s'abaissent sous le pied sonore des chevaux; Concini, devenu maréchal, cède le pas à Albert de Luynes; le long du Cours la Reine, des carrosses d'or s'en vont au plaisir avec leurs maréchaux et leurs duchesses, escortés de leur gentils pages; ici Scarron apaise ses douleurs en récitant ses vers; Marie de Médicis regrette et intrigue, Anne d'Autriche espère, Louis XIII se confesse et fait son vœu à la Vierge, tandis que les favoris, météores rapides, se succèdent auprès de lui, comme jadis dans l'alcôve de Marguerite de Bourgogne ; — et au-dessus de ces courtisans et de ces reines, plus haut encore que le trône, plane la figure fatale et sombre du ministre-roi.

Depuis tantôt deux siècles, la destinée des Richelieu n'a point cessé de tenir une place dans nos annales ; à partir de Henri IV et de Louis XIII, leur grandeur se perpétue d'oncle en neveux et de père en fils, jusqu'au règne de Louis XVIII; c'est une longue odyssée de fortunes diverses. Mais que l'époque fût mauvaise ou bonne, cette race de ducs a eu la main dans tous les emplois, a mis le pied dans toutes les carrières, à Paris et à Rome, aux Tuileries et au conclave. Renommées de champs de bataille et de salon, triomphes de la guerre, triomphes de l'amour; richesse, esprit, puissance, renommée sur terre et sur l'Océan, les Richelieu ont tout voulu et ils ont tout obtenu. Le temps, loin d'affaiblir l'auréole dont leur blason se couronne, y a joint à chaque révolution, pour ainsi dire, à chaque changement de dynastie ou de règne, un rayon nouveau ; le cardinal leur ancêtre, qui portait sa cuirasse sur sa pourpre, qui était général et prince de l'Église, grand amiral, pourvu des revenus des trois plus grosses abbayes de France, qui ne fut pas insensible aux charmes de sa nièce mademoiselle de Combalot, au langoureux regard de la duchesse de Chevreuse, et que Voltaire accuse d'avoir été l'amant de Marion Delorme, le cardinal a laissé à ses descendants des exemples dans tous les genres.

Pour tous ceux qui l'ont porté, ce nom de Richelieu a été comme une bonne étoile. Il semble que Paris n'ait point été assez vaste pour loger cette famille, qui remplit l'histoire de ses faits guerriers et politiques. L'hôtel d'Antin, dont les Richelieu avaient fait le leur et qu'on admirait encore naguère, s'étendait jusqu'au boulevart des Capucines. Le pavillon d'Hanovre en était l'extrême limite, le vide-bouteille, et c'est sur le jardin qu'a été ouverte en dernier lieu la rue Neuve d'Antin. A l'opposé, dans le Marais, à côté de l'hôtel de Soubise, ils possédaient une autre résidence, et à propos de la rue Blanche, il a été déjà question dans ce livre du pavillon Richelieu, appelé aussi Pavillon de Fronsac du nom d'un cadet de la famille, ce petit bossu aussi célèbre par ses bons mots que ses aînés par leurs amours. Ces différentes constructions sont postérieures au ministre de Louis XIII, et on n'en saurait douter quand on songe que le cardinal, ayant en 1629 acheté les hôtels de Mercœur et de Rambouillet aux confins de la ville, sur les remparts de François Ier, y fit bâtir par l'architecte Lemercier, qui suspendit tout exprès ses travaux du Louvre, une habitation royale sur la façade de laquelle étaient sculptées ses armes et l'inscription fastueuse : PALAIS CARDINAL. — On fit des couplets à ce propos, mais on allait en composer beaucoup en France : n'était-on pas à la veille de la Fronde !

L'état de la cité en cet endroit aurait peut-être gêné un autre que Richelieu ; sans s'inquiéter de la défense de la ville, lui qui avait fourni ses preuves au siége de la Rochelle, il fit combler les fossés, raser les murailles, et l'intendant des finances Barbier, qui n'était que son humble valet, en fut quitte pour proposer un nouveau projet d'enceinte. En 1632, les idées de l'intendant furent en partie, et pour la plus parfaite convenance du cardinal, mises à exécution par Charles Froger, secrétaire de la chambre du roi. La porte Saint-Honoré contrariait les dessins de l'architecte, on la transporta au bout de la rue, à l'endroit où elle est coupée par la rue Royale, et la porte détruite servit de point de départ à une voie nouvelle, qui prit le nom du ministre et recula l'enceinte de Paris jusqu'à la hauteur de la rue Feydeau, où fut placée la porte Richelieu.

Il est bon de dire qu'en ce temps-là les fortifications de la ville consistaient principalement en courtines plus ou moins inoffensives et en moulins à vent. Cela sent un peu son Don Quichotte, et cependant rien de plus exact : partout des moulins à vent étendaient leurs ailes grisâtres; il y en avait à Saint-Roch, à la butte des Moulins et le long des boulevarts, depuis la porte Saint-Denis jusqu'à la place de la Concorde. En 1636, Richelieu était mieux logé que son roi; placé entre deux salles de spectacle, il avait devant lui une fontaine monumentale, derrière lui un jardin immense que traversaient les vestiges des anciens remparts. Qu'ajouterai-je? Lemercier avait fini son œuvre et l'architecte Oppenord sculptait les dernières ancres, symbole de la dignité maritime du ministre, dans la cour d'honneur du palais Cardinal.

Par une fatalité étrange, ce palais où le prince de l'Église, le monarque réel du monde, avait abrité sa grandeur, cette majestueuse résidence où il se reposait des fatigues de la guerre et des ennuis de la politique, ces plafonds où Philippe de Champagne avait de son pinceau rêveur retracé les principaux actes de cette vie tourmentée et glorieuse depuis les premières luttes et les premières ingratitudes envers Marie de Médicis jusqu'aux échecs des Espagnols, ce monument enfin où Richelieu avait buriné son orgueil sur chaque pierre, ne devait point retourner à sa famille. Légué par lui à Louis XIII, Louis XIV agrandissant le Louvre et édifiant Versailles fit don d'un palais qui n'était plus pour lui qu'une maison de plaisance à son frère Philippe d'Orléans. Or, voyez le bizarre retour des choses : Richelieu de son vivant n'avait pas eu de plus implacable ennemi que l'oncle de ce prince. Gaston d'Orléans s'était constamment mis à la traverse de ses projets, tantôt prenant le parti de la reine-mère, d'autres fois guerroyant pour son propre compte, n'épargnant rien pour le déconsidérer dans l'esprit de Louis XIII, et en dernier lieu refusant d'épouser sa nièce. La providence a voulu malgré cela que tout le bien que le cardinal avait rêvé pour lui-même devînt, au détriment des siens, l'inaliénable apanage d'une famille qu'il détestait!

Une fois possesseur, Philippe d'Orléans n'oublia point l'expiation éclatante qu'il devait à la mémoire de son oncle; tout amateur de peinture, tout peintre et élève d'Antoine Coypel qu'il était, il déchira sans pitié les magnifiques toiles de Champagne; Richelieu n'était pour lui ni un bienfaiteur, ni un héros; qu'avait-il besoin d'avoir sans cesse sous les yeux le vain étalage des exploits de l'ex-évêque de Luçon? Cette vaste galerie, dont les plafonds et les murailles valaient des millions peut-être, fut détruite sans miséricorde; on la transforma en petits appartements, et un jésuite, ami de madame de Maintenon, proposa de sculpter dans la corniche du salon principal la philosophique devise : *Sic transit gloria mundi!* La destruction de l'œuvre de Philippe de Champagne ne fut que le complément de la pensée de Louis XIII, qui, succédant à son favori, avait substitué à l'inscription de *Palais Cardinal* celle de Palais Royal, qui est restée. Ainsi s'effacèrent dans ces lieux où il avait régné les derniers vestiges de cet esprit tout-puissant duquel Montesquieu a dit : « Il avi-» lit la royauté, mais il éleva le trône; » — et qui écrivait au monarque à propos du supplice de Cinq-Mars et de la défaite des Espagnols : « Sire, » vos ennemis sont morts et vos armes sont dans Perpignan. » Ainsi fut châtié dans son orgueil ce serviteur à qui Louis XIII eut un jour la faiblesse de répondre : « Assurez-vous que, quiconque vous attaquera, » vous m'aurez pour *second*; » et qui avait réalisé, longtemps avant que les journaux puritains existassent, la fameuse formule : Le roi règne et ne gouverne pas.

Un seul établissement, celui sans doute auquel on avait le moins songé, échappa aux représailles individuelles. La rue Richelieu grandissant, s'enrichissant au milieu de circonstances diverses, a été préservée des vicissitudes qu'ont subies tant d'autres voies publiques; elle n'a jamais changé de nom, et à toutes les époques, même aux heures les plus furibondes de nos discordes, elle a rappelé le souvenir du profond diplomate, de l'habile ministre, du soldat intrépide qui mit souvent son intérêt au-dessus de celui du roi, mais qui fut toujours le serviteur très-humble de la grandeur de la France.

Peu à peu on desséchha des marais, on adoucit des pentes, les hôtels s'élevèrent le long de la rue Richelieu, à certaines distances d'abord, puis en se rapprochant au fur et à mesure de l'affluence; et il est facile au simple examen des styles, de discerner les époques du XVIIe et du XVIIIe siècle auxquelles furent posées les premières pierres de ces habitations.

Babin, le costumier, succédant au restaurateur Lambert, a établi ses magasins dans de hauts salons à panneaux de bois de chêne sculptés et rehaussés de dorures, où l'on assure que le vainqueur de Mahon a demeuré. — Les Richelieu ont demeuré partout. — L'escalier en bois sculpté de l'hôtel de Malte rappelle bien, par ses lourdes allures, les modes de décorations intérieures du temps de Louis XIII, et ainsi d'une porte à une autre porte, d'une croisée à une autre croisée, enjambant par-ci par-là une place ou une rue, se tiennent solidement unies les pages de cette histoire de pierre dont nul historien, que je sache, n'a dit un mot; les anciens, qui avaient de la souvenance, ne pouvaient parler de ce qui n'existait pas encore; les modernes, qui s'en passent volontiers faute de précédents, s'en sont abstenus.

Et maintenant, fouillez les traditions éparses, interrogez les mémoires que l'âge n'a point encore éteintes, et vous verrez successivement les buttes et les marécages céder la place aux jardins, les jardins écrasés par les pierres de taille; après l'aristocratie de blason, l'aristocratie de finance, et en dernier lieu l'aristocratie industrielle, la plus dévorante de toutes. Telle qu'elle apparaît aujourd'hui, la rue Richelieu semble encore une des terribles images du cardinal. Un souffle tout-puissant anime et féconde cette voie, qui est devenue le Corso du commerce parisien; incohérent assemblage de maisons bourgeoises et d'hôtels somptueux, meublée dans toute son étendue de riches magasins et d'enseignes reluisantes, pays de Chanaan des marchandes de modes et des tailleurs; on y rencontre pêle-mêle des maisons de banque, des compagnies d'assurances et des monts-de-piété. Les fiacres, les calèches, les omnibus, sillonnent sans relâche ce pavé qui brûle; la foule entre et sort des hôtels garnis dans les cafés, des cafés dans les théâtres; à une extrémité le boulevart, à l'autre le Carrousel. Où le nom de Richelieu retentirait-il plus sonore, où son souvenir vivrait-il mieux qu'en ce coin de Paris, qui en est pour ainsi dire le cœur? Le cardinal n'avait fait qu'indiquer l'œuvre, il avait ouvert le chemin; dans l'empreinte de son pied le siècle a mis le sien, puis il a marché en avant, et tout ce que la postérité édifie, la postérité le conserve.

La rue Richelieu ne pouvait manquer d'être éternelle, et certains signes présageaient dès l'origine que l'*œre perennius* d'Horace lui serait applicable. Molière, le père de notre comédie et de toutes les comédies du monde, le grand Poquelin y devait mourir au deuxième étage du n° 32, dans un logis plus que modeste, dont un tailleur pour enfants est aujourd'hui le locataire. Tout-à-fait à l'extrémité, en face des jardins de la Grange Batelière, ce lieu de plaisance où les ânes et les paysannes de Montmartre, traversant en un petit batelet le ruisseau qui descendait de Ménilmontant, allaient bondir tous les dimanches, un poète qui avait la verve de Molière, mais qui n'avait pas son génie, un bel esprit aventureux, qui composait des vers pour passer le temps et des pièces de théâtre pour écrire son histoire, l'auteur du *Joueur* avait une maison citée pour sa table et sa cave, citée surtout pour les tumultueux éclats que s'y permettait Regnard, pressentant déjà la régence, rentrant tard, soupant toute la nuit, rossant ses gens et ne fermant les yeux que lorsque l'aurore aux doigts de rose tirait ses voisins de leur couche.

Écoutez-le:

> Au bout de cette rue *où ce grand cardinal,*
> Ce prêtre conquérant, ce prélat amiral,
> Laissa pour monument une triste fontaine
> Qui fait dire au passant que cet homme, en sa haine,
> Qui du trône ébranlé soutint tout le fardeau,
> Sut répandre le sang plus largement que l'eau,
> S'élève une maison modeste et retirée
> Dont le chagrin surtout ne connaît point l'entrée.
> . . . .

RUE RICHELIEU.

Le jardin est étroit, mais les yeux satisfaits.
S'y promènent au loin sur de vastes marais.
....

Mes voisins ont appris l'histoire de ma vie.
Dont mon valet causeur souvent les désennuie.
....
Demande-leur encore où loge en ce marais
Un magistrat qu'on voit rarement au palais,
Qui, revenant chez lui lorsque chacun sommeille.
Du bruit de ses chevaux bien souvent les réveille ;
Chez qui l'on voit entrer, pour orner ses celliers,
Force quartauts de vin et point de créanciers ;
Si tu veux, cher ami, leur parler de la sorte.
Aucun ne manquera de te montrer ma porte.

Regnard avait en 1685 acheté une charge de trésorier de France, au bureau des finances à Paris, pour mieux trancher du gentilhomme dans sa terre de Grillon; — l'auteur des *Folies amoureuses* avait son château de Séricourt comme M. Scribe; — il avait en outre l'intendance des chasses de Dourdan; et la preuve que le train de maison de Regnard était fort convenable, c'est qu'il comptait parmi ses hôtes le héros de Nerwinde, l'époux de Clémence de Maillé-Brezé, nièce du cardinal, le grand Condé et le prince de Conti, ce cousin de Louis XIV qui avait lui-même failli être roi.

L'épitre de Regnard ne permet pas de douter que la rue Richelieu ait toujours été embellie d'une fontaine, située sans doute à l'endroit où s'achève si péniblement celle de Molière. Un siècle et demi aura passé avant qu'on se soit décidé à éterniser la mémoire de Molière, et cette justice tardive, retranchée derrière des toiles et des planches, a presque honte de produire son œuvre au jour! Le sang ne coule plus chez nous, Dieu merci! mais en attendant que l'immortel poète apparaisse dans sa chaise curule, entouré des attributs de son génie, l'eau coule encore moins de la fontaine que du temps de Richelieu et de Regnard.

Lemercier, édifiant le Palais Cardinal, y avait ménagé deux salles de spectacle; la plus grande, située du côté de la rue des Bons Enfants, fut en 1660 accordée à Molière. Corneille et Racine y débutèrent; M. de Richelieu lui-même y fit représenter sa *Misanne*, qui ne lui coûta guère que 200,000 écus. Après la mort de leur modèle et de leur chef, les comédiens émigrèrent sur la rive gauche de la Seine, où ils restèrent rue des Fossés Saint-Germain jusqu'en 1670, époque à laquelle ils transportèrent leurs pénates dans le théâtre des machines aux Tuileries; en 1782, Peyre et de Vailly élevèrent pour eux l'Odéon, et, un nouvel incendie les ayant chassés en 1799, ils succédèrent aux Variétés Amusantes dont ils occupent encore la salle, construite d'après les dessins de l'architecte Louis sur l'emplacement du parterre d'Enée. Ce parterre, qui côtoyait une des ailes du Palais Royal, devait ce nom à la galerie que Philippe d'Orléans avait fait peindre par son maître Antoine Coypel, et qui retraçait les principales scènes de l'*Enéide*; lui-même, le régent, il avait peint les aventures de Médée et de Jason, et il n'est pas hors de propos de remarquer que les goûts sont souvent héréditaires: Louis-Philippe tient de son aïeul une passion très-prononcée pour les arts plastiques.

Un jour pourtant la rue Richelieu, si paisible d'habitude, fut troublée par un affreux vacarme: un banquier écossais, le sieur Law, instituait sa caisse dans l'hôtel de Nevers et émettait au perron du Palais Royal ses coupons mystificateurs. Mais à quoi bon parler de Law, quand il y a tant à dire sur l'hôtel de Nevers? Le ministre de Louis XIII ayant un palais, le conseil et la créature d'Anne d'Autriche, un étranger comme Concini, successeur et plagiaire souvent maladroit de Richelieu, le cardinal Mazarin, voulut aussi avoir un palais dont l'étendue était immense, puisque dans la moitié de sa circonscription achetée en 1719 par Louis XIV qui en fit don à la compagnie des Indes, on a ouvert la rue Vivienne et la place de la Bourse, et que l'autre moitié, patrimoine du marquis de Mancini, a pris le nom d'hôtel de Nevers. On y transporta en 1724 la Bibliothèque royale ; la rue et l'arcade Colbert furent ainsi nommées parce que ce fut sous le ministère de ce conseiller du grand roi que la Bibliothèque devint publique ; on y comptait déjà deux cent mille livres imprimés ; ce nombre s'élève aujourd'hui à quatre cent cinquante mille volumes, autant de brochures, auxquelles il convient de joindre en terme moyen et par année six mille ouvrages nationaux, en outre soixante mille manuscrits, un million six cent mille estampes, je ne sais combien de pierres gravées et d'antiquités, et cent mille médailles ; ce nombre pourtant a dû diminuer depuis un vol avec escalade, effraction, toutes sortes de circonstances aggravantes, qui a valu la croix au conservateur.—Deux ou trois tribunes ont été ménagées dans les combles de la Bibliothèque du roi, pour les menus plaisirs de M. Raoul-Rochette et du comte Jaubert ; ces savants modestes y font sans trouble et sans auditeurs des cours de langue orientale, de chinois et d'idiôme slave ; ils y cultivent avec une persévérance digne d'un sort meilleur le sanscrit et le bouddhisme, choses fort peu importantes au développement et à l'amélioration de l'espèce humaine.

Cependant les règnes allaient toujours, et peu à peu les arbres disparaissaient aux alentours de la résidence des d'Orléans. Laissez faire, quelques années encore et, par les ordres du père de notre roi en 1782, la hache entamera ces futaies vigoureuses, les grilles tomberont de ces talus, et une triple galerie ouverte au commerce et aux filles de joie multipliera ses pleins cintres romains autour des tapis verts et des charmilles. Le 14 juillet, les vainqueurs de la Bastille débouchent vers les six heures du soir par l'étroit passage Radziwill, et, portant au bout d'une pique la tête du gouverneur, vont prendre des glaces au café de Foy !.. Ce jardin dont le centre est encore occupé par un cirque, sera désormais le forum où viendront s'exercer aux luttes oratoires les Virginius de coin de rue ! Qu'importent ces jongleurs de faubourgs à M. de Beaujolais, le plus jeune des fils du duc d'Orléans ; il leur préfère des marionnettes, et on construit pour lui un théâtre. L'Opéra, alarmé du succès de ces polichinelles qui chantaient mieux que ses hautes-contre, en obtient la suppression en 1790 ; mademoiselle de Montansier y arrive pour jouer la comédie et l'opéra comique ; à mademoiselle de Montansier succède un café spectacle qui garde son nom, et puis l'entreprise s'anéantit pour reparaître en 1831 sous le patronage de M. Contat-Desfontaines, dit Dormeuil, *auspice Teucro.*

Mademoiselle de Montansier n'avait abandonné le Palais-Royal que riche du privilége de l'Opéra, et tandis que cet établissement se réfugiait après deux incendies dans la salle de la Porte-Saint-Martin, bâtie en soixante-quinze jours par Lenoir, l'architecte Louis, le même à qui on était déjà redevable du Théâtre-Français, élevait rue Richelieu, en face de la Bibliothèque, un temple digne de l'Académie royale de musique, qui prit successivement le titre de Théâtre de la Nation et de Théâtre des Arts ; le reste appartient à l'histoire contemporaine. L'Opéra fut, sans le vouloir, l'occasion de deux catastrophes : la machine infernale qui, heureusement pour la France, n'eut d'autre suite qu'une complainte, et l'assassinat du duc de Berry, qui porta un coup terrible à la branche aînée des Bourbons ; le 13 février 1820 au sortir d'une représentation des *Noces de Gamache*, le poignard de Louvel frappa à mort le dernier fils de Louis XVI !

Les portes se fermèrent et la démolition du théâtre fut résolue ; on en donna pour motif le trop près voisinage de la Bibliothèque et le danger que couraient les livres en cas d'incendie de l'Opéra. Aussitôt après, les âmes pieuses émirent le vœu que l'on construisît une église pour éterniser l'acte solennel de Monseigneur de Talleyrand-Périgord, archevêque de Paris, qui avait administré en cet endroit le viatique au prince martyr ; toutefois, la politique eut le pas sur la religion. Les royalistes formèrent une souscription à l'effet d'ériger un monument expiatoire en l'honneur de monseigneur le duc de Berry. Un monument expiatoire ! La révolution de juillet trouvant inachevée, comme le dôme de Cologne et les grandes œuvres dont parle Virgile, la chapelle rachitique et bossue de l'architecte Moutier, la mit bas sans plus de façon. Sous le ministère de M. Thiers, une nouvelle souscription s'ouvrit, non plus pour un tombeau, mais pour une fontaine, et en 1833, M. Visconti, aidé d'un sculpteur de talent, M. Klagmann, offrait aux Parisiens, sur cette même place, agrandie, régularisée et plantée d'arbres, une fontaine monumentale d'un aspect à la fois gracieux et sévère, et qui est sans contredit l'œuvre la plus remarquable que la capitale possède en ce genre.

Le duc de Berry mort, l'Opéra ne pouvait descendre au tombeau ; les maçons et les architectes firent diligence, et en quelques mois on lui appropria rue Lepelletier un asile provisoire qui dure encore.

En descendant la rue Richelieu vers le boulevart, on passe à droite devant les lieux où fut la salle Feydeau ; à gauche, on côtoie la salle Favart. Favart et Feydeau résument en deux mots les fortunes diverses de l'Opéra-Comique, et il n'est pas sans intérêt de suivre depuis le premier chapitre les annales de cette troupe de Français et d'Italiens, de chanteurs et de bouffons, errant toujours, toujours joyeux, rivaux d'abord, et bientôt après inséparables compagnons. Le régent, homme de spectacle et de folles joies, avait appelé d'Italie en 1716 des acteurs qui se fixèrent rue Mauconseil, à l'hôtel de Bourgogne, sur l'ancien emplacement de la Halle aux Cuirs. — Un bel esprit d'alors ayant enchâssé dans un quatrain cette pensée réjouissante, « Les arts n'ont point de patrie, » Pulchinella ouvrit sa porte au Pierrot français, et l'hôtel de Bourgogne se fabriqua à son usage un patois mi-parti gascon et napolitain, qui donna naissance à un genre bouffe peu à peu épuré et dans lequel excellèrent Laruette, Vizentini, Bertinazzi, surnommé *Carlin*, Clairval et madame Favart, qui fut, après le triomphe de Fontenoy, la plus belle victoire du maréchal de Saxe. Cependant l'Opéra-Comique, établi en 1714 à la foire Saint-Laurent, luttait de toute sa force contre messieurs les Comédiens Français; réduit, grâce à eux, à vivre de la pantomime, et, las de cette nourriture indigeste, il se réunit en 1762 à la Comédie Italienne; en 1780, l'école française avait le dessus; le jargon des *i* et des *o* avait fait son temps, et à trois ans de là la troupe désertait l'hôtel de Bourgogne pour la salle construite au boulevart des Italiens, ainsi appelé à cause d'elle, et qui prit le nom de son actrice préférée, Mme Favart. Quelque temps après, Monsieur, frère du roi, suivant l'exemple du régent, accorda sa protection à des bouffons d'Italie, pour lesquels Legrand et Molinos construisirent, de 1789 à 1790, une salle située rue Feydeau, où vint se loger en 1793 le personnel de la Comédie Italienne, qui, fraternisant avec les auteurs de Monsieur, conserva la dénomination de troupe du Théâtre Feydeau jusqu'au jour où la salle fut rasée pour laisser le champ libre au nouveau quartier de la Bourse. Michu, Chenard, Elleviou, Martin, Gavaudan, sa femme, madame Boulanger, jetèrent un vif éclat sur la scène de Feydeau. Le nom était mort, mais le genre restait; d'abord privé d'asile, Boursault lui en ouvrit un sur la place Ventadour; il n'y fut pas heureux, ses malheurs continuèrent à la place de la Bourse, et peut-être à son tour aurait-il succombé si, d'un pied furtif enjambant la rue Richelieu, il n'était revenu, après l'incendie du Théâtre Italien, dans cette même salle Favart, son berceau, où avec des écrivains comme M. Scribe, des compositeurs comme M. Auber, des chanteurs comme Roger, une longue et prospère existence lui est promise.

Voici le Théâtre-Français : compagnie illustre où l'on trouvait autrefois Préville, Molé, Lekain, Bellecourt, Brizard, et Dumesnil, et Clairon, et Gaussin, et la Dangeville; un peu plus tard, Fleury fit chérir les Moncade; Talma régénéra la tragédie, puissamment secondé par Adélaïde Duchesnois; on peut dire de mademoiselle Mars qu'elle éternisa sur la scène le talent et la beauté. De cette société célèbre, qui portait au loin l'honneur de notre théâtre et de notre littérature, que reste-t-il à l'heure présente? Des débris qui ne furent jamais des monuments, des vieillards qui n'ont point eu de jeunesse, une famille de bonnes gens *pejora prioribus*, ayant plus d'expérience que de verve, moins de talent que d'adresse, et vivant au soir le soir, au bon plaisir de MM. Scribe, Alexandre Dumas, Casimir Delavigne, et à la grâce de la subvention. Je ne nommerai personne, mais il est triste vraiment, en dépit de tout le prestige du décret de Moscou et des priviléges royaux, il est triste de jeter les yeux sur cette Comédie Française qui ploie sous le faix des ans et des iniquités dramatiques. Il semble que la meilleure condition pour entrer dans ce théâtre est d'avoir de beaucoup dépassé l'âge mûr.

Jusque dans les choses matérielles, le Théâtre Français a opposé aux progrès de la civilisation une force d'inertie qui pourrait bien être de l'entêtement : ce n'est que depuis hier que le gaz a triomphé des quinquets fumeux pour l'éclairage de cette salle, qui exhale du parterre aux combles une affreuse senteur de macouba. En résumé, messieurs les comédiens du roi sont tous plus ou moins convaincus qu'ils vivent et travaillent en société pour faire leurs affaires de préférence à celles du public.

Soldats dégénérés, ils combattent sous un drapeau dont ils ne connaissent plus la couleur!

Vous plaît-il d'examiner hors de leur emploi quelques-uns de ces champions intrépides? — Au café Minerve, à l'angle de la rue Richelieu et vis-à-vis de leur établissement, il leur arrive parfois de se manifester au vulgaire sous les simples apparences de joueurs de domino Mais le café de M. Gibert, placé sous l'invocation de la plus rose déesse de la Fable, est aussi triste et ennuyé que les verts-galants qui le fréquentent. Suivons sans désemparer le trottoir de la rue Richelieu et courons au café Cardinal.

Là jadis demeurait Regnard, et l'ombre de ses vieilles futailles doit encore réjouir les celliers actuels. Le matin, à l'heure des déjeuners, à cette heure propice où l'esprit s'ouvre et se dilate de pair avec l'estomac, le café Cardinal est un portique assidûment fréquenté par des compositeurs, des artistes, des écrivains, des peintres; plusieurs des collaborateurs de ce livre, Louis Lurine, Albéric Second, Étienne Arago, Marie Aycard, sont les habitués de l'endroit qu'illustrent aussi Hector Berlioz, Levasseur, Ricci, Bernard Latte, Auguste Morel, Laurent Jan, Chenavard, Deschères, Barroilhet, Lireux, Jacques Herz, Jax, le docteur Place, et d'autres que j'oublie. Plus d'un article de journal s'est écrit, plus d'un achat de partition s'est consommé, plus d'une caricature est venue au monde sur ces tables de marbre, bien faites, à la vérité, pour de semblables loisirs; car, autant le café Minerve est froid, mélancolique et jaune, autant le café Cardinal étincèle dans la fantastique transparence de ses glaces. Le regard se perd au milieu de lignes architecturales, on est ébloui par ces fleurs aux teintes vives, ces amours aux grosses joues, ces étoiles, ces arabesques, ces ruisseaux d'or, et c'est un contraste dont l'imprévu enchante que celui des emblèmes de la plus haute dignité de l'Église peints dans un lieu assurément très-profane, qui ne se pique d'être ni un oratoire, ni une loge du Vatican. D'ailleurs le cardinal n'est-il pas là drapé dans la pourpre, l'ordre du Saint-Esprit suspendu à son cou, tel que le comte de Vigny nous a accoutumés à le voir dans son beau roman de *Cinq-Mars*, tel enfin qu'il est à Versailles et que nous le montre M. Delaroche, descendant la Saône dans sa gondole pontificale après avoir été chercher sa proie au château de Pierre-Scize! Le portrait du cardinal domine, comme jadis dans le Louvre de Louis XIII, une cour empressée de beaux esprits, de maréchaux et de jolies femmes; il plane, dans un ordre de décoration fidèlement conforme à son époque, au-dessus des médaillons de Montmorency, de Marion Delorme, de Bassompierre, élite d'une société qui, en mainte occasion, servit à ses plaisirs ou à ses vengeances.

Et maintenant qu'à travers les tranformations et les ruines nous voici arrivés à l'ère contemporaine, maintenant que nous avons parcouru d'un pas rapide cette rue Richelieu, saluons à droite ou à gauche tantôt un monument, tantôt un souvenir : la maison où mourut Molière, et qui fut longtemps contiguë à une académie de peinture, la fontaine que M. Visconti et M. Pradier sculptent en son honneur, la maison que fit bâtir Potier, le dieu comique des Variétés Amusantes, percée d'un passage qui conserve son nom; plus loin la fontaine Richelieu et la Bibliothèque du roi ; plus loin encore Verdier et son magasin de cannes qui a traversé plusieurs générations. Verdier jouit de père en fils du privilège de fournir des ombrelles à nos duchesses, des rotins à nos lions ; pendant la révolution, sa maison devint en quelque sorte historique ; car, plus d'un soir, elle servit de refuge à des malheureux qui, trop lents à gagner la terre d'exil, étaient contraints de se cacher pour se soustraire aux arrêts de la Convention et de ses tribunaux de sang.

Quelque chose manquerait à la destinée de cette rue, qui eut pour hôtes Regnard et le vainqueur de Mahon, si le jeu n'y avait laissé d'indestructibles traces de son passage. On ne sait trop ce que veut dire le médaillon du cardinal de Richelieu en style byzantin et l'inscription à la gloire du ministre burinée par M. A. Elwart, au-dessus de l'écriteau de la rue, sur l'angle du nord. Il est difficile de supposer que ce soit là une manière de sauver de l'oubli la mémoire du cardinal ; ce ne peut donc être qu'un *exegi monumentum* que M. Elwart s'est accordé à lui-même, une façon plus ou moins adroite d'écrire son nom sur le mur ; car, jamais certes hommage ne fut plus mal placé ; choisir pour déposer un *ex voto* à la mémoire du cardinal un endroit où fut Frascati, c'est, ne vous en déplaise, insulter l'Église et nous moquer du pape. M. Paul Delaroche nous a montré Mazarin conseillant à l'écarté, mais l'histoire n'enseigne pas que Richelieu se procurât une distraction semblable.

Au sortir des excès révolutionnaires, le culte du jeu, qui avait eu de si fervents apôtres sous la Régence et sous Louis XV, fut restauré à Paris avec une dévotion presque sans exemple. Partout des maisons de jeu étaient ouvertes, jusque dans les salons de la famille d'Orléans, au Palais-Royal ; on jouait dans les galeries, chez Prévost, au 113 ; on jouait rue Dauphine, alors rue de Thionville, le long des boulevarts, à Paphos, à Frascati, au café Anglais, au Pavillon d'Hanovre ; le Directoire, le Consulat, l'Empire, ramenant peu à peu le calme et la richesse en France, virent cette passion dévorante grandir au lieu de s'éteindre. — Ce fut au milieu de ces circonstances qu'un Napolitain nommé Garchi eut l'idée de doter la rue Richelieu d'un Frascati à l'instar de celui de Naples ; la mode des limonadiers devait nous venir d'Italie ; Constantinople n'eut que longtemps après l'honneur de nous envoyer les divans et les pipes turques. Déjà Zoppi avait fondé le café Procope ; Tortoni et Velloni au

Pavillon d'Hanovre apparurent presqu'en même temps que Garchi ; Frascati, dont les jardins longeant le boulevart et bordés de terrasses, qui existaient encore il y a peu d'années, s'étendaient jusqu'à la rue Neuve-Vivienne, n'était d'abord qu'un lieu de plaisance où l'on allait se rafraîchir, danser, voir des feux d'artifice, et faire des connaissances dans les allées ombreuses illustrées de verres de couleur et de flamboyantes girandoles. L'assignat avait disparu, le papier-monnaie n'avait plus cours, l'argent revenait dans les poches, et il était d'excellent ton de le dépenser follement. Les lions d'alors venaient à Frascati prendre une glace. — Combien ? garçon. — Vingt sous, monsieur. — Voilà un écu de six francs, répondait l'incroyable en jouant de sa badine sur le revers de sa botte, le reste est pour toi.

Au surplus, Garchi se montrait prodigue en certain détail ; le service se faisait chez lui à l'italienne, c'est-à-dire que son comptoir ressemblait moins à un comptoir de café qu'à un étalage de confiseur : il était entouré de macarons, de sucre candi, de pralines, qu'il distribuait aux uns et aux autres, aux enfants surtout, avec une admirable grandeur d'âme.

La contagion des cartes ne tarda guère à envahir le royaume élyséen de Garchi. En pouvait-il être autrement ? un trente-et-quarante était ouvert à côté de lui au n° 106, chez Perrin, et, de l'autre côté du boulevart, le creps avait élu domicile à l'hôtel d'Augny, qui fut depuis la demeure de M. Aguado? Donc, tandis que les habitués tranquilles, tandis que les bourgeois prenaient des sorbets et des bavaroises au rez-de-chaussée du pavillon, les familiers, se glissant d'un pied agile par l'escalier de gauche, allaient tenter la chance sur le tapis vert de Brune. Hélas ! l'amour qui perdit Troie causa la ruine de Garchi. En ce temps-là, plus galant que le temps actuel, florissaient les dames de comptoir; les beaux de la génération qui s'en va vantent encore avec un tendre émoi la limonadière du Bosquet. L'enfant de Chiaja, l'inventeur de Frascati, le tant renommé Garchi, avait décoré son comptoir d'une séduisante Fornarine, qui dissipa en peu d'années une fortune laborieusement acquise ; et ce Napolitain que l'on rencontrait à la promenade étalant son luxe dans un somptueux carrosse, côte à côte avec l'ambassadeur de Turquie, tomba du faîte de son opulence à l'heure où l'on s'y attendait le moins. Contraint de quitter Paris, il se rendit à Stockholm pour tenir l'emploi d'officier de bouche du roi de Suède ; mais toujours amoureux et toujours dépouillé par sa maîtresse, il finit par mourir dans la détresse à Hambourg.

Le grand-veneur de l'Empereur, M. Duthillière, ayant acheté la propriété de Frascati, la loua à des entrepreneurs qui l'exploitèrent sur une vaste échelle ; Perrin, qui y tint la banque, se retira riche de seize millions, et ce même homme, malheureux comme Garchi, mais par d'autres causes, ce Turcaret qui avait marié sa fille au neveu de Desaix, victime d'absurdes combinaisons de bourse, est mort insolvable. — Il eut pour successeur Bernard, ancien fabricant d'armes en province, que Savary, ministre de la police, investit du privilége en compensation de pertes qu'il avait essuyées dans des fournitures pour le compte de l'État. — Après Bernard vint le marquis de Chalabre, qui s'est éteint, il y a quinze jours, dans une misère profonde ; enfin, Boursault accrut considérablement son patrimoine à Frascati, et la famille Bénazet y a commencé une fortune qu'elle continue avec une louable ardeur à Baden-Baden.

Le lustre de Frascati date, à vrai dire, de la Restauration. Sous l'Empire, ce n'était qu'un établissement subalterne, écrasé en quelque sorte par les réceptions splendides de l'hôtel d'Augny. Rien en effet ne rappelle aujourd'hui les mœurs de cette époque : le culte des armes ne fit jamais oublier à l'Empire le culte des roses ; dans les rares intervalles de paix, les vrais maréchaux de France étaient jardiniers, et les bouquetières jouèrent un rôle important depuis le Consulat jusqu'à la seconde Restauration. Aux fêtes données à l'Hôtel-de-Ville par la municipalité du temps de Napoléon, tous les parterres des alentours étaient fauchés pour être tranformés en corbeilles et en couronnes, si bien que depuis la révolution de juillet, la duchesse d'Abrantès, commandant un bouquet à mademoiselle Prévost et lui disant d'envoyer chez elle pour en recevoir le prix, recevait cette réponse :

— On m'en a tant acheté jadis pour vous les offrir, madame la duchesse, que je puis bien vous donner celui-là.

A l'exception du 113 et de deux ou trois autres tripots obscurs, consacrés à la roulette et ouverts au premier venu, toutes les maisons de jeu observaient un certain décorum; on n'y était reçu qu'après avoir été invité ou sur présentation officielle, et les cartes n'étaient offertes aux visiteurs que sous le prétexte d'une distraction bien naturelle à la suite d'un repas succulent qu'ils ne payaient pas. Ainsi, dans les salons du duc d'Orléans, chez Prévost, chez Perrin, à son hôtel de la rue Richelieu, il y avait tous les soirs des tables de quarante à cinquante couverts. Des agents dressés à ce service étaient à la piste de tous les étrangers débarquant dans la capitale, et à peine les Anglais, les Bavarois, les Russes, avaient-ils déposé leur manteau de voyage qu'ils recevaient cinq ou six invitations plus gracieuses les unes que les autres, et qu'ils n'avaient, dès le premier jour, que le choix du lieu où il leur plairait d'aller dîner.

L'hôtel d'Augny, où fut donné le premier Bal des Victimes, était l'endroit le plus recherché. Le marquis de Livry, qui avait épousé une danseuse de l'Opéra, Saulnier, la belle des belles, était l'ordonnateur souverain de ces réunions, et les invitations étaient signées de lui. Mais à quoi bon vanter la splendeur des services, l'excellence des mets et des sauces, la profusion des fleurs et des lumières ? ces merveilles ont disparu de nos usages, et elles ne peuvent inspirer que des regrets. Un attrait plus piquant que tous les autres, et qui donnait à ces nuits une apparence réellement italienne, c'est qu'on y venait masqué; le domino noir était alors le seul travestissement accepté. Qu'on se figure donc à table, au bal, en face du trente-et-quarante et du creps, ces têtes encapuchonnées, ces yeux flamboyants sous les loups de satin ou de velours, ces intrigues et ces émotions diverses qui tourbillonnaient au-dessus d'une foule amoureuse, passionnée, avide, passant tour-à-tour des excès de la joie aux excès du désespoir, ces dominos si bien inventés pour que les femmes trompassent leurs maris et que les maris fissent la cour à leurs femmes, ces déguisements qui dissimulaient la grandeur de ceux-ci, voilaient la honte de ceux-là, et l'on conviendra que l'hôtel d'Augny, maintenant solitaire, doit regretter amèrement ces plaisirs d'une autre société, ces mascarades d'un autre âge.

Frascati ne fut, sous le règne de Boursault et de M. Bénazet, qu'une imitation bien pâle des orgies élégantes de l'hôtel d'Augny : des femmes que M. Nestor Roqueplan n'avait pas encore nommées *lorettes*, reines ou démons de ces tapis verts, envoyaient leurs plus provocateurs sourires à ceux que favorisait le sort, qu'ils fussent jeunes ou vieux, séduisants ou laids; car on sait que Frascati ne fut en aucune circonstance le séjour des hommes aimés pour leurs agréments personnels; là on n'était adoré qu'à prix d'or, et on adorait de même. Le dernier soir de Frascati a été et sera chanté par les prosateurs et par les poètes comme le dernier jour de Pompéïa.

Entre beaucoup d'épisodes de ces palpitantes scènes, il convient de ne pas omettre la simple histoire d'un jeune avocat de province qui, ne pouvant épouser une héritière qu'à la condition d'avoir un patrimoine égal au sien, accourt le 31 décembre 1837 jouer à Frascati l'appoint de douze mille livres qui lui manquaient pour être heureux. On taillait vite ce soir-là; les séries et les refaits, les parolis et les martingales se liguèrent contre l'avocat; il perdit sans relâche, et au dernier coup de minuit, à Notre-Dame de Lorette, le râteau du croupier emportait au giron de la banque sa dernière planche de salut, son dernier rouleau d'or.

Les jardins et le pavillon de Frascati que M. Duthillière avait donnés à sa fille en la mariant, ont été remplacés depuis la suppression des jeux par une rangée de maisons gigantesques qui ont quintuplé et au-delà la fortune de madame la comtesse d'Osmont.

Si la rue Richelieu fut jadis célèbre par les exploits du trente-et-quarante, les noces, les dîners patriotiques et les réunions d'actionnaires n'ont pas peu contribué à son illustration. Trois restaurateurs s'y sont enrichis; Beauvilliers, dont les fourneaux fumaient autrefois à la pointe de la rue Traversière; Lointier, qui a présidé à l'hymen de plus d'un négociant, d'un pair de France, d'un banquier; et Lemardelay, dont la lanterne appétissante invite encore les passants; Lemardelay, amphytrion de tous les régimes, maître-d'hôtel de toutes les opinions, qui professe une estime égale pour le parti conservateur et la nuance Barrot, parce que celui-là pratique les repas de corps, et celle-ci les comptes-rendus; Lemardelay enfin, dont l'établissement culinaire passe sans nulle peine et au gré des clients du plaisant au sévère, du grave au doux, qui est, selon la circonstance, une salle à manger ou un jeu de paume, et de qui les membres de nos deux chambres diront un jour, sur le refrain de madame Grégoire, se remémorant avec tendresse les excès de ventre ou de langue de leur âge mûr :

> Ah ! comme on entrait
> Parler à son cabaret !

G. GUÉNOT-LECOINTE.

RUE ET FAUBOURG POISSONNIÈRE

Il en est des rues comme des hommes : leur physionomie dit leur âge; ainsi, sombre foyer duquel ont successivement rayonné, à de longs intervalles, les innombrables rues qui composent le Paris de notre temps, la Cité nous apparaît comme un robuste vieillard dont la tête puissante a fléchi sous le poids des siècles; tandis que les rues Laffitte, Notre-Dame de Lorette, etc., etc., se montrent à nous parées de tout l'éclat et de toutes les séductions de la jeunesse. Entre ces deux extrêmes, la rue et le faubourg Poissonnière occupent une position nettement tranchée. Le caractère empreint dans l'ensemble de leurs traits est celui de la virilité; ils ont le calme, la gravité tempérée, la physionomie honnête, reposée, de l'âge mûr. Sans être nés d'hier en effet, leur création ne remonte pas à une époque très-éloignée de nous. — Si l'on s'en rapporte au témoignage des écrivains, érudits et patients explorateurs des chroniques, des chartes, des ruines d'un passé plein d'embûches et de ténébres, qui se sont imposé la tâche ardue de reconstruire pièce à pièce l'armure de pierre du vieux Paris, l'emplacement où a été bâtie la rue Poissonnière était, dans le xve siècle, l'un des recoins les plus dangereux et les plus mal famés de la ville. C'est même sous l'impression de terreur produite par les brigandages des tirelaines et des coupejarrets du temps que cet endroit fut baptisé du nom très-significatif de *Val Larronneux*, et l'on trouvera certes avec nous que jamais appellation ne fut infligée à plus juste titre, si l'on veut se rappeler que tout près de là grouillait, gueusait, larronnait la Cour des Miracles, cet affreux Pandémonium de burlesque et sanglante mémoire.

Cette rue ne fut longtemps qu'un chemin dont le prolongement se reliait au faubourg Saint-Denis. — Quand les malheurs, en partie réparés par la sage administration de Charles V et par l'épée de Duguesclin, malheurs qu'avaient entraînés la perte de la bataille de Poitiers et la captivité du roi Jean, permirent de pourvoir à la sûreté de Paris, en l'enfermant dans une clôture nouvelle, le *Val Larronneux* troqua son nom infamant contre celui très-innocent de rue et chemin des Poissonniers et Poissonnières. Ce nom lui fut donné parce qu'il était le passage habituel des marayeurs se rendant au marché.

Jusqu'à l'année 1624, où fut construite l'église de Notre-Dame de Bonne-Nouvelle, l'histoire ne nous apprend rien sur cette rue qui faisait partie de l'ancien village de la Ville-Neuve, dont les chétives habitations avaient été incendiées et détruites pendant le siège de Paris. A cette époque, quelques nouvelles maisons, bâties en bois pour la plupart, s'y éparpillèrent; mais ce ne fut qu'en 1663 qu'elle mérita véritablement le nom de rue par les nombreuses constructions qui, dans un très-court espace de temps, s'y élevèrent, appropriées aux besoins d'une civilisation plus avancée et plus exigeante.

La rue Poissonnière ne se recommande par aucune résidence historique; elle a des maisons, pas un hôtel. Un de ses édifices mérite pourtant une mention particulière, il porte le n° 26; c'est une maison haute de cinq étages, d'un aspect froid et triste, qui a quelque temps servi de caserne. Au 10 août, une compagnie de gardes suisses s'y trouvait détachée; combien en sortirent dans cette sanglante journée, qui n'y reparurent plus!

A l'endroit où la rue Poissonnière débouche sur le boulevart, une porte fut construite en 1645, sous le nom de porte Sainte-Anne. C'était une flatterie adressée à la reine Anne d'Autriche par sa bonne ville de Paris; l'utile cette fois se trouvait joint à l'agréable.

Si toutes les flatteries dont les rois ont été l'objet avaient eu ce double caractère, nous y aurions perdu deux beaux vers de Racine, mais combien les peuples y auraient gagné!

POISSONNIÈRE.

De cette porte s'étendait à droite et à gauche, vers le nord, un vaste terrain connu, dès l'année 1391, sous le nom de *Clos aux Halliers* ou *Masures de Saint-Magloire*, et plus tard sous celui de *Champ aux Femmes*. Un chemin, qui s'appela dans la suite *Chaussée de la Nouvelle France*, traversait ce terrain dans toute sa longueur, bordé sur les côtés de jardins, de vergers, de vignes, de guinguettes; ce chemin était une sorte de succursale des Porcherons (aujourd'hui rue Saint-Lazare), le paradis des buveurs d'alors. Un arrêt, en date de l'année 1648, l'éleva à la dignité de faubourg. Une chapelle, qui y avait été érigée sous l'invocation de la bienheureuse mère de la Vierge, lui valut le nom de faubourg Sainte-Anne. On l'appela aussi faubourg Poissonnière.

Paris prit sous Louis XIV une physionomie nouvelle. En 1670, on commença à planter d'arbres le boulevart, depuis la porte Saint-Antoine jusqu'à la rue des Filles du Calvaire. Cette promenade fut revêtue de murs dans toute sa longueur, qui est de six cents toises. La foule des promeneurs et des oisifs s'y porta le jour; bien des rendez-vous galants s'y donnèrent le soir. Continué pendant les années suivantes, ce travail de plantation fut achevé pour le faubourg Poissonnière en 1684.

Dans le même temps, Paris fut divisé en vingt quartiers. La rue et le faubourg Poissonnière se trouvèrent compris dans le riche et populeux faubourg Saint-Denis; cette division subsista jusqu'en 1789. Dans cette mémorable année, soixante districts ou assemblées primaires furent substitués par le bureau de la ville aux vingt quartiers existants. Le 25 juillet 1790, autre changement : quarante-huit sections remplacèrent les districts. Enfin un décret de la Convention, du 19 vendémiaire an IV, partagea Paris en douze municipalités ou mairies, composées chacune de quatre quartiers. Les quartiers Poissonnière, Montmartre, Saint-Eustache et du Mail, relevèrent de la mairie du troisième arrondissement, dont le siège fut établi place des Petits-Pères, où il est encore.

A l'extrémité supérieure du faubourg Poissonnière s'étend, dans la direction du faubourg Saint-Denis, c'est-à-dire vers l'est, un terrain connu sous le nom de Clos Saint-Lazare. Ce terrain descendait autrefois dans le faubourg Saint-Anne jusqu'à la rue Saint-Lazare (aujourd'hui Paradis), qui lui servait de borne au sud. On y a construit l'église de Saint-Vincent de Paul, la rue et la place Lafayette, la rue Chabrol et toutes celles qui, à cette hauteur, se trouvent entre les deux faubourgs.

La léproserie ou maladrerie (*Hospitium sancti Ladri*), qui existait dès le XIe siècle dans le lieu où a été bâtie la maison Saint-Lazare, a donné son nom à cet enclos.

En 1117, Louis le Jeune, à la veille de partir pour la croisade, s'arrêta quelques jours à la maison de Saint-Ladre, en revenant de Saint-Denis où il était allé prendre l'oriflamme.

Les religieux de cette maison étaient en possession du privilége d'une foire qui leur rapportait des sommes considérables. Philippe-Auguste dont les finances, malgré ses victoires, étaient dans un très-piteux état, acquit d'eux ce privilége en 1183, moyennant une redevance annuelle.

Dans cette communauté était un pavillon appelé *logis du roi*, où les rois et les reines allaient recevoir le serment de fidélité des habitants de Paris avant leur entrée solennelle dans la ville, et où ils faisaient une station après leur mort, avant d'être déposés dans les caveaux de Saint-Denis.

Les revenus de cette riche maison devaient être affectés au soulagement des lépreux et des malades indigents; mais en vertu du proverbe, vrai dans ce temps comme dans le nôtre, « charité bien ordonnée commence par soi-même, » les moines se les approprièrent. De là bien des désordres, bien des scandales. L'autorité ecclésiastique s'en émut à la fin, et en 1682 cette maison et toutes ses dépendances furent données au vénérable Saint-Vincent de Paul, à la condition qu'il continuerait à y soigner les malheureux atteints de la lèpre.

Réformée par ce digne ministre de Dieu, qui en fit le chef-lieu de sa congrégation des Missions, cette communauté devint dans la suite tout à la fois une retraite, une école et une maison de correction.

Dans le temps où l'autorité paternelle était encore toute-puissante, on y renfermait les jeunes gens qui avaient commis de graves fautes. Saint-Lazare était la bastille des pères de famille.

Sous Louis XIII, les religieux de Saint-Lazare obtinrent le privilége de la foire Saint-Laurent. On sait ce que devint bientôt cette foire, une salle de spectacle et un mauvais lieu.

Saint-Lazare, qui sert aujourd'hui de prison à la débauche et à l'adultère, était pendant la terreur une des nombreuses antichambres de la guillotine. André Chénier y chanta sa dernière élégie.

Après avoir été pillé et dévasté, Saint-Lazare faillit, en 1789, devenir la proie des flammes. Ce fut la milice parisienne qui, le 14 juillet, le jour même de son institution, arrêta par de prompts secours les progrès de cet incendie.

Sur le terrain où ont été en partie construites les rues Hauteville, de l'Échiquier et d'Enghien, existait autrefois le cimetière de Notre-Dame de Bonne-Nouvelle. Nous avons trouvé dernièrement, parmi les bouquins de rebut d'un étalagiste, un petit in-12, écrit en un latin barbare et intitulé : *De memorabilibus quibusdam dictis et factis*. Les mots de *cimetière de Notre-Dame de Bonne-Nouvelle* frappèrent nos yeux dans ce livre anonyme, et nous y lûmes une histoire peu édifiante, mais assez curieuse, ce nous semble, pour mériter que nous la racontions.

Vous connaissez la maison de Saint-Ladre. Dans cette maison vivait un moine qui, par la ferveur de son zèle et l'austérité de ses mœurs, faisait tache parmi ses confrères. Son nom était singulier pour un nom de moine : il s'appelait Triptolème.

Au moment où commence ce récit, frère Triptolème comptait trente ans. Les dévotes en raffolaient, et sœur Magdeleine surtout en était folle. Sœur Magdeleine avait vingt ans, le bel âge! Jamais l'abbaye de Montmartre n'avait possédé nonne plus blonde, plus rose, plus svelte, plus charmante. Frère Triptolème et sœur Magdeleine se virent à l'église; beaux tous deux, ils se regardèrent et se sentirent attirés l'un vers l'autre; ils s'y virent une seconde fois, et ils se dirent qu'ils s'aimaient; ils s'y virent une troisième fois, et bientôt la religieuse ne fut plus qu'une malheureuse fille d'Ève.

Magdeleine se mura dans sa cellule, ne parut plus que très-rarement au jardin, au réfectoire, à la chapelle de l'abbaye; elle jeûna, pleura, pria, que c'était une benédiction; elle eut des extases, des visions, des délires; toutes les nuits, un ange lui apparaissait; elle avait d'inénarrables et mystérieux colloques avec ce divin messager; et les nonnes de coller l'oreille à la porte de sa cellule pour entendre toutes les belles choses qui s'y disaient! Il n'était bruit dans tout le quartier que de sœur Magdeleine. On cria au miracle!

Or, un jour l'abbesse de Montmartre, adroitement inspirée par sœur Magdeleine, manda, pour le consulter sur les séraphiques visions de notre charmante pécheresse, frère Triptolème, qui jouissait, comme vous le savez, d'une grande réputation de piété.

Frère Triptolème fut conduit au bruit des saints cantiques dans la cellule de sœur Magdeleine. L'abbesse et toutes les mères du couvent s'agenouillèrent dévotement sur le seuil, tandis que le moine s'inclinait devant Magdeleine en s'écriant : « Ma mère et vous, mes très-chères sœurs,
» rendez grâces à Dieu. Il a daigné renouveler en faveur de votre
» sainte maison un de ses plus ineffables, de ses plus éclatants mira-
» cles! Bientôt naîtra de sœur Magdeleine, cette rose mystique, ce vase
» d'élection, ce beau lys immaculé, un enfant qui n'aura pas été conçu
» dans le péché comme les fils des hommes : humilions-nous et ado-
» rons. »

L'enfant du miracle fut élevé au milieu des nonnes, qui le choyèrent, le dorlotèrent, le mangèrent de caresses, le bourrèrent de sucreries et de friandises. Vert-Vert, trois siècles plus tard, fut moins gâté par les nonnes de Nevers. Il fallut même un ordre exprès de l'évêque de Paris pour que les pieuses filles consentissent à se séparer de ce jeune loup, qui aurait fini par menacer la sainte bergerie.

De toutes les rues qui donnent dans le faubourg Poissonnière, aucune ne date de plus de cent ans. La plus ancienne est la rue Bergère. Chemin d'abord, cul-de-sac ensuite, elle prit en 1752 le nom de rue du Berger. Celui qu'elle porte aujourd'hui lui vient de l'un de ces hommes qui sont les rois de notre époque et qui étaient déjà tout puissants dans le XVIIIe siècle.

Un banquier, M. Rougemont de Lowemberg, possédait dans cette rue, où la finance tient quelques-uns de ses plus opulents comptoirs, une magnifique habitation. Le jardin de sa villa s'étendait jusqu'au boulevart Montmartre. Une grille en fer permettait aux promeneurs de jouir en imagination de la fraîcheur de ses ombrages et du parfum de ses fleurs. Cet hôtel acquis, dit-on, au prix de six cent mille francs, vient d'être acheté la somme énorme de quatre millions par une société d'entrepreneurs. Sur le terrain où il s'élevait, une rue est actuellement en voie de construction.

Au n° 2 de cette même rue, par lettres patentes du 3 janvier 1784, fut établie, sur la proposition du baron de Breteuil, l'école royale de chant et de danse. Cette école s'ouvrit le 1er avril de la même année, sous la direction de Gossec. Elle était destinée à fournir des sujets à l'Opéra.

Rue Poissonnière.

On y enseignait le chant, la musique instrumentale, l'harmonie, la composition musicale et la danse. En 1786, une école de déclamation pour le Théâtre Français lui fut annexée, à l'instigation du duc de Duras. Les artistes les plus célèbres du temps, Molé, Fleury, Dugazon, en furent les premiers professeurs; Talma y forma son génie aux leçons de ces grands maîtres. L'année 1789, qui fut mortelle à tant d'institutions, vit tomber cette école naissante. Heureusement un homme se rencontra, M. Sarrette, qui eut la pensée d'en réunir les débris, dans l'espoir de leur rendre une vie nouvelle. Quarante-cinq musiciens des Gardes françaises se joignirent à lui et formèrent le noyau de la musique de la garde civique, instituée le 14 juillet sur les ruines de la Bastille. Ses louables efforts reçurent en 1790 une première récompense. Le corps municipal prit à ses frais les artistes qu'il avait rassemblés et porta à soixante-dix-huit le nombre des exécutants qui furent attachés au service de la garde nationale. Leur habile directeur eut la joie de voir plusieurs artistes éminents lui apporter l'appui de leur talent et de leur expérience, et en 1792 il obtint de la municipalité la création d'une école gratuite de musique.

Ce fut du sein de cette école, placée d'abord rue Saint-Pierre-Montmartre et ensuite rue Saint-Joseph, que sortirent tous les instrumentistes des quatorze armées qui en 1793 hérissèrent de leurs baïonnettes républicaines nos frontières menacées par les rois. Au mois de novembre de cette année, le nom d'Institut national de musique lui fut donné : elle l'échangea deux ans plus tard contre celui de Conservatoire de Musique. Une loi de 1795 fixa à cent quinze le nombre de ses professeurs, à six cents celui de ses élèves, à 240,000 francs le budget de ses dépenses. En 1802, une réduction considérable se fit dans le nombre de ses professeurs et de ses élèves. Son budget ne fut plus que de 100,000 francs. Douze élèves pensionnaires des deux sexes y étaient autrefois entretenus aux frais de l'État; mais, les résultats obtenus étant loin de balancer les dépenses et les inconvénients de ce mode d'instruction, les filles pensionnaires furent supprimées au bout de quelques années.

Le Conservatoire de Musique, définitivement constitué par l'empereur, fut établi dans l'ancien hôtel des Menus-Plaisirs du roi, où il est encore. Les bâtiments contenaient des magasins de machines, de décorations, et un théâtre où se faisaient les répétitions des pièces qui devaient être jouées à la cour. La charmante partition du *Devin de village* de J.-J. Rousseau fut entendue pour la première fois sur ce théâtre. Le spirituel auteur des *Considérations sur les mœurs*, l'académicien Duclos, dirigeait, comme ami du célèbre philosophe, la répétition de cet ouvrage dont le prodigieux succès faillit faire mourir Rameau de jalousie. En 1781, après l'incendie de l'Opéra, on avait disposé ce théâtre pour y continuer les représentations de l'Académie royale de Musique ; mais la scène était trop petite, et le public y renonça.

Le Conservatoire de Musique, depuis sa création, a eu cinq directeurs : Gossec, Sarrette, Perne, l'illustre Cherubini, et enfin l'auteur de tant de délicieuses partitions, M. Auber.

Débaptisé par la Restauration, qui répudiait tous les souvenirs de la République, pour reprendre le titre qu'il avait primitivement porté d'École royale de Chant et de Déclamation, le Conservatoire de Musique a retrouvé son nom révolutionnaire sur les fonts baptismaux de 1830.

Tout ce que Paris, c'est-à-dire la France, possède d'instrumentistes remarquables dans tous les genres professe au Conservatoire ; là est le beau côté de l'institution. Aussi chaque année en sort-il un grand nombre de sujets distingués, dont les plus méritants n'ont cependant d'autre perspective que de courir le cachet pour vivre ou d'aller s'enterrer avec leurs illusions déçues dans l'orchestre de l'un de nos théâtres secondaires. Quant aux résultats obtenus par les professeurs de déclamation, artistes éprouvés le plus souvent, ils sont d'une nullité désespérante, et cela s'explique. Indépendamment d'une vocation décidée, il faut pour réussir au théâtre tant de qualités que l'art ne donne pas ! Ce que Boileau a dit du poète pourrait de tout point s'appliquer au comédien : sans l'*influence secrète*, pour lui point de salut. Le théâtre restera pour ses yeux un livre dont il déchiffrera à peine la préface, un temple dont le portique seul lui sera connu. Les grands acteurs naissent avec tout ce qu'il faut pour devenir par eux-mêmes, par le seul effort de leur intelligence, de grands artistes. Nous sommes tout-à-fait de l'avis de Voltaire : « Je re-
» marque, a-t-il écrit quelque part, que les académies étouffent toujours
» le génie au lieu de l'exciter. »

Quelques maisons séparent le Conservatoire, dont la façade a maintenant une physionomie monumentale, d'un vaste bâtiment qui porte écrit en lettres d'or au-dessus de sa porte : MOBILIER DE LA COURONNE. Ce bâtiment, sorte de garde-meuble à l'usage de la liste civile et de l'Opéra, renferme dans ses nombreux magasins toutes les tentures, tous les emblèmes, tous les décors qui depuis 1789 ont servi à la célébration des fêtes publiques.

A l'angle de la rue de l'Echiquier et du Faubourg Poissonnière, on voyait autrefois une maison figurant les cases d'un échiquier : de là le nom de cette rue. A la hauteur de la rue Hauteville existe encore une maison, qu'occupait en 1789 le célèbre Wentzel, fleuriste de l'infortunée Marie-Antoinette.

La Restauration a rendu à la rue d'Enghien son nom, que lui avait volé la République pour lui accoler celui de l'historien-philosophe-abbé de Mably.

C'est encore un financier qui a donné son nom à la rue Richer, par laquelle le faubourg Montmartre, vers sa partie centrale, se relie au faubourg Poissonnière. De grands travaux ont été depuis peu exécutés aux abords de cette rue, longue artère à laquelle sont venus se ramifier plusieurs vaisseaux, dont le plus considérable est la rue Trévise. Parallèlement à cette rue, s'étend un passage qui fut longtemps un jardin. Après avoir amassé dans son commerce de fruits et de légumes une très-belle fortune, le jardinier Saulnier fit construire ce passage. Ce fut ce même Saulnier qui, de riche devenu ambitieux, maria sa fille à un officier comptant plus de quartiers de noblesse que de biens au soleil. Sur la fin du xviii° siècle de pareilles mésalliances n'étaient pas rares ; le système de Law, les folles dissipations de la régence et du règne de Louis XV avaient jeté une telle perturbation dans les fortunes, que nombre de gentilshommes, réduits à n'avoir plus d'autre patrimoine que leurs titres, saisissaient avec empressement la première occasion de redorer leur blason. On eût dit qu'ils comprenaient, au train dont allaient les choses, que 89 n'était pas loin, et que le moment approchait où la populace s'appellerait peuple, le peuple bourgeoisie, et où la noblesse cesserait d'être, sous peine du bourreau.

En face du mobilier de la couronne, au fond d'une cour spacieuse, s'élève un somptueux hôtel. Cette splendide habitation n'est la résidence ni d'un prince, ni d'un duc et pair, ni d'un haut baron de la finance; c'est la demeure d'un très-habile homme, qui dirige depuis vingt ans le théâtre du Gymnase.

La rue Montholon doit son nom à une illustration militaire, et la rue Bleu à un riche négociant.

La caserne de la Nouvelle-France était, dès l'année 1772, occupée par les Gardes françaises. Vendue par l'État, quelque temps après la dissolution de ce corps célèbre, elle a été rachetée à M. de La Brillantais par le ministère de la guerre, sur la fin de la Restauration. Cette caserne possède une cour assez vaste pour que les deux bataillons d'infanterie qu'elle renferme puissent s'y mettre en bataille. Du reste, rien ne la distingue des autres bâtiments de ce genre ; mais un intéressant souvenir s'y rattache : nous voulons parler de deux des hommes dont le nom a sonné le plus haut dans les grandes guerres de la république et de l'empire.

L'un, né à Versailles le 24 février 1768, soldat aux Gardes françaises à dix-sept ans, — général en chef de l'armée de Moselle à vingt-cinq ans, — pacificateur de la Vendée à vingt-sept, — mourut à vingt-neuf ans, général en chef de l'armée de Sambre-et-Meuse, le deuxième jour de septembre de l'an V de la république.

L'autre, de quatre ans moins jeune, fit une fortune moins rapide, mais il s'éleva plus haut, et sa fortune jeta de si profondes racines qu'elle a jusqu'ici résisté à toutes les tempêtes. Soldat en 1780, sergent en 1789, il prit une part active et brillante à toutes les luttes de la France républicaine et impériale contre l'Europe coalisée, jusqu'à la campagne de Pologne, — glorieux terme de sa vie militaire sous nos aigles. — Prince de Ponte-Corvo et maréchal de l'empire en 1804, — adopté six ans plus tard par Charles XIII et élu prince héréditaire de Suède et de Norwège, la France ne le retrouvera plus qu'à la bataille de Leipsig; cette fois il était dans les rangs ennemis! Le plan de campagne de l'armée d'invasion fut son ouvrage. Ce crime, dont rien ne pourrait l'absoudre, lui fit pardonner par les rois sa naissance et son élévation. Du boulet qui tua Moreau, comme lui traître à sa patrie, la moitié lui revenait. Il est encore aujourd'hui possesseur tranquille du trône de Suède et de Norwège. Que la couronne lui soit légère!

Hoche et Bernadotte, car c'étaient eux, ont été sergents à la Nouvelle-France. On nous a montré la chambre qu'occupait ce dernier; elle sert aujourd'hui de cantine aux sous-officiers.

Une abbesse de Montmartre, ou un archevêque de Paris, jésuite célèbre par son fanatisme, — il y a contestation, — aurait donné son nom à la rue Bellefonds.

Au n° 92 du faubourg Poissonnière se trouvent les ateliers de M. Calla, habile fondeur, dont le père s'était fait, comme mécanicien et inventeur, une très-grande réputation. De ses ateliers sont sorties les statues qui décorent les fontaines des Champs-Elysées et de la rue Richelieu. Nous avons vu chez lui les modèles en plâtre de Philippe-Auguste et de saint Louis, statues colossales destinées à la barrière du Trône.

Ceux qui voient nos rues principales, nos places, nos promenades, nos cafés si brillamment illuminés aujourd'hui, ignorent peut-être le nom de l'homme qui, le premier, appliqua le gaz à l'éclairage public et particulier en France. L'usine établie au n° 97 dut sa création à M. Pauwels, fils d'un chimiste et chimiste lui-même. En 1819, une société se constitua sous sa direction pour l'éclairage de la ville de Paris, acheta, pour y construire ses ateliers, l'hôtel de François de Neufchâteau, en détruisit les magnifiques plantations, le jardin anglais, le labyrinthe, ne laissant debout que le bâtiment de l'hôtel, qui devint une maison de santé.

Nous avons prononcé le nom de François de Neufchâteau; lorsqu'il vint au monde, il s'appelait François tout court. Adopté par la ville de Neufchâteau, il ajouta, par reconnaissance, à son nom celui de sa mère adoptive. Savez-vous beaucoup de titres de noblesse plus honorables? Sa place est marquée dans l'histoire des enfants célèbres.

Il serait moins long de dire ce qu'il ne fut pas que ce qu'il fut. Intelligence prompte et droite plutôt que brillante, encyclopédie vivante, il se trouva jeté non par l'amour du changement, mais par l'entraînement des circonstances, dans les carrières les plus diverses. Il y marcha toujours d'un pied ferme, sans défaillance, sans faux pas. On le vit tour-à-tour poète, littérateur, jurisconsulte, magistrat, législateur, homme d'état et agronome. Administrateur du département en 1797, il fut ministre de l'intérieur plus tard, membre du Directoire ensuite, sénateur et président du sénat sous l'Empire. Le 9 thermidor, qui sauva tant de têtes innocentes, l'avait sauvé de l'échafaud. On lui doit les expositions de l'industrie; la comédie de *Paméla*, pâle imitation de l'anglais, lui ouvrit les portes de l'Académie française. Son meilleur ouvrage fut sa vie.

A quelques pas de l'hôtel de François de Neufchâteau fut arrêté, par les sbires de la police réactionnaire de 1815, un vaillant soldat sur qui bien des larmes ont été répandues parce qu'il était jeune et beau, parce qu'il était brave entre les plus braves et qu'il s'était dévoué. Son sang généreux mêlé au sang des Ney, des Brune, des Ramel, des Travot et de tant d'autres illustres, acheva de perdre dans l'opinion le drapeau blanc revenu en France parmi les bagages de l'étranger. Traduit devant un conseil de guerre le 4 août 1815, ni l'homme, ni le soldat ne se démentirent un seul moment: on sait comment est mort Labédoyère; il avait vingt-neuf ans.

Ce douloureux souvenir de nos discordes politiques n'est pas le seul que nous remette en mémoire le faubourg Poissonnière. Le 10 août, cette terrible journée qui décida du sort de la monarchie, y a laissé une longue traînée de sang. Ce jour-là, un grand trou fut creusé un peu au-dessus de l'endroit où existe la barrière, et dans ce trou furent jetés pêle-mêle quatre à cinq cents cadavres qu'on recouvrit de quelques charretées de terre. C'étaient les Gardes suisses morts bravement dans les cours, dans les escaliers, aux fenêtres des Tuileries et jusque sur les marches du trône, pour défendre le roi Louis XVI. Et sur ces martyrs pas une larme ne coula, pas même une larme royale ! Le nom de *trou* des Suisses resta attaché à ce vaste sépulcre.

Le faubourg Poissonnière a une physionomie qui lui est propre. Tous les éléments dont se compose la population d'une grande ville s'y trouvent réunis. Il n'est pas exclusivement livré au commerce comme les faubourgs Saint-Denis et Saint-Martin ; à l'industrie, comme les faubourgs Saint-Antoine et Saint-Marceau ; à la haute finance, comme la Chaussée-d'Antin ; à l'aristocratie de fraîche date, comme le faubourg Saint-Honoré ; à l'aristocratie de vieille roche, comme le faubourg Saint-Germain. Il est tout et il n'est rien ; un élément y domine pourtant : la riche bourgeoisie y tient le haut du pavé. Il est tranquille sans être triste, animé sans être bruyant. On sent circuler la vie dans ses artères, mais une vie sans passions, sans orages. Enfin avec l'abattoir de la rue Rochechouart, le Conservatoire et l'usine à gaz, il éclaire, nourrit et amuse une partie de Paris. Est-il beaucoup de faubourgs aussi bien partagés ?

Traversons de nouveau le boulevart, afin de ne rien oublier. La rue Poissonnière a une suite que l'on appelle rue Montorgueil, et dont le voisinage est presque une bonne fortune : tant qu'il y aura à Paris, en France, en Europe, des gourmands et des gourmets, on parlera de la rue Montorgueil ; la rue Montorgueil, bonté du ciel ! véritable pays de Cocagne, où l'on déjeune chez Philippe, où l'on dîne au Rocher de Cancale, où l'on soupe avec des pâtés de Lesage, où l'on mange des huîtres partout, *à indiscrétion*. La justice marche lentement, mais enfin elle arrive : les huîtres de la rue Montorgueil ont obtenu le bénéfice d'un domicile politique ; elles vont avoir un marché. — Le marché aux œufs, le marché au beurre, le marché aux fleurs, le marché au poisson, le marché à la volaille, empêchaient les huîtres... de s'ouvrir.

Les mollusques de la rue Montorgueil me rappellent un mot plaisant : Une femme d'esprit disait, à propos de certains imbéciles qui veulent gouverner le monde : « La France ne danse plus sur un volcan ; elle saute sur un banc d'huîtres. »

ALPHONSE BROT.

PLACE DU CARROUSEL.

La place du Carrousel est le trait d'union qui soude le Louvre aux Tuileries, la monarchie absolue au gouvernement constitutionnel. Sur cette place, l'Europe entière a passé; sur ces pavés, on peut lire en lettres de sang toute l'histoire politique de la France depuis Louis XIV. Et quelle histoire, juste ciel! Interrogez les hôtes des Tuileries; demandez aux plus vieux habitants du palais; il n'en est pas un seul qui ne répète en tremblant ce couplet de notre illustre Béranger :

> Foin des mécontents !
> Comme balayeuse on me loge,
> Depuis quarante ans,
> Dans le château près de l'horloge.
> Or, mes enfants, sachez
> Que là pour mes péchés,
> Du coin d'où le soir je ne bouge,
> J'ai vu le petit homme rouge.
> . . . .

C'est que le petit homme rouge est bien le seul historiographe de la place du Carrousel, comme Chodruc-Duclos était la véritable chronique du Palais-Royal.

Vous figurez-vous
Ce diable habillé d'écarlate,
Bossu, louche et roux ;
Un serpent lui sert de cravate ;
Il a le nez crochu ;
Il a le pied fourchu ;
Sa voix rauque en chantant présage
Au château grand remu'-ménage.

. . . .

Cet allégorique démon ne vous fait-il pas l'effet d'un fâcheux pronostic? c'est le mauvais augure de la mythologie politique ; aussi le vit-on apparaître pour la première fois, à la majorité de Louis XIV, sous les massifs du jardin de Mme de Montpensier : c'était le génie révolutionnaire qui venait souffler l'esprit de rébellion dans cette âme ardente et passionnée. L'apparition du petit homme rouge précéda toujours quelque grande catastrophe ; cette fois, il annonçait la Fronde, et bientôt les pavés de la journée des Barricades servirent à paver la place du Carrousel.

Jusque là ce vaste et inculte terrain, situé entre le Louvre et les Tuileries, n'avait été qu'un désert fangeux semé de cloaques et de fondrières ; on pouvait y aller, il n'était pas sûr qu'on en revînt. Quand mademoiselle de Montpensier vint au monde, ce marécage, s'il faut en croire un poète contemporain, se changea subitement en parterre ; dans ce bienheureux siècle de galanterie et de beau langage, les madrigaux fleurissaient en pleine terre ; pourquoi le jardin de Mademoiselle n'en aurait-il pas vu naître quelques-uns ? Quoi qu'il en soit, jusqu'en 1655 les beaux arbres, le vert gazon, les fleurs rares usurpèrent la place des pavés ; il ne fallut rien moins que la toute-puissante volonté du grand'roi pour faire rentrer la nature dans le néant. Il est vrai que ce roi-là avait pris le soleil pour emblème ; et que peuvent les jardins contre la volonté du soleil! Louis XIV n'avait-il pas d'ailleurs choisi cet emplacement pour en faire le théâtre d'une de ces fêtes splendides qui inaugurèrent son règne, et dont le nom servit de baptême à la place du Carrousel. Dans cette fête, on vit le roi lui-même sous le costume de César, mais toujours coiffé d'une énorme perruque, jouer un rôle en public ; il dirigeait *la quadrille des Romains*, Monsieur commandait *aux Persans*, M. le prince *aux Turcs*, M. le duc *aux Moscovites*, et M de Guise *aux Maures*. Toute la cour prit part à ce royal divertissement, qui ne coûta guère que la bagatelle de douze cent mille livres.

Tandis que la cour s'amusait ainsi aux dépens du peuple, le peuple, de son côté, chansonnait la cour et raillait impitoyablement le faste de mauvais goût dont elle avait fait preuve en cette circonstance ; les pamphlets, les satires, les épigrammes pleuvaient de toutes parts sur les ma-

lencontreux acteurs ; nul ne fut épargné, pas même la place qui leur avait
servi de tréteau.

> Cirque de bois à cinq croisées,
> Barbouillé d'azur et d'or peint,
> Amphithéâtre de sapin,
> Fantôme entre les colysées,
> Hippodrome à Pantagruel,
> Belle place du Carrousel,
> Faite en forme d'huître à l'écaille,
> Quoi qu'on en dise, on vous voit là;
> Un habit de pierres de taille
> Vous siérait mieux que celui-là.

Certes, il y a loin du petit hôtel des Tuileries que Pierre des Essarts possédait en 1342 au magnifique palais de Catherine de Médicis. Le génie de Bulant et de Philibert de Lorme a effacé jusqu'au souvenir de cette tache originelle, et son nom peut seul rappeler aujourd'hui l'humble fabrique qui lui servit de berceau. Tel qu'il est, c'est une œuvre incomplète, et pourtant dix générations de rois se sont succédé sous ses lambris. Royauté, République, Empire, Restauration, tout a passé par là ; tant il est vrai qu'en France le palais des rois n'est après tout que l'hôtel meublé du pouvoir : on y loge, mais on n'y demeure pas.

Dans la nuit du 27 au 28 juillet 1830, nous bivouaquions sur la place du Carrousel; on avait allumé des feux de loin à loin; les soldats couchés sur leur sac attendaient, avec cette héroïque patience qui caractérise une troupe fidèle et dévouée, que l'heure de se faire tuer eût sonné pour eux. Quelques officiers des Suisses et de la garde royale causaient entre eux, se communiquant leurs impressions tristes ou gaies avec l'insouciance de la jeunesse. Seul à l'écart, assis sur un bloc de pierre, destiné sans doute à quelque réparation d'urgence et qu'on avait laissé là par mégarde, je me livrais de plus en plus à toute l'amertume de mes réflexions, interrompues de temps à autre par le dernier retentissement d'une fusillade éloignée. Tout-à-coup je fus tiré de ma rêverie par le bruit d'un éclat de rire sec et nerveux qui partit à mes côtés. Je levai les yeux et je vis, à la clarté de la lune qui perçait en ce moment les nuages noirs dont elle était enveloppée, un petit homme habillé de rouge qui s'était familièrement assis à côté de moi; bien que je n'eusse jamais vu son visage, l'uniforme des Suisses dont il était revêtu me dispensa de l'interroger; interprétant donc son petit rire strident et la familiarité de ses manières comme une sorte d'avance de sa part, je dis brusquement en me tournant vers lui :

— Vous voulez causer; je ne sais rien : si vous savez quelque chose, parlez, je ne demande pas mieux.

— Eh, eh!... volontiers, répondit ce singulier personnage ; la nuit est belle, le feu des bivouacs fait danser toutes sortes de fantômes et de farfadets dans l'obscurité profonde de la place; j'aime le fantastique, moi, ne vous en déplaise, et cette place où nous sommes me rappelle tant de choses.....

— Avant de commencer, permettez que j'aille allumer un cigare.

— A votre aise : écouter c'est entendre, fumer c'est comprendre.

— Fumez-vous? lui demandai-je, coupant son aphorisme par une impertinence.

— Jamais, me répondit-il; comme je me dirigeais vers l'un des foyers les plus rapprochés de nous, il me retint: «Tenez, voici du feu;» et en disant cela il frotta vivement l'ongle de son pouce droit sur la pierre où nous étions assis; une flamme bleuâtre jaillit en pétillant de cette allumette d'une nouvelle espèce; mon cigare allumé, il souffla sur son pouce avec la plus complète indifférence, s'arrangea commodément sur son banc de granit et commença ainsi :

— C'est toute une histoire, voyez-vous, et une drôle d'histoire encore; les plus grands noms s'y heurtent pêle-mêle avec les plus obscurs : la royauté y coudoie le bourreau, la grande dame y donne la main à la femme du peuple. C'est une ronde du diable, un sabbat infernal, un tohubohu de toutes les classes, de tous les pouvoirs, de toutes les institutions, de tous les crimes, de toutes les vertus, de tous les vices, de tous les courages, de toutes les lâchetés, qui se sont succédé dans notre belle France depuis la fin de notre dernier siècle. Cette place que voilà, cette place inaugurée par Louis XIV, et sur laquelle le roi du grand siècle a jeté un lambeau de sa pourpre, cette place du Carrousel enfin, c'est la table de marbre sur laquelle on dissèque depuis cinquante ans le cadavre de la vieille monarchie française; la tâche est rude et n'est pas près de finir.

Ce petit bruit sec et cassant que faisait le rire de mon interlocuteur me fit de nouveau tourner la tête; je ne pouvais voir son visage, mais ses yeux brillaient comme des étoiles. Il reprit :

— Moi qui vous parle, j'ai assisté à tout cela, j'ai tout vu, tout; la place du Carrousel n'a pas de secrets pour moi. Tenez, c'est là, dans le palais de ses aïeux, que Louis XVI, arraché violemment de Versailles, vécut en royal prisonnier. S'il faisait jour, je vous montrerais la porte qui se ferma devant lui quand il en voulut sortir. Par cette même porte sont entrés un à un tous les hôtes des Tuileries : tous en sont sortis l'un après l'autre, un seul excepté, celui qui fait et défait les puissances, qui donne et enlève les couronnes, qui dresse les trônes et les échafauds; on le nomme *Trahison!*

Ici j'ai vu danser la carmagnole de 93 et la farandole de 1814; j'ai entendu les vociférations des massacreurs de septembre et les cris d'amour des courtisans de la Restauration. Ici le canon a tonné pour la naissance du roi de Rome et pour celle du duc de Bordeaux, pour les victoires de l'empereur et pour les exploits du duc d'Angoulême. Beaucoup de poudre brûlée pour rien et beaucoup de bruit !

En effet, trois ou quatre décharges se succédèrent avec rapidité du côté de l'Hôtel-de-Ville, puis tout rentra dans le silence.

— Bah! continua mon narrateur, qu'est-ce que cette échauffourée à côté des grandes émeutes de 93? à la bonne heure.

Par un singulier contraste, l'esprit français, cet esprit si original, si vif, si gai, qui est la vraie nationalité de notre pays, ne trouvant plus un pauvre petit coin pour se réfugier, au milieu de la France démagogique, vint tout bonnement se loger à l'ombre de la Convention nationale. Il existait dans la rue de Chartres une salle de bal appelée le Vauxhall d'hiver, qui fut le bal Musard du xviii° siècle, rendez-vous habituel des mousquetaires rouges et gris, des grisettes du Palais-Royal et de toute cette folle jeunesse qui se préparait aux saturnales de 93 par les bacchanales de 1778. Ce fut là, dans cette enceinte privilégiée du plaisir et de la galanterie que le Vaudeville planta sa tente. L'inauguration de ce théâtre eut lieu le 12 janvier 1792.

Pendant la période révolutionnaire, le Vaudeville eut à soutenir des luttes continuelles, non seulement contre les sifflets du parterre, mais encore contre les exigences du pouvoir. Dans cet heureux temps de liberté, un couplet faisait tomber une tête ; on avait, à la vérité, renversé la Bastille, mais on élevait des échafauds avec ses débris.

A l'époque du procès de la reine Marie-Antoinette, trois vaudevillistes Barré, Radet et Desfontaines, firent représenter rue de Chartres une pièce intitulée *la Chaste Suzanne*; les premières scènes furent enlevées, mais au moment où le juge dit aux deux vieillards, accusateurs de Suzanne, « Vous êtes ses accusateurs, vous ne pouvez pas être ses juges, » le public crut voir dans cette noble pensée une allusion au procès qui occupait tous les esprits. Des applaudissements et des sifflets éclatèrent de toutes parts ; bientôt le tumulte devint tel que l'on fit évacuer la salle, et les auteurs, arrêtés le lendemain, purent réfléchir sous les verroux au danger des allusions en matière de vaudeville.

Et pourtant le vaudeville n'a de tout temps vécu que de cela. Certain soir, à la première représentation de *René le sage* on apprit, au moment de lever le rideau, que Bonaparte venait de ratifier le traité d'Amiens ; l'acteur Laporte chanta aussitôt, au bruit du canon qui résonnait sur la place du Carrousel, le couplet suivant improvisé dans la coulisse :

> Pour éviter certaine guerre
> Entre le public et l'auteur,
> Par un couplet préliminaire
> On vous engage à la douceur.

> En conséquence, moi, Laporte,
> J'allais vous demander la paix ;
> Le canon a la voix plus forte,
> Il vous l'annonce, et je me tais.

Plus tard, l'empereur se souvint de cette allusion ; il récompensa le Vaudeville dans la personne de son directeur, en le conviant, avec l'élite de sa troupe, à la grande fête militaire du camp de Boulogne. On vit alors le vaudevilliste Barré célébrer les victoires de Napoléon, comme, cinquante ans auparavant, on avait vu le chansonnier Favart chanter celles du maréchal de Saxe. L'empereur paya noblement les frais du voyage, et dota chacun des auteurs, dont il avait applaudi les refrains, d'une pension annuelle de 3,000 fr. ; aussi, à partir de ce moment, le Vaudeville naturellement si frondeur, que rien n'avait pu rendre sage, qui avait assisté en riant aux plus furieux excès de la révolution, le Vaudeville renonça à son droit de critique. Un sourire de Napoléon fit ce que la terreur n'avait pu faire.

Jusqu'en 1814, le théâtre ne dévia pas de cette voie nouvelle dans laquelle il était entré ; mais au premier bruit de l'invasion étrangère, le violon du Vaudeville rallia autour de lui tout ce qu'il y avait d'esprit patriotique en France. Les étrangers campaient au Carrousel ; trahie par la victoire, la France eut du moins la consolation d'être vengée par le vaudeville.

Incendiée le 18 juillet 1836, la salle de la rue de Chartres ne s'est point relevée de ses décombres, mais le Vaudeville vit toujours. Il a transporté ailleurs sa marotte et ses grelots : les rois s'en vont, les gouvernements se succèdent, les salles brûlent ou s'écroulent, l'esprit seul ne meurt jamais, et l'on sait qu'en France on sauve tout avec de l'esprit.

A la bonne heure, voilà de la colère et de la passion ; le peuple des faubourgs se ruant sur la place du Carrousel, ébranlant les grilles, escaladant les fenêtres, brisant les portes et faisant irruption dans l'appartement du roi avec l'impétuosité d'un torrent. Vous vous figurez déjà la famille royale courant éperdue dans les longues galeries du palais, la reine échevelée, madame Elisabeth évanouie et le petit dauphin effrayé allant de l'un à l'autre en pleurant. Allons donc, c'est un tableau sentimental, une terreur bourgeoise que vous voyez là ; et à l'heure dont je vous parle, le sentiment n'était plus dans nos mœurs, l'héroïsme était à l'ordre du jour. La mort, sous cet effroyable régime, était la plus solennelle action de la vie. Chacun tenait à honneur de bien mourir.

— Et vous avez pu assister, spectateur muet, à cet horrible spectacle ! m'écriai-je tout-à-coup, interrompant le narrateur officieux, qui semblait prendre à tâche de réveiller en moi mes plus douloureux souvenirs.

— Vous en parlez bien à votre aise. J'aurais voulu vous y voir : oui, monsieur, oui, je suis resté là..... Pendant six heures que dura l'horrible procession, la reine se tint derrière la table du conseil, sa fille s'assit à ses côtés, le dauphin sur la table devant sa mère, qui le pressait sur son cœur comme pour lui faire un rempart de ses bras. Mesdames de Lamballe, de Tarente, de Tourzel, restèrent debout derrière le siége de Marie-Antoinette; les tableaux les plus hideux défilèrent sous les yeux de la reine. En passant près du jeune dauphin, un fort de la Halle ôta son bonnet rouge et en coiffa le petit-fils de saint Louis: le pauvre enfant se prit à rire en jouant avec l'énorme coiffure; je ne suis pas sensible, mais je me sentis ému de cet affreux contraste : l'emblème de la terreur sur la blonde tête d'un enfant! Santerre lui-même, Santerre s'arrêta à cette vue, et feignant d'essuyer son front pour cacher son trouble, il s'écria d'une voix de Stentor : « Otez, ôtez le bonnet à cet enfant; ne voyez-vous pas qu'il étouffe ? » Cette journée s'appelle le 20 juin : ce n'était que la répétition générale de la sanglante tragédie dénouée le 21 janvier sur l'échafaud de Louis XVI. Au 20 juin, on avait injurié la royauté, on l'insulta au 10 août ; dès ce moment la royauté n'existait plus.

C'est à partir de cet instant que les événements se pressent, se heurtent, se multiplient; un jour c'est l'échafaud qui se dresse sur la place du Carrousel. Le lendemain, sur cette place encore rouge du sang de la

veille, un monument funèbre, élevé à Marat promet à ses mânes les honneurs de l'apothéose. Je l'ai vu ce monument, c'était bien la plus dégoûtante saleté qu'on pût voir : imaginez-vous une espèce de niche où l'on avait entassé pêle-mêle toutes sortes de vieilleries sans forme et sans nom, une véritable boutique de friperie, la baignoire de Marat, la lampe de Marat, l'écritoire de Marat, et pour couronner l'œuvre, le buste de Marat, le tout entremêlé de légendes, de devises et d'emblèmes. Cela eût fait rire si ce qui est ignoble pouvait inspirer autre chose que le dégoût. Une nuit, la sentinelle placée pour protéger contre les caniches irrévérencieux les reliques de ce fou sanguinaire mourut de froid ou d'horreur au fond de sa guérite. Qui sait ce qui se passa dans l'âme de cet homme, quand il se vit seul, face à face, avec la lampe qui avait éclairé les méditations de cette bête féroce ? La lampe de Marat devait, j'imagine, s'alimenter avec du sang.

Je n'en finirais pas si je voulais retracer tous les tableaux, évoquer tous les fantômes que la révolution a fait passer sur les trois pieds de terre où nous sommes assis. Mais à quoi bon? la vie est un cercle vicieux, l'humanité ressemble à ce cheval de manége qui court toujours sans sortir du cercle tracé, qui avance sans arriver jamais et accomplit sa révolution quotidienne, sans se souvenir de la veille ou se préoccuper du lendemain.

A ces mots, mon mystérieux causeur s'éloigna en riant aux éclats : je ne l'ai pas revu.

Mais poursuivons ; la révolution de 89 n'est qu'un chapitre de l'histoire du Carrousel, le plus sanglant peut-être, mais non pas le plus curieux. Le dernier acte de la grande comédie politique du 18 brumaire fut l'installation de Bonaparte aux Tuileries. C'était un pas fait vers la royauté, le premier et le plus grand de tous. Du Luxembourg aux Tuileries il y avait un abîme : Bonaparte le franchit en se faisant un pont de Cambacérès et de Lebrun, ses deux collègues; à l'aide d'une supercherie ingénieuse, il débaptisa le vieux palais des rois : les Tuileries se nommèrent le gouvernement. Deux architectes, MM. Peyre et Fontaine, furent chargés de le décorer, de l'embellir; sous prétexte de nettoyage, on effaça tous les emblèmes anarchiques, toutes les sentences séditieuses, toutes les devises révolutionnaires dont les murailles et les voûtes avaient été couvertes. On badigeonna la liberté comme on avait gratté les fleurs de lis ; depuis 92 la Convention nationale siégeait aux Tuileries, la république avait déteint sur les murailles; on passa l'éponge sur tous ces souvenirs d'un autre âge, et le premier consul entra dans le palais de Louis XIV comme un fils dans la demeure de ses ancêtres.

Ce jour-là fut un jour de fête pour la place du Carrousel; Bonaparte, qui se souvenait du 10 août, avait fait isoler le château; la place était déblayée des maisons qui l'entouraient, tout était prêt; la France attendait un maître. Tout-à-coup une clameur formidable se fait entendre, les tambours battent aux champs, le peuple bat des mains, mille cris, mille acclamations s'élèvent dans les airs; le canon gronde, c'est Napoléon qui arrive en calèche découverte, traînée par six chevaux blancs, entouré d'un brillant état-major. Arrivée sur le Carrousel, la voiture s'arrête, le premier consul en descend, s'élance à cheval et inaugure, aux regards de tout un peuple enivré, ce petit chapeau devenu populaire, couronne orgueilleuse par sa modestie même, et que cette feinte modestie n'a pu sauver. Mais trêve un instant aux sinistres prédictions; les drapeaux mutilés de la 96e, de la 43e et de la 30e défilent devant le jeune chef. Bonaparte a découvert son front, il s'incline, l'armée tressaille, le peuple applaudit. En ce moment le vainqueur de l'Égypte est grand comme ces pyramides du haut desquelles quarante siècles ont contemplé ses exploits; en ce moment tout s'efface devant lui; déjà il a mis le pied sur la première marche du trône, il a pris la chambre de Louis XVI et le cabinet de Louis XIV; déjà Joséphine est installée dans l'appartement de la reine, et demain, dans une heure, la nouvelle souveraine recevra les hommages du corps diplomatique avec cette grâce et cette aisance qui sont la véritable royauté de la femme.

L'année qui s'ouvrait ainsi s'écoula comme un rêve féerique au milieu des triomphes de nos armes : chaque coup de canon qui retentissait en Europe avait un glorieux écho à la place du Carrousel. La campagne d'Italie commença cette série de victoires qui devait étonner le monde. A ce faîte de la puissance et de la gloire, Napoléon n'avait plus rien à craindre. Ce fut précisément ce moment-là que les partis ulcérés choisirent pour l'abattre; le 24 décembre Napoléon sortit des Tuileries pour se rendre à l'Opéra; Joséphine l'avait précédé et l'attendait; une heure s'écoule, le premier consul n'arrive pas; déjà dans les groupes animés du parterre circulent des bruits de mort et d'attentat. Enfin il paraît, son visage ne porte aucune trace d'émotion, il est seulement un peu pâle, comme toujours; à sa vue, des applaudissements passionnés éclatent de toutes parts; il sourit, il salue, et le spectacle commence. Eh bien! cet homme souriant et calme venait d'échapper cinq minutes auparavant à une mort certaine. Un horrible complot avait été tramé contre lui : une charrette placée en travers de la rue Saint-Nicaise, à deux pas du Carrousel, devait lui barrer le passage; un baril de poudre cerclé de fer, gorgé de balles et de mitraille, avait été disposé de telle sorte qu'à moins d'un miracle Bonaparte devait être broyé, lui, sa voiture et ses chevaux. Il n'en fut rien pourtant, le miracle se fit; le sauveur de la patrie fut sauvé par son cocher.

Les lauriers préservent de la foudre, cette fois ce fut la vigne qui préserva le laurier. Le cocher du premier consul était ivre, et il conduisait si follement la fortune de la France que, lorsque la foudre éclata, César était déjà loin, et l'explosion de la rue Saint-Nicaise n'eut d'autre résultat que de hâter l'accomplissement de son vœu le plus cher; il était parti consul, il s'en revint empereur; dès-lors ce ne fut plus qu'une question de forme; les Tuileries attendaient un hôte plus important sinon plus illustre que tous ceux qu'elles avaient reçus jusque là; l'heure du couronnement approchait. Pie VII ne pouvait refuser la couronne à qui lui avait donné la tiare, et Paris assista à cet imposant et solennel spectacle d'un petit soldat de fortune tellement grandi par son génie que le pape put, sans se baisser, lui mettre la couronne au front.

Le séjour du pape, le divorce de l'Empereur, le mariage de l'archiduchesse Marie-Louise et la naissance du roi de Rome, appartiennent à l'histoire du Carrousel; mais ne sont que des épisodes sans importance dans le cadre de notre sujet.

Le 31 mars 1814 l'Empire n'était plus, la Restauration commençait, le drapeau blanc flottait sur le Pavillon de l'Horloge, et le gouvernement provisoire, à la tête duquel était M. de Talleyrand, siégeait aux Tuileries. Le 13 avril, le comte d'Artois y fit son entrée; il paya sa bienvenue avec deux mots heureux : IL N'Y A RIEN DE CHANGÉ EN FRANCE, IL N'Y A QU'UN FRANÇAIS DE PLUS. Voilà le premier, celui-là fut pour le peuple; puis en entrant dans le vestibule du palais, il s'écria : AH ! QU'IL EST DOUX DE SE REPOSER DANS LE PALAIS DE SES PÈRES ! — SUR VOS LAURIERS, MESSIEURS, ajouta-t-il en souriant aux maréchaux qui l'entouraient. Celui-là fut pour les courtisans.

Depuis 93, on n'avait pas dit aux Tuileries le plus petit mot pour rire, aussi la Restauration fut-elle accueillie avec joie; faite par M. de Talleyrand, ce ne pouvait être d'ailleurs que la restauration de l'esprit; restauration éphémère et qui ne dura guère que la valeur d'une épigramme : « Louis XVIII n'avait fait que se coucher dans les draps de Napoléon. » Napoléon retrouva donc son lit tout fait en arrivant; c'est ce qui explique avec quelle facilité il s'en empara. Le drapeau tricolore flotta une fois encore sur le Pavillon de l'Horloge; les voltigeurs de Coblentz, les mousquetaires noirs et toute cette gentilhommerie, mauvaise queue de l'émigration, qui encombraient les Tuileries et gênaient la marche du gouvernement, furent balayés par les traîneurs de sabre; la fusée des Cent-Jours prit son essor, brilla, puis s'éteignit, et le 8 juillet 1815, Louis XVIII reprit possession de ce lit si souvent disputé. Tout porte à croire que cette fois il eut soin de faire changer les draps.

On vit alors pour la première fois les bivouacs des Cosaques et les canons de l'ennemi braqués sur la place du Carrousel; on vit dégrader sous les yeux de Louis XVIII l'arc de triomphe commencé par Napoléon, premier consul. Ce monument de nos victoires était couronné par un quadrige dont les chevaux avaient été apportés de Venise. On rendit les chevaux, on dégrada le monument, et pour compléter l'œuvre, on substitua à la statue de la Gloire celle de la Restauration. Il n'y a qu'un gouvernement capable de faire contre lui-même une aussi sanglante épigramme.

Pendant ce temps, la population était prise de vertige, le délire était dans toutes les têtes; tout ce qui approchait du Carrousel et des Tuileries semblait à l'instant même perdre la raison; les plus grandes dames dansaient la farandole sous les fenêtres du château, pêle-mêle avec la populace; mères, épouses et sœurs, se prostituaient volontairement aux étrangers; les hommes étaient sans courage et les femmes sans pudeur. C'était l'infamie passée à l'état épidémique.

Nous voici arrivés à une époque difficile, où l'histoire du Carrousel se lie tellement à l'histoire de la Restauration qu'il faudrait un volume pour effleurer seulement tous les faits qui s'y rencontrent; et nous n'avons que quelques lignes. Nous passerons rapidement sur les premières années du règne de Louis XVIII, années de troubles, de complots, d'émeutes et de soulèvements populaires; nous mentionnerons seulement les troubles du 4 juin 1820, la naissance du duc de Bordeaux, et nous nous hâterons d'arriver à la mort du roi *très-chrétien*, qui eut lieu le 16 septembre 1824. Son corps, embaumé et enfermé dans un cercueil de plomb recouvert de velours noir, resta exposé pendant deux jours aux Tuileries dans la salle du trône. L'archevêque de Paris et tous les corps de l'État vinrent avec pompe lui rendre les derniers devoirs; le peuple lui-même, dans la personne de ses représentants, la corporation des forts de la Halle et des charbonniers, fut admis à jeter quelques gouttes d'eau bénite sur le cercueil royal. Ce furent, je crois, les seules larmes que le peuple de Paris donna à la mémoire de ce souverain pour lequel l'enthousiasme s'était élevé un instant jusqu'à la démence.

Charles X monta sur le trône; avant que la place du Carrousel se fût aperçue de sa présence il en était descendu, ou, pour mieux dire, le dernier jour de son règne fut pour cette place mémorable, qui avait assisté à la révolution de 89, une sorte de glorieux anniversaire. Les journées de juillet nous servirent de transition pour passer de la branche aînée à la branche cadette des Bourbons. Pendant vingt-quatre heures, le peuple fut véritablement le maître aux Tuileries; il put se rouler à l'aise sur le velours du trône et jouer à la majesté avec les lambeaux de pourpre de la monarchie; mais dès le lendemain le peuple avait un maître. L'histoire de la révolution de juillet, pas plus que celle de la dynastie nouvelle, n'est à faire, nous ne la ferons donc pas. Deux événements ont eu seuls un grand retentissement à la place du Carrousel; c'est par là que nous terminerons.

Le premier, par ordre de date, bien entendu, est la mort de M. de Talleyrand.

Le second de ces événements dont nous voulons parler est, selon nous, beaucoup plus grave et beaucoup plus douloureux : on comprend qu'il s'agit ici du duc d'Orléans, l'avenir de la dynastie de juillet. En apprenant la mort d'Armand Carrel, ce chef éclairé du parti libéral, on rapporte que le duc d'Orléans laissa échapper cette noble expression d'un noble regret : « C'est un malheur pour tout le monde, aurait-il dit. » Eh bien, à la mort du prince il s'est trouvé, chose rare, que tout le monde était du même avis.

Avant de quitter la place du Carrousel, nous avons à cœur de débarrasser notre conscience d'un doute qui l'accable. Nous avons toujours pensé que la tradition populaire du *petit homme rouge* n'était pas une fable mais une fiction. Chaque régime, chaque règne a eu le sien : le petit homme rouge étant le mauvais génie du maître, se pourrait-il qu'il se fût successivement appelé *Richelieu, Mazarin, La Vrillière, Maury, Samson, Talleyrand*. Pour moi, je penche à le croire, et si quelque chose pouvait contribuer à vous rattacher à mon opinion, je vous dirais :

> Soyez donc instruits,
> Enfants, mais qu'ailleurs on l'ignore
> Que depuis trois nuits
> L'homme rouge apparaît encore.

Seulement l'homme rouge a quitté le costume traditionnel : il est *vêtu* d'une paire de lunettes et d'un portefeuille, ce qui présage non pas précisément un changement de dynastie, mais tout au plus un changement de ministère.

Marquis de Montereau.

LES FORTIFICATIONS.

Le directeur du livre des *Rues de Paris* disait, dans son excellente introduction : « Et nous ne sortirons, infatigables promeneurs, de l'enceinte de la ville moderne que par cette dernière rue pavée de canons que l'on appelle les Fortifications de Paris. » — C'est à moi qu'a été confié le soin de clore ce beau livre par quelques pages qui manqueront sans doute, sinon d'exactitude, du moins de cette haute autorité que donnent les études spéciales.

Il est à peu près impossible aujourd'hui de déterminer d'une manière précise l'époque où la ville de Paris fut, pour la première fois, ceinte de murailles et protégée par des fortifications. Tout ce que l'on peut dire, c'est que, dans les derniers temps de la domination romaine, des ouvrages militaires paraissent avoir existé autour de Paris et que, sous les deux premières races, cette ville était défendue par des murailles et des tours établies soit au nord, soit au midi.

En lisant avec attention l'histoire

du développement et de la destruction rapide des anciennes fortifications de Paris, on verra que ce fut toujours après la perte d'une bataille ou dans les bouleversements d'une crise politique que ces fortifications ont été construites ou remises en état de défense. Dans les temps modernes, les mêmes circonstances ont amené aussi des résultats pareils; et si nous voyons aujourd'hui s'élever autour de notre capitale un mur d'enceinte et des ouvrages de guerre plus considérables que tous ceux qui ont existé autrefois, c'est qu'une longue révolution nous a donné l'expérience des revers terribles, imprévus, qui peuvent affliger une nation; c'est qu'après plus de vingt années de victoires, nous avons vu les armées ennemies campées au milieu de nos places et de nos promenades. Sans doute, il est possible de citer quelques faits isolés qui semblent contraires à ce principe, mais, après un mûr examen, ces faits mêmes sont aisément rattachés au mobile sérieux et puissant indiqué plus haut. Dans le débat solennel dont notre tribune législative a été le théâtre au mois de janvier 1841, au sujet de la loi sur les fortifications qui s'exécutent en ce moment, un des orateurs les plus remarquables a pu dire :

« La proposition de fortifier Paris n'est pas une question de circon-
» stance, car, il y a un siècle et demi, Vauban en conçut la pensée; il y
» a un quart de siècle, cette pensée occupa le génie de Napoléon. C'est au
» milieu même des prospérités de Louis XIV que Vauban imagina de
» fortifier Paris; c'est au retour de la grande campagne d'Austerlitz que
» Napoléon y pensa pour la première fois. » (*Rapport de M. Thiers, Moniteur* du 14 janvier 1841.)

Quant à Napoléon, ce ne fut pas la seule fois, après la victoire d'Austerlitz, qu'il parla des fortifications de Paris, et M. Thiers lui-même, dans son discours du 26 janvier, nous apprend qu'en 1815 Napoléon donna l'ordre au général Haxo de les commencer. Vauban s'adressait sans doute à Louis XIV victorieux, mais, dans sa pensée, Vauban songeait principalement à empêcher la capitale de tomber au pouvoir des ennemis : « La prise de Paris, disait-il, serait un des malheurs les plus
» grands qui pussent arriver à ce royaume, et duquel il ne se relèverait
» de longtemps, et peut-être jamais. »

La pensée de fortifier Paris ne se présenta pas seulement à l'esprit de ceux qui gouvernaient la France pendant la Révolution et l'Empire; elle occupa aussi quelque temps le gouvernement de la Restauration. M. de Clermont-Tonnerre, pendant son ministère, proposa au conseil de fortifier Paris; mais les deux hommes influents de cette époque, MM. de Villèle et de Corbière, s'y opposèrent, et, chose étrange, le ministre des cultes, l'évêque d'Hermopolis, approuva seul le projet.

Plusieurs fois, depuis 1830, ce projet fut repris et débattu; le système, qui consistait à élever autour de Paris un certain nombre de forts détachés qui en défendraient les approches, avait reçu un commencement d'exécution; mais ces ouvrages furent abandonnés. Il fallut que les éventualités d'une guerre européenne devinssent imminentes pour décider les deux Chambres à voter une loi qui ordonnait l'érection des nouvelles fortifications autour de Paris. Après un débat solennel, cette loi fut votée dans la séance du 1er février 1841.

C'est à plus d'une lieue en avant de la dernière enceinte qui exista autour du vieux Paris que s'élèvent en ce moment les murs et les ouvrages des nouvelles fortifications. Elles se composent de deux grandes parties bien distinctes : l'enceinte continue qui entoure la ville, les forts détachés établis en avant sur les éminences les plus rapprochées de cette enceinte, et qui sont destinés à en défendre les abords. Voici la ligne décrite par cette enceinte et l'emplacement occupé par chaque fort. A l'est de Paris, des bords de la Seine, le mur se dirige au nord derrière la commune de *Bercy*, qu'il embrasse complètement, ainsi que celles de Saint-Mandé et de Charonne. Il se dirige ensuite vers *Ménilmontant* et *Belleville*. Le mur descend dans les Prés-Saint-Gervais, passe entre les canaux de la Villette et de Saint-Denis et coupe au-dessus du village de la Chapelle la grande plaine des *Vertus* pour gagner les hauteurs de *Montmartre*. De ces hauteurs le mur descend à l'ouest vers la Seine, par les *Batignolles* et les *Thernes*, la plaine des Sablons, le bois de Boulogne et le village d'Auteuil. Il aboutit à la Seine au lieu dit *le Point-du-Jour*. Sur la rive gauche, le mur d'enceinte reprend un peu plus bas, entre la Maison-Blanche et Javelle, traverse les plaines de Vaugirard, de Mont rouge et d'Ivry, puis redescend vers la Seine en avant du petit village de Conflans.

Cette enceinte continue est bastionnée dans toute son étendue; le développement mesuré sur les lignes extérieures des fronts a trente-trois mille mètres; le mur d'escarpe, partout terrassé, a dix mètres de hauteur; les fossés, de quinze mètres de largeur, sont précédés de glacis qui recouvrent les murailles. Enfin, la forme de cette enceinte a été déterminée de manière à saisir les points les plus avantageux à la défense, à envelopper les principaux faubourgs qui entourent la capitale. On a aussi cherché le plus possible à éviter les propriétés existantes et à se tenir à une distance de la ville proprement dite, afin que la défense soit en dehors du contact de la population.

Ce n'est pas tout, seize forts, en y comprenant le château de Vincennes, qui doit servir de magasin d'armes, s'élèvent à quelque distance de cette enceinte continue, et s'y rattachent par des routes militaires, des souterrains et d'autres travaux.

La forme en est généralement pentagone ou carrée. Ces forts sont bastionnés, terrassés et revêtus ainsi que leur contrescarpe. Quant au développement, il varie dans chaque localité; ils renferment aussi des casemates, des magasins à poudre et des casernes, dont quelques-unes seront voûtées à l'épreuve et serviront en cas de guerre. Voici la position des neuf forts de la rive droite de la Seine : celui de *Charenton* est placé en avant de l'Ecole et du village d'Alfort, dans le coude de la Marne et de la Seine; il servira de tête de pont en avant de ces deux rivières dont il commande le confluent. Les quatre forts de *Nogent, Rosny, Noisy* et *Romainville* couronnent les belles positions qui s'étendent de la Marne au canal de l'Ourcq, et qui ont reçu le nom de *Positions de Noisy*. Ces forts protègent Paris du côté où l'attaque est plus probable ; ils sont destinés à tenir l'ennemi à une grande distance et couvrent de plus le château de Vincennes, qui doit être le grand arsenal de la défense.

Le fort d'*Aubervilliers*, placé dans l'intervalle qui sépare le fort de Romainville de Saint-Denis, couvre l'enceinte vers le point où elle tourne de l'est au nord, et assure la vaste plaine des Vertus, entre les canaux de l'Ourcq et de Saint-Denis.

Les trois forts de *l'Est*, de *la Briche* et de la *double Couronne* établissent un système de défense en avant de Saint-Denis; ils relient les inondations qui doivent couvrir cette position importante et rejeter bien loin les attaques de l'ennemi; de plus, ils doivent assurer à la défense la possession paisible du vaste espace compris entre le canal Saint-Denis, la Seine et l'enceinte continue, depuis le Point-du-Jour jusqu'à la Villette. Des six forts de la rive gauche, le plus important est celui du *Mont-Valérien*. C'est une vaste tête de pont, sur la gauche de la basse Seine depuis Saint-Cloud jusqu'à Saint-Denis, qui est destinée à protéger toutes les opérations qui pourraient avoir lieu dans cette partie du fleuve.

Les cinq forts d'*Issy, Vanvres, Montrouge, Bicêtre* et *Ivry*, placés sur la même ligne, couvrent l'enceinte de la rive gauche, et en tiennent partout l'ennemi à une distance de plus de deux mille mètres. Ces forts saisissent les positions les plus importantes, en face des sommités qui s'élèvent parallèlement à l'enceinte, de la haute à la basse Seine.

L'armement des fortifications doit se composer de cinq pièces de gros calibres sur chacun des quatre-vingt quatorze bastions, et de quarante pièces par fort, ce qui donne un total de onze cent dix bouches à feu, sans compter les pièces d'artillerie mobile, dont le nombre est indéterminé. Telle est en résumé cette ceinture de fossés, d'ouvrages en terre et de murailles, qui doit mettre à l'abri d'une invasion nouvelle la capitale du royaume.

Ce n'est pas à moi, simple antiquaire, qu'il appartient de juger au point de vue de l'art militaire les fortifications qui s'élèvent en ce moment autour de la ville de Paris.

Je préfère, en me plaçant par la pensée au sommet de la plus haute de ces citadelles, me représenter ce qui pourrait advenir, si une armée ennemie, venant des quatre points de l'horizon, essayait de s'emparer de la ville, fortifiée comme elle le sera dans quelques années. Je suppose une attaque générale dirigée contre les quinze forts à la fois : les bouches à feu dont ils sont garnis répondent aussi à celles des assaillants, pendant au moins quelques jours, arrêtent ces derniers et portent dans leurs rangs la mort et la division. Si quelques-uns des forts succombent et sont abandonnés par les derniers combattants couverts de blessures, le mur d'enceinte, garni d'une artillerie nombreuse et défendu par une population d'un million d'habitants, les recevra. Ce mur d'enceinte résistera plusieurs semaines, à quelque détresse que l'on suppose réduite notre vieille capitale. Tout au plus quelques bombes ennemies pourront-elles atteindre les premières maisons de nos faubourgs; ainsi la ville et les monuments qu'elle renferme n'ont pas à craindre l'incendie. Il faut aussi ne pas oublier les sorties que la garnison de l'intérieur ou celle du château de Vincennes et du Mont-Valérien, ou du fort d'Ivry, que leur position élevée et les travaux qui les précèdent rendent imprenables, ne manqueront pas de faire, et qui éclairciront les rangs ennemis. Enfin cette armée, qui, pour envelopper la ligne d'enceinte sur tous les points, devra se composer de plus de quatre cent mille hommes, au bout d'un siége qui aura duré un mois, privée de tous moyens de subsistance, sera forcée à une prompte retraite si elle veut éviter une entière extermination. Tel serait, j'aime à le croire, le résultat des fortifications qui s'élèvent et qui ajouteront encore à l'importance et à la beauté de notre ville.

Le Roux de Lincy.

FIN DE LA DEUXIÈME ET DERNIÈRE PARTIE.

semates, des magasins à poudre et des casernes, dont quelques-unes seront voûtées à l'épreuve et serviront en cas de guerre. Voici la position des neuf forts de la rive droite de la Seine : celui de *Charenton* est placé en avant de l'Ecole et du village d'Alfort, dans le coude de la Marne et de la Seine; il servira de tête de pont en avant de ces deux rivières dont il commande le confluent. Les quatre forts de *Nogent, Rosny, Noisy* et *Romainville* couronnent les belles positions qui s'étendent de la Marne au canal de l'Ourcq, et qui ont reçu le nom de *Positions de Noisy*. Ces forts protègent Paris du côté où l'attaque est plus probable; ils sont destinés à tenir l'ennemi à une grande distance et couvrent de plus le château de Vincennes, qui doit être le grand arsenal de la défense.

Le fort d'*Aubervilliers*, placé dans l'intervalle qui sépare le fort de Romainville de Saint-Denis, couvre l'enceinte vers le point où elle tourne de l'est au nord, et assure la vaste plaine des Vertus, entre les canaux de l'Ourcq et de Saint-Denis.

Les trois forts de *l'Est*, de *la Briche* et de la *double Couronne* établissent un système de défense en avant de Saint-Denis; ils relient les inondations qui doivent couvrir cette position importante et rejeter bien loin les attaques de l'ennemi; de plus, ils doivent assurer à la défense la possession paisible du vaste espace compris entre le canal Saint-Denis, la Seine et l'enceinte continue, depuis le Point-du-Jour jusqu'à la Villette. Des six forts de la rive gauche, le plus important est celui du *Mont-Valérien*. C'est une vaste tête de pont, sur la gauche de la basse Seine depuis Saint-Cloud jusqu'à Saint-Denis, qui est destinée à protéger toutes les opérations qui pourraient avoir lieu dans cette partie du fleuve.

Les cinq forts d'*Issy, Vanvres, Montrouge, Bicêtre* et *Ivry*, placés sur la même ligne, couvrent l'enceinte de la rive gauche, et en tiennent partout l'ennemi à une distance de plus de deux mille mètres. Ces forts saisissent les positions les plus importantes, en face des sommités qui s'élèvent parallèlement à l'enceinte, de la haute à la basse Seine.

L'armement des fortifications doit se composer de cinq pièces de gros calibres sur chacun des quatre-vingt quatorze bastions, et de quarante pièces par fort, ce qui donne un total de onze cent dix bouches à feu, sans compter les pièces d'artillerie mobile, dont le nombre est indéterminé. Telle est en résumé cette ceinture de fossés, d'ouvrages en terre et de murailles, qui doit mettre à l'abri d'une invasion nouvelle la capitale du royaume.

Ce n'est pas à moi, simple antiquaire, qu'il appartient de juger au point de vue de l'art militaire les fortifications qui s'élèvent en ce moment autour de la ville de Paris.

Je préfère, en me plaçant par la pensée au sommet de la plus haute de ces citadelles, me représenter ce qui pourrait advenir, si une armée ennemie, venant des quatre points de l'horizon, essayait de s'emparer de la ville, fortifiée comme elle le sera dans quelques années. Je suppose une attaque générale dirigée contre les quinze forts à la fois : les bouches à feu dont ils sont garnis répondent aussi à celles des assaillants, pendant au moins quelques jours, arrêtent ces derniers et portent dans leurs rangs la mort et la division. Si quelques-uns des forts succombent et sont abandonnés par les derniers combattants couverts de blessures, le mur d'enceinte, garni d'une artillerie nombreuse et défendu par une population d'un million d'habitants, les recevra. Ce mur d'enceinte résistera plusieurs semaines, à quelque détresse que l'on suppose réduite notre vieille capitale. Tout au plus quelques bombes ennemies pourront-elles atteindre les premières maisons de nos faubourgs ; ainsi la ville et les monuments qu'elle renferme n'ont pas à craindre l'incendie. Il faut aussi ne pas oublier les sorties que la garnison de l'intérieur ou celle du château de Vincennes et du Mont-Valérien, ou du fort d'Ivry, que leur position élevée et les travaux qui les précèdent rendent imprenables, ne manqueront pas de faire, et qui éclairciront les rangs ennemis. Enfin cette armée, qui, pour envelopper la ligne d'enceinte sur tous les points, devra se composer de plus de quatre cent mille hommes, au bout d'un siége qui aura duré un mois, privée de tous moyens de subsistance, sera forcée à une prompte retraite si elle veut éviter une entière extermination. Tel serait, j'aime à le croire, le résultat des fortifications qui s'élèvent et qui ajouteront encore à l'importance et à la beauté de notre ville.

Le Roux de Lincy.

FIN DE LA DEUXIÈME ET DERNIÈRE PARTIE.

A NOS SOUSCRIPTEURS.

Nous croyons avoir tenu honorablement nos promesses : sous le rapport de l'exécution typographique, le livre des RUES DE PARIS a semblé à tout le monde un des plus beaux ouvrages de la Librairie moderne ; au point de vue de l'illustration, les deux volumes que nous terminons aujourd'hui peuvent lutter avec les publications de ce genre les plus brillantes, les plus heureuses ; au point de vue de la forme, de la variété, du talent littéraire, n'est-ce point là une charmante histoire de la grande ville, racontée par des gens d'esprit qui sont véritablement spirituels ? A ces causes, que l'on nous permette d'être fier d'avoir attaché notre nom d'Éditeur au livre des RUES DE PARIS.

Des impossibilités matérielles nous empêchent, à notre grand regret, d'offrir à nos Souscripteurs le Portrait des Écrivains qui ont aidé de si bonne grâce à la réussite de notre entreprise : nous avons voulu, du moins, faire figurer dans ce livre, qui est bien un peu son ouvrage, notre Directeur, M. Louis Lurine, dont l'esprit et le zèle n'ont point manqué à l'exécution littéraire des RUES DE PARIS.

Le succès de notre publication nous a décidé à lui donner une espèce de suite naturelle, qui est encore une magnifique histoire ; cette suite historique aura pour titre : les ENVIRONS DE PARIS.

Le nouveau volume que nous annonçons sera écrit, au crayon et à la plume, par l'élite de nos littérateurs et de nos artistes, sous la direction de MM. Charles NODIER et Louis LURINE : M. Charles Nodier, membre de l'Académie Française, n'a plus besoin d'éloges ; M. Louis Lurine a déjà fait ce qu'il faut pour en mériter.

G. KUGELMANN.

Paris — Décembre 1843

L. Lurine.

TABLE DES MATIÈRES

DU TOME SECOND.

	Pages.
Rue et Faubourg Saint-Denis, par Arsène Houssaye.	1
Rue de la Victoire, par Louis Lurine.	17
Rue Saint-André-des-Arts, par Du Casse.	33
Rue et Faubourg Saint-Martin par Le Roux de Lincy.	41
Rue de l'Ancienne Comédie, par Hippolyte Lucas.	65
Place du Louvre, par Ch. Calemard de Lafayette.	77
Rue et Faubourg du Temple, par Marie Aycard.	93
Rue Vivienne, par Amédée Achard.	107
Rue des Portraits, par Larochefoucauld (duc de Doudeauville)	119
Rue de Vaugirard.—Place Saint-Sulpice, par Franz Lienhart	139
Rue et Quartier Saint-Lazare, par Guénot-Lecointe.	151
Rue Picpus, par Maurice Alhoye.	167
Halle au Blé.—Pointe Saint-Eustache, par Ch. Rouget.	179
Esplanade des Invalides, par Etienne Arago.	195
Rue sans Nom, par James Rousseau.	207
Rue et Quartier de la Monnaie, par Me Elisa Latour de Warrens	221
Promenades de Paris, par Frédéric de Courcy.	237
Rue et Quartier de la Sorbonne, par Paul Lagarde.	251
Place des Victoires, par Edm. Texier d'Arnout.	275
Rue et Ile Saint-Louis, par G. Botté de Cony.	289
Rue Montmartre, par Ad. de Balathier.	299
Rue de Rivoli, par Max de Revel.	313
Les Ponts, par Francis Guilhardet	321
Les Boulevarts, par Louis Lurine.	341
Rue Richelieu, par G. Guénot-Lecointe	365
Rue et Faubourg Poissonnière, par Alphonse Brot.	385
Place du Carrousel, par Marquis de Montereau.	394
Les Fortifications, par Le Roux de Lincy.	407

PLACEMENT DES VIGNETTES

DES RUES DE PARIS.

	Pages.
Frontispice, entre le faux-titre et le titre.	
Rue Saint-Denis.	12
Rue Saint-Martin. Tour Saint-Jacques-la-Boucherie.	44
Rue de l'Ancienne Comédie.	70
Église Saint-Germain l'Auxerrois.	78
Place du Louvre.	84
Rue et Faubourg du Temple.	95
La Bourse.	113
M. de Lamartine.	125
Rue des Portraits. M. de Talleyrand.	125
Rue et Quartier Saint-Lazare.	157
Rue Picpus.	175
Esplanade des Invalides.	199
Rue et Quartier de la Monnaie.	231
Promenades de Paris.	238
Quartier de la Sorbonne.	266
Place des Victoires.	285
Rue Montmartre.	305
Ponts de Paris. La Sainte-Chapelle.	324
Ponts de Paris.	330
Rue et Faubourg Poissonnière	388
Portrait de M. L. Lurine.	415

Lightning Source LLC
Chambersburg PA
CBHW070858300426
44113CB00008B/883